Gemeinschaft im Sakrament?

Europäische Hochschulschriften

Publications Universitaires Européennes
European University Studies

Reihe XXIII

Theologie

Série XXIII   Series XXIII

Théologie
Theology

Bd./Vol. 293

PETER LANG

Frankfurt am Main · Bern · New York

Markus Eham

Gemeinschaft im Sakrament?

Die Frage nach der Möglichkeit sakramentaler Gemeinschaft zwischen katholischen und nichtkatholischen Christen Zur ekklesiologischen Dimension der ökumenischen Frage Teil I

PETER LANG
Frankfurt am Main · Bern · New York

CIP-Kurztitelaufnahme der Deutschen Bibliothek

Eham, Markus:

Gemeinschaft im Sakrament? : Die Frage nach d.
Möglichkeit sakramentaler Gemeinschaft zwischen
kath. u. nichtkath. Christen ; zur ekklesiolog.
Dimension d. ökumen. Frage / Markus Eham. --
Frankfurt am Main ; Bern ; New York : Lang
(Europäische Hochschulschriften : Reihe 23,
Theologie ; Bd. 293)
ISBN 3-8204-8846-4
NE: Europäische Hochschulschriften / 23

Teil 1 (1986).

ISSN 0721-3409
ISBN 3-8204-8846-4

© Verlag Peter Lang GmbH, Frankfurt am Main 1986
Alle Rechte vorbehalten.

Druck und Bindung: Weihert-Druck GmbH, Darmstadt

INHALTSVERZEICHNIS

2. Abteilung:

2. Abteilung:

VORWORT

Die vorliegende Untersuchung wurde im Sommersemester 1986 von der Katholisch-Theologischen Fakultät der Ludwig-Maximilian-Universität München als Dissertation angenommen. Dafür danke ich der hohen Fakultät.

Besonderen Dank schulde ich ferner Herrn Professor Dr. Josef Finkenzeller, der das Thema der Arbeit angeregt und ihre Entstehung betreut hat.

Bei der mühevollen Arbeit der Korrektur haben mir insbesondere Frau Ingrid Kutscher sowie Frau Helga Brandmaier wertvolle Dienste geleistet. Ihnen bin ich gleichfalls zu aufrichtigem Dank verpflichtet.

Schließlich gilt es, die großzügigen finanziellen Unterstützungen dankend hervorzuheben, die mir durch das Erzbistum München und Freising sowie durch das Liturgische Institut Trier zuteil wurden. Sie haben die Entstehung der Arbeit mittelbar gefördert bzw. ihre Veröffentlichung ermöglicht.

Vagen, am Dreifaltigkeitssonntag 1986

Markus Eham

ZUR EINFÜHRUNG

I. Christen wollen das eine Abendmahl –
   Ökumene zwischen "charismatischem Aufschwung" und "amtlicher
   Restriktion"?

"Ein Glaube. Eine Taufe. Getrennt beim Abendmahl?" Diesen etwas pro-
vokativen Titel hat H. Fries einer Schrift aus der Reihe "Offene Fragen"
gegeben, in der Probleme angegangen werden sollen, "die durch die Arbeit der Theologen noch nicht völlig geklärt sind" und wegen ihrer Aktualität dringend "neue Untersuchungen verlangen."(1) Die Herausforderung dieses Titels, der einer Stelle aus dem Epheserbrief (4,5) nachge-
bildet ist, legt den Finger auf den Skandal christlicher Trennung, die
dort am schmerzlichsten empfunden werden muß, wo die Einheit ihren
tiefsten Ausdruck finden sollte: beim Herrenmahl. In Reaktion auf diese
Herausforderung erreichte das Bemühen von Christen unterschiedlicher
konfessioneller Zugehörigkeit, die sichtbare Verwirklichung der Einheit
des Glaubens und des Glaubensvollzuges zu beschleunigen, Ende der
60er und Anfang der 70er Jahre einen Höhepunkt. Wenn auch nicht mehr
in der Äußerungsweise spektakulärer Pressewirksamkeit präsent, ist das
Drängen, "einfach 'Tatsachen' (zu) schaffen ... und nicht mehr (zu)
warten, bis die Trennung der Kirchen überwunden ist",(2) gleichwohl
noch immer vorhanden; dabei beruft man sich zur Legitimation für die
"Strategie", "von unten" via facti das zu verwirklichen, was sich die
sog. "Amtskirche" zu bejahen scheut, zumeist auf charismatische Antriebe.

H. Bacht erinnert in diesem Zusammenhang an einige markante Ereignisse: "Am 1. Juli 1968 feierten katholische und reformierte Pfarrer in Paris
die berühmte Pfingsteucharistie. Sie zelebrierten gemeinsam, wobei sie
die Abendmahlsworte gemeinsam sprachen und die Kommunion unterschiedslos an die katholischen und nichtkatholischen Anwesenden austeil-
ten. In Holland geht man in den Studentengemeinden seit Konzilsende
viel weiter, oftmals auch schon in den Pfarreien. In Uppsala 1968 beim
großen Weltkirchentag empfingen einige Katholiken ostentativ die Eucharistie in einer von Pfarrern der lutherischen Kirche Schwedens gehalte-
nen Abendmahlsfeier..."(3) Die geistliche Atmosphäre solcher Ereignisse
schildert recht anschaulich der Kommentar eines Teilnehmers an einem

---

1) H. Fries, Ein Glaube. Eine Taufe. Getrennt beim Abendmahl?, 2.
2) E. Stakemeier, Interkommunion als ökumenisches Problem, 65. Zu den gegenüber den "Auf-
   bruchsjahren" (1965-1975) durch einen gewissen Trend zu Ernüchterung" und "Versachli-
   chung" geprägten gegenwärtigen "ökumenischen Atmosphäre" vgl. auch Ch. Huwyler, Interkommunion, II, bes. 796f.
3) H. Bacht, Zum Problem der Interkommunion, 275f. Vgl. auch die Bemühungen um Abendmahlsgemeinschaft zwischen der evangelischen Epiphaniasgemeinde und der römisch-katholischen
   St. Michaelsgemeinde in Frankfurt und die Praxis von Studentengemeinden in Utrecht 1969,
   ferner das ökumenische Pfingsttreffen in Augsburg 1971; dazu: A. Kirchgässner-H. Bühler,
   Interkommunion in Diskussion und Praxis; P. Krusche, Die Aktualität des Problems der
   Interkommunion, in: R. Boeckler (Hrsg.), Interkommunion. Konziliarität, 7-19; zum ganzen
   auch, ebd., 3-127; Zur Problematik der Praxis: P. Bläser, Das Problem "Interkommunion",
   in: KNA-Ökumen. Information Nr. 34 vom 25.8.1971, 5-8, bes. 6. Ch. Huwyler, Das Problem
   der Interkommunion, I-II.

derartigen Gottesdienst: "Es war wirklich kein Programm gewesen; es kam einfach so, ganz vital. Wenn der Heilige Geist wirklich noch etwas tut, dann ist er wohl hier dabei gewesen ... Wenn wir zusammenkommen, dann kommen wir um Christus zusammen, um zu hören, was er zu sagen hat, und auf seine Einladung hin kommen wir auch zu seinem Tisch und essen und trinken und feiern, was er gesagt hat ..."(4)

Mit welchen Gründen und Bedenken sträuben sich aber Kirchenleitung und Vertreter der Theologie katholischerseits(5) gegen solche "charismatische Ermächtigung" zur Verwirklichung dessen, was Christus uns aufgetragen hat? Wie steht die katholische Kirche zur Frage nach der Legitimität und den Möglichkeiten von Abendmahlsgemeinschaft mit von ihr getrennten christlichen Gemeinschaften?

Die jüngsten offiziellen Aussagen hierzu sind vom II. Vatikanischen Konzil formuliert in dem Dekret "Über den Ökumenismus" und vom Sekretariat für die Einheit der Christen im "Ökumenischen Direktorium", I-II, das die Richtlinien zur Durchführung der Konzilsbeschlüsse über die ökumenische Aufgabe beinhaltet.(6)

---

4) Zit. bei H. Bacht, Zum Problem der Interkommunion, 277.

5) Vgl. etwa "Déclaration sur la position de l'Eglise Catholique en matière de Eucharistie commune entre chrétiens de diverses confessions" (röm. Einheitssekretariat) vom Januar 1970, in: AAS 62 (1970) 184-188 (deutsch in: KNA: Konzil, Kirche, Welt, Nr. 3 vom 21. Januar 1970, 8-11); Deutsche Bischofskonferenz, Erklärung zum ökumenischen Pfingsttreffen 1971 in Augsburg vom September 1971, in: Amtsblatt f. d. Diözese Regensburg vom 15.12.1971, 106. Literatur zur theologischen Auseinandersetzung in der Bibliographie bei J. B. Brantschen-P. Selvatico (1960-1971) in: H. Stirnimann (Hrsg.), Interkommunion-Hoffnungen zu bedenken, 77-149; P. Bläser, in: KNA-Ökumen. Information, Nr. 35, vom 1. September 1971 u. ebd., Nr. 36, vom 8. September 1971, jeweils 5-8; E. Iserloh, Die Interkommunion, in: A. Exeler (Hrsg.), Fragen der Kirche heute, 50-64; M. Raske, Offene Kommunion - Christen feiern gemeinsam das Mahl des Herrn, in: ebd., 65-72; vgl. auch die ausführliche Bibliographie bei W. Beinert, Amt und Eucharistiegemeinschaft, 154-171.

6) Decretum "Unitatis Redintegratio" vom 21.11.1964 de Oecumenismo, zit. nach: LThK², Vat., II, 40-123; Directorium ad ea quae a Concilio Vaticano Secundo de re oecumenica promulgata sunt exsequenda, I-II, zit. nach NKD 7; 27; weitere Erklärungen und Ausführungsbestimmungen zu diesen Dokumenten durch das Einheitssekretariat bzw. durch die DBK (vgl. NKD 41; dazu die nachfolgenden Verordnungen bei M. Kaiser, Ökumenische Gottesdienst- und Sakramentengemeinschaft, in: GrNKirchR, 457 AA 5-7) sind inzwischen durch CIC 1983 hinfällig geworden (vgl. CIC 1983 c. 844 §§ 2-5). Indirekt berührt unser Problem; Sekretariat zur Förderung der Einheit der Christen, Die ökumenische Zusammenarbeit auf regionaler, nationaler und örtlicher Ebene (= NKD 56). Eine komprimierte Darstellung und Erläuterung der nachkonziliaren katholischen Rechtsordnung findet sich bei M. Kaiser, Ökumenische Gottesdienst- und Sakramentengemeinschaft, a.a.O., 456-460 für die Zeit nach dem II. Vat. Konzil bis zur Promulgation des CIC 1983 und bei ders., Ökumenische Gottesdienstgemeinschaft, in: HdbKathKR, 641-647, wo die material an sich unveränderte Rechtslage unter Einbeziehung der jüngsten Rechtskodifizierung im CIC 1983 dargestellt ist. Hinter der terminologischen Änderung in der Überschrift dieser beiden Beiträge ("Ökumenische Gottesdienst- und Sakramentengemeinschaft" und "Ökumenische Gottesdienstgemeinschaft") steht ein gegenüber CIC 1917, wo die Sakramente als Mittel der Heiligung (c. 731 § 1 CIC 1917) und der Gottesdienst allgemein als Ausdrucks- und Vollzugsform der Verehrung Gottes (c. 1255 § 1 CIC 1917) noch unterschieden wurden, theologisch vertieftes und integrales Verständnis von Gottesdienst im Sakrament und von Sakrament als Gottesdienst. Die Sakramente sind also sowohl Zeichen und Mittel der Verehrung Gottes (latreutisch-anabatische Linie) als auch Mittel zur Heiligung des Menschen (soterisch-

II. Terminologische Klärungen

Den Begriff "Abendmahlsgemeinschaft" und "Sakramentengemeinschaft" kennen die Konzilsdokumente nicht. Sie gebrauchen den Terminus "communicatio in sacris".(7) Dieser Begriff besagt zunächst einfach "gottesdienstliche Gemeinschaft";(8) es hat sich aber ein Sprachgebrauch eingebürgert, nach dem der Begriff vor allem angewandt wird zur Bezeichnung "gottesdienstlicher Gemeinschaft zwischen Kirchen und kirchlichen Gemeinschaften, die in Glauben, Kult und Kirchenordnung voneinander getrennt sind",(9) verschiedentlich vorwiegend für jene Bereiche gottes-

---

katabatische Linie; vgl. hierzu c. 840 CIC 1983 und K. Adam-R. Berger, Art. Liturgie, in: Pastoralliturgisches Handlexikon, 1980², 313-316, bes. 314) und somit höchste und verdichtetste Vollzugsform von Gottesdienst überhaupt. Insofern ist es in der Tat irreführend, den Bereich sakramentaler Gemeinschaft durch die Gegenüberstellung "gottesdienstliche Gemeinschaft" zu determinieren, da letztere ja den Oberbegriff zu ersterer bildet. "Die Sakramente werden also nicht mehr vom Gottesdienst unterschieden, sondern auch als gottesdienstliche Feier verstanden" (M. Kaiser, Ökumenische Gottesdienstgemeinschaft, a.a.O., 641). Zur näheren Präzisierung s. u. "Terminologische Klärungen".

7) Vgl. etwa UR 8,4; OE 26-28; DO I 38; diese Sprechweise übernimmt das Konzil vom CIC 1917, der die im engeren Sinne verstandene Gottesdienstgemeinschaft mit "partem habere in sacris" wiedergibt (c. 1258 § 1 CIC 1917; im Strafrecht steht dafür "communicatio in divinis": c. 2316 CIC 1917). Die aufgrund der Korrespondenz von Sachen- und Strafrecht im CIC 1917 anzunehmende Parallelität von "divina" (sc. "officia": c. 1256 n. 1 CIC 1917) und "sacra" (cc. 2; 420 § 1 n. 11; 529; 1063 § 1; 1258 § 1; 1491 § 2; 1956; 2268 § 1 CIC 1917; in cc. 641 § 1; 648; 980 §§ 1.2; 1006 § 2; 2359 § 1; 2388 § 1 CIC 1917 steht "in sacris" jedoch eindeutig für "höhere Weihe" = "in maioribus ordinibus constitutus", vgl. c. 132 § 1 CIC 1917) bestimmen den Terminus "sacra" in den angegebenen Stellen als "alle Handlungen der Weihegewalt, die nach Anordnung Christi oder der Kirche auf den Gottesdienst gerichtet sind (c. 2256 n. 1)", umfassend (vgl. K. Mörsdorf, Rechtssprache, 245). In Absetzung gegenüber "religionis actus" (c. 1169 § 1 CIC 1917), womit Akte der Gottesverehrung gemeint sind, die keine geistlichen Amtshandlungen sind (Mörsdorf, a.a.O., 246), bezeichnet "sacra" also gottesdienstliche Amtshandlungen eines Geistlichen, d. h. es geht um öffentlichen, kirchenamtlich autorisierten gottesdienstlichen Vollzug im umfassenden Sinn.

8) Gemeint ist die Teilnahme an liturgischen Gottesdiensten oder an Sakramenten und zwar sowohl im Sprachgebrauch des CIC 1917 als auch in dem des II. Vat. Konzils (OE 26-28; UR 8,4; gegen M. Kaiser, Ökumenische Gottesdienstgemeinschaft, a.a.O., 642, der für den CIC 1917 offensichtlich die Einbeziehung der Sakramente noch ausschließen möchte). Freilich ordnet erst SC 59,1 ausdrücklich Sakramente und gottesdienstliche Verehrung einander zu. Unter Liturgie versteht der CIC 1983 "die Ausübung des priesterlichen Dienstes Christi in sinnenfälligen Gemeinschaftsfeiern, durch die die Menschen geheiligt, Gott amtlich verehrt und die Kirche auferbaut und dargestellt wird" (vgl. cc. 834 § 1; 837; 840 CIC 1983). Das Moment der Öffentlichkeit und amtlichen Autorisation (cultus Dei publicus: c. 834 § 2; c. 837 § 1 CIC 1983) ist - wenigstens nach dem Liturgie-Begriff des CIC 1983 - Konstituens allen liturgischen Vollzuges (SC 13,2; vgl. dazu H. Socha, Begriff, Träger, Ordnung, in: HdbKathKR, 632-641). Für den Zusammenhang unserer Fragestellung empfiehlt sich - um der größeren begrifflichen Klarheit willen - die Zugrundelegung dieses kanonistischen Liturgie-Begriffes, im Gegenüber zu dem von liturgiewissenschaftlicher Seite favorisierten Liturgie-Begriff (vgl. dazu etwa R. Kaczynski, Liturgie und Recht, 42, der auch eine "liturgica celebratio" ohne amtliche Autorisation durch die Präsenz eines ausdrücklichen Beauftragten als "Liturgie" (Gottesdienst) verstanden und qualifiziert wissen will (zur Kontroverse vgl. H. Socha, a.a.O., 634 A 6).

9) A. Völler, Einheit und Kirche und Gemeinschaft des Kultes, 5.

- 4 -

dienstlicher Gemeinschaft, die dem Verbot unterliegen. Der ursprünglich
sehr weite Begriff "sacra"(10) bedeutet dann im besonderen die Funktionen öffentlichen, aufgrund der Autorisation durch die Gemeinde und ihre
Amtsträger definierten Kultes. In der Wortverbindung "communicatio in
sacris" endlich läßt sich im strengen Sinn die Teilnahme an den Sakramenten verstehen.(11) Man unterschied dabei früher näherhin eine "communicatio in sacris positiva" als die Teilnahme von Katholiken an den
"sacra" der Nichtkatholiken von der "communicatio in sacris negativa" als
der Zulassung von Nichtkatholiken zu den "sacra" der Katholiken.(12)

Im folgenden wird der Begriff "gottesdienstliche Gemeinschaft" als Übertragung für "communicatio in sacris" und Synonym für "Sakramentengemeinschaft" gebraucht. Der Hinweis auf die Terminologie der Konzilsdokumente mag gezeigt haben, in welchem (ekklesiologischen) Horizont die
Frage der Sakramentengemeinschaft im engeren Sinne situiert und behandelt wurde: Sakramentengemeinschaft ist Höchstfall gottesdienstlicher Gemeinschaft, die zwei Kirchen oder kirchliche Gemeinschaften einander gewähren. Communicatio in sacris findet statt, wenn jemand an irgendeinem
liturgischen (d. h. kirchlich autorisierten) Gottesdienst oder an den
Sakramenten einer (von der eigenen) Kirche oder kirchlichen Gemeinschaft teilnimmt.(13) "Communicatio in spiritualibus"(14) hingegen ist der

10) Er meinte zunächst alle Handlungen, die auch nur im entferntesten religiösen Charakter
haben, wie z. B. neben dem Hören von Predigt und der Katechese auch etwa die Diskussion
über Glaubensfragen u. ä. (vgl. A. Völler, ebd.).

11) Über die Problematik der allgemeinen Sprechweise hinsichtlich der Eucharistiegemeinschaft ("Interkommunion") vgl. H. Meyer-H. Schütte, Art. Abendmahl, in: Ökumene-Lexikon, 1-10, bes. 6f.: Die 3. Weltkonferenz für Glauben und Kirchenfassung in Lund (1952)
erarbeitete eine Begriffsskala zur Benennung von gestuften Realisationsgraden kirchlicher Gemeinschaft (vgl. ÖR 18/1969, 574-592) und deren gottesdienstlichen Vollzugsformen; die Skala bemüht sich gegenüber dem verschwommenen Begriff "Interkommunion" um
mehr Klarheit; in der Folgezeit kristallisierte sich die Kategorie der "Zulassung" zunehmend heraus; die begrifflichen Bemühungen wollen verdeutlichen, daß Abendmahls- oder
Sakramentgemeinschaft nicht volle Abendmahlsgemeinschaft oder gar Kirchengemeinschaft
bedeuten kann, daß aber alle diese Teilrealisationsformen auf den Zielpunkt der Kirchengemeinschaft hingeordnet sind.

12) Vgl. hierzu W. Zürcher, Die Teilnahme von Katholiken an akatholischen christlichen
Kulthandlungen, 4 Anm. 3. Eine weitere (moraltheologische) Unterscheidung stellt einer
nur materiellen (passiven, den bloßen Tatbestand der Anwesenheit umfassenden) communicatio in sacris die formelle (aktive) c.i.s. gegenüber, bei der auch das Moment der inneren Anteilnahme am Geschehen eingeschlossen ist (W. Zürcher, ebd., 3. Diese Unterscheidung (vgl. nach CIC 1917 c. 1258) ist mit CIC 1983 endgültig aufgegeben (M. Kaiser, in: HdbKathKR, 646). Daß auch die Unterscheidung zwischen c.i.s. negativa und
positiva in der nachkonziliaren kanonistischen Literatur nicht mehr gebräuchlich ist,
dürfte auch ein Signal sein für das durch das II. Vatikanische Konzil veränderte ekklesiologische (interkonfessionelle) Klima (LG 8,2; UR 3,2), in dem es offenbar nicht
mehr notwendig erachtet wird, die Richtungen der communicationes explizit qualitativ zu
unterscheiden und damit auch die Qualität der jeweiligen "sacra" zu taxieren, nachdem
auch in den von der römischen getrennten Kirchen bzw. kirchlichen Gemeinschaften die
Existenz der Kirche Christi eigenen Gaben anerkannt wird; hierzu vgl. Eingehenderes
im II. Hauptteil.

13) Vgl. DO I 30.

14) Im Ökumenischen Direktorium vom 14. Mai 1967 (= NKD 7, I. Teil, hier 12-59) hat das Sekretariat für die Einheit der Christen als neuen Begriff "communicatio in spirituali-

zugehörige Oberbegriff und meint alle gemeinsam verrichteten Gebete, den gemeinsamen Gebrauch von heiligen Dingen oder Orten und jede Art liturgischer Gemeinschaft, also die communicatio in sacris im strengen Sinne. (15)

III. Einordnung der Problemstellung: Abendmahlsgemeinschaft – Sakramentengemeinschaft – ekklesiologische Implikationen

In den Dokumenten des Konzils und der nachfolgenden Gesetzgebung erscheint die Frage der Abendmahlsgemeinschaft(16) also nur innerhalb des umfassenderen Problemkreises gottesdienstlicher Gemeinschaft der katholischen Kirche überhaupt mit "den von uns getrennten orientalischen Brüdern"(17) einerseits und mit "den anderen getrennten Brüdern"(18) andererseits.

Mit dieser Einordnung des Problems wird deutlich, welche Dimension die Frage in ihrem Gesamtzusammenhang aufweist:(19) Es geht um das Verhältnis der Kirche Christi zu den verschiedenen bestehenden verfaßten kirchlichen Gemeinschaften. Es geht um die Frage nach dem Verhältnis von dem Bekenntnis des einen Heilswerkes Gottes zu den verschiedenen bestehenden Bekenntnissen des Glaubens. Es geht schließlich auch um die Frage nach der Fortführung des Heilswerkes Gottes in Zeit und Geschichte, nach der inkarnatorischen Dimension des eschatologischen Heiles in Verkündigung und sakramentalem Vollzug der Kirche, d. h. einer in Amt, Recht und Disziplin autorisierten, in sichtbaren Strukturen

---

bus" eingeführt. CIC 1983 spricht von c.i.s. ausdrücklich nur im Strafrecht (c. 1365 CIC 1983) und meint damit jegliche Art gottesdienstlicher Gemeinschaft.

15) Vgl. DO I 29; zur Terminologie vgl. auch M. Kaiser, Ökumenische Gottesdienstgemeinschaft, a.a.O., bes. 641-643.

16) Wegen der weitgehenden Marginalisierung der anderen beiden Sakramente der "tätigen Ordnung" (Mörsdorf) Buße und Krankensalbung im kirchlichen Leben und Bewußtsein bildet die Frage der Eucharistiegemeinschaft neben dem Problem der konfessionsverschiedenen Ehe den Hauptdiskussionsgegenstand.

17) DO I 39 bzw. UR 14-18.

18) DO I 55 bzw. UR 19-24.

19) So auch ausdrücklich H. Meyer-H. Schütte, Art. Abendmahl, in: Ökumene-Lexikon, 1-10: "Die Entwicklung der letzten Jahre hat erneut gezeigt, daß Argumente zugunsten der A.(bendmahls-)gemeinschaft, die nur auf das A. selbst zurückgreifen (etwa die Betonung des A. als einer der menschlichen und kirchlichen Verfügung entzogenen Gabe Gottes oder sein Verständnis als bedingungslose Annahme des Menschen usw.), wie auch die Befürwortung der A.gemeinschaft aufgrund der gemeinsam anerkannten Taufe oder aus pastoralen Gründen allenfalls als Hilfsargumente dienen können. Das Problem der A.gemeinschaft bleibt eingebettet in die umfassende Frage nach Kirchengemeinschaft und Kirchentrennung überhaupt" (a.a.O., 8). "Darum werden letztlich nur die Aufarbeitung kirchentrennender Divergenzen im Glaubens- und Kirchenverständnis und die Aufhebung früherer gegenseitiger Verurteilungen uns der A.gemeinschaft näherbringen. Die altkirchliche Überzeugung von der Korrelation zwischen Kirchengemeinschaft und A.gemeinschaft erweist damit erneut ihre Richtigkeit. Der Unterschied zur Alten Kirche liegt darin, daß wir heute deutlicher sehen, wie zwischen völliger Kirchentrennung und voller Kirchengemeinschaft ein intermediärer Bereich liegt, und fragen, ob Übergangsformen der A.gemeinschaft möglich, sinnvoll und nötig sind, die der vorhandenen Nähe oder erreichten Annäherung zwischen den Kirchen entsprechen" (a.a.O., 9).

sich entäußernden Glaubensgemeinschaft. (20) Damit sind in der Frage nach dem theologischen Verständnis sakramentaler Gemeinschaft die katholischerseits unmittelbar damit verknüpften ekklesiologischen Implikationen akzentuiert, da Sakramente nicht isoliert und aus sich wirkende "Gnadenkanäle" sind, sondern Wesensvollzüge der Glaubensgemeinschaft, und sakramentale Gemeinschaft somit zugleich und unlösbar Gemeinschaft des Glaubens im gemeinsamen Vollzug der Kirche bedeutet. (21)

Damit ergibt sich für die vorliegende Untersuchung folgende methodische und erkenntnisleitende Gesamtkonzeption:

IV. Aufbau und Zielsetzung der Untersuchung

Mit den einleitenden Hinweisen zur Einordnung der Fragestellung und zur Terminologie dürfte in den Themenkomplexen "Sakrament" und "Ekklesiologie" der der ganzen Untersuchung zugrundeliegende Problem-Nerv berührt sein.

Wenn für die Frage der Sakramentengemeinschaft in katholischer Sicht das Selbstverständnis der katholischen Kirche und ihr Verhältnis zu den anderen Kirchen und kirchlichen Gemeinschaften den durchgehenden und übergreifenden Fragehorizont bildet, (22) so soll hier zudem der Versuch gewagt werden, anhand markanter Punkte der dogmengeschichtlichen Ekklesiologie spezifischer Weisen geschichtlicher theologischer Konkretionen des Verhältnisses von Kirche und Sakrament ansichtig zu werden, d. h. genauer: in der - geschichtlich beleuchteten - wechselseitigen Erschließung von "kirchlichem Charakter" der Sakramente und sakramentalem Charakter der Kirche die Grundoption einer spezifisch katholischen Denkform(23) zu konturieren, nicht etwa, um gleichsam "im Handstreich"

---

20) K. Rahner spricht in diesem Zusammenhang von der innergeschichtlichen Untrennbarkeit von kategorialem Zeichen und bezeichneter Gnade, die primär Christus als Ursakrament, von ihm her der Kirche als ganzer und dann den höchsten Ausdrucksweisen ihres Selbstvollzuges, den Sakramenten, eignet (Kirche und Sakramente, 1963², 20f., bes. 22-30).

21) Vgl. hierzu die grundlegenden Aussagen bei K. Rahner, Die Sakramente als Grundfunktionen der Kirche, in: HPTh, I, 323-332, bes. 324.

22) Vgl. hierzu die einschlägige Untersuchung von O. Saier, "Communio" in der Lehre des Zweiten Vatikanischen Konzils, München 1973.

23) Vgl. hierzu etwa G. Söhngen, Art. Denkform, in: LThK², III, 230-233; J. B. Metz, Art. Leitbild, in: LThK², VI, 932; H. Leisegang, Denkform, Berlin 1951; J. M. Bochenski, Zeitgenössische Denkmethoden, München 1954; L. Scheffczyk, Die Einheit des Dogmas und die Vielheit der Denkformen, in: MThZ 17 (1966) 228-242; A. Kander, Einleitung zur Untersuchung der theologischen Denkform des hl. Thomas von Aquin, in: Miscellanea Francescana, 55 (1955) 14-58; J. Splett, Art. Denkform, in: SM, I, 843; G. van der Leeuw, Sakramentales Denken, Kassel 1959. Mit diesem Stichwort ist von der Theorie der Kontroverstheologie her jene Problematik artikuliert, daß im interkonfessionellen Gespräch Gegensätze, die gar nicht einmal von der Sache bedingt sind, nicht ohne weiteres durch "einige Geschicklichkeit im Übersetzen" (G. Ebeling, Das Priestertum in protestantischer Sicht, in: Ders., WGT, 183-196, hier 183) zum Verschwinden zu bringen sind. Denn aus der eigenen Sache (= Denkform) kann man nicht einfach "aussteigen" (vgl. H. Mühlen, Das Vorverständnis von Person, 108-142, 121; 128), weil die Denkform selbst nicht zum reinen Denkinhalt reflexiv erhoben werden kann (vgl. J. B. Metz, Christliche Anthropozentrik, 36), d. h. es gibt analog zum sprachlichen Übersetzungsproblem auch und gerade

den sicherlich verdienstvollen ökumenischen Bemühungen um Konsense in Detailfragen(24) durch den Hinweis auf die in der unüberwindlichen Divergenz der konfessionellen Denkform zementierte katholisch-protestantische Grunddifferenz(25) von vornherein jegliche Berechtigung abzusprechen;(26) vielmehr soll es im Gegenteil hierbei um den Versuch

---

im interkonfessionellen Gespräch Verstehensdifferenzen, die sich "dem Verstehen selbst mehr oder weniger entziehen" (G. Ebeling, Wort Gottes und kirchliche Lehre, in: Ders., WGT, 155-174, hier 159), und die - wenn unbeachtet - den scheinbar erzielten Konsensen in Detailfragen unversehens in den Rücken fallen können, wenn es an die praktische Bewährung der Übereinstimmung geht (vgl. hierzu etwa W. Beinert, Der Kirchen- und Sakramentsbegriff, 258; ders., Konfessionelle Grunddifferenz (II), 36-61, hier 36f.: P. Manns, Amt und Eucharistie in der Theologie Martin Luthers, in: P. Bläser (Hrsg.), Amt und Eucharistie, 172 A 176).

Das bewußte und reflektierte Aufsuchen der den eigenen theologischen Aussagen zugrundeliegenden Denkstrukturen soll einen doppelten Zweck erfüllen: Zum einen kann durch die thematisch-reflexe Einholung der Denkform-Problematik eine notwendige Lockerung der Abhängigkeit des theologischen Redens von der eigenen Denkform gefördert werden dort, wo das konfessionelle Gefälle einer Theologie leicht zur Verzerrung neigt (vgl. dazu R. Kösters, Zur Theorie der Kontroverstheologie, 144); zum anderen könnte die bewußte Erörterung der hermeneutischen Differenz im Zusammenhang der interkonfessionellen Problematik Möglichkeiten erarbeiten, den Kern der hermeneutischen Differenz u. U. in dem Faktum einer geschichtlichen Phasenverschiebung in der Begegnungsmöglichkeit von Denkformen zu ermitteln (vgl. J. B. Metz, Christliche Anthropozentrik, 103), und von da her den Prozeß einer "Horizontverschmelzung" (H. G. Gadamer, Wahrheit und Methode, 1965², 324-360, bes. 324-329) im katholischen und reformatorischen Denken als der Bedingung der Möglichkeit wahrhaft radikalen Verstehens zu fördern (vgl. hierzu auch M. Raske, Natur und Gnade, 134-139).

Vgl. zur ganzen Problematik auch K. Rahner, Was ist eine dogmatische Aussage?, in: Ders., ST. V, 54-81; W. Pannenberg, Was ist eine dogmatische Aussage?, in: Pro Veritate, 339-361; E. Schlink, Der kommende Christus und die kirchlichen Traditionen, darin bes.: Ders., Gesetz und Evangelium als kontroverstheologisches Problem, 126-159: Ders., Die Struktur der dogmatischen Aussage als ökumenisches Problem, ebd., 24-79; ders., Pneumatische Erschütterung?, in: KuD 8 (1962) 221-237); zu einigen materialen Benennungsversuchen für eine katholisch-protestantische Grunddifferenz vgl. etwa J. Bosc-J. Guitton-J. Danielou, Geeint durch das, was trennt?, Graz-Wien-Köln 1963.

24) Vgl. hierzu etwa den Dokumentationsband zu den Ergebnissen interkonfessioneller Gespräche auf Weltebene von 1931-1982: H. Meyer-H. J. Urban-L. Vischer (Hrsg.), Dokumente wachsender Übereinstimmung, Paderborn 1983; ferner L. Vischer (Hrsg.), Einheit der Kirche. Material der ökumenischen Bewegung, München 1965; R. Rouse-S. C. Neill, Geschichte der ökumenischen Bewegung 1517-1948, I-II; H. Frey (Hrsg.), Geschichte der ökumenischen Bewegung 1948-1968; A. Basdekis, Art. Ökumene, innerdeutsche, in: Ökumene-Lexikon, 881-889. H. Schütte, Ziel: Kirchengemeinschaft, a.a.O.

25) Unsere Untersuchung beschränkt sich in der Analyse der Frage nach möglicher sakramentaler Gemeinschaft zwischen katholischen und nichtkatholischen Christen auf das Verhältnis von katholischer und evangelisch-lutherischer Kirche im deutschen Sprachgebiet und wird, soweit es für diese Frage von ekklesiologischer Relevanz ist, auch die getrennten Ostkirchen einbeziehen. Vgl. auch u. S. 494ff.

26) Die Versuchung hierzu liegt allerdings in der Tendenz begründet, die Denkformproblematik in der Weise überzubewerten, daß man glaubt, in ihr den konfessionellen Gegensatz in seiner letztlich unüberwindbaren Zuspitzung aufdecken zu können; derartige Versuche liegen etwa vor bei W. H. van de Pol, Das reformatorische Christentum, Einsiedeln-Zürich-Köln 1956, der die konfessionelle Differenz in dem Unterschied von reformatorischer Wortoffenbarung und katholischer Wirklichkeitsoffenbarung fixieren zu können

gehen, angesichts der kaum leugbaren Krise und der ebenso ernüchtern-
den wie ermüdenden Lähmungserscheinung im ökumenischen Konsenspro-

---

glaubt. Demnach wäre katholische Rechtfertigungslehre ausschließlich Lehre von der
Gnade als einer "wirklichkeit im mystisch-seinshaften Sinn" (a.a.O., 303), d. h.
als Konsekration des Elementes, nicht nur als Anrede an die Person (so die Interpretation
durch G. Ebeling, Worthafte und sakramentale Existenz, in: Ders., WGT, 197-216, hier
202). Wort und Glaube dagegen (protestantische Wortoffenbarung) könnten nichts in der
Seinsordnung verändern, sondern nur in der Beziehung zwischen Gott und Mensch (van de
Pol, a.a.O., 286f.).

Diese kontroverstheologische Konzeption krankt jedoch an der Zugrundelegung eines ver-
kürzten signifikationshermeneutischen Wortverständnisses einerseits und eines statisch-
dinghaften Substanzbegriffes andererseits (so G. Ebeling, Erwägungen zum evangelischen
Sakramentsverständnis, in: Ders., WGT 218-226, bes. 220), so daß das "Katholische" oder
das "Protestantische" damit kaum adäquat erfaßt werden kann.

Vgl. ferner G. Maron, Kirche und Rechtfertigung, bes. 267, der die konfessionelle
Grunddifferenz in ihrer unüberwindlichen Zuspitzung in dem sich ausschließenden Gegenüber von geschichtlich-personal-eschatologischer Struktur des Glaubensdenkens der Bibel
(und des Protestantismus) und ontologischen (ekklesiologischen) Kategorien (Katholizismus) sieht; oder B. Groethuysen, Philosophische Anthropologie, München 1928, der die
Grunddifferenz in dem Gegensatz von individualistischem und kollektivistisch-gemein-
schaftlichem Glaubens- und Wirklichkeitsverständnis sieht. Daß es freilich ein konfes-
sionsspezifisches Gefälle im reformatorischen Denken (als einer personalen, besonders
an der Subjekthaftigkeit Gottes orientierten Denkform vgl. dazu H. Mühlen, Das Vorverständnis, 122; 112f.; 125f.; 139f.; ders., Una mystica Persona, 506) und im katholischen Denken (als einer stärker kosmozentrischen Denkform, vgl. dazu J. B. Metz, Anthropozentrik, 136) gibt, ist wohl unbestreitbar. Kommt aber in der Verschiedenheit
dieser Denkformen eine fundamentale und weitreichende Differenz im Glaubensverständnis
selbst zum Ausdruck? G. Ebeling scheint zur Bejahung dieser Frage zu neigen (ist der
konfessionelle Gegensatz auch ein philosophischer?, in: Ders., WGT 78-90, bes. 87). Ihm
widersprechen H. Dombois (Konfessionelle Auseinandersetzung, 128) und K. Rahner (Fragen
der Kontroverstheologie, in: Ders., ST, IV, 237-271; 242), die die Möglichkeit und Berechtigung der Rückführung der konfessionellen Gegensätze auf ein einziges Grundprinzip
bestreiten (Dombois), denn das Bestreben nach "organischer" Einheit einer der Schrift
verpflichteten Theologie dürfe nicht übertrieben werden (Rahner). Anders ausgedrückt:
Man kann in der Kontroverstheologie nicht mit der Sachproblematik warten, bis man sich
über eine gemeinsame Sprache verständigt hat (vgl. dazu M. Raske, Natur und Gnade,
139).

Wenn die hermeneutische Dimension somit "kaum als der eigentliche Ort der konfessionellen Differenz angesehen werden kann; wenn andererseits die Kontroverstheologie sich
weder mit einem bloßen Konstatieren von Einzeldifferenzen begnügen, noch auch deren
Gesamtheit auf eine bestimmte materiale Lehre reduzieren kann, dann ist die dennoch zu
vermutende Verknotung der Einzelkontroversen offenbar in einem Mittleren zwischen der
Denkform als des alles bestimmenden Seinsverständnisses im ganzen und dem Bereich der
expliziten dogmatischen Lehre zu suchen" (R. Kösters, Zur Theorie, 157). J. B. Metz
nennt diesen Bereich die "Materialprinzipien" des Denkens und meint damit jene Entwürfe, durch die "die einzelnen Begriffe eines bestimmten theologischen Aussagebereiches
oder Traktates zu einer vorgängigen, gegenseitig sich erhellenden Sinn- oder Aussage-
einheit zusammengefaßt sind" (J. B. Metz, Anthropozentrik, 27f.).

Unter diesem Problemhorizont soll hier die "sakramentale Denkform" hinsichtlich der
Ekklesiologie als spezifische katholische Option auf ihre mögliche ökumenische Relevanz
als eines wechselseitig vermittelbaren katholisch-protestantischen Materialprinzips
untersucht werden.

Für eine eingehende Analyse der sakramentalen Denkform hinsichtlich der Ekklesiologie

zeß und vor allem im Rezeptionsvorgang,(27) durch die Untersuchung der sakramentalen Denkform als eines zentralen katholischen und ökumenisch brisanten "epistemologischen" Grundentscheides, einen möglichen gemeinsamen Anknüpfungspunkt(28) für die weiteren Bemühungen um ökumenische Konsense zu formulieren, der womöglich geeignet ist, letztere vor der Gefahr zu bewahren, auf interkonfessionellem "Niemandsland" zu operieren und daher faktisch fruchtlos zu bleiben.

Des näheren geht es dabei um die Frage, inwieweit die spezifisch katholische Option sakramentalen Denkens hinsichtlich der Ekklesiologie in ihrer vermittelnden Funktion fruchtbar gemacht werden kann für die Gewinnung einer Annäherung in den konfessionellen Materialprinzipien.(29) Hierzu ergeben sich folgende methodische Schritte: In einer ökumenischen Standortbestimmung soll zunächst versucht werden, aus der Ver-

---

vgl. L. Boff, Die Kirche als Sakrament; über Legitimität und Grenzen des sakramentalen Denkens, bes. ebd., 123 181; vom philosophischen Standpunkt charakterisiert Reichweite und Rolle des sakramentalen Gedankens gerade auch für das katholische ekklesiologische Denken treffend die Feststellung von M. Heidegger, "Das Zeichen für ... kann selbst zu einer universalen Beziehungsart formalisiert werden, so daß die Zeichenstruktur selbst einen ontologischen Leitfaden abgibt für eine 'Charakteristik' alles Seienden überhaupt" (Sein und Zeit, Tübingen 10 1963, § 17, S. 77). Zur theologiegeschichtlichen Aktualität der sakramentalen Idee im Kirchendenken vgl. etwa die Aussagen bei K. Rahner, Das neue Bild der Kirche, in: Ders., ST, VIII, 338; ferner bei W. Beinert, Die Sakramentalität der Kirche im theologischen Gespräch, in: Theologische Berichte, IX, 13-63, bes. 13; J. L. Witte, Einige Thesen zur Sakramentalität der Kirche, in: R. Groscurth (Hrsg.), Katholizität und Apostolizität = KuD 2 (1971) 74-91; L. Boff, Die Kirche als Sakrament, 22-38.

27) Vgl. etwa das resignative Resümee von W. Beinert zum "Stand" der ökumenischen Bewegung: Konfessionelle Grunddifferenz (II), 36-61, hier 36f.; zurückhaltender: K. Lehmann, Stillstand auf dem Weg, in: Ders., Signale der Zeit, bes. 98ff.; ferner H. Stirnimann, Zur ökumenischen Situation, in: Communio Sanctorum, 251-261, bes. 256f. H. Döring, Steine auf dem Weg zur Einheit, a.a.O., 138-163; Ch. Huwyler, Interkommunion, I, 376-379 mit Literatur, 379 Anm. 40. A. Gerken, Theologie der Eucharistie, 252.

28) Verheißungsvoll muten in diesem Zusammenhang jüngere Bemühungen lutherischerseits um Zugänge zum sakramentalen Denken an: vgl. etwa E. Jüngel, Das Sakrament - was ist das?, in: E. Jüngel-K. Rahner, Was ist ein Sakrament; A. Schilson, Das Sakrament als Problem protestantischer Theologie, in: HerKorr 34 (1980) 133-138, bes. 137f. Einen gewissen sakramentalen "Trend" in der lutherischen Ekklesiologie lassen sogar erkennen: K. L. Schmidt, Art. ekklesia, in: ThWNT, III, bes. 512; O. A. Dilschneider, Gegenwart Christi, II, 227; H. Asmussen, Warum noch lutherische Kirche?, Stuttgart 1949 (= Neudr. Darmstadt 1969); P. Tillich, Natur und Sakrament (1928), in: Ders., Der Protestantismus als Kritik und Gestaltung (= Ges. Werke, VII), bes. 119ff.; ders., Protestantische Gestaltung (1929), ebd., 57ff.; ders., Die protestantische Ära (1948), ebd., bes. 21ff.; ders., Die bleibende Bedeutung der Katholischen Kirche für den Protestantismus, ebd., 135ff. W. Pannenberg (wenngleich mit Vorbehalten gegen die sakramentale Terminologie), Thesen zur Ekklesiologie, Th. 97, S. 39; G. A. Lindbeck, Die Kirchenlehre des Konzils ist ein Übergang, in: J. Chr. Hampe (Hrsg.), die Autorität der Freiheit, I, bes. 367; H. Ott, Die Antwort des Glaubens, Stuttgart 1973, 414; vgl. ferner die Diskussion der Sakramentalität der Kirche im ökumenischen Dialog auf der Ebene des Weltkirchenrates: vgl. R. Weibel-Spirig, Christus und die Kirche; H. Mühlen, Die Ekklesiologie der Kommission für Glaube und Kirchenverfassung, in: Volk Gottes, 603-638; ferner W. Beinert, Die Sakramentalität der Kirche, a.a.O., 49-51.

29) Vgl. hierzu die kontroverstheol. Analyse bei R. Kösters, Zur Theorie, a.a.O., 157f.

folgung des thematischen Weges im bisherigen interkonfessionellen Dialog ein inneres Gefälle und eine Zentripetalität des Gespräches in seinem Problemverlauf sichtbar zu machen, das das Aufsuchen des Themenkomplexes "sakramentale Ekklesiologie" und "ekklesiale Sakramentalität" als eines Themenschwerpunktes fruchtbringend erscheinen lassen kann,(30) der sowohl kritischen Erprobungsfall (Sakramentengemeinschaft) der "ökumenischen Konsense" in den anderen kategorialen Bereichen als auch und zugleich das strukturbestimmende Materialprinzip offenbar macht, anhand dessen u. U. ein möglicher Fluchtpunkt katholisch-protestantischer Begegnung im ökumenischen Gespräch ermittelt werden kann.

Sodann sollen in einem ersten Hauptteil bedeutsame Stationen der geschichtlichen Entwicklung der sakramentalen Idee hinsichtlich der Lehre von der Kirche beleuchtet werden unter dem erkenntnisleitenden Interesse, die sakramentale Idee besonders im Hinblick auf den Kirchenbegriff in ihrer noch vor-reflexiven Bezeugung (ntl. Zeugnisse, Vätertheologie), in der ersten begrifflichen Konkretisierung (bes. Augustin) und in ihrer zeit- und dogmengeschichtlich(31) bedingten Weiterbildung (Scholastik-Gegenreformation-Vaticanum I-"Mystici Corporis") zu verfolgen, um dann in einer ersten systematischen Zwischenbilanz die dogmatischen Grundlagen im Kirchenverständnis für den in der zweiten Abteilung des ersten Hauptteils folgenden Überblick über die praktische und rechtliche Regelung der Frage gottesdienstlicher Gemeinschaft zwischen katholischen und nichtkatholischen Christen zu formulieren.

---

30) In diese Richtung weist bereits E. Schlink (Pneumatische Erschütterung?, in: KuD 8 [1962] 230), der die traditionellen Lehrgegensätze von Glaube und Werk, Gericht und Gnade, Rechtfertigung und neuem Gehorsam in ihrem Schwerpunkt gleichsam verlagert sieht vom Verhältnis des einzelnen zu Gott und Christus auf das Verhältnis der Kirche zu Gott und Christus, wo sie nun aber "vielleicht sogar verstärkt sichtbar" geworden seien. Freilich wird man auch diesen Versuch der Ermittlung einer konfessionellen Grunddifferenz nur als Bestimmung eines "zentripetalen Gefälles" richtig auswerten können und nicht im Sinne einer Zementierung des Ortes einer unüberwindlichen konfessionellen Diastase, da all solchen Versuchen - nach Schlinks eigener Konzedierung - so etwas wie ein "irrationales Moment" zugrunde liegt, das sich seinerseits "dem systematischen Zugriff eigentümlich entzieht" (Schlink, a.a.O., 218). Wenn heute eine "dogmatische Lehre von der Kirche ... nicht stehen bleiben (kann) bei der apologetischen Darstellung der geschichtlich gewordenen Gestalt der Partikularkirche, deren Glied man ist", und "die apologetische Rechtfertigung der geschichtlich gewordenen Gestalt der Liturgie, des Dogmas, der Frömmigkeit, sowie des Kirchenrechtes zu unterscheiden (ist) von der dogmatischen Besinnung auf den grundsätzlich bestehenden Raum für die vielerlei Möglichkeiten kirchlicher Gestalt innerhalb der kirchlichen Einheit" (E. Schlink, Ökumenische Dogmatik, 557), so soll mit dem Aufgreifen der sakramentalen Idee als einer von katholischer Seite festgehaltenen Grundstruktur kirchlichen Lebens, die den veränderlichen geschichtlichen Gestalten der Kirche unverzichtbar zugrunde liegen muß, ein mögliches ökumenisches Zentralkriterium anvisiert werden, anhand dessen auch die Frage nach der kirchentrennenden Qualität bestehender konfessioneller Unterschiede zutreffender beurteilt werden kann.

31) Vgl. hierzu gerade H. Stirnimann (Zur ökumenischen Situation, a.a.O., 259), der gerade in der Dogmengeschichte die neuralgischen Punkte der heutigen ökumenischen Diskussion sieht und deshalb in diese Richtung eine Intensivierung des ökumenischen Gespräches fordert.

Erkenntnisziele des ersten Hauptteiles sind dabei näherhin:
1. Der Aufweis der inneren ratio des Verhaltens und der Entscheidungsgründe der katholischen Kirche in der Frage sakramentaler Gemeinschaft mit nichtkatholischen Christen auf dem Hintergrund der dogmatischen Grundlagen des katholischen Kirchenbegriffes.
2. Die Herausarbeitung der konstitutiven Bedeutung der sakramentalen
   Idee für die Gestalt des katholischen Kirchenbegriffes und der Einfluß
   ihrer Modifikationen auf die Begründungsmodelle des institutionellen
   Charakters der geschichtlichen Vermittlung des Christus-Heiles (Kirche). Dabei soll die Gestalt des sakramentalen Denkens, wie sie bei
   den Vätern Gestalt gewann in ihrer ökumenischen Relevanz sichtbar
   werden,(32) insofern hier ein gemeinsamer katholisch-protestantischer
   Anknüpfungspunkt für eine ökumenische Kursbestimmung vorliegen
   dürfte, die zudem bereits lehramtlich durch die theologische Grund-
   ausrichtung der Ekklesiologie des II. Vatikanischen Konzils eingeleitet
   wurde.
   Inwieweit die wirkliche ökumenische Potenz in diesem Ansatz durch
   das II. Vatikanische Konzil und besonders durch die nachkonziliare
   theologische Entwicklung und kirchliche Gesetzgebung bereits ausgeschöpft ist, soll in einem zweiten Hauptteil (Ekklesiologische Neuan-
   sätze durch das II. Vatikanische Konzil) anhand der kirchenamtlichen
   Bestimmungen zur Frage der Sakramentengemeinschaft mit den getrennten Ostkirchen und mit den aus der Reformation hervorgegangenen kirchlichen Gemeinschaften untersucht werden.
3. Der dritte Hauptteil soll dann einen Überblick geben über die gegenwärtige theologische ökumenische Diskussion, um dabei die eingangs
   aufgestellte These von der sakramentalen Idee hinsichtlich des Kirchenbegriffes als eines inneren Fluchtpunktes der gegenwärtigen ökumenischen Diskussion anhand der Frage nach der Möglichkeit sakramentaler Gemeinschaft zu überprüfen; möglicherweise ergibt sich von
   hier aus für die kontroverstheologische Diskussion um die Frage der
   realen Möglichkeiten einer Einigung der Kirchen(33) ein theologisches
   Materialprinzip, das im Hinblick auf die Erarbeitung einer theologisch
   tragfähigen Basis in der Lehre(34) eine zukunftsweisende ökumenische
   Perspektive bilden könnte.

---

32) Für den Bereich der Eucharistielehre hat bereits A. Gerken eine Rückbesinnung auf die
    Vätertheologie gefordert (Theologie der Eucharistie); der Grundansatz ist bereits
    feststellbar bei J. Ratzinger, Volk und Haus Gottes; ders., Das neue Volk Gottes. Zu
    dem Programm einer patristischen Orientierung fruchtbaren ökumenischen Bemühens vgl.
    schon R. Grosche, Pilgernde Kirche, Freiburg i. Br. 1938; [2]1969; O. Karrer, Um die
    Einheit der Christen, bes. 37-40; ferner J. Hessen, Luther in katholischer Sicht; E.
    Przywara, Humanitas, bes. 376-400.
33) Vgl. dazu den jüngsten Versuch von K. Rahner-H. Fries, Einigung der Kirchen und die
    Kritik hierzu von J. Ratzinger, Luther und die Einheit der Kirchen, bes., 573ff.
34) Dabei muß sich freilich stets bewußt bleiben, daß die ökumenische Theologie immer
    nur bis an die Schwelle der Einheit im Glauben selbst führen kann, welch letztere nur
    in einem theologischen "Sprung" durch den faktischen Vollzug der Einheit möglich ist,
    d. h. "kirchliche Wiedervereinigung ist nicht bloße Folge der vorher amtlich konsta-
    tierten theologischen Lehreinheit, sondern zugleich auch deren Bedingung" (R. Kösters,
    Zur Theorie der Kontroverstheologie, a.a.O., 162). Im Gesamtvollzug des ökumenischen
    Geschehens ist also die Theologie nur ein und nicht einmal das wichtigste Element.

§ 1: ÖKUMENISCHE STANDORTBESTIMMUNG – EIN PROBLEMINDIKATO-RISCH-HEURISTISCHER VORSPANN

Als die zentralen thematischen Schwerpunkte des interkonfessionellen Dialoges(1) lassen sich global gesprochen der soteriologische, der christologische und der ekklesiologische Problemkreis ausmachen.

Ziel der nun folgenden Ausführungen in § 1 ist es, aus einer umrißhaften Dokumentierung zum bisher erreichten jeweiligen Forschungsstand die wechselseitige Interdependenz der drei Problemkreise sichtbar zu machen, und als den inneren Fluchtpunkt dieser Interdependenz die kontroverstheologische Bedeutsamkeit der sakramentalen Idee im Kirchenverständnis deutlich zu machen.

I. Zum Diskussionsstand historischer und systematischer Luther- und Reformationsforschung

1. Der soteriologische Problemkreis

Katholische Auseinandersetzung mit Luther(2) und dem Protestantismus war und ist immer auch besonders Auseinandersetzung mit reformatorischer Rechtfertigungslehre. Spätestens seit dem 1963 veröffentlichten aber schon 1949 ausgearbeiteten Aufsatz von P. Brunner über die Rechtfertigungslehre des Konzils von Trient(3) scheint die Rechtfertigungsdebatte im interkonfessionellen Gespräch nun künftig auf dem Generalnenner zu gründen, daß zwischen katholischer (konkretisiert in der Lehre des Tridentinums DS 1510-1583) und lutherischer Rechtfertigungslehre kein absoluter Lehrgegensatz bestehe, wenn nur einige ungeschickte, mißverständliche und u. U. auch gefährliche Formulierungen in ihrem Stellenwert richtig eingeordnet und interpretiert würden.(4) Die diesem

---

1) Wir konzentrieren und beschränken uns im folgenden auf den katholisch-evangelisch(lutherischen) Bereich im deutschsprachigen Raum.

2) Zur Entwicklung der katholischen Auseinandersetzung mit Luther vgl.: K. Forster (Hrsg.), Wandlungen des Lutherbildes; H. Gehrig, Martin Luther, Gestalt und Werk; O. H. Pesch, Zwanzig Jahre katholische Lutherforschung, in: LR 16 (1966) 392-406; ders., Abenteuer Lutherforschung, in: NO 20 (1966) 417-430; ders., Ketzerfürst und Kirchenlehrer; P. Manns, Lutherforschung heute; W. Beyna, Das moderne katholische Lutherbild; R. Stauffer, Die Entdeckung Luthers im Katholizismus; J. Brosseder, Die katholische Luther-Rezeption, in: Concilium 12 (1976) 515-521; O. H. Pesch, Der gegenwärtige Stand der Verständigung, ebd., 534-542 (vgl. das ganze Heft: "Luther damals und heute"); Ders., "Ketzerfürst" und "Vater im Glauben", in: H. F. Geißer u. a., Weder Ketzer noch Heiliger, 123-174.

3) P. Brunner, Die Rechtfertigungslehre des Konzils von Trient, in: E. Schlink-H. Volk (Hrsg.), Pro Veritate, 59-96; abgedruckt auch in: P. Brunner, Pro Ecclesia, II, 141-169.

4) Vgl. auch W. v. Loewenich, Der moderne Katholizismus, Witten 1955, ⁴1959, 25ff.; 28; Neuausgabe unter dem Titel: Der moderne Katholizismus vor und nach dem Konzil, Witten 1970, 21-24; ferner G. Pöhlmann, Rechtfertigung, bes. 85-383; hierher gehört auch H. Küngs Aufsehen erregendes Buch: Rechtfertigung. Die Lehre Karl Barths und eine katholische Besinnung, Einsiedeln ⁴1964, 269, wo aufs Ganze gesehen eine grundsätzliche Übereinstimmung konstatiert wird zwischen der Lehre Karl Barths und der der katholischen Kirche zur Rechtfertigung; zur Kritik an Küng vgl. U. H. Pesch, Zwanzig Jahre, 399 A 39 (Übersicht); bes. kritisch: P. Brunner, Trennt die Rechtfertigungslehre die Konfessionen?, in: Zeitwende 30 (1959) 524-536; ders., Rechtfertigung und Kircheneinheit, in:

ganzen Dialog-Strang zugrundeliegende Argumentationsfigur dürfte exemplarisch wohl O. H. Pesch formuliert haben,(5) wenn er in dem Unterschied von existentieller (Luther) und sapientialer (Thomas v.
Aquin) Theologie(6) als zweier grundsätzlicher formaler Verstehenshorizonte,
inhaltlicher Artikulationsgestalten und Vollzugsweisen von Theologie
überhaupt auf den tiefsten Unterschied und Gegensatz zwischen Thomas
und Luther (und damit wohl zwischen katholischem und protestantischem
"Theologisieren" überhaupt) gestoßen zu sein glaubt, "der alle anderen
Unterschiede und Gegensätze unterfängt und bedingt",(7) wobei aber
wegen der "unaufhebbaren Geschichtlichkeit von Offenbarung, Glaube,
Bekenntnis und theologischem Verstehen beide Verständnisstrukturen im
Sinne eines legitimen Pluralismus der Denkform in der einen Christenheit
nebeneinander bestehen" können, "wo die Mehrschichtigkeit der geistigen
Situation das nahelegt oder gar fordert."(8) Inhaltlich bedeutet das für
den Bereich der Rechtfertigungslehre, daß der als der Nerv der katholisch-protestantischen Kontroverse angesehene Gegensatz zwischen katholischer Allwirksamkeit und lutherischer Alleinwirksamkeit Gottes im
Rechtfertigungsgeschehen(9) als - wenigstens von Thomas und Luther
her - vermittelbar und nicht einander ausschließend betrachtet wird,(10)
insofern die lutherische Fundamentaloption der Gerechtigkeit aus Glauben

Ders., Pro Ecclesia, II, 89-112; E. Schott, Einig in der Rechtfertigungslehre?, in: LuJ
26 (1959) 1-24; von kath. Seite: F. Barth, Römisch-katholische Stimmen zu dem Buch von
Hans Küng 'Rechtfertigung', in: Materialdienst des konfessionskundlichen Institutes
Bensheim 11 (1960) 81-87; positiv: K. Rahner, Fragen der Kontroverstheologie über die
Rechtfertigung, in: Ders., ST, IV, 237-271; Küngs Verteidigung: H. Küng, Zur Diskussion
um die Rechtfertigung, in: ThQ 143 (1963) 129-135; ferner ders., Katholische Besinnung
auf Luthers Rechtfertigungslehre heute, in: Theologie im Wandel, 449-468, bes. 460-468.
Zur weiteren Entwicklung der ökumenischen Diskussion um den Konsens in der Rechtferti-
gungslehre vgl. O. H. Pesch, Gerechtfertigt aus Glauben, 20-23 AA 16-24 (Literatur!);
an wichtigen Arbeiten seien nur noch stellvertretend genannt: U. Kühn, Das gegenwärtige
Verhältnis zwischen lutherischer und katholischer Lehre von der Rechtfertigung, in:
Amtsblatt der evangelisch-lutherischen Kirche in Thüringen 17 (1964) 29-36; ders., Die
Rechtfertigungslehre des Thomas von Aquin in evangelischer Sicht, in: U. Kühn-O. H.
Pesch, Rechtfertigung im Gespräch zwischen Thomas und Luther, 9-36; ders., Via caritatis, Theologie des Gesetzes bei Thomas von Aquin, wo auch von evangelischer Seite ver-
heißungsvolle Gesprächsbereitschaft signalisiert wird.
5) O. H. Pesch, Theologie der Rechtfertigung.
6) Vgl. ebd., 918-948; ferner 594.
7) Ebd., 941.
8) Ebd., 901; zu dem grundsätzlichen methodologischen Vorwurf einer existential-hermeneutischen Nivellierungsstrategie des Programms einer "Ökumene auf Kosten Luthers" an
Pesch vgl. P. Manns, Lutherforschung heute, Wiesbaden 1967 (explizit gegen Pesch,
Zwanzig Jahre Lutherforschung; und ders., Abenteuer Lutherforschung); sachlich aber
trifft die Kritik auch die zum damaligen Zeitpunkt für Manns noch nicht greifbare
systematische Arbeit von Pesch, Theologie der Rechtfertigung; vgl. P. Manns, a.a.O.,
15; 19-20 AA 63-69; 43ff.; 48; 53; 54-75; ähnliche Bedenken äußert allgemein zu gewissen Strategien ökumenischer Konsensbildung W. Pannenberg, Die Geschichtlichkeit der
Wahrheit, in: Begegnung (= FS H. Fries), 31-43, bes. 32f.; vgl. die Antwort von Pesch
an Manns, in: Der "katholische" und "lutherische" Luther, in: O. H. Pesch, Gerechtfertigt aus Glauben, 95-144.
9) Vgl. hierzu Y. Congar, Regards et réflexions, in: Das Konzil von Chalcedon, III, 457-
486; dazu O. H. Pesch, "Um Christi willen ...", bes. 18-30.
10) Vgl. O. H. Pesch, Theologie, 594ff.

allein(11) einen relationalen Gnadenbegriff zugrunde lege, der das
Rechtfertigungsgeschehen wesentlich als Annahme des im Wort applizier-
ten "pro me" des Christus-Ereignisses fasse(12) und somit zwar eine
"mitleistende cooperatio" von seiten des Menschen ausschließe, gleichwohl
aber durchaus eine wurzelhafte Umorientierung des Menschen durch den
Glauben auf eine seinsmäßige Erneuerung hin kenne, die dem Glauben
folge.(13) Damit sei - wenn auch in der Brechung durch die andere
Denkform - das katholische Anliegen des Gnadenbegriffes vermittelbar.
"Die Lehre von der Gnade als Qualität ... will das totale und radikale
Ankommen der Liebe Gottes in der Wesensmitte des Menschen zum Ausdruck bringen."(14) Diese Grundoption bedeutet auch, daß die Formel
für den Christus-Bezug der Gerechtigkeit des gerechtfertigten Sünders
nicht das "propter Christum" ist, sondern das "per mysterium Christi",(15) d. h. das spezifische und über Luther hinausgehende Anliegen
der Qualitas-Theorie ist die Herausstellung des schöpferischen Charakters der Liebe Gottes, die zwar sich selbst den Vorzug schafft, den sie
lieben kann, aber doch wesentlich im Geschöpf selbst. "Es geht darum,

11) Vgl. O. H. Pesch, 322-325.
12) Also sich gegen eine kreatürlich-akzidentelle Seinsweise der Gnade wende.
13) Nach der existential geprägten Denkform der Gegensatzverborgenheit des Heilshandelns
    Christi ist auch das Verhältnis von Glaube (Gott) und Werken (Mensch) im Rechtferti-
    gungsgeschehen in einer unauflöslichen Dialektik verwoben, die allenfalls akzentuell
    verschieden strukturiert ist im Vergleich zur klassischen katholischen Gnadenlehre,
    nicht jedoch ein sachliches Anathema begründet (Hierzu vgl. O. H. Pesch, Einführung in
    die Lehre von Gnade und Rechtfertigung, 55-107, bes. 84ff.). Legt man den hermeneuti-
    schen Schlüssel der christozentrischen und dialektischen Denkform auch der Interpreta-
    tion des simul iustus et peccator zugrunde, so muß es auch hier "nicht zum gegenseiti-
    gen Anathema kommen" (Pesch, Theologie, 537). Die vermittelnde Interpretation des
    "simul" legt ein dynamisch-geschichtliches Verständnis, nicht eine geschichtslose
    Dialektik des bloßen Widerspruches zugrunde (so R. Hermann, Gerecht und Sünder zu-
    gleich, 7f.; O. Wolff, die Haupttypen, 168-171; W. Joest, Gesetz und Freiheit, 1961,
    82-99, bes. 91ff.) und versteht das "zugleich" somit in der Gespanntheit zwischen
    Anfang und Ende, d. h. die Möglichkeit eines progressus und damit die Aufnahmemöglich-
    keit des Gedankens vom wirklichen Ankommen der Gnade im Menschen ist zugelassen (vgl.
    hierzu auch K. Rahner, Gerecht und Sünder zugleich, in: GuL 36 (1963) 434-443, hier
    442f.; ders., Art. Rechtfertigung VI (systematisch), in: LThK², VIII, 1042-1046, bes.
    1045; anders P. Bläser, Rechtfertigungsglaube bei Luther, 10, 25ff., 34-36, 38, 212; G.
    Söhngen, Analogia fidei, in: Catholica 3 (1934) 113ff.; 174ff., die eine "effektive
    Gerechtmachung" des Sünders bei Luther allenfalls als inkonsequente Nebenlinie seines
    Denkens zulassen, d. h. eigentlich nur eine transitus-Linie, nicht aber eine progres-
    sus-Linie bei Luther kennen; dagegen R. Hermann, Gerecht und Sünder zugleich, 109;
    ders., Gesammelte Studien zur Theologie Luthers und der Reformation, 63-76; 270ff.;
    ders., Art. Rechtfertigung (III: dogmatisch), in: RGG, ³V, 842; W. Joest, Gesetz und
    Freiheit, 83f.; zum ganzen der informative Überblick über die "simul"-Diskussion bei R.
    Kösters, Luthers These, in: Cath 18 (1964) 48-77; 193-217; gerade im Vergleich mit der
    radikal satisfaktorisch-forensischen Aussagelinie bei Melanchthon (vgl. hierzu L. Hai-
    kola, Melanchthons und Luthers Lehre von der Rechtfertigung, in: Luther und Melanch-
    thon, 89-103, bes. 95) tritt bei Luther sehr viel deutlicher die effektive Komponente
    seines Rechtfertigungsdenkens an den Tag und bezeugt seine Nähe und Vermittelbarkeit
    zum katholischen Anliegen (Belegstellen für Luther bei Haikola, a.a.O., 101 A 47); vgl.
    ferner R. Stupperich, Die Rechtfertigungslehre bei Luther und Melanchthon, 73-88.
14) O. H. Pesch, Einführung, 88.
15) Vgl. ders., Theologie, 699.

ob Gottes Liebe selbst, durch ihre eigenes Wesen, einen korrespondierenden Effekt im Menschen hat und haben muß, sobald sie sich überhaupt dem Menschen zuwendet."(16) Mit der Bejahung dieser Frage(17) ist die katholisch-soteriologische Grundoption eingeleitet. Bei Thomas von Aquin tritt sie in besonderer reflexiver Klarheit zutage in der gratia-qualitas-Theorie als ein "anthropologisch-ontologischer Erhellungsversuch der Spontaneität der neuen Lebendigkeit und des ihr entspringenden neuen Handelns."(18) Dieser Erhellungsversuch fällt bei Luther aus, ja er wird bei Luther fatalerweise (durch G. Biel veranlaßt) mißverstanden.(19) "Mitten in der sachlichen Übereinstimmung(20) stehen wir vor der entscheidenden Differenz der Denkstruktur der beiden Theologen in Sachen der Rechtfertigung",(21) welche Pesch jedoch nicht als schlechthinnigen sachlichen Widerspruch zwischen Thomas und Luther qualifiziert.(22) Genau an dieser Stelle ergibt sich ein erster Anhaltspunkt für unsere Fragestellung aus der Analyse der kontroverstheologischen Diskussion um die Rechtfertigung: Auf die grundsätzlichen Feststellungen eines möglichen katholisch-reformatorischen Konsenses in der Rechtfertigungslehre(23) folgt nun nämlich im weiteren Verlauf des ökumenischen Gesprächs nicht etwa ein bruchloser explikativer Weiterbau auf diesem Fundament, sondern ein eigenartig sperriger ekklesiologischer Schwenk, in dem nun die Erprobung des soteriologischen Konsenses am Kirchenbegriff zum eigentlichen ökumenischen Testfall wird,(24) denn Luther und der Reformation sei es gar nicht primär und allein um die Rechtfertigung des Sünders gegangen, sondern - freilich damit im Zusammenhang stehend - um das wahre Wesen und die wahre Bedeutung der Kirche.(25) Damit bildet der Gang der modernen kontroverstheologischen Diskussion gleichsam einen problemtheoretischen Reflex auf die analoge Problematik, die mit der Frage nach Luthers eigentlicher reformatorischer Entdeckung oder Wende(26) angeschnitten ist: Schließt man sich hierbei etwa E.

16) O. H. Pesch, Einführung, 84.

17) Vgl. Thomas von Aquin STh I q. 19 a. 20.

18) O. H. Pesch, Theologie, 707.

19) Vgl. ebd. 711.

20) Vgl. etwa die extrinsezistischen Elemente bei Thomas von Aquin; dazu Pesch, Theologie, 704-705.

21) Ebd., 747.

22) Vgl. Ebd., 717.

23) Aus der Vielzahl der einschlägigen Veröffentlichungen seien nur stellvertretend genannt: O. H. Pesch, Existentielle und sapientiale Theologie, in: ThLZ 92 (1967) 731-742; ders., Gottes Gnadenhandeln als Rechtfertigung, in: MySal IV/2, 831-913; H. Fries, Das Grundanliegen der Theologie Luthers in der Sicht der katholischen Theologie der Gegenwart, in: K. Forster (Hrsg.), Wandlungen des Lutherbildes, 157-191, bes. 172-179; Th. Sartory, Martin Luther in katholischer Sicht, in: US 16 (1961) 38-54; 186-197; ferner H. Asmussen-Th. Sartory, Gespräch zwischen den Konfessionen, bes. 94-143; A. Brandenburg, Martin Luther gegenwärtig; U. Kühn, Via caritatis; auch die historische Lutherforschung scheint sich mehr auf diese Konsensbasis zuzubewegen (vgl. bei Pesch, Gerechtfertigt, 22 A 22). Gegenstimmen zu dieser Position: A. Stakemeier, Das Konzil von Trient über die Heilsgewißheit; H. Volk, Die Lehre von der Rechtfertigung, 96-131.

24) Vgl. P. Brunner, Das Geheimnis der Trennung und die Einheit der Kirche, in: K. E. Skydsgaard (Hrsg.), Konzil und Evangelium, 168-209; ders., Reform-Reformation, in: KuD 13 (1967) 159-183.

25) Vgl. P. Brunner, Reform-Reformation, a.a.O., 180-183.

26) Zur heillos verwirrten Diskussionslage: O. H. Pesch, Zur Frage nach Luthers reformatorischer Wende, in: Catholica 20 (1966) 216-243; 264-280; zur Kritik von Peschs Ansatz

Iserloh(27) an, so liegt der kirchentrennende Charakter lutherischer Theologie nicht originär in der zentralen reformatorischen Entdeckung der Gerechtigkeit Gottes (Luthers Römerbriefvorlesung von 1515/1516; bes. zu Röm 1,16f. vgl. auch Luthers Vorlesung über den Römerbrief 1515/1516, hrsg. v. J. Ficker, Leipzig 1930), sondern komme erst in seit 1520 vortragenen Lehren zu Kirche, Amt und Sakrament zum Vorschein.(28) Ob man nun die "ekklesiologische Wendung" des 'Reformatorischen' bei Luther weitgehend durch nicht unmittelbar aus dem "Rechtfertigungsimpuls" stammende Faktoren(29) bedingt sieht, oder sie als den Prozeß der Schritt für Schritt - sozusagen je nach sich bietendem Anlaß - fortschreitenden Um- und Durchprägung des gesamten theologischen Denkens von der ausstrahlenden Mitte des Rechtfertigungsartikels her versteht,(30) jedenfalls führt sowohl der sog. "historische" Ansatz(31)

---

vgl. P. Manns, Lutherforschung heute, 73; ferner zur reformatorischen Wende Luthers: W. Link, Ringen, 22ff.; G. Edel, Das gemeinkatholische mittelalterliche Erbe beim jungen Luther, 1f.

27) Luther und die Kirchenspaltung. Ist das Reformatorische kirchentrennend?, in: H. F. Geißer, Weder Ketzer noch Heiliger, 73-92.

28) In der sog. "Spätdatierung" des reformatorischen Durchbruches stimmt auch B. Lohse zu: Die Bedeutung Augustins für den jungen Luther, in: KuD 11 (1965) 116-135; ders., Martin Luther, Eine Einführung, ²1982, 157-160, jedoch nicht in der Erklärung der Genese der ekklesiologischen und sakramentstheologischen Differenz. Hierüber später genaueres.

29) Demnach wäre der eigentliche Bruch der kirchlichen Einheit vorwiegend aus praktisch-historischen Gründen erfolgt und zwar in der Sakramentenlehre und in der Ekklesiologie (vgl. J. Lortz, Geschichte der Kirche, II, 74 u. 78; ders., Die Reformation als religiöses Anliegen heute, 36; 100f.; P. Manns, Lutherforschung heute, 30) und zwar in der Weise, daß erst aus der historisch-kirchenpolitisch bedingten Zwangslage heraus das ursprünglich durchaus in katholischer Kontinuität geprägte lutherische Amts-, Kirchen- und Sakramentsdenken (vgl. dazu R. H. Esnault, Kontinuität von Kirche und Mönchtum bei Luther, in: Vorträge des dritten internationalen Kongresses für Lutherforschung, 95-121; 122-142; W. Stählin, Rezension zu J. Lortz, Einheit des Christentums in katholischer Sicht, in: ThLZ 86 [1961] 370; ähnlich H. Lieberg, Amt und Ordination, 131f.; 148; 221; E. Sommerlath, Amt und allgemeines Priestertum, 47f.; 51f.) seine katholische Basis verlor, ohne selbst eine eigenständige, theologische und ausgesprochen reformatorische Neubegründung zu erfahren - eine These, die voraussetzt, daß man die Theologie Luthers in ihrer formalen und thematisch-systematischen Einheit in Frage stellen muß (dazu J. Lortz, Grundzüge, 221; er wendet sich gegen eine theologische Überforderung des "widersprüchlich-vielfältigen" Luther), weil man sonst das Fehlen des inneren Konnexes zwischen Rechtfertigungslehre und Ekklesiologie bzw. Sakramentenlehre nicht befriedigend erklären kann; vgl. hierzu auch R. Schwager, Der fröhliche Wechsel und Streit, in: ZkTh 106 (1984) 27-66, bes. 66 A 223, wo jene Schwierigkeit zum Ausdruck gebracht wird, Aussagen bei Luther, die das Amt positiv in den Rechtfertigungsartikel zu integrieren vermögen (vgl. etwa WA 18, 653, 13-35; 33, 133, 1-18. 275, 4-25. 358, 17-359; 35, 517, 10-518, 35. 550, 20-42) mit der Kirchen- und Amtskritik in Verbindung zu bringen, wie sie in "De captivitate babylonica ecclesiae praeludium" (WA 6, 497-573) begegnet.

30) So etwa O. H. Pesch, Gerechtfertigt, 35f.; Das heißt dann, daß die "Einsicht in die befreiende Unverfügbarkeit des Sünders (sic!?) von Wort und Glaube, die beseligende Unmittelbarkeit des Sünders zu dem gnädigen Gott" (a.a.O., 36) auch bei Luther schon direkt und stringent die Einsicht in die "grundsätzliche Grenze der Kirche vor der Geschichte des einzelnen Gewissens mit Gott" (a.a.O., 36) zur Folge hat. Rechtfertigungslehre und Ekklesiologie erscheinen somit schon bei Luther als einander fordernd und interpretierend.

in der Lutherforschung wie auch der "systematische"(32) auf die Problematik der Verhältnisbestimmung von Rechtfertigungslehre und Ekklesiologie als dem zentralen Fragepunkt in der gegenwärtigen Standortbestimmung theologischen Ringens um die ökumenische Verständigung. In beiden Antwortmustern zeigt sich, daß die für unseren Zusammenhang wichtige Frage nach dem aktuellen interkonfessionellen Diskussionsstand und nach einer möglichen weiterführenden Erhellung desselben sich aus der Untersuchung der sakramentalen Denkform kristallisiert in dem Problem der Einlösung des "sola fide" durch das Kirchen-, Amts- und Sakramentsdenken: Die historische Forschungsrichtung konstatiert von ihrem methodologischen Grundentscheid her(33), daß ein echter Konsens zwischen der katholischen Position und Luther strenggenommen nur auf die Rechtfertigungslehre beschränkt anerkannt werden kann,(34) während gerade in den Fragen nach Amt, Kirche und Sakrament - unabhängig von der Rechtfertigungslehre - spezifisch reformatorische Potenzen wirksam werden,(35) die in ihrer Gesamtheit lutherisch-reformatorischem Denken die Prägeform der "theologia crucis" eindrücken,(36) welche nicht einfachhin in einer diachronen, existentialen Hermeneutik katholisch vermittelt, d. h. eingeebnet werden kann.(37)

---

31) Vertreten etwa durch J. Lortz, Die Reformation in Deutschland, I-II, Freiburg i. Br. 1939/40; [6]1982; ders., Luthers Römerbriefvorlesung, in: TThZ 71 (1962) 129-153; St. Pfürtner, Luther und Thomas im Gespräch; E. Iserloh, Sacramentum et exemplum; ders., Gratia und Donum; P. Manns, Fides absoluta; über die Kontroverse zwischen historischer und systematischer Lutherforschung vgl. P. Manns, Lutherforschung heute; O. H. Pesch, Gerechtfertigt, bes. 94-144.

32) Vertreten etwa durch O. H. Pesch, Gerechtfertigt, 22 A 23 (weitere Literatur!); A. Brandenburg, Auf dem Wege, bes. 324f.; H. Fries, Die Grundanliegen der Theologie Luthers, bes. 161; A. Brandenburg, Eine theologische Urspaltung?, in: Begegnung, 187-198; ders., Gericht und Evangelium, Paderborn 1960.

33) Vgl. hierzu P. Manns, Lutherforschung heute, bes. 38-53; 54-75; "Von einem katholischen 'Konsens' mit Luther kann nur die Rede sein, wenn er sich als theologisch und inhaltlich bestimmte Übereinstimmung des historischen Luther mit der zeitgenössischen Lehre der Kirche erweisen läßt" (ebd., 43), d. h. wo nicht unter Berufung auf eine existential verstandene Geschichtlichkeit der Nachweis der inhaltlichen Identität solchen Konsenses in geschichtlich begrenzten Aussagen entbehrlich gemacht wird (vgl. ebd., 47f.).

34) Vgl. ebd., 43, gegen Pesch, Zwanzig Jahre, 392-406, bes. 399; vgl. auch ders., Abenteuer, 417-430, bes. 425; dazu P. Manns, a.a.O., 43 A 144a.

35) Vgl. etwa die "absconditas"-Kategorie; dazu P. Manns, Fides absoluta, bes. 280-288; das Prinzip der Kontrarietätsverborgenheit als Realparadoxie (dazu J_5 Lortz, Grundzüge, 226f.; 228); theologia crucis; dazu R. Seeberg, Dogmengeschichte, [5]1953, IV/1, 227f. A 1; Th. Beer, Die Ausgangspositionen, 64-84); subjektivistische Denkform, dazu J. Lortz, Reformation, II, 1982[6], bes. 396: "Und dies eben ist die eigentliche Ursache für Luthers unentwickeltes Verständnis von der Kirche: sein wurzelhafter Subjektivismus. 'Einzelpersönlichkeit', 'Einzelgewissen' gegen 'Kirche', das ist Luther und der Kern seines 'Programms'". Zur Relativierung seiner Relativismus-These vgl. J. Lortz, Martin Luther. Grundzüge, 234f.; 240 (Situationsbefangenheit; vgl. auch ders., Zum Kirchendenken des jungen Luther, in: WuV, II, 947-986) ferner P. Manns, Fides absoluta, 310f.; ders., Lutherforschung heute, bes. 28; ders., Nachwort, 385 A 121 (gegen P. Hacker, Das ich im Glauben).

36) Vgl. P. Manns, Lutherforschung, bes. 49ff.

37) Vgl. ebd., 38-53; 7-37.

Die systematische Forschungsrichtung hingegen interpretiert das Verhältnis von Rechtfertigungslehre und Ekklesiologie in der lutherischen Theologie als streng interdependentes, d. h. wenn heute in der Rechtfertigungslehre ein grundsätzlicher Konsens zwischen katholischer und lutherischer Position festgestellt wird,(38) so daß diese nicht mehr als kirchentrennend betrachtet werden kann, so liegt der Grund dafür, daß die Kirchen auch heute noch faktisch getrennt sind, darin, "daß die Kirchen in einem noch nicht aufgehobenen Widerspruch zur Mitte ihrer eigenen Verkündigung leben",(39) d. h. die ekklesiologischen Konsequenzen aus der Rechtfertigungslehre aus verschiedensten Gründen(40) nicht ziehen wollen. Die konsequente und die Kircheneinheit bedingende und ermöglichende Durchgestaltung des Kirchentraktates vom "Richteramt" des Rechtfertigungsartikels her(41) bedeutet aber wesentlich, daß alle kirchlichen Strukturen und Machtverhältnisse,(42) kurzum das Institutionell-Sichtbare an der Kirche in seiner radikalen Relativität auf das hin gesehen und gestaltet werden muß, wozu es ausschließlich da ist: "in der Relativität des Instrumentes zu dem, wozu es gebraucht wird und zu dem, der es handhabt."(43) Damit ist in der Frage einer ökumenischen Ortsbestimmung für den katholischen Gesprächsteilnehmer die Dimension des Sakramentalen in der Ekklesiologie(44) als jener Punkt erreicht, an dem die katholische Tradition in ihrer spezifischen Weise die lutherische Herausforderung durch das "sola fide" und das "discrimen legis" beantwortet. Die ökumenische Valenz dieser Herausforderung an die katholische Tradition liegt dabei genauer besehen bei der eingehenden Herausarbeitung der geschichtlichen Entwicklung des sakramentalen Denkens hinsichtlich der einschlägigen Verstehensgehalte von "Realsymbol" und "Instrumentalität" oder - in der Terminologie der Tradition gesprochen - hinsichtlich der Verhältnisbestimmung von "res et sacramentum" und "sacramentum tantum" bzw. von "res" und "res et sacramentum".(45) Mit

38) Vgl. etwa H. G. Pöhlmann, Rechtfertigung, 85.
39) O. H. Pesch, Gerechtfertigt, 42.
40) Pesch nennt etwa solche, die aus theologischen und kirchenstrukturellen Rigorismen genährt sind und nur noch von ferne mit der Rechtfertigungslehre zu tun haben (ebd.), ferner Hindernisse, die eigentlich nicht hindern dürften, wie z. B. verweigerte Kenntnisnahme (des Konsenses, ebd., 43) und die Unfähigkeit zu mehrdimensionalem Denken (ebd., 43f.).
41) Die kritische Funktion des Rechtfertigungsartikels muß dabei nach Pesch jederzeit für den Kirchenbegriff in Anspruch genommen werden **können**, aber nicht faktisch jederzeit in Anspruch genommen werden, sondern nur dann, wenn Gefahr besteht, daß sich das Gegenteil ihrer Botschaft etwa im Kirchenverständnis breitmacht (ebd., 47).
42) Pesch zieht als markantestes Beispiel hierfür die katholische kirchenamtliche Praxis des Umgangs mit denen heran, "die in bewußt erlebte Konfliktsituation mit der Kirche geraten und sich den Zwiespalt zwischen persönlicher Glaubensexistenz und kirchlicher Glaubensartikulation und Lebensform nicht verhehlen können (ebd., 49); vgl. hierzu auch ders., Kirchliche Lehrformulierung.
43) O. H. Pesch, Gerechtfertigt, 54; ferner 79-83.
44) Zum kath. Neuansatz bei Vätern und bei Thomas von Aquin in diesem Punkt sei fürs erste verwiesen auf Th. Schneider, Zeichen der Nähe Gottes, bes. 17-29; 54-69; O. H. Pesch, Das katholische Sakramentsverständnis im Urteil gegenwärtiger evangelischer Theologie, in: E. Jüngel-J. Wallmann-W. Werbeck (Hrsg.), Verifikationen (= FS G. Ebeling), 317-340; L. Boff, Die Kirche als Sakrament.
45) Vgl. hierzu überblicksmäßig die geraffte Zusammenschau der geschichtlichen Entwicklung sakramentalen Kirchendenkens von den Vätern bis J. M. Scheeben bei L. Boff, Die Kirche

dieser Analyse soll näherhin die Frage beleuchtet werden, ob die Übertragung und Einlösung des 'Konsenses in der Rechtfertigungslehre' auf die Ekklesiologie tatsächlich nur eine Frage der Überwindung bloßer theologischer und kirchenstruktureller Rigorismen ist,(46) die eigentlich nicht mehr einheitshemmend wirken dürften, oder ob an dem Testfall "Ekklesiologie" möglicherweise sichtbar wird, daß der Rechtfertigungskonsens auf unterschiedlichen konfessionell-theologischen Paradigmen(47) erbaut wurde, so daß die konfessionelle Identität oder Sperrigkeit eines theologischen Teilkonsenses erst in der Probe der Übertragbarkeit in andere theologische Teilgebiete sichtbar wird. Für die Annahme dieser letzteren Vermutung spricht das faktische Stocken(48) der ekklesiologischen Einlösung des behaupteten soteriologischen Konsenses katholischerseits,(49) zumindest führt offensichtlich der Konsens in der Rechtferti-

---

als Sakrament, 83-123, wo der Sache nach die uns beschäftigende Grundproblematik der Zuordnung von "innen" und "außen" im sakramentalen Geschehen zum Ausdruck kommt. Zur ersten reflex-systematischen Grundlegung des Fragenkomplexes bei Augustin vgl. etwa H. M. Feret, Sacramentum, 242f.; F. Hofmann, Kirchenbegriff; J. Ratzinger, Volk und Haus Gottes; J. Finkenzeller, in: HDG, IV/la, 44-46; W. Beinert, Die Sakramentalität der Kirche im theologischen Gespräch, 14-41; 57-63.

46) So O. H. Pesch, Gerechtfertigt, 42.

47) Vgl. zu dem Terminus "Paradigmenwechsel" im Zusammenhang mit der Epocheforschung: T. S. Kuhn, Die Struktur wissenschaftlicher Revolutionen, bes. 25; W. Falk, Vom Strukturalismus zum Potentialismus; dazu St. Pfürtner, Wie weit reicht der Konsens in der Rechtfertigungslehre, 97.

48) Gerade in bezug auf Fragen nach Kirche, Sendung, Dienst an Wort und Sakrament im Amt wird evangelischerseits eine bedauerliche ökumenische Blockade konstatiert; vgl. etwa E. Stammler, Protestantische Nacharbeit, in: Orientierung 45 (1981) 93-95.

49) Vgl. hierzu etwa H. G. Pöhlmann, Rechtfertigung, der eine Einheit in der Frage des discrimen legis et evangelii für zwar noch nicht gegeben aber möglich hält (a.a.O., 85). Dieser Einigung entgegen steht aber ein offensichtlich in dem inneren Gefälle katholischer Theologie angelegter "Trend" zur Errichtung sog. soteriologischer Nebenzentren (z. B. Mariologie: vgl. D 2291; LG 56; 61; 62; Meßopferlehre D 940), die das Grundgefüge der Heilsökonomie nach dem Rechtfertigungsartikel ständig verzerrten: "Im Widerspruch zu der Rechtfertigungs- und Heilslehre des Tridentinums und Arausicanums, wo Gottes Tat in Christus als der einzige Heilsgrund herausgestellt wird ..., werden in und außerhalb der Symbole des neueren Katholizismus - aber eigentlich schon in Trid. XII. - soteriologische Nebenzentren errichtet, die die konfessionelle Verständigung erschweren" (ebd., 227). Eine derartige Errichtung eines soteriologischen Nebenzentrums erblickt Pöhlmann auch in der LG 1 gemachten Aussage die Kirche als einer Art "sacramentum"; vgl. auch LG 25 und demgegenüber CA V, 1, wo die strenge Funktionalität von Amt und Kirche hinsichtlich des Rechtfertigungsgeschehens betont werde. Als Schlußergebnis seiner Untersuchung formuliert Pöhlmann: "In der Rechtfertigung ist eine Einigung zwischen den Konfessionen möglich, in der Ekklesiologie und Mariologie scheint sie unmöglich zu sein. Im Blick auf die mariologische und ekklesiologische Dogmenentwicklung des neueren Katholizismus, die durch das Vat. II nicht rückgängig gemacht wurde, mutet die altkirchlich-tridentinische Rechtfertigungs- und Heilslehre fast wie ein abgekapselter Fremdkörper im Gesamt des römisch-katholischen Lehrsystems an. Es bleibt zu fragen: Wird die Rechtfertigungsbotschaft durch ihre Dynamis einst ihre Kapsel zerbrechen und das Gesamt der römisch-katholischen Lehre durchdringen und ihrerseits die oben benannten mariologischen und ekklesiologischen Fremdkörper aus ihr ausscheiden können?" (ebd., 383). Vgl. dazu auch St. Pfürtner (Wie weit recht der Konsens in der Rechtfertigungslehre?, in: Orientierung 45 (1981) 95-98), der das Dilemma in der katholisch-protestantischen Lehrdiskussion darin sieht, "daß der **Bedeutungszusammenhang**

gung aus Gnade um Christi willen durch den Glauben, nicht ex se zu
denselben ekklesiologischen Konsequenzen, wie das lutherische Rechtfertigungsverständnis dies vorsieht. An diesem Punkt stellt sich erneut die
Frage nach der genauen Qualität(50) des behaupteten Konsenses(51) in
der Rechtfertigungslehre für den katholischen Gesprächspartner: Das
Bekenntnis zur und die entsprechende kirchenstrukturelle Verwirklichung der reinen Instrumentalität der (institutionellen) Kirche als Qua-
litätsindikator einer katholischen Einlösung des Konsenses betrachtet O.
H. Pesch als längst katholischerseits überfällige Konsequenz aus der
wirklich angenommenen protestantischen Herausforderung; demnach liegen
die "Gründe für die Differenz im Kirchenverständnis weniger im Grundsatz als in einem Zwiespalt zwischen Grundsatz und praktisch nicht
gezogenen Konsequenzen (samt den dafür erbrachten Teiltheorien)."(53)
Dabei scheint O. H. Pesch aber für den Aufweis der ekklesiologischen
Einlösung des Rechtfertigungsartikels als katholische Möglichkeit stillschweigend Voraussetzungen hinsichtlich des katholischen Kirchenverständnisses zu machen, von denen zumindest nicht von vornherein
feststeht, daß sie einer näheren Nachprüfung auf innere Stimmigkeit mit
der eigenen Tradition standhalten: So deklariert Pesch es als eine für
die katholische Auffassung "schiere Binsenwahrheit",(54) daß der "einzige Ort des Gesetzes in der Kirche die notwendige Regelung der äußeren
Voraussetzungen, die eine ungestörte Verkündigung des Evangeliums ge-

---

der Rechtfertigungsbotschaft ganz unterschiedlich gesehen wird" (a.a.O., 97). Zumindest
was das II. Vatikanische Konzil betrifft, wird man freilich katholischerseits den
Vorwurf der Errichtung eines soteriologischen "Nebenzentrums" in der Mariologie (Maria
als mediatrix omnium gratiarum: LG 62; die vorkonziliar gebräuchliche mariologische
Titulatur für Maria "Corredemptrix": vgl. dazu C. A. de Ridder, Maria als Miterlöserin,
Göttingen 1965, vermeidet das Konzil) zurückweisen müssen, denn auch für das Konzil ist
Erlösung ein Geschehen, das einzig und allein im Tun des Gott-Menschen Jesus Christus
und in dem Heilswillen des Vaters seine Ursache hat (W. Beinert, Die mariologischen
Dogmen, 303-307). Ist dieses soteriologische Grundaxiom klargestellt, so verzichtet
katholisch-theologisches Denken jedoch nicht darauf zu präzisieren: "Die Eigenart der
Erlösungsgnade Christi ist es, daß sie die Menschen zur Teilnahme am göttlichen Sein
und Wirken des Erlösers erhebt. Was der Erlöste als Gnade empfängt, wird in ihm selbst
wieder zu einer Heilsquelle für andere, mit denen er solidarisch ist" (O. Semmelroth,
Kommentar, in: LThK², Vat., I, 337). Die Mariologie ist im katholischen Verständnis
also nicht ein soteriologisches "Nebenzentrum" (zum christologischen), sondern die dogmatische Artikulation des Gedankens von der "sakramental strukturierten solidarischen
Proexistenz der Christen in Christus durch den Heiligen Geist", d. h. Ausdruck der soteriologischen Überzeugung, daß Gott das Heil auch ganz durch Einbeziehung geschöpfli-
cher Qualitäten" wirkt (W. Beinert, a.a.O., 306f.; Hervorh. v. Vf.; vgl. auch H. Petri,
Maria und die Ökumene, in: W. Beinert-H. Petri (Hrsg.), Handbuch der Marienkunde,
315-359; H. Schütte, Ziel: Kirchengemeinschaft, a.a.O., bes. 171-189.

50) Vgl. St. Pfürtner (Wie weit reicht der Konsens, a.a.O., 95): Die Rede von einem katho-
lisch-evangelischen Grundkonsens in der Rechtfertigungslehre ist ungenau. In dieser
Verallgemeinerung verschleiert sie die Differenzen und dient nicht einer weiteren
Klärung ..."

51) Vgl. etwa G. Müller-V. Pfnür, Rechtfertigung-Gnade-Werke, in: H. Meyer-H. Schütte
(Hrsg.), Confessio Augustana, 106-139.

52) Vgl. dazu das Postulat von G. Maron, Kirche und Rechtfertigung, 249-267; dazu St.
Pfürtner, Wie weit recht der Konsens, a.a.O., 95-98, bes. 97.

53) O. H. Pesch, Gerechtfertigt, 83.

54) ebd., 80.

währleisten",(55) sei. Die "äußere Kirche" habe also unter die totale
Instrumentalisierung durch die Verkündigung auf die "Kirche im eigentlichen und theologischen Sinne" zu treten, die nicht mit der "äußeren
Organisation 'Kirche' verwechselt werden darf", denn sie ist "unsichtbar, verborgen."(56) In diesem Punkte, so Pesch, "gibt es nicht den
mindesten Dissens zwischen Luther und der ansonsten als konsensfähig
beurteilten Augsburgischen Konfession".(57) Damit sind wohl drei zunächst zu unterscheidende Fragenkomplexe als unbestritten geklärte
unterstellt und zum Ausgangspunkt eines ökumenischen Programmes gemacht, wobei die besagten Prämissen durchaus von der Konfrontation mit
der Tradition her noch zu prüfen sind:
1. Ist mit der Bestimmung des "einzigen Ortes" des "Gesetzes" und der
   Rechtstruktur der Kirche in der notwendigen Regelung der äußeren
   Voraussetzungen zur Verkündigung des Evangeliums wirklich auch
   eine "katholische Binsenwahrheit" artikuliert, wenn damit eine grundsätzliche "Nicht-Institutionalität der Kirche"(58) angezielt ist, oder
   erfahren nicht das Recht und die Institutionalität im Mysterium Kirche
   nach der katholischen Option einer "Communio-Ekklesiologie" eine
   qualitativ andere Verankerung im Kirchenbegriff?(59)
2. Ist der Hinweis auf die vollständige Kongruenz hinsichtlich der Auffassung über die grundsätzliche Verborgenheit und eschatologische
   Unverfügbarkeit der "eigentlichen Kirche im theologischen Sinn" zwischen der Position Luthers und derjenigen der CA wirklich auch ein
   zuverlässiger Indikator für das grundsätzliche und stringente Gelin-
   gen des Versöhnungsversuches zwischen "lutherischer" und "katholi-

---

55) ebd., 79.
56) ebd., 80.
57) ebd.
58) ebd., 81.
59) Vgl. hierzu zunächst andeutungsweise für das, wofür der geschichtlich-systematische
   Durchgang der Arbeit nähere Klärung und Erschließung bieten soll, lediglich: W. Aymans,
   Das Recht im Mysterium Kirche, in: HdbKathKR, bes. 8-11: Entgegen einer Tendenz zur
   Mystifizierung des Kirchenrechts in eine quasisakramentale Größe bleibt die entscheidende Option der katholischen "communio"-Ekklesiologie dennoch die These, daß das
   Kirchenrecht Anteil hat an dem sakramentalen Wesen der Kirche selbst, deren Mysteriums-
   Charakter gerade darin besteht, daß Göttliches und Menschliches in ihr eine einzige
   komplexe Wirklichkeit bilden (vgl. LG 8,1). Die These von der totalen Instrumentalisierung der äußeren, konkreten kirchlichen Strukturen durch die Souveränität des Evangeliums, welches kein Kodex, sondern eine lebendige, sprudelnde Quelle ist (so auch das
   Konzil von Trient: DS 1501-1505; zur Interpretation vgl. J. R. Geiselmann, Das Konzil
   von Trient; J. Ratzinger, Ein Versuch zur Frage des Traditionsbegriffes, 50-69), ist
   zwar zweifellos auch ein katholisches Votum. "Der kritische Punkt liegt allerdings
   darin, daß Trient sehr betont von der 'puritas ipsa Evangelii in Ecclesia' spricht" (W.
   Kasper, Kirchenverständnis und Kircheneinheit, in: Evangelium-Sakramente-Amt und die
   Einheit der Kirche, 28-57, hier 53); d. h. unter dem "Paradigma" sakramentalen Denkens
   und insbesondere einer sakramentalen communio-Ekklesiologie zielt die Option für die
   totale Instrumentalisierung des Institutionellen und "Äußeren" der Kirche durch das
   grundsätzlich diesem unverfügbare Evangelium die nicht auflösbare Polarität jener
   Dialektik von Institution und Ereignis, von "Schon" und "Noch nicht" an, die in keine
   Richtung hin einseitig aufgehoben werden darf. Der streng konditionale (nicht kausati-
   ve) Charakter des Institutionellen (Rechtlichen, "Äußeren") in der Kirche ist demgemäß
   nicht eine uneigentliche sondern die eigentliche- sakramentale - Teilhabeform am Mysterium, am Kern der Wirklichkeit "Kirche".

scher" Ekklesiologie durch die CA?(60) Damit ist zugleich die Frage
nach der ökumenischen Tragfähigkeit der CA als ekklesiologische Kon-
sensgrundlage überhaupt berührt.(61)

---

60) Vgl. die diesbezüglichen skeptischen Urteile z. B. von E. Iserloh, Kirchengemeinschaft
und Kircheneinheit, in: Evangelium-Sakramente-Amt und die Einheit der Kirche, 13-27,
bes. 25-27, wo deutlich gemacht wird, daß Luther wohl unter dem Gesichtspunkt der
Erreichung einer "pax politica" nicht aber unter dem der in Aussicht zu stellenden
concordia dogmatica die "Leisetreterei" Melanchthons rechtfertigen und bejahen könne
(vgl. dazu WA Br 5, 495; WA Br 5, 496; WA Br 5, 458; WA Br 5, 470, ferner bei W. Kasper, Kirchenverständnis, a.a.O., 29 A 9; 30 A 13); vgl. dazu auch W. Kasper, Kirchenverständnis, a.a.O., 57: "Der Versöhnungsversuch der CA ist in verschiedener Hinsicht
unvollkommen, weil er in Einzelheiten weder die katholische noch die reformatorische
Position voll wiedergibt und weil er im Entscheidenden zu viel offenläßt." Dies soll
freilich den grundsätzlichen Wert des in der CA wohl auch ansatzweise gelungenen ökumenischen Gehversuches zu einer gegenseitigen Vermittlung von "katholischer Ganzheit"
und "evangelischer Konzentration" im Kirchenverständnis (ebd., 31; vgl. auch 57) nicht
in Abrede stellen; jedoch sollte der fragmentarische Charakter dieses Versuches nicht
unterschlagen werden; vgl. auch Th. Beer, in: IntkathZ 5 (1976) 189-192, der auf das
problematische Verhältnis der CA zu Luthers Werk und zum übrigen Werk Melanchthons
hinweist.

61) Dieser ganze Fragenkomplex soll hier nur durch den Hinweis auf einige wichtige Titel
der inzwischen unübersehbar gewordenen Literatur angerissen und durch einige kritische
Stimmen als Indikator für die ekklesiologische Schwerpunktverlagerung des ökumenischen
Gespräches überhaupt beleuchtet werden:
Lit.: H. Meyer-H. Schütte-H. J. Mund (Hrsg.), Katholische Anerkennung des Augsburgi-
schen Bekenntnisses?; H. Fries, u. a. (Hrsg.), Confessio Augustana; P. Gauly, Katholi-
sches Ja zum Augsburger Bekenntnis?; B. Lohse-O. H. Pesch (Hrsg.), Das "Augsburger
Bekenntnis" von 1530; zu den geschichtlichen Hintergründen: H. Immenkötter, Um die
Einheit im Glauben; W. Maurer, Historischer Kommentar zur Confessio Augustana, I,
Gütersloh 1976, II, Gütersloh 1978; zur gegenwärtigen Debatte: K. Lehmann-E. Schlink
(Hrsg.), Evangelium-Sakramente-Amt und die Einheit der Kirche; für weitere Literatur
vgl. W. Kasper, Kirchenverständnis und Kircheneinheit, ebd., 28 A 3; 29 A 8 sowie bei
O. H. Pesch, Gerechtfertigt, a.a.O., 80 A 79.
Katholische Defizite in der CA markiert W. Kasper, Kirchenverständnis, a.a.O., 30 A 15,
ebenso evangelische "Unterbestimmtheiten" ebd., 30 A 16. Neben dem bereits angesprochenen Fragebereich nach der Stellung der CA im Ganzen der lutherischen Bekenntnisschriften nennt J. Ratzinger noch weitere drei Gesichtspunkte, die die vor allem durch V.
Pfnür in Gang gebrachte Diskussion um das Programm einer Ökumene durch katholische
Anerkennung der CA (ders., Einig in der Rechtfertigungslehre?, wo Pfnür den zeitgenössischen kontroverstheologischen Dissens nicht so sehr als einen solchen in der Sache
sondern als ein Folge gegenseitigen Nicht-kennens und der Polemik entlarven zu können
glaubt, die die Position des Gegners vielfach gar nicht trifft; vgl. etwa a.a.O., 388;
116f.; AA 675; 676; 677; 678; 679; DS 1554 ff.: S. 117 A 81; S. 390; 399; vgl. ferner
ders., Anmerkung der Confessio Augustana, in: IntkathZ 4 (1975) 298-307; 5 (1976)
374-381; 477f.) in ihrer Problematik deutlich machen:
Demnach ist zum einen nach der Autorität des Bekenntnisses selbst zu fragen: Hat das
Subjekt der Aussagen in CA (nos: I; nostri: XX; ecclesiae nostrae: XXIV) auch heute
noch ekklesiale Relevanz bei den reformatorischen Gemeinschaften? "Die katholische
'Anerkennung' der CA setzt ihre evangelische 'Anerkennung' voraus, nämlich Anerkennung
dessen, daß hier Kirche als Kirche lehrt und lehren kann. Eine solche evangelische
Anerkennung bedeutet des Entscheid über das Formalprinzip des Glaubens (Schrift und
Überlieferung), und dieser formale Aspekt des Ganzen ist in mancher Hinsicht wichtiger
als der materiale ... Die evangelische 'Anerkennung' wäre in jedem Fall die erste

3. Schließlich erhebt sich nach dem Aufweis der Schwierigkeiten in der
    ekklesiologischen Einlösung(62) des behaupteten Konsenses in der

innere Voraussetzung einer katholischen Anerkennung und zugleich ein geistlicher Vorgang, der ökumenische Realität schaffen würde" (J. Ratzinger, Klarstellungen zur Frage
einer "Anerkennung" der Confessio Augustana durch die katholische Kirche, in: Ders.,
Theologische Prinzipienlehre, 230-240, hier 235). Dann stellt sich die Frage nach der
inhaltlichen Vereinbarkeit der CA mit dem katholischen Glauben, die besonders an den
Artikeln "Von der Messe" (XXIV), "Von der Beicht" (XXV) und "Von der Bischofen Gewalt"
(XXVIII) zu überprüfen ist, insofern hier besonders die Implikationen einer Neufassung
der Rechtfertigungslehre für den Kirchenbegriff und die benachbarten Teilmaterien
Sakramente, Eucharistie und Amt zum Vorschein kommen. Im Zusammenhang mit der Erklärung
der Entstehung der Privatmessen und der Problematik ihres satisfaktorischen Charakters
erfolgt in CA eine eigenartige Ineinanderschiebung der theologischen Wertigkeitskrite-
rien von usus und traditio und zwar bei der Erläuterung des Begründungsverhältnisses
zwischen Stipendienwesen, der theologischen Auffassung vom satisfaktorischen Charakter
der Messe und der "multitudo missarum" (CA XXIV, 16; 21; 22; 23), die sich auf die
ekklesiologische Grundkonzeption auswirkt: "Die Frage der Rechtfertigung, die mit der
Theologie der Messe identisch wird, ist von der ontologischen Ebene auf diejenige der
Erfahrung verlegt ... Das Neue in der Rechtfertigungslehre, womit zugleich die ganze
Theologie von ihrer Mitte her revolutioniert wird, liegt in der CA darin, daß Rechtfertigung ein Problem der Erfahrung, nämlich der erfahrenen Gewißheit des Heiles bzw. der
consolatio perterrefactae conscientiae wird (vgl. CA XXV, 4; XX, 15 u. bes. 17 ferner
XXIV, 26ff. bezüglich der Eucharistie) ... Diese Zentrierung der gesamten Theologie um
den Begriff der Tröstung hat zur Folge, daß die gemeinschaftliche Liturgie der Kirche
insgesamt unter die Kategorie der caeremoniae subsumiert wird und daß diese allein an
ihrer pädagogischen Wirkung gemessen werden" (J. Ratzinger, ebd., 238; vgl. dazu CA
XXIV, 3). Damit wird ein grundlegender ekklesiologischer Dissens in der formaltheologi-
schen Qualifikation von Eucharistie, Amt und Kirche zwischen CA und der katholischen
Position sichtbar: So wie die Liturgie nur "caeremonia" sein kann, so kann auch die
kirchliche Lehre nur "ordinatio propter caritatem et tranquillitatem" (CA XXVIII, 55)
sein; die Wirklichkeit "Kirche" tritt somit radikal unter die Maßstäblichkeit der
consolatio des Einzelgewissens und ist nicht diesem vorgängig gegebene Maßstäblichkeit
der Vermittlung des Christus-Heiles. Dies bedeutet wiederum keineswegs, daß der von
Melanchthon beschrittene Weg des Versuches einer Versöhnung von Luther und katholischem
Kirchentum keine fruchtbaren Ansätze weisen könnte (besonders für Melanchthons Theologie in ihrem inneren Weg wird deutlich, daß in ihr unter dem reformatorischen Vorzeichen sehr wohl katholische Anliegen hinsichtlich des Kirchenverständnisses positiv
nachreifen konnten; vgl. hierzu S. Wiedenhofer, Formalstrukturen humanistischer und
reformatorischer Theologie, bes. 384-404), jedoch kann dieser Vermittlungsversuch nicht
schon als Modell gelungener Verständigung dem heutigen ökumenischen Gespräch zugrunde
gelegt werden. Vielmehr zeigt sich an der Problematik um den Begriff "Anerkennung der
CA", daß der Prozeß interkonfessioneller Verständigung nicht ein deklaratorisches Tun
gegenüber einem aus seinem historischen Umfeld gelösten Text sein kann, sondern "nur
ein (freilich historisch fundierter und verantworteter) geistlicher Vorgang ... der
neue Entscheide von beiden Seiten verlangt" (J. Ratzinger, a.a.O., 240). Damit wird
deutlich, wie formale und inhaltliche Seite der Frage nach der reformatorisch-katholischen Differenz hier aufeinander verweisen, ja im letzten zusammenfallen, wo die Frage
nach der Wirklichkeit "Kirche" und ihrer Rolle im Rechtfertigungshandeln Gottes im Raum
steht: Mit der evangelischen Anerkennung der CA als einem ekklesial bedeutsamen Entscheid für die Möglichkeit verbindlichen Lehrens in der Kirche und damit für eine eigene ekklesiologische Qualität des kirchlichen Bekenntnisses ist vom formalen Geschehen
her auch material ein Entscheid über der Kirchenbegriff getroffen, näherhin der Entscheid hinsichtlich der Art einer ekklesiologischen Einlösung der polaren Spannung zwi-

Rechtfertigungslehre noch einmal die Frage nach der tatsächlichen Qualität des soteriologischen Konsenses zwischen lutherischer und katholischer Position.

Der Nerv des Problems scheint hierbei anhand der klassischen katholischen Systematisierung des Gnadenbegriffes nach Thomas von Aquin sichtbar zu werden, wie sie Pesch in signifikantem Unterschied zur lutherischen Position in der sog. "qualitas"-Theorie ausgebildet sieht.(63) Mit der Bestimmung der Rechtfertigungsgnade als einer auch innermenschlichen qualitas, d. h. als einer im Menschen selbst korrespondierenden Auswirkung jener specialis dilectio Gottes zum Geschöpf (Thomas, STh I-II, q. 110) formuliert die klassische katholische Gnadenlehre jene Grundoption für das totale und radikale Ankommen der Liebe Gottes in der Wesensmitte des Menschen,(64) die Pesch im Vergleich zu Luther wohl für einen Zusatz des Aquinaten,(65) nicht aber für einen Widerspruch zur lutherischen Rechtfertigungslehre und zum reformatorischen Gnadenverständnis hält.(66) Nun meldet aber auch U. Kühn seine Zweifel daran an, ob Thomas' Lehre gerade an diesem Punkt unter Zugrundelegung des entsprechenden hermeneutischen Schlüssels eines philosophi-

---

schen der absoluten Souveränität des Evangeliums, von der her die ganze Kirche in dem ministerium verbi steht, einerseits, und der Infallibilität der Kirche, bzw. ihres Amtes der besonderen öffentlichen Evangeliumsverkündigung andererseits. Mit der Antwort auf die Frage, ob der protestantische Entscheid in diesem Punkt mit demjenigen der katholischen Ekklesiologie vermittelbar ist, entscheidet sich nach W. Kasper die Frage nach der Versöhnbarkeit katholischen und evangelischen Kirchenverständnisses (ders., Kirchenverständnis und Kircheneinheit, a.a.O., 56) und damit auch die Frage nach den Möglichkeiten sakramentaler Gemeinschaft.

62) "Bekanntlich liegt die Differenz zwischen katholischem und evangelischem Glaubensverständnis auf dem Gebiet der Ekklesiologie besonders klar zutage" (E. Lessing, Kirche-Recht-Ökumene, 36).

63) Vgl. hierzu O. H. Pesch, Theologie, a.a.O., bes. 699-747; ders., Einführung, a.a.O., bes. 84-96; 96-107.

64) Vgl. O. H. Pesch, Einführung, a.a.O., 88. Über die kontroverstheologischen Implikationen dieses soteriologischen Grundentscheides für die theologische Anthropologie aus dem Gedanken der Gottebenbildlichkeit informieren die beiden parallelen Aufsätze von E. Schlink, Die biblische Lehre vom Ebenbilde Gottes, in: Pro Veritate, 1-23 und G. Söhngen, Die biblische Lehre von der Gottebenbildlichkeit des Menschen, in: ebd., 23-57; ferner A. Hoffmann, Zur Lehre von der Gottebenbildlichkeit des Menschen in der neueren protestantischen Theologie und bei Thomas von Aquin. In der thomasischen Konzeption des Rechtfertigungsgeschehens und Gnadenverständnisses geht es hierbei jedoch nicht um ein banales cooperations-Muster (so die Darstellung der "katholischen" Grundauffassung der Heilsökonomie aus protestantischer Sicht bei P. E. Peersson, Repraesentatio Christi), sondern um den Versuch, sowohl dem Erbe Augustins treu bleibend als auch das aristotelische Analogie- und Kausalitätsdenken aufnehmend, das Rechtfertigungsgeschehen unter der Idee der "reziproken Kausalität" oder besser jener der Analogie der "motus" (dazu Pesch, Theologie, 684-686) als ein paradoxal komplexes Geschehen zu fassen: "Gott bewegt den freien Willen, sogar unfehlbar, aber auch dessen eigentümliche Weise" (Pesch, Einführung, 101); und: "Nichts anderes als mein freier, entschiedener und verantworteter Akt der Hingabe an Gott und der Abkehr von der Sünde ist in absoluter Identität zugleich ganz und gar von Gott erwirkt als Gestalt sich vollziehender und vollzogener Rechtfertigung" (ebd., 102).

65) Vgl. ders., Theologie, 707.

66) Vgl. ebd., 717.

schen Interpretamentes als bloßer Zusatz gegenüber Luther zu depoten-
zieren ist.(67) Kühn ist demgegenüber der Meinung, "daß mit dem anderen philosophischen Interpretament auch in der Sache anderes ausgesagt"
ist.(68) Die soteriologische und gnadentheologische Option für das radikale und totale Ankommen der Gnade in der Wesensmitte des Menschen
bildet vermutlich einen katholischen Fluchtpunkt aus der kontroverstheologischen Debatte um die Rechtfertigung, und von da her soll im folgenden versucht werden, von diesem kontroverstheologischen Indikator
aus der Rechtfertigungsdiskussion die sakramentale Denkform in ihrer
Funktion als explikatives Interpretament dieses soteriologischen Grundentscheides zu untersuchen, d. h. näherhin das sakramentale Denken in
seiner Rolle im Dienste dieser Fundamentaloption zu beleuchten, insbesondere im Hinblick auf das Kirchenverständnis. Ein Hinweis darauf, daß
mit der ekklesiologischen Zentrierung und Vertiefung der Rechtferti-
gungsfrage ein in der Fluchtlinie der bisherigen ökumenischen Bemühungen liegender und möglicherweise diese erhellender Weg beschritten ist,
scheint auch die bei Pesch in seinem großangelegten Versuch eines sy-
stematisch-theologischen Dialogs zwischen Luther und Thomas in der
Rechtfertigungslehre getroffene Feststellung zu sein, daß die grundsätzlich kirchliche Verfaßtheit der sakramentalen· Ordnung und damit der
Gnade überhaupt die folgenreichste Erweiterung der Sakramentenlehre
bei Thomas sei.(69)

Die kontroverstheologische Valenz jener herausgestellten katholischen
soteriologischen Fundamentaloption für das totale Ankommen der Gnade
Gottes in der Wesensmitte des Menschen sei nun noch in ihrer christologischen Variante anhand der Schwerpunkte der diesbezüglichen kontroverstheologischen Auseinandersetzung(70) beleuchtet.

---

67) Vgl. U. Kühn, Ist Luther Anlaß zum Wandel des katholischen Selbstverständnisses?, in:
ThLZ 93 (1968) Sp. 882-898, hier 890; vgl. zur These einer wirklichen Sachdifferenz
zwischen Thomas und Luther hinsichtlich des Freiheitsverständnisses: H. Vorster, Das
Freiheitsverständnis bei Thomas von Aquin, bes. 198.
Die Kritik Kühns an dem methodischen Vorgehen Peschs (Theologie) trifft sich in ihrem
entscheidenden Punkt des Vorwurfes eines platonisierenden Sprunges in die existential-
hermeneutische "Überwelt" (Kühn, a.a.O., Sp. 897) mit jener von P. Manns (Lutherforschung heute, a.a.O., 22; 42), der Pesch eine "pathetische Flucht in die Unaussagbar-
keit" vorwirft immer dann, wenn die sachlichen Differenzen auf die Reduktionsebene der
Denkhorizonte nivelliert werden.
68) U. Kühn, Ist Luther Anlaß, a.a.O., Sp. 889; vgl. auch 896; vgl. in dem Kontext nun auch
neuerdings wieder E. Lessing, Kirche, Recht, Ökumene, der nach wie vor das "unterschiedliche Verständnis des Verhältnisses von Gott und Mensch, wie es mit Deutlichkeit
in der Sakramentenlehre in die Augen fällt" (a.a.O., 36), für die Wurzel des katholisch-protestantischen Dissenses hält und die ekklesiologischen Differenzen lediglich
als die besonders deutliche Artikulationen desselben sieht.
69) Vgl. O. H. Pesch, Theologie, 819. Der im Vergleich zum Sentenzenkommentar des Aquinaten, der die Sakramente vornehmlich als remedium gegen die Sünde kenne, veränderte
Sakramentsbegriff der STh verstehe dieselben als Kulthandlungen der die Mysterien
Christi feiernden und gegenwärtig habenden, nicht setzenden Kirche, die als solche dann
Heilsmitteilung an den einzelnen bewirken. Damit gewinnt die sakramentale Gnade wesentlich ekklesiale und die Kirche wesentlich sakramentale Dignität. "Bei aller Würdigung
der ekklesiologischen Bedeutung der Sakramente durch Luther wird man nicht sagen können, daß diese Perspektive bei ihm so beherrschend ist wie bei Thomas" (Pesch, Theologie, 819).
70) vgl. hierüber den Überblick bei O. H. Pesch, "Um Christi willen ...", in: Cath 35
(1981) 17-57.

2. Der christologische Problemkreis

Über die stringente Interdependenz von Christologie und Soteriologie(71) bzw. von Christusverkündigung und Rechtfertigungslehre(72) bestehen hüben wie drüben keine Zweifel. Dabei wird ·auch deutlich, wie die verschiedenen konfessionellen Zugangs- und Denkweisen des urchristologischen Problems der Verhältnisbestimmung von Gottheit und Menschheit in Jesus Christus die entsprechenden Verdächtigungen der soteriologischen Konzeption der Gegenpartei zur Folge haben: So lautet der reformatorische Verdacht gegenüber der katholisch-christologischen Tendenz, die konstitutionelle Rolle der Menschheit Christi im Heilshandeln sicherzustellen,(73) indem ihr Gegenüber-Sein zur Gottheit Christi betont wird,(74) auf "subtile Werkgerechtigkeit",(75) während umgekehrt katholischem Denken die "Christozentrik" der protestantischen Rechtfertigungslehre dann unannehmbar wird, wenn sie durch das Interpretament einer Christologie der "Alleinwirksamkeit Gottes" dahingehend determiniert wird, daß der Mensch im Rechtfertigungsgeschehen der schlechthin passive ist und bleibt.(76) Die christologische Variante der soteriologischen Frage nach dem radikalen Ankommen der Gnade in der Wesensmitte des Menschen konkretisiert sich somit im kontroverstheologischen Gespräch in dem Problem, inwieweit das Anliegen der klassischen scholastischen Auffassung von der Instrumental- und Exemplarursächlichkeit

---

71) Vgl. hierzu und zur Diskussion der christologischen Neuentwürfe unter der Leitidee der Heilsbedeutsamkeit bei L. Scheffczyk (Hrsg.), Grundfragen der Christologie heute, bes. 141-170; 170-183.

72) Vgl. H.-J. Iwand, Rechtfertigungslehre und Christusglaube; ferner E. Wolf, Die Christusverkündigung, in: Peregrinatio, I, 30-80.

73) Vgl. hierzu K. Rahner, Probleme der Christologie von heute, in: Ders., ST, I, 169-222; ders., Zur Theologie der Menschwerdung, in: ST, IV, 137-155; ders., Die Christologie innerhalb einer evolutiven Weltanschauung, in: ST, V, 183-221; ders., dogmatische Erwägungen über das Wissen und Selbstbewußtsein Christi, in: ST, V, 222-245; Kirchliche Christologie zwischen Exegese und Dogmatik, in: ST, IX, 197-226.

74) Vgl. hierzu die auffallenden, Distanz setzenden Formulierungen des Konzils von Trient in den Aussagen über die Verbindung Christi mit den Glaubenden, wo den Konzilsvätern offensichtlich daran gelegen ist, jeden Anschein eines aufgehenden Einswerdens des Glaubenden mit Christus zu vermeiden (DS 1523; 1524; 1526; 1529; 1530; 1533; 1547), um somit die Möglichkeit wirklich neuen Seins im Glaubenden selbst, d. h. aus §einer Wesensmitte heraus sicherzustellen. Vgl. hierzu auch M. Schmaus, KD, III/2, 1956, 56; 96, der sich gegen einen "Panchristismus" in der Christologie wendet.

75) So z. B. E. Wolf, Die Rechtfertigungslehre, in: Peregrinatio, II, 11-21; besonders scharf in der Kritik G. Maron, Kirche und Rechtfertigung, 46f.; 252-256.

76) So die Analyse von Y. Congar, Regards et réflexions sur la Christologie de Luther, in: A. Grillmeir-H. Bacht (Hrsg.), Das Konzil von Chalcedon, III, 457-486, bes. 486. Congar geht von einer Analyse des Galaterkommentars Luthers aus (WA 40.1.417). Zur Differenzierung des Monergismus-Verdachtes gegenüber Luther vgl. auch Th. Beer, Der fröhliche Wechsel, 325-453, bes. 415-440; 439, der die Monergismus-These nur für den Bereich des fröhlichen Wechsels in der Christologie, nicht aber für den der Satisfaktionstheorie gelten lassen will. Ferner: P. Philippi, Christozentrische Diakonie; O. Tiililä, Das Strafleiden Christi.
Zur Differenzierung seiner eigenen Thesen vgl. auch noch Y. Congar, in: Rivista di storia della chiesa in Italia 21 (1967) 249-259, bes. 252; neuerdings: Ders., Martin Luther. Sa foi, sa Réforme, Paris 1983; ferner P. Manns, Fides absoluta, in: Reformata Reformanda, I, 265-312.

der Menschheit Christi für sein Heilswirken(77) auf der Grundlage des christologischen Denkmodells der hypostatischen Union(78) in seinem vollen materialen Gehalt mit der lutherisch-christologischen Denkform des "fröhlichen Wechsels"(79) und damit zusammenhängend mit dem Gedanken der Kontrarietätsverborgenheit in der Gotteslehre(80) vermittelbar ist. Entsprechend seinem Ansatz einer existential-hermeneutischen wechselseitigen Erschließung von "sapientialer" und "existentieller" Theologie in der Rechtfertigungslehre(81) bejaht O. H. Pesch dies auch für den Bereich der Christologie: Unter der Voraussetzung, daß der thomasische Gnadenbegriff in seiner grundsätzlichen theozentrischen Problemspannung(82) verstanden wird, und damit die Gefahr gebannt ist, daß durch die systematische Abkoppelung der Christologie von der Gnaden- und Rechtfertigungslehre(83) in der STh die Soteriologie ihre christozentrische Akzentuierung verliert und zur substanz-ontologischen, reinen Gnadenmetaphysik depraviert wird,(84) ist er nach Pesch der Christozentrik der lutherischen Rechtfertigungslehre durchaus material konsensfähig.(85) Die Basis solchen Konsenses besteht nach Pesch darin, daß Gott in unlöslichem Sachzusammenhang mit Christi Heilshandeln bedingungslos die Sünde überwindet und dadurch ein neues, wirklichkeits-

---

77) Vgl. hierzu die einschlägige Bibliographie: H. Bouesse, La causalité efficiente; D. van Meegeren, De causalitate instrumentali Humanitatis; Th. Tschipke, Die Menschheit Christi als Heilsorgan; H. Kühle, Sakramentale Christusgestaltung; R. Biagi, La causalità dei sacramenti nello "Scriptum super Sententias", der in kritischer Auseinandersetzung mit der einschlägigen Literatur auf eine Entwicklung der Lehre bei Thomas zwischen dem Sentenzenkommentar und der STh hinweist hinsichtlich der Ausbildung der Auffassung von der Instrumentalursächlichkeit der Menschheit Christi, die wiederum abhängig ist von der Entwicklung seines Gnadenbegriffes. Vgl. hierüber auch unter Einbeziehung der anderen Scholastiker zu dieser Frage M. Grabmann, Die Lehre des heiligen Thomas von Aquin von der Kirche als Gotteswerk, 240-249.

78) Vgl. hierzu das 3bändige Sammelwerk A. Grillmeier-H. Bacht, Das Konzil von Chalcedon; L. Boff resümiert die Konsequenzen dieser christologischen Denkform: "Die wirklich personhafte Verbindung göttlicher und menschlicher Natur in der Seinsordnung sowie die ihr entsprechende Gnadenfülle der Menschheit Christi drängen in ihrer letzten Folge zu einer entsprechenden tatsächlichen Einheit beider in der Wirkordnung, ... zu einer realen Einbeziehung der menschlichen Natur in die göttliche Aktivität bis an die Grenzen der Möglichen" (Die Kirche als Sakrament, 106).

79) Vgl. hierzu M. Lienhard, Martin Luthers christologisches Zeugnis; D. Vorländer, Deus incarnatus; R. Schwarz, Gott ist Mensch; F. W. Kantzenbach, Christusgemeinschaft und Rechtfertigung; F. Th. Ruhland, Luther und die Brautmystik; W. Joest, Ontologie der Person bei Luther; W. Allgaier, Der "fröhliche Wechsel" bei Martin Luther; Th. Beer, Der fröhliche Wechsel; E. Iserloh, Gratia und Donum; ders., Luther und die Mystik.

80) Vgl. hierzu R. Prenter, Der barmherzige Richter; H. Bandt, Luthers Lehre vom verborgenen Gott; P. Manns, Fides absoluta, bes. 280-288.

81) Vgl. O. H. Pesch, Theologie, a.a.O., bes. 594; 901.

82) Vgl. ders., Einführung, 68-79.

83) Vgl. STh I-II, q. 109-114; STh IV, q. 1-59.

84) Vgl. etwa die Entwicklung seit der Hochscholastik von D. Skotus bis G. Biel; dazu H. A. Oberman, Spätscholastik und Reformation, Bd. I u. II: Werden und Wertung, 28-233; Spätwirkungen dieser Entwicklung sind noch feststellbar bei Diekamp-Jüssen, Dogmatik, II, Münster [10]1952, 432; vgl. hierzu Pesch, Einführung, 187-191.

85) Vgl. O. H. Pesch, "Um Christi willen ...", a.a.O., 43f. Zur christozentrischen Wende katholischerseits durch das Tridentinum vgl. P. Fransen, Dogmengeschichtliche Entfaltung der Gnadenlehre, in: MySal, IV/2, 631-982, hier 716.

veränderndes Verhältnis zwischen Gott und Mensch schafft. (86) Alle dar-
über(87) hinausgehenden denkerischen Bemühungen der Handbuch-Theo-
logie und spekulativen Präzisierungen vergreifen sich – so Pesch – an
dem Geheimnis-Charakter der Christus-Wirklichkeit und dienen häufig
nur als Plausibilitäts- und Stützkonstruktionen für die konfessions-
eigenen Konzeptionen einer Rechtfertigungslehre und als argumentative
Substrukturen für das Interesse, die entscheidenden Weichenstellungen
zu einer eben falschen Rechtfertigungslehre beim "Gegner" möglichst weit
im Vorfeld anzusiedeln und der Argumentation dadurch den Anschein von
"Tiefenschärfe" und besonders "eherner" Verankerung zu geben.(88) Im
Gegensatz zu Peschs ökumenisch motivierter Option für den Verzicht auf
christologisch-dogmatische "Schulpräzision"(89) steht nun aber der zwar
in der Fachdiskussion keineswegs unumstrittene,(90) jedoch in der
Darbietung lutherischen Textmaterials das eingefahrene Zitationskartell

---

86) Vgl. O. H. Pesch, "Um Christi willen ...", a.a.O., 43; ferner 51; freilich muß auch
Pesch einen kriteriologischen Dissens feststellen in Bezug auf die konfessionsspezifische Bestimmung der Interdependenz von Rechtfertigungslehre und Christologie, insofern
für das katholische Verständnis das Richteramt des Rechtfertigungsartikels (WA 39, 1,
205, 2) nur **eine** mögliche Artikulation der Botschaft von der Gnade Gottes darstellt.

87) Die für den Konsens ausreichende Aussagebasis hinsichtlich Christologie und Eschatologie ist für Pesch umschrieben mit den Grundfeststellungen: Durch Christus ist die
Schuldverstrickung des Menschen grundsätzlich durchbrochen, jedoch der eschatologische
Vorbehalt bedingt den ethischen Imperativ (simul iustus et peccator); die Zuneigung des
Christus-Heiles ist reines Empfangen. Der Christus-Artikel ist articulus stantis et
cadentis der Rechtfertigung (vgl. BSLK 565, 14-16; 653, 11-15); im Christus-Artikel
jedoch geht es wiederum nur um Gott, denn auch der Gottmensch ist **nur** Werkzeug, nicht
Selbstzweck. Mit der Aussage: Christus ist der Spiegel des väterlichen Herzens (BSLK
660, 41) ist für Pesch genug "Christus-Theorie" geleistet: "Sagt man eigentlich wirklich zu wenig, wenn man sagt: Daran hat der Glaube genug, um Glaube zu sein? Wieviel
'Christustheorie' ist - an den 'Anfängen des Verstehens' - nötig, um zu verstehen,
worauf alles ankommt: daß uns 'um Christi willen' Vergebung und Seligkeit zuteil werden
(CA IV)" (Pesch, "Um Christi willen ...", a.a.O., 57).

88) Vgl. ebd., 52-57.

89) "Ich meine jedenfalls, vor dem 'Spiegel des väterlichen Herzens' darf - zumindest heute
in der großen Not schuldhafter und schuldloser Gottesfinsternis - der Streit um Kenosis
und Krypsis, um Assumptus-Homo-Christologie und Emanuel-Christologie, um Aszendenz- und
Deszendenz-Christologie ... verblassen ..." (ebd., 57).

90) Zur kritischen Auseinandersetzung mit Beer vgl. W. Löser, Ein katholischer Versuch zu
Luther, in: ThPh 56 (1981) 565-573; P. Manns, Das Lutherjubiläum 1983, bes. 295-298;
ders., Nachwort der Neuausgabe der "Reformation in Deutschland", in: J. Lortz, Die Reformation in Deutschland, ⁶1982, bes. 385-391; ders., "Katholische Lutherforschung in
der Krise?", in: Ders. (Hrsg.), Zur Lage der Lutherforschung heute, 90-128, hier 112-
127; ferner O. H. Pesch, Ketzerfürst und Kirchenlehrer. Wege katholischer Begegnung,
143-146; E. Iserloh, Der fröhliche Wechsel und Streit; positiv in der Beurteilung mit
Gesamtdarstellung der einschlägigen Diskussion: R. Bäumer, Um Luthers Theologie; ferner
L. Scheffczyk, Eine Weiterführung katholischer Lutherforschung, in: MThZ 27 (1976)
277-287. Jüngst dazu R. Schwager, Der fröhliche Wechsel, a.a.O.; indirekt positiv
hinsichtlich der Treffsicherheit Beers in der Darstellung lutherischer Soteriologie und
Christologie: H. U. v. Balthasar, in: Theodramatik, III: Die Handlung, 263-269, wo er
zur Darstellung der lutherischen Radikalisierung bisheriger soteriologischer Modelle
auf Beers Buch zurückgreift.

durchaus befruchtend durchbrechende(91) Versuch von Th. Beer,(92) den bestimmenden Grundzug und das prägende Zentrum der Theologie Martin Luthers in dem Denken vom "fröhlichen Wechsel und Streit" (vgl. WA 7, 25, 26ff.) festzumachen, welches gerade in der Christologie zu tiefreifenden Divergenzen gegenüber der Zwei-Naturen-Lehre führe(93) und die Christologie des fröhlichen Wechsels zur "einigende(n), alles beherrschende(n) und tragende(n) Mitte der lutherischen Theologie" werden läßt.(94) Den Nerv dieses christologischen Denkens bilden die Kategorien der Doppelung(95) und Spaltung,(96) die Gott in Christus

---

91) Vgl. hierzu das insgesamt zwar negative (Pesch, Gerechtfertigt, 30f.), hinsichtlich der Darstellung der lutherischen Verdienstlehre durch Beer aber anerkennende Urteil von Pesch: "Beers Untersuchungen sind dadurch besonders wichtig, als (sic) er - als katholischer Theologe - ein gewisses Zitations-Kartell lutherischer Theologie mit neuem Textmaterial durchbricht und Luthers Stellungnahmen zum Verdienst wesentlich differenzierter darstellt" (Pesch, Einführung, 103 A 118). Dieses Urteil kann wohl - mit Einschränkungen - und auch für Akzente der christologischen Darstellung gelten.

92) Th. Beer, Der fröhliche Wechsel und Streit, Einsiedeln 1980.

93) Vgl. ebd., bes. 325-453.

94) Ebd., 443.

95) Vgl. die "doppelte Gerechtigkeit" bei Beer, a.a.O., 37-223 hierzu die Begriffspaare: gratia und donum; Christus als sacramentum und exemplum; Christus als Gott und Mensch (ebd., 325-453); Wort Gottes als Gesetz und Evangelium; Der Mensch als Gerechter und Sünder (227-322); Gott als verborgener und offenbarer (457-512).

96) Vgl. etwa den Kampf in Christus als Spaltung (445), die auch in den Gottesbegriff hineinrage (459-480).
Mit der These von der geistes- und theologiegeschichtlichen Herleitung lutherischen Gnaden- und Rechtfertigungsdenkens und seines Gottesbegriffes unter den Kategorien der Spaltung und Doppelung aus dem Traditionsstrom "pseudo-hermetischen" Schrifttums (Beer, a.a.O., 25; 60; 91; 114; 132; 139; 166; 219; 230; 286; 291; 385-388; 390f.; 393; 399f.; 403; 432; 447; 449; 499; 506; 511; Anhang 2 = Liber XXIV philosophorum: C. Baeumker = BGPhMA 25 (1913/1927) 207-214) hat Beer mit Ausnahme einer anerkennenden Äußerung J. Ratzingers (im Klappentext von Beers Buch) von der katholischen Lutherforschung einhellige Ablehnung geerntet (vgl. P. Manns, Nachwort, a.a.O., 368 AA 56; 57). Diese These ist nach P. Manns "so bizarr und so offenkundig falsch, daß sie als solche eigentlich keine ernsthafte Erwägung verdient" (a.a.O., 368); sie beruht auf einer Position in der Ockhamismusfrage hinsichtlich der Lutherforschung und Lutherdeutung (zum ganzen Komplex vgl. den instruktiven Überblick bei P. Manns, Nachwort, 360-370), die die Trennungslinie von "katholisch" und "unkatholisch" zwischen Scholastik und ockhamistisch geprägter Spätscholastik einerseits und Luther bzw. Pseudo-Hermes andererseits verlaufen, und Luther gerade durch seine antiockhamistische Attacke unkatholisch werden läßt (vgl. Pesch, Gerechtfertigt, 133; ferner E. Iserloh, Der fröhliche Wechsel, der Beer Befangenheit in spätscholastischen Denkformen vorwirft, so daß der Autor sich von vornherein den Weg für eine erschließende Vermittlung Luthers für die katholische Tradition verbaut). Vom historischen und wirkungsgeschichtlichen Gesichtspunkt her (letzteres ist zu betonen gegenüber den Versuchen, W. v. Ockham und den Ockhamismus in ihren theologischen Fragestellungen losgelöst von den philosophisch-logischen Ansätzen so weit wie möglich hochscholastischen Positionen anzunähern; so bei E. Hochstetter, Studien zur Metaphysik und Erkenntnislehre Wilhelms von Ockham; Ph. Böhner, Ockhams Philosophy in the Light of Recent Research, in: Proceedings, 1113ff.; B. Hägglund, Theologie und Philosophie; H. A. Oberman, Der Herbst; K. Bannach, Die Lehre von der doppelten Macht Gottes) ist demgegenüber zweifellos die Lortz'sche These von der Beeinflussung Luthers durch den "unkatholischen Ockhamismus" hinsichtlich des Bildes vom "Willkürgott" und der Lehre von der doppelten Wahrheit (Lortz, Die Reformation in Deutschland, Bd. I,

nur "kopulatorisch" hinsichtlich der Menschheit Christi, nicht aber
wirklich "annehmend-kreatorisch" wirksam sein lassen kann,(97) anders
ausgedrückt: Nach der lutherischen Christologie komme Gott (Gnade)
nicht radikal und total in der Wesensmitte der Menschheit an: "Die
Menschheit Christi, der ipse in humanitate sua, der selbst nur ein
additus ad hypostasim ist, hat im fröhlichen Wechsel keine Funktion einer
dauernden Vermittlung zur Unmittelbarkeit der Anschauung Gottes.
Christus als unsere Gnade und Christus als die Gabe bedeuten sozusagen
eine Doppelexistenz für uns, die sich aber nicht in eine einheitliche
Existenz für uns umsetzt und sich deshalb nicht in die Begriffe der
Existenzphilosophie einfügt ... Die innergöttliche Hypostase, die Luther
als Natur und nicht als Person behandelt, wird durch das Hinzufügen
der Menschheit nicht ein Mittel der Unmittelbarkeit. Da Gottheit und
Menschheit nur als compositum zusammengefügt werden ... kann nicht
die Unmittelbarkeit des göttlichen Wesens personal vermittelt werden,
sondern es können nur Mittelformen, formae dei, causae secundae im
Wechsel übereignet werden. Die Liebe Gottes und der erweckten Gegenliebe des Menschen kommt keine offenbarende und sich unmittelbar mit-
teilende Rolle zu, weder bei der Inkarnation noch bei der Inkorporation
... Die Einheit in Christus, in der Gottheit und Menschheit wie Substanz
und Akzidens (pseudo-hermetisch) verbunden gedacht wird, dient nur
der Überwindung der substantiell, seinsmäßig gedachten Sünde, zu der
Christus 'gemacht' ist."(98)

Nun zwingen aber gravierende Beanstandungen hinsichtlich der wissenschaftlichen Zuverlässigkeit der Beer'schen Auseinandersetzung mit
Luther zu einer differenziert-vertiefenden Verfolgung des von Beer vor-
geschlagenen Zuganges zum Kern lutherischen Denkens:(99) Beer setzt

---

172) mit den entsprechenden Implikationen für Gnaden-, Sakramenten- und Kirchenverständnis einerseits und von der wesentlich antiockhamistisch motivierten Stoßrichtung
des Reformators (die ockhamistische Überbetonung des Willens erscheint ihm als die
klassische Formulierung der Werkheiligkeit: Lortz, a.a.O., Bd. I, 175), der damit aber
"in sich selbst einen Katholizismus nieder(rang), der nicht katholisch war" (ebd.,
176), richtiger, wenngleich sie gegenüber einem doppelten Mißverständnis in Schutz
genommen werden muß (Hierzu P. Manns, Nachwort, a.a.O., 363ff. in Auseinandersetzung
mit L. Grane, Contra Gabrielem; ders., Modus Loquendi):
1. wird dadurch nicht jede positive Bedeutung Luthers für die Reform der katholischen
   Kirche geleugnet,
2. wird Luther dadurch nicht einfach zu einer "tragischen Figur, die ohne jede kreative
   Leistung auf dem Gebiet der Theologie durch seinen abartigen Subjektivismus just
   jenem Einfluß unterliegt, den er in sich zu überwinden sucht" (Manns, a.a.O., 363).
Damit dürfte historisch-wirkungsgeschichtlich der Einfluß des Ockhamismus gerade hinsichtlich der zentralen lutherischen Denkform des Gegensatzes und der Doppelung im
Sinne einer philosophisch motivierten Verfremdung der Theologie bei Luther (vgl. E.
Iserloh, Gnade und Eucharistie, 1f.; 43f.; 272f.; 279f.; ferner J. Lortz, Einleitung zu
E. Iserloh, ebd., XXVIIIff.; XXXIIIf.; XXXVI) zutreffend bestimmt sein; andererseits
sind damit aber nicht "alle historischen Unerklärlichkeiten (in Luthers Theologie)" ...
ohne weiters als ockhamistische Verfremdungen abgetan (vgl. die Warnung O. H. Peschs,
Freiheitsbegriff und Freiheitslehre, 237), sondern als mögliche genuin lutherische und
qualifizierte Herausforderung an die katholische Position anerkannt.
97) Vgl. Th. Beer, Der fröhliche Wechsel, a.a.O., 445.
98) Ebd., 446f.
99) S. o. S. 35 A 90.

sich kaum mit der einschlägigen Sekundärliteratur, sei es aus dem Bereich der systematischen oder der historischen Lutherforschung, aus-
einander(100) und damit auch nicht mit den dort erarbeiteten Versuchen
einer Erschließung des originär lutherischen Denkansatzes für die Tradition. So ist der problem-hermeneutische Horizont sicherlich zu eng abgesteckt, wenn die "Katholizität" der lutherischen Christologie ausschließlich nach der begrifflichen Kongruenz mit dem spätscholastischen
"suppositum"-Term beurteilt wird.(101) Ferner haftet dem Beer'schen
Versuch der Mangel an methodischer Sauberkeit hinsichtlich der gat-
tungsmäßigen Werkunterscheidung bei Luther, und damit in Verbindung
stehend, die Unfähigkeit zur produktiven Auseinandersetzung mit der
grundsätzlich paradoxalen Aussage- und Denkform lutherischen Theolo-
gisierens(102) an, Defizite, die vom Autor selbst indirekt bestätigt
werden, wenn er die innere Brüchigkeit seines hermeneutischen Schlüssels des "fröhlichen Wechsels" für Luthers Theologie schon in der Einleitung seines Buches zu kaschieren versucht: "Im fröhlichen Wechsel
können jedoch nicht alle Gedanken Luthers systematisch untergebracht
werden, weil er außerhalb seiner Kontroverstheologie an der überlieferten katholischen Auffassung festhalten will."(103) "Der 'Systematiker'
Luther, vom Verf. (sc. Beer) 'zu Ende gedacht', überrascht uns also
letztlich mit 'zwei Systemen', wovon das zweite nach Th. Beer allerdings nur als 'glückliche Inkonsequenz' zu betrachten ist (vgl. S. 481-

100) Vgl. hierzu E. Iserloh, Der fröhliche Wechsel, a.a.O., 101; P. Manns, Nachwort, 387 A
130; W. Löser, Ein katholischer Versuch, a.a.O., 569f.
101) Vgl. E. Iserloh, Der fröhliche Wechsel, a.a.O.; Iserloh weist ferner nach, daß die
Beerschen Behauptungen, die lutherische Christologie sei grundsätzlich nicht kongruent
mit der suppositum-Aussage (Beer, a.a.O., 432; 526; 496; 471), sowie die Menschheit
Christi sei bloßes Additum zur göttlichen Natur (a.a.O., 405), Ergebnisse von Fehldeu-
tung aufgrund unsauberer, verkürzter Zitation Luthers sind (vgl. WA 29, 2, 118, 20; WA
39, 22, 117, 39); gegen die Anwendbarkeit des Substanz-Akzidens-Instrumentariums auf
die lutherische Christologie spreche ferner WA 39, 2, 111, 7. 16. Vgl. auch die methodischen Bedenken gegenüber Beer bei Pesch, Ketzerfürst, a.a.O., 145.
102) Vgl. E. Iserloh, a.a.O., 114; so bleibt wichtiges "Erschließungspotential" für die
Theologie des fröhlichen Wechsels aus der Vätertradition vom "sacrum commercium" (vgl.
etwa Augustinus, Sermo 128: PL 39, 1997) einfach unberücksichtigt. Auch das beim Verfasser offensichtlich zugrunde liegende "substantielle" Mißverständnis der gratia
creata in der klassischen Gnadenlehre (vgl. Pesch, Einführung, a.a.O., 84-107) hindert
eine fruchtbare Begegnung mit Luther. Auch daß Beer aus der lutherischen Unterscheidung von gratia und donum eine schlechthinnige Trennung macht (Beer, a.a.O., 241; 389;
390; 521) ist eine Verzeichnung Luthers (vgl. etwa den Prozeßcharakter der Gnadenwirkung in WA 8,111 oder WA 2,504; 2,535; 4,408), wo man nicht von einer "mechanische(n)
Verbindung des Sünders mit Christus" sprechen kann (Beer, a.a.O., 173; 422; 136).
Ferner widerspricht Iserloh der Behauptung Beers, Luther könne die "Larvenlehre"
(Beer, 92; 276; 284-328; 366f.; 412; 435; 441f.; 446; 459; 466; 473; 483; 516 in
Verbindung mit dem Leviathan-Bild: Beer, 339-351) nicht in die Tradition von der
Inkarnation einbauen (ebd., 483): "Das Schnappen nach der Larve wird ja tödlich für
den Fisch, weil diese mit dem Angelhaken eine Einheit bildet" (Iserloh, a.a.O., 113),
d. h. das "humanitate nihil cooperante" (WA 40,1,417), das sich eigentlich auf die
Schöpfung bezieht, widerspricht nicht der Rolle der Menschheit beim Erlösungsgeschehen
als Instrumentalursächlichkeit: an der Menschheit, die in der Kraft der Gottheit ist,
vollzieht sich ja die Erlösung, indem sie in den Tod gegeben wird.
103) Th. Beer, a.a.O., 16.

490)".(104) Damit dürften die innere Grenze und die nicht unbedeutenden Schwachstellen des Beer'schen Versuches einer "weiterführenden"(105) Lutherdeutung(106) sichtbar geworden sein, so daß "man
Beers Buch nicht rückhaltlos als tragfähige und befriedigende katholische Lutherdeutung"(107) wird annehmen können. Der Grund dafür,
Beers Versuch zu Luther hier dennoch ausführlicher zu besprechen,
liegt aber gerade in der für unser Thema möglichen heuristischen Bedeutung der Wahl des Ansatzpunktes für eine Analyse lutherischen
Denkens.(108)

Dieser Ansatzpunkt geht von dem Phänomen der Doppelung in Luthers
Theologie aus und verfolgt dieses zurück bis in die Christologie des
"fröhlichen Wechsels" hinein, in der es seinen Ursprung habe. Daß
Beers Analysen dann jedoch für eine weitere gedankliche Erschließung
dieses lutherischen Ansatzpunktes nicht mehr hinreichen, weil sie offenbar zu exklusiv und starr an ihr einmal gewähltes Denkraster gefesselt
bleiben, wurde bereits angedeutet.(109)

Den grundsätzlichen heuristischen Wert von Beers Analysen für wichtige
Linien in Luthers Theologie anerkennend, schlägt W. Löser nun aber für
die Findung eines auch katholisch erschließbareren und zugleich originär
reformatorischeren Weg "ins Zentrum des lutherischen Denkens"(110) die
Verfolgung des Zentralgedankens der reformatorischen Hauptschriften
Luthers aus dem Jahre 1520(111) von "promissio und fides" vor und ge-
winnt damit zugleich die bei Beer völlig ausgeblendete, urreformatorische
Wort-Glaube-Thematik zurück:
"Promissio und Fides verbinden den Sünder mit dem gekreuzigten Christus, der im fröhlichen Wechsel und Streit die Sünde des Sünders über-
nimmt und ihm seine Gerechtigkeit mitteilt. Durch den Glauben in dieser
Gerechtigkeit stehend ist der Mensch 'gerechtfertigt' und coram Deo

104) P. Manns, Nachwort, 388 A 131.
105) Was die "pseudo-hermetische" Entdeckung Beers anlangt, urteilt O. H. Pesch sehr er-
     nüchternd: "Unter systematischem und gar ökumenischem Aspekt besagt die von Beer
     gezeichnete Verbindungslinie nur ein kleines historisches Fündlein und auf gar keinen
     Fall eine tragfähige Grundlage für eine umfassende Beurteilung Luthers, schon gar
     nicht für eine negative" (ders., Ketzerfürst, 146).
106) Die als das in der Tat "beachtliche Urteil" H. U. von Balthasars ausgewiesenen Zeilen
     in der Vorbemerkung von J. Bökmann zu einer Rezension von R. Bäumer über Beers Werk:
     "Theobald Beer ist wohl unbestreitbar unter Katholiken und Protestanten der profun-
     deste und exakteste Lutherkenner, der ... grundstürzende Einsichten über die wesent-
     lichen Denkkategorien des Reformators und deren unerhörten Radikalismus vorgelegt hat"
     (in: Offertenzeitung 134 [1981] Sp. 4120), bedürfen wohl nach genauerer Prüfung auf
     dem Hintergrund der vorgebrachten Kritik einer eingehenderen Begründung.
107) W. Löser, Ein katholischer Versuch, a.a.O., 569.
108) So auch W. Löser, a.a.O., 569.
109) S. o. S. 38f. AA 99-107.
110) W. Löser, a.a.O., 572.
111) Ansatzweise schon bei Luther in den Frühschriften beobachtbar, explizit in "Zur Erfor-
     schung der Wahrheit und zum Trost des Gewissens" (1518), dann voll entfaltet in Haupt-
     schriften von 1520. Für Luthers Sakramententheologie bestätigen diesen Zentralansatz
     beim promissio-fides-Gedanken W. Schwab, Entwicklung und Gestalt der Sakramententheo-
     logie und U. Stock, Die Bedeutung der Sakramente in Luthers Sermonen von 1519.

frei."(112) Damit haben aber sonstige kirchliche Institutionen und Vollzüge nur noch Berechtigung, insofern sie "der in Predigt, Taufe und
Abendmahl laut werdenden Promissio und der ihr entsprechenden Fides
dienen."(113)

3. Konsequenzen für den ekklesiologischen Problemkreis

Liegt also in der "christologisch im 'fröhlichen Wechsel und Streit' er-
möglichte(n), in der Revolution von promissio und fides zentrierte(n)
welt- und kirchenkritische(n) Rechtfertigungstheologie"(114) Luthers
Kerngedanke, so läßt sich als Bilanz aus der Abschreitung des soteriologischen und christologischen Problemkreises in diesem ersten heuristisch-
vorbereitenden Kapitel zu unserer Fragestellung festhalten: Soteriolo-
gisch-christologisch lautet die zentrale katholische Anfrage an die reformatorische Position, inwieweit sie mit dem Denkmodell von promissio und
fides die katholische Fundamentaloption von dem radikalen und totalen
Ankommen der Gnade in der Wesensmitte des Menschen (Pesch) und damit in den Strukturen von Welt und Geschichte aufzunehmen in der Lage
ist.

Näher auf unsere Fragestellung nach den Möglichkeiten sakramentaler
Gemeinschaft bezogen wird sich diese sehr allgemeine Problemindikation
konkretisieren auf die Frage einer Vermittelbarkeit von sakramentalem
Denken und promissio-fides-Schema. Für eine Erhellung von katholischer
Seite her soll in der vorliegenden Untersuchung versucht werden, ge-
schichtliche Linien aufzuzeigen in der Profilierung sakramentalen Denkens
mit seiner wechselseitigen Implikation des Gedankens einer institutionellen
Dignität der Gnade und desjenigen einer soteriologischen Dignität des
Institutionellen.

Damit ist schon die für unser Thema letzte wichtige ekklesiologische Zuspitzung des soteriologisch-christologischen Problemkreises im ökumenischen Gespräch angedeutet, die als Anfrage der lutherischen Position an
die katholische Ekklesiologie lauten muß: "Bedeutet die lutherische
Rechtfertigungslehre mit ihrer Konzentration auf das promissio-fides-Ge-
schehen nicht die Bestreitung der 'Sakramentalität' der Kirche und ihres
Heilshandelns? Denn sie besagt doch: Die kirchlichen Institutionen und
Funktionen haben ihren Sinn und ihre Grenze darin, daß sie die promissio immer neu laut werden lassen und so die fides wecken. Demgegenüber hat die katholische Kirche neuerdings im II. Vatikanischen Konzil
ihre eigene Sakramentalität in großer Deutlichkeit herausgestellt. D. h.
sie versteht und verhält sich als Gemeinschaft, deren eigenes Wesen -
Leib Christi und Bereich des Anwesens der Christusgnade zu sein - sich
in ihrer Struktur und in ihren Vollzügen darstellt."(115)

O. H. Pesch hält gerade nach dem II. Vatikanischen Konzil diese Frage
für längst nicht mehr kontrovers oder gar kirchentrennend, denn gerade

112) W. Löser, a.a.O., 572.
113) Ebd.
114) W. Löser, a.a.O., 573.
115) W. Löser, a.a.O., 573.

nach dem dort erarbeiteten Verständnis von Sakramentalität(116) müßte
es der katholischen Position möglich sein, "die sichtbare Struktur der
Kirche, die, als Analogie der Menschwerdung des Sohnes Gottes - und
als Analogie seines Kreuzes! - nach katholischer Auffassung zum Wesen
und nicht nur zur Erscheinungsform der Kirche gehört, selber als ein
Stück Verkündigung der Gnade Christi zu interpretieren, und, was
wichtiger ist, in der Praxis zu verdeutlichen."(117) Die Grundbegriffe
des II. Vatikanischen Konzils für die Kirche: "Volk Gottes" und "Grundsakrament" würden also nach Pesch - "wenn man diese Begriffe richtig
anwendet"(118) - ein Verständnis von Sakramentalität der Kirche ermöglichen, nach dem der sichtbaren Struktur der Kirche wohl die Rolle eines
Instrumentes für das Evangelium zukommt, nicht aber diejenige einer Instrumentalursächlichkeit für die Gnade Christi. Auf die Frage nach der
Bedeutung der Wirklichkeit "Kirche" für den Glauben des einzelnen gewendet heißt dies, "daß man zwar nur in der Kirche und sogar nur
durch die Kirche Christi ist, aber nicht zu ihren Bedingungen. Denn
den Glauben kann man nicht an die Kirche delegieren, jeder kann, durch
Gottes Werk nur selber glauben. Eben dies anerkennen, macht die Kirche zur Kirche."(119)

Diese Kirche ist um des Evangeliums willen da - und nicht das Evangelium um der Kirche willen.(120)

---

116) Vgl. hierzu die Ausführungen von Pesch, Hinführung zu Luther, 217-228.

117) O. H. Pesch, Ketzerfürst, a.a.O., 162-163. Gegenüber einem solchen Verständnis müßte
     sich die lutherische Lehre von der Kirche nach Pesch dann fragen, "ob sie gegen eine
     Kirche, die auch in ihrer sichtbaren Erscheinungsform nichts anderes sein will als
     Verkündigung des Evangeliums und Heimat für den Glauben, allen Ernstes etwa ein indi-
     vidualistisches Verständnis von Glaube, Glaubenslehre und Glaubensgemeinschaft hoch-
     halten will" (ebd., 163); vgl. den selben Gedanken auch in Ders., Gerechtfertigt,
     a.a.O., 94, wo Pesch von der Möglichkeit spricht, Repräsentation (etwa in der Amts-
     frage oder allgemein in der Frage nach der institutionellen Begründung der Kirche)
     "worthaft" zu verstehen, d. h. radikal als verweisend auf die Verkündigung dessen,
     wofür sie steht; vgl. auch ders., Gesetz und Gnade, a.a.O., 65-71.

118) O. H. Pesch, Ketzerfürst, a.a.O., 163.

119) Ders., Gerechtfertigt, 143.

120) Vgl. ebd.; Es gilt an dieser Stelle freilich nach der genauen Bestimmung des argumen-
     tativen Umfanges und der Reichweite dieses vom neutestamentlichen Befund her (vgl.
     etwa für Paulus: W. Klaiber, Rechtfertigung und Gemeinde, bes. 104-122; 203-213) so
     plausiblen Rangordnungs- und Unumkehrbarkeitsverhältnisses ebenso zwischen Jesus und
     seinen Jüngern wie auch zwischen Christus (Soteriologie) und Kirche (Ekklesiologie)
     (vgl. hierzu auch E. Schlink, ÖD, 554f.) zu fragen. Eine hier beabsichtigte Analyse
     des sakramentaltheologischen Ansatzes der Ekklesiologie soll u. a. untersuchen, bis zu
     welcher argumentativen Reichweite das hier vorgestellte (bes. "rechtfertigungstheolo-
     gisch" motivierte) Axiom trägt, und ob es einen Punkt gibt, an dem für sakramentales
     Kirchendenken eine Ebene erreicht ist, auf der hin in dem genannten Begriffsschema a
     priori implizierte Trennung und Gegenüberstellung von Evangelium und Kirche nicht mehr
     greift. In diesem Zusammenhang soll die Kategorie des Sakramentalen auch nach ihrer
     Eignung befragt werden, die Reflexion über die Kirche gerade vor der Gefahr der Anti-
     nomiebildungen (Glaubens- oder Liebesgemeinschaft; Liebes- oder Rechtskirche; persona-
     listisches oder kollektivistisches Kirchenverständnis; christologisches oder pneuma-
     tisches Kirchenverständnis; institutionelles oder aktualistisches Kirchenverständnis)
     zu bewahren, die meistens aus bestimmten Abwehrhaltungen entstehen und falsche Alter-
     nativen provozieren, indem sie Zusammenhängendes zu sehr voneinander trennen (vgl.
     hierzu E. Schlink, ÖD, 560).

Ob darüber hinaus noch nach möglichen differierenden Bedeutungsgehalten zwischen sakramentalem Denken hinsichtlich der Ekklesiologie und der Option für die totale Instrumentalisierung der sichtbaren Strukturen der Kirche für den Glauben und das Evangelium zu fragen, wirklich nicht mehr ist als ein "womöglich noch 'typisch deutscher', gedanklicher Luxus",(121) oder doch ein Gebot der Sorgfalt in der Frage nach den bestimmenden Strukturen des katholischen und lutherischen Denkens und deren tieferen Implikationen, dies soll die vorliegende Untersuchung über den "Testfall" ökumenischer Verständigung", die Frage nach der Möglichkeit sakramentaler Gemeinschaft, erweisen.

II. Thematische Brennpunkte der gegenwärtigen ökumenischen Diskussion und die ekklesiologische Fragestellung

Wurde bisher versucht, die ekklesiologische Fragestellung als einen akuten Fluchtpunkt der katholisch-lutherischen ökumenischen Kontroverse gleichsam von den Weichenstellungen der reformatorischen Ursprungssituation durch Heranziehung der Ergebnisse der historischen und systematischen Lutherforschung aufzuzeigen, so sei nun zum Abschluß unserer ökumenischen Ortsbestimmung in der ergänzenden Gegenbewegung von den wichtigsten Ergebnissen der jüngsten ökumenischen Gespräche her deutlich gemacht, daß gerade an den widerständigsten Detailfragen im ökumenischen Gespräch, nämlich der Amtsfrage(121) und dem Problem des Opfercharakters der Eucharistie,(122) sich der Problemschwerpunkt in der Richtung der bisher verfolgten Thematik sakramentalen Denkens in der Ekklesiologie auffinden läßt.

1. Die Frage nach dem kirchlichen Amt

So hat die ökumenische Diskussion um das Amt im wesentlichen vier Testfragen zutage gefördert, an deren unterschiedlicher Beantwortung durch die einzelnen Kirchentümer sich gerade der hinter der Amtsproblematik stehende Dissens in den unterschiedlichen Begriffen vom Wesen der Kirche zeigen. "Sie machen die gegenseitige Anerkennung der Ämter und damit der von ihnen verwalteten Sakramente zum widerständigsten ök.(umenischen) Problem:"(123)

---

121) Vgl. hierzu an wichtigen ökumenischen Dokumenten zur Amtsfrage: FO ("Lima-Dokument" 1982), bes. "Amt", Nr. 1-55 = DWÜ, 567-585; Malta-Bericht 1972: "Das Evangelium und die Kirche", bes. Nr. 47-64 = DWÜ, 260-265; "Das geistliche Amt in der Kirche", in: DWÜ, 329-357; "Eucharistie und Amt" (USA II), in: G. Gassmann, Um Amt und Herrenmahl, 71-102; "Für eine Versöhnung der Ämter (Dombes III), in: G. Gassmann, a.a.O., 116-128. Dazu: G. Vischer, Art. Amt, I, geistliches, kirchliches: ök. Diskussion, in: ÖL, 50-54.

122) Vgl. hierzu: "Das Herrenmahl", in: DWÜ, 271-295, bes. Nr. 36-37; 56-61; "Auf dem Weg zu ein und demselben eucharistischen Glauben" (Dombes I), in: G. Gassmann, a.a.O., 104-112, bes. Nr. 8 u. 9; "Das geistliche Amt", in: DWÜ, 329-357, bes. Nr. 29; FO/E ("Lima" 1982), bes. Nr. 8-11, in: DWÜ, 557-567, hier 559-560; dazu K. Lehmann-E. Schlink (Hrsg.), Das Opfer Jesu Christi und seine Gegenwart in der Kirche, bes. 215-238 (Ökumenischer Arbeitskreis evangelischer und katholischer Theologen, Abschließender Bericht).

123) G. Vischer, Art. Amt, a.a.O., 51.

1. "Gibt es ein wesensnotwendiges Gegenüber von A.(mt) und Gemeinde?"
2. "Ist die Ordination ein Sakrament, das dem Ordinierten einen Weihecharakter vermittelt, der ihn wesensmäßig von den übrigen Getauften unterscheidet?"
3. "Gibt es eine wesensnotwendige Gestalt des A.(mtes), nämlich die bischöflich-hierarchische?"
4. "Ist die apostolische Sukzession notwendige und hinreichende Bedingung für die Legitimität der Kirche Christi?"(124)

Mit der eindeutig bejahenden Tendenz gegenüber diesen Fragen artikuliert die katholische Tradition in ihrem Amtsverständnis gerade auch den von der sakramentalen Idee geformten und bestimmten Kirchenbegriff, in dem das In-Sein Christi in der Kirche (begrifflich konkretisiert in der Repräsentations-Idee)(125) geradezu sich in einem "sakramental-rechtlichen Aufbauprinzip der Kirche iure divino" manifestiert. Daß sich sakramentales Kirchendenken und der spezifisch lutherische Impetus einer totalen Instrumentalisierung der kirchlichen Wirklichkeit unter das promissio-fides Geschehen nicht so problemlos vermitteln lassen, wie O. H. Pesch dies postuliert,(126) zeigt auch die Tatsache, daß die Einigungsbemühungen der CA um einen regulativen Kirchenbegriff(127) letztlich an der scheinbar nur organisatorischen Frage "nach der praktischen Verwirklichung der iure divino mit dem Amt verbundenen Sakramentenverwaltung", und an dem Fragenkreis "der von der Kirche angeordneten Zeremonien und der in die Kirche eingerissenen Mißbräuche"(128) gescheitert sind.

Die scheinbar nur praktische Fragestellung offenbart sich in ihrem Kern als die eminent dogmatische nach der theologischen Qualität der Vollmacht in der und über die Kirche, d. h. nach der ekklesiologischen Variante der oben aufgefundenen Kategorie des radikalen Ankommens der Gnade Christi in der Wesensmitte des Menschen, bzw. also nach der genauen Bestimmung des radikalen In- und Überseins Christi in der Kirche und dessen strukturanaloger Darstellung.

Nun hat kürzlich E. Lessing zur besseren Vergleichbarmachung der unterschiedlichen ekklesiologischen Begründungszusammenhänge den Begriff der Konstitution(129) für die Kirchentheologie aufgegriffen. In der von diesem Begriff her geforderten radikalen Beschränkung und Konzentration des ekklesiologischen Denkens weg von den dogmatischen Begrün-

---

124) Ebd.
125) Vgl. dazu etwa L. Scheffczyk, Die Christusrepräsentation als Wesensmoment des Priesteramtes, in: Catholica 27 (1973) 293-311; P. J. Cordes, "Sacerdos alter Christus", in: Catholica 26 (1972) 38-49.
126) Vgl. O. H. Pesch, Gerechtfertigt, a.a.O., 143.
127) Vgl. hierzu W. Kasper, Kirchenverständnis und Kircheneinheit, a.a.O.; B. Lohse, Die Einheit der Kirche nach der Confessio Augustana, a.a.O.; ders., Die Stellung zum Bischofsamt in der Confessio Augustana, a.a.O.
128) So V. Pfnür, Die komparative Symbolik, in: K. Algermissen, Konfessionskunde, 1969[8], 348-390, hier 367.
129) E. Lessing, Kirche-Recht-Ökumene, hier 9-10; zum Begriff der Konstitution aus philosophischer Sicht vgl. HWPh, III, 992-1005 und E. Lessing, a.a.O., 10-20 (Tragweite für die Ekklesiologie).

dungszusammenhängen für die Kirche(130) auf die reine Gegenständlichkeit des Phänomens, d. h. auf die Frage nach dem, "was die Kirche zur Kirche macht",(131) sucht Lessing einen verläßlichen methodischen Ansatzpunkt zur Gewinnung eines einheitlichen und durchgehenden Kriteriums zum Vergleich der unterschiedlichen ekklesiologischen, besonders katholischen und protestantischen, Grundkonzeptionen. Dabei wird deutlich, daß gerade die unterschiedliche Fassung des Konstitutionsbegriffes der Kirche mit der radikalen Beschränkung auf Wort und Sakrament evangelischerseits(132) und mit der Einbeziehung des Amtes unter die Konstitutionsfaktoren der Kirche katholischerseits(133) die Wurzeln der ekklesiologischen Grunddifferenzen berührt sind: Lessing zeigt,(134) daß gerade die beiordnende(135) Konstitutionskonzeption katholischer Pro-

---

130) Z. B. von der Verschränkung der Ekklesiologie mit der Soteriologie: J. Ranft hat gerade diese systematische Ortung der Ekklesiologie als ihre "organische Stellung" hervorgehoben (Die Stellung der Lehre von der Kirche, a.a.O., bes. 151ff.; vom lutherisch-protestantischen Standpunkt aus gesehen vgl. zur Verhältnisbestimmung von Ekklesiologie und Soteriologie (Rechtfertigung): W. Klaiber, Rechtfertigung und Gemeinde.

131) E. Lessing, Kirche-Recht-Ökumene, a.a.O., 9.

132) Vgl. hierzu Lessing, a.a.O., 125-133; bes. 132f.; Lessing greift damit CA VII und VIII (BSLK [8] 1979, 61f.) als Fundamentalartikel des evangelisch-lutherischen Kirchenverständnisses auf (hierzu W. Maurer, Historischer Kommentar zur CA, II, 1978, 163-175) und wendet sich damit gegen die These von K. Scholder, Die Bedeutung des Barmer Bekenntnisses für die evangelische Theologie und Kirche" enthalte. Für weitere Literatur zur CA vgl. bei W. Kasper, Kirchenverständnis, a.a.O., bes. 28 A 3; 29f. A 8-16.

133) Vgl. schon die diesbezügliche Beobachtung bei J. Ratzinger, Das geistliche Amt und die Einheit der Kirche, in: Catholica 17 (1963) 165-179, hier 165f.; dazu W. Beinert, Der Kirchen- und Sakramentsbegriff, a.a.O.; anders V. Pfnür, Das Problem des Amtes, in: Catholica 28 (1974) 114-134, der sich gegen eine Berufung auf Ca 28 für die These von der lutherischen Definition der Kirche "ohne das Amt" wendet (a.a.O., 116f.); dennoch bleibt die nach Ca zur katholischen ekklesiologischen Konzeption verschiedene Qualität der Zuordnung der Konstitutionsfaktoren Wort und Sakrament einerseits und Amt andererseits; näheres hierzu s. u.

134) A.a.O., 36-44.

135) Nun stellt wohl auch J. Ratzinger katholischerseits die Ungleichartigkeit der drei Komponenten Sakrament-Wort-Amt fest, insofern die beiden ersteren die Einheit (der Kirche) begründen, die letzte dieselbe hingegen bezeuge; so verhalten sich Wort/Sakrament einerseits und Amt andererseits wie Ursache und Bedingung zueinander (Das geistliche Amt, a.a.O., 178); jedoch intendiert Ratzinger mit der Behauptung einer reziproken Bindung von Wort und Zeuge, von Predigt und Amt, mit der Verhältnisbestimmung von Ursache und Bedingung, von bewirken und bezeugen eine andersartige Differenzierung unter den drei Komponenten als Lessing mit der Verhältnisbestimmung von "konstituieren" und "dokumentieren"; insbesondere geht das aus seiner Zusammenordnung von Predigtamt und Priestertum aller Gläubigen gegenüber dem eigens abgehobenen Lehramt hervor: "Die Konstitution der Kirche als Kirche erfolgt ... durch Predigt und Sakrament ... In diesem Lichte gehören weder das Predigtamt noch das Priestertum aller Gläubigen zur Konstitution der Kirche. Sie bezeichnen vielmehr Existenzweisen der Kirche ... Beide Existenzweisen dokumentieren das Konstitutionsgeschehen - das Amt, indem es seine Wurzel im Zur-Geltung-kommen-wollen Gottes hat, das Priestertum aller Gläubigen, indem es das zur Geltung-gekommen-sein Gottes belegt. Aber weder das Zur-Geltung-kommen-wollen noch das Zur-Geltung-gekommen-sein Gottes sind mit dem Amt bzw. mit dem Priestertum aller Gläubigen identisch" (a.a.O., 132).

venienz(136) Indikator für eine Ekklesiologie ist, die auf der Schlüssel-
kategorie des "Ursakramentes"(137) aufruht, d. h. das Sein bzw. Wirken
der Kirche wahrt - und das ist ihr sakramentales Spezifikum - stets die
Mitte zwischen Selbstzweck und Mittel zum Zweck: Die Kirche ist als
"sakramentales Zeichen Manifestation Gottes unter den Menschen. Darum
ruht sie einerseits in sich und wirkt andererseits nach außen."(138)
Konstitutionstheoretisch liegt diesem ekklesiologischen Modell - wenngleich nirgends explizit - die Kategorie der Gemeinschaft zugrunde, insofern Kirche demnach "con-vocatio und con-gregatio in einem"(139) ist;
d. h. Kirche ist im eigentlichen dem Schöpfungsakt Gottes zuzurechnen,
ihre Gemeinschaft liegt - als in der convocatio Gottes begründet - ihr je
und je schon voraus. Spezifischer Ausdruck dieser Gemeinschafts-Ekkle-
siologie ist daher die Rückverfolgung der Kirche nicht nur bis Christus,
sondern bis Adam oder Abel, d. h. letztlich bis in den Heilswillen Gottes
hinein.(140) Konstitutionstheoretisch bedeutet diese Konzeption gerade
die Auflösung des Konstitutionsbegriffes für die Ekklesiologie, zumindest
so wie Lessing ihn zugrunde legt, weil das Moment der Zeitigung damit
selbst zum Konstitutionsakt wird (die irdisch-zeitliche Realisierung der
vor Zeiten von Gott erwählten Kirche).(141) Die katholische Ekklesiologie
deutet mit dem Verständnis von Gemeinschaft die Frage nach dem, was
die Kirche zur Kirche macht, "nicht im Sinne eines Konstitutions- sondern eines Kontinuitätsgeschehens"(142), und zwar sowohl in zeitlicher
(convocatio) wie in räumlicher (congregatio) Hinsicht, wobei diese beiden
Aspekte im Begriff des Ursakramentes in spezifischer Weise zusammenge-
führt werden. Dies findet seinen deutlichen Ausdruck in der fundamentalen Wirkkategorie der sakramentalen Gegenwärtigsetzung Christi für die
Kirche.(143)

Rufen wir uns nun die beiden letzten von den vier oben genannten ökumenischen "Testfragen" zur Amtsdebatte in Erinnerung,(144) so kann die

---

136) Vgl. paradigmatisch die Trias: confessio-communio-oboedientia bei Johannes Stojković
de Ragusio, der repräsentativ steht für die allgemein angenommene katholische Auffassung; hierzu: B. Duda, Joannis Stojković de Ragusio, O. P. (+ 1443) doctrina de cog-
noscibilitate ecclesiae, Romae 1958, 113: "Ecclesia est Christi Capitis sui invisibilis Corpus, Spiritu eius animatum perque Romanum Pontificem, visibilem Christi vicarium atque visibile Ecclesiae Caput, rectum; cuius Corporis membra omnes illi sunt
talesque dignoscuntur, qui conveniunt in professione unius fidei, in usu eorundem
sacramentorum atque in oboedientia legitimae hierarchiae a Christo sub Romani Pontificis suprema potestate institutae".

137) Vgl. hierzu in MySal, IV/1, bes. 322ff.; 318 (bzw. "Wurzelsakrament"); O. Semmelroth,
Die Kirche als Ursakrament.

138) E. Lessing, a.a.O., 38.

139) Vgl. MySal IV/1, 290; dazu auch die Auslegung von H. de Lubac, Die Kirche, a.a.O.,
90ff.

140) Vgl. dazu Y. Congar, Ecclesia ab Abel, a.a.O.; mit reichen Belegen auch Lubac, a.a.O.,
49-58.

141) Vgl. E. Lessing, a.a.O., 18; 38f.

142) Ebd., 37; vgl. auch die Betonung der heilsgeschichtlichen Perspektive der Kirche und
ihres Charakters als hierarchisch geordnete Gemeinschaft durch II. Vat (LG 2ff., 9ff.,
18ff.).

143) Vgl. dazu MySal, IV/1, 345.

144) S. o. S. 44: bischöflich-hierarchische Verfassung; apostolische Sukzession.

Amtsfrage als das "widerständigste ök(umenische) Problem"(145) wiederum heuristisch als Problemindikator auf den inneren Konnex von Amtsfrage und ekklesiologischer Grundkonzeption fungieren und des näheren auf katholisch-ekklesiologische Fundamentalkategorien wie "Ursakrament" (sacramentum) - "Gemeinschaft" (communio) - "Gegenwärtigsetzung" (repraesentatio) aufmerksam machen. Zugleich wird gerade auch am Amtsproblem ein "spezifisches Übergewicht des Kontinuitätsgedankens"(146) in der katholischen Ekklesiologie deutlich, das eine spezifische Artikulationsvariante in der Behandlung des Heiligkeitsattributes für die Kirche hat. E. Lessing ortet den Dissenspunkt präzise: "Streitpunkt ist nicht, daß dieses 'Attribut' konstitutiv für die Kirche ist. Streitpunkt ist auch nicht, daß dieses 'Attribut' gerade auf die sichtbare Kirche bezogen werden muß. Streitpunkt ist allein, ob das 'Attribut' nur von dem, was die Kirche zur Kirche macht, ausgesagt werden muß oder ob zur Kontinuitätsthese übergeführt werden darf. An der Lösung hängt nicht weniger als die Frage, wie vom Subjekt der Kirche geredet werden muß."(147)

Die Problembereiche Zeitlichkeit und Heiligkeit der Kirche als Fragen nach ihrem Subjekt kommen gerade auch an dem jüngst im ökumenischen Dialog aufgegriffenen Streitpunkt um den Opfercharakter des Herrenmahles zum Ausdruck.(148)

2. Die Frage nach dem Opfercharakter der Eucharistie

Die einschlägige Fachdiskussion(149) kreist hierbei einerseits um die Kategorie der sakramentalen memoria im Sinne realsymbolischer Vergegenwärtigung der Wirklichkeit des Kreuzesopfers Jesu Christi in der Eucharistiefeier. Unter dem Aspekt der nach wie vor unlöslich festgehaltenen

---

145) G. Vischer, Art. Amt, a.a.O., 51.

146) E. Lessing, a.a.O., 37.

147) Ebd., 43. Lessing sucht eine Vermittlung zwischen dem katholischen Gemeinschaftsgedanken und der evangelischen Konstitutionskonzeption durch eine Neuinterpretation der Raumkategorie durch die des "Feldes" (nach M. Jammer, Concepts of space; erw. dt. Ausgabe: Ders., Das Problem des Raumes. Die Entwicklungen der Raumtheorien, 1960, bes. 102ff.: 176ff.), welche im Gegensatz zur herkömmlichen (aristotelisch bestimmten) Raumvorstellung das ständige Abhängigbleiben des sich in ihm Konstituierenden von seinen Konstitutionsbedingungen (Lessing, 41) zum Ausdruck kommen läßt und damit das Moment der Vorläufigkeit dem Kirchenbegriff sichert. Auf die Begründung der Formel von der Gegenwärtigsetzung Christi in der Kirche angewendet heißt das: "'Gegenwärtigsetzung Christi' als einen Akt der Zeitigung zu verstehen bedeutet ..., die Verheißung der Anwesenheit Christi in unserer Welt aufzunehmen, und zwar in der unabänderlichen Form des beständigen, spannungsreichen Feldes Kirche. Das heißt auf der einen Seite, daß die Kirche keine sichere Berufungsinstanz hat, von der aus sie ihr Sein einwandfrei begründen könnte. Wohl aber heißt es auf der anderen Seite zu glauben, daß Christus nicht ohne die Kirche und diese insofern Christi Teil ist." (ebd., 42) Vgl. die ähnliche Verhältnisbestimmung von Heiligkeitsattribut und Subjekt der Kirche bei P. Steinacker, Die Kennzeichen der Kirche, bes. 115f.; ferner 298-312.

148) vgl. hierzu den Sammelband: K. Lehmann-E. Schlink (Hrsg.), Das Opfer Jesu Christi und seine Gegenwart, a.a.O.

149) Vgl. bes. ebd., 215-238; 234.

Verknüpfung von Eucharistievollzug und amtlich ordiniertem Vorsitz(150) und der entsprechenden dogmatischen Begründungstheorie interpretieren sich Kirchenbegriff und Eucharistieverständnis gegenseitig unter dem spezifischen, den Kontinuitätsakzent katholischer Ekklesiologie insbesondere beleuchtenden Repräsentations-Gedanken;(151) andererseits stößt die Diskussion um den Opfercharakter der Eucharistie gerade in der katholisch möglichen Grenzaussage von Ineinanderrücken der Opfersubjekte "Christus" und "Kirche",(152) d. h. von der assymptotischen Identifizierung von Christus und Kirche als dessen "mystischer Leib" auf die Frage nach Reichweite und Umfang des Heiligkeitsattributes für das Subjekt Kirche; anders gewendet: auf die Frage nach Reichweite, Umfang und "Dauer" des In-Seins Christi in seiner Kirche. "Wenn es der katholischen Theologie gelänge, dieses sakramentale In-Sein Christi so auszusagen, daß sein Über-Sein nicht geschmälert würde, und wenn die evangelische Theologie es verstünde, das Über-Sein Christi so zu fassen, daß sein real-zeichenhaftes In-Sein nicht geleugnet würde, dann wären dem ökumenischen Anliegen tatsächlich neue Wege eröffnet."(153)

Diese Frage bildet im Hinblick auf die Erhellung der sakramentalen Denkform als des vermuteten zentralen katholischen Materialprinzips hinsichtlich des konfessionellen Dissenses zur Klärung der Frage nach der Möglichkeit sakramentaler Gemeinschaft zwischen katholischen und nichtkatholischen (evangelisch-lutherischen) Christen das erkenntnisleitende Interesse bei dem nun folgenden Versuch, für unsere Themenstellung bedeutsame Schaltstellen der dogmengeschichtlichen Ekklesiologie aufzuzeigen.

---

150) Vgl. hierzu etwa DS 802 (IV. Lat. 1215); D 1764; 1771 (CT); PO 5,1; LG 28,1; LG 28,1; PO 2,2 (II. Vat).

151) Zur Begriffsgeschichte vgl. bes. H. Hofmann, Repräsentation. Studien zur Wort- und Begriffsgeschichte.

152) Vgl. Ökum. Arbeitskreis, in: Lehmann-Schlink, a.a.O., 236ff.

153) L. Scheffczyk, Aktuelle Aspekte des ökumenischen Dialoges, in: MThZ 25 (1974) 270.

I. HAUPTTEIL:

Sakramentalität und Kirche - zur geschichtlichen Entwicklung einer
katholisch-ekklesiologischen Grundoption bis zum II. Vatikanischen
Konzil und deren Bedeutung für das Verständnis von Wesen und
Vollzug der kirchlichen Gemeinschaft

1. Abteilung:

Der sakramentale Kirchengedanke im Licht der Geschichte und seine
Bedeutung für das Selbstverständnis der Kirche hinsichtlich der
Heilsnotwendigkeits- und Gliedschaftsfrage

§ 2: DAS THEOLOGISCHE VERSTÄNDNIS DER KIRCHE IN DEM RINGEN UM DIE BESTIMMUNG IHRER FUNKTION IM HEILSGESCHEHEN

Den gleichsam ekklesiologischen Reflex auf die als für unsere Fragestellung grundlegend herausgestellte soteriologisch-katholische Grundoption für das totale und radikale Ankommen der Gnade Gottes in der
Wesensmitte des Menschen bildet nun die Frage nach der präzisen Stellung und Funktion der Wirklichkeit "Kirche" im Zusammenhang des
Christus-Ereignisses innerhalb der darüber einsetzenden Reflexion.[1]
Zur Erhellung der für diese an Intensität zunehmende denkerische Bemühung grundlegenden normativen Ursprungssituation soll wenigstens in
den bestimmenden Zügen versucht werden, einen Überblick über den
neutestamentlichen[2] Befund hinsichtlich des Selbstverständnisses der
ersten christlichen Gemeinden und der beginnenden "Reflexion" über die
Kirche zu geben.

I. "Ekklesiologische Zeugnisse[3] des Neuen Testamentes

1. Der "historische" Jesus und die "Kirche"

Da die textlichen Zeugnisse des Neuen Testamentes sämtlich bereits
literarischer Niederschlag kerygmatisch geprägter, d. h. als Antwort des

---

1) Vgl. in diesem Zusammenhang das Urteil von J. Ranft: "... es muß auffallen, dass(sic!)
   der Uebergang von der Christologie zur Gnaden- und Sakramentenlehre, wenn und insoweit
   er die Lehre von der Kirche übergeht, unvermittelt, unorganisch ist" (Die Stellung, 12).

2) Über die atl Wurzeln des ntl Kirchenbegriffes hinsichtlich der Vorstellungen von Gottesbund und Gottesvolk vgl. etwa N. A. Dahl, Das Volk Gottes, Darmstadt ^{2}1963; und die
   gerafften Hinweise (mit Lit.) bei J. Auer, KKD, VIII, 39-42.

3) Die vorsichtige Formulierung will dem Sachverhalt Rechnung tragen, daß es weder "die"
   noch "eine" Ekklesiologie des NT gibt; vielmehr finden sich dort primär aus Verkündigung
   und Doxologie gezeugte Aussagen und Zeugnisse über das Leben derer, die Jesus Christus
   als ihren Herrn bekennen. Diese Zeugnisse begegnen zudem in nach literarischer Gattung
   und schriftstellerischer Eigenart sehr unterschiedlichen Dokumenten. Vgl. hierzu: R.
   Schnackenburg, Die Kirche im Neuen Testament, bes. 9f.; 52-106; E. Schlink, Ökumenische
   Dogmatik, bes. 554f.; P. V. Dias, Kirche. In der Schrift und um 2. Jahrhundert (= HDG,
   III/3a, bes. 7-9; über die inhaltlich-dogmatische Bedeutung der Aussagestruktur vgl.
   auch bei E. Schlink, Struktur und Rangordnung, 138-140.

Zeugen auf Gottes Anruf in Jesus Christus ergehender Jesus-Überliefe-
rung, bzw. paränetisch-kerygmatischer Reflex des Christus-Ereignisses
sind,(4) muß jede ntl Exegese versuchen, möglichst genau drei Aussage-
geschichten in dem biblischen Überlieferungsmaterial abzugrenzen und
also fragen "nach der Aussageabsicht des Evangelisten, dann nach jener
der Kirche, zuletzt aber ... nach dem ursprünglichen Offenbarungssinn
des Wortes des Herrn selbst."(5) Für das Vorhaben, grundlegende
ekklesiologische Linien aus dem Zeugnis der ntl Schriften zu gewinnen,
bedeutet dies die Notwendigkeit, wenigstens im Problemaufriß die ekklesiologische Relevanz dieser Schichtendifferenzierung, d. h. die Frage
nach Kontinuität bzw. Diskontinuität zwischen vorösterlich-jesuanischer
Reich-Gottes-Predigt und Jüngersammlung einerseits und nachösterlichem
Kirche-Werden kurz zu beleuchten,(6) damit gleichsam auf der interpre-
tativen Folie der nach Möglichkeit zu ermittelnden Jesus-Verkündigung
die Nachzeichnung ekklesiologisch bedeutsamer Aussagen in den nachösterlichen Selbstzeugnissen des jungen Christentums deutlichere Konturen erhält.(7)

Eine relativ verläßliche exegetische Konsensbasis zu dem ganzen Problemkomplex hat H. Küng formuliert: "... Der vorösterliche Jesus hat zu
seinen Lebzeiten eine Kirche gegründet", wohl aber "durch seine Predigt
und Wirksamkeit für das Erscheinen einer nachösterlichen Kirche die
Grundlagen geschaffen ... Kirche gibt es von Anfang des Auferste-
hungsglaubens an" und sie wurde von Anfang an als Setzung Gottes
verstanden. "Die Kirche hat also ihren Ursprung nicht einfach in Absicht und Auftrag des vorösterlichen Jesus, sondern im ganzen Christusgeschehen: also im ganzen Handeln Gottes in Jesus Christus, von
Jesu Geburt, Wirken und Jüngerberufung an bis zu Tod und Auferstehung Jesu und zur Gabe des Geistes an die Zeugen des Auferstandenen."(8)

Diese vorösterliche Grundlegung im Leben und Wirken des historischen

---

4) Vgl. dazu etwa R. Schnackenburg, Neutestamentliche Theologie. Der Stand der Forschung, München, ²München 1965. Dazu auch J. Finkenzeller, Von der Botschaft Jesu zur Kirche Christi, a.a.O.
5) K. H. Schelkle, Das Neue Testament, 41; vgl. auch A. Vögtle, Das Neue Testament und die neuere katholische Exegese, bes. 95.
6) Zu der umfangreichen hierzu erschienen Literatur sowie zur Beleuchtung des Spektrums bereits gegebener Antwortversuche und -richtungen auf die Frage nach Kontinuität und Diskontinuität zwischen Jesus und Kirche vgl. bei P. V. Dias, HDG, III/3a, 10-14; 14-17 (A. Schweitzer, F. Buri, A. Loisy, H. Braun, R. Bultmann)
7) Die theologische Relevanz und die Notwendigkeit dieses Rückgriffes auf den "histori-schen" Jesus und seine Verkündigung liegt in der Überzeugung, daß der historische Jesus nicht nur Voraussetzung, sondern wesentlicher Teil des kirchlichen Kerygmas ist (gegen R. Bultmann, Theologie des Neuen Testaments; dazu: G. Bornkamm, Die Theologie R. Bult-manns in der neueren Diskussion, in: ThR N.F. 29 [1963] 33-141) und gleichwohl nicht mit diesem identisch wird (gegen X. Léon-Dufour, Les évangiles et l'histoire de Jésus, 334): Verkündigende Kirche und ihr Kerygma fordern als unentbehrliches Kriterium ihrer selbst geradezu den Rückgriff auf die Person und die Verkündigung Jesu; vgl. zum ganzen auch P. V. Dias, HDG, III/3a, 18-20.
8) H. Küng, Kirche, 90; 93; 94; 95; ähnlich N. A. Dahl, The Parables of Growth, in: Studia theologica. Scandinavian journal of theology, Lund u. a. 5 (1951) 132-166; R. Schnacken-burg, Art. Kirche, in: LThK², VI, 167.

Jesus für die nachösterliche Kirche verdichtet sich in Jesu Verkündigung der nahekommenen Gottesherrschaft und zwar im Kontext der jüdischen Heilshoffnung, welche die "Kinder Abrahams" auf den Gott Abrahams, Isaaks und Jakobs setzen, den Jesus seinen Vater nennt.(9) Das Bedrängende dieser Verkündigung liegt in der Ansage der Gottesherrschaft als der schlechthin kommenden und schon nahegekommenen, so daß sich Umkehr- und Gerichtsmotiv notwendigerweise anschließen(10) jedoch in der gegenüber der Täuferpredigt(11) spezifischen Umprägung des Gerichtsgedankens von der Mitte des neuen Gottesbildes vom fürsorgenden und vergebenen Vater her.(12) Die Gottesherrschaft, Inbegriff eschatologischer Heilserfüllung, ist ausschließlich Gottes, für den Menschen schlechterdings unverfügbare Tat, Geschenk der Teilhabe an seinem Leben und seiner Herrlichkeit.(13) Das bedrängende Nahegekommen-Sein der Gottesherrschaft fordert die radikale Entscheidung für Gott, die Abkehr von der Sünde. Dadurch, daß in Jesu Kommen und Verkünden der eigentliche Wille des Vaters offenbar wurde, ist auch die Unzulänglichkeit des Gesetzes enthüllt worden,(14) weil es den Menschen nicht aus sich heraus in die unmittelbare Gemeinschaft mit Vater und Sohn führen kann.

Entscheidend ist dabei, daß die Verkündigung Jesu vom anbrechenden und angebrochenen Gottesreich ablösbar ist von seiner Person: Die "basileia thou theou" wird "autobasileia", er selbst, Jesus, ist eschatologischer Wendepunkt für das, was er verkündet (Mt 11,5 par. Lk 6,20).(15) In dem Faktum der Abkehr eines Großteils des Volkes von

---

9) Vgl. Mk 7,24ff.; 12,1ff.; Mt 5,24-26; 22,1ff.; 10,5ff.; Lk 14,15ff.; Mk 12,26 par.

10) Mk 1,15 par.

11) Mk 1,1-4; Mt 3,9f.

12) Lk 13,6ff.; 15,3; 19,10; 14,16ff; 19,41; Mt 23,37; Mt 9,13 par. 4,21 par.; 20,16; 22,14; Lk 15,20; 20,9-19; Mt 18, 23-35; Mt 20,1ff.

13) Vgl. hierzu E. Neuhäusler, Anspruch und Antwort Gottes, 29.

14) Mt 5,21ff.; Mk 10,5; Lk 6,43-45 par; Mk 7,15; Lk 16,16; 14,7-14; 18,9-14.15; 15,25ff.; Mt 20,1ff.

15) Vgl. W. G. Kümmel, Theologie des NT, 41; zum Vollmachts- und Sendungsanspruch Jesu (Wunderheilungen, Dämonenaustreibungen) vgl. ebd., 74-75: "... Jesus hat schließlich einen Anspruch für seine Person erhoben, der so hoch griff, daß man ihn als Streben nach der erwarteten endzeitlichen Königsherrschaft mißdeuten und Jesus wegen seines politisch-messianischen Anspruchs bei den Römern anklagen konnte. Jesus hat diese Anklage nur in der Form bejaht, daß 'der Mensch' auf den Wolken des Himmels kommen und Gericht und Herrschaft ausüben werde. Mit diesen entscheidenden Zügen der Verkündigung Jesu und mit diesem Anspruch Jesu für seine Person steht nun aber Jesu Ankündigung völlig im Einklang, daß er der gegenwärtige und der kommende 'Mensch' sei. Wenn Jesus verheißen hat, daß 'der Mensch' in Kürze mit den Wolken des Himmels kommen und über die Menschen je nach ihrem Verhalten zu dem irdischen Jesus sein Urteil fällen werde, so ist in dieser Verheißung die große zeitliche Nähe des endzeitlichen Geschehens ebenso vorausgesetzt wie die durch die Person Jesu sich verwirklichende Einheit des gegenwärtigen und des zukünftigen Heilsgeschehens ... Und wie nach Jesu Anspruch die Gottesherrschaft, deren Anbruch die Juden erst von der Zukunft erwarten, wider alle menschliche Erwartung schon in der Gegenwart wirksam geworden ist und dabei noch Zukunft bleibt, so ist, ebenfalls gegen alle menschliche Erwartung, der 'Mensch' nach Jesu Anspruch schon jetzt gekommen und wirksam geworden und wird doch erst in der nahen Zukunft mit den Wolken des Himmels jedermann sichtbar erscheinen ... Wer den Anspruch Jesu, 'der Mensch' zu sein, hörte und anerkannte, dem begegnete Gott als der Vater schon jetzt, der war auch

dieser Verkündigung zeigt sich die in Jesus angebrochene Heilszeit zugleich als Gerichtszeit,(16) wobei aber zu beachten ist, daß in der Zeit, da das Gottesreich noch in seiner Verhüllungsgestalt anwesend ist, das letzte Entscheidungswort über Heil und Unheil der Erntezeit vorbehalten bleibt.(17) Von besonderer Bedeutung für die Proklamation des nahegekommenen Gottesreiches durch Jesus ist nun aber die vorösterliche Sammlung eines engeren Jüngerkreises.(18) Wenngleich traditions- und redaktionsgeschichtlich von vielen Exegeten eine durchgehende Linie vom Zwölferkreis zum historischen Jesus angenommen wird,(19) so bilden weder der Zwölferkreis noch die nachfolgende und bekennende Jüngerschar einen in sich abgeschlossenen Zirkel, von dem der ablehnende Teil des Volkes grundsätzlich ausgeschlossen bliebe; vielmehr wendet sich Jesus von Anfang an an ganz Israel.

"Er hat weder einen Zusammenschluß der 'Gerechten' und 'Frommen' in Analogie zur pharisäischen Bewegung noch eine sektenartige, reine Gemeinde der Auserwählten in der Art der essenischen Bewegung intendiert."(20) Jesus hat "nirgends an den Restgedanken angeknüpft."(21) Die Jüngergemeinde beschreibt also keineswegs die Grenzen der Wirksamkeit der Gottesherrschaft; diese werden in ihrem genauen Verlauf erst bei der endgültigen Offenbarung festlegbar. Die Jüngergemeinde ist also nicht Vorausdarstellung und irdische Erscheinungsform der Gottesherrschaft; sie "bleibt eine irdisch gebundene Größe, während die Gottesherrschaft trotz ihres Hineinwirkens in den irdischen Bereich nie völlig in diesen eingeht, wenigstens nicht in der gegenwärtigen Weltzeit; denn sobald sie ihn ergreift ist das eschatologisch kosmische Reich der Herrlichkeit da."(22)

Andererseits darf dies den Blick nicht verstellen für das Faktum einer vorösterlichen, den Zwölferkreis eindeutig auszeichnenden Vollmachts-

---

dessen gewiß, daß ihm derselbe Vater in der nahen Zukunft endgültig begegnen werde, wenn '(der Mensch) kommen wird in die Herrlichkeit seines Vaters mit den heiligen Engeln' (Mk 8,38 par.)".

16) Mk 22,14; Mt 7,13-14.

17) Mt 13,24ff.; 47,50.

18) Die überwiegende Zahl der Exegeten hält es für unbestreitbar, daß Jesus vor seinem Tode unter seinen Anhängern einen inneren Kreis von zwölf Jüngern um sich versammelte: u. a. K. H. Rengstorf, Art. dodeka, in: ThWNT, II, 321-328, bes. 325; H. Schürmann, Der Jüngerkreis Jesu als Zeichen für Israel, in: ders., Ursprung und Gestalt, Düsseldorf 1970, 45-60; K. Kertelge, Offene Fragen zum Thema "Geistliches Amt", in: Die Kirche des Anfangs (= FS H. Schürmann), Freiburg-Basel-Wien 1978, 583-605, bes. 588-590; anders dagegen. G. Klein, Die zwölf Apostel, Göttingen 1961, bes. 37; außerdem A. Vögtle, Art. Zwölf, in: LThK², X, 1443-1445; J. Blank, Paulus und Jesus, München 1968; M. Hengel, Nachfolge und Charisma, Berlin 1968, bes. 76; ferner P. V. Dias (HDG, III/3a), der in der Überlieferung von den Zwölf als einer von Anfang an fest umgrenzten Größe eine spätere, nachösterliche Schematisierung sieht (mit A. Schulz, Nachfolgen und Nachahmen, bes. 113ff. und 127).

19) Vgl. W. Trilling, Ist die katholische Primatslehre, 56; G. Bornkamm, Die Binde- und Lösegewalt in der Kirche des Matthäus, bes. 101ff.; R. Hummel, Die Auseinandersetzung, bes. 59ff.

20) P. V. Dias, HDG, III/3a, 29.

21) J. Schmid, Art. Rest, in: LThK², VIII, 1254; R. Schnackenburg, Gottes Herrschaft, 66.

22) R. Schnackenburg, Gottes Herrschaft, 155.

übertragung durch Jesus,(23) die insbesondere den Zwölferkreis privile-
gierend in Dienst nimmt als "Verkörperung und Realverkündigung des
Anspruchs Jesu auf das gesamte Israel" und als "Zeichen des Anbruchs
der Endzeit",(24) jedoch nicht als Kern eines neuen messianischen Volkes,(25) d. h. sein Privileg ist Berufung zum Dienst für Israel.
Jedoch ist der Einbruch des Skandalons von Jesu Scheitern und Tod am Kreuz
in die Nachfolgeschaft der Weiterverkündigung der Gottesherrschaft ein
totaler: Schon zu Lebzeiten nicht verstanden,(26) mit Beginn der Ah-

---

23) Daß Jesus selbst durchaus an eine "verkündigende Weitergabe (seiner Botschaft) dachte"
(H. Schürmann, Die vorösterlichen Anfänge, 57), kann die Strukturanalyse einiger Her-
renworte plausibel machen, die bei dem Verkündigungsauftrag Jesu an seine Jünger eine
eigentümliche Dynamik zur Weitergabe von Mund zu Mund aufweisen (so M. Hengel, Nachfolge und Charisma, 84 u. Anm. 143 mit Belegen). Der Inhalt der Logien vom Endgericht (Mt
9,37f.; Lk 10,2) zeigt deutlich Jesu unableitbaren (M. Hengel, ebd., 56; 63-70; 77ff.)
Anspruch auf Vollmacht und die Einbeziehung seiner Jünger in diese Vollmacht, da sie
nicht nur als Adressaten dieser Logien auftreten, sondern in ihnen als Mitarbeiter Jesu
(F. Hahn, Das Verständnis der Mission, 32). Ferner dürfen das besonders enge persönliche Verhältnis des Zwölferkreises zu Jesus (vgl. K. H. Rengstorf, Art. dodeka, a.a.O.,
327) sowie der Berufungsbericht bei Mk 3,13-19 (epoíäsen!), der offensichtlich die Be-
kanntheit der "Zwölf" als fester und durch eine anerkannte Macht ausgezeichneter Größe
voraussetzt (vgl. B. Rigaux, Die "Zwölf" in Geschichte und Kerygma, in: H. Ristow-
K. Matthiae, Der historische Jesus und der kerygmatische Christus, Berlin 1960, 468-
486, bes. 474f.), als Hinweis gesehen werden für eine zumindest faktisch vorbereitete
Bestimmung des Zwölferkreises zu einer Sonderfunktion durch Jesus, die man an der
Typologie der Zwölfzahl für die Stämme Israels folgend in der Bestimmung zur Mitarbeit
an der eschatologischen Verwirklichung des Heilswerkes sehen wird (vgl. W. Oepke, Das
neue Gottesvolk, Gütersloh, 1950, bes. 165). Besonders aus der Traditions- und Redaktionsgeschichte von Mt 16,17-19 schließen Exegeten, daß über die "sachliche Beziehung
dieses Traditionsstückes zum 'historischen Jesus' und dem Jüngerkreis um ihn" (W. Trilling, Ist die Primatslehre schriftgemäß?, 56) kaum noch Zweifel bestehen (vgl. G. Bornkamm, Die Binde- und Lösegewalt in der Kirche des Matthäus, in: Die Zeit Jesu, Freiburg
1970, 93-107, bes. 101ff.; R. Hummel, Die Auseinandersetzung zwischen Kirche und Judentum im Matthäusevangelium, München 1963, bes. 59ff.). Hinsichtlich der Aussagen über
die Übertragung richterlicher Vollmacht durch Jesus an die Zwölf (Mt 19,28) bestehen
zwar unterschiedliche Auffassungen, was die "Echtheit" dieser Logien betrifft (vgl.
E. H. Tödt, Der Menschensohn in der synoptischen Überlieferung, 2. Aufl., Gütersloh
1963, bes. 58, der das Logion für "unecht" hält, ebenso F. Hahn, Christologische Ho-
heitstitel, Gütersloh 1963, 38 Anm. 1), jedoch unter Hinzuziehung von Lk 22,28-30
glaubt H. Schürmann gegen A. M. Ritter (A. M. Ritter-G. Leich, Wer ist die Kirche?,
Göttingen 1968, bes. 25) von dem Faktum einer "juridischen Übertragung messianischer
Herrschaft an die Zwölf in einem einmaligen Akt ein für alle mal" sprechen zu können
(Jesu Abschiedsrede Lk 22,21-38, Münster 1957, 42f.; ebenso E. Schweizer, Gemeinde und
Gemeindeordnung im Neuen Testament, Zürich 1959, 22 Anm. 73 und W. Grundmann, Das
Evangelium nach Lukas, 2. Aufl., Berlin 1963, 402; 404). Auch F. Hahn hält dafür, daß
Jesus seine Jünger vor seinem Tod in allgemeiner und spezieller Vollmacht ausstattete
(Das Verständnis der Mission, 32). Gewiß erhält die Sendung der Zeugen erst vom Oster-
ereignis her ihre entscheidende Dimension (H. Kasting, Die Anfänge der urchristlichen
Mission, München 1969, 126), aber es besteht keineswegs eine unüberbrückbare Kluft
zwischen vorösterlichen Sendungsworten und den Vollmachtsworten der Auferstandenen.

24) P. V. Dias, Die Vielfalt der Kirche, 166.

25) Vgl. A. Vögtle, Jesus und die Kirche, 54ff.

26) Vgl. dazu etwa die exegetischen "Traktate" vom "Messiasgeheimnis" bzw. "Gottessohn-
geheimnis" z. B. bei J. Gnilka, Das Evangelium nach Markus, II/1, 167-170 und die Betonung des "Jüngerunverstandes" Mk 4,13b.40; 6,52; 8,14-21; 9,6.10.32; 10,32; 14,40b.

nung vom gewaltsamen Ende zunehmend isoliert,(27) ist Jesus letztlich ohne Jüngerschaft, allein in den Tod gegangen. "Hierin liegt auch ein Grund, warum man nicht problemlos von einer Kontinuität zwischen der Jüngerschar und der Kirche, die auf der Grundlage des Osterglaubens entstand, sprechen kann."(28)

Kontinuitätsstiftender Anknüpfungspunkt für diesen Osterglauben ist sicherlich, daß schon der vorösterliche Jesus den in Aussicht stehenden katastrophalen Ausgang seiner Sendung als uneingeschränkte Bejahung des Willens des Vaters gesehen hat,(29) und daß "die Erreichung seines inneren Zieles und der eschatologischen Endgültigkeit gerade in seinem Tod und seiner Auferstehung axiologisch immer in seinem ganzen Leben, in seinem Wort und Tun gegenwärtig war."(30)

Von besonderer Bedeutung war hierfür das letzte Mahl Jesu mit seinen Jüngern:(31) "... auch wenn Jesus nicht direkt von seiner Auferweckung durch Gott gesprochen haben wird ... so hat er zweifellos seinen Tod als Durchgang zu dem von ihm erwarteten Kommen als 'der Mensch' von Gott her angesehen und damit die Christen vor die Aufgabe gestellt, seine Person, sein Wirken und Sterben von der zur Zeit des letzten Mahles noch ganz im Dunkel der Zukunft liegenden Erfahrung der Auferweckung Jesu her zu deuten."(32) Real wirksam wird diese Deutung allerdings erst durch die Erfüllung und Einlösung des im Abschiedsmahl bekundeten Willens Jesu zur Aufrechterhaltung der Tischgemeinschaft mit seinen Mahlgenossen in der Auferstehungserfahrung. In ihr liegt der Grund für die Fortexistenz des Jüngerkreises als eschatologischer Gemeinschaft, die aufdem Hintergrund der Dringlichkeit von Jesu Verkündigung des nahenden Gottesreiches die Sinnbestimmung ihrer Existenz ganz in der Hinordnung zur Zeugenschaft für Jesus und seine Botschaft erkennt.(33) Das Gottesreich ist das ihr zugeteilte Geheimnis. Die Beantwortung der Frage nach einer näheren Bestimmung der Selbstdeutung, die die nach Ostern sich versammelnden Jünger ihrer Gemeinschaft gegeben haben, kann bei dem nur spärlich und lückenhaft zur Verfügung stehenden Quellenmaterial nur annähernd gegeben werden. P. V. Dias macht hierzu auf sechs wesentliche inhaltliche Markierungspunkte aufmerksam:(34)
1. Die Gemeinschaft der ersten nachösterlichen Jüngersammlung ist geprägt und getragen vom Glauben und der Verkündigung der Auferstehung Jesu.(35)
2. Die ersten Jünger verstehen sich als die Gemeinschaft Jesu, des Messias, den Gott auferweckt und erhöht hat.(36)

---

27) Vgl. Mk 8,31.
28) P. V. Dias, HDG, III/3a, 30.
29) Vgl. dazu H. Schürmann, Jesu ureigener Tod. Exegetische Besinnungen und Ausblick, Freiburg-Basel-Wien 1975.
30) P. V. Dias, Die Vielfalt der Kirche, 139.
31) Aus der zahlreichen Literatur: J. Jeremias, Die Abendmahlsworte; H. Schürmann, Lk 22,19b-20 als ursprüngliche Textüberlieferung; H. Lessig, Die Abendmahlsprobleme; H. Patsch, Abendmahl und historischer Jesus.
32) W. G. Kümmel, Theologie des NT, 84.
33) Vgl. P. V. Dias, HDG, III/3a, 33.
34) Vgl. HDG, III/3a, 36-40.
35) Vgl. 1 Kor 15,1f. 13-19.
36) Apg 2,32-36; 3,13-15. 20f. 5,30f.; 7,55f.; 9,4f.; 10,37-43; 13,27-31.

3. Zunächst weiß sich diese Gemeinschaft - in Fortsetzung der Tätigkeit
   Jesu - an Israel gesandt, da diesem zuerst die Möglichkeit zur Umkehr gegeben werden soll.(37)
4. Die nachösterliche Vervollständigung des 12-er Kreises bildet einen
   Reflex auf den umfassenden Anspruch Jesu auf das ganze Zwölfstäm-
   mevolk.(38)
5. Die Zugehörigkeit zur Gemeinde Jesu realisiert sich besonders in der
   Taufe "auf den Namen Jesu", der dadurch die Sünden vergibt und in
   seine Gemeinschaft aufnimmt (Apg 2,38. 41; 8,16; 10,48; 1 Kor 1,13),
   in den Gaben des Geistes, dessen Verleihung als endzeitliche Gabe an
   die Getauften sowohl für den einzelnen wie für die Gemeinschaft
   sichtbar und prägend wird (Apg 2,4; 4,31; 10,45f.; Gal 3,2-5),
   schließlich im gemeinsamen Mahl, in dem der endzeitliche Messias
   seinen Jüngern gegenwärtig ist und sie als seine Gemeinschaft konstituiert (Apg 2,42.46).
6. Den Zwölfen kommt als zeichenhaften Trägern "der immer gültigen und
   von Gott über den Tod Jesu hinaus wunderbar bestätigten Sendung
   Jesu an Israel"(39) eine bedeutsame eschatologische Funktion zu, ohne
   daß sie deswegen als Regenten der eschatologischen Gemeinde qualifiziert werden könnten.(40) Ihre Autorität steht grundsätzlich in dem
   heilsgeschichtlichen Kontext der Sendung Jesu an Israel und ist nicht
   aus sich Maßstab schlechthin.

Auf dem Hintergrund dieses grob umrissenen urgemeindlichen Selbstverständnisses soll nun versucht werden, die spezifischen Ausfaltungen
gemeindlichen und kirchlichen Bewußtseins in den einzelnen neutestamentlichen Überlieferungssträngen nachzuzeichnen.

2. Ekklesiologisch bedeutsame Zeugnisse in der erzählenden Jesus-Über-
   lieferung(41)

Die Heilige Schrift des NT kennt neben den für die ekklesiologische Entwicklung zentralen Bildbegriffen "Volk Gottes" (Röm 4,17; Gal 4,26-28)
und "Leib Christi" (Kol 1,18; 1 Kor 12,1-12f.) mehr als 80 verschiedene
Ausdrücke für die Kirche.(42) Dabei erscheint das Wort "ekklesia" 114

---

37) Vgl. Apg 2,38; 3,19; 5,31; Mk 7,17; dazu auch R. Schnackenburg, Die Kirche im NT, 57.
38) Vgl. auch W. Oepke, Das neue Gottesvolk, bes. 165.
39) P. V. Dias, HDG, III/3a, 40.
40) Es gab neben ihnen sicherlich auch andere auserwählte Zeugen und Jünger und zudem kam
    gewiß auch der ganzen Gemeinde in wichtigen Fragen Mitspracherecht zu (dazu R. Schnak-
    kenburg, Lukas als Zeuge verschiedener Gemeindestrukturen, in: BiLe 12 (1971) 232-247.
41) Für die Zeugnisse kirchlich-gemeindlicher Situation aus vorsynoptischen Überliefe-
    rungseinheiten (Logien-Quelle, semeia-Quelle, Parabel-Sammlung) vgl. P. V. Dias, HDG,
    III/3a, 52-60.
42) Vgl. z. B. "die Heiligen" (Apg 9,13.32.41; 26,10; Röm 15,25f.31; 1 Kor 16,1; 2 Kor 8,4;
    9,1.12) im Sinne auch von "Erwählte, Geliebte Gottes"; "Pflanzung" (1 Kor 3,6-8),
    "oberes Jerusalem" (Gal 4,26); "Tempel, Bau, Haus Gottes" (Eph 2,20-22; 1 Tim 3,15;
    1 Petr 2,1-10; 1 Kor 3, 9-17); "Braut, Ehefrau, Weib, Familie" (2 Kor 11,2; Eph 3,10;
    5,23-32; 2,19); "Staat, Herde, Weinstock, Brüderschaft" (Eph 2,12; Lk 12,32; Joh 10,1-
    16; 21,15-17; 15,1-10; 1 Petr 2,17; 5,9);
    dazu: P. S. Minear, Images of the Church in the New Testament, Philadelphia 1960;
    J. Hamer, L'Eglise est une Communion, Paris 1962, bes. 35-70; O. Semmelroth, Um die

mal im NT(43) und zwar als Bezeichnung sowohl für die gesamte Kirche (Eph 1,22f.; Kol 1,18; Gal 1,13; 1 Kor 15,9), wie auch für die Ortsgemeinden (1 Kor 1,2; Offb 2,1) und die einzelnen Hausgemeinden (Phlm 1,2). Der Bedeutungsgehalt des ntl "ekklesia" erbt von seiner Verwendung in LXX als Übertragung des atl "qahal"(44) gegenüber der rein technisch-profanen Bedeutung von "Versammlung" die spezifisch theologische Aussagenuance von "Gemeinde Gottes", die sich bereits von der atl Gemeinde Gottes abgehoben weiß.

So ist bei aller engen Bindung der Urkirche an den jüdischen Volksverband und bei allem primär auf die Angehörigen des alten Heilsvolkes ausgerichteten Sendungsbewußtsein der älteren judenchristlichen Gemeinde der grundlegend gegenüber dem atl qahal Jahwe spezifisch neue und zwar aus der universal heilschaffenden Wirkung des Sühnetodes Christi (Mk 14,24; Apg 20,28) resultierende Bewußtseinsgehalt der "ekklesia tou theou" bereits in der Urgemeinde unübersehbar.(45)

Wie das urgemeindliche Selbstbewußtsein geprägt ist durch den spezifischen Bezug der jungen ekklesia tou theou zu Jesus, der durch sein Sühneleiden universal Gottes Heil für sein Volk hergestellt hat, so setzt die lk-ekklesiologische Konzeption auf ihre Weise(46) die Kirche in unlösliche Beziehung zu dem Heilswerk in Jesus Christus: Die Kirche ist für Lukas "Herrschaftsbereich und Organ des erhöhten Christus in der Welt bis zu seinem Kommen in Herrlichkeit".(47) Besonders durch seine Geisttheologie(48) gelingt es Lukas die Kirche innerhalb einer heilsge-

Einheit des Kirchenbegriffes, in: J. Feiner u. a. (Hrsg.), Fragen der Theologie heute, Zürich-Köln 1957, 319-357, hier 320f.

43) Davon 65 mal bei Paulus, 23 mal in Apg, 20 mal in Offb, 2 mal bei Mt; der Terminus fehlt gänzlich bei Mk, Lk und Joh; dazu K. L. Schmidt, Art. ekklesia, in: ThWNT, III, 1938, 502-539.

44) Vgl. Dtn 32,2ff.; 1 Chr 28,8; Neh 13,1; Mich 2,5.

45) So R. Schnackenburg, Die Kirche im NT, 53-58 gegen alle einebnenden Herleitungsversuche des ekklesia-Begriffes aus essenisch-qumranischer Provenienz; dazu auch H. Kosmala, Hebräer-Essener-Christen, 63ff.; bes. 65.

46) Vgl. dazu G. Lohfink, Die Sammlung Israels. Eine Untersuchung zur lukanischen Ekklesiologie, München 1975; G. Schneider, Die zwölf Apostel als "Zeugen". Wesen, Ursprung und Funktion einer lukanischen Konzeption, in: P. W. Scheele (Hrsg.), Christuszeugnis der Kirche, Essen 1970, 39-65; H. Flender, Heil und Geschichte in der Theologie des Lukas, München 1965; ders., Die Kirche in den Lukas-Schriften als Frage an ihre heutige Gestalt (erstmals 1966), in: G. Bornkamm (Hrsg.), Das Lukas-Evangelium. Die redaktions- und kompositionsgeschichtliche Forschung, Darmstadt 1974, 261-286; über die auffällige innere Nähe der luk. Theologie zu Paulus vgl. H. Conzelmann, Grundriß der Theologie, 323, Anm. 11.

47) R. Schnackenburg, Kirche, 61.

48) Dazu H. v. Baer, Der Heilige Geist in den Lukas-Schriften, Stuttgart 1926. Die Geistausrüstung der ganzen Gemeinde am Pfingstfest (Apg 2,16-21) ist als deutlich erkennbares Äquivalent zur persönlichen Geistsalbung des Messias für die Zeit seines irdischen Wirkens gestaltet (Lk 4,14.18; Apg 10,38). Dabei ist wichtig, daß nach Lk der Kirche der Geist nicht etwa als vorläufiger Ersatz für den Besitz des endgültigen Heiles, sondern als "Siegel des Wohlgefallens Gottes über die 'kleine Herde' Jesu gegeben" ist (P. V. Dias, HDG, III/3a, 98). Die lk Gemeinde ist eine geisterfüllte; vgl. E Haenchen, Apostelgeschichte.

schichtlichen Gesamtschau(49) als die durch die inzwischen erfolgte Erhöhung und Machteinsetzung Jesu (Apg 2,34-36) eingelöste Erfüllung
und Entfaltung dessen zu begreifen, was die Zeit Jesu (die "Mitte der
Zeit"(50)) versprach. Die Kirche ist somit als dritte heilsgeschichtliche
Periode(51) fest verankert im universalen Heilsratschluß Gottes und,
durch die spezifische Verhältnisbestimmung von Geistverheißung durch
Jesus einerseits (Apg 24,49) und Geistempfang der Kirche durch Jesu
Vermittlung andererseits (Lk 24,29; Apg 2,33) auch im Christus-Ereignis. Wichtige kirchliche Entscheidungen, wie die über die Heiden im
"Aposteldekret"), sind vom Hl. Geist gewirkt (Apg 15,28) und auch die
apostolische Verfassung der Kirche nach Lukas ist gleichsam institutioneller Reflex seiner Geisttheologie: Die Apostel sind durch den Geist
von Jesus beauftragt (Apg 1,2) und die Gemeindeältesten sind vom Geist
in ihr Amt eingesetzt (Apg 20,28).(52) Wiewohl man bei Lukas kaum
schon so etwas wie einen fest umrissenen Kirchenbegriff voraussetzen
kann,(53) so tritt doch deutlich die lk Intention in den Vordergrund,
"der Kirche ihre Zeit und ihren Raum, ihre Mission und ihren Weg in die
Zukunft"(54) zu sichern. Gerade indem er den Abendmahlsbericht zu
einem wichtigen Lokalisationspunkt seines Kirchengedankens macht (Lk
22,21-38),(55) erweist Lukas das Brotbrechen (Lk 24,30f. als Fortsetzung von Jesu Mahlgemeinschaften), die urchristliche Eucharistiefeier als
den Kern und den Quellort des kirchlichen Lebens und spannt damit die
Kirche hinein zwischen die Abschiedsstiftung der Heilsfrucht von Jesu
blutigem Tod (hyper hymon) und den mit dessen bereits
hineinbrechenden eschatologischen Jubel (Apg 2,46).(56) Schließlich
zeigt auch die auffällige, nur bei Lukas vorfindliche Verlegung des
Jüngerrangstreites in den Abendmahlssaal (Lk 22,24-27) zum einen die
spezifisch lk Verschränkung von Vorstehen und Dienen (vgl. V 27:
ὁηγούμενοσ mit Apg 15,22) und zum anderen den untrennbaren Zusammenhang kirchlichen Lebens und Vorstehens mit dem Lebens-Testament
Jesu.

Eine wiederum spezifische Weise kirchlichen Selbstverständnisses zeigt

---

49) Vgl. E. Lohse, Lukas als Theologie der Heilsgeschichte, in: EvTh 14 (1954) 256-275.

50) So H. Conzelmann, Die Mitte der Zeit. Studien zur Theologie des Lukas, Tübingen 1954,
^{5}1964 (= ^{4}1962).

51) Vgl. ebd., 9f.; 128-157.

52) Vgl. zum Ganzen: G. Schneider, Das Evangelium nach Lukas (= ÖTK, 3/1), 111f., hier 112.

53) Vgl. E. Schweizer, Gemeinde und Gemeindeordnung, 60.

54) R. Schnackenburg, Kirche, 64.

55) Vgl. hierzu H. Schürmann, Jesu Abschiedsrede; ders., Der Abendmahlsbericht, ^{3}1960. Die
lk Redaktion der Abendmahlsüberlieferung akzentuiert gerade den Gedanken der Präsenz
des erhöhten Herrn als Kyrios in der Mahlversammlung und zwar insbesondere als des
"soter", der nun als Erhöhter sein Heilandswirken fortsetzt (J. Wanke, Beobachtungen
zum Eucharistieverständnis, spricht vom "frühsakramentalen" lk Eucharistieverständnis,
66). In spezifischem Unterschied etwa zu Paulus, wo in der Perspektive des Anamnese-
Motivs der Kyrios eher als der Ferne erscheint, trägt die Eucharistieversammlung bei
Lukas schon mehr die Würdezeichen der in einer Art "Christus-Mystik" (vgl. die Stich-
worte "bleiben", "in ihrer Mitte", "bei ihnen sein", Wanke, a.a.O., 66f.) bereits in
den endzeitlichen Jubel versetzten Gemeinschaft.

56) Das Hineingehalten-Sein in diese Spannung verdeutlicht auch der mit der Passion Jesu
parallelisierte Wiedereintritt des Satans (Lk 22,3.55), der bei der Einsetzung des
"Geistträgers" Jesus in sein öffentliches Wirken zurückgewiesen worden war (Lk 4,1-13).

die mt Auffassung(57) vom Verhältnis der "ekklesia" zu Christus. Der Kerngedanke der mt "Kirchenkonzeption" ist die Ablösung des ungläubigen Volkes, das sich der an es ergangenen Verheißungen als unwürdig erwiesen hat, durch das "wahre Israel",(58) das die Früchte der Gottesherrschaft hervorbringt (Mt 21,42ff.). Indem die Grundlagen dieses neuen Gottesvolkes nicht auf völkisch-nationalen Zugehörigkeitskategorien beruhen, sondern in der schlechthin universal ausgerichteten, durch Jesu Sühneblut ermöglichten (Mt 26,28), durch seine Boten zusammengerufenen, durch Taufe und gehorsame Jesus-Gefolgschaft konstituierten Brüdergemeinschaft liegen (Mt 28,19), zeichnet es sich insbesondere - und dies wird nachdrücklich in der ausgeprägten Auseinandersetzung mit der Gesetzesfrage deutlich - durch seinen Anspruch aus, in der "lex Christi", des eschatologischen Gesandten Gottes, welches im Hauptgebot der Liebe zusammengefaßt ist, als seiner einzig bindenden Verfassung die alte Tora überhöhend und heilsgeschichtlich einlösend zu erfüllen und damit endzeitlich autorisiert auszulegen (Mt 5,17.18.19; 7,21).

Ausgehend von der Magna Charta des Liebesgebotes für die ekklesia (Mt 18,17; 16,19) werden für die innere Struktur des mt Kirchenbildes wichtige Momente sichtbar,(59) die den ekklesia-Gedanken in seiner theologischen Dignität des Erwählungsmotives aus dem atl Gottesvolk-Gedanken erweisen, das durch die Christus-Tat jetzt eigentlich eingelöst ist (Mt 16,19). Im Hören oder Nicht-Hören auf die Gemeinde entscheidet sich Zugehörigkeit zur oder Ausschluß von der Heilsgemeinschaft (Mt 18,17). Diesen Gedanken unterstreicht auch die Überlieferung vom hochzeitlichen Gewand (Mt 22,11-14), mit der der Matthäus wohl einschärfen will, daß der Eintritt in die Ekklesia mit dem Anspruch verbunden ist, sich als Auserwählte zu erweisen;(60) damit konstatiert Matthäus eine besondere (soteriologische) Qualität der Brudergemeinde: "Für ihn ist die ἐκκλησία die Sammlungs- und Zurüstungsstätte der ἐκλεκτοί, die das Heil vermittelnde, aber (ohne sittliche Früchte) nicht garantierende Gemeinschaft, wenn man so will (und den Ausdruck nicht scheut): 'Heilsanstalt'".(61) Diese Dignität der Ekklesia gründet in ihrer heilsgeschichtlich verankerten Potenz zur Ausübung göttlicher Vollmacht: sie

---

57) Zu den traditions- und redaktionsgeschichtlichen Besonderheiten des Mt-Evangeliums im Einzelnen vgl. P. V. Dias, HDG, III/3a, 70-72.

58) Vgl. das einschlägige Werk von W. Trilling, Das wahre Israel. Studien zur Theologie des Matthäusevangeliums, Leipzig 1959, bes. 101-137; dagegen möchte P. V. Dias (HDG, III/3a, 75, Anm. 220) in dem Begriff ethnos (Mt 21,43) bei Mt zutreffender die ekklesiologische Vorstellung des Evangelisten ausgedrückt sehen als Trilling dies für den Begriff "das wahre Israel" behauptet; denn Mt übertrage - was bei der Annahme von Trilling naheliegend sein müßte - nirgends den Titel "Israel" explizit auf die Kirche Jesu (auch nicht in Mt 19,28); dies geschehe erst bei Paulus (Gal 6,16).

59) Vgl. etwa die in der Gemeinderegel bestimmenden Begriffe (Mt 18,1-20): die Kleinen, die an Jesus glauben (18,6.10); Bruder (W. 15ff.); die Anschauungen über die Ausübung göttlicher Vollmacht (V. 18), über die Gegenwart Jesu (V. 20), sowie über Stellung und Aufgabe der Leitenden (VV. 1-4; 12f.) und die Würde der Gemeinde (V. 17).

60) Vgl. dazu J. Daumoser, Berufung und Erwählung bei den Synoptikern, Meisenheim 1954, 186-212; zum redaktionsgeschichtlichen Verständnis vgl. W. Trilling, Zur Überlieferungsgeschichte des Gleichnisses vom Hochzeitsmahl Mt 22,1-14, in: BZ N.F. 4 (1960) 251-265.

61) R. Schnackenburg, Kirche, 68; auch P. V. Dias spricht von der mt Kirchenkonzeption als "eine(r) auf Erden errichtete(n) Institution" (HDG, III/3a, 76).

steht in dem Wirk- und Ausübungsbereich von Gott verliehener, das Heil betreffender (d. h. dem Liebesgebot untergeordneter) Vollmacht, "die nach Auffassung des Evangelisten schwerlich in der Gemeinde als solcher ruht, vielmehr bestimmten Personen übertragen ist."(62) So erfährt die Gemeinde die Gegenwart des Herrn in ihr in zweifacher Weise: zum einen in mystischer Form im gemeinsamen Gebet (Mt 18,20), zum anderen als Verheißung des auferstandenen Herrn an die Apostel, daß er immer mit ihnen (μεϑ' ὑμῶν) sein werde (Mt 28,20).(63)

Bei dem Versuch, die wichtigsten Linien synoptischer Kirchenmodelle nachzuzeichnen, gewinnt nun noch die synoptische Tradition der jesuanischen Basileia-Verkündigung(64) ekklesiologische Relevanz: Namentlich im katholischen Raum wurden nach der Überwindung der anfänglichen Vergessenheit des Basileia-Begriffes in der systematischen Theologie(65) zunehmend unter Zuhilfenahme einer entsprechend ekklesiologisch abgezweckten Interpretation der sog. "Reich-Gottes"-Gleichnisse der synoptischen Tradition(66) basileia und ekklesia eng aufeinander als wechselseitige Interpretamente bezogen.(67) Dabei wird die präsentische Gottes-

---

62) R. Schnackenburg, Kirche, 69; hier auch die Einzelanalyse des Bind- und Löse-Logions (Mt 16,19; 18,18), dessen Adressat nach Schnackenburg ein bestimmter Personenkreis, nicht einfach die Gemeinde, ist. Es zeigen sich damit als spezifische Momente des mt Kirchengedankens noch einmal: die mt Jüngergemeinde weiß sich auf das Fundament eines Jüngers (Petrus) bezogen (P. V. Dias, Vielfalt, 186ff.); das innere Leben und die Ordnung dieser Gemeinde (als Sohnschaft, Jüngerschaft, Bruderschaft; es gibt in ihr Jünger, Propheten, Lehrer, die "Kleinen": 10,40ff.; 23,34) ist durch den Willen und die Gegenwart des einzigen Lehrers und Herrn Jesus Christus als des endgültigen Offenbarers des Vaters bestimmt (P. V. Dias, HDG, III/3a, 76); Jüngersein bedeutet vor allem Vorbildsein für die persönliche Beziehung zu Jesus, d. h. für die gläubige Existenz (Mt 12,49f.; 7,21; 10,35-39; 19,16ff.; 5,20; 13,1ff.; 5,44ff. u.a.m.

63) R. Schnackenburg, Kirche, 70.

64) Vgl. hierzu R. Schnackenburg, Gottes Herrschaft und Reich, Freiburg [4]1965; F. Mußner, Gottesherrschaft und Sendung Jesu nach Mk 1,14f., in: Ders., Praesentia Salutis, Düsseldorf 1967, 81-98; H. Flender, Die Botschaft Jesu von der Herrschaft Gottes, München 1968; zur theologischen Sprachregelung in der Basileia-Theologie (Königsherrschaft Gottes, Königtum Gottes, Gottesreich usf.) vgl. R. Schnackenburg, Gottes Herrschaft, 247f.

65) So J. Gnilka, Das Evangelium nach Markus (= EKK, II/1), 68.

66) Vgl. Mk 4,1-9. 10-12. 30-32; Mt 13,33. 44-46. 24-30. 36-43. 47-50. Zum Gesamtkomplex ntl Gleichnisforschung und -interpretation vgl. den Sammelband v. W. Harnisch (Hrsg.), Die neutestamentliche Gleichnisforschung im Horizont von Hermeneutik und Literaturwissenschaft (= Wege der Forschung, Bd. 575), Darmstadt 1982; ferner J. Jeremias, Die Gleichnisse Jesu, Göttingen [7]1965.

67) Schon von Anfang ihrer Rezeptionsgeschichte an stellt die Basileia-Theologie der Synoptiker die Frage, wie sich gegenwärtige und zukünftige basileia zueinander verhalten (vgl. schon A. v. Harnack, DG, I, Darmstadt 1964, 148-151). So wurde für das Gleichnis Senfkorn (Mk 4,30-32), wo es ursprünglich rein um die Beziehung von (unscheinbarem) Anfang und (wunderbarem) Ende hinsichtlich des Geheimnisses vom Kommen des Reiches Gottes geht (J. Jeremias, Gleichnisse, 147ff.), behauptet, schon innerhalb der Auslegungsgeschichte von Jesus zu Markus sei das Gleichnis und sein ursprünglicher Sinn "unter der Hand zur Allegorie auf die Großkirche" umgemünzt worden, "die das Ereignis des sich ausbreitenden Wortes ist" (E. Gräßer, Parusieverzögerung, 141f.), wogegen festzuhalten ist, daß am Ende des Gleichnisses nicht die weltweite Kirche, sondern das vollendete Reich Gottes steht (J. Gnilka, EKK, II/1, 188). Dennoch drängt sich offensichtlich den

herrschaft einfach hin auf die Kirche gemünzt, so daß die eschatologische Dimension der Basileia-Theologie zunehmend in Vergessenheit gerät.(68) Die Versuchung zur Verwechslung und Gleichsetzung von basileia und ekklesia(69) ist seitdem offensichtlich ebenso ungebrochen wie
exegetisch unhaltbar.(70) Jede bedenkenlose "Ekklesiologisierung des
Basileia-Begriffes(71) impliziert die Gefahr einer unbiblischen Entescha-
tologisierung desselben.(72) Mit der Herausarbeitung der grundsätzlich
eschatologischen Qualität der basileia tou theou,(73) ihrer wesentlichen
institutionellen Unverfügbarkeit,(74) wird zugleich deutlich, daß nicht
die ekklesia, sondern die Gottesherrschaft das letzte Ziel des Heilshandelns Gottes und die vollkommene Gestalt des Heiles für die ganze Welt
ist.(75)

Gleichwohl haben die basileia und ekklesia miteinander zu tun:(76) Ihre

---

Auslegern nahezu unabweisbar die Deutung der sog. Wachstumsgleichnisse (vom Saat- u.
Senfkorn Mk 4,26-29) auf die Verkündigungstätigkeit der Kirche hin auf: Vorbereitet
wird dieser Interpretationsstrang schon bei Joh. Chrysostomus (hom in Mt 46: PG 58,
476).

68) Vgl. hierzu etwa die Auslegungstradition seit 2. Clem zu Pastor Hermae, wo die Annähe-
rung$_2$von basileia und ekklesia immer mehr fortschreitet; dazu R. Schnackenburg, in:
LThK², II, 30.

69) Vgl. etwa L. Fonck, Die Parabeln des Herrn im Evangelium, Innsbruck ³1903, 118-120, der
vom "Wachstum des Himmelreiches auf Erden für alle Zeiten bis zum Tage der Vollendung"
spricht und dieses Himmelreich mit der Kirche identifiziert. Auch die Zugrundelegung
der Entwicklungskategorie für das Geheimnis des Kommens des Reiches Gottes bei M.
Schmaus trifft das vom Gleichnis eigentlich Intendierte nicht mehr (KD, III/1, 1958,
S. 105).

70) Vgl. hierzu W. G. Kümmel, Noch einmal: Das Gleichnis von der selbstwachsenden Saat, in:
Orientierung an Jesus (= FS J. Schmid), Freiburg 1973, 220-237; E. Jüngel, Die Problematik, in: Ders. , Paulus und Jesus, 87-135.

71) Dieser Gefahr scheint auch J. Auer (KKD, VIII) nicht entgangen zu sein, wenn er mit
Bezug auf die Reich-Gottes-Gleichnisse Jesu feststellt: "Die Kirche als eschatologi-
sches Reich Gottes, d. h. als Raum in dem Gott zur Herrschaft in dieser Welt kommen
soll, wird einmal vorgestellt in den drei Wachstumsgleichnissen von der 'selbstwachsenden Saat' (Mk 4,26-29), vom Sauerteig (Mt 13,33) sowie im Gleichnis vom Sämann (Mk
4,1-9)" (a.a.O., 43f.).

72) Vgl. H.-D. Wendland, Die Weltherrschaft Christi und die zwei Reiche, in: Kosmos und
Ekklesia (= FS W. Stählin), 23-39.

73) Vgl.$_2$die bahnbrechende Arbeit von J. Weiss, Die Predigt Jesu vom Reiche Gottes, Göttingen ²1900, ³1964.

74) Dieser Gedanke kommt besonders in der mk Herausstellung des Geheimnischarakters des in
Jesus hereingebrochenen Gottesreiches zum Ausdruck, demgegenüber aller "kirchliche" Jüngerglaube immer in Armseligkeit und Zerbrechlichkeit zurückbleibt (P. V.
Dias, HDG, III/3a, 65; J. Gnilka, Die Verstockung Israels. Isaias 6,9-10 in der Theologie der Synoptiker (= StANT 3), München 1961, bes. 44.

75) "Die Ekklesia ist für die Zeit, die Basileia wird die Zeit überdauern" (J. Gnilka, EKK,
II/1, 189); vgl. auch R. Grosche, Pilgernde Kirche, Freiburg i. Br. 1938, 42f.

76) Im Mk-Evangelium erscheint die Verkündigungstätigkeit der Kirche mit der basileia-Verkündigung Jesu dadurch in Zusammenhang gebracht, daß Jesus einmal die Verfolgungszeit
der Kirche, unter der sie jetzt zu leiden hat, schon vorausgesagt hat, zum anderen, daß
diese Verkündigungstätigkeit um Jesu willen geschieht. "Die Kirche ist also selbst ein
solches Vorzeichen, das der letzten Zukunft vorausgeht" (S. Schulz, Die Stunde der
Botschaft, 103).

Zuordnung muß jedoch in dem fundamentalen biblischen Spannungsver-
hältnis von Gegenwart und Zukunft, von zu aktualisierender und zu er-
wartender basileia, verstanden werden.(77) Der ekklesia ist das Wort
anvertraut, durch welches Gottes eschatologische Herrschaft verwandelnd
wirksam werden will. "Die Ekklesia ist als Treuhänderin der Basileia -
und nicht aus sich selbst - Zeichen der Hoffnung. Sie ist es in dem Maß
und so lang, als sie sich diesem Anspruch stellt und für die kommende
Basileia Zeugnis gebend auf diese hin lebt."(78) Andererseits bleibt aber
gerade innerhalb der synoptischen Überlieferung bei aller eschatologischen Akzentuierung der Basileia-Theologie die intensive innere Zuordnung der Kirche zum künftigen Gottesreich unübersehbar: R. Schnakkenburg sieht gerade in den synoptischen Berichten von der Vollmachts-
ausstattung(79) der Kirche und besonders der "Zwölf"(80) (Apostel)(81)
"tiefinnere Zusammenhänge zwischen der Sendung und Herrschaft Christi
und der Konstituierung und Ausrüstung seiner Kirche."(82) Die Ekklesia
wird auf diese Weise der Ort, wo sich nach dem Scheiden Jesu alle für
das Gottesreich Berufenen sammeln sollen, und die göttliche Institution,
durch die sie ihr Ziel erreichen können, namentlich durch die Sündenvergebung und die Gabe des Geistes."(83)

---

77) Vgl. hierzu P. Tillich, Systematische Theologie, III, Stuttgart 1966, 398-477; in
dieser spannungsreichen Mitte zwischen den Vereinseitigungen von utopischer und trans-
zendenalistisch-apokalyptischer Geschichtsbetrachtung liegt nach Tillich der theologische Ort einer biblischen Basileia-Verkündigung und in dem Auftrag der steten Lebendigerhaltung der Erinnerung an sie der theologische Ort der Ekklesia (a.a.O., 443f.).

78) J. Gnilka, EKK, II/1, 189.

79) Vgl. etwa Mt 16,19; Lk 23,29 (Schlüssel des Himmelreiches); Mk 2,10 par. (Sündenvergebung); Mt 18,18 (Binde- und Lösegewalt); Mk 1,22.27 (vollmächtiges Lehren); Mk 3,15;
6,7 (Macht über Dämonen); es handelt sich dabei in der synoptischen Darstellung um
Vollmachten, die in ihrer Reichweite im Grund identisch sind mit Jesu Vollmacht auf
Erden und in ihrer inhaltlichen Schilderung ihre unmittelbare Beziehung zum Gottesreich
offenbaren. Einen bedeutsamen Reflex des Bewußtseins von dem inneren Zusammenhang der
ekklesia mit den Kräften des Gottesreiches bildet die spezifisch lk Parallelisierung
des Weges der Verkündigung Jesu (Lk) und derjenigen der nachpfingstlichen Kirche (Apg),
die das Ineinanderrücken der Vollmachtspredigt Jesu und jener der apostolischen Verkün-
diger deutlich akzentuiert (vgl. die parallele Gestaltung des Auftretens Jesu und
Pauli: Lk 4,16-30; Apg 17,1ff.; 16ff.; 18,24ff.; 18,24ff.; 19,8ff. usf.).

80) Vgl. Mk 1,16.19; 2,14; 3,14.16, wo die theologisch enge Verknüpfung von eschatologischer Botschaft Jesu und kirchlicher Verkündigung durch die unmittelbare Aufeinanderfolge des jesuanischen Ausrufes der Gottesherrschaft und des Rufes zur Nachfolge an die
vier Jünger deutlich wird (P. V. Dias, HDG, III/3a, 66f.).

81) Zur lk Apostolatskonzeption vgl. G. Klein, die zwölf Apostel; W. Schmidthals, Das
kirchliche Apostelamt, Göttingen 1961; B. Gerhardsson, Die Boten Gottes und die Apostel
Christi, in: SEA 27 (1962) 89-131; E. Haenchen, Apostelgeschichte, 122-130; J. Roloff,
Apostolat Verkündigung-Kirche, Gütersloh 1965; B. Rigaux, Die zwölf Apostel, in: Conci-
lium 4 (1968) 238-242; im Gegenüber zur mk Darstellung vom "Zwölferkreis": G. Schmahl,
Die Zwölf im Markusevangelium, Trier 1974; K. Stock, Boten aus dem Mit-Ihm-Sein. Das
Verhältnis zwischen Jesus und den Zwölf nach Markus, Rom 1975.

82) R. Schnackenburg, Kirche, 168.

83) Ebd., 168f.; vgl. hierzu auch Mk 4,11 und 8,27-10,52, wo aus der Kontrastierung "ihr"
und "jene" die Jüngerschar insbesondere dadurch qualifiziert ist, daß sie Empfänger der
Geheimnisse des Reiches ist. Ihr eschatologischer Bestand gründet in dieser Gabe. Sie
hat sie aber nur in dem Maße, in dem sie das Haben als Gabe empfängt (Mk 4,11.24).

Besonders in der Eucharistiefeier artikuliert sich dieser Zusammenhang zwischen der ekklesia als der Gemeinschaft der durch Jesu Sühnetod Erlösten (Lk 22,19f.) und der basileia, die in der kultischen Feier antizipatorisch, angeldhaft anbricht, "die Herrenmahlsgemeinde ist selber 'Zeichen'".(84)

Damit ist ekklesiologisch der Gedanke impliziert, daß auch die ekklesia in ihrem Sinngehalt eine über diesen Äon hinausragende Bedeutung hat, daß sie nicht an der Schwelle des Gottesreiches endet.(85) Freilich findet sich der ausdrücklichere Niederschlag dieses Akzentes im gemeindlichen Selbstbewußtsein nicht mehr im synoptischen Überlieferungsgut,(86) sondern in dem Bereich des ntl Schriftenkreises, wo die Verkündigung der Botschaft von Jesus Christus erstmals in der Weise expliziter theologischer Reflexion geschieht, d. h. im paulinischen und johanneischen Schrifttum und in dessen jeweiligem literarischen Umfeld. Damit verfolgen wir nun den Gang ekklesiologisch relevanter Verkündigungsinhalte innerhalb des Nt von der "erzählenden Jesusüberlieferung"(87) der synoptischen Tradition zu den Schriften, die in sehr viel weitergehendem Maße in ihrer literarischen Gestaltung von dem prägenden Gesamtduktus einer bestimmten theologischen Konzeption bestimmt sind, während in den synoptischen Evangelien "Form und verwendete Einzeltraditionen gegenüber der schriftstellerischen Intention des Evangelisten eine relative Selbständigkeit behaupten konnten."(88) Die Aussagestruktur wandelt sich dabei von der des verkündigungsgeprägten Berichtes(89) zu jener argumentativ-theologischer Reflexion des Christus-Ereignisses. Das bedeutet, daß die ekklesiologische Relevanz einzelner Aussagen nun nicht mehr wie in der synoptischen Tradition nur indirekt als Reflex gemeindlich-redaktioneller Verkündigung von Jesu Leben, Tod und Auferstehung zu gewinnen sind; vielmehr wird die theologische Relevanz der Gemeinde, an die sich die Jesus-Verkündigung richtet, selbst zunehmend Gegenstand der theologischen Reflexion und zwar hinsichtlich ihres Bezuges zum Erlösungsgeschehen in Christus. Freilich finden wir weder bei Paulus(90) noch bei Johannes(91) bereits eine explizite, für sich konzi-

---

84) P. Neuenzeit, Das Herrenmahl, 132.

85) So R. Schnackenburg, Kirche, 170.

86) Darauf verweist auch die Beobachtung, daß das NT dort, wo es die zur Gemeinde Gottes Gehörigen in ihrer endzeitlichen Vollendung benennen will, nicht mehr auf den offensichtlich auf die eschatologische Zwischenzeit zwischen Himmelfahrt und Parusie beschränkten Begriff "ekklesia" rekurriert, sondern ausgesprochene theologische Reflexions- und Bildbegriffe wie z. B. "Volk Gottes" (Hebr 12,22f.) gebraucht (vgl. auch zum Brautschaftsmotiv [2 Kor 11,2]).

87) J. Roloff, Neues Testament (= Neukirchener Arbeitsbücher), Neukirchen-Vluyn [3]1982, 77.

88) Ebd., 138.

89) So J. Gnilka in Bezug auf Mk (EKK, II/1, 24).

90) Im Zusammenhang der Frage nach einer "paulinischen Ekklesiologie" formuliert W. Klaiber: "Die Ekklesiologie stellt für Paulus kein Thema sui generis dar, wohl aber ist Leben als Gemeinde für ihn selbstverständliche Wirklichkeit christlicher Existenz" (Rechtfertigung und Gemeinde, 58). Demgemäß ist eine deskriptive oder additive Darstellung der paulinischen Ekklesiologie überhaupt nicht möglich (vgl. ebd., 68), da man bei Paulus allenfalls, wenn überhaupt, von einer verborgenen Systematik seines 'Kirchendenkens' sprechen könne, das im strengen Sinne gar keine Ekklesiologie sein will (ebd., 69; H. Thuyen, Zur Problematik einer neutestamentlichen Ekklesiologie, 106 spricht von "impliziter Ekklesiologie"). Dies resultiert daraus, daß Mitte und Einheit paulinisch-

pierte Ekklesiologie vor. Gleichwohl aber leisten beide eine spezifische Vertiefung der Idee von der Kirche durch ihre originär konzipierte christologisch-soteriologische Begründung des Kirchendenkens.

3. Das paulinische Kirchendenken(92)

In dem Ringen um eine theologische Lösung des für Paulus als Juden so erregenden und bedrängenden Problems der offensichtlichen Verwerfung des alten Gottesvolkes, dem die Heilsverheißung galt, durch Gott einerseits und der Berufung der Heiden in das neue, wahre Gottesvolk andererseits findet der Apostel zu einem positiven Verständnis des wahren Gottesvolkes, das sowohl Gläubige aus Israel wie auch aus den Heidenvölkern umfaßt, in der fundamentalen neuen Seins-Bestimmung dieses Volkes "in Christus" (Gal 3,28).(93) Dieses neue Gottesvolk bezeichnet Paulus auch als das "obere Jerusalem" (Gal 4,26) und als das "Israel Gottes" (Gal 6,16). Damit hat er den Ehrentitel der alten Verheißung auf diese neue, en Christo konstituierte Volk übertragen, das die wahren geistigen Nachkommen Abrahams beherbergt. Die alte theologisch-soteriologische Dignität des Volk-Gottes-Gedankens ist christologisch neu begründet.(94) Mit der "en-Christo-Kategorie" gewinnt das paulinische Kirchendenken einen spezifischen, über die synoptische Tradition hinausgehenden Akzent: Die Kirche wird explizit als eine im Heilshandeln Christi verankerte und vorgegebene, gleichzeitig aber in stetem Vollzug sich erst bewährende Größe verstanden im "zwischen" des "schon" der Erfüllung und des "noch nicht" der Erwartung.(95) "Kirche" ist dabei die Benennung der Existenz des Glaubenden als des Hineingenommen-

---

ekklesiologischen Denkens der. christologische Bezugspunkt ist (so auch H. F. Weiß, "Volk Gottes" und "Leib Christi", 417 und C. H. Dodd, The Biblical Doctrine, 38), von dem her die überkommenen ekklesiologischen Begriffe ständig umgeprägt werden (Klaiber, Rechtfertigung, 48). Hinzu kommt, daß der modus dicendi paulinischen Kirchendenkens die Paränese ist (ebd., 49-50), nicht die dogmatische Aussage; d. h. paulinische Ekklesiologie ist wesentlich "Ekklesiologie im Vollzug" (G. Eichholz, Theologie 12f.).

91) Das Joh kennt beispielsweise überhaupt keine substantivische Bezeichnung für die Kirche (abgesehen von dem Gleichnis vom Weinstock und den Reben), bietet aber dennoch in den Abschiedsreden Jesu eine tiefgründende "implizite" Ekklesiologie; hierzu: J. Miller, The Concept of the Church in the Gospel according to John, Michigan 1976, 74-85; E. Schweizer, Gemeinde und Gemeindeordnung, 105-124; J. Becker, Das Evangelium nach Johannes (= ÖTK, IV,/2), 477-486; ferner E. Schlink, Ökumenische Dogmatik, 554.

92) Hierbei kann es freilich nicht um den Versuch einer einläßlichen Darstellung gehen; hierzu aus der unüberschaubaren Literatur: A. Wikenhauser, Die Kirche als der mystische Leib Christi nach dem Apostel Paulus, Münster i.W. ²1940; Th. Soiron, Die Kirche als der Leib Christi, 1951; P. Benoit, Corps, Tete et Plérome dans les Epîtres de la Captivité. Exégèse et Théologie, Paris 1961, I-II; L. Cerfaux, La Théologie de l'Eglise suivant Saint Paul, Paris ²1948; hier sollen lediglich einige zentrale paulinische Ansatzpunkte für das ekklesiologische Denken aufgewiesen werden, die in spezifischer Weise über die synoptischen Linien hinausführen. Der Zentralgedanke von der Kirche als "Leib Christi" bleibt zunächst im Wesentlichen ausgeklammert, da dieser unter Ziffer II.2 näher erörtert wird.

93) Zur Interpretation der Formel "en Christo" bei Paulus vgl. kritisch W. Klaiber, Rechtfertigung, 101-104; eingehender hierzu w. u.

94) Vgl. zum Ganzen R. Schnackenburg, Kirche, 71-77.

95) Vgl. 2 Kor 6,2; Röm 3,21.26; 5,9.11; 6,22; 7,6; 8,1.24; 1 Kor 6,11; Gal 5,1; 1 Thess 5,2.4; 2,19; 1 Kor 1,7f.; 3,13; 5,5; Röm 2,5; 8,8.

Seins in den Herrschaftsbereich Christi: auf dem Hintergrund des soteriologischen Modells der Adam-Christus-Parallele(96) wird es gleichsam
zum "Existential" für die Glaubenden, daß sie als dem zweiten Adam Angehörige seinen geistlichen Leib bilden; die Konsequenzen daraus artikuliert Paulus in den sog. "syn-Aussagen": die Glaubenden sind mit Christus mitgestorben, mitbegraben, mitgekreuzigt, mitauferstanden; sie werden mitverherrlicht, mitverwandelt;(97) damit haben sie Anteil an der
Sohnschaft durch das Angeld, die Erstlingsgabe des Geistes in ihrem
Herzen.(98)

Eigentümlicherweise ist nun aber die Kirche bei Paulus als die Benennung der Konstituierung gläubiger Existenz durch Christus und den
Geist nicht primär und direkt Gegenstand einer eigenen Reflexion,
sondern erscheint lediglich als eine Folge der Christus-Bindung der
einzelnen Gläubigen.(99) Die Kirche ist damit wohl Sichtbarwerdung des
(pneumatischen) Leibes Christi, aber sie ist nicht identisch mit diesem.(100) Die prägende Signatur paulinischen Kirchendenkens bildet
daher die antinomische Spannung zwischen angeldhaftem "schon" der
Christusverbindung in seinem Leib und der immer noch der Bewährung
ausgesetzten Vorläufigkeit im "noch-nicht" eschatologischer Erfüllung in
der Parusie.(101)

Die Kirche wird damit aber ausdrücklich integrierender Bestandteil des
Christusereignisses, letzteres steckt gleichsam den Lebensraum für
erstere ab.

Im Epheserbrief(102) (Eph 4,7-16) erfährt dieser Gedanke eine weitere
Explikation: "Christus und die Kirche sind im Eph so einander zugeordnet, daß die Kirche auf ihr Haupt hinwachsend, selber zu ihrer 'Chri-
stusgestalt' ausreift",(103) indem sie "dynamisch-intensiv von der Fülle
Christi, seinen Heilskräften und seiner göttlichen Wesenheit durchdrun-
gen" wird.(104) Sie ist der eine Leib Christi, "der von ihm, dem himmli-

---

96) Vgl. Röm 5,12ff.; 1 Kor 15,21f.
97) Vgl. Röm 6,4-8; 8,17; Gal 2,19; Phil 3, 10.21; ferner Gal 3,27; 1 Thess 2,14; Gal
    1,22; 2,17; 3,28; 1 Kor 1,1ff. 30ff.; 3,1; 2 Kor 5,17.21; Röm 6,11; 8,1; 12,5; Phil
    1,1f.
98) Vgl. 1 Kor 2,12; 2 Kor 1,22; 1 Thess 4,8; Gal 4,6; Röm 8,15.23.
99) In den paulinischen Hauptbriefen werden immer die Gläubigen, nicht die Kirche als sol-
    che als Leib Christi angesprochen: "wir ... ihr" (1 Kor 12,13.27), d. h. Primärbezugs-
    punkt dieser Aussage ist die Christologie, die Ekklesiologie ist erst in der Paränese
    lokalisiert (vgl. A. Wikenhauser, Die Kirche als der mystische Leib Christi).
100) Vgl. P. V. Dias, HDG, III/3a, 86.
101) Daraus resultieren auch die spezifischen Antinomien im paulinischen Kirchendenken:
    W. Klaiber, Rechtfertigung, 67f.; eingehender hierzu s.w.u.
102) Lit. zu Eph bei R. Schnackenburg, Der Brief an die Epheser (= EKK, X), Neukirchen-
    Vluyn 1982, 9-16; vgl. insbesondere H. Merklein, Christus und die Kirche. Die theolo-
    gische Grundstruktur des Epheserbriefes nach Eph 2,11-18 (= SBS 66), Stuttgart 1973;
    ders., Eph 4,1-5,20 als Rezeption von Kol 3,1-17 (zugleich ein Beitrag zur Problematik
    des Epheserbriefes), in: Kontinuität und Einheit (= FS F. Mußner), Freiburg i. Br.
    1981, 194-210; J. Gnilka, Das Kirchenmodell des Epheserbriefes, in: BZ N.F. 15 (1971)
    161-184; E. Käsemann, Art. Epheserbrief, in: RGG³, II, 517-520.
103) R. Schnackenburg, Der Brief an die Epheser, 187.
104) Ebd., 188; über den parakletisch-paränetischen Kontext dieser Stelle in Bezug auf Äm-

schen Haupt, geleitet, aufgebaut, im Wachstum gefördert und zum 'Vollmaß der Fülle Christi' hingeführt wird."[105] Dabei rückt in spezifischem Unterschied zum Kolosserbrief, wo das Pleroma sich noch direkt auf Gott und auf Christus bezieht, im Eph diese Fülle Christi bereits auf die Kirche hinüber: "sie ist sein Leib, die Fülle dessen, der das All in allem erfüllt" (Eph 1,23).[106]

Auch das paulinische Bild von der Kirche als Tempel Gottes (1 Kor 3,16; 2 Kor 6,16), in dem Gottes Geist wohnt, akzentuiert den Kirchengedanken in die gleiche Richtung, wonach Sein und Leben der Kirche in zunehmendem Maße explizit zum "An-wesen" des göttlichen Heilshandelns, zu einer streng christozentrisch bzw. theozentrisch gefaßten, aber zugleich immer stärker "soteriologische Subjekthaftigkeit" gewinnenden Größe wird.[107]

Unter Zugrundelegung eines anderen Bildes gießt 1 Petr[108] gleichsam den paulinischen Leib-Christi-Gedanken in die neue Form vom "geistlichen Haus, das aus lebendigen Steinen erbaut ist" (2,4-10) und vom "Schlußstein" Jesus Christus zusammengehalten wird. Auch die Variante vom Tempel zur heiligen Priesterschaft, die geistliche, Gott wohlgefällige Opfer darbringen soll (V. 5b), wahrt ihre Nähe zum paulinischen Ursprungsmotiv.[109] Eine auffällige Akzentuierung freilich markiert dabei die mit der bewußten Übertragung aller Verheißungen und Würdetitel Israels auf die Kirche und damit auch auf die Heiden[110] verbundene Betonung des Vorherbestimmungs- und Erwählungsgedankens, die die Kirche deutlich als die dem Macht- und Heilsbereich Gottes zugehörige Größe erscheinen läßt, in welcher jeder einzelne und alle zusammen

ter und Dienste innerhalb des Leibes vgl. ebd., bes. 173-193; ferner J. Gnilka, Der Epheserbrief, 33-45; 99-111; 213f.

105) R. Schnackenburg, Kirche, 75; über die Unterschiede des Leib-Modelles des Eph im Vergleich zu entsprechenden gnostischen Vorstellungen vgl. R. Schnackenburg, Der Brief an die Eph, 187f: Christus bleibt im Unterschied zum gnostischen Erlösermythos eine geschichtliche Gestalt, er schafft mit seiner Erlösungstat am Kreuz die Kirche, und er ist mehr als ein Prototyp der Seele oder aller Erlösten; ferner fließen Christus und Kirche nicht zur völligen Identität zusammen; die Kirche bleibt ihrem Haupt untergeordnet und wächst auf ihn hin.

106) P. V. Dias, HDG, III/3a, 92.

107) Dies wird auch an der Selbstbezeichnung der Christen als "die in Christus Jesus Geheiligten" (1 Kor 1,2) deutlich, eine Titulatur, welche - die Gesamtheit aller Getauften benennend - insbesondere das Wesen der Heiligkeit der Kirche hervorhebt. Das gleiche Gedankengut bringt auch der Kolosserbrief, der aus "derselben paulinischen Schule" stammt (J. Gnilka, Der Eph, 13), wenn auch gegenüber dem mehr reflexiv-paränetisch geprägten Eph in primär doxologischer Aussageform zur Sprache: Innerhalb des kosmischen Versöhnungswerkes Christi wird die Kirche als sein Leib zum Herrschaftsbereich in der Welt, den sich der Erlöser erworben hat, zum "geschichtlich faßbare(n) Ort der kosmischen Versöhnung und sichtbare(n) Erweis der Leibhaftigkeit der Fülle Gottes" (P. V. Dias, HDG, III/3a, 91).

108) Zur Verfasserfrage vgl. W. G. Kümmel, Einleitung in das Neue Testament, Heidelberg 20/1980, 371-374; der pseudonyme Verfasser steht zweifellos in paulin. Tradition.

109) Vgl. J. Blinzler, IEPATEYMA. Zur Exegese von 1 Petr 2,5 u. 9, in: Episcopus. Studien über das Bischofsamt (= FS Kardinal M. v. Faulhaber), Regensburg 1949, 49-65.

110) So weit war Eph noch nicht gegangen, der die Heiden lediglich aus der "Ferne" in die "Nähe" geholt sieht (Eph 2,13); dazu Schnackenburg, Kirche, 79.

selbst lebendige Steine sind, die zu einem geistigen Haus auferbaut
werden 2, 5.7). Dies unterstreicht auch das als theologische Leitidee in
1 Petr fungierende Motiv der "Beisassen- und Fremdlingschaft"(111) für
die Kirche: Das Fremdsein der Christen in dieser Welt (1 Petr 1,1; 2,12;
1,17; 2,11; 4,2) wird förmlich das ekklesiologische Aussagemotiv dafür,
daß die Kirche bereits himmlischen, göttlichen Zugehörigkeitsbereich
umschreibt (1,3-4).(112)

Derselbe Gedanke läßt sich auch für die ekklesiologische Sicht des
Hebr(113) verfolgen: hier erscheint unter den soteriologischen Motiven
des als Anführer des Heils über Gottes Haus gestellten Sohnes (2,5-18;
3,1-6) und des Hohenpriesters als des letztgültigen Bundesmittlers, die
unzertrennliche Zusammengehörigkeit von "Sohn" und "Söhnen", von Hei-
ligendem und Geheiligten (2,11), von Bundesmittler und Bundesvolk, von
Kultgemeinde und himmlischer Gottesgemeinde besonders plastisch,(114)
wobei das paulinische Ineinander von Erwartung und Erfüllung (8,6;
4,1; 3,6.14; 10,23)(115) noch den deutlichen Zusammenhang mit der
theologischen Tradition des großen Apostels verrät.

4. "Kirche" im johanneischen Schriftenkreis

Obgleich der joh Schriftenkreis überhaupt keinen substantivischen Term
für die Wirklichkeit "Kirche" kennt, offenbart sich in ihm doch eine tief
angelegte Verankerung des Kirchengedankens:(116) Geist und Leben,
zentrale Heilsbegriffe im joh Denken, stehen in unzertrennlichem Zusammenhang mit der Erhöhung Jesu (Joh 7,39; 19,34f.); d. h. die Heils-
mächtigkeit des Todes Jesu bedarf der Vermittlung durch den Geist in
den Sakramenten der Kirche.(117) Geistbesitz als Kriterium der Zugehörigkeit zur Gemeinde(118) und Bedingung der Lebensmitteilung sind
somit Äußerungsformen der Teilhabe am heilschaffenden Sühnetod Jesu,
d. h. der innigen Lebensgemeinschaft mit dem erhöhten Herrn. Ekklesiologisch bedeutsame Varianten dieser christologisch-pneumatologisch-
soteriologischen Konzeption sind die Bilder von Hirt und Herde (Joh
6,37.39; 17, 6.9f.11f.; 10,26-29; 17,10) sowie vom Weinstock und den
Reben (15,1-8), die gleichsam parallel zum paulinischen Leib-Motiv den-

---

111) Vgl. hierzu K. L. und M. A. Schmidt, in: ThWNT, V, 850f.

112) Vgl. auch R. Schnackenburg, Kirche, 80f.

113) Vgl. hierzu O. Michel, Der Brief an die Hebräer (= KEK, 13. Abt.), Göttingen [11]1960, unv. Nachdr. [12]1966; O. Kuss, Der Brief an die Hebräer (= RNT, 8/1), Regensburg 1966; ders., Der theologische Grundgedanke des Hebräerbriefes, in: MThZ (1956) 233-271; F. J. Schiersee, Der Brief an die Hebräer, Düsseldorf 1968.

114) Vgl. R. Schnackenburg, Kirche, 81-86.

115) Vgl. E. Käsemann, Das wandernde Gottesvolk, 19; zur traditions- und motivgeschichtlichen Forschung hinsichtlich der Theologie des Hebräerbriefes vgl. die Hinweise bei R.
Schnackenburg, Kirche, 84-86.

116) Dazu E. Gaugler, Die Bedeutung der Kirche in den johanneischen Schriften, in: IKZ 14
(1924) 97-117; 181-219; 15 (1925) 27-42.

117) So R. Schnackenburg, Die Johannesbriefe, Freiburg i. Br. 1953; A. Corell, "Consummatum
est". Eschatology and Church in the Gospel of St. John, London 1958; skeptisch gegenüber der "sakramental-kultischen" Interpretationslinie hinsichtlich Joh: P. V. Dias,
HDG, III/3a, 103.

118) Vgl. 1 Joh 1,3.6; 2,3; 3,24; 4,13.

selben theologischen Kerngedanken zum Ausdruck bringen: Die Deutung
kirchlich-gemeindlichen Seins und Lebens aus der realen Christusverbindung der Gläubigen und somit als "Christus-Gestalt".(119) Eine nicht
unbedeutende Nuance des Gedankens zeigt sich in dem auffallenden
Wechsel des Bildes von der Braut des Lammes für die Kirche in Offb
19,7 zu dem vom neuen Jerusalem (21,2.9) dort, wo die Schwelle zum
eschatologischen Endereignis der Vollendung der Welt berührt wird: "Das
ist ein bezeichnender Vorgang; denn er deutet an, daß die Kirche nun
zu ihrer eigentlichen Bestimmung gelangt ist und in eine andere Größe
'aufgehoben' wird: Die vollendete Kirche geht ins eschatologische Gottesreich ein und wird zur seligen Gemeinde in der künftigen Gottesstadt,
der neuen Schöpfung ..."(120) Wiederum zeigt sich die charakteristische
Spannung von Identität und Differenz, von Kontinuität und Diskontinuität zwischen Kirche und Gottesreich, zwischen gemeindlicher Realisation
des Christus-Leibes und der Fülle des kosmischen Christus.

5. Das "ekklesiologische" Zeugnis der Pastoralbriefe

Zum Schluß des ntl Überblickes zur Frage nach dem Selbstverständnis
der christlichen Gemeinden soll mit dem Zeugnis der Past(121) als typi-

---

119) Dies gilt für die joh Weinstock-Bildrede auch dann, wenn eine korporative Deutung des
Bildes im Sinne des paulinischen Leib-Modells nicht zutrifft; vgl. zur kollektiven
Auffassung vom "Menschensohn": O. Cullmann, Urchristentum und Gottesdienst, Zürich
[2]1950, 72-76; A. Corell, "Consummation", 49ff.; zum Ganzen R. Schnackenburg, Kirche,
99 mit Anm. 88.

120) R. Schnackenburg, Kirche, 105.

121) In der katholischen Exegese wurde bisweilen an der paulinischen Verfasserschaft der
Past festgehalten: so H. Bruders, Die Verfassung der Kirche, 93; J. Brosch, Das Wesen
der Häresie, Bonn 1936, 29, Anm. 54; M. Kaiser, Die Einheit der Kirchengewalt, 98;
F. Freundorfer, Die Past, Regensburg [3]1959, 207ff.; die Argumente gegen eine Verfasserschaft Pauli sind zusammengestellt bei M. Dibelius, Die Pastoralbriefe, Tübingen
[3]1955, 1-6; vgl. ferner J. Schmid, Art. Pastoralbriefe, in: LThK[2], VIII, 155-158;
N. Brox, Die Pastoralbriefe, Regensburg [4]1969, 22ff. Das Argument, die Past stünden in
ihrer Begriffswelt und in der theologischen Konzeption zu weit von den echten Paulinen
entfernt, dürfte dabei am wenigsten zugkräftig sein (hierzu W. Windisch, Zur Christologie der Pastoralbriefe, in: ZNW 34 [1935] 213-238 und W. Michaelis, Pastoralbriefe
und Wortstatistik, in: ZNW 28 [1929] 69-76); besonders bei der Konstruktion von theologischen Gegensätzen zwischen den Past und Paulus scheint Vorsicht geboten; so etwa
bei der gelegentlich vorfindlichen Annahme einer tieferen Kluft zwischen Jerusalemer
und paulinischer (Gemeinde-) Konzeption; dies macht u. a. R. Schnackenburg, Die Kirche, 91-93, deutlich. Beweiskräftig gegen die paulinische Verfasserschaft scheint
dagegen vielmehr das "form- und gattungskritische" Argument, daß die Past zwar sich
als Gelegenheitsschriften geben, tatsächlich jedoch Kirchenordnungen mit grundsätzlichem und Momentansituationen übergreifendem Geltungsanspruch sind (vgl. schon J. Weiß,
Das Urchristentum, 535). Ihre Entstehung dürften Past wohl nicht zum geringen Teil
einem apologetischen Interesse im Kampf gegen die gnostische Irrlehre verdanken (so
H. J. Holtzmann, Lehrbuch der neutestamentlichen Theologie, Freiburg-Leipzig [2]1911,
259); M. Goguel (Le probleme de l'Eglise dans le christianisme primitif, in: RHPhR 18
[1938] 293-320) hat das deuteropaulinische Kirchenbild der Past als eine Mischung von
Jerusalemer und paulinischer Konzeption und als Ergebnis einer von beiden Seiten
notwendigen Entwicklung bezeichnet: Die als Stellvertreter eingesetzten und mit dem
'Amtscharisma' ausgerüsteten Amtsträger wurden für Jerusalem notwendig, weil der un-

schen Übergangsdokumenten von der urchristlichen zur nachfolgenden
Zeit noch kurz beleuchtet werden, in welcher Prägung der ekklesiologische Gedanke des ntl Befundes dem theologischen Denken der Kirche
des 2. Jahrhunderts übergeben wird. Die zeitgeschichtlichen Faktoren,
wie die zunehmende zeitliche Entfernung zur Zeit und Person Jesu,(122)
die Erfahrung, daß die Parusie des Herrn offensichtlich nicht in aller-
nächster Zukunft zu erwarten ist(123) und der zunehmend an Bedeutung
gewinnende Abwehrkampf gegen die Überfremdung des Christentums
durch Irrlehren besonders gnostischer Provenienz(124) haben nicht unwesentlich Anlaß und Inhalt der literarischen Späterzeugnisse des NT
mitbedingt und sind auch nicht ohne Einflüsse auf deren Kirchendenken
geblieben: So muten die neben den an nur drei Stellen (1 Tim 3,5.15;
5,16) vorkommenden herkömmlichen Benennungen "Kirche" und "Gemeinde" verwendeten Bilder und Begriffe für die Kirche wie "Haus Gottes"
(1 Tim 3,15)(125) und "Grundfeste der Wahrheit" (1 Tim 3, 14-16) gegenüber den organisch-dynamischeren, originär paulinischen (Pflanzung,
Volk Gottes, Tempel des Hl. Geistes: 1 Kor 3,6-9; 3,16; 2 Kor 6,16ff.)
bereits wesentlich statischer an. Freilich ist in deutlichem Unterschied zu
verwandten Motiven aus qumranischer Tradition(126) mit "Wahrheit" der
Glaube an Jesus Christus gemeint; jedoch wird gegenüber den Irrlehrern
gerade die Notwendigkeit des wahren und rechten Glaubens(127) zum
Heil betont. In der theologische Bestimmung, dafür Kriterium und Merkmal zu sein, rückt nun in zunehmendem Maße die Kirche als institutionelle Einrichtung ein, denn nur in ihr geschieht die reine Weitergabe der
paratheke (1 Tim 6,20), der gesunden und wahren Lehre.(128) Auffällig
ist in diesem Zusammenhang, daß der Begriff "Kirche Gottes" schon ohne

---

mittelbare Kontakt zu Zeit und Person Jesu abriß, und für Paulus, weil die außerge-
wöhnlichen kybernetischen Charismen dahinschwanden (300; 313f.). "Die ekklesiologische
Konzeption der Pastoralbriefe dürfte ... eine gemäß der historischen und theologischen
Entwicklung fortgeschrittene Stufe darstellen, die sowohl das alte palästinensische
als auch das paulinische Christentum voraussetzt; dabei muß ... gesagt werden, daß
nach der ganzen Art und Zielsetzung dieser Schreiben das Kirchenbild einseitig bleibt
und bleiben mußte" (R. Schnackenburg, Kirche, 93). Zu dem Fragenkomplex der Entstehung
und literarischen Eigenart der Past vgl. A. Wikenhauser-J. Schmid, Einleitung in das
Neue Testament, Freiburg-Basel-Wien [6]1973, 318-324. Daß die Past nicht von Paulus
selbst verfaßt sein können, dürfte heute feststehen (W. G. Kümmel, Einleitung, 339-
341); vgl. ferner J. Jeremias, Die Briefe an Timotheus und Titus, Göttingen [8]1963.

122) Vgl. Anm. 121.

123) Vgl. P. V. Dias, HDG, III/3a, 111.

124) Vgl. ebd.

125) Es ist die Vorstellung von der Kirche als einem "Haus" Gottes, "in" dem man sich
bewegen kann, und das bereits eine feste "Hausordnung" besitzt (1 Tim 3,2ff. 8f.);
damit verbindet sich das Motiv von dem festgegründeten Fundament (ἑδραίωμα); vgl. dazu
M. Dibelius-H. Conzelmann, Die Pastoralbriefe.

126) Vgl. hierzu O. Betz, Offenbarung und Schriftforschung in der Qumran-Sekte, Tübingen
1960, 54.

127) Vgl. 1 Tim 1,19; 2,7; 4,1.3.6; 6,5.10; Tit 1,13f.; 2 Tim 2,15; 1 Tim 2,4; 4,16; 2 Tim
2,10.25.

128) 1 Tim 1,10; 4,6; 2 Tim 4,3; Tit 2,1; 1 Tim 4,16; 5,17; 6,1; 2 Tim 3,10; Tit 2,10;
"didaskalia" und "paratheke" signalisieren dabei einen Entwicklungsstand theologischer
Reflexion, auf dem es bereits "interpretiertes Evangelium" als abgeschlossene Lehre
gibt im Unterschied zu der ständig weiterzuentwickelnden "paradosis" (1 Tim 1,18;
4,6.16; 6,3).

Artikel gebräuchlich ist, was auf ein bereits vorhandenes Bewußtsein von der institutionellen Qualität dieser Wirklichkeit schließen läßt.(129) Entsprechend der im Kampf gegen die Irrlehre als vordringlich erachteten Aufgabe der Prüfung der wahren Lehre gewinnt ein zunehmend in seiner institutionellen Eigenart erkennbares kirchliches "Amt" große Bedeutung,(130) wenngleich die genauere Bestimmung dieses "Amtes" noch wesentlich "funktional" gehalten ist: "Das Amt ist nicht, wie in der späteren Sukzessionstheorie, qua Amt Garant der rechten Lehre, sondern deshalb, weil ihm diese Lehre von den Aposteln oder deren Beauftragten anvertraut ist."(131) Die Notwendigkeit der Betonung von Ordnung und Disziplin im kirchlichen Leben bildet demnach ein zeitgeschichtlich bedingtes Movens zur theologischen Herausarbeitung des Gedankens vom Sein der Kirche in die Richtung "soteriologischer Subjekthaftigkeit";(132) an den Pastoralbriefen zeigt sich bereits, daß dies nicht ohne ein gewisses Verblassen der eschatologischen Spannung im Kirchengedanken geschieht.(133) Die dogmengeschichtliche Beurteilung dieses Prozesses innerhalb der wesentlich von der kritischen protestantischen Dogmengeschichtsschreibung(134) angestoßenen "Frühkatholizismus"(135)-Diskus-

---

129) So R. Schnackenburg, Kirche, 90.

130) Vgl. hierzu E. Schillebeeckx, Das kirchliche Amt, Düsseldorf 1981, bes. 30, Anm. 15; J. Martin, Die Genese des Amtspriestertums in der frühen Kirche (= QD 48: Der priesterliche Dienst, III), Freiburg-Basel-Wien 1972, 53; H. Schlier, Die Ordnung der Kirche nach den Pastoralbriefen, in: Ders., Die Zeit der Kirche. Exegetische Aufsätze und Vorträge, Freiburg-Basel-Wien 1966, 129-147, bes. 144f. A 31; L. Goppelt, Die apostolische und nachapostolische Zeit (= K. D. Schmidt-E. Wolf [Hrsg.], Die Kirche in ihrer Geschichte. Ein Handbuch, IA, Göttingen, o. J. (= 1966), 129; J. Gewieß, Die neutestamentlichen Grundlagen der kirchlichen Hierarchie, in: Historisches Jahrbuch 72 (1953) 1-24, bes. 16f.; W. Pesch, Kirchlicher Dienst und Neues Testament, 21; H. F. von Campenhausen, Kirchliches Amt; zur Diskussion um Person, Vollmacht und Authentizität der Apostelschüler Titus und Timotheus vgl. J. Colson, Les fonctions ecclesiales aux origines le l'Eglise (= Textes et études théologiques o.N.), Paris 1960; J. Hainz, Kirche im Werden, 109-122; A. Vögtle, Exegetische Reflexionen zur Apostolizität des Amtes und zur Amtssukzession, in: R. Schnackenburg-J. Ernst-J. Wanke (Hrsg.), Die Kirche des Anfangs (= FS H. Schürmann), Freiburg-Basel-Wien 1978, 529-582, bes. 534-540; N. Brox, Historische und theologische Probleme der Pastoralbriefe des Neuen Testaments. Zur Dokumentation der frühchristlichen Amtsgeschichte, in: Kairos NF 11 (1969) 77-94.

131) J. Martin, Die Genese (Anm. 130), 58f.; dazu G. Kretschmar, Ordination, 66; der Akzent liegt also auf der inhaltlichen Identität der Lehre, nicht auf dem formalen Moment der Tradierung.

132) Der Begriff sei hier einmal gleichsam als "terminologischer Notbehelf" eingeführt, wobei für seine notwendige, gegen Mißverständnisse sichernde, nähere Präzisierung auf Ziff. II.2 verwiesen werden muß.

133) Vgl. R. Schnackenburg, Kirche, 91.

134) Repräsentativ ist bes. A. v. Harnack, DG, ^{5}I, bes. 353ff.; K. Beyschlag, Grundriß der Dogmengeschichte, a.a.O., 65; Anm. 26; 84f.; 166.

135) Geprägt wurde der Begriff von F. Chr. Baur; hierzu E. Gräßer, Lukas in der Anklage der heutigen Theologie, 275f.; vgl. dazu auch F. Mußner, Die Ablösung des apostolischen durch das nachapostolische Zeitalter und ihre Konsequenzen, in: H. Feld-J. Nolte (Hrsg.), Wort Gottes in der Zeit (= FS K. H. Schelkle), Düsseldorf 1973, 166-177, der gegenüber der protestantischen Haltung in der einschlägigen Diskussion den Faktor der geschichtlichen Notwendigkeit für die christlichen Gemeinden betont, die Herausforderung einer neuen Zeit durch die Stabilisierung von für sie lebenswichtigen Funktionen zu bestehen: "Was aus geschichtlicher Notwendigkeit geschieht, was in einer bestimmten

sion ist freilich sehr unterschiedlich: Ob man dabei von einer "Wandlung des Selbstverständnisses der Kirche"(136) sprechen kann, ist zumindest fraglich. "Man legt bei solchen Urteilen einen Maßstab an, den man aus dem angeblich rein 'eschatologischen' Kirchendenken Pauli gewonnen hat, und prüft nicht, ob nicht auch der Paulus der Gemeindebriefe die äußere Seite der Kirche, ihre Verfassung und Ämterordnung, die Autorität ihrer leitenden Ämter, kurz: ihre irdische Gestalt stärker gesehen hat, als man wahrhaben will."(137)

II. Die Frage nach einem möglichen inneren "Fluchtpunkt" des pluralen Befundes(138)

1. Die Kirche im "eschatologischen 'Zwischen'"(139)

In seinem Versuch, den ntl Befund zum kirchlich-gemeindlichen Selbst-verständnis innerhalb der verschiedenen textlichen Überlieferungen unter einem leitenden und sammelnden Motiv zusammenzuschauen, gewinnt

---

Situation getan werden **muß**, kann grundsätzlich nicht als Fehlentwicklung und erst recht nicht als Abfall bezeichnet werden" (171). Vgl. auch die Literaturübersicht bei J. Rohde, Urchristliche und frühkatholische Ämter. Eine Untersuchung zur frühchrist-lichen Amtsentwicklung im Neuen Testament und bei den apostolischen Vätern (= Theolo-gische Arbeiten, hrsg. v. H. Urner), Berlin 1976, 11-28; R. Schnackenburg, Gottes Herrschaft, [2]1961, 92; E. Käsemann, Amt und Gemeinde im Neuen Testament, in: Ders., Exegetische Versuche und Besinnungen, I, Göttingen 1960, ([4]1965), 168-187; "Man wird nicht übersehen, daß Not und Notwendigkeit bei ihrer (sc. der spezifisch paulinischen Gemeindestrukturen) Umwandlung Pate gestanden haben und wird sich deshalb hüten, ihr Recht zu bestreiten" (ebd., 130).

136) So B. Bultmann, Theologie des Neuen Testaments, 457-463.

137) R. Schnackenburg, Kirche, 91; gegen die apriorische Konstruktion einer tieferen Kluft zwischen paulinischem und Jerusalemer (Presbyter-, Episkopen-) Kirchenmodell spre-chen sich auch aus: J. Hainz, Die Anfänge des Bischofs- und Diakonenamtes, in: Ders. (Hrsg.), Die Kirche im Werden, München-Paderborn-Wien 1976, 91-122, bes. 107; P. Stuhlmacher, Evangelium-Apostolat-Gemeinde, in: KuD 17 (1971) 28-45, 37f., insofern die paulinische Kirchenordnung in ihrem embryonalen Charakter zu sehen sei, und ihr das Recht auf eine weitere Entfaltung nicht abgesprochen werden dürfte; vgl. auch H. Schürmann, Kirche, 307; P. Bläser, Amt und Eucharistie, 24ff.

138) Das hier angedeutete Unterfangen soll nicht bedeuten, daß unter unsachgemäßer Verkür-zung und Vereinfachung des ntl Befundes einfach von einem späteren dogmatischen Be-griff von der Kirche her das pluriforme ntl Zeugnis über das Leben der frühen Chri-stengemeinden (vgl. etwa nur das kontrastierende Bild von hellenistisch-heidenchrist-lichen und judenchristlichen Gemeinden: P. V. Dias, HDG, III/3a, 41-51) in eine syste-matische "Einheit" gepreßt wird (so die Warnung von P. V. Dias, ebd., 41); allerdings soll über die Bestimmung der "Koordinaten für die Profile der urchristlichen Gruppen" (ebd.) hinaus versucht werden, den biblischen Überlieferungsbefund in einer inneren Dynamik zu sehen, in der die nähere Bestimmung der tragenden Achse alle Einzelzeug-nisse zu Kirchenbewußtsein, nämlich die Bindung an das Christus-Geheimnis, zunehmend klarere Artikulation erhält. Nach dem hierbei grundgelegten geschichtstheologischen Verständnis bedeutet solche Artikulation nicht Reduktion sondern zentrierende Präzi-sion des ursprünglich pluriformen Befundes.

139) Vgl. in diesem Zusammenhang auch die Ausführungen von H. U. v. Balthasar, der die Einheit der ntl Theologie (und damit auch des Kirchengedenkens) gerade in der über-einstimmend bezeugten Unmöglichkeit sieht, das Wichtigste an der Kirche, ihr Verhält-

R. Schnackenburg(140) auf dem Hintergrund der motivgeschichtlichen
Abgrenzung des ntl Befundes von der Qumran-/Essener-Tradition(141)
eine Profilierung von "Wesenszügen der Kirche", die ihrerseits alle
zusammenlaufen in der fundamentalen, ntl bezeugten Wirklichkeit von dem
eschatologischen Einsgespanntsein christlicher Existenz zwischen die Pole
schon geschehenen "Neue-Schöpfung-Sein" durch das Eingetaucht-Sein in
das Christus-Geschehen (2 Kor 5,17) und noch ausstehender Erfüllung.
Als ekklesiologische Artikulation dieses Grunddatums zeigen sich etwa
das urkirchliche Bewußtsein von der Bindung der Heilsgemeinde an den
Gottesgeist, der als der Geist des auferstandenen Herrn alle Glieder
belebend, aufbauend und leitend bestimmt, "so daß die Kirche sein Werk
und Instrument ist, Zeichen und Zeugnis des ihr verliehenen Gottesgei-
stes",(142) oder in dem Wissen um die absolute Verpflichtungsbindung
der Gemeinde und ihrer Belange an die Autorität Christi und zwar dergestalt, daß die Kirchenzucht und das Ordnungshandeln der Gemein-
de(143) oder ihrer führenden Männer(144) Ausdruck von Gott kommender

---

nis ihrer Zeit zur Zeit Christi genau zu bestimmen: "ihr Stehen diesseits oder jenseits des großen Hiatus: sie muß auf beiden Seiten stehen, und den Hiatus, aus dem sie
entspringt, unter sich und über sich sein lassen. Sie ist mit Christus begraben und
mit ihm auferstanden. Sie wohnt mit ihm im Himmel und erwartet ihn doch von der Erde
aus. Mit dem bloßen Wort 'eschatologisch' ist viel zu wenig ausgedrückt, denn diese
Aufhebungen der Zeit ins Ewige und diese Einbrüche der Ewigkeit in die Zeit sind so
vielfach perspektivisch, daß damit bestenfalls ein Rahmenbegriff aufgestellt ist.
Jeder Hagiograph steht dann an einer anderen Stelle und erhält einen anderen Durch-
blick. Und doch ist jeder beauftragt, in seinem Fragment einen Blick auf das Ganze zu
eröffnen. Und weil alle dieses Ganze im Blick haben und auszusagen bestrebt sind,
lassen sich ihre Theologien nie wirklich voneinander trennen. Von jedem zu jedem
anderen gehen **Querverbindungen** hin und her, ihre Wurzeln verflechten sich' ineinander
... Damit erreichen wir den Punkt, an dem der Horizont der ökumenischen Diskussion
allererst auftaucht. Eben jene Transzendenz Jesu Christi, die ihre Kraft ein erstesmal
in der Synthetisierung des Alten Bundes bekundet, ist nun auch die Ermöglichung der
Kirche in ihrem innersten Wesen: als 'In-Christus-Sein', als der von ihm (als Haupt)
entlassene und dirigierte Bereich oder Organismus (soma), der von ihm her, zu ihm hin
- Christi Fülle manifestiert (Eph 1,23). Diese Fülle ist seine Gnade, die wir alle nur
empfangen können (Joh 1,14d.16), und diese Gnade ist identisch mit der trinitarischen,
in Christus uns geschenkten Liebe, die sich in der Liebeseinheit der Kirche darstellt.
So sind die 'paränetischen' Teile der Paulusbrief, die in jeder Form zur innerkirchlichen Liebe ermahnen, nichts anderes als die existentielle Einübung des 'dogmatischen' Teils: was **ist**, das **soll** auch sein. Wo gegen die Liebe gefehlt wird, wird
Christus in seinem Leib 'aufs neue gekreuzigt und verspottet' (Hebr 6,6), werden statt
Werke des Geistes solche des Fleisches getan." (Einigung in Christus. Gedanken über
die Vielheit der biblischen Theologie und den Geist der Einheit in der Kirche, in: K.
Barth-H. U. v. Balthasar, Einheit und Erneuerung der Kirche, 19-37, hier 32f.).

140) Kirche, 107-126.

141) Vgl. hierzu etwa K. Schubert, Die Messias-Lehre in den Texten von Chirbet-Qumran, in:
BZ N.F. 1 (1957) 177-197; A. S. van der Wonde, Die messianischen Vorstellungen der
Gemeinde von Qumran, Assen 1957.

142) R. Schnackenburg, Kirche, 113; dazu auch P. Bonnard, L'Esprit saint et l'Eglise selon
le Nouveau Testament, in: RHPhR 37 (1957) 81-90.

143) Dazu R. Bohren, Das Problem der Kirchenzucht im Neuen Testament, Zollikon-Zürich 1952;
W. Doskocil, Der Bann in der Urkirche, München 1958.

144) Gerade für das urchristliche Verständnis der Amtsbestellung ist die Überzeugung bestimmend, daß nicht der Ordinator eine Qualität, die er besäße, auf den Ordinanden
überträgt, sondern Gott allein das Charisma verleiht (E. Lohse, Ordination, 84).

Ermächtigung sind.

Die Wirklichkeit "Kirche" trägt nach ntl Verständnis grundsätzlich die Signatur des Hineingenommen-Seins in die göttliche Heilsveranstaltung, bzw. des Angekommen-Seins Gottes bei den Menschen.(145) Von da her gewinnen die ntl Bildbegriffe(146) "Volk Gottes",(147) "Bau im Heiligen Geist"(148) und "Leib Christi"(149) für die Kirche besondere theologische Relevanz, insofern sie in ihrer Zusammenschau gleichsam schon einen titulativen, vorahnenden Reflex einer trinitarisch-heilsökonomischen Begründung der Kirche erkennen lassen.

Für unsere spezielle Fragestellung nach der genaueren Bestimmung dessen, was wir ein Bewußtsein von der "soteriologischen Subjekthaftigkeit" der Kirche innerhalb des ntl Zeugnisses genannt haben, wird insbesondere eine eingehendere Erörterung des ekklesiologischen Terms "Leib Christi" gerade in ökumenischer Hinsicht wichtig; zum einen, weil in diesem paulinischen Gedanken so etwas wie ein Höhepunkt ntl Kirchen-

---

145) Ihr Sitz im "eschatologischen Zwischen" macht die Kirche zu einer "göttlich-menschlichen Einrichtung" (Schnackenburg, Kirche, 124), zu einer "irdisch-überirdischen Größe" (ebd., 129f.), zu einer "geschichtlich-eschatologischen Erscheinungsform" (ebd., 131-133); vgl. dazu auch das Urteil von J. Ranft über die Anschauungen von der Kirche im Urchristentum (Die Stellung, 16-23): "Die Kirche ist einerseits übernatürlich, nicht von dieser Welt. Sie ist aber nicht eine eschatologische Größe allein. Andererseits ist sie nicht eine Projektion der israelitischen Theokratie in Gedanken und Absichten Jesu, mit der er selber nichts zu tun hätte" (ebd., 22).

146) In analoger Weise zeigt sich die Signatur des "Zwischen" auch an der sprachlichen Aussageform der ntl Bildbegriffe für die Kirche, die gleichsam semantisch in der Mitte liegen zwischen der bloßen Metapher und einer direkten Sachaussage (Begriffsidentifikation); vgl. in diesem Zusammenhang zum Sprachgebrauch der Kirchenkonstitution des II. Vat. Konzils, das sich ausgiebig dieser ntl Bildbegriffe für seine Kirchentheologie bedient, W. Aymans, Das Recht im Mysterium, in: HdbKathKR, bes. 3.

147) Mit dem Volk-Gottes-Begriff bringt das ntl Kirchendenken sowohl das Moment der Erfüllung wie der in Jesus Christus geschehenen Überbietung der Erwählungsmotives zum Ausdruck. Die "Erfüllungslinie" zeigt sich mit Blick auf 1 Petr 2,9f. und den motivgeschichtlichen Bezugspunkt in Ex 19,6 (LXX) in dem Gedanken, daß im eschatologischen Gottesvolk sowohl die Teilhabe an Gottes Königtum, wie auch der Priesterdienst des Gottesvolkes in der Welt zur Erfüllung gekommen sind (vgl. J. B. Bauer, Könige und Priester, ein heiliges Volk (Ex 19,6), in: BZ N.F. 2 [1958] 283-286). Die "Überbietungslinie" wird besonders darin sichtbar, daß durch die sühnende Heilstat Christi Gott dieses sein Volk gleichsam unter einem neuen Rechtstitel neugeschaffen hat, der schlechthin universal ist und auch die Heiden einbezieht (Apg 15,14; 18,10; 1 Petr 2,10; 9,25); gleichwohl aber ist dieses ntl Volk in der Kirche noch nicht identisch mit der Gemeinde der Auserwählten, es unterliegt noch der Bewährung (Mt 13,41-43).

148) In diesem Bildbegriff (bes. 1 Kor 3,16f.; Eph 2,20ff.) wird die ekklesiologische Ausfaltung der Aussage sichtbar, daß die Versöhnungstat Christi nur fruchtbar wird durch den Geist (vgl. Joh 7,39 u.a.m.). Die Einbeziehung der Kirche in das Heilsgeschehen unter dem Bild vom Bau im Hl. Geist deutet in der "Überbietungslinie" auf deren pneumatische Existenzgrundlage hin: die lebendigen Steine (1 Petr 2,4ff.), die geistigen Opfer, das geistige Haus, der geistige Kult (Röm 12,1), die Geistesgaben (1 Kor 14,1) übertreffen das steinerne Haus des Tempels; dennoch bleibt die Kirche "greifbarer Bau" (vgl. dazu R. Schnackenburg, Kirche, 140-146).

149) Hierzu Näheres im folgenden; einen knappen Überblick bietet J. Wodka, Das Mysterium der Kirche, bes. 374-380.

denkens überhaupt erkannt wird,(150) zum anderen, weil gerade bei
Paulus hier ein wichtiger katholisch-ekklesiologischer Anknüpfungspunkt
sich unter der Verschränkung mit dem lutherischen Anknüpfungspunkt
der Rechtfertigungslehre findet,(151) eine Konstellation, die nach unserer vorbereitenden ökumenischen Ortsbestimmung von besonderer kontro-
verstheologischer Brisanz ist.

2. Zur Frage nach der "soteriologischen Subjekthaftigkeit" der Kirche im
   Zusammenhang mit der paulinischen "Leib-Christi-Ekklesiologie"

In der paulinischen Prägung des Leib-Christi-Gedankens hinsichtlich der
Kirche hat man die Artikulation der differentia specifica des christlichen
Kirchenbegriffes und zwar nicht als konkurrierendes sondern als notwen-
dig integrierendes Element zum Volk-Gottes-Begriff gesehen,(152) inso-
fern in ihm die "innerliche Verbundenheit des neutestamentlichen Gottes-
volkes mit Christus, sein Verhältnis zu Gott 'durch Christus'", der
"Zusammenschluß seiner Glieder über Christus und sein Hinstreben und
Hinwandern zu Christus als seinem Ziel" zum Ausdruck kommt.(153)

Nun ergeben sich aber aus der unterschiedlichen Interpretation dieses
paulinischen Terms über das Hineingenommen-Sein der Kirche in das
Christus-Geheimnis unterschiedliche Folgerungen hinsichtlich der Auffassung von der soteriologischen Dignität der Kirche, d. h. von der Verhältnisbestimmung zwischen Rechtfertigung und Kirche.

So konnte noch Tr. Schmitt mit Bezug auf den paulinischen Leib-Christ-
Gedanken formulieren: Das "kleine Häuflein Menschen (sc. die frühchristliche Gemeinde) fühlt sich als eine überirdische, himmlische Größe,
die neben Gott, Christus und den Geist tritt ... Alle wesentlichen Momente für die Selbsteinschätzung liefert schon das Neue Testament,
schon Paulus."(154) Nach W. Klaiber freilich zeugt eine solche Formulierung von dem eklatanten Verstoß gegen das urpaulinische Prinzip der
absoluten und unumkehrbaren Vorordnung der Christologie vor Soteriologie und Ekklesiologie, welche allein die beiden letzteren davon abzuhalten
vermag, "sich wieder von dem zu emanzipieren, was in der Theologie
gesagt wurde",(155) nämlich, daß Heil, Erlösung und Gerechtigkeit nur
in Christus, d. h. immer nur als fremde möglich sind.(156) Auch durch

---

150) So R. Schnackenburg, Kirche, 146; 71.
151) Vgl. hierzu W. Klaiber, Rechtfertigung und Gemeinde, a.a.O.
152) Vgl. M. Schmaus, Das gegenseitige Verhältnis, bes. 25ff.: "... So gehören die Bildbe-
     griffe für die Kirche 'Volk Gottes' und 'Leib Christi' eng zusammen. Die Kirche ist
     Volk Gottes, weil sie und insofern sie Leib Christi ist. Sie muß Leib Christi sein,
     d. h. die durch Christus geprägte Gemeinschaft der Glaubenden und Liebenden, wenn sie
     Volk Gottes, Volk des Vaters sein will" (ebd., 27).
153) R. Schnackenburg, Kirche, 147.
154) Tr. Schmidt, Leib Christi, 255 (Hervorh. v. Vf.); dazu auch J. Ranft, Stellung, 16-23.
155) W. Klaiber, Rechtfertigung, 92.
156) Vgl. dazu auch H. Conzelmann, Der erste Brief an die Korinther, 68; U. Wilckens, Kreuz
     und Weisheit; gegen H. Schlier, Kerygma und Sophia. Das Heil liegt demnach grundsätz-
     lich extra nos und deshalb auch extra ecclesiam begründet (zu Gal 5,5f. vgl. auch
     F. Neugebauer, In Christus, 80). Somit ist auch für W. Klaiber (a.a.O., 84) die Inter-

die Rede von der Kirche als Leib Christi tritt offensichtlich also in keiner Weise irgendeine subjekthafte Verschiebung oder Modifizierung an diesem soteriologischen Axiom auf.

Das sich hierbei stellende dogmatisch-rechtfertigungstheologische Problem verweist zurück auf die exegetische Schwierigkeit bzw. Unmöglichkeit, aus dem Text von 1 Kor 12,12ff. genau das Verhältnis zwischen "Leib" und "Christus" zu bestimmen: Auf die Erläuterung der Einheit-Vielheit-Analogie des Leib-Modells in 1 Kor 12,12 folgt die knappe Erklärung: "οὕτοσ καὶ ὁ χριστόσ." Ist nun unter "der Christus" der individuelle erhöhte Herr oder der kollektive Christus-Leib zu verstehen?(157) Wohl legt sich aus dem Vergleich von 1 Kor 6,15-17 mit 1 Kor 12,27 nahe, daß der "ganze Leib Christi" der Leib des "individuellen" erhöhten Herrn ist,(158) oder vorsichtiger gewendet: daß dieser Leib zu Christus, dem Herrn "gehört"; aber "das Verhältnis dieses 'ekklesiologischen' Leibes zum Leib des Auferweckten wird noch nicht klar gestellt."(159) Als das

---

pretation von H. Schlier zur paulinischen Soteriologie und Ekklesiologie nicht annehmbar, wenn dieser formuliert: "Die Welt wird nur in der Kirche versöhnt und die Völker nur in ihr gerettet" (Grundlage, 90 = Grundelemente, 216); nach Klaiber lebt hingegen die Kirche nur davon, daß Gott die Welt in Christus versöhnt hat. Die Kontroverse wurzelt in dem Dissens über die genaue Bestimmung der Aussageintention von Identität und Nichtidentität zwischen "in Christus" und "in der Kirche" (W. Klaiber, a.a.O., 85). Vgl. hierzu das Panorama möglicher nuancierender Akzentuierungen in dieser Verhältnisbestimmung zwischen Christus und "seinem Leib" (Kirche) aus der Interpretation des paulinischen Terms: E. Käsemann (Das theologische Problem, 202) betont die Unumkehrbarkeit der Reihenfolge: Nur als Christus Zugehörige werden wir Glieder der Kirche, nicht umgekehrt; dagegen akzentuiert J. Knox gerade den ursprünglich ekklesiologischen Charakter des Evangeliums von der Rechtfertigung bei Paulus (The Church and the Reality, 96); ähnlich P. Stuhlmacher, Gerechtigkeit, 213: Der Leib Christi ermöglicht erst die rettende Annahme durch Gott und manifestiere sie. A. Nygren schließlich will an der wechselseitigen Unauflöslichkeit der Einheit von Christus und Kirche festhalten und formuliert demnach beide Größen absolut gleichordnend: Die Kirche ist nichts ohne Christus, Christus ist nichts ohne seine Kirche (Christus und seine Kirche, 57). H. G. Reventlow endlich betrachtet das Festhalten an der spezifischen soteriologischen Bedeutung der Kirche als ein notwendiges Korrektiv gegen ein rein kosmologisch orientiertes Rechtfertigungsverständnis als Weltgeschehen-Theologie" (Rechtfertigung im Horizont, 136).

Dagegen weist W. Klaiber darauf hin, daß bei Paulus gerade an zentralen Stellen zum Rechtfertigungsgeschehen eine unleugbare Tendenz zu ekklesiologischer Neutralisierung zu beobachten sei: wo eigentlich dringend ekklesiologische Termini erwartet würden (vgl. 1 Kor 1,13; 12,12f.; 27; Röm 12,5; Gal 3,16.26-29; Phil 3,9; 1 Kor 1,30), spreche Paulus gerade von "ὁ χριστόσ, ἐν χριστῷ, σῶμα χριστου und deute damit gerade die Nichtidentität von Christus und Ekklesia an. Paulus sei demnach vehementer Zeuge gegen eine Überfremdung der iustificatio impii durch kirchliche Domestizierung (Klaiber, a.a.O., 109).

157) Vgl. dazu L. Cerfaux, La Théologie de l'Eglise, 206f.; J. Reuß, Die Kirche als "Leib Christi" und die Herkunft dieser Vorstellung bei dem Apostel Paulus, in: BZ N.F. 2 (1958) 103-127, 109f.

158) Vgl. J. Reuß, ebd., 106.

159) Vgl. R. Schnackenburg, Kirche, 149. Die Leib-Analogie ist bei Paulus noch nicht bis zu jener Stringenz durchgebildet, die - wie in Kol und Eph - auch die Stellung des erhöhten Herrn (bei Paulus stets: kyrios) als die des "Hauptes" in das Modell einbezieht; auch diese Beobachtung läßt Zweifel anmelden an der Sachgemäßheit der auf Paulus sich beru-

die relative Geschlossenheit des Leib-Modells ständig eigenartig spren-
gende Element in den paulinischen Schriften kommt dabei die Pneuma-
Theologie des Apostels zum Vorschein: Diese Beobachtung stellt sich
besonders an dem Vergleich Pauli zwischen dem ekklesiologischen und
dem "Dirnenleib" ein: "Wißt ihr nicht, daß eure Leiber Glieder Christi
sind? Darf ich nun die Glieder Christi nehmen und zu einer Dirne machen? Auf keinen Fall! Oder wißt ihr nicht: Wer sich an eine Dirne
bindet, ist ein Leib mit ihr? Denn es heißt: Die zwei werden ein Fleisch
sein. Wer sich dagegen an den Herrn bindet, ist ein Geist mit ihm"
(1 Kor 6,15-17). Pneuma ist also das Einigungsprinzip (vgl. 1 Kor
12,13) des (ekklesiologischen) Leibes, eine Aussage, die das Leib-Modell
bereits überschreitet, und das Einssein Christi mit seinem ekklesiologischen Leib nicht als ein dinglich-reales, sondern als ein pneumatisch-
reales vorstellt. Auch die unübersehbar herausgestellt enge Beziehung
zwischen dem eucharistischen Leib Christi und dem ekklesiologischen
(1 Kor 10,16-21) dürfte nicht den Schluß rechtfertigen, der ekklesiologische Leib Christi sei nur als eine neue Seinsweise des gekreuzigten
und auferstandenen, eucharistisch präsenten Leibes Christi zu verstehen, da der paulinische Sprachgebrauch hierzu viel zu flexibel und
uneinheitlich ist.(160) So warnt auch R. Schnackenburg davor, aus der
paulinischen Redeweise von der Gemeinde als "Leib Christi" unmittelbar
"allzu kühne Folgerungen für das Verhältnis Christi zu diesem seinem
'Leib'" zu ziehen.(161)

Vor allem von der protestantischen Paulus-Exegese wird daher die Verhältnisbestimmung von Christus und seinem "Leib" einschränkend so
interpretiert, daß die Gemeinde den erhöhten Herrn irdisch nur so repräsentiert, daß sie mit ihm stirbt,(162) d. h. eine Beziehung zwischen
Christus und seinem (ekklesialen) Leib sei überhaupt von Paulus als
streng funktional bestimmt gedacht.(163) Demnach ist die Gemeinde
nicht Prolongation Christi, sondern Wirkbereich der Gnade in Christus:
nur indem sie dafür transparent ist, repräsentiert die Gemeinde Christus
auf Erden.(164) Konsequenterweise kann dann auch apostolische Stellver-

---

fenden Rede von mystischer Identifikation zwischen Christus und seinem (ekklesialen)
"Leib" (vgl. etwa L. Cerfaux, a.a.O.).

160) Vgl. R. Schnackenburg, Kirche, 151.

161) Ebd.

162) Vgl. L. Newbigin, The Household of God, London 1953, 80; H. Löwe, Christus und die
Christen, 81; E. Käsemann, Das theologische Problem, 197; P. Stuhlmacher, Achtzehn
Thesen zur paulinischen Kreuzestheologie, 518; W. Schrage, Ist die Kirche das "Abbild
des Todes"?, 216.

163) Vgl. W. Klaiber, Rechtfertigung, 110; gegen die vor allem in der katholischen Exegese
gebräuchliche Redeweise von der Kirche als dem "alter Christus" (J. Murphy-O'Connor,
Die Gegenwart Gottes, 775; ferner gegen A. Nygren, Corpus, 22 = Christus und seine
Kirche, 61; vgl. auch W. Schrage, Theologie und Christologie, a.a.O., 130ff.).

164) Dabei erhebt sich die Frage, was genau die Aussage Christus-repräsentierender Transpa-
renz für die "Subjekthaftigkeit" der Kirche im Rechtfertigungsgeschehen bedeutet: So
wird etwa die Aussage von H. Küng (Rechtfertigung, 221): "Durch die Kirche im Glauben
wird der Einzelne der allgemeinen Rechtfertigung teilhaftig" als dem irreversiblen
Gefälle von Christologie und Ekklesiologie widersprechend von W. Klaiber abgelehnt
(Rechtfertigung, 121f.; ebenso von G. Maron, Kirche und Rechtfertigung, 219; 256ff.).
Neuerdings jedoch melden Zweifel an dieser Irreversibilitätsbestimmung an: E. P. San-
ders, Paul and Paestinian Judaism, London 1972, 435ff.; 482ff.; ders., Attitude, 175;
H. Hübner, Pauli Theologiae Proprium, in: NTS 26 (1980) 445-473.

tretung nicht Fortsetzung, sondern nur Vergegenwärtigung des Versöhnungshandelns Christi sein.(165) Das Problem ekklesiologischer Paulus-Interpretation spitzt sich aber recht eigentlich erst in der Frage zu, ob solche Vergegenwärtigung eine qualifiziert kirchliche Verleiblichungsgestalt in einem eigenständigen kirchlichen Amt annimmt,(166) oder nur in dem allgemeinen Verkündigungsauftrag der Kirche zum Tragen kommt.(167) Wenn W. Klaiber in diesem Zusammenhang formuliert: "Die Autorität des Apostels (sc. Paulus) wird nicht formalisiert, sondern bleibt an die Sache des Zeugnisses gebunden",(168) und E. Gaugler die Behauptung aufstellt: "Nirgends geht das Wort so in die Kirche ein, daß dadurch das absolute Gegenüber von Wort und Kirche ... aufgehoben wäre",(169) so ist darauf zu achten, daß diese, in ihrem Kern nicht zu bestreitenden Aussagen in dem, was sie an ekklesiologischen Konsequenzen zu begründen vermögen, nicht überfordert werden: Die erste These wird man dahingehend präzisieren müssen, daß die paulinischen Zeugnisse keine explizit-isolierende Formalisierung der Apostel-Autorität kennen, das Apostolatsverständnis bei Paulus sehr wohl aber von einer implizit-inklusiven Begründung der apostolischen Autorität aus seiner Indienstnahme für die Bezeugung des Christus-Heiles zeugt: Für Paulus sind Evangelium und sein Apostolat schlechthin identisch, die Verbindung zwischen dem Evangelium und seinem apostolischen Boten ist geradezu unauflöslich.(170) Näheren Aufschluß über die innere Zuordnung und Verankerung des apostolischen Dienstes in dem Heilsgeschehen durch Christus selbst geben das 5. und 6. Kapitel des 2. Korintherbriefes: Das Erlösungsgeschehen in Christus zum Ausgangspunkt nehmend kommt Paulus im selben Atemzug auf den Kernpunkt seines apostolischen Amtes zu sprechen: Der Vater hat uns durch Christus mit sich versöhnt und uns den Dienst der Versöhnung aufgetragen; das Amt der Versöhnung ist selbst integrative Komponente des Heilswerkes, Gottes Heilstat in und durch Jesus Christus und die Einsetzung des apostolischen Dienstes bilden eine Geschehenseinheit (2 Kor 5,18ff.). So kann Paulus in V. 20 fortfahren: "Wir sind also Gesandte an Christi Statt und Gott ist es, der durch uns mahnt: Laßt euch mit Gott versöhnen." Gott selbst also ist der "letzte Urheber des Heilsgeschehens, und doch wirkt er durch und in Christus und in der ekklesial-amtlichen Vermittlung, das heißt durch und in dazu besonders Beauftragten."(171) Die apostolische Verkündigung ist damit ein qualifiziert soteriologisches Element; als solches ist sie nicht nur reines Wortgeschehen, sondern hat umfassend die Lebensmittei-

---

165) Vgl. J. Roloff, Apostolat, 123; J. Hainz, Ekklesia, 275ff.; 277.

166) Nach protestantischer Auffassung entscheidet sich hier, "ob die Kirche allein der Glaube rechtfertigt, oder auch der Gehorsam gegen eine hierarchische Struktur, ob die Kontinuität der Kirche allein in der Treue Gottes liegt, oder ob Gott seine Treue an die Kontinuität und Sukzession eines kirchlichen Amtes gebunden hat und in ihm sichtbar macht" (W. Klaiber, Rechtfertigung, 204). Zum exegetischen Befund eingehender u. S. 594ff.

167) Vgl. dazu auch K. Kertelge, Offene Fragen.

168) W. Klaiber, Rechtfertigung, 202; "Obwohl seine (sc. Pauli) Verkündigung Dienst der Versöhnung ist, der durch Gottes Heilstat aufgerichtet worden ist, und durch den sich die eschatologische Scheidung zwischen den Geretteten und Verlorenen vollzieht, ist doch seine Person und sein Amt nicht Inhalt der Verkündigung (2 Kor 4,5)" (ebd., 209).

169) Das Wort und die Kirche im Neuen Testament, in: IKZ N.F. 29 (1939) 1-27, 26.

170) Vgl. G. Bornkamm, Paulus, Stuttgart ^{2}1970, 172ff.

171) G. Greshake, Priestersein, 35.

- 69 -

lung der evangelischen Wahrheit, der Weisheit Gottes, "ἐν μυστήριῳ" zum
Inhalt, die durch das "real-symbolische Verhältnis Christus-Amt"(172) in
dem "öffentlichen, feierlichen, amtlichen, verpflichtenden Ruf des Evangeliums"(173) Christus in seinem Lebensopfer präsent setzt.(174) Hinsichtlich der Frage nach der innerneutestamentlichen Kontinuität bzw.
Diskontinuität zwischen paulinischem Apostolatsverständnis und dem
"Amtsverständnis" der ntl Spätschriften(175) ist in diesem Zusammenhang
folgende Beobachtung bemerkenswert: Pauli Apostolat, seine Berufung
zum Apostel der Heidenvölker, aber auch seine christliche Theologie
müssen sowohl historisch wie auch religions- und geistesgeschichtlich als
"unableitbar", "unvermittelt",(176) und somit wohl auch als "unvermittel-
bar" charakterisiert werden. "Sowohl die Unwiederholbarkeit des Anfangs
als auch die vollkommene Verschränkung der Botschaft mit seinem persönlichen Schicksal verbieten es, aus der paulinischen Interpretation des
Apostolats die Linien einer heute normativen Amtsgestalt unmittelbar
erheben zu wollen."(177) Und dennoch zeigt die ntl Amtsentwicklung,
wie die Einmaligkeit des paulinischen Apostolates zunehmend abgebaut,
und Paulus mehr und mehr zum Leitbild des Amtsträgers schlechthin
wird. Namentlich die pseudonymen Schriften machen Paulus geradezu zur
Ideal- und prototypischen Gestalt für Propheten und Lehrer (Eph) und
zum exemplarischen Vorbild für die mehr institutionalisierten Amtsträger
(Past), die nun keine Einschränkungen des unwiederholbar und originär Paulinischen mehr von der Nachahmungsmöglichkeit des Apostels
trennt.(178) Beachtenswert ist dabei, daß auch für Eph und die Past die
Rückführung des Amtsauftrages unmittelbar auf Gott geschieht,(179)
wobei das Moment der untrennbaren Verquickung zwischen dem rein zu
erhaltenden Evangelium und dem dieses bezeugenden Verkünder wesentlich aus der paulinischen Vorbildschaft genährt wird. So trifft J. Ratzingers Urteil, "daß das Neue Testament selbst des Bindestrich zwischen
Apostelamt und Presbyteramt gesetzt hat",(180) sicherlich in dem Sinne
zu, daß die strukturellen Gegebenheiten beider innerneutestamentlich
vermittelt sind, wenngleich nicht vergessen werden darf, daß dies weder
in apostolischer noch für die Zeit der Apg in einem bereits feststehenden
sukzessionstheologischen Ordinationssystem seinen institutionellen Niederschlag fand. Wohl aber wird die spezifisch paulinische Apostolatskonzeption gleichsam zu einem inneren Ferment für eine strukturelle
Analogiebildung in der nachpaulinischen Gemeindeentwicklung. "Immerhin
führt die Funktion, die er (sc. Paulus) lehrend und mahnend den Gemeinden gegenüber ausfüllt, zwangsläufig zu der Frage, ob das Gegenüber von Christus (Evangelium) und Gemeinde nicht in einem konstitutiven Gegenüber von Amt und Gemeinde innerhalb der christlichen Kirche

---

172) Ebd., 36.
173) H. Schlier, Grundlagen, 88.
174) Vgl. auch L. Bouyer, Die Kirche, II, 180.
175) Zur einschlägigen Diskussion vgl. W. Klaiber, Rechtfertigung, 213 A 87; H. Schürmann,
   Gnadengaben; A. Vögtle, Reflexionen; J. Hainz, Ekklesia; ders., Kirche im Werden;
   J. Martin, Genese; H. v. Campenhausen, Kirchliches Amt.
176) J. Blank, Paulus und Jesus, 184; 190f. mit Anm. 9.
177) P. J. Cordes, Sendung zum Dienst, 82.
178) Vgl. N. Brox, Die Pastoralbriefe, 1969, 224.
179) Vgl. ebd., 98ff.; 279ff.
180) Die Kernfrage im katholisch-reformatorischen Disput, in: ThP, 251-299, hier 295.

repräsentiert werden müsse."(181)

Damit ist freilich nicht die Behauptung intendiert, daß das Amt (bei Paulus: der apostolische Dienst) "qua Amt" die Wahrheit des Evangeliums garantiere,(182) oder daß das Amt selbst verpflichtender Verkündigungsinhalt in gleicher Weise wie das Christusgeschehen sein könne.(183) Gleichwohl muß gegen eine argumentative Überfrachtung der Abwehrstellung gegen die oben genannten soteriologischen Hypostasierungen des Amtes festgehalten werden, daß deswegen die apostolische Autorität nicht als ein bloß mehr oder weniger akzidentelles Adiaphoron zum "Evangelium" hinzutritt, sondern daß der Gemeinde ja das Evangelium überhaupt nur als apostolisch bezeugtes begegnet. Für die analoge Frage nach der Interpretation des christologisch-ekklesiologischen Leib-Modells bei Paulus bedeutet dies: Die Verhältnisbestimmung Christi zu seinem (ekklesialen) Leib, d. h. die Gegenwart von Christi Heilsgeschehen in seiner Gemeinde kann nicht so verstanden werden, "daß das Heilsgeschehen ihrer (sc. der Gemeinde) Rechtsordnung unfraglich und unveränderlich eingestiftet wäre."(184) Andererseits intendiert die paulinische Redeweise - nimmt man als Interpretament sein Apostolatsverständnis hinzu - von der Gemeinde als "Leib Christi" wohl mehr als bloß eine sprachliche Variante des paränetischen Imperativs an die Gemeinde, in ihrem Leben je neu sich um eine Darstellung des vom Anspruch Jesu Christi geforderten Dienstes der Versöhnung an der Welt zu bemühen.(185) Damit ist die Präsenzweise Christi in seinem 'Leib' zu ausschließlich und einseitig auf die imperativische Seite eingeschränkt und ohne die nötige Verankerung und den unlösbaren Bezug in bzw. auf dem bzw. das indikativische(n) Fundament des paulinischen Christus-Kerygmas gesehen.(186)

181) J. Gnilka, La rélation entre la résponsabilité communautaire et l'autorité d'après le NT, en tenant compte specialement du "corpus paulinum", in: Paul de Tarse, SM Ben. Sect. paul I (1979) 455-470, 464f.; 469; zit. nach W. Klaiber, Rechtfertigung, a.a.O., 203 Anm. 40a; gerade im Amt wäre damit ein institutionell-gemeindlicher Reflex des "extra nos" von Rechtfertigung und Heil erkennbar; vgl. auch J. Gnilka, Geistliches Amt und Gemeinde nach Paulus, a.a.O.; anders dagegen J. Ernst, Das Amt im Neuen Testament - Gestalt und Gehalt, in: ThGL 70 (1980) 72-85, 77: "Das Amt ist ein Organ, nicht das Gegenüber der Kirche."

182) Dagegen sprechen sich mit Recht aus: H. v. Campenhausen, Der urchristliche Apostelbegriff, 270; E. Gräßer, Das eine Evangelium, 95-98; W. H. Ollrog, Paulus und seine Mitarbeiter, 177f.

183) Vgl. W. Klaiber, Rechtfertigung, 212f.; dazu E. Schweizer, Gemeinde und Gemeindeordnung, 194; W. Marxsen, Die Nachfolge des Apostels, 89f.; F. Hahn, Apostolat, 77.

184) W. Klaiber, Rechtfertigung, 237.

185) Vgl. hierzu die Bestimmung des einzig möglichen Ortes der Rechtskategorie im Rechtfertigungsgeschehen durch H. Diem, Die Kirche und ihre Praxis, 317: "Dieses Geschehen der διακονία τῆσ καταλλαγῆσ ist der einzige auf der menschlich-geschichtlichen Ebene uns begegnende Rechtsvorgang, der mit göttlicher Vollmacht, e iure divino geschieht und darum Recht Gottes setzt"; und W. Klaiber, ergänzt: Die Gemeinde soll dieses Recht nicht repräsentierend verleiblichen, sondern ihm gehorchen (vgl. Rechtfertigung, 236).

186) Vgl. dagegen H. U. v. Balthasars konsekutive Zuordnung von dogmatischen und paränetischem Teil der paulinischen Verkündigung, die auch die ekklesiologische Paränese im dogmatischen Indikativ verankert (Leib-Sein) s.o. S. 76 Anm. 139.

Dieses Defizit wird besonders deutlich im Blick auf das Zeugnis der nachpaulinischen Aus- und Weiterbildung des Leib-Gedankens in Kol und Eph, wo nun mit der expliziten Bestimmung Christi als des Hauptes die Einheit von Christus mit seinem "ekklesialen Leib" noch intensiver zur Darstellung kommt, insofern letzterer sehr deutlich als der Anwesenheitsort der Fülle des Lebens und Wesens Christi und zwar nicht nur in metaphorisch-paränetischer Weise vorgestellt wird.(187)

Das Brautschafts- und Ehemotiv (Eph 5,22-33) intensiviert den Gedanken der engen Verbindung zwischen dem "Christus-Bräutigam" und der "Leib-Braut" bei gleichzeitiger Wahrung der subjekthaften Verschiedenheit beider. Besonders aus der Exegese von Eph 2,14-18 treten die Konturen für die Verhältnisbestimmung von Jesu Fleischesleib und seinem ekklesialen Leib deutlicher ans Licht: "Der Leib des gekreuzigten und auferstandenen Herrn weitet sich zu dem ekklesiologischen 'Leib Christi' vermittels des Geistes; durch diesen baut sich der Herr (das 'Haupt') seine Kirche (den 'Leib') auf und wird mit ihr zu einer völligen Einheit. Die Kirche wird auf diese Weise eine Größe, die schon im Kreuzesleib Christi da ist, und sich dann in innerem und äußerem Wachstum von ihrem 'Haupt' Christus her 'aufbaut' und vom Kosmos Besitz ergreift, um zu ihrer vollkommenen Gestalt zu gelangen."(188) Damit ist im Vergleich zu der stark von der christologisch-rechtfertigungstheologischen Mitte her bestimmten Leib-Konzeption für die Kirche bei Paulus(189) durch Kol und Eph eine akzentuelle Nuancierung der ekklesiologischen Leib-Vorstellung eingetreten, insofern ein deutlicheres Ineinanderrücken von Christusgeschehen und der neuen Lebenswirklichkeit der Gemeinde beobachtbar wird und damit eine - freilich ganz in Christus zentrierte - deutlichere "subjekthafte" soteriologische Konturierung der Heilsgemeinde. Die unauflösliche dialektische Spannung vom himmlisch-irdischem Ansehen des Leibes, von bereits realem Angekommen-Sein Christi in seinem (ekklesialen) Leib und doch noch ausstehender Überwindung der Differenz ist freilich schon bei Paulus die charakteristische Signatur seines Kirchendenkens,(190) wird aber durch Kol und Eph noch deutlicher in dem Indikativ des Auferstehungsleibes verankert. "Für die Ekklesiologie ... darf auf der Höhe dieser 'Leib-Christi'-Theologie festgestellt werden,

---

187) Vgl. dazu J. Gewieß, Die Begriffe πληροῦν und πλήρωμα im Kolosser- und Epheserbrief; zum religionsgeschichtlichen Hintergrund der soma-Vorstellung in Kol und Eph vgl. P. Pokorný, Σῶμα χριστοῦ im Epheserbrief, in: EvTh 20 (1960) 456-464; H. Hegermann, Zur Ableitung der Leib-Christi-Vorstellung, in: ThLZ 85 (1960) 839-842; C. Colpe, Zur Leib-Christi-Vorstellung im Epheserbrief, in: Judentum, Urchristentum, Kirche, 172-187.

188) R. Schnackenburg, Kirche, 155.

189) Vgl. W. Klaiber, Rechtfertigung, 48-59.

190) W. Klaiber, a.a.O., 67-68, stellt drei "Antinomien" in der paulinischen "Ekklesiologie" fest, die das Gemeinte verdeutlichen: 1. Der Gemeinde kommt keine soteriologische Mittlerfunktion zu und doch ist sie dem einzelnen immer schon vorgegeben; 2. Der schlechthin universale Aspekt des Kirchendenkens steht in Spannung der Betonung der Notwendigkeit einer klaren Scheidung von Gemeinde und Welt; 3. in strukturanaloger Entsprechung dazu erscheint auch das Verhältnis von Apostel-Gemeinde: Paulus selbst steht ständig zwischen missionarischem Weiterdrängen und der Sorge für die gegründeten Gemeinden; dabei stehen sein Gehorsamsanspruch gegenüber der Gemeinde und die Anerkenntnis ihrer Eigenverantwortlichkeit in eigenartiger, nur in der Person des Apostels selbst aufgehobener Spannung.

daß hier das Neue, Spezifische und Einmalige des christlichen Kirchendenkens wie sonst nirgends durchgebrochen und aufgeleuchtet ist ... Der Weiterbau der Gedanken, die spekulative Durchdringung und die christliche Scheidung werden von der Christusoffenbarung geleitet. Die Kirche Jesu Christi ist nur als Frucht des Heilsgeschehens, das in Jesu Kreuz und Auferstehung erfolgte, und als Fortsetzung seines Wirkens im Heiligen Geist begreiflich; ihr Verhältnis zum erhöhten Herrn aber, ihre Gebundenheit an ihn und ihre Verbundenheit mit ihm, ihr Leben von ihm her und ihr Streben zu ihm hin, sind letztlich nicht mehr zu begreifen: Es ist ihr tiefstes Geheimnis."(191)

Mit dem Begriff "Geheimnis" ist für R. Schnackenburg bei dem Versuch, den vielgestaltigen ntl Befund zum "Kirchendenken" nach einem inneren Richtungsschwergewicht zusammenzuschauen, ein zentraler Kreuzungspunkt erreicht. Nun wird zwar im NT nirgends explizit die Kirche als "mysterion" bezeichnet; jedoch erlangt der Begriff in der Vätertheologie sowohl des griechischen Ostens wie der des lateinischen Westens (sacramentum) geradezu eine Schlüsselstellung, insofern die Alte Kirche in ihm das Ganze und Eigentümliche des Christus-Ereignisses überhaupt zu umschließen versucht hat;(192) und in diesem Zusammenhang wird das "mysterium-sacramentum" auch zu der zentralen Deutungskategorie für die Kirche, insofern sie als in besonders enger Beziehung zum Christus-Geheimnis stehend betrachtet wird.

Daher sollen hier kurz die sprachgeschichtlichen Hintergründe und die ntl Verwendung des Begriffes "mysterion" beleuchtet werden, um die patristische Verbindung der Begriffsgehalte mysterion/sacramentum und ekklesia vom biblischen Befund her vorbereitend zu erhellen.

III. Zur neutestamentlichen Vorbereitung einer Verbindung der Begriffsgehalte "mysterion" (sacramentum) und "ekklesia"

Die schier unüberschaubare und vielfach auch kontroverse bibliographische Landschaft(193) zum mysterion-Begriff(194) in seiner griechisch-hellenistischen,(195) spätjüdischen und apokalyptischen(196) Provenienz

---

191) R. Schnackenburg, Kirche, 156.

192) Vgl. L. Bouyer, Mysterion, in: Supplement de la Vie Spirituelle 23 (1952) 397-402, bes. 397f.

193) Vgl. dazu die bibliographischen Angaben bei J. Finkenzeller, in: HDG, IV/la, 4; L. Boff, Die Kirche als Sakrament, 49 Anm. 1; 50, Anm. 2.

194) Wahrscheinlich leitet sich das Wort von myein (= sich schließen, verschließen) her und meint demnach eine Sache, über die zu schweigen ist (G. Bornkamm, Art. Mysterion, in: ThWNT, IV [1942], 809-834, 810). Bezeichnend für die Bedeutungsrichtung des Wortes ist dabei, daß es zwischen dem schlechthin Unbekannt-unverständlichen, Unverfügbaren und dem gemeinhin Offenbaren die spannungsreiche Mitte des Geheimen, eben nur wenigen Bekannten hält (F. Kattenbusch, Sakrament, 349f.). Seine ursprüngliche Beheimatung hat der Begriff wohl im Kultisch-Religiösen, wenn seine Verwendung auch nicht auf diesen Bereich eingeschränkt blieb (G. Bornkamm, a.a.O., 817).

195) Hier spielen die antiken Kultmysterien eine wichtige Rolle (K. Prümm, Mystères, 2-173): sie leben von dem Bewußtsein, daß unter einer heiligen kultischen Handlung die Geschicke einer Gottheit einem Kreis von Eingeweihten heilswirksam mitteilend vergegenwärtigt werden (O. Casel, Das christliche Kultmysterium, bes. 79ff.). Zur intellek-

sowie in Bezug auf seine ntl Verwendung illustriert deutlich dessen Stellenwert für das frühchristliche Denken. Innerhalb des NT begegnet der Ausdruck mysterion als ausgesprochen paulinischer Begriff,(197) bei den Synoptikern findet man ihn nur an einer einzigen Stelle (mit Parallelen), nämlich dort, wo von dem Geheimnis des Gottesreiches(198) die Rede ist und besonders die schlechthinnige Unverfügbarkeit ("ist gegeben") seines Kommens und Offenbarwerdens (den Jüngern ist es gegeben, den Draußenstehenden wird es nur in Gleichnissen mitgeteilt, damit sie sehen und doch nicht sehen ...) akzentuiert ist. Das "mysterion des Gottesreiches" begegnet also in der synoptischen Tradition als der Inbegriff des Heiles.(199) Bei Paulus steht mysterion - von allgemeinen Verwendungszusammenhängen abgesehen (1 Kor 14,2. 13f.; Röm 11,25f.; 1 Kor 15,51; 2 Thess 2,7) - durchwegs als Bezeichnung für das Christus-Ereignis und zwar in seiner ganzen heilsgeschichtlichen Perspektive angefangen von dessen ewiger Verborgenheit in Gott bis zur Offenbarwerdung in Jesus Christus und deren Verkündigung durch die Apostel.(200) Dieses Geheimnis gründet in der Weisheit Gottes (1 Kor 2,7), es ist der Verfügung durch menschliches Wissen grundsätzlich entzogen.

Bemerkenswerte Akzente sind dabei wiederum die Spannung zwischen dem "schon jetzt" seines wirksamen Offenbargeworden-Seines und dem "noch nicht" seiner ganzen Fülle,(201) sowie die enge Verschränkung des persönlichen Apostolatsauftrages Pauli mit der Verkündigung des geoffenbarten Geheimnisses an alle Völker (Gal 2,2.6-10; Röm 16,25). Die heilsgeschichtliche Erstreckung des Offenbarwerdens des Geheimnisses des Gottesreiches durch Christus begreift also die apostolische Verkündigung selbst ein. Diese enge Zuordnung des Heilsmysteriums in Christus zur apostolischen Verkündigung bei Paulus(202) erfährt in Kol und Eph seine spezifische ekklesiologische Akzentuierung, insofern dort die Kirche ausdrücklich dem Christus-Mysterium zugeordnet wird und zwar im Rahmen einer kosmologisch orientierten Christologie und Soteriologie, in deren thematischen Horizont von der Einheit einer pluralen Totalität

---

tuellen Umprägung dieses Motivs durch die philosophische (platonische) Tradition (aus kult. Handlungen werden geheime Heilslehren und schließlich die Schau des wirklichen Seienden) vgl. G. Bornkamm, a.a.O., 814-816 bzw. 818-820.

196) Nach der verständlichen antiheidnisch motivierten weitgehenden Neutralisierung des mysterion-Begriffes im AT (H. v. Soden, mysterion und sacramentum in den ersten zwei Jahrhunderten der Kirche, 197ff.; J. Finkenzeller, HDG, IV/4a, 8f.) erlangt der Begriff wieder stärkere Bedeutung in der spätjüdischen Apokalyptik als Bezeichnung für die endzeitliche Enthüllung der göttlichen Geheimnisse (G. Bornkamm, a.a.O., 821ff.), die sich in verhüllenden Zeichen und Gesichten ankündigt (vgl. 4 Esra 12,36ff.; 14, 5ff.).

197) Vgl. dazu K. Prümm, Mystères, 189ff.; ders., "Mysterion" von Paulus bis Origenes, 392ff.; 136ff.; die wichtigsten Stellen: 1 Kor 2,7-10; Röm 16,25-26 (Kol 1,26-27; Eph 1,8-10; 3,3-7; 3,8-12).

198) Mk 4,11-12; Mt 13,11-15; Lk 8,10-11

199) Vgl. J. Finkenzeller, HDG, IV/4a, 10f.

200) Vgl. D. Deden, Le "Mystère" Paulinien, 406ff.; K. Prümm, Mystères, 189-226.

201) Vgl. G. Bornkamm, a.a.O., 828.

202) Vgl. w.o. S. 83f.; dies markiert auch einen bedeutsamen Unterschied des christlichen zum heidnischen Mysterium-Verständnis, da mit den heidnischen Mysterien-Kulten strengste Schweige-Pflicht verbunden war (J. Finkenzeller, HDG, IV/4a, 13).

(kephale-pantapleroma)(203) die Kirche als der Ort erscheint, in dem der Kosmos als Leib Christi sich sichtbar zeigt, zu einer geschichtlichen Größe wird, mysterion der All-Einheit in Christus und zugleich Instrument ihrer Verwirklichung.(204)

Damit hat der ntl Sprachgebrauch vom mysterion gleichsam jene "heilsontologische" Dimension erreicht, in deren Horizont die patristische Rezeption der biblischen Offenbarung sich wesentlich bewegt: "Im Mysterium bricht eine himmlische Wirklichkeit in den Bereich des alten Aion."(205) Göttliche Heilsgeschichte geschieht nicht anders als innerhalb der Weltgeschichte; "mysterion" benennt gleichsam die unauflösliche Einheit eines weltlichen Ereignisses mit einer göttlichen Wirkung.(206)

Insbesondere durch die Bibelübersetzung der afrikanischen(207) Tradition ins Lateinische(208) rückt der Terminus "sacramentum"(209) zunehmend als synonyme Wiedergabe an die Stelle des griechischen mysterion.(210) Beiden Begriffen eignet in ihrem Bedeutungsgehalt das spezifische Beieinander von göttlicher (die sakrale Bindung aus einer Handlung) und menschlicher Komponente die Eidesleitung oder der Weiheritus). Damit verbunden ist auch eine schon in den beiden Termini sich ausfaltende Spannung von Erfüllung und Verheißung: die mysteria beziehen sich mehr auf die Zukunft, die sacramenta mehr auf die Gegenwart. Da beide Termini nun zunehmend synonym verwendet werden, übernimmt der eine das Bedeutungskolorit des anderen.(211) Das Spannungsmoment liegt letztlich zwischen dem ewigen Ratschluß Gottes und dessen zeitlicher Verwirklichung (in der Vorausdarstellung durch das AT, in der Person Jesu, in den sacramenta seines Leibes). Die Einheit und wechselseitige Implikation von sichtbarer und unsichtbarer Dimension, das Ineinander von Verbergen und Offenbaren des Unsichtbaren

---

203) Vgl. J. Dupont, Gnosis. La connaissance religieuse dans les Épîtres de Saint Paul, Paris-Louvain 1949, 426; 438; 476; J. B. Lightfoot, St. Paulus Epistles to the Colossians and to Philemon, 155: Christus erscheint als der "meeting point" aller.

204) Vgl. hierzu P. Benoit, Corps, Tête, II, 106-153; vgl. auch die Zusammenfassung bei U. Valeske, Votum Ecclesiae, 42-47.

205) G. Bornkamm, ThWNT, IV, 809-834, 826.

206) Vgl. L. Boff, Kirche als Sakrament, 58.

207) In Italien entstandene Übersetzungen bevorzugen das Lehnwort "mysterium": Soden (A. 196), 226.

208) Vgl. hierzu H. v. Soden, mysterium und sacramentum, 225f.; ders., Das lateinische Neue Testament in Afrika zur Zeit Cyprians, Leipzig 1909, 192; 325; 345; ferner O. Casel, Zum Worte sacramentum, in: JLW 8 (1928) 225-232; V. Loi, Il Termine "mysterium" nella letteratura latina christiana prenicena, in: VigChr 19 (1965) 213-221.

209) Aus der Etymologie (sacr-mentum) des Wortes erhellt der besondere Bezug zur numinosen Sphäre: Consecrare (consecratio) meint z. B. die rechtsgültige Überweisung einer Sache oder Person aus dem Bereich des ius humanum in den des ius divinum; so kann unter sacramentum sowohl der Gegenstand (Mittel) dieser Handlung, das Geweihte selbst, sowie die Weihehandlung verstanden werden (A. Kolping, Sacramentum Tertullianeum, 22f.; J. Finkenzeller, HDG, IV/4a, 24f.). Derselbe Grundsachverhalt liegt auch den semasiologischen Bedeutungsvarianten "Fahneneid" (der Rechtshandel oder die Person wird in die göttliche Sphäre erhoben: Kolping, a.a.O, 26f.) und "Hinterlegung der Prozeßgebühr" (ebd., 29f.) zugrunde.

210) Vgl. dazu zusammenfassend, J. Finkenzeller, HDG, IV/4a, 36f.

211) Vgl. H. v. Soden, Mysterion und sacramentum, 219.

durch das Sichtbare macht die eigentliche Sinntiefe des Wortes "mysterion" aus.(212)

Damit sind vom (paulinisch) neutestamentlichen Befund her die Koordinaten für eine Denkform hinsichtlich des Bemühens um die reflexive Erfassung des Heilshandelns Gottes in Christus abgesteckt, die die patristische Rezeption der biblischen Offenbarung besonders hinsichtlich des Kirchendenkens maßgeblich bestimmen wird.

IV. Ekklesiologische Kursbestimmungen im 2. und 3. Jahrhundert

1. Zur symbolisch-sakramentalen Denkform der Vätertheologie

Hatte die innerneutestamentliche Verfolgung der Schwerpunktlinien im Selbstverständnis der christlichen Gemeinden und in der beginnenden Reflexion über die Kirche besonders im paulinischen Traditionsstrom vom Leib-Christi-Motiv zu einer intensiv christologischen Orientierung des Kirchengedankens geführt, so tritt bereits in der frühen patristischen Literatur in Fortführung dieser Linie das Bewußtsein von der Kirche als einer eminent theo-logischen Größe im Heilsplan Gottes hervor;(213) besonders im apokalyptisch geprägten Schrifttum wird von der "präexistenten" Kirche gesprochen,(214) und die Rede von der ecclesia ab Abel iusto, ab Adamo oder ab initio mundi wird zu einem topos, der in der ganzen patristischen Literatur verbreitet ist.(215) Die theologische Valenz dieses - wohl in weiterführendem Anschluß an Gal 4,26 und Eph 1,4

212) Vgl. etwa die akzentuellen Nuancen des Sprachgebrauchs "mysterium sacramenti" (wo die Unsichtbarkeitsdimension betont wird) und "sacramentum mysterii" (wo die Sichtbarkeitsdimension hervortritt) in den ambrosianischen (?) Schriften "De mysteriis" und "De sacramentis libri VI"; zur Echtheitsfrage in Bezug auf letztere vgl. Altaner-Stuiber, Patrologie, 1978, 383; weitere Belege zum einschlägigen Sprachgebrauch bei L. Boff, Kirche, 68-71 mit Anm. Den Sinn von mysterium-sacramentum illustriert auch eine Erklärung von Joh Chrysostomus, in I Cor. hom. I,7: PG 61,55: "Mysterium vocatur, quia non quae vidimus, credimus, sed alia videmus, alia credimus. Talis namque est mysteriorum nostrorum natura". Vgl. auch Origenes, Rom. Com. 4,2: PG 14,968; ferner H. de Lubac, Corpus Mysticum, 62-63. Mysterium-sacramentum kann demnach in der Väterzeit bedeuten: den Heilsplan Gottes; Jesus, das mysterion Gottes (Kol 2,3); die Lebensdaten Jesu: mysteria et sacramenta carnis Christi; die Phasen des Heilsplanes Gottes; die "Lehre" als die geheimnisvolle Seite des göttlichen Heilsplanes; die sichtbare Seite des göttlichen Heilsplanes; die geheimnisvolle Verbindung von Sichtbarem und Unsichtbarem; die Liturgie der Kirche; die 7 Sakramente (sehr viel später!): schließlich das, was die spätere Theologie das sacramentum tantum genannt hat; dazu L. Boff, Kirche, 81-82; ferner den Überblick zur Verwendung der Termini bei den Vätern bei J. Finkenzeller, HDG, IV, 4a, 16-23; 25-35.
213) Vgl. hierzu J. Daniélou, Théologie du Judéo-Christianisme, 317; L. Welsersheimb, Das Kirchenbild der griechischen Väterkommentare, in: ZkTh 70 (1948) 397-449.
214) Vgl. Pastor Hermae, Vis. I,1,6: Funk I,416; Vis. I,3,3: Funk I, 422; Vis. II,3,1: Funk I, 430; dazu allgemein B. Altaner-A. Stuiber, Patrologie, 1978, 55-58, bes. 55.
215) Vgl. Y. Congar, Ecclesia ab Abel, 79-108; J. Beumer, Die altchristliche Idee einer präexistenten Kirche und ihre theologische Auswertung, in: WiWei 9 (1942) 13-22; M. Pribilla, Die Kirche von Anbeginn, in: StdZ 117 (1929) 241-254; L. Welsersheimb, Das Kirchenbild, bes. 400-404; 409; 447-448.

zu verstehenden(216) Gedankens liegt in der Grundidee, daß die Kirche
mysterion des göttlichen Heilsplanes für die Welt ist, d. h. es geht nicht
um eine real vorgestellte Präexistenz für die Kirche(217) sondern um
ihre geheimnishafte Dimension im Kontext der göttlichen Heilsveranstaltung: "Wie der Wille Gottes ein Akt ist und Welt heißt, so ist seine
Intention das Heil des Menschen, und dies heißt Ekklesia."(218)

Ohne zunächst noch explizite theologische Reflexionen über das genaue
Verhältnis der Kirche "von oben", der "himmlischen" und "geistigen"
Kirche(219) zur irdischen anzustellen, geht die Vätertheologie wie selbstverständlich davon aus, daß letztere die Erscheinungsform der ersteren
ist.(220)

Damit ist in unserer speziellen Frage nach der Eigenart patristischen
Kirchendenkens insbesondere hinsichtlich der Konsequenzen desselben
für das Verständnis von der "soteriologischen Subjekthaftigkeit" der
Kirche der Punkt erreicht für einen kurzen Rekurs auf ein Spezifikum
patristischer Denkform, deren Verständnis für das Kirchendenken der
Väter von Bedeutung ist: Es handelt sich dabei um jene, die Alternative
von Transzendenz und Immanenz vermittelnde Denkkategorie der Trans-
parenz,(221) welche gleichsam die philosophische Signatur des symbolisch-sakramentalen Denkens der Väter ausmacht.(222) Die spezifisch
christliche Nuance des Symboldenkens der Väter bildet dabei die Verknüpfung der jeweiligen Akzente des jüdischen Instrumentalismus(223)
mit denen des griechischen Symbolismus.(224) Das christliche mysterion-
sacramentum findet gleichsam seine Bestimmung in der axiologischen Mitte
aus dem bloßen "Verweisen" des Zeichens, der schon "vertretenden Teil-

---

216) Dazu J. Beumer, Die altchristliche Idee, 16; zur Frage nach der traditionsgeschichtli-
chen Herleitung des Motives in Eph wurden verschiedene Antworten gegeben: für gnostischen Ursprung plädieren H. Schlier-V. Warnach, Die Kirche im Epheserbrief, 60-75;
W. C. van Unnik, Les idées des gnostiques concernant l'Eglise, in: Aux Origines de
l'Eglise (= Recherches Bibliques, VII), Louvain 1965, bes. 175-178; dagegen erkennt
auf apokalyptischen Ursprung: N. A. Dahl, Christ, Creation and the Church, in: The
Background of the New Testament and its Eschatology, Cambridge 1956, 425-431.

217) Vgl. J. Daniélou, Théologie du Judeo-Christianisme, 319.

218) Klemens v. Alex., Paidagog. I, c.6,27,2: GCS Clemens 1, S. 106 Z.11.

219) Vgl. Klemens v. Alex., Strom., VI, 14,108: GCS Clemens 2,486; VII, 11,68: GCS Clem
3,49.

220) Vgl. J. Beumer, Die altchristliche Idee, 19; Y. Congar, Ecclesia ab Abel, 92; 97f.

221) Vgl. hierzu Th. Boman, Das hebräische Denken im Vergleich mit dem griechischen, 167f.

222) Vgl. G. van der Leeuw, Sakramentales Denken, Kassel 1959; ders., Phänomenologie der
Religion, Tübingen 1956, §§ 8; 52.

223) Vgl. Th. Boman, Das hebräische Denken, 41; der jüdische Instrumentalismus ist eine Art
symbolistischen Denkens, das sich aber nicht auf die Natur, sondern auf die Geschichte
richtet: Die Geschichte (Gottes mit seinem Bundesvolk) wird zum Instrumentum der Gottesoffenbarung; vgl. dazu auch W. Pannenberg, Der Gott der Geschichte, in: Ders.,
Grundfragen systematischer Theologie, II, bes. 114-118; ders., Was ist Wahrheit, in:
ebd., I, 202-222; ders., Zur Theologie des Rechts, in: Ders., Ethik und Ekklesiologie,
bes. 33-35.

224) Dazu: H. Rombach, Gegenwart der Philosophie, Freiburg-München 1964, 28; es handelt
sich dabei im Grund um die ins Philosophische gehobene Form des primitiven Pansakra-
mentalismus (Th. Boman, Das hebräische Denken, 167f.), nach der die Welt das Mittel
zur Erkenntnis des eigentlichen Seienden (to on) ist.

habe" des Symbols und der zwischen dem "Verweisen" und "Vertreten"
gelegenen Realität des Bildes als die Vereinigung vom "Sein im Bilde"
und instrumentaler Wirksamkeit auf das Urbild hin.(225) Je nach der
unterschiedlichen Akzentuierung des ontologischen Beziehungsverhält-
nisses vom Symbol zum Symbolisierten selbst hin oder umgekehrt vereinigt das christliche sacramentum-mysterion in seinem Bedeutungs-
spektrum hinsichtlich des Urbildes.

Der primäre theologische Referenzrahmen für dieses spezifisch christliche
sakramentale Denken ist die Christologie, insofern Christus, das Zeichen
des Vaters, selbst immer schon das Bezeichnete selbst ist, und somit in
ihm der Einheits- und Ermöglichungspunkt von Ausdrucks- und Zeichenfunktion schlechthin jedes möglichen weiteren ("christlichen") Zeichens
ist,(226) denn alles Geschaffene trägt - von seinem "Prototyp", der
hypostatischen Union in Jesus Christus, her(227) - je schon menschlich-
christlich-sakramentale Prägung in sich selbst; der Welt- und Anthropo-
genese liegt als deren Möglichkeitsbedingung die Christogenese zugrunde. Als christologische Grundlegung des christlichen Sakramentalismus
kann somit K. Rahners Aussage gelten: "Die Menschheit Christi ist eben
nicht als Levree und Vermummung Gottes, als Signal bloß, dessen er
sich bedient, aufzufassen, so daß erst das durch dieses Signal Verlaut-
barte etwas über den Logos aussagt, sondern als die Selbstverlautbarung
des Logos selbst, so daß, wenn Gott sich selbst aussagend, sich selbst
ent-äußert, eben gerade das erscheint, was wir die Menschheit des
Logos nennen, Anthropologie also selbst ihren letzten Ursprungsort nicht
bloß in einer Lehre von den Möglichkeiten eines unendlichen Schöpfers
hat (der aber sich doch nicht eigentlich selbst verrät, wenn er schafft),
sondern in der Lehre von Gott selbst, insofern darin auch gesagt wird,
was 'erscheint', wenn er in seiner Selbstentäußerung in das von ihm
andere hinein aus sich selbst heraustritt."(228)

Die durchgehende Analogisierung dieses christologisch zentrierten sakramentalen Denkens in der Vätertheologie bildet im Bereich der Ekklesiologie wohl die epistemologische Grundlage für die spezifisch patristische
Rezeptions- und Reflexionsgestalt dessen, was wir für den ntl ekklesiologischen Befund unter der Kategorie des "eschatologischen Zwischen"
als der ntl Artikulation des Verhältnisses von Gemeinde (ekklesia) und
Gottesreiche (basileia) zu verdeutlichen versucht haben.(229) Paradigmatisch illustriert die ekklesiologische Variante dieses sakramentalen
Denkens für die Väterzeit der liber Regularum des Tyconius,(230) wo in

225) Vgl. H. G. Gadamer, Wahrheit und Methode, ²1965, 145-147.; zur Analyse des Symbols
vgl. J. Splett, Sakrament als Wirklichkeit; K. Rahner, Zur Theologie des Symbols, in:
ST, IV, 1967, 275-311, bes. 276-291.

226) vgl. E. Schillebeeckx, Christus-Sakrament der Gottbegegnung, 1965, 17.

227) Zur Begründung des sakramentalen Denkens von einer - skotistisch ausgerichteten -
transzendentalen Christologie her vgl. L. Boff, Kirche, 177-181.

228) Zur Theologie des Symbols, 296.

229) Vgl. oben S. 76ff.

230) Vgl. hierzu T. Hahn, Tyconiusstudien. Ein Beitrag zur Kirchen- und Dogmengeschichte
des 4. Jahrhunderts, Leipzig 1900; J. Ratzinger, Beobachtungen zum Kirchenbegriff des
Tyconius im "Liber Regularum", in: Revue d'Etudes augustiniennes 2 (1956) 173-185;
ders., Das Neue Volk Gottes, 11-23; K. Forster, Die ekklesiologische Bedeutung des
corpus-Begriffes im Liber Regularum des Tyconius, in: MThZ 7 (1956) 173-183.

der ersten Regel "De domino et de corpore eius"(231) ein Grundsatz zur
christologisch-ekklesiologischen Schriftauslegung formuliert wird, aus
dem die Auffassung von der ekklesiologischen Weitung des Christus-Ge-
heimnisses besonders hervortritt: Die Kirche wird geradezu als eine
Erscheinung der in Christus angenommenen und erlösten Menschheit in
all ihren heilsgeschichtlichen Phasen vom Anfang bis zur Parusie verstanden.(232) Dieser enge Anschluß der Kirche an das sacramentum
"Christus" tritt in der realistischen Denk- und Sprechweise bei Origenes
deutlich hervor: Die Kirche ist für ihn der Christus totus, der koextensiv mit dem Kosmos und transkosmisch zugleich ist;(233) sie ist die
umfassendste Inkarnation des Logos, mit dem Ziel die ganze Menschheit
zu Gott zu führen, sie ist wie Christus daher "signum contradictionis"
für die Ungläubigen, ihr Wesen ist mysterium.(234) Ähnlich erscheint die
Kirche etwa bei Ambrosius als das "magnum et salutare mysterium" im
Anschluß an das mysterium des Gottessohnes.(235) Zur Illustration der
zentralen Bedeutung dieser sakramentalen Idee für den Kirchengedanken
in der Patristik seien hier nur einige Repräsentanten der Vätertheologie
genannt, die später noch eingehender befragt werden müssen: So prägt
Cyprian mit seinem Ausdruck "sacramentum unitatis" für die Kirche eine
bedeutend gewordene ekklesiologische Kurzformel;(236) für Augustins
Kirchentheologie ist die sakramentale Idee von zentraler Bedeutung.(237)
Insbesondere tritt uns bei Leo d. Gr. die Auffassung von der Kirche als

---

231) Zitiert bei Augustinus, De doctr. christ., III, 31,44: CChr 32,104.

Vgl. Augustin über den Liber Regularum, ebd., III, 30,42: "Ticonius quidam, qui contra
Donatistas inuiuictissime scripsit, cum fuerit donatista, et illic inuenitur abscur-
dissimi cordis, ubi eos non omni ex parte relinquere uoluit, fecit librum, quem Regularum uocavit, qui in eo quasdam septem regulas exsecutus est, quibus quasi clauibus
diuinarum scripturarum aperientur occulta." (CChr 32,102).

Ebd., III, 31,44: "Prima (sc. regula) de domino et eius corpore est; in qua scientes
aliquando capitis et corporis, id est Christi et ecclesiae, unam personam nobis inti-
mari ... non haesitemus, quando a capite ad corpus uel a corpore transitur ad caput et
tamen non receditur ab una eademque persona una enim persona loquitur dicens: Sicut
sponso imposuit mihi mitram, et sicut sponsam ornauit me ornamento, et tamen quid horum duorum capiti, quid corpori, id est quid Christo, quid ecclesiae conueniat, utri-
que intelligendum est." (a.a.O., 104). Zur Wirkungsgeschichte dieser Regel über Augustin, Beda, Hugo v. St. Viktor, W. v. Auxerre, Ulrich v. Straßburg; vgl. E. Mersch,
Le corps mystique, II, Paris 1951, 98.

232) Vgl. dazu H. de Lubac, Catholicisme, Paris, 1947, 138; der Gedanke von der Kirche als
dem Ziel der Weltschöpfung bestimmt weitgehend die Väterexegese: Clem Rom, II Cor.
14,1ff.: Schriften des Urchristentums, II; 257; Pastor Hermae, Vis. II,4,1: Funk I,
428f.; Augustinus, En. in. ps. 90,2,1: PL 37,1159; Gregor I, Joann. ep. lib. 5,18: PL
77,740.

233) Vgl. dazu bei L. Boff, Kirche, 94f.

234) Rom. Com 4,2: PL 14,968; Ps. Com. 17,44: PL 12,1239. Vgl. H. U. v. Balthasar, Le
mystère.

235) De spiritu sancto, 2; dazu J. Huhn, Die Bedeutung des Wortes Sacramentum bei dem
Kirchenvater Ambrosius, Fulda 1928, 90; J. Rima, Die Kirche als Corpus Christi mysticum beim hl. Ambrosius, Rom 1949.

236) De unit., 4 (CSEL 3/1, 213; vgl. B. Poschmann, Die Sichtbarkeit; U. Wickert, Sacramentum).

237) Vgl. dazu C. Contourier, "Sacramentum" et "Mysterium" dans l'oeuvre de Saint Augustin,
Études Augustiniennes, Paris 1953, 161-332.

sacramentum entgegen,(238) die bei Hilarius v. Poitiers(239) in Verbin-
dung mit der Assumptionstheorie ihr besonderes Gepräge erhält: In der
Annahme der Menschheit durch Christus sind wir alle angenommen:(240)
"Erat in Christo Jesu homo totus; ideo, in famulatum soiritus corpus
assumptum omne in se sacramentum salutis nostrae explevit."(241) Der
Ausdruck "sacramentum" bezeichnet die geheimnisvolle Wirklichkeit der
totalen Durchdringung der Kirche und des Christus. Die Kirche als der
Leib Christi konstituiert sich in dem In-Sein aller in Christus. Ihre
Funktion erscheint identisch mit der des (fleischlichen) Leibes Christi
selber.(242)

Den Befund bei Leo d. Gr. zusammenfassend und damit die sakramentale
Grundidee für den Kirchengedanken bei den Vätern allgemein resümie-
rend formuliert L. Boff: "Das sacramentum salutis, das coextensiv mit
der Menschheitsgeschichte ist, konzentriert sich auf Christus, geht auf
die Kirche über, die es in der Liturgie feiert und 'renovat', und läßt es
in der Seele der Gläubigen 'renovare' bis ans Ende der Welt."(243)
Damit ist zugleich das grundlegende ekklesiologische Votum der Vä-
terzeit(244) zum Ausdruck gebracht: Das mysterium "Kirche" steht in

---

238) Vgl. M. B. de Soos, Le mystère liturgique d'après Saint Léon le Grand, Münster 1958,
     79ff., 143-149; M. Testard, Sacramentum et Mysterium. A propos d'un ouvrage récent,
     in: Revue d'études augustiniennes 8 (1962) 375-377; ders., Le mot "sacramentum" dans
     les sermones du pape Saint Léon le Grand, Paris 1948.
239) Vgl. hierzu E. Mersch, Corps mystique, I, 412-439; A. Charlier, L'Eglise Corps du
     Christ chez Saint Hilaire de Poitiers, in EThL 41 (1965) 451-477.
240) Vgl. Com. in MT 4,12: PL 9,935; de Trinitate 3,24: PL 10,66.
241) In Mt 28,1: PL 9,1063.
242) Vgl. A. Charlier, L'Eglise, a.a.O., 467.
243) Kirche, 101.
244) Freilich wird man in diesem Zusammenhang darauf hinweisen müssen, daß - wie schon
     A. v. Harnack bemerkt hat - die Kirche wenigstens in der vorcyprianischen patristi-
     schen Literatur kein dogmatischer Begriff ist: Gott, Menschheit, Christus, die Myste-
     rien, der einzelne, darin ist für frühchristliches Glaubensbewußtsein alles enthalten
     (Harnack, DG, 3. Aufl., II, 111; I, 369), so daß hinter dem faktischen äußeren Wachs-
     tum der Kirche die Reflexion über ihr Wesen und Leben eigentümlich hinterherhinkt.
     Jedoch ist diese auffällige Neutralisation der Reflexion über die Kirche in den ersten
     beiden Jahrhunderten nicht Ausdruck eines fehlenden Kirchenbewußtseins sondern eher
     ein Indikator für die unbestrittene Selbstverständlichkeit seiner Existenz (J. Ranft,
     Stellung, 25f.); dies zeigt z. B. auch Klem. v. Alex. in Paid., I, 4,10,2: GCS Klemens
     1, S. 96 Z. 2ff.; wo er eine Schriftstelle, in der eine Art Aufzählung von Grundwahr-
     heiten des Glaubens gegeben ist, selbständig durch die Einfügung des "Kirchenartikels"
     ergänzt (dazu P. Schanz, Der Begriff der Kirche, in: ThQ 75 (1893) 531-593, hier 533).
     Die eigentlich theologisch-argumentative Reflexion über die Kirche erwächst freilich
     erst aus der Notwendigkeit der Verteidigung der kirchlichen Einheit gegen fremde
     (gnostische, manichäische, etc.) Heilslehren, so daß die hierarchische Struktur, bes.
     die bischöfliche Autorität als Sicherungsinstanz der apostolischen Identität zu primä-
     ren ekklesiologischen Themen werden. Die Anfänge einer Theorie der Kirche im strengen
     Sinn hatten somit in erster Linie deren hierarchische Ordnung zum Gegenstand (Frag.
     Murator., V. 75: EP, 268; dazu M. d'Herbigny, Theologie de Ecclesia, I, 8f.). Der
     lehrhafte Hinweis auf sie wird daher besonders wichtig; durch sie wird der enge Kon-
     takt zum Stifter der Kirche besonders deutlich verwirklicht gesehen (P. Schanz, Be-
     griff, 551ff.; J. Ranft, Stellung, 35). Da die ekklesiologische Valenz der Frage nach
     dem kirchlichen Amt des näheren und in paradigmatischer Weise im Umkreis der donati-

innigster Verbindung mit dem mysterium "Christus". Diese sakramental-
ekklesiologische Relation soll nun anhand einiger Kirchenschriftsteller des
2. und 3. Jahrhunderts näher erörtert werden.

---

stischen Kontroverse innerhalb der afrikanischen patristischen Tradition zum Vorschein
kommt, werden wir bei deren Behandlung näher darauf einzugehen haben. Um jedoch aus
den obigen, zur Generalisierung neigenden Aussagen nicht den falschen Eindruck entstehen zu lassen, frühchristlich-patristisches Kirchendenken sei im wesentlichen Hierarchologie, muß die im Kerngehalt richtige These von der wesentlich antihäretisch-apolo-
getisch motivierten ekklesiologischen Favorisierung des hierarchologischen Sukzessionsgedankens besonders hinsichtlich der Tendenz zu zeitlichen Frühdatierungen und
eines zu sehr an dem formalen Aspekt des Sukzessionsgedankens ausgerichteten Verständnisses (so bei J. Ranft, der mindestens seit 1 Clem die Überzeugung von der bischöflichen Zentralgewalt als heiliger Überlieferung göttlichen Willens für die bewußte
Grundlage des ekklesiologischen Denkens der frühen Kirche ansehen will; a.a.O., 30;
35) dahingehend präzisiert werden, daß bis zum Ende des 2. Jahrhunderts weder "die
Hierarchisierung in Form des monarchischen Episkopats ... eindeutig (ist)", noch von
einem "einheitliche(n) Verständnis der Funktionen der Episkopen und Presbyter" die
Rede sein kann (P. V. Dias, HDG, III/3a, 130-142, hier 141); die noch bestehende Vielfalt der Lösungen läßt es nicht zu, "auch nur eine einzige Form gottgewollter hierarchischer Struktur kirchlicher Ordnung" bestimmen zu wollen (ebd.). Bei dem freilich
einsetzenden Prozeß der zunehmenden Favorisierung institutioneller Gemeindedienste und
der Institutionalisierung autoritativer Zeugenbestellung (G. Kretschmar, Ordination,
59, hält dafür, "daß wir die ersten sicheren und eindeutigen Belege für eine christliche Ordination in den Pastoralbriefen finden.") geht es aber noch nicht um den
formalen Aspekt des Nachfolge, sondern um deren inhaltliche Dimension, d. h. die
Fortführung des apostolischen Zeugnisses durch persönlichen Einsatz: Die für Ignatius
und die Kirchen Kleinasiens so zentrale ekklesiologische Bedeutung des Martyriums als
der Bezeugung des Heilstodes Jesu Christi (Tral 4,2; Sm 4,1.2; 5,1.3; Rm 4,3; Eph
1,1f.: Schriften des Urchristentums, I, 175; 207f.; 187; 143) akzentuiert sein Epis-
kopenverständnis gerade nicht nach der formaljuridischen Seite seiner Amtsübertragung
hin, sondern nach der inhaltlichen seines Lebens- und Einheitszeugnisses für die
Kirche hin (P. V. Dias, HDG, III/3a, 142). Bedeutsam scheint in diesem Zusammenhang
auch der Hinweis auf den nicht an einer sukzessionstheologisch motivierten Regenten-
liste interessierten Begriff der diadoche bei Hegesipp (vgl. Eusebius HE, IV, 22,1ff.:
Mirbt, Nr. 30; EP 188), der primär auf das inhaltliche Moment der durch eine kontinuierliche Reihe von Traditionsträgern verbürgten Zuverlässigkeit des Lehr- und Über-
lieferungszusammenhanges abhebt; also nicht in einer Norm sondern in einem Faktum
seinen Sinn hat (vgl. H. v. Campenhausen, Kirchliches Amt, 180f.; zum Begriff der
diadoche bei Eusebius: H. Kraft, Kirchengeschichte, 1967, 32ff.). Und wenn
Irenäus in Adv haer IV, 26,2 (Mirbt, Nr. 43; EP 237) einschärft, daß man sich in
Wahrheitsfragen statt an gnostische Sekten allein an die Presbyter halten müsse ("iis
... oboedire opportet"), welche cum episcopatus successione (griech.: diadoche) zugleich charisma veritatis certum empfangen haben, so ist damit noch nicht eine sakramentale "Amtsgnade" (Harnack, DG, [5] 1931, I, 402f.) im Sinne einer dem kirchlichen Amt
als solchen inhärierenden geistlichen Würde gemeint, sondern wiederum "die überliefer-
te Lehre selbst" (H. v. Campenhausen, Kirchliches Amt, 188 Anm. 2; das charisma ist
also die veritas; ähnlich E. Fleßemann-van Leer, Tradition and Scripture in the early
Church, 119; dagegen akzentuiert G. G. Blum, Tradition und Sukzession, 203ff. mehr die
Amtsbezogenheit der von Irenäus gemeinten "Gnade".

2. Mysterium Christi und Mysterium Ecclesiae in der griechischen Ekklesiologie des 3. Jahrhunderts(245)

Als besonders aussagekräftige Repräsentanten der griechischen Vätertheologie hinsichtlich der Bestimmung des Verhältnisses zwischen Christus und Kirche und deren soteriologischer Subjekthaftigkeit sollen im
folgenden die ekklesiologischen Zeugnisse Hippolyts von Rom, Origenes',
Klemens' v. Alexandrien, sowie Methodius' von Philippi kurz erörtert
werden.

a. Der Gedanke von der Logosgeburt im Herzen der Gläubigen und die mütterlich-fruchtbare Kirche bei Hippolyt von Rom

Hippolyt von Rom (+235) ist wenigstens theologisch-geistlich(246) in der
östlichen kirchlichen Tradition beheimatet.(247)

In seiner heilsgeschichtlich orientierten ekklesiologischen Spekulation
erkennt er im alttestamentlichen Bundeszelt oder im Tempel den spirituellen Tempel, den Leib des auferstandenen Christus,(248) sowie den
der Kirche,(249) welche als die Erfüllung der altbundlichen Verheißung
vom wahren Israel Gottes verstanden wird. Nachdrücklich betont Hippolyt den Gedanken der übernatürlichen Fruchtbarkeit der Kirche;(250) in

---

245) Über die spezifische Weise ekklesiologischen Denkens und Sprechens vornehmlich in der griechischen Vätertheologie orientiert die Charakterisierung von H. Rahner: "Die altkirchliche Theologie von der Kirche und ihren Beziehungen zu Christus, Gnade und Auferstehung spricht sich nicht nur dort aus, wo die Kirchenväter bewußt und unmittel-bar, gleichsam in Thesen, von der Kirche schreiben. Das Tiefste der alten Kirchenlehre ist in der Verhüllung einer symbolischen Theologie geborgen, einer allegorischen Spekulation, deren Anfänge meist noch über den Beginn der alexandrinischen Schule zurückreichen. In der ersten Berührung der theologisch reflektierenden Schrifterklä-rung mit der Gedankenwelt der hellenistischen Frömmigkeit haben sich Ideen entzündet, die, gehegt und erhalten von der Schule Alexandrias und von den Gestalten des Abend-landes, Ambrosius und Augustinus, heute noch brennend oder schwelend weiterleben. Um die patristische Kirchentheologie ... für die heutige Theologie fruchtbar zu machen, gilt es deshalb, sie vorsichtig aus dieser umhüllenden Symbolik herauszulösen; das heißt aber: zu versuchen, die Grundüberzeugungen von Kirche, Gnade und Auferstehung in ihren Zusammenhängen so herauszuarbeiten, wie sie als die alle Symbolik gestaltende Kraft schon von der allegorisch bildzeugenden theologischen Poesie der Kirchenväter vorhanden waren. Denn ... vor aller symbolischen Bildgestaltung ist die Idee: in unserem Fall die in der lebendigen Verkündigung fortgezeugte ... und unter dem Kleid der Symbolik zu ertastende dogmatische Tradition vom Wesen des Mysteriums, das da ist: Christus und die Kirche."
246) Für eine östliche Herkunft Hippolyts gibt es wenigstens Wahrscheinlichkeitsgründe: P. de Lauversin, Une belle "dispute". Hippolyte est - il d'Occident ou d'Orient?, in: POC 6 (1956) 118-122.
247) Vermutlich war Hippolyt Schüler des Irenäus. A. Hamel, Kirche bei Hippolyt von Rom, Gütersloh 1951, 56-59: 202-205; seine Schriften stehen im Umkreis der theologischen Tradition der Alexandriner Klemens und Origenes.
248) Vgl. De Antichr. 6: GCS I,2 S. 8.
249) Vgl. In Dan. I, 17: GCS I,1 S. 28.
250) J. C. Plumpe (Mater Ecclesia, 126) bemerkt zwar das auffällige Fehlen der Formel von

besonders plastischer Weise geschieht dies an der Stelle, wo in der patristischen Tradition überhaupt erstmals ausdrücklich von der Logosgeburt im Herzen der Kirche und der Gläubigen die Rede ist: "... niemals hört die Kirche auf, in ihrem Herzen den Logos zu gebären ... Sie gebar, so heißt es, einen männlichen Sohn, der alle Völker beherrschen soll, den männlichen und vollkommenen Christus, das Gotteskind, Gott und Mensch ... und indem die Kirche diesen immerdar gebiert, lehrt sie alle Völker."(251)

Auf dem Hintergrund der in der urchristlichen Tauftheologie geläufigen Vorstellung von der Einwohnung und Gestaltwerdung Christi im Herzen des Täuflings(252) kann Hippolyt die Wiedergeburt der Gläubigen in der Taufe als eine Nachahmung der Logosgeburt aus Jungfrau und Pneuma(253) verstehen: Die Kirche, die in der Taufe die Logosträger gebiert, tritt damit in Parallele zur Jungfrau Maria.(254) Indem sie die Logosträger aber gebiert, wird sie gleichzeitig selbst als der mystische Leib des Logos selbst geboren, denn es gibt nur einen Logos, der alle, die an ihn glauben, zu dem einen vollkommenen Menschen, dem einen mystischen Leib des Logos, der unsere Menschennatur angenommen hat, gestaltet.(255) In dieser eigenartigen Dialektik von "gebärend-geboren-Werden"(256), die sowohl für den Logos wie für die Kirche gilt,(257) erscheinen Christus und Kirche gleichsam unauflöslich in subjekthafter Identität und Differenz zugleich wechselseitig ineinander verschlungen, so daß die Kirche - in analoger Parallelität zur Einzelseele(258) - sowohl instrumentale Bedingung der Geburt des Logos, wie auch und zugleich Produkt und Frucht derselben ist. Man könnte geradezu hinsichtlich des

der mater ecclesia; gleichwohl ist die Lehre aber in reicher, wenn auch bildlich-symbolisch verschleierter Form vorhanden (A. Müller, Ecclesia-Maria, 79).

251) De Antichr. 61: GCS Hippolyt, I, 2, S. 41 Z. 18ff.; S. 42 Z. 1.

252) Vgl. dazu etwa Barnabasbrief VI, 11.15 (SchrdUrchr. II, 155); bald wird das Wort vom Gestaltetwerden nach dem Logos zum Gestaltwerden des Logos im Herzen des Gläubigen (morphousthai), d. h. zu der Vorstellung vom Werden oder Geborenwerden des Logoskindes in unserem Herzen; vgl. Klem v. Alex., Paid. III, 1,5: GCS (Klemens 1, S. 236 Z. 21ff.) dazu auch H. Rahner, Symbole der Kirche, 16-18. Wie das Logoskind aus dem Herzen des Vaters geboren wird, so wird es Kind im Herzen der Gläubigen. Das Logoskind kommt in der Taufe in das menschliche Herz; so kann Klemens auch die Kirche als "Logosträgerin" bezeichnen, da sie ja der Zusammenfassung all derer ist, die des Logoskindes anteilhaft werden (vgl. H. Rahner, Symbole, 19-25).

253) Der Logos hat menschliche Natur angenommen und ist dieser nach aus der Jungfrau geboren; kata pneuma aber ist der aus dem Vater in einer geistigen Geburt geboren (Elenchos, 10,331: GCS III, 289, Z. 3f.); vgl. auch Origenes, Lukashom. 12: GCS IX, S. 84, Z. 5ff.), wo ebenfalls der Gedanke ausgesprochen ist, daß die Herabkunft des Logos in den Leib der Jungfrau sich stets in seinem mystischen Leib wiederholt.

254) De Antichr. 44: GCS I, 2, S. 28, Z. 20ff.

255) Ebd., 3: GCS I, 2, S. 6, Z. 16f.

256) In umgekehrter Richtung (vom Logos = Wort her formuliert) schreibt Hippolyt: "Das Wort wird geboren aus dem Heiligen; beständig die Heiligen gebärend, wird das Wort auch selbst wiederum von den Heiligen geboren" (In Dan. I, 10,8: GCS I, 1, S. 17 Z. 16f.).

257) Zur Weiterentwicklung dieses Gedankens in der alten griechischen Theologie etwa durch Origenes vgl. H. Rahner, Symbole, 29-40.

258) Das Verhältnis Christi zur Kirche erstreckt sich auch in gleicher Weise auf jenes zwischen Christus und der Einzelseele; vgl. die Seele als Braut und Schwester Christi: Hippolyt, Hoheliedkommentar: GCS I, 1, S. 372 Z. 29ff.).

Verhältnisses von Kirche und Einzelseele von einer "prästabilierten Harmonie" sprechen, insofern sowohl die Einzelseele wie auch die Kirche zum Schauplatz der Gottesgeburt werden. In diesem soteriologischen Grundmodell kommt der Kirche - dies zeigt sich vor allem in der Weiterentwicklung der Gedanken Hippolyts durch Origenes(259) - die Prioritätsstellung vor der Einzelseele zu,(260) denn die apriorische Bedingung für die Begnadung der Einzelseele ist, daß diese "anima ecclesiastica"(261) und somit immer schon hingeordnet auf die mystische Leibwerdung des Logos ist. In der Einzelseele begibt sich also das, was sich zunächst und zuerst in der Kirche als der Braut und Mutter Christi begibt.(262) Mit der sehr real(263) gedachten Geburt des Logos im Herzen der Gläubigen durch die Taufgnade ergibt sich eine ebenso realistische Ekklesiologie, nach der die Kirche in gleicher Weise real sowohl instrumentale Werkzeuglichkeit(264) für den Logos wie auch gestaltgewordene Frucht des Logos, nämlich sein mystischer Leib ist. Soteriologische Ekklesiologie und ekklesiologische Soteriologie beleuchten sich gegenseitig als die zwei perspektivischen Varianten, die um den Angelpunkt des Theologumenons von der Gottesgeburt im Menschen kreisen. Einen spezifischen Beitrag zu dieser Lehre leistet weiterführend die klassische griechische Dogmatik, namentlich in Cyrill von Alexandrien durch die Einordnung der Geistlehre in den Gottesgeburt-Gedanken:(265) Die Logosformung der Seele durch die Taufe erscheint nun parallel zur Logosgeburt aus der Jungfrau ausdrücklich als Werk des Geistes.(266) Indem in diesem Kontext die schon bei Hippolyt begegnete Lehre von der Bildung des **einen** himmlischen Menschen Christus Jesus in dem mystischen Leib der Kirche hier neu eingeführt wird,(267) deutet sich eine pneumatologische Vertiefung des ekklesiologischen Leib-Gedankens an.

---

259) Vgl. Comment. in Cant. I: GCS VIII, S. 90 Z. 5f. u. S. 153 Z. 15; dazu Prol.: GCS VIII, S. 74 Z. 14ff.

260) Der Anfang der Umgestaltung der Einzelseele in die Logosgestalt erfolgt in der Taufe der Kirche: Lukashom. 8: GCS IX, S. 56 Z. 8ff.

261) Vgl. dazu H. de Lubac, Histoire et Esprit, 36 u. 317; gerade dieser Begriff bei Origenes (Comment. in Cant. II: GCS VIII) widerlegt den gegen ihn vorgebrachten (hauptsächlich an seinen Gedanken von der mystischen Hochzeit der Seele mit dem Bräutigam Christus orientierten) Vorwurf eines mystischen Individualismus (J. C. Plumpe, Mater Ecclesia, 71).

262) Vgl. H. Rahner, Symbole, 29 Anm. 25; siehe auch die Präexistenzaussagen über die Kirche (ante mundi constitutionem): Comment. in Cant. II, GCS VIII, S. 157f.

263) Besonders Irenäus und Hippolyt vertreten den realistischen Zweig der kleinasiatischen Theologie gegenüber den mehr spiritualistischen Tendenzen eines Origenes (H. Rahner, Symbole, 38). Hinsichtlich der Ekklesiologie macht auf diese Tendenzen bei Origenes aufmerksam: P. Th. Camelot, HDG, III/3b, 8-9.

264) Der das Weiterwirken Cyrillischer Theologie bezeugende Exoduskommentar des Prokop von Gaza beschreibt die Kirche in ihrer Funktion als Vermittlerin des mütterlichen Logos-Gleichgestaltens, sie schenkt den Gläubigen das neugeborene Kind Christus, das sie an den Wassern findet (c.2: PG 87,1,517f.).

265) Die Gnadenlehre Cyrills v. Alex. (dazu E. Mersch, Le corps mystique du Christ, I, Löwen 1933, 415ff.) kreist intensiv um den Gedankenkomplex von "morphe" und "morphousthai", der eng mit dem Gottesgeburt-Motiv verknüpft ist.

266) Cyrill v. Alex., Isaiaskomment. IV, or. 2: PG 20, 936 BC.

267) Belege bei E. Mersch, Le corps mystique, I, 438ff.; 441ff.

Für die weitere Ausgestaltung des Gedankens von der gleichzeitigen mystischen Identität und Differenz zwischen Christus und Kirche im Gedankenkreis der griechischen Ekklesiologie des 3. Jahrhunderts gewinnt die Begegnung des biblischen Offenbarungszeugnisses mit der antiken Symbolwelt in Gestalt hellenistischer "Mondfrömmigkeit"(268) als eine die Kirchentheologie und -frömmigkeit befruchtenden Interpretamentes besondere Bedeutung. Die für unseren Zusammenhang daraus erhellenden aufschlußreichen Aspekte hinsichtlich des Gedankens der ekklesiologischen Subjekthaftigkeit der Kirche in ihrer Hinordnung auf Christus sollen am Beispiel der "Lunartheologie" bei Origenes und Methodius (von Philippi?) kurz skizziert werden.

b. Hellenistische Mondmystik und das Verhältnis zwischen Christus und Kirche bei Origenes und Methodius von Philippi(268a)

Seit den Tagen der vorsokratischen Wissenschaft wird - angeregt durch alstralmythologische Spekulationen - die Frage erörtert, ob der Mond selbst eigenes Licht habe, oder ob er von der Sonne erleuchtet wird.(269)

Daß sich die Lehrmeinung von der solaren Herkunft(270) des "Mondlichtes" durchsetzt, und die Kirchenväter somit formulieren können, daß selene ihr Licht von helios leiht, es wie ein Brautkleid anzieht,(271) wird bedeutsam werden für die patristische Zuordnungsbestimmung von Christus und Kirche. Auch der als bräutlich-fruchtbare Vereinigung gedeutete "synodos" von helios und selene und die Vorstellung von der daraus erwachsenden zeugenden Kraft des Mondlichtes,(272) nach welcher selene einerseits zur mütterlich-aufnehmenden, aber darin andererseits zugleich auch wieder spendenden Natur wird,(273) sind bedeutende astralmythologische Interpretamente für die Verhältnisbestimmung von Christus und Kirche in der lunaren Kirchendogmatik bei Origenes:(274)

---

268) Vgl. zum Ganzen H. Rahner, Symbole, 91-96.

268a In der Herkunftsbestimmung des Methodius besteht neuerdings Uneinigkeit: Nach H. Vorgrimler wird Methodius von Olypus (gest. um 311) noch von B. Poschmann (HDG IV/3, Freiburg 1951, 39) und K. Rahner (De paenitentia, 175) (übrigens auch von H. Rahner, Symbole, 36f. u. a.) 'fälschlich' als "Methodius von Philippi" angeführt (H. Vorgrimler, HDG IV/3, Freiburg 1978, 67 Anm. 394).

269) Vgl. die Einblicke in die Fragen der antiken Astralwissenschaft bei Augustinus, ep. 55,4,6: CSEL 34 S. 175 Z. 10; Arnobius, Adv. nationes II,61: CSEL 4, S. 97 Z. 8f.; Augustinus, en. in. ps. 10,3: PL 36, 131-133.

270) Vgl. etwa Hippolyt, Elenchos I,8,8: GCS III, S. 14 Z. 7f.

271) Vgl. Basilius, Homil. 6,3 in Hexaemeron: PG 29,124A; Ps.-Eustathius, Hexaemeron 4: PG 18,717D.

272) Das im Vergleich zu dem scharfen Licht der brennenden Sonne mildere Mondlicht ist für das Gedeihen der Natur von großer Wichtigkeit: Zwischen den harten Strahlen von helios und dem irdischen Wasser stehend wirkt selene gleichsam als Katalysator, so daß sie in ihrem nächtlichen Leuchten das fruchtspendende, weil feuchtwarme Wasser ausströmen kann: Hippolyt, Elenchos I,2: GCS III, S. 7 Z. 4-13; ebd., I,9: GCS III, S. 15 Z. 20-24; zum Ganzen J. Röhr, Beiträge zur antiken Astrometereologie, in: Philologus N.F. 37 (1928) 259-305.

273) Vgl. Plutarch, De facie in orbe Lunae 30: Bernardakis, V S. 472 Z. 8: "καὶ λαμβάνει καὶ δίδωσι" zit. nach H. Rahner, Symbole, 102 Anm. 24.

274) Vgl. zum Ganzen H. Rahner, Symbole, 104-114.

"sicut sol et luna magna luminaria dicta sunt esse in firmamento caeli, ita et nobis Christus et Ecclesia"(275) und "ἐκκλησία τροπικώτερον Σελήνη λεγομένη."(276) Der besondere Akzent der origenetischen Auswertung des lunar-ekklesiologischen Bildes führt zu dem, was H. Rahner die origenetische "Entwerdungstheologie der Kirche" genannt hat.(277) Gemeint ist der überaus gewagte und nur noch"in der fast überspitzten Subtilität des origenischen Systems noch als 'richtig' zu erfassende Endgedanke" vom nicht nur eschatologisch-endzeitlichen, sondern auch jederzeitlich-mystischen 'Unnötigwerden' der Kirche,(278) wenn die Sonne 'Christus' aufgeht: "Ut splendor lunae et micantia caeli sidera, priusquam sol oriatur, in stationibus suis ritulant, orto vere sole absconduntur, sic lumen Ecclesiae, ut lumen lunae, priusquam oriatur lumen illud verum Solis iustitiae resplendet et clarum est ante homines, cum autem Christus venerit, ante eum contenebrescet."(279) In der ekklesiologischen Heranziehung der Mond- und Sonnenlichtmystik zeigt sich erneut die dialektische Signatur des ekklesiologischen Denkens der griechischen Väter: Das Erscheinen, das "Leuchten" der Kirche ist radikal nur von Christus-helios her zu verstehen; die selene-Kirche hat nur "relatives" Eigenlicht und somit auch "relative" (soteriologische) Subjekthaftigkeit,(280) die in der mystischen Einswerdung mit der Lichtquelle "aufgehoben" wird. Andererseits wird - erstmals bei Methodius von Philippi entfaltet - in der Theologie von der mütterlich-gebärenden Kirche unter dem Bild von selene als Wasserspenderin(281) die "soteriologische Eigenfunktion" des Leuchtens der Kirche-selene zum Ausdruck gebracht: In der Kraft der Vereinigung mit dem in der Ekstase sich selbst vernichtenden Christus-helios(282) kommt der Kirche die Kraft des

275) Genesishom. 1,7: GCS Or. VI, S. 8 Z. 18f.

276) Johanneskomm. VI, 55: GCS Origenes IV, S. 164 Z. 21.

277) Symbole, 112.

278) Vgl. ebd.

279) Ezechielhom. 9,3: GCS Origenes, VIII, S. 411 Z. 22ff.

280) Anhand der Auslegung des Herrenwortes an die Apostel "Ihr seid das Licht der Welt" (Mt 5,14; Origenes, Johanneskommentar I,25: GCS Origenes IV, S. 31 Z. 8f.) zeigt Origenes, daß die Apostel und die Kirche in einem wahren Sinn das gleiche wie der Herr selbst sind (ebd., S. 30, Z. 17), also gleichsam "Eigenlicht" haben, jedoch immer nur als relatives von Christus her; andererseits erhalten nach einem anderen Vergleich zwischen Aposteln und Sternen am Himmel erstere ihr Licht nur durch Vermittlung der selene-Kirche (Genesishomilie I,7: GCS Origenes VI, S. 8 Z. 21; S. 9 Z. 2f.).

281) Vgl. Methodius von Philippi, Symposion VIII, 6 (GCS Methodius, S. 88 Z. 5-24).

282) Der Tod Christi am Kreuz wurde als Untergehen der Sonne verstanden (Ps 104,19) und damit zugleich als das Einbrechen der Nacht, das das Aufgehen des über die Nacht gesetzten Himmelgestirns bedeutete. Zur Theologie der Ekstase des Kreuzestodes bei Methodius vgl. Symposion, III,8 (GCS Methodius, S. 35: "Wie Wasser ward der Mensch vermischt mit der Weisheit und dem Leben und wurde das nämliche, was das Licht war, das ohne Vermischung zu dulden ist, in ihn hineinsprang. So hat der Apostel mit sicherer Hand die Person Adams auf Christus abgezielt. Und so kann er erst recht verkünden, aus seinem Gebein und Fleisch sei die Kirche geboren, die derentwillen der Logos nun den Vater im Himmel verließ und niederstieg, dem Weibe anzuhangen und dem Schlaf und die Ekstase des Leidens durchmachte in freiwilligem Sterben für sie, 'damit er seine Kirche ruhmreich und makellos gestalte im Bade der Reinigung'. (Eph 5,27); sie soll aufnehmen können den vernünftigen und seligen Samen, den er mit leisen Worten sät und pflanzt in die Tiefe der Vernunft, während die Kirche wie ein Weib ihn aufnimmt und bildet, um dann die Tugend zu gebären und zu erziehen. Damit wird auch das

Gebärens und Wasserspendens zu,(283) und es ist dies eine "unvertret-
bare", "selene-spezifische" Kraft: "... Denn das Licht der Selene hat
eher Verwandtschaft mit dem lauwarmen Wasser, und von Selene hängt
alles ab, was immer von feuchter Substanz ist. Es steht also die Kirche
- und Selene ist darin ihr andeutendes Vorbild - auf unserem Glauben
und auf unserer Kindesannahme, und solange bis die Fülle der Völker
heimgekehrt ist, liegt sie in mütterlichen Wehen und schafft gebärend die
Psychiker um zu Pneumatikern. Aus diesem Grund ist sie eine wahre
Mutter."(284)

So zeigt gerade die ekklesiologisch gewendete Lunarspekulation die
patristische Auffassung von der gebärenden Kirche als einen eigenen
Ausdruck von der Überzeugung ihrer - innerhalb des Christusgeheim-
nisses verankerten - soteriologischen Subjekthaftigkeit: "Das vom Mond
abhängige Taufwasser ist lebenzeugend, weil es warm und feucht zugleich ist. Denn in den 'Mutterschoß' des Taufbeckens ist das Feuerlicht
der Sonne herabgestiegen, vermittelt durch die mütterliche Selene. ...
Aus diesem Feuerwasser wird jegliches Leben des Geistes geboren. Alles
ist also abhängig von der Kirche. Die Kirche hat die Herrschaft über
alle Geburt aus der Taufe."(285)

Die patristische Bestandsaufnahme zur Frage nach dem Verhältnis der
Kirche zum Christusheil, genauer, nach der Auffassung der griechischen
Väter über die soteriologische Subjekthaftigkeit der Kirche soll nun noch
ergänzt werden durch die Beleuchtung eines Gedankenkreises bei den
Vätern, in dem gleichsam die Linien des spekulativ über das Verhältnis
Christus-Kirche Grundgelegten in die existentiell-geschichtliche Dimen-
sion der Frage nach der Kirche und Heilsgewißheit bzw. Heilsgefährdung
hinein ausgezogen werden:

Wort treffend erfüllt 'wachset und mehret euch!', wenn die Kirche von Tag zu Tag an
Größe und Schönheit und Maß zunimmt dank der Umarmung und Gemeinschaft mit dem Logos,
der heute noch zu uns herabsteigt und in Ekstase liegt, wenn wir seines Leidens geden-
ken; denn anders könnte die Kirche die Gläubigen nicht empfangen und zur Welt gebären
in der Kraft des Bades der Wiedergeburt, wenn nicht auch um dieser Kirchengläubigen
willen Christus sich entäußerte und sich erfassen ließe in der Wiederholung seines
Leidens, wie gesagt, und nochmals stürbe und vom Himmel käme und seinem Weibe, der
Kirche, anhinge und aus seiner Rippe Kraft darböte, damit alle emporwachsen können,
die in ihm gegründet sind, die Söhne des Taufbades und nähmen von seinem Gebein und
Fleisch, d. h. von seiner Heiligkeit und Majestät ... das möchte mit Recht die Rippe
des Logos heißen der Geist der Wahrheit, der siebengestaltige nach des Propheten Wort;
von ihm nahm Gott während der Ekstase Christi, das bedeutet nach der Menschwerdung und
dem Leiden, und bildete diesem daraus die Lebensgefährtin; ich meine natürlich die ihm
verlobten und angetrauten Seelen; denn es ist in der Schrift häufiger Sprachgebrauch,
gerade die Gesamtheit und Masse der Gläubigen, also die Kirche so zu heißen ..." (zit.
nach J. Ranft, Stellung, 42f., Orthographie z. T. geändert!).

283) Vielleicht gab Methodius gerade die liturgische Praxis, lauwarmes Wasser zur Inver-
sionstaufe zu verwenden, den Anlaß zu diesen Überlegungen über die Fruchtbarkeit der
Kirche: vgl. F. J. Dölger, Aqua ignita. Wärmung und Weihe des Taufwassers, in: Antike
und Christentum 5 (1936) 175-183.
284) Methodius, Symposion VIII,6: GCS S. 88 Z. 5-11.
285) H. Rahner, Symbole, 157.

c. Kirche und Heil: Patristische Ansätze zur Konkretisierung der soteriologischen Subjekthaftigkeit der Kirche anhand des nautischen
Bildkreises für die Kirchentheologie(286)

In der breit angelegten patristischen ekklesiologischen Symbolik von der
Kirche als Schiff,(287) von der christlichen Existenz als gleichsam trini-
tarischer Fahrt in der ecclesia-navicula(288) durch das unheilsschwan-
gere, böse Meer der Welt(289) konkretisiert die Vätertradition jetzt in
heilsgeschichtlich-dynamischer Akzentuierung die ständig präsente dialektische Signatur der Wirklichkeit Kirche vom eschatologischen "Zwischen" in den nautischen Gegensatzpaaren von der. heilsgefährdeten aber
doch ankunftsgewissen, von der vom Hafen noch weit entfernten aber
doch schon irgendwie den Hafen antizipierend gelandeten Seefahrt,(290)
von der heilsgeschichtlich eindeutigen Scheidung zwischen Kirchen-Schiff
und Welt-(Unheils-) Meer einerseits(291) und der dennoch festgehaltenen vorbildhaften, instrumentell-antizipatorischen Zuordnung von Kirche

---

286) Vgl. hierzu ebd., 236-564.

287) Zur Illustration der dogmatischen Valenz dieses ekklesiologischen Bildkreises mag die
erstmals bei Hippolyt begegnende, in detaillierte nautische Einzelbilder gegliederte
symbolisch-allegorische Kirchentheologie dienen: De Antichr. 59: GCS Hippolyt I,2
S. 39 Z. 12-S. 40 Z.9; dazu F. J. Dölger, Sol Salutis, Münster ^{2}1925, 277f.; A. Hamel,
Kirche bei Hippolyt von Rom, 57f.; vgl. ferner Constitutiones Apostolicae II, 57,2-4;
9-11: Funk I, 159 Z. 17; S. 161 Z. 7; S. 163 Z. 6-14.

288) Vgl. Klem v. Alex., Protr. XII, 118,4 (GCS I, S. 83 Z. 24-27 und Z. 28f.); in allego-
rischer Deutung des Odysseus-Mythos auf Christus heißt es dort: "... Fahre vorbei an
dem Gesang (der Sirenen), er bewirkt den Tod. Wenn du nur willst, so kannst du Sieger
sein über das Verderben, und angefesselt an das Holz wirst du losgebunden sein von
jeglichem Untergang. Gottes Logos wird dein Schiff steuern, und in den Hafen der
Himmel wird dich heimsteuern lassen das Pneuma, das heilig ist." Das Seelenschifflein
mit dem Logos als Steuermann, dem Geist als Segelwind, dem himmlischen Vaterland als
Ziel und dem Kreuzholz als Mastbaum (vgl. dazu H. Rahner, Symbole, 361-405) erscheint
dabei als die genaue Entsprechung zum Schiff der Kirche: vgl. Klemens v. Alex., Paidagog. III, 11,59,2: GCS I S. 270 Z. 8: die Kirche ist eine "ναῦσ οὐρανοδρομοῦσα".
In dieser genauen Entsprechung von navicula animae und navicula-ecclesia, die beide
von demselben Steuermann (Christus-Logos) gelenkt sind, kommt wiederum das soterio-
logisch-patristische Axiom zur Geltung, "daß sich alles zuerst in der Kirche vollzieht, was immer sich dann, in Teilhabe an der Kirche, in der Einzelseele begibt."
(H. Rahner, Symbole, 329).

289) Dazu H. Rahner, Symbole, 272-303.

290) Vgl. dazu J. Daniélou, Sacramentum Futuri, Paris 1950, 78f.; von der Siegesgewißheit
des Kreuzes her, das sowohl Steuermann für die Seefahrenden, wie auch schon Hafen für
die Sturmgepeitschten ist (Joh. Chrysostomus?: PG 50,819A), wird die Kirche auch zum
bereits vorweggenommenen Hafen; vgl. auch J. Daniélou, Les Symboles chrétiens primitifs, Paris 1961, 76; ebenso Ambrosius, De Patriarch. 5,27: CSEL 32,2,140 Z. 5-8;
zugespitzt könnte man also formulieren: die Kirche ist in dieser Welt immer auf der
Fahrt zu sich selbst hin. Vgl. auch Joh. Chrysostomus: PG 49, 363 BC (Predigt über die
Taufe Christi). Dem antiken Menschen ist die Schiffahrt wohl das anschaulichste und
treffendste Bild für das nur um die Fingerbreite des Holzbodens getrennte, herrlich-
tollkühne Beieinander von Leben und Tod.

291) Vgl. die eingehende Analyse des mythischen Gehaltes von "Meer" bei H. Rahner, Symbole,
272-303; die Rede vom "Meer der Welt" meint im ekklesiologischen Zusammenhang die
Gefahren für die Kirche aus dem Heidentum, den Häresien und den Versuchungen (Sirenen!): ebd., 297ff.

und Welt im Heilsplan Gottes,(292) von der Verankerung der Kirchen (-schiffs)-Wirklichkeit im Geheimnis des Kreuzes (-mastes),(293) so daß das ständig dem Untergang in den Meereswellen ausgelieferte Schiff nur deshalb nicht untergeht, weil es aus Holz - dem minderwertigsten aller Materialien,(294) aus dem auch das Kreuz Christi gefertigt ist - gebaut ist: Es ist - durch das Kreuz Christi - pneumatisches Holz,(295) das einzig rettet, aber - und das ist wesentlich - es ist zum Holz des Schiffs-Leibes geworden.(296)

Wiederum zeigt sich die ekklesiale Dialektik von der relativen soteriologischen Eigendeutung der Kirche. Die insbesondere durch die Verbindung der Symbolwerte von Schiff (Kirche) und Arche(297) geprägten patristischen Aussagen über die Heilsnotwendigkeit der Kirche(298) spiegeln somit einen der wichtigsten Ansätze wider, in denen deutlich wird, daß die Kirche sich schon "sehr früh ... ihrer Eigenexistenz als theologische Gegebenheit in der Selbstreflexion bewußt" wird.(299)

Bestimmende Motive der Arche-Typologie für die Kirche sind dabei die Noe-Christus-Parallele und das damit grundgelegte soteriologische Stamm-

---

292) Es drückt sich hier die patristische Grundüberzeugung aus, daß die glückliche Fahrt des Weltschiffes (vgl. Eusebius, Laus Constantini 11: GCS Eusebius I, S. 277 Z. 8) abhängt von der glücklichen Ankunft des Kirchenschiffes; d. h. die Welt ist überhaupt nur um der Kirche willen geschaffen, am Ende der Zeiten wird das Weltschiff ganz zum Kirchenschiff geworden sein; vgl. auch Y. Congar, Außer der Kirche kein Heil, bes. 162-163; siehe auch Joh. Chrysostomus, In Inscr Act, hom. 2,1: PG 51,78: das Kirchenschiff ist nicht nur von der Sintflut des Meeres nicht überwunden worden, sondern gerade es hat den Sturm gestillt.

293) Vgl. dazu H. Rahner, Symbole, 361-405.

294) Dies ist als Hinweis auf das paradoxale Geheimnis des Kreuzes verstanden: Ps.-Makarius, hom., 44,6.7: PG 34,781D. 784B; Eusebius, Syrische Theophanie I,54: GCS Eusebius III,2 S. 66 Z. 25-31; Gregor v. Nazianz, Oratio 4,18: PG 35,545B.

295) Vgl. Ps.-Makarius, hom., 44,6: PG 34,784A.

296) Über die vorwiegend aus spätjüdischen Wurzeln genährte Verbindung der Symbolgehalte von Schiff (Kirche) und Arche (Noas) (Lit. bei H. Rahner, Symbole, 504 Anm. 1; zur spätjüdischen Motivgeschichte, ebd., 507ff.) und die durch Philo v. Alex. und Ambrosius vorbereitete Lehre von der Arche als Symbol des Menschenleibes (Ambrosius, De Noe 6,13: CSEL 32,1 S. 422 Z. 1f.; ders., Hexaemeron VI,9,72: CSEL 32,1 S. 258 Z. 23f.) kommt es vor allem durch Augustinus zu der Auffassung von der Arche und damit der Kirche als Symbol für den Leib des menschgewordenen Wortes (Civ. Dei XV,26: CSEL 40,2 S. 116 Z. 25-S. 117 Z. 1). Damit ist das mit der im nautischen Bild ausgedrückten Identität des Baumaterials der Kirche-Arche mit dem des Kreuzes Christi Intendierte ausgezogen in die klassische ekklesiologische Terminologie vom Leib Christi, wobei wieder Identität und Differenz der Subjekte unlöslich beieinanderliegen.

297) Vgl. dazu Anm. 296, ferner J. Daniélou, Les Symboles chrétiens primitifs, Paris 1961, 74ff.

298) Vgl. etwa Ps.-Ambrosius, Sermo 37,5: PL 17,678: "Dieses Schiff des Petrus schwimmt so über die hohen Wogen der Welt, daß es beim Untergang der Welt alle, die es aufnimmt, unversehrt rettet. Das Vorbild dieses Schiffes sehen wir im Alten Testament. Wie nämlich die Arche des Noe im Schiffbruch der Welt (naufragante mundo) alle, die sie in sich aufnahm, heil bewahrte, so wird die Kirche des Petrus, wenn die Welt verbrennt, alle, die sie schützend birgt, unverletzt Gott vorstellen ..." Ferner ders., Apokalypsenkommentar III,6: PL 17,184f.

299) J. Daniélou, Théologie du Judeo-Christianisme, 317.

vatermotiv:(300) es ist zwar der eine und einzige Noe-Christus, der
gerettet wird, aber mit ihm und um seinetwillen auch seine Familie, die
er durch die Schiffsarche zur Heilsgemeinschaft zusammengeschlossen
und mit sich geführt hat. In der Verbindung von Schiffs- und Kreuzesholz wird deutlich, daß die Kirche "die Fortsetzung des am Kreuzholz
erworbenen Sieges Christi über die widergöttliche Macht darstellt."(301)

Ferner sind die Heilsnotwendigkeitsaussagen der Väter über die Kir-
che(302) geprägt von einer eindeutigen christozentrischen(303) und stau-
rozentrischen Mitte: Quelle und Mittelpunkt der göttlichen Heilsveranstaltung in Christus ist dessen am Kreuzesholz erworbener Sieg über den
Tod; in Verbindung mit dem Gedanken von der tötenden und zugleich im

---

300) Vgl. etwa Justin, Ap. II,7,2 (Otto I,1,216); ders., dial. c. Tryph. 138-139 (Otto I,2,
486-492). Über die patristische Auffassung von der übernatürlichen Einheit des mystischen Leibes und des Menschengeschlechtes, über das Stammvatermotiv und die soteriolo-
gisch-christologische Assumptionstheorie vgl. H. de Lubac, Katholizismus, 23-43; dazu
die Texte aus der Tradition, ebd., 323-424.

301) H. Rahner, Symbole, 305. Rahner sieht einen Grundgedanken der patristischen Dogmatik
darin, "daß die Kirche eine Fortsetzung des gottesmenschlichen Lebens und Geschickes
Christi sei, daß sie lebe aus dem von Gottes Tod erworbenen Leben; ihre Geschichte auf
dem bösen Meer der Welt ist nur die mystische Folge des tödlichen Sieges am Kreuz.
Kein anderes Symbol konnte das so treffend aussprechen wie die Allegorie vom Schiff
der Kirche, das gebaut ist aus dem Holz und den Nägeln des Kreuzes." (ebd., 351)

302) Grundsätzlich ist für die Väter in der Frage der Heilsnotwendigkeit der Kirche die
heilsgeschichtliche Scheidung zwischen der Zeit vor und der Zeit nach Christus ausschlaggebend: Während für die Zeit vor Christus in der patristischen Auffassung ein
gewisser Heilsuniversalismus bestimmend ist (J. Korbacher, Außerhalb der Kirche,
100-116), der verschiedentlich durch den Topos von Ecclesia ab Abel oder Ecclesia
universalis, die alle Gerechten umfaßt mit der - nachchristlich unumstößlichen -
Heilsnotwendigkeit der Kirche in Einklang zu bringen versucht wird (Y. Congar, Ecclesia ab Abel, 79-108; J. Beumer, Die Idee, 161-175), scheinen die patristischen Zeugnisse in der Mehrheit (vgl. die Ausnahmen einer eindeutigen Anerkennung der Begierdetaufe bei F. Hofmann, Der Kirchenbegriff des hl. Augustinus, 382) für die Zeit nach
Christus keine Heilsmöglichkeit außerhalb der sichtbaren Kirche zu kennen (J. Korbacher, Außerhalb der Kirche, 166-190; F. Hofmann, Kirchenbegriff, 221-231); lediglich
für die Bluttaufe finden sich anerkennende Zeugnisse: J. Korbacher, a.a.O., 170-172;
183-186; 205-214; F. Hofmann, a.a.O., 464-467.

303) Dies gilt auch und insbesondere für die Interpretation von Origenes, In Jesu Nave
hom., III,5 über das Haus der Rahab (vgl. Jos 6,24f.): "Extra hanc domum, id est extra
Ecclesiam, nemo salvatur" (GCS Origenes VII S. 307 Z. 18-29 und 32; gegen die Annahme
Harnacks (TU 42/3, 1918, 83 Anm. 2) es handle sich hierbei um eine Formulierung von
Rufinus wendet sich H. de Lubac, Geist aus der Geschichte. Das Schriftverständnis des
Origenes, Einsiedeln 1968, 55f.; ferner P. Th. Camelot, HDG III/3b, 7ff.; J. Ratzin-
ger, Das neue Volk Gottes, 344). Es handelt sich bei dieser Aussage nicht um eine
Theorie über das Heil der Welt und über das Unheil der Nichtchristen, sondern um die
paränetische Einschärfung an die Juden, daß der Heilstod Christi und sein heilschaf-
fendes Blut auch für sie heilsnotwendig sind. Auch für die aus der Archen-Typologie
entworfene Ekklesiologie ist der christozentrische Grundzug bestimmend: von der Noe-
Christus-Parallele ergibt sich der Grundsatz, daß allein Christus, dieser aber zusammen mit den durch das Kreuzholz Mitgeborgenen gerettet wird. In dem Zugleich von
μόνοσ (Christus) und ἅμα (die mit Christus Geretteten) liegt das Mysterium der Heilsbedeutung der Kirche. Vgl. Hippolyt, Elenchos X, 30: GCS Hippolyt, III S. 286 Z. 16f.;
ferner Origenes, Ezechielhomilie 4,8: GCS Origenes VIII, S. 369 Z. 25.

Holz rettenden Gewalt des Wassers der Sintflut gewinnt die von der Kreuzmitte her entworfene Ekklesiologie(304) in der Tauftheologie der Väter eine bedeutsame Ausfaltung: Wasser, Holz und Kirche gehören theologisch und typologisch zusammen.(305) Die Kirche ist unzertrennlich mit der Heilsveranstaltung am Kreuz verbunden. In dem Zusammenhang dieser für die Ausbildung der Dogmatik von der Heilsnotwendigkeit der Kirche wichtigen patristischen Überzeugung ist nun bedeutsam, daß damit bei der von der Archentypologie her sich nahelegenden Vorstellung von der klar abgrenzbaren heilssituativen Bestimmung des "drinnen" und "draußen",(306) dennoch nicht die Formulierung eines Personalprinzips

---

304) Von einem anderen Motivstrang her wird dieser Zusammenhang entwickelt in der Väterlehre von der Entstehung der Kirche aus der Seitenwunde Christi am Kreuz: dazu H. Rahner, Symbole, 178-235.

305) Vgl. dazu auch die Taufkatechese des Cyrill v. Jerusalem, Kat. 17,10: PG 33,981A; ferner Ambrosius, De myst 3,10,11: CSEL 73,92f.; ders., de sacr, 1,6,23: CSEL 73, 25.

306) Die dogmatischen Gefahren aus der naturalistischen Assoziationskraft des Archenbildes für die Kirche illustrieren besonders die Argumentationen Tertullians zum Beweis der Unmöglichkeit, daß die Kirche Sünder (Götzendiener) in sich berge, aus dem biblischen Zeugnis, daß die Arche kein Typos-Tier dafür aufgenommen habe (De idololatria 24: CSEL 20, 58 Z. 4-8) und auch die Theorien zum Ungültigkeitsbeweis der Ketzertaufe (vgl. die sog. "Pechpredigt" des donatistischen Bischofs von der Augustinus berichtet: "Eandem arcam Noe ideo bituminatam intrinsecus ne aquam emitteret suam; ideo autem etiam extrinsecus, ne admitteret alienam": De unit. Eccl. contra Don. 5,9: PL 43,397C; oder Cyprian, ep. 74,11: CSEL 3,1 S. 809 Z. 10-14: "Denn wie bei jener Taufe der Welt, durch die die alte Sündigkeit abgewaschen wurde, derjenige, der nicht in der Arche des Noe war, auch nicht durch das Wasser gerettet werden konnte, so kann auch heute nicht durch die Taufe gerettet werden, wer nicht innerhalb der Kirche getauft ist, welche in Nachbildung der einen Arche auf die Einheit im Herrn gegründet ist."
Es handelt sich dabei aber um Auslegungs- und Argumentationstraditionen, die nur in der Tauftheologie des lateinischen Westens begegnen und somit auch eingeordnet werden müssen in den antihäretisch und antischismatisch motivierten kerygmatisch-paränetischen Kontext des Kampfes um die Wahrung der Kircheneinheit. Dies zeigt besonders deutlich der Brief des Bischofs Firmilian aus Kleinasien an Cyprian: vgl. bei Cyprian, ep. 75,15: CSEL 3,1 S. 820 Z. 13-23; über den Einfluß der Archentypologie auf die Dogmatik des Ketzertaufstreites vgl. auch H. de Lubac, Geheimnis aus dem wir leben, 150f.
Zudem muß beachtet werden, daß die patristischen Aussagen zur Heilsnotwendigkeit der Kirche grundsätzlich von der nicht explizit gemachten Voraussetzung ausgehen, daß das Evangelium bereits der ganzen Menschheit verkündet sei (J. Korbacher, Außer der Kirche, 173f.; A. Seitz, Die Heilsnotwendigkeit der Kirche, 311f.; J. Beumer, Die Idee, 172), so daß das Faktum der Nichtzugehörigkeit zur Kirche nur im Zusammenhang des Tatbestandes von verschuldeter Trennung von der Kirche denkbar ist (A. Seitz, Heilsnotwendigkeit, 365f.; 374-376; J. Korbacher, a.a.O., 157). Freilich begegnen auch vereinzelt Ansätze für den Gedanken der Möglichkeit des Irrens in gutem Glauben (materielle Häresie): Augustinus, ep. 43,1: PL 33,160; de bapt I,2,3: PL 43,110; vgl. auch Salvianus von Massilia (ca. 440) hinsichtlich der arianischen Goten: "errant ergo, sed bono animo errant ..." (de gubern. Dei V,4: PL 53,95-99), jedoch wurde das Problem vor P. Abaelard auch in der Scholastik noch nicht systematisiert (dazu J. Leder, Geschichte der Religionsfreiheit im Zeitalter der Reformation, Stuttgart 1965, I, 165f.), und auch bei Thomas von Aquin wird die Frage des irrenden Gewissens noch nicht in das Problem des extra ecclesiam nulla salus eingebracht (X. Congar, Heilige Kirche, 440). Erst am Ende des 16. und zu Beginn des 17. Jahrhunderts beginnt man anzuerkennen, daß die Unkenntnis des Glaubens unfreiwillig sein könnte (J. Leder,

im Sinne einer Theorie von Heil und Unheil der drinnen und draußen
Lokalisierten angezielt ist,(307) sondern die Feststellung eines soteriologischen Materialprinzips:(308) Darin liegt der eigentliche Skopos der
Aussage, daß der Zugang zu dem aus der geöffneten Seite des Gekreuzigten strömenden, lebenspendenden und lebensnotwendigen Quellwasser
ein ausschließlich und wesentlich ekklesialer ist; dies veranschaulicht
noch einmal deutlich die patristische Deutung der an der Seite der Arche
angebrachten Eingangstüre in den Leib der Arche(309) auf die geöffnete
Seite des Erlöserleibes und damit auf die Taufe als Eingangstüre in den
mystischen Leib des Erlösers, die Kirche:(310) "... Daß aber an der
Arche zur Seite ein Zugang angebracht ist, besagt: Niemand kann offensichtlich in die Kirche eintreten außer durch das Sakrament der Sündenvergebung (Taufe), dieses aber entquoll der geöffneten Seite Christi."(311)

Für die Frage nach der soteriologischen Subjekthaftigkeit der Kirche und
ihrer Heilsnotwendigkeit wird nun aber in Weiterführung der nautischen
Bildtheologie von der Kirche die bußtheologische Valenz des Bildes von
der secunda post naufragium tabula(312) bedeutsam, insofern hier der
dogmatisch-soteriologische Zusammenhang von Kirche und Kreuzesereignis
(christo- und staurozentrische Fundierung) dahingehend vertieft wird,
daß Wirklichkeit und Vollzug der kirchlichen Gemeinschaft in dem Handeln der Kirche oder besonders in ihr beauftragter Personen explizite
heilsbedeutsame Relevanz erhält im Sinne einer Erneuerung des in der

---

a.a.O., I, 173f.; vgl. auch M. Ramsauer, Die Kirche in den Katechismen, in: ZkTh 73
[1951] 129-169; 313-346, hier 165-166). In der Väterzeit wird erst mit Augustinus die
mit der Heilsfrage grundsätzlich aufgeworfene ekklesiologische Problematik den wesentlichen Ansatzpunkt einer dogmatisch weiterführenden denkerischen Bewältigung finden.
Hierzu w. u. eingehender.

307) Vgl. dazu auch Y. Congar, Außer der Kirche kein Heil, bes. 162ff.; J. Ratzinger, Die
christliche Brüderlichkeit; Y. Congar, Sainte Église, 433-444; A. Seitz, Die Heilsnotwendigkeit, bes. 59ff.; zur Schriftgemäßheit dieser Lehre vgl. J. M. Gonzales, "Extra
ecclesiam nulla salus" a la luz de la teología paulina, in: Estud. Bibl. 19 (1960)
25-48. Texte aus der Tradition hierzu bei H. de Lubac, Katholizismus, 208-211, Anm.
44-52.

308) Der Umschlag in die Formulierung eines soteriologischen Personalprinzips erfolgt dann
aber bei Luzifer von Calaris: "Ut enim illi positi extra arcam salvari non potuerunt,
ita nec vos (sc. die Anhänger des Papstes Liberius), sed sic sitis interituri, nisi
credentes in unicum Dei filium eius in sancta ecclesia fueritis commanentes nobiscum"
(De S. Athanasio II,18: CSEL 14,181 Z. 6-10) vgl. auch Fulgentius von Ruspe: "... Das
Wasser hebt die Arche hinauf zum Himmel, aber wer außerhalb gefunden wird, den ver-
schlingt und tötet es" (De remissione peccatorum I,20.21: PL 65, 543f.), das bedeutet
in Bezug auf die Kirche: "Firmissime tene, et nullatenus dubites, non solum omnes
paganos, sed etiam omnes Iudaeos, et omnes haereticos atque schismaticos, qui extra
ecclesiam catholicam praesentem finiunt vitam, in ignem aeternum ituros, qui paratus
est diabolo et angelis eius (Mt 25,41)." (De fide, ad Petrum 38,79: EP 2275; vgl. auch
3,41: EP 2269; 36,77: EP 2273; 37,78: EP 2274.)

309) Zur Verbindung der Archentypologie mit dem Leib-Christi-Gedanken vgl. Anm. 296.

310) Vgl. dazu Irenäus, Adv. haer. III 24,1: EP 226; Joh. Damasc., Homilia in Sabbatum
Sanctum 25: PG 96, 624BC.

311) Augustinus, Contra Faustum XII 16: CSEL 25 S. 345 Z. 28-346 Z. 1.

312) Vgl. dazu H. Rahner, Symbole, 432-472.

Taufe geschenkten Heils.(313) Damit rückt der "Heilsfaktor" Kirche - jetzt in der Deutlichkeit faktischen kirchlichen Lebensvollzuges - in die Dimension der geschichtlichen Erstreckung des Heilsgeschehens zwischen dem "ἐφάπαξ" des Kreuzesereignisses und dessen je und je zu vergegenwärtigenden Zueignung.

Die explizite bußtheologische Beheimatung des nautischen Bildes von der zweiten Planke nach dem Schiffbruch erfolgte freilich ausschließlich in der lateinischen Theologie besonders unter dem Einfluß Tertullians.(314) Während im Osten die geistes- und kirchengeschichtliche Situation(315) für die Ausbildung des entsprechenden Bewußtseins von der Erneuerung der Taufgnade durch die kirchliche Buße(316) nicht jene denkerische

---

313) Von dem Schiffbruch des Abfalles vom Glauben und von dem Schiffbruch des Seelenschiffes (zur paulinisch gefärbten Diktion - vgl. 1 Tim 1,19 - vom Schiffbruch im Glauben in antihäretischer Akzentuierung vgl. etwa auch Theodoret, Hist. ecclesiast. I,2,5: GCS Theodoret S. 5 Z. 17-20; Basilius, ep. 161,2: PG 32,629C; ders., De Spiritu Sancto 30,76.77: PG 32,212f.) durch die Sünde (vgl. Klemens v. Alex., Paidagog. I,7,54: GCS I S. 122 Z. 12-14; Paid., II, 2,22: GCS I S. 169 Z. 21; Paid., III,7,37: GCS I S. 258 Z. 4f.; Paid., III,12,101: GCS I S. 291 Z. 5) kann nur die Holzplanke der Buße retten, d. h. die Wieder-an-Bord-Nahme in den Frieden mit der Kirche (darin artikuliert sich auch das Bewußtsein von der sozialen, in der Kirchenzugehörigkeit Gestalt gewinnenden und im persönlichen Glaubensentscheid zentrierten Dimension des Heiles). Beide aber, das Schiff und die Planke, retten nur in der Kraft des Holzes im Wasser, d. h. in der Kraft des Kreuzes.

314) Gemeint ist freilich der "katholische" Tertullian: vgl. de paen., 4,2.3: CChr I S. 326 Z. 6-12; ebd., 7,2: CChr I S. 332 Z. 4f.

315) Der Osten wurde nicht in gleicher Weise wie der lateinische Westen durch die montanistische und donatistische Krise zu einer entsprechenden ekklesiologischen Herausforderung genötigt.

316) Die wichtigste Quelle für die Bußlehre des 2. Jahrhunderts im Osten ist der Hirte des Hermas (ca. 140-150); die anderen kirchlichen Schriften des 2. Jahrhunderts bieten nur gelegentliche Äußerungen hierzu. In seiner Bußverkündigung verheißt der Hermashirte bis zu einem gewissen Zeitpunkt vor der Wiederkunft des Herrn die Vergebungsmöglichkeit aller Sünden nach der Taufe (Sim. VIII, 11: Funk I, 496). Unklar allerdings bleibt, ob auch die Sünde des Glaubensabfalles vergebbar ist (Sim. 8,6,4; 9,19,1; so Altaner-Stuiber, Patrologie, 9. Aufl., 57); die Vergebung ist freilich nur einmal möglich (Vis. II,2: Funk I, 344-350; Sim. VIII,11: Funk I, 496; Mand IV,1: Funk I, 392f.). Die Buße besteht in Sinnesänderung und Sühneleistung; Gott vergibt, wenn er die Buße für ausreichend hält; Ausdrucksgestalt dieser Vergebung ist wahrscheinlich (Altaner-Stuiber, Patrologie, a.a.O., 57); die Rekonziliation. J. Auer formuliert dagegen weniger vorsichtig (KKD, 125): "Die Verzeihung erfolgt deutlich durch eine Aufnahme in die sichtbare Kirche" (vgl. Vis. III, 5,5: Funk I, 350-376; Sim. IX: Funk I, 498-558). Die Heilsbedeutung der kirchlichen Rekonziliation ist zwar bei Hermas nicht deutlich angesprochen, läßt sich aber ekklesiologisch aus der bei ihm bezeugten Heilsnotwendigkeit der Kirche erschließen: L. Pernveden, The Concept of the Church, bes. 72-111; L. W. Barnard, Studies in the Apostolic Fathers and their Background, bes. 151-163; eine zu individualistische Deutung der Buße bei Hermas bietet H. v. Campenhausen, Kirchliches Amt, 154f. Die tatsächliche Bußpraxis kann aus Hermas freilich nur annähernd erschlossen werden (Altaner-Stuiber, a.a.O., 57), ebenso ist nicht sicher zu sagen, ob die Lehre des Hermas von der Sündenvergebung eine schon kirchliche Selbstverständlichkeit ist, oder etwas Neues und nur etwas ausnahmsweise Zugestandenes (gegen J. Auer, a.a.O., 125); zur einschlägigen Fachdiskussion vgl. H. Vorgrimler, HDG, IV/3, 33ff.

Präzisierung und Problematisierung erforderte, wird uns die Frage nach
den spezifischen Aufschlüssen aus diesem Bewußtsein für die Bestimmung

Während im Westen die Auffassung von der Einmaligkeit der Bußmöglichkeit bis ins 8.
Jahrhundert allgemein verbreitet war, findet sie im Osten nur in Alexandrien Vertreter
(Klemens, Strom., II,13: PG 8,996; Origenes, In Lev. hom., 15,2: GCS 29,487). Bezeichnend für den Osten ist ferner, daß nicht dem Bischof oder dem Kleriker grundsätzlich die Rolle des Vorstehers bei der Buße zukam, sondern demjenigen, der von seiner
"geistlichen Qualifikation" her der fürbittende und helfende Seelenarzt vor Gott sein
konnte, d. h. der Gnostiker und Pneumatiker (vgl. Klemens v. Al., Strom. VII,1: GCS
Clem. III,3ff.). Die Vergebbarkeit ausnahmslos aller Sünden bezeugen im 2. Jahrhundert
Eusebius, HE IV, 23,6: PG 20, 385B; Irenäus, Adv. haer. III,3,4: PG 7,853f.). Auf
welche genauer zu bestimmende Weise die Buße jedoch "Sache der Kirche" ist (J. Auer,
KKD, VIII, 126), d. h. wie sich pax cum deo und pax cum ecclesia näherhin zueinander
verhalten, darüber reflektiert eingehender erst die dogmatisch-ekklesiologische Spekulation des lateinischen Westens. Sakramentale und disziplinäre Sphäre der Buße
sind zunächst noch nicht hinlänglich unterschieden und einander zugeordnet (J. Auer,
a.a.O., 126; vgl. auch F. Loofs, Lf DG,I-II, 7. Aufl., 161-164). Dieser im 2. Jahrhundert noch unentfaltete Status des altkirchlichen Bußverständnisses löst auch die
fachwissenschaftliche Kontroverse um den Terminus "Exkommunikationsbuße" zur Charakterisierung des altkirchlichen Bußinstituts aus (K. Rahner unterscheidet seit 1950
zwischen "realer Exkommunikation" als kirchendisziplinärer Maßnahme und "liturgischer
Exkommunikation" als der liturgisch-amtlichen Eröffnung der Bußzeit: ST XI, 333-340):
Der durch diesen Terminus ("Exkommunikationsbuße") repräsentierten Poschmann-Rahner'schen Grundposition einer von Anfang an grundsätzlich gegebenen Bußmöglichkeit
aller Sünden in einem normalerweise öffentlichen Bußverfahren (so auch die Arbeiten
von G. Esser zu Tertullian und Callistus 1905/1907/1908, von J. Stufler zu Irenäus,
Tertullian, Cyprian, Origenes und zur Bußdisziplin der abendländischen Kirche bis
Callistus 1907-1913, von A. d'Alès zu Hermas, Tertullian, Callistus, Cyprian und
Origenes 1905-1926 und von P. Galtier zu Origenes und den ersten Jahrhunderten 1911-
1951 und die Arbeiten von B. Poschmann), das mit der Rekonziliation des Sünders seinen
reuigen Abschluß fand, die zugleich als Wiederversöhnung der Kirche und als Vergebung
der Schuld durch Gott galt, wurde durch J. Bernhard und St. Giet seit 1965 jene entgegengesetzt, die als die ursprüngliche Form der Buße nicht die "kanonische" (mit
exkommunikativer Bußzeit), sondern die gemeinsame, auf den Eucharistieempfang hin
orientierte Exhomologese behauptete, deren Elemente im öffentlichen Schuld- und Reue-
bekenntnis und der Vergebungsbitte des Pönitenten im liturgischen Gottesdienst, sowie
im sündentilgenden Gebet aller Gläubigen bestand; der kirchlichen Hierarchie kamen
demnach hierbei keine bestimmten Vollmachten zu. Die Exkommunikationsbuße sei demgegenüber nur für unbußfertige Sünder als Besserungsstrafe in Gebrauch gewesen, die
einen schweren öffentlichen Skandal verursacht hätten. Wenngleich diese letztere
Position an Einseitigkeiten des methodischen Grundansatzes (heutiges Exkommunika-
tionsverständnis wird unsachgemäß zugrundegelegt) und an mangelnder exegetischer
Präzision krankt, so konnte sie doch auch auf Vergröberungen der Poschmann-Rahner'-
schen Position aufmerksam machen: 1. Der Begriff "Exkommunikation" darf im Zusammenhang des altkirchlichen Bußwesens nicht immer als durch kirchenamtliche Autorität
gefällte Sentenz ergehender Ausschluß verstanden werden. 2. Exhomologese kann nicht
immer als zeitlich länger dauernde Bußübung verstanden werden. 3. Exhomologese in
alten Bußtexten darf nicht auf individuelles Sündenbekenntnis im Zusammenhang mit
einem öffentlichen Verfahren eingeengt werden. 4. Mit metanoia ist nicht immer das
Bußinstitut im technischen Sinn gemeint. 5. Eine entscheidende Funktion der Amtsträger
beim Bußverfahren ist nicht von vornherein anzunehmen und vorauszusetzen, wo dies
nicht ausdrücklich gesagt ist (hierzu H. Vorgrimler, HDG, IV/3, 32).
Danach kann für unseren Zusammenhang festgehalten werden:

der soteriologischen Subjekthaftigkeit der Kirche - nun vor allem unter
der jetzt zunehmend notwendig werdenden Klärung des Verhältnisses von
"himmlischer" und "irdischer" Kirche bei der Erörterung der lateinischen
(afrikanischen) Kirchentheologie des Westens beschäftigen.

Zunächst aber muß noch ein für die Ausbildung des kirchlichen Selbstverständnisses bedeutsamer Vorgang des 2. Jahrhunderts beleuchtet
werden.

3. Zum Prozeß der Profilierung des kirchlichen Selbstverständnisses im Zusammenhang mit der Entstehung des Neuen Testamentes

Die Sog. "kritische Dogmengeschichtsschreibung"(317) hatte den Prozeß
der Entstehung des Neuen Testamentes(318) unter der kirchlichen Norm
der Apostolizität(319) als das Ergebnis einer Umwandlung der ursprünglichen Gottunmittelbarkeit christlicher Existenz in die Mittelbarkeit kirchlicher Verbürgung interpretiert und damit Evangelium und kirchliche
Schriftlichkeit des Offenbarungszeugnisses in ein konkurrierendes Nebeneinander bzw. Nacheinander gebracht: "An die Stelle des Evangeliums
trat ein Buch, das in thesi dieselbe Autorität erlangte wie das Evangelium."(320) Damit aber sei letzterem die kirchliche, uniformierende und
formalisierende Schriftlichkeitsnorm übergestülpt worden. Der so gedeutete Prozeß einer "frühkatholischen" Profilierung ekklesialer Subjekthaf-

---

Sünde und Buße haben im altchristlichen Verständnis des 2. Jahrhunderts öffentlich-
keitscharakter, insofern sie mit einem distanzierten Verhältnis des einzelnen zur
Kirche bzw. mit der öffentlich relevanten Aufhebung desselben verbunden sind: "Exkommunikation" und "Absolution" aber sind dabei noch nicht als eindeutig unterscheidbare
Sachverhalte feststellbar. "Die Situationen des Distanziertseins, des Büßens und des
Wiederaufgenommenseins werden gelegentlich theologisch interpretiert und begründet.
Darin zeigt sich, daß nicht nur die innere Umkehr, sondern auch die Ordnung des Verhältnisses zur Kirche als heilsrelevant angesehen wurden. Man kann das Ganze 'Bußverfahren' nennen, wenn man darunter nicht definitiv fest geprägte Formen und nicht - was
die Ekklesiologie verbietet - einen rein äußerlich juridischen Akt versteht. So deutlich in manchen Fällen der Bischof als der seitens der Kirche Handelnde erscheint, so
wenig ist die Beteiligung der Kirche am ganzen Verfahren prinzipiell auf die Funktion
der Amtsträger eingeschränkt. Die Texte lassen keine Versuche erkennen, das Verfahren
durch Rückgriff auf die klassischen Schrifttexte zu begründen" (H. Vorgrimler, a.a.O.,
42). Lit. zum Ganzen: B. Poschmann, Poenitentia secunda, Bonn 1940 (I); ders., HDG,
IV/3, Freiburg i. Br. 1951, 10-42; LThK², II, 805-815; 832-835, 838 (K. Rahner mit
Lit.); J. Grotz, Die Entwicklung des Bußstufenwesens in der vornizänischen Kirche,
Freiburg 1955; H. Vorgrimler, HDG, IV/3, 28-69; K. Rahner, in: ST XI, 97-172 (Lit. S.
97 Anm. 2)

317) Vgl. etwa A. v. Harnack, DG, I⁵, 372ff.

318) Vgl. W. G. Kümmel, Notwendigkeit und Grenze des ntl Kanons, in: ZThK (1950) 277ff.; E.
Fleßemann-van Leer, Tradition; E. Käsemann, Das NT als Kanon (1970); K. H. Ohlig, Die
theologische Begründung des ntl Kanons in der Alten Kirche (1972).

319) A. v. Harnack charakterisiert diesen Vorgang wie folgt: In der Feststellung der Apostolizität "verfuhr man konservativ ... d. h. man suchte möglichst alle (kirchlichen
Leseschriften) als 'apostolisch' zu prädizieren, indem man der Bezeichnung einen
weiteren Spielraum gab und einen apostolischen Ursprung für manche Schriften (Hebr!)
künstlich erzeugte" (DG, I⁵, 393).

320) A. v. Harnack, DG, I⁵, 393.

tigkeit erscheint dabei als eine auf dem Wege formalisierender Schriftlichkeit vollzogene kirchliche Okkupation des kirchlichen Offenbarungszeugnisses vom Christusereignis. Dem ist freilich entgegenzuhalten, daß
eine solche, weitgehend wie selbstverständlich mit dem "Kanon"-Begriff
operierende Betrachtungsweise methodisch gesehen Entstehungs- und
Wirkungsgeschichte des Phänomens verwechselt und damit den wirklichen
historischen Sinn des Vorgangs der "Kanonbildung" bei den ntl Schriften
verfehlt.(321) Zum anderen zeigt gerade der Vergleich mit der marcioni-
tischen Bibel und deren Entstehungsmotiven,(322) daß das treibende
Motiv der kirchlichen "Kanonbildung" gerade nicht die rückwirkende
gesetzliche Autorisation sog. "apostolischer Schriften" für die Gegenwart
durch das autorisierende Subjekt der "nachapostolischen" Kirche bildet,
sondern daß es in umgekehrter Blickrichtung um die Identität der gegenwärtigen kirchlichen Wirklichkeit mit der "Ur-kunde" der Christus-
botschaft geht. Das historisch sichernde Interesse an der Integrität
apostolischen Glaubens ist die inhaltliche Prärogative des Vorganges der
Sammlung ntl Schriften.(323)

Zugleich aber artikuliert sich damit das Selbstbewußtsein der Kirche als
der vom AT her verheißenen Erfüllungsgestalt der lebendigen Christus-
gegenwart im Geiste. Mit der Bestimmung "im Geiste" ist nun bereits der
spezifische Wirklichkeitsüberhang der neubundlichen Offenbarung als
Pneumageschehen gegenüber dem "gramma" des Alten Bundes(324) bezeichnet, denn die Grundwirklichkeit der Tradition - "das ganze Mysterium der Anwesenheit Christi ... die in der Überlieferung überliefert
wird"(325) - liegt den Einzelexplikationen derselben in der Schrift je
schon voraus.(326) Das Verhältnis von Schrift und Kirche muß also
wiederum dialektisch bestimmt werden: Einerseits nimmt die Kirche Maß
in der Überprüfung ihrer inhaltlichen Integrität mit dem ur-kündlichen
Christuserzeugnis in den Schriften, andererseits aber übergreift sie
dieses Schriftzeugnis, insofern sie selbst die Gesamtwirklichkeit der
Überlieferung des Christuszeugnisses als das Anwesen des Mysteriums
seiner Gegenwart im Geiste ist. Insofern ist jener kirchliche Akt,

---

321) Das Wort "Kanon" kommt erst seit dem 4. Jahrhundert in kirchlichen Gebrauch und zwar
   im Sinn von Schriftensammlung, d. h. noch nicht im Sinn jener normativen Befrachtung,
   die die kanonsgeschichtliche Forschung häufig in resultativer Projektion bereits an
   die Anfangs- und Entstehungszeit der ntl Schriftensammlung verlegt hat (hierzu K. Beyschlag, Grundriß der Dogmengeschichte, I, 158-159).

322) Marcions von judaisierenden Elementen kritisch gereinigtes NT hatte den Illegitimi-
   tätserweis der lebendingen Christustradition in der Kirche zum Ziel (H. v. Campenhausen, Irenäus und das NT, in: ThLZ 1965, Sp. 3).

323) Vgl. K. Beyschlag, Grundriß der DG, 161.

324) Vgl. hierzu J. Ratzinger, Ein Versuch zur Frage, in: OÜ, 44; 40-49; diese Auffassung
   steht gegen die These von H. v. Campenhausen (Die Entstehung der christlichen Bibel,
   243; 379; vgl. auch E. Fleßemann-van Leer, Tradition, 125ff.), nach welcher die kirchliche Tradition (paradosis) im 2. Jahrhundert die atl/ntl Schrift inhaltlich grundsätzlich nicht übergriffen habe, vielmehr durch die Schrift selbständig dargestellt
   werde. Dagegen auch K. H. Ohlig, Begründung, 170ff., der die Schrift zur Tradition
   rechnet als ein Element derselben.

325) J. Ratzinger, Ein Versuch zur Frage, in: OÜ, a.a.O., 45.

326) Diese Wirklichkeit verdeutlicht auch die Tatsache, daß das Gesamt der ntl Schriften ja
   im Grunde Produkt der kirchlichen Verkündigung der Wirklichkeit des Christusmysteriums
   ist.

"die Sammlung der disparaten christlichen Urliteratur mit dem ganz andersartigen Corpus der atl Bibel zu verbinden",(327) den "schriftli-
che(n) Zusammenhang der Bibel an die Stelle punktueller Christuswei-
sungen"(328) zu setzen und damit das Herrenwort im Bibelwort aufgehen
zu lassen,(329) und überhaupt aus den unterschiedlichsten Traditionen
einzelner ntl Schriften ein "Christusbild von einer so komplexen Wucht
und Konsistenz" entstehen zu lassen, "wie es in der gesamten altchristlichen Literatur seinesgleichen nicht hat",(330) als ein solcher qualifiziert ekklesialer Subjekthaftigkeit zu qualifizieren.

Es gibt somit im Verständnis der Alten Kirche einen Punkt, an dem
"Christusautorität" und "Kirchliche Autorität" nicht mehr als sich ausschließende Alternativen zu begreifen sind.(331) Im Zuge der dogmengeschichtlichen Ekklesiologie spitzt sich das darin liegende Problem zu
auf die Frage, ob und wo solch ein Punkt auch einen analogen strukturellen "Sitz im Leben" der "empirischen" Kirche hat. Damit ist der
Problemhorizont vorbereitet für den spezifischen ekklesiologischen Beitrag der lateinischen Patristik des 3. und 4. Jahrhunderts.

Bevor wir jedoch darauf näher eingehen, empfiehlt es sich, die bisherigen Darlegungen in einer systematischen Zwischenbilanz thesenartig
zu rekapitulieren und für unsere spezielle Fragestellung überblicksmäßig
transparent werden zu lassen.

V. Systematische Zwischenbilanz

Bei dem Versuch, die Grundlinien des theologischen Verständnisses der
Kirche in dem Ringen um die Bestimmung ihrer Funktion im Heilsgeschehen durch Christus anhand von Selbstzeugnissen der Tradition
angefangen von den ntl Schriften bis zu einigen Vertretern der griechischen Patristik des 2. und 3. Jahrhunderts, hat sich gezeigt, daß
die Wirklichkeit der kirchlichen Brüder- und Glaubensgemeinschaft in
ihrem Selbstverständnis zunehmend reflex in die Dimension des "Mysteriums" rückt. Die Kirche (Gemeinde) ist Artikulation des Mysteriums

---

327) K. Beyschlag, Grundriß, 165.

328) Ebd., 166.

329) Vgl. hierzu ders., Zur Geschichte der Bergpredigt in der Alten Kirche, in: ZThK (1977)
    291ff.

330) Ders., Grundriß, 167.

331) Diese These besagt in ihrer analogen Anwendung, daß die Feststellung, sowohl bei
    Paulus, wie in der synoptischen Herrenwortüberlieferung werde die Normativität des
    Christuszeugnisses "allein von der Autorität des Kyrios, nicht von einer beigefügten
    'apostolischen' Autorisation abgeleitet" (K. Beyschlag, Grundriß, 162), zu Unrecht von
    der apriorischen Disparität der Autorisationsträger Christus-Apostolat ausgeht. Dem-
    gegenüber ist zu betonen, daß die apostolische Verkündigung **implizit** qua Akt Christus-
    autorität in apostolischem Auftrag setzt. Zu der ekklesiologischen Deutung des histo-
    rischen Vorganges der Kanonbildung als eines Prozesses, in dem die Kirche "sich als
    geschichtlich handelndes und sich bestimmendes Subjekt in der Heilsökonomie Gottes"
    immer mehr entdeckt vgl. auch die einschlägigen Überlegungen von H. J. Pottmeyer über
    die Herausbildung des kirchlichen "Subjektbewußtseins" im Kontext der Erörterung des
    dialektischen Verhältnisses zwischen Kontinuität und Innovation in einer theologischen
    Theorie der Tradition (Kontinuität und Innovation, bes. 102).

Christi. (332) In der Zuordnung dieser beiden Größen fällt auf, daß
einerseits stets hingeordnetes Unterschiedensein der Kirche auf ihren

---

332) Freilich muß gleich hier hinzugefügt werden: Schon die Analyse des apostolischen Glaubensbekenntnisses (zu den Fragen seines Ursprunges vgl. J. N. D. Kelly, Early Christian Creeds, 1950) zeigt, daß im urchristlichen Bewußtsein die Kirche nicht in gleicher Weise Richtungsziel der Glaubensbewegung sein kann wie Gott, Christus und der
heilige Geist: Weder von der Kirche noch von einem Werk Gottes wird gesagt, daß wir an
sie glauben (die Variante εἰσ τὴν ἐκκλησίαν oder in ecclesiam für die Aussage, daß wir
an den dreifaltigen Gott in der Kirche glauben, hat nur literarische, nicht dogmatische Bedeutung (J. N. D. Kelly, a.a.O., 83; 184; 187; 189; 191); credere in wird zum
geläufigen Ausdruck für den christlichen Glaubensakt, der personal die Zuwendung zum
dreifaltigen Gott meint. Demgegenüber ist die Kirche als Werk des trinitarischen
Gottes (d. hl. Geistes) eine Größe zweiter Ordnung (H. de Lubac, Kirche, 22-30); vgl.
dazu Ps.-Augustinus, Sermo de mysterio baptismatis: PL 40, 119. Die Kirche ist also
nicht in gleicher Weise Mysterium Christi wie der Gottessohn Mysterium des Vaters ist;
aber sie ist dennoch Mysterium und als solches noch schwerer zu glauben als jenes des
menschgewordenen Gottessohnes, welches seinerseits wiederum schwieriger zu glauben ist
als jenes Gottes (so schon P. Radbert, In Matth. lib. 11, c.25: PL 120, 845-846). Die
Kirche glauben heißt also nicht so wie an ihren Stifter glauben, sondern ihre Existenz als de necessitate medii zu glauben, weil Gott in dem Mysterium der Kirche, das
schlechthin unser eigenes Mysterium wird, uns liebt, in ihr uns begegnet und uns
heiligt (Torquemada, SE 1,I, 20; hierzu H. de Lubac, Betrachtung über die Kirche,
13-37). Solcher Kirchenglaube ist die Artikulation des Glaubens an den Heiligen Geist
als eines Glaubens an das "Wir" der Lebens- und Herrlichkeitsoffenbarung Gottes, an
die communio sanctorum, die Gemeinschaft der sancta, an Sündenvergebung und Totener-
weckung; d. h. die Wirklichkeit des Geistes in der Gemeinde Jesu aus Taufe und Kreuz
zu glauben, markiert offenbarungstheologisch den spezifischen Unterschied zu dem aus
der Faszination mit der Gestalt Jesu motivierten transzendental-philosophischen Aufschwung zur existentiellen Selbstüberschreitung und heißt pneumatologisch die Wirksamkeit des Geistes einerseits nicht nur als eine aus der Ferne kausal-effizient tätige
zu bekennen, andererseits aber auch nicht dieselbe in enhypostatischer Weise wirksam
zu denken (dazu L. Hödl, Ich glaube an den heiligen Geist, 196ff.). Die Kirche zu
glauben ist daher der ekklesiologische Reflex des pneumatologisch aufgerissenen Frage-
horizontes, "daß und wie in der Selbstmitteilung des Heiligen Geistes unsere ganze
Existenz übernatürlich erhöht, sensibilisiert, motiviert und angespannt wird" (L.
Hödl, a.a.O., 207). Zwischen den Extremen kausal-effizienter Fremdeinwirkung und
enhypostatischem Insein ist somit die Selbstmitteilung Gottes im Hl. Geist als ein
radikales Ankommen der Gnade in der Wesensmitte des Menschen und in der menschlichen
Geschichte zu bestimmen. Die Wirklichkeit Kirche ist erstes Werk und Ausdruck dieser
Geisttätigkeit. In der Perspektive dieser pneumatologischen Ergänzung des vorwiegend
christologisch orientierten patristischen Kirchendenkens ist unsere provisorische
Redeweise von der "relativen soteriologischen Subjekthaftigkeit" der Kirche gegen
Mißverständnisse abzusichern und zu modifizieren bzw. zu präzisieren in die Rede von
einer "soteriologischen Medialität" der Kirche. H. J. Pottmeyer schlägt zur Artiku-
lation dieser sakramentalen Signatur der Wirklichkeit "Kirche" vor, von ihr als einem
"bewegt (sc. von Christus) - bewegenden Subjekt" zu sprechen, um "das wesentliche
Zusammen und Gegenüber von bewegendem Subjekt - Christus im Geist - und bewegtem
Subjekt der Tradition - die Kirche" zum Ausdruck zu bringen und zu gewährleisten
(Kontinuität und Innovation, a.a.O., 97). Diese christologische Signatur ekklesialer
Subjekthaftigkeit artikuliert sich insbesondere in der festgestellten Existenz cha-
rakteristischer, vom NT und den frühen nach-ntl Zeugnissen bestätigter formalisierter
Strukturen der Kirche ("Paradosis" als Richtmaß des apostolischen Kerygmas bei Paulus,
das Legitimations- und Traditionsprinzip des Apostolates und des Geistes bei Lk, das

Lebensgrund, das Christusmysterium und zugleich "mystisches" Ineinanderrücken, radikales Angekommensein des Christus als mystischer Leib¯
in der und als Kirche, dialektisch verschränkt ineinanderliegen.(333) Die
Wirklichkeit Kirche ist weder eine transzendente Hypostase, noch ein
äußeres Organ, das die Gemeinschaft der Gläubigen nachträglich erst
konstituiert hätte,(334) vielmehr geht die ekklesia sachlich den "κλητοί"
voraus.(335)

Dies bedeutet: Die Kirche ist - wenngleich nur in radikaler Abhängigkeit
von Christus - soteriologisches Subjekt in der Weise eines christologisch
fundierten materialen Heilsprinzips und zwar mit schlechthin universalem
Anspruch. In die eigentliche denkerische Zerreißprobe gelangt diese
biblisch-griechisch-patristische, eminent theo-logische Schau von der
Wirklichkeit Kirche erst durch die massive Konfrontation mit dem Phänomen von Häresie und Schisma, insofern dadurch erst die nähere Klärung
erzwungen wird, ob von der Kirche nur eigentlich im Sinne eines übergeschichtlichen, in der Heilsidee Gottes liegenden Prinzips zu reden
und zu handeln ist, oder ob und wie diese heilige Kirche als Ort des
angekommenen Christus-Heiles zugleich in geschichtlicher Konkretion
"eine" sein kann. Einheit und Heiligkeit, "das ist die Frage. Sie verursacht den 'montanistischen' Kirchenbegriff des Tertullian, den eigentümlich gebrochenen 'episkopalistischen' des Cyprian, den unklaren und
widerspruchsvollen der Donatisten. Sie läßt Augustin den Kirchenbegriff
in seiner ganzen Komplexität erkennen und um seine theologische Lösung
ringen" und sie erzeugt die Spannung im späteren katholischen und
protestantischen Kirchenbegriff.(336)

In der afrikanisch-patristischen Tradition des 3. und 4. Jahrhunderts
wird es darum gehen, das griechische Erbe der Auffassung von der
soteriologischen Subjekthaftigkeit der Kirche, die vom mysterium-sa-
cramentum-Gedanken her in der Spannung zwischen Zeichen- und Aus-

---

Bischofsamt, Schriftkanon, Symbola, liturgische Agenden, Kirchenverfassung, dogmatische Tradition in den Konzilien etc.), in denen die Kirche gleichsam der 'konkre-
tisierenden' Kraft des Geistes dient (H. Döring, Die Sakramentale Struktur der Kirche,
a.a.O., 55) und dabei selbst bewegt (vom Christus im Geist) - bewegendes (in der
Tradition) Subjekt wird; diese konkretisierende Funktion hat eine doppelte Bewegungsrichtung: "1. In die Identität der Geschichte des Glaubens einfügend ('identifizie-
rend') und 2. in die Allgemeinheit der einen und umfassenden Glaubensgemeinschaft der
Catholica ausweitend ('verallgemeinernd') ..." (M. Kehl, Kirche als Sakrament des
Geistes, a.a.O., 174f.).

333) Vom ntl Befund her ließ sich von der ekklesiologischen Signatur des "eschatologischen
Zwischen" sprechen; die griechischen Väter drückten denselben Sachverhalt der Dialektik des Verhältnisses Christus-Kirche in dem Paradoxon "gebärend-geboren" hinsichtlich
des Logos aus, oder in dem nautischen Bild von der Kirche, die als Schiff immer noch
auf gefahrenumbrandeter Seefahrt und doch zugleich immer schon vorweggenommener
Hafen ist.

334) Vgl. H. de Lubac, Katholizismus als Gemeinschaft, 56.

335) Dies geht aus den Aussagen über ihre Mutterschaft hervor: H. de Lubac, ebd., 57,
Belege ebd., 59 Anm. 55; 58-59 Anm. 48-55; andererseits gestattet der ntl-patristische
Befund weder die Identifizierung von Kirche und Reich Gottes noch die schlechthinnige
Kongruenz von Kirche und mystischem Leib Christi (H. de Lubac, a.a.O., 61).

336) E. Altendorf, Einheit und Heiligkeit, 172.

drucksfunktion der Kirche im Blick auf die endzeitliche Erlösungsgestalt
des Gottesreiches liegt, in die notwendige geschichtliche Konkretion zu
bringen.

§ 3: ECCLESIA VISIBILIS ET INVISIBILIS: DER BEITRAG DER AFRIKA-NISCHEN THEOLOGIE DES 3. UND 4. JAHRHUNDERTS ZUR KON-KRETISIERUNG DES SAKRAMENTALEN GEDANKENS IN DER EKKLE-SIOLOGIE AUS DER MONTANISTISCHEN UND DONATISTISCHEN KONTROVERSE

Die patristischen Aussagen über die soteriologische Dignität der Kirche im Sinne ihrer Heilnotwendigkeit als materiales Prinzip (necessitas medii) und in diesem Gefolge über die Heilsnotwendigkeit der gültig gespende-ten Wassertaufe(1) sehen sich in dem Moment einer radikalen weiterge-henden Herausforderung gegenüber, wo mehrere Taufbrunnen aufgestellt werden mit dem jeweiligen Anspruch der alleinigen Heilsfruchtbarkeit(2) und Legitimität.

Die Auseinandersetzung mit der montanistischen Häresie und dem donati-stischen Schisma zwingt die theologische Theorie unnachgiebig zur präzi-sierenden Konkretisierung dessen, was die Tradition über das Verhältnis von Christus-Heil und Kirche formuliert hat, in die Geschichtlichkeit konkreten kirchlichen Lebensvollzuges hinein. Dies verlangt die Klärung des Wesens der kirchlichen Gemeinschaft und ihres Vollzuges in den Sa-kramenten;(3) es stellt sich die Frage, wer wann wie zu dieser Gemein-schaft gehört, und vor allem, wie sich die sichtbar umgrenzbare Gemein-schaft zu ihrer unsichtbaren eschatologischen Vollendungsgestalt verhält.

---

1) Vgl. P. Hermae, Sim 9,16: PG 2,995f.; Tertullian, De bapt. 12: CChr I, 286f.; Cyrill v.
Jerusalem, Cat. 17,10: PG 33,981 A; Cyrill v. Alex.: PG 77,976 B; 69,65 B; Joh. Chrysostomus: PG 48,103f.: Optatus v. Mileve: CSEL 26, 8 Z. 1f.; Augustinus, Contra Faustum
XII, 16: CSEL 25,345 Z. 28-346 Z. 1.; weitere Belege bei H. Rahner, Symbole, 48; 157;
160; 215; 219; 265; 443f., 456f.; 520-524; 533 A 172; 534 A 179; ferner B. Neuheuser,
HDG, IV/ 2, bes. 27-40.
Ausnahmen bilden lediglich die Anerkennung der Bluttaufe der Märtyrer (Tertullian, de
bapt. 16: CChr I, 290f.; Cyprian, ep. 73,21: CSEL 3,794; Cyrill v. Jerusalem, Cat.
myst., 3,10: PG 33,440; Augustinus, Civ. Dei, XIII, 7: PL 41,381; de bapt., IV,17,24f.:
PL 43, 169f., CSEL 53,2, 250f.; dazu auch F. Ricken, Ecclesia, 353 A 8) und gelegentlich
Äußerungen über die Begierdetaufe bei Ambrosius: De obitu Val., 51: CSEL 73,354; ebd.,
53: CSEL 73, 355 und Augustinus, de bapt., IV, 21,28: Pl 43, 172, CSEL 51,1,255; dazu
auch F. Ricken, Ecclesia, 353 Anm. 7.
2) Vgl. hierzu Cyprian, ep. 73,25: CSEL 3/2, 797f.; Zur Tauftheologie der Donatisten vgl.
W. Simonis, Ecclesia visibilis, 35-41.
Über die donatistische Krise in den Alten Kirchen informiert allgemein K. Bihlmeyer-H.
Tüchle, Kirchengeschichte, [18] 1966, I, 271-274 (Lit.).
3) Damit gelangt die dogmengeschichtlich-ekklesiologische Reflexion erstmals ausdrücklich
zur Thematisierung der unsere Problemstellung bezügl. der Möglichkeit sakramentaler
Gemeinschaft zwischen katholischen und nichtkatholischen Christen direkt betreffenden
Frage nach dem Wesensvollzug der kirchlichen Gemeinschaft in den Sakramenten, nachdem
der bisherige dogmengeschichtliche Reflexionsgang gleichsam die dogmatisch-soteriologi-
schen Grundlagen dieses Fragekomplexes und seiner Beantwortung aufzuzeigen versucht hat
und zwar im Hinblick auf die von unserer ökumenischen Standortbestimmung her sich her-
auskristallisierende kontroverstheologische Problemverdichtung in der Frage nach Recht
und Grenzen der Rede von der "soteriologischen Subjekthaftigkeit bzw. Medialität" der
Kirche.

I. Wo ist die wahre Kirche?
Die ekklesiologischen Antwortversuche bei Tertullian und Cyprian

1. Tertullian

Das ekklesiologische Denken Tertullians,(4) gest. wahrscheinlich nach 220, ist geprägt durch die Doppelheit der Kernbegriffe ecclesia-corpus(5) und ecclesia-spiritus(6), wodurch bereits die nicht zum Ausgleich gebrachte Spannung innerhalb des gesamten tertullianischen Schrifttums zwischen inkarnatorisch-christologischer und pneumatischer Akzentuierung angedeutet ist. In ekklesiologischer Hinsicht konzentriert sich die erste Linie in der Begriffsgruppe von corpus-(7) vestimentum-(8) disciplina(9). Das von allem Anfang an eminent "theo-logische"(10) Kirchendenken des Apologeten prägt sich in dieser Begriffsreihe nach seiner sakramental-rechtlichen Seite hin aus: Das Heilsgeschehen in Christus erscheint als die Rückgabe der Gottebenbildlichkeit des Menschen durch

---

4) Vgl. dazu B. Poschmann, Paenitentia secunda; E. Altendorf, Einheit und Heiligkeit der Kirche; J. Ratzinger, Volk und Haus Gottes, bes. 48ff.

5) Vgl. de pud.: CChr 2/2, S. 1281-1330.

6) Vgl. de orat.: CChr 1/1, S. 257-274.

7) "Corpus Christi quod est ecclesia" (de monog. 13: CChr 2,1248; vgl. auch Adv. Marc. V, 18: CChr 1,718-719; de an. 11: CChr 2,797). In der Verbindung der beiden paulinischen Bilder für die Kirche vom Leib und von der Braut Christi (de resurr. mort. 63: CChr 2,1011; Adv. Marc. V,12: CChr 1,701; ebd. V,18: CChr 1,719) zeigt Tertullian ein deutlich inkarnations-theologisches Verständnis von der Kirche. Dabei wird aus seinem antignostisch konzipierten, vom Gedanken der Gottebenbildlichkeit her geprägten Leibbegriff (de pud. 16: CChr 2,1312ff.; de res. m. 5; 6: ebd., 926f.; 927ff.) der positivrechtliche Gehalt dieser Kirchenauffassung spürbar. Christi Fleisch ist die similitudo der Braut Kirche; vgl. auch die wohl erstmals bei Tertullian ausgesprochene Idee der Geburt der Kirche aus der geöffneten Seite des Gekreuzigten analog der Erschaffung Evas aus der Seite Adams (de an. 43: CChr 2,817; P. Th. Camelot, HDG, III/3b, 13).

8) Der vestimentum-Begriff ist gleichsam die tauftheologische Explikation des ekklesiologischen Leibmodells bei Tertullian: Der heilsgeschichtliche Status des einzelnen Menschen-"leibes" und des "Kirchen-leibes" hängt davon ab, ob er mit dem Sündengewand oder mit dem Gewand des Heiles, d. h. Christi bekleidet ist. Unter dem Sündengewand ist Gottes Bild vom Menschen verborgen (de resurr. carn. 6 u. 7). Wie aber die menschliche Natur zum Gewand des Gottessohnes geworden ist (de resurr. mort. 34: CChr 2/2,964-66; de carn. Chr. 3; 11; 18: ebd., 875ff.; 894ff.; 905ff.) so wird Christus nun zum (Heils-) Gewand des Menschen (de resurr. mort. 3: CChr 2,924f.). In der Taufe geschieht dieses induere Christum (de monog 7: ebd., 1237ff.).

9) Disciplina bezeichnet gleichsam die ekklesiologische Applikation der bisher angedeuteten christologisch-tauftheologischen Linie: Das induere Christum in der Taufe erfolgt nämlich ekklesiologisch gesehen als die Bekleidung des Fleisches mit dem sacramenta und der disciplina (de resurr. mort. 9: ebd., 932; de bapt. 13: CSEL 20,212), wodurch die gesamte sichtbare Ordnung der Kirche bezeichnet ist und zugleich der sakramentale Sinn des disciplina-Gedankens markiert ist. Vgl. dazu V. Morel, Le mot et l'idee représentée par lui dans les oeuvres de Tertullien, in: RHE 40 (1944/45) 5-46. Zum korrespondierenden Begriff der regula fidei bei Tertullian: A. Beck, Römisches Recht bei Tertullian und Cyprian. Ferner W. Dürig, Disciplina, bes. 30ff.

10) "Da, wo die drei, Vater, Sohn und Heiliger Geist, sind, da befindet sich auch die Kirche, die der Leib der drei ist" (de bapt. 6,2: CChr 1,282); vgl. ferner de orat. 2: CChr 1,258; de paen 10: CChr 1,337, wo die Kirche schlechthin identisch mit Christus erscheint.

die disciplina, d. h. durch die Ermöglichung des Wandels nach dem Bild
Jesu in der Einheit mit der geschichtlichen Gestalt seiner Kirche. Diese
unmittelbare Einheit von Christusheil und Geschichte im Rahmen einer
konkret umgrenzbaren Gemeinschaft pneumatischen Rechtes zeigt sich
zum einen in der vor allem antihäretisch motivierten Betonung der Einheit der Kirche durch die Einheit des Glaubens, der Sakramente und der
Disziplin(11) als der entscheidenden Bedingungsfaktoren dieser Einheit
und in der nachdrücklichen Herausstellung der nur in dieser einen Kirche möglichen Taufe: "Unum omnino baptismum est nobis ... quoniam
unus Deus et una Ecclesia in caelis."(12) In apologetischer Tendenz gegen allen falschen spiritualistischen Monismus wird die heilsnotwendige
Wassertaufe zum Indikator des im Unterschied zur "nuda fides" des AT
"bekleideten" Glaubens,(13) der wesentlich im Vollzug der disciplina in
der communicatio corporis Christi lebt.(14) Ein weiterer Ausdruck der
unlöslichen inneren Einheit von sacramentum und disciplina beim nicht-
montantistischen Tertullian ist dessen Bußverständnis(15) in seiner katholischen Periode.(16) An den Bezeichnungen Tertullians für den voll-
endeten Abschluß des Bußverfahrens(17) zeigt sich, daß die im Bußverfahren sich vollziehende Wiederherstellung der pax mit der Kirche(18) -
als parallel zur Taufe verstandenes Ergebnis(19) - in unlöslichem Konnex
mit der Vergebung bei Gott steht, und zwar aufgrund des als erhö-

---

11) "Corpus sumus de conscientia religionis et de disciplinae unitate et spei foedere"
(Apol. 39: CChr 1, 150).

12) De bapt. 15: CChr 1,290; Die spezifische, der afrikanischen Geistesart eigene Schlagseite zur Rechts- und Gemeinschaftsbindung des Sakramentes zeigt sich daran, daß um 220
ein durch Agrippinus einberufenes Konzil von Karthago den Brauch approbiert, die Häretiker wiederzutaufen (Cyprian ep. 71,4; 73,3: CSEL 3/2, 774; 780).

13) Vgl. dazu die Aufnahme des vestimentum-Begriffes in de bapt. 12 und 13: CSEL 20, 210;
212.

14) Die innige Verquickung von Außen- und Innenstruktur des Glaubens als Vollzug der disciplina (vgl. de pud. 21: CChr 2,1281ff.; de virg. vel. 13: ebd., 122ff.; de bapt. 15:
CChr 1,290) zeigt J. Ratzinger anhand der beobachtbaren Fusion der Begriffsgehalte von
pax als Kirchenfrieden (Kirchengemeinschaft) und Eucharistiegebet in de orat. 18 u. 19:
CChr 1, 267f. (vgl. auch Ad Scap. 2: CChr 2,1127f.; dazu J. Ratzinger, Volk und Haus,
61ff. Anm. 37-39; B. Poschmann, Paenitentia secunda, 294 A 1. Es läßt sich überhaupt
keine Scheidung und Differenzierung einer existentiellen und einer kultisch-sakramen-
talen Bedeutungslinie der Termini agape, sacrificium, oratio, pax, hostia, sacerdos
feststellen (de orat. 26-28: CChr 1,273).

15) Juridische Auffassungen von Gesetzeseinhaltung, Rechtsspruch, Gericht und der Furchtge-
danke haben Tertullians Bußverständnis nachhaltig beeinflußt: J. Lortz, Tertullian als
Apologet, I, Münster 1927, 238; G. Ring, Auctoritas bei Tertullian, Cyprian und Ambrosius, Würzburg 1975; F. Loofs, Lf DG, 126-128.

16) Zutreffender spräche man von einer katholischen und einer montanistischen Linie in
Tertullians Schrifttum, da eine genaue Periodisierung nicht möglich ist. Zum Verlauf
des Bußverfahrens bei Tertullian, vgl. H. Vorgrimler, HDG, a.a.O., 44ff.

17) Tertullian spricht von "restitutio" (de pud. 9: CSEL 20,238; de paen. 12,9: CSEL 76,
170), "venia ad episcopo" (de pud. 18: CSEL 20,261), "recipere in communicationem" (de
pud. 15,5: CSEL 20,251); "concorporari ecclesiae" (de pud. 15,6: ebd.); "communicare
ecclesiae" (de pud. 3: ebd., 225); "in castra ecclesiae reverti" (de pud. 14, ebd.,
248).

18) Vgl. de pud. 12,11: CSEL 20,242.

19) Vgl. die Bezeichnung "paenitentia secunda": de paen. 7,10.12; 9,1: CSEL 76, 159-162;
und "planca salutis": de paen. 12,9: ebd., 169; hierzu vgl. H. Rahner, Symbole, 444ff.

rungsgewiß zugesagten Gebets der Kirche, das zugleich dasjenige Christi
ist. "Wenn Tertullian auch keine Auskunft darüber gibt, wie sich die
pax mit der Kirche und die venia vor Gott zueinander verhalten, so ergibt sich aus Tertullians Ekklesiologie, aus Kontext und Terminologie
doch mit Sicherheit, daß die kirchliche Rekonziliation nicht ein äußerer
Disziplinarvollzug ist, mit dem nur die Exkommunikation aufgehoben
wird, sondern daß die Rekonziliation auch die Vergebung vor Gott bewirkt (weil aufgrund der göttlichen Verheißung mit unfehlbarer Wirkung
zugesagt)."(20) Was die genaue Bestimmung und Funktion der Rolle des
kirchlichen Amtes innerhalb des Bußverfahrens durch den "katholischen"
Tertullian betrifft,(21) so bleiben die diesbezüglichen Aussagen eigentümlich unklar und sind keineswegs spannungsfrei:(22) Das spezifisch

20) H. Vorgrimler, HDG, a.a.O., 47. Dagegen will E. Altendorf auch für Tertullians katholische "Periode" bezüglich aller Sünden eine Vergebungsgewalt ausschließlich Gott allein
zugeschrieben sehen, so daß dem Tun des Bischofs lediglich deklaratorischer Charakter
eigne in Bezug auf das je schon und allein von Gott her Geschehene. "Daraus folgt, daß
Tertullian der Kirche als 'Hierarchie', wenngleich dieser Begriff hier besser ganz vermieden würde, das Recht, Sünden zu vergeben, grundsätzlich bestreitet. Ja, wir haben
gefunden, daß er auch der Kirche als der Gemeinde der Geisterfüllten, der Kirche = spiritus, die potestas delicta donandi ebenfalls nicht zuerkennt. Die anders lautenden
Aussagen (de pud. 21: CSEL 20, 268-271) erklären sich aus der Polemik, in der er die
ecclesia = spiritus gegen die ecclesia = numerus episcoporum ausspielt. Die Identifikation spiritus = deus ist das Produkt des leidenschaftlichen Kampfes, den er gegen die
Amtskirche führt" (Einheit und Heiligkeit, 37).

21) Tertullian kennt wohl den aus Bischöfen, Presbytern und Diakonen bestehenden Klerus,
neben den anderen kirchlichen Ständen, den Witwen, Jungfrauen, Lehrern, Märtyrern (de
praescr. haer. 3; 41: CSEL 70;53 p. 16-23), bei ihm wird der Bischof sogar erstmals
"summus sacerdos" genannt: de bapt. 17: CSEL 20,214), und die kirchliche Hierarchie
steht durchaus in Wertschätzung bei dem "katholischen" Tertullian.

22) Neben deutlichen Aussagen über die sacerdotalia munera, das sacerdotale officium (de
praescr. haer. 41: CChr 1,221; de virg. vel. 9: CChr 2,1218: "docere, tinguere, offer-
re"), welchem die Taufe (de bapt. 17,1: CChr 1,291), die Eucharistie (Apol. 39: CChr
1,150; de cor. 3: CChr 2,1042; de idol. 7: CChr 2,1106), die Predigt (de bapt. 17: CChr
1,291) und die Lossprechung der Sünder (de paen. 9: CChr 1,336: de pud. 18: CChr 2,
1319) zugeordnet sind, stehen schon in de bapt. 17 deutliche ironische Pointen gegen
die kirchliche Hierarchie gegenüber (P. Th. Camelot, HDG, a.a.O., 16; vgl. dazu de exh.
cast. 7: CChr 2,1024-1025 mit de praescr. haer. 41: CChr 1,221-222). Man gewinnt hier
(bes. auch in de exh. cast 7) den Eindruck, der kirchliche Strukturaufbau aus Klerikern
und Laien sei nur praktisch-disziplinärer Natur: zur Wahrung des Friedens und des "ho-
nor ecclesiae" sollen den Klerikern, d. h. dem "besonderen" Priestertum seine spezifischen Funktionen vorbehalten bleiben. Grundsätzlich dürften wohl auch die Laien
taufen und lehren und wohl könnten sie auch in Notfällen der Eucharistie vorstehen (so
G. Otranto, Nonne et laici sacerdotes sumus? [Exhort. cast. 7,3], in: Vetera Christianorum 8 [1971] 27-47). Allerdings ist zu beachten, daß solch leidenschaftlich formulierte Sätze wie "nonne et laici sacerdotes sumus?" (d. exh. c. 7,2ff.: CChr 2,
1024ff.) in einem Textzusammenhang stehen, in dem es nicht primär um ein dogmatisches,
sondern um ein ethisch-asketisches Anliegen geht, nämlich um eine Spiritualität der
Laien und um die Ansprüche christlicher Lebensführung, die zwar erklärtermaßen gegenüber den Amtsträgern erhoben werden, von denen aber auch der Laie keineswegs (weil er
"nur" Laie ist) ausgenommen ist: "Inde igitur apostolus plenius atque strictius prae-
scribit unius matrimonii esse opportere qui allegatur in ordinem sacerdotalem. Usque
adeo quosdam nemini digamos loco deiectos. Sed dices: 'Ergo ceteris licet quod eis non
licet quos excipit'. Vani erimus si putaverimus quod sacerdotibus non liceat, licere

katholische Verständnis der Lossprechung wird in de pud. greifbar: "Habet ... potestatem ecclesia delicta donandi";(23) die in Mt 16,18f. dem Petrus übertragene entsprechende Vollmacht sei nun "ad omnem ecclesiam Petri propinquam" übergegangen,(24) und der katholische Bischof kann sagen: "delicta paenitentia functis dimitto",(25) er hat die "potestas solvendi et alligandi".(26) Nach Tertullians eigener Position aber lassen sich die dem Bischof zukommenden Rechte und Pflichten seiner Amtsausübung nie etwa im Sinne Hippolyts als "potestates" auffassen.(27) Die bischöfliche Amtstätigkeit ist nach Tertullian zutreffender als eine ekkle-

---

laicis ..." (de exh. c. 7,2: ebd., 1024). Es wäre also verfehlt, Tertullian aufgrund solcher Passagen eine Geringachtung der kirchlichen Hierarchie zuzuschreiben. Selbst in seiner montanistischen Linie, wo noch deutlicher der Gedanke des gemeinsamen Priestertums entwickelt ist (Tertullian widersetzt sich in de pud. 21: CSEL 20,268ff. energisch der Auffassung, die Bischöfe seien Fortsetzer apostolischer Vollmachten), wird man seine Gedankengänge weniger als Ausdruck der Ablehnung der kirchlichen Hierarchie denn vielmehr als den "polemisch gefärbten Ausdruck der urchristlichen Konzeption vom Priestertum des gesamten Gottesvolkes" (G. G. Blum, Eucharistie, Amt und Opfer, 33) werten müssen. Gleichwohl aber zeigt sich daran, daß die Linien von einer Theologie des königlichen Priestertums der Getauften her mit der "Theologie des kirchlichen Amtes" bei Tertullian zwei im Grunde disparate Ströme bilden, so daß der "polemisch gefärbte Ausdruck der urchristlichen Konzeption vom Priestertum des gesamten Gottesvolkes" (Blum, a.a.O., 33) auch schon die analoge Entsprechung zu der besonders in de pud. zum vollen Durchbruch kommenden montanistisch-ekklesiologischen Strömung bei Tertullian darstellt (vgl. P. Th. Camelot, HDG, a.a.O., 16-18).

23) De pud. 21: CSEL 20,269; es begegnet auch die Wendung "potestas remittendi": vgl. dazu auch E. Altendorf, Einheit, 30ff., der im Anschluß an H. Koch (Kallist und Tertullian) den Satz "habet potestatem ecclesia delicta donandi" nicht für eine Belegstelle für Tertullians katholische Position hält, denn "die katholische Schrift de paen. selbst beweist", daß Tertullian "eine der Kirche hinsichtlich der delicta in deum übertragene Absolutionsgewalt noch nicht kennt" (Einheit und Heiligkeit, 31). Die Übernahme des montanistischen Prophetenwortes durch Tertullian ("hoc ego magis et agnosco et dispono, qui ipsum paracletum in prophetis novis habeo dicentem: 'potest ecclesia donare delictum, sed non faciam, ne et talia delinquant', de pud. 21,7) wäre dann die polemische Parierung des vielleicht um 150 in Asia und Phrygien bei Gemeinden tatsächlich vorhandenen Vollmachtsanspruches, Sünden zu vergeben (so K. Müller, Kirchengeschichte, [2]I, 1924, 243) dergestalt, daß damit der Kirche = spiritus in Absetzung zur ecclesia = numerus episcoporum das Recht, Sünden zu vergeben zwar grundsätzlich zuerkannt, praktisch aber aufgehoben wird. "Damit wären Form und Tendenz des Spruches erklärt. Der Montanismus hätte sich dann in seinem Ursprungsgebiet in ähnlicher Lage wie Tertullian in Karthago befunden. Wenn dieser den Spruch übernimmt, so beweist das für seine Situation, daß, als er de paen. abfaßte, die Frage, ob die Kirche Vollmacht hebe, delicta in deum zu vergeben, überhaupt noch nicht zur Debatte stand. Es unterlag gar keinem Zweifel, daß nur Gott die venia für schwere Sünden erteilen könne. Als nun aber in der Kirche Strömungen bemerkbar wurden, die ein solches Recht der Kirche bzw. ihren Leitern, den Bischöfen vindizierten, und ein römischer Bischof unverblümt seiner Ansicht Ausdruck gab, da begegnete Tertullian den - wie ihm schien - bischöflichen Anmaßungen durch Übernahme des phrygischen Prophetenspruchs" (ebd., 32). Der Gedanke von der potestas ecclesiae wäre demnach ein jedenfalls Tertullian zu allen Zeiten fremder und von ihm nur zu seiner polemischen Abwehr verwendeter.

24) Vgl. de pud. 21,9: CSEL 20,270.

25) De pud., 1: CSEL 20,220.

26) De pud., 21: CSEL 20,270.

27) Vgl. H. v. Campenhausen, Kirchliches Amt, 256 Anm. 2.

sia-zentrische, ministeriale sakramentale Funktion zu qualifizieren.(28)
Die christozentrische, am corpus-disciplina-Gedanken orientierte ekklesiologische Linie bei Tertullian findet jedenfalls in seinem Amtsdenken kein
entsprechendes Äquivalent. Der Konnex von Sakrament und disciplina
erscheint lediglich ekklesiazentrisch, nicht amtsspezifisch auf die communicatio corporis Christi hin akzentuiert: "In unserer persönlich-sittlichen
imitatio ereignet sich die sakramentale repraesentatio, und nicht ohne
sie. Sakrament und ethos, corpus Christi und disciplina sind hier völlig
eins."(29)

Nicht erst aus den Schriften, die eindeutig der montantistischen Periode
Tertullians zugehören, ist jedoch festzustellen, daß die ekklesiologischen
Linien von der ecclesia corpus und die der ecclesia spiritus nie eigentlich zur Konvergenz gebracht werden konnten.(30) Letztlich erscheint
die Kirche als das corpus trium (Leib der Trinität) schließlich identisch
mit dem Geist: "Die Kirche ist eigentlich und wesentlich (proprie et
principaliter) der Geist selbst, worin die Trinität einer einzigen Gottheit
ist, der Vater, der Sohn und der Heilige Geist. Er versammelt die Kirche, die nach dem Herrn in drei Personen besteht (vgl. Mt 18,20). Darum läßt wohl die Kirche die Sünden nach, aber die Kirche als Geist vermittels eines geistbeseelten Menschen und nicht die Kirche als eine An-
zahl von Bischöfen (numerus episcoporum)."(31)

Damit ist die wahre Kirche in die ecclesia-spiritus verlegt, der gegenüber die sichtbar-institutionelle Kirche (numerus episcoporum) lediglich
noch eine Dienstfunktion hat. Ihren untrüglichen Ausdruck findet diese
Konzeption in der montanistisch geprägten Bußtheologie des Apologe-

---

28) "Die Autorität eines eigentlichen Lehramtes scheint in der Ekklesiologie Tertullians
sich noch nicht zu finden. Als Intendanten des Reiches Gottes spielen die Bischöfe eine
notwendige Rolle in der Leitung der Kirche und zur Aufrechterhaltung der Disziplin.
Zwar bürgt die Kontinuität der episkopalen Sukzession für die Authentizität der apostolischen Predigt in der Kirche, aber es scheint nicht, daß die Bischöfe das Charisma
erhalten haben, die geoffenbarte Lehre mit Autorität zu lehren und zu interpretieren"
(P. Th. Camelot, HDG, a.a.O., 16).

29) J. Ratzinger, Volk und Haus Gottes, 64.

30) So verfolgt J. Ratzinger (ebd., § 9) die dualistischen Ansatzpunkte bereits in de bapt.
5 und 6, wo aus der Dualität im Verständnis des Taufritus als Wassersakrament und
Glaubenssakrament bereits zwei analog unterscheidbare Wirkungen beobachtbar sind: die
Gottebenbildlichkeit in der Engelskirche und die Gottähnlichkeit in der pneumatischen
Gottesgemeinschaft der wahren Kirche, des corpus trium. Auch Tertullians Auslegung der
Brot-Bitte des Vater-unser in de or. 6: CChr 1,260f. signalisiert bereits das Nebeneinander der Auslegungsreihen Brot-Wort Gottes (Christi) und eucharistisches Brot mit
den jeweils zugeordneten Wirkungen: ewiges Leben in Christus und Ungeschiedenheit von
seinem Leib in der Kirche, wobei ein deutlicher Primat der Pneuma-Linie feststellbar
ist. Die pneumatologische Akzentuierung im Kirchenbegriff kündigt sich auch an in de
paen. 2: CChr 1,322ff.; de res. mort. 46: CChr 2,983f.; de pud. 20: ebd., 1323ff., wo
anstelle von induere Christum bereits von induere spiritum die Rede ist, und das Auseinandertreten von ecclasia disciplinae und ecclasia spiritus angedeutet ist. Ein analoger Niederschlag dieser Entwicklung findet sich in der konkurrierenden Antithese von
successio potestatis und successio disciplinae in de pud. 21: CChr 2,1328 und in dem
christologischen Dualismus zwischen der hyios-pneuma-Linie und er hyios-doulos-Linie:
dazu K. Adam, Die Lehre = Gesammelte Aufsätze, a.a.O., 67.

31) De pud. 21: CChr 2,1328.

ten:(32) Nur die Geistkirche, nicht aber die Bischofskirche hat die 'Vollmacht', "delicta capitalia" nachzulassen,(33) die Vergebung von Todsünden aber hat sich Gott vorbehalten.(34) Damit ist bußtheologisch die Loslösung der Konstitutierung der Kirche von der hierarchischen Tradition ratifiziert. Aus der theologischen Entwicklung Tertullians lassen sich zugleich paradigmatisch die durch die spezifisch-afrikanische Geistigkeit des 3. Jahrhunderts bestimmten Koordinaten ablesen, zwischen denen das ekklesiologische Denken durch die montanistische und donatistische Krise herausgefordert gleichsam oszilliert: "Die Kirche muß, weil sie **göttliche** Stiftung ist, notwendig in irgendwelchem Sinn **sancta** ecclesia sein. Sie muß aber auch, weil der Gedanke des ἕν σῶμα ριστοῦ unaufgebbar ist, zugleich in irgendwelchem Sinn una sancta ecclesia sein."(35) Bei Tertullian führte das Ringen vornehmlich um den Begriff der Heiligkeit der Kirche aus der personalistischen Schlagseite seines anfänglich an der unlöslichen Einheit von sacramentum und disciplina festhaltenden Sakraments- und Kirchenverständnisses zu der montanistisch motivierten ethischen Spiritualisierung des Kirchenbegriffes. Die donatistische Krise führt nun Cyprian von Karthago insbesondere in die theologische Auseinandersetzung um die Verbindung von Einheit und Heiligkeit der Kirche.

2. Cyprian von Karthago

Für unseren Zusammenhang kann es hier nicht um eine einläßliche Auseinandersetzung mit der kontroversen Diskussionslage(36) um das

---

32) Vgl. H. Vorgrimler, HDG, a.a.O., 47-50.

33) Vgl. de pud. 21,14: CSEL 20,270; 21,17: ebd., 271; dabei ist die Funktion des Bischofs bei der venia für die leviora delicta wiederum nicht als eine potestas zu verstehen, sondern als nachträgliches Aussprechen dessen, was per exoratorem patris Christum schon geschehen ist (de pud. 19,24: CChr 2,1323; 18,18: ebd., 1319; E. Altendorf, Einheit- und Heiligkeit, 36f.). Vom dogmengeschichtlichen Standpunkt her ist bedeutsam festzu- halten, daß die von Tertullian im Zusammenhang mit der Verteidigung seiner montanisti- schen Bußtheologie in de pud. gemachten Angaben zur zeitgenössischen katholischen Bußpraxis und -lehre (Vorwurf der illegitimen Ausweitung der Vergebungsgewalt von Mt 16,18f. auf Bischöfe **und** Märtyrer: de pud. 22,1: CSEL 20,271 und Verweigerung der Rekonziliation von Apostaten und Mördern seitens der einzelnen ecclesiae) nicht a priori unglaubwürdig sind (B. Poschmann, Paenitentia secunda, 273f.; negativ hierzu jedoch J. Grotz, Die Entwicklung, 123-127), andererseits jedoch nichts über die Grund- sätzlichkeit der zeitgenössischen katholischen Lehre und den faktischen Verbreitungs- grad einschlägiger Bußpraktiken aussagen können (H. Vorgrimler, HDG, a.a.O., 49).

34) Vgl. de pud., 19,6: CSEL 20,262. Während "leviora" oder "mediocra delicta" noch nach einem kirchlichen Bußverfahren vergeben werden können, kann der reuige Kapitalsünder nicht einmal zur Eröffnung der kirchlichen Buße zugelassen werden (de pud., 13: CSEL 20,243; 246); keinesfalls hat die (Bischofs-)Kirche irgendeine Vollmacht zur Erteilung der die Buße abschließenden Vergebung (de pud. 19,6: CSEL 20, 262). Die Bestimmung "potestas solvendi" (dandi) ist also radikal eingeschränkt nicht nur auf die eccle- sia-spiritus, sondern auf "spiritus" selbst: "spiritus autem deus" (de pud. 21,1: CChr 2,1326). Der per spiritalem hominem (de pud. 21,17: ebd., 1328) Sünden vergebende Geist ist für Tertullian Gott selbst, eine Position, die in dieser letzten Zuspitzung frei- lich nur noch aus der Polemik gegen den Anspruch des Amtes verstehbar ist.

35) E. Altendorf, Einheit, 172.

36) Vgl. hierzu den Forschungsbericht bei U. Wickert, Sacramentum unitatis, 1-13, dort auch Lit.

schwierige patristische Detail des cyprianischen Kirchenbegriffes gehen.
Wohl aber können anhand der Palette vertretener Interpretationsrichtungen die verschiedenen theologischen, zeitgeschichtlichen und noch nicht zu einer tragfähigen Synthese zusammengebundenen Spannungskräfte des "eigentümlich gebrochenen 'episkopalistischen'" Kirchenbegriffs Cyprians(37) deutlich werden, so daß Augustins "Lösung" des Problems der einen, heiligen, katholischen Kirche in seiner ganzen Komplexität verständlich wird. Zugleich sind mit Cyprian und Augustinus – ob jeweils historisch zu Recht oder zu Unrecht sei zunächst dahingestellt – die geistesgeschichtlichen Quellen und Wurzeln gerade jeweils kontroverstheologisch brisanter Akzentsetzungen im Verständnis von Sakramentalität und Kirche vorgestellt.

Die tragende und existentiell bestimmte Mitte von Cyprians (gest. 258) Kirchendenken(38) bildet sicherlich der in polemischer Abgrenzung gegen die sektiererischen Praktiken der Sonderkirchen um Novatus in Karthago und um Novatian in Rom (250-251) hervorgehobene Gedanke von der unitas ecclesiae: Die Kirche ist für Cyprian "das von der Einheit (de unitate) des Vaters, des Sohnes und des Heiligen Geistes her geeinte Volk",(39) welches als "sacramentum unitatis"(40) gleichsam zum Mysterum der trinitarischen Einheit(41) wird. Das Bild von der Kirche als Mutter(42) wird Cyprian besonders wichtig zur Darlegung seiner Auffassung von der "soteriologischen Subjekthaftigkeit der Kirche", die als Wirklichkeit ihren Gliedern je immer schon vorausliegt,(43) und von der absoluten Heilsnotwendigkeit der Kirche: der Mutterschoß der Kirche ist Quelle und Wurzel des Lebens(44) und: "Habere iam non potest Deum patrem qui Ecclesiam non habet matrem."(45) Die daraus resultierende

---

37) E. Altendorf, Einheit, 172.

38) Vgl. hierzu B. Poschmann, Sichtbarkeit; E. Altendorf, Einheit und Heiligkeit, 44-116; H. Koch, Cathedra Petri; K. Adam, Cyprians Kommentar; E. Caspar, Primatus Petri, Weimar 1927; ders., Geschichte des Papsttums von den Anfängen bis zur Höhe der Weltherrschaft, I, Tübingen 1930; P. M. Bévenot, A Bishop is responsible to God alone, in: RSR 39/40 (1951/52) 397-415; ders., "Primatus Petro datur..." St. Cyprian and the Papacy, in: JThS 5/1 (1954) 19-35. 68-72; ders., Episcopat et primauté chez saint Cyprien, in: EThL 42 (1966) 176-195; S. Hübner, Kirchenbuße und Exkommunikation bei Cyprian, in: ZkTh 84 (1962) 49-84. 171-215. 58-60; J. Ratzinger, Volk und Haus Gottes, 87-102; W. Simonis, Ecclesia visibilis, 5-23; G. Klein, Die hermeneutische Struktur des Kirchengedankens bei Cyprian, in: ZKG 68 (1957) 48-68; P. Th. Camelot, HDG, a.a.O., 18-27; U. Wickert, Sacramentum unitatis; ders., Zum Kirchenbegriff Cyprians, in: ThLZ 92 (1967) Sp. 257-260.

39) De orat. dom 23: CSEL 3/1,285; diese Stelle zitiert auch LG 4,1!

40) Vgl. de unit. 4,7: CSEL 3/1.213.215; ep. 55,21: CSEL 3/2,639; ep. 69,6: CSEL 3/2,754. Der Begriff fand Eingang in die Dogmatische Konstitution LG über die Kirche des II. Vat. Konzils; vgl. dazu J. L. Witte, Die Kirche "Sacramentum unitatis" für die ganze Welt, in: G. Baraúna (Hrsg.), De ecclesia, I, 420-452.

41) Vgl. ep. 69,5: CSEL 3/2,753; ep. 74,11: ebd., 808; ep. 74,4.10: ebd., 802.808; ep. 73,5.12.18: ebd., 782.787.791.

42) Vgl. hierzu J. C. Plumpe, Mater Ecclesia, 81-108; einige Belege: de hab. virg. 3: CSEL 3/1,189. de unit. 5,6: CSEL 3/1,214; ep. 10,1.2; 15,2; 16,3; 46,1.2; 47; 73,19; 74,6: CSEL 3/2, 490f.515. 604-605. 793.804 usf.

43) Vgl. J. Ratzinger, Volk und Haus, 87ff.

44) Vgl. ep. 48,3; 71,2: CSEL 3/2,607; 672.

45) Ep. 74,7: CSEL 3/2,804.

Formel "salus extra Ecclesiam non est"(46) ist freilich streng in ihrem zeitgeschichtlichen ideologischen Kontext zu sehen: Cyprian geht es nicht primär um die theologische Erörterung der Frage nach der Heilsmöglichkeit für außerhalb der Kirche Lebende, sondern um die Paränese zur kirchlichen Einheit angesichts der formellen Schismatiker oder Häretiker, die sich von der Einheit getrennt haben.(47) Solche Trennung aber ist der schwerste Verstoß gegen die eine und einzige Kirche und damit gegen die Einheit Christi und Gottes selber: "Es gibt nur einen Gott und einen Christus und eine Kirche ... Man kann nicht außerhalb des einen Altars und des einen Priestertums einen weiteren Altar aufstellen noch ein weiteres Priestertum einsetzen."(48) Hier deutet sich bereits die eucharistisch-sakramentale Mitte des Kirchenbegriffes bei Cyprian an: Die kirchliche Gemeinschaft trägt sakramental-ontologische Signatur:(49) Sie wird geboren bei der Taufe(50) und auferbaut in der Eucharistie.(51) Seiner inneren Dimension nach zeigt sich der cyprianische Kirchenbegriff als ein eucharistisch-sakramentaler;(52) die Kirche ist wesentlich eucharistische Versammlung, die sich bildet, "wenn wir als brüderliche Gemeinschaft zusammenkommen und mit den Priestern Gottes die göttlichen Opfer feiern;"(53) eucharistischer Vollzug und vollziehende Gemeinde sind untrennbar, und Schisma bedeutet "a Christi corpore separari."(54) Die Schwierigkeiten beginnen bei Cyprian und damit auch für die Cyprianforschung und -deutung nun aber in dem Moment, wo es gilt, Kriterien anzugeben, nach welchen erkennbar ist, welche von den Gemeinschaften nun, die diesen Anspruch erheben, "die einzige Taube", wirklich ist, die den Heiligen Geist besitzt und deshalb auch als einzige im Wasser der Taufe Leben erzeugen kann.(55) Cyprians zunächst eindeutige Antwort lautet: "Ecclesia super episcopos constituatur."(56)

Zum locus classicus der episkopalistisch-hierarchischen Deutungsrichtung(57) in der Cyprian-Forschung wurde geradezu jene Passage aus ep. 66: "...ecclesia plebs sacerdoti adunata et pastori suo grex adhaerens. Unde scire debes episcopum in ecclesia esse et ecclesiam in episcopo et si qui cum episcopo non sit in ecclesia non esse, et frustra sibi blandiri eos qui pacem cum sacerdotibus Dei non habentes obrepunt et latenter apud quosdam communicare se credunt."(58) Sich vom Bischof lossagen

---

46) Ep. 73,21: ebd., 795.

47) Vgl. P. Th. Camelot, HDG, a.a.O., 19 Anm. 73.

48) Ep. 43,5: ebd., 594.

49) Vgl. auch A. Dumoustier, L'ontologie de l'Eglise, 554-588.

50) Vgl. ep. 72,1: CSEL 3/2,775; ep. 73,21: ebd., 795; ep. 74,11: ebd., 808-809.

51) Vgl. ep. 63,13: ebd., 700; de orat. dom. 18: CSEL 3/1, 280.

52) So J. Ratzinger, Volk und Haus, 95 Anm. 21.

53) De orat. dom. 4: CSEL 3/1,269.

54) De orat. dom. 18: CSEL 3/1,280.

55) Vgl. ep. 70,3: CSEL 3/2: 769 "Es gibt nur eine Taufe, nur einen Heiligen Geist, nur eine Kirche..."

56) Ep 33,1: CSEL 3/2,566; vgl auch ep. 58,4: ebd., 659, wo die Kirche als die um den Bischof versammelte und von ihm geleitete und unterwiesene fraternitas erscheint; ferner ep. 57,3; 63,14: CSEL 3/2,652.713, wo vom Eucharistievorsitz des Bischofs die Rede ist.

57) Vgl. allen voran H. Koch, a.a.O.; B. Poschmann, Sichtbarkeit, bes. 3-12; K. Adam, a.a.O.

58) Ep. 66,8: CSEL 3/2,753.

und so das Band der Einheit zerreißen, heißt also die Kirche Christi zerreißen.(59) "Allein in der Zugehörigkeit zu der durch den rechtmäßigen Bischof repräsentierten, rechtlichen und sakramentalen Gemeinschaft der Kirche ist die communicatio corporis Christi, die Gemeinschaft mit dem Leibe Christi verbürgt."(60) Der Bischof macht die Gemeinde zur Kirche.(61) So wie der einzelne Bischof Repräsentant und Garant der Einheit der Ortskirche ist, so ist in der einen Gesamtkirche der eine und einzige Episkopat (episcopatus unus) Zeichen und Fundament der Einheit: "ecclesia quae catholica una est scissa non est neque divisa, sed est utique conexa et cohaerentium sibi invicem sacerdotum glutino copulata"(62) und: "Episcopatus unus est, cuius a singulis in solidum pars tenetur."(63) Die damit fast paradoxal (pars - in solidum) zum Ausdruck gebrachte Verschränkung von Einzelbischof und Gesamtepiskopat in der sakramental-ekklesialen Einheit meint: "Wer sich von dieser metaphysisch-moralischen (in Wirklichkeit: 'sakramentalen') Einheit löst, von dem gilt: alienus est, profanus est, hostis est (un. 6 = p. 214, 22). Er ist derjenige, der pacem Christi et concordiam rumpit (p. 215,2)..."(64) Wenn sich ein Bischof von dieser "concors numerositas", der pacifica concordia, der divina concordia et dominica pax, durch die der Episkopat geeint ist, trennt, "so ist seine Gewalt erloschen; er betrügt seine Gemeinde, welche ihn vielleicht noch weiter als Bischof betrachtet und in der Kirche zu sein vermeint, während sie es tatsächlich nicht mehr ist."(65) Analog dazu ist für Cyprian auch die Taufe, die außerhalb der durch den rechtmäßigen Bischof geleiteten Kirche gespendet wird, ungültig, d. h. die in Schisma oder Häresie(66) Getauften müssen, wenn sie zur Katholika zurückkehren wollen, wieder getauft werden.(67)

Damit gewinnt für das genauere Verständnis seiner Kirchentheologie das Sakramentsverständis Cyprians entscheidende Bedeutung: Nicht nur die Zugehörigkeit des Einzelbischofs zum Gesamtepiskopat ist "Gültigkeitsvoraussetzung" seiner bischöflichen Handlungen,(68) sondern auch die persönlich-ethische Qualität des Amtsträgers.(69) Die Heiligkeit der Kirche

---

59) Ep. 59,5: ebd., 672.
60) E. Fischer, Kirche und Kirchen, 13.
61) Vgl. E. Altendorf, Einheit, 80-92, bes. 81f.
62) Ep. 66,8: CSEL 3/2,753; vgl. auch ep. 49,2: ebd., 611: "Nec enim ignoramus unum Deum esse et unum Christum esse Dominum quem confessi sumus, unum Sanctum Spiritum, unum episcopatum in catholica esse debere."
63) De unit. 4: CSEL 3/1,214; zu der umstrittenen Frage nach der genauen Bedeutung der Wendung "in solidum" vgl. P. Th. Comelot, HDG, a.a.O., 23 A 119; B. Poschmann, Sichtbarkeit, 8f. Anm. 5; ausführlich U. Wickert, Sacramentum Unitatis, 76-84; 125.
64) U. Wickert, Sacramentum Unitatis, 83f.
65) B. Poschmann, Sichtbarkeit, 9; vgl. auch 7; ferner 31-32.
66) Bezeichnend für Cyprians ekklesiologisches Denken ist die völlige ekklesiologische Gleichbewertung von Schisma und Häresie; vgl. A. Seitz, Heilsnotwendigkeit, 93; Vgl. dazu ep. 69,3: CSEL 3/2,752; ep. 55,24: ebd., 642: "Quod vero ad Novatiani personam pertinet, scias nos primo in loco nec curiosos esse debere quid ille doceat, cum foris doceat; quisque ille est et qualiscumque est, christianus non est qui in Christi ecclesia non est."
67) Vgl. ep. 69; ep. 71,1: CSEL 3/2,771; ep. 69,2: ebd., 751 u. a.
68) Vgl. ep. 55,21: CSEL 3/2,639: "Manente concordiae vinculo ... actum suum disponit et dirigit unusquisque episcopus..."
69) Vgl. dazu B. Poschmann, Sichtbarkeit, 32.

ist also nicht in der communio sanctorum (der Vollkommenen in der Kirche), nicht in ihren Sakramenten, sondern in der Heiligkeit ihrer Amtsträger verankert.(70) Dies zeigt sich insbesondere auch in der Weise, wie Cyprian das Verhältnis zwischen den einzelnen Bischöfen und dem Bischof von Rom bestimmt.(71) Im Zusammenhang der Absetzung des Bischofs Marcian von Arles(72) und in der Auseinandersetzung mit Papst Stephan anläßlich des Ketzertaufstreites(73) kommt deutlich die Schwäche des cyprianischen Systems zum Vorschein, die darin besteht, "daß es dem Papste nur eine passive Rolle in der Aufrechterhaltung der kirchlichen Einheit zuweist, indem es ihn zwar als Mittelpunkt der Einheit hinstellt, von dem sich niemand trennen darf, im übrigen aber allen Bischöfen Selbständigkeit wahrt und erst, wenn ein Bischof aus dem Kreise der

---

70) Diese Position führt Cyprian in gewisse Inkonsequenzen: Während er hinsichtlich des novatianischen Rigorismus eine kirchliche Verstehensmöglichkeit fordert, bestreitet er andererseits, daß die Taufe von einem unwürdigen Priester oder von einem solchen, der nicht die integra fides besitzt, wirklich gültig und lebenspendend sei. Vgl. ep 69,12: CSEL 3/2,762; ep. 69,3: ebd., 752.

71) Der im ganzen sehr umstrittene Fragenkomplex kann hier nur nach der unseren Zusammenhang unmittelbar berührenden Seite hin beleuchtet werden. Zur kontroversen literarkritischen Debatte um die 'Echtheit' der Einheitsschrift (bes. Kap. V) hinsichtlich der Primatsfrage bei Cyprian vgl. die unterschiedlichen Voten bei: P. Bévenot, St. Cyprian. The Lapsed. The Unity of the Church (= ACW 25, Westminster), London 1957; ders., The Tradition of Manuscripts. A Study in the Transmission of St. Cyprian's Treatises, London 1961 (für die Echtheit des 'Primacy-Textes'); dagegen U. Wickert, Sacramentum Unitatis, 14-32. Während Poschmann versucht, für Cyprian die Anschauung eines Primates zu retten, indem er für dessen Konstituierung bei Cyprian unterscheidet zwischen dem Aufbau der Kirche auf Petrus und der Übertragung der Schlüsselgewalt, wobei "trotz der Gleichstellung aller Apostel in der Gewalt Petrus allein das Fundament der Kirche bleibt" (Sichtbarkeit, 16), und er deshalb eine "reale Bedeutung für die Einheit der Kirche haben" (ebd.) müsse (dagegen H. Koch, Cyprian und der römische Primat, 45ff., der lediglich in der Amtsanciennität des Petrus gegenüber den anderen Aposteln bei Cyprian einen gewissen Vorrang sieht; so auch E. Altendorf, Einheit, 44-53: lediglich zeitliche Priorität), so hat sich heute die Auffassung weitgehend durchgesetzt, daß in de unit. nichts zu dem Gedanken berechtige, bei Cyprian erfreue sich die Kathedra Petri (ep. 59,14: CSEL 3/2,683), die Kirche, die geschichtlich diejenige des Petrus ist, irgendeines Primates. Auch Texte wie ep. 59, wo von der cathedra Petri als der ecclesia principalis unde unitas sacerdotalis exorta est, die Rede ist (ep. 59,14: ebd., 683), besagen nicht einfach die Anerkenntnis des petrinischen Primates, wohl aber jene der Rolle der ecclesia principalis und der cathedra Petri als zeichenhafte Ursprungsgestalt der Einheit des Episkopates (vgl. P. Th. Camelot, HDG, a.a.O., 25). Die Deutung U. Wickerts der Petrus-Frage bei Cyprian gestaltet sich analog zu seinem für das ganze Amts- und Kirchenverständnis bei Cyprian bestimmenden Axiom von der sog. "ekklesiologischen Differenz" (SU, 33-48; 49-62; 63-70. Näheres zu diesem Deutungsversuch später.

72) Vgl. B. Poschmann, Sichtbarkeit, 32-40: einerseits ist die Absetzung des Bischofs seitens des Papstes lediglich als deklaratorischer Akt über einen schon vorher von dem betreffenden Bischof durch sein eigenes Vorgehen gesetzten Sachverhalt; die päpstliche Handlung unterscheidet sich darin in nichts von dem Verhalten (der Distanzierung) der anderen Bischöfe. Andererseits aber bewirkt nur die Exkommunikation durch den Papst (Wegfall der notwendigen Bedingung für die Zugehörigkeit zur Kirche durch Aufhebung der Gemeinschaft mit dem Papst) die Entfernung des Unwürdigen aus dem Amt.

73) Vgl. B. Poschmann, Sichtbarkeit, 40-43; dazu auch J. Ernst, Die Ketzertaufangelegenheit in der altchristlichen Kirche nach Cyprian, Münster 1901; ders., Neue Untersuchungen über Cyprian und den Ketzertaufstreit, in: ThQ 93 (1911) 230-281. 364-403.

kirchlichen Einheit herausgetreten ist und damit aufgehört hat, Bischof
zu sein, dem Papste als dem Vertreter des Gesamtepiskopats das Recht
zuspricht, subsidiär in die Verhältnisse einer Diözese einzugreifen."(74)
Daß Cyprian die Verknüpfung der Linien von der Notwendigkeit der
Verbindung jedes Bischofs mit dem Papst und diejenige von der gleichzeitigen vollen Gleichberechtigung und Selbständigkeit jedes Bischofs
nicht gelang, zeigt sich daran, daß er in der Ketzertauffrage sich selbst
von Papst Stephan durch die Betonung der Selbständigkeit jedes Bischofs wenigstens formell lossagte.(75) Daran wird erkennbar, daß die
Heiligkeit der Kirche nach Cyprian eigentlich nicht in der Hierarchie,
sondern in der persönlichen, charakterlichen, glaubensmäßigen Integri-
tät(76) des einzelnen - geisterfüllten(77) - Bischofs liegt. Die hierar-
chisch-episkopalistische Cyprian-Deutung stößt hier an die Grenze ihres
Ansatzes bei dem karthagischen Bischof, wo vom Sakramentsverständnis
her der cyprianische Kirchenbegriff zum Ansatzpunkt für die Donatisten
wird:(78) Der Unterschied des cyprianischen zum donatistischen Kirchenbegriff liegt nur noch darin, daß die Donatisten von ihrem Begriff der
Heiligkeit der Kirche her wohl noch zugeben können, daß heimliche
Sünder in der Kirche sind, nicht mehr aber, daß offenkundige Sünder
zur Kirche gehören können,(79) während bei Cyprian auch letzteres
aufgrund einer im Vergleich zur altafrikanischen Tradition erfolgten
Verschiebung im Heiligkeitsbegriff möglich war.(80) Diese Cyprian von
seinem spezifischen Sakramentsverständnis her gesteckte Grenze für sei-

---

74) B. Poschmann, Sichtbarkeit, 40.

75) Vgl. J. Ernst, War der heilige Cyprian excommuniciert?, in: ZkTh 18 (1894) 473-499;
475.487.

76) Vgl. ep. 72,2: CSEL 3/2, 776f.; ep. 69,12: CSEL 3/2, 760-762.

77) Von dieser Voraussetzung her, daß alle echten Bischöfe im Geistbesitz seien, kommt für
Cyprian die Möglichkeit eines Konfliktes zwischen einem Bischof und dem Papst gar nicht
in Betracht (vgl. ep. 66,8: CSEL 3/2, 732f.; ep. 68,5: CSEL 3/2,748; de unit. 9: CSEL
3/1,217f.).

78) So bes. die Deutung bei E. Altendorf, Einheit, 80-116; 144-153; dagegen will die Cypriandeutung durch J. Ratzinger (Volk und Haus, 87-102) in ihrer Akzentuierung mehr von
der eucharistisch-sakramentalen "communicatio-corporis-Christi-Idee" in Cyprians Ekklesiologie ausgehen und diese damit wesentlich deutlicher in Kontinuität zu dem und als
Vorbereitungsstufe für das Kirchendenken Augustins sehen (a.a.O., 102). Neuerdings
aber widerspricht dem W. Simonis (Ecclesia visibilis, 35-41; 43), der bei Cyprian und
bei den Donatisten einerseits und bei Augustinus und Potatus von Mileve andererseits
zwei im Ansatz völlig verschiedene Ekklesiologien konzipiert sieht, und sich gegen die
These von einer organischen, konsequenten Weiterbildung der cyprianischen zur augustinischen Ekklesiologie bei J. Ratzinger (a.a.O.) und bei W. Kamlah (Christentum und Geschichtlichkeit, 1951) ausspricht.

79) Vgl. E. Altendorf, Einheit, 144-153.

80) So E. Altendorf, a.a.O., 101-111: "Die Heiligkeit der Kirche durfte nicht mehr abhängig
gemacht werden von der Heiligkeit aller ihrer Glieder ... Im Hinblick auf alle zur
Kirche gehörenden Glieder konnte man keinesfalls von Heiligkeit als einer bestehenden
Tatsache, sondern nur von Heiligung im Sinne eines fortwährenden Prozesses reden
(a.a.O., 107); dagegen W. Simonis, Ecclesia visibilis, 20-23, der bei Cyprian noch ganz
die altafrikanische Tradition wirksam sehen will, nach der Heiligkeit und Kirche
schlechterdings in eins fallen, opus operatum und opus operantis also sich grundsätzlich **nicht** verfehlen; die Vorstellung eines corpus permixtum ist also erst für Augustinus, nocht nicht aber für Cyprian möglich. Nach letzterem ist daher die Voraussetzung
für die (gültige) Spendung der Sakramente die Einheit der Kirche (d. h. das Haben des
Heiligen Geistes), weil die Sakramente eine kirchliche Wirklichkeit sind. Diese Voraus-

nen Kirchenbegriff tut jedoch seiner Auffassung von der Kirche als
heilsrelevantes "Subjekt" keinen Abbruch, wie insbesondere seine Bußtheologie zeigt:(81) Jede Sünde hat für Cyprian unmittelbar ekklesiale
Valenz, sie bewirkt eine Distanzierung von der kirchlichen pax.(82) Die
für schwere Schuld heilsnotwendige(83) Tilgung durch die kirchliche
Buße ist nach Cyprian "nicht ein juristischer Disziplinarakt oder eine
bloße Vorbedingung für das Bestehen eines Menschen im eschatologischen
Gericht Gottes",(84) denn die pax verlieren heißt zugleich das Heil verlieren,(85) die Wiederversöhnung mit der Kirche gewinnen heißt "pignus
vitae percipere;"(86)"sie, nicht bereits die satisfactio, teilt den Hl. Geist
von neuem mit."(87) So ist für Cyprians bußtheologisches Denken klar
das Bewußtsein prägend, "daß die zeichenhaft-kommunikative Handlung
der Wiederaufnahme auf dem Evangelium, dem Willen Christi, beruht und
für das Heil des Menschen relevant ist."(88) Demgegenüber dürfte das
Urteil von E. Altendorf(89) zur Frage nach dem Zusammenhang von

---

setzung zielt (nach W. Simonis) bei Cyprian somit primär eine ekklesiologische, nicht
so sehr eine persönlich-ethische Integrität an, wenngleich beides freilich für Cyprian
engstens zusammenhängt (W. Simonis, Ecclesia visibilis, 19f.; dazu auch bei J. Finkenzeller, HDG IV/1a, 56). In dieser differenzierten Sichtweise liegt nach Simonis das
Spezifische der Position Cyprians, die den karthagischen Bischof gegenüber der donatistischen Position auszeichnet. Die unterschiedlichen Urteile der Cyprian-Deutung ba-
sieren wohl auf der unterschiedlichen Zugrundelegung einer dogmatisch-theologischen und
einer empirischen Sprechweise bezüglich der Kirche bei Cyprian, d. h. auch auf der
unterschiedlichen Beantwortung der Frage, ob Cyprian bereits eine solche aspektuelle
Differenzierung des Kirchenbegriffes möglich und geläufig war.

81) Vgl. dazu die einschlägigen Arbeiten von J. Grotz, S. Hübner, K. Rahner (ST, XI) (s.
Lit. Verz.) dazu H. Vorgrimler, HDG, a.a.O., 55-58.

82) VGL. ep. 4,4: CSEL 3/2,476; ep. 16,2; 17,2: CSEL 3/2,518.522; de lapsis 15; 25f.: CSEL
3/2,248.255.

83) Dies ergibt sich ohne weiteres aus Cyprians Theologie der Heilsnotwendigkeit effektiver
Zugehörigkeit zur Kirche: vgl. ep. 57,1; 33,1: CSEL 3/2,651.566; ep. 73,7: CSEL
3/2,783f.

84) H. Vorgrimler, HDG, a.a.O., 57.

85) Ep. 36,2: CSEL 3/2,574.

86) Ep. 55,13: CSEL 3/2,632.

87) H. Vorgrimler, a.a.O., 57 mit ep. 57,4: CSEL 3/2,653. Da das genaue Verhältnis von
satisfactio und pax bei Cyprian nicht geklärt wird, erfolgten hierbei in der bußge-
schichtlichen Forschung unterschiedliche Akzentsetzungen, die entweder stärker das sa-
kramental-kausative Moment betonen (Rahner, Vorgrimler) oder in der pax nur einen de-
klarativen Akt für die aufgrund der satisfactio schon vorher allein von Gott her erfolgten Vergebung sehen wollen und damit eine semipelagianische Nuancierung bei Cyprian
mehr profilieren (So E. Altendorf, Einheit, 85ff. oder auch H. Koch, Cyprianische
Untersuchungen, 251f.).

88) H. Vorgrimler, a.a.O., 57-58.

89) "Der liturgische Akt der Kirche hat nicht ursächliche, sondern nur **deklaratorische** Be-
deutung. **Die Vergebung liegt allein bei Gott.** Von einer 'Nachlassung' seitens der
Kirche kann keine Rede sein (E. Altendorf, Einheit, 85f.). "Die venia ist ... durch die
Erteilung der pax vor Beendung der Bußzeit nicht präjudiziert, dem göttlichen Richter-
spruch in keiner Weise vorgegriffen" (ebd., 87). Dagegen verlagert H. Vorgrimler den
Akzent hinsichtlich des realen Zustandekommens der venia auf die kirchliche pax:
"Daran, ob der Sünder immer so ausreichend Buße tut, daß er nicht trotz kirchlicher
Rekonziliation im Jenseits noch zur Buße verurteilt wird, nicht aber an der Vergebungs-
bereitschaft Gottes, können für Cyprian noch Zweifel bestehen bleiben." (HDG, a.a.O.,
57).

kirchlicher Rekonziliation und Vergebung durch Gott bei Cyprian zu einseitig und apriorisch von einer letztlich unüberbrückbaren Geschiedenheit und gegenseitigen Unrückführbarkeit der Subjekte "ecclesia" und
"Gott" ausgehen, was aber gerade der skizzierten sakramental-eucharistischen und hierarchisch-episkopalistischen Linie in Cyprians Kirchendenken nicht gerecht wird.

Auf die - durch den aktuellen kirchengeschichtlichen Hintergrund von
Häresie und Schisma zugeschärfte - Frage, wo die wahre Kirche sei,
d. h. auch worin ihre Heiligkeit begründet und verankert sei, ließen
sich aus dem eigenartig "gebrochenen" Kirchenbegriff Cyprians im wesentlichen zwei, die jeweiligen Linien bei Cyprian spezifisch akzentuie-
rende ekklesiologische Schichten erkennen: einmal diejenige des mehr
konkret-rechtlichen (episkopalistisch-hierarchischen) Kirchenverständnisses, sodann diejenige eines mehr sakramental-eucharistischen. Gegen
die Interpretationsrichtung, welche Cyprian mit seinem Kirchenbegriff in
der altafrikanischen und damit donatistisch propädeutischen Tradition
verwurzelt sehen will(90) und nicht so sehr in der später etablierten,
augustinisch geformten haben J. Ratzinger(91) und später A. Dumou-
stier(92) den Weg der inneren Zuordnung des konkret-rechtlichen zu
dem anders gearteten sakramental-eucharistischen Kirchenbegriff beschritten. Dabei wurde hervorgehoben, daß die Kirche nicht lediglich "la
réalité sociologique juridiquement organisée par la hiérarchie épiscopale"
sei sondern vielmehr a priori (d'abord) "l'assemblée eucharistique", die
sich durch die Feier des Sakramentes in versammelter Gemeinde konstituiert.(93) Demzufolge geht eine rein episkopalistisch-hierarchische
Cypriandeutung an der von dem karthagischen Bischof (bes. in Kap. 5
von de unit.) in der Parallelität von Episkopat und Kirche implizit insinuierten Verschiedenheit der beiden Größen vorbei.(94) Die Kirche ist
für Cyprian wohl nur über den Bischof zugänglich;(95) Kirche und
Bischof sind in diesem Sinne zwar kongruente Größen, jedoch nicht in
trivialer Identität. Unter dem Stichwort der "ekklesiologischen Differenz"
legt nun neuerdings U. Wickert eine Interpretation des cyprianischen
Kirchenbegriffes vor, die versucht eine Zuordnung der rechtlichen und
sakramentale Linie bei Cyprian zu ermöglichen, bei der die innere sakramentale Seite nicht zum bloßen Interpretament der äußeren hierarchischen Struktur wird und damit mit dieser wieder schlechthin zusammen-
fällt.(96) Demgegenüber wird betont, daß die Kirche bei Cyprian nicht

---

90) Vgl. etwa E. Altendorf, Einheit, 80-116; in differenzierter und modifizierter Weise
   auch bei W. Simonis, Ecclesia visibilis, 23-43. Diese Linie in Cyprians Kirchendenken
   artikuliert auch das Wort K. Adams vom Donatismus als "angewandtem Cyprianismus" (Cyprians Kommentar, a.a.O., 101).

91) Volk und Haus Gottes, 87-102.

92) L'ontologie de l'Eglise selon saint Cyprien, in: RSR 52 (1964) 554-588.

93) Ebd., 570.

94) "Ce chap. V assure ainsi la transition du corps épiscopal à l'Église proprement dite et
   montre comment le type d'unité spirituelle qui est celui de l'épiscopat se retrouve au
   niveau plus fondamental de l'Église ellemême" (ebd., 574).

95) Vgl. ep. 66,8: CSEL 3/2,732.

96) So der Vorwurf von U. Wickert an J. Ratzinger, Volk und Haus, bes. 88, wo Cyprians
   mater Ecclesia doch wieder mit der Amtskirche identifiziert wird. "Es finden (bei
   Ratzinger) nur die beiden Seiten der vorfindlichen Kirche Berücksichtigung, die 'äußere' und die 'innere', aber nicht deren geheimnisvoll-verborgener Schoß, d. h. die
   Kirche als sacramentum sui generis" (Wickert, SU, 12 Anm. 26). Die Kritik Wickerts an

in der "Idee der Hierarchie"(97) begründet liegt, sondern in der des "sacramentum unitatis", d. h. in der des Mysteriums der Einheit von Christus und Ecclesia,(98) welches - und darin sieht Wickert die ekklesiologische Differenz bei Cyprian grundgelegt - in einem klaren ontologischen Vorrang vor dem episcopus steht.(99) Daher kann die in ep. 66,8 (episcopum in ecclesia esse et ecclesia in episcopo) - polemisch formulierte - Kongruenz von Kirche und Episkopat nicht im Sinne trivialer Identität sondern nur als ein "Unvermisch und Ungeschieden" gedeutet werden, "und hindert nicht, daß der Bischof nur so lang 'in ecclesia' bleibt, als (sic) er sich in Demut von dem alle Bischöfe gleichursprünglich ... einenden **sacramentum unitatis** her versteht."(100) Die apriorische Verknüpfung von sacramentum und episcopatus führt also in Cyprians Konzeption keineswegs zu einer fraglosen Verfügbarkeit der Kirche in den Händen des Bischofs,(101) denn in "ekklesiologische Differenz" ist die Kirche vom Kirchen-Mann unterschieden,(102) und insofern ist ihre Einheit eine **vorgängig** zum Kirchen-Mann (auch zum Ersterwählten: Petrus (103)) vom Herrn selbst sakramental grundgelegte, ihre Kontinuität eine paradoxal in ihr selbst liegende(104) und nicht in der Zeit von Petrus zu den Aposteln und Bischöfen hin zu vermittelnde.

Das grundsätzliche "Vorweg" der Wirklichkeit "ecclesia" vor jener des episcopatus behauptet deren Nichtidentität, unterstreicht zugleich aber ihre unlösliche wechselseitige Bezogenheit. "Es ist sinnlos, das wechselseitige Verhältnis beider Instanzen über den Text (de unit. c. 5) hinaus zu ergrübeln. Wir hören: die Bischöfe nehmen die vorgegebene Einheit in Schutz und liefern damit den Beweis, daß auch das Bischofsamt eines ist ... Die Einheit wird nun **in praxi** erwiesen, und dieser Erweis ist in der Tat eine 'Folge' des Zusammenstehens der Amtsträger. Das Amt als solches ist dagegen im vorhinein Eines, wie die Kirche im vorhinein Eine ist. Daß aber das Bekenntnis zur Einen Kirche den Erweis der Einheit auch des Amtes ohne weiteres nach sich zieht, hat offenbar darin seinen Grund, daß Kirche und Amt (als 'Zweiheit in Einheit') ursprünglich zusammengehören. Mit der Kirche wird zugleich auch das Bischofsamt behauptet, wie mit dem Amt zugleich die Kirche verteidigt wird. Will man

---

Demoustiers an sich sehr verdienstvoller Entdeckung des mysterium-sacramentum-Charakters der Kirche bei Cyprian setzt dort ein, wo Demoustier nach Wickerts Ansicht das mysterium der Mater Ecclesia Cyprians nicht als eigenständige Größe zur Geltung kommen läßt, sondern sie gleichsam wieder in ihren trinitarischen, eucharistischen und episkopalistischen Bezügen wieder verflüchtigt, "so daß die Mater Sponsa gar nicht dazu gelangt, ein sacramentum sui generis zu sein" (ebd., 10 Anm. 22).

97) So noch G. Klein, Die hermeneutische Struktur, a.a.O.
98) Vgl. ep. 52, 1: CSEL 3/2,621f.
99) Vgl. U. Wickert, Kirchenbegriff, Sp. 260.
100) U. Wickert, SU, 11 Anm. 25. Wickert weist auf die Kongruenz des "sacramentum unitatis" von de unit. 4 mit der mater Ecclesia von c. 5, der sponsa Christi und mater Ecclesia von c. 6 hin und identifiziert damit "die im Geheimnis, als schöpferische Potenz und als Heiltum präsente himmlische Kirche, die nach un. 7 Christus 'vom Himmel und vom Vater' auf die Erde gebracht, und die er nach c. 4 Petrus und Aposteln (d. h. den Bischöfen) zu treuen Händen übergeben hat" (Kirchenbegriff, Sp. 259).
101) Vgl. U. Wickert, Kirchenbegriff, Sp. 259.
102) Ebd., Sp. 260.
103) Zu den Implikationen der Wickert'schen Interpretation für die Petrus-Frage bei Cyprian vgl. SU, 33-70.
104) Vgl. ebd., 69.

ein übriges tun, so mag man den episcopatus als stabiles, das sacramentum (die origo) als vitales Moment der Einen Kirche betrachten. Doch ist durch die Unmöglichkeit, eines ohne das andere zu haben, erwiesen, daß das sacramentum an der Wurzel des episcopatus ist: man kann von diesem nicht ohne Rücksicht auf jenes sachgemäß sprechen."(105)

Dieses Konzept einer Cyprian-Interpretation ist für unseren Zusammenhang auf zweifache Weise interessant: Zum einen gewinnt die geschichtsmäßige Lösung der Frage nach dem Wesen der Kirche, nach ihrer soteriologischen Subjekthaftigkeit und ihrem Wesensvollzug als Gemeinschaft, die Augustin geben wird, auf dem Hintergrund des "sacramentum-unitatis-Konzeptes" bei Cyprian nach Wickert ein historisch aufschlußreiches Profil und zwar hinsichtlich wirkungsgeschichtlicher Fragen in Bezug auf das sacramentum-Denken in der Ekklesiologie, genauer gesagt, hinsichtlich der Frage nach der geschichtlichen Rezeption der afrikanisch-theologischen Tradition im römischen Raum; zum anderen, weil von Wickert auf der Grundlage seines Cyprianverständnisses der römischen Tradition, wie sie sich in der Ekklesiologie des II. Vatikanischen Konzils artikuliert, das Recht einer Berufung auf Cyprian - die reichlich erfolgt ist - historisch bestritten wird.(106)

U. Wickert sieht in Cyprians Ekklesiologie ein Modell für ein tragfähiges ökumenisches Programm, das lutherischerseits bezeichnenderweise nicht mit der Reduktion christlicher Glaubensexistenz auf die radikale Gottunmittelbarkeit des einzelnen operiert, sondern gerade in der ursprünglichen Wiederherstellung des marianischen Geheimnisses der Kirche als der Mater origo et radix, der ecclesia prima et una für die römische Ekklesiologie einen möglichen Brückenschlag sieht "zwischen dem Christus solus des 16. und der sich zusehends artikulierenden Una Mater des 19. und 20. Jahrhunderts."(107) Den neuralgischen Krisis-Punkt für eine solche Möglichkeit erkennt Wickert im Primats- und Episkopatsverständnis:(108) Der römisch-katholisch/lutherische Dissens in der Frage nach der Sakramentalität der Kirche konzentriert sich also erneut in deren zugespitzten Artikulationsbereich, im Amtsproblem: Eine ökumenisch herausgeforderte katholische Besinnung auf das Zuordnungsverhältnis von ecclesia und episcopatus muß der Frage nachspüren, ob nach der eigenen Position hierbei wirklich eine anthropozentrische Inversion(109) des sacramentum-Gedankens für die ecclesia vollzogen ist, so daß letztere einfach in die Verfügungsgewalt des Amtes gerät, oder

---

105) Ebd., 76.
106) Vgl. ebd., bes. 144-157. Die Anziehung von Cyprian-Stellen in LG 2,9; 3,23 kommentiert Wickert: "Cyprian ist das (sc. das, was er dort belegen soll) nicht. Natürlich hat die römische Kirche das Recht, sich von ihren Vätern dasjenige anzueignen, was zu ihr stimmt, und anderes beiseitezulassen; das hat sie immer getan. Nur behaupte sie nicht, sie habe den genuinen Cyprian auf ihrer Seite; sonst wird man zu ihr sagen: Konzilien können irren!" (ebd., 146 Anm. 30)
107) Ebd., 155; zum ganzen 135-157.
108) "Dabei verdient der Unterschied zwischen 'Papalismus' und 'Episkopalismus' nicht dasjenige Interesse, das man ihm zollt. Ob ein Amtsträger oder deren viele, das ist keine tiefgreifende Differenz ... Bedeutungsvoller ist der Kontrast: hier Bewahrung, dort Verlust der dem Menschen sich entziehenden, der im Geheimnis waltenden 'sakramentalischen' Kirche" (ebd., 141).
109) Vgl. dazu ebd., 54; 152.

aber, ob die protestantisch-lutherische Forderung nach der radikal
ekklesia- und metrozentrischen (nicht petrozentrischen) Bestimmung(110)
des Amtes von dem sacramentum unitatis her nicht doch eine letztlich
amtsabstraktive und daher auch am sacramentum-Gedanken für die Kirche
schon vorbeigehende "präsakramentale, geschichtsvergessene Hypostasierung des ekklesia-Gedankens bedeutet, so daß die ekklesia-mater eine im
letzten von der Wirklichkeit amtlich-geschichtlicher Repräsentanz unbe-
rührte Größe bleibt.

Die katholische Rezeptionsgeschichte(111) hat zweifellos an der episkopalistisch-hierarchischen Linie in Cyprians Kirchenverständnis angeknüpft.

Inwieweit damit an einem unverzichtbaren Beitrag der afrikanischen
Tradition zur Herausbildung des sakramentalen Kirchenbegriffs vorbeige-
gangen wurde, soll anhand der augustinischen Synthese im Zusammenhang mit der – antidonatistisch motivierten – Klärung des katholischen
Sakramentsbegriffes geprüft werden.

II. Die ekklesiologische Synthese Augustins

Die ekklesiologische Synthese(112) Augustins (gest. 430) trägt sehr
deutlich die Signatur der Auseinandersetzung mit der montanistischen
und donatistischen Kontroverse: Als Erbe und Retter des alten afrikanischen Kirchenideals zeigt sich der Kirchenbegriff des Bischofs von
Hippo in seinen Grundlagen einerseits ausgesprochen personalistisch-
pneumatisch,(113) wobei freilich jede montanistische Übersteigerung
vermieden wird; andererseits liegt ein deutlicher Akzent auch auf der
heilsanstaltlichen Wertung der Kirche in der Betrachtung gerade ihrer
irdischen Wirklichkeit, eine Akzentuierung, die negativ durch die antidonatistische Stoßrichtung des Kirchenlehrers gegen eine Identifizierung
von empirischer und heiliger Kirche, positiv zweifellos durch dessen
neuplatonische Ontologie gefördert wurde. In der theologischen Grundlegung zeigt sich diese spannungsreiche, nicht unwesentlich kirchenpoli-
tisch und pastoralpraktisch(114) mitbedingte ekklesiologische Signatur
besonders in dem originär augustinisch-ekklesiologischen Term: "caput et
corpus unus est totus Christus."(115) Augustinus bringt damit die breite

---

110) Dazu U. Wickert, Kirchenbegriff, Sp. 260.

111) Vgl. hierzu etwa das Urteil B. Poschmanns in der Frage nach der Stellung Cyprians zur
älteren patristischen Tradition (Sichtbarkeit, 61-75); ferner J. Ranft, Die Stellung,
35-45.

112) Aus der einschlägigen Literatur vgl.: Th. Specht, Die Lehre von der Kirche nach dem
hl. Augustinus, Paderborn 1892; F. Hofmann, Kirchenbegriff; J. Ratzinger, Volk und
Haus Gottes; ders., Die Kirche in der Frömmigkeit des hl. Augustinus, in: Sentire
Ecclesiam, 152-175, Nachdr. in: Ders., Das neue Volk Gottes, 24-48; W. Simonis, Ecclesia visibilis, bes. 51-124.

113) Vgl. F. Hofmann, Kirchenbegriff, 254.

114) Vgl. dazu Y. Congar, HDG, III/3c, 2-6.

115) Vg. serm. 341,11: PL 39, 1500f.; serm. 137,1: PL 38,754; de don. persev. 7,14: PL 45,
1001; dazu K. Adam, Geistige Entwicklung, 41; J. Vetter, Der heilige Augustinus und
das Geheimnis des Leibes Christi, Mainz 1929, 8; "Keine Lehre, auch die Gnadenlehre
nicht, war seinem (sc. Augustinus') Geiste so kongenial wie ebendiese Lehre vom corpus
Christi mysticum" (F. Hofmann, Kirchenbegriff, 149). E. Mersch, Le Corps Mystique, II,
86f.; Belege zum ganzen bei Y. Congar, HDG, III/3c, 2 Anm. 2.

patristische Tradition von der christologischen (inkarnatorischen) Begründung der Kirche auf eine prägnante Formel: Nur der totus Deus totus homo Christus (ep. 137,9ff: CSEL 44,107ff.; ep. 187,4: CSEL 57,83f.) konnte zu einem wirklichen Mittler zwischen Gott und Mensch werden; das inkarnatorische Geschehen ist aber zugleich ein ekklesiologisches, denn das Wort ist Fleisch geworden, um Haupt der Kirche zu werden (en. in ps. 148,8: CChr 40, 2169-2171). Die Mittlertätigkeit Jesu Christi seiner menschlichen Natur nach bedeutet ekklesiologisch die Wiederannahme der in Adam insgesamt gefallenen Menschennatur in der durch Inkarnation (vgl. en. in ps. 3,9; 44,3: CChr 38,11-13; 494-496),(116) und Kreuz (en. in ps. 126,7: CChr 40, 1962f.) ermöglichten Einheit der Gläubigen mit Christus im heiligen Geist in dessen und als Christi Leib.(117) Das diesen Leib innerlich beseelende und belebende

---

116) Christus ist freilich auch schon "vor" der Inkarnation caput Ecclesiae; deshalb erstreckt sich der Leib Christi überall dorthin, wo es aufgrund der Gnade Leben in der Gerechtigkeit gibt, er umschließt alle Gerechten "ab Abel usque ad ultimum electum"; vgl. dazu Y. Congar, Ecclesia ab Abel, 79-108. Zur Unterscheidung der Heilsnotwendigkeit der Kirche "vor" und nach Christus vgl. F. Hofmann, Kirchenbegriff, § 17, bes. 217ff.

117) Nach Augustinus ist das Sakrament der Teilhabe am Leib und Blut Christi Mittel für die Gläubigen, selbst das zu werden, was sie empfangen, der Leib Christi: vgl. serm. 272: PL 38,1246-1248, hier 1246; serm. 227: PL 38, 1099-1101, hier 1101; dazu J. Betz, HDG, IV/4a, 152. Über das letztlich nicht zu vereinende Nebeneinander von "realistischer" und "symbolistischer" Aussagelinie in der Eucharistielehre Augustins vgl. bei F. Hofmann, Kirchenbegriff, 390-413. Als Erklärungsgründe für die eigenartige Abivalenz in Augustins Eucharistielehre lassen sich einmal die Tatsache anführen, daß der Kirchenlehrer hier nicht durch eine spezifische apologetische Situation zu näherer denkerischer Präzision gezwungen wurde, zum anderen der Umstand, daß gerade die antidonatistische Stroßrichtung in Augustins Denken allgemein eine spezifische Hervorhebung der Eucharistie in ihrer Bedeutung für den Aufbau des caput et corpus totus Christus und ein Zurücktreten des Gedankens der Gegenwart der caro Christi zur Folge hatte. Dadurch, daß für Augustinus sowohl der mediator Christus (der historische, als Opferpriester und Opfergabe am Kreuz das Opfer vollziehende Leib) als auch die Kirche (der totus Christus caput et corpus) in gleicher Weise die res des Eucharistiesakramentes sind (vgl. ep. 187,6,20: CSEL 57, 98f.; serm 227; 272: PL 38, 1099-1011. 1246-1248), ergibt sich notwendigerweise ein spannungsreiches Nebeneinander der sakramentalen Bezugsrichtungen: "1. Im Sakrament der Eucharistie ist Christi (physischer und mystischer) Leib so gegenwärtig, daß Brot und Wein nicht bloß Symbol dieses Leibes, sondern er selbst sind, daß nach der Konsekration 'etwas anderes' auf dem Altare liegt als vorher; Augustin unterläßt es völlig, das Verhältnis dieses neuen Seins zum Sein von Brot und Wein, auf denen es sich auferbaut, näher zu bestimmen. 2. Dieses neue Sein ist aber nicht ein geistig-persönliches, sondern ein dinglich-objektives, eben das dingliche Abbild dessen, was es im Empfänger geistig herbeiführen soll. Es steht zwischen der Naturwirklichkeit von Brot und Wein und der höheren Wirklichkeit des physischen und mystischen Leibes Christi; darum bleibt die Eucharistie nach ihrem sakramentalen Sein doch wieder wesentlich Symbol, wirksames Zeichen von 'etwas anderem'" (Hofmann, Kirchenbegriff, 408). Vgl. dazu K. Adam, Eucharistielehre, II, 523: "Den Begriff einer sakramentalen Gegenwart Christi im modern katholischen Sinn kennt er (sc. Augustin) weder inhaltlich noch formell." Gleichwohl aber kann in der Anerkennung der Donatisteneucharistie durch Augustin (Co Cresc. 3,4-8,10: CSEL 51/1, 363-369; dazu P. Batiffol, Le Catholicisme,³ 1920, 243) und damit einer gewissen "seinsmäßigen" Unabhängigkeit der eucharistischen Zeichen von kirchlichem Vollzug und kirchlicher Symbo-

Prinzip, und damit der Wesenskern der ecclesia, ist der Heilige Geist als
jene gratia, "durch die Jesus, als erster, zum Christus wurde",(118) so
daß nun die Mitteilung der gratia spiritus als die Teilhabe an der gratia
Christi,(119) d. h. am Geist Christi in seinem Leib zur ekklesiologischen
Grundbestimmung wird.

Während in der episkopalistischen Linie bei Cyprian und vor allem in
deren dualistisch-personalistischen Übersteigerung der Wesensvollzug der
Kirche (d. h. auch ihre Heiligkeit) letztlich identisch werden konnte mit
dem ekklesiologischen Faktum der Einheit mit dem Bischof,(120) genauer
gesagt mit dessen charakterlich-ethischer Qualität, so führt Augustins
pneumatologisch-christologische Reflexion des corpus-Motives demgegenüber zu einer Vertiefung des Kirchengedankens: Es sind bei Augustin
die Zugehörigkeit zu dem, was die Kirche im eigentlichen Sinn ausmacht
und die Zugehörigkeit zur äußeren Kirchengemeinschaft nicht mehr
schlechthin kongruente Größen. Es gibt eine tatsächliche "Inkongruenz
zwischen dem, was ecclesia heißt und dem, was ecclesia ist",(121) anders
ausgedrückt: zwischen der communio sacramentorum, der äußeren (foris)
Gemeinschaft und der communio sanctorum, der inneren (intus) Gemeinschaft.(122) Gerade mit dieser Unterscheidung bringt Augustin deutlich
ein innerlich-gnadenhaftes Element in die Kirchenbetrachtung ein, mit
welchem das wahre Sein der Kirche eigentlich benannt ist: die caritas
und unitas, welche als Werk des Heiligen Geistes den Heiligen (sancti)
eingegossen ist.(123) Wenngleich es demnach Menschen gibt, die zwar
per communionem sacramentorum drinnen (intus) zu sein scheinen (spe-
cies/videri), und doch in Wirklichkeit (intelligibile) draußen (foris)
sind,(124) nämlich außerhalb der Liebeseinheit, so berechtigt dies nicht,
Augustin die Unvereinbarkeit eines doppelten Kirchenbegriffes(125) vor-
zuwerfen, denn die caritas und unitas als die innere Wirkungen des Heiligen
Geistes sind gleichwohl nicht von der unitas der sichtbaren sakramentalen Kirchengemeinschaft zu trennen. Zur inneren Wirklichkeit der Kir-

---

lisation der vielleicht stärkste Ansatzpunkt in Richtung auf eine 'kirchenunabhängige'
Gegenwart Christi in den sakramentalen Gestalten, der sich in Augustins Schriften
überhaupt finden läßt, gesehen werden (vgl. auch J. Ratzinger, Volk und Haus, 158 Anm.
78); zum ganzen K. Adam, Eucharistielehre, a.a.O.

118) Y. Congar, HDG, III/3c, 3, dazu: de praedest. sanct. 15: PL 44, 981-983, hier 982f.

119) Vgl. ep. 82,15: CSEL 34, 364-366; dazu F. Hofmann, Kirchenbegriff, 136ff.; freilich
kennt Augustin noch nicht den formell-ausdrücklichen Traktat de gratia capitis der
Frühscholastik (Y. Congar, HDG, III/3c, 3).

120) Vgl. oben S. 124ff.

121) J. Ratzinger, Volk und Haus, 142.

122) Vgl. dazu Co lit. Pet. 2,80,178: CSEL 52/2, 109f.; siehe auch bei R. Seeberg, DG, ^{2}II,
Leipzig 1910, § 34 Nr. 11, S. 416 Anm. 2 und 420-424; Y. Congar, Introduction géné-
rale, 98f.

123) Vgl. dazu Y. Congar, Introduction, 100-109, dazu de bapt. I 12,18: CSEL 51/1, 162f.;
Co ep. Parm II 10,21: CSEL 51/1, 68-70; de bapt V 23,33: CSEL 289f.

124) "Nec ideo putandi sunt esse in Christi corpore, quod est ecclesia, qui sacramentorum
eius corporaliter participes fiunt" (Co lit. Pet II 108,247: CSEL 52/2, 158-160, hier
159).

125) So noch H. Reuter, Augustinische Studien, Gotha 1887 und A. Dorner, Augustinus. Sein
theologisches System und seine religionsphilosophische Anschauung, Berlin 1873 (ferner
F. Loofs, A. v. Harnack); dagegen F. Hofmann, Kirchenbegriff; J. Ratzinger, Volk und
Haus, 236 Anm. 114; W. Kamlah, Christentum und Geschichtlichkeit, bes. 140ff.; 149.

che führt nur der Zugang über die Zugehörigkeit zur Rechtsgemeinschaft der ecclesia catholica und ihrer communio sacramentorum(126). Die aber dennoch bleibende, nicht einzuebnende Dualität der ekklesiologischen Schichten entspricht jener im philosophisch-erkenntnistheoretischen Bereich von species und intellectus, so daß die kirchliche "pax", die Zugehörigkeit zum Leibe Christi, als ein "intus videri" oder "intus esse" beschrieben werden kann. Die Kontinuität zwischen den ekklesiologischen und erkenntnistheoretischen (metaphysischen) Ebenen ist analog derjenigen zwischen dem sacramentum und seiner res, zwischen dem äußeren und dem inneren Menschen.(127) "Das Verhältnis zwischen den beiden Bereichen entspricht dem einer noch äußerlichen und unvollkommenen Wirklichkeit, die vollkommen das geworden ist, wozu sie berufen ist."(128) Den inneren Kontinuitäts- und Konvergenzpunkt dieser beiden Komponenten, der "äußeren" Hülle und des unsichtbaren - geistgewirkten - Kernes, bilden die Heiligen (sancti), insofern sie in ihrem Leben und in ihrer Person die Heils- und Gnadenwirklichkeit der Kirche, also ihr Wesenskern als Gestaltungen der geistgewirkten caritas selber sind.(129) Sie selbst sind es in Person, in denen die Sündenvergebung(130) und die Eucharistie, also die "Hauptachsen" der Gnadenwirklichkeit "Kirche" realiter gesetzt sind. Der stellvertretende Glaube der Heiligen ist die eigentliche priesterliche Wirksamkeit der Kirche in die Welt hinein. Der "Erfolg" dieser priesterlichen Wirksamkeit der mater ecclesia ist aber gebunden an die pax ecclesiae (gen. subj. und obj.!),(131) nicht an die persönliche Heiligkeit des Sakramentenspenders (antidonatistische Stoßrichtung!).

Die zweifellos neuplatonisch(132) orientierte Ontologie Augustins hat also

---

126) Vgl. dazu J. Ratzinger, Volk und Haus, 145-149.
127) Vgl. Brev. Coll. III 10,20: CSEL 53/3, 68-70.
128) Y. Congar, HDG, III/3c, 5f.
129) Die communio sanctorum ist die Verwirklichung der sponsa Christi sine macula et ruga als der unsichtbare Wesenskern der Kirche. "Die unsichtbare unitas caritatis, die communio sanctorum, nicht das kirchliche Amtstum ist also der eigentlich aktive Faktor in der Heilstätigkeit der Kirche" (F. Hofmann, Kirchenbegriff, 267 gegen Loofs Lf DG, 7. Aufl. 1968, 294-301).
130) Zwar ist der faktische Vollzug der Sündenvergebungsgewalt nach Augustinus an das sacramentum ordinis gebunden (vgl. de adult. coniug. II 16,16: CSEL 41/3, 401f.); jedoch das eigentliche soteriologische "Subjekt" der kirchlichen Sündenvergebung ist die Gesamtheit der sancti. Deshalb sagt Augustinus auch: "Columba ligat, columba solvit et praeter hanc ecclesiam nihil solvitur" (serm. 295,3: PL 38, 1349), oder: "Petra enim tenet, petra dimittit: columba tenet, columba dimittit: unitas tenet, unitas dimittit" (de bapt. III 18,23: CSEL 51,215; de bapt VI 4,6: CSEL 51,302). Ferner: "Has claves non unus homo, sed unitas accepit ecclesiae..." (serm. 295,2: PL 38, 1349); dazu auch F. Hofmann, Kirchenbegriff, 263-275; 315-318. Spender des Sakramentes und Spender der Gnade fallen ebensowenig zusammen wie ecclesia sancta und empirische Kirche; gleichwohl aber sind beide nicht voneinander zu trennen (vgl. Co Cresc. IV, 18,21: CSEL 51,521f.; de bapt VI 1,1; V 21,29: CSEL 51,297f. 286-288).
131) Vgl. de bapt. III 18,23; III 17,22: CSEL 51, 214-216. 213f.; in Joa tr. 121,4: CChr 36,667. Siehe F. Hofmann, Kirchenbegriff, 268ff.
132) Hinsichtlich der Frage nach der theologischen (ekklesiologischen) Valenz des philosophischen (neuplatonischen) Interpretamentes im augustinischen Denken will W. Simonis (Ecclesia visibilis, 75-103) differenzierter urteilen als J. Ratzinger (Volk und Haus, 13ff.; 145f.; 152f.) und W. Kamlah, Christentum und Geschichtlichkeit, 138; 150: bei

dennoch nicht die christlich-inkarnatorische Dimension(133) in der Ekklesiologie aufgelöst mit der Konsequenz, daß die sichtbare Catholica gleichsam nur die mehr oder weniger belanglose äußere Umhüllung des eigentlich substantiellen Kernes wäre, sondern die sichtbare Kirche nimmt
durchaus an der wahren Wirklichkeit der Kirche teil, insofern sie als
"corpus permixtum"(134) gerade im Bezeichnen und Verhüllen dieser
Wirklichkeit zugleich das Erscheinen des Unsichtbaren in der sichtbaren
Welt ist. Deshalb hält Augustinus auch an der absoluten Heilsnotwendig-

---

beiden zuletztgenannten Autoren werde das neuplatonische Interpretationsmuster hinsichtlich des ekklesiologischen Denkens bei Augustin in seiner Bedeutung zu hoch veranschlagt, so daß unter dem erkenntnistheoretischen Schema "eigentlich-uneigentlich"
das geschichtlich-institutionelle Element bei Augustin unterbelichtet bleibe, und somit
somit auch eine - von Augustin her nicht abgedeckte - schlechthinnige Gleichstellung
der Bösen in der Kirche mit den Schismatikern möglich werde (W. Simonis, a.a.O.,
84-90), und der eigentlich heilsgeschichtlich konzipierte Kirchenbegriff Augustins in
die cyprianisch-donatistische Linie abgleite. Die freilich feststellbare Gleichsetzung
der Bösen in der Kirche mit den Schismatikern durch Augustin gelte nur unter der
bestimmten Rücksicht des Endgerichtes; diese Rücksicht führe jedoch keineswegs zur
ekklesiologischen Entleerung des sacramentum tantum (vgl. De Civ. Dei 21,25: CSEL
40/2, 567) bei Augustin, d. h. es gibt faktisch eine ekklesiale Wirklichkeit, an der
Gute und Böse gemeinsam teilhaben können, die communio sacramentalis ecclesiae et
unitatis sanctissimum vinculum (vgl. de bapt VII 51,99: CSEL 51, 371; V,16,20: CSEL
51,279; ep. 208,3: CSEL 57,344; Co lit. Pet. II 80, 178: CSEL 51, 110). Die auch jetzt
schon (vor dem Endgericht) gegebene Relevanz des Unterschiedes von bösen Katholken und
Schismatikern liegt darin, daß erstere den Heiligen in der Kirche zur Last fallen.
Simonis hält die Übertragung des neuplatonischen Schemas von "visibilis-invisibilis"
auf Augustins ekklesiologisches Denken durch J. Ratzinger (a.a.O., 145) für bedenk-
lich, da dadurch die radikal heilsgeschichtlich konzipierte Ekklesiologie des Kirchenlehrers und ihr institutionell-sakramentales Element zu sehr der personal-existentiel-
len Linie untergeordnet werde (Simonis, a.a.O., 99). Die bei Ratzinger für dessen These von der augustinischen Konzeption einer Scheingliedschaft der Sünder und der Sein-
gliedschaft der Heiligen angezogenen Belegstellen (de bapt. IV 9,13: CSEL 51,237f.;
en. in ps. 17,19: PL 36,150; Brev Coll III 10,20: CSEL 53,69) können nach Simonis
nicht als beweiskräftig gelten, da der eigentliche Aussageskopos dort nicht die per-
mixtio, das Beieinander von Guten und Bösen, sei, sondern die Identität der eadem ipsa
una et sancta ecclesia nunc et tunc in heilsgeschichtlicher Perspektive, d. h. trotz
geschehener Verwandlungen (a.a.O., 98f.). Bei Augustin erfahre also das Sichtbar-Institutionelle der Kirche eine tiefere ontologische (und theologische) Verankerung als
ihm dies unter Zugrundelegung seiner neuplatonischen Aufstiegsfrömmigkeit mit den
Kategorien von "eigentlich" und "uneigentlich" nachgesagt werde. Die Berechtigung
dieser Kritik und des Vorwurfes einer platonisierenden Überinternpretation Augustins
an Ratzinger erscheint aber doch bei näherem Zusehen (vgl. J. Ratzinger, Volk und
Haus, 149ff.) zumindest zweifelhaft. Vgl. zu dem Buch von W. Simonis auch die Rezension von A. de Veer, in: REAug. 17 (1971) 396ff.

133) J. Ratzinger spricht von dem Schritt Augustins "von der platonischen Innerlichkeit zur
christlichen Liebe", vom "Überschritt aus der philosophischen Aufstiegsfrömmigkeit in
die Nachfolge Christi, des absteigenden Gottes" (Das Neue Volk Gottes, 24). Gerade in
dem Tiefgang dieser Entwicklung sieht Ratzinger die Korrekturbedürftigkeit des Augu-
stinus-Bildes in der Tradition begründet, was die Ekklesiologie des Kirchenlehrers
betrifft.

134) Vgl. dazu De mor. eccl. cath I 34,76: PL 32, 1342; de vera relig. 6,10: CChr 32,
194f.; Co ep. Par. I 14,21: CSEL 51,42f.; Co lit. Pet. II 26,61: CSEL 52,56f.; de
bapt. IV 9,13: CSEL 51,237f.; Co Cresc. II 36,45: CSEL 51,405f.

keit(135) der Zugehörigkeit zur Rechts- und Sakramentsgemeinschaft eben dieser katholischen Kirche fest. Glied der ecclesia sancta und damit der alleinigen Heilsgemeinschaft kann man nur sein in der sichtbaren Gemeinschaft der ecclesia catholica. Über den zu den Donatisten abgefallenen Bischof der Gemeinde von Caesarea sagt Augustin deshalb: "Extra Ecclesiam catholicam totum habere praeter salutem",(136) und weiter: "Potest habere honorem, potest habere sacramentum, ... potest Evangelium tenere, potest in nomine Patris et Filii et Spiritus Sancti fidem et habere et praedicare, sed nusquam nisi in Ecclesia catholica salutem poterit invenire."(137)

Augustinus führt damit in der Frage der Monopolstellung der Kirche hinsichtlich der sakramentalen Vollzüge als neue Kategorie die "salubritas" ein: Die außerhalb der Catholica (also durch Häretiker und Schismatiker) vollzogene Taufe ist als Werk Christi zwar anzuerkennen (de bapt III 11,16: CSEL 51, 206f.) aber nur als unerlaubte usurpatio (Co Cresc. IV 21,26; I 22,27: CSEL 52, 525f.; 347f.).(138) Nur die unitas, welcher der Hl. Geist zugesagt ist, hat das Vorrecht unum baptismum "salubriter" habere (Co Cresc. I 29,34: CSEL 51, 353f.), nur in ihr hat man die Taufe (und die Sakramente) "utiliter, ad utilitatem", salubriter, ad salutem."(139)

Damit vollzieht Augustinus eine Verschiebung der Wesensgrenze im Kirchenbegriff, denn die Gegensätze lauten nun nicht mehr (wie gegen die Donatisten und bei Cyprian): ecclesia catholica: sacramentum habere - haeresis: sacramentum non habere, sondern: ecclesia sancta: sacramenta utiliter habere - turba molorum: sacramenta perniciose habere (vgl. Co Cresc. II 21,26: CSEL 52, 384-386).(140) Wenn sich die katholische Theologie seither dieses Antwortmodells bedient,(141) so rückt dabei zu-

---

135) Vgl. dazu F. Hofmanns Urteil: "Seit der Gründung der Kirche durch Christus gibt es nach Augustinus Glieder des Leibes Christi nur mehr in der katholischen Kirche" (Kirchenbegriff, 229). Die Lehre von der Unvergebbarkeit der Sünde gegen den Heiligen Geist wird bei Augustinus zur Ausdrucksvariante der Lehre von der absoluten Heilsnotwendigkeit der Kirche. Als Erklärungsgründe dafür, daß Augustinus zu der von der Tradition her nicht gedeckten exklusiven, engen Auslegung des Axioms "extra ecclesiam nulla salus" kam, nennt Hofmann die antidonatistische Stoßrichtung des Bischofs von Hippo, den aus seiner Prädestinationslehre (antipelagianisch) motivierten Gedanken von der Partikularität des Heilswillens Gottes, sowie die Auffassung Augustinus von der psychologischen Unmöglichkeit des dauernden Willens bei der Kirche Fernstehenden (Kirchenbegriff, 231-232).

136) Sermo ad Caes. eccl. pl. 6: CSEL 53, 174f.

137) Ebd.

138) Vgl. auch In Joa tr. 6,15: CChr 61f.: "Rem columbae praeter habes"; es geht also nicht um ein non habere aliquid, sondern um das non iure habere (de bapt III 10,13: CSEL 51, 204f.; Co Cresc. II 28,36; II 30,38: CSEL 51, 396. 397f.; de bapt VI 30,58; I 10,14: CSEL 51, 328. 158-160).

139) Vgl. de bapt I 1,2; IV 17,24; V 8,9; VI 2,4; VI 5,7; VII 52,100; 54,103: CSEL 51, 145-147. 250f. 269f. 300f. 228-230. 371f. 374f.

140) Vgl. dazu F. Hofmann, Kirchenbegriff, 353-372.

141) Dabei wird dieses Antwortmodell häufig in einem "institutionell geprägten Sinne" verstanden, "was nicht genau in der Absicht Augustins lag, und man wird auch die Herkunft seiner Synthese nicht wirklich beachten. Diese bewegte sich in einer platonisierenden Perspektive, nach der eine Realität auf verschiedenen Stufen existiert, wobei die

meist in vergröbernder Weise an die Stelle des im engsten Zusammenhang mit der utilitas- und salubritas-Kategorie stehenden inneren gnadenhaften Elementes der communio sanctorum einfach identifikatorisch das Institutionelle der äußeren Rechtsgemeinschaft der katholischen Kirche. Hier wird erst ein durch die Ökumenismus-Bewegung initiierter Perspektivitätswandel in der katholischen Ekklesiologie wieder neue (richtige) Akzente setzen.(142)

Die vergröbernde Optik der nachaugustinischen katholischen Tradition verrät sich auch dort, wo die Prädikate der Unfehlbarkeit und der geistigen Mutterschaft, die bei Augustin der Kirche der Heiligen zugeteilt werden,(143) unmittelbar und synonymisch auf die Institution übertragen werden; damit wird die auch bei Augustin vorhandene "ekklesiologische Differenz"(144) unterschlagen, die es nicht gestattet, communio sanctorum und communio sacramentorum schlechthin ineinanderfallen zu lassen.

Die große Bedeutung Augustins für die begriffliche Präzisierung und Differenzierung des Kirchengedankens, besonders der Auffassung von der Sakramentalität der Kirche, zeigt sich insbesondere an dessen als Gegenschlag auf die donastische Identifizierung von Spender des Sakramentes und Spender der Gnade konzipierten Sakramententheologie: Kernpunkt der augustinischen Lehre ist, daß Christus das eigentliche und einzige Subjekt jedes sakramentalen Handelns ist und zwar nicht nur als Ursprung einer dann zur Ausübung an die kirchlichen Amtsträger übertragenen potestas, sondern als im Vollzug des "kirchlichen ministers" gegenwärtig Handelnder: "Petrus tauft - und Christus ist es, der da tauft ... Judas tauft, und da tauft Christus."(145) Das kirchliche Priestertum ist also nicht Ausübung einer potestas, sondern ein ministerium;(146) nicht die Heiligkeit des Amtsträgers sondern ausschließlich diejenige Christi wird mitgeteilt.(147)

Damit stellt sich noch einmal die Frage nach der genaueren Bestimmung des Verhältnisses von sacramentum und res, von (äußerem) sichtbarem Zeichen und (innerer) mitgeteilter rechtfertigender Gnade, von communio sacramentorum und communio sanctorum.(148)

Entsprechend seiner neuplatonisch geprägten Denkstruktur bestimmt Augustin zunächst das Zueinander von äußerem signum und innerer Gna-

untere Stufe schon einen bestimmten Entwurf, die Vorbereitung oder das Hingeordnetsein auf das darstellt, was erst auf einer höheren Stufe in seiner vollen Wirklichkeit existiert" (Y. Congar, HDG, III/3c, 5).

142) Näheres hierzu später.
143) Vgl. ep. 105, 5,16; ep. 98,5: CSEL 34,608f. 525f.; dazu P. Rinetti, S. Agostino e l'Ecclesia Mater, in: Augustinus Magister, Paris 1955, 827-834.
144) Den Terminus hat U. Wickert im Zusammenhang seiner Cyprian-Interpretation geprägt, vgl. ders., SU, 12.26.51.61.63.69ff.153.
145) In Joa tr. 5,18; 6,7f.; 15,3: CChr 36, 51f. 56f. 151; Co ep. Parm. II 15,34: CSEL 51, 87-89; Co lit. Pet. I 9,10; III 54,66: CSEL 52,9f.; 220f.; u. a.
146) Vgl. Y. Congar, Introduction, 88f.; D. Zähringer, Das kirchliche Priestertum nach dem heiligen Augustinus, 20f.; 116; 124.
147) Vgl. F. Hofmann, Kirchenbegriff 280ff.
148) Vgl. ebd., § 20; 24; 25, bes. S. 373ff.

de im Sinne einer anthropologisch geforderten didaktisch-propädeutisch notwendigen dispositio des äußeren Zeichens für die innere Rechtfertigungsgnade.(149) Wenngleich Augustin in der Sakramententheologie den unlöslichen Zusammenhang(150) von forma sacramenti (objektive Eingliederung in den Leib Christi, objektive Verbindung mit Person und Werk des Erlösers) und forma iustitiae (Rechtfertigender Glaube) betont, so sagt er keinerlei kausale Beziehung zwischen den genannten Elementen aus. Analog bedeutet das für das Verhältnis von communio sacramentorum und communio sanctorum, daß "die Ausspendung von Wort und Sakrament durch die sichtbare Kirche ... nur den Boden für das Wirken der unsichtbaren Kirche der Heiligen (bedeutet)."(151) Die sichtbare Kirche ist als transitorium (nicht mansorium) signum, das über sich selbst hinausweist, nicht Heilsursache im strengen Sinn, sondern nur Anregung für das Erfassen der rechtfertigenden Gnade selbst. Andererseits weiß Augustin in seiner Bestimmung des Wesens der Sakramente(152) aber auch darum, daß die sichtbaren signa "quodammodo" die gemeinten Dinge selbst sind(153) und nicht nur etwa eine gedankliche Erkenntnisrelation zu dem signatum herstellen. Das sakramentale signum liegt also in einer Art "ontologischem Zwischenreich" zwischen dem körperlich natürlichen Sein und dem geistig übernatürlichen, seine Notwendigkeit ist eine anthropologisch und theologisch begründete.

Der innere Wandlungsprozeß Augustins hinsichtlich seiner Auffassung von der 'Gnadenursächlichkeit' des Sakramentes zeichnet sich deutlich an der Entwicklung seiner Tauftheologie in Bezug auf das Verhältnis von sacramentum und conversio ab, wie sie anhand eines Vergleiches zwischen ep. 98 und de bapt. beobachtbar ist.(154) Im Zusammenhang mit dem Ringen um das Problem der Kinderstrafe, wo ja das subjektive Element des Glaubens (conversio) und die objektive Komponente (sacramentum) im sakramentalen Vollzug nicht zusammenfallen, bestimmt Augustin sacramentum und conversio (hier durch den Glauben der Eltern ersetzt(155)) als in gleicher Weise für den sakramentalen Akt konstitutive und notwendige Elemente: alterum sine altero parum est.(156) Das sacramentum ist conditio sine qua non dafür, daß die conversio, die selbst bereits von der Gnade getragen ist, ihre volle Frucht zeitigen kann.(157) Die Taufe ist also nicht selbst Gnadenquelle, sondern eine

---

149) Vgl. hierzu bes. de doctr. chr. I 11,11ff.: CChr 32,12ff.; ebd., II 1,1ff.: CChr 32,32ff. Im Rahmen einer allgemeinen Zeichentheorie betont Augustinus hier insbesondere das "aliud-aliud", also die seinshafte Differenz zwischen signum und signatum.

150) "alterum sine altero non perducit ad regna coelorum" (Co lit. Pet. III 56,68: CSEL 52,222).

151) F. Hofmann, Kirchenbegriff, 280.

152) Bevorzugt nennt Augustin Taufe und Eucharistie "sacramenta": de pecc. mor. et rem. I 24,34: PL 44, 1298f.; dann auch die Ordination (vgl. B. Poschmann, Kirchenbuße und Correptio secreta bei Augustinus, Braunsberg 1923, 18). Die Sakramente haben als sichtbare Zeichen göttlicher Dinge (de cat. rud. 26,50: CChr 46, 173f.; ep. 138,7: CSEL 44, 131f.) kirchenbildende Kraft (de vera rel. 17,33: CChr 32, 207-208 Z. 1-22), sie sind heilskräftige signa (de bapt. IV 22,29: CSEL 51, 257f.).

153) Vgl. ep. 98,9: CSEL 34, 530f.; De Civ. Dei 18,48: CChr 48, 646f.

154) Dazu F. Hofmann, Kirchenbegriff, 378-389.

155) Vgl. de lib. arbitrio III 23,67: CChr 29,314f.

156) De bapt. IV 21,28: CSEL 51, 255.

157) Vgl. K. Adam, Eucharistielehre, I, 146.

Art Rechtsgewähr für die Gnade.(158) Das äußere Zeichen und die
innere Wiedergeburt sind zwar Parallel- aber nicht Kausalvorgänge.(159)
Diese innere Zuordnungsbestimmung wandelt sich (in Vergleich von ep.
98 zu de bapt.) dahingehend, daß eine zunehmende Ablösung der objek-
tiv-sakramentalen Seite von der subjektiven conversio-Komponente erfolgt, und "nicht mehr ... die Taufe die Bedingung (ist), unter der
sich die Kraft der conversio voll auswirken kann"; vielmehr ist jetzt die
conversio die Bedingung, "die von jedem des Vernunftsgebrauches
Fähigen gefordert wird, damit die an die Taufe gebundene Tätigkeit des
in der Kirche lebendigen Liebesgeistes ihre volle Frucht bringen kann.
Im Kampf gegen Pelagius erst hat Augustinus ... diese Entwicklung konsequent zu Ende geführt."(160) So mündet gerade die antipelagianische
Endgestaltung des augustinischen Kirchenbegriffs(161) sakramententheologisch aus dem Bedürfnis nach einer möglichst objektiven Sicherung des
Heils "immer mehr in einen Sakramentarismus" hinein, der Augustin "in
seiner Jugend und noch bis tief in seine Bischofszeit hinein fremd war
und der seinerseits wieder geeignet war, ihn in der Überzeugung von
der Heilsnotwendigkeit der sichtbaren Kirche mehr und mehr zu bestär-
ken."(162) Von der ursprünglichen Auffassung einer mehr didaktisch-
propädeutischen Verweisfunktion des signum für das innere unsichtbare
Gnadengeschehen wandelt sich Augustins Sakramentsverständnis: "Das
Sakrament weist nicht nur als Zeichen auf die Erlösungstat Christi hin

---

158) Vgl. ebd., 128.

159) So F. Hofmann, Kirchenbegriff, 387.

160) Ebd., 389; analog verläuft die Entwicklung in der Eucharistielehre: K. Adam, Eucharistielehre, I, 146ff.

161) F. Hofmann wendet sich mit dieser Formulierung nachdrücklich gegen die von H. Reuter
(Augustinische Studien, 98; 104) vertretene These von der antipelagianisch-prädestina-
tianischen radikalen Destruktion des Kirchenbegriffes durch Augustin aufgrund der behaupteten absoluten Unvereinbarkeit von Prädestination und Kirche als historischer,
verfassungsmäßig-institutioneller Heilsanstalt (ebd., 51f.).
Dagegen Hofmann: "... ein wahres Leben der Gnade, das allein der vivificans spiritus
geben kann, (ist) nur in der katholischen Kirche möglich, die allein den Heiligen
Geist als Lebensprinzip hat. Dennoch kann gar keine Rede davon sein, daß der Kirchengedanke insbesondere nach seiner mystischen und sakramentalen Seite in der antipela-
gianischen Zeit für Augustin in den Hintergrund des Bewußtseins getreten wäre; im Gegenteil erfährt er erst jetzt seine reifste und tiefste Durchdringung ..." (Kirchenbegriff, 461). Nach Hofmann schließt für Augustin die Sicherheit, mit der die Prädestinierten das Heil erlangen, keineswegs die Bindung der Heilsgnade an zeitliche Vermittlungen aus, sondern ein, denn Prädestination ist ja nicht eine Aussage über die Heils-
verwirklichung, sondern über den Heilsratschluß Gottes (vgl. de praed. sanct. 10,19:
PL 44, 974f.). Da alle Gnade gratia Christi ist (ep. 179,6: ep. 187,11,34: CSEL 44,
694ff.; CSEL 57, 112f.), fließt sie dem einzelnen nicht in einem "einzelnen religiösen
Akt zu, in dem er sich zu Christus wendet, sondern sie ist wesentlich von der Einordnung der ganzen Person in die Einheit des totus Christus mitbedingt" (Hofmann, a.a.O.,
479; vgl. dazu auch de dono persev. 24,67: PL 45, 1033f.; ebenso J. Ratzinger, Volk
und Haus, 124 Anm. 1).

162) F. Hofmann, Kirchenbegriff, 472. Die Übernatürlichkeit, Gnadenhaftigkeit allen Christusheiles und die Ohnmacht menschlich-sittlichen Strebens konnte Augustin durch
nichts radikaler betonen als dadurch, "daß er Wiedergeburt, Rechtfertigung und Gnade
immer ausschließlicher an die äußeren sakramentalen Heilszeichen band und so gegen
alle menschliche Unzulänglichkeit sicherte" (ebd., 464f.).

und gibt nicht nur eine objektive Bezogenheit auf Christus, sondern schenkt selbst die Gnade, die Kraft zu einem heiligen Leben und schließlich das Heil selbst."(163) Spätestens hier wird die Unhaltbarkeit der These von einem doppelten Kirchenbegriff bei Augustin(164) offenbar, denn der Zugang zur communio sanctorum ist nur möglich über die communio sacramentorum. Freilich zeigt schon der Vorwurf der Donatisten gegenüber dem augustinischen Kirchenbegriff,(165) daß wohl eine unterschwellige innere Tendenz der platonischen Denkstruktur bei Augustin zumindest doch eine den Kirchenbegriff spaltende Interpretation und Rezeption begünstigt, die die institutionell sichtbare Seite der Kirche gegenüber ihrem verborgenen Wesen ins uneigentliche Schein-Sein abgleiten läßt.

Das reformatorische ekklesiologische Gefälle zu einer Dichotomie von ecclesia visibilis und ecclesia invisibilis(166) hat zumindest via facti nicht zuletzt Augustin zum unfreiwilligen Paten.(167)

Folgt man jedoch J. Ratzingers Untersuchungen zur Ekklesiologie Augustins,(168) so wird man gerade an diesem Punkt noch eine andere Größe im geistesgeschichtlichen Kräftefeld einführen müssen, nämlich die recht eigenwillige ekklesiologische Konzeption des donatistischen Laientheologen Tyconius.(169) Während für Augustin feststeht, daß es keinen Zugang zur ecclesia vera et invisibilis gibt außer durch die ecclesia catholica visibilis, führt die tyconische Konstruktion einer "extensiven Katholizität" (Ratzinger) letztlich dazu, daß der Heilsweg der Rechtfertigung nicht derjenige der Kirche durch die rein christologisch verstandene und auch schon 'vor' der Zeit Christi gegebene fides mediatoris (so bei

---

163) Ebd., 470; vgl. auch K. Adam, Eucharistielehre, I, 132.

164) Zur Diskussion vgl. bei J. Ratzinger, Volk und Haus, 145-149.

165) "... duas ecclesias..., unam quae nunc habet permixtos malos, aliam quae post resurrectionem eos non esse habitura" (Brev Coll. III 10,19: CSEL 53,68).

166) In der katholischen historischen Lutherforschung setzt sich zunehmend die Ansicht durch, daß bei Luther selbst der spiritualistisch akzentuierte und konkret geschichtlich unterbelichtete Kirchenbegriff weder Ergebnis der stringent durchgeführt reformatorischen Rechtfertigungskonzeption ist, noch in einem apriorischen, eindeutig faßbaren reformatorisch-antikatholischen Kern bei Luther in nuce angelegt ist, sondern eher via facti aus einem gewissen ekklesiologischen Desinteresse an der Frage nach einer konkreten Ordnung und einer bestimmten äußeren Autorität des corpus mysticum sich einstellte und in Verbindung mit den spezifischen Aussage- und Vollzugsweisen reformatorischen Theologisierens (vgl. absconditas-Kategorie; sub contraria specie-Perspektive; theologia crucis; "Situationsbezogenheit" bzw. "Situationsverfallenheit" von Luthers Sprechweise": dazu J. Lortz, Zum Kirchendenken des jungen Luther, bes. 975-980) interpretatorisch verstärkt ans Licht treten konnte; vgl. dazu auch W. Wagner, Die Kirche als Corpus Christi mysticum beim jungen Luther, in: ZkTh 61 (1937) 29-99.

167) Vgl. hierzu Y. Congar, HDG, III/3d, 42f.

168) Vgl. insbesondere hierzu J. Ratzinger, Das neue Volk Gottes, 11-23.

169) Vgl. hierzu K. Forster, in: MThZ (1956) 173-183; T. Hahn, Tyconiusstudien (1900); A. Pincherle, in: RR (1925) 443-456; J. Ratzinger, in: RAug2 (1956) 173-185; H.A. van Backel, Tyconius.Augustinus ante Augustinum; in der Frage nach der Abhängigkeit Augustins von Tyconius besonders hinsichtlich des corpus-Begriffes votiert K. Forster (a.a.O.) bejahender, während J. Ratzinger auf größere Eigenständigkeit Augustins erkennt (a.a.O.).

Augustin) ist, sondern der des "Geistes Gottes", der immer schon möglich war und auch jetzt unverändert in die Christuszeit projiziert wird. Bedingung des Heiles ist dabei eine fides fiducia, nicht die christozentrisch verstandene communio. Während Augustin mit der Konzeption des "corpus permixtum" die inkarnatorische Dimension der Wirklichkeit Kirche aufrechterhält, gleichzeitig aber die neuplatonische Unterscheidung von wahrer und Scheingliedschaft(170) ihn vor der ontologischen Aufspaltung der Kirche in eine ecclesia visibilis und eine ecclesia invisibilis als zweier Wirklichkeiten bewahrt, muß Tyconius mit dem Begriff des "corpus bipertitum" dem Leib der Kirche zwei Seiten, das Gute und das Böse, als notwendig hinreichende Konstitutionselemente der ganzen Kirche unterstellen. Der Antichrist gehört naturgemäß zur pilgernden Kirche. Sie ist nichts anderes als die Fortsetzung der "Dialektik von lex und gratia in die Zeit des Neuen Testamentes herein."(171)

Während Augustin mit der caritas der communio sanctorum gleichsam die ontologische Klammer von äußerem und innerem Element der Kirche gelingt, gelangt Tyconius unweigerlich zu einem gespaltenen Begriff von der Kirche: Diese tritt in eine innere Einheit mit dem "κόσμος οὗτος" und damit in die Spaltung von Corpus Domini verum atque permixtum, wie Augustin Tyconius – die Konsequenzen von dessen Konzeption noch deutlicher als dieser selbst ausziehend – in Abgrenzung zur eigenen Position interpretiert. Als "corpus bipertitum" ist die ecclesia Christi zugleich ecclesia diaboli. "Der sichtbare Kirchenkult kann ebensogut Christus- wie Teufelskult sein, entscheidend ist der Geist, in dem er betrieben wird."(172)

"Diese Lehre hebt jede Sicherheit bezüglich der Geltungsweise und Wirksamkeit der äußeren kirchlichen Institutionen auf."(173) Daß für Augustin die Übernahme dieses tyconischen corpus-bipertitum-Konstruktes gerade hinsichtlich der zuletzt genannten implikativen Konsequenzen unmöglich war,(174) soll abschließend noch anhand der kontrastierenden Linien von Augustins Bußtheologie(175) erörtert werden, da gerade hierbei wie in einem Brennpunkt der patristische Befund zu den zentralen ekklesiologischen Fragepunkten nach der sakramentalen Dimension der kirchlichen communio, nach der soteriologischen "Subjekthaftigkeit" der

170) Zur einschlägigen Kontroverse bezüglich der Platonismusfrage in der Augustin-Deutung zwischen J. Ratzinger und W. Simonis vgl. o. S. 140 Anm. 132.
171) J. Ratzinger, Das neue Volk Gottes, 20.
172) Ebd., 21 Anm. 55.
173) Ebd. 21.
174) Vgl. dazu auch Y Congar, HDG, III/3c, 4.
175) Es geht uns hierbei freilich in erster Linie um die Herausstellung der theologisch-ekklesiologischen Dimension der Rekonziliation. Die Kontroverse zwischen B. Poschmann (Kirchenbuße und Correptio secreta, 7f.) und K. Adam (Die kirchliche Sündenvergebung, 56ff.; ders., Die geheime Kirchenbuße, 57; 70) darüber, ob es nach Augustin (und damit im 4. und 5. Jhdt.) bereits eine kirchliche Privatbuße mit geheimem Bekenntnis, geheimer Rekonziliation und freiwilligem Fernbleiben von der Eucharistie ohne eigentliche Exkommunikation gebe, oder nur das öffentliche Institut der Exkommunikationsbuße, ist dabei für unseren Zusammenhang von geringerem Belang; vgl. dazu K. Adam, Die abendländische Kirchenbuße, bes. 295. Ferner H. Vorgrimler, HDG IV/3, 73 mit Anm. 417, 81f. mit Anm. 489, der diese Frage eindeutig im Sinne der zweiten Antwort (mit K. Rahner, De paen., 196f. und B. Poschmann) entscheidet.

Wirklichkeit Kirche aufgrund des radikalen Ankommens der Gnade Christi
in den kirchlichen communio-Strukturen und -vollzügen kulminieren.

Vor allem in antidonatistischer Stoßrichtung formuliert Augustin: "Spiritus dimittit, non vos. Spiritus autem Deus est. Deus ergo dimittit, non
vos."(176) Dieses göttliche Handeln vollzieht sich jedoch in und als
kirchliche(r) Rekonziliation (durch Handauflegung und/der Wiederzulassung zur Eucharistie), ein Akt, der "wegen dieser tieferen theologischen, weit über den Bereich des Kirchenrechtlich-Disziplinarischen hin-
ausreichenden Dimension von größter Bedeutung für das ewige Heil des
Sünders" ist.(177) Auf diese Dimension verweist insbesondere die Bezeichnung "sacramentum" für die Buße;(178) die im Bußgeschehen vor
allem der Rekonziliation wirksame kirchliche Disziplinargewalt ist bei
Augustin zugleich sakramental verstanden, d. h. sie berührt nicht nur
das Rechtsverhältnis der Gemeindeglieder untereinander sondern auch
und zugleich das innere Gnadenverhältnis der Glieder zu Christus.(179)
Das "kirchliche 'Lösen' bezieht sich nach Augustinus nicht nur auf die
Folgen der Sünde, es ist auch keineswegs nur die amtliche Feststellung
(Deklaration) des Gelöstseins des Sünders durch die zuvorkommende,
Reue bewirkende Initiative Gottes, sondern es bezieht sich auf die
peccata selber."(180) Zwar betont Augustin in seiner Veranschaulichung
des Bußgeschehens anhand der johanneischen Erzählung von der Laza-
rus-Erweckung,(181) daß der eigentliche Erweckungsvorgang beim Sünder zum wiedergebrachten Leben ein dem kirchlichen Lösen schlechthin
vorausgehendes, ja ihm nicht bloß sachlich sondern auch zeitlich ver-
schiedenes Wiederbringen des durch die Sünde verlorenen Lebens in
seinem Vollsinn ist;(182) dies ändert jedoch nichts an der Grundüber-

---

176) Serm. 99,9,9: PL 38, 600.
177) H. Vorgrimler, HDG, IV/3, 83; dazu ep. 228,8: CSEL 57,491: "Quantum exitium sequatur
    eos, qui de isto saeculo vel non regenerati exeunt, vel ligati."
178) De bapt. V 20,28: CSEL 51,285f.; ep. 228,8: CSEL 57,491; serm. 351,9: PL 39, 1545; en.
    in ps. 146,8: CChr 40,2127.
179) Vgl. auch K. Adam, Die abendländische Kirchenbuße, 281.
180) H. Vorgrimler, HDG, IV/3, 84 gegen W. Simonis, Ecclesia visibilis, 119, der das "Bin-
    den" und "Lösen" bei Augustin nur auf die kirchlichen Folgen, nicht auf die Sünden
    selber bezogen sieht; dazu: In Joa tr. 49,24: CChr 36,431.
181) Vgl. Joh 11,44; Gott allein bewirkt die Erweckung zur Umkehr (vgl. serm. 67,1ff: PL
    38, 433f.; in Joa tr. 49,3 und 24: CChr 36,420f.; 431 u. a.); diese Erweckung aber
    zielt auf die confessio (en. in ps. 84,16: CChr 39,1175 und darauf, daß die Kirche dem
    Erweckten die Fesseln löst, so daß er wieder gehen kann; erst dann wird die suscitatio
    (durch die innere Gnade) zur venia bei Gott; die Erweckung geschieht in radikaler Hin-
    ordnung auf das Leben in der Buße, sie ist ein "vivere incipere" (en. in ps. 118,7,3:
    CChr 40,1683f. en. in ps. 50,16: CChr 38,611f. des "adhuc reus" (in Joa tr. 49,24:
    CChr 36,431) bis seine vincula von der Kirche gelöst werden (de nupt. et concup. I
    26,29: CSEL 42,241).
182) Vgl. K. Adam, Die kirchliche Sündenvergebung, 33; zum ganzen 31-42; diese Aussagelinie
    einer betonten Trennung von göttlicher suscitatio und kirchlichem solvere rückt beson-
    ders in antipelagianischer Akzentuierung bei Augustin in den Vordergrund (Co Jul. Pel.
    VI 19,62: PL 44, 860f.; serm. 98,6: PL 38, 594f.; ep 186,7,25: CSEL 57, 65f.), wo es
    dem Kirchenlehrer darum zu tun ist, die absolute Souveränität des Begnadungsaktes von
    Gott her von jeglicher geschöpflichen Ursächlichkeit freizuhalten; andererseits aber
    hält Augustinus selbst nicht immer diese strenge Trennung durch (vgl. serm. 67,1.2: PL
    38, 433f.; serm. 295,2.3: PL 38, 1349f.; serm. 352,3,8: PL 39, 1558f.; in Joa tr.
    22,7; 49,24: CChr 36,226f.

zeugung Augustins, daß allein durch die pax ecclesiae(183) der durch die Reue von Gott auferweckte Sünder wieder das Leben der Teilhabe am Heiligen Geist erhält. "In dieser Theorie verbindet Augustinus Rekonziliation, Partizipation am H. Geist Gottes und Sündenvergebung zu einer inneren Einheit",(184) die nicht durch ein synergisch-komplementär operierendes Denkmodell(185) adäquat erfaßt werden kann. Die Kirche der sancti ist wirkliches "mediales Subjekt" der Sündenvergebung, weil sie von Gott zur "columba unica, pudica et casta, sponsa sine macula et ruga"(186) gemacht wurde. "Der Geist Gottes wirkt in dieser und durch diese Kirche der 'sancti spirituales' (de bapt III 18,23: PL 43, 150) auf eine für Augustinus nicht mehr genauer bestimmbare Weise, aber jedenfalls so, daß er sich auch (wie Augustinus gerade gegen die Donatisten betonen muß) unwürdige Amtsträger dienstbar macht."(187) Die Kirche als empirische Gestalt annehmende Gemeinschaft der vom Geist der Gottesliebe Beseelten sancti wird zum "medialen" Erlösungsfaktor, zum Sakrament.(188) Damit ist aus bußtheologischer Sicht nochmals die Quintessenz der augustinischen ekklesiologisch-soteriologischen Synthese beleuchtet, wobei es wichtig ist, die bei Augustinus nach wie vor festgehaltene Trennung zwischen Spender des Sakramentes (Institution) und Spender der Gnade (Christus in und als die ecclesia sine macula et ruga) im Blick zu behalten.

Im Folgenden gilt es nun, den spezifischen Akzentuierungen und Weiterbildungen dieses Axioms von der "medialen soteriologischen Subjekthaf-

---

183) Gemeint ist die ecclesia-caritas, die communio sanctorum: "Ecclesiae caritas, quae per Spiritum Sanctum diffunditur in cordibus nostris, participum suorum peccata dimittit, eorum autem, qui non sunt eius participes, tenet": in Joa. tr. 121,4: CChr 36,667; de bapt. III 18,23: CSEL 51, 214-216; Co Cresc. II 13,16: CSEL 52/2, S. 374-376.

184) H. Vorgrimler, HDG, IV/3, 85.

185) In dieser Richtung bewegt sich K. Adam, Die kirchliche Sündenvergebung, 47ff., der die Faktoren "suscitare" und "solvere" wohl durch die Idee von der Kirche der Heiligen als dem alleinigen Institut der Gnade und des Sündennachlasses zusammengebunden sieht, aber deren Zuordnung lediglich als eine ergänzend-deklaratorisch notwendige und das kirchliche solvere als ein lediglich mittelbar auch an der Befreiung von der Sünde beteiligtes Geschehen bei Augustin versteht; demgemäß sieht Adam auch das Abgleiten des kirchlichen Handelns bei der Buße ins bloß Juridisch-Deklaratorische im Verständnis Augustins schon vorgebildet (a.a.O., 49). Eine deklaratorische Theorie hinsichtlich des kirchlichen Lösens vertreten Hieronymus, in Mt III 16,19: PL 26, 118 und Gregor I, in Evang. hom II 26,6: PL 76, 1200f.; besonders bei Gregor I führt sie dazu, die Rekonziliation nur auf den Nachlaß der Sündenstrafen, nicht aber die Vergebung der Sünden selbst zu beziehen. Demgegenüber ist die sog. "formaljuristische Theorie" (K. Rahner; s. b. H. Vorgrimler, HDG IV/3,86), welche das kirchliche Amtshandeln als einen Stellvertretungsakt im Auftrag Gottes begreift (vgl. etwa Pacian, ep. 3,7: PL 13,1068; auf den novatianischen Einwand, Gott allein könne Sünden vergeben, erwidert Pacian: "Verum est, sed et quod per sacerdotes suos facit, ipsius potestas est" ep. 1,6: PL 13, 1057; deshalb spricht diese Theorie richtiger von servitium od. ministerium statt von potestas: in ps. 38,37: PL 14, 1108; de Spiritu Sancto III 18,137: PL 16, 809), ohne Schwierigkeiten vereinbar mit der Überzeugung, daß Sündenvergebung in der und durch die pax cum ecclesia geschieht (H. Vorgrimler, HDG, IV/3, 86).

186) De bapt. VI 3,5: CSEL 51/1, 301.

187) H. Vorgrimler, HDG, IV/3, 85, dazu serm. 71,37: PL 38, 466.

188) Vgl. K. Adam, Die kirchliche Sündenvergebung, 162.

tigkeit" in der ganz und gar dem augustinischen Erbe(189) verpflichteten beginnenden frühscholastischen ekklesiologischen "Reflexion"(190) nachzugehen, die den Ansatzpunkt für nicht unbedeutende Schwerpunktverlagerungen im sakramentalen Kirchendenken bilden werden.

---

189) Vgl. hierzu J. Beumer, Die Ekklesiologie der Frühscholastik, 374-378 mit Textbelegen; ferner J. Chatillon, Une ecclésiologie médivale. L'idée de l'Église dans la théologie de St. Victor au XIIe siecle, in: Irénikon 22 (1949) 115-178. 395-411; Y. Congar, HDG, III/3c, 98-101.

190) Hier muß freilich gleich betont werden, daß die "Scholastiker von Anfang an bis zu den umfassenden Systemen ihrer großen Vertreter das noch unbeirrt ursprüngliche 'sentire cum ecclesia' (noch nicht) in gesonderten regelmäßig wiederkehrenden Traktaten zum Ausdruck" zu bringen versucht haben (J. Ranft, Stellung, 61), und man insofern noch nicht von einer frühscholastischen ekklesiologischen "Reflexion" im Sinne einer methodisch gesondert betriebenen theologischen Teildisziplin sprechen kann (P. Lombardus z. B. kennt noch keine eigene Quaestio "de Christo capite Ecclesiae": vgl. In Sent. III). Die Kirche ist vielmehr noch eine so selbstverständliche Größe, daß sie noch nicht in einem abgeschlossenen Traktat verhandelt wird, sondern alle anderen dogmatischen Bereiche (Priestertum, Gnade, Sakramente) so behandelt werden, daß die Wirklichkeit Kirche gleichsam als architektonisches Gesetz den ganzen Bau durchherrscht (J. Ranft, Stellung, 62; für Thomas v. Aquin stellt das nämlich fest M. Grabmann, Lehre, 107f.) Daher muß eine Erörterung des frühscholastischen ekklesiologischen Denkens unabdingbar gerade die wechselseitige Ergänzung und Erschließung der Aussagen aus den zwei großen theologischen Literaturgattungen berücksichtigen: der eigentlich scholastischen Schriften (Sentenzensammlungen, Quaestionen und Summen) und der ekklesiologisch besonders fruchtbaren "homiletisch-exegetischen" Literatur (dazu: J. Beumer, Ekklesiologie, 365-368).
Daß die scholastische Literatur verhältnismäßig arm an ekklesiologischem Material ist, kann zudem als Hinweis dafür gelten, daß die "hauptsächlichen Aussagen der Ekklesiologie ... keine eigentliche Streitfrage bildeten" (ebd., 366f.).

§ 4: DIE FRÜHSCHOLASTISCHE REZEPTION DER VÄTEREKKLESIOLO-
GIE: EINIGE BEDEUTSAME AKZENTUIERUNGEN DES SAKRAMENTA-
LEN KIRCHENGEDANKENS ZWISCHEN PATRISTIK UND HOCHSCHO-
LASTIK

Die mit dem Terminus "Frühscholastik" umschriebene dogmengeschichtlich
und gerade ekklesiologisch als Zwischen- und Übergangsperiode von der
Patristik zur Hochscholastik bedeutsame Periode umfaßt grob gesprochen
die theologische Literatur des 12. Jahrhunderts beginnend mit Anselm
von Canterbury und hinreichend bis zu Wilhelm von Auxerre, der weitgehend schon den Problemhorizont der Hochscholastik verrät.(1)

I. Sakramententheologische und ekklesiologische Grundlagen und Tendenzen des frühscholastischen Kirchendenkens

Als eine Art innerer Brennpunkt des in vieler Hinsicht noch unausgego-
renen, bizarren und widersprüchlichen Befundes zum Kirchendenken der
Frühscholastik kann das Leib-Christi-Motiv ausgemacht werden; ja, es
begegnen hierzu nicht nur entsprechende gelegentliche Äußerungen,
sondern man kann diesbezüglich noch gerade von einer "beinahe systematisch ausgebaute(n) Theologie"(2) sprechen: "Corpus Christi universa
est Ecclesia",(3) erklärt Wilhelm (Abt) von St. Thierry bündig. Von besonderer Bedeutung ist in diesem Zusammenhang die Herausbildung des
Traktates von der gratia capitis,(4) d. h. die soteriologische Bestimmung
des Verhältnisses von Haupt und Gliedern: Durch die Inkarnation wird
Christus im eigentlichen Sinn seiner Menschheit nach(5) zum caput
ecclesiae,(6) so daß ein Austausch der Gnadengüter vom caput-Christus

---

1) Vgl. hierzu A. M. Landgraf, Einführung in die Geschichte der theologischen Literatur der
Frühscholastik, Regensburg 1948.

2) J. Beumer, Ekklesiologie der Frühscholastik, in: Scholastik 26 (1951) 364-389, hier 383.
Das Leib-Motiv hat in der frühscholastischen ekklesiologischen Besinnung deutliche
Prävalenz vor denen des Gottesvolkes oder des Gottesstaates vgl. etwa Wolbero, Com. in
cant. Salom. 1,9: PL 195, 1062 und 3,7: PL 195, 1134.

3) Liber de nat. et dign. amoris 10,23: PL 194, 398; vgl. auch H. v. St. Victor, De sacr.
2,2: PL 176, 414; weitere Belege aus der Schule Anselms v. Laon bei H. Weisweiler, Das
Schrifttum der Schule Anselms von Laon und Wilhelms von Champeaux in deutschen Biblio-
theken (=BGPhMA 33,1-2), Münster 1936, 349.

4) Vgl. etwa P. Lombardus: "Ut in corpore nostro inest sensus singulis membris, sed non
quantum in capite, ibi enim visus est et auditus et olfactus et gustus et tactus, in
ceteris autem solus tactus, ita in Christo habitat omnis plenitudo divinitatis, quia
ille est caput, in quo sunt omnes sensus ..." (III Sent. dist. 13). Angekündigt ist
dieser Traktat bereits in den Sententiae des Petrus v. Poitiers (um 1170: Lib. IV, c.
20: PL 211, 1215-1219) und weitgehend entfaltet begegnet er dann bei Wilhelm v. Auxerre
(um 1220-1225: Summa aurea, Lib. III, tr. 1 c. 4, Ausg. Paris, Pigonchet, 1500, fol.
CXV^V); für die weitere Entwicklung in der Hochscholastik vgl. J. Finkenzeller, Die
christologische und ekklesiologische Sicht der gratia Christi in der Hochscholastik, in:
MThZ 11 (1960) 169-180.

5) Dies wird eindeutig festgestellt bei P. v. Poitiers, Sent. IV, 20: PL 211, 1215-1219;
weitere Belege bei A. M. Landgraf, Die Lehre vom geheimnisvollen Leib, in: DT 24 (1946)
246-248. 393-407.

6) Zur Geschichte der Lehre von Christus, dem Haupt der Kirche in Patristik und Scholastik
vgl. M. Grabmann, Lehre, 196-208.

zum corpus-ecclesia und deren Einigung ermöglicht wird. (7) Die frühscholastische caput- und corpus-Christi-Theorie führt in spezifischer
Weise das augustinische Grundaxiom weiter, daß nur die unitas und
caritas der sancti, d. h. die geistgewirkte Einheit der ecclesia sine
macula et ruga (das durch das caput gnadenbeseelte corpus) das ekklesiale 'Subjekt' des Gnadenhandelns der Kirche ist, insofern sie in der
geistgewirkten Verbindung mit dem Christus-caput steht. Die Sakramente
also bewirken ihre heilschaffende Frucht ebenfalls nur innerhalb der
Kirche. (8)

Interessanterweise aber geht dieser eindeutig christologisch bestimmten
gratia-capitis-Theorie bei Hugo v. St. Viktor bereits eine deutlich pneumatologisch akzentuierte Variante voraus: Hugo kennt keinen Traktat "de
Christo capite"; nicht die Gnade Christi, sondern sein Heiliger Geist
macht uns zu Gliedern seines Leibes. (9) Hugo "repräsentiert offenbar
den Typ einer Theologie vom (mystischen) Leibe Christi, die wir im
12. Jh. vor der Erarbeitung durch die Frühscholastik des Traktats 'De
Christo capite' und dann 'De gratia capitis' antreffen. Wir haben hier in
der Tat eine Theologie vom Leibe Christi vor uns, die diesen Traktaten
vorangeht."(10) Sie zeigt deutlich, daß mit der Herausbildung dieser
letzteren Traktate auch der corpus-Christi-Gedanke sein christologisch
akzentuiertes Schwergewicht erhalten hat: Lag noch bei Hugo das Haupt-
gewicht der Betrachtung auf dem Heiligen Geist, als dem einenden Prinzip des corpus Christi, der derselbe im caput-rector wie in den Gliedern
ist, (11) so daß das sacramentum-corpus innerhalb einer dynamisch
konzipierten, pneumatologisch akzentuierten heilsökonomischen Betrachtung verstanden wurde, so wird das corpus Christi nun zunehmend in-

---

7) Vgl. auch Anselm v. Canterbury, Med. I,5: PL 158, 713: "Christus tantum se univit, ut
in unitate ecclesiae de carne sua te esse voluerit."

8) Vgl. hierzu A. M. Landgraf, Zur Lehre von der Konsekrationsgewalt, in: DG FS, III/2,
223-243; ders., Sünde und Trennung, in: Scholastik 5 (1930) bes. 218, Anm. 32; 219 Anm.
33; 220. F. Holböck, Der eucharistische und der mystische Leib, 232-238; das Geheimnis
des mystischen Herrenleibes bildet die zentrale Mitte für den Aufbau der Sakramentenlehre und der "Ekklesiologie" der frühscholastischen Autoren: Die Verbindung mit dem
mystischen Leib des Herrn gilt in der Frühscholastik allgemein als die "res" der Eucharistie; vgl. H. v. St. Viktor, De sacr. 2,8,7: PL 176, 466; Summa Sent. 6,3: PL 176,
140; P. Lombardus, In 1 Cor: PL 191, 1642; die ganze frühscholastische Sakramentenlehre
ist gleichsam ein Ausschnitt aus der Ekklesiologie (J. Beumer, Ekklesiologie, 388).
Wenn bei H. v. St. Viktor und P. Lombardus (De sacr. 1,2,2,: PL 176, 416-417; Sent. IV
dist. 24) ganz generell die Idee des im mystischen Leib fortlebenden Christus der
generelle Kontext der Sakramentenlehre erscheint, so wird daraus der grundlegende Wert
der Eucharistie für die dogmatische Struktur der Sichtbarkeit der kirchlichen Gemeinschaft mit Nachdruck deutlich; hierin trägt die ganze Frühscholastik augustinisches
Gepräge (vgl. F. Holböck, Der eucharistische und der mystische Leib; J. Beumer, Ekklesiologie, 376 Anm. 54.

9) Vgl. de sacr. chr. fid. I 6,17: PL 276, 274; II 1,5: PL 176, 382: die caput-Eigenschaft
Christi besteht darin, daß er als erster und in Fülle den Geist empfängt, der die
Gläubigen mediante Christo beseelt. "Quando christianus efficeris, membrum Christi
efficeris, membrum corporis Christi, participans Spiritum Christi" (de sacr. II 2,1: PL
176, 417A).

10) Y. Congar, HDG, III/3c, 100.

11) Die Sakramente (insbesondere die Taufe) sind in dieser Konzeption in erster Linie
Sakramente des Glaubens (H. Weisweiler, in: Theologie in Geschichte und Gegenwart = FS

tensiver als der Anwesenheitsbereich, als Frucht der Gnade **Christi** gesehen, der geschaffenen Gnade,(12) die sich von Christus her auf
seinen Leib hin ausbreitet.(13) Damit ist im sakramentalen Kirchengedanken eine Entwicklung vom (patristischen) sacramentum-symbolum hin
zum (scholastisch-mittelalterlichen) sacramentum-instrumentum eingeleitet;
der Akzent verlagert sich zunehmend von der Zeichenfunktion des sacramentum auf die instrumental-kausale(14) und Ausdrucksfunktion. Episte-
mologisch ließe sich der Wandel als ein solcher von einer dynamisch-
aktualen zu einer mehr substanzontologisch-dinglichen Wirklichkeits-
betrachtung begreifen.(15) Ekklesiologisch artikuliert sich dieser Vorgang in spezifischen Entwicklungen innerhalb der sakramententheologischen Teiltheorien:
1. Die dezidierte Bestimmung des Unterschiedes zwischen sacramentum
tantum, res et sacramentum und res tantum der Eucharistie,(16) wonach
res contenta et significata der Eucharistie est caro Christi, quam de
Virgine traxit, et sanguis quem pro nobis fudit, und die res autem
significata et non contenta die unitas ecclesiae ist,(17) deutet bereits das
Auseinanderdriften von eucharistisch-sakramentalem und ekklesialem cor-
pus-Gedanken an, so daß unter zunehmender Verdünnung der eschatologischen Spannung(18) im Kirchengedanken der Akzent innerhalb des sa-

---

M. Schmaus, 433-456), denn um den Geist Christi zu haben, muß man durch Glaube und
Taufe im Leib Christi sein; andererseits ist man Leib Christi, sobald man aus seinem
Geist zu leben beginnt. Ganz im Rahmen augustinischen Denkens formuliert Hugo damit den
Gedanken von der communio sanctorum als Wesenskern der Kirche, der allerdings nicht
ablösbar ist von der communio sacramentorum. Die Verbindung der inneren Wirkkraft mit
der sakramentalen Vermittlung liegt in der geistgewirkten fides; vgl. dazu bei Augu-
stin: In Joa tr. 26,13; 27,6; 52,6: CChr 36,266; 272f.; 448; serm. 52,4; 267,4; 268,2:
PL 38, 357.1231.1232-1233.

12) Der Terminus "gratia creata" dürfte zwar erst um 1245 geprägt worden sein, die damit
intendierte Sache aber zeigt sich schon in der im Zusammenhang mit der Erörterung der
Kindertaufe aufgekommenen Unterscheidung zwischen dem Besitz der Tugenden "habitu" und
"actu" in den Regeln des Alanus von Lille (nach 1194: Reg. 88: PL 210, 666, dazu Y.
Congar, HDG III/3c, 102 Anm. 40.

13) Möglicherweise artikuliert sich auch bei Rupert von Deutz noch die Tendenz gegen eine
christologische Überstrapazierung des corpus-Gedankens, wenn er die Idee der typologi-
schen Vorbedeutung der Kirche in der Paradiesesehe kommentiert: "Denique quod fuit uni
viro mulier una, et hoc futura erat uni Filio Dei, una omnium sanctorum angelorum atque
electorum hominum Ecclesia. Differt tamen in facturis, sicut praepositiones grammati-
cae, ita et veritas intelligentiae. Nam propter virum et de viro mulier facta est,
Ecclesia vero propter Filium, sed non de Filio, non, inquam, de ipsa divina substantia
creatura ulla creata est ..." (de glorificatione Trin. et processione Spirit. Sancti
1,8: PL 169, 20).

14) Bedeutsam ist in diesem Zusammenhang die Einführung des Kausalitätsbegriffes in die
Sakramententheologie, die bei P. Lombardus ihren Ausgang nimmt; vgl. dazu M.-D. Chenu,
La théologie, 309f.; 314.

15) Vgl. hierzu Z. Alszeghy, Nova creatura. La nozione delle grazia nei commentari medie-
vali di S. Paolo, Roma 1956, 80.128.156.256.259f; dazu 260-261).

16) Vgl. H. v. St. Viktor, De sacr. II 8,5 und 7: PL 176, 465-467; zum ganzen H. de Lubac,
CM, 194; F. Holböck, a.a.O., 219-224; H. de Lubac, CM, Kap. VIII, 207-228; L. Hödl,
Sacramentum et res. Zeichen und Bezeichnetes, in: Scholastik 38 (1963) 161-182.

17) Vgl. P. Lombardus, Sent. IV d. 8 c. 6; in 1 Cor 11: PL 191, 1642A).

18) So Y. Congar, HDG, III/3c, 103.

kramentalen Denkens von der (transzendenten) res sacramenti, der (augustinischen) unitas ecclesiae, id est corporis Christi, zunehmend auf das sichtbare sacramentum verlegt wird.

2. Sprechender Ausdruck für das damit verbundene sakramentale Wirklichkeitsverständnis ist auch die Begriffsverschiebung von corpus verum zu corpus mysticum:(19) War für Augustin die veritas corporis einfach der Leib der Kirche, so wird die Bezeichnung "corpus verum" vor allem in antiberengarischer Stoßrichtung und aufgrund schwindenden Bewußtseins für die Einheit des sakramentalen Mysteriums und des Zerbrechens der antiken Bildtheologie(20) zur Bezeichnung für die reale Gegenwart Christi im eucharistischen Sakrament,(21) während man den Leib der Kirche nun davon begrifflich zu distanzieren suchte,(22) und schließlich sich dafür die Bezeichnung "corpus mysticum" durchsetzte.(23) Wenngleich dieser Ausdruck für den Kirchenleib gegnüber dem mißverständlichen "corpus spirituale" einen Fortschritt in der Klarheit der Formulierung bedeutete,(24) so ist doch nicht zu verkennen, daß besonders seine weitere Entwicklung(25) eine deutliche dualistische Tendenz im sakramentalen Gedanken zumindest vorbereitend indiziert:(26)
Einerseits wurde das eucharistische Geschehen im engeren Sinne nicht mehr schlechthin in Kontinuität zur ekklesial-eucharistischen Wirklichkeit gesehen dergestalt, daß der eucharistische Vollzug schlechthin das Geschehen des "Christus in uns", die sein Leib werden, war, sondern

---

19) Vgl. zum ganzen H. de Lubac, CM, bes. 127ff; F. Holböck, a.a.O.

20) Vgl. hierzu die Darstellungen bei A. Gerken, Theologie der Eucharistie, bes. 97-156. F. Pratzner, Messe und Kreuzesopfer.

21) Vgl. H. de Lubac, CM, 127-147.

22) Es begegnen die Formulierungen: "caro intelligibilis" oder "spiritualis" (P. Lombardus, Magister Bandinus, Petrus v. Poitiers) oder "spirituale corpus" (Isaak v. Stella, serm 42: PL 194, 1832 BC).

23) Magister Simon (vor 1160): "In sacramento altaris duo sunt, id est corpus Christi verum, et quod per illud significatur, corpus eius mysticum, quod est ecclesia" (Tr. de sacr.; dazu H. Weisweiler, Maître Simon et son groupe. De sacramentis (1937), 27; 34; ferner H. de Lubac, CM, 120f.; vgl. auch Rh. Maurus: "ecclesia catholica, quae mystice corpus est" (De univ. V, 10: PL 111, 131); F. Holböck, a.a.O., 187-189; A. M. Landgraf, in: DT 24 (1946) 218-221; zusammenfassend Y. Congar, Art. Kirche, dogmengeschichtlich, in: HThG I, 801-812; J. Ratzinger, Art. Leib Christi, in: LThK, VI, Sp. 910-912.

24) So J. Beumer, Ekklesiologie, 381-382.

25) Nadem der Ausdruck bereits bei den Hochscholastikern und Kanonisten des 13. Jh. (Lubac, CM, 127f.; 286f.) zur festen Formel wurde, gerinnt er schließlich im 13. Jh. als determinierter Ausdruck: "der mystische Leib" zu einer vom sakramental-eucharistischen Kontext isolierten sozio-organisationstheoretischen Titulatur, die einfach die soziale Körperschaft meint, deren caput (secundarium) nun problemlos der Papst sein kann, während im eucharistischen Kontext ja der Leib noch mystice Christus selbst war, nun aber Christus nur noch das Haupt dieses gesellschaftlich verfaßten Leibes ist (vgl. dazu Y. Congar, HDG, III/3c, 105-106). Zu den ekklesiologischen Kursbestimmungen im Zusammenhang mit den papalistisch-kanonistischen Tendenzen um die gregorianische Reform vgl. weiter unten.

26) Y. Congar will freilich in der Einführung des Begriffes "corpus mysticum", der ja gerade aus einer Theologie der Beziehungen zwischen dem Leib der Kirche und dem sakramentalen Leib erwuchs, noch nicht eine Art Kompensation sehen für den Vorgang, "aufgrund dessen die Kirche von nun an in juridisch-politischer Weise aufgefaßt worden wäre" (HDG, III/3c, 106).

die Reflexion über die Frucht des Sakramentes (res) kreiste zunehmend
individualistisch um den Vorgang der von gewissen Dispositionsvoraus-
setzungen beim Empfänger abhängigen persönlichen Zueignung von
Christi Gnadengaben. Das patristisch-augustinische Element der grundsätzlich ekklesialen, von der communio sanctorum her verstandenen
Bindung dieses Vorganges erscheint nun nicht unwesentlich nivelliert
und umgegossen(27) in der Theologie vom sakramentalen Charakter:(28)
Als die Theorie von einer personengebundenen Vollmacht (potestas)(29)
über den wahren Leib Christi (Konsekrationsvollmacht), mit der eine
Gewalt über den mystischen Leib verbunden war (Predigt- u. Schlüsselgewalt), lieferte diese Lehre die Grundlage für eine nun ganz von der
eucharistischen Konsekration her konzipierte Theologie des kirchlichen
Amtes,(30) wobei der spezifisch ekklesiologische Reflex in dem sakramen-

---

27) Y. Congar sieht in der Theorie vom sakramentalen Charakter hinsichtlich des Ordo,
   wonach "ein jeder Priester für seine Person die Vollmacht des ordo, unabhängig davon,
   wie er in der Gemeinschaft der Kirche stand", besaß, schlechthin das "Ende der augustinischen Ekklesiologie von der ecclesia" (HDG; III/3c, 107).

28) Vgl. dazu F. Brommer, Die Lehre vom sakramentalen Charakter in der Scholastik bis
   Thomas von Aquin inklusive, Paderborn 1908.

29) Bußtheologisch artikuliert sich diese hierarchologische Akzentuierung in der Herausbildung der "privaten" sakramentalen Buße, bei der das sakramentale Geschehen zunehmend
   sich um Bekenntnis und potestas clavium des Amtsträgers konzentrierte, wobei durch die
   endliche Zusammenlegung von Bekenntnis und Rekonziliation der ekklesiale Faktor zumindest stark in den Hintergrund trat (zur detaillierten Erörterung der geschichtl. Entwicklung: H. Vorgrimler, HDG, IV/3, 93-102). Aufschlußreich für das potestas-Verständ-
   nis ist ferner von der bußtheologischen Seite her die Entwicklung der Absolutionsformel
   von der deprekatorisch-epikletischen (bis etwa zur Jahrtausendwende) über das Beieinander von supplikativer und indikativischer Form (bis zum 13. Jahrhundert) zur ausschließlich indikativischen Form (seit 13. Jh.; vgl. dazu H. Vorgrimler, a.a.O.,
   102f.). Während A. v. Hales (STh IV 21,1) und Bonaventura (In IV Sent. d. 18. p.1 a. 2
   q.1; d. 17 p.2 dub. 5) die deprekatorisch-indikativische Mischform theologisch dahingehend interpretieren, daß die optativisch vorgebrachte Fürbitte dispositiv die Tilgung
   der Schuld vor Gott betreffe, der indikativische Teil dagegen effektiv die Tilgung der
   Sündenstrafen bewirke (J. A. Jungmann, Die lateinischen Bußriten in ihrer geschichtlichen Entwicklung, Innsbruck 1932), setzt sich seit der Mitte des 13. Jh. zunehmend
   die Auffassung durch, daß die indikative Formel, die jetzt auch in alleinige Verwendung
   kam, effektiv die Tilgung der Schuld bewirke (dazu L. Ott, Das Opusculum des hl. Thomas
   von Aquin "De forma absolutionis" in dogmengeschichtlicher Beleuchtung, in: FS E.
   Eichmann, Paderborn 1940, 99-135).

30) Wichtige Belegstellen für die geschichtliche Entwicklung bei Y. Congar, HDG, III/3c,
   108f. Anm. 86; ebd., 32. Während bis zum Ende des 10. Jh. die Ordination der Priester
   in Rom noch ohne die Erwähnung der eucharistischen Konsekrationsgewalt vollzogen wurde,
   bewirkte dann vor allem die Aufnahme des germanisch-romanischen Rituals eine verstärkte
   Ausrichtung der Weiheliturgie auf den Gedanken der eucharistischen Konsekrationsgewalt.
   An diesem Punkt nun sieht E. Schillebeeckx den entscheidenden Bruch zwischen ntl und
   nach-ntl Kirche vollzogen: "Nirgends im Neuen Testament wird ein ausdrücklicher Zusammenhang hergestellt zwischen kirchlichem Amt und Vorsitz in der Liturgie ..." (Das
   kirchliche Amt, 1981, 58). Schillebeeckx sieht wohl auch im NT einen wesentlichen
   Zusammenhang zwischen 'Gemeinde' und 'Gemeindeleiter' und deshalb auch zwischen dem
   Gemeindeleiter und der eucharistiefeiernden Gemeinde" (ebd., 84); gerade aber in diesem
   begründend-konsekutiven Verhältnis sieht er die wesentliche Nuance, die den biblischen
   vom nachbiblischen (vor allem mittelalterlichen) "Amtsbegriff" scheide. Ging es im NT
   und im aktkirchlichen Verständnis - so Schillebeeckx - noch um die Zuordnung von eccle-

tentheologische Topos von der intentio (des Spenders) faciendi, quod facit Ecclesia(31) und der in der Frühscholastik verbreiteten Meinung von der Nichtigkeit der Konsekrationsgewalt(32) des von der Kirche getrennten Priesters einen Niederschlag gefunden hat,(33) der freilich ein

---

sia und ministerium, so reduziere die folgende Entwicklung diese Beziehung auf eine solche zwischen potestas und eucharistia, zwischen Weihegewalt und Eucharistie (vgl. ebd., 96) Nun hält auch H. Schlier fest, daß eine Reduzierung des kirchlichen Amtes in seinem ekklesiologischen Gehalt auf die eucharistische Weise der Vergegenwärtigung des priesterlichen Dienstes Christi "nicht dem Gespräch mit dem NT entsprungen" ist (Grundelemente des priesterlichen Amtes im Neuen Testament, in: ThPh 44 (1969) 161-180, 174). Allerdings sieht Schlier - im Unterschied zu Schillebeeckx - in der geschichtlichen Entwicklung, in welcher zum einen die Eucharistie zunehmend als die "objektivste und innerste Vergegenwärtigung des Opfers Christi" und als das zentrale Konstitutivum des Aufbaues der Kirche erkannt wurde, und zum anderen der Modus der eucharistischen Vergegenwärtigung des Opfers Jesu Christi zunehmend als die Mitte des kirchlichen Amtes herausgeschält wurde, als eine legitime an (vgl. ders., Die neutestamentliche Grundlage des Priesteramtes, in: Der priesterliche Dienst, I, 106; in die gleiche Richtung zielt O. Semmelroth, Die Kirche als Ursakrament, 1. Aufl, 1953, 174), die lediglich die innere Entelechie des ntl Angelegten im kirchlichen Amt zur Ausfaltung bringe (vgl. auch P. Bläser, Amt und Eucharistie, 33). Damit findet sich auch die These von E. Schlink bestätigt, "daß der dogmatische Begriff des kirchlichen Amtes nicht bereits in den neutestamentlichen Aussagen selbst gegeben ist, sondern nur das Ergebnis einer zu den neutestamentlichen Aussagen hinzukommenden systematischen Besinnung sein kann" (Die apostolische Sukzession, in: KuD 7 (1961) 79-114, 93).

Sicherlich bot die auch durch zahlreiche außertheologische Faktoren mitbestimmte und verursachte mittelalterliche Trennung von Weihe- und Hirtengewalt ein gefährliches Einfallstor für eine primär und verzerrt ausschließlich sacerdotal mystifizierende Amtskonzeption, die den Amtsträger als "Kultdiener" begreift, der wesentlich durch seine Beziehung zum Kult, nicht zur Gemeinde bestimmt ist (vgl. E. Schillebeeckx, Das kirchliche Amt, 1981, 97-100); jedoch läßt sich aus der faktischen Durchsetzung der absoluten Ordination in der mittelalterlichen Kirche noch kein fundamentaler Gegensatz zum altkirchlichen Amts- und Kirchenverständnis konstruieren, da ja auch der alten Kirche absolute Ordinationen keineswegs fremd waren (man beachte die neben dem Ortsbischof tätigen, nicht auf eine bestimmte Gemeinde festgelegten Missionare: G. Kretschmar, Die Ordination, 67f. sieht in ihnen das "Recht der im Mittelalter angelegten und in der Neuzeit Brauch gewordenen, nicht auf eine Stelle bezogenen, in diesem Sinne also absoluten Ordination" bestätigt; Beispielfälle solcher Ordinationen im Altertum finden sich bei Athanasios, Brief "Haesito quid" an Drakontios: PG 25, 523-534; Hieronymus, Brief "Legimus in Esaia" an Evangelus: CSEL 56, 308-312; Paulinus von Nola, Brief "Quam dulcia" an Sulpicius Severus I: PL 61, 153-159, hinsichtlich der Interpretation des letzteren Briefes gegen E. Schillebeeckx, a.a.O., 71).

31) Vgl. hierzu F. Gillman, Die Notwendigkeit der Intention auf seiten des Spenders und des Empfängers der Sakramente nach der Anschauung der Frühscholastik, Main 1916.

32) Der frühscholastische Befund hierzu ist allerdings äußerst uneinheitlich und disparat: A. M. Landgraf, Zur Lehre von der Konsekrationsgewalt des von der Kirche getrennten Priesters im 12. Jahrhundert, in: Scholastik 15 (1946) 204-225.

33) So bei R. v. St. Viktor und P. Lombardus, die dem exkommunizierten und öffentlich als Häretiker gekennzeichneten Priester die Konsekrationsgewalt absprechen (In ep. 1 ad Cor: PL 175, 532; In Sent. IV d. 13 c. 1, ed. Quaracchi, 815; ähnlich auch Hugo v. Amiens, Dialogi 5, 11: PL 192, 1204; Gerhoch v. Reichersberg, Lib. d. Simon.: PL 194, 1335-1372). P. Lombardus begründet sein negatives Votum damit, daß der exkommunizierte Priester nicht mehr im Namen der Kirche (ex persona ecclesiae) das "offerimus" sprechen kann (In Sent. IV d. 13 c. 1, a.a.O.), bis Thomas v. Aquin eine notwendige Differenzie-

völlig verändertes epistemologisches Gewand trägt. Andererseits rückte das corpus mysticum wenigstens perspektivisch und von der tendentiell angelegten Unterscheidung von Weihe- und Hirtengewalt(34) her begün-

rung und Präzisierung diesbezüglich in die Diskussion bringt: Das Sakrament eines ex-kommunizierten Priesters ist nicht schlechterdings nichtig, weil der Priester zunächst bei der Eucharistie "in persona Christi" handelt, und weil diese ihm durch die Weihe verliehene Vollmacht unverlierbar ist; jedoch - und damit geht Thomas mit dem Lombarden einig - das zweite Element der eucharistischen Handlung, das Mitopfern der Kirche mit Christus kann dieser Priester nicht realisieren ("... ex quo videtur quod non datur po-testas conficiendi nisi in auctoritate ecclesiae et unitate; ergo subtracta auctoritate ecclesiae non potuerit ..." zit. nach B.-D. Marliangeas, Cles pour une théologie du ministère, Paris 1978, 85). Der Priester handelt also auf zweifache Weise bei der Eucharistie: in persona Christi bei der Konsekration und in persona ecclesiae beim "of-ferimus". Ein exkommunizierter Priester kann also wohl noch das sacramentum vollziehen, nicht mehr jedoch die res sacramenti (Augustin: "salubriter") zustande bringen. Sein Tun bleibt in der anabatischen Bewegung unwirksam, weil die Kirche nicht mehr hinter ihm steht. Vgl. zum ganzen auch N. Hilling, Über den Gebrauch des Ausdrucks "iurisdic-tio" im kanonischen Recht während der ersten Hälfte des Mittelalters, in: AfkKR 118 (1938) 161-170; L. Hödl, Die Geschichte der scholastischen Literatur und der Theologie der Schlüsselgewalt, 1. Teil (= BGPhMA 38,4), Münster 1960; K. Nasilowski, De distinc-tione potestatis ordinis et iurisdictionis a primis ecclesiae saeculis usque ad exeun-tem decretistarum periodum, in: Ius Sacrum (= FS K. Mörsdorf), München 1969, 165-179.

34) Zur geschichtlichen Entwicklung und zur Bedeutung der außertheologischen Bedingungsfak-toren vgl. die geraffte Darstellung bei P. Krämer, Dienst und Vollmacht, 4-12; J. Ratzinger, ThP, 267-270. Die Kanonistik hält an der Notwendigkeit der Unterscheidung zwischen Weihe- und Hirtengewalt in formaler und funktionaler Hinsicht fest, damit einerseits die heilige Gewalt ständig in der Kirche fortbestehen kann, andererseits aber auch dem menschlichen Versagen wirksam begegnet werden kann (vgl. K. Mörsdorf, Art. Heilige Gewalt, in: SM, II, 1968, 582-597, bes. 591). Gleichwohl aber ist die innere Verbundenheit von Weihe- und Hirtengewalt eine zentrale Voraussetzung für den richtigen Ansatz des Kirchenbegriffes (vgl. K. Mörsdorf, Wort und Sakrament als Bau-elemente der Kirchenverfassung, in: AfkKR 134 [1965] 72-79, 76; zur Kontroverse über die nähere Bestimmung dieser Zuordnung vgl. P. Kärmer, a.a.O., 73ff.). E. Schillebeeckx nun sieht in der Trennung von Weihe- und Hirtengewalt einen der fundamentalen Faktoren, "der das erste christliche Jahrtausend vom zweiten trennt" (Das kirchliche Amt, a.a.O., 95) und der zum "Verblassen des 'Ecclesia'-Gedankens" im Amtsverständnis führte (ebd., 89). Zur Interpretation von Can. 6 des Konzils von Chalcedon, der Schillebeeckx als Kronzeuge für die "pneumatologisch-ekklesiale Amtsauffassung in den ersten zehn Jahr-hunderten" dient, weil er die "absolute Ordination" als "akyron" qualifiziere (vgl. F. Lauchert, Die Kanones der wichtigsten altkirchlichen Conzilien nebst den apostolischen Kanones, Freiburg i. Br.-Leipzig 1896, 90; die verschiedenen Textzeugen dieses Kanons geben das "akyron" mit "irritam": Dionysius Exiguus, PL 67, 172, oder mit "vacuam" wie-der: Gratian zit. die Hispana in c. 1 D LXX, bei A. Friedberg, Corpus Iuris Canonici, I, Sp. 257), vgl. K. Mörsdorf, Die Entwicklung der Zweigliedrigkeit in der kirchlichen Hierarchie, in: MThZ 3 (1951) 1-16, bes. 12: Der Wortgebrauch von "akyros" (irritus, vacuus, invalidus, nullus) war weder vor noch nach dem Chalcedonense ausreichend be-stimmt und einheitlich, d. h. "akyros" muß nicht unbedingt hier "irritus" im streng kanonistischen Sinne heißen. Das Konzil verfügt in dem Kanon 6, daß ein mit einer ört-lich nicht gebundenen Vollmacht Ordinierter nirgends wirken kann; das und nicht mehr dürfte der präzise Aussageinhalt des Kanons sein. "Akyron" ist also wohl im Sinne des Konzils nicht Versprachlichung einer streng sakramententheologisch-dogmatischen Katego-rie im Sinne des späteren "irritus", sondern Ausdruck einer kirchendiszipliären Verord-nung (vgl. auch Leo I., Brief an Bischof Rusticus von Narbonne, 458/459: PL 54, 1203).

stigt aus dem Kernbereich des eucharistisch-sakramentalen Mysteriums und seiner unlöslichen Verklammerung darin heraus, ein Vorgang, der für die Frühscholastik zwar noch nicht explizit belegbar ist, jedoch für ihre Entwicklung bereits ein latent virulentes Interpretament darstellt und im Spätmittelalter deutlich in seinem Endstadium als das völlige Auseinandertreten von Sakrament und Jurisdiktion von einschneidender Wirkung auf das Kirchen- und Sakramentsverständnis ist.(35) In ihrem spätmittelalterlich erreichten Ausmaß(36) wirkte sich diese radikale Trennung verhängnisvoll aus, die Erkenntnis von einer grundsätzlichen Unterscheidbarkeit der beiden Gewalten entsprach jedoch einer "inneren Notwendigkeit",(37) insofern erst so die nötige Differenzierung von unverfügbarer göttlicher Vorgegebenheit und ständiger menschlicher Aufgabe in der kirchlichen Seinsbestimmung ermöglicht wurde.

3. So ist auch die Gregorianische Reform - bei allen Nachteilen ihres Zentralismus -(38) letztlich doch ein wesentlich notwendiger Vorgang: "die Lostrennung der Kirche aus der Übermächtigung durch das Imperium, die Wiederherstellung der Einheit des geistlichen Amtes und seines geistlichen Charakters"(39) durch die Verankerung der Jurisdiktionsgewalt im Ordo auf dem Wege der Ausbildung der Lehre von der päpstlichen Plenar- und Universalgewalt.(40) In der Bestimmung der päpstlichen Gewalt im 12. Jahrhundert von Gregor VII bis auf Innozenz III. - gipfend in der Titulatur vom Papst als "vicarius Christi"(41) - nähert sich auch die "juridische Auffassung vom locum tenens, der die Vollmacht des Oberhauptes innehat, der sakramentalen Auffassung von einem vertikalen, gegenwärtigen Handeln Gottes in seinem Vertreter und durch ihn."(42)

Gegen die zu allzu grobmaschigen Pauschalisierungen neigende Interpretation des mittelalterlichen Befundes durch E. Schillebeeckx ("pneumatologisch-ekklesiale Amtsauffassung in den ersten zehn Jahrhunderten": a.a.O., 98-107) vgl. auch K. J. Becker, Wesen und Vollmachten, bes. 11-109.

35) Vgl. J. Ratzinger, Kernfrage, 267. (ThP)

36) Zu den seltsamen Blüten des Eigenkirchenwesens vgl. etwa F. Kempf, in: H. Jedin u. a., Handbuch der Kirchengeschichte, III/1, Freiburg 1966, 296ff.

37) J. Ratzinger, Kernfrage, 269f. (ThP)

38) Vgl. dazu A. Fliche, La réforme grégorienne, II, 205f.; V. Martin, Art. Pape, in: DThC, XI, 1883f.

39) J. Ratzinger, Kernfrage, 270. (ThP)

40) Ordo und Jurisdiktion erscheinen bei Theologen des 13. Jh. (St. Langton, Gottfried v. Poitiers, Wilhelm v. Auxerre) bereits so stark voneinander getrennt, daß die Exkommunikationsgewalt vom ordo losgelöst und an die potestas coactiva von Archidiakonen bzw. Legaten, die nicht Priester sind, gebunden ist (vgl. L. Hödl, Die Geschichte der scholastischen Literatur. a.a.O., 183f.; 306f.; 326f.; 342f.; 362; 365-373. Zur Universalität der päpstlichen Gewalt vgl. Konzil von Reims 1049: Mansi 19, 738; Gregor VII. (Dictatus Papae). Zur plenitudo potestatis vgl. L. Buisson, Potestas und Caritas. Die päpstliche Gewalt im Spätmittelalter, Köln-Graz 1958, 58f. (Innozenz III).

41) Zur Begriffsgeschichte vgl. Y. Congar, HDG, III/3c, 119.

42) Ebd., 110. Die Bedeutung der Titulatur "vicarius Christi" schwankt in den einschlägigen Texten zwischen der sakramentalen und der juridischen Sinndeutung; vgl. hierzu M. Maccarrone, Vicarius Christi, 91-107; A. v. Harnack, Christus praesens. Vicarius Christi. Eine kirchengeschichtliche Skizze (= SPAW.PH 34), Berlin 1927, 415-446. Von ekklesiologischer Relevanz ist allerdings auch die durchgehend bei den Kanonisten des 13. Jh. und während des ganzen Mittelalters festgehaltene These von der Möglichkeit des hä-

Damit ist zwar prinzipiell die sakramentale Dimension der Jurisdiktion auch über das corpus mysticum wiedergewonnen, allerdings nicht mehr innerhalb des patristischen symbolischen Realismus,(43) sondern innerhalb eines demgegenüber bereits neuzeitlich veränderten Denkhorizontes, nach welchem Transzendenz und Immanenz nicht mehr in wechselseitiger ur- bzw. abbildlicher Gegenwärtigkeit(44) zueinander bestimmt werden, sondern (hylemorphistisch) unter der Beziehungsart instrumentaler Vergegenwärtigung betrachtet werden, so daß begreiflicherweise in der Akzentuierung die dem Priester- und Papsttum eigene potestas gegenüber der patristischen "Allgegenwart" der ekklesia überwiegt.(45)

Tendentiell - freilich noch nicht in expliziter Greifbarkeit - äußert sich die beginnende epistemologische Neuorientierung ekklesiologisch, d. h. im sakramentalen Kirchengedanken bereits in der Frühscholastik des 12. Jahrhunderts. Die für unseren Zusammenhang wichtigsten diesbezüglichen Anhaltspunkte sollen abschließend noch einmal kurz zusammengefaßt werden:(46)
Die veränderten epistemologischen Voraussetzungen(47) begünstigten im Kirchendenken des 12. Jahrhunderts besonders unter dem Einfluß römischen Rechtsdenkens auf die Dekretisten seit Gratian(48) eine deutliche

---

retischen Papstes, da sie die supra-Stellung des vicarius Christi als eine streng intra-ekklesiale ausweist und auch eine gewisse Differenzierung zwischen dem sedens (Person) und der sedes (Institution) hinsichtlich der Infallibilität impliziert; dazu J. M. Moynihan, Papal Immunity and Liability in the Writings of the Mediaval Canonists (= AnGr 120), Rom 1961; ferner Eckbert v. Schönau, Serm. 10, 6f.: PL 195, 73f.

43) So der terminologische Vorschlag von A. Gerken, Theologie der Eucharistie, 98.

44) Y. Congar spricht von einem platonisch bestimmten "himmlischen Exemplarismus" (HDG, III/3c, 96).

45) Vgl. ebd. 96.

46) Vgl. hierzu ebd., 110f.

47) Zu diesen zählt neben der oben skizzierten Ablösung des patristisch-symbolischen Denkens auch die Auseinanderentwicklung von Dogmatik und Kanonistik im 12. Jahrhundert, so daß durch die Absonderung der beiden Fachwissensgebiete voneinander sich ein theologisches Defizit im Bereich der rechtlichen Strukturfragen ergab (vgl. J. Beumer, Ekklesiologische Probleme der Frühscholastik, bes. 205; J. de Ghellinck, Le Mouvement, Paris ^{2}1948, 416-547).

48) R. Sohm sah im Zusammenhang dieser Entwicklung seit etwa 1170 die größte "Umwälzung" im Katholizismus vonstatten gehen, insofern zu dieser Zeit die Epoche des altkatholischen, pneumatischen (Kirchen-)Rechtes abgelöst wurde durch jene des neukatholischen Körperschaftsrechtes, mit welchem das Wesen der Kirche gänzlich unvereinbar sei (KR I, 700; KR II, 169; vgl. zum ganzen KR I, II$_2$ 63-117; ders., Das altkatholische Kirchenrecht und das Dekret Gratians, Darmstadt ^{2}1967; eine geraffte Darstellung der Sohm'schen Grundposition findet sich bei E. Rößer, Göttliches und menschliches, bes. 1-13). Der entscheidende Differenzpunkt zwischen dem altkatholischen Kirchenrecht und dem neukatholischen Körperschaftsrecht liegt nach Sohm darin, daß das altkatholische Kirchenrecht (akKR), als dessen letzten großen Zeugen Sohm das Dekret Gratians ansieht (obwohl auch hier bereits die Einflüsse römischen, körperschaftsrechlichen Denkens erkennbar seien: KR II, 102), rein göttliches Recht ist, d. h. es hat zum Inhalt, daß Gott selbst sich an den Bischof bindet (ak KR, 102) und sein Volk regiert (ebd., 572; 260); demzufolge gibt es im ak KR auch weder eine Differenz zwischen Rechts- und Glaubenssätzen (KR I, 342), noch zwischen ius divinum und ius humanum, zwischen Gültigkeits- und Erlaubtheitsvorschriften (ak KR, 98; 108ff.; 402ff.; 520ff.); unbedingte Verbindlichkeit und vollkommene Entkraftbarkeit (Dispensierbarkeit) der göttlichen Rechtsnormen stehen

Tendenz zur Verrechtlichung des Kirchenverständisses(49) im Sinne
einer rechtlichen "Autonomisierung"(50) des Subjektes "Kirche" durch

---

vielmehr unvermittelt einander gegenüber (ak KR, 555); im neukatholischen Kirchenrecht
als Körperschaftsrecht (ak KR 578) dagegen verwandelt sich der Leib Christi "aus einer
Fülle lebendiger christlicher Persönlichkeiten ... in eine einzige **juristische**, bloß
vorgestellte Person" (KR II, 106) - als solche "zu **eigenem** Tun fähig, zu einem Handeln
fähig, welches **nicht** mehr unmittelbar Gottes (Christi) Handeln, sondern (wenngleich von
Gott helfend-geleitetes) **Handeln der Kirche als einer gesellschaftlichen Einheit, als
einer Körperschaft** darstellt" (ak KR 578). Das Kirchenrecht wird göttlich-menschliches
Recht im neukatholischen Körperschaftsrecht (ak KR, 592; 95f.).
Das sog. "Sohm'sche Apriori" der schlechthinnigen Unvereinbarkeit von Kirche und Recht
krankt freilich sowohl an der ideengeschichtlichen Unterbelichtetheit, was die Interpretation der kirchen- und theologiegeschichtlichen Entwicklung des 12. Jh. im Kontext
des Kampfes gegen Laieninvestitur, der kanonistischen Impulse aus der geographischen
Reform und des soziokulturellen Umfeldes aus dem Aufbruch einer ganz neuen Empfänglich-
keit für die Sozialität (vgl. Y. Congar, HDG, III/3c, 96), als auch an der mangelnden
historischen Verifizierbarkeit, auch was die theologiegeschichtliche Entwicklung in den
ersten christlichen Jahrunderten betrifft (vgl. E. Rößer, a.a.O., 15-186), schließlich
und grundlegend aber an dem letztlich von ihm zugrunde gelegten rationalistisch-ideali-
stischen Rechtsbegriff (s. dazu w. u.). Zur Auseinandersetzung mit R. Sohm vgl. J. de
Ghellinck, Le Mouvement théologique, 523-532; K. Mörsdorf, Altkanonisches "Sakramentsrecht"? Eine Auseinandersetzung mit den Anschauungen Rudolph Sohms über die inneren
Grundlagen des Dekretums Gratiani, in: Studia Gratina 1 (1953) 483-502; V. Fuchs, Der
Ordinationstitel; A. v. Harnack, Entstehung und Enwicklung der Kirchenverfassung; A. M.
Ruoco Varela, Die katholische Reaktion auf das "Kirchenrecht I" Rudolph Sohms; die
katholische Kritik an R. Sohm bagatellisiert freilich in allzu leichtfertiger Weise die
von Sohm grundsätzlich aufgerissene Frage nach der spezifischen Rechtsnatur der Kirche
(vgl. H. Dombois, Das Recht der Gnade, I 489; II 107). Sohm indiziert mit seiner Interpretation der kirchlichen Rechtsgeschichte genau das unsere Fragestellung nach Entwicklung und Gestalt der sakramentalen Idee im Kirchendenken berührende Problem der genauen
Bestimmung der Auffassung von der "soteriologischen Subjekthaftigkeit" der Kirche. Den
von Sohm für die ersten beiden Jahrhunderte der Kirche bestrittenen historischen Beleg
für die spezifische Artikulation der Überzeugung von dieser soteriologischen Subjekthaftigkeit der Kirche (welche nicht in Gegensatz zu der alleinigen Rechtfertigungsini-
tiative Christi und Gottes zu verstehen ist, gleichwohl aber in rechtlichen Kategorien
aussagbar ist) sieht E. Rößer darin, daß die "Unterscheidungen von göttlichem und
menschlichem, unveränderlichem und veränderlichem Kirchenrecht ... nicht, wie Sohm
will, vom 'neukatholischen' und durch die Naturrechtslehre der Aufklärung beeinflußten
Standpunkt aus in die Quellen der alten Kirche hineingelesen (sind) ... sondern ... in
den heiligen Schriften des Neuen Testaments grundgelegt und aus den kirchlichen Quel-
lenschriften bis zur Mitte des neunten Jahrhunderts tatsächlich erweisbar (sind). Diese
Auffassung, welche neben dem göttlichen, unveränderlichen auch menschliches, veränder-
liches Kirchenrecht anerkennt, ist nicht eine allmählich entstehende Nebenströmung, die
erst im 12. Jahrhundert zur vollen Geltung kommt, sie beherrscht vielmehr von Anfang an
die Entwicklung der gesamten Kirchenrechtsgeschichte" (a.a.O., 186-187). Daß freilich
sowohl R. Sohm wie E. Rößer (als typische Repräsentanten der jeweiligen konfessionell
geprägten Interpretationsmuster für die frühe Kirchenrechtsgeschichte) im Grunde nur
die dialektische Umkehrung der jeweiligen Gegenposition auf der denkerischen Grundlage
desselben (inadäquaten) rationalistischen und idealistisch-bürgerlichen Rechts- bzw.
Gesetzesbegriffes markieren, hat H. Dombois gezeigt (Das Recht der Gnade I bes. 481ff.;
II 103ff.). Bei R. Sohm wird die denkerische Sperre, die sich ihm für die sachgerechte
Interpretation der frühen Kirchenrechtsgeschichte aus diesem Rechtsbegriff ergibt
(Axiom der Undurchbrechbarkeit, rationale Stringenz und Schlüssigkeit, "jurisdictio"

durch die Ausbildung der Idee von der plena potestas des Papstes. Sakramententheologisch vollzieht sich eine bedeutsame perspektivische Ver-
lagerung des Schwergewichts von der transzendenten res auf das sichtbare sacramentum, welches nicht mehr so sehr das antike symbolum-my-
sterion-sacramentum in seiner Zeichen- und Verweisfunktion ist als vielmehr das unter der bedeutungsvollen Einführung der Kausalitätskategorie
zunehmend Kontur gewinnende instrumentum-sacramentum. Zugleich ent-
schwindet dem Kirchengedanken immer mehr das Moment der eschatologischen Differenz. Das corpus Christi quod est ecclesia wird zunehmend
statisch bestimmt als der Anwesenheitsbereich der **Gnade Christi** und
nicht mehr in dynamischer Hinordnung auf die pneumatologisch übergreifende Heilsökonomie gesehen.

Diese Anzeichen einer zunehmend substanzontologisch-dinglich ausgerichteten Metaphysik und eines dementsprechenden Wahrheitsbegriffes zeigen
sich insbesondere an der Begriffsentwicklung von corpus verum und corpus mysticum.

Damit sind Tendenzrichtungen im sakramententheologischen und ekklesiologischen Denken angezeigt, die in der Frühscholastik vorbereitet werden
und in ihren Auswirkungen namentlich für das hoch- und spätmittelalterliche Kirchendenken bedeutsam sind. Bevor darauf näher einzugehen ist,
sind die bisherigen Andeutungen über die allgemeinen Grundlagen des
scholastischen Kirchendenkens noch abzurunden durch einen Blick auf
den noch fließenden frühscholastischen Befund hinsichtlich der Fragen
der konkreten "Ekklesiologie im Vollzug". Es geht hierbei um jene ekklesiologischen Teilkomplexe, die unmittelbar die dogmatische Grundlage beschreiben für die Frage nach Wesen und Vollzug der kirchlichen Gemeinschaft und deren sakramentaler Ausdrucksgestalt. Es handelt sich in des
Wortes doppelter Bedeutung um die "Grenz-Fragen" der Ekklesiologie, da
sie mit den Themenkreisen der kirchlichen Gliedschaft, der Heilsnotwendigkeit und des Rechtscharakters der Kirche, die Fragen nach der Ab-

---

als nur historischer, nicht kategorialer Rechtsbegriff) insbesondere daran sichtbar,
daß er den Punkt, an welchem er die Ablehnung des Kirchenrechtes ansetzte, historisch
unterschiedlich (und somit widersprüchlich) bezeichnen mußte (Übergang zum Früh- bzw.
Altkatholizismus und Abfall zum Neukatholizismus; vgl. a.a.O., II 106). Weil sowohl
Sohm wie Rößer nicht zu der Erfassung der spezifischen Rechtsnatur des frühkirchlichen
(pneumatischen/epiletischen) Rechtes vorstoßen können, will der eine (Sohm) den (rationalistisch verengten) Rechtsbegriff generell für die kirchliche Wirklichkeit ausschließen (wobei er ihn aber konsequenterweise in der 2. Antithese von Alt- und Neukatholizismus doch für ersteren teilweise legitimiert) und der andere (Rößer) die Unterscheidung von ius divinum und ius humanum/mere ecclesiasticum (um dem Phänomen der Durch-
brechbarkeit des pneumatischen Rechtes Rechnung zutragen) bereits in die frühe Kirche
zurückprojizieren (vgl. dazu H. Dombois, Das Recht der Gnade I, bes. 548ff.; II, bes.
104ff.).

Das verstärkte Eindringen und Wirksamwerden dieses (früh-)rationalistischen Rechtsbe-
griffes (bzw. Wirklichkeitsverständnisses in Theologie und Kanonistik läßt sich bereits
in markanten Anzeichen im 12. Jahrhundert feststellen; hier gilt es nun die für die
Entfaltung der sakramentalen Idee im Kirchendenken in diesem Kontext relevanten Akzentuierungen deutlich zu machen, um sie als Ansatzpunkte und Weichenstellungen für die
hochscholastische und gegenreformatorische "Ekklesiologie" verstehbar werden zu lassen.

49) So Y. Congar, HDG, III/3c, 96; vgl. zum Ganzen auch H. Dombois, Das Recht der Gnade, I,
II.

50) Vgl. dazu auch o. S. 161 Anm. 48.

grenzbarkeit der kirchlichen Gemeinschaft überhaupt thematisieren. Der frühscholastische Befund zeigt hierbei noch die der ausgesprochenen Übergangsperiode eigene Unabgeschlossenheit und Unsystematisierbarkeit der Lösungsversuche.(51)

II. Das Urteil frühscholastischer Autoren des 12. Jahrhunderts zu den konkreten Fragen der "Ekklesiologie im Vollzug"

1. Aussagen zur Frage nach Wesen und Ursprung der Kirche

In quasidefinitorischen frühscholastischen Bestimmungsversuchen über das Wesen der Kirche treten als tragende Elemente besonders der corpus-Gedanke,(52) der Glaube, die Sakramente,(53) der Heilige Geist(54) und das eschatologische Motiv der gemeinsamen Hoffnung auf das ewige Heil(55) besonders hervor. Auffällig an diesen definitorischen Versuchen ist das weitgehende Fehlen von Äußerungen über die Wesentlichkeit bestimmter Formen der kirchlichen Gemeinschaft, bzw. der Autorität in ihr,(56) was vermutlich nur ein Indiz für die fraglose Selbstverständlichkeit dieses Sachverhaltes zur damaligen Zeit ist.(57)

Die Vielgestaltigkeit, in der uns das frühscholastische Kirchendenken sowohl hinsichtlich seiner unsystematischen Methodik(58) als auch hinsichtlich der disparaten(59) und primär am Transzendenz- und Präexistenzgedanken(60) ausgerichteten Bestimmung des Ursprunges der Kirche könn-

---

51) Vgl. hierzu J. Beumer, Die Ekklesiologie der Frühscholastik, in: Scholastik 26 (1951) 364-389.

52) "Corpus Christi universa est Ecclesia" (Wilhelm, Abt v. St. Thierry, Lib. de nat. et dig. amoris 10, 23: PL 194, 398.

53) "Ecclesia est congregatio fidelium confitentium Christum et sacramentorum subsidium" (Nikolaus v. Amiens, De art. cath. fid. 4: PL 210, 613).

54) "Ecclesia sancta corpus est Christi uno Spiritu vivificata et unita fide una et sanctificata" (H. v. St. Viktor, De sacr. 2, 2: PL 176, 416); vgl. auch H. v. Amiens, Contra haereticos sui temporis 3, 8: PL 192, 1295.

55) "Sive enim propter sacramenta Ecclesiae, quae (peccatores) indifferenter cum bonis suscipiunt, sive propter fidei aeque communem confessionem sive ob fidelium corporalem saltem societatem, seu etiam propter spem futurae salutis ... non incongrue filiae Jerusalem nominantur" (Bernhard v. Clairvaux, Serm. in Cant. 25 de nigredine et formositate sponsae, id est Ecclesiae: PL 183, 899-900).

56) Eine gewisse Ausnahme bildet hierbei Gilbert v. Limerick: "Omnia Ecclesiae membra uni episcopo, videlicet Christo, eiusque vicario beato Petro atque in eius sede praesidenti apostolico subici et ab eis manifestari oportet" (De usu ecclesiastico: PL 159, 996).

57) So J. Ranft, Stellung, bes. 60-68; J. Beumer, Ekklesiologische Probleme, 205.

58) Vgl. etwa die verwirrende Bilder- und Analogienvielfalt bei Rupert v. Deutz: In ev. S. Johannis com. 4: PL 169, 367-368; ebd. 10: PL 169, 633; ebd. 12: PL 169, 743; weitere Belege bei J. Beumer, Ekklesiologie, a.a.O., 371 Anm. 37.

59) In der Frage nach dem Ursprung der Kirche begegnen die unterschiedlichsten Antworten: mit der Menschwerdung des Logos (H. v. St. Viktor, de sacr 1, 8: PL 176, 314f.; Richard v. St. Viktor, Serm. centum 2: PL 177, 903), mit der Erschaffung der Welt (Alanus v. Lille, De sex aliis Cherubim: PL 210, 272), mit Abel (P. v. Poitiers, Sent. 4, 20, 18: PL 211, 1216f.).

60) Belege hierzu bei J. Beumer, Ekklesiologie, 378-382; zum selbstverständlichen Besitzstand des frühscholastischen Kirchendenkens gehört auch die Unterscheidung von strei-

ten zu dem Schluß verleiten, es lasse sich in der Frühscholastik überhaupt kein einheitlicher Kirchenbegriff ausmachen, bzw. die dogmatischen Aussagen über das Wesen der Kirche könnten nicht in Beziehung auf die konkrete Gegebenheit der empirischen Kirche gedeutet werden. Daß dem keineswegs so ist, dafür spricht einerseits die zentrale Stellung, welche die augustinische Idee vom Herrenleib und seiner konkretrealen Verwirklichung in der empirischen Kirche einnimmt,(61) und andererseits das frühscholastische Votum in den Fragen nach der kirchlichen Gliedschaft, der Sichtbarkeit und der Rechtsnatur der Kirche.

2. Die Frage nach der kirchlichen Gliedschaft

Glaube und Taufe begründen nach einhelligem frühscholastischem Zeugnis die Gliedschaft in der Kirche.(62) Damit bekennt sich die frühscholastische Ekklesiologie eindeutig zur Sichtbarkeit und rechtlichen Umgrenzbarkeit der kirchlichen Gemeinschaft und der Zugehörigkeit zu ihr. Dies zeigt sich besonders nachhaltig darin, daß sacramentum und votum sacramenti, d. h. Wassertaufe und Begierdetaufe ganz klar voneinander abgehoben werden,(63) wobei die Begierdetaufe nicht die kirchliche Gliedschaft begründen kann,(64) was freilich keine Entscheidung über die Heilsfrage des einzelnen Menschen intendiert.(65) Wie stark aber der sakramentale Faktor in der Gliedschaftsbestimmung bei den Frühscholastikern veranschlagt ist, läßt sich auch daran erkennen, daß gelegentlich Taufe und Eucharistie als gliedschaftsbedingende und -bewirkende Sakramente angeführt werden,(66) wobei der Eucharistie die Bedeutung der von der Taufe innerlich schon intendierten Belebung und persönlichen Betätigung (fides et dilectio) des in der Taufe Empfangenen zukommt.(67) Die durch Glaube und Taufe erlangte Gliedschaft ist jedoch

tender, leidender und triumphierender Kirche (St. v. Autun, Tr. desacr. altaris 18: PL 172, 1203; Honorius Augustodunensis, Eucharisticon 1: PL 172, 458; Rupert v. Deutz, De div. off. 4, 13: PL 170, 102), was aber keine Trennung der Aspekte voneinander in verschiedene Wirklichkeiten bedeutet.

61) So J. Beumer, Ekklesiologie, 381; 382.

62) "Per fidem et baptismi gratiam Ecclesiae incorporantur" (Wolbero, Abt v. St. Pantaleon: In cant. cant. 1, 9: PL 195, 1074; vgl. auch Augustinus, Ench. 53: PL 40, 257).

63) Vgl. dazu A. M. Landgraf, Das Sacramentum in voto, in: DG FS, III/1, 210-253.

64) "Eos Ecclesia in numero fidelium non computat ... Hinc eos Ecclesia, qui etiam si ante fontem gratiam baptismi iam percepturi exspirassent, nec in atriis sepelire nec specialibus orationibus commemorare consuevit" (Ed. v. H. Weisweiler, Maître Simon, Louvain 1932, 10). Auch die Stelle in den sog. Sententiae Anselmi (Ed. v. F. P. Bliemetzrieder, Anselms von Laon systematische Sentenzen = BGPhMA 18, 2-3, Münster 1919, 84), wo es heißt: "Sola bona voluntas ... eos in unitatem ecclesiae recipi facit" hebt lediglich auf eine indirekt durch den guten Willen, direkt durch den Hl. Geist bewirkte Führung des schon außerhalb der Kirche Gerechtfertigten durch die Wassertaufe zur kirchlichen Gliedschaft ab (so J. Beumer, Ekklesiologische Probleme, 185f.).

65) Vgl. dazu etwa H. v. St. Viktor, De sacr 1, 9.5: PL 176, 324f.; P. Lombardus, In IV Sent. d. 4 c. 4 (ed. Quaracchi, 768).

66) Vgl. dazu F. Holböck, Der eucharistische und der mystische Leib, 215-218.

67) Zur Kontroverse über die Gliedschaftssuffizienz der Taufenach H. v. St. Viktor vgl. A. M. Landgraf, Die Lehre vom geheimnisvollen Leib in den frühen Paulinenkommentaren und in der Frühscholastik, in: DT 26 (1948) 395 und J. Beumer, Ekklesiologische Probleme, 186 Anm. 12.

keineswegs unverlierbar, denn Exkommunizierte und Schismatiker gehören nicht mehr der Kirche an.(68)

Was die Frage nach der Gliedschaft der Sünder betrifft, so ist - im
Gefolge der schwankenden Ausdrucksweise schon bei Augustinus -(69)
auch die augustinische Frühscholastik in diesem Punkt nicht eindeutig:(70) an irgendeiner, wenn auch eingeschränkten Gliedschaft(71) auch
der Sünder wird allerdings im 12. Jahrhundert durchweg nicht gezwei-
felt,(72) es sei denn ein öffentlicher Sünder zieht durch sein Vergehen
ipso facto die Exkummunikation auf sich; dann jedoch verliert er die
Gliedschaft durch die erfolgte Exkommunikation, nicht schon durch die
Sünde als solche.(73) Wenngleich zweifellos im 12. Jahrhundert die wachsende Tendenz beobachtbar ist, den Gliedschaftsbegriff zunehmend abzu-
stufen und die Zugehörigkeit der Sünder zur Kirche immer mehr einzu-
schränken, so geht dies dennoch nicht auf Kosten der Einheit des Kirchenbegriffes vonstatten.(74) Die sakramentale Einheit zwischen "innen"

---

68) Vgl. dazu Wolbero, Abt v. St. Pantaleon: "Ecclesia quoque eos, qui non sunt de corpore
suo, sicut haeretici et perversi christiani, ... corpore suo coniungere satagit" (In
cant. cant. 1, 14: PL 195, 1087), oder Alger v. Lüttich, Lib. de misericordia et iusti-
tia 3, 1: PL 180, 931: "Nunc de his, qui extra ecclesiam sunt, pertractemus. Horum sunt
quatuor species: excommunicati, damnati, schismatici, haeretici." Über die ersten
Ansätze zu einer Unterscheidung von materialer und formaler Häresie in der Frühscholastik vgl. Bruno v. Asti, Expos. in Deuteronom. 22: PL 164, 525.

69) Vgl. S. Tromp. Corpus Christi quod est Ecclesia, I, Rom 1937, 126-129.

70) Vgl. hierzu J. Beumer, Ekklesiologische Probleme, 190-197; A. M. Landgraf, Sünde und
Gliedschaft am geheimnisvollen Leib, DG FS, IV/2, 48-49.

71) Die begrifflichen und denkerischen Bestimmungen eines nicht einzuebnenden Unterschiedes
zwischen der Gliedschaft des Sünders und des Gerechten operieren mit den Begriffsche-
mata von "innerer und äußerer Zugehörigkeit" (vgl. Sent. Anselmi, ed. Bliemetzrieder,
83), von "per sacramenta" und "per caritatem" (Simon v. Tournai, Summa 1, 1, ed. J. F.
Schulte, Die Summa des Stephanus Tornacensis über das Decretum Gratiani, Gießen 1891,
125).

72) Beleg bei J. Beumer, Ekklesiologische Probleme, 191 Anm. 28-33.

73) Vgl. A. M. Landgraf, Sünde und Trennung von der Kirche in der Frühscholastik, in:
Scholastik 5 (1930) 210-247.

74) Gegen A. M. Landgraf, Sünde und Trennung, a.a.O., 246, der aufgrund seiner Textanalysen
für die Frühscholastik eine Trennung von mystischem Leib Christi und von juridischer
Gesellschaft "Kirche" annehmen zu müssen glaubt. Landgrafs späterer Erklärungsversuch
des schwierigen Textbefundes ist jedoch wesentlich zurückhaltender: Er sieht, daß das
fragliche Problem in der Frühscholastik noch nicht konsequent zu Ende gedacht wurde.
"Daraus erklärt es sich, daß Texte, die den Sünder vom Leib Christi trennen, und solche, die ihn darin verbleiben lassen, lange Zeit undiskutiert nebeneinander herlaufen
... Beide Gruppen werden so zu einer Selbstverständlichkeit, daß dort, wo die Spekulation sich der einen oder anderen anschließt, dies eigentlich nie mit einer sich von der
anderen scheidenden Geste geschieht ..., daß man sich bestrebt, sie durch eine Brücke
zu verbinden, die vor allem in der Unterscheidung zwischen verschiedenen Arten der
Zugehörigkeit zur Kirche oder dem Leib Christi besteht ... So hat denn die Lehre der
Frühscholastik in dieser Frage etwas Unfertiges an sich, sie stellt aber immerhin ein
gewaltiges Arsenal von Gedanken zur Verfügung, die ein Größerer zur endgültigen Form
und Synthese bringen konnte" (DT 26, 1948, 418f.). J. Beumer kommt zu dem Urteil: "Die
zum Schlusse vorherrschende Lehre des 12. Jahrhunderts wird man vielleicht darin er-
blicken dürfen, daß die einzelnen Stufen der Gliedschaft klarer unterschieden werden
und es dabei mit größerer Bestimmtheit zum Ausdruck kommt, wie der Sünder trotz einer

und "außen" in der kirchlichen Gliedschaft wird deutlich betont,(75) d. h. die Klammer zwischen den Aspekten der kirchlichen Wirklichkeit als Gnadengemeinschaft (res) einerseits und als mit Gnadenmitteln ausgestattete Gemeinschaft (sacramentum) andererseits wird in der frühscholastischen Ekklesiologie durchaus gewahrt. Wohl weiß die Frühscholastik von einem Unterschied und Abstand zwischen Kirche und mystischem Leib Christi, aber "nicht in dem Sinn, als stellten sie zwei verschiedene Wirklichkeiten dar, sondern in dem Sinn, daß 'Leib' und 'Glieder Christi' die Einheit durch die Gnade voraussetzen und 'Kirche' einen sichtbaren Leib und eine wirkliche Einverleibung durch die sichtbaren, sakramentalen Mittel bezeichnet."(76)

3. Die Frage nach der Heilsnotwendigkeit der Kirche

Hatte die frühscholastische Bestimmung der Gliedschaft am mystischen Leib Christi zu dem eindeutigen Votum der sichtbaren Umgrenzbarkeit der Gemeinschaft der Kirche geführt, so spitzt sich die Problematik des Kirchenbegriffes in Verbindung mit der Heilsfrage und dem kirchlichen Selbstbewußtsein daraufhin zu, wie der allgemeine Heilswille Gottes mit dem "partikulären" Phänomen "Kirche" als dem einzigen "Heilsinstitut" zu vereinbaren sei.

Die frühscholastischen Zeugnisse dazu lassen keinen Zweifel daran, daß die unbedingte allgemeine Heilsnotwendigkeit der Kirche festgehalten wird,(77) und mit ungeminderter augustinischer Schärfe(78) hierbei keinerlei Scheidung oder Trennung zwischen dem mystischen Leib Christi und der juridischen Gesellschaft zugelassen wird.(79) Allerdings begegnen erste Ansätze, um die offensichtlich erst allmählich zu deutlicherem Bewußtsein gelangende(80) Spannung zwischen dem universalen Heilswillen Gottes und dem absoluten Heilsanspruch der konkreten irdischen (empirischen) Kirchengemeinschaft denkerisch wenigstens dergestalt abzumildern, daß bereits die Möglichkeit einer Unterscheidung zwischen

---

eingeschränkten Gliedschaft nicht ganz dem entspricht, was als Ideal von der Kirche angesehen werden muß" (Ekkl. Probleme, 196).

75) Den "putrida in corpore membra" verbleibt gleichwohl ein "tantillum vitae" in der kirchlichen Gemeinschaft (Robertus Pullus, Sent. 6, 51: PL 186, 899).

76) Y. Congar, HDG, III/3c, 111.

77) Vgl. H. v. Amiens, Contra haereticos sui temporis 3, 8: PL 192, 1295f.; Bruno v. Asti, Expos. in Lev. 3: PL 164, 388; zahlreiche weitere Belege bei J. Beumer, Ekkl. Probl., 197f. Anm. 48-54.

78) Vgl. Serm. ad Caes. eccl. pl. 6: CSEL 53, 174. Zit. o. S. 141.

79) Vgl. P. Lombardus, Com. in ps. 83: PL 191, 789: "Et haeretici faciunt multa, sed non in nido Ecclesiae, id est in fide et participatione sacramentorum, et ideo conculcantur, non servantur eis ad vitam." Ferner Wolbero, Comm. super cant. cant. Salom. 3, 7: PL 195, 1134. Besonders massiven Ausdruck findet dieser Grundsatz in der Überzeugung, daß dem von der kirchlichen Gemeinschaft getrennten Priester unter bestimmten Umständen keine Konsekrationsgewalt mehr zuerkannt wird: vgl. A. M. Landgraf, Zur Lehre von der Konsekrationsgewalt, 206; ders., Sünde und Trennung, 218. Auch die Möglichkeit, daß die reale Gliedschaft im Leibe Christi u. U. durch ein "votum ecclesiae" ersetzt werden könnte, kommt nirgends in den frühscholastischen Texten zur Sprache (A. M. Landgraf, Das Sacramentum in voto, 97-144).

80) So J. Beumer, Ekkl. Probleme, 199f.

formeller (contumacia!) und materieller (unverschuldeter) Häresie wenigstens erwogen wird,(81) und so immerhin die Verwirklichung außerordentlicher Heilswege Gottes in das Blickfeld rückt,(82) oder aber dergestalt, daß die Gliedschaftsfrage und die Heilsfrage überhaupt anfanghaft voneinander unterscheid- und loskoppelbar betrachtet werden. Einen ersten Ansatz hierzu findet man bei Petrus v. Poitiers, wenn er in einer pneumatologisch-soteriologischen Reflexion unterscheidet zwischen der Einwirkung des Heiligen Geistes (habere Spiritum Sanctum) und der den durch die kirchliche Gemeinschaft beschriebenen Wirkungskreis übergreifenden und überschreitenden Gegenwart des Heiligen Geistes (in quo est Spiritus Sanctus), durch welche sich Gott auch bei Sündern und nicht zur Kirche Gehörigen in Glaube und Hoffnung wirksam zeigt.(83) Dieser Gedanke einer über den Gliedschaftsbereich der sichtbaren Kirche hinausgreifenden soteriologischen Wirksamkeit des Heiligen Geistes begegnet auch - mit bereits deutlicherem Bezug auf die allein seligmachende Kirche - in dem Motivkreis von der Kirche als Arche, wenn davon die Rede ist, daß die Taube aus der Arche die gründenden Ölzweige, die sie außerhalb der Arche findet, dann zur Arche bringt;(84) freilich fehlt noch jede explizite weiterführende ekklesiologische Reflexion der ganzen Problematik.

Die Lösungsrichtung der mit dem Spannungsfeld von allgemeinem Heilswillen Gottes und Heilsanspruch der ecclesia catholica aufgerissenen Problematik gibt das frühscholastische Zeugnis jedenfalls nicht im Sinne einer Lockerung der Einheit des Kirchenbegriffes an unter Inkaufnahme einer trennenden Unterscheidung von corpus Christi und juridischer Körperschaft bzw. von Leib und Seele der Kirche, sondern durch die vornehmlich in dem prädestinatianischen Gedankenkreis angesiedelte Reflexion der Möglichkeit außerordentlicher göttlicher Heilswege.

Dies geht auch daraus hervor, daß die frühscholastischen Texte wohl die Abstufung der Gliedschaft in der Kirche in eine solche der Zugehörigkeit zur exterior unitas nomine et sacramento, non vita und in eine solche der Zugehörigkeit zur interior unitas kennen,(85) aber mit einer Ausnahme(86) nirgends das Gegenstück, die innere Zugehörigkeit ohne das äußere, sakramentale Band bezeugen.(87) "Das wäre doch notwendig, wenn die Teilnahme an der Seele der Kirche allein das Heil sicherstellen sollte. Somit ist wohl zu sagen, daß die Frühscholastik mit ihrer Unterscheidung von exterior und interior unitas zwar eine Abstufung der

---

81) Vgl. etwa Bruno v. Asti, Expos. in Deuteronom. 22: PL 164, 525.

82) Bedauerlicherweise fehlt in dieser vorsichtig die unerhört neue Frage andeutenden Reflexion des Bruno v. Asti jeglicher Bezug dieser außerordentlichen göttlichen Heilsweges auf die heilsnotwendige Kirche.

83) Vgl. P. v. Poitiers, Sent. 1, 31: PL 240, 917; vgl. auch H. v. St. Viktor, De sacr. 1, 2, 2: PL 176, 416.

84) Vgl. Sent. Anselmi (ed. Bliemetzrieder, 84); P. Lombardus, In ps. 21, 19: PL 191, 235; ferner bei A. M. Landgraf, Die Lehre vom geheimnisvollen Leib, in: DT 26 (1948) 403f.

85) Vgl. Hildebert v. Lavardin, Serm. de tempore 13: PL 171, 407; Sent. Anselmi, ed. cit., 83; P. Lombardus, In Sent. IV, d. 13 c. 1 (ed. Quaracchi, 815).

86) Vgl. Petrus Comestor: "... Ut Cornelius, licet extra (ecclesiam) esset sacramentaliter, tamen intus spiritualiter" (zit. bei A. M. Landgraf, Die Lehre vom geheimnisvollen Leib, a.a.O., 403f.).

87) So J. Beumer, Ekkl. Probl., 201f.

Gliedschaft, aber keine Milderung der kirchlichen Heilsnotwendigkeit geben wollte ... Jedenfalls war man weit davon entfernt, durch die Vorstellung einer Seele der Kirche die Heilsnotwendigkeit der Verbindung mit ihr abzuschwächen."(88) Eine explizite Theorie über die Vereinbarkeit außerordentlicher Heilswege Gottes(89) mit der absoluten Heilsnotwendigkeit der Kirche konnte die Frühscholastik noch nicht vorlegen.

Das frühscholastische Bekenntnis zur Sichtbarkeit der Gliedschaft und der rechtlichen Umgrenzbarkeit der kirchlichen Gemeinschaft im corpus Christi mysticum, d. h. die innere Zusammengehörigkeit der Subjekte, von denen die dogmatische Ekklesiologie und die kanonistische Ekklesiologie weitgehend selbständig handeln, wird freilich nicht immer ausdrücklich deutlich. Diese begrifflich-präzisorische Defizienz hat jedoch primär wissenschaftsmethodisch und kirchenpolitisch-praktische Gründe und Bedeutung, nicht ausdrücklich reflektiert dogmatische: Die konkrete, als rechtlich beschreibbare Größe und als "ecclesia catholica" existierende empirische Gemeinschaft findet ihre letzte dogmatische Begründung, Verwurzelung und Herleitung in der Idee vom mystischen Herrenleib.(90)

Im folgenden gilt es nun, die für die weitere Entwicklung des sakramentalen Kirchengedankens bedeutsamen Punkte der theologischen Systematisierung des gedanklichen Materials, das die Frühscholastik in deutlich patristisch-augustinischen Bahnen bereitgestellt hat, durch das hochscholastische Kirchendenken des 13. Jahrhunderts aufzusuchen.

---

88) J. Beumer, Ekkl. Probl., 202.

89) Die diesbezüglichen frühscholastischen Andeutungen lassen die Frage offen, ob dabei nur an die "Möglichkeit einer Rechtfertigung ohne Verbindung mit der sichtbaren Kirche" gedacht ist oder "gar an die Möglichkeit des endgültigen ewigen Heiles" (ebd.).

90) Vgl. hierzu P. Lombardus, In Sent. IV d. 24 c. 1 (ed. Quaracchi, 872); Isaak v. Stella, Serm. 11: PL 194, 1728 und ebd. 42: PL 194, 1832; Anselm v. Havelberg, Dialogi 3, 12: Caput Ecclesiae Christus ascendens in altum vicem suam in terris Petro apostolorum principi commisit ... Romani pontifices per ordinem consequenter vice Christi substituti caput Ecclesiae sunt in terris, cuius Ecclesiae caput Christus est in caelis. Noli itaque in uno corpore Ecclesiae duo vel plurima capita facere, quia valde indecens est in quolibet corpore et indecorum et monstrosum ..." (PL 188, 1225); R. v. St. Victor, Allegoriae 3, 9: PL 175, 662; Serm. centum 1 und 81: PL 177, 902 und 1156-1158; vgl. auch Leo IX (1049-1054), "In terra pax" 6: PL 143, 748.

§ 5: CHRISTUS UND DIE KIRCHE: DIE GESTALT DER SAKRAMENTAL-
EKKLESIOLOGISCHEN GRUNDRELATION IM HOCHSCHOLASTISCHEN
KIRCHENDENKEN (Bonaventura - Thomas v. Aquin - J. de Turre-
cremata)

I. Christus und die Kirche bei Bonaventura(1)

Bei Bonaventura findet sich - wie bei allen theologischen Systemen der
Hochscholastik des 13. Jahrhunderts - noch keine eigenständig ausgeführte Ekklesiologie im Sinne eines selbständigen Traktates.(2) Gleichwohl aber ist die gesamte theologische, deutlich dem augustinischen Erbe
verpflichtete(3) Synthese des Kirchenlehrers durchformt von der soteriologisch motivierten Reflexion über das Verhältnis von Christus und Kirche und zwar in der Gestalt der christologisch-ekklesiologischen caput-
corpus-Spekulation,(4) wobei insbesondere der Akzent auf die Herausstellung der Bedeutung des caput-Christus für das corpus mysticum
rückt.(5)

1. Zu den dogmatischen Grundlagen des ekklesiologischen Denkens bei
Bonaventura

a. Der Begriff "Kirche" in der Scholastik und bei Bonaventura

M. Grabmann stellt für den scholastischen Kirchenbegriff generell eine
dreifache Sinn- und Bedeutungsrichtung fest: "Ganz allgemein gefaßt ist
die Kirche die Gesamtheit aller vernünftigen Kreaturen, welche den einen
Gott in drei Personen bekennen; in diesem Sinn schließt die Kirche die
triumphierende, leidende und streitende Kirche in sich. In einem zweiten
Sinne versteht man unter Kirche die streitende Kirche, d. h. die Gemeinschaft der Menschen hier auf Erden im Glauben und Kultus des
einen Gottes. In dieser Fassung dehnt sich der Kirchenbegriff aus auf
die alttestamentliche und neutestamentliche Kirche ... In einem dritten
Sinne scheiden die Theologen die alttestamentliche Kirche aus dem Kirchenbegriff aus und bestimmen sonach die Kirche als die vom heiligen

1) Literatur zu Bonaventuras ekklesiologischer Synthese in Auswahl: E. Gilson, La philosophie de S. Bonaventure, Paris, ²1943; J. Ratzinger, Die Geschichtstheologie des heiligen Bonaventura, München 1959; zu den wichtigsten literarischen Quellen Bonaventuras
und über die Chronologie seiner theologischen Schriften vgl. bei R. Silić, Christus und
die Kirche, 3-9; H. Berresheim, Christus als Haupt der Kirche, 9f. Anm. 19, ältere Lit.
ebenfalls dort 11 Anm. 21.
2) Vgl. Th. Käppeli, Zur Lehre des Hl. Thomas von Aquin vom corpus Christi mysticum. Mit
einem kurzen Überblick über die wichtigsten Vertreter dieser Lehre vor Thomas von Aquin,
Paderborn 1931, 34-40.
3) Vgl. L. Meyer, Bonaventuras Selbstzeugnis über seinen Augustinismus, in: Frz. Stud. 17
(1930) 342-355, bes. 345; 355. Bonaventura tut sich generell nicht als theologischer
Neuerer hervor, sondern ist bewußt traditionsverpflichtet: R. Guardini, Erlösung, 2; R.
Silić, a.a.O., 3; 226ff.
4) Dazu D. Culhane, De corpore mystico; F. Imle, Die Gemeinschaftsidee in der Theologie des
hl. Bonaventura, in: Frz. Stud. 17 (1930) 325-341, bes. 334ff.
5) Vgl. H. Berresheim, a.a.O., 12; zu der für unseren Zusammenhang sekundären Frage nach
Originalität und Priorität von Christus-caput oder Christus-cor-Motiv bei Bonaventura
vgl. H. Berresheim, a.a.O., 68-75; R. Silić, a.a.O., 54-75.

Geist geleitete Gemeinschaft der getauften Gläubigen, geeinigt unter dem Haupte Christus und dessen Stellvertreter hier auf Erden."(6) Bonaventuras ekklesiologisches Denken kreist mit deutlichem Schwerpunkt um den Aspekt des Kirchenbegriffes, wie er in der zweiten Bestimmung akzentuiert ist,(7) d. h. um die dogmatisch-mystische Seite der Kirche,(8) die sich für ihn als die Geschichte des mystischen Leibes,(9) welche sich auch bis vor die Zeit des geschichtlichen Eintrittes des inkarnierten Logos in diese Welt erstreckt und so auch die "alttestamentliche Kirche" miteinbegreift,(10) darstellt, so daß in dem Gedanken von der communio spiritualis zwischen Haupt (Christus) und corpus (ecclesia) das momentum principale der ekklesiologischen Reflexion und des kirchlichen Lebens nach Bonaventura zu suchen ist.(11)

Gewiß weiß Bonaventura auch um die Bedeutung der Dimension der Sichtbarkeit der Kirche und der konkret-rechtlichen Seite ihrer Wirklichkeit;(12) das perspektivische Schwergewicht und die axiomatische Mitte seiner ekklesiologischen Reflexion liegen aber deutlich auf der dogmatisch-mystischen Innenseite der Kirche, die das corpus mysticum ausmacht.

b. Christus caput und corpus mysticum: Zur soteriologischen Grundlegung des Kirchendenkens bei Bonaventura

Das Lebensprinzip der Kirche sieht Bonaventura in dem Gnadencharakter des Verbindungsverhältnisses von Christus, dem Haupt, zu den Gläubigen, die die Glieder von Christi Leib sind.(13) Dabei kommt dem durch die Inkarnation(14) mit der einzigartigen Gnadenfülle ausgestatteten Haupt in dreifacher Hinsicht(15) schlechthin überragende, das Leben der

---

6) M. Grabmann, Lehre, 82.
7) Vgl. R. Silić, a.a.O., 9-13.
8) Vgl. F. Imle-J. Kaup, Die Theologie des heiligen Bonaventura, Werl 1931, 192.
9) Hierzu D. Culhane, De corpore mystico doctrina Seraphici, Mundelein 1934; vgl. bes. Bonaventura, Hexaem. coll. 14, 12ff.: V, 395ff.
10) Vgl. H. Berresheim, a.a.O., 86-95; 108; 117-128.
11) Vgl. de perf. ev. q. 4 a. 3: V, 194f.; IV Sent. d. 18 p. 2 q. 1 ad 1: IV, 385a.
12) Dazu H. Berresheim, a.a.O., 148-199; 200-395.
13) Vgl. III Sent. d. 13 a. 2 q. 1 ad 3: III, 285ab.
14) Gegenüber Alexander von Hales kennt Bonaventura eine dreifache Gnade des Hauptes, die notwendige Bedingung für dessen soteriologische Funktion sind, wobei erst aus dem inkarnatorischen Datum der hypostatischen Union des Logos mit der menschlichen Natur die einzigartige Erhabenheit des Hauptes gegenüber dem Leib möglich ist. III Sent. d. 13 a. 2 q. 2 corp.: III 287a kennt eine zweifache gratia copitis creata: zum einen die dispositio ad influentiam sensus et motus (Christi heiligmachende Gnade), sodann die Hinordnung der Menschheit Christi auf die Gottheit in der hypostatischen Union; schließlich begründet die gratia capitis increata als principium effectivum sensus et motus (Hl. Geist) vervollkommnend die Erhabenheit der Stellung Christi als des Hauptes. "Erst in der Verbindung mit dieser Erhabenheit kann die Fülle der heiligmachende Gnade Christi meritorie, d. h. durch das Erlösungswerk, auf die Menschen überfließen" (R. Silić, a.a.O., 34).
15) Die durch die Inkarnation ermöglichte einzigartige Fülle und Erhabenheit der gratia capitis äußert sich erstens darin, daß sie den natürlichen Zusammenhang zwischen Gottmensch und Menschheit herstellt in der conformitas naturae zwischen caput und corpus

Gnade zeugende und dieses dem Leib übermittelnde Funktion zu: Gerade diejenige gratia capitis, die auf der hypostatischen Union gründet, ist notwendige Voraussetzung unserer Begnadigung; in der Herausarbeitung gerade dieses Momentes geht Bonaventura entschieden über Alexander von Hales hinaus(16) und verankert damit unverrückbar die Bedeutung der Menschheit Christi für die Begnadigung der Leib-Glieder;(17) die conformitas naturae zwischen caput und corpus ist zum einen die notwendige Bedingung für das Überfließen der Hauptesgnade auf die Glieder und zugleich die Begründung der Sichtbarkeitsdimension dieses Geschehens, d. h. auch des Produktes dieses Geschehens, der Kirche als des corpus mysticum: nicht nur der Seele nach, sondern, auch dem Leibe nach (äußerlich-sichtbar) müssen die Glieder untereinander und mit Christus verbunden sein.(18)

Bonaventura optiert damit ekklesiologisch und soteriologisch eindeutig für einen christlichen Realismus, der in der Konsequenz des caput-corpus-Motives und der demselben Gedankenkreis zugehörigen Adam-Christus-Parallele liegt:(19) "Die Menschwerdung hat unsere Begnadigung dadurch begründet, daß sie die Mittelstellung (medietas) der Menschheit Christi schuf. Diese Mittelstellung ist schon ihrer Natur nach eine Mittlerstellung (mediator); denn die Gnade eines so erhabenen Menschen wird schon dadurch, daß sie **seine** Gnade ist, zur gratia communis, d. h. sie strebt danach, sich auf die anderen unbegnadeten Menschen auszugießen. Das ist das Gesetz des Gliedes, wonach die Gesundheit eines Gliedes dem ganzen Körper zukommt. Christus wurde durch das Brenneisen der Inkarnation als erster von allen Menschen gesund. Und schon dadurch, daß er auf Grund der Menschwerdung gesund war, war er beauftragt, die anderen gesund zu machen. Er brauchte keine andere Beauftragung als seine eigene Wesenskonstitution; denn ein in die hypostatische Union aufgenommener und mit der Fülle der heiligmachenden Gnade erfüllter Mensch ist schon damit der zweite Adam, principium totius generis humani secundum regernationem spiritualem ... incarnatio ad hoc ordinatur, ut sit aliquis mediator (III Sent. d. 1 a. 2 q. 3 fund. 4: III, 29a). Dieser mediator, der zweite Adam, Christus, zielt seiner Wesenskonstitution nach notwendig (III Sent. d. 18 a. 1 q. 1 ad 2: III, 382a) auf die Erlösung der Menschen, d. h. auf die Begründung der Kirche."(20) Die Wirk- und Einflußweisen des Gnadenhauptes auf den mystischen Leib sind Glaube und Liebe; sie werden durch Christus in uns bewirkt,(21)

(III Sent. d. 13 a. 2 q. 1 fund. 2: III, 283b), zweitens in der Superiorität der Hauptstellung, insofern dieses principium für das Leben des Leibes ist (III Sent. d. 13 a. 2 q. 1 in corp.: III, 284b: "Ipse caput corporis Ecclesiae, qui est principium"), und drittens darin, daß das Haupt auf die Glieder wirkt (influentia motus et sensus: III Sent. d. 13 a. 2 q. 1 in corp.: III, 284b); vgl. zum ganzen H. Berresheim, a.a.O., 21-68.

16) Vgl. R. Silić, a.a.O. 24-34.

17) Vgl. III Sent. d. 13 a. 2 q. 1 corp.: III, 284b ad 1-4.

18) IV Sent. d. 10 p. 1 ad 2: IV, 218a; Sermo 1 de Circumcis. Dom. p. 1: IX, 136a; sermo 2 de coena Domini, q. 3 secundo: IX, 218a.

19) Zu letzterem vgl. III Sent. d. 20: III, 416-422, bes. ebd. q. 4: III, 424-426; "zweiter Adam": III Sent. d. 1 a. 2 q. 2 ad 6: III, 27a und II Sent. d. 18 a. 1 q. 1 ad 3: III, 439b.

20) R. Silić, a.a.O., 101-102.

21) Com. Jo., 12, 46: VI, 420a: Brev. p. 4 c. 10, 4-8: V, 251a-252b.

durch sie werden alle zu Gliedern am mystischen Leib und bauen damit die sichtbare Kirche.(22) Der heilsnotwendige Glaube an den Mittler, durch den Christus unser Fundament und Leben ist, ist selbst eine Wirkung des Gnadenhauptes in uns;(23) sie umfaßt ebenso die Gerechten des Alten Bundes(24) wie auch die unmündigen Kinder.(25) Der Glaube konstitutiert die Gliedschaft am mystischen Leib; hinzukommen muß allerdings die Liebe(26) als ebenfalls vom Haupt gewirkte Tugend(27) der Verbindung der Einzelseele mit Gott und als gemeinschaftsbildende Kraft,(28) um die Gliedschaft fruchtbar zu machen. Die Reichweite dieser Gnadenwirkungen des Hauptes ist – potentiell – schlechthin universal: "Die gratia capitis ist weder örtlich noch zeitlich irgendwie eingeschränkt. Sie kann wirksam werden (potentiell) und ist wirksam geworden (aktuell) bei den Bewohnern des Himmels und der Erde sowie auf den Zwischenstufen, die es zwischen Himmel und Erde gibt: im limbus patrum und im purgatorium. Dabei macht es im wesentlichen keinen Unterschied, ob es sich zeitlich um ein Wirksamwerden vor oder nach der Inkarnation des Gottmenschen handelt."(29) Es ist jedoch zu beachten, daß die Frage nach der potentiellen Reichweite der Hauptesgnade durchaus nicht identisch ist mit derjenigen nach der Gliedschaft im corpus mysticum.(30)

c. Das Erlösungswerk Christi als die Geburt der Kirche: Die nähere Bestimmung der soteriologischen Bedeutung der Menschheit Christi und ihrer ekklesiologischen Relevanz

Ein zentrales soteriologisches Axiom bei Bonaventura ist die Feststellung, daß die gratia communis nur per modum meriti mitgeteilt werden kann,(31) d. h. die Gnade Christi kann auf uns nicht so überfließen, "daß sie geteilt würde und wir daraufhin einen Teil der gratia capitis in uns hätten. Sie wird uns vielmehr so zuteil, daß uns Gott auf Grund ihrer Wirkung – das sind die Verdienste Christi – eine ähnliche heiligmachende Gnade mitteilt."(32) Leiden und Sterben Christi stellen also neben der Menschwerdung, die gleichsam die ontologische Bedingung der Mitteilbarkeit der Hauptesgnade sicherstellt, die eigentliche Geburt der

---

22) Sermo 1 de Assumptione BMV I: IX, 687b-689a; IX, 602b. Glaube und Liebe verbinden als Wirkungen des Hauptes die Glieder untereinander und mit sich: Com. Jo. 1, 24 q. 2 resp.: VI, 255b.

23) Vgl. H. Berresheim, a.a.O., 86-95.

24) Vgl. ebd., 90-93.

25) Vgl. ebd., 93-95.

26) Bonaventura spricht von der fides operans per caritatem: Sermo 4 de Purif. BMV: IX, 650a.

27) Vgl. D. Culhane, a.a.O., 52ff.; R. Silić, a.a.O., 125ff.

28) Vgl. III Sent. d. 27 a. 2 q. 1 ad 6: III, 604b.; Brev. p. 4 c. 5,6: V, 246a.

29) H. Berresheim, a.a.O., 108.

30) Siehe hierzu w. u.

31) Vgl. III Sent. d. 13 a. 2 q. 2 ad 2: III, 287b.

32) R. Silić, a.a.O., 103; dazu III Sent. d. 13 a. 2 q. 2 dub. 3: III, 292b; ferner H. Berresheim, a.a.O., 80ff.: es geht dabei um ein accipere de plenitudine eius, nicht um substantielle Identität zwischen Gnade Christi und der uns verliehenen, ihr ähnlichen.

Kirche dar,(33) insofern durch Christi dabei erworbene Verdienste die gratia capitis erst auf die Menschen überzufließen begann.(34) Das principium effectivum der Rechtfertigung ist demnach ausschließlich Christus als Gott, während er als Mensch nur das principium meritorium ist.(35) Darum ist auch der Glaube ausreichendes medium zur Erlangung des meritorischen Einflusses des Hauptes, während Christus als Gott durch seine Allgegenwart den effektiven Einfluß erteilen kann.(36) Bonaventura kennt somit keine physisch-instrumentale Wirksamkeit der Menschheit Christi,(37) sondern nur eine meritorisch-moralische. Dies hindert ihn zwar nicht an einer grundsätzlich ekklesiologisch-realistischen Position,(38) verleiht aber doch dem Gesamtduktus seines Kirchendenkens hinsichtlich der Frage nach der soteriologischen Subjekthaftigkeit der Kirche in ihrer Institutionalität in Bezug auf Christi, des Hauptes, Wirken eine spezifische Akzentuierung, die sich auch in dem Ringen Bonaventuras um eine adäquate Bestimmung der Wirksamkeit der Sakramente artikuliert.

d. De causalitate sacramentorum: Zur ekklesiologischen Relevanz eines soteriologischen Axioms

Schon in der Frage der Gliedschaftskonstituierung weist Bonaventura der inneren Gnade und den Tugenden die Funktion der causa formalis (informans), den Sakramenten hingegen nur diejenige einer causa (moraliter) efficiens zu.(39) Die Sakramente sind kein selbständiges Stadium der

---

33) Vgl. Sermo 2 in Festo Omnium Sanctorum: IX, 602b; dazu die Stellen über den am Kreuze entschlafenen zweiten Adam, aus dem die Kirche gebildet ist: Com. Jo. 19, 60: VI, 502a; zur Traditionsgeschichte: M. Grabmann, Lehre, 225f.

34) Vgl. III Sent. d. 19 a. 2 q. 2 corp.: III, 411a: "Reconciliati enim sumus per mortem hominis innocentis." (III Sent. d. 20 q. 6: III, 430-432).

35) Vgl. III Sent. d. 13 a. 2 q. 3 ad 5: III, 290b.

36) Der Glaube verbindet alle Gerechten mit dem einen Objekt; der mystische Leib besteht somit aus allen Gerechten des alten und neuen Bundes. Darin liegt die Begründung für die Feststellung der Überräumlichkeit und Überzeitlichkeit des Glaubens bei Bonaventura: vgl. dazu H. Berresheim, a.a.O., 132 dazu Coll. Jo., c. 1, coll. 3,1-6: VI, 538a-539a; der Thomas v. Aquin des Sentenzenkommentars (III Sent. d. 13 q. 2 a. 2 q. 2 corp. n. 100f.; ebd. ad 1 n. 106) argumentiert ebenso: Der philosophische Grund für diese Überzeitlichkeit des Glaubens lautet: Eine meritorische Ursache (Leiden Christi) kann ebenso wie eine Zielursache wirken, bevor sie existiert, auch wenn sie nur im Akt der Seele und nicht in Wirklichkeit existiert: "... virtus passionis Christi copulatur nobis per fidem ... continuatio quae est per fidem fit per actum animae ... Nihil autem prohibet id quod est posterius tempore, antequam sit, movere, secundum quod procedit in actu animae; sicut finis, qui est posterius tempore, movet agentem, secundum quod est apprehensus et desideratus ad ipso." (STh III q. 62 a. 6 corp.). Zur weiteren Entwicklung der thomasischen Konzeption vgl. w. u. S. 188.

37) Vgl. III Sent. d. 13 a. 2 q. 1 corp.: III, 284b.

38) Trotz einer aus der christologisch-soteriologischen Position resultierenden Ablehnung auch einer physisch-instrumentalen Wirksamkeit des sichtbaren Faktors der Kirche im Begnadungsgeschehen bleibt für Bonaventura die sichtbar-institutionelle Kirche nicht bloß im rein Symbolischen, d. h. die Gliedschaft am mystischen Leib in effectu erstreckt sich im Gegensatz zu jener secundum possibilitatem auf den Sichtbarkeitsfaktor "etiam quantum ad corpus". Belege bei R. Silić, a.a.O., 23f.; eingehender hierzu später.

39) "Non tantum debuit esse iustificatio per informationem, quae est per virtutes, sed et per praeparationem, quae est per sacramenta" (IV Sent. d. 1 p. 1 q. 1 ad 2: IV, 12b).

Eingliederung in den mystischen Leib, sie gehören nicht zu deren Wesensbestandteilen. (40) Auch in der Verhältnisbestimmung zwischen Christus und der autoritativen Gestaltung und Leitung des Lebens der Kirche im Kirchenamt zeigt sich eine in allen Detailfragen obwaltende Differenz zwischen dem inneren Gnadeneinfluß im eigentlichen Sinn, der allein Christus, dem Haupt vorbehalten ist, und einer mehr äußeren "soteriologischen Spähre". (41) Christus ist allein der höchste Lehrer, Priester und König in dem mystischen Leib. Von dieser seiner Machtfülle kann er einerseits in verschiedenem Maße Personen mitteilen, andererseits aber bleibt auch dann alle Vollmacht streng zurückgebunden an den einen und höchsten Herrn und Christus. (42) So hat Christus etwa die äußere Leitung der Kirche (Jurisdiktionsgewalt) den Priestern als seinen "vicarii" überlassen; (43) diese äußere Leitung ist jedoch lediglich Abbild der inneren Leitung Christi durch seinen Gnadeneinfluß, der ganz und gar ihm selbst vorbehalten bleibt. Predigt und Sakramentenspendung sind lediglich causa praeparatoria(44) und die Priester hierbei nur ministeriales doctores(45) in rein werkzeuglicher Funktion für die eigentliche Kraftquelle Christus, (46) der allein intus in corde wirken kann. Dieser radikal christozentrische Impetus prägt auch Bonaventuras Auffassung von der Ursächlichkeit der Sakramente. (47) Zwischen den Eckpositionen eines bloßen Okkasionalismus(48) und der Vorstellung von einer causalitas efficiens der Sakramente(49) ringt Bonaventura sich zu der Auffassung von der virtus relativa der Sakramente durch, (50) die die aus der ordinatio efficax Gottes stammt. (51) Das Sakrament ist nicht die causa efficiens des Charakters, (52) es ist und setzt nicht wesentlich eine neue Entität, sondern eine neue relatio auf die göttliche ordinatio efficax, **kraft welcher** es einen gewissen Zwang auf Gott ausübt. Man spricht daher von einer "causa dispositiva intentionalis" des Sakramentes bei Bonaventura, oder von einer "causa instrumentalis dispositiva intentionalis" (Billot). (53) Zwischen der Position einer causalitas physica, die

---

40) Vgl. R. Silić, a.a.O., 120f.; dazu III Dent. d. 40 q. 1 ad 6: III, 886b.

41) Vgl. z. B. III Sent. d. 13 a. 2 q. 1 corp.: III, 284ab (sensus spiritualis et motus) und IV Sent. d. 18 p. 2 q. 1 ad 1: IV, 485a.

42) Vgl. de perf. ev. q. 4 a. 3 corp. concl. 4: V, 194a.

43) Vgl. de sex al. Ser. 6,17: VIII, 146b.

44) vgl. I Sent. d. 14 a. 2 q. 2 corp.: I, 252a; IV Sent. d. 5 a. 3 q. 1 corp.: IV, 128f.

45) Sermo IV, 16: V, 571b.

46) Sermo I in Dom. 22 p. Pent. p. 1: IX, 442a.

47) Zur einschlägigen Fachdiskussion vgl. R. Silić, a.a.O., 167f.; F.-M. Henquinet, De causalitate Sacramentorum iuxta autographum S. Bonaventurae, in: Antonianum 8 (1933) 377-424, 410.

48) Vgl. dazu F.-M. Henquinet, Un brouillon autographe de S. Bonaventure sur le Commentaire des Sentences, in: Etudes Franciscaines 44 (1932) 633-655. 45 (1933) 59-82; ders., de causalitate, a.a.O., 409-415.

49) Hierbei geht man von der Annahme einer geschaffenen virtus absoluta in den Sakramenten aus als einer causa efficiens des ornatus animae, so daß das Sakrament zur conditio necessitans der sakramentalen Gnade wird; vgl. dazu Thomas v. Aquin, IV Sent. d. 1 q. 1 a. 4.

50) Zur Entwicklung der Position Bonaventuras vgl. Henquinet, De causaliatte, a.a.O., 410.

51) Vgl. III Sent., IV Sent. und Brev.

52) Vgl. IV Sent d. 1 p. 1 q. 4: IV, 23b.

53) Zum ganzen F.-M. Henquinet, De causalitate, a.a.O., 403-406; W. Lampen, De causalitate Sacramentorum iuxta S. Bonaventuram, in: Antonianum 7 (1932) 77-86, 80.

ihm zu viel, und dem Okkasionalismus, der ihm zu wenig sagt, geht Bonaventura per mediam viam und sieht im Sakrament eine causa intentionalis sive efficacis ordinationis ex institutione signorum.(54)

Analog seiner Auffassung, daß der Menschheit Christi im Begnadigungsgeschehen ausschließlich eine efficacia meritoria zukomme und der instrumentum-Begriff hierbei nicht in Anwendung zu bringen sei,(55) entscheidet Bonaventura auch in der Frage der Ursächlichkeit der Sakramente, worüber auch das einschlägige Detailproblem des Verhältnisses zwischen Christus und dem Priester als Sakramentenspender bei Bonaventura orientiert.

Daß Bonaventura in dem "Lösungsdschungel" der typisch scholastischen quaestio von der "potestas quam Christus potuit dare et non dedit"(56) weder eine cooperatio des priesterlichen Spenders per modum disponentis noch eine solche per modum efficientis an der Gnadenmitteilung zuläßt,(57) wird deutlich, daß die einzige Relation des Sakramentspenders zur sakramentalen Gnade diejenige des Beauftragungsverhältnisses zu Christus ist:(58) Die potestas ministerii besteht allein in der einzigartigen Beziehung des Spenders zum Hohenpriester; aufgrund dieser kann der Mensch vorbereitend für die alleinige Wirksamkeit Christi tätig werden.(59) "Verbum non habet efficaciam a dicente, sed ab instituente."(60) Der menschliche minister besitzt weder die potestas excellentiae, Gnade anderen zufließen lassen zu können, noch die potestas institutionis(61) sondern lediglich die potestas ministerii, sich der instrumenta bedienen zu können, an denen (verbum et elementum) Christi ordinatio efficax haftet.(62)

Auf dem Hintergrund dieser soteriologischen und sakramententheologischen Grundlagen gewinnen nun die Fragen der konkreten Ekklesiologie "im Vollzug" ihre spezifische Kontur, wo es im Zusammenhang der Erörterung des faktischen Vollzuges der kirchlichen Gemeinschaft um die Bestimmung des Verhältnisses von corpus mysticum und ecclesia geht.

---

54) Vgl. F.-M. Henquinet, De Causalitate, a.a.O., 404.

55) Über die Kontroverse hinsichtlich der Beurteilung der theologischen oder geistesgeschichtlichen Hintergründe dieser Ablehnung der instrumentum-Kategorie durch Bonaventura im Zusammenhang mit der Aristotelesrezeption des Kirchenlehrers vgl. M. Grabmann, Lehre, 240-249; J. R. Geiselmann, Christus und die Kirche nach Thomas von Aquin, in: ThQ 107 (1926) 198-222 und 108 (1927) 233-255, bes. 251 und R. Silić, a.a.O., 174-183.

56) Vgl. hierzu A. M. Landgraf, Der frühscholastische Streit um die potestas, quam Christus potuit dare servis et non dedit, in: Gregorianum 15 (1934) 524-572.

57) Vgl. IV Sent. d. 5 a. 3 q. 1 corp.: IV, 128ab.

58) Vgl. IV Sent. d. 13 a. 1 q. 3 corp.: IV, 306b. "Christus unica institutione, non tantum quod protulit, sed omne consimile (verbum) prolatum a sacerdote supra naturam ordinavit, ut statim, ipso prolato, ipse sacerdos invisibilis assistens converteret" (IV Sent. d. 13 a. 1 q. 3 corp.: IV, 306b.

59) Vgl. IV Sent. d. 10 p. 2 a. 1 q. 3 corp.: IV, 232a

60) ebd., d. 6 p. 1 dub. 3: IV, 147b.

61) Vgl. IV Sent. d. 5 a. 3 q. 1 corp.: IV, 128a.

62) Vgl. IV Sent. d. 1 p. 1 q. 4 opinio 2: IV, 24a; vgl. zum ganzen auch H. Berresheim, a.a.O., 250-267.

2. Der Vollzug der kirchlichen Gemeinschaft: Zu den "Grenz-Fragen" der Ekklesiologie bei Bonaventura

a. Die Gliedschaftsfrage

Es besteht nach Bonaventura eine grundsätzliche Differenz zwischen dem Erfaßtwerden von der gratia capitis und der Gliedschaft am corpus mysticum.(63) Das Erlösungswerk Christi bildet zwar die objektive Grundlage für das potentielle Erfaßtwerden schlechthin aller Menschen durch die gratia capitis, jedoch bestimmen erst die subjektiven Momente von Annahme und Ablehnung der Gnade deren faktisches Ankommen oder Nichtankommen und damit im Anschluß an Glaube und Liebe die Möglichkeit bzw. Unmöglichkeit der faktischen fruchtbaren Gliedschaft am corpus mysticum.(64) Durch die Möglichkeit einer Ablehnung der Hauptesgnade in der Sünde kennt Bonaventura graduell verschiedene Arten der Trennung vom mystischen Leib: so nennt er membra arida solche, denen die geistliche Gesundheit fehlt,(65) membra putrida (abscissa, mortua) die sündigen Glieder;(66) ja selbst die Todsünder qualifiziert er - solange der status viae noch andauert - als membra, wenn auch als solche besonderer Art, selbst wenn sie aus der sichtbaren Gemeinschaft ausgestoßen sind.(67) Allerdings ist der Befund zur Gliedschaftsfrage bei Bonaventura durchaus nicht einheitlich: Es begegnen auch Aussagen, wonach die sündigen Glieder nur potentiell zur Kirche gehören oder aber Heiden und Sünder in gleicher Weise außerhalb der kirchlichen Einheit gesehen werden.(68) Die vermittelnde und wahrscheinlich prävalente Antwortrichtung dürfte die Feststellung angeben, daß die Sünder nicht schlechthin vom corpus mysticum ausgeschlossen sind.(69) Die Uneinheitlichkeit und das eigenartige Schwanken der Aussagen resultieren daher, daß Bonaventura nirgends eigentlich das Problem der Trennung oder Unterscheidung von corpus mysticum und sichtbarer ecclesia genau thematisiert.(70) Aus der ekklesiologischen Gesamtsynthese Bonaventuras aber geht deutlich hervor, "daß ecclesia in sich den Leib bezeichnet, in dem und durch den sich das Heil vollzieht, man kann zu ihr nur numero gehören, während das corpus mysticum die Vereinigung mit Christus

---

63) Vgl. III Sent. d. 13 a. 2 q. 3: III, 288-290, bes. 288a.

64) Sermo 1 de Dom. 2 p. Pascha II: IX, 295a: "Pro multis dicitur (Christus dedisse animam suam) quantum ad efficaciam, licet pro omnibus fuerit datus quantum ad sufficientiam. Unde licet passio Christi sit sufficiens omnibus ad salutem, tamen salutem non efficit nisi in illis, quorum fides operatur per dilectionem."

65) Vgl. Praep. ad Miss. 1, 9: VIII, 102b.

66) Vgl. IV Sent. d. 18 p. 2 a. unic. q. 1 fund. 4: IV, 484a; Praep. ad Miss. 1, 5: VIII, 101a; II Sent. d. 19 dub. 3: II, 709: Die Sünder sind intra ecclesiam. Auch die geheimen Häretiker bleiben äußerlich sogar in der Kirche: IV Sent. d. 5 a. 2 q. 2 concl. 2: IV, 126b.

67) Vgl. Sermo 1 de Purif. BMV: IX, 635a; IV Sent. d. 18 p. 2 a. unic. q. 1 ad 1: IV, 485 a/b. Lediglich die endgültig sich selbst von der Liebesgemeinschaft der Kirche sich Ausschließenden sind ihm tot und von der Kirche Getrennte (Brev. p. 3 c. 9, 4. 5: V, 240b-241b).

68) " ... Et ait dominus servo: Exi in vias et sepes: Per vias et sepes, quae sunt extra urbem, intelliguntur peccatores, qui sunt extra ecclesiasticam unitatem, et maxime gentiles." (Com. Luc. 14, 49: VII, 374a).

69) Vgl. Sermo 2 in die animarum: IX, 608b.

70) Vgl. D. Culhane, a.a.O., 37.

durch die Liebe und die Lebensgemeinschaft miteinschließt: dessen Glieder sind jene, die zur Kirche **merito** gehören."(71) Die radikal vom Gedanken der influentia gratiae capitis her konzipierte(72) Gliedschafts- und corpus-Theorie läßt zunächst vom Ansatz her den Aspekt der Sicht- barkeit in der ecclesia in den Hintergrund treten. Diese ekklesiologische Perspektivität begegnet zunächst auch in der Frage der Heilsnotwendig- keit der Kirche.

b. Die Frage der Heilsnotwendigkeit der Kirche

Das Axiom des "extra ecclesiam nulla salus" ist bei Bonaventura streng genommen und in exklusiver Sinnrichtung lediglich eine Aussage über das corpus mysticum:(73) Die Zugehörigkeit zum corpus mysticum ist absolut heilsnotwendig; wo Heil ist, da ist das corpus mysticum und umgekehrt. In dieser Ebene ist die sichtbar-empirische ecclesia nicht in gleicher Weise Objekt dieser Aussage. Gleichwohl aber betont Bona- ventura auch, daß in der Zeit nach Christus die heilsnotwendige in- fluentia sensus et motus mediantibus sacramentis, also notwendigerweise durch sakramentalen Anschluß an die katholische Kirche erfolge.(74) "So universal 'katholisch' der Rahmen des corpus mysticum an sich ist, er wird hier begrenzt durch die Forderung, daß im Neuen Testament alle Glieder den **sakramentalen** Anschluß an die katholische Kirche finden müssen."(75) Dies geht auch aus der Feststellung hervor, daß Häretiker als Sakramentenspender sich selbst und anderen Erwachsenen(76) keine

---

71) Y. Congar, HDG, III/3c, 143.

72) Vgl. etwa Com. Jo. 1, 41.42: VI, 255b: "In Christo fuit gratia singularis personae maxima, quae potuit esse in homine; sicut etiam gratia unionis, qua nulla maior potest cogitari. Ratione utriusque dicitur fuisse 'plenus gratia', et ratione huius duplicis gratiae fuit caput Ecclesiae. Et quia caput in omnia membra redundat, ideo 'de pleni- tudine eius accepimus omnes' ... Christus dicitur caput secundum humanam naturam unitam divinae .. omnes acceperunt (praecedentes et subsecuti adventum Christi) ... Huic capiti uniuntur membra ligamine fidei et dilectionis ... Nullus fuit salvatus, qui non recepit de plenitudine Christi ... Fide fuit semper omnibus prasens, licet corporaliter sit secutus."

73) Vgl. Com. Jo. 6, 92 q. 3 ad 2: VI, 335a.

74) Vgl. IV Sent. d. 18 p.2 a. unic. q. 4 ad 2: IV, 490b.

75) H. Berresheim, a.a.O., 269.

76) Eine Ausnahme macht Bonaventura hinsichtlich des Taufsakramentes bei Kindern. Die in der Häresie getauften Kinder werden der Zahl nach der Häresie, dem Verdienst nach aber der Kirche wiedergeboren (IV Sent. d. 5 a. 2 q. 2 in corp.: IV, 126b/127a). Entschei- dend für die ekklesiale Beheimatung ist aber dann die spätere Stellungnahme des Täuf- lings (IV 126b). Auch bei der Erwachsenentaufe durch Häretiker sieht Bonaventura letz- tere nicht als solche sondern als Katholiken tätig: "... baptizant non per id quod habent repugnans Ecclesiae, sed per id quod habent communitatem cum ea et unitatem" (ebd., IV, 127a). Durchbricht nach Bonaventura hier also die Auffassung von der bedin- gungslosen Heilsnotwendigkeit der Taufe in ihren Konsequenzen (zur Diskussion vgl. H. Berresheim, a.a.O., 290f. Anm. 197-198) die sakramental-ekklesialen Gültigkeitsschran- ken, so kennt Bonaventura auch bezüglich der Eucharistie die Möglichkeit, daß der Häretiker - zwar nicht per propriam fidem - aber tamen mediante fide aliena (IV Sent. d. 9 a. 1 q. 3 in fine: cap.: IV, 205a) rem sacramenti empfängt, obwohl der eigentliche Häretiker nicht zur Kirche gehört (D. Culhane, a.a.O., 33f.): Gleiches gilt für die Schismatiker: IV Sent. d. 13 dub. 4 in resp.: IV, 314a; 370b; dazu D. Culhane, a.a.O.,

Gnade erlangen können, weil ihnen der Anschluß an den "Heilsfaktor" der sichtbaren Kirche fehlt.(77) Für die ntl Zeit gilt also auch nach Bonaventura das Axiom "extra ecclesiam nulla salus" bedingungslos in Bezug auf die katholische Kirche allerdings so, daß die eigentliche Aussageperspektive das corpus mysticum als materiales Heilsprinzip ist: d. h. wo scheinbar Heil außerhalb der Kirche begegnet, liegt in Wirklichkeit die Zugehörigkeit zum corpus mysticum und damit auch eine - wenn auch zunächst nicht erkennbare - Verbindung zur sichtbaren Kirche vor.(78) Corpus mysticum und ecclesia stehen zwar in deutlicher Zuordnung bei Bonaventura, werden aber bezüglich der Heilsfrage nie schlechthin identifiziert: Heil ist dort, wo das corpus mysticum ist," dessen Glieder sind jene, die zur Kirche merito gehören."(79) Diese nach Bonaventura hinsichtlich der Heilsfrage mögliche und notwendige differenzierende Sicht des Verhältnisses von ecclesia und corpus mysticum hat jedoch Grenzfallcharakter.(80) In ekklesiologischer Sicht läßt sich vom sprachlichen Befund her(81) bei Bonaventura keinerlei scharfe Trennung zwischen corpus mysticum und ecclesia, zwischen Leib und Seele der Kirche konstatieren.(82) Im Gegenteil: die ekklesiologische Synthese nimmt ihren Ausgangspunkt bei der Betrachtung der einen ecclesia, die - in heilsgeschichtlicher Perspektive - verschiedene Entwicklungsstadien kennt und in ihrer Wesenswirklichkeit dem Betrachter unterschiedliche akzentuelle

---

34; vgl. auch IV Sent. d. 18 dub. 3 in resp.: IV, 483a: "Haeretici et schismatici, quamdiu extra ecclesiam in haeresi et schismate perseverant, nec gratiam sibi nec aliis valent aliqualiter impetrare, de adultis loquendo." Die genaue Bestimmung der Zugehörigkeit des Häretikers zur Kirche ist nach D. Culhane (a.a.O., 32-34) bei Bonaventura darum schwierig, weil der Kirchenlehrer keine genaue begriffliche Scheidung zwischen corpus mysticum und ecclesia kennt. Die Zugehörigkeit zum corpus mysticum dürfte sich auch nach der Schwere der Sünde des Häretikers richten; zumindest will D. Culhane (a.a.O., 33f.) eine Unterscheidung bei Bonaventura zwischen haeretici publici und occulti festhalten. Häretiker aber, die finaliter in der Häresie sterben, gehören nicht zur Kirche und zum corpus mysticum, während in statu viae freilich noch die Möglichkeit zur Rückkehr für sie besteht.

77) Vgl. IV Sent. d. 18 p. 1 dub. 3 in resp.: IV, 483a; dazu D. Culhane, a.a.O., 33f.

78) Vgl. H. Berresheim, a.a.O., 280.

79) Y. Congar, HDG, III/3c, 143.

80) Es gibt für Bonaventura zweifellos Menschen, die ohne sakramentale Verbindung mit der Kirche gleichwohl Glieder am mystischen Leib sind (IV Sent. d. 18 p. 2 q. 1 ad 1: IV, 485a); aber in der Gesamtheit des mystischen Leibes muß es auch diese sakramentale Verbindung geben (aufgrund der Leib-Geist-Natur des Menschen: IV Sent d.10 p.1 q.1 ad 2:IV,218a). "Diese sakramentale Einheit, die Bonaventura so eindringlich empfiehlt, beweist uns, daß sein Kirchenbegriff, der hauptsächlich das Innere, Mystische betont, doch eine tief ausgearbeitete Gemeinschaftsidee besitzt, wenn man die Gemeinschaft im dogmatischen Sinne des übernatürlichen Organismus nimmt." (R. Silić, a.a.O., 200).

81) Bonaventura kennt nur die eine Ecclesia unica ab Abel (IV, 617a), über welche hinaus keine weitere möglich ist (V, 402a); die verschiedenen Bezeichnungen und Titulaturen: Volk Gottes (IV, 413b), heilige Gemeinschaft der Auserwählten (VI, 524a), Ecclesia Dei (IV, 616b), corpus Domini (IV, 539b), corpus mysticum (VIII, 100a), corpus Ecclesiae (IV, 597a) und ecclesia benennen alle akzentuell verschieden im Wesen eine einzige Wirklichkeit.

82) vgl. auch D. Culhane, a.a.O., 28f.; 39f.

Ansichtsseiten bietet,(83) dabei aber immer subjekthaft **eine** ist. Ihre Vollform - und damit schlägt Bonaventura die Brücke von der dogmatisch-spekulativen Ekklesiologie zur konkreten - findet sie in der ecclesia catholica Romana,(84) wobei es Bonaventura auf die untrennbare Einheit von Innen- und Außenseite dieser Wirklichkeit ankommt.(85)

c. Die Begründung der Sichtbarkeit der Kirche

Die Brücke zur Sichtbarkeit der Kirche als der Vollzugsform des corpus mysticum(86) findet ihren Ansatzpunkt bereits in der Idee des durch die Inkarnation mit der conformitas naturae zum Leib ausgestatteten caput mysticum. Das corpus mysticum weist aus sich heraus auf die sichtbare Kirche:(87) Christus, der in seiner Oberhoheitsstellung als caput auch der sichtbaren katholischen Kirche zugeordnet ist,(88) hat, indem er den Glauben an seine Menschheit bewirkt, die Kirche gegründet. Den unmittelbaren Bezug dieses Aktes zur Sichtbarkeitsdimension der Kirche verankert Bonaventura darin, daß Christus, indem er auch den Glauben des Petrus begründet hat und damit auch die Unverfälschtheit des kirchlichen Lehramtes, ein Amt der sichtbaren Kirche(89) und damit die sichtbare Kirche gegründet hat.(90) Auch durch die von den Vätern inspirierte Idee von der Gründung der Kirche durch die Sakramente de latere Christi(91) erfährt der Kirchenbegriff eine christologisch fundierte Begründung der Sichtbarkeitsdimension, insofern die Sakramente ja als Elemente der sichtbaren Gnadenvermittlung in eine wesentlich sichtbare Kirche gehören.

---

83) vgl. etwa: ecclesia praecedens (III Sent. d.4 a.2 q.1 in corp.: III, 105a) oder primitiva-ecclesia praesens oder moderna - ecclesia finalis (auf Erden!): Belege bei H. Berresheim, a.a.O., 326f. Anm. 328-341; vgl. auch Anm. 81.

84) Bonaventura spricht von der ecclesia totalis (V, 195), generalis (IV, 117b), communis (IV, 82b), universalis (III, 535b).

85) Vgl. zum ganzen H. Berresheim, a.a.O., 324-329.

86) Vgl. ebd., 148-150.

87) Vgl. ebd. 147.

88) "Corporis mystici, quod est Ecclesia ... Christus Filius Dei est caput" (VIII, 103b).

89) Bonaventura leitet aus der caput-corpus-Idee des corpus mysticum analog die Begründung des päpstlichen Primates ab ("per evidentiam rationum": V, 191b), der aus der vom Haupte verliehenen dreifachen "potestatis plenitudo" herrührt (Quare fratr. min. praed. 2, 3: VIII, 375; vgl. auch IV Sent. d. 19 a. 3 q. 1 concl.: IV, 508b; De perf. ev. q. 2 a. 2 ad 19; V, 147b). Wiewohl die Kirche in ihrem Gnadenleben radikal von Christus her lebt, so besteht sie doch in kanonischer und sozialer Hinsicht ganz von dessen vicarius, dem Papst her: "Omnis tamen haec varietas ad unum habet reduci summum et primum, in quo principaliter residet universalis omnium principatus: non solum ad ipsum Deum et Christum ... verum etiam ed eius vicarium" (De perf. ev. q. 4 a. 3: V, 194; zum ganzen H. Berresheim, a.a.O., 354-395). Bonaventura wurde durch seine Primatstheorie für das 13. Jh. zum wichtigsten Theoretiker der päpstlichen Monarchie (Y. Congar, HDG, III/3c, 144).

90) Vgl. hierzu Com. Luc. 17, 13; 22, 42: VII, 429b/430a. ebd. 552a/b. Expos. sup. reg. 2: VIII, 391b/392a.

91) Vgl. "Ecclesia de latere Christi": II Sent. d.18 a.1 q.1 in corp.: II, 433a. IV Sent. prooem.: IV, 2b-3a; Sermo de Trin.: IX, 355b: "de latere Christi fluxerunt sacramenta, unde formata est Ecclesia."

Schließlich begegnet bei Bonaventura noch eine ausgesprochen pneumatologische Verankerung der Sichtbarkeitsnatur der Kirche: Analog dem soteriologischen Prinzip, wonach die Begnadigung meritorisch durch Christus (Mensch), effektiv aber durch den Hl. Geist (Gott) geschehe, postuliert Bonaventura auch hinsichtlich der Kirchengründung durch Christus den Hl. Geist als Vollendungsprinzip der Kirche(92) dergestalt, daß die von Christus bewirkte Einwohnung des Geistes in sich selbst das Bestreben hat, auf andere überzufließen, d. h. sich zu versichtbaren (missio visibilis).(93) Diese plenitudo redundantiae der Gnadenfülle für die Kirche sieht Bonaventura in und durch die Geistsendung auf die Kirche verwirklicht und vollzogen:(94) Was jeder vorher an Geistbesitz für sich hatte, wird jetzt in seiner Fülle offenbar(95) und zwang gerade in seinem innersten Bezug auf die Sichtbarkeit der Gnadengemeinschaft: die sanctitatis sufficientia wird zur sichtbaren abundantia plenitudinis redundantia. Der Heilige Geist wird damit zum Versichtbarungsprinzip der Gnade Christi, indem er die Fortsetzung der influentia Christi in der Kirche bewirkt durch die Sammlung der Kirche in die sichtbare Einheit.(96)

Abschließend soll nun noch in einigen Andeutungen über die Zuordnung von Kirche und Sakramenten diese Dimension der Sichtbarkeit der ecclesia als der Vollzugsform des corpus mysticum von der Sakramententheologie Bonaventuras her beleuchtet werden.

d. Kirche und Sakramente (Taufe und Eucharistie)

Taufe und Eucharistie stehen für Bonaventura gerade in ihrer Verursachungsfunktion hinsichtlich Glaube und Liebe durch Christus in besonderer Hinordnung zum corpus mysticum.(97) Gerade die Taufe zeitigt ihre Wirkung des Sündennachlasses, der Rechtfertigung, des habitus virtutum und der Aufnahme in die Kirche und in das corpus mysticum(98) durch das Zusammenwirken des Verdienstes Christi mit der fides propria des Täuflings und der fides aliena der Kirche.(99) Die Taufe ist nicht sacramentum singularis hominis, sed Ecclesiae, sie hat ihre Wirkung in ihr.(100) Bonaventuras Auffassung von der absoluten und bedingungslosen Heilsnotwendigkeit(101) und von der Einzigkeit der Taufe(102) ver-

---

92) Vgl. Brev. p.4 c.10, 3:V, 251a; ebd. c.10, 8:V,252a.
93) Vgl. I Sent. d.16 a. unic. q.2 in corp.: I,281b; vgl. auch V,251a.
94) Vgl. I Sent. d.16 a. unic. q.2 in corp.: I, 281b.
95) Vgl. Com. Jo. 7,57 q.2 in corp.: VI, 350b.; IV Sent. d.7 a.1 q.1 ad 1: IV, 164a.
96) Vgl. hierzu H. Berresheim, a.a.O., 190.
97) Vgl. Brev. p.6 c.3,3: V,267b; IV Sent. d.8 p.1 a. 2 q.1 in corp.: IV, 184b.; die Taufe erscheint als sacramentum fidei, die Eucharistie als sacramentum fidei et caritatis.
98) Vgl. dazu H. Berresheim, a.a.O., 288f.; IV Sent. d.2 a.1 q.3 in corp.: IV, 53a/b.
99) Vgl. Brev. p.5 c.3,4:V,255a/b; dazu IV Sent. d.9 a.1 q.4 in corp.: IV, 205a/b.; ebd. d.4 p.2 a.2 q.1 in corp.: IV, 112b.
100) Vgl. IV Sent. d.3 p.1 a.1 q.3 in corp.: IV, 69a.
101) Vgl. hierzu H. Berresheim, a.a.O., 290f. Anm. 197-198. Bonaventura formuliert sogar, daß de lege communi die ohne Taufe sterbenden Kinder verloren seien: IV Sent. d.5 a.2 q.1 corp.: IV, 125a/b.

weisen auf diesem Hintergrund auch auf die dogmatische Dignität der sichtbaren ecclesia und deren unlösbare Hinordnung auf das corpus mysticum.

Mit noch größerer Deutlichkeit zeigt sich dies im Sakrament der Eucharistie: Für Bonaventura stehen die Einheit der Kirche, die Eucharistie und die caritas als der Wesensform des corpus mysticum in direktem Zusammenhang:(103) Dies zeigt die folgende sakramentale Verbindungslinie: Die species visibilis des eucharistischen Sakramentes ist das signum des corpus verum und des corpus mysticum; das corpus Christi verum ist die res der species visibilis und ferner wiederum das signum (sacramentum tantum) des corpus Christi mysticum und zugleich die causa des corpus Christi mysticum.(104) Das corpus verum ist also zur Lebendigerhaltung und Nahrung des corpus mysticum da.(105) Die Sorge Gottes für die Ernährung des mystischen Leibes(106) geht also über die unsichtbare influentia sensus et motus hinaus auf die sichtbar-greifbare Nahrung, die offenbar wegen der Sichtbarkeitsnatur der Kirche und damit auch des corpus mysticum notwendig ist.(107) Die in der sichtbaren Kirche empfangene sichtbare Nahrung bewirkt dabei nicht eigentlich die Eingliederung in den mystischen Leib – dies geschieht wesentlich in der Taufe, und darum setzt die Eucharistie nach Bonaventura auch die Taufe voraus(108) – sondern die Erhaltung und Vertiefung des schon vorhandenen Bandes(109) sowie die Verzehrung der theologischen Tugenden und der Gnade(110) und zwar nicht in physischer, sondern in meritorischer Ursächlichkeit.(111) Was die genauere Bestimmung der Wirkung einer sakramentalen Verbindung mit dem mystischen Leib durch die Eucharistie betrifft, so will R. Silić jedoch eine deutliche Differenz bei Bonaventura sehen zwischen einer rein inneren und einer mittleren, sakramentalen Verbindung der Glieder am mystischen Leib,(112) so daß es im Grenzfall auch Glieder am mystischen Leib ohne sakramentale Verbindung geben kann.(113) Wenn für Bonaventura allerdings die abso-

---

102) Vgl. hierzu IV Sent. d.4 p.2 a.1 q.1 in corp.: IV, 107a/b; ebd., d.3 p.1 a.2 q.2 ad 3: IV, 72b.

103) Vgl. IV Sent. d.8 p.1 a.2 q.1 in corp.: IV, 184b; Brev. p.5 c.8,5:V,262.

104) Vgl. IV Sent. d.8 p.2 a.1 p.1 ad 5.6: IV, 196a/b; dazu über die allgemeinen Wirkungen der Eucharistie F. X. Kattum, Die Eucharistielehre des hl. Bonaventura, München 1920, 149-157. Die besondere Bedeutung dieser ursächlichen Beziehungsrichtung erhellt auch daraus, daß Bonaventura von der Verheißung Christi über die Einheit der Kirche und über seinen Beistand auf die Transsubstantiation schließt; vgl. IV Sent. d.10 p.1 q.1 fund. 3:IV,216b; Sermo 1 de Circmcis. Dom., p.1: IX,136a; III Sent. d.25 a. 1 q.1 ad 3:III,537a.

105) Vgl. IV Sent. d.12 p.2 a.1 q.2 in corp.:IV,292a.

106) Vgl. Praep. ad Miss. 1,13: VIII, 103b/104a.

107) Vgl. Sermo 1 de Circumcis. Dom.: IX, 136a.

108) vgl. IV Sent. d.12 p.2 a.1 q.2 corp.: IV,292a.

109) IV Sent. d.12 p.2 a.1 q.3 corp.:IV,293a: "effectus eius (sc. eucharistiae) primus aut est unire aut magis unire, sed non de novo unire."

110) dazu R. Silić, a.a.O., 198f.

111) vgl. S. Simonis, De Causalitate Eucharistiae in Corpus mysticum Doctrina S. Bonaventurae, in: Antonianum 8 (1933) 193-228, 191.

112) Vgl. R. Silić, a.a.O., 199-210; dazu IV Sent. d. 18 p.2 q.1 ad 1: IV, 485a.

113) Vgl. IV Sent. d.18 p.2 q.1 ad 1:IV,485a; Zu dem "Ausnahmecharakter" dieser Aussage vgl. o. S. 181 Anm. 80.

lute Heilsnotwendigkeit lediglich von der manducatio spiritualis(114)
ausgesagt werden kann,(115) so ist deren Heilswirkung dennoch unlösbar
mit dem Gnadeneinfluß des Hauptes durch den Zusammenhang mit dem
corpus mysticum id est ecclesia verbunden: "tantae necessitatis est illa
manducatio, quod, nisi per eam quilibet tanquam membrum compaginetur
corpori Christi mystico, id est Ecclesiae, nequaquam potest recipere
influentiam vitae a capite, scilicet Christo."(116)

3. Fazit: Die wichtigsten Grundlinien aus der ekklesiologischen Synthese
   Bonaventuras im Hinblick auf die Frage nach der Entwicklung des sakramentalen Kirchengedankens und der Auffassung von der soteriologischen "Subjekthaftigkeit" der Kirche

1. Mit der Übernahme und Weiterbildung der im 12. Jh. aufkommenden
und deutlich bei A. v. Hales bezeugten Unterscheidung zwischen Gliedern Christi und Gliedern der Kirche(117) sind auch für Bonaventura
ecclesia und corpus mysticum zwei unterscheidbare Größen.

2. Bedingt durch das innere Schwergewicht seines Denkens gewinnt in
Bonaventuras gesamtekklesiologischer Synthese der innerlich-gnadenhaft-
mystische Duktus die Prävalenz, d. h. primäres ekklesiologisches Sub-
jekt/Objekt ist die ecclesia quae est corpus mysticum.

3. Analog dem soteriologischen Axiom von der meritorischen, nicht
instrumentalen Ursächlichkeit der Menschheit Christi im Begnadigungsgeschehen gelangt Bonaventura sakramententheologisch zu der Auffassung einer causalitas dispositiva mere intentionalis ex ordinatione effi-
cace; d. h. die Spendervollmacht ist strikte eine potestas ministerii,
deren Valenz eine streng christologisch zentrierte und relational rückge-
bundene ist.

Für die sakramententheologische Relation von sichtbarem Zeichen und
unsichtbarer Gnade bedeutet dies eine merkliche Akzentuierung der res
gegenüber dem sacramentum tantum. Hinsichtlich des sakramentalen Kirchengedankens folgt daraus das deutliche Hervortreten der "christozen-
trisch-soteriologischen" Linie gegenüber einer "ekklesiozentrisch-hier-
archologischen."(118)

---

114) Zur Unterscheidung von manducatio sacramentalis und spiritualis vgl. IV Sent. d. 9 a.1
   q. 1 in corp.: IV,202a; die manducatio spiritualis vollzieht sich ohne sacramentalen
   Genuß in der recogitatio fidei hinsichtlich des Erlöserleidens Christi (IV Sent. d.11
   p.2 a.1 q.3 in corp.:IV,257a).

115) Vgl. Com. Jo. 6,91 q.3 in resp.:VI,334b. "Sinne (manducatione) sacramentali potest
   esse salus, nec est necessitas, quantum est de institutione sacramenti; spiritualis
   est de necessitate." (vgl. auch IV Sent. d.12 p.2 a.2 q.1 in corp.: IV, 294b).

116) Sermo 1 de dom. 6 p. Pent.: IX, 379a.

117) Man spricht auch von der unitas ecclesiae, für die der Glaube genügt, und von der
   unitas corporis ecclesiae, für die die caritas oder fides formata erforderlich ist und
   die den mystischen Leib Christi, der die Kirche ist, ausmacht. Belege für A. v. Hales
   bei Y. Congar, HDG, III/3c, 142.

118) Zu dieser ekklesiologiegeschichtlichen Terminologie vgl. E. Fischer, Kirche und Kirchen, 18.

Dieses bei Bonaventura gefundene strukturelle Gefüge der soteriologischen, sakramententheologischen und sakramental-ekklesilogischen Linien
findet nochmals einen entsprechenden Reflex in der Lehre Bonaventuras
von der Gegenwart Christi in der Kirche:(119) Einerseits erklärt Bonaventura objektiv wohl die sakramentale Gegenwart Christi in der Kirche
für die eigentliche, subjektiv aber, und vom Umfang der Ausführungen
her gesehen, hat die praesentia spiritualis Christi für den Kirchenlehrer
eindeutig den Vorrang,(120) woraus deutlich der mystische Grundein-
schlag der Theologie Bonaventuras spricht.(121)

Bonaventura vertritt die Auffassung einer moralisch-meritorischen Wirksamkeit der Sakramente, d. h. die Verbindung von Sakrament und Heilstat Christi wird schon durch den Glauben an den Heilstod Christi und
daran, daß Christus dadurch die sakramentale Gnade verdient hat,
hergestellt. Eine "realere", "ontologisch" weiterreichende Verbindung
zwischen rechtfertigender Gnade und Sakrament kennt Bonaventura
nicht.(122) Eucharistietheologisch spricht er deshalb von einer signifikativen, nicht repräsentativen Relation zwischen Eucharistie und passio
Christi.(123) Von der soteriologisch-sakramententheologischen Axiomatik
her ergibt sich somit bei Bonaventura für die theologische Bestimmung
des sarkamental-ekklesialen Vollzuges ein gewisses "Defizit", was die
Vergegenwärtigungsfunktion und -dimension von Christi Heilswerk betrifft. Die Betonung von Christi Wirkgegenwart als Gott in der Kirche
(als seiner mystischen Gegenwart in den einzelnen Gläubigen) vernachlässigt den Aspekt seiner Seinsgegenwart als Gott-Mensch als der die
erstere Gegenwartsweise bedingenden Voraussetzung.(124) Innerhalb der
ekklesiologischen Gesamtsystematik bei Bonaventura bedeutet das ein
zumindest akzentuelles Gefälle von dem inneren gnadenhaft-unsichtbaren
Element (res = corpus mysticum) zur Sichtbarkeitsdimension (sacramentum = ecclesia), so daß die sakramentale Relation zwischen beiden, in
der von der sacramentum-Seite her betrachtet das wirkliche Ankommen
der Gnade Christi in dem Zeichen einbeschlossen liegen müßte, vergleichsweise unterrepräsentiert und unterakzentuiert bleibt.

---

119) Vgl. dazu R. Silić, a.a.O., 220-241; schon bei Augustinus ist ein eigenartiges Defizit
auffällig in der Beachtung der eucharistischen neben den anderen konstatierten Gegen-
wartsweisen Christi in der Kirche: der praesentia carnis (sie bezieht sich nur auf die
Zeit vor der Himmelfahrt, danach benennt sie die Gegenwart Christi im Himmel, vgl. ep.
187, 13, 41: CSEL 57, 118f.), der praesentia maiestatis (spiritualis) ist die eigentliche Gegenwartsweise Christi in der Kirche (R. Silić, a.a.O., 211), die (sakramentale) Verbindung Christi mit seinem Leibe erscheint lediglich als uneigentliche Gegenwartsweise (vgl. serm. 41: PL 39, 1493f.). Bis in die Zeit der Vorscholastik hinein
konnte keine deutliche und ausdrückliche Beziehung hergestellt werden zwischen der
praesentia maiestatis und der eucharistischen (sakramentalen) Gegenwartsweise Christi,
obgleich etwa bei Innozenz III (de sacr. alt. myst. 4, 36: PL 217, 856f.) die eucharistische Gegenwart wieder deutlich in den Vordergrund gerückt erscheint.

120) Vgl. Serm 3 in Eph p.1:IX,151b; Coll. Jo. c.1 coll. 2,6:VI,537b; dazu R. Silić,
a.a.O., 232f. Anm. 70 (weitere Belege).

121) Vgl. R. Silić, a.a.O., 233.

122) Vgl. IV Sent. d.4 p.2 a.2 q.1 corp.:IV,112b.

123) Vgl. IV Sent. d.11 p.2 a.1 q.2 ad 4:IV,259b; "simile potest esse in signis sacramen-
talibus, quod unam rem significent proprie, scilicet vel rem, quam continent, vel
effectum, quem tribuunt; aliam allegorice, scilicet rem a qua virtutem trahunt, sicut
a passione et eius fide" (ebd., dub. 2:IV,265a).

124) Vgl. dazu R. Silić, a.a.O., 241-256.

Freilich muß sofort hinzugefügt werden, daß Bonaventura in den konkreten Fragen der "Ekklesiologie im Vollzug" keinerlei Zweifel an der untrennbaren sakramentalen Relation zwischen ecclesia und corpus mysticum hegt; jedoch dürfte gerade von dem soteriologisch-christologischen
Gefälle im augustinisch-bonaventurischen Kirchenbegriff her eine Linie zu
der spezifisch reformatorisch geprägten Option im Kirchendenken führen.(125) Damit rückt das erkenntnisleitende Interesse unseres dogmengeschichtlichen Abrisses zur Entfaltung des sakramentalen Kirchendenkens auf die nähere Beleuchtung der sakramententheologischen bzw.
ekklesiologischen Schaltstellen, die die besonders seit der Spätscholastik
aufbrechende Krise der sakramentalen Idee(126) indizieren oder auch
bedingen.

Vorher jedoch gilt es, den hochscholastischen Befund zum sakramentalen
Gedanken in der Ekklesiologie noch durch die Position des Aquinaten zu
vervollständigen und zwar durch die Markierung jener Punkte in dem
Fragekomplex, in denen er im Vergleich zur Tradition eine ihm eigene
Lösung bietet. Zugleich läßt sich dabei zeigen, wie die kirchliche Lehrverkündigung im Mittelalter im Vergleich zur hochscholastischen Tradition
bezüglich des sakramentalen Kirchengedankens eigene Wege geht.

II. Thomas von Aquin und die bestimmenden Züge der Entwicklung des
Kirchengedankens bis ins Spätmittelalter

1. Zur generellen ekklesiologischen Perspektive im dogmatischen System
bei Thomas von Aquin im allgemeinen

Auch bei Thomas von Aquin findet sich noch kein eigener Traktat über
die Kirche;(127) jedoch gilt gerade für die gesamte theologische Synthese
des Aquinaten, die um das Geheimnis kreist, wie der Mensch am Mysterium Gottes Anteil gewinnt,(128) daß Idee und Bewußtsein von der
Kirche als der - in ihrem tiefsten Wesen - vergöttlichenden Gemeinschaft
mit Gott im Grunde die prägende Form dieses Gedankengebäudes darstellt
und sich insbesondere in dem Gedanken von der Zuteilung und Vermittlung der uns durch die Verdienste Christi zugewachsenen Gnade verdichtet.(129) Letztes Ziel und tiefste Wesensbestimmung der Wirklichkeit

125) Vgl. dazu W. Wagner, Die Kirche als Corpus Christi mysticum beim jungen Luther,
a.a.O., 29-99.
126) Siehe hierzu F. Pratzner, Messe und Kreuzesopfer, a.a.O.; E. Iserloh, Die Eucharistie
in der Darstellung des Johannes Eck. Ein Beitrag zur vortridentinischen Kontroverstheologie über das Meßopfer, Münster 1950; ders., Der Kampf um die Messe in den ersten
Jahren der Auseinandersetzung mit Luther, Münster 1952.
127) So Y. Congar, HDG, III/3c, 151.
128) Vgl. ebd.; ferner M. Grabmann, Lehre, 92.
129) Vgl. in diesem Zusammenhang auch das Urteil v. Harnacks über die ekklesiologischen
"Form" der mittelalterlichen Theologie überhaupt: "Die Gnade (in der Form der Sakramente) und das Verdienst (Gesetz und Leistung) sind die beiden Centren der Kurve der
mittelalterlichen Auffassung vom Christentum. Diese Kurve ist aber ganz eingebettet in
den Glauben an die Kirche; denn da - was man nicht bezweifelte - ihr die Sakramente
und die aus ihnen resultierende Schlüsselgewalt verliehen war (sic), so war sie nicht
nur die Autorität für das ganze Gefüge, sondern recht eigentlich die Fortsetzung
Christi selbst und der Leib Christi, der ihm enhypostatisch verbunden ist. In diesem

Kirche ist die vergöttlichende Gemeinschaft der Menschen mit Gott, die
Kirche ist im eigentlichen die "übernatürliche Gesamtheit oder Einheit der
durch die Gnade Gottes belebten Geistwesen."(130) Auch die Bezeichnungen "corpus Christi" oder "societas sanctorum"(131) beleuchten bei
Thomas auf dieser dogmatisch-mystischen Ebene die Kirche zunächst ohne
einen ausdrücklichen Bezug auf die Dimension der Sichtbarkeit oder die
hierarchische Struktur. Freilich kann die Kirche ihr Ziel, die Menschen
zu Gott zu führen, nur durch Christus, das fleischgewordene Wort
verwirklichen,(131) d. h. für den irdisch-geschichtlichen Status zugleich
durch das, was Christus uns gebracht hat: den Glauben, die Sakramente
und die Institutionen.(132) Jedoch in der ekklesiologischen Gesamtoptik
ist das juridische Element der Kirche als Leib Christi radikal eingesenkt
in das dogmatisch-mystische des gnadentheologischen Gesamtkosmos:
"Alles rein Juridische verblaßt vor der Größe und dem Glanz der Idee,
deren Verwirklichung es zu dienen hat."(133) Das äußere Leben der
Kirche hat in seiner Ganzheit nur den Sinn, Erscheinungsform der in
Christus uns zuteil gewordenen Gnade zu sein. Es findet sich bei Thomas gerade in dieser dogmatisch-mystischen Ebene der Kirchenspekula-
tion auch eine bemerkenswerte pneumatologische Linie, gemäß welcher
der Heilige Geist als das letzte Einheits-, Lebens- und Wesensprinzip der
Kirche erscheint;(134) jedoch ist die christologische - von dem Gedanken

Sinne ist die mittelalterliche Theologie Ecclesiastik, obgleich sie nicht viele Worte
über die Kirche gemacht hat" (A. v. Harnack, DG, III, 1897, S. 462). Freilich wird
man die Behauptungen Harnacks, die mittelalterliche Scholastik betrachte die Kirche
als Fortsetzung Christi schlechthin, und die Kirche sei demgemäß der enhypostatisch
dem Erlöser geeinte Leib als zu undifferenziert ablehnen müssen; zutreffend aber ist
die Beobachtung von der unausdrücklichen ekklesiologischen Geformtheit der scholastischen Dogmatik.

130) Y. Congar, HDG, III/3c, 152. Thomas spricht von der Kirche als dem "effectus gratiae"
(III Sent. d.25 q.1 a.2 ad 10; De ver. 29,5 c.).
131) STh III, q.80,4 c.
132) Vgl. STh III, Prologus.
133) J. Ranft, Stellung, 74.
134) Vgl. etwa III Sent. d.13 q.2 a.2 sol.2 In Joa 1 lect. 10,1; STh I, q. 147; STh II-II,
q.183, 3 ad 3; dazu M. Grabmann, Lehre, 115-193; demgemäß erscheint auch bei Thomas
der Heilige Geist als Versichtbarungsprinzip der Kirche, insofern die Offenbarung der
Gnadenfülle in Christus durch die Geistsendung die Hinordnung dieser Gnadenfülle und
ihr Überfließen auf eine (sichtbare) Vielheit bewirkt (vgl. I Sent. d.16 q.1 a.2
sol.). Allerdings kennt Thomas in spezifischem Unterschied zu Bonaventura zwei Geistsendungen an Christus (Jordan/Tabor: per operationem und per instructionem: I Sent. d.
16), aus denen Thomas herleitet, daß Christus als Gott principaliter effective, als
Mensch aber instrumentalter effective et meritorie Urheber der Gnade sei. Zu diesem
Unterschied gegenüber Bonaventura und den daraus sich ergebenden ekklesiologischen
Konsequenzen s. w. unten.
Der Hl. Geist begegnet sodann bei Thomas als die causa formalis der Kirche, Christus
dagegen erscheint als die causa efficiens (M. Grabmann, Lehre, 164). Der Hl. Geist als
Tätigkeits- und Innerlichkeitsprinzip der Kirche schließlich (vgl. ebd., 168-184)
verbindet in den Geistsendungen sowohl an die einzelnen Glieder wie an die
Kirche als ganze zur Begründung von deren Lehr-, Priester- und Hirtenamt die Außen-
und Innenstruktur des mystischen Leibes, wobei die Geistsendung an das einzelne Glied
in der Geistsendung an die (vorgängige) Geistsendung an die Gesamtkirche gründet
(ebd., 183f.). Bei Thomas tritt zudem nach Grabmann der Hl. Geist erstmals als "cor
ecclesiae" auf (ebd., 184-193).

der Gnade als geschaffenem habitus her motivierte - Linie in der ekklesiologischen Konzeption bei Thomas die durchgehender und deutlicher
ausgebaute:(135) Christus ist das Lebens- und Daseinsprinzip der Kirche;(136) so entwirft Thomas auch vom Christus-caput-Gedanken
her(137) ähnlich wie Bonaventura(138) im Rahmen einer soteriologischen
Gesamtökonomie seine kirchliche Gliedschaftskonzeption, wobei er im
Unterschied zu Bonaventura nicht nur auf die influentia Christi als dem
gliedschaftskonstituierenden Prinzip sondern noch übergreifender auf den
Prädestinationsgedanken zurückgreift: "... quod accipiendo generaliter
secundum totum tempus mundi, Christus est caput omnium hominum, sed
secundum diversos gradus: primo enim et principaliter est caput eorum
qui ei uniuntur per gloriam (= "beati" bei Bonaventura; "influentia
gloriosa"); secundo, eorum qui actu uniuntur ei per charitatem; tertio,
eorum qui actu uniuntur ei per fidem (= iusti in via; peccatores; influentia sensus et motus bei Bonaventura); quarto vero eorum qui ei
uniuntur solum in potentia nondum reducta ad actum, quae tamen est ad
actum reducendae sedundum divinam praedestinationem (so nicht vorhanden bei Bonaventura); quinto verum eorum qui in potentia ei sunt uniti
quae numquam reducetur ad actum, sicut homines in mundo viventes qui
non sunt praedestinati: qui tamen ex hoc mundi recedentes totaliter
desinunt esse membra Christi qui iam nec sunt in potentia, ut Christo
uniantur (sachlich: reprobi; damnati)."(139) Thomas bestimmt hier die
Idee der Kirche von dem ganz und gar übernatürlichen Gesichtspunkt
der Teilnahme am göttlichen Leben durch das Prinzip der gratia capitis:(140) Allein nach der je größeren oder kleineren Nähe zur Gnade und
zum göttlichen Leben bemißt sich auch die engere oder losere Verknüpfung mit der konkreten Gnadengemeinschaft der Kirche.(141) Der Gna-

---

135) So Y. Congar, HDB, III/3c, 152.

136) Der Gedanke der Entstehung der irdischen Kirche aus Christi Passion nimmt eine Schlüsselstellung ein: "de latere Christi dormientis in cruce fluxerunt sacramenta, id est
sanguis et aqua, quibus est ecclesia instituta" (STh I, q.92; III q.64, 2 ad 3; IV
Sent. d.3 q.1 a.3 sol. 2).

137) Vgl. dazu STh III q.9,8 dazu: III Sent. d.13; de verit. q.29 a.4; Compend. theol. c.
215. Dabei kommt es Thomas auf die präzise Erfassung der Vergleichspunkte bei dieser
Redeweise an: auf die in der hypostatischen Union grundgelegten conformitas zwischen
Haupt und Leib secundum naturam und die dadurch begründete höchste Gnadenfülle des
Hauptes: III Sent. d.13 q.2 a.21c.; de verit. q.29 a.4; STh III q.8 a.1. Thomas wendet
sich damit gegen eine Art einer Überziehung des "bildlichen" ekklesiologischen caput-
corpus-Motives: "In metaphoricis locutionibus non oportet attendi similitudinem quan-
tum ad omnia (STh q.8 a.1 ad 2^m).
Zum Ganzen vgl. auch M. Grabmann, Lehre, 208-266; J. R. Geiselmann, Christus und die
Kirche, in: ThQ 107 (1926) 198-222.

138) Vgl. IV Sent. d.13 a.2 q.2.

139) STh III, q.8 a.3.

140) Vgl. dazu auch A. Mitterer, Geheimnisvoller Leib Christi, Wien 1950; F. Malmberg, Ein
Leib - ein Geist, Freiburg 1960, bes. 199-219.

141) Vgl. J. R. Geiselmann, Christus und die Kirche, a.a.O., 203. Diese Verbindung zur
ecclesia kann eine nur mögliche (in potentia) sein oder eine wirkliche (in actu),
wobei für die nähere Bestimmung letzterer wiederum eine dreifache Untergliederung
(durch Glaube, Liebe oder Gottesschau im Jenseits) angegeben wird. Auch die diesseiti-
ge Verbindung mit der Gnadengemeinschaft Kirche ist steigerungsmäßig differenzierbar
in eine bloße unio materialis (fides), oder eine unio formalis (fides caritae formata), oder in eine unio completiva totius (Geistbesitz).

denstand ist das eigentliche Gliedschaftsprinzip, die "ecclesia coelestis"(142) das eigentliche ekklesiologische Thema; darum sind auch die Beschreibungskategorien für die Zugehörigkeit zur Kirche Christi rein innere Wirklichkeiten: Glaube, Liebe, selige Gottesschau, göttliche Vorherbestimmtheit. Das institutionelle Element am Kirchenbegriff, seine Bedeutung als Bedingungsbereich der Zugehörigkeit zum corpus mysticum tritt hier so stark in den Hintergrund,(143) daß A. v. Harnack sogar feststellen zu können glaubte: "Hinter Wicklifs Sätzen steht kein neuer Kirchenbegriff, sondern nur eine Spielart des thomistischen."(144) Damit ist jedoch sicherlich nur ein Aspekt des Kirchendenkens des Aquinaten, möglicherweise auch eine (geheime) Tendenz isolierend akzentuiert. Die bisher beleuchtete Gnadengemeinschaft der vernünftigen Wesen überhaupt steht nämlich auch für Thomas in unlöslichem Zusammenhang und in wechselseitiger Hinordnung auf die ecclesia militans, die aus den Menschen hier auf Erden bestehende ecclesia.(145) Folgt für Thomas schon aus dem Wesen der Gnade als der Teilhabe am göttlichen Leben, welches von der inneren Tendenz bestimmt ist, sich mitzuteilen,(146) die Sichtbarkeitsstruktur der Gnadengemeinschaft,(147) so erkennt er letztlich in der Inkarnation(148) die fundamentale Verankerung der Sichtbarkeit und Institutionalität der Gnadengemeinschaft, ja, durch die Inkarnation wird das Sichtbare dieser Gnadengemeinschaft zu einem qualifiziert soteriologischen Element:(149) Das inkarnationschristologische Datum ist der An-

---

142) In Eph. cap. III, lect. III: "Ecclesiam ... coelestem, quia ibi est vera ecclesia, quae est mater nostra, et ad quam tendimus et a qua nostra Ecclesia militans est exemplata" (zit. nach F. Ricken, Ecclesia, 356 Anm. 19.)

143) Vgl. ebd., 355.

144) A. v. Harnack, DG, III[3], 483; K. Werner (Geschichte der apologetischen und polemischen Literatur der christlichen Theologie, Schaffhausen, 1861-1867, III, 694) sagt: "Für ihn (Wicklif) gab es keine sichtbare Kirche."

145) Vgl. auch Y. Congars Urteil: "Die streitende Kirche ist der Weg bzw. der Anfang der Kirche der Glückseligen, in völliger Abhängigkeit von Christus , der ihr caput darstellt. Jegliches Gnadengut wird in Christus verwirklicht. Die Menschen nehmen - soweit sind sie auch Glieder der Kirche - durch den Glauben und durch die Sakramente des Glaubens daran Anteil (de verit. 27,4c; 29,7 ad 8 ...) die dank eines Amtes und in Formen zu ihnen gelangen, die zum Teil Christus eingerichtet hat, und die zum anderen von der Kirche selbst bestimmt werden. Thomas hat genaue Vorstellungen, macht klare Aussagen über die Kirche als Heilsinstitution sowie über die Kirche als Gemeinschaft der Gläubigen (was die gleiche Kirche ist) (HDG, III/3c, 153).

146) Thomas spricht von der gratia tendens ad alios (I Sent. d.16 q.1 ad 2; ad1), von der gratia crescens in mundo (STh II-II q.14 a.2c), von der gratia fraterna (STh II-II q.14 a.2 ad 4).

147) S. auch oben S. 189 Anm. 134.

148) Das inkarnatorische Kommen Christi in die Welt und die Wirklichkeit Kirche treten in unlösliche Verknüpfung: "ad hoc venit in mundum, ut ecclesiam fundaret" (in Math. 16, 18). Die Kirche und ihre sakramentale Struktur ist gleichsam Abbild und Fortsetzung der Inkarnation (STh III, q.60 a.6c; de verit. 27,4c; 29,7 ad 8).

149) "Oportuit quod visibilem naturam assumeret, ut per visibilem gubernationem ad invisibilia homo revocaretur" (de verit. 9,29 a.4 ad 3); vgl. auch STh I-II q.108 a.1: "Et ideo (sc. wegen der Inkarnation) convenit, ut per aliqua exteriora sensibilia gratia a verbo incarnato profluens in nos deducatur: et ex gratia interiori, per quam caro spiritui subditur, exteriora quaedam opera sensibilia producantur. Sic igitur exteriora opera dupliciter ad gratiam pertinere possunt: uno modo sicut inducentia aliqualiter ad gratiam: et talia sunt opera sacramentorum ... Alia vero sunt opera exte-

gelpunkt für die soteriologische Struktur der (sichtbaren) Wirklichkeit
Kirche: "die Gnadengemeinschaft hier auf Erden, die sich auf Christus
gründet, ist von einem Doppelrhythmus beherrscht, vom Sinnlich-Sichtbaren zum Übersinnlich-Gnadentlichen und vom Übersinnlich-Gnadentlichen hin zum Sinnlich-Sichtbaren."(150) Zur näheren philosophisch-theo-
logischen Ausarbeitung der christologisch-ekklesiologischen Relation aus
dem Inkarnationsgedanken dient Thomas wie schon der ihm voraufgehen-
den Tradition die corpus-caput-Theologie.(151) Gerade an diesem Punkt
aber begegnet uns Thomas in einer in Bezug auf den sakramentalen
Gedanken überhaupt und hinsichtlich der Kirchentheologie insbesondere
nicht unwesentlichen Originalität des Denkens, die es im folgenden kurz
zu erörtern und in ihren spezifischen Auswirkungen auf den Kirchenbegriff auszuwerten gilt.

2. Der Gedanke der instrumentalen Kausalität der Menschheit Christi in
   dem Traktat de Christo Capite bei Thomas von Aquin und seine
   ekklesiologische Valenz

Während Thomas von Aquin in einem früheren Stadium seines theologischen Denkens(152) durchaus den Bahnen Bonaventuras folgend(153) an
dem Grundsatz der rein meritorisch-moralischen Ursächlichkeit der
menschlichen Natur Christi im Erlösungsgeschehen und damit des rein
moralischen Einflusses der menschlichen Natur des Hauptes auf den
ecclesia-Leib festhielt,(154) mit der Konsequenz, daß "jede vermittelnde
Institution und Funktion in der Kirche nicht mehr denn eine vorbereiten-

---

riora, quae ex instinctu gratiae producuntur." Das Sichtbare ist also einerseits
Medium und Träger zur Gnade, andererseits ist es selbst schon Gestaltwerdung aus der
Gnade.

150) Vgl. J. R. Geiselmann, a.a.O., 208.

151) Vgl. dazu bei M. Grabmann, Lehre, a.a.O., 208ff.

152) J. R. Geiselmann grenzt die verschiedenen ekklesiologischen Perioden des thomasischen
Denkens mit dem Zeitraum zwischen der Vollendung des Sentenzenkommentars (1255) und
der Abfassung des Compendium theologiae (1260) voneinander ab, innerhalb dessen sich
der Wandel im ekklesiologischen Denken vollzogen habe, wie er sich deutlich in de
verit. von q.27 zu q.29 niederschlägt (nach Grabmann zwischen 1256 und 1259; vgl.
J. R. Geiselmann, Christus und die Kirche, 234). Zur Diskussion um die zuletzt ausdrücklich von Grabmann (Lehre, 240ff.) vertretenen These der inneren Fortentwicklung
der ekklesiologischen Position des Aquinaten vgl. bei Geiselmann, a.a.O., 233-234.

153) Vgl. III Sent. d.13 a.2 q.1 und d.19; dazu R. Guardini, Die Lehre des hl. Bonaventura
von der Erlösung, Düsseldorf 1921, 123ff.; 139ff.

154) Diese Position resultiert aus dem gnadentheologischen Axiom, daß der Begnadigungsakt
alleinige und unmittelbare Wirkung Gottes ist: "deus immediate format mentem nostram
quantum ad ipsam perfectionem gratiae" (III Sent. d.13 q.2 a.1 ad 3). "Nulla creatura
potest dare Spiritum sanctum, sed solus Deus. Nulla creatura gratiam gratum facientem,
in qua sola Spiritus datur conferre potest" (I Sent. d. 14 q. 3 sol). "Tota causalitas
(sc. gratiae) in Deum refertur" (I Sent. d.14 q.3 ad 3). Christi caput-Funktion hinsichtlich der Begnadung des corpus kann also nur eine vorbereitend-disponierende,
meritorisch-bedingende, nicht aber eine effektiv-bewirkende sein (in seiner Menschheit): vgl. III Sent. d.13 q.3 a.2 q.3 sol.2 ad 5; III Sent. d.13 q.2 a. 1 ad 3:
"Gratia fluit a Deo mediante homine Christo, ipse enim disposuit totum humanum genus
ad suspectionem gratiae." Ferner IV Sent. d.1 a.1 a.4 sol. 3 quod Deus est causa
influens gratiam."

de, disponierende Wirkung haben (non instrumentaliter nisi dispositive, IV sent. di.1 q.1 a.4 q.1)"(155) konnten, so melden sich in der quaestio 27 von de verit. in gnadentheologischer und ekklesiologischer Hinsicht merklich neue Züge an: Gnadentheologisch spricht Thomas bemerkenswerter Weise nun von con-creatio bzw. re-creatio. Zwar ist ihm nach wie vor das Axiom unverrückbar, daß nur Gott allein im strengen Sinne Urheber der Gnade sein könne, der Akt der Begnadigung aber ist ihm nicht mehr ein schlechthin "voraussetzungsloses" Geschehen wie der Schöpfungsakt (creari proprie est rei subsistentis: de verit. q.27 a. 3 n.9 ad 9), sondern wesentlich Schaffen an einem Seienden. Ekklesiologisch ist damit wenigstens negativ der Boden bereitet, "das vermittelnde Geschehen in der Kirche überhaupt in den Akt der Begnadung mit hereinzubeziehen"(156) und zwar über die christologische Brücke, daß somit auch der Menschheit Christi nicht nur ein meritorisch-moralischer Anteil am Gnadengeschehen, sondern ein real-instrumentaler(157) zukomme. Thomas hat damit erstmals den Gedanken der instrumentalen Kausalität der Menschheit Christi in den Traktat de Christo Capite eingeführt.(158) Zunächst gerinnt diese neugewonnene Erkenntnis von der inhaltlichen Bestimmung der Instrumentalursächlichkeit der Menschheit Christi her betrachtet zu der Kompromißlösung einer dispositiven Wirkung der Menschheit Christi im Begnadigungsgeschehen ad ultimum finem(159) – ein Zugeständnis an den unaufgebbaren augustinischen Grundsatz, daß die Begnadung letztlich ausschließlich Gottes Werk allein sein kann.(160)

In q. 29 von de verit. jedoch erhält die Menschheit Christi ausdrücklich effektiven Anteil an der Mitteilung der Gnade: Gottheit und Menschheit werden auf derselben Ebene des influere gratiam effective loziert und nur noch graduell unterschieden in ein principale agens (Gott) und ein alio modo (secundario) agens (Menschheit Christi).(161) Die Gnadenfülle der menschlichen Natur Christi wird dadurch noch deutlicher zu dem das

155) J. R. Geiselmann, Christus und die Kirche, a.a.O., 220. Alle sakramentale Wirklichkeit in der Kirche ist demzufolge nur medium disponens dafür, daß Gott selbst und allein die Begnadung wirkt.

156) J. R. Geiselmann, Christus und die Kirche, 238.

157) "Humana natura in Christo communicabat ad effectus divinae virtutis instrumentaliter; ... unde sanguis Christi pro nobis effusus habuit vim ablutivam peccatorum" (de verit. q. 27 a. 4 resp.).

158) Vgl. dazu Th. Tschipke, Die Menschheit Christi als Heilsorgan der Gottheit unter besonderer Berücksichtigung der Lehre des hl. Thomas von Aquin, Freiburg 1940; ältere Lit. bei M. Grabmann, Lehre, 221 Anm. 2. Zur Beurteilung der geistesgeschichtlichen Wurzeln dieses Gedankens bei Thomas vgl. I. Backes, Die Christologie des heiligen Thomas von Aquin und die griechischen Väter, Paderborn 1931, 214f.; 247f.; 270-286, der den Einfluß der griechischen Väter Cyrill von Alexandrien und Joh. v. Damaskus für gewichtiger und nachhaltiger auf Thomas in dieser Frage hält als den der aristotelischen Philosophie (vgl. etwa den Gedanken der "dynamis zoopoios" der Menschheit Christi bei Cyrill v. Alex.: In Joa VI, 54: PG 73. 578).

159) Vgl. de verit. q. 27 a. 4 ad 3.

160) "Spiritus sanctus non datur nisi ab eo qui causat gratiam sicut principale agens, quod solius Dei est." (ebd., ad 19).

161) "Potest intelligi influere dupliciter; uno modo sicut principale agens et sic solius Dei est influere gratiam in membra ecclesiae; alio modo instrumentaliter et sic etiam humanitas Christi causa est influentiae praedicatae" (de verit. q. 29 a. 4 resp.).

Hauptsein Christi erst eigentlich vollendenden Prinzip(162) und zu dessen Voraussetzung, insofern diese zweite plenitudo gratiae aus sich
selbst das Überfließen der Gnade auf andere setzt(163), und damit die
letzte Verankerung der Verbindung von Inkarnation und ecclesia gegeben
ist.(164)

Die Menschheit Christi ist nun wirklich instrumental tätiges Organ göttlichen Heilshandelns, sie empfängt selbst die Kraft der göttlichen Natur.(165) Indes darf nicht übersehen werden, daß Thomas mit der so
geschehenen einzigartigen soteriologischen Aufwertung der Menschheit
Christi zugleich dieselbe in ihrer qualitativen Zuordnung als instrumentaliter agens zum göttlichen principaliter agens streng von allem
anderen "vermittelnden" (kirchlichen) Handeln untrscheidend abrückt:
Während die Menschheit Christi im Begnadigungsgeschehen den einzigartigen Rang eines instrumentum speciale(166) (proprium(167)) hat, in dem
ein im Unterschied zu allem anderen vermittelnden Tun(168) dem principale agens gleichgeartetes und nur ihm zukommendes Tun wirksam
wird,(169) können etwa die ministri ecclesiae nicht aus eigener, sondern
nur aus fremder Kraft(170) wirken und keinesfalls den inneren influxus
gratiae setzen, wie er als instrumentum proprium Gottes der Menschheit
Christi zukommt.(171)

In der Zusammenschau mit seiner früher vertretenen Meinung, die er
nun nicht einfach aufgibt, kommt Thomas nun zu der Synthese von der
moralischen und instrumental-dynamischen Wirksamkeit der menschlichen
Natur Christi im Rechtfertigungsgeschehen,(172) wobei erstere das logi-

---

162) "Haec autem secunda (sc. plenitudo gratiae inquantum Christus homo) a prima (in quantum Christus deus) derivatur et per eam gratia capitis completur" (de verit. q. 29 a.
5 ad 13; compend. theol. c. 222).

163) "Ex ipsa unione divinae naturae ad humanam sequitur in humana natura quaedam gratiae
plenitudo, ex qua in alios redundantia fit a capite Christo (de verit. q. 29 a. 5 ad
7; ferner STh III q. 19 a. 4c.).

164) Die Stifung der Kirche durch Christus ist des näheren dann eine gottmenschliche Tat in
der Weise, "daß Gott als die prinzipale Ursache und die mit dem Logos persönlich
geeinte menschliche Natur Christi als instrumentale Ursache die heilige Kirche ins
Dasein gerufen haben" (M. Grabmann, Lehre, 222).

165) "Actio humana virtutem accipit a natura divina": STh III q. 43 a. 2c.

166) Vgl. de verit. q. 29 a. 5c.

167) vgl. S. c. G. IV, 41.

168) Jedes Wirken von Menschen in Bezug auf Gott kann lediglich als das eine instrumentum
extrinsecum et separatum verstanden werden, welches nur einen allen vernünftigen Wesen
eigenen Akt setzen kann, nicht aber ein Wirken, das Gottes eigentliches Werk ist (vgl.
S. c. G. IV, 41).

169) "Humana natura in Christo assumpta est, ut instrumentaliter operetur ea quae sunt
operationes propriae solius Dei, sicut est mundare peccata, illuminare mentes per
gratiam" (ebd.).

170) Vgl. de verit. q. 29 a. 4 ad 2 u. 6.

171) "Interior influxus gratiae non est ab aliquo nisi a solo Christo, cuius humanitas ex
hoc, quod est divinitati coniuncta, habet virtutem justificandi. Sed influxus in
membra Christi quantum ad exteriorem gubernationem potest aliis convenire et secundum
hoc aliqui àlii possunt dici capita Ecclesiae ... differenter tamen a Christo" (STh q.
8 a. 6c).

172) "Dare gratiam aut Spiritum sanctum convenit Christo secundum quod est Deus auctorita-

sche prius zur letzteren ist.(173)

Wenngleich mit Thomas sofort zu betonen ist, daß mit dieser soteriologischen Aufwertung der Menschheit Christi und auch der Sakramente keinesfalls das Zufließen der Gnade als ein magisch-naturhaftes Geschehen
betrachtet werden kann, sondern ein streng personaler Akt bleibt,(174)
so artikuliert sich in des Aquinaten ekklesiologischer Entwicklung doch
ein gegenüber der gesamten bisherigen theologischen, nahezu unbestritten augustinisch-platonischem Patronat verpflichteten Tradition neuartiges, insbesondere auch für die Ausgestaltung des sakramentalen Gedankens nicht unbedeutendes Denkmuster:

3. Fazit: Die ekklesiologische Valenz thomasischen Kirchendenkens für
   die Entwicklung des sakramentalen Kirchengedankens

In Ergänzung zu dem eindeutig platonisch inspirierten soteriologischen
Denkmodell der Begnadung als eines durch Teilhabe an der wesentlich
und ausschließlich "von oben" kommenden (göttlichen) Wirklichkeitsfülle,
wird für Thomas dieser Vorgang zu einem per eminentiam der Gnadenfülle "von oben" möglichen "actu esse" "von unten" her.(175) Damit ist sicherlich eine metaphysische und gnadentheologische Basis formuliert, von
der aus die Menschheit Christi und damit auch ekklesiologisch alles
sichtbar vermittelnde Wirken in der ekklesia überhaupt eine neue soteriologische Dignität gewinnen kann.(176)

Daß Thomas faktisch deswegen zum "Schöpfer einer neuen Ekklesiologie"
geworden sei, die die "letzte Überwindung des (augustinischen) Symbolismus und die konsequente Durchführung des Realismus(177) intendiert,
indem nun nicht mehr nur Gott als das principale agens, sondern auch
die causae secundariae als agens instrumentaliter (die gesamte sinnlich
sichtbare Dimension in der Kirche) eine reale Bedeutung für die Rechtfertigung selbst erhält, läßt sich jedoch im Blick auf die thomasische
Gesamtsynthese (bes. rücksichtlich der Frage nach der Heilsnotwendigkeit der Kirche und der daraus erhellenden Verhältnisbestimmung von
ecclesia und corpus mysticum) nicht ohne weiteres verifizieren:
Hätte nämlich die gnadentheologisch und christologisch vorbereitete
Aufwertung der sinnlich-sichtbaren Wirklichkeit in ihrer soteriologischen
Dignität wirklich durchschlagende ekklesiologische (auf die sichtbare
Kirche bezogene), univok abgeleitete Valenz, so wäre es kaum möglich,

---

tive, sed institutionaliter convenit etiam ei, secundum quod est homo, inquantum
scilicet eius humanitas instrumentum fuit divinitatis eius. Et ita actiones ipsius ex
virtute divinitatis fuerunt nobis salutiferae, utpote gratiam in nobis causantes et
per meritum et per efficaciam quandam" (STh III q. 8 a. 1 ad 1^m). Ferner: de verit. q.
29 a. 4 ad 1^m; compend. theol. c. 239; in Rom c. 4 lect. 3 in fine; STh I-II q. 112 a.
1 ad 1; STh III q. 13 a. 2; q. 48 a. 6; q. 49 a. 1; q. 62 a. 4; q. 64 a. 3.

173) Vgl. J. R. Geiselmann, Christus und die Kirche, 249.

174) "Gratia non derivatur a Christo in nos mediante natura humana sed per solam personalem
actionem ipsius Christi" (STh III q. 8 a. 5 ad 1).

175) Vgl. zum ganzen J. R. Geiselmann, a.a.O., 252-253 (philosophiegeschichtlicher Hintergrund der Aristoteles-Rezeption)

176) Vgl. ebd., 254.

177) ebd.

daß Thomas - im Gegensatz etwa zu Augustinus - von seiner Gliedschaftskonzeption her die sichtbar-institutionelle Wirklichkeit der Kirche so stark in den Hintergrund treten läßt, daß er die Möglichkeit von Heilswegen auch außerhalb der sichtbaren Kirche - und zwar als die Möglichkeit einer Gliedschaft am mystischen Leibe ohne Gliedschaft in der sichtbaren Kirche - anerkennt.(178) Das Problematische dieser Konzeption liegt für unseren Fragehorizont dabei nicht an der denkerischen Bemühung um die theologische Klärung der Frage nach dem "Heil der Heiden", sondern an deren ekklesiologischen Implikationen hinsichtlich der Bestimmung des Verhältnisses von ecclesia und corpus mysticum; des näheren darin, daß bei Thomas die ekklesiologische (Gliedschafts-)Frage zum uneigentlich ekklesiologischen Thema wird und in eine eigentlich christologisch-soteriologische Frage umgebogen wird.(179) So muß es z. B. auffallen, daß Thomas seine Konzeption vom mystischen Leib im Zusammenhang der Gnadenlehre entwickelt, jedoch in seinen exegetischen Schriften einen von ersterem verschiedenen Begriff vom mystischen Leib entfaltet, welcher schlechthin die katholische Kirche bezeichnet.(180) Zudem liegt die Grundidee des in den systematischen Werken vom caput-Gedanken her in soteriologischem Kontext entwickelten corpus-mysticum-Begriffes nicht in der Dimension der Sicht- und Greifbarkeit, sondern allein in dem Gedanken von der geordneten Vielheit.(181)

So wird man sagen können, daß der originäre Beitrag des Aquinaten von der Konzeption der instrumentalen Kausalität der Menschheit Christi im Rechtfertigungsgeschehen eine jedenfalls nicht univoke ekklesiologische Valenz hinsichtlich des sakramentalen Kirchengedankens bei Thomas gewinnt. In der Frage nach der soteriologischen Dignität der Sichtbarkeitsdimension der Kirche bezieht deshalb Agustinus eine deutlicher profilierte Position als der Aquinate, denn für den Bischof von Hippo war die Zugehörigkeit zur sichtbaren Kirche conditio sine qua non für den Besitz der caritas. Thomas von Aquin hingegen verfolgt in seiner

178) Vgl. dazu etwa die Lehre des Aquinaten von der optio fundamentalis: STh I-II q. 89 a. 6c und deren Implikationen: M. Seckler, Institut und Glaubenswille, a.a.O., 253-258; J. Riedl, Röm 2, 14ff und das Heil der Heiden bei Augustinus und Thomas, in: Scholastik 40 (1965) 189-213.

179) M. D. Koster freilich bewertet diesen Vorgang als das die augustinisch-heilspersonalistische Fehlentwicklung korrigierende Zurückbiegen der ekklesiologischen Tradition durch Thomas (Ekklesiologie im Werden, 212ff.). Näheres hierzu s. w. u.

180) Vgl. In Cor XII lect. 3; dazu A. Mitterer, Geheimnisvoller Leib, 11-15.

181) Vgl. STh III q. 8 a. 1 ad 2: "... in metaphoricis locutionibus non opportet attendi similitudinem quantum ad omnia .. corpus similitudinarie dictum, id est aliqua multitudo ordinata ..." "corpus mysticum" ist bei Thomas also im christologischen Zusammenhang eine analogmetaphorischer Begriff. Bezeichnenderweise spricht der Aquinate auch von einem mystischen Leib, nicht von dem corpus mysticum Christi; vgl. dazu H. de Lubac, CM, 127ff.; A. Mitterer, Geheimnisvoller Leib Christi, 163ff.
"Unum autem corpus similitudinarie dicitur una multitudo ordinata in unum secundum distinctos actus sive officia" (STh III q. 8 a. 4 corp.). Den metaphorischen Sprachgebrauch von corpus mysticum bestätigen auch K. Binder, Wesen und Eigenschaften, 152, für Torquemada (SE I, 43, 64-68: Mansi 30, 979-1034), Pius X. ("Ad diem illum": 2.2. 1904), Bonifaz VIII. ("Unam sanctam": 18.11.1302), Pius IX ("Jam vos omnes": 19.9. 1868), Leo XIII ("Satis cognitum": 29.6.1896); dazu L. Deimel, Leib Christi. Sinn und Grenzen einer Deutung des innerkirchlichen Lebens, Freiburg 1940; zum ganzen auch F. Ricken, Ecclesia, 355f. bes. Anm. 17 u. 19.

ekklesiologischen Gesamtsynthese eine ausgesprochen christozentrisch-soteriologische Linie. (182) Auf welche genauere Weise hierbei sich die "soteriologischen Subjekte" Christus und Kirche zueinander verhalten, soll abschließend anhand der Analyse des eucharistischen Repräsentationsgedankens bei Thomas von Aquin näher zu erörtern versucht werden.

4. Zur näheren Bestimmung der "soteriologischen Subjekthaftigkeit" der Kirche bei Thomas von Aquin anhand der Analyse von dessen eucharistischem Repräsentationsbegriff

Schon beginnend mit den theologischen Auseinandersetzungen um den sog. "ersten Abendmahlsstreit", (183) mit der frühmittelalterlichen Kritik

---

182) So auch bei E. Fischer, Kirche und Kirchen, 18ff.

183) Vgl. hierzu grundlegend: J. R. Geiselmann, Die Eucharistielehre der Vorscholastik; ders., Die Abendmahlslehre an der Wende der christlichen Spätantike zum Frühmittelalter; B. Neunheuser, Eucharistie in Mittelalter und Neuzeit. In dem Ringen der beiden Mönche der Abtei Corbi Paschasius Radbertus (+ 851 oder 860, Abt; seine einschlägige Schrift: "De corpore et sanguine Domini": PL 120, 1267-1350) und Ratramnus (+ 868 in seiner Gegenschrift gleichen Titels: PL 121, 125-147) um die rechte Bestimmung der somatischen Realpräsenz Christi in der Eucharistie zeigt sich, daß die gemeinsame Wurzel der schlechterdings konträren (symbolistischen bzw. realistisch-kapharnaitischen) Antwortrichtungen in dem beginnenden Zerfall des antiken Bildenkens liegt, der u. a. diese frühmittelalterliche (theologiegeschichtliche) Periode zu einer ausgesprochenen Übergangszeit macht (vgl. zum ganzen A. Gerken, Theologie der Eucharistie, 104-111; H. Hofmann; Repraesentatio, 65-68): Bei den Theologen ist die von der Antike her noch geläufige metaphysische Ansicht von der Stufung des Seins in Urbild und Bild verlorengegangen, so daß das neutrale eucharistietheologische Problem in der Frage liegt, wie etwas Wirklichkeit sein kann, wenn es (nur!) Bild ist: "Sed si figura est, quaerendum, quomodo veritas esse potest" (PL 120, 1278A) und: "Quod in Ecclesia ore fidelium sumitur, corpus et sangius Christi ... in mysterio fiat an in veritate ... et utrum ipsum corpus quod de Maria natum est, et passum, mortuum et sepultum, quodque resurgens et coelos ascendens ad dexteram Patris consideat" (PL 121, 129B-130A). Paschasius versucht (in realistischem Interesse) dieses denkerische Dilemma durch eine Identifizierung von Wirklichkeit (veritas) und Bild (figura) **im eucharistischen Brot selbst** (PL 120, 1278B-C) zu lösen, wobei das Kriterium der sinnlichen Wahrnehmbarkeit an der eucharistischen Speise selbst Bild (sinnlich wahrnehmbar) und Wirklichkeit scheidet. Damit kann die Bildwirklichkeit nicht mehr eine Realität eigener - sakramentaler - Art sein, sie ist aus dem ontologischen in den gnoseologischen, sensualen Bereich reduziert (vgl. A. Gerken, a.a.O., 107). "Die Symbolhaftigkeit reduziert sich auf das Verhältnis eines sichtbar Anwesenden (der Eigenschaften des Brotes) zu einem (zugleich mit ihm und 'unter' ihm) unsichtbar Anwesenden" (ebd., 108). Die urbild-abbildliche Spannung zwischen "schon" und "noch nicht" wird zu einer bloß gnoseologischen von sichtbar und unsichtbar. Bei Ratramus vollzieht sich die ontologische Einebnung der Bildwirklichkeit lediglich unter einem anderen Vorzeichen, unter symoblischem Interesse, aber mit gleichem Effekt: Ihm ist der historische Leib Christi, der am Kreuz starb, unter Zugrundelegung eines eindimensionalen Wirklichkeitsverständnisses die eigentliche und alleinige veritas, das Sakrament hingegen (nur) Bild (figura) derselben, wobei die sakramentale Bildhaftigkeit (Leib) allenfalls noch als Kategorie der Verborgenheit (PL 121, 131A), nicht aber als eine solche der wirklichen Vergegenwärtigung der veritas (Geist) (PL 121, 134B-135A) begriffen werden kann. Ratramnus kommt somit in der Konsequenz zu einer schlechthinnigen Differenzierung von historischem und eucharistischem Leib Christi; die Kategorie "sakramentale, bildhafte Wirk-

am Priesterum(184) und schließlich mit der eucharistietheologischen Kritik durch die Katharer und Berengar(185) werden deutlich die Anzeichen einer folgenschweren Verdünnung des echaristischen Repräsentationsgedankens sichtbar: Hatte der Begriff "repraesentatio" ursprünglich die Funktion, "das Undenkbare auszusagen, daß nämlich ein zeitlich Gewese̅nes, Einmaliges zugleich jeder Zeit gleichzeitig sein kann, ohne mit der

---

lichkeit" als eigenständige ontologische Bestimmung ist wiederum auf eine bloß gnoseologisch-erkenntnistheoretische eingeebnet.

184) Waldes behauptet, jeder, in dem Christus wohne, dürfe segnen=konsekrieren, nicht bloß, wer das sacerdotium besitze; für die Eucharistie sind nämlich die Worte Christi, nicht aber die Weihe erforderlich; so bei Alanus v. Lille, Contra haereticos II, 8: PL 210, 385A; näheres hierzu siehe bei K. J. Becker, Wesen und Vollmachten, 19-28. Die ekklesiologische Relevanz der offensichtlichen Parallelität zwischen den Vorgängen der Auflösung des sakramentalen Amtsbegriffes und des eucharistischen Repräsentationsgedankens wird uns noch eingehender beschäftigen.

185) Berengar behauptet: "eucharistiam neque esse verum corpus Christi, neque verum sanguinem, sed figuram quandam et similitudinem" (zit. nach J. R. Geiselmann, Die Eucharistielehre der Vorscholastik, 291 Anm. 1). Da nach dem sensualistischen Substanzbegriff Berengars die Substanz eines Dinges durch die Summe seiner wahrnehmbaren Eigenschaften konstituiert ist, kann Berengar den Konsekrations- oder Wandlungsvorgang nicht als ein Geschehen der Veränderung der Wesenswirklichkeit der eucharischen Gestalten, sondern nur dahingehend verstehen, daß Brot und Wein zu Symbolen (nicht Realsymbolen) von Leib und Blut Christi werden (vgl. Epistola ad Ascelinum: PL 150, 66B): der Symbolbereich aber hat mit der Wirklichkeitssphäre nichts zu tun (dazu auch H. Hofmann, a.a.O., 68-71). Auch die kirchliche "Gegenposition" in der professio fidei von 1059: DS 690 und von 1079: DS 700 krankt an der konkurrierenden Gegenüberstellung von sacramentum und veritas, die den denkerischen Tribut für die Rettung des Realismus (Identifizierung des sakramentalen und historischen Leibes Christi) darstellt. Erst die denkerische Unterscheidung von Substanz und Akzidenz (vgl. hierzu Lanfranc von Bec 1010-1089: PL 150, 430B-C; 150, 420D) und damit zwischen sacramentum und res sacramenti konnte der zwischen grobem Realismus und subjektivistischem Symbolismus vermittelnden Transsubstantionslehre (zur geschichtl. Entwicklung vgl. H. Jorissen, Entfaltung, 65-104) die vorbereitende Grundlage geschaffen werden.

Indem die Scholastik aber mit der Transsubstantionslehre die patristisch-sakramentale Seinsspannung von Urbild-Abbild, von "schon-noch nicht" in das mehr statisch-dinghafte Denkraster der Differenzierung von Substanz und Akzidenz umgegossen hat, und damit zugleich die die patristisch-antike Dynamik der kommemorativen Aktualpräsenz Christi im Eucharistiegeschehen einebnend das spekulative Interesse an der eucharistischen Wirlichlichkeit besonders seit dem Hochmittelalter ausschließlich um den Gedanken der somatischen Realpräsenz konzentrierte, gingen dem Eucharistiebewußtsein dadurch zentrale Aspekte verloren: "Die universale, kosmisch-heilsgeschichtliche Perspektive der griechischen Väter und die ekklesiale Sicht des HI. Augustinus sind in den Summen und Sentenzenkommentaren des Mittelalters nicht nachvollzogen worden" (A. Gerken, a.a.O., 121). Vgl. hierzu auch die Ausführungen über die sakramententheologische und ekklesiologische Bedeutung der Begriffsgeschichte von corpus verum und corpus mysticum o. S. 155ff., anhand welcher sich die mittelalterliche Auflösung der Reziprozität zwischen Kirche und Eucharistie und damit die Trennung von res (corpus mysticum) und sacramentum (Kirche-Eucharistie) ablesen läßt. Eucharistietheologisch artikuliert sich ein Indikator dieser Entwicklung in dem Vorgang der zunehmenden Isolierung zwischen dem Gedanken der somatischen Realpräsenz und dem der "Vergegenwärtigung des Opfers Christi innerhalb der einen eucharistischen Wirklichkeit (vgl. hierzu F. Pratzner, Messe und Kreuzesopfer, bes. 119-132).

Pluralität seine Singularität zu verlieren",(186) so behauptet in dem im Frühmittelalter angestoßenen Prozeß eucharistischer Spekulationen "der Ausdruck repraesentatio die Mitte zwischen magischer Auflösung des Einmaligen in Allgegenwart und bloß schattenhafter Erinnerung an Vergangenes nicht ... Wo Repräsentation vornehmlich die Nichtidentität mit einem historisch einmaligen Faktum ausdrücken soll, tritt der Bedeutung perspektivisch akzentuierter Wirklichkeit der Sinne geradezu des Nichtwirklichen gegenüber. Gleichzeitig verliert der ursprünglich platonisch-neuplatonisch genährte Bildbegriff das Bedeutungselement der geistig dynamischen Ursprungsbeziehung und den darauf beruhenden Sinn spiritueller Äquivalenz. Übrig bleibt insoweit die äußere, die sicht- und darstellbare Ähnlichkeitsbeziehung."(187) Der sprachliche Befund(188) zum eucharistischen Repräsentationsbegriff bei Thomas von Aquin zeigt nun, daß der Aquinate das Sakrament der Eucharistie dem wahren Opfer Christi am Kreuz als letzteres zur Darstellung bringendes Bild gegenüberstellt und zwar derart, daß der Darstellungsgehalt (repraesentatio) des Leidens Christi im Sakrament nicht über den Wirklichkeitsgehalt diesbezüglicher atl Vorbilder hinauskommt.(189) Thomas befestigt also durch den - oben geschilderten -(190) unsicher gewordenen Sprachgebrauch der eucharistischen repraesentatio,(191) insofern sie bei ihm nicht mehr zur Artikulation der sakramentalen Idee dient, derzufolge das Heilsereignis des **Paschageschehens** Christi wirklich im Symbol oder sakramentalen Zeichen gegenwärtig und offenbar werden soll.(192) Sakramentale Repräsentation ist bei Thomas somit "repraesentatio imaginis,

---

186) O. Koch, Gegenwart oder Vergegenwärtigung Christi im Abendmahl?, München 1965, 7.

187) H. Hofmann, Repräsentation, a.a.O., 72f.

188) "Hoc sacramentum (sc. eucharistiae) est signum passionis Christi et non ipsa passio" (In IV Sent. d. 12 q. 1 a. 3 ad 2); vgl. auch andere Wendungen zur Bezeichnung der Eucharistie: "sacramentum commemorativum divinae passionis", "memoria passionis eius", "repraesentatio passionis Christi", "imago repraesentativa passionis Christi" u. ä. (STh III, qq. 73-83); "Hoc sacramentum dicitur sacrificium, inquantum repraesentat ipsam passionem Christi" (STh III, q. 73, a. 4, 3); "Celebratio autem huius sacramenti, sicut supra dictum est, imago quaedam est repraesentativa passionis Christi, quae est vera eius immolatio. Et ideo celebratio huius sacramenti dicitur Christi immolatio" (STh III, q. 83 a. 1c.). Repraesentatio erscheint besonders in STh III, q. 83 identisch mit exemplum und figura.

189) So F. Pratzner, Messe und Kreuzesopfer, a.a.O., 72-73, memoria und repraesentatio erscheinen bei Thomas im eucharistischen Zusammenhang vielfach in subjektiv-bildhafter Verwendung, z. B. dort, wo die Riten der Messe als Ausdrucksformen der bildhaften Darstellung des Herrenleibes erläutert werden (Sth III, q. 80 a. 12 ad 3; q. 83, a. 2,2; IV Sent. 9, 1; 12, 1/3); die hier verfolgte Deutung wendet sich gegen B. Neunheuser, Eucharistie in Mittelalter und Neuzeit, 40, der bezüglich STh III, q. 79, 1 und q. 83, 1 (imago repraesentativa) den vollen sakramentalen Sinn bei Thomas gewahrt sehen will; ähnlich: P. Wegenaer, Heilsgegenwart. Das Heilswerk Christi und die virtus divina in den Sakramenten unter besonderer Berücksichtigung von Eucharistie und Taufe (= LQF, 33), Münster i. W. 1958, 56-74.

190) Vgl. o. S. 197f. Anm. 183f.

191) Vgl. dazu H. Hofmann, Repräsentation, a.a.O., 73.

192) Vgl. F. Pratzner, Messe und Kreuzesopfer, a.a.O., 76; zur Aporie der Thomas-Auslegung in diesem Punkt und zur Kontroverse um Begriff und Vorfindbarkeit dessen, was der theologische Term von der Mysteriengegenwart intendiert, bei Thomas zwischen B. Poschmann ("Mysteriengegenwart" im Licht des hl. Thomas, in: ThQ 116 (1935) 53-116) und O. Casel (Glaube, Gnosis und Mysterium, in: JLW 15 (1941) 155-305, bes. 220f.) vgl. ebd.

abbildliche, d. h. sinnlich faßbare, daher auf Wesentliches reduzierende, stilisierende Vermittelung einer Wirklichkeit, die auch auf andere Weise, unmittelbar erfahren, mit der folglich verglichen werden kann und dergegenüber sie von geringerer Bedeutung ist."(193) Durch die Eintragung des aristotelischen Gedankens(194) von einer **kausalen** Ursprungsbeziehung in den Bildbegriff und der damit gegebenen Vorstellung des Ur- und Vorbildes als kausal prägender Form, ergibt sich für Thomas die Möglichkeit einer Unterscheidung von höheren und niedrigeren Graden von Repräsentation.(195) Der höchstmögliche Repräsentationsgrad muß natürlich von Gott als dem Inbegriff der die ganze Schöpfung ausprägenden bild- und gestalthaften Gedanken ausgesagt werden.(196) Somit beruht auch die Möglichkeit von Repräsentation überhaupt "letztlich auf dem durchgehenden Seins-, Wirkungs- und Sinneszusammenhang zwischen Gott und den geschaffenen Wirklichkeiten und zwischen diesen untereinander."(197) D. h. Repräsentation eines metaphysischen Subjektes ist dann immer intransitiv als "bildliches Sich-Darbieten der veritas."(198) Darin liegt nun der Grund für Thomas, warum die eucharistische, sakramentale Repräsentation in ihrer transitiven Linie in einer eigenständigen begrifflichen Fassung auftritt, nämlich unter dem Terminus der Partizipation: "... in celebratione huius mysterii attenditur et repräsentatio dominicae passionis, et participatio fructus⸴ eius."(199) Neben der strengen Instransitivitätslinie im eucharistischen Repräsentationsbegriff, wo ausschließlich Christus selbst Subjekt des Repräsentationsvorganges sein kann, kennt Thomas den Begriff repraesentatio jedoch auch in einem anderen eucharistischen Aussagekontext, wo es ihm etwa darum geht darzustellen, daß durch die kirchliche Praxis des nur einmaligen Kommunionempfanges am Tag die Einmaligkeit des Leidens Christi "repräsentiert" werden soll (repraesentetur unitas passionis),(200) oder, daß die vielen vom Priester geschlagenen Kreuzzeichen bei der Messe die Leidensgeschichte Jesu in ihren verschiedenen Stationen vergegenwärtigen solle.(201) Diese Mehrschichtigkeit und Mehrdeutigkeit des Repräsentationsbegriffes bei Thomas von Aquin wertet nun H. Hofmann wie folgt aus: "Das Bemerkenswerte ist, daß hier (in der letztgenannten Aussagelinie), wo weder überhaupt eine Ursprungsbeziehung noch einleuchtenderweise insbesondere eine eingestiftete Bildähnlichkeit

---

193) H. Hofmann, Repräsentation, a.a.O., 75.

194) Im Unterschied zur platonischen Vorstellung begreift das Denkmodell der kausalen Ursprungsbeziehung das Abbild nicht als Erscheinung oder Emanation des Musters, sondern als dessen Wirkung; dazu O. Koch, Gegenwart oder Vergegenwärtigung, a.a.O., 33; zur geistesgeschichtlichen Position des Thomismus zwischen lateinischem Averroismus und dem Augustinismus des 13. Jahrhunderts vgl. G. M. Manser, Wesen des Thomismus, 118-204, bes. 141ff.

195) Belege bei H. Hofmann, a.a.O., 76f.; man beachte etwa den Komparativ, wo Thomas von den Abendmahlsgerätschaften handelt: "Ecclesia statuit circa hoc sacramentum id quod **expressius** repraesentat passionem Christi" (STh III, q. 83 a. 3 ad 7).

196) Vgl. de verit. q. 8 a. 5 corp.: "ipsa divina essentia est similitudo rerum onium"; ferner ebd. q. 2 a. 3 ad 9.

197) Vgl. K. Rahner, Art. Repräsentation, in: LThK², VIII, Sp. 1244f.

198) H. Hofmann, a.a.O., 77

199) STh III, q. 83 a. 2 corp.

200) Vgl. STh III a. 80 a. 10 ad 4.

201) Vgl. STh III q. 83 a. 5 ad 3, ad 5; ferner STh III, q. 83 a. 3 ad 2; STh III q. 83 a. 5 ad 2.

behauptet werden kann, hinter dem teilweise ausdrücklich erfolgenden
Übergang zu Konjunktiv und Gerundiv, d. h. zu normativer Sprechweise, und mit dem Gewinn transitiver Bedeutung ebenso stillschweigend wie
notwendig ein Subjektswechsel verbunden ist. Will sagen: Vergangenes
und Unsichtbares wird dadurch gegenwärtig gemacht, daß die Kirche,
daß ihre Priester sichtbare Zeichen vor Augen stellen, denen ausdrücklich bloß konventionell eine bestimmte Bedeutung beigelegt wird."(202)
Mit dem stringenten Festhalten an der Intransitivität des eigentlichen
eucharistischen Repräsentationsvorganges scheidet die Möglichkeit der
Gewinnung einer "subjekthaften Dimension" für die ekklesia in diesem
Geschehen aus. Der Subjektswechsel im Repräsentationsgeschehen von
Christus auf die (sichtbare) Kirche bedeutet eo ipso und notwendig das
Verlassen der im engeren und eigentlichen Sinne soteriologischen Dimension des vergegenwärtigenden Geschehens, genauer gesagt: die soterio-
logische Dimension aus der intransitiven Repräsentationsbewegung findet
lediglich eine Fortsetzung in dem Vorgang der individuell-gliedhaften
Zueignung der Heilsfrucht (participatio) nicht aber in den Bereich des
Kommunikatorisch-Institutionellen in der kirchlichen Wirklichkeit hinein.(203) Die idiomenkommunikatorische Austauschbarkeit(204) der soteriologischen Subjekte 'Christus' und 'Kirche' bezieht sich genau genommen bei Thomas nur und ausschließlich auf das corpus mysticum. Diese
Interpretationsrichtung hinsichtlich des thomasischen ekklesiologischen
Befundes liegt auch der dogmengeschichtlich-ekklesiologischen Position
von M.-D. Koster(205) zugrunde, wonach Thomas zum Prototyp einer
erstmaligen Durchbrechung und Überschreitung der durch die jahrhun-
dertelange "unerleuchtete Berufung auf den Altmeister des bisherigen
vortheologischen Stadiums zur Ekklesiologie, auf den hl. Augustinus",(206) zementierten heilspersonalistischen(207), den christologischen

---

202) H. Hofmann, a.a.O., 79-80; zur dogmen- und begriffsgeschichtlichen Entwicklung des
   repraesentatio-Gedankens ist zudem die Feststellung von Bedeutung, daß nicht die
   Doppeldeutigkeit des Terminus "Repräsentation" Ursache von dogmatischen Unklarheiten
   ist, sondern umgekehrt die entschiedene Mehrdeutigkeit des Wortes bereits eine Folge
   der über Jahrhunderte sich erstreckenden theologischen Aufarbeitung der Eucharistie-
   Probleme" ist (ebd., 64).

203) Damit geht auch die Feststellung von A. Mitterer (Christus und die Kirche, bes. 70-76)
   zusammen, daß Thomas das Ursächlichkeitsverhältnis zwischen Christus und Kirche innerhalb der caput-corpus-Theologie in konstitutioneller Hinsicht (die Gnadenbeeinflussung
   betreffend) nur hinsichtlich der einzelnen Glieder, nicht hinsichtlich der Gesamtkirche behandelt.

204) Zum einschlägigen Textmaterial bei Thomas vgl. M. Grabmann, Lehre, a.a.O., 251-266.

205) Ekklesiologie im Werden, in: Ders., Volk Gottes im Werden, 195-272.

206) ebd., 202.

207) Die heilspersonalistische Fehlentwicklung in der Ekklesiologie schreibt Koster der
   theologischen Unzureichendheit der augustinischen Theologie zu: "Hätte Augustin ver-
   mocht, was Thomas vermochte: die Gleichbildung (sc. der Gläubigen) mit dem Priester
   Christus durch die Charaktere als gliedschaffende Teilnahme am Priestertum Christi zur
   Konstituierung der Kirche zu unterscheiden von der Gnadenähnlichkeit durch den Gnadenstand mit dem begnadeten Priester Christus zur Gotteskindwerdung der Eigen-Person und
   nicht den Charakter und seinen Sinn durch den immer wieder betonten Gnadenpersonalis-
   mus zu verschleifen, dann würde manches in der Ekklesiologie anders geworden sein"
   (ebd., 216). Das persönliche Heilsprinzip hätte nicht zum Sozialgliederungsprinzip
   gemacht werden dürfen (ebd., 233). Koster wendet sich damit gegen die Augustinusinter-
   pretation von F. Hofmann (Kirchenbegriff, a.a.O.) und wirft ihm die Konstruktion
   fragwürdiger Harmonisierungsversuche vor (M. D. Koster, a.a.O., 215).

Leib-Christi-Gedanken unzulässigerweise ekklesiologisch verbiegen-
den(208) und überstrapazierenden(209) Kirchentheologie, die fundamental
daran kranke, daß das persönliche Heilsprinzip (caritas) nicht unterschieden werde vom gliedschaftskonstituierenden und eigentlich ekklesiologischen Prinzip der Sozialangliederung an Christus durch die Sakramente und den sakramentalen Charakter.(210) Erst Thomas von Aquin
scheidet(211) nach Koster adäquat das eigentlich ekklesiologische Moment
der Sozialgliederung an Christus(212) von dem soteriologischen der
Personalangliederung durch die Gnade der Sakramente. Ekklesia und Leib
Christi sind somit für Thomas nur uneigentlich ekklesiologische Begriffe.(213) Ohne näher auf die Beurteilung der dogmengeschichtlichen
Thesen Kosters einzugehen,(214) läßt sich doch an der durch Koster bei
Thomas prototypisch festgemachten Akzentuierung des ekklesiologischen
Bewußtseins der Generalduktus des hochscholastischen Kirchendenkens
(bes. f. Thomas) dahingehend orten, daß die Dimension des Institutionellen nicht in vergleichbarer Weise wie bei Augustin eigentlich in den
Bereich soteriologischer Valenz vorgelassen wird, und deutlich die subjekthafte Geschiedenheit von Christus und Kirche die Prävalenz gewinnt.(215) Noch bedeutsamer als der Hinweis auf die ekklesiologisch-
kontrapunktische Korrekturbewegung im Kirchendenken des Aquinaten
gegenüber demjenigen Augustins durch M. D. Koster scheint m. E. aber

---

208) Die Leib-Christi-Bezeichnung für die Kirche will Koster überhaupt nur als metaphorischen Sprachgebrauch gelten lassen; die Realaussage vom "Leib Christi" als einem
"übernatürlichen Leib" erscheint ihm als "bares Unding" (a.a.O., 210). Die Leib-Chri-
sti-Theologie, begründet in dem Gedanken von der durch die Inkarnation gegebenen
Verbindung des ganzen Menschengeschlechtes mit Christus, und ihre Teiltheorie von der
gratia capitis sollen die Lehre von der "objektiv-hinreichenden und subjektiv wirksamen Erlösung der Gesamtmenschheit und ihrer Glieder durch Christus theologisch zum
Ausdruck bringen" und bilden daher "ein wesentliches Stück der Christologie, nicht
aber der Ekklesiologie" (ebd., 213). Die Arbeiten von E. Mersch (Le corps mystique,
II, Löwen 1933, 150ff), K. Adam (Wesen des Katholizismus) liegen nach Koster sämtlich
auf der durch Augustin fehlgeleiteten Linie einer Vermengung von Christologie und
Ekklesiologie.

209) Vgl. ebd., 212; Koster belegt die These von der Verzerrung der ekklesiologisch-syste-
matischen Optik in dem einstigen Ausbau des Leib-Christi-Gedankens (vgl. ebd., 200f.)
durch den Hinweis auf die Wortstatistik im liturgischen Sprachgebrauch, wonach etwa in
den Orationen des Meßritus über 60mal die Termini populus-plebs-gens-familia für die
Kirche begegnen, nur einmal hingegen der Begriff "corpus". Auch bei den Vätern (Clem.
Rom, Ignatius, Polykarp) herrsche allenfalls ein terminologisches Gleichgewicht zwischen laossoma (bei Klem. Al. und Euseb. v. Caes. sogar ein Übergewicht des laos-Be-
griffes) keinesfalls aber eine Prävalenz des soma-Begriffes (ebd., 211f. Anm. 3-5).

210) Vgl. zum ganzen ebd., 205-235.

211) Der Ansatzpunkt hierfür im Gnadentraktat liegt dabei in der Doppelaspektivität der
Gnade als Geschenk an Christus als Einzelmensch einerseits und als Haupt der Kirche
andererseits (STh III, q. 7).

212) Durch die Sakramente: In Rom., prol.; STh III, q. 62, 1; 68, 5. 8; 69, 2. 3. 5; durch
den sakramentalen Charakter: STh III, q. 70, 4.

213) Damit tritt Koster in Gegensatz zu der Interpretationsrichtung bei J. R. Geiselmann,
Christus und die Kirche, a.a.O., Th. Käppeli, Zur Lehre des hl. Thomas vom corpus
Christi mysticum.

214) Zur Auseinandersetzung mit der Position Kosters vgl. K. Adam, Rez. in ThQ 122 (1941)
bes. 150.

215) Vgl. auch M.-D. Koster, a.a.O., 265-269.

die dogmengeschichtliche Signifikanz des denkerischen Ringens bei
Thomas um eine theologia de ecclesia in einer speziell-geistesgeschicht-
lichen Hinsicht zu sein:
Die primär "substanzontologisch" bestimmte und geprägte Kategorie der
Kausalität (Wirkursächlichkeit) offenbart ihre innere Grenze als zugleich
soteriologisches, sakramententheologisches und ekklesiologisches Denkmuster gerade darin, daß sie innerhalb dieser dogmatischen Anwen-
dungsbereiche nicht mehr "bruchlos" und kontinuierlich analogisierbar
ist. "Individuell-persönliche" Begnadung und deren ekklesiale "Verge-
staltung" sind nicht mehr eigentlich unter ein und demselben theologischen Paradigma aussagbar. Damit wird gerade in der thomasischen
Ekklesiologie etwas von der dem scholastischen Kirchendenken überhaupt
eigenen Schwäche besonders deutlich: Die Unterbelichtung der fundamental relationalen Dimension der Ontologie. Erst die Wiederentdeckung des
relational-ontologischen Denkens macht es möglich, die instituierend-
kommunikatorische Dimension personaler Zugestaltung als für das Gnadengeschehen selbst unmittelbar konstitutiv (und nicht nur konsekutiv)
zu begreifen(215a).

Die ekklesiologische und ökumenische Valenz dieser Wiederentdeckung
wird insbesondere im III. Hauptteil zu entfalten sein.

In unmittebar dogmengeschichtlicher Betrachtung ist freilich zunächst mit
M. D. Koster zu "bedauern", daß der korrektive ekklesiologische Akzent
des thomasischen Kirchendenkens nicht für das Spätmittelalter adäquat
geschichtswirksam geworden ist.

5. Das Kirchendenken im Spätmittelalter(216)

Die dogmengeschichtliche Entwicklung fördert schon ansetzend beim
beginnenden 13. Jh. und besonders deutlich seit dem Spätmittelalter -
von der epistemologischen Provenienz her gesehen nicht aus der dogmatischen Linie, sondern aus der kanonistischen Tradition kommend - einen
gleichwohl sekundär auch den dogmatisch-sakramentalen Kirchenbegriff
gestaltend-prägenden ekklesiologischen Denktypus zutage, der besonders
in der beginnenden Theoriebildung über die päpstliche Gewalt unter dem
Theologumenon von der "plenitudo potestatis"(217) und über den Papst
als "vicarius Christi"(218) Gestalt gewinnt. Besonders in den Wer-
ken(219) eines Ägidius von Rom(220) und des mehr theologisch als ka-

---

215a Vgl. dazu auch A. Gerken, Theologie der Eucharistie, 206; Fr. J. Leenhardt, Parole
    visible. Pur une évaluation nouvelle du sacrement (= Cahiers théologiques 63), Neu-
    châtel-Paris 1971, bes. 19.
216) Vgl. hierzu grundlegend L. Buisson, Potestas und caritas, Köln 1958; H. A. Oberman,
    Spätscholastik und Reformation, I, 335-391.
217) Zur geschichtlichen Entwicklung vgl. Y. Congar, HDG, III/3c, 164-172.
218) Vgl. dazu ebd., 119-123.
219) De renunciatione papae (1297), in: Rocaberti, II, 1-64; De ecclesiastica potestate,
    hrsg. v. R. Scholz, Weimar 1929, Nachdr. 1961.
220) Der Papst als Stellverterter Christi "tenet apicem ecclesiae et potest dici ecclesia"
    (de eccl. pot. III, 12: S. 209; vgl. auch ebd., II, 13) und: "nulli sunt sub Christo
    rectore, nisi sint sub summo pontifice, qui est Christi vicarius generalis" (ebd.,

nonistisch orientierten Jakob von Viterbo(221) bricht sich jene ausgesprochen christologisch-hierarchisch, und nicht mehr chiristologisch-soteriologisch bzw. ekklesial-pneumatologisch akzentuierte Kirchentheorie Bahn,(222) die die Kirche als hierarchisierten Leib betrachtet, der in der Autorität seines caput-Christus konzentriert ist, als dessen Vertreter auf Erden der Papst waltet. Ihren Höhepunkt erreicht diese hierokratische Richtung(223) des ekklesiologischen Denkens sicherlich in der am 18. November 1302 von Bonifaz VIII. erlassenen Bulle "Unam sanctam".(224) Mit dem Schlußsatz: "subesse Romano Pontifici ... omnio esse de necessitate salutis"(225) zieht die Bulle die Konsequenz aus ihrem Grundgedanken von der Einheit, ja Einzigkeit der Kirche Christi,(226) der die ganze Ekklesiologie des päpstlichen Dokumentes bestimmt, und zwar in der Weise, daß der eine und einzige Leib Christi nur ein Haupt

---

III, 11, S. 201). Vgl. zu Ägidius Romanus (ca. 1244-1316) aus dem Geschlecht der Colonna: F. Lang, Art. Aegidius Romanus, in: LThK², II (1931) Sp. 1019; F. Merzbacher, Wandlungen, 295-299.

221) Vgl. dazu M. Grabmann, Art. Jakob v. Viterbo, in: LThK², V (1933), Sp. 264; ders., Die Lehre des Jakob von Viterbo vom Episkopat und Primat und ihre Beziehung zum hl. Thomas von Aquin, in: Episcopus (= FS Kard. M. v. Faulhaber), München 1949, 185-206. Mit seinem Werk de regimine christiano (hrsg. v. H.-X. Arquillière, Paris 1926) gilt Jakob als der Autor des ersten Traktates über die Kirche (so H.-X. Aurquillière, Le plus ancien traité de l'Eglise-Jacques de Viterbe: De Regimine Christiano (1301-1302). Etude des Sources et édition critique (= Etudes de théologie historique, publiées sous la direction des professeurs de théologie à l'institut catholique de Paris), Paris 1926, S. 20). Jakob von Viterbo vertritt nicht die These von einer absoluten Papstmonarchie, insofern nach ihm die geistliche Gewalt nicht die weltliche hervorbringt, sondern sie vollendet und bestimmt (de reg. II,7; II,10,281).

Gleichwohl wird auch bei ihm aber auch bei ihm der ekklesiologische Grundgedanke von der ekklesia als congregatio fidelium (de reg. I,1,89) gänzlich hierokratisch durchstrukturiert unter dem Leitmotiv von der potestas, die der Papst als Stellvertreter Christi in plenitudine (II,9) über die Gläubigen besitzt (II, 7,233-234); vgl. dazu auch F. Merzbacher, Wandlungen des Kirchenbegriffs im Spätmittelalter. Grundsätze der Ekklesiologie des ausgehenden 13., des 14. und 15. Jahrhunderts, in: Zeitschrift der Savigny-Stiftung für Rechtsgeschichte, Kan. Abt. 39 (1953) 274-361, hier 301-303.

222) Vgl. dazu Y. Congar, HDG, III/3c, 176-182; zum ganzen auch F. Merzbacher, Wandlungen, a.a.O., 303-317.

223) Vgl. dazu F. Merzbacher, a.a.O., 299-300.

225) DS 870-875; hier 875; damit führt Bonifaz VIII. hinsichtlich der Bestimmung der Heilsnotwendigkeit der Kirche die Aussagelinie, wie sie bei Innozenz III. prägend für das Mittelalter formuliert wurde, fort. Vgl. D 423: "Corde credimus et ore confitemur unam Ecclesiam non haereticorum, sed sanctam Romanam catholicam, (sanctam) apostolicam (et immaculatam), extra quam neminem salvari credimus." vgl. ferner D 570b; 714; 1000, 1473; Pius V., Bulle "Regnans in excelsis" (25.2.1570), in: Mirbt, Quellen zur Geschichte des Papsttums, Nr. 491, S. 348; Pius VIII., Breve "Litteris altero abhuc" (Mischehen) v. 25.3.1830, in: Mirbt, a.a.O., Nr. 579, S. 436; Gregor XVI., Enzykl. "Summo iugiter stadio" v. 27.5.1832 (Mischehen in Bayern), in: Mirbt, a.a.O., Nr. 582, S. 438: "Nec desunt ... qui sibi aliisque persuadere conantur, non in catholica solum religione salvari hominem, sed eos quoque, qui haeretici sunt atque in haeresi moriantur, ad aeternam vitam posse pertingere." Vgl. auch CIC 1917 Anm. zu c. 737 § 1 u. c. 1322 § 2. Dabei wird die Formel "extra ecclesiam nulla salus" durchaus in einem Verstehenskontext weitergegeben, der jedenfalls nicht deutlich abgrenzt, daß es sich bei dieser Aussage nicht um ein soteriologisches Personalprinzip handelt.

226) "Una sancta, una arca salutis, unum sorpus, unum ovile ..." (DS 870-872).

und Prinzip haben kann, nämlich Christus, und mit dem gleichen Anspruch der Papst als dessen vicarius gilt: "Ecclesiae unius et unicae
unum corpus, unum caput, non duo capita quasi monstrum, Christus
videlicet et Christi vicarius Petrus Petrique successor..."(227) Christus
und der Papst bilden "unum caput", der Papst ist in Wahrheit caput des
corpus mysticum!(228) Eine zuschärfende Fortsetzung dieser Aussagen
bietet dann das Konzil von Florenz.(229) Die schlechthinnige Identifizierung des mystischen Leibes mit der römischen Kirche ist vollzogen.
Genauer muß man von einer Identifikation von Kirche und Papst sprechen,(230) wobei die Wirklichkeit Kirche unter dem kanonistischen Terminus "societas perfecta"(231) zunehmend autonomisiert erscheint, so daß
die hierokratische Linie im Kirchendenken die Zuordnung der sichtbaren
Kirche zum corpus mysticum als deren eigentlicher Wesens- und Vollendungsgestalt bis zum Verschwinden überlagert und verdrängt.(232)
Ekklesiologische Reflexion begegnet seit dem 13. Jh. fast ausschließlich
als das Bemühen der Kanonisten, die Wirklichkeit Kirche korporationsrechtlich zu erfassen,(233) d. h. unter Zuhilfenahme des juristischen
Korporationsbegriffes(234) die Kirche als eine feste, auf Dauer berechne-

---

227) DS 872.

228) So Y. Congar, HDG, III/3c, 179 Anm. 30.

229) DS 1307; 1351.

230) vgl. dazu etwa Alvaro Pelayo (Alvarus Pelagius + 1352): De statu et planctu ecclesiae
(wahrscheinlich ca. 1331); über Pelayo vgl. F. Doelle, Art. Alvaro Pelayo, in: LThK[2],
I, (1930), Sp. 328. "Etquod ubicumque est Papa, ibi est Ecclesia Romana et sedes
apostolica et caput Ecclesiae ... nam Petrus Ecclesiam significat ut ibi habes non
Ecclesiam Petrum, papa etiam successor est Christi non Ecclesia" (De statu et planctu,
I, 31). Die Kontroverse zwischen F. Kempf und W. Ullmann darüber, ob die Konsolidie-
rung des Papalismus eine logische Konsequenz der älteren Primatslehre sei (Ullmann)
oder als viel differenzierterer Prozeß aufgefaßt werden muß, kann hier nur angedeutet
werden; sie bleibt für unseren Zusammenhang von geringerer Bedeutung; vgl. dazu in.
Miscellanea Historiae Pontificiae, Bd. XXI. Rom 1959, 117-169 (Kempf/Ullmann); und in
ZRG, kan. Abt. 47 (1961) 305-319 (Kempf/Barion).

231) Diese (rechtsphilosophische) Kategorie wird beileibe nicht erst bei den Jesuiten des
19. Jh. ekklesiologisch valent (so noch A. Robertson, Regnum Dei, London 1901, 344
Anm. 2), sondern durchaus bereits als die tragende Idee der gregorianischen Reform:
Th. M. Parker, The Medieval Origins of the Idea of the Church as a "Societas perfecta", in: Miscellanea Historiae eccles. Congrès de Stockholm aout 1960, Louvain 1961,
23-31; daß der Begriff ekklesiologisch die "nicht-sakramentale" Autonomisierung des
Institutionellen insinuiert und fördert, zeigt ein ideengeschichtlicher Kontext mit
der Kategorie des "sufficiens per se", unter welcher er bei Thomas (aus der Verwertung
aristotelisch-politischer Kategorien in ps. 45, 3; Pol I, 1; STh I-II, q. 90. 3 ad 3;
II-II q. 50, 3) und bei den Scholastikern (J. A. Watt, Monarchy, 96 Anm. 78) begegnet.
Zu den ekklesiologischen Auswirkungen und Konsequenzen der societas-Kategorie im
Zusammenhang mit der Profilierung des ekklesiologischen Institutionsbegriffes (die
Kirche als "Stiftung" und "Setzung" Gottes bzw. Christi) vgl. auch M. Kehl, Kirche als
Institution, 68-76.

232) So F. Merzbacher, Wandlungen, a.a.O., 303 hinsichtlich Jakob v. Viterbo, allgemein
hinsichtlich des spätmittelalterlich-kanonistischen Kirchenbegriffes: ebd. 358f.

233) Vgl. dazu B. Thierny, Foundations of the Conciliar Theory. The Contribution of the
Medieval Canonists from Gratian to the Great Schism (= Cambridge Studies in Medieval
Life and Thought, NS IV), Cambridge 1955, 132ff.

234) Vgl. dazu etwa Azo, Summa aurea - Pars altera, Lyon 1596, in Dig. 3, 4 n. 1 (S. 149):
"Et quidem universitas est plurim corporum collectio inter se distantum, uno nomine

te Vereinigung mehrerer physischer Personen zu gemeinsamem Zweck und
unter gemeinsamer Autorität(235) zu begreifen. Wesentlich von dem Gedanken der göttlichen Einsetzung und anstaltlichen Ausstattung(236) als
societas perfecta her gewinnt die Kirche im kanonistisch-ekklesiologischen
Bewußtsein damit Rechtspersönlichkeit, deren Quelle Gott allein, bzw.
dessen irdischer Vertreter der Papst ist. "Die Kirchenpersönlichkeit fand
nun ihren jeweiligen Repräsentanten gemäß den ... verschiedenen Theorien' des späteren Mittelalters je nachdem im Papste, im Generalkonzil
oder im Kardinalskolleg."(237) Wenn im Horizont dieser juristischen
Korporationstheorie nun für die Kirchen und kirchlichen Einrichtungen
allgemein neben "universitas" im gleichen Sinn auch die Termini "collegium", "societas", "communitas", "congregatio" und auch bevorzugt
"corpus" verwendet werden, so ist dabei zu beachten, daß nun unter
letzterer Titulatur nicht mehr der Begriffsinhalt von corpus mysticum zu
verstehen ist, denn die theologische Bedeutung des Attributus "mystisch" verschwindet im korporationsrechtlichen Kontext nahezu völlig;(238) d. h. Komplementärbegriff zu der ekklesiologischen Kategorie
"corpus mysticum" ist nun nicht mehr das corpus verum des historischen
(eucharistischen) Christus, sondern das corpus naturale der natürlichen
Person.(239) Daß sinngemäß in den Quellen nun auch statt corpus mysticum der Terminus corpus fictum oder repraesentatum begegnet,(240)
zeigt, daß die kanonistisch-ekklesiologische Reflexion ihr wissenschaft-
liches Objekt in der Kirche als rechtlicher Einheit einer Personvielheit
sieht, die durch (jetzt streng juristisch gefaßte) Repräsentation im Sinne
einer bildähnlichen Vorstellung, d. h. als eine "in ihrer Bildähnlichkeit
gegliederte kollektive Einheit" begreiflich gemacht wird.(241) Damit wird

specialiter eis deputatio ..." (zit. nach H. Hofmann, Repräsentation, a.a.O., 126 Anm.
33)

235) Dazu A. Hagen, Prinzipien des katholischen Kirchenrechts, Würzburg 1949, 16; O. v.
Gierke, Genossenschaftsrecht, III, 107.

236) Vgl. dazu auch H. Dombois, RdG I, 938 Anm. 47, der in seiner juristischen Definition
den autonomisierenden und autarkisierenden Zug, der im Anstaltsbegriff angelegt ist,
gut zum Ausdruck bringt: "Anstalt ist ein handlungsfähiger, mit Organen ausgerüsteter
Rechtskörper, in welchem diesen Organen eine Bestimmung oder Abwandlung des Korpora-
tionszwecks entzogen ist, so daß sie immer nur im Rahmen des stiftungsmäßigen Zweckes
handeln können; sodann ist dieser Rechtskörper mit den Mitteln zur Erfüllung seiner
Zwecke ausgestattet, so daß er nicht durch Anpassung auch seiner Zwecksetzung zugleich
um den Erwerb neuer Mittel Sorge zu tragen hat." Vgl. auch M. Schmaus, KD, III/1
(1958), 41f.

237) F. Merzbacher, Wandlungen, a.a.O., 353f.; zur konziliarischen Strömung im Spätmittelalter vgl. ebd., 317-343; zur aristokratischen Theorie vom Kardinalskollegium als dem
Repräsentanten der kirchlichen Rechtspersönlichkeit vgl. ebd., 346-351.

238) Vgl. H. Kantorowicz, The king's two bodies, 202.

239) Vgl. H. Hofmann, Repräsentation, a.a.O., 128.

240) Vgl. Nicolaus de Tudeschis von Palermo (Panormitanus, 1386-1445): Quaestiones, Lugduni
1551, q. I, 31 (fol. 142v); ders., Commentaria in Tertium Decretalium Librum (Venetiis
1578), c. 4 de hist quae fiunt a praelato sine consensu capitali: X 3, 10 n. 2 (fol.
85v.): "praelatus et canonici sunt unum corpus, et est unum corpus fictum et repraesentatum in singulis de corpore." Dasselbe korporationsrechtliche Verständnis bestimmt
auch die Lehre über die Kirche als corpus im ganzen. (Die Belege bei H. Hofmann,
Repräsentation, a.a.O., 130 Anm. 53; 54).

241) H. Hofmann, a.a.O., 131. In diesem Zusammenhang ist der durch B. Thierney geführte
Nachweis bedeutsam, daß die Wurzeln der konziliaren Theorie in der den älteren juri-

das inkarnationschristologische Fundament des corpus-Begriffes in ekklesiologischer Hinsicht hinfällig, weil der Terminus zusehends seinen sakramentalen Bezug verliert und "in einen älteren juristischen Traditionszusammenhang eintaucht", der keine spezifisch theologischen, insbesondere christologischen Bedeutungselemente kennt.(242) Umgekehrt gilt,
daß die Lehre vom mystischen Leib Christi schlechterdings "nichts mit
dem organischen Verbandsbegriff zu schaffen (hat)"(243) Der ältere
juristische Traditionszusammenhang hinsichtlich des corpus-Begriffes ist
umschrieben mit der juristischen Relationskategorie der Repräsentation im
Sinne rechtlicher Stellvertretung. Im Unterschied zur theologischen
Kategorie der Vergegenwärtigung, die zwischen den Relationssubjekten
(corpus verum - corpus mysticum - ecclesia) eine Beziehungsart der
Spannung von Identität und Differenz zugleich kennt, ist rechtliche
Stellvertretung im weitesten Sinne Ersetzung einer Person durch eine andere, wobei die Akte eines Rechtssubjektes unmittelbar einem anderen,
nämlich dem vertretenen zugerechnet werden, wenngleich die damit initiierte Rechtsfolge in gleicher Weise auch in der Person des Vertreters
(Repräsentanten) eintreten könnte.(244) D. H. das Eindringen des juristischen Repräsentationsbegriffes durch die Kanonistik in die Ekklesiologie hat nicht die Verdünnung des corpus mysticum Christi zur bloßen
Fiktion einer gedanklich konstruierten Person, einer nominalistischen
persona repraesentata(245) zur Folge, sondern gerade das Aufsaugen des

---

stischen Traditionszusammenhang von corpus und persona bewahrenden hochmittelalterlichen Kanonistik, nicht in nominalistischen oder konzeptualistischen Theorien des
Marsilius von Padua oder Ockams liegen (B. Thierney, Foundations of the Conciliar
Theory, Cambridge 1955). Freilich treffen sich Konziliarismus und die Kirchentheorie
Marsilius' und Ockams insofern faktisch, als auf beiden Seiten der Begriff der Kirche
nicht papalistisch von der Spitze her, sondern von der "Basis", der congragatio fidelium her entwickelt wird: Das Volk ist Träger der kirchlichen Gewalt, das General-
konzil als dessen Repräsentation höchste Instanz für die Entscheidung von Glaubensfragen, für die es von allen Gliedern - den Papst eingeschlossen - Gehorsam fordert.
Es ist auch bezeichnend, daß der "Kirchenvater des Konziliarismus", der dessen Grund-
ideen auch nach der Niederlage auf dem Basler Konzil weitertrug, ein Kanonist war.
Nicolaus de Tudeschis, der "Panormitanus"; vgl. dazu K. W. Nörr, Kirche und Konzil bei
Nicolaus de Tudeschis, Graz 1964.

242) H. Hofmann, a.a.O., 132. Dabei wird freilich nicht bestritten, daß die (deutero-)pau-
linische Redeweise vom Leib Christi die Verbreitung und Vertiefung der körperschaft-
lichen corpus-Metapher begünstigt hat: J. Ratzinger, Art. Leib Christi, II, in: LThK²,
VI, SP. 910-912 unter Nr. 2.

243) F. Merzbacher, Wandlungen, a.a.O., 356.

244) Vgl. hierzu S. Schlossmann, Die Lehre von der Stellvertretung, insbesondere bei obli-
gatorischen Verträgen, I. Teil: Kritik der herrschenden Lehren, Leipzig 1900; II.
Teil: Versuch einer wissenschaftlichen Grundlegung, Leipzig 1902; H. J. Wolff, Organ-
schaft und juristische Person, II: Theorie der Vertretung (Stellvertretung, Organ-
schaft und Repräsentation als soziale und juristische Vertretungsformen); W. Miller-
Ferrenfels, Die Vertretung beim Rechtsgeschäft, Tübingen 1955; W. Flume, Allgemeiner
Teil des Bürgerlichen Rechts, II, Berlin-Heidelberg-New York 1965, 749ff.

245) Gegen die These v. Gierkes von einer die mittelalterliche Korporationslehre beherr-
schenden nominalistischen Fiktionstheorie (O. v. Gierke, Genossenschaftsrecht, III,
365; 425; ders., Das Wesen menschlicher Verbände (= Berliner Rektoratsrede v. 1902),
Darmstadt 1962; im Anschluß an v. Gierke: G. Kallen, Cusanus-Texte, II: Traktate, 1.
De auctoritate presidendi in concilio generali. Lat. u. deutsch mit Erläuterungen (=
SHAW 26, Heidelberg 1935, 64-73).

corpus mysticum in das corpus repraesentatum (fictum) der ecclesia
hinein durch funktionale Identifizierung (Ersetzung-Zurechnung).(246)
Der in dem sakramental-theologischen Denken noch aufrechterhaltbare
Spannungsbogen in der Verhältnisbestimmung der soteriologischen Subjekte Christus (corpus mysticum) und Kirche (ecclesia) in dem Zugleich
von Identität (Ausdrucksfunktion) und Differenz (Zeichen-, Verweisfunktion) wird im juristisch-kanonistischen Denkhorizont(247) eingeebnet,
das christologisch-ekklesiologische Element im Kirchenbegriff umgegossen
in ein theokratisch-hierokratisches,(248) das um das societas-perfecta-
Motiv kreist und nun zum Grundelement einer absolutistischen Ekklesiologie papalistischer,(249) aristokratischer(250) oder konziliaristischer(251)
Prägung wird.(252)

---

246) Vgl. zum ganzen H. Hofmann, Repräsentation, a.a.O., 118-148.

247) Zu den vielfältigen sonstigen relevanten geistes-, und kulturgeschichtlichen, sozial-
politischen und wirtschaftlichen Bedingungsfaktoren bzw. Folgen der spätmittelalterlichen Kirchenentwicklung vgl. etwa J. Lortz, Die Reformation in Deutschland, [6]1982,
74-87.

248) In institutionstheoretischer Hinsicht besagt diese Entwicklung, daß das eigentliche
ekklesiale Subjekt reduziert ist auf die Instituion selbst, die sich in Auftrag und
Vertretung des Stifters weiß. Der einzelne ist lediglich Adressat, bestimmbares Objekt
der Institution, Ekklesiologie wird identisch mit Hierarchologie (vgl. daz M. Kehl,
Die Kirche als Institution, 73).

249) Vgl. F. Merzbacher, Wandlungen, a.a.O., 291-317;

250) Vgl. ebd., 346-351.

251) Vgl. ebd., 317-343; hinsichtlich der konziliaristischen Theorie ist jedoch wichtig
festzuhalten, daß sie in nicht unbedeutenden Vertretern durchaus die Irrtumsmöglich-
keit der Konzilien auch in Glaubenssachen anerkannt hat, denn die Irrtumslosigkeit ist
nur der Kirche verheißen, nicht dem Konzil, das sie repräsentiert (K. W. Nörr, Kirche
und Konzil, 131). Hier also besteht durchaus noch ein Spannungsbogen der Zuordnung
zwischen Körperschaft und corpus mysticum in der ekklesiologischen Reflexion, insofern
letzteres noch nicht von ersterer total aufgesogen ist. Es dürfte hier durchaus eine
Verbindungslinie zwischen Konziliarismus und Luther bestehen; der entscheidende Unterschied aber liegt darin, daß für Luther das Schriftprinzip entscheidender Grund für
die Ablehnung der Konzilsautorität bleibt, ein erster Hinweis auf die Wurzeln der
ekklesiologischen Differenz zwischen dem katholischen und dem lutherischen Kirchenbegriff (vgl. P. Meinhold, Der evangelische Christ und das Konzil, Freiburg 1961, 62-
74). Wenn sich auch auf den ersten Reichstagen der Reformationszeit "Anhänger und
Gegner Luthers in der Forderung nach einem Konzil einig waren" (H. Jedin, Ekklesiologie um Luther, 16), und somit der Eindruck einer funktionellen Allianz zwischen Konziliarismus und Reformation entstehen kann, so zeigt doch das eindeutige Faktum der
Unabhängigkeit Luthers von den Fragestellungen der spätmittelalterlichen Kirchenrefor-
mer (Ch. Tecklenburg Johns, Luthers Konzilsidee in ihrer historischen Bedingtheit und
ihrem reformatorischen Neuansatz), daß der ekklesiologische Ansatz der reformatorischen Kirchenspaltung ein spezifischer und eigenstehender ist; vgl. H. Immenkötter,
"Ein gemein, frei, christlich Konzil", 126-139 und W. Beinert, Konziliarität der
Kirche, 83: "Die Reformatoren hatten ein konziliaristisches Verständnis, das, in
extremer Form vertreten, echte Konziliarität unmöglich machte."

252) Die Schilderung des ekklesiologischen Panoramas im Spätmittelalter würde sicherlich
unvollständig bleiben, würde die ekklesiologische Unterströmung des spiritualistischen
Kirchenbildes völlig unerwähnt bleiben. Abgesehen von den in der Nähe zur Apokalyptik
anzusiedelnden geistigen Strömungen joachimitischer Provenienz (E. Benz, Ecclesia
spiritualis, Stuttgart 1934, 349ff.) und den wiclifitisch bzw. hussitischen Schwärmer-
bewegungen, die mit ihrem Ideal von der Kirche der Prädestinierten letztlich die

Bezeichnender Ausdruck für das papalistische Gefälle des spätmittelalterlichen Kirchendenkens bis zu den beginnenden Glaubenskämpfen des 16.
Jh. und bis zum Ende des Konzils von Trient ist die Rezeptionsgeschich-
te(253) der umfassend aus der theologischen und kanonistischen Tradition der Scholastik schöpfenden(254) ekklesiologischen Synthese des
Dominikanerkardinals Johannes von Torquemada (oder Turrecremata
+1468)(255) in dessen Summa de Ecclesia (1453):(256) Obwohl Torquemada in einer - gemessen an dem ekklesiologischen Umfeld seiner Zeit -
überraschenden Weise eine Kirchentheologie bietet, die die Kirche ganz
in patristisch-scholastischen Bahnen(257) von ihrer Geheimnisnatur her,

---

"ekklesiale Objektivität" auszulöschen im Begriffe waren (Y. Congar, HDG, III/3c,
3-6), war auch im Spätmittelalter die innerlich-geistliche Dimension der Kirche als
corpus Christi mysticum, als Braut Christi, als mater fidelium im Glaubensbewußtsein
und vor allem in der pastoralen Literatur (vgl. etwa Lect. XX in Gabrielis Biel Cano-
nis missae expositio, hrsg. v. H. A. Oberman u. W. J. Courtenay, I, Wiesbaden 1063,
196-208) noch anzutreffen und nicht völlig untergegangen - ein Traditionsstrom, der
dann bei einigen Konzilstheologien wieder zum Vorschein kommt (vgl. H. Jedin, Ekklesiologie um Luther, 18-20; F. Merzbacher, Wandlungen, a.a.O., 356-359); allerdings
wird er theologisch kaum noch wirksam und bleibt vor allem ohne innere Verbindung zur
äußeren, kanonistisch reflektierten und gestalteten Wirklichkeit der Kirche. So kennen
Glaubenspraxis und Frömmigkeitsbewußtsein wohl eminent "kirchlich-geistliche" Motive
und Elemente (Brautschaftsmotiv; Meßbesuch; Verstorbenengedächtnis; Heiligenverehrung)
jedoch nur mehr in heilsindividualistischer Verendung und Depravierung (vgl. E. Iserloh, Die Kirchenfrömmigkeit in der Imitatio Christi, in: Sentire Ecclesiam, 251-267;
W. Massa, Die Eucharistiepredigt am Vorabend der Reformation. Steyl 1966, 131ff.;
213ff.) H. Jedin sieht gerade darin "wohl die tiefste Schwäche der Ekklesiologie vor
Luther" (a.a.O., 20).

253) Vgl. dazu K. Binder, Wesen und Eigenschaften der Kirche, 196-205.

254) Vgl. J. F. Stockmann, Joannis de T. O. P. vita eiusque doctrina de corpore Christi
mystico; Torquemada bewegt sich damit in der Nähe der Gefahr, als Kompilator zu erscheinen (so Y. Congar, HDG, III/3c, 32).

255) Vgl. dazu den Überblick bei Y. Congar, HDG, III/3c, 31-34 mit Lit; ebenso K. Binder,
Wesen und Eigenschaften, a.a.O. (Lit.).

256) J. Ranft urteilt über Torquemadas ekklesiologisches Werk: "Es ist das letzte große
Vermächtnis der schon untergehenden Scholastik an die neue Zeit. Überhaupt ist die
Wucht, mit der sich das ganze Denken für die Kirche einsetzt, bei Torquemada wie bei
anderen ein beredtes Zeugnis für das Brennpunkthafte, das der Kirche nach der Auffassung der Zeitgenossen im Glaubensbewußtsein zukommt, auch wenn Torquemada die Fülle
der Geheimnisse, die sich um die Kirche gruppieren, noch nicht auszuschöpfen vermochte" (Stellung, a.a.O., 86). Gleichwohl ist Torquemadas Meisterschaft in der Beherr-
schung der thomistischen und kanonistischen Tradition sowie seine argumentative und
spekulative Geisteskraft unbestritten (vgl. Y. Congar, HDG, III/3c, 32; K. Binder,
Wesen und Eigenschaften, a.a.O., 210 bezeichnet die "Summa de Ecclesia" des Dominikanerkardinals als "eine der größten ekklesiologischen Leistungen der Scholastik, vielleicht der katholischen Theologie überhaupt.").

257) Vgl. dazu K. Binder, a.a.O.: Seine patristisch-scholastische Beheimatung zeigt sich
insbesondere daran, daß er den Glauben an Christus als Fundamentalprinzip der Zugehörigkeit zur Kirche und damit den Beginn der Kirche bei den ersten Gerechten des Menschengeschlechtes bestimmt (ebd., 107-125). Hinsichtlich der gradmäßigen Abstufung der
Zugehörigkeit zur Kirche, d. h. zum Leib Christi, bezeichnet Torquemada die gläubigen
Sünder im Gegensatz zu Thomas von Aquin, der hier nur eine Zugehörigkeit in potentia
zugesteht, als wirkliche, aber verdorrte Glieder der Kirche, deren Zugehörigkeit aber
an Intensität steigerungsfähig ist (ebd., 208f.; 179-181). Im Vollsinn freilich gehö-

d. h. unter dem Leitbild vom mystischen Leib Christi entwirft,(258) wird Torquemadas "Summa" in der unmittelbaren Folgezeit nahezu ausschließlich und jedenfalls einseitig rezipiert als Arsenal, "aus dem die Verteidiger des päpstlichen Primats ihre Waffen bezogen."(259) Die einschlägigen Bezugsstellen bei Torquemada sind hierbei die Bücher II und III der Summa de Ecclesia, wo der Kardinal über die Regierungsstrukturen der Kirche handelt und hierbei ganz vom caput-Gedanken her denkt und argumentiert: Der Papst ist als Stellvertreter Christi das caput ecclesiae und zwar in dem Sinne einer Quelle, von der der Leib sein Leben empfängt. Der Papst ist ekklesiologisch gesehen also nicht ein Teil, sondern das Ganze der Kirche.(260) In der Dynamik jenes ekklesiologischen Ge-

---

ren nur die Gläubigen im Gnadenstand der Kirche an. Die Bedeutung des Glaubens für die Eingliederung in die Kirche hat Torquemada ebenfalls deutlicher herausgestellt als Thomas von Aquin (ebd., 47-57): "Ecclesia est universitas fidelium, quae unius veri Dei cultu unius fidei confessione conveniunt" (SE I, 1f. 2b). Im Zusammenhang dieser Realdefinition der Kirche tritt bei Torquemada die Heilsnotwendigkeit der Taufe und der Gehorsam gegenüber dem apostolischen Stuhl wenigstens akzentuell zurück, weil der Kardinal seine Definition bewußt offenhalten wollte für die Einbeziehung der atl Kirche (K. Binder, a.a.O., 57). Dies bedeutet freilich nicht, daß die genannten Elemente in Torquemadas Kirchendenken fehlen würden (vgl. J: F. Stockmann, a.a.O., 204; K. Binder, a.a.O., 40; 43; 52; 55; 61; 79); jedoch wird daraus deutlich, daß die harmonisierende und universalisierende ekklesiologische Tendenz Torquemadas vielfach auf Kosten von Präzision und Eindeutigkeit des Kirchenbegriffes geht (K. Binder, a.a.O., 209f.).

258) Vgl. dazu bei Binder, a.a.O., 151-195; dabei deckt sich der mystische Leib Christi mit der ecclesia universalis, d. h. mit der bei Abel beginnenden und bis zum letzten Gerechten während und reichenden Gemeinschaft der Gläubigen. Für die Zeit nach der Menschwerdung gelten dann die Aussagen über die ecclesia universalis synonym für die römisch-katholische Kirche (vgl. K. Binder, a.a.O., 206). Torquemada kennt zwar die Unterscheidung zwischen mystischem Leib Christi und Leib der Kirche, hält aber nicht unbedingt und stringent an ihr fest (K. Binder, a.a.O., 161; 165). Eindeutig Stellung bezieht Torquemada jedoch gegen Augustinus Favaroni, der den augustinischen Gedanken "caput et corpus una persona" univok auffaßt und somit idiomenkommunikatorisch zu der Aussage kommt: Christus sündigt in uns! Dagegen Torquemada in Basel (Mansi 30, 979-1034; vgl. K. Binder, a.a.O., 1-17; 167-173; 181-194; SE I, 68f. 82b.).

259) H. Jedin, Ekklesiologie um Luther, 11; dabei kann Torquemada allenfalls als Vertreter einer vorsichtig-papalistischen Position gelten, insofern er - obwohl er bei der Erörterung der Autorität des päpstlichen Lehramtes (SE II, 107f.) das Substantiv "infallibilitas" gebraucht (SE II, 109) - das Kardinalskollegium als pars corporis papae bezeichnet und ihm das Recht zuerkennt, an des Papstes oberster Regierungsgewalt teilzunehmen (SE II, 112 ad 6; I, 80-84; III, 64). Damit glaubt Torquemad dem päpstlichen Absolutismus eine wirksame "Bremse" eingebaut zu haben (vgl. H. Jedin, ebd.).

260) Vgl. SE II, 22: "Cum ergo dicitur Petrus suscepisse pro omnibus et prae omnibus potestatem, hoc non est intelligendum ipsum pro omnibus accepisse ad modum quo unus procurator nomine aliquorum aliquod donum, sicut castrum aut principiatum accipit a principe; sed intelligendum est ad modum quo dicimus solem recepisse lumen a Deo prae omnibus stellis et pro omnibus. Prae omnibus: quoniam in maiori plenitudine quam ceterae stellae. Pro omnibus: quoniam in eo ordine ut ab ipso sicut a fonte in ceteras stellas lumen descendat. Et simile est de capite (...) Ita est de Petro, qui non tantum auctoritate prae omnibus aliis donatus est sed etiam caput et princeps aliis influens in toto corpore ecclesiae constitutus est." Gegen die Konziliaristen, die aus der Lehre von der ecclesia universalis als Braut Christi dem Papst nur die Rolle eines Brautführers zuerkennen wollen, beharrt Torquemada darauf, daß der Papst als Stellver-

fälles, das aus Torquemadas "Summa de Ecclesia" lediglich die papalistische Doktrin herausfiltert, bewirkt wohl auch das dogmengeschichtliche Faktum, daß Torquemadas weiterer, weil auch die atl Glaubensgerechtigkeit einbeziehender, deswegen auch notwendig unpräziserer und
in den Konturen verwaschener Kirchenbegriff wirkungsgeschichtlich
gegenüber dem Bellarmismus unterliegt, der sich ausschließlich auf die
ntl Kirche erstreckt und von daher dem zeitgeschichtlich bedingten Bedürfnis nach einer stärkeren Akzentuierung der Sichtbarkeitsdimension
der Kirche vor allem im Hinblick auf die Unterscheidbarkeit und Abgrenzbarkeit der einen Glaubensgemeinschaft von der Gegenkirche der
Reformatoren besser entgegenkommen kann. "Zwar legt auch Torquemada
bereits großes Gewicht auf die Erkennbarkeit der Kirche, die er vor
allem durch das äußere Bekenntnis des Glaubens gewährleistet sieht.
Auch wertet er, in deutlichem Übergang zu Bellarmin, die Eigenschaften
der Kirche teilweise bereits als Unterscheidungszeichen oder Merkmale.
Aber manche Begründungen dieser Merkmale wie der Einheit der Kirche
infolge des einen sichtbaren Oberhauptes oder infolge der einen Taufe
trafen nicht für alle Zeitabschnitte der Ecclesia universalis zu oder
zeigten, wie die Taufe, nur den Unterschied der wahren Kirche von der
unsichtbaren Kirche der Prädestinierten,(261) nicht aber von der späteren Gegenkirche der Reformation auf. Von dieser hob sich eine streng
hierarchisch gegliederte und betonte Kirche deutlicher ab."(262) In den
ekklesiologischen Schriften(263) des Kardinals Thomas de Vio, genannt
Cajetan (+1534),(264) gewinnt dieses katholisch-ekklesiologische Gefälle
zu papalistisch-identifikatorischer Determination(265) im Kirchengedanken
eine nochmals zugeschärfte Artikulationsgestalt: Der Papst ist - als
Nachfolger Petri - für Cajetan "episcopus universalis"(266) und als solcher der einzige vicarius Christi, während die übrigen Bischöfe (Apostel) lediglich Vikare von dessen (des Papstes) Handeln sind.(267) Die
Infallibilität des Papstes(268) beruht auf einer ihm persönlich hierzu besonders verliehenen Gnade, nicht auf der Gnade der Gemeinschaft der
Kirche(269) "Cajetan setzte philosophische Kategorien, alle Mittel seiner

---

treter Christi auch Bräutigam der ecclesia universalis genannt werden könne (SE II,
27-28f.; 140b-142).

261) Torquemada lehnt die gegnerische Meinung, wonach die Gliedschaft am mystischen Leib
ausschließlich durch die Prädestination bestimmt sei, ausdrücklich ab. Gliedschaft am
Leibe Christi und Gotteskindschaft sind objektiv Gestalt annehmende Wirklichkeiten,
keine bloßen Gedankendinge (vgl. dazu K. Binder, a.a.O., 171-179).

262) K. Binder, a.a.O., 209f.

263) Vgl. De comparatione auctoritatis Papae et Concilii (Sommer 1511) und Apologie de
comparata auctoritate Papae et Concilii (November 1512), hrsg. v. V. M. J. Pollet, Rom
1936.

264) Vgl. dazu Y. Congar, HDG, III/3c, 38-39; ferner A. Walz, Von Cajetans Gedanken über
Kirche und Papst, in: Volk Gottes (=FS J. Höfer), 336-360.

265) Das Bestreben nach der Gewinnung eines eindeutigen Kriteriums zur Identitätsbestimmung
der einzigen Kirche Christi und zur Zugehörigkeit zu ihr in der Unterwerfung unter die
päpstliche Jurisdiktion.

266) Vgl. de comp. c. 7 Nr. 88.

267) Vgl. ebd., c. 4 Nr. 46-47.

268) Zwar behält Cajetan die Hypothese vom häretischen Papst bei, läßt damit aber die
Fallibilitas lediglich auf den Menschen, nicht auf den papatus als Institution zutreffen (de comp. cc. 17 u. 19; c. 20 Nr. 282-297; c. 21).

269) Vgl. de comp. c. 9 Nr. 131-134; c. 11 Nr. 189f.

Logik ein, um eine Theologie von der monarchischen Gewalt des Papstes aufzurichten."(270) Damit führt die Geschichte des katholischen, sakramentalen Kirchengedankens unmittelbar an die Frage nach dem ekklesiologischen Ansatz(271) der reformatorischen Kirchenspaltung heran, insofern die extrem juridische Engführung des spätmittelalterlichen und vorreformatorischen Kirchenbegriffes, welche mit zunehmender Ausschließlichkeit nur noch um die Themen der Schlüsselgewalt, des päpstlichen Primates und der Konzilsautorität kreiste,(272) eine ekklesiologische Demarkationslinie beschrieb, welche zu überschreiten Luther schlechterdings unmöglich war: Daß der Testfallcharakter in der reformatorischen Frage insbesondere der ekklesiologischen Sphäre zukommt, liegt darin begründet, daß gerade sie das sola scriptura nicht nur als biblizistisches Gesetz, sondern als das Interpretament der anderen "sola" Luthers und damit als das einer qualitativ neuen Ekklesiologie(273) zugrundeliegende Formalprinzip des Glaubens ausweist; denn das allein von Christus an uns ergehende Wort läßt ein verbindlich urteilendes, mit dem Anspruch heilsrelevanter Funktion auftretendes kirchliches Lehramt schlechterdings nicht zu.(274)

Wenn nun im folgenden die für die nachtridentinische Gestaltwerdung des Kirchengedankens bedeutsame gegenreformatorische Lehre von der Kirche in Wissenschaft und kirchenamtlicher Verkündigung(275) verfolgt werden soll, so ist zum besseren Verständnis derselben ein Blick(276) auf spe-

270) Y. Congar, HDG, III/3c, 39.
271) Vgl. hierzu W. Maurer, Der ekklesiologische Ansatz, a.a.O. Danach sind historische Begründungs- und Erklärungsversuche für die reformatorische Kirchenspaltung, wie sie etwa in der Subjektivismusthese von J. Lortz (Die Reformation in Deutschland [6]1982, 162, 403, 406ff.; 119f.) oder in der Theorie, Luther sei primär um die Wiederherstellung eines idealen Anfangs- und Urzustandes der Kirche gegangen, in ihrer Haltbarkeit abgelehnt. Vielmehr ist es Luthers Ringen um die Kirche in dem Bewußtsein ihrer unmittelbar endgeschichtlichen Situation, welches nicht zu einem auf Zukunft ausgerichteten kirchlichen Reformprogramm drängt, sondern das reformatorische Verständnis der Kirche begründet, welches von konfessionsscheidender Wirkung ist (vgl. W. Maurer, a.a.O., 31-36). "Der Auseinanderfall des kirchlichen Abendlandes ist aus Luthers Verständnis der Kirche zu erklären, ist ekklesiologisch begründet" (ebd., 36).
272) Vgl. dazu etwa H. Roos, Die Quellen der Bulle Exsurge Domine, in: Theologie in Geschichte und Gegenwart (= FS M. Schmaus), München 1957, 909-926; H. Jedin, Wo sah die vortridentinische Kirche ..., 85-100.
273) So W. Maurer, Der ekklesiologische Ansatz, a.a.O., 35. Freilich zeigt die Untersuchung der ekklesiologischen Entwicklung des jungen Luther bis an die Grenzen des Katholizismus, daß dieser Prozeß historisch-genetisch betrachtet weniger ein in nuce in der Rechtfertigungslehre des Reformators a priorisch grundgelegter und dann von da aus konsequent durchgeführter und motivierter ist, sondern ein vielmehr a posteriorisch durch gewisse (nicht direkt und unmittelbar rechtfertigungstheologische) Bedingungsfaktoren und situativ mitbestimmter und geförderter ist (vgl. J. Lortz, Zum Kirchendenken des jungen Luther, a.a.O.).
274) Vgl. dazu P. Brunner, Reform-Reformation, a.a.O., 159-183 bes. 181.
275) Vgl. dazu auch U. Valeske, Votum Ecclesiae, 9-33.
276) Es kann verständlicherweise hierbei nicht um eine einläßliche Auseinandersetzung mit den historischen und theologischen Fragen um den reformatorischen Kirchenbegriff gehen. Die Literatur hierzu ist nahezu überschaubar: vgl. etwa das bei Y. Congar, HDG, III/3c, 40 angeführte Schrifttum; ferner H. Fagerberg, Die Kirche in Luthers Psalmenvorlesung, 109-118; E. Kinder, Die Verborgenheit der Kirche nach Luther, in: FS J.

zifische reformatorische(277) Akzentuierungen im Kirchenverständnis zu werfen, von denen her möglicherweise auch Erhellendes für die gegenwärtige ökumenische Diskussion in ekklesiologisch relevanten Fragen im Zusammenhang mit der sakramentalen Denkform gewonnen werden kann.(278)

Lortz, I, 173-192; J. Gottschick, Hus', Luthers und Zwinglis Lehre von der Kirche, in: ZKG 8 (1886) 345-395; 543-616; J. Heckel, "Die zwo Kirchen". Eine juristische Betrachtung über Luthers Schrift "Von dem Papsttum zu Rome", in: Evangelisch-Lutherische Kirchenzeitung 12 (1956) 221-226; erweitert in: Theologische Existenz heute, N. S. 55, München 1957, 40-66; ferner in: Das blinde undeutliche Wort Kirche (= Gesammelte Aufsätze), Köln-Graz 1964, 111-131; E. Kohlmeyer, Die Bedeutung der Kirche für Luther, in: ZKG 47 (1928) 466-521; H. Hansen, Die Lehren von der sichtbaren Kirche in lutherischer Beleuchtung, in: US 2 (1926) 386-404; E. Kinder, Der evangelische Glaube und die Kirche. Grundzüge des evangelisch-lutherischen Kirchenverständnisses, Berlin 1958; Auseinandersetzung mit der älteren Literatur bei F. Kattenbusch, Doppelschichtigkeit; W. Maurer, Der ekklesiologische Ansatz; ders., Kirche und Geschichte; J. Lortz, Zum Kirchendenken des jungen Luther; J. Pelikan, Die Kirche nach Luthers Genesisvorlesung; E. Rietzschel, Luthers Anschauung von der Unsichtbarkeit und Sichtbarkeit der Kirche; P. Althaus, Communio sanctorum; A. Brandenburg, Luthers theologia crucis; G. Aulén, Till belynsning av den lutherska kyrkoidén, dess historia och värde, Uppsala 1912; E. Billing, Luthers lära om staten i dess samband med hans reformatoriska grundtankar och med tidigare kyrkliga läror, Uppsala 1900; M. Doerne, Luthers Kirchenverständnis, in: Fragen zur Kirchenreform 1 (= Kleine Vandenhoeck-Reihe 205/07, Göttingen 1964, 10-41; G. Haendler, Amt und Gemeinde bei Luther im Kontext der Kirchengeschichte, in: Aufsätze und Vorträge zur Theologie und Religionswissenschaft, H. 72, Berlin 1979; S. H. Hendrix, Ecclesia in via; R. Hermann, Zum evangelischen Begriff von der Kirche; K. Holl, Die Entstehung von Luthers Kirchenbegriff; G. Jacob, Luthers Kirchenbegriff, in: ZThK 15 (1934) 16-32; H. A. Preus, The communion of saints; S. Raeder, Grammatica Theologica; J. Vercruysse, Fidelis populus; C. A. Aurelius, Verborgene Kirche. U. Saarnivaara, The church of Christ according to Luther, in: LuthQ 5 (1953) 134-154.
277) Wir beschränken uns im Wesentlichen auf Luther.
278) Gemeint ist in erster Linie die Frage nach dem kirchlichen Amt in seiner Bedeutung für die sakramentale Struktur der Kirche.

§ 6: DIE GEGENREFORMATORISCH BESTIMMTE LEHRE ÜBER DIE KIRCHE

I. Die Frage nach dem spezifischen Akzent des reformatorischen (lutherischen) Kirchenbegriffes

1. Die Aussagen Luthers

Das Kirchendenken des jungen Luther(1) zeigt sich zunächst durchaus in überlieferten Zusammenhängen beheimatet, und der junge Reformator, der bereits im Vollbesitz seiner Rechtfertigungslehre ist, hat noch die hierarchische Kirche anerkannt.(2) Auch der terminologische Befund – Luther spricht von der Kirche als der "sancta fidelium congregatio"(3) und als der "communio sanctorum"(4) – offenbart lutherisches Denken als an die Tradition anknüpfend: In der Lehre von der Kirche als der Gemeinschaft der Heiligen legt Luther eine geistlich-sakramentale Vorstellung von der Kirche dar, welche für ihn in sich die leiblich-geistliche Realisierung und Gestaltwerdung des Hauptgebotes der Liebe darstellt.(5) Allerdings gestaltet sich die Verhältnisbestimmung zwischen diesem Kirchenwesen des reinen Wortes(6) zur Papstkirche sogleich pro-

---

1) In der bedeutendsten der hier einschlägigen Frühschriften Luthers "Von dem hochwürdigsten Sakrament des heiligen wahren Leichnams Christi und von den Bruderschaften" (WA 2,742-758) erscheint das Prinzip der Rechtfertigung allein aus Glauben durchaus mit gemeinschaftlich-ekklesialer Implikation, und das "solus Christus" erhält in seiner strengen Ausschließlichkeit durch Luther selbst eine gewisse modifizierende Einschränkung, indem dieser von "Christus in seinen Heiligen" spricht (WA 4,243,7-24). Auch Luthers Verkündigung gebärdet sich zunächst als streng kirchlich gebunden: J. Köstlin, Luthers Theologie in ihrer geschichtlichen Entwicklung, II, 256f.: Kirche erscheint im Prozeß der Rechtfertigung sogar als Voraussetzung des Weges zu Christus (WA 44,713,1). Während K. Holl (Gesammelte Aufsätze, I, 288ff.) bereits in den Dictata (1513-1515) den reformatorischen Kirchenbegriff grundgelegt sieht, stimmen W. Wagner (Die Kirche als Corpus Christi Mysticum), H. Fagerberg (Die Kirche in Luthers Psalmenvorlesung, 109-118) und J. Lortz (Zum Kirchengedenken, 952f.) im Wesentlichen darin überein, daß das a priori eines eindeutig faßbaren reformatorischen Kernes beim jungen Luther zu bestreiten ist. Freilich gibt es gewisse Ansätze in den Dictata, die sich für den späteren antikatholischen Kirchenbegriff bruchlos weiterführen ließen (H. Fagerberg), und auch ein gewisser personalistischer Akzent, das religiöse Unmittelbarkeitspathos in der Beziehung Gott-Mensch machen sich früh bemerkbar (WA 2,71,26f.).

2) So J. Lortz, Zum Kirchengedenken, a.a.O., 953.

3) WA 7,742 und 735,745,762-763; WA 6, 292f.

4) WA 6,292-293.

5) Die "ecclesia universalis" - auch hier greift Luther auf einen Begriff der Tradition zurück - steht also in unlöslichem Zusammenhang mit der ecclesia spiritualis (communio sanctorum): in der ecclesia universalis mit ihren Ordnungen und Gebräuchen kommt die ecclesia spiritualis (bestehend aus all jenen, die die Taufgnade im Glauben angenommen haben) zur Erscheinung; umgekehrt bedarf die ecclesia spiritualis der ecclesia universalis als ihres Versichtbarungs- und Verleiblichungsortes; die geistig-leibliche Dimension der Verwirklichung des Liebesgebotes macht die beiden Seiten der kirchlichen Wirklichkeit aus, des geistlichen Körpers, "des christlichen Körpers" (zum ganzen W. Maurer, Der ekklesiologische Ansatz, 37f.).

6) Besonders in den späteren Werken tritt Luthers Auffassung von dem konkurrierenden Verhältnis zwischen kirchlicher potestas, die selbstherrlich den Anspruch erhebe, Ursprung der Kirche zu sein, und dem allein den religiösen Heilsweg bestimmenden Wort Gottes zum

blematisch, denn was an der Kirche an äußere Autorität und Hierarchie erinnert, wird beim jungen Luther nur am Rande berührt und prägt keinesfalls irgendwie das Gesamtbild mit. "Das hat seinen Grund nur zu einem Teil im Thema der Sermone dieses Jahres; der tiefere Grund liegt darin, daß Luther dieser Seite des Kirchenbegriffs innerlich fremd gegenüber steht. Die Kirche ... wird sehr real als Gemeinschaft genommen, als corpus Christi mysticum; aber die Frage, ob diese Gemeinschaft, der doch eine sehr konkrete Autorität zugeschrieben wird (gedeckt von der späteren Lehre über die Gewalt der Schlüssel; 1530) in einer verfaßten Ordnung stehe, mit einem besonderen Organ der Heilsvermittlung in Lehre und Gnade durch ein sakramentales Priestertum, interessiert Luther wenig. Daß die Priester das Sakrament feiern und austeilen, ist ... als selbstverständlich akzeptiert, aber es fällt keine eigene Betonung darauf."(7) Dieses anfängliche institutionell-hierarchische, perspektivische Defizit aber präzisiert sich selbst sogleich in der weiteren ekklesiologischen Entwicklung Luthers als Faktum von eminent dogmatischer Relevanz und nicht mehr nur akzentueller Bedeutung: Neben dem Wort und den beiden evangelischen Sakramenten Taufe und Eucharistie kann kein kirchliches Priestertum als heilsmittlerische Größe auftreten;(8) es gibt auf der Grundlage des allen Gläubigen gemeinsamen Priestertums nicht mehr zwei Stände in der Kirche, sondern der Gesamtheit der "sancti" sind als Bewährungsstätten ihres Glaubens und Betätigungsorte ihrer Liebe die drei "Hierarchien" der Christenheit Kirche, Familie, Staat in völliger Gleichstellung hinsichtlich ihrer "soteriologischen Dignität" zugeordnet.(9) Damit schützt sich das ekklesiologische

---

Ausdruck; vgl. WA 6,560; 7,721; 8,419-420; 12,194,34f.; 17/1,100; 30/2,682; 43,334,12 und 25f.: "sic nos non curemus quam magnus et potens papa sit, qui jactat se esse Ecclesiam, praedicat successionem Apostolorum et majestatem personalem. In Verbum respiciamus ..."; vgl. auch WA 46,9-10; 57/3,108: "Nulla enim potestate alia regit Christus Ecclesiam quam verbo." Der von der Kategorie "verbum Dei" her ausgebildete Kirchenbegriff Luthers wendet sich gegen jegliche potestas ecclesiae (H. J. Iwand, Entstehung, 150).

7) J. Lortz, Zum Kirchendenken, 975.

8) Vgl. WA 6,285-324. 407f.; 560f.; 7,27f.; 8,411f.; 11,408-416; 12,169-196; vgl. dann auch Art. 7 von CA, der als eigentliche Konstitutionselemente der Kirche nur Wortverkündigung und Sakramentenspendung kennt (BSLK, 61), während Luther selbst streng genommen nur das Wort als Konstitutionselement der Kirche erwähnt: WA 50, 629,19; 25,26-33.

9) Vgl. WA 25,504,30ff.: "Aber die heiligen orden oder stiffte von Gott eingesetzt sind diese drey: Das Priesteramt, Der Ehestand, Die weltliche Oberheit. Alle die im pfarrampt odder dienst des worts funden werden, sind ynn einem heiligen ... orden und stand ... Also wer Vater und mutter ist, haus wohl regiert ... ist auch eitel heiligtum und heiliger orden ... Also auch fürst odder oberherr, richter, amtleute ... leben für Gott, darumb das solche drez stifft, odder orden der Christliche liebe." Zur Bedeutung der Lehre von den drei Hierarchien für das Verständnis von Luthers Kirchenbegriff: F. Kattenbusch, Die Doppelschichtigkeit, 314-342). In der Ersetzung des Kleriker-Laien-Schemas durch die Ordnung der drei Hierarchien sieht Kattenbusch die Abkehr Luthers von der katholischen Kirchenidee sich vollenden, insofern die Doppelschichtigkeit in Luthers Kirchenbegriff und damit der spezifische Unterschied zum katholischen Kirchengedanken darin sich artikuliere: Die Grundschicht dieses Kirchenbegriffes des Reformators bildet Gottes Zielgedanke, wie er schon in den Herzen der Menschen Verwirklichung hat und doch aber noch weit zurückliegt in der Empirie der communio sanctorum. Die darüberliegende Schicht bildet alles in der Welt, insofern es Mittel für diese Grundschicht ist, also in völliger rangmäßiger Gleichordnung die Kultgemeinde, Haus (Familie) und Obrigkeit. Die Kirche als Kultgemeinde und Ordnungsgefüge hat in diesem Kontext keinerlei darüber hin-

Problem der lutherischen Auffassung von der leiblich-geistlichen Dimen-
sion der communio sactorum, von der Zuordnung von ecclesia universalis
und ecclesia spiritualis in dem einen "christlichen Körper" gerade an dem
Punkt, wo die katholische Ekklesiologie daran festhält, daß die leibliche
Gestaltgewinnung der ecclesia universalis (spiritualis) einen konkreten
Erscheinungsort in der römischen Kirche, in der Papstkirche hat.

So kommt Luther nachgerade im Zusammenhang des Ablaßstreites, wo es
um die Frage geht, ober der Papst mit der Schlüsselgewalt eine Vollmacht über die ganze Christenheit, ja sogar eine Eingriffsbefugnis in das
Totenreich habe, in der Schrift gegen Sylvester Prierias (1518)(10) zu
der Formulierung eines von der katholischen Auffassung wesentlich verschiedenen Kirchenbegriffes: Während für den Dominikaner Prierias die
ecclesia universalis nach der anstaltlichen Seite hin als convocatio in
divinum cultum omnium credentium in Christum bestimmt wird, in welcher
die Heilsmittel verwaltet und zugeteilt werden, liegt für Luther die
Wesensbestimmung der ecclesia universalis in der Glaubensgemeinschaft,
die durch den Glauben jedes einzelnen konstituiert und von Christus(11)
als dem einzigen Haupt beherrscht wird. Die Glaubensgemeinschaft der
ecclesia universalis als ganze, nicht der Papst, ist somit Träger der
Schlüsselgewalt; dem Papst und den Bischöfen kommt keinerlei andersartige Gewalt zu als grundsätzlich allen Gliedern der ecclesia universalis.(12) "Universalis ecclesia non potest errare."(13) von der römischen
Zensur weiß sich Luther daher auch unberührt, "si iungat me veritas
ecclesiae."(14) Diese "vox communis ecclesiae",(15) nicht die römische
Kirche oder der römische Papst ist das übergreifende, letzte ekklesiologische Prinzip,(16) und der Heilsglaube selbst in der ecclesia universalis

---

ausgehend theologische (soteriologische) Dignität. Luther gewinnt im Verfolg seiner
Drei-Hierarchien-Lehre die Erkenntnis, "daß der Laie so gut wie der Priester bzw.
Mönch, per vocationem, 'durch' sein Tun 'Geistliches', Göttliches, Liebhaftes wirken
'könne', als Christ die Freude (Familie) und den Segen (Obrigkeit) seines 'weltlichen'
Wirkens mit Dank sich zur Stärkung seines Bewußtseins, auch Priester zu sein, 'unmit-
telbar' für Gott und die communio sanctorum zu wirken, gereichen lassen dürfe" (F.
Kattenbusch, Die Doppelschichtigkeit, 224f. Anm. 1).

10) Vgl. zum ganzen WA 1,677, 29ff.; 678,1ff.
11) Gemeint ist der verherrlichte Christus, der durch den Hl. Geist im gepredigten Wort uns
gegenwärtig ist; vgl. zu den offenbarungstheologischen Wurzeln dazu bei Luther: H.
Bandt, Luthers Lehre vom verborgenen Gott; E. Przywara, Kirche und Reformation, in:
Radius (1960) H.4, 35-43. Es zeigt sich hier schon, daß lutherische Ekklesiologie nicht
inkarnationschristologisch (der Begriff corpus Christi ist Luther unbekannt), sondern
"pneuma-christozentrisch" ausgerichtet ist, ein theologisches Statut, das auf dem
Impetus der Gott- oder Christusunmittelbarkeit der ecclesia verweist. Vgl. in diesem
Zusammenhang die Untersuchungen über die Christologie der Reformatoren, in: A. Grillmeier-H. Bacht (Hrsg.), Das Konzil von Chalcedon, III, Würzburg 1954.
12) Vgl. WA 1,683,20ff.
13) Vgl. WA 1,685,21.
14) ebd., 680,11ff.
15) WA 2, 208,30ff.
16) WA 2, 405,14ff,; ebd., 191,21ff.: "Credo iam haec ferme fidem facta, hanc Matthaei
autoritatem neque ad Petrum neque ad successorem neque ad unam aliquam ecclesiam, sed
ad omnes ecclesias pertinere" (191,30ff.). Die lutherisch-katholische ekklesiologische
Differenz liegt daher nicht in einer bloßen Akzentverlagerung zwischen der Sichtbar-
keits- und Unsichtbarkeitsdimension hinsichtlich des ekklesiologischen Prinzips (gegen

ist der einzige "subjekthafte" Träger aller ekklesialen Konstiutionsele-
mente: "Ubi autem fides, ibi ecclesia; ubi ecclesia, ibi sponsa Christi;
ubi sponsa Christi, ibi omnia, quae sunt sponsi. Haec fides omnia secum
habet, quae ad fidem sequuntur claves sacramenta, potestatem et omnia
alia."(17) Als regnum fidei aber, dessen Haupt allein Christus ist,(18)
ist die Kirche wesentlich eine eschatologische Größe, die ihr Wesen nicht
in sichtbaren Erscheinungsformen haben kann, wiewohl sie sich in sichtbar welthaften Strukturen vollzieht: "Die Christenheit heißet eine Ver-
sammlunge aller Christgläubigen auf Erden, wie wir im Glauben beten:
'ich gläub in den Heiligen Geist, ein Gemeinschaft der Heiligen.' Dies
Gemeine oder Sammlung heißet aller der, die im rechten Glauben, Hoffnung und Liebe leben, also daß der Christenheit Wesen, Leben und Natur sei nit leiblich Versammlung, sondern ein Versammlung der Herzen in
einem Glauben."(19) Alle Belange der leiblichen Existenz dieser Glau-
bensversammlung aber fallen nicht in der Bereich göttlicher Anordnung
sondern sind allein durch menschliches Gesetz äußerlich geregelt.(20)
Die Verhältnisbestimmung von ecclesia universalis und spiritualis, die
Luther anhand des Leib-Seele-Bildes erläutert, beleuchtet zudem eine
unübersehbare spiritualistische Schlagseite in Luthers Kirchendenken:(21)
"Denn obwohl diese Gemeine (die äußerliche Rechtsgemeinschaft) nit
macht einen wahren Christen, dieweil bestehen mugen alle die genannten
Stände ohn den Glauben, so bleibet sie doch nimmer ohn etlich, die auch
daneben wahrhaftige Christen sein, gleich wie der Leib macht nit, daß
die Seele lebt, doch lebt wohl die Seele im Leibe und auch wohl ohne den
Leib."(22)

Wo also das Wesen der ecclesia universalis ganz an die Unsichtbarkeit
der ecclesia spiritualis zurückgebunden wird, und "wo die Unsichtbarkeit
der Kirche so beschrieben wird, daß keine Person (Papst) und kein Ort

---

H. Küng, Die Kirche, 49ff.), sondern in der schlechthinnigen lutherischen Auflösung
dieser ekklesiologischen Relationen: Im Zuge der apologetischen soteriologisch-ekklesiologischen Indifferentisierung des äußerlich-Leiblichen (Person/Ort = Papst/Rom)
ist die "ekklesiologische" Frage für Luther nicht mehr die eines Gegensatzes zwischen
sichtbar und unsichtbar (die Möglichkeit eines Zusammenhanges zwischen dem was [bei den
Papisten] die Kirche heißt, und was die Kirche ist, wird nicht geleugnet), sondern die
des Gegensatzes zwischen "glauben und sehen zu wollen statt zu glauben" (C. A. Aurelius, Verborgene Kirche, 21-59, hier 47).

17) WA 1,208,26ff.

18) Von ihm gilt: "rex noster non videtur sed creditur" (WA 2,239,28f.)

19) WA 6,292,37ff.

20) Ebd., 296,16ff.

21) Vgl. dazu W. Elert, Morphologie, I, München 1958, 266; WA 3, 150,30; WA 2,753,6; WA
4,81,12; WA 3,203,22; zur Interpretation der einschlägigen Stellen müssen freilich
gewisse spezifisch lutherische hermeneutische Faktoren berücksichtigt werden, wie z. B.
die Eigenheit der Sprechweise des Reformators, die J. Lortz deren "Situationsverfallenheit" nennt (Zum Kirchendenken, a.a.O., 977), ferner die Besonderheiten "existentiellen
Theologisierens" (O. H. Pesch, Theologie, 918ff.), wie sie etwa in Luthers "absconditas"-Kategorie, dem Prinzip des "sub contraria specie" und in der paradoxalen Sprechweise einer theologia crucis (WA 1,353,4) begegnen (WA 3,300,21; siehe dazu auch o.
§ 1). Insgesamt aber stellt J. Lortz hinsichtlich der "spiritualistischen Tendenz" bei
Luther fest: "Sein (Luthers) gesunder Realismus ist hier sozusagen stärker als die
immanente Konsequenz seiner Theorie, einer Konsequenz, der allerdings die folgenden
Jahrhunderte oft und reichlich erlegen sind" (Zum Kirchendenken, a.a.O., 977).

22) WA 6,297,13ff.

(Rom) für sie konstitutiv sein könne, stoßen wir an die Grenzen von Luthers Katholizismus."(23) Freilich ist dem historischen Hergang der faktischen ekklesiologischen Grenzziehung zum Katholizismus in der durch die kirchenpolitische Situation erzwungenen Errichtung des evangelischen Partikular- und Landeskirchentums zunächst augenscheinlich nicht die Bedeutung einer unmittelbaren Konsequenz aus einer dogmatisch-ekklesiologischen Differenz anzumerken,(24) und trotz der Verwerfung des für Luther antichristlichen Papsttums(25) kam es zunächst noch nicht zum Bruch mit der römischen Kirche, weil "die Zeichen, dabei man äußerlich merken kann, wo dieselb Kirch in der Welt ist ..., die Tauf, Sakrament und das Evangelium",(26) bei ihr noch zu erkennen und anzuerkennen sind, und sie deshalb und solange als Partikularkirche bestehen bleibt. Daß mit dieser vorläufig noch bestehenden "Einigungsbasis" aber die differentia specifica hinsichtlich des ekklesiologischen Formalprinzips, nämlich die Frage, wie nach dem Verständnis beider Parteien die Elemente Wort und Sakrament in ihren Kirchen vorhanden sind, ausgeklammert wird, weil sie zumindest für Luther keine kirchenkonstituierende Bedeutung hat, zeigen insbesondere der Weg der lutherischen Bekenntnisentwicklung bis zum Ende der dreißiger Jahre und das Scheitern der Verständigungsbemühen um die Confessio Augustana.(27)

2. Versuch einer systematischen Bilanz

Die Frage nach dem ekklesiologischen Ansatz der lutherischen Kirchenspaltung zeigt sich somit als eine gleichsam in konzentrischen Kreisen angeordnete Problemschichtung, wobei - vom historischen Phänomen her betrachtet - im Zentrum die sich immer mehr zuschärfende Ablehnung des Papsttums steht.(28) Der Grund für die Unmöglichkeit einer sichtbaren Hauptstellung des Papstes liegt für Luther darin, daß Christus

---

23) J. Lortz, Zum Kirchendenken, a.a.O., 983. Vermutlich auf ockamistischen Einfluß zurückgehend wird Luther in Verbindung mit einem gewissen individualistisch-personalistischen Akzent seines Denkens zu der Auffassung von der Unmöglichkeit der Bedingtheit des religiösen Bezuges durch äußerlich-sichtbare Elemente geführt: "... Cum Ecclesia aliud esse non possit quam congregatio spiritualis hominum non in aliquem locum, sed in eandem fidem, spem et charitatem spiritus ... Contra tam manifesta verba audent impii isti dicere: Ecce Romae est Ecclesia, Romae est Christus, Romae est vicarius Christi ... Ecclesiam Christi esse aliud nihil quam spiritualem fidelium collectionem ..." (Operationes in Psalmos: WA 5,450-451).

24) Vgl. hierzu V. Pfnür, Das Problem des Amtes, 127-129: geschichtlicher Überblick über Ursprung und faktische Entwicklung des lutherischen Landeskirchentums.

25) Vgl. dazu etwa die 2. Appellation vom November 1520: WA 7,88,20ff.

26) WA 6,301,3ff.

27) Vgl. hierzu W. Maurer, Der ekklesiologische Ansatz, a.a.O., 49ff.

28) Zwar zeigt der Textbefund bei Luther hinsichtlich seiner Papstkritik durchaus - stimmungsmäßig bedingte - Diskrepanzen: so sieht Luther in der Schrift "Kurzer Unterricht an seine Abgönner", 1519 im Papst keinen Grund für eine Trennung (WA 2,72,35-73,3,15), während "De captivitate" (WA 6,566,23f.) eine deutliche Sprache spricht: "Ergo pene dirumpor, cogitans has impiissimas hominum temeratissimorum tyrannides ..." (dazu J. Lortz, Zum Kirchendenken, a.a.O., 984ff.); die Antichrist-Polemik Luthers gegen den Papst trifft aber eindeutig die Institution, an der sich die Geister scheiden: vgl. BSLK 416,6; 428,20ff.; 430,14ff.; 432,5ff.; 429,8; dasselbe gilt faktisch auch für Melanchthon (trotz BSLK 463,10ff.).

allein einziges - unsichtbares - Haupt der Kirche ist, und darüber
hinaus keinerlei stellvertretende Versichtbarung der Kirche möglich ist.
Damit stellt sich als zweiter Problemkreis die Sichtbar-Unsichtbarkeits-
frage im lutherischen Kirchenbegriff ein:

Nun hat E. Kinder gegenüber H. J. Iwand(29) zu Recht betont, daß die
lutherischem Denken in diesem Zusammenhang adäquatere Sprechweise
diejenige ist, die von der gleichzeitigen Unsichtbarkeit und Sichtbarkeit
der einen Kirche ausgehe;(30) demzufolge müsse das Kategorienschema
unsichtbar-sichtbar in ontischer und noetischer Hinsicht differenziert
werden, d. h. die eine Kirche ist sogleich ontisch sichtbar, noetisch
aber verborgen.(31) Damit gewinnt Kinder als neue, dynamischere Aussagekategorie die der Verborgenheit der Kirche: Dies besagt, daß die
Kirche wohl in Sichtbarkeit da ist, jedoch darin nur als eine dem Glauben offenbare.(32) Bedenkt man zudem, daß Luther sich auch deutlich
gegenüber den ekklesiologischen Positionen der Schwärmer abzusetzen
veranlaßt sieht,(33) so kann man ihm sicherlich nicht einfachhin einen
spiritualistischen bzw. doppelten Kirchenbegriff vorwerfen.(34) Insofern
läßt sich auch in der Frage nach Sichtbarkeit und Unsichtbarkeit der
Kirche, insofern es dabei um die Feststellung zweier unterscheidbarer
Wesensaspekte der einen Wirklichkeit "Kirche" geht, nicht schlechthin
der katholisch-lutherische Gegensatz im Kirchenbegriff festmachen.(35)
Wohl aber bleibt Luthers Auffassung von der "Inexistenz" der geistlichen
Kirche in der leiblichen genauer besehen problematisch, wenigstens
unklar: Zunächst kann nicht bestritten werden, daß Luther von "zwei
Kirchen" spricht;(36) dabei fällt auf, daß in der Gegenüberstellung der
Prädikatreihen für die eine und für die andere Wirklichkeitsdimension der
Kirche bei der 'äußerlichen Kirche' ein Pendant zum Prädikat "wahrhaf-

---

29) H. J. Iwand will bei Luther von Anfang an die Rede von zwei Kirchen grundgelegt sehen
(Entstehung, 155 Anm. 24), wobei die eigentliche Kirche als ein engerer Kreis von der
äußeren Gemeinschaft abgesondert gesehen werde (ebd., 149). Der Gedanke, daß die sicht-
bar-äußere Kirche irgendwie vikariierend für die unsichtbar-geistliche eintreten könne,
wäre demnach für Luther schlechterdings undenkbar (vgl. dazu WA VII, 742); die sichtbare Kirche drängt die wahre ins Jenseits ab, sie nimmt letzterer ihr absolutes Erstge-
burtsrecht; ähnlich K. G. Steck, Zur katholisch-protestantischen Kontroverse, in: EVTH
20 (1966) 337-363.

30) Vgl. E. Kinder , Der evangelische Glaube, 94 Anm. 2.

31) Dazu ders., Die Verborgenheit der Kirche nach Luther, in: FS J. Lortz, I, 176f.; ferner
A. Krauß, Das protestantische Dogma, 39. In der Tat spricht Luther selbst nur an sehr
wenigen Stellen von der Unsichtbarkeit der Kirche (R. Seeberg, DG, IV/1, Leipzig⁴ 1933,
93-95).

32) Vgl. E. Kinder, Der evangelische Glaube, 96.

33) Die Schwierigkeit der Interpretation des Reformators in der ekklesiologischen Frage
wird nicht zuletzt gerade dadurch erschwert, daß Luther sich einem Zweifrontenkrieg
gegen die Papstkirche und gegen die Schwärmer ausgesetzt sieht, und seine Formulierungen oft ins Extreme (Situationsverfallenheit!) abgleiten. Vgl. dazu R. Seeberg, a.a.O.,
95f.; zu dem Auslegungsgrundsatz strenger Kontextgebundenheit insbesondere der ekklesiologischen Aussagen Luthers (römischer Primatanspruch!) vgl. auch C. A. Aurelius,
Verborgene Kirche, bes. 21-59.

34) Vgl. dazu auch J. Mayr, Die Ekklesiologie Honoré Tournelys, 17-24; ferner W. Maurer,
Der ekklesiologische Ansatz, a.a.O., 36-38.

35) Vgl. E. Kinder, Die Verborgenheit, 173; 185.

36) So J. Heckel, Die zwo Kirchen, a.a.O.

tig", wie es für die 'innere' Kirche begegnet, fehlt.(37) Die wahrhaftige Kirche hat demnach in der leiblich-äußeren Christenheit kein Entsprechungsmoment und keinen Realisierungsanhalt. Eine weitere Ausdrucksvariante dieses institutionellen Defizits zeigt die Kirchenzugehörigkeitsbestimmung bei Luther: Mit E. Kinder läßt sich bei dem Reformator eine äußere Schicht der Zugehörigkeit beobachten als das willige Stehen im Wirkbereich von Wort und Sakrament, während die wirkliche Zugehörigkeit als der Status des durch Wort und Sakrament zum Glauben Erweckt-Seins von ersterer deutlich abzuheben ist, wenngleich letztere nicht anders als durch die erstere möglich ist.(38) Wenn nun aber die äußere Kirchenzugehörigkeit eine geistlich-innerlich relevante Wirklichkeit sein soll, dann müßte auch dort schon, und nicht erst und ausschließlich im Glauben Kirche als Kirche begriffen werden können.(39) Da dies jedoch nach lutherischem Verständnis nicht möglich ist, kann auch dem willigen Stehen im Wirkbereich von Wort und Sakrament allein keinerlei realekklesiale Bedeutung beigemessen werden. "Die Sichtbarkeit der Kirche kommt somit bei der 'ecclesia large dicta', d. i. 'der Anteilhabe an den äußeren Gnadenmitteln' zum Stehen."(40) Die ecclesia proprie dicta wird an den äußeren Sichtbarkeitselementen Wort und Sakrament geglaubt,(41) jedoch nicht in geschichtlicher Kontinuität daran fortwährend erkannt.(42) Die

---

37) Vgl. WA 6,296f.; dazu H. Bacht, Sichtbarkeit, 456.

38) Vgl. E. Kinder, Der evangelische Glaube, 98.

39) So. H. Bacht, Sichtbarkeit, 457; die für Luther problematische innere Zuordnung von unsichtbarer und sichtbarer Kirche zeigt sich auch in der Verhältnisbestimmung von göttlichem und menschlichem kirchlichem Recht: "Obwohl Luther die konkrete Notwendigkeit des kanonischen Rechtes anerkannte, trennte er es unwiederbringlich vom göttlichen Recht, indem er es dem Glaubensinhalt entzog. Das 'credo ecclesiam catholicam' gilt nur für die vollere 'ecclesia abscondita'" (E. Corecco, Theologie des Kirchenrechts, 60-69, hier 68).

40) H. Bacht, Sichtbarkeit, 460; Bacht bezweifelt somit, daß E. Kinders Bemühen, die mangelnde Zuordnung von Sichtbarkeit und Unsichtbarkeit in der protestantichen (lutherischen) Ekklesiolgie zu verbessern, wirklich gelungen ist (ebd., 462f.). Dem Kinderschen Ansatz ähnlich operiert E. Schlink, Theologie der lutherischen Bekenntnisschriften, München 1946, 295-305, bes. 302; auf den angesprochenen Mangel der inneren Zuordnung von sichtbar-unsichtbar, von ecclesia large dicta und ecclesia proprie dicta haben schon hingewiesen: H., Hansen, Die Lehre von der sichtbaren Kirche in lutherischer Beleuchtung; F. Heiler, Evangelische Katholizität, bes. 251; vgl. zum ganzen auch W. Beinert, Um das dritte Kirchenattribut, I, 182-311, bes., 187-194.

41) Vgl. E. Kinder, Der evangelische Glaube, 112 mit Hinweis auf WA 7,722, Vgl. auch Aurelius, a.a.O., 47.

42) So J. Mayr, Die Ekklesiologie, a.a.O., 21; gerade in der vom Stiftungsgedanken her konzipierten katholischen Ekklesiologie, in der die traditio der potestas docendi, sanctificandi et regendi durch Christus an die Apostel entscheidend zum Kirchenbegriff gehört (vgl. J. Salaverri, De ecclesia Christi, 543; F. A. Sullivan, De Ecclesia, I, 1955, 81, 103), gewinnt das Moment geschichtlicher Kontinuität in der Erkennbarkeit der Kirche zentrale Bedeutung, insofern dieser "hierarchisch strukturierten Kirche ... auf Grund ihrer 'göttlichen' Stiftung und des darin enthaltenen Stifterwillens zur 'apostolischen Sukzession' eine Unzerstörbarkeit (indefectibilitas) im Ganzen und eine 'substantielle' Unveränderlichkeit in allen wesentlichen Strukturelementen zugesprochen (wird)" (M. Kehl, Kirche als Institution, 70). Der dauerhafte Bestand der in wirkursächlicher Setzung durch Christus gegründeten hierarchisch geordneten Gesellschaft wird durch empirisch erkennbare Einheitszeichen und Mittel wie Lehre, Sakramente, Rechtsordnung in der Verantwortung einer bevollmächtigten Autorität gewährleistet. Dieses insti-

Verbindungslinie zwischen ontischer Sichtbarkeit und noetischer Verborgenheit verläuft über das Öffentlichkeitsmoment des Verkündigungs- und
Sakramentsvollzuges(43) und ist somit eine rein horizontal signifikative,
nicht jedoch auch eine vertikal-kausale: Durch die Zuordnung des Amtes
im spezifischen Verständnis der katholischen Tradition als Formalprinzip
zu den (materialen) Konstitutionselementen der Kirche Wort und Sakrament erleidet die Versichtbarungslinie im Kirchenbegriff an der Schwelle
zwischen "willigem Stehen im Wirkbereich von Wort und Sakrament" und
dem "dadurch zum Glauben-Erweckt-Sein" keinen qualitativ "ekklesiologischen Knick", insofern das Amt real-symbolischer Ausdruck und eine
wesentliche Garantie der vertikalen Kontinuität von Wort und Sakrament
zur normativen (christologischen) Ursprungsbeziehung ist, und damit
Wort und Sakrament nicht nur für sich öffentlich geschehende signa
sind, an denen die ecclesia proprie dicta als die communio sanctorum
geglaubt werden kann, sondern eben als an das Amt gebundene dadurch
sowohl christologisch wie ekklesiologisch zugleich qualifizierte Vollzüge,
in denen das ekklesial konstitutive Geschehen der gläubigen Annahme
dessen, was sie bezeichnen, nicht nur signifikant intendiert wird, sondern auch bereits antizipativ "ipsis factis" ausgedrückt, real-symbolisch
gegenwärtig gesetzt wird. Durch die Bindung an das (selbst sakramental
konstituierte(44)) Amt gewinnen Wort und Sakrament nicht nur signifika-

---

tutionelle Grundgefüge ermöglicht auch eine Unterscheidung der wahren Kirche von anderen, denn in ihr gründen auch die sog. "notae ecclesiae" (vgl. J. Salaverri, a.a.O.,
908-969). Nach lutherischer Auffassung hingegen können diese notae keinesfalls den
ekklesiologischen Rang von Seinsmerkmalen (der wahren Kirche) erlangen, denn sie sind
selbst dialektisch zu verstehen: in ihrer empirischen Gegenständlichkeit bieten sie
keinerlei Gewähr, daß Gott tatsächlich durch sie am Werk ist; daher können sie allenfalls als Wirkmittel (causae fiendi) gelten. "Dies ist rein strukturell gesehen der
Hauptunterschied zur römisch-katholischen Lehre" (E. Kinder, Der evangelische Glaube,
103).

43) Vgl. E. Kinder, Der evangelische Glaube, 112.

44) Während Luther hinsichtlich seiner Ablehnung der Sakramentalität der Buße aufgrund der
von ihm zugrundegelegten Sakramentsdefinition (konstitutive Elemente: promissio und
signum: WA 6,550-553) durchaus nicht konsequent bleibt (Luther bestimmt später die
Sakramente Taufe und Abendmahl von der Einsetzung durch Christus her und kann somit
auch durch die klar bezeugte Einsetzung der Schlüsselgewalt durch Christus die Absolution zu den Sakramenten zählen (vgl. W. Schwab, Entwicklung und Gestalt, 373; WA 54,
427, 26-28), so wird von ihm der sakramentale Charakter der Priesterweihe durchwegs
bestritten, weil ihr das signum fehle. Ausschlaggebend dürfte jedoch dafür vor allem
die Ablehnung einer mit der Weihe verbundenen Mitteilung eines "charakter indelebilis"
und die Polemik gegen das - nach dem sich angesichts der zeitgenössischen sakramentalen
Praxis wohl notwendigerweise aufdrängenden Verständnis auf diese character-Lehre zu-
rückzuführende - Meßopferpriestertum sein (vgl. WA 6,512,7-526; WA 6,560-567; WA 6,
567,17-25). Daß das Spätmittelalter dem Problem des Verständnisses vom Opfercharakter
der Messe theologisch nicht gewachsen war (vgl. die Ausbildung der Meßopfertheorien,
die die Messe vom Kreuzesopfer isolierten), und die zeitgenössische liturgische Praxis
dem opferpriesterlichen Mißverständnis Vorschub leisten mußte, zeigt E. Iserloh, Der
Kampf, a.a.O.; ders., Die Eucharistie in der Darstellung, a.a.O. Das katholische Priestertum mußte Luther als ein dem einzigen Priestertum Christi konkurrierend gegen-
überstehendes, ja dieses desavouierendes, vom Papst errichtetes erscheinen (WA 8,
415,6-10). Demgegenüber hält Luther fest: "Wenn du eine echter Christ sein willst, dann
laß dich durch keine Überredungskunst täuschen, sondern sei sicher, daß es im Neuen
Testament kein sichtbares und äußeres Priestertum (sacerdocium) gibt, es sei denn durch

tive Verweisfunktion auf die noetisch verborgene communio sanctorum, sondern sie werden als ekklesiale Vollzüge auch Ausdrucksgestalt der in ihnen noetisch antizipativ offenbar werdenden communio canctorum. In der Amtsverbindung von Wort und Sakrament liegt der Schnittpunkt der für deren Vollzug bestimmenden christologischen und ekklesiologischen Begründungslinien: In der im Amtsträger vereinigt-verdichteten gestalt-haft-sichtbaren doppelten Repräsentation von autoritativer Christus-Sendung und ekklesialer Vollzugsgestalt gewinnt die sichtbare Kirche analog die soteriologische Dignität von **"res et-sacramentum."** Die Amtsbindung von Wort und Sakrament wird damit zum Indikator des sakramentalen Kirchenbegriffes überhaupt. (45) Die sakramententheologischen Implika-

---

menschliche Lügen und durch Satan errichtet. Es gibt für uns einzig und allein das Priestertum Christi, kraft dessen er selbst sich für uns und alle zusammen mit sich dargebracht hat" (WA 8, 415, 15-19). Die Ablehnung der katholischen Sprechweise vom ordo als Sakrament durch Luther muß also allein vom terminologischen Befund her für eine Zeit, in der vor- und nachtridentinische katholische Vereinseitigungen im Priester- und Opferbegriff korrigiert sind, noch nicht eo ipso sachlich eine kirchentrennende Differenz begründen (vgl. dazu auch KgWS, 68-73, bes. 72), zumal spezifisch lutherischen Theologisieren die hochmittelalterliche, vereinheitlichende Systematik eines Traktates de sacramentis in genere und die daraus erwachsende Schematik eines einheitlichen Sakramentsbegriffes, von dem her die kirchlichen Heilszeichen bestimmt werden, und somit auch die von da her genährte Vorstellung von der Zählbarkeit derselben fremd ist (J. Finkenzeller, HDG, IV/1b, 2; zur ohnehin sehr pluriformen und lange Zeit "offenen" Entwicklung der Siebenzahl der Sakramente: ders., Die Zählung und die Zahl; mit Lit.!). Nach Melanchthons weiterer Sakramentsdefiniton z. B. macht es keine Schwierigkeiten, im ordo ein Sakrament zu sehen: Nachdem Melanchthon ein (religionsgeschichtlich) "opferpriesterliches" Verständnis für die Vorstellung vom "sakramentalen" ordo klar ausgeschieden hat (Ap CA 13,7-9: BSLK, 293) konzediert er: "Si autem ordo de ministerio verbi intelligatur, non gravatim vocaverimus ordinem sacramentum. Nam ministerium verbi habet mandatum Dei et habet magnificas promissiones ... Si ordo hoc modo intelligatur, neque impositionem manuum vocare sacramentum gravemur. Habet enim ecclesia mandatum de constituendis ministris, quod gratissimum esse nobis debet, quod scimus Deum approbare ministerium illud et adesse in ministerio" (Ap CA 13,10-12: abd., 293f.). Durchgesetzt hat sich im Luthertum freilich weder die Dreizahl der Sakramente noch die Bezeichnung der Ordination als Sakrament (vgl. B. Lohse, Zur Ordination in der Reformation, 15f.). Zu fragen bleibt also, ob hinter der abweichenden Terminologie im Sakramentsbegriff besonders hinsichtlich des ordo bei Luther nicht auch eine qualitativ anders akzentuierte Zuordnung von Amt-Wort-Sakrament als kirchenbildenden Faktoren steht. W. Pannenberg (Differenzen, a.a.O.) legt in dieser Frage - was die Erhebung des reformatorisch-lutherischen Befundes betrifft - Wert auf die Präzision in der Formulierung: Die lutherischen Bekenntnisschriften haben "nicht darauf reflektiert", daß die "wahre Kirche auch im kirchlichen Amt zur Darstellung kommt" (122). Sie schließen dies nicht explizit aus, aber sie sagen nichts darüber positiv aus. "An dieser Stelle liegt der Unterschied" (ebd.)- ein Unterschied des tendenziellen Gefälles der je anders gearteten Weise ekklesiologischen Denkens. Die wahre Kirche hat im lutherischen Verständnis "nicht jene institutionelle Sichtbarkeit, die im kirchlichen Amt zum Ausdruck kommt" (ebd.). Daher blieb die Theologie des kirchlichen Amtes im lutherischen Raum unentwickelt. Die Frage nach einer - gegenüber dem Staat - eigenständigen institutionellen Dimension der Kirche hat somit auch sehr spät - in unserem Jahrhundert durch das Ende des landesherrlichen Summepiskopates und durch die ökumenische Bewegung - für die lutherischen Kirchen wieder an Bedeutung gewonnen (ebd., 123).

tionen bzw. Wurzeln des spezifisch lutherischen Kirchendenkens(46) markieren zugleich die dritte Ebene der Problemschichtung in diesem Fra-

---

45) Das gilt insbesondere für eine spezifische Weise der Zuordnung von Wort, Sakrament und
Amt, nach welcher das letzte Element den beiden ersten hinsichtlich der Konstituierung
der Kirche weder gleichartig (erstere sind Ursachen, letzteres ist Bedingung der Ein-
heit der Kirche: J. Ratzinger, Das geistliche Amt, 178; vgl. auch § 1, S. 45ff. bes.
Anm. 135) ist, noch als einfach in derselben implikativ miteinbegriffen (vgl. H. Mayer,
Amt und Ordination, 94) verstanden werden kann. Diese eigentümlich spannungsreiche
Verhältnisbestimmung des Amtes zu den beiden (materialen) Säulen kirchlichen Seins:
Wort und Sakrament markiert auch und gerade der sakramentale Charakter des Amtes im
katholischen Verständnis: Das Amt hat einerseits selbst sakramentale Dignität und kann
somit nicht von Wort und Sakrament in seiner ekklesiologischen Bedeutung (funktional)
aufgesogen werden; d. h. es ist zu wenig gesagt, wenn seine Existenz als nicht unbedingt ausdrücklich zu machende, in der (praktischen) Vollzugsnotwendigkeit von Wort und
Sakrament (das Wort braucht den Verkünder, das Sakrament den minister) implizit mitge-
sagte bestimmt wird (vgl. etwa die implikativen Redeweisen: "das Predigtamt oder das
Evangelium": Ap CA 7,22: BLSK, 238; "das Predigtamt oder mündlich Wort, nämlich das
Evangelium": WA 30,3,88; WA 51,481), denn Wort und Sakrament setzen - formal - das
christologisch begründete "prae" autoritativer Sendung zu ihrem Vollzug schon voraus:
darin gründet die institutionelle Dimension des katholischen Kirchenbegriffes, daß im
Amt vorausbezeichnend die kirchenkonsitutierende Wirkung von Wort und Sakrament schon
ekklesiale Gestalt gewonnen hat; andererseits existiert das sakramentale Amt in ausschließlicher und radikaler Hinordnung auf den Wort- und Sakramentsdienst. Der amtstheologische Befund bei Luther spiegelt nun diesbezüglich eine auffällige Instabilität
wider: W. Brunotte (Das geistlich Amt bei Luther) betont - unter Eliminierung bestimmter situationsbedingter Zuspitzungen bei Luther - die "Einheit in Luthers Auffassung"
vom Amt (a.a.O., 112ff.), welche er in der deutlich bezeugten Auffassung von der "Eigenständigkeit" des geistlichen Amtes neben dem allgemeinen Priestertum ... in der
Frühzeit ... wie in der späteren Zeit" gegeben sieht (ebd., 114); demnach leite Luther
die Vollmacht des Amtsträgers niemals aus dem allgemeinen (gemeinsamen) Priestertum ab
(ebd.). Dagegen spricht sich H. Lieberg (Amt und Ordination bei Luther und Melanchthon)
in kritischer Auseinandersetzung mit Brunotte (vgl. ebd., 5) für eine "Zweipoligkeit"
in Luthers Amtsverständnis aus (ebd., 235ff.), wonach das Amt zum einen aus dem allgemeinen Priestertum (vocation) zum anderen aus der besonderen Stiftung Christi (Ordination) begründet werde (ebd., 235). Wiederum andere Akzente setzt J. Aarts (Die
Lehre Martin Luthers) besonders hinsichtlich der Frühzeit des Reformators, die durch
die Ausbildung der Auffassung vom allgemeinen Priestertum wesentlich geprägt sei:
Während dem allgemeinen Priestertum das Zeugnis des Glaubens (verbum internum) insbesondere zukomme, obliege dem Amt die "Predigt des äußeren Wortes" (verbum exter-
num)(ebd., 320). K. J. Becker (Wesen und Vollmachten) sieht Luthers Auffassung vom Amt
im wesentlichen niedergelegt in WA 6,564,6-14; 6,566,26-30 und damit ganz vom allgemeinen Priestertum her konzipiert (a.a.O., 57f.): "Daher soll jeder, der sich für eine
Christen hält, mit voller Sicherheit anerkennen, daß wir alle gleichermaßen Priester
(sacerdotes)sind, d. h. in Wort und jedem Sakrament die gleiche Vollmacht haben, daß es
aber keinem erlaubt ist, sie ohne Zustimmung der Gemeinschaft oder Berufung durch einen
Vorgesetzten (vocatione maioris) auszuüben. Denn was allen gemeinsam ist, darf niemand
für sich in Anspruch nehmen, bis er gerufen wird" (WA 6,566,26-30; WA 8,415,15-19).
Gegen jede "vorschnelle Systematisierung" Luthers aber wendet sich gerade in diesem
Fragekreis um die Ausbildung der Auffassung vom allgemeinen Priestertum (bei Luther
findet sich nur die Aussage, daß alle Getauften Priester sind, nicht aber dieser fest-
stehende Term: WA 6,370, 7-11) B. Lohse (Zur Ordination in der Reformation, a.a.O.,
12-14), weil dadurch häufig allzuleicht die Situationsbezogenheit von bestimmten Äußerungen außer acht gerate und damit auch ihr hermeneutischer Ort: So lassen sich nach

genkreis um die Akzentsetzungen des lutherischen Kirchenbegriffes bzw.
um den ekklesiologischen Ansatz der reformatorischen Kirchenspaltung;
diese Implikationen lassen sich insbesondere an Luthers Auffassung über
das Verhältnis von Messe und Kreuzesopfer anschaulich machen.(47) Für
Luther ist das Sakrament (der Eucharistie) in Bezug auf die einmalige
Heilstat Christi nur ein "äußerliches" Ding und nur deshalb und nur
uneigentlich ein Opfer zu nennen, weil es Anlaß ist, an das Kreuzesopfer Christi zu denken und geistlicher Ansporn für die Gläubigen, ihr
Leben nach dem siegreichen Leben und Leiden Christi zu gestalten.(48)

Lohse vier deutlich situationsspezifische Einschnitte bei den amtstheologischen Äußerungen Luthers feststellen: 1. in der Zeit von 1517-1520 wird Luther an den kirchlichen
Autoritäten irre und bildet die Lehre vom allgemeinen Priestertum aus; durch den sich
zuspitzenden Konflikt mit Rom wurde Luther dabei auch zu Konsequenzen gedrängt, die in
ihrer Einseitigkeit nicht mehr allein aus dem Ansatz seiner Theologie erklärbar sind;
2. in der Zeit von 1520-1523 spitzt sich Luthers Polemik gegen Priestertum und Opferge-
danke zu, was nicht ohne amtstheologische Konsequenzen bleibt; 3. die Zeit seit 1524
ist durch die antischwärmerische Frontstellung Luthers geprägt; 4. in der Spätzeit seit
1530 beruhigte sich die Lage innerreformatorisch; jetzt hebt Luther die Zuordnung von
Amt, Ordination und Kirche hervor (B. Lohse, a.a.O., 13). Für Luther besteht kein
Zweifel, daß das Amt der Wortverkündigung und Sakramentsverwaltung der Kirche von
Christus eingestiftet ist und als solches Kennzeichen der Kirche Christi gelten muß (WA
51,480,14-481,16). Allerdings ist zu fragen, ob für Luther dem Amt jene christologische
"Exzentrizität" eignet, daß es als sichtbar-institutionelles Element zum Indikator für
die "christozentrisch begründete soteriologische Subjekthaftigkeit" der Kirche auch in
ihrer Sichtbarkeitsdimension wird. Jedenfalls wirkt sich die schon bei Luther feststellbare "Unentschiedenheit" der amtstheologischen Frage (Begründung von der Christus-Sendung her oder vom allgemeinen Priestertum her) bis in die gegenwärtige evangelisch-lutherische Theologie hinein aus und macht es besonders schwer, in dem Gesamtkomplex "geistliches Amt" "Jeweils profiliert zu beschreiben, was denn der Kontrovers-
stand zwischen römisch-katholischer und evangelisch-lutherischer Kirche sei" (KgWS,
67).

46) Diese Wurzeln bzw. Implikationen dürften in einem gegenüber der scholastischen Tradition andersartigen "ontologisch-gnadentheologischen" Grundstatut liegen: Für Luther
gehört "signum" nicht zu "res" sonder zur "promissio"! Wo dieses Verheißungswort laut
wird, da ist mit Sicherheit Kirche vorhanden. "Das Zeichen ist nicht mehr ein in die
Sichtbarkeit verlegtes signum der metaphysischen gegenüber der sinnlichen Welt trans-
zendent zu denkenden Realität, sondern es ist vielmehr das Anzeichen des Einbruchs und
der unmittelbaren, verheißungsvollen Nähe des Gottesreiches mitten in der Welt von Raum
und Zeit. Man muß es als Zeichen einer Dynamik verstehen, nicht als Zeichen eines
ontologisch zu erfassenden höheren Seins" (Iwand, Entstehung, 162). Die ökumenische
Frage dürfte sich im letzten auf diejenige nach der katholisch-ekklesiologischen Vermittelbarkeit dieser "ganz andere(n) Perspektive" (Aurelius, Kirche, 51) des (sakramentalen ?) Denkens zuspitzen.

47) Vgl. hierzu F. Pratzner, Messe und Kreuzesopfer, bes. 52-83; 99-118; ferner A. Gerken,
Theologie der Eucharistie, 131-141.

48) Vgl. dazu die Erläuterungen Luthers zu den augustinischen Aussageweisen in Bezug auf
die eucharistische Herrentagsfeier der Kirche: "Morgen oder übermorgen ist das Leiden
des Herrn ... heute ist der Herr auferstanden ..." (ep. 98,9: CSEL 34,53of; PL 33,363f.
dazu: Ch. Mohrmann, Pascha, Passio, Transitus, in: EL 66(1952) 37-52); Luther: "...
nicht das Christus alle jar aufferstehe, sondern das man alle jar des tages seiner
auferstehung gedenckt. Auff solche weise nennet S. Augustinus das sacrament ein opffer"
(Streitschrift gegen die Schwärmer: WA 23, 273,25ff; vgl. auch WA 8,421, 15ff; dazu F.
Pratzner, a.a.O., 57). Anders jedoch interpretiert W. Schwab (Entwicklung und Gestalt,

Das Opfer Christi am Kreuz selbst aber ist schlechterdings beendet;(49)
von ihm ist substantiell streng abzugrenzen der daran erinnernde Opfer-
vollzug der Kirche; es gibt keine eigentlich sakramentale Verbindung des
'Opfers der Kirche' mit dem einmaligen Opfer Christi.(50) Das 'sakramentale' Geschehen in der Eucharistie ist demnach reduzierend eingeschränkt
auf die Seite der "res", die für Luther allein in der geistlichen Dimension der individuellen fruchtbaren Zueignung(51) besteht. Die Dimension
des "sacramentum", die Sichtbarkeitsgestalt des eucharistisch-ekklesialen
Vollzuges - konzentriert in dem doppelt repräsentierenden Handeln des
vorstehenden Amtsträgers -, in welcher real-symbolisch das einmal
geschehene Heilswerk Christi am Kreuz je und je gegenwärtig gesetzt
wird, ist nicht von eigentlicher, die "sakramentelle" Substanz betreffender Relevanz. Die darin sich äußernde Krise der sakramentalen Idee
überhaupt ist jedoch durchaus kein ausschließlich und spezifisch luthe-

---

284ff.): die beiden Aussagereihen bei Luther: für uns am Kreuz gegeben (WA 30/1,55,
9ff.) und: im Abendmahlssaal für die Empfänger zur fruchtbaren Zueignung gegeben (WA
19,503 vgl. 506) sieht er bei Luther durch das "für auch" untrennbar miteinander verbunden. Die Einmaligkeit des vergangenen Heilsereignisses und die Gegenwart seiner im
Wort geschehenden Zueignung liegen ineinander; dazu auch E. Schlink Theologie der
lutherischen Bekenntnisschriften, 223: "... in dem Akt der Darreichung des Abendmahles
ist das Kreuzesereignis gegenwärtige Wirklichkeit. Derselbe Christus, der einst auf
Golgotha seinen Leib dahingab, gibt jetzt seinen Leib dahin im Abendmahl und macht uns
seinem Kreuzestod gleichzeitig." Die Funktion des Wortes ist es also, Christi Leib als
Geschenk zuzusagen; nur so kann der Bogen gespannt werden von der Vergangenheit des
Kreuzes zur Gegenwart der Austeilung des am Kreuz erworbenen Heiles. Das Faktum der
Vergangenheit wird im Wort der Zusage dieses Faktums an den Empfänger und nur als solches Gegenwart; d. h. aber wiederum, das "Sakrament" besteht streng genommen nur in der
Zusage der am Kreuz erworbenen Vergebung, nicht jedoch in der realen Gegenwärtigsetzung
des Kreuzesereignisses als dessen Erwerb selbst, jenem sakramentalen Akt, der antizipativ die versammelte Gemeinde (Kirche) je schon in diese Opfer-Gegenwart hineingenommen hat und somit auf ihre institutionelle Dimension einwirkt. Es ist für Luther wohl
möglich zu sagen, innerhalb der Messe kann man von Opfer reden, insofern die Gläubigen
zu geistlichen Opfern aufgerufen werden, jedoch das Opfer ist nicht der Inhalt des
Sakramentes selbst (W. Schwab, a.a.O., 213-226).

49) Deinde oblatio haec novi testamenti quod caput Ecclesiae, qui Christus est, perfecta
est et cessavit omnino, spiritualis autem corporis sui, quod est Ecclesia, offertur de
die in diem, dum assidue moritur cum Christo et phase mysticum celebrat, scilicet
concupiscentis mortificatio ad futuram gloriam transiens ex hoc mundo" (WA 57,218,
5ff.); vgl. zum ganzen Vorlesung über den Hebräerbrief 1517-1518: WA 57, 201-238, bes.
217,25ff; zum bezeichnenden Unterschied gegenüber Joh. Chrysostomus vgl. ders., Hom.in
ep. ad Hebr. 10, hom. 17,3: PG 63, 131.

50) So F. Pratzner, a.a.O., 24-27; H. B. Meyer, Luther und die Messe, 157.

51) "Bei allem Glauben und bei aller Verehrung der wirklichen Gegenwart des Leibes und
Blutes Christi im Sakrament (innerhalb der Messe) wird dasselbe als alleredelstes
Siegel nur mehr an das heilsschaffende Wort gehängt. Das Sakrament der Eucharistie ist
auch für Luther nicht mehr das sichtbare Wort (verbum visibile), in dem das einmalige
Opfer Christi offenbar würde" (F. Pratzner, a.a.O., 88f.). Luther schreibt, daß ihm
nicht liege "am leyb und blut Christi, sondern am Wort das ym Sakrament myr den leyb
und blut Christi alls für mich gegeben und vergossen darbeyt, schenckt und gibt" (Wider
die himmlischen Propheten, von den Bildern und Sakrament ... WA 18,204,6ff.); und: "...
so lange aber es myr nicht zugeteylet wird, ists gleich als were es für mich noch nicht
geschehen ... Denn myr wirds vergossen, wenn myrs ausgeteylet und zugeteylet wird ..."
(WA 18,205, 18ff.).

risch-protestantisches Symptom, sondern wurzelt mit ihrer Grundtendenz
einer Spaltung des eucharistischen Geschehens in ein Sakrament der
Gegenwart des Leibes und Blutes und in die bloß bildhafte Darstellung
des Opfers Christi bereits in der früh- und hochmittelalterlichen Scholastik.(52) Erlegen ist ihr sowohl die vor- und nachreformatorische
katholische Theologie(53) sowie auch Luther, wobei in der katholischen
Tradition die Fixierung der Realpräsenz in der Transsubstantiationslehre
einen denkerischen Schutz vor inhaltlicher Verdünnung fand. "Es ist
dabei nicht zu übersehen, daß Luther auf Grund dieser mittelalterlich-
scholastischen Auffassung des Meß- und Kreuzesopfers ohne Rücksicht
auf Glauben und Tradition die letzten Konsequenzen zog, und das Meßopfer einfach als unvereinbar mit dem einmaligen und alleingenügsamen
Kreuzesopfer und dem Erlösungswerk Christi ablehnte, wobei aber das
eigentliche Problem genauso ungelöst auf die Seite geschoben wurde, wie
bei den katholischen Theologen, die gleichsam ein anderes Opfer in Kauf
genommen haben, um aus dem allgemeinen Opferbegriff den wirklichen
Opfercharakter der Messe zu erklären."(54) Das durch den Gedanken
der real-symbolischen Vergegenwärtigung des Kreuzesopfers Christi im
sakramentalen Vollzug der sichtbare, amtlich repräsentierten kirchlich-
gottesdienstlichen communio ermöglichte subjekthafte Ineinanderrücken
von Christus und Kirche(55) aber verleiht dem ekklesialen Vollzug nicht

---

52) So F. Pratzner, a.a.O., 119-132: "Die Wurzel dieser nicht-sakramentalen Idee, in der
sich Luther wie die mittelalterliche Scholastik bewegt, scheint ... keine typisch
lutherische oder reformatorische zu sein, sondern vielmehr eine typisch hoch-mittel-
alterliche, die die Scholastik selbst eigentlich nur übernommen und an der sie festgehalten hat, da sie dieselbe mit ihrer vorherrschenden deduktiven Methode nicht mehr
kritisch überprüfen konnte" ebd., 134; ebenso A. Gerken, Theologie der Eucharistie,
126-141); E. Iserloh will das Zerbrechen des sakramentalen Denkens erst im Spätmittelalter angesetzt sehen (ders., Gnade und Eucharistie; ders., Die Eucharistie in der
Darstellung; ders., Der Kampf).

53) Vgl. hierzu die Entwicklung der sog. Meßopfertheorien (F. Pratzner, a.a.O., 108-118),
die unter Zugrundelegung des allgemeinen religionsgeschichtlichen Opferbegriffes den
Opfercharakter der Messe nicht durch sakramentalen Bezug auf das einmalige Kreuzesopfer
Christi retten wollten: bei Pratzner, a.a.O., 27-52 für die tridentinische Theologie,
ebd., 58-83 für mittelalterlich-scholastische Theologen; eine Ausnahe hierbei bildet K.
Schatzgeyer (+1527), Tractatus de Missa (1525)(zit. bei Pratzner, a.a.O., 98f.; vgl.
dazu auch E. Iserloh, Der Kampf um die Messe, 42): "... Est et ecclesia in novo testa-
mento per recordationem et repraesentationem non figuralem, sed realem in missa prae-
sentissima. Ex quo infertur, quod nunc non minus effectus suos operatur in sua sponsa
et apud patrem, quam dum actu patiebatur in cruce."

54) F. Pratzner, a.a.O., 134.

55) Die für die katholisch-ekklesiologische Gesamtarchitektonik schlechthin fundamentalen
Relationen zwischen eucharistischer Vergegenwärtigung des Kreuzesopfers, sakramentalem
Amts- und Kirchenverständnis und subjekthaftem Ineinanderrücken von Christus und Kirche
im eucharistischen Vollzug erörtert Y. Congar (Heilige Kirche, 247-284: "Struktur des
christlichen Priestertums): "Insofern als die Messe der sakramentale, immer identische
und unaufhörlich erneuerte sakramentale 'Neubeginn' des Opfers Jesu Christi ist, wird
sie allein von den hierarchischen Amtsträgern als sakramentalen Dienern Jesu Christi
vollzogen. Insofern es sich also darum handelt, den sakramentalen Akt des eucharistischen Opfers zu vollziehen, also den äußerlichen und öffentlichen, oder auch in dem
Sinn, daß die Messe ein Opfer ist, wo das Opfer wahrhaft geschlachtet wird, ist sie
eigentlicher Akt des sakramentalen Priestertums, Akt der Kirche insofern, als in ihr
ein solches Priestertum vorhanden ist" (a.a.O., 281). Festzuhalten bleibt dabei aller-

nur signifikativen Charakter für die von Christus in seinem einmaligen Kreuzesopfer erwirkte Gnade, sondern macht ihn selbst bereits zum antizipativen Ausdruck dessen, worauf er sich bezieht. Die Sichtbarkeit der Kirche macht nicht halt beim bloß willigen Stehen im Wirkbereich von Wort und Sakrament, sondern erfaßt auch noch ekklesiologisch die tatsächliche Annahme derselben zum Glauben. Die Kirche ist demnach nicht nur die "Gemeinschaft derer, welche an Gott glauben", nicht nur der "Raum, innerhalb dessen jeder einzelne sich glaubend mit Gott verbindet", nicht nur die "Gelegenheit, ohne die einer nie den Glaubensakt setzen könnte ..."(56) Ohne die Kirche freilich zum Formalobjekt des Glaubens selbst zu machen, ist ihr nach katholischer Tradition doch gerade auch in ihrer institutionell-äußeren Wirklichkeit eine sakramentale Dignität zuzuerkennen,(57) nach welcher sie auch in ihrer sichtbaren

---

dings, daß die dieser ekklesiologischen Konzeption zugrunde liegende Unterscheidung von Kirche als Heilsanstalt und Heilsgemeinschaft bei Congar (vgl. ders., Der Laie, 52. 58. 172; ders., Vraie et fausse reforme, 94ff.) erst als sekundäre und innerhalb der vorgängig sie umgreifenden fundamentalen Einheitsbasis verstanden werden kann, welche die allen Getauften gleichermaßen zukommende Grundbestimmung der Gliedschaft im Volke Gottes beschreibt (vgl. dazu auch II. Vat. LG 10; 28).

56) H. Bacht, Ich glaube (an) die Kirche, 165.

57) In diesem Zusammenhang ist es bezeichnend, daß gerade H. Küng, der seine Ekklesiologie ganz von dem (reformatorisch inspirierten) Gedanken der Rechtfertigung des Sünders her konzipiert (vgl. ders., Rechtfertigung, 199; 221; 240f.; 251f.: seine Ekklesiologie erscheint somit geradezu als eine in das Soziale gewendete Gnaden- und Rechtfertigungslehre) und von da her die Wirklichkeit Kirche radikal mit der Wirklichkeit der gerechtfertigten Sünder kongruent erklären kann ("wir sind die Kirche: ders., Kirche, 157; "ohne uns, außerhalb von uns, über uns hat die Kirche keine Wirklichkeit": ebd.), dieses spezifisch katholische 'Mehr' der Kirche als Gemeinschaft, ihr 'Mehrsein' als die Summe der einzelnen, individuellen "Rechtfertigungsereignisse" nicht eigentlich in den Blick bekommt (dazu M. Kehl, Kirche als Institution, 143-151): Küng wendet sich heftig gegen jede Hypostasierung der Wirklichkeit Kirche im Sinne einer Ablösung derselben von den konkreten Menschen als "gnostische Kollektivperson, die uns einfach gegenübersteht" (H. Küng, Kirche, 47f.) oder als "suprapersonale Mittlerinstitution zwischen Gott und den Menschen" (ebd., 157). Demgegenüber will aber die insbesondere von H. de Lubac festgehaltene Redeweise vom Mysteriumscharakter der Kirche (Meditation sur l'Eglise, Paris 1953³, 78ff.; ders., Die Kirche, Einsiedeln 1968, 92f.) gerade jenes antizipatorische Moment festhalten, daß die glaubende Gemeinschaft der Kirche dadurch, daß sie als von Gott gerufene immer schon angenommen hat, dem Glauben des einzelnen ein spezifisches "prae" voraushat und gerade deswegen dem einzelnen die Heilung Gottes wirksam vermitteln kann. Die Wirklichkeitsaspekte der Kirche als convocatio Dei und congregatio fidelium sind daher nicht unvermittelt einander gegenüberzustellen, sondern der Kirche selbst kommt die sichtbare Vermittlung der convocatio als von Gott empfangenen und gerade deswegen ihr auch wirklich zueigenen actio zu. Die Kirche ist als eine von Gott geheiligte auch wirklich eine heilige und heiligende; insofern ist sie auch von Gott her wirkliches soteriologisches Subjekt, ohne als solches autonomisiert oder hypostasiert zu sein. Besoners deutlich werden diese Zusammenhänge an den wechselseitigen ekklesiologischen Implikationen von Glaube und Taufe und Glaube und Kirche in deren struktureller und gehaltlicher Einheit (dazu J. Ratzinger, ThPL, 28-45). Das Bedingungsverhältnis von Glaube und Taufe wird gleichsam umgriffen von der ekklesialen Dimension: Die Taufe ist als sichtbares Verbürgungszeichen von Gottes Rechtfertigungsgnade ein zutiefst kirchliches Zeichen, "in dem sich die Kirche als geheiligte und deswegen wirklich heilige und heiligende Gemeinde immer neu verwirklicht" (M. Kehl, Kirche, 147). "die hier naheliegende Verbindung ...,

Seite zugleich Zeichen, Werkzeug und Ausdrucksgestalt der von Christus
her erworbenen Heilswirklichkeit ist und damit in spannungsreicher
Gleichzeitigkeit von Identität und Differenz zum mystischen Christus
"sein Leib" genannt werden kann.

Die spätmittelalterliche und vorreformatorische Theologie hat - vor allem
auf dem Weg über die korporationsrechtlich orientierte Kanonistik -
durch die einseitige Betonung des hierarchischen Elementes im Stellver-
tretungsgedanken die institutionelle Seite der konkret-empirischen Kirche
von ihrer inneren mystischen Seite und von ihrer eschatologischen Ziel-
und Vollendungsgestalt abgekoppelt(58) und damit häufig das sakramentale Gleichgewicht in der soteriologischen Seinsbestimmung der sichtbaren
Kirche verloren.(59) Zudem wird nun in der vergröbernden Sicht des
gegenreformatorischen Impetus aus der Extrembewegung des entgegenge-
setzten Pendelschlages zum reformatorischen Angriff auf die bestehende
sichtbare Kirche gerade das institutionelle Element in die Diskussion
geworfen: wohl zunächst noch nicht in Form lehramtlicher Äußerungen,(60) jedoch nicht weniger deutlich und geschichtsmächtig in Gestalt
und Lehre des Professors für Kontroverstheologie und späteren Kardinals
Robert Bellarmin.(61)

---

daß die dem einzelnen vorgegebene Kirche gerade in ihrem Glauben und in ihrem sakramentalen Tun das darstellende und vermittelnde Zeichen dieser vorausgehenden Gnade Gottes
ist, diese Verbindung wird von Küng nicht ausdrücklich gezogen" (ebd.). "Die 'kirch-
lich-gemeinschaftliche Gestalt' der vorausgehenden Gnade Gottes in Christus und seinem
Hl. Geist, also ihre reale Vermittlung im heiligenden Tun der geheiligt-heiligen Kirche, müßte klarer hervortreten, um das 'Subjekt' Kirche in seiner Eigenart verstehen zu
können" (ebd., 148; zur Verstärkung dieses antiinstitutionellen Akzentes in dem ekklesiologischen Hauptwerk von H. Küng, Die Kirche vgl. M. Kehl, Die Kirche als Institution, a.a.O., 159-171). Es artikuliert sich darin nicht zuletzt auch das reformatorisch
motivierte Defizit ekklesiologischer Subjekthaftigkeit, dessen Linien schon in Luthers
Kirchenverständnis angetroffen werden konnten.

58) Weder das kirchliche Lehramt noch die Kontroverstheologie waren imstande, "Luther eine
in sich geschlossene Ekklesiologie entgegenzusetzen, die gleichmäßig die sichtbare Form
wie den Mysteriencharakter der Kirche berücksichtigt" (H. Jedin, Ekklesiologie im
Luther, 23). Die Themen der zeitgenössischen kontroverstheologischen Handbücher kreisen
nur um die Fragen der Autorität, der Konzilien, des Primates und der hierarchischen
Struktur der Kirche; vgl. dazu H. Jedin, a.a.O., 23-28; ders., Wo sah die vortridentinische Kirche, a.a.O., Jedin weist in diesem Zusammenhang wiederum auf die Ausnahmeer-
scheinung des Werkes von Kaspar Schatzgeyer hin, der eine inneres und äußeres Element
der Kirche in ausgewogener Synthese verbindende Ekklesiologie bietet (ebd., 25; vgl.
dazu auch H. Klomps, Kirche, Freiheit und Gesetz bei dem Franziskanertheologen Kaspar
Schatzgeyer, Münster 1959, 17ff.; 169ff.).

59) Vgl. dazu etwa die Attribution des Papstes durch Innozenz III.: "... minor Deo sed
maior homine" (Sermo in Consecratione Pontificis Maximi: PL 217, 658A).

60) Es ist sehr bezeichnend für den ekklesiologischen "Tiefstand" der vor- und nachrefor-
matorischen katholischen Theologie, daß jenes Konzil, "das auf die Reformation eine
Antwort geben sollte, ... das ekklesiologische Problem nicht behandelt (hat)" (Y.
Congar, HDG, III/3d, 48).

61) Maßgeblich ist dabei dessen Werk "Disputationes de controversiis christianae fidei
adversus huius temporis haereticos", das aus Vorlesungen von 1576 in Rom hervorging.
Textausgaben: Disputationes Roberti Bellarmini ... editio tertia ... a Ioanne Baptista
Confalonerio, Ingolstadii 1590; neu herausgegeben: Opera omnia, Tom. I-VI, ed. J.
Fèvre, Paris 1870-1874. Von nicht geringem Einfluß auf Bellarmin war das Kirchendenken

II. Der Kirchenbegriff Robert Bellarmins(62)

Bellarmin referiert in apologetisch verzerrender Weise das Kirchenverständnis als eine Lehre von "zwei Kirchen"(63) und betont in schroffer Entgegensetzung dazu, daß die wahre Kirche nur eine sei und sichtbar,(64) als eine societas externa so sichtbar und greifbar (visilibis et palpabilis) wie die Vereinigung des römischen Volkes oder das Königreich Frankreich oder die Republik Venedig.(65) Die Zugehörigkeit zu ihr ist definiert als Zugehörigkeit zur äußeren Glaubens- und Sakramentsgemeinschaft und als Unterordnung unter die Autorität dieser Gemeinschaft: "Nostra autem sententia est, ecclesiam unam tantum esse, non duas et illam unam et veram esse coetum hominum eiusdem Christianae fidei professione et eorundem Sacramentorum communione colligatum, sub regimine legitimorum pastorum, ac praecipue unius Christi in terris Vicarii Romani Pontificis."(66) Für Bellarmin ist mit der Kriteriologie der berühmten drei "vincula" für die Kirchengliedschaft (Bekenntnis desselben römisch-katholischen Glaubens, Teilnahme an denselben Sakramenten und das Unterworfensein unter die Leitungsgewalt des Papstes und der in Gemeinschaft mit ihm stehenden Bischöfe)(67) zugleich eine Minimalwe-

---

von A. Pigge (+1542), der die papalistische Linie von Torquemada her fortführte. Für die Abhängigkeit Pigges von Torquemada spricht etwa die Aufnahme des Ecclesia-ab-Abel-Gedankens: SE I, 26-27: vgl. dazu R. Bäumer, Das Kirchenverständnis Albert Pigges, 309-310 Anm. 40; ferner H. Jedin, Studien über die Schriftstellertätigkeit Albert Pigges, Münster 1931. Das ekklesiologische Hauptwerk Pigges: Hierarchiae ecclesiasticae assertio, Ausgabe Kön 1544 der Universitätsbibliothek Freiburg, erstmals erschienen 1538. "Wenn es Pigge und seinen Mitkämpfern auch nicht gelungen ist, Luther und den Reformatoren eine geschlossene Ekklesiologie entgegenzusetzen, in der die Wahrheit von der sichtbaren, hierarchisch strukturierten Kirche mit ihrer Spitze im Papsttum mit dem mystisch sakramentalen Wesen der Kirche organisch verbunden war, so zeigt doch Pigges Lehre von der Kirche bei allen Schwächen ... fundierte Kenntnis der Heiligen Schrift, der Väter und der Kirchengeschichte. Die Tatsache, daß die Autorität der Bischöfe und des Konzils in seiner Ekklesiologie so gering gewertet wird, zählt zu den Hauptmängeln, ist jedoch nur eine Widerspiegelung der damaligen Ansichten der Kurie" (R. Bäumer, a.a.O., 322).

62) Vgl. dazu J. Beumer, Die kirchliche Gliedschaft in der Lehre des hl. Robert Bellarmin, in: ThGl 37/38 (1947/48) 243-257.

63) Bellarmin, De Ecclesia militante toto orbe terrarum diffusa III, c. 2: "...nam ipsi duas Ecclesias fingunt. Unam veram ... et hanc esse Sanctorum congregationem, qui vere credunt et obediunt Deo et hanc non esse visibilem, nisi oculis fidei. Alteram, quae nomine tantum est Ecclesia et hanc esse congregationem hominum conuenientium in doctrina fidei et usu Sacramentorum et in hac bonos et malos inueniri" (Disp. Sp. 1224-1291, hier 1227). Daß dies bereits eine Verzerrung des reformatorisch Intendierten ist, zeigt schon die Erwiderung J. Gerhardts in seinen Loci Theologici (1610-1622), wo es heißt: "nequaquam statuimus duas ecclesias ... sed dicimus, ecclesiam unam eandemque totum scilicet coetum vocatorum dupliciter considerari, ἔσωθεν scilicet et ἔξωθεν sive respectu vocationis et externa societatis in fidei professione et usu sacramentorum consistentis, ac respectu interioris regenerationis et interna societatis in vinculo spiritus consistentis" (zit. nach E. Fischer, Kirche, a.a.O., 24 Anm. 45).

64) Die Betonung der Sichtbarkeit der Kirche läßt Bellarmin Abstand nehmen von der Definition der Kirche nach dem Motiv "ab Abel oder Adam" (Y. Congar, HDG, III/3d, 54).

65) De Eccl. mil. III, 2; Disp., Sp. 1229.

66) Ebd., Sp. 1228.

67) Dabei besitzt der Papst als Repräsentant des caput Christus von Petrus her, der eine

sensdefinition der wahren Kirche gegeben. Er weiß dabei wohl, daß
damit die ecclesia nur ab externis erfaßt ist. Dem inneren Wesen der
Kirche versucht Bellarmin dadurch gerecht zu werden, daß er im Anschluß an Augustinus die Kirche über seine Minimaldefinition hinaus als
eine Einheit von Seele und Leib bezeichnet.(68) Mit der oben zitierten
Gliedschaftsdefinition ist gleichsam eine Minimalbestimmung für die Zugehörigkeit zum Leib der Kirche gegeben, die aber gleichwohl eine wirkliche (re ipsa) Gliedschaft an der wahren Kirche beschreibt.(69) Freilich
sind diejenigen, die zum Leib und zur Seele gehören, die also Anteil
haben an den inneren Gaben des Heiligen Geistes (Glaube, Liebe ...) in
vollkommenster Weise (perfectissime) "tales de ecclesia".(70) Der wesentliche Unterschied zur reformatorischen Position liegt nun aber darin, daß
für Bellarmin der Zusammenhang von "Leib" und "Seele" der Kirche auch
vom Leib her gesehen ein untrennbarer ist, während die Verbindung von
"ecclesia proprie dicta" und "ecclesia large dicta"(71) nur von der
ecclesia proprie dicta her eine sichere ist. Ontologisch gesprochen würde
dies besagen, die reformatorische ecclesia large dicta ist Akzidenz der
ecclesia proprie dicta, während der Leib der Kirche bei Bellarmin hinreichend die Substanz der ecclesia vera ausmacht. Dies verdeutlicht folgender Satz Bellarmins: "... nos autem, etsi credimus in Ecclesia inueniri
omnes virtutes, Fidem, Spem, Caritatem et ceteras; tamen ut aliquis
absolute dici possit pars verae Ecclesiae, ..., non putamus requiri ullam
internam virtutem, sed tantum externam professionem Fidei et Sacramentorum communionem, qua sensu ipso percipitur.(72).

Eine spezifisch soteriologische Komponente seines Kirchendenkens bildet
zusätzlich die von Bellarmin im Anschluß an die Tradition(73) weiterent-

---

ordentliche und übertragbare Jurisdiktionsgewalt innehatte (vgl. De Eccl. m. III, 5,
23), die volle apostolische Vollmacht über die ganze Erde; die Bischöfe hingegen haben
lediglich eine vom Papst erhaltene Vollgewalt über ihre Diözesen (ebd., III, 4, 24).

68) Vgl. dazu ebd. III, 2 Schluß; Bellarmin will damit offenbar die klassische Unterscheidung der Zugehörigkeit zur Kirche numero und merito aufgreifen; dabei bewirkte Bellarmins Ausdrucksweise offensichtlich, daß man in der Folgezeit der Meinung war, es gebe
in der Kirche selbst einen Leib, der aus allem Sichtbaren besteht im Unterschied zur
Seele, die aus den inneren Gnadengütern besteht (vgl. etwa Mansi 51, 571A), während die
numero-merito-Unterscheidung sich ursprünglich auf den Zugehörigkeitsstand von Menschen
zum geistigen und zugleich sichtbaren Leib der Kirche bezog (so Y. Congar, HDG, III/3d,
54f.). Den Gnadencharakter der Kirche und des Seins in ihr bringt Bellarmin ferner
deutlich zum Ausdruck, indem er auf den göttlichen Berufungsakt der convocatio als
Seinsgrundlage und Ursprung der Kirche rekurriert angelegentlich seiner etymologischen
Erklärung des Wortes "ecclesia": "Itaque Ecclesia est evocatio, sive coetus vocatorum.
Dicitur autem populus Dei coetus vocatorum, quia nemo ad hunc populum se adiungit per
se, et suo proprio instinctu, sed omnes quotquot veniunt, a Dei vocatione praeveniun-
tur. Est enim vocatio primum beneficium, quod sancti a Deo recipiunt" (De Eccl. mil.,
III, 1: De nomine Ecclesiae: Opera omnia, II (1957), 73).

69) Die Häretiker und geheimen Ungläubigen sind noch Glieder der Kirche, wenngleich nicht
wahre, nur aufgrund einer Täuschung noch als solche geltende (De Eccl. mil., III, 10).

70) De Eccl. mil. III, 2, Sp. 1229.

71) Vgl. dazu Ap CA VII, 10: BSLK 236; VII, 22: BSLK 238; VII, 5: BSLK 234, wo die "societas externarum rerum ac rituum" unterschieden wird von der "societas fidei et spiritus
sancti in cordibus".

72) De Eccl. mil. III, 2, Sp. 1229 (Disp., Ausgabe 1590).

73) Vgl. etwa Ep. "Apostolicam Sedem" ad episc. Cremonensem, tp. incerto des Papstes Innozenz II. DS 741, ferner in der Rezeption durch das Tridentinum DS 1524.

wickelte Lehre vom desiderium oder votum ecclesiae, von der Zugehörigkeit zur Kirche dem (expliziten) Verlangen nach, welches die normale
(sakramentale) Kirchenzugehörigkeit heilswirksam ersetzen kann, allerdings nur bei den (diesem Verlangen expliziten Ausdruck gebenden)
Katechumenen. (74). Bellarmin beschreitet damit einen Weg zur Lösung
der immer drängender werdenen Frage nach dem Heil der Ungetauften, (75) an dem die Theologie nach ihm anknüpfen wird. Er setzt dabei
die Heilsnotwendigkeit der Kirche in Parallele zu jener der Wassertaufe
und kommt analog der Begierdetaufe zur Theorie vom votum ecclesia. (76)
Freilich erscheint beim Bellarmin der Kreis derer, die durch ein solches
votum ecclesiae gerettet werden können, noch sehr eng gezogen, da er
die Ausdrücklichkeit des Wunsches zur Kirche zu gehören, dafür zur
Bedingung macht. (77) Bellarmins Einfluß insbesondere in ekklesiologischer Hinsicht auf das theologische Denken der Folgezeit war ein ausgesprochen nachhaltiger und dauerhafter. (78) Die Wirkungsgeschichte des
Bellarmin'schen Kirchenbegriffes nimmt aber in der Rezeption durch das
kirchliche Lehramt die freilich in der durch das gegenreformatorische
Klima erklärbaren ungünstigen, einseitigen Akzentuierung in der Diktion
schon angelegte äußerst nachteilige Wendung dergestalt, daß in seiner
Weiterentwicklung durch die Lehrverkündigung nicht das sakramentale
Element der Defintion zum Tragen kommt, sondern das institutionell-
hierarchische einseitig herausgelöst und derart überbetont wird, daß
unaufhaltsam die "Theologie de ecclesia verarmte ..."(79)

---

74) Vgl. De Eccl. mil. III, 2: "Respondeo igitur, quod dicitur, extra Ecclesiam neminem
saluari, intelligi debere de illis, qui neque re ipsa, nec desiderio sunt de Ecclesia:
sicut de baptismo communiter loquuntur Theologi. Quoniam autem Catechumeni si non re,
saltem voto sunt in Ecclesia, ideo saluari possunt" (Sp. 1230f.).

75) Zur stimulierenden Funktion der geographischen Neuentdeckungen des 15. Jh. für die
Erörterung dieses Problems vgl. Y. Congar, in: Ders., Heilige Kirche, 434-450, bes.
437ff.

76) Vgl. hierzu die traditionellen Anknüpfungspunkte seit Ambrosius und Augustinus bei
Innozenz II: DS 741, Innozenz III: DS 788; CT sess. VI. cap. 4: DS 1524; sess. VII,
can. 4 de sacram. DS 1604.

77) Vgl. F. Ricken, Ecclesia, 357f.

78) Vgl. hierzu F. X. Arnold, Das gott-menschliche Prinzip der Seelsorge in pastoralge-
schichtlicher Entfaltung, in: ThQ 124 (1943) 99-133, bes. 118-121; J. Beumer, Die
kirchliche Gliedschaft, 245; J. Mayr, Die Ekklesiologie Honoré Tournelys.

79) So Y. Congar, Art. Kirche. dogmengeschichtlich, in: HThG (1962), 808.

§ 7: DAS EKKLESIOLOGISCHE DENKEN IN DER ENTWICKLUNG DER KIRCHLICHEN LEHRVERKÜNDIGUNG VOM I. VATIKANISCHEN KONZIL BIS ZUR ENZYKLIKA "MYSTICI CORPORIS" (1943)

Da die Theologie die Heilsnotwendigkeit der Zugehörigkeit zur katholischen Kirche analog zu derjenigen der Taufe nicht nur als eine gebothafte (necessitas praecepti), sondern als eine absolute, d. h. mittelhafte (necessitas medii) erklärt, und demnach ein Kind, das ohne eigene Schuld ungetauft stirbt, konsequenterweise "der übernatürlichen Seligkeit verlustig (geht)",(1) - eine denkerische Konsequenz, die die Tragweite dieser ekklesiologisch-soteriologischen Auffassung ins Blickfeld rückt - zeigt sich in den lehramtlichen Äußerungen nun eine seltsame innere Spannung und Unausgeglichenheit zwischen dem radikalen Festhalten an der absoluten Heilsnotwendigkeit der Gliedschaft in der katholischen Kirche(2) einerseits und der Einräumung einer Heilsmöglichkeit im nichtkirchlichen Status aus schuldloser Unwissenheit (invincibilis ignorantia)(3) andererseits. Die eigentliche Schwäche dieser Konstruktion

---

1) K. Rahner, Die Gliedschaft in der Kirche nach der Lehre der Enzyklika Pius"XII. "Mystici Corporis", in: ST II (1964) 7-94, hier 49ff.; Lit. zu der diesbezüglichen kontroversen Diskussion ebd., 49f. Anm. 3.

2) Zusätzlich verschärfend wirkte sich hierbei die heftige Reaktion von katholischer Seite gegen jede Art von Indifferentismus aus: vgl. D 1613f, ferner die Äußerungen der Konzile von Köln 1850 (Tit. I: Mansi 48, 77B) und Wien 1858 (Tit. I, Sp. 10: Mansi 47, 774A) vgl. auch D 1646f.; 1677; 1716-1717; ferner M. Ramsauer, Die Kirche in den Katechismen, in: ZkTh 73 (1951) 129-169; 313-346. Allerdings gelangte gerade im Zusammenhang mit den Reaktionen, zu denen sich das römische Lehramt gegen die jansenistischen Extrempositionen veranlaßt sah (vgl. D 1295; 1379: Extra ecclesiam nulla conceditur gratia) allmählich zu deutlicherer Artikulation, daß es nicht eigentlich Absicht des Axioms "Extra ecclesiam nulla salus" ist, bestimmten Personen das Heil abzusprechen, sondern vielmehr die Rechtmäßigkeit und Notwendigkeit der kirchlich-apostolischen Institution herauszustellen (vgl. Y. Congar, Heilige Kirche, 438f.).

3) Vgl. die Ansprache "Singulari quadam" Pius' IX. vom 9. Dezember 1854: "Tenendum quippe ex fide est, extra Apostolicam Romanam Ecclesiam salvum fieri neminem posse ...; sed tamen pro certo pariter habendum est, qui verae religionis ignorantia laborent, si ea sit invincibils, nulla ipsos obstringi huiusce rei culpa ante oculos Domini" (zit. nach DS, Einleitung zu Nr. 2865-2967). Vgl. auch Pius IX., Enzyklika "Quanto conficiamur moerore" ad episcopos Italiae vom 10. August 1863: Zunächst wird in deutlicher Spitze gegen den Indifferentismus die Grundsätzlichkeit des Axioms "Extra Ecclesiam nulla salus" betont: "Iterum commemorare et reprehendere oportet gravissimum errorem, in quo nonnulli catholici misere versantur, qui homines in erroribus viventes et vera fide atque a catholice unitate alienos ad aeternam vitam pervenire posse opinantur" (DS 2865); und: "... notissimum quoque est catholicum dogma, neminem scilicet extra catholicam Ecclesiam posse salvari, et contumaces adversus eiusdem Ecclesiae auctoritatem, definitiones, et ab ipsius Ecclesiae unitate atque a Petri successore Romano Pontifice, ... pertinaciter divisos aeternam non posse obtinere salutem ..." (DS 2867). Dann aber folgt die entscheidende Einschränkung: "Notum Nobis vobiscum est, eos, qui invincibili circa sanctissimam nostram religionem ignorantia laborant, quique naturalem legem eiusque praecepta in omnium cordibus a Deo insculpta sedulo servantes ac Deo oboedire parati, honestam rectamque vitam agunt, posse, divinae lucis et gratiae operante virtute, aeternam consequi vitam ..." (DS 2866). Der Kommentator des DS notiert zu dieser Enzyklika: "Axioma 'Extra Ecclesiam nulla salus' ... quod contra indifferentismum offeri solet, durissimum appareret, si non admitteretur excusatio ob 'ignorantiam invincibilem'. Hanc distinctionem primum explicite in documenta Magisterii ecclesiastice inve-

einer außerordentlichen, "außer-ekklesialen" Heilsmöglichkeit, wie sie
besonders durch Pius IX.(4) in die lehramtliche Tradition eingeführt
wurde, liegt darin, daß dieser Heilsweg nicht in einer inneren Hinordnung auf die heilsnotwendige Kirche gesehen werden konnte. Dieses denkerisch-theologische Unvermögen markiert im Grunde genau die Problematik eines nicht mehr sakramental konzipierten, d. h. in der eschatologischen Spannung von res und sacramentum eingebetteten Kirchenbegriffes: Das Verständnis der Wirklichkeit Kirche reduziert sich auf die
Institution, als die "Gesamtheit der das Heil verschaffenden Mittel und
Vorschriften" einerseits, und auf die Hierarchie, "deren Aufgabe und
Privileg es ist, diese Mittel des Heils, diese Maßregeln des Verhaltens
durchzusetzen."(5) Die sakramentale "Balance" im Kirchengedanken wird
aufgegeben durch die einseitige Akzentuierung der Ausdrucksdimension
in den sakramentalen Relationen, d. h. die Ekklesiologie bewegt sich in
der Richtung einer Autonomisierung der soteriologischen Subjekthaftigkeit der Kirche verbunden mit der Abkoppelung von deren konstitutivem
christologisch-pneumatologischen Rahmen.(6) Das Axiom "Extra Ecclesiam
nulla salus" wird in diesem Zusammenhang ekklesiologisch primär zum
Ausdruck der "Ins-Recht-Setzung" der Anstalt "Kirche" als der einzigen
von Gott legitimierten und eingesetzten Treuhänderin der Mittel zum
Heil, über die sie zunehmend autonom verfügt, so daß sie selbst schließlich mit dem Heil identisch gedacht werden kann. Die von der biblischen
Aussage der Universalität von Gottes Heilswillen (vgl. 1 Tim 2,4) her
sich notwendig dazu ergebende Spannung kann bezeichnenderweise nicht
ekklesiologisch bewältigt werden, sondern nur durch die soteriologische
Theorie individueller Irregularität (invincibilis ignorantia, irrendes
Gewissen(7)). Die Kirche genügt sich selbst. Die Eindeutigkeit der
Definierbarkeit ihrer Grenzen und ihre anstaltliche Autarkie machen sie
soteriologisch eigenständig und immun gegenüber der Universalitätsaus-
sage von Gottes Heilswillen und auch gegenüber ihrer eigenen Ziel- und
Vollendungsgestalt.

Eine erste Etappe auf dem mühevollen Weg der katholischen Ekklesiologie
seit der gegenreformatorischen Ära in Richtung Wiedergewinnung der
sakramentalen Dimension für den Kirchenbegriff markieren insbesondere
die beiden verabschiedeten Konstitutionen des I. Vatikanischen Konzils
"Dei Filius" de fide Catholica(8) und "Pastor aeternus"(9) auf dem Hin-

---

xisse meritum est Pii IX. Zur weiteren Geschichte dieser "excusatio" in der lehramtlichen Tradition vgl. Leo XIII, "Satis cognitum" vom 29.6.1896, in: AAS 28 (1895/96) 708;
Pius X. "E Supremi" vom 4.10.1903, in: AAS 36 (1903/04) 136; Pius XII, Rundfunkansprache
vom 5.9.1948 an die deutschen Katholiken, in: AAS 40 (1948) 419.

4) Vgl. Anm. 3.

5) Y. Congar, HDG, III/3d, 61; vgl. auch M. Ramsauer, Die Kirche in den Katechismen, 154;
162f.; 166; 169.

6) Die Institution ist gleichsam autonom und autark, nachdem Christus bei ihrer Stiftung
eingegriffen hat und der Hl. Geist ihre Autorität garantiert hat. Y. Congar (La Tradition et les traditions, I, 219f.) hat gezeigt, daß in den gegenreformatorischen Traktaten über die Tradition vom H. Geist lediglich als Prinzip die Rede ist, das die Autorität des Lehramts garantiert; vgl. etwa Konzil von Sens 1528: Mansi 32, 1158 DE,
ferner bei M. Ramsauer, a.a.O., 153.

7) Vgl. dazu M. Ramsauer, a.a.O., 165f.

8) Vgl. Mansi 51, 429-436; zur Textgeschichte ebd., Bde'. 49-53; DS 3000-3045; Lit. zu "Dei
Filius" bei L. Boff, Kirche, 22-23.

tergrund ihrer Entstehungsgeschichte.(10)

I. Die Kirche als "signum levatum in nationibus" auf dem I. Vatikanischen Konzil

Die Constitutio "Dei Filius" de fide catholica ist insofern von nicht geringer ekklesiologischer Relevanz, als sie im Rahmen ihrer apologetisch-polemisch auf die Abwehr bestimmter Irrtümer(11) der Zeit abgestellten Bekräftigung der katholischen Lehre über den Glauben(12) den Wirklichkeitskomplex "Kirche" als -per se ipsa- "magnum quoddam et perpetuum motivum credibilitatis" (DS 3013) und "ipsa veluti signum levatum in nationibus" (DS 3014) qualifiziert. Durch ihre Ausstattung mit göttlichen Merkmalen(13) ist die Kirche durch sich selbst Beweggrund für die Glaubwürdigkeit der göttlichen Offenbarung, sie ist das "ubi" des Glaubens.(14) Die Konzilstheologie gewinnt in diesem Zusammenhang die Zentralkategorie des Zeichens (signum) für die ekklesiolgoische Reflexion zurück und zwar in deren zweipoliger Bedeutungsrichtung als Verweis-

---

9) Vgl. Mansi 52, 1330-1334; DS 3050-3075.

10) Der erste Entwurf der Konstitution "Über die Kirche Christi", der den Konzilsvätern vorlag (Mansi 51, 539-636 mit Adnotationes; hauptsächliche Mitarbeiter: J. Perrone, C. Passaglia, C. Schrader, J. B. Franzelin), konnte wegen des vorzeitigen Konzilsabbruches nicht mehr behandelt werden. Da die schließlich verabschiedete Konzilskonstitution "De ecclesia Christi" (Pastor aeternus) mit der ausschließlichen thematischen Behandlung der Primatsfrage ein "Rumpfdokument" ist, bei dem die ekklesiologische Einbettung der Primatsfrage infolge der Zurückstellung der übrigen einschlägigen Kapitel des Kirchenschemas ausblieb, muß das Konzil in seinem (ekklesiologischen) Ergebnis als ein "Torso" bezeichnet werden (K. Schatz, Art. Vatikanisches Konzil, Erstes, in: ÖL Sp. 1213-1218). Dennoch lassen sich durch die Einbeziehung der Entstehung- und Redaktionsgeschichte der Konstitution bedeutsame Akzente eines "sakramental-theologischen" Kirchenbegriffes wenigstens ansatzweise erkennbar machen, wenngleich dieselben faktisch noch nicht zum Tragen kamen. Vgl. zum Ganzen: F. v. d. Horst, Das Schema über die Kirche; U. Betti, La costituzione dommatica Pastor Aeternus de Concilio Vaticano I; R. Aubert, L'ecclesiologie au Concile Vatican; J. Beumer, Ekklesiologische Fragen auf dem Vatikanischen Konzil, in: MThZ 5 (1954) 236-245; ders., Die Heilsnotwendigkeit der Kirche nach den Akten des Vatikanischen Konzils, in: ThGl 38 (1947/48) 76-86. J. M. A. Vacant, Etudes théologiques sur les constitutions du concile du Vatican, I-II.

11) Die Stoßrichtung der Konstitution geht insbesondere gegen die Zeitströmungen des Rationalismus, des Fideismus und Indifferentismus; vgl. dazu das Schema des Dekrets: "Contra errores ex rationalismo derivatos vom 5.8.1869: M(ansi) 49, 742; 741D; gegen den Fideismus: M 50, 63C-D; M 50, 87-88; gegen den Indifferentismus: M 50, 90B; ferner M 51, 38-39A; 51, 329; dazu Vacant, II, 20; 30; 38-40; 67ff.

12) Näheres über die genaue Aussageabsicht der Behandlung des Themas (es geht nicht darum, eine vollständige Glaubenslehre zu bieten) vgl. bei M 51,38-39A; 329; M 50, 87-88; 90-95.

13) Die traditionellen apologetischen Glaubensmerkmale: Fortpflanzung, Heiligkeit, Fruchtbarkeit, Einheit, Beständigkeit, Wunder sind zwar zunächst nicht erwähnt (M 50,93), stehen aber im Hintergrund: vgl. dazu die Diskussion um einen Textvorschlag von Dupanloup: M 51, 230D; 326; 203A-B; dann im endgültigen Text: "... ob suam nempe admirabilem propagationem, eximiam sanctitatem et inexhaustam in omnibus bonis foecunditatem, ob catholicam unitatem invictamque stabilitatem ..." (DS 3013).

14) Vgl. dazu die Relatio von J. Simor vom 18.3.1870: M 51,47; ferner ebd., 226C; 233B; 325B.

zeichen auf die Christusoffenbarung für die Welt(15) und als Bild-Zeichen, das selbst bereits Anteil hat an dem, wofür es steht.(16) Hier nun wird die genauere Bestimmung des "per se ipsa" von Belang, wie sie in der Adnotatio 19 zum Konstitutionstext gegeben wird,(17) wo nachdrücklich auf die christologische Verankerung des signum-Bild-Charakters der Kirche hingewiesen wird: Die "per-se-ipsa-Aussage bedeutet nicht eine soteriologische Zentrierung der Kirche auf sich selbst, sondern die Kirche kann nur Zeichen und motivum credibilitatis per se ipsa genannt werden, insofern und weil sie in Christo und in fester Verbindung mit ihm und mit den Aposteln steht. Herrscht hinsichtlich der Frage nach den unmittelbaren Quellen dieser Lehre von der Zeichenfunktion der Kirche (sakramentale Dimension) eine gewisse Uneinigkeit,(18) so dürfte in letzter Hinsicht die augustinische Wurzel und Patenschaft der Zeichenidee für die Kirche als Glaubwürdigkeitsgrund auf dem I. Vatikanischen Konzil außer Zweifel stehen.(19) L. Boff glaubt sogar in dem Faktum, daß im endgültig verabschiedeten Konzilstext die adverbiale Bestimmung "facile" in der Aussage der Erkennbarkeit des signum der Kirche als Glaubwürdigkeitsmotiv gestrichen wurde,(20) einen Hinweis darauf erkennen zu können, daß das Konzil sich des Ambivalenzcharakters jedes Zeichens, also auch desjenigen der Kirche bewußt war, und so auch auf die Grenzen der Zeichenaussage hinsichtlich der Kirche hinwies, d. h. damit wiederum einen Akzent auf die soteriologische Dezentrierung der Wirklichkeit Kirche auf ihre "res" (corpus mysticum, Christus) hin setzt.(21) Die ekklesiologische Valenz dieser auch die christologische verankerte Dezentrierung der soteriolgogischen Subjekthaftigkeit der Kirche in geeigneter Weise akzentuierenden Zeichen- (signum, sacramentum-) Kategorie wird aber nun schon im Fortgang der Erarbeitung des

---

15) Die noch nicht zum wahren Glauben Gekommenen können in der Kirche ein munimentum firmissimum (M 50, 93A; endgültiger Text: "firmissimum fundamentum" sc. fidei für die, "qui nondum crediderunt": DS 3014), die "rudes" in ihr ein leicht erkennbares compendium motivorum credibilitatis" finden (M 50, 93C); vgl. zum ganzen, L. Boff, Kirche, 190ff.

16) Die Kirche ist "tamquam custos et magistra verbi revelati" (DS 3012); von ihr werden "sive solemni iudicio sive ordinario et universali magisterio tamquam divinitus revelata credenda.

17) "Omnia namque motiva credibilitatis quibus Christus salvator, ipsemet et quibus apostoli virtute Spiritus sancti suam praedicationem sollustrarunt ..." (M 50, 92D; zum ganzen M 50, 92-95A). In diesem Zusammenhang ist auch das Bemühen eines Konzilsteilnehmers zu nennen, die Gefahr einer ontologischen Überbewertung der Zeichen-Bild-Aussage für die Kirche hinsichtlich der credibilitas fidei einzudämmen, das offenbar hinter dem Antrag von G. Errigton erkennbar wird, das "ab omnibus facile" (in Bezug auf die Evidenz der credibilitas fidei christianae aus dem signum-Charakter der Kirche) zu streichen (vgl. M 51, 223-224; Vacant, II, 345; 365; 383); das "omnibus" bleibt jedoch im Sinne von "quibus proponitur" (M 51, 325D dazu M51, 402 bzw. 416) und auch das "facile" bleibt sachlich in der Bestimmung "irrefragibile" (DS 3013) erhalten.

18) Vgl. dazu R. Schlund (Zur Quellenfrage der vatikanischen Lehre von der Kirche als Glaubwürdigkeitsgrund, in: ZkTh 72 (1950) 443-459; 444); dieser will V. Deschamps als unmittelbaren Gewährsmann für die Konzilstheologie sehen; H. Lange (Alois Schmid und die vatikanische Lehre vom Glaubensabfall, in: Scholastik 2 (1927) 342-379) hingegen plädiert für J. Kleutgen als unmittelbarer literarischer Quelle.

19) Vgl. dazu L. Boff, Kirche, 204.

20) Vgl. Anm. 17.

21) Vgl. L. Boff, Kirche, 206.

Entwurfes zur Konstitution "De Ecclesia Christi" zunehmend verdrängt und fällt für die offizielle kirchliche Lehrverkündigung in der verabschiedeten ersten dogmatischen Konstitution "Pastor Aeternus" de Ecclesia Christi schließlich gänzlich unter den Tisch, weil die notwendige ekklesiale Einordnung des Primatskomplexes in dieser "Rumpfkonstitution" unterblieben ist."(22) Das nicht mehr verabschiedete Schema zur Konstitution de Ecclesia Christi ist als reine Theologenarbeit zwar ein lediglich "parakonziliares" Dokument",(23) gewinnt aber allein insofern schon theologiegeschichtliche Bedeutung, als sich darin die Kirche selbst "offiziös" erstmals zum expliziten Thema der lehramtlichen Verkündigung macht und also auch sich selbst "in Frage stellt", bzw. die In-Frage-Stellungen ihrer Wirklichkeit von außen her registriert.(24) Schon an dem von C. Schrader erarbeiteten Entwurf zu diesem Schema(25) wird nun das deutliche Hervortreten der societas-Kategorie für die Kirche gegenüber dem corpus-Christi-Motiv beobachtbar; damit schwindet auch der heilsgeschichtliche Duktus der Kirchenbetrachtung, die Funktion der Kirche als Zeichen für die Ziel- und Vollendungsgestalt des von der Offenbarung intendierten und angebotenen Heiles findet keine Beachtung mehr.(26) Wenn dann in dem "Schema constitutionis dogmaticae de ecclesia Christi patrum examini propositum"(27) davon die Rede ist, "ecclesiam esse societatem visibilem"(28), so wird diese Aussage nicht auf ihre christologische Wurzel in der Leib-Analogie hin freigelegt, sondern die Sichtbarkeitsaussage bezüglich der Kirche wird einfach im Willen Gottes grundgelegt.(29) Nun fehlt es dem Schema(30) und den ekklesiologischen Konzeptionen seiner Hauptautoren(31) durchaus nicht an Aussagen zur christologischen Fundierung der Wirklichkeit Kirche, die

---

22) Die einzige Aussage über eine christozentrische Fundierung der Kirchentheologie und der Primatskonzeption findet sich in der im Prolog zur Konstitution (DS 3050-3075) gemachten Feststellung, daß Christus (pastor aeternus) die Kirche zu bauen sich entschlossen hat, um seinem Erlösungswerk dauernden Bestand zu verleihen (DS 3050). Über die schon bei den Konzilsberatungen geäußerten Befürchtungen, daß die theologische Gesamtarchitektur von "Pastor aeternus" schief gerät, wenn der ekklesiologische Basistext, wie er im Entwurf der Konstitution de Ecclesia Christi in 15 Kapiteln erarbeitet wurde, nicht mehr folgen sollte, vgl. M 52, 638; 515C; daz U. Betti, La costituzione, I, 180-240.

23) L. Boff, Kirche, 208; dazu auch F. v. d. Horst, a.a.O., 63-64.

24) Vgl. F. v. d. Horst, Das Schema, 68-75.

25) M 49, 628ff.; dazu H. Schauf, De Corpore Christi Mystico.

26) Vgl. F. v. d. Horst, a.a.O., 318; 318-324; 112-114; 93-101; R. Aubert, L'ecclésiologie, 255.

27) M 51, 539-553, bes. 539B.

28) M 51, 541; F. v. d. Horst, a.a.O., 175.

29) F. v. d. Horst, a.a.O., 177. Die Leib-Aussage für die Kirche (Sichtbarkeit) hebt dabei nur auf den natürlichen Leib des Menschen, nicht auf den physischen Leib Christi ab (M 51, 554D).

30) Vgl. die Aussage M 51, 540B: die Kirche habe ab ipso (Christo) suam existentiam; besonders im Vergleich mit den zeitgenössischen theologischen Handbüchern hebt sich die Ekklesiologie des Kirchenschemas auf dem I. Vatikanischen Konzil positiv ab, insofern die Idee vom mystischen Leib Christi für die Kirche die übliche, fast ausschließlich soziologisch-juridische Betrachtungsweise in der Ekklesiologie durchbricht und somit zweifellos fruchtbaren ekklesiologischen Neuansätzen, wie sie im 19. Jh. mit J. M. Sailer, J. A. Möhler und der Römischen Schule (vgl. dazu Y. Congar, HDG, III/3d, 81-96) begonnen hatten, Eingang in die kirchenamtliche Lehrverkündigung verschafft (F. v. d. Horst, a.a.O., 319).

auch nicht ohne einen gewissen Einfluß in Richtung einer Öffnung des
Kirchengedankens für die christologisch-sakramentale Idee geblieben
sind;(32) gleichwohl aber bleibt die von dem sozial-philosophischen
societas-Begriff wesentlich geprägte Ekklesiologie C. Schraders(33) für
die Gesamtsystematik des Schemas(34) samt deren Konsequenzen unverkennbar bestimmend.(35)

Schließlich findet sich in dem Entwurf von J. Kleutgen(36) der corpus-Christi-Gedanke völlig vom societas-Begriff verdrängt,(37) welcher
wohl auch die Grundlage für die deutliche Tendenz zum Hierarchologischen in dem Schema von Kleutgen bildet.(38) Endlich verengt sich auch
die im Schema selbst übergewichtig gegenüber der corpus-Idee werdende
hierarchologische Linie zur bloßen Papal-Theorie, insofern die Stellung
der Bischöfe und der Laien innerhalb der Kirche übergangen wird.(39)
Hinsichtlich der letztlich bestimmenden ekklesiologischen Grundausrich-
tung des I. Vatikanischen Konzils läßt sich somit festhalten: "Die Idee
der Zeichenfunktion der Kirche ist zwar in der Ekklesiologie des I.
Vatikanismus anwesend, aber sie nimmt keine zentrale Stelle ein. Sie ist
auch auf die Zeichenfunktion Christi bezogen: Christus ist das Licht der
Welt und die Sonne der Gerechtigkeit. Die Kirche, von ihm entzündet,
überstrahlt alle Welt mit dem Licht seiner Wahrheit, so daß 'Christus
durch die Kirche immerdar allen Menschen Weg, Wahrheit und Leben
ist'."(40) Daß diese christologisch-dogmatische, von dem durch die Ideen

---

31) Zur Ekklesiologie von J. Perrone vgl. F. v. d. Horst, a.a.O., bes. 82f.; 182. Neben den
christologischen Begründungslinien findet sich im 3. Kapitel des Schemas überraschen-
derweise auch bereits ein knapper Hinweis auf den trinitarischen Ursprung der Kirche
(vgl. ebd., 319).

32) So läßt sich feststellen, daß der Kirchenbegriff zunehmend sowohl die Sichtbarkeits-
wie die Unsichtbarkeitsdimension zugleich einzubeziehen bemüht ist (M 51, 744, 59; 752,
99. 107), daß die Idee von der Kirche als Christum ipsum in terra continuans stärker
zum Tragen kommt (M 51, 750, 88; 754, 106; 779, 226; 783, 248), und daß die Sichtbarkeit der Kirche mehr und mehr auf die Sichtbarkeit der menschlichen Natur Christi
gegründet wird (M 51, 783, 248).

33) Schrader sieht die Kirche unter den nicht voneinander trennbaren Aspekten ihrer Wirklichkeit als mystischer Leib und als geistliche Gesellschaft (H. Schaf, De Corpore
Christi Mystico, 51; 57; F. v. d. Horst, a.a.O., 83-84); vorrangiger ekklesiologischer
Zentralbegriff aber ist ihm der der Gesellschaft (F. v. d. Horst, 84; 153-160);
in der Übertragung auf die Kirche wächst ihm als differentia specifica das Vollkommen-
heitsprädikat zu: die Kirche ist die Gesellschaft derer, die die Religion Christi
befolgen, und als solche ist diese societas eine legale, notwendige, übernatürliche,
vollkommene, sichtbare, ungleiche (H. Schaft, Th. 16, 217-228; Th. 17, 229-245; Th. 21,
285-310; Th. 28, 437-476; zum ganzen ebd., 217-476; F. v. d. Horst, 154).

34) So F. v. d. Horst, a.a.O., 154.

35) Der Gedanke der Christusähnlichkeit der Kirche wird damit jedoch erschwert, zumindest
nur mehr umständlich erreichbar: "Atqui ecclesia cuius rationem descripsimus societas
est conspicua atque visibilis, quae adeo ... respondeat Christi domini visibilitati, ut
simul et coniunctim refulgeat visibiltate sensibili et intelligibili, humana atque
divina" (H. Schauf, a.a.O., 437f.; 445; 440 = Th. 28).

36) M 53, 308-317: "Schema constitutionis dogmaticae secundae de ecclesia Christi secundum
reverendissimorum patrum animadversiones reformatum".

37) Vgl. R. Aubert, L'ecclésiologie, 257-262.

38) So F. v. d. Horst, a.a.O., 112. Kleutgen betont freilich seinerseits, daß ausdrücklich
gewünscht wurde, er solle die Themen: Ursprung, Hierarchie und Absolutheitsanspruch der
Kirche behandeln (M 53,317-332).

39) So F. v. d. Horst, a.a.O., 320.

Möhlers und der Römischen Schule erneuerten corpus-Christi-mysticum-Gedanken inspirierte Aussagelinie aber faktisch auf dem I. Vatikanischen Konzil nicht zum Tragen kam,(41) zeigt sich deutlich daran, wie das Konzil die Fragen der "konkreten Ekklesiologie im Vollzug" nach der Heilsnotwendigkeit der Gliedschaft in der Kirche und nach dem Verhältnis der katholischen Kirche zu anderen christlichen Gemeinschaften behandelt und beantwortet. Dabei wird auch erkennbar, daß de facto der Einfluß, den die nachtridentinische Ekklesiologie besonders Bellarminischer Provenienz auf das Kirchendenken der Konzilsväter der I. Vatikanischen Kirchenversammlung ausgeübt hat, der eindeutig vorherrschende blieb.

II. Die ekklesiologischen "Grenz-Fragen" in der Beantwortung durch das
    I. Vatikanische Konzil

In der Frage nach den kirchengliedschaftskonstituierenden Elementen begegnet uns im Kirchenschema die Bellarminische Kriteriologie der drei vincula wieder – hier formuliert als das dreifache Einheitsband der Unterordnung unter das sichtbare Lehramt, Priesteramt und Hirtenamt;(42) dem durch diese Zugehörigkeitsfaktoren umschriebenen sichtbaren(43) Leib der Kirche(44) gehören auch die Sünder an, die durch das Glaubens- und Gemeinschaftsband mit ihm verbunden sind. Die Heilsnotwendigkeit der Zugehörigkeit zur sichtbaren Kirche ist eine solche der necessitate medii,(45) weil in der von Gott verfügten Heilsordnung die

---

40) L. Boff, Kirche, 217; vgl. M 51, 542.

41) Bezeichnenderweise wird auch - mit Ausnahme der Kirchenlehre Leo's XIII. in der Enzyklika "Satis cognitum" (DS 3300-3310) - in der unmittelbar folgenden ekklesiologischen Reflexion bis vor dem Ersten Weltkrieg diese christologisch-dogmatische Linie des corpus-Christi-mysticum-Gedankens kaum rezipiert; vielmehr bleibt das ekklesiologische Grundkonzept (auch in "satis cognitum") primär soziologisch bestimmt (so F. v. d. Horst, a.a.O., 322).

42) Vgl. Nr. 389; dazu die Adnotatio 6 (M 51, 562): "At vero, cum societas contineatur potestate et auctoritate, si haec invisibilis sit, conspicua esse illa nequit. Quare statuitur, in ecclesia esse visibile magisterium, visibile ministerium, visibile regimen, a Christo Domino institutum, per quam triplicem potestatem externam ac conspicuam vera ecclesia Christi cohaeret triplici externo nexu, qui nexus externi internis respondent, eorundem partialis causa existunt, totumque ecclesiae corpus visibile et conspicuum reddunt ita ut, quicunque triplici illo visibili nexu cum ecclesiae corpore cohaeret, uti membrum verae Christi ecclesiae deprehendatur"; darauf folgt ein Zitat aus Bellarmin, De Eccl. mil. II mit den drei "vincula".

43) Cap. IV: Ecclesiam esse societatem visibilem: M 51, 540f.

44) In der Diskussion über das IV. Kapitel des Schemas, das über die Kirche als sichtbare Gemeinschaft handelt, forderten einige Berater die Einführung der Unterscheidung zwischen Leib und Seele der Kirche, um zum Ausdruck zu bringen, daß ein höherer Gnadenstand von Menschen auch eine intensivere Zugehörigkeit zur Kirche implizieren müsse wie sie etwa von Sündern auszusagen sei (Gastaldi: M 51, 889; Eberhard: M 51, 784). Das von Kleutgen neu verfaßte Schema sagt dann auch, daß die Gerechten "auf vollkommenere Weise zur Kirche gehörig genannt werden, weil sie nicht nur als Glieder ihrem Leib anhangen, sondern auch vom Geist beseelt werden" (M 53, 311).

45) Viele Väter sahen freilich in der necessitas-medii-Aussage für die Heilsnotwendigkeit der Kirche einen Widerspruch zu dem vom christlichen Heilsuniversalismus motivierten Bemühen, auch eine Heilsmöglichkeit für die schuldlos von der Kirche Getrennten festzuhalten (Caliot: M 51, 805; Marguerye mit neun anderen: M 51, 791; Lynch: M 51, 790;

"Gemeinschaft mit dem Heiligen Geist, die Teilnahme an Wahrheit und Leben nicht erreicht werden kann außer in der Kirche und durch die Kirche, deren Haupt Christus ist."(46) Die damit auftretende Spannung zum universalen Heilswillen Gottes angesichts jener, die offensichtlich außerhalb der Kirche stehen, versucht das Schema durch die Unterscheidung zwischen schuldhafter und nicht schuldhafter Nichtzugehörigkeit zur Kirche zu lösen: "sed hanc (sc. gratiam) nullus consequitur, qui a fidei unitate vel ab ecclesia communione **culpabiliter** seiunctus ex hac vita decedit."(47) Spürbar ist freilich dabei das Bemühen der Konzilsväter über die Frage nach schuldhafter oder unverschuldeter Nichtzugehörigkeit zur Kirche hinaus grundsätzlich daran festzuhalten, daß jede Art von Heilsmöglichkeit oder -gewährung nur durch eine wie auch immer geartete Beziehung zur (sichtbaren) Kirche zu denken ist.(48) Die Problematik der inneren Schwäche eines primär juridisch gefaßten Kirchenbegriffes zeigt sich besonders deutlich in dem Ringen der Väter, die Konfrontation des Kirchenbegriffes mit der Heilsfrage für beide Komplexe möglichst widerspruchsfrei zu bestehen, d. h. konkret das grundsätzliche Hingeordnetsein der Menschen guten Willens außerhalb der Kirche zur Kirche und damit zu ihrer "Heilsmöglichkeit" klar zum Ausdruck zu bringen.(49) Das Spektrum diesbezüglicher theologischer Theoriebildungen bewegt sich zwischen den Theoremen von der Zugehörigkeit zur Seele der Kirche(50) und der bellarminischen Unterscheidung zwischen wirklicher und "in-voto-"Zugehörigkeit.(51) Die zweifellos dominante Aussage bleibt jedoch diejenige von der strikt negativ formulierten absoluten Heilsnotwendigkeit der sichtbaren Zugehörigkeit zur katholischen Kirche.(52) Eine weitere Zuschärfung erfährt diese ekklesiologische Grundposition in den Aussagen des Schemas über die Verhältnisbe-

---

Ramadié: M 51, 793) Kleutgen läßt die Unterscheidung von necessitas medii/praecepti in seinem Entwurf fallen (M 53, 323). Die Konfrontation mit der Heilsfrage führt notwendig an die Grenzen des nichtsakramentalen Kirchenbegriffes.

46) Schema, Cap. VI: Ecclesiam esse societatem ad salutem consequendam omnino necessariam: M 51, 541; Cap. VII: Extra ecclesiam salvari neminem posse: M 51, 541f.

47) M 51, 542; vgl. 541-542 (unüberwindliche Unwissenheit)

48) Die andere Lösungsvariante dieses Problems durch die Unterscheidung zwischen einer wirklichen Zugehörigkeit zur Kirche und einer solchen durch das Verlangen, wurde zwar auch in den Beratungen eingebracht, gelangte aber nicht zur Verabschiedung; vgl. Adnotatio 11: M 51, 570: "Ne tamen unde videretur consequi, extra ecclesiam salvum fieri aliquem posse, in alia forma schematis dicebatur: Quam (iustificationem et vitam aeternam) si consequuntur, non ideo extra ecclesiam salvantur; omnes enim iustificati ad ecclesiam sive re sive voto pertinent. Verum quoniam formula, sive re sive voto, pluribus consultoribus non arridebat, visum est sufficere, si declaretur explicite, nullum fieri salvum, qui ob propriam culpam ab ecclesia seiunctus ex hac vita decedit, dum implicite significatum intelligatur, non posse penitus vel simpliciter, ut aiunt, extra ecclesiam esse, quicumque salvus fiat."

49) So begegenet bei den Konzilsvätern z. B. auch die Forderung "tollatur adverbium 'culpabiliter' (vgl. Anm. 47), ne possit quis inferre infideles negativos aliquando salvari sine ulla ecclesia insertione."

50) Vgl. M 51, 802; 805; 803f.; 780; 785. Kleutgens Entwurf spricht von einer Zugehörigkeit im Geist: "non ideo hi extra ecclesiam salvi fiunt, quippe ad quam spiritu pertineant, et ideo spiritu pertinere possint, quod ab externa communione praeter voluntatem suam impediuntur" (M 53, 312)

51) Vgl. M 51, 788; 803; 804; 789.

52) Vgl. bes. Nr. 369; 391.

stimmung der katholischen Kirche zu den getrennten christlichen Gemeinschaften: "Diese allen sichtbare Gesellschaft (sc. der katholischen Kirche) ... ist in ihrer Verfassung so völlig abgegrenzt und bestimmt, daß
keine Gesellschaft, die ... von der Gemeinschaft dieses Leibes getrennt
ist, irgendwie Teil ... der Kirche genannt werden könnte."(53)

Die Aporie der theologischen Theorie zwischen Heilsexklusivität und
Heilsuniversalismus wird bei Pius IX.(54) noch durch den Hinweis auf
die Unbegreiflichkeit durch menschliches Unkenntnisvermögen ertragbar
zu machen versucht.(55) In der Theologie der nachfolgenden Zeit entsteht zur Lösung dieses Problems das Konstrukt des "votum implicitum
ecclesia". Anknüpfend beim "votum baptismi" des Tridentinums(56) und
dem expliziten votum ecclesia der Katechumenen bei Bellarmin(57) wird
der Defintionsrahmen nun vom votum explicitum zum bloßen votum implicitum ausgeweitet, wonach ein unbewußtes Verlangen, der einen und
wahren Kirche anzugehören, welches sich z. B. äußern kann in der
sittlichen Bereitschaft, alles zum Heil Notwendige zu tun, die faktische
Zugehörigkeit heilswirksam ersetzen kann. Es ist nicht schwer einzusehen, daß dieser Lösungsversuch in vieler Hinsicht ungenügend bleiben
mußte: Zum einen wurde damit das katholische Prinzip der Sichtbarkeit
der Kirche relativiert, zum anderen verhindert er eine der ökumenischen
Situation angemessene Bemühung, die kirchlichgemeinschaftliche Qualität
der nichtkatholischen Christen wenigstens nicht mehr völlig in Abrede zu
stellen. Schließlich, so das Urteil J. Ratzingers, gibt er die Gnadenlehre
preis, da "man praktisch den guten Willen des Menschen allein für die
größere Hälfte der Menschheit zum genügenden Heilsprinzip erklärt."(58)

53) Nr. 390; damit ist allen Versuchen und Theorien, die christlich-konfessionellen Denominationen in irgendeiner Weise als Teilelemente in die eine, alle diese Denominationen
transzendierende universale Kirche zu integrieren, eine klare Absage erteilt. Vgl. zu
den einschlägigen zeitgenössischen ekklesiologischen Strömungen des "Konsensismus" (ein
gewisser Fundamentalkonsens bei den Mitgliedern der einzelnen christlichen Konfessionen
in Glaubensfragen ist als Minimalbasis ausreichend für die Mitgliedschaft dieser Konfessionen in der Universalkirche) und der englischen Branch- oder Zweigtheorie J. Mayr,
Die Ekklesiologie, a.a.O., 23; M. Schmaus, Die Kirchengliedschaft nach Honoré de Tour-
nely, I, 456.
54) K. Rahner meint zwar, die Texte Pius' IX. sagten "so gut wie nichts darüber aus", ob
"wirklich das übernatürliche Heil" gemeint ist (ST, II, 45); lediglich in "Singulari
quadam" vom 9.12.1854 könne dies eindeutig angenommen werden (ebd., 70f.); jedoch
dürfte Pius IX. mit Wendungen wie "aeternam consequi vitam ..." (DS 2866) keinen Zweifel daran lassen, daß er auf das ewige Heil abzielt (O. Müller, Inwieweit gibt es, 1561
Anm. 27).
55) "Singulari quadam" bemerkt in diesem Zusammenhang: "Wenn wir einmal ... Gott sehen, wie
er ist, dann erst werden wir erkennen, in welchem ... Bund die göttliche Barmherzigkeit
und Gerechtigkeit vereint ist. Solange wir aber auf Erden weilen ... müssen wir ...
Gott sehen, wie er ist, dann werden wir erkennen, in welchem ... Bund die göttliche
Barmherzigkeit und Gerechtigkeit vereint ist. Solange wir aber auf Erden weilen ...
müssen wir ... unverbrüchlich daran festhalten, daß nur ein Gott, ein Glaube, eine
Taufe ist. Darüber hinaus die Frage voranzutreiben, ist uns verwehrt." (zit. nach E.
Fischer, Kirche, 34 Anm. 72).
56) Vgl. DS 1524.
57) Vgl. o. S. 229 Anm. 73.
58) J. Ratzinger, Art. Stellvertretung, in: HThG, II (1963) 566-577, hier 573ff.; Ratzinger
seinerseits operiert in der Frage mit dem Begriff der Stellvertretung, wonach durch den

Eine weiterführende ekklesiologische Auswertung und Anwendung(59) der
Unterscheidung zwischen "re" und "voto" in der Gliedschaftsfrage, die
von nicht geringer Bedeutung für die systematische Fortentwicklung des
Kirchenverständnisses gewesen ist, bietet dann die Enzyklika "Mystici
Corporis" Pius' XII.

III. Die Enzyklika "Mystici Corporis" Pius' XII. vom 29. Juni 1943 und
die davon ausgehenden Ansätze der theologischen Diskussion zur
Formulierung eines "mehrschichtigen" Kirchen- und Gliedschaftsbegriffes

Die Enzyklika "Mystici Corporis"(60) kann zu Recht als Ziel- und Kulmi-
nationspunkt der katholischen Ekklesiologie bis zum II. Vatikanischen
Konzil bezeichnet werden.(61) Sieht man einmal von der speziellen Variante der ausdrücklichen Betonung der Wassertaufe bei den gliedschaftskonstituierenden Elementen ab, so bestätigt die Enzyklika im wesentlichen
die Kriteriologie Bellarmins hinsichtlich der Gliedschaftsfrage aufs neue,
indem sie das äußere Bekenntnis des wahren Glaubens und die Teilhabe
an der kirchlichen (rechtlichen) Gemeinschaft als unerläßliche Bedingungen fordert.(62) Neben jenen, die diesen Bedingungen genügen und so
"reapse" Glieder am corpus Christi mysticum sind,(63) was gleichbedeutend ist mit der Gliedschaft in der römisch-katholischen Kirche,(64) gibt

einen zentralen Heilsdienst der Kirche der Heilsdienst Jesu fortgesetzt werde, und
dadurch stellvertretend auch die Menschen gerettet werden, die außerhalb der Kirche
stehen.

59) So Y. Congar, Heilige Kirche, 447-450.
60) Vgl. DS 2380-3822 in den wichtigsten Passagen; der ganze Text in: AAS 35 (1943)
193-248; deutsch: "Über den Mystischen Leib Jesu Christi und über unsere Verbindung mit
Christus in ihm. Die Enzyklika Pius' XII.", hrsg. v. Erzbischöflichen Seelsorgeamt
Köln, Düsseldorf 1946; Lit. vgl. bei U. Valeske, Votum Ecclesiae, II, 47-48 (Bibliographie); S. Tromp, Corpus Christi quod est Ecclesia, I, Rom 1937, 1946; II: De Christo capite mystici Corporis, Rom 1960; III: De Spiritu Christi anima, Rom 1960; E.
Przywara, corpus Christi mysticum. Eine Bilanz, in: ZAM 15 (1940) 197-215; K. Rahner,
Die Gliedschaft in der Kirche, a.a.O.; J. Beumer, Die kirchliche Gliedschaft; ders.,
Die Heilsnotwendigkeit; J. Brinktrine, Was lehrt die Enzyklika "Mystici Corporis" über
die Zugehörigkeit zur Kirche?, in: ThGl 37/38 (1947/48) 290-300;
61) So F. Ricken, Ecclesia, a.a.O., 360; Vgl. dazu auch die geschichtlichen Ausführungen
bei F. Holböck, Das Mysterium Kirche, bes. 201-210.
62) DS 3802: In Ecclesiae autem membris reapse ii soli adnumerandi sunt, qui regenerationis
lavacrum receperunt veramque fidem profitentur, neque a Corporis compage semet ipsos
misere separarunt, vel ob gravissima admissa a legitima auctoritate seiuncti sunt." Zur
theolgischen Fachdiskussion im Anschluß an diesen Passus über die Gliedschaft der
materiellen und geheimen Häretiker sowie der Exkommunizierten vgl. U. Valeske, VE, I,
73-79.
63) Als solche gelten auch die Sünder, wenngleich sie von den Gerechten dadurch zu unterscheiden sind, daß sie kranke Glieder sind: vgl. DS 3803, Über den Mystischen Leib,
a.a.O., Nr. 23, S. 11f.: "Denn nicht jede Schuld, mag sie auch ein schweres Vergehen
sein, ist dergestalt, daß sie, wie dies die Folge der Glaubensspaltung, des Irrglaubens
und des Abfalls vom Glauben ist, ihrer Natur gemäß den Menschen vom Leib der Kirche
trennt ..." Vgl. dazu J. Beumer, Der Heilige Geist, die Seele der Kirche, in: ThGl 39
(1949) 249-267; 251-258.
64) Die Aussagerichtung ist dabei durchaus umkehrbar; vgl. dazu die Enzyklika "Humani gene-

es auch solche, die zwar nicht "Glieder im eigentlichen Sinn sind (non pertinere ad), aber dennoch "inscio quodam desiderio ac voto ad mysticum Redemptoris corpus ordinentur."(65) Dieses "ordinari ad" ersetzt jedoch keineswegs das heilsnotwendige "pertinere ad", sondern verweist umso nachdrücklicher auf letzteres, denn solange die Menschen nicht wirklich (reapse) in die Kirche eintreten, können sie des eigenen ewigen Heiles nicht sicher sein.(66) Die unbedingte Heilsnotwendigkeit der Kirchengliedschaft(67) wird erneut – und zwar als eine necessitas medii(68) – unmißverständlich zum Ausdruck gebracht.(69)

Diejenigen, welche im Glauben oder in der Leitung (fide vel regimine) voneinander getrennt sind, können nicht in diesem einen Leib und aus dem göttlichen Geist leben.(70) Der Tatbestand des nicht der potestas iurisdictionis der römischen Kirche Unterworfen-Seins erfüllt den Sachverhalt des völlig vom Leib Getrennt-Seins (membra omnino abscissa).(71) Mystischer Leib und sichtbar-institutionelle römische Kirche fallen schlechthin zusammen. Der Grundlinie dieser ekklesiologischen Konzeption entspricht es nun durchaus, daß die Frage nach dem Heil der Menschen außerhalb der sichtbaren Kirche nicht durch die Unterscheidung einer Zugehörigkeit zum Leib und zur Seele der Kirche gelöst wird,(72) sondern in Aufnahme der bellarminischen Spur durch die Unterscheidung der wirklichen (sichtbaren) Gliedschaft von einer nicht äußerlich sichtbaren und gestalthaften Hinordnung auf die sichtbare Kirche (inscio quodam desiderio ac voto",(73) womit sehr viel deutlicher

---

ris" (12.8.1950) D 2319, wo dies noch einmal deutlich gemacht wird: "Corpus Christi mysticum et Ecclesiam Catholicam Romanam unum idemque esse." Dazu J. Beumer, Die Identität des Mystischen Leibes Christi und der katholischen Kirche, in: ThGl 44 (1954) 321-338.

65) DS 3821.

66) Vgl. DS 3821; ferner Pius IX. in einem Schreiben "An alle Protestanten und die anderen nichtkatholischen Christen" ("Iam vos omnes", 13. Sept. 1868) DS 2997-2999, hier 2999.

67) DS 3802; 3808: membra tamen, a Corpore omnino abscissa, renuit sanctitatis gratia inhabitare; vgl. auch DS 3821; dazu K. Rahner, die Gliedschaft, a.a.O., 57-68.

68) Vgl. den Brief des Hl. Officiums an den Erzbischof von Boston DS 3866-3873; 3868: "Neque enim in praecepto tantummodo dedit Salvator, ut omnes gentes intrarent Ecclesiam, sed statuit quoque Ecclesiam medium esse salutis, sine quo nemo intrare valeat regnum gloriae caelestis."

69) Daß das Axiom "extra ecclesiam nulla salus" durch "mystici Corporis" die wohl rigoroseste Zuschärfung erfahren hatte, macht jener Vorgang deutlich, daß die Enzyklika durch eine lehramtliche Erklärung (einen Brief des Heiligen Officiums an den Erzbischof von Boston) gegenüber einer die radikale Konsequenz des päpstlichen Schreibens ausziehenden Interpretation des Jesuitenpaters Feenay und seiner Mitarbeiter dahingehend einschärft, d. h. modifiziert werden mußte, daß unter Zurückweisung der aus der Analyse der Enzyklika durch Feenay gewonnenen Konsequenz von der unausweichlichen Verdammnis aller Menschen außerhalb der Kirche, vom Heiligen Offizium auf die Heilsmöglichkeit dieser Menschen aufgrund des votum implictum und ihre invincibilis ignorantia rekurriert wurde (DS 3866). Dazu A. Hoffman, Die Heilsnotwendigkeit der Kirche nach einer authentischen Erklärung des hl. Officiums, in: NO 7 (1953) 90-99; J. Iturrioz, L herejía de Boston, in: Hechos y Dichos (1953) 525-532.

70) Vgl. DS 3802.

71) Vgl. DS 3808.

72) Vgl. F. Ricken, Ecclesia, a.a.O., 361.

73) DS 3821.

die soteriologische Dynamik auf die sichtbare Kirche hin zum Tragen kommt.(74) Gleichwohl offenbart gerade die votum-Lehre in mystici Corporis die spezifischen ekklesiologischen Schwachstellen der Enzyklika: Zunächst ist schwer nachzuvollziehen, wie eine wesentlich unsichtbar-innerliche Beziehung (votum)(75) eine Hinordnung auf eine wesentlich sichtbare Gemeinschaft begründen soll.(76) Eine Folge dieser ganz auf die Innerlichkeit des Aktes abstellenden votum-Theorie ist ferner, daß die Enzyklika nicht zu unterscheiden vermag zwischen der Qualität dieser Hinordnung bei Getauften und nichtgetauften Nichtkatholiken. Schließlich kann die Enzyklika immer nur vom Nichtkatholiken als einzelnem nicht als Glied einer Gemeinschaft eine solche Beziehentlichkeit auf die sichtbare Kirche hin aussagen. "Eine positive Bedeutung der christlichen Gemein-schaften kann nicht in den Blick kommen, weil die Hinordnung auf die katholische Kirche durch das 'unbewußte Sehnen und Wünschen' nur als innerer Akt des einzelnen verstanden wird, ohne daß dabei die vielfälti-gen, durch die Gemeinschaft geschaffenen Voraussetzungen gesehen wer-den, an die dieser Akt des einzelnen gebunden ist."(77)

Nun hat die theologische Diskussion in der Folgezeit gleichsam innerhalb des interpretatorischen Spannungsbogens, den die Enzyklika hinsichtlich die Gliedschaftslehre zwischen den Markierungen des "reapse pertinere ad" und dem "ordinari ad" beschreibt, unterschiedliche Akzentsetzungen angebracht und auf diese Weise im wesentlichen drei Typen der Glied-schaftslehre herauskristallisiert:

H. Schauf hält sich besonders eng an den Worlaut der Enzyklika und betont die Unteilbarkeit der Kirchengliedschaft,(78) d. h. dem "reapse", durch die Erfüllung der drei genannten vincula gewährleistet Zugehö-ren zur Kirche, steht die Hinordnung in voto gegenüber, welche nur als eine nicht reale Gliedschaft und als eine rein innerliche, unsichtbare Größe gelten kann.(79) Der schwerwiegendste Schwachpunkt dieser Auf-fassung liegt - neben anderen schon genannten Schwierigkeiten - darin, daß nach ihr qualitativ nicht adäquat unterschieden werden kann zwi-schen der Hinordnung von Ungetauften und getrennten (getauften) Chri-sten zur katholischen Kirche.(80)

---

74) Demgegenüber kann die Redeweise von der Zugehörigkeit zum Leib oder zur Seele der Kirche eher dem Mißverständnis Vorschub leisten, letztere könne heilswirksam die erste-re einsetzen (dazu: J. Beumer, Die kirchliche Gliedschaft, 247; ders., Die Heilsnotwen-digkeit, 82; U. Valeske, Votum Ecclesiae, I, 85.

75) Zur Unsicherheit des votum vgl. J. Brinktrine, Was lehrt die Enzyklika, 290-300, bes. 297 Anm. 35.

76) Vgl. K. Rahner, Gliedschaft, a.a.O., 83f.

77) F. Ricken, Ecclesia, 362.

78) Vgl. H. Schauf, Zur Frage der Kirchengliedschaft, in: ThRev 58 (1962) 217-224, bes. 221, 222 Anm. 5.

79) Vgl. auch S. Tromp, Pius Papa XII, De Mystico Jesu Christi Corpore (= Textus et Docu-menta, Series Theologica 26,2), Rom 1948, 84: reapse: id est re, in oppositione ad voto. Zur Unsichtbarkeit des votum vgl. o. Anm. 75.

80) Vgl. dazu S. Tromp, Corpus Christi quod est Ecclesia III, 273: "aliud esse actu membrum Ecclesiae, aliud maiore vel minore gradu ordinari ad Ecclesiam." Das votum der Unge-tauften unterscheidet sich von dem der Getauften (getrennten Christen) lediglich da-durch, daß erstere nicht als der Jurisdiktion der katholischen Kirche unterworfen betrachtet werden.

Diesem entscheidenden Mangel begegnet die aus der kanonistischen Tradition der Gliedschaftslehre kommende Interpretationsrichtung, welche vor allem an der Beobachtung anknüpft, daß Mystici Corporis die "Wiedergeburt aus der Taufe" den übrigen Kriterien der Kirchengliedschaft betonend voranstellt.(81) Darin wird eine Brücke erkannt zu der kanonistischen Auffassung von dem durch die Taufe sakramental und unverlierbar (konsekratorisch) grundgelegten Person-Sein des Menschen in der Kirche mit allen Rechten und Pflichten eines Christen.(82) Von dieser auf dem sakramentalen Charakter gegründeten konstitutionellen Gliedschaft unterscheidet K. Mörsdorf die tätige Gliedschaft, die den Bereich des personalen Vollzuges der konsekratiorisch geprägten Christusförmigkeit umschreibt:(83) die in der konsekratorischen Gliedschaft sakramental grundgelegten Rechte und Pflichten können durch Sperre (obex) oder Strafe (censura) in ihrer Ausübung beschnitten sein. Im Falle eines obex (Sperre)(84) handelt es sich um die objektive Beschreibung des faktischen Zustandes des Getrenntseins von der kirchlichen Gemeinschaft, der lediglich eine Minderung der mit der Taufe gegebenen kirchlichen Rechte und eine Beeinträchtigung der **vollen** Kirchenzugehörigkeit zur Folge hat,(85) jedoch die sakramental grundgelegte Gliedschaft in ihrer ontologischen Basis nicht zu beeinträchtigen vermag. Gleiches gilt für den Fall einer von der kirchlichen Autorität verhängten Strafe (censura). "Für den mündigen Christen ist Kirchengliedschaft in voller Wirklichkeit nur dann gegeben, wenn er in beiden Schichten Glied der Kirche ist, d. h. wenn er nicht wegen Abfalls vom Glauben oder von der Einheit der Kirche oder wegen schwerer Vergehen in rechtlich greifbarer Weise von der Gemeinschaft der Gläubigen ausgeschlossen worden ist.(86) Zugleich aber ist damit offensichtlich in einer mehrschichtigen

---

81) "In Ecclesia autem membris reapse ii soli adnumerandi sunt, qui regenerationis lavacrum receperunt ..." (DS 3802).

82) Vgl. dazu CIC 1917 c. 87: "Baptismate homo constituitur in Ecclesia Christi persona cum omnibus christianorum iuribus et officiis, nisi, ad iura quod attinet, obstet obex, ecclesiasticae communionis cinculum impediens, vel lata ab Ecclesia censura." Dazu K. Mörsdorf, Kirchenrecht, I, 11. Aufl., 176.

83) Vgl. K. Mörsdorf, Die Kirchengliedschaft nach dem Recht der katholischen Kirche, in: Handbuch des Staatskirchenrechtes in der Bundesrepublik Deutschland, I, Berlin 1974, 613-634. Mörsdorf weist selbst auf die Änderung seiner Terminologie hin, die zwar keine sachlich-inhaltliche bedeutet, aber das von ihm Gemeinte besser zum Ausdruck bringt: während er früher von "konstitutioneller Gliedschaft" sprach in Anlehnung an die Formulierung des C. 87 CIC 1917 ("constituitur"), prägt er nun den Terminus "konsekratorische Gliedschaft", der stärker auf die sakramental-ontologische Schicht des Gliedschaftsbegriffes abhebt (K. Mörsdorf, Die Kirchengliedschaft, in: P. Meinhold (Hrsg.), Das Problem der Kirchengliedschaft heute, 95-107, hier 105.

84) "obex" bezeichnet keine Straf-, sondern eine Ordnungsmaßnahme und betrifft vor allem die Tatbestände von Glaubensspaltung, Glaubensirrtum oder Glaubensabfall, ohne daß mit seinem Vorliegen eine Schuldzuweisung erfolgen würde.

85) Hier hat jenes kodikarische Verständnis seine Wurzel, welches die nichtkatholischen Christen mittels einer Rechtsfiktion als in ihrer Rechtsstellung beeinträchtigte Glieder der katholischen Kirche versteht, die also auch der katholischen Rechtshoheit unterstehen (vgl. M. Kaiser, Zugehörigkeit zur Kirche, in: P. Meinhold (Hrsg.), Das Problem, 292-304, hier 295).

86) K. Mörsdorf, Art. Kirchengliedschaft I: Fundamentaltheologisch und kirchenrechtlich, in: LThK, VI, 222; zur Kritik von K. Rahner an Mörsdorfer's Ansatz vgl. K. Rahner, Die Gliedschaft, 23-30.

Stufung(87) Kirchengliedschaft auch in nicht voller Verwirklichung als möglich vorausgesetzt und zwar auf der sakramental-objektiv greifbaren Ebene und nicht nur auf der rein innerlichen (votum). Zudem eröffnet sich von diesem Ansatz bei der Taufe als der sakramental-ontologischen Basis eines gestuften Kirchengliedschaftsverständnisses auch erstmals die Möglichkeit, die von der katholischen Kirche getrennten Christen in dem ekklesialen Zusammenhang ihrer Gemeinschaften zu sehen, in welcher sie die Taufe empfangen.(88)

Da die kanonistische Theorie aber das Verhältnis der Ungetauften zur Kirche nicht mehr adäquat erfassen kann, greift nun eine dritte Interpretationslinie hinsichtlich des Gliedschaftsbegriffes in Mystici Corporis in der Konzeption von der Mehrschichtigkeit der Kirchengliedschaft noch weiter zurück: Demnach schließe die Bestimmung der vollen, vollkommen sichtbaren Kirchenzugehörigkeit (reapse) durch die Enzyklika keineswegs eine verminderte, inchoative, teilweise oder völlig unsichtbare, aber dennoch nicht unwahre Dimension einer Zugehörigkeit keineswegs aus,(89) die nicht erst mit der Taufe gegeben ist, sondern bereits durch die Inkarnation des Logos der sichtbaren Menschennatur als die Berufung zur Teilhabe am göttlichen Leben seinsmäßig eingestiftet ist,(90) und in steigender Anordnung im übernatürlichen Glauben und in der heiligmachenden Gnade,(91) in der Taufe ohne volles Glaubensbekenntnis und kichliches Gemeinschaftsband und schließlich auch in der Vollform des dreifachen Bandes von Taufe, Glaubensbekenntnis und kirchlicher Gemeinschaft Ausdruck finden kann.(92) Dieser Ansatz führt freilich bereits über Mystici Corporis hinaus, insofern er das von der votum-Lehre Intendierte auf dogmatisch verläßlicheren Boden stellt und ekklesiologisch durch die Rückgewinnung des universal-sakramentalen Hori-

---

87) Vgl. K. Mörsdorf, Art. Kirchengliedschaft, ebd.

88) So F. Ricken, Ecclesia, 364.

89) Vgl. dazu M. Nothomb, L'Eglise et le Corps Mystique du Christ, in: Irénikon 25 (1925) 226-248.

90) Vgl. dazu K. Rahner, Die Gliedschaft, 83-94.

91) Vgl. dazu V. Morel, Le Corps mystique du Christ et l'Eglise catholique romaine, in: NRTh 70 (1948) 703-726, 715.

92) Vgl. F. Holböck, Das Mysterium der Kirche in dogmatischer Sicht, I, 201-346; 293-295. Für diesen umgreifenden Horizont einer Zugehörigkeitsbestimmung zur Kirche lassen sich an Anhaltspunkten in Mystici Corporis finden: die Aussagen, daß durch die Inkarnation alle Menschen Brüder und Schwestern Christi geworden sind: AAS 35 (1943) 198: omnes protoparentis filii per Incarnatum Verbum; die Lehre, daß auch bei den Sündern Glaube und Hoffnung eine gnadenhafte Verbindung mit der Kirche bewirken und die Andeutungen über den Bezug aller Gnade zur Kirche, AAS 35, 199: "Quam (gratiarum copiam) directo per se universo humano generi dilargiri potuerat; voluit tamen per adspectabilem, in quam homines coalescerent Ecclesiam." Wenn in dieser Weise die Enzyklika durchaus auch das Innerlich-Gnadenhafte (Charismatische) in der Kirche thematisiert, so sieht U. Valeske darin den lehramtlichen Reflex des zeitgenössischen katholisch-ekklesiologischen Landschaftsbildes: die Enzyklika zeige hierbei die deutliche Tendenz zur Harmonisierung der in der katholischen Ekklesiologie aufgebrochenen Polarisierungen in eine naturalistische und eine mehr spiritualistische Richtung (U. Valeske, Votum Ecclesiae, I, 196-250). Ebenso unverkennbar ist freilich, daß die klare denkerisch-theologische Bewältigung der hinter dieser Polarisierung stehenden Spannung zwischen Soteriologie (Heilsuniversalismus) und Ekklesiologie (Absolutheitsanspruch der konkret-sichtbaren Kirche) auch in Mystici Corporis nicht gelungen ist.

zontes der Kirche richtigstellt. Insoweit man hierbei auf allen Stufen
dieses mehrschichtigen Zugehörigkeitsbegriffes an der konstitutiven Bedeutung des sichtbaren Elementes festhält,(93) "läßt sich die Spannung
lösen, die besteht zwischen der mittelhaften Heilsnotwendigkeit der
sichtbaren Kirche und der Rettung durch ein rein unsichtbares, wenn
auch auf die sichtbare Kirche bezogenes votum".

Zugleich kann deutlich
gemacht werden, "daß auch das Heil der Nichtgetauften durch die Kirche
vermittelt ist, und dennoch läßt die Stufung einen Unterschied machen
zwischen der Beziehung der Getauften und der Nichtchristen zur Kirche",(94) auch und gerade hinsichtlich der ekklesialen Dimension dieser
Beziehung bei den getauften Nichtkatholiken.(95) Eine solchermaßen
mehrstufig und mehrschichtig konzipierte Gliedschaftstheorie braucht
aber - um das mit ihr zweifellos gegebene indifferentistische Gefahren-
moment(96) bannen zu können - die ekklesiologische Einbettung eines
sakramentalen Kirchenbegriffes, der jedoch in der nötigen konzeptionel-
len Klarheit noch nicht in der Reichweite des theologischen Horizontes
der Enzyklika lag und erst mit dem II. Vatikanischen Konzil zum Durchbruch gelangt ist. Insofern wurde mit der Referierung der Position eines
mehrschichtigen Kirchen- und Gliedschaftsbegriffes der unmittelbare ekklesiologische Umkreis der Enzyklika bereits verlassen und in den Bereich der theologisch-wissenschaftlichen Vorarbeit des II. Vatikanischen
Konzils hinein ausgedehnt. Bevor dessen ekklesiologischer Neuansatz in
seiner grundlegenden dogmatischen Bedeutung für die Frage nach den
Möglichkeiten sakramentaler Gemeinschaft zwischen katholischen und
nichtkatholischen (reformatorischen) Christen zur Darstellung kommt, soll
nach einer systematischen Zwischenbilanz zur Bedeutung der sakramentalen Denkform in der katholischen Ekklesiologie vor dem II. Vatikanischen
Konzil hinischtlich des kirchlichen Selbstverständnisses in Bezug auf die
Verhältnisbestimmung zu anderen christlichen Gemeinschaften insbesondere im Bereich sakramentaler Vollzuges gleichsam die praktisch-diszipli-
näre Dimension der bisher dargelegten dogmatisch-fundamentalen des katholischen Kirchenverständnisses beleuchtet werden in einem geschichtlichen Überblick zur kirchendisziplinären Regelung des Problems der
communicatio in sacris.

93) So etwa K. Rahner, Die Gliedschaft, 83-94; H. zeller, Rezension zu O. Semmelroth, Die
Kirche als Ursakrament, in: ZkTh 76 (1954) 94-99.
94) F. Ricken, Ecclesia, 365.
95) Vgl. dazu die Theorie von den "vestigia ecclesia" außerhalb der katholischen Kirche: J.
Gribomont, Du sacrement de l'Eglise et ses réalisations imparfaites, in: Irénikon 22
(1949) 345-367; E. Lamirande, La signification ecclésiologique des communantés dissidentes et la doctrine des "vestigia ecclesiae", in: Istina 10 (1964) 25-58; Y. Congar,
Apropos des "Vestigia Ecclesiae", in: Vers l'unité chrétienne 39 (1952) 3-5; G. Thils,
Histoire doctrinale du mouvement oecuménique, Löwen 1955, 183-197; W. Beinert, Attribut, II, 554-570; U. Valeske, Votum Ecclesiae, 92-99; W. Dietzfelbinger, Die Grenzen
der Kirche, 135-180; J. Hamer, La Baptême et l'Eglise. A propos des "Vestigia Ecclesiae", in: Irénikon 25 (1952) 142-164.
96) Vgl. dazu J. Beumer, Ein neuer, mehrschichtiger Kirchenbegriff, in: TThZ 65 (1956)
93-102.

§ 8: SYSTEMATISCHE ZWISCHENBILANZ

I. Zur geschichtlichen Entwicklung der sakramentalen Denkform in der Ekklesiologie und deren Bedeutung für das soteriologische Selbstverständnis der Kirche

Die sakramentale Idee läßt sich schon seit den frühesten Zeugnissen ekklesiologischen Bewußtseins und ekklesiologischer Reflexion im Kirchengedanken verfolgen.(1) Ihr Grundmotiv ist das spannungsreiche Beieinander und Zugleich von "antizipativ-identifikatorischer Beziehentlichkeit" und Differenz zwischen den Begriffsgehalten basileia und ecclesia, von communio sanctorum und communio sacramentorum, von sichtbar-institutioneller Kirche und corpus mysticum. Die sakramentale Denkform bewegt sich - vom philosophisch-erkenntnistheoretisch-ontologischen Grundstatut her - analog in dem spannungsreichen Zugleich von bloßer Verweisfunktion des Bezeichnenden zum Bezeichneten und teilhabender Ausdrucksfunktion zwischen den beiden Beziehungsträgern.(2) In Bezug auf die Wirklichkeit Kirche artikuliert sich diese Denkform in der Kategorie des Mysteriums,(3) die in spezifischer Weise das Beieinander und Zugleich von Göttlichem und Menschlichem, von Sichtbarem und Unsichtbarem an der Kirche zum Ausdruck bringt.(4)

Die ersten Akzentverschiebungen in der ("sakramentalen") Balance dieses ekklesiologischen Denkens werden wirksam, als mit dem Aufstieg der Kanonistik durch deren sozialphilosophisch inspirierte Grundlegung des Kirchenbegriffes (societas perfecta) eine gewisse Autonomisierung des institutionellen Elementes bemerkbar, und zumindest die Tendenz grundgelegt wird, die geschichtlich-sichtbare Seite und die theologisch-übernatürliche -Dimension der einen Wirklichkeit Kirche zunehmend voneinander zu scheiden bzw. die letztere in erstere hinein gänzlich aufzusaugen.(5)

Diese Akzentverschiebung erhält einen weiteren qualitativen Ruck nach vorne durch die reformatorisch zugeschärfte Krise der sakramentalen Idee, so daß die Rede von "zwo Kirchen"(6) möglich wird, der communio gratiae et fidei und der ecclesia als complexus mediorum gratiae, bzw. von der "societas fidei et spiritus sancti in cordibus" und von der

1) Siehe o. S. 50ff.
2) Vgl. zum ganzen: L. Boff, Kirche, 123-181, bes. 147-181.
3) In den lehramtlichen Äußerungen der Kirche begegnet die Kategorie "Mysterium" in ekklesiologischen Zusammenhängen ausdrücklich zwar erst bei Pius XII. (Rede am 4.12.1943 an die römische Kurie: "Unter den durch unseren Verstand unerforschten Geheimnissen der göttlichen Vorsehung hat Gott eines gewollt, das wir sozusagen mit der Hand tasten können: das sichtbare Geheimnis der Kirche, unvergänglich mitten in der Welt. Die Kirche ist das große, sichtbare Geheimnis ..." (in: Les Enseignements, II, 1114-1115), prägt aber von Anfang an in unterschiedlichen Akzentsetzungen das Kirchenbewußtsein.
4) Vgl. dazu A. Bandera, La Iglesia divina y humana, in: CTom 90 (1963) 217-262; J. Salaverri, Lo divino y lo humano en la Iglesia, in: EE 27 (1953) 167-201.
5) Vgl. dazu F. Merzbacher, Wandlungen, a.a.O., 274-361, bes. 281; A. L. Mayer, Das Kirchenbild des späten Mittelalters und seine Beziehung zur Liturgiegeschichte, in: Vom heiligen Mysterium, 274-302. Die geistesgeschichtlichen Wurzeln hierfür lassen sich freilich schon in der hochmittelalterlichen Scholastik erkennen.
6) Vgl. J. Heckel, Die zwo Kirchen, a.a.O.

societas externarum rerum ac rituum" (Ap CA VII, 5: BSLK 234), wobei die gegenreformatorisch geprägte katholische Ekklesiologie in der Folgezeit die letztere Dimension zu verabsolutieren neigt, die reformatorische hingegen die erstere. Jedenfalls ist in beiden Lagern deren organische Verbindung nicht mehr gegeben.(7) Auf katholische Seite begegnet besonders seit dem 19. Jahrhundert eine breite ekklesiologische Strömung, die im Gegensatz zur vorwiegend juridisch orientierten gegenreformatorischen Ekklesiologie die theologische und insbesondere christologische Dimension der Kirche wieder einzuholen versucht, indem sie die Kirche als das große Sakrament Christi und Gottes darstellt, gleichsam als geschichtlich-konkrete Fortsetzung der Inkarnation des Logos und seines Heilswerkes.(8) Wenngleich Pius XII. in der Enzyklika Mystici Corporis betont, daß die hypostatische Union des Gottmenschen Jesus Christus nicht schlechthin und durchgängig als Strukturmodell auch auf die Wesensbestimmung der Kirche übertragbar ist,(9) und somit allen überzogenen mystizistischen Konsequenzen,(10) wie sie durchaus schon in J. A. Möhlers Ansatz zumindest nicht deutlich genug ausgeschlossen werden,(11) eine lehramtliche Absage erteilt ist, so ist die lehramtliche Ekklesiologie bis vor dem II. Vatikanischen Konzil dennoch sehr nachhal-

---

7) Freilich findet sich auch bei Bellarmin durchaus noch eine Aussagelinie, die der innerlich-geheimnishaften Seite der Kirche gerecht werden will; a fortiori gilt das für Louis de Thomassin (+1695), der als erster Theologe der Neuzeit gelten kann und ausführlich die Sakramentalität der Kirche von den Vätern her erarbeitet hat (P. Nordhues, Der Kirchenbegriff des Louis de Thomassin; ders., Bemerkungen zum Kirchenbegriff; zu Bellarmin vgl. J. Beumer, Die kirchliche Gliedschaft, 257); jedoch kann dieses innerliche (charismatische) Element nicht mehr organisch in das ekklesiologische Gesamtkonzept integriert werden.

8) Vgl. dazu etwa M. Bernards, Zur Lehre von der Kirche als Sakrament. Beobachtungen aus der Theologie des 19. und 20. Jahrhunderts, in: MThZ 20 (1969) 29-54, bes. 46-54; A. Berlage, Katholische Dogmatik, VII, Münster 1864; H. Klee, Lehrbuch der Dogmengeschichte, II, Mainz 1837, bes. 122f.; F. Pilgram, Physiologie der Kirche, Mainz 1860, 224-239; J. H. Oswald, Die dogmatische Lehre von den heiligen Sakramenten der katholischen Kirche, I, Münster 1856; J. R. Geiselmann, Die Entwicklung des neuen Kirchenbewußtseins in Analogie zur Menschwerdung des Gottessohnes, in: Sentire Ecclesiam, 620-662; N. Schiffers, Die Einheit der Kirche nach J. H. Newman, Düsseldorf 1956, 204f.; 230.

9) "Manche bedenken zu wenig, daß der Apostel Paulus nur bildlich über diesen Gegenstand (sc. die Kirche als Leib Christi, vgl. Eph 5, 22-23) gesprochen hat, unterlassen so die notwendige Unterscheidung zwischen physischem, moralischem und mystischem Leib und bringen so einen ganz verkehrten Begriff von Einheit auf. Sie lassen nämlich den göttlichen Erlöser und die Glieder der Kirche zu einer einzigen physischen Person zusammenwachsen, und während sie den Menschen göttliche Attribute beilegen, unterwerfen sie Christus den Herrn, dem Irrtum und der menschlichen Neigung zum Bösen. Solch irreführende Lehre steht in vollem Widerspruch zum katholischen Glauben, zur Überlieferung der Väter und ebenso zur Ansicht und zum Geist des Völkerapostels. Er weiß zwar um die wunderbare innige Verbindung Christi mit seinem mystischen Leib, aber er stellt sie dennoch wie Braut und Bräutigam einander gegenüber" (Mystici Corporis, dt., Nr. 90, S. 29).

10) Vgl. K. Pelz, Der Christ als Christus, Berlin o. J. (1940), 136ff., wo von einer "Zugehörigkeit des Christen zur zweiten Person Gottes" die Rede ist. Das Buch wurde indiziert durch Dekret des S. Off. vom 30.10.1940; dazu S. Schmidt, Päpstliche Entscheidung einer theologischen Streitfrage: Keine Dauergegenwart der Menschheit Christi in den Christen, in: Benediktinische Monatsschrift 24 (1948) 190ff.

11) Vgl. dazu J. A. Möhler, Symbolik, § 36; dazu H. Mühle, UMP § 1.15; § 7.04-7.07.

tig und einseitig von dem christologischen Begründungsmodell aus der hypostatischen Union bestimmt und geprägt.(12) Dabei gewinnt dieser Ansatz in solchem Ausmaß ein strukturelles Eigen- und Schwergewicht,(13) daß er analog der kanonistschen Automatisierung der Kirche seit dem Spätmittelalter in die Nähe einer dogmatischen Mystifizierung der Kirche gerät, indem diese gleichsam "ein zweiter Christus" wird. Das inkarnationschristologische Prinzip(14) artikuliert in ekklesiologischer Übertragung ein zentrales katholisches Begründungsmuster für das "Institutionelle" in der Kirche als das "Äußere" im Verhältnis zum "Inneren".(15) Das Äußere-Institutionelle an der Kirche gewinnt durch deren analogischen Bezug auf das Inkarnationsgeschehen eine einzigartige theologische Dignität.(16) Es erscheint in diesem Begründungsmuster in

---

12) Vgl. dazu etwa Leo XIII., Satis cognitum, in: Heilslehre der Kirche. Dokumente von Pius IX. bis Pius XII., besorgt von A. Rohrbasser aus dem französischen Original ... S. 359 Nr. 606. Pius XI., "Lux veritatis", in: AAS 23 (1931) 510: "Cum hypostatica Christi unio, in Ephesina Synodo sollemniter confirmata, illius imaginem referat atque proponat, qua Redemptor noster mysticum corpus suum, Ecclesiam nempe, ornatam voluit unum corpus compactum et connexum. Nam si personalis Christi unitas arcanum existit exemplar, ad quod ipsemet unam christianae societatis compagem conformare voluit, id profecto non ex commentitia quadam oriri posse multorum inter se discordium coniunctione ..." Vgl. auch Pius XI., "Mortalium animos", in: AAS 20 (1928) 15; Pius XII., "Sempiternus Rex", in: AAS 43 (1951) 640-641: "Multi in orientalibus plagis, ab unitate mystici corporis Christi cuius hypostatica unio est exspectatissimum exemplar, longam per saeculorum seriem misere abscesserunt." Pius XII., "Mystici Corporis", in: Heilslehre, a.a.O., 502-503, Nr. 810: der göttliche Erlöser bildet zusammen mit seinem gesellschaftlichen Leibe nur eine einzige mystische Person, oder, wie Augustinus sagt, den ganzen Christus." vgl. ebd., 494 Nr. 795: "Christus und die Kirche hängen so sehr zusammen, daß die Kirche "gleichsam ein zweiter Christus wird". Vgl. auch Paul VI., Summi Pontificis Allocutio zur Eröffnung der zweiten Konzilssitzung, in: AAS 55 (1963) 847: "Qui pariter Ecclesiam agnoscit tamquam eiusdem Christi terrestre idemque aracanum spiritentum et continuationem." Weil Christus Haupt seiner göttlichen und menschlichen Natur ist, hat auch sein Leib, die Kirche, diese gottmenschliche Strukutr (vgl. Mystici Corporis, in Heilslehre, 484 Nr. 780f.; 494 Nr. 796; 500 Nr. 806; vgl. auch Pius IX., "Mortalium animos", in: AAS 20 [1928] 6), so daß sich auch eine Parallelität der (soteriologischen) Funktionen ergibt: der Personeinheit in Christus entspricht die "persönliche Einheit der Kirche", der Dualität der Naturen Christi eine äquivalente Dualität in der Kirche, der substantiellen Einheit der Naturen Christi eine analoge Einheit von Göttlichem und Menschlichem in der Kirche (vgl. Pius XII., Mystici Corporis, in: Heilslehre, 482-483 Nr. 778; dazu A. Bandera, La iglesia divina y humana, 249).

13) Zur Kritik dieser streng christologischen Kirchenauffassung vgl. U. Valeske, Votum Ecclesiae, 166-169; Th. Sartory, Die Gefahr der Kategorie des "Inkarnatorischen" für die Ekklesiologie, in: W. Bauer (Hrsg.), Ich glaube eine heilige Kirche (= FS D. H. Asmussen), Stuttgart-Berlin-Hamburg 1963, 64-79.

14) Dem Menschen kann nur durch sinnlich wahrnehmbare Zeichen etwas "Übernatürliches" vermittelt werden: Leo XIII., Satis cognitum, in: Heilslehre, a.a.O., 357 Nr. 602 u. 604.

15) Dazu M. Kehl, Kirche, 76-88; U. Valeske, Votum Ecclesiae.

16) Zur wissenschaftlichen Ausarbeitung dieses Ansatzes: J. B. Franzelin, Theses, 311; 314; M. Schmaus, KD, III/1, 202; 400ff.; 462; L. Ott, Grundriß, 7. Aufl., 335; F. Malmberg, Ein Leib, 223-273; wichtig ist in diesem Zusammenhang der Hinweis von Y. Congar auf den nur analogen Charakter der ekklesiologischen Anwendbarkeit des Inkarnationsmodells: Dogme christologique et Ecclésiologie. Vérité et limites d'une parallèle, in: Grillmeier-Bacht, Chalcedon, III, 1973, 239-268.

zweierlei Funktionen: zum einen fungiert es als Erscheinungsmedium, welches repräsentierend das "Innere" zur Darstellung bringt und erkennbar macht.(17) Dabei geht das katholisch-ekklesiologische Gefälle im Zusammenhang mit der "zunehmend stärker werdenden Tendenz zur Identifizierung von repräsentierendem Amtsträger und repräsentiertem Christus beim Übergang von einem symbolisch-sakramentalen Verständnis" der amtlichen Repräsentation in der Patristik zu einem "juridisch-anstaltlichen" in der Spät- bzw. Neuscholastik in die Richtung "einer Art mystischen Identifizierung von kirchlicher Institution und Christus": "Die Vollmacht, mit der die Kirche wirkt, gilt nicht mehr so sehr als die wirksame, stellvertretende Vollmacht Christi, sondern als die ein für alle Mal der Kirche selbst übertragene und ihr zugeteilte Vollmacht."(18) Der Gesichtspunkt der Differenz zwischen Christus und Amtsträger tritt in den Hintergrund, insofern die "Repräsentation immer stärker als seinshafte Qualifikation des institutionellen Amtes und seiner Träger verstanden wird."(19) Auch in seiner zweiten Funktion als "werkzeugliches Mittel des Inneren" markiert das Institutionelle in der katholischen Ekklesiologie diese identifikatorische Tendenz.(20) Die spezifisch katholisch-ekklesiologische Schlagseite verschiebt die sakramentale Balance immer mehr auf die "Ausdrucksseite" hin, wobei das "Ausgedrückte" zunehmend seiner eschatologischen Differenz zu seiner Vollendungsgestalt verlustig geht. Der anstaltliche Charakter(21) der Kirche gewinnt die Oberhand, die Kirche als sichtbar-institutionelles Gefüge, als deutlich umgrenzbare Größe wird zunehmend eigenbedeutliches, autarkes soteriologisches Subjekt.(22) Insbesondere erscheint dabei die Amtsfrage als ein Indikator für die entsprechenden Akzentuierungen des Kirchenbegriffes.

II. Die für die Frage nach der Möglichkeit einer communicatio in sacris relevanten Implikationen des katholischen Kirchenverständnisses in seiner Ausprägung in Theologie und Lehramt bis vor dem II. Vatikanischen Konzil

1. Der Grundsatz der Sichtbarkeit der Kirche

Die katholisch-ekklesiologische Lehrentwicklung akzentuiert zunehmend den Gedanken der Sichtbarkeit der Kirche.(23) Das Phänomen des Schismas ist dadurch überhaupt erst eigentlich benennbar und durch Sanktion (Exkommunikation) ratifizierbar. Es gibt sichtbare Umgrenzungen der Kirche und definierbare Kriterien der Zugehörigkeit zu ihr, d. h. es

17) M. Schmaus, KD, III/1, 4; 22; 358 u. a.

18) M. Kehl, Kirche, 82.

19) Ebd.; P. J. Cordes, Sendung, 187.

20) Vgl. M. Kehl, Kirche, 83-85.

21) Vgl. hierzu die Ausführungen von H. Dombois zur autonomisierenden Tendenz des Anstaltlichen: s. o. S. 205 Anm. 236.

22) Institutionstheoretisch ist dabei bedeutsam, daß in der Vermittlungszuordnung von objektiver Institutionalität und subjektiv-persönlicher Freiheit des einzelnen "nicht die Vermittlung dieser subjektiven Freiheit zu sich selbst in und durch das objektiv-Institutionelle" bedacht wird, sondern "nur die aktive Vermittlung des 'Objektiven' (nämlich des anvertrauten Heilsgutes) an das 'Subjekt'. Dieses ist deswegen fast ausschließlich unter dem Aspekt seiner Rezeptivität von Bedeutung" (M. Kehl, Kirche, 85).

23) Vgl. NR 389; 390; 402.

besteht die Möglichkeit des rechtlich greifbaren Zustandes faktischen Getrenntseins von anderen Gemeinschaften.(24) Pius XII. betont deshalb in Anlehnung an seinen Vorgänger(25) in der Enzyklika "Mystici Corporis"(26): "Doch nicht bloß etwas Einziges und Unteilbares muß sie (die Kirche) sein, sondern auch etwas Greifbares und Sichtbares, wie Unser Vorgänger ... Leo XIII. ... feststellt: 'Deshalb weil sie ein Leib ist, wird die Kirche mit den Augen wahrgenommen'".

2. Das Axiom von der Heilsexklusivität der katholischen Kirche

In enger Verbindung mit dem Grundsatz der Sichtbarkeit der Kirche führt das andere Axiom von der Heilsexklusivität zu der schlechthinnigen Identifizierung von Kirche Christi (mystischer Leib) und sichtbarer katholischer Bekenntniskirche als der einzigen von Christus gestifteten Heilsanstalt. Wenn es ohne Christus kein Heil gibt, dann heißt dies eo ipso: ohne den in der (katholischen) Kirche wirkenden Christus gibt es kein Heil.

a. Die Heilsmöglichkeit der nicht zur Kirche Gehörenden

Die unausweichliche Spannung zwischen Heilsexklusivität (der Zugehörigkeit zur katholischen Kirche) und Heilsuniversalismus ist nach katholischer Auffassung bis zum II. Vatikanischen Konzil nicht durch die "Aufteilung" der Wirklichkeit Kirche in "Leib" und "Seele" zu lösen, sondern einzig durch die Lehre von dem votum. Dieses Verlangen nach der Taufe freilich ersetzt nach Pius XII. nicht gleichwertig die reale Kirchenzugehörigkeit; dennoch wird damit an einer Heilsmöglichkeit von nicht zur Kirche Gehörenden festgehalten.(27)

---

24) Zum Phänomen von Häresie und Schisma in der alten Kirche vgl. etwa Ignatius v. Ant., Eph 6, 2; Tral 6, 1: SchrdUrChr, I, 147; 177; Irenäus, Contra haer. lib. III, 11, 9: PG 7, 890; Cyprian, De unit.: CSEL 3/1, 213; Ambrosius, serm. 13 ad psalm. 118: PL 15, 1381; Hieronymus, ep. ad Gal.: PL 26, 417.

25) Gemeint ist Leo XIII.: "Satis cognitum" (DS 3300-3304).

26) Deutsche Ausgabe, Nr. 14 S. 8.

27) W. Zürcher versucht die innere Spannung der Problematik, wie sie sich in der vorkonziliaren Ekklesiologie darstellt, zu mildern; "Christus wirkt in der Kirche und durch die Kirche heiligend und heilbringend auf das menschliche Ich ein ... Wer zu Gott kommen will, muß sich auf diesen Weg (sc. der Kirche) begeben, wenn er ihn kennt. Zugleich aber ist der in der Kirche das Heil des Menschen wirkende Christus nicht formell an Wort und Sakrament gebunden ... Dieses Heilswirken kann der Mensch nicht fassen. Es wird aber verbürgt durch die Zusicherung, daß Gott das Heil aller Menschen will. So geht niemand verloren, es sei denn, daß er verlorengehen ... will. Sonach gibt es kein Heil ohne die Kirche; es kann aber unter bestimmten Umständen ohne formelle Kirchengliedschaft Heil geben" (Die Teilnahme, 7f.; diese Deutung trägt hier zu denkerischen Bewältigung des Problems bereits den späteren Gedanken von dem stellvertretenden Heilswirken der Kirche durch Christus ein; vgl. dazu o. S. 238 Anm. 258).

b. Die Sonderstellung der "baptizati acatholici"

Für die Frage der communicatio in sacris ist auf dem Hintergrund der
Heilsfrage von besonderer Bedeutung, daß die gültig gespendete Tau-
fe(28) die unaufhebbare sakramental-ontologische Grundlage der Kirchengliedschaft darstellt. Die nichtkatholisch Getauften sind zwar nur einer
geminderten Gliedschaft fähig und von der vollen Gnadengemeinschaft
ausgeschlossen, aber der Taufcharakter verbürgt das - wenn auch behinderte (obex) oder durch Sanktion in der vollen Ausübung gehemmte
(bei Exkommunizierten: lata ab Ecclesia censura) - Personsein in Ecclesia
Christi(29) in der Weise der "konstitutionellen Gliedschaft", die durch
den in der sakramentalen Taufe verliehenen character indelebilis bewirkt
und unverlierbar ist.(30) Freilich besteht für den getauften Nichtkatholiken immer die ernsthafte und heilsrelevante Verpflichtung, seine nicht
voll aktuierte Kirchengliedschaft zu prüfen und gegebenenfalls, wenn er
die katholische Kirche als die Kirche Christi erkennt, die Vollgliedschaft
zu erwerben; denn nach wie vor ist die katholische Kirche das einzig
von Gott legitimierte Heilsinstitut. Sofern bei den Angehörigen akatholischer Gemeinschaften jedoch die bona fides seitens der katholischen Kirche vorausgesetzt wird, sind diese kirchenrechtlich nicht exkommuniziert,(31) denn nur schwer sündhaftes Vergehen(32) kann die Exkommunikation zur Folge haben. Solches liegt bei den akatholischen Christen
zwar material jedoch nicht formell vor,(33) solange nicht eine mala fides
zu präsumieren ist.(34) Für die Frage nach der communicatio in sacris

---

28) Zur Gültigkeit der Taufspendung vgl. CIC 1917 cc. 737 § 1; 742 § 1; § 738 § 1; 759 §§
1. 2. Die in der rechten Weise vollzogene Wassertaufe, mag sie auch von einem Laien
(Nottaufe), von einem nichtkatholischen Christen oder sogar von einem Nichtchristen
gespendet worden sein, ist gültig und hat immer die Wirkung, daß der Getaufte Person in
der Kirche Christi ist; vgl. K. Mörsdorf, KR, I, 11. Aufl., 175.

29) Vgl. CIC 1917 c. 87.

30) Vgl. K. Mörsdorf, KR, I, 176.

31) Vgl. dazu K. Mörsdorf, KR III, 11. Aufl., 418; es können also nicht alle nichtkatholischen Christen eo ipso als der Exkommunikation verfallen angesehen werden (CIC 1917 c.
2314 § 1; gegen U. Stutz, Der Geist des CIC, Stuttgart 1918, 90; dazu auch H. Heinemann, Die rechtliche Stellung, 23f.). Allerdings behandelt der CIC 1917 aufgrund der
Nichtanerkennung einer ekklesialen Qualität bei nichtkatholischen Christen dieselben
als rechtlich behinderte Katholiken, die (als Getaufte) der Rechtsordnung der katholischen Kirche unterstehen (vgl. da CIC 1917 c. 87; c. 12; dazu GrNKirchR, 107-110).

32) Vgl. CIC 1917 c. 2195.

33) Vgl. K. Mörsdorf, Der CIC und die nichtkatholischen Christen, in: AfkKR 130 (1961)
57ff.

34) Hinsichtlich der genaueren Bestimmung der rechtlichen Stellung der gutgläubigen Häretiker und Schismatiker kennt die kanonistisch-wissenschaftliche Diskussion im wesentlichen drei Lehrmeinungen: 1. Ansicht: materiale Häretiker und Schismatiker sind exkommuniziert (vgl. U. Stutz, Der Geist des CIC, 90, der nichtkatholische - evangelische -
Christen im CIC 1917 als excommunicati tolerati betrachtet sehen will; ebenso: N.
Papafana dei Carraresi, Ad c. 2314, Quaestio ... in: Jus Pontificium 11 [1931] 52-55).
Die Argumentation beruft sich dabei auf die Öffentlichkeitswirksamkeit auch der materiellen Häresie sowie auf die Wendung "omnes singuli haeretici aut schismatici" in c.
2314 § 1 n. 1 CIC 1917, wo von diesen die Exkommunikation ausgesagt ist, so daß das
Verbot der Sakramentenspendung an "bona fide errantes" in c. 731 § 2 den c. 2314 § 1 n.
1 lediglich expliziere. Dagegen muß betont werden, daß c. 1325 § 2 für den Exkommunika-
tionstatbestand das Moment für Hartnäckigkeit beim excommunicandus fordert, und ferner

ist damit eine wichtige Basis gewonnen, die allerdings erst ganz zum Tragen gekommen ist nach der positiven Wandlung des interkonfessionellen Klimas vom gegenreformatorisch-apologetischen zur Periode des Dialoges, denn für lange Zeit galten nichtkatholische Christen noch einfachhin als "excommunicati".(35) Wenngleich am unverlierbaren sakramentalen Taufcharaketer festgehalten wurde, so galt die Gliedschaft eines nichtkatholischen Getauften eben doch nur als beschränkte und nichtaktuierte. Der ekklesiologische Status ist durch die Exkommunikation(36) bzw. durch die Sperre (obex) entscheidend beschnitten.

Für das Verständnis der dogmatischen Grundlagen der Haltung der katholischen Kirche zur Sakramentengemeinschaft mit nichtkatholischen

---

gesetzessystematisch c. 731 § 2 überflüssig wäre, wenn auch die bona fide errantes als schlechthin Exkommunizierte gelten würden (so K. Mörsdorf, KR, III, 415; Vermeersch-Creusen, Epitome, III, 320).

2. Ansicht: Gutgläubige Häretiker und Schismatiker gelten im äußeren Bereich als Exkommunizierte: es handelt sich bei dieser Ansicht wohl um ein fragwürdiges Begründungsunterfangen für die Praxis der bedingungsweisen Absolution von der Exkommunikation bei der Konvertitenaufnahme (H. Heinemann, Stellung, 74); denn nach dieser Praxis mußte eine Exkommunikation ohne Strafcharakter angenommen werden, was ein Widerspruch in sich ist.

3. Ansicht: Gutgläubige Häretiker und Schismatiker sind durch eine Sperre gehindert; entscheidend hierbei ist, daß die durch die Taufe sakramental-ontologisch und unverlierbar grundgelegte "konstitutionelle" Gliedschaft in der Kirche (c. 87 CIC 1917) in der Ausübung der aus ihr folgenden Rechte innerhalb der communio fidelium nicht durch censura, sondern durch obex gehindert ist. Die faktisch-rechtliche Stellung gutgläubiger Häretiker und Schismatiker ist identisch derjenigen Gebannter, der Unterschied aber liegt in der Art der Begründung dieses faktisch gleichen Zustandes beider Gruppen. Die Beschneidung der Gliedschaftsrechte durch obex setzt keinerlei persönliche Schuld voraus, sondern beschreibt rein tatsächlich einen Umstand. Deshalb bestimmt CIC 1917 auch **außerhalb des Strafrechtes**, daß gutgläubigen Häretikern und Schismatikern gewisse Rechte nicht zukommen: cc. 167 § 1 n. 4; 731 § 2; 751; 765 n. 2; 795 n. 2; 985 n. 1; 1060; 1240 § 1 n. 1; 1453 § 1. "Bei den gutgläubig irrenden Häretikern und Schismatikern gibt die Zugehörigkeit zu einer nichtkatholischen christlichen Religionsgemeinschaft das äußere Kennzeichen dafür ab, daß sie außerhalb der den rechten Glauben bekennenden, aktiven Kirchengemeinschaft stehen. Gleiches gilt für solche Christen, die Angehörige einer nichtchristlichen Religionsgemeinschaft, z. B. eines Gottlosenbundes (secta atheistica) sind. Bei Getauften, die ohne jeden Anschluß an eine Religionsgemeinschaft sind, bildet die mangelnde äußere Zugehörigkeit zur katholischen Kirche für sich allein das äußere Kennzeichen der Sperre. Diese alle gehören, weil und insofern sie gültig getauft sind, als konstitutionelle Glieder der einen katholischen Kirche an; da sie jedoch im Bekenntnis des rechten Glaubens oder in der hierarchischen Führung von der aktiven Kirchengemeinschaft getrennt sind, kann ihre rechtliche Stellung im Bereich der tätigen Gliedschaft des äußeren Bereiches **grundsätzlich keine andere sein als die der Gebannten**" (K. Mörsdorf, KR, I, 180). Vgl. zum ganzen auch H. Heinemann, Stellung, 70-79.

35) Die Frage nach der Möglichkeit gottesdienstlicher Gemeinschaft mit nichtkatholischen Christen war in der Geschichte immer eng verbunden mit der gesetzlichen Regelung gottesdienstlicher Gemeinschaft mit Exkommunizierten (vgl. dazu A. Völler, Einheit der Kirche, 12). Wenn im Mittelalter etwa hier Ausnahmen gemacht wurden, so nur in Rücksicht auf Missionssituationen eines schnelleren missionarischen Erfolges wegen. Belege hierzu, ebd., 12f.

36) Zu den Einzelwirkungen der Exkommunikation vgl. H. Heinemann, Stellung, 53f.

Christen ist nun noch des näheren nach der Einschätzung der ekklesialen Wirklichkeit der nichtkatholischen Gemeinschaften durch die katholische Kirche zu fragen. Bestimmend wird dabei die in der absoluten dogmatsichen Intoleranz der katholischen Kirche begründete Ablehnung der Ansichten des Indifferentismus und Latitudinarismus, von Zeitströmungen und Denkhaltungen, die viele gleichwertige Wege des Heiles bzw. neben der katholischen Kirche noch andere gleichwertige Christus-Gemeinschaften fordern. Es geht hierbei also um das im Gegenüber zu den nichtkatholischen Gemeinschaften sich artikulierende Selbstverständnis der katholischen Kirche und die daraus resultierende Einschätzung der ekklesialen Wirklichkeit dieser Gemeinschaften.

3. Die ekklesiologische Wirklichkeit der nichtkatholischen christlichen Gemeinschaften in der Beurteilung durch die katholische Kirche(37)

a. Allgemeine Aussagen

(1) Die getrennten orientalischen "Kirchen"

Unter den in den kirchenamtlichen Dokumenten üblichen Bezeichnungen für die nichtkatholischen orientalischen Gemeinschaften(38) fällt der Terminus "ecclesia" auf, der katholischerseits im Zusammenhang mit reformatorischen Gemeinschaften noch nie zur Verwendung gekommen ist.(39) Es handelt sich bei diesem Befund nicht nur um einen mehr oder weniger belanglosen terminologischen usus, sondern es steht in der Tat dahinter eine theologisch bedeutsame Differenzierung im Sprachgebrauch hinsichtlich der nichtkatholischen Gemeinschaften in Bezug auf ihre ekklesiale Qualität. A. Völler führt eine Reihe päpstlicher Dokumente an, die die Anerkennung kirchlicher Wirklichkeit in den getrennten orientalischen Gemeinschaften voraussetzen.(40) Grundtenor der Texte ist die Überzeugung, daß "die Gemeinschaft mit der römischen Kirche in Glaube und Liebe unabdingbare Forderung und für die Wirklichkeit dieser Kirchen von großer Bedeutung ist."(41) Diese Gemeinschaften also haben ekklesiale Qualität, wenngleich eben eine vervollkommnungsbedürftige durch die unverzichtbare Einheit mit der römischen Kirche.(42) Den um die Mitte des 19. Jahrhunderts im englischen Raum aufkommenden Einheitsvorstellungen und -bestrebungen, die der orthodoxen, anglikanischen und katholischen Kirche mit jeweils gleichem Recht die Bezeichnung "katholisch" zubilligen und in deren Vereinigung die Verwirklichung der Kirche Christi sehen wollten, stellt das Hl. Officium(43)

---

37) Die Ausführungen sützen sich auf die Untersuchungen von A. Völler, Einheit der Kirche, a.a.O., 61-84.

38) Es erscheinen abwechselnd: "natio", "secta", "ecclesia" (A. Völler, a.a.O., 61 Anm. 1. 2. 3).

39) Vgl. etwa die Ankündigung des I. Vatikanischen Konziles, wo die reformatorischen Gemeinschaften als "societates religiosae" apostrophiert sind (DS 2998).

40) Es handelt sich zum Großteil um die zahlreichen an die orientalischen Patriarchen gerichteten Briefe der römischen Päpste (vgl. bei A. Völler, a.a.O., 62-69).

41) Ebd., 62.

42) Die besondere Notwendigkeit der Bindung aller Christen oder Kirchen an den Papst stellt Pius VI. heraus in der Constitutio "Super soliditate" vom 28. Nov. 1786 (DS 2593).

43) Vgl. Ep. S. Officii ad episcopos Angliae, vom 16. Sept. 1864: DS 2885-2888.

schroff die eigene Position gegenüber: Die von Christus gegründete Kirche ist als die wahre Kirche Christi eins im Glauben und in der Liebe,
und weil Christus wollte, daß Ursprung (originem), Mitte (centrum) und
Band (vinculum) dieser Einheit der Apostolische Stuhl Petri sei, so folgt
daraus, "coetus prorsus omnes ab externa visibilique communione et oboedientia Romani Pontificis separatos, esse non posse Ecclesiam Christi,
... quae credenda proponitur ... Ecclesia catholica."(44) Bei aller Betonung der sichtbaren Einheit des unteilbaren und geheimnisvollen Leibes
Christi, der die katholische Kirche ist, und von dem die orientalischen
Gemeinschaften offensichtlich getrennt sind, so daß auch ihnen nach der
Auffassung des Hl. Officiums(45) die Bezeichnung "Kirche" nicht zukommen kann, tritt doch deutlich ein wesentlicher Unterschied in der Einschätzung der Kirchen des Ostens und der Gemeinschaften der Reformation in den päpstlichen Äußerungen zutage: Die Hauptdifferenz liegt in
der Tatsache, daß die orientalischen Gemeinschaften im Unterschied zu
den reformatorischen die bischöfliche Sukzession und damit die bischöfliche Struktur der Kirche bewahrt haben. Somit sind es nach Leo XIII.
nur wenige Dinge, die die römische Kirche und die orientalischen Kirchen trennen: am schwersten von diesen wiegt die Frage des römischen
(päpstlichen) Primates.(46)

Zusammenfassend lassen sich folgende Grundtendenzen in den kirchenamtlichen Aussagen über die nichtkatholisch-orientalischen Gemeinschaften festhalten:(47)
1. Sie können nicht als Kirchen Christi im Sinne von Glied- und Teilkirchen der katholischen Kirche angesehen werden, weil wenigstens die
   institutionelle Struktur dieser Gemeinschaften nicht dem Stifterwillen
   Christi entspricht.(48) Nur die Wiedervereinigung mit der katholischen Kirche könnte sie zu wahren Teilkirchen der einen Kirche Christi machen.
2. Die Möglichkeit einer Heilsvermittlung durch diese Gemeinschaften ist
   infolge des behaupteten Mangels in ihrer Wortverkündigung und Sakramentenspendung tendentiell geleugnet.

Daraus ist jedoch nicht die totale Leugnung der kirchlichen Qualität
dieser Gemeinschaften katholischerseits abzuleiten. Die Defizienzbehaup-

---

44) S. C. vom 8. Nov. 1865 (= Fontes IV, n. 988, S. 264f.).
45) "Nec alia est Ecclesia catholica, nisi quae super unum PETRUM aedificata ..." (D 1686).
46) Vgl. Leo XIII. Littera Apostolica "Praeclara gratulationis", vom 20. Juni 1894 zit.
    nach A. Völler, a.a.O., 67 Anm. 28. H. Dombois sieht die Bedingung der Möglichkeit
    solcher katholischer Anerkennung außerkatholischer bischöflicher Sukzession trotz deut-
    licher Lehrdifferenzen bezüglich "character indelebilis" und päpstlicher Unfehlbarkeit
    darin, daß die Lehre von der plenitudo potestatis losgekoppelt vom Sakramentsrecht ganz
    aus dem rein jurisdiktionellen Rechtsbereich von Lehre und Verkündigung entwickelt
    wurde; damit wird die Verklammerung der Kirche mit dem sakramentalen Leben gelöst, die
    Kirche zerfällt so im Jurisdiktionsbereich in heteronome traditio und autonome commu-
    nio, d. h. dem Jurisdiktionsprimat entspricht seine Bestreitung auf der gleichen Grund-
    lage eines vorwiegend lehrmäßig-kerygmatischen Verständnisses des opus proprium der
    Kirche, unter der gleichen Beiseitestellung der genuinen Formen des Sakramentsrechtes
    und der Verlagerung der jurisdiktionellen Lehrentscheidungen auf autonome, partikulare
    Träger" (RdG, I 781).
47) Vgl. hierzu A. Völler, Einheit, 68f.
48) Vgl. Leo XIII., "Satis cognitum", DS 3300-3310, 3303.

tung bezieht sich genau besehen auf den Verwirklichungsgrad kirchlichen Seins, denn unvermittelt finden sich neben den eher negativen Aussagen auch Hinweise, die die Möglichkeit, die nichtkatholischen orientalischen Gemeinschaften wegen der in ihnen vorfindlichen kirchenbildenden Elemente als – freilich nur teilhafte und unvollkommene – Verwirklichungsgestaltungen der Kirche Christi zu betrachten, zumindest nicht von vornherein ausschließen. Die Blickrichtung der einschlägigen Dokumente geht dabei eben von dem Maximum der Identität mit der katholischen (römischen) Kirche als Norm aus; daß dabei das "Minimum" in die Nähe des "Nullzustandes" gerückt erscheint, liegt mehr im sprachlichen Aussageduktus begründet als in positiv-realen Faktizitäten.

(2) Die aus der Reformation hervorgegangenen Gemeinschaften

Besonders in den Vorbereitungen zum Ersten Vatikanischen Konzil stellt sich erstmals explizit die Frage für die katholische Kirche, wie denn die ekklesiologische Wirklichkeit der aus der Reformation hervorgegangenen Gemeinschaften zu qualifizieren sei. Aufschlußreich ist in dieser Hinsicht eine Apostrophierung derselben als "un aggregato di laici",(49) die wohl auf der Auffassung beruht, daß bei diesen Gemeinschaften in Ermangelung wahrer Priester und wahrer Bischöfe keine Weihegewalt existiere. Damit ist das wichtigste Kriterium zur Differenzierung der Aussagen über die ekklesiale Qualität aller von der katholischen Kirche getrennten christlichen Gemeinschaften gewonnen. Natürlich gelten die für das Getrenntsein der orientalischen Gemeinschaften von der katholischen Kirche begründend verantwortlich gemachten Defizienzpunkte hinsichtlich der reformatorischen Gemeinschaften a fortiori.(50) Besonders negativ fallen hier zudem die Äußerungen über die Rechtheit der von diesen Gemeinschaften verkündeten Lehre aus.(51)

---

49) Conventus octavus Congregationis directricis, vom 22. März 1868; zit. nach A. Völler, a.a.O., 70 Anm. 35.

50) Vgl. dazu die offizielle Ankündigung des Ersten Vatikanischen Konzils an die Protestanten in dem Apostolischen Brief "Jam vos omnes" ad omnes Protestantes aliosque Acatholicos, vom 13. Sept. 1868, DS 2997-2999: "... inter se discrepantes religiosae societates seiunctae a catholica Ecclesia ... facile sibi persuadere debebit neque aliam peculiarem ex eisdem societatibus neque omnes simul coniunctas ullo modo constituere et esse illam unam et catholicam Ecclesiam, quam Christus Dominus aedificavit, constituit et esse voluit, neque membrum aut partem eiusdem Ecclesiae ullo modo dici posse, quandoquidem sunt a catholica unitate visibiliter diversae" (DS 2998).

51) "... Cum enim eiusmodi societates careant viva illa et a Deo constituta auctoritate, quae homines res fidei morumque disciplinam praesertim docet eosque dirigit ac moderatur in iis omnibus, quae ad aeternam salutem pertinent, tum societates ipsae in suis doctrinis continenter variarunt, et haec mobilitas ac instabilitas apud easdem societates numquam cessat ..." (ebd.).

b. Die Bewertung des nichtkatholischen Kultes durch die katholische Kirche(52)

Sämtliche Dokumente, in denen der Kult der reformatorischen Gemeinschaften zu werten versucht wird, zeigen die Tendenz, auf das Fehlen eines konstitutiven Elementes hinzuweisen, wodurch der bezeichnete Kult zum falschen Kult wird.(53) Der innerste Nerv dieser Argumentation ist die Bestreitung der Gültigkeit der Sakramente dieses Kultes. Während die negativen Entscheidungen bezüglich einer gottesdienstlichen Gemeinschaft mit den getrennten orientalischen Kirchen nie mit der Ungültigkeit der sakramentalen Vollzüge dieser Gemeinschaften begründet werden,(54) wird bei den reformatorischen Gemeinschaften die Gültigkeit jener Sakramente, die an das Vorhandensein des Weihepriestertums gebunden sind, zweifellos bestritten.(55) Unter "Sakrament" verstehen die einschlägigen Dokumente freilich strikte jene kirchlichen Handlungen, die mit dem katholischen Sakramentsbegriff im engeren Sinn bezeichnet sind; die theologische Bedeutung etwa des protestantischen Abendmahles war dem zeitgenössischen katholischen, theologischen Denken schon von der für einen konfessionsübergreifenden Horizont erforderlichen Begrifflichkeit und Kriteriologie her, die eben nicht bereit stand, schlechterdings unzugänglich.

(1) Der Zusammenhang von Kult und Lehre

Da nach katholischer Auffassung ein unlösbarer Zusammenhang besteht zwischen Kult und Lehre, dergestalt, daß kultischer Vollzug immer Ausdrucksmedium und Gestaltwerdung der verkündigten Lehre ist, sind Lehr- und Bekenntnisdifferenzen auch grundlegende Hindernisse gottesdienstlicher Gemeinschaft, da diese in solchem Fall die Unterschiede im Glauben kultisch zur Ausprägung bringen müßte und damit die eine Erlösungswirklichkeit nicht mehr richtig bezeugt und interpretiert würde. Daß gottesdienstliche Gemeinschaft mit den getrennten Orientalen als unmöglich betrachtet wurde, hatte hierin seinen Grund. Auch die Orientalen galten ja als Häretiker, ihr Kult war somit Ausprägung falscher Lehre, wenigstens in gewissen Vollzugsformen.(56) Wiederum in gesteigertem Maße gilt dies natürlich für die reformatorischen Gemeinschaften, da hier die theologischen Differenzen als noch tiefgreifender charakte-

---

52) Der Begriff "Kult" meint hier die Gesamtheit der von einer religiösen Gemeinschaft unter Zeichen und Riten vollzogenen, durch die offizielle Leitungsinstanz autorisierten Vollzüge der Anbetung, des Lobes und Dankes der Gottheit; vgl. zur Terminologie K. Mörsdorf, Rechtssprache, 241ff.

53) Es ist die Rede von "cultus falsus", "actus falsae religionis", "profana et sacrilega exercitia". Belegstellen bei A. Völler, Einheit, 71 Anm. 39-49.

54) Vgl. W. de Vries, Rom und die Patriarchate, a.a.O., 183-222.

55) Die Gültigkeit der von Reformatoren gespendeten Taufe stand freilich außer Zweifel, sofern nur Intention, Form und Materie des Sakramentes als wahrscheinlich bei der Taufe gewährleistet vermutet werden konnten; s. o. S. 250 Anm. 28.

56) Vgl. W. de Vries, a.a.O., 203; 183-222; 301-317. Die Frage, was als Lehr- und Bekenntnisdifferenz von kirchentrennendem Charakter zu qualifizieren sei, findet natürlich heute namentlich in Bezug auf die getrennten orientalischen Gemeinschaften eine andere Beantwortung, da kulturelle Eigenheiten und Eigenüberlieferungen durchaus in ihrer Berechtigung anerkannt werden.

risiert werden mußten. Can. 731 § 2 CIC 1917 macht besonders deutlich, daß nach der kodikarischen Ordnung nur die volle (vorgängig herge-stellte) Glaubensgemeinschaft die einzig legitime Voraussetzung für die volle Sakramentsgemeinschaft darstellt.

[2] Der Zusammenhang von Kult und Amt

Die theologische Bewertung des nichtkatholischen Kultes ist mit den Kategorien "Gültigkeit der Sakramente" und "Rechtheit" der im Kult thematisierten Glaubensaussage noch nicht hinreichend zu erfassen.(57) Geradezu als Spezificum catholicum tritt als dritte Dimension die des den objektiven Kult und die ihn vollziehende kirchliche Gemeinschaft in rechter Zuordnung verklammernden Amtes hinzu. Die Frage nach der theologischen Wirklichkeit des nichtkatholischen christlichen Kultus ist aus der objektivistischen, lediglich um den Gedanken der Gültigkeit und der dogmatischen Irrtumsfähigkeit kreisenden Verengung herauszuführen in den Horizont der ekklesialen Wertigkeit des kultischen Geschehens und Vollzuges. Dies führt zu der Frage nach der Wirklichkeit des kirchlichen Amtes in den getrennten kirchlichen Gemeinschaften.

c. Die theologische Wirklichkeit des Amtes in den getrennten christlichen Gemeinschaften aus katholischer Sicht

Für die Gemeinschaften der Reformation wird die Wirklichkeit eines kirchlichen Amtes (nach katholischen Begriffen) schlechthin negiert. Le-diglich für die orientalischen "Kirchen" läßt sich aufgrund der bei diesen bewahrten Weihegewalt die Frage nach der Möglichkeit der Teilhabe am rechtmäßigen Leitungsauftrag der katholischen Kirche sinnvollerweise stellen. Die päpstlichen Stellungnahmen hierzu sprechen eine eindeutige Sprache:(58) Wer nicht in Verbindung mit dem römischen Pontifex steht, kann nicht in Gemeinschaft stehen mit dem Stuhl des heiligen Petrus, von dem alle Rechtsgewalt der Kirche ausströmt, d. h. es gibt keinen rechtmäßigen Bischof ohne die Gemeinschaft mit dem Papst.(59) Die Exi-stenz einer rechtmäßigen Leitungsgewalt bei den getrennten Gemeinschaf-ten (auch des Ostens) wird also offenbar schlechthin verneint. Obwohl es durchaus auch Aussagen gibt, die zumindest anderen Interpretationen offen, wenn nicht positiv in dieser Frage deutbar sind,(60) so ist doch auf dem Hintergrund der Lehre über die Konstitution der rechtmäßigen

---

57) Sakramental gültiger und in der thematisierten Glaubenswahrheit rechter Kult schließt nicht ipso facto dessen Rechtmäßigkeit mit ein (vgl. die Entscheidung des S. Off. vom 7. August 1704: Fontes IV, n. 770, S. 45). Diese (letztgenannte) Dimension führt unmit-telbar in den Themenkomplex des kirchlichen Amtes. Die Amtstheologie gewinnt in diesem Zusammenhang Indikatorfunktion für den spezifisch katholischen (institutionell-sakra-mentalen) Kirchenbegriff. Vgl. hierzu o. S. 219ff.

58) Vgl. etwa Pius VI., Constitutio "Super soliditate petrae", vom 28. Nov. 1786, DS 2592-2597, ferner Leo XIII., Ep. encycl. "Satis cognitum", vom 29. Juni 1896, in: AAS 28 (1895/96) 733f.

59) "... nullum posse legitimum Episcopum haberi, qui fidei et caritatis communione non iungatur Petrae ..." (so eine Stellungnahme Pius' IX. [De Martiniis I/6, 1, S. 221]). Vgl. auch Leo XIII., "Satis cognitum" bes. DS 3309.

60) Belege bei A. Völler, Einheit der Kirche, a.a.O., 77-82.

Leitungsgewalt (vgl. DS 3300-3310) in der Kirche die negative Tendenz
im Vordergrund zu sehen, zumal die wenigeren positiv deutbaren Aussagen entweder eher Passagen höflicher Umgangsformen darstellen als
wirklich theologisch relevante explizite Stellungnahmen oder eben mehr
die Beschreibung einer tatsächlichen Amtsausübung in ostkirchlicher
Praxis geben als die Rechtmäßigkeit einer faktisch ausgeübten Leitungsgewalt nach katholischem Verständnis attestieren.(61) Aufs Ganze gesehen wird den häretischen und schismatischen Bischöfen keine rechtmäßige Leitungsvollmacht für die Kirchen, denen sie faktisch als Leiter vorstehen, zuerkannt.(62) Die voll aktuierte Kirchengemeinschaft mit der
römischen Kirche ist unbedingte Voraussetzung für die volle sakramentale
Gemeinschaft.

4. Zusammenfassung

Ausgehend vom Prinzip der Sichtbarkeit und Einzigkeit der Kirche Christi, d. h. der katholischen Kirche als der alleinigen autorisierten "Heilsanstalt" müssen gottesdienstliche Vollzüge anderer religiöser (christlicher) Gemeinschaften, selbst wenn sie die Erlösungswirklichkeit in rechter Weise aussagen, unrechtmäßige kultische Handlungen sein, da sie
nicht Vollzüge der einzigen und wahren Kirche Christi sind, d. h. nicht
durch die rechtmäßige Sendung autorisiert sind. Communicatio in sacris
mit solchen Gemeinschaften ist nicht möglich, denn sie würde verleug-
nen, daß die katholische Kirche die einzig rechtmäßige, von Christus
gestiftete Kirche ist,(63) oder sie würde eine falsche Aussage über die
Rechtswirkungen der Kirchengliedschaft beinhalten.(64) Das ekklesiologische Grundstatut dieser Argumentation ist geprägt von dem identifikatorischen Gefälle in der Verhältnisbestimmung zwischen der einen und
einzigen Kirche Christi und der römischen Kirche; ferner ist für die
Grundhaltung der Argumentation ausschlaggebend, daß nicht gleichsam
"von unten" her eine nach dem Grad der Verwirklichung einzelner kirchenbildender Elemente bei den getrennten Gemeinschaften orientierte
Einzelfallregelung angezielt wird, sondern stets von dem Vollmaß ekklesiologischer Identität als dem allein ausschlaggebenden Kriterium her
argumentiert wird.

Auf dem Hintergrund der skizzierten dogmatischen Grundlagen können
nun die gesetzlichen Regelungen der Frage nach der Möglichkeit gottesdienstlicher Gemeinschaft zwischen katholischen und nichtkatholischen

---

61) Es muß allerdings schon jetzt betont werden, daß gerade hinsichtlich der Frage der
gottesdienstlichen Gemeinschaft mit den von Rom getrennten Ostchristen die katholische
Kirche, was die konkret-rechtliche Praxis anlangt, immer schon eine nicht starre, am
grundsätzlichen dogmatischen Nein festgeschriebene Haltung einnahm, sondern einen Mit-
telweg beschritt zwischen den Extremen indifferentistischer Gleichgültigkeit einerseits
und absoluten Verbotes andererseits (vgl. W. de Vries, Communicatio in sacris, 271ff.).
62) Vgl. W. de Vries, Rom und die Patriarchate, 358ff. Es wird sogar verschiedentlich die
Ungültigkeit, nicht nur Unerlaubtheit jurisdiktioneller Akte von Häretikern und Schismatikern (des Ostens) behauptet (vgl. ebd., 361ff.).
63) Dies bezieht sich auf die communicatio in sacris positiva (vgl. zur Terminologie o.
S. 5).
64) Dies gilt für die communicatio in sacris negativa (= die Zulassung von Nichtkatholiken
zu den "sacra" der Katholiken).

Christen im einzelnen, wie sie seitens der katholischen Kirche in geschichtlicher Entwicklung von den Anfängen bis zur Gesetzgebungsperio-
de des CIC 1917 aufgestellt wurden, dargestellt werden.

2. Abteilung:

Die gesetzliche Regelung der Frage nach der Möglichkeit sakramentaler Gemeinschaft zwischen katholischen und nichtkatholischen Christen im geschichtlichen Überblick(1)

§ 9: VON DEN ANFÄNGEN DER KIRCHE BIS ZUR CONSTITUTIO "AD EVITANDA" MARTINS V. VON 1418

I. Das strenge Verbot jeglicher Gemeinschaft mit Häretikern und Schismatikern

Bereits zur Zeit der ntl Schriften begegnet in der Geschichte der Kirche das Phänomen von Häresie und Schisma.(2) Da das christliche Dogma nicht nur als Produkt der Hellenisierung des Christentums verstanden werden kann, sondern, wie W. Elert(3) dargelegt hat, seinen "Sitz im Leben" im Gottesdienst hat,(4) das Bekenntnis also liturgische Dignität, gottesdienstliche Bezogenheit besitzt, ist es leicht einzusehen, daß Bekenntnis und Kirchenordnung, sprich: Abendmahlsordnung(5) in der Alten Kirche aufs innigste verbunden sind.(6) So bildet 2 Joh 10, 11 sicherlich eine Berufungsinstanz und Grundlage für die unzweifelhafte strenge Praxis der Christen seit alters, gottesdienstlichen Verkehr mit Häretikern abzubrechen und wohl auch sonst jeglichen Umgang mit ihnen zu meiden.(7) Diese Strenge der frühchristlichen kirchlichen Disziplin ist

---

1) Vgl. hierzu W. Zürcher, Die Teilnahme von Katholiken an akatholischen christlichen Kulthandlungen, Basel 1965, 12-103.

2) Vgl. dazu in DThC VI/2, p. 2208ff.; Häresie bedeutet Irrlehre, Widerspruch gegen die orthodoxe Lehre (vgl. eingehender J. Brosch, Das Wesen der Häresie, Bonn 1936; K. Rahner, Was ist Häresie?, in: ST V, 527-576), Schisma dagegen Abspaltung aufgrund einer Abweichung in der kirchlichen Ordnung oder eines Kompetenzstreites jedoch ohne "primär dogmatische" Differenz, wobei sofort hinzuzufügen ist, daß nach katholischem Kirchenverständnis eben gerade auch der disziplinäre Dissens dogmatische Relevanz gewinnt; nur so ist auch das geschichtliche Faktum zu verstehen, daß jedes Schisma schließlich in Häresie endete: H. Heinemann, Stellung, 25-27; 15-24.

3) Abendmahl und Kirchengemeinschaft in der alten Kirche, Berlin 1954, 89-102.

4) Vgl. etwa das Taufsymbol oder die "regula fidei" dazu: J. N. D. Kelly, Altchristliche Glaubensbekenntnisse, ³Göttingen 1972.

5) In der Clementinischen Liturgie ruft der Diakon vor Beginn der eucharistischen Handlung: "Daß keiner von den Hörern, keiner von den Ungläubigen, keiner von den Heterodoxen (teilnehme)" (const. apost. VII, 12, 2 zit. nach W. Elert, a.a.O., 96); ähnliches gilt heute noch in der byzantinischen Liturgie (B. Schultze, Das Problem der communicatio in sacris, a.a.O., 439).

6) Vgl. dazu G. Bornkamm, Das Anathema in der urchristlichen Abendmahlsliturgie, in: ThLZ 75 (1950) 227-231.

7) "Wenn jemand zu euch kommt und nicht diese Lehre (sc. Christi) mitbringt, dann nehmt ihn nicht in euer Haus auf, sondern verweigert ihm den Gruß. Denn wer ihm den Gruß bietet, macht sich mitschuldig an seinen bösen Taten." (2 Joh 10. 11). Gruß und Bruderkuß galten bei den Hebräern als Zeichen der Aufnahme in die religiöse Gemeinschaft (W. Zürcher, Die Teilnahme, a.a.O., 12). Dem ntl Befund am nächsten kommend kann man für die ur- und frühchristliche Praxis wohl unterscheiden zwischen einem einfachen Ausschluß des Sünders und einem Ausschluß unter Verfluchung (anders dagegen J. Jeremias, in: ThWNT III,

jedoch mehr im Sinne eine pastoral motivierten Prinzips denn als streng
formal-dogmatische Restriktion zu verstehen;(8) d. h. ihr Ziel ist die
Stärkung der Gemeinde(9) und letztlich die Bekehrung und Wiederaufnahme des Ausgeschlossenen, zu deren Vorbereitung die Unterwerfung
des fehlenden Kirchengliedes unter die Bußdisziplin diente.(10) Diese
nahm ihren Ausgang von der Überzeugung, daß bestimmte Sünden zu
einem gestörten, distanzierten Verhältnis zur Kirche, und somit zur
"(nicht a priori rechtlich zu verstehenden) 'Exkommunikation'" führen,
"deren Wirkung darin gesehen wird, daß die äußere Zugehörigkeit des
Sünders zur Kirche für diesen nicht heilswirksam sein kann und deren
Realisierung wenigstens und zentral im Fernhalten des Sünders von der
Eucharistie besteht. Diese Distanzierung tritt nicht einfach wegen der
objektiven Schwere bestimmter Sünden ein, sondern ergibt sich aus der
verstockten Hartnäckigkeit eines ermahnten, zurechtgewiesenen Sünders,
der seine Umkehr verweigert."(11) Der frühchristlichen Strenge der
Bußdisziplin(12) entspricht analog die kompromißlose Haltung der Kirche

---

752 Anm. 84); einfacher Ausschluß ist angedeutet in Röm 16, 17; 1 Kor 5, 9ff.; 2 Kor
13, 2; 2 Tim 3, 5; Tit 3, 10; 2 Thess 3, 6ff.; 14f.; indirekt 2 Kor 2, 6; ein Ausschluß
unter Verfluchung begegnet in Gal 1, 7f.; Apg 5, 3-6. 10f.; 8, 20ff.; 1 Kor 5, 1-5; 1
Tim 1, 19f. Der Gemeindeausschluß wird hier bestärkt durch die amtliche Bekundung der
Auslieferung des Sünders an "den Bösen". Für den Fall des Blutschänders (1 Kor 5, 1-5)
heißt das, er soll sich nicht mehr unter gemeindlicher Duldung in seiner Sünde aufhal-
ten, sondern von jeglichem (gemeindlichem) Umgang abgeschnitten (V. 9), von jeglicher
Tischgemeinschaft (auch und gerade der eucharistischen) ferngehalten und ganz "dem Bösen" überstellt werden, damit er so (dem Verderben des Fleisches und dem Absterben der
Sünde ausgeliefert) wieder der Hoffnung auf Vergebung entgegenreift. Wenngleich ein
solcher Ausschluß unter Verfluchung dem einfachen Ausschluß nichts weiteres disziplinär
Relevantes beifügt, so macht es im faktischen Vollzug doch einen Unterschied, ob
jemand "nur" von der eucharistischen Tischgemeinschaft ausgeschlossen war oder überhaupt generell zu meiden war; letzteres galt für den unter Verfluchung Ausgeschlossenen. Allerdings besagt auch diese Ausschlußform nicht die Unvergebbarkeit einer Sünde.
Vgl. zum ganzen H. Vorgrimler, HDG, IV/3, 23-24. Der biblische Befund weiß im Gegenteil
nichts von einer definitiven Verweigerung der Vergebung (vgl. ebd., 27; zur Diskussion
um die Vergebbarkeit der Sünde wider den Hl. Geist vgl. ebd., 21f.). Das Prophetenwort
(nicht Lehrwort) von der Unvergebbarkeit der Sünde wider den Hl. Geist kann in Jesu
Heilssendung bis in den Tod hinein bereits als "christologisch" überholt betrachtet
werden, insofern Jesu Sühnetod auch bereits jene Hartnäckigkeit der Verschmähung von
Gottes Sünderliebe auffängt.

8) So K. Hein, Eucharistie and Excommunication, 417.
9) Als ein ekklesialer Akt ist die Exkommunikation demnach "only a ratification of the
fact that the excommunicated person or persons have already rejected the privilege of
belonging to the People of God" (ebd., 416). Das Privileg aber, zum Volk Gottes zu gehören bedeutete die unlösliche Verbindung des in der Taufe übernommenen Glaubensbekenntnisses mit den ethischen Konsequenzen der Lebenspraxis anzuerkennen: "Excommunication followed upon a basic denial (in word or dee) of this confession of faith since
such a denial was seen as a repudiation of all that one's Baptism stood for" (ebd.,
418).
10) Vgl. dazu G. Esser, Die Behandlung der Häretiker in der Bußdisziplin der alten Kiirche,
in: ThGl 8 (1916) 472-483; B. Poschmann, Paenitentia secunda; H. Vorgrimler, HDG, IV/3,
bes. 28-92.
11) H. Vorgrimler, a.a.O., 42.
12) Vgl. etwa Innozenz I., ep. 2, 8, 11: PL 20, 475 (longa poenitentiae satisfactione); besondere Strenge obwaltete im Bußverfahren bei Klerikern, die oft lebenslang im Büßer-

gegenüber den hartnäckig in der Häresie Verharrenden:(13) Besonders
deutlich sprechen die ersten Konzilien das Verbot aus, mit Häretikern
Umgang zu pflegen.(14) Danach ist das Zusammenkommen mit ihnen in
Häusern und das gemeinsame Gebet zu unterlassen.(15) Der Verkehr mit
Exkommunizierten zieht (das gilt besonders für Kleriker) die eigene
Exkommunikation nach sich.(16) Diese Haltung wird konsequent fort-
geführt in päpstlichen Schreiben, so daß W. Zürcher zusammenfassend
feststellen kann: "Die Kirche hatte im ersten Jahrtausend jeden reli-
giösen Verkehr sowohl mit Exkommunizierten wie auch ausdrücklich mit
Häretikern und Schismatikern verboten."(17) Auch der bürgerliche
Verkehr war zunehmend von dieser Distanzierung betroffen.(18)

II. Die Sanktion

Da die Bruderschaft der alten Christengemeinde mehr sein wollte als eine
"Gesellschaftsbildung zum Zweck gegenseitiger Beistandsleistung",(19) da
es somit - und darin ist das ganze Urchristentum einig - eine Gemeindeordnung geben muß, durch die die Kirche als "Jungfrau",(20) als "Braut

---

stand zu verbleiben hatten: vgl. Felix III, ep. 7, 2: PL 58, 925; Konzil v. Elvira (um
300) c. 22: Mansi 2, 9; Konzil von Nizäa (325) c. 14: Mansi 2, 674; Eusebius, HE 5, 28
12: PG 20, 513. In der Häresie Geborene wurden allerdings milder behandelt, da ihnen
keine subjektive Schuld anzurechnen war: vgl. Augustinus, ep. 43, 1: CSEL 34, 85; sie
wurden daher oft ohne Bußzeit aufgenommen: Siricius, ep. 5, 12, 8: PL 13, 1159; Augustinus, ep. 185, 10, 43: PL 33, 811; sie konnten sogar meist auch Kleriker werden:
Augustinus, ep. 185, 10, 44ff.: PL 33, 812f.; dagegen Innozenz I., ep. 17, 4: PL 20,
531, der den rekonziliierten Häretiker nur zur Laienkommunion zuläßt; vgl. auch Konzil
von Elvira (um 300) c. 51: Mansi 2, 41; anders Konzil von Nizäa (325) c. 8: Mansi 2,
671, wonach novatianische Kleriker nach der Rekonziliation in ihrem Rang belassen
werden.

13) Nur bei unbeugsamer Hartnäckigkeit des Sünders erfolgt der Ausschluß als ultima ratio;
ansonsten ist ein stufenweises Vorgehen auch bei schweren Sünden vorgesehen (Mt 18,
15ff.), das ein noch brüderliches (nicht amtliches) Mahnen (1 Thess 5, 14; 2 Thess 3,
12; 1 Tim 5, 1), Zurechtweisen (2 Thess 3, 15; Kol 1, 28; Tit 3, 10) und als unmittelbare Vorstufe des Ausschlusses die Rüge (Mt 18, 15) kennt (1 Tim 5, 20; Tim 4, 2; Tit
1, 9. 13; Offb 3, 19). Vgl. hierzu H. Vorgrimler, a.a.O., 26.

14) Vgl. etwa Konzil von Antiochien (341): Mansi 2, 1321-1322; 2. Konzil von Karthago
(390): Mansi 2, 1322; vgl. auch Corpus Juris Canonici c. 29 C 11 q. 3.

15) "Es ist nicht erlaubt mit Häretikern und Schismatikern zu beten" (C. J. C. c. 67 C I
q. 1).

16) Vgl. const. apost. VI, 18, 1; VII, 28; VIII, 34, 12: Funk, Didascalia et Constitutio-
nes, I, 341; 415/417; 541/543); 2. Konzil v. Karthago (390) cc. 3-19: C. 11, q. 3; das
Verkehrsverbot bezog sich auch auf rein bürgerliche Vollzüge: vgl. etwa Konzil v.
Elvira (306) c. 50: Mansi 2, 14; Konzil v. Laodicea, c. 10: deb. ed., 565. Heirat mit
Häretikern oder Schismatikern war ohnehin verboten (vgl. dazu R. G. W. Huysmans, De
ortu impedimentorum mixtae religionis ac dispratis cultus, in: EJCan 23 [1967] 187-261;
J. G. Gerhartz, in: NKD 28, S. 4ff.).

17) W. Zürcher, Die Teilnahme, a.a.O., 14f.

18) Vgl. Anm. 16.

19) W. Elert, Abendmahl, 59.

20) 2 Kor 11, 2.

Christi",(21) als dessen Leib rein gehalten werden soll, eine Ordnung geben muß, nach der "ausgeschnitten" wird,(22) was die Reinheit des Ganzen befleckt, ist die Exkommunikationspraxis Ausdruck eines bestimmten Kirchenverständnisses.(23) Freilich zeigt sich an ihr auch die Gefahr der Moralisierung des Heilsverständnisses und der Umfunktionierung der Kirche zur Disziplinaranstalt.(24) "Indessen, sie (sc. die Kirche) hat sich doch niemals   n u r   als Disziplinaranstalt und auch die Kirchengemeinschaft niemals   n u r   unter ethischem Gesichtspunkt verstanden. Bereits Paulus spricht, um zu begründen, daß er Christo eine 'reine Jungfrau' zuführen möchte, gar nicht von allgemein ethischen Gefahren, sondern von den   I r r l e h r e r n ,   welche die korinthische Gemeinde bedrohen (2 Kor 11, 2ff.)."(25) Die Einheit der Kirche als Glaubens-, d. h. Bekenntnisgemeinschaft(26) ist das zentrale Gut, dem das Ausschlußverfahren zu dienen hat. In Verbindung damit stehen

---

21) Offb 21, 2. 9.

22) ek-koptein (2 Kor 11, 12) wird terminus technicus für die Exkommunikation. In engem Zusammenhang damit stehen auch die Ekklesialen Vollmachtssprüche vom "Binden und Lösen" (Mt 18, 18; 16, 19) und vom "Nachlassen und Behalten" (Joh 20, 19-23). Zu den einschlägigen atl-jüdischen Wurzeln und den exegetischen Detailfragen hierzu vgl. H. Vorgrimler, HDG IV/3, 10-19.

23) Vgl. hierzu W. Doskocil, Der Bann in der Urkirche, München 1958. Dabei fällt bei der biblischen Begründung des kirchlichen Bußverfahrens durch die Väter neben dem amtstheologischen Akzent (vgl. Cyprian, ep. 73, 7: CSEL 31/2, 783f., der die Petrus-Typologie mit dem aus Mt 16 und Joh 20 kombinierten Argument verbindet: "Er sprach zu ihnen: Empfanget den Heiligen Geist ... Hieraus ersehen wir, daß nur die aufgrund des evangelischen Gesetzes und der Einsetzung des Herrn ernannten Vorsteher befugt sind, zu taufen und die Vergebung der Sünden zu erteilen, daß aber draußen, wo niemand zu binden zu lösen vermag, weder etwas gebunden noch gelöst werden kann") insbesondere bei Augustinus die Verbindung der Columba-Allegorie (de bapt VI, 3, 5: PL 43, 199; CSEL 51/1, 301) und der Brautsymbolik des Hohen Liedes (6, 8; vgl. serm 295, 2f.: PL 38, 1348) mit der Aussage über den Geistempfang (Joh 20, 22) auf. Im Kontext der dämonologischen Verstehensrichtung vom "Binden und Lösen" bei den Vätern (vgl. dazu H. Vorgrimler, HDG IV/3, 20 Anm. 63), in welcher dieser Vorgang der Distanzierung und Wiederaufnahme als Übergabe an den Satan bzw. als Rettung vor dem Bösen verstanden wird (1 Kor 5, 5; 1 Tim 1, 20), wird deutlich, daß das Buß- und Ausschlußverfahren nicht eine rein äußerlich-disziplinäre Maßnahme ist, sondern zutiefst das patristische Kirchenverständnis von der christozentrisch verstandenen "soteriologischen Subjekthaftigkeit" der Gnadengemeinschaft der Kirche (communio sanctorum) artikuliert, denn außerhalb des Lebens der Kirche ist "der Böse" (Origenes, In Judic. hom. 2, 5: PG 12, 960f.; Augustinus, de bapt. IV, 9: CSEL 51/1, 236ff.; dazu H. Vorgrimler, HDG, IV/3, 20f.).

24) Besonders deutlich tritt diese Tendenz in der Didache hervor, wo lange Kataloge von Ge- und Verboten gleichsam als "Inhalt des Evangeliums" ausgegeben werden. In diesem Zusammenhang ist der Einfluß des Volk-Gottes-Gedankens und des Erwählungsmotives atl-jüdischer Provenienz sowie das esoterische Bewußtsein gewisser elitärer Gruppen (Essener) auf das Christentum nicht zu verkennen; allerdings ist auch festzuhalten, daß die junge Kirche den Formalismus und Legalismus dieser Gruppen durch die Botschaft von der Rechtfertigung aus Glauben überwindet (vgl. K. Hein, Eucharist, a.a.O.).

25) W. Elert, Abendmahl, a.a.O., 61.

26) Daß diese Begriffe nahezu als Synonyme gelten können, sieht man an der großen Bedeutung des Taufsymbols und der regula fidei im frühchristlichen Glaubensbewußtsein; vgl. o. S. 258 Anm. 4.

freilich auch gewisse ethische Grundforderungen,(27) so daß Mord, Ehebruch und Glaubensabfall sicherlich in der kirchlichen Frühzeit eindeutig, wenn auch nicht ausschließlich den Tatbestand schwerer (Tod-)Sün-
de erfüllten, die in jedem Fall der kirchlichen Exkommunikationsbuße
unterworfen war.(28) Es handelt sich dabei um die in der Bußtheologie
der Kirche des Westens bis zum 6. Jahrhunderts beheimatete Sanktionsform, welche nach dem Zerfall des öffentlichen Bußinstituts seit dem
6. Jahrhundert dann losgelöst von diesem als "excommunicatio maior", als
die von der kirchlichen Autorität verhängte Strafmaßnahme des großen
Kirchenbannes weiterlebte. Sie beinhaltete den Ausschluß des Betroffenen ohne zeitliche Beschränkung aber grundsätzlich endend mit der Bußfertigkeit des Gebannten.(29) Die Wirkungen der excommunicatio maior
umfaßten den Verlust aller kirchlichen Rechte.(30) Zudem war den Gläu-

---

27) Gerade die moralisch-ethische Qualifikation der Christengemeinden ist ja in der apologetischen Situation der stärkste Rechtfertigungspfeiler nach außen. Exkommunikationstatbestände sind somit neben dem Faktum hartnäckigen Verweilens in der Fehlhaltung sowie dem öffentlichen Angriff auf fundamentale christliche Grundwahrheiten u. Umständen
auch Verstöße gegen Normen, die aus soziokulturellen Gewohnheiten, zeitgenössischen
Rechtsvorstellungen und aus dem Bestand der Tora übernommen wurden (vgl. H. Vorgrimler,
HDG, IV/3, 25).

28) Vgl. dazu H. Vorgrimler, a.a.O., 68-73; 90; gegen B. Poschmann (Buße und Letzte Ölung,
Freiburg i. Br. 1951), der schon für die Urkirche die feste Trias von Ehebruch, Mord,
Glaubensabfall als Exkommunikationstatbestände (Todsünden) gegeben sehen will. Dagegen
aber Vorgrimler: "Nach wie vor aber fehlen genauere Reflexionen über Kriterien der
Erkennbarkeit dieser schweren Sünden. Man orientiert sich wie früher an den unsystematischen Nennungen in der Schrift und berücksichtigt weiterhin die gravierendsten bürgerlichen Delikte sowie jene Vorkommnisse, die in Zusammenhang mit spezifisch heidnischen Bräuchen stehen und damit dem Glaubensabfall Vorschub leisten" (H. Vorgrimler,
a.a.O., 72; zum Verfall des öffentlichen Bußinstituts im Westen seit dem 6. Jg. vgl.
ebd., 89-92).

29) Die von W. Zürcher (a.a.O., 16 Anm. 27) angeführten Belege über ein Ende des 5. Jh. in
Spanien bestehende Exkommunikationsform, die den Bann ohne zeitliche Beschränkung und
ohne die Möglichkeit der Wiederaufnahme praktizierte, können an der Grundsätzlichkeit
des kirchlichen Buß- und Banngebahrens nichts ändern, daß zu aller Zeit an der Vergebbarkeit aller Sünden festgehalten wurde, und der Bann nur bis zur Bußfertigkeit des
Ausgeschlossenen ausgesprochen wurde. Es handelt sich nämlich bei den genannten anders-
lautenden Entscheidungen der spanischen Partikularsynode von Elvira (um 300; Mansi 2,
473; vgl. auch 3, 8 BC; 3, 634⁵) nicht um dogmatische Grundsatzentscheide, sondern
"immer um rechtliche Regelungen im Sinne eines praktischen, wohl von den Novatianern
her beeinflußten Rigorismus" (H. Vorgrimler, a.a.O., 71).

30) Vgl. W. Zürcher, a.a.O., 16. Der Verlust aller kirchlichen Rechte bedeutete den Ausschluß von den Sakramenten, den Verlust des aktiven und passiven Wahlrechtes, die
Entziehung des Rechtes auf kirchliches Begräbnis sowie der Früchte des Gebetes und des
Meßopfers der Kirche. Vgl. dazu auch K. Mörsdorf, KR, III, 394-398 Rechtswirkungen nach
CIC 1917. Lange Zeit betrachtete die kanonistische Wissenschaft die Exkommunikation als
die völlige Aufhebung jeglicher Verbindung mit der Kirche (F. Kober, Der Kirchenbann
nach den Grundsätzen; J. Hollweck, Die kirchlichen Strafgesetze, 114 Anm. 4). R. Sohm
(akKR, 265ff.; 340ff.) sprach sogar von einem "Gegensakrament zur Taufe", das den Taufcharakter zerstöre. Dagegen stellt das CT (D 852) deutlicher heraus, daß dem Gebannten
durchaus noch kirchliche (Gliedschafts-)Rechte verbleiben (vgl. auch CIC 1917 c. 2259 §
1; c. 2314 § 1 n. 3; c. 2340 § 1; dazu A. Hagen, Die kirchliche Mitgliedschaft, Rotten-
burg 1938, 81f.). Wer aber schlechthin nicht zur Kirche gehört, könnte auch keinerlei
Rechte (mehr) in ihr besitzen, oder mit kirchlichen Strafen belegt werden: cc. 2214

bigen jeder Verkehr mit dem Gebannten bei Anordnung derselben Strafe (excommunicatio maior) untersagt.(31) Während sich zunächst nur für Kleriker das Verkehrsverbot mit Gebannten auch auf den bürgerlichen Verkehr erstreckte, bezog sich unter gleichbleibender Sanktionsandrohung diese Ausweitung des Verkehrsverbotes später auch auf die Laien.(32) Erst im 12. und 13. Jahrhundert erfolgte eine gewisse Lockerung der Regelung durch die Sanktionsform der excommunicatio minor für den Verstoß gegen das Verkehrsverbot, die nur noch den Ausschluß von der Eucharistie oder von den Sakramenten zur Folge hatte.(33) Die von Gratian(34) und Gregor IX.(35) bestätigte Rechtstradition fand ihren Niederschlag in dem kanonistischen Merkvers: "Si pro delictis anathema sit efficiatur, os, orare, vale, communio, mensa negatur."(36) Alle Häretiker und Schismatiker verfielen der Exkommunikation (excommunicatio maior). Die Verletzung des mit dieser verbundenen Verkehrsverbotes war seit dem 12. Jahrhundert mit der kleinen Exkommunikation belegt.

III. Lockerung des strengen Verbotes

Da für den praktischen Lebensvollzug mit dieser Regelung begreiflicherweise schier unhaltbare Verhältnisse geschaffen wurden, waren Milderungen unumgänglich. So schränkte Gregor VII. das Eintreten der Exkommunikation als Sanktion für Verstöße gegen das Verkehrsverbot ein auf den Fall freiwilligen, bewußten und unmittelbaren Verkehrs mit Gebannten,(37) so daß erhebliche Erleichterungen im praktischen Leben möglich wurden.(38) Diese Tendenz zur situationsgerechten Anpassung der rechtlichen Norm an die Lebensverhältnisse setzt sich fort in päpstlichen Entscheiden(39) und Konzilsbestimmungen.(40)

---

§ 1; 2226 § 1; 12 CIC 1917. Die Exkommunikation muß demnach mit K. Mörsdorf (KR, III, 340ff.) deutlich als Besserungsstrafe gesehen werden, deren Ziel die Wiederzulassung des Ausgeschlossenen ist (vgl. CIC 1917 c. 2241 § 1). Der kirchliche Bann kann demnach nur die Befähigung zu Ausübungen kirchlicher Rechte entziehen, die Pflichten des Gebannten bleiben bestehen, sofern sie nicht zugleich Rechte sind. Beispielsweise behält auch ein gebannter Kardinal aktives und passives Wahlrecht bei der Papstwahl (vgl. Pius XII., Constitutio "Vacantis Apostolicae Sedis", vom 8. Dez. 1945, in: AAS 38 (1946) 65-99, n. 34).

31) Vgl. Konzil von Antiochien (314) c. 2: Mansi 2, 1321-1322; weitere Belege bei W. Zürcher, a.a.O., 16 Anm. 35.

32) Vgl. ebd., 16 mit Anm. 34.

33) Vgl. C. J. C. c. 2 X 2, 25 (Innozenz III.), ferner Mansi 22, 617 (Coelestin III.).

34) Belege bei W. Zürcher, a.a.O., 17 Anm. 42.

35) Belege ebd., Anm. 43.

36) Ebd., 17 Anm. 44: "orare" kennzeichnet dabei jeglichen religiösen Verkehr.

37) Vgl. Konzil von Rom (1079): C. J. C. c. 103 C 11 q. 3: es wurden gewisse Bevölkerungsgruppen, die unumgänglich mit Gebannten zu tun hatten, von der Strafwirkung ausgenommen (z. B. Ehefrauen, Kinder, Sklaven, Leibeigene von Exkommunizierten).

38) Z. B. für Pilger, Reisende, Fremde, die auf Lebensmittel von Gebannten angewiesen waren.

39) Vgl. Urban II. (1088-1099): c. 110 C 11 q. 3; oder Innozenz III. (1098-1216), weitere Belege bei W. Zürcher, a.a.O., 19 Anm. 49f.

40) Z. B. Konzil von Mainz (888): Mansi 18, 66; Konzil von Elne (1047): Mansi 19, 483.

§ 10: VON DER CONSTITUTIO "AD EVITANDA" (1418) BIS ZUM CODEX IURIS CANONICI VON 1917

I. Die Constitutio "Ad evitanda" Martins V. von 1418

Mit den Gegebenheiten des abendländischen Schismas entstand im Gefolge der gesetzlichen Regelung der communicatio in sacris eine schier ausweglose Situation: Da nicht zu entscheiden war, wer von den rivalisierenden Päpsten rechtmäßig bzw. wer exkommuniziert war, konnten die Gläubigen nicht mehr ohne Gewissenskonflikte von den amtierenden Bischöfen und Priestern die Sakramente empfangen. Martin V. wollte mit einer Applikation der gesetzlichen Regelung an diese Situation die Lage entschärfen durch eine Milderung des Verkehrsverbotes, wonach der Tatbestand verbotener gottesdienstlicher Gemeinschaft enger umschrieben wurde und zwar für den Verkehr mit Exkommunizierten, die einen Kleriker angegriffen hatten, wobei die Tat hinlänglich bekannt war, und mit solchen, die durch kirchlichen Richterspruch ausdrücklich exkommuniziert waren, wenn dies öffentlich bekannt gemacht wurde.[1] In einer anderen Fassung der Constitutio[2] werden als "vitandi"[3] die mit der Zensur Belegten umschrieben, ohne daß über die öffentliche Bekanntmachung dieser Strafmaßnahme noch weitere Formalitäten verlangt werden; dadurch würde also nur der Rechtszustand bestätigt, wie er bisher herrschte. Die Kanonistik sprach nach anfänglich kontroverser Diskussion bald der Konstanzer Fassung Rechtskraft zu.[4] Festzuhalten bleibt hinsichtlich

---

1) "Ad evitanda scandala et multa pericula, subveniendumque conscientis timoratis, omnibus Christi fidelibus tenore praesentium misericorditer indulgemus, quod nemo deinceps a communione alicuius in sacramentorum administratione, aut receptione, aut aliis quibuscumque divinis, vel extra; praetextu cuiuscumque sententiae aut censurae ecclesiasticae, a iure vel ab homine generaliter promulgatae, teneatur abstinere, vel aliquem vitare, ac interdictum ecclesiasticum observare." (Text der Konstanzer Fassung der constitutio "AD EVITANDA" (Fontes I, S. 58 Nr. 45).

2) Die Basler oder Lateranfassung: "... aut si aliquem ita notorie excommunicationis sententiam constiterit indicisse, quod factum non possit aliqua tergiversatione celari, nec aliquo iuris suffragio excusari." (zit. nach W. Zürcher, Die Teilnahme, a.a.O., 21).

3) Die Unterscheidung von "excommunicati tolerati" und "Excommunicati vitandi" erfolgt ausdrücklich in der Konstitution Pius' IX. "Apostolicae Sedis" vom 12. Okt. 1869 (Fontes III, S. 24ff.; dann auch SC Off. vom 29.7.1933 in: AAS 25 [1933] 333). Demnach sind von dem Verkehrsverbot nur die namentlich Exkommunizierten und ausdrücklich als "vitandi" Bezeichneten betroffen. Ferner wird in dieser Fassung der Konstitution auch die Strafe der excommunicatio minor für den bürgerlichen Verkehr mit den vitandi aufgehoben; das Verbot selbst jedoch bleibt weiterhin bestehen. Nach der Ordnung des CIC 1917 bildet die einzige Ausnahme von dem Grundsatz, daß jede Art von Exkommunikation, die nicht ausdrücklich den Betroffenen als vitandus qualifiziert, den Ausgeschlossenen als toleratus betrachtet, der wegen tätlichen Angriffs auf den Papst verhängte Kirchenbann (c. 2343 § 1 n. 1). Der Unterschied zwischen den Exkommunikationsarten besteht darin, daß der bürgerliche Verkehr mit dem toleratus erlaubt, mit dem vitandus hingegen (ausgenommen Ehegatten, Eltern, Kinder, Diener u. a. Untergebene) untersagt ist (c. 2267). Dem Toleratus ist in gewissem Umfang sogar gottesdienstliche Teilnahme gestattet (passive), dem vitandus nicht (c. 2259 § 2) mit Ausnahme der Teilnahme bei der Wortverkündigung (c. 2259 § 1). Der vitandus verliert die möglicherweise ausgeübten kirchlichen Ämter und Würden sowie jeden mit ihnen verbundenen Versorgungsanspruch (c. 2266). Für Geistliche ist der gottesdienstliche Verkehr mit dem vitandus sogar strafbar (c. 2338 § 2).

der Interpretation der Konstanzer Fassung der Konstitution, daß mit Exkommunizierten nicht einfach synonym nichtkatholische Christen gemeint sind. Die Aussagen der Konstitution lassen also keine Schlüsse auf die Möglichkeit bzw. Unmöglichkeit gottesdienstlicher Gemeinschaft mit nichtkatholischen Gemeinschaften zu.(5) Gerade darin aber unterscheiden sich die Auffassungen der Kanonistik und der römischen Kurie: Während die kanonistische Tradition - wenigstens in den nördlichen Ländern - die Konstitution im Sinne einer grundsätzlichen Erlaubtheit des Kultverkehrs mit den Häretikern und den häretischen Gemeinschaften interpretiert,(6) also unterschiedslos die Konstitution Martins V. auch auf die akatholischen Religionsgemeinschaften anwendet, geht die römische Kurie von dem Grundsatz des Verbotes jeden Kultverkehrs nach dem vormartinischen Recht aus, so daß die Zulassung oder die Duldung einer nichtkatholischen Religionsgemeinschaft zum katholischen Gottesdienst die Ausnahme auf dem Hintergrund des generellen Verbotes bleibt.

II. Die rechtlichen Bestimmungen der Konstitution und ihre Gestaltung in der Folgezeit im einzelnen

Als Grundtenor der Bestimmungen erscheint das Verbot des gemeinsamen Vollzuges gottesdienstlicher Handlungen mit nichtkatholischen Christen.(7) Wenige Ausnahmen hinsichtlich des außersakramentalen Bereiches bilden das Anhören der Predigt(8) und das gemeinsam vollzogene Gebet.(9) Im sakramentalen Bereich gibt es nur eng begrenzte Ausnah-

---

4) Über die Fragen der Rechtsgültigkeit der beiden Fassungen und deren Rezeption in Lehramt und Kanonistik informiert ausführlich W. Zürcher, a.a.O., 20-54.

5) Vgl. A. Völler, Einheit der Kirche, a.a.O., 15.

6) Vgl. etwa die Gelehrten Franciscus Suarez (1542-1617), Johannes de Lugo (1583-1660), Giacomo Pignatelli (1600-1675), Ludwig Engel (um 1630-1674). Diese Autoren gehen davon aus, daß das Verbot des Kultverkehrs mit den Häretikern durch "Ad evitanda" beseitigt ist: die Häretiker haben dieselbe Rechtsstellung wie die excommunicati tolerati, und damit ist jeder Verkehr erlaubt. Grenzen der grundsätzlich erlaubten communicatio in sacris sind gegeben, wenn
1. beim Katholiken Ärgernis oder Anstoß erregt wird, oder der Verdacht entsteht, daß die Katholiken die Riten, Sitten oder Dogmen der Häretiker durch Wort, Zeichen oder Tat bekennen,
2. daraus eine geistige Gefahr für die Seele droht (Glaubensabfall),
3. der Katholik Mittäter ist an dem Verbrechen, dessentwegen der Betreffende exkommuniziert worden ist. Eine Kasuistik erlaubter Handlungen zählt auf: Gebet, Gottesdienst, Predigt, letztes Geleit beim Begräbnis; verboten dagegen ist: sich von Häretikern Weihen erteilen oder Sakramente spenden zu lassen (ausgenommen die Taufe bei Todesgefahr des Täuflings), wenn Ärgernis oder Glaubensabfall zu befürchten sind, oder die Sakramente nach häretischem Ritus gespendet werden. Diese Lehrauffassung kann als unter den Kanonisten einhellig vertretene angesehen werden; vgl. dazu W. Zürcher, Die Teilnahme, a.a.O., 20-31, bes. 26-27, Anm. 92-96.

7) Vgl. S. C. Prop. (1729): Fontes VII, S. 45-47, Nr. 4507; oder S. C. Prop. vom 6.8.1764: Fontes VII, S. 82-84, Nr. 4544.

8) S. C. Off. vom 10.5.1770: Fontes IV, S. 105, Nr. 828 verbietet (regulariter) zwar das Anhören von Predigten der Häretiker und Schismatiker, jedoch darf man von dem "regulariter" auf eine weiträumiger gefaßte Ausnahmepraxis schließen.

9) "... assistere eorum publicis orationibus in templis, non tamen cooperari" (S. C. Off. 9. 5 1663: De Martinis II, S. 127, Nr. 245).

mesituationen, wie z. B. Todesgefahr hinsichtlich der Taufspendung(10)
und des Bußsakramentes,(11) was in der speziellen Auffassung von der
Heilsnotwendigkeit dieser Sakramente begründet ist. Die Haltung bezüglich der Taufpatenschaft aber läßt eine eindeutig negative Tendenz
erkennen: Völlig unmöglich ist die Übernahme einer Patenschaft bei der
Taufe eines Häretikers durch einen Katholiken, wenn die Taufe im nichtkatholischen Ritus gespendet wird.(12)

Bezüglich der Möglichkeit des Eucharistieempfanges durch einen Katholiken bei den getrennten Orientalen wird eindeutig ablehnend entschieden.(13) Erst in späterer Zeit scheint es hierfür positive Aussagen zu
geben.(14) Am häretischen (reformatorischen) Abendmahl ist eine Teilnahme gänzlich unmöglich, da sie einen "actus protestativus" für eine
falsche Sekte darstellen würde.(15) Von einem schismatischen Bischof
Geweihte (Katholiken) sind suspendiert und irregulär.(16)

Auch hinsichtlich des Ehesakramentes ist die Haltung der katholischen
Kirche deutlich negativ. Die Konsenserklärung eines Katholiken vor
einem häretischen Kultdiener läßt diesen zum kultisch Handelnden werden, so daß eo ipso der katholische Teil an einem häretischen Ritus
teilnimmt, was absolut verboten ist.(17) Auch die Teilnahme an anderen
liturgischen Handlungen der Häretiker seitens eines Katholiken wird
kategorisch abgelehnt und zwar auch für den Fall besonders schwieriger
und außergewöhnlicher Situationen, außer es handelt sich bei der frag-
lichen "gottesdienstlichen" Handlung offensichtlich bloß um einen rein
zivilen Akt.(18)

Was die Funeralien betrifft, so gilt es als grundsätzlich unmöglich, daß
ein Katholik durch einen nichtkatholischen Geistlichen beerdigt wird.
Besonders schwierige Situationen machen allerdings hier eine Duldung
möglich.(19) Bei der Teilnahme von Katholiken an den Begräbnisfeier-
lichkeiten von nichtkatholischen Christen ist entscheidend, daß es sich

---

10) Das generelle Verbot spricht S. C. Off. vom 26.9.1668 aus (Fontes IV, S. 20 Nr. 736).
Nur für den extremen Notfall der Todesgefahr des Täuflings wird die Möglichkeit der
Taufspendung durch einen schismatischen oder häretischen Religionsdiener eingeräumt: S.
C. Off. vom 20.8.1671: Fontes IV, S. 27 Nr. 746.

11) Das grundsätzliche Verbot ("... nullo casu, necessitatis, licere ...") in S. C. Prop.
vom 17.2.1761: Fontes VII, S. 79 Nr. 4538 wird lediglich eingeschränkt durch S. C. Off.
vom 7.7.1864 (De Martinis II, S. 641f. Nr. 1040), wonach bei Todesopfer und Unerreich-
barkeit eines katholischen Priesters auch von einem schismatischen (gültig geweihten)
Priester die Absolution gespendet werden kann, wenn keine Gefahr für den Glauben besteht und das Sakrament nach katholischem Ritus gespendet wird.

12) Vgl. S. C. Off. vom 3.1.1871: Fontes IV, S. 317 Nr. 1013.

13) Vgl. S. C. Off. vom 12.9.1726: Mansi 46, 110.

14) Papst Pius X. gab im Jahre 1908 dem ukrainischen Metropoliten die Vollmacht, den Katholiken in Notfällen den Empfang der Sakramente bei den Nichtkatholiken zu gestatten (W.
de Vries, Communicatio in sacris. a.a.O., 280).

15) Vgl. A. Völler, Einheit der Kirche, a.a.O., 19 Anm. 25.

16) Vgl. ebd., 20.

17) Vgl. S. C. Off. vom 7.5.1860: Fontes IV, S. 234 Nr. 959; S. C. Off. vom 26.11.1862:
Fontes IV, S. 243, Nr. 971; S. C. Off. vom 17.2.1864: Fontes IV, S. 248 Nr. 976.

18) Vgl. S. C. Prop. vom 25.4.1902: Fontes VII, S. 544, Nr. 4939.

19) Vgl. S. C. Prop. vom 6.8.1764: Fontes VII, S. 82ff., Nr. 4544.

hierbei nicht eine die Riten und Zeremonien der Häretiker irgendwie
bestätigende Anwesenheit handelt. Kerzen-Tragen oder Mitbeten sind als
Zeichenhandlungen ritueller Anteilnahme verboten. Wo eine entsprechende
Handlung nur noch zivile Gepflogenheit ist, ist eine (auch aktive) Teilnahme möglich.(20) Gleiches gilt für den Leichenzug.(21)

Wie weit die Rechtspraxis geht, um nur offensichtlich jeden Anschein
einer katholischen Anerkennung der Rechtmäßigkeit des nichtkatholischen
Geistlichen und des von ihm vollzogenen Kultes zu vermeiden, zeigt eine
Entscheidung der S. C. Off. vom 19.6.1889, die es einem katholischen
Organisten verbietet, eine Stelle in einer nichtkatholischen Kirche zu
übernehmen.(22) Die Ausübung solcher Tätigkeit erfüllte den Tatbestand
der cooperatio und ist deshalb verboten, weil solches gleichbedeutend
wäre mit der Vorbereitung, Zurüstung und Ermöglichung des nichtkatholischen Kultes. Der Simultangebrauch von Kultstätten wird generell abgelehnt und nur in besonderen Fällen ausnahmsweise gestattet.(23)

Ausdrücklich gebilligt wird lediglich das untätige Gegenwärtigsein beim
nichtkatholischen Gottesdienst im Sinne einer bloßen communicatio materialis. Ansonsten gilt generell das Verbot gottesdienstlicher Gemeinschaft
mit nichtkatholischen Christen im weitesten Sinn. Lediglich um in schwierigen (pastoralen) Situationen größere Übel zu verhindern und zu vermeiden, sprechen die Kongregationen von einer Duldung gewisser Fälle
solcher gotteskirchlicher Gemeinschaft.(24) Der CIC 1917 leistet im
Grunde nur eine gesetzessystematische Kodifizierung der bisher geltenden Rechtsmaterie.

20) Vgl. S. C. Off. vom 13.1.1818: Fontes IV, S. 139-140, Nr. 858; S. C. Off. vom 13.1.
1871: Fontes IV, S. 317, Nr. 1013; S. C. Off. vom 14.1.1874: Fontes IV, S. 339, Nr.
1028.

21) Vgl. S. C. Off., vom 9.12.1745: Fontes IV, S. 76, Nr. 797.

22) Vgl. S. C. Prop. vom 8.7.1889, wo auch die Entscheidung der S. C. Off. enthalten ist:
zit. bei A. Völler, Einheit der Kirche, 32 Anm. 89.

23) Vgl. S. C. Off. vom 1.12.1757: Fontes IV, S. 89f. Nr. 809.

24) Bezüglich der Spendung der Taufe, des Ehesakramentes und der Feier des Begräbnisses
eines Katholiken durch einen nichtkatholischen Priester und über die Teilnahme eines
Katholiken bei einer nichtkatholischen Beerdigung vgl. S. C. Prop. vom 6.8.1764: Fontes
VII, S. 82ff. Nr. 4544.

§ 11: DIE GESETZGEBUNG DES CODEX IURIS CANONICI VON 1917 BEZÜGLICH DER MÖGLICHKEIT GOTTESDIENSTLICHER GEMEIN- SCHAFT ZWISCHEN KATHOLIKEN UND NICHTKATHOLISCHEN CHRISTEN

I. Allgemeine Normen über die Möglichkeit der Teilnahme katholischer Christen am nichtkatholischen christlichen Gottesdienst

Der CIC 1917 faßt seine rechtliche Kernaussage(1) bezüglich der gottes- dienstlichen Gemeinschaft von Katholiken mit nichtkatholischen Christen in c. 1258 zusammen:

§ 1: "Haud licitum est fidelibus quovis modo active assistere seu partem habere in sacris acatholicorum."

§ 2: "Tolerari potest praesentia passiva seu mere materialis, civilis officii vel honoris causa, ob gravem rationem ab Episcopo in casu dubii probandam in acatholicorum funeribus, nuptiis similibusque solem- niis, dummodo perversionis et scandali periculum absit."

1. Die Kulthandlungen (sacra acatholicorum)

Was den materialen Gegenstand der Rechtsbestimmung betrifft, so herrscht Einhelligkeit in der Interpretation, daß "sacra" im Sinne von "sacrae functiones" zu verstehen ist und somit "alle öffentlichen, kirch- lich-gottesdienstlichen Akte umfaßt, die von einem amtlich bestellten Religionsdiener vollzogen werden."(2)

2. Die Teilnahmeformen

Die Bestimmungen "active assistere" und "partem habere" dürfen unter Berufung auf die Partikel "seu" als synonyme Ausdrücke angesehen wer- den.(3) Inhaltlich umfaßt die Bestimmung des c. 1258 § 1 "jedes Teilneh- men an der Gottesdienstfeier, das von dem eigenhändigen Vollzug der Riten und Zeremonien bis zu jedem besonderen ritualgemäßen Verhalten geht und Ausdruck der Zugehörigkeit zur sichtbaren, den Gottesdienst feiernden Gemeinde oder Religionsgemeinschaft ist."(4) Unter "praesentia

---

1) Ausdrückliche Normen finden sich darüber hinaus für das Verbot der Trauung vor einem nichtkatholischen Religionsdiener (c. 2319 § 1) und für das Verbot der Kindertaufe durch einen nichtkatholischen Geistlichen (c. 2319 § 1 n. 3).

2) W. Zürcher, Die Teilnahme, a.a.O., 56: Bedeutsam ist dabei die Abgrenzung von zivilen Akten eines Geistlichen und die mögliche Ausklamerung von Akten, die, weil ohnehin weitgehend profaniert und säkularisiert (z. B. gewisse Zeremonielle von Staatsreli- gionen), nicht mehr (etwa durch Kleidung und Gebet) eindeutig als "sacra functiones" bezeichnet werden können (ebd., 58). Der Terminus "sacra" ist synonym mit "officia divina" (c. 2256 n. 1), womit alle gottesdienstlichen Amtshandlungen einschließlich der Bereitung und Spendung der Sakramente und Sakramentalien erfaßt sind. Vgl. dazu auch K. Mörsdorf, Rechtssprache, 245f.

3) Vgl. W. Zürcher, a.a.O., 70ff. Der unterschiedliche Sprachgebrauch berücksichtigt ebenso wie die adverbielle Bestimmung "quovis modo" die mögliche Vielfalt im Vollzug der Kult- handlungen bei den zahlreichen Religionsgemeinschaften und die unterschiedliche Wertung derselben durch die katholische Kirche (vgl. ebd., 77).

4) Ebd., 77.

passiva" (analog: assistentia passiva) ist das rein untätige Gegenwärtigsein bei den kultischen Vollzügen der Nichtkatholiken ohne das Moment
der inneren Zustimmung gemeint;(5) d. h. solche "praesentia passiva"
kann keinesfalls als Ausdruck der Zugehörigkeit einer Person zu der
jeweiligen Religionsgemeinschaft oder als Zeichen der Anerkennung des
Kultes verstanden werden.(6)

3. Die Duldung einer Kultteilnahme

Unter die geduldeten Sachverhalte fallen nach c. 1258 § 2: "nuptiae,
funera" und "similia solemnia", also durchaus Kulthandlungen im strengen Sinne, nicht etwa nur sog. "res mixtae"(7) oder rein bürgerliche
Handlungen, die ohnehin nicht unter das "haud licitum" von c. 1258 § 1
fallen. Unter "nuptiae" ist die Zeremonie des Eheabschlusses zu verstehen, "funera" bezeichnet die Begräbnisliturgie mit allen ihren Teilen.(8)
"Nuptiae" und "funera" sind Kulthandlungen, bei denen begreiflicherweise besonders häufig das Problem einer gottesdienstlichen Teilnahme im
Sinne von c. 1258 § 2 aktuell wird. "Similia solemnia" benennt alle anderen Kulthandlungen nichtkatholischer Gemeinschaften, bei denen eine
Teilnahme eines Katholiken unter den genannten Bedingungen grundsätzlich möglich ist.(9)

4. Die für die (gestattete) praesentia passiva erforderten Bedingungen

Die Bestimmung "civile officium" meint eine Amtsstellung, eine politische
Funktion, einen Titel, unter dem jemand bei einer Kulthandlung anwesend ist (für den Titel der "Vertretung der katholischen Kirche" ist
dabei dann nur an die Vertretung derselben als politischer Körperschaft
ohne liturgische Kleidung zu denken). "Honoris causa" charakterisiert
eine entsprechende praesentia passiva als Freundes- oder Verwandten-
dienst. Beide Bedingungen wollen zum Ausdruck bringen, daß eine ge-
duldete Teilnahme nur eine solche sein kann, deren inneren Grund eine

---

5) Vgl. A. Völler, Einheit der Kirche, a.a.O., 40.
6) Vgl. hierzu die Aussagen der Rechtsquellen zu c. 1258 § 1 bei W. Zürcher, Die Teilnahme,
   a.a.O., 78f.; als Hauptmotive liegen der Bestimmung des c. 1258 zugrunde die Vermeidung:
   a) einer protestatio falsi cultus (Der Mitvollzug des nichtkatholischen Kultes würde dem
   Selbstverständnis der katholischen Kirche als einziger Heilsanstalt widersprechen und
   den anderen Gemeinschaften des Besitz gleichwertiger Heilsmittel zugestehen); b) des
   periculum perversionis fidei (aus göttlichem Recht erfließende ratio jeder kirchlichen
   Rechtsnorm, somit auch Schranke jedes erlaubten gottesdienstlichen Verkehrs mit Nichtkatholiken); c) des periculum scandali (ebenso aus ius divinum genährte Normbestimmung).
7) Unter "res mixtae" sind nach K. Mörsdorf (KR, II, 12. Aufl., 3) "weltliche Sachen mit
   geistlichem Einschlag" gemeint, z. B. Jugenderziehung, Armenpflege, wobei diese Qualifi-
   zierung den möglichen sakramentalen Charakter eines Vollzuges nicht ausschließt (W.
   Zürcher, a.a.O., 64). Mit dem kanonistischen Begriff "res mixta" läßt sich jedoch in
   Bezug auf c. 1258 nicht operieren, da er diesem rechtsterminologisch nicht kompatibel
   ist: Res mixtae (z. B. die Ehe) ist vergleichbar mit "sacra", weil der hier zugehörige
   Begriff "functiones" lauten muß, nicht "res" (vgl. W. Zürcher, a.a.O., 61-65).
8) Die liturgischen Handlungen im Haus des Verstorbenen, Prozession, Totenmesse oder -fei-
   er, Gottesdienst am Jahrestag des Verstorbenen.
9) Vgl. W. Zürcher, a.a.O., 86.

(an den Teilnehmer als "Privatperson" gebundene) Eigenschaft ist, und nur eine solche, die nicht den Verdacht einer protestatio falsi cultus entstehen läßt. Hinzukommen muß nach der eindeutigen Tendenz der Entscheidungen der römischen Kongregationen als zusätzliche Bedingung (nicht nur als Charakterisierung der bereits genannten Bedingungen) eine gravis ratio, eine dem kirchlichen Verbot übergeordnete Pflicht der Nächstenliebe zum Beispiel.(10)

5. Das Verhältnis des c. 1258 § 1 zum ius divinum

Es wurde bereits erwähnt, daß die Verhinderung der pericula scandali et perversionis fidei sowie der protestatio falsi cultus Normen göttlichen Rechtes für das Verbot jeder tätigen Teilnahme eines Katholiken am nichtkatholischen Kult darstellt. Während einige Autoren(11) nun c. 1258 § 1 in seinem ganzen Umfang als direkten Ausdruck göttlichen Rechtes sehen,(12) betrachten andere die Bestimmung dieses Canons im kirchlicen Gesetz von 1917 nicht als direkt positiv-rechtlichen Ausdruck göttlichen Rechtes und halten die Möglichkeit einer assistentia activa bei den Sakramenten von nichtkatholischen Gemeinschaften, die gültig geweihte Priester haben offen, sofern nicht eine protestatio falsi cultus dadurch gegeben ist oder das periculum scandali et perversionis fidei besteht.(13)

6. Die Sanktion

C. 1258 gibt für die Verletzung des Verbotes keine Straffolge an. Diese ist aber aus c. 2316 zu entnehmen:"... qui communicat in divinis cum haereticis contra praescriptum c. 1258, suspectus de haeresi est."(14) Der Häresieverdacht hat zunächst Sanktionen kirchlicher Ehrminderung zur Folge. Unterläßt der Verdächtige nach 6 Monaten seit der Verhängung der Strafe die verbotene Teilnahme nicht, tritt ipso facto die Exkommunikation ein.(15)

10) Vgl. A. Völler, Einheit der Kirche, a.a.O., 40f.
11) Vgl. etwa U. Beste, Introductio, 684; I. J. Szal, The Communication, 43f.
12) Wie läßt sich dann aber die Frage nach der Berechtigung der durch CIC 1917 gegebenen Möglichkeiten einer tätigen Anteilnahme in extremen Fällen beantworten?
13) So etwa A. de Meester, Compendium, III/1, 154; A. Völler, Einheit der Kirche, a.a.O., 41f.; zum Ganzen vgl. H. N. Archambault, Religious Communication in Public Worship with separated Christians, Rom 1966, 43ff.
14) "haeretici" in c. 2316 muß als "acatholici" gelesen werden: W. Zürcher, Die Teilnahme, a.a.O., 98.
15) Vgl. c. 2314 § 1 n. 1 CTC 1917.

II. Die rechtlichen Bestimmungen des CTC 1917 hinsichtlich der Möglichkeit, nichtkatholische Christen zum katholischen Gottesdienst (und
zu den Sakramenten) zuzulassen im einzelnen

1. Die Taufe

C. 731 § 2(16) verbietet, Häretiker und Schismatiker zum Empfang der
(katholischen) Sakramente zuzulassen. Die Taufe nimmt bezüglich dieser
Norm freilich eine Sonderstellung ein, da sie ja das Entstehen der konstitutionellen Kirchengliedschaft erst bewirkt, von der her gesehen jemand überhaupt zum Häretiker oder Schismatiker werden kann. Es hat
also keinen Sinn, bei der Taufe von einer Teilnahme "Andersgläubiger"
am sakramentalen Handeln der katholischen Kirche zu sprechen. Allerdings ist zu beachten, daß nach c. 751 und c. 750 CIC 1917 Kinder von
häretischen oder schismatischen sowie von abgefallenen Eltern nur (katholisch) getauft werden können in Todesgefahr (dann auch gegen den
Willen der Eltern, c. 750) oder außerhalb von Todesgefahr, wenn wenigstens ein Elternteil/Vormund zustimmt (c. 750 § 2n. 1). Das Gesetzbuch
unterscheidet hier also zwischen persönlichen Abgefallenen und den
subjektiv nicht schuldigen) in Häresie, Schisma oder Apostasie Geborenen.(17)

2. Die Sakramente der Buße, der Eucharistie und der Letzten Ölung
(extrema unctio)

Für die Sakramente der Buße, der Eucharistie und der Letzten Ölung
gilt im vollen Sinne das Verbot der Spendung an Häretiker und Schismatiker (c. 731 § 2, bzw. c. 2260(18)). Außerhalb von Todesgefahr
müssen formelle Häretiker und Schismatiker ihrem Irrtum durch eine
formelle abiuratio absagen, um zu den genannten Sakramenten zugelassen
werden zu können. Bei Todesgefahr sind sie, sofern noch bei Bewußtsein, zum Bekenntnis des katholischen Glaubens als Bedingung für den
Sakramentenempfang zu bewegen. Sofern sie nicht mehr in der Lage
sind, ihren Willen zu äußern, dürfen ihnen Letzte Ölung und Absolution gespendet werden, wenn ihr Wunsch danach irgendwie erkennbar
ist.(19)

3. Das Weihesakrament

Für das Sakrament des Ordo wird das Verbot ausdrücklich ausgesprochen in c. 2265 § 1 n. 3: "Quilibet excommunicatus promoveri nequit ad

---

16) "Vetitum est Sacramenta Ecclesiae ministrare haereticis aut schismaticis, etiam bona
    fide errantibus eaque petentibus, nisi prius, erroribus reiectis, Ecclesiae recon-
    ciliati fuerint."

17) Dazu H. Heinemann, Stellung, a.a.O., 65-67.

18) § 1: "Nec potest excommunicatus Sacramenta recipere; imo post sententiam declaratiam
    aut condemnatoriam nec Sacramentalia."
    § 2: "Quod attinet ad ecclesiasticam sepulturam, servetur praescriptum can. 1240 § 1n.
    2.

19) Vgl. S. C. Off. vom 15.11.1941 bei C. Sartory, Enchiridion canonicum seu Sanctae Sedis
    Responsiones, Rom 10 1961, 166.

ordines." Bei nach der Taufe erfolgendem Glaubensabfall,(20) bei post-
baptismalem Abfall in Häresie oder Schisma, tritt hinsichtlich des Weiheempfanges die Irregularität ex delicto ein,(21) wenn die genannten Ver-
fehlungen nach außen in Erscheinung getreten sind,(22) d. h. es ist
eine besondere Befreiung von der Irregularität für den Empfang des
Weihesakramentes erforderlich.(23) Ebenso ist irregulär hinsichtlich des
Weiheempfanges, wer sich außerhalb von Todesgefahr von einem Nichtkatholiken taufen ließ.(24) Nach c. 987 n. 1 schließlich sind Söhne von
Nichtkatholiken am Weiheempfang einfach gehindert.(25)

4. Vollzug und Spendung der Sakramente durch Exkommunizierte

Nach c. 2261 § 1(26) sind Vollzug und Spendung der Sakramente durch
Exkommunizierte grundsätzlich verboten. Ausnahmen sind jedoch möglich,
wenn keine anderen Priester zur Verfügung stehen.(27) In solchen
Fällen können die Sakramente von gültig geweihten Exkommunizierten,
sofern sie nicht "vitandi" sind,(28) erlaubterweise empfangen werden.
Der Katholik muß dabei in jedem Fall eine Verleugnung des Glaubens
vermeiden. Grundlage für die Möglichkeit der Teilnahme eines Katholiken
an den Sakramenten, die außerhalb der katholischen Kirche gültig gespendet werden, ist die Überzeugung, daß die gültig gespendeten Sakramente immer rechtmäßiges Eigentum der katholischen Kirche sind und
bleiben. Dennoch muß der Katholik dabei - und hier zeigt sich wenigstens negativ-andeutungsweise der Ansatz zu einem vertieft ekklesiologischen Sakramentsverständnis - mit einer von der katholischen Kirche
getrennten Gemeinschaft in Verbindung treten und sich somit in gewisser
Weise von der katholischen Kirche trennen, "auch wenn er sich mit jener
Gemeinschaft nicht verbindet, insofern (quatenus) sie getrennt ist,
sondern sich nur mit einer Gemeinschaft vereint, die (quae) tatsächlich
von der katholischen Kirche getrennt ist."(29) Zugleich aber zeigt sich

20) Hierbei ist in jedem Fall auch der Beitritt zu einem Gottlosenbund gemeint: vgl. PCI
vom 30.7.1934: AAS 26 (1934) 494.
21) Im Unterschied zu den Irregularitäten ex defectu, die mit Ausnahme des kirchlichen
Ehrverlustes (c. 984 n. 5) Tatbestände beschreiben, die keinerlei Verschulden auf
seiten der betreffenden Person voraussetzen, implizieren die Irregularitäten ex delictu
eine nach der Taufe begangene schwere Verfehlung (cc. 983-986, bes. 985 und 986).
22) Vgl. zum Ganzen K. Mörsdorf, KR, II, 115.
23) Vgl. S. C. Off. vom 28.11.1668 und vom 4.12.1890: Fontes IV, S. 21 Nr. 456.
24) C. 985 n. 2 CIC 1917.
25) Nicht mehr jedoch die Enkel: PCI vom 14.7.1922: AAS 14 (1922) 528; als "filius acatholicorum" gilt auch, wer aus einer Ehe stammt, in der nur ein Elternteil katholisch ist:
PCI vom 16.10.1919: AAS 11 (1919) 478.
26) "Prohibetur excommunicatus licite Sacramenta et Sacramentalia conficere et ministrare,
salvis exceptionibus quae sequuntur."
27) Vgl. c. 2261 §§ 2 u. 3 ferner c. 882: "In periculo mortis omnes sacerdotes, licet ad
confessiones non approbati, valide et licite absolvunt quoslibet poenitentes a quibus-
vis peccatis aut censurie, quantumvis reservatis et notoriis, etiamsi praesens sit
sacerdos approbatus, salvo praescripto can. 884, 2252."
28) In diesem Fall dürfen sie nur bei Todesgefahr um die Spendung der Absolution gebeten
werden und, wenn keine anderen Geistlichen erreichbar sind, auch um die Spendung der
anderen Sakramente.
29) B. Schultze, Das Problem der communicatio in sacris, in: ThGL 51 (1961) 437-446, hier
441f.

positiv betrachtet an dieser Stelle auch die ekklesiologische Unterbelichtetheit als der entscheidende Schwachpunkt der vorkonziliaren Gesetzgebung und theologischen Argumentation in der Frage der communicatio in sacris, da faktisch jeglicher sakramentale Vollzug ausschließlich
unter der objektivistischen Kategorie der Gültigkeit betrachtet und aus
dem ekklesialen Wesensbezug herausgelöst wird.

Beim Sakrament der Taufe wird diese ekklesiale Dimension der Sakramentenspendung auch nach der kodikarischen Gesetzgebung noch sichtbar,
wenn, unbeschadet der Möglichkeit der Nottaufe (cc. 742 § 1; 759 § 1),
die Spendung der Kindertaufe durch einen nichtkatholischen Religionsdiener ausdrücklich verboten wird (c. 2319 § 1 n. 3), offensichtlich
nicht aufgrund der mangelnden Gültigkeit, sondern weil die Taufe eben
einen unveräußerlichen Bezug zu der communio der Glaubenden hat, die
der Spender repräsentiert.

5. Das Ehehindernis der Bekenntnisverschiedenheit (cc. 1060-1064)(30)

Die religiös gemischte Ehe eines Katholiken(31) entweder mit einem
(getauften) nichtkatholischen Christen oder auch mit einem Ungetauften

---

30) Durch die Instructio "De matrimoniis mixtis" der S. C. Fid. vom 18.3.1966 (AAS 58,
1966, 235-239) ist das Mischehenrecht der lateinischen Kirche neu geordnet worden:
Hierbei wurden einige Normen (cc. 1102 § 2; 1109 § 3; 2319 § 1 n. 1) ausdrücklich
aufgehoben und jene bezüglich der Kautelenleistung (bes. c. 1061 § 1 n. 2) ersetzt. Die
Ehehindernisse der Bekenntnisverschiedenheit und der Kultusverschiedenheit jedoch
bleiben weiterhin bestehen (c. 1060; 1070).

31) Als Katholik gilt im Mischehenrecht jeder Christ, der in der katholischen Kirche getauft oder durch Konversion zu ihr gelangt ist, und zwar auch, wenn er vom christlichen
Glauben abgefallen, irrgläubig, aus der Kirche 'ausgetreten' oder von ihr gebannt
worden ist, solange er sich nicht einer nichtkatholischen Religionsgemeinschaft anschließt (E. Eichmann, Das katholische Mischehenrecht nach dem CTC, Paderborn 1921, 11;
K. Mörsdorf, KR, II, 174f.). Die kodokarische Bestimmung hinsichtlich des nichtkatholischen Teils "sectae haereticae seu schismaticae adscriptus" (c. 1060) müßte zutreffender lauten "sectae acatholicae haereticae seu schismaticae adscriptus", da auch getaufte Angehörige einer nichtchristlichen Religionsgemeinschaft als "Nichtkatholiken" im
Sinne des Mischehenrechtes gelten (vgl. zum weiten Umfang des "acatholicus"-Begriffes
im Mischehenrecht des CIC 1917: K. Mörsdorf, Rechtssprache, 133f.). Dies zeigt sich
auch an c. 1065 § 1, der für eine Eheschließung eines Katholiken mit einem nicht einer
secta acatholica angeschlossenen abgefallenen Katholiken lediglich ein Trauungsverbot,
nicht aber das Ehehindernis der Bekenntnisverschiedenheit vorsieht, wie es in dem Fall
wirksam werden würde, wo der betreffende Abgefallene einer secta acatholica beigetreten
wäre (K. Mörsdorf, KR, II, 175). Dabei ist das Kriterium der Zugehörigkeit zu einer
nichtkatholischen Religionsgemeinschaft für die Determinierung des eherechtlichen
"acatholicus-Status" nur zutreffend für einen Christen, der bereits einmal zur katholischen Kirche gehört hat. Demgegenüber ist ein Getaufter, "der nie zur katholischen
Kirchengemeinschaft gehört hat (z. B. ein Protestant) und jede Verbindung mit einer
Religionsgemeinschaft aufgegeben hat, also weder der angestammten noch irgendeiner
anderen Religionsgemeinschaft angehört, ... Nichtkatholik im Sinne des Mischehenrechtes, obgleich der nicht 'sectae acatholicae adscriptus' ist" (ebd.). Bezeichnend für
den eherechtlichen acatholicus-Begriff ist, daß er die völlige Gleichsetzung von Angehörigen einer secta atheistica mit Angehörigen einer nichtkatholischen (christlichen!)

wird vom CIC 1917 grundsätzlich abgelehnt.(32) C. 1060 verbietet den
Abschluß einer Mischehe auf das strengste; das Verbot gilt überall, also

Religionsgemeinschaft impliziert (dazu ausdrücklich PCI vom 30.7.1934: AAS 26 [1934]
494). Lit. zur Mischehenfrage nach CIC 1917: W. Bühler, Katholisch-evangelische Mischehen in der Bundesrepublik nach dem katholischen und evangelischen Kirchenrecht, Heidelberg 1963; G. May, Die kanonische Formpflicht beim Abschluß von Mischehen, Paderborn
1963; K. Mörsdorf, Die Instruktion über die Mischehen, in: FamRZ 13 (1966) 479-483.
32) Nach c. 1064 n. 1 sollen die Seelsorger die Gläubigen vom Eingehen solcher Ehen insoweit irgend möglich abhalten; dasselbe gilt auch für die Ehe mit einem abgefallenen
Katholiken (c. 1065 § 1). Schon seit den ersten Jahrhunderten der Kirche bildeten Ehen
von Christen mit Nichtchristen oder mit Christen, die vom Glauben abgefallen waren, ein
besonderes Problem für die kirchliche Eheordnung. Nachdem jedoch eine eindeutige ntl
Weisung hierzu fehlte, fallen die Beurteilungen solcher Eheschließungen durchaus noch
unterschiedlich aus (vgl. R. G. W. Huysmans, De ortu impedimentorum mixtae religionis
ac disparatis cultus, in: EJCan. 23 (1967) 187-261; J. Haiduk, Mischehe. Eine pastoral-
historische Untersuchung von der apostolischen Zeit bis zum Konzil von Agde [506], Rom
1963, bes. 56-61). Mit dem Beginn des 4. Jh. setzt dann die kirchliche Gesetzgebung
stärker ein und zwar eindeutig ablehnend, wobei auffällt, daß eine Mischehe mit Häretikern und Juden als gefährlicher galt, als eine solche mit Heiden. Besonders streng
waren die Verbote von Mischehen für Kleriker und deren Kinder. Es handelte sich bei all
den kirchlichen Bestimmungen dieser Zeit allerdings lediglich um Verbote und Strafan-
drohungen (z. B. zeitl. begrenzter Eucharistieausschluß), noch nicht aber um Kirchen-
gesetze mit verungültigender Wirkung (z. Ganzen J. G. Gerhartz, Die rechtliche Ordnung,
a.a.O., 4-5). Während im 8. u. 9. Jh. vor allem im Osten die Auffassung herrschte, daß
jede Ehe zwischen einem Katholiken und einem nichtkatholischen Christen gleichbedeutend
war mit einer solchen zwischen Katholiken und einem Nichtchristen, d. h. also nicht nur
unter Exkommunikationsandrohung verboten, sondern auch ungültig war (c. 72 des Trulla-
nischen Konzils, 692), unterschied man im Westen mit dem Aufkommen der Kanonistik im
lateinischen Hochmittelalter zunehmend zwischen den Ehehindernissen der Bekenntnisverschiedenheit und der Religionsverschiedenheit, und legte ersterem keine verungültigende
Wirkung bei, weil man offensichtlich von der größeren Festigkeit der sakramentalen Ehe,
wie sie ja zwischen Getauften bestand, überzeugt war. Die grundsätzliche Haltung der
Kirche aber zur bekenntnisverschiedenen Ehe blieb sowohl in der partikularkirchlichen
wie in der gesamtkirchlichen Gesetzgebung eindeutig negativ, d. h. um erlaubterweise
eine bekenntnisverschiedene Ehe eingehen zu können, war generell eine Dispens vom Hl.
Stuhl erforderlich; die Vollmacht zur Dispenserteilung wurde allerdings später regelmäßig delegiert. Zudem forderten die Päpste seit dem 17. Jh. vom Nichtkatholiken die
vorherige Konversion; rechtlich war also nur die Ehe zwischen Katholiken gestattet; es
mußte, um eine Dispens zu ermöglichen, neben dem Vorliegen schwerwiegender Gründe gewährleistet sein, daß die Kinder katholisch getauft und erzogen wurden und eine Gefahr
für den Glauben des katholischen Partners ausgeschlossen war. Allerdings wurde diese
strenge Ordnung besonders in Deutschland bis hin zur völligen rechtlichen Gleichbehand-
lung von Mischehen mit rein katholischen Ehen faktisch nicht beachtet. Sogar die Min-
destbedingung für die Erlaubtheit einer bekenntnisverschiedenen Ehe, daß die Freiheit
des Katholiken gewahrt sein müsse, seinen Glauben zu leben und die Kinder darin zu erziehen, wurde nicht selten unterlaufen, indem die Kinder je nach ihrem Geschlecht dem
Bekenntnis des Vaters oder dem der Mutter "zugeteilt ("halbiert") wurden (A. Knecht,
Handbuch des katholischen Eherechts, Freiburg 1928, 287ff.). Von römischer Seite
schließlich versuchte man dieser Entwicklung insoweit entgegenzukommen, als nun mehr
vom Nichtkatholiken nicht mehr der vorgängige Glaubenswechsel oder ein diesbezügliches
Versprechen gefordert wurde, sondern lediglich 3 Bedingungen für den erlaubten Eheab-
schluß aufgestellt wurden: "das Versprechen des nichtkatholischen Partners, die freie
Religionsausübung des Katholiken nicht zu behindern; das Versprechen des katholischen
Partners, den Nichtkatholiken zu bekehren, und das Versprechen beider Partner, alle Kin-

auch für überwiegend konfessionell gemischte Länder.(33) Die unter Miß-
achtung des Verbotes trotzdem geschlossene Ehe ist zwar nicht ungültig,
aber unerlaubt, denn die Konfessionsverschiedenheit ist ein verbietendes
Ehehindernis (impedimentum impediens),(34) also von nicht irritierender
Wirkung und durch Dispens behebbar. Voraussetzung für die Dispenserteilung ist, daß göttliches Recht nicht verletzt wird,(35) und gerechte
und gewichtige Gründe vorliegen, wie z. B. die Verhütung größeren
Übels (Abfall des katholischen Teils vom Glauben, Gefahr einer nichtkatholischen oder bloß bürgerlichen Trauung, Schwangerschaft der
Braut, Legitimierung von Kinder).(36) C. 1061 § 1 n. 2 verlangt zudem
noch(37) von dem Nichtkatholiken in der Mischehe, daß er vor dem Eheabschluß mit seinem katholischen Partner das Versprechen abgebe, die
Kinder katholisch taufen zu lassen und im katholischen Glauben zu
erziehen.(38) Ferner sind alle (lateinischen) Katholiken grundsätzlich
nach CIC 1917 zur Gültigkeit ihrer Eheschließung an die Einhaltung der
katholischen Eheschließungsform gebunden,(39) welche vorsieht, daß der

---

der in der katholischen Kirche taufen zu lassen und zu erziehen" (J. G. Gerhartz, Die
rechtliche Ordnung, 8).

33) Die Begründung des Verbotes durch Instr. MatrMixt geht von der Forderung aus, daß der
sakramentale Charakter der Ehe als Zeichen des Geheimnisse der Verbindung Christi mit
seiner Kirche die volle und vollkommene Eintracht der Ehegatten insbesondere in religiösen Dingen erfordere. Näherhin muß die Kirche dafür Sorge tragen, daß durch die
Spaltung im religiösen Bekenntnis begünstigte und geförderte Unzuträglichkeiten im
ehelichen Leben und Ansatzpunkt für den religiösen Indifferentismus verhindert werden
(Schutz des Glaubensgutes bei Eltern und Kinder; dazu K. Mörsdorf, KR, II, 175).

34) Das Ehehindernis der Religionsverschiedenheit hingegen ist trennendes Ehehindernis
(c. 1070), d. h. ohne vorherige Einholung der Dispens von diesem Hindernis ist eine
Eheschließung zwischen einem Katholiken und einem Ungetauften unerlaubt und ungültig.
Im folgenden geht es uns hier lediglich um die bekenntnisverschiedene Ehe.

35) Die Verletzung eines Gebotes göttlichen Rechtes würde die Dispensgewährung von dem
Ehehindernis der Bekenntnisverschiedenheit dort bedeuten, wo die Gefahr des Glaubensabfalles für den katholischen Teil nicht als beseitigt gelten könnte oder die katholische Kindererziehung gefährdet bliebe (c. 1060). Daher müssen zur Dispensgewährung
moralische Gewißheit und (in der Regel schriftlich zu gebende: c. 1061 § 2) Sicherheitsleistungen über beide Bedingungen erbracht werden; sonst ist die Mischehenschließung kraft göttlichen Rechtes verboten (c. 1061 § 1 n. 2 n. 3 § 2); von diesem Verbot
kann auch nicht dispensiert werden, d. h. die genannten Bedingungen sind zur Gültigkeit
der Dispens erforderlich.

36) Vgl. K. Mörsdorf, KR, II, 176.

37) Zur Neuordnung der Kautelenfrage durch Instr. MatrMixt vgl. u. S. 461ff.

38) Eine Zuschärfung dieser Regelung der Dispensfrage hinsichtlich des Hindernisses der
Bekenntnisverschiedenheit und der Kautelenfrage bringt das Dekret des Hl. Officiums vom
14.1.1932 (AAS 24, 1932, 25), insofern es zur Gültigkeit der Dispens verordnet, daß die
Kautelen (mindestens einschlußweise: AAS 33, 1941, 294f.) grundsätzlich immer, auch bei
Todesgefahr in zivilrechtlich gültiger Form erbracht werden müssen. Allerdings wird die
bestehende sittliche Verpflichtung zur katholischen Erziehung der zum Zeitpunkt der
Eheschließung bereits geborenen Kinder von der kanonischen Urgierung ausgenommen (S. C.
Off. vom 16.1.1942: AAS 34, 1942, 22).

39) Zur Geschichte der Entwicklung der katholischen Eheschließungsformpflicht vgl. J. G.
Gerhartz, Die rechtliche Ordnung, 8-12: Bis zum Dekret "Tametsi" des Konzils von Trient
(11.11.1563) kannte die katholische kirchliche Rechtsordnung keine zur Gültigkeit des
Eheabschlusses Getaufter vorgeschriebene genau bestimmte Eheschließungsform. Erst mit
dem tridentinischen Dekret sollte durch die zur Gültigkeit der Ehe eines jeden Getauf-

zur Trauungsassistenz legitimierte katholische Priester die freiwillige Bekundung des Ehewillens beider Partner erfragt und entgegennimmt, und die Ehe vor zwei Zeugen geschlossen wird (cc. 1094-1096 § 1). Diese Formpflicht bindet den (lateinischen) Katholiken auch, wenn er die Ehe mit einem orientalischen Katholiken (diese waren zur Zeit des Inkrafttretens von CIC 1917 formfrei; seit 2.5.1949: MP "Crebrae allatae" c. 90 § 1 n. 1 unterliegen auch sie der kanonischen Formpflicht), oder mit einem (getauften oder ungetauften) Nichtkatholiken eingeht (CIC 1917 c. 1099 § 1 nn. 1-3). Ausgenommen von der Formpflicht waren nach c. 1099 § 2 nur die zwar in der katholischen Kirche Getauften, aber als Kinder von Nichtkatholiken und von Kindheit an im nichtkatholischen Glauben oder ganz ohne Religion Herangewachsenen, wenn sie mit Nichtkatholiken die Ehe schlossen. Jedoch wurde auch diese Ausnahme von Pius XII. zur besseren Gewährung der Rechtssicherheit aufgehoben (mit Wirkung vom 1.1.1949: AAS 40, 1948, 305f.). C. 1102 § 1 schärft nochmals nachdrücklich die Notwendigkeit des aktiven Erfragens des Ehewillens durch den Priester bei Mischehen ein, wobei aber von Ausnahmen zur Vermeidung größeren Übels abgesehen, jede liturgische Feier - insbesondere die Meßfeier - zu unterbleiben hat (c. 1102 § 2); ebenso soll die Mischehenschließung grundsätzlich außerhalb des Kirchenraumes stattfinden, wenn nicht der Ortsoberhirte zur Vermeidung größeren Übels die Eheschließung auch innerhalb der Kirche gestattet (c. 1109 § 3). Bei Mischehen schließlich, die mit Dispens von der katholischen Formpflicht geschlossen wurden, war nach c. 1026 die Bekanntmachung der Eheschließung verboten; der Ortsoberhirte konnte sie gestatten,

---

ten vorgeschriebene Form (Ehewillenserklärung vor dem trauungsbevollmächtigten Priester und vor zwei oder drei Zeugen) den sozialen Mißständen und der enormen Rechtsunsicherheit, die durch die klandestinen Ehen entstanden war, wirksam begegnet werden. In praxi jedoch wurde diese beabsichtigte Wirkung durch das Dekret verfehlt: Da seine Geltung faktisch von der Verkündigung und Rezeption in der Landessprache der jeweiligen Kirchenregion abhing (auf diese Weise sollten durch die Ausnahme der Protestanten deren Ehen vor der Nichtigkeit bewahrt werden), und somit sich eine uneinheitliche regionale und persönlich-individuelle Geltungsbestimmung für das Dekret ergab (Wohnort und Eheschließung in einer "tridentinischen" Pfarrei als Geltungsbedingung; nach Meinung mancher Kanonisten waren auch Eheschließungen von der Formpflicht ausgenommen, bei denen ein Teil der Brautleute vom Gesetz befreit war), wurde die Rechtsunsicherheit durch "Tametsi" eher noch größer; so sah sich die nachfolgende kirchliche Gesetzgebung (vgl. die "Declaratio Benedictina" Benedikts XIV. vom 4.11.1741: Ausnahme der niederländischen Generalstaaten von der tridentinischen Eherechtsgesetzgebung; später entsprechende Ausdehnung der Ausnahmeordnung auf andere Gebiete; Konstitution "Provida" vom 18.1.1906 mit Rechtskraft vom 15.4.1906: nur wegen Formmangels ungültig geschlossene bestehende Mischehen wurden mit Inkrafttreten der Konstitution für das Deutsche Reich gültig, sofern der Ehewille noch vorhanden war; die Einhaltung der katholischen Eheschließungsform war für diesen Bereich nur noch zur Erlaubtheit erforderlich; seit 23.2.1909 Ausdehnung dieser Bestimmung auch auf Ungarn; der Eheabschluß aber vor einem nichtkatholischen Geistlichen war mit Kirchenbann belegt) gezwungen, durch "vereinheitlichende Ausnehmung" von der tridentinischen Gesetzgebung der zu großen, durch "Tametsi" verursachten Gefahr der Verungültigung zahlreicher Ehen und der unüberschaubaren Rechtsunsicherheit entgegenzuwirken. Die entscheidende Vorstufe für die Bestimmung des CIC 1917 zur kanonischen Formpflicht bildete dann aber das Dekret "Ne temere" vom 2.8.1907 mit Rechtskraft vom 19.4.1908, welches für alle anderen Gebiete der lateinischen Kirche einheitlich die Einhaltung der tridentinischen Eheschließungsform zur Gültigkeit des Mischehenabschlusses vorschrieb.

wenn die Dispens bereits vorlag, und aus der Bekanntmachung nicht hervorging, daß es sich um eine Mischehe handelte. In Deutschland freilich war die Praxis gemäß den genannten Ausnahmebestimmungen durchaus die Regel (Eheschließung innerhalb der Kirche, im Rahmen einer Trauliturgie).

Sicherheitleistungen (Kautelen) und Formpflicht bei Mischehen sollten insbesondere dem Schutz des Glaubens des katholischen Teils und der Kinder aus der Ehe dienen. Bedenkt man nun aber, daß auch die nichtkatholischen kirchlichen Autoritäten in ähnlicher Weise auf der nichtkatholischen Trauung und Erziehung aller Kinder bestanden, so mußte eine Mischehe zwischen zwei Christen, die ihren Kirchen im Glauben verbunden waren, "den einen oder den anderen Teil in unerträgliche Gewissenskonflikte stürzen und innerlich unmöglich" sein (Wort der deutschen lutherischen Bischöfe vom 5. Juni 1958, in: HerderKor 12 [1957/58] 518). Der Grundtenor, diese eigentliche innere "Unmöglichkeit" einer derartigen Ehe herauszustellen, tritt im Grunde auch aus allen einschlägigen Normbestimmungen des CIC 1917 hervor (vgl. cc. 1064, nn. 1-3; 1062). Mit der Strafe des ipso facto eintretenden Kirchenbannes ist nach CIC 1917 belegt, wer – an die kanonische Formpflicht gebunden – vor einem nichtkatholischen Geistlichen seinen Ehewillen erklärt oder erneuert (c. 2319 § 1 n. 1), wer als Katholik unter der wenigstens einschlußweise getroffenen Vereinbarung die Ehe eingeht, daß alle oder einige aus der Ehe hervorgehende(n) Kinder nichtkatholisch erzogen werden sollen, wer als Katholik eines seiner Kinder frei und wissentlich von einem nichtkatholischen Geistlichen taufen ließ (c. 2319 § 1 nn. 2 u. 3), ferner katholische Eltern bzw. deren Stellvertreter, die frei und wissentlich eines ihrer katholischen Kinder nichtkatholisch und unterrichten ließen (c. 2319 § 1 n. 4). All diese Tatbestände implizieren zugleich den Tatbestand des Häresieverdachtes (c. 2319 § 2). Schließlich hat das Eingehen einer gültigen bekenntnisverschiedenen Ehe ohne vorherige Dispens vom Hindernis der Bekenntnisverschiedenheit ohne weiteres den Ausschluß von den kirchlichen Ehrendiensten und den Sakramentalien zur Folge (c. 2375). Für die Mischehe gilt wie für die rein katholische Ehe in uneingeschränkter Weise die Norm des CIC 1917, wonach eine unlösbare Verbindung zwischen dem gültigen Vertragsabschluß Getaufter und dem sakramentalen Charakter des Eheabschlusses besteht, d. h. getaufte Christen können keine gültige Ehe schließen, ohne ipso facto eine sakramentale Ehe einzugehen.(40) Wenn nun dies auch für den Fall einer bekenntnisverschiedenen Ehe zwischen einem Katholiken und einem evangelischen Christen gilt, der aus der Glaubensüberzeugung seiner Gemeinschaft kommend, nicht die Sakramentalität der Ehe (im katholischen Sinn) bekennt, so wird wiederum jenes spannungsreiche Konfliktfeld unserer Fragestellung sichtbar, das sich aus der Tatsache ergibt, daß CIC 1917 die nichtkatholisch Getauften eben nicht in deren je eigener ekklesiologischer Beheimatung begreifen und "werten" kann, sondern sie lediglich als rechtlich behinderte Katholiken versteht und sie somit unter die eigene Rechtsordnung vereinnahmt.(41) Insbesondere hat die Fassung des eherechtlichen "acatholicus"-Begriffes, wonach der ekklesiologische Status eines Angehörigen einer nichtkatholischen Religionsgemeinschaft in nichts sich unterscheidet von dem eines

---

40) C. 1012 § 2: "Quare inter baptizatos nequit matrimonialis contractus validus consistere, quin sit eo ipso sacramentum."

41) Vgl. hierzu W. Anymans, Gleichsam häusliche Kirche, in: AfkKR 147 (1978) 424-446.

einer "secta atheistica" Zugehörigen, gezeigt, daß der CIC 1917 den nichtkatholischen christlichen Gemeinschaften keinerlei eigene ekklesiologische Dignität zubilligen kann.(42)

Es wird an diesen Beobachtungen wiederum die spezifisch vorkonziliare katholisch-ekklesiologische Gliedschaftskonzeption deutlich, die erst durch das II. Vatikanische Konzil eine entscheidende Korrektur erfahren hat.

Die kodikarische Regelung der Mischehenfrage ist, was die Dispensmöglichkeit von dem verbietenden Ehehindernis der Bekenntnisverschiedenheit angeht, also nicht Ausdruck einer eigentlich ökumenisch-vertieften ekklesiologischen Neuorientierung katholischerseits, sondern hinsichtlich der komplexen Struktur und der "pastoralen" Sonderstellung des Ehesakramentes eine Konzession an den katholischen Partner.

6. Das Verbot der Doppeltrauung(43)

Nach c. 1063 dürfen die Brautleute auch nach der Dispens von dem Ehehindernis der Konfessionsverschiedenheit im Anschluß an(44) die oder vor der katholische(n) Trauung nicht beim nichtkatholischen Religionsdiener den Ehewillen erklären bzw. erneuern,(45) da dies für den katholischen Partner eine aktive Teilnahme am nichtkatholischen Ritus bedeuten würde, ein Tatbestand, der schon für die einfache Trauung durch c. 1258 § 1 verboten ist.(46) Die Mischehe unterliegt streng der kanonischen Formpflicht. Ihre sakramentale Schließung ist eindeutig und ausschließlich Angelegenheit und Akt in und der katholischen Kirche.

7. Die Tauf- und Firmpatenschaft

Wenngleich die Frage nach der Möglichkeit interkonfessioneller Gemeinsamkeit in der (wechselseitigen) Übernahme des Patenamtes (Taufe oder Firmung) nicht unmittelbar in die Erörterung der Problematik der Sakra-

---

42) Vgl. o. S. 273 Anm. 31.

43) Der Ausdruck "Doppeltrauung" besagt in sich schon "rechtsbegrifflich einen Widerspruch; denn ein und dieselbe Ehe kann in rechtswirksamer Weise nur einmal, nicht zweimal geschlossen werden" (K. Mörsdorf, KR, II, 180).

44) Eine nichtkatholische 'Trauung' - sei es nach oder vor der katholischen Trauung - kann lediglich den Charakter einer um der Gewissensberuhigung des nichtkatholischen Partners willen erfolgenden Einholung von Segen und Fürbitte haben. Nur aus äußerst schwerwiegenden Gründen und mit Erlaubnis des Ortsoberhirten dürfte der katholische Pfarrer bei einer 'nichtkatholischen Trauung' assistieren, vorausgesetzt, daß jede Gefahr des Ärgernisses ausgeschlossen ist (K. Mörsdorf, KR, II, 180).

45) Die Androhung des Kirchenbannes für Katholiken, die vor einem nichtkatholischen Religionsdiener die Ehe schließen (c. 2319 § 1n. 1; ursprünglich war davon allein die Doppeltrauung betroffen: E. Eichmann, in: ThGL 24 [1932] 206ff.; 26 [1934] 442ff.; 27 [1935] 714ff.; durch MP vom 25.12.1953: AAS 46 [1954] 88 wurde sie auf jede Eheschließung von Katholiken vor einem nichtkatholischen Religionsdiener ausgedehnt) wurde durch Instr. MatrMixt n. 7 rückwirkend aufgehoben. Allerdings besteht die Zulassungssperre zu Buße und Eucharistie weiterhin, bis die ungültig geschlossene Ehe rechtlich geordnet worden ist.

mentengemeinschaft gehört, sei sie doch kurz angesprochen, weil auch das II. Vatikanische Konzil (genauer: die Ausführungsbestimmungen zum Ökumenismus-Dekret in dem Ökumenischen Direktorium) darauf eingeht, und weil an dieser Fragestellung auch über die theologisch-ekklesiologische Deutung der Sakramentengemeinschaft Akzente sichtbar werden.

Der CIC 1917 setzt nach c. 765 §§ 1 und 2 zur gültigen Übernahme der Taufpatenschaft das eigene Getauftsein des Paten(47) und die Nichtzugehörigkeit desselben zu einer häretischen oder schismatischen Religionsgemeinschaft voraus. Gleiches gilt für die Firmpatenschaft (c. 795). Das Verbot der Patenschaft für Häretiker und Schismatiker hat seinen Grund darin, daß ihre Patenschaft eine aktive Teilnahme an der katholischen Kulthandlung implizieren würde, wovon sie als Häretiker oder Schismatiker ausgeschlossen sind.(48)

8. Die Trauzeugenschaft

Nach einer Entscheidung des Hl. Officiums(49) können Häretiker und Schismatiker als Trauzeugen geduldet werden, wenn ein schwerwiegender Grund dafür vorliegt und die Gefahr des Ärgernisses vermieden wird.

Nach K. Mörsdorf(50) besteht in der Tat überhaupt keine Schwierigkeit, Nichtkatholiken als Trauzeugen zuzulassen, da die Trauzeugenschaft nur ein Erfordernis der Testifikation des **Ehevertrages** darstelle, wozu lediglich der hinreichende Vernunftgebrauch als Voraussetzung seitens des Zeugen zu fordern ist.(51) Die Bezeugung des Austausches der Ehewillenserklärung kann also auch durch Minderjährige oder Nichtkatholiken geschehen.(52)

9. Der Entzug des kirchlichen Begräbnisses und des Patronatsrechtes (cc. 1240 § 1 n. 1; 1453 § 1)

Neben den genannten anderen Rechtsbeschneidungen im sakramentalen Bereich und in dessen unmittelbarem Umfeld gilt auch die Bestimmung über den Entzug des kirchlichen Begräbnisses und des Patronatsrechtes (c. 1453 § 1) für alle nichtkatholischen Christen ohne Rücksicht darauf, ob es sich dabei um materielle oder formelle Häretiker oder Schismatiker handelt.(53)

---

47) Nur Getaufte können Träger von Rechten und Pflichten sein, wie auch die Ausübung des Patenamtes eines darstellt: G. Graf, Die leges irritantes und inhabilitantes, 41/58.

48) K. Kappel, Communicatio in sacris, a.a.O., 74.

49) S. C. Off. vom 19.8.1891: Fontes IV, S. 469.

50) KR, II, 243.

51) C. 1094 verlangt in der Tat nur zwei Zeugen, über deren Person oder Konfessionszugehörigkeit nichts weiteres ausgesagt ist.

52) Zu fragen bleibt dabei mindestens, ob der Vertragscharakter der Eheschließung in dieser Weise so stark von dem sakramentalen Charakter des Aktes zu lösen ist, ob also eine Trauzeugenschaft denkbar ist, die nicht als solche unabdingbare Teilnahme an sakramentalem Handeln bedeutet.

53) K. Mörsdorf, KR, I, 180.

III. Die Beurteilung der kodikarischen Normen über die Zulassung von Nichtkatholiken zu den Sakramenten der katholischen Kirche auf dem Hintergrund einer vertieften Sicht der Kirchengliedschaft

Bereits 1961 wies B. Schultze(54) in einem Aufsatz zum Problem der Communicatio in sacris darauf hin, daß aufgrund der Tatsache, daß die Taufe ein für alle mal die konstitutionelle Gliedschaft in der Kirche unauslöschlich begründet, bei den getrennten, aber getauften Brüdern und Schwestern eine reale Grundlage für die Möglichkeit einer communicatio in sacris bestehe,(55) trotz allen die volle Gliedschaft in der Kirche hindernden Trennungsfaktoren. Der entscheidende Hinderungsgrund ist, daß der von der katholischen Kirche getrennte Christ nicht "auf seine Gegnerschaft zur katholischen Kirche und auf seine Trennung von ihr verzichten will, da er die katholische Kirche nicht für die einzig wahre Kirche Christi hält, sondern nur die Gültigkeit ihrer Sakramente anerkennt."(56) Voraussetzung für den erlaubten Empfang der Sakramente ist also der gute Glaube und die rechte Absicht, die den Willen, die einzig wahre Kirche zu umfassen, stärker werden läßt, als die gewollte Gegnerschaft zur katholischen Kirche. Im Gegensatz zur kirchlichen Gesetzgebung, die im äußeren Forum beim Getrennten Häresie oder Schisma präsumiert, geht das innere sakramentale Forum von der bona fides des Getrennten aus. Dennoch aber kommt Schultze zu dem Ergebnis, daß "communicatio in sacris an sich (per se), d. h. unter gewöhnlichen Umständen unerlaubt" sei, "weil sie die Verbindung der eucharistischen und sakramentalen Ordnung mit der des Lehr- und Hirtenamtes voraussetzt. Ausnahmsweise aber (per accidens), d. h. unter besonderen Umständen, kann die communicatio in sacris statthaft sein,(57) weil die Sakramente auch außerhalb Eigentum der Kirche bleiben."(58) Mit dieser Argumentation ist im Grunde bereits diejenige des Ökumenischen Direktoriums von 1967(59) im Anschluß an das Ökumenismus-Dekret vorweggenommen, wo die Frage ähnlich mit einer Fallanalyse unter Zuordnung zweier grundlegender Prinzipien (Bezeugung der Einheit der Kirche und Teilgabe an den Mitteln der Gnade) durch eine Ausnahmeregelung auf dem Hintergrund des generellen Verbotes beantwortet wird. Freilich läßt diese "Lösung" zugleich die ekklesiologischen Implikationen des Problems erkennen, die vor allem deutlich werden, wenn die unterschiedlichen Bedingungen für die communicatio in sacris mit den getrennten Orientalen und den aus der Reformation hervorgegangenen Gemeinschaften ins Blickfeld rücken.

Bei näherer Sichtung dieser Zusammenhänge und unter Zugrundelegung eines (wiederentdeckten) sakramentalen Kirchenbegriffes sowie einer (von daher möglichen) ekklesial vertieften Sicht des Taufgeschehens (als Grundlegung einer kirchlichen Beheimatung dort, wo die Taufe gespendet wird) wird das Problem der communicatio in sacris gerade die Brisanz des Ekklesiologischen innerhalb der ökumenischen Frage generell erkennbar machen.

---

54) Das Problem der communicatio in sacris, in: ThGl 51 (1961) 437-446.
55) Vgl. ebd., 442.
56) Ebd.
57) Z. B. bei Todesgefahr, Verfolgung, Haft, Verbannung, dringender seelischer Notlage.
58) B. Schultze, a.a.O., 443.
59) Vgl. DO I, 38 (UR 8); darauf wird im II. Hauptteil/2. Abteilung näher einzugehen sein.

IV. Zusammenfassung: Die ekklesiologische Konzeption und das gegenreformatorische Klima als Grundlage für die kirchlichen Gesetzesbestimmungen zur communicatio in sacris vor dem II. Vatikanischen Konzil

1. Die wesentlichen Entscheidungsgründe

Zusammenfassend läßt sich der den Entscheidungen bezüglich der Möglichkeit gottesdienstlicher Gemeinschaft zugrunde liegende (ekklesiologische) Normkomplex wie folgt skizzieren:
Gottesdienstliche Gemeinschaft ist immer Zeichen und Ausdruck umfassender kirchlicher Einheit. "Wenn eine gottesdienstliche Gemeinschaft zu
einer falschen Aussage über die Kirche,(60) ihr Glaubensbekenntnis,(61)
ihren Kult und ihre Ordnungsstrukturen wird, wird sie unmöglich; ebenso, wenn eine Gemeinschaft für den Teilnehmenden die Gefahr in sich
schließt, vom rechten Bekenntnis abzufallen, oder, wenn sie anderen
zum Anlaß wird zum Abfall vom Glauben oder zur Bezeugung einer nicht
bestehenden Einheit."(62) Der nichtkatholische Kult gilt als "cultus falsus" und ist nicht rechtmäßig; deshalb darf er auf keine Weise bestätigt
oder bezeugt werden, da dadurch ipso facto der falsche Glaube bezeugt
wird.

2. Bemerkungen zur Interpretation der einschlägigen kirchenamtlichen
Dokumente

Für eine adäquate Interpretation der Dokumente hinsichtlich ihrer rechtlichen Aussagegestalt ist es unerläßlich, zu unterscheiden zwischen einer
theoretischen und einer praktischen Möglichkeit bzw. Unmöglichkeit
gottesdienstlicher Gemeinschaft. Die Entscheidungen der Päpste und
Kongregationen sprechen nie eine absolute theoretische Unmöglichkeit
aus,(63) sondern immer nur eine praktische. Sie sind stets Antworten
auf konkrete fall-bedingte Anfragen; die Situationsbedingtheit der entsprechenden Entscheidungen ist jeweils zu beachten; nicht in jedem Fall
ist gottesdienstliche Gemeinschaft zwischen Katholiken und nichtkatholischen Christen durch göttliches Recht verboten. Freilich wird andererseits die theoretische Möglichkeit gottesdienstlicher Gemeinschaft durch
die geforderten Bedingungen(64) faktisch doch zur praktischen Unmöglichkeit. Festzuhalten bleibt aber, daß auch das Verbot von c. 1258 § 1

---

60) Vgl. S. C. Off, vom 19.11.1729: Fontes IV, S. 66 Nr. 788, wo den Gläubigen geboten
wird, von den Handlungen der falschen Sekten fernzubleiben; Ärgernis und Gefahr für den
Glauben sind auszuschließen; vgl. auch die Instructio zur Gottesdienstgemeinschaft von
1729: Fontes VII, S. 45ff.

61) Vgl. die Prop. vom 19.4.1659 an den katholischen Erzbischof von Aleppo (s. W. de Vries,
Rom und die Patriarchate, a.a.O., 380).

62) A. Völler, Einheit der Kirche, a.a.O., 56.

63) Das zeigt auch der Überblick über die Beurteilung der gottesdienstlichen Gemeinschaft
mit den von Rom getrennten Ostkirchen in der Geschichte von W. de Vries, Communicatio
in sacris, a.a.O., 171-281.

64) Der Priester mußte gültig geweiht sein, und die Spendung der Sakramente mußte im katholischen Ritus erfolgen. Ferner muße sicher sein, daß durch eine solche Gemeinschaft im
sakramentalen Vollzug nicht implizit die Sitten und Dogmen der nichtkatholischen Gemeinschaft anerkannt werden: A. Völler, Einheit der Kirche, a.a.O., 58.

nicht als direkt positiv-rechtlicher Ausdruck des ius divinum anzusehen ist.

3. Die ekklesiologische Konzeption der katholischen Kirche vor dem II. Vatikanischen Konzil als Grundlage der Gesetzesbestimmungen zur communicatio in sacris

Nach W. Zürcher(65) hat die katholische Kirche ihre grundsätzliche Haltung zur Frage der gottesdienstlichen Gemeinschaft mit akatholischen Christen seit dem Bestehen der großen nichtchristlichen Religionsgemeinschaften nie geändert. Auch der CIC 1917 hat das nie in Zweifel stehende grundsätzliche Verbot nicht aufgehoben, sondern lediglich gesetzessystematisch kodifiziert.

Die theologisch-dogmatische Basis dieser Haltung ist grundgelegt in der Überzeugung von der absoluten und exklusiven Heilsnotwendigkeit und von der Sichtbarkeit der katholischen Kirche. Das spezifische Verständnis dieser Prinzipien wiederum, das für die Ausbildung der dargelegten Haltung zur Frage nach der Möglichkeit einer communicatio in sacris eigentlich maßgeblich ist, wurzelt in der Konzeption eines Kirchenbegriffes, dessen ursprünglich sakramental-rechtliche Basis im Laufe der Geschichte zunehmend auf das juridische Grundstatut verkürzt wurde, so daß ein - gegenreformatorisch gefördertes - extrem institutionell-hierarchisches Kirchenverständnis schließlich zur schlechthinnigen Identifizierung von Ecclesia Christi und römisch-katholischer Kirche geführt hat.

Diese theologiegeschichtliche Entwicklung ließe sich auch kennzeichnen als eine solche zunehmender ontologischer Verengung des Sakramentalen und einer analogen Tendenz zur Mystifizierung des Hierarchisch-Institutionellen, an deren Ende schließlich faktisch die institutionell verfaßte römische Kirche zur Prolongierung des Wirkens Jesu Christi in Person wird. Die daraus resultierende Einheitsvorstellung läßt als "Lösung" des Problems der Existenz mehrerer getrennter nichtkatholischer christlicher Glaubensgemeinschaften konsequenterweise nur die Rückkehr aller nach Rom zu,(66) da eine ekklesiale Qualität dieser Gemeinschaften gar nicht

65) Die Teilnahme, a.a.O., 104.
66) Vgl. hierzu die Stellungnahme des S. C. Off., vom 16.9.1864: Fontes IV, S. 252ff. Nr. 979. Demgemäß sehen CIC 1917 und die entsprechenden liturgischen Bücher als Wiederversöhnungsform von nichtkatholischen Christen mit der katholischen Kirche ausschließlich die Einzelrekonziliation; vgl. dazu H. Heinemann, Stellung, 85-220: Der ordo ad reconciliandum apostatam, schismaticum vel haereticum des Pontificale Romanum (1596), pars III (fußend auf dem Pontificale des Durandus) bezeugt für die Häretiker-/Schismatiker-Rekonziliation als wesentliche liturgische Elemente die Handauflegung und Anrufung des Hl. Geistes und diesen als Bedingung vorausgehend die Ablegung des Glaubensbekenntnisses und das Abschwören der Häresie durch den reconciliandus. Die Handlung vereinigt gleichsam Buß- und Initiationsritus. Der ungetaufte und der ungültig getaufte Häretiker wurde zudem getauft und gefirmt; der getaufte aber nicht gefirmte Häretiker wurde entsprechend nur gefirmt. Der Apostat hingegen hatte im Unterschied zur vergleichsweise milderen Behandlung der Häretiker und Schismatiker eine lange Bußzeit zu absolvieren, der Aufnahmeritus hatte die Gestalt eines Bußritus (ebd., 90-119). Der Absolutionsritus für Exkommunizierte nach dem Rituale Romanum (1614) beinhaltete die Aufhebung der Ex-

in den Blick kommen kann auf dem Hintergrund der dogmatischen Grundlagen. Gottesdienstliche Gemeinschaft ist als Ausnahmefall nur möglich im Sinne eines Aktes der "Rücksichtnahme" auf rein menschliche Beziehungen zwischen den Angehörigen akatholischer Religionsgemeinschaften und den Katholiken,(67) nicht etwa auf solche ekklesialer Natur. "Eine vorbehaltlose und unbeschränkte Gottesdienstgemeinschaft setzte eine Änderung der katholischen dogmatischen Grundlagen voraus, nämlich das Aufgeben des Anspruchs, ausschließliche und vollkommene Heilsanstalt zu sein."(68)

Durch das II. Vatikanische Konzil hat sich in der Tat diesbezüglich eine differenziertere (ekklesiologische) Sichtweise herausgebildet, nach der erstmals auch die nichtkatholischen christlichen Gemeinschaften in ihrer

---

kommunikation als Zensur und die Rekonziliation des Büßers; es handelt sich hierbei im wesentlichen um eine verkürzte Form des Durandus-Ritus (Gründonnerstagsrekonziliation; ebd., 119-140). Ein Überblick über die Wiederaufnahmeformulare nach den Ritualien der Erzdiözese Köln seit dem Tridentium (ebd., 140-170) bestätigt als zum Grundbestand des Ritus gehörende Elemente des Glaubensbekenntnis, die bedingungsweise gespendete Taufe (soweit erforderlich) und die bedingungsweise (forsan) Aufhebung der Exkommunikation in foro exteriori; daran schloß sich die Zulassung zur Eucharistie an; bei Todesgefahr war auch eine Verkürzung des Ritus möglich. Was die rechtliche Form der Wiederversöhnung betrifft, so muß bei formellen Häretikern, Schismatikern und Apostaten die Aufhebung des rechtlichen Ehrverlustes hinzukommen als Bedingung für die mögliche Eucharistiezulassung (G. May, Die kirchliche Ehre als Voraussetzung der Teilnahme an dem eucharistischen Mahle (= Erfurter Theol. Studien, Bd. 8, Leipzig 1960). Für die Wiederversöhnung von materiellen Häretikern und Schismatikern fodert K. Mörsdorf zudem die Einführung einer hoheitlichen Erklärung über die obex-Aufhebung als Kernbestand des Ritus, da die bedingungsweise Lossprechung von der Exkommunikation, die bisher diese Stelle einnahm, ins Leere geht, wenn sich die Rechtspräsumption der Exkommunikation qua censura als gegenstandslos erweist (KR, III, 419). Ein neugestalteter Heimholungsritus würde demnach als zentrale Elemente beinhalten müssen: Glaubensbekenntnis - evtl. bedingungsweise Taufspendung - hoheitliche Erklärung der obex-Aufhebung - Beichte (Lossprechung) - Firmung - Eucharistie (H. Heinemann, a.a.O., 214-217).
Wiederversöhnungsform und -praxis in der katholischen Kirche bis vor dem II. Vatikanischen Konzil zeigen also deutlich, daß diese die "acatholici" wohl unterscheidet in formelle (schuldhafte) Häretiker-Schismatiker-Apostaten, welche sie mit dem Bann belegt (CIC 1917 c. 2314 § 1, cc. 2259-2267, wobei ein Anschluß des Gebannten an eine nichtkatholische Religionsgemeinschaft den rechtlichen Ehrverlust - infamia iuris: c, 2314 § 1 n. 3 - ipso facto zur Folge hat; es handelt sich dabei um eine Strafverschärfung zum Kirchenbann oder zur Gottesdienstsperre; im Ggs. zur infamia facti - c. 2294 § 2 - hört die infamia iuris nicht auf mit der Wiederherstellung des guten Rufes, sondern dauert auf Lebenszeit und kann nur durch Begnadigung seitens des Hl. Stuhles aufgehoben werden; zu den Einzelwirkungen vgl. G. May, Die Infamie im Strafmittelsystem des CIC, 304; 318-328; ders., Die kirchliche Ehre, a.a.O., 100; c. 2294 § 1), und in materielle (nicht subjektiv schuldhafte) Häretiker und Schismatiker, die durch Sperre an der faktischen Ausübung ihrer Gliedschaftsrechte gehindert, also eigentlich rechtlich behinderte Katholiken sind, deren 'Wiederaufnahme' in die katholische Kirche sich dementsprechend auch von derjenigen der formellen Häretiker-Schismatiker-Apostaten unterscheidet (H. Heinemann, a.a.O., 83f.). In keinem Fall aber bekommt der CIC 1917 die getauften acatholici auch in deren ekklesialer Beheimatung in den Blick; vgl. zum ganzen auch K. Mörsdorf, Der CIC und die nichtkatholischen Christen, a.a.O.

67) W. Zürcher, Die Teilnahme, a.a.O., 104.
68) Ebd.

ekklesialen Qualität annähernd begriffen werden können, indem die sakramentale Deutung der Kirche wieder in das rechte Lot gerückt worden ist.[69] Hinsichtlich der veränderten nachkonziliaren Rechtslage in Bezug auf die ökumenische Gottesdienst- und Sakramentengemeinschaft geht es somit nicht "um eine bloß 'mildere Praxis'", sondern "um Anpassung an ein verändertes Kirchenverständnis."[70] Die Wiederherstellung des "sakramentalen Lotes" im Kirchendenken durch das II. Vatikanische Konzil bedeutet freilich nicht nur die Korrektur der typisch katholischen Versuchung zu "soteriologischer Autonomisierung" der sichtbar-institutionellen (römischen) Kirche, sondern auch die Wiederfreilegung des Gedankens von der "Ausdrucks-Dimension" des sacramentum-ecclesia für die und von der "res" des corpus Christi mysticum. Gerade darum wird sich aus der Konfrontation der Konzils-Ekklesiologie mit der konkret-praktischen Frage nach der Möglichkeit sakramentaler Gemeinschaft zwischen der katholischen Kirche und nichtkatholischen christlichen Gemeinschaften die ekklesiologische Dimension der ökumenischen Frage aufzeigen lassen.

---

69) W. Zürcher vermutete 1961, daß eine Modifizierung der Lehre von der Zugehörigkeit zur Kirche dazu führen könnte, "daß gewisse akatholische christliche Kulthandlungen im Verhältnis zu katholischen Kulthandlungen nicht mehr als ein aliud gewertet werden, sondern als ein minus zum plus" (ebd., 105). In der Tat scheint damit die Richtung angegeben, in die das II. Vatikanische Konzil mit dem Theorem von den "kirchenbildenden Elementen" außerhalb der katholischen Kirche (UR 3, 2), ging.

70) M. Kaiser, Ökumenische Gottesdienst- und Sakramentengemeinschaft, in: GrNKirchR, 456-460, 456.

II. HAUPTTEIL:

Der sakramentale Kirchenbegriff des II. Vatikanischen Konzils und seine ökumenische Relevanz insbesondere im Hinblick auf die Frage nach der Möglichkeit sakramentaler Gemeinschaft zwischen katholischen und nichtkatholischen Christen

1. Abteilung:

Theologische Grundlagen der Aussagen zur Möglichkeit sakramentaler Gemeinschaft zwischen katholischen und nichtkatholischen Christen nach den Dokumenten des II. Vatikanischen Konzils

§ 12: GRUNDLEGENDE NEUE AKZENTE IN DER EKKLESIOLOGIE

Ein nicht unbedeutender Wandel des Selbstverständnisses der katholischen Kirche durch das II. Vatikanische Konzil mußte auch seine Auswirkungen haben auf die Wertung der nichtkatholischen Gemeinschaften und somit auf die Beurteilung der Möglichkeiten sakramentaler Gemeinschaft mit diesen. Durch das II. Vatikanum wurde die Frage der Sakramentengemeinschaft geradezu erstmals offiziell und reflex thematisiert, während sie in der vorkonziliaren Periode ein Schattendasein bestenfalls als "Grenzfall der kasuistischen Moral"(1) geführt hatte und deshalb das kirchliche Bewußtsein kaum erreicht, geschweige denn geprägt hat. Bezeichnend für den nun einsetzenden Wandel ist ein neuartiger "Geist des Ganzen"(2), der gegen die "Einseitigkeiten der nachtridentinischen Kontroverstheologie"(3) ein neues Klima schaffen konnte, wie es besonders in der Kirchenkonstitution und im Ökumenismus-Dekret sich ankündigt.

I. Ein neues Klima - die "bona fides"

Über das "Milieu" des interkonfessionellen Klimas der vorkonziliaren Periode kann in anschaulicher Weise der Sprachgebrauch des CIC 1917 Aufschluß geben: In seinem ausschließlich personalistisch orientierten Ansatz kann das Gesetzbuch der vorkonziliaren Kirche die Wirklichkeit der bekenntnismäßigen Gemeinschaftlichkeit nichtkatholischer Christen überhaupt nicht in den Blick bekommen, so daß bei der rein auf die Katholiken und die diese betreffenden Seelsorgsbelange konzentrierten Interessensgrundlage dieser Rechtsordnung die nichtkatholischen Christen nur in der negativen Sicht ihres Getrennt-seins von der katholischen Kirche (als einzelne rechtlich behinderte Katholiken) erfaßt werden können. Ausdrücklich ist von einer Gemeinschaft der nichtkatholischen Christen nicht die Rede, sondern lediglich von "secta haeretica seu schisma-

---

1) A. Ahlbrecht, Neue katholische Gesichtspunkte zur Frage der Kommuniongemeinschaft, a.a.O., 299.

2) A. Grillmeier, Geist, Grundeinstellung und Eigenart der Konstitution "Licht der Völker", in: G. Baráuna (Hrsg.), De ecclesia I, 140-154, hier 142.

3) Ebd.

tica" oder von "secta acatholica".(4) Wenngleich die, religiossoziologisch gesehen, pejorative Note der deutschen Übertragung "Sekte" dem lateinischen Begriff "secta", der lediglich die objektive Tatsachenfeststellung des Abgeschnitten-Seins(5) beinhaltet, nicht entspricht, ändert dies nichts an der Tatsache, daß CID 1917 mit dieser Terminologie über nichtkatholische Christen lediglich hinsichtlich ihres Getrennt-Seins von der katholischen Einheit handeln kann und völlig neutrale Vereinigungen (secta acatholica)(6) bezeichnen kann und das Gesetzbuch auch nicht an einer genaueren innerchristlichen Differenzierung (Methodisten, orthodoxe, protestantische Christen) interessiert ist.

Im Sprachgebrauch des II. Vatikanischen Konzils nun finden sich die Termini "secta" oder "secta acatholica" überhaupt nicht mehr.(7) Das Konzil spricht statt dessen von den "fratres seiuncti" (LG 67, 1; 69,1; UR 4, 2 u. a.), den "fratres nostri seiuncti" (UR 1, 2), den "fratres a nobis seiuncti" (UR 3, 3; 3, 5; 4, 6; 4, 8) oder von den "fratres nondum nobiscum in plena communione viventes" (GS 92, 3). Es kündigt sich damit schon terminologisch(8) ein Wandel im interkofessionellen Klima

---

4) Vgl. CIC 1917 cc. 167 § 1 n. 4; 765 n. 2; 795 n. 2; 1060; 1240 § 1 n. 1: dazu auch W. Aymans, Das Weihesakrament im Lichte der communicatio in sacris, a.a.O., bes. 175.

5) Vgl. dazu K. Mörsdorf, Rechtssprache, 134ff.; 143.

6) Vgl. zur kodikarischen Gleichstellung von "secta atheistica" und "secta acatholica" E. Eichmann, Gottlosenbünde und das Kirchenrecht, in: ThGl 27 (1935) 310-322. Ein bezeichnendes Licht auf das solchermaßen geprägte interkonfessionelle Klima wirft auch c. 1325 § 3 CIC 1917, der interkonfessionelle Kontakte, wie z. B. auch Religionsgespräche, erheblich erschwert.

Zur ekklesiologischen Beurteilung dieser Segregationsstrategie aus "konfessionssoziologischer" Sicht vgl. F.-X. Kaufmann, Kirchliche Institutionen und Gegenwartsgesellschaft, a.a.O., bes. 65-68.

7) Vgl. X. Ochoa, Index Verborum cum Documentis Concilii Vaticani Secundi, Rom 1967.

8) Dieser durch das Konzil initiierte terminologische Wandel findet auch seinen Niederschlag in den erneuerten liturgischen Büchern: So bestimmt die Ritenkongregation zur Einführung der "Variationes in ordinem Hebdomadae sanctae inducendae" vom 7. März 1965, die Texte in den liturgischen Büchern, die irgendwie die Frage nach der Einheit der Kirche thematisierten, mögen geändert werden, "damit sie mit dem Geist und den Dekreten des Zweiten Vatikanischen Konzils übereinstimmen" (AAs 57, 1965, 413). Demgemäß wurde die Karfreitagsbitte "Pro haereticis et schismaticis" (seit etwa 250 bis 1955) abgewandelt in "Pro unitate Ecclesiae" (Überschrift von 1955 bis 1965) und seit 1965 (bis 1970) in "Pro unitate Christianorum". Der Text der alten Gebetseinladung wurde fallengelassen: "Oremus et pro haereticis et schismaticis: ut Deus et Dominus noster eruat eos ab erroribus universis; et ad sanctam matrem Ecclesiam catholicam atque apostolicam revocare dignetur." Das Missale Romanum (1970/1975) übernimmt die Gebetseinladung "Pro unitate christianorum" und stellt im Gebet das allen Christen Gemeinsame, den Glauben an Jesus Christus an die Spitze; statt der Rückkehr aller zu (katholischen) Kirche wird die lebendige Realisierung der Wahrheit erbeten, welche zur Sammlung aller Christen in die eine Kirche führen soll: "Oremus et pro universis fratribus in Christum credentibus, ut Deus et Dominus noster eos, veritatem facientes, in una Ecclesia sua congregare et custodire dignetur." Das neue Meßformular (A) für die Einheit der Christen bittet: "Omnipotens sempiterne Deus, qui dispersa congregas et congregata conservas, ad gregem Filii tui placatus intende, ut quos unum baptisma sacravit, eos et fidei iungat integritas et vinculum societ caritatis." Ferner wurde der Titel des Formulars im Missale Romanum (1570-1962) "Ad tollendum schisma" im neuen Missale (1962-1970) geändert in "Pro Ecclesiae unitate" (vgl. dazu Variortiones in Breviario et Missali Romano Nr. 6: AAS 52,

an, dessen dogmatische Wurzel bzw. Konsequenzen noch eingehender zu zeigen sind. Nicht mehr die gegenreformatorisch motivierte "mala fides" sondern die gegenseitige Anerkennung der "bona fides" prägt das Verhältnis der Konfessionskirchen zueinander. Bestimmend wird das gemeinsame Bewußtsein von der Eigenart eines "nichtgetrennten Getrenntseins": Die Trennung ist demnach nicht mehr eine solche durch ein verbindliches Nein zementiertes, sondern ein nichtseinsollendes, wohl aber noch ein gesellschaftliches (und ekklesiales(9)) und geschichtliches Faktum.(10)

II. Die "offene Kirche"

Sprachen die Schultheologie und das kirchliche Lehramt vor dem II. Vatikanischen Konzil vom Mysterium der Kirche nur in sehr exklusiven und restriktiven Formulierungen,(11) so durchbricht das II. Vaticanum dieses statisch-geschlossene ekklesiologische Konzept, indem schon vom Ansatz der Behandlung der ekklesiologischen Frage her nicht versucht

---

1960, 707). Dieses Formular wurde für die Gebetswoche um die Einheit der Christen empfohlen (DO I 22; 24: AAS 59, 1967, 582f.); zur Geschichte des Formulars vgl. E. J. Lengeling, "Pro unitate christianorum", a.a.O., 207-211. Das Missale Romanum (1970-1975) änderte dann in dem Teil "Missae et orationes ad diversa" den Titel "Pro unitate Ecclesiae" um in "Pro unitate christianorum" (ebenso im ordo lectionum, 1969, im Lectionarium III, 1972 sowie im Graduale simplex (1967; 1975); vgl. dazu E. J. Lengeling, a.a.O., 212-214; zum ganzen mit Belegnachweisen, ebd., 204-214.

Auch in CIC 1983 finden sich die Begriffe "haereticus" und "schismaticus" nur noch auf katholische (!) Christen angewandt im Strafrecht (cc. 751; 1364 § 1; vgl. auch cc. 1183; 1184; im Gegensatz zu CIC 1917 cc. 731 § 2; 2314 § 1). CIC 1983 schließt sich in der Benennung von der katholischen Kirche getrennter Christen dem konziliaren Sprachgebrauch an (cc. 825 § 2; 383 § 3; 463 § 3; 844 §§ 3. 4; 908; 933; 1124); darüber hinaus finden sich auch die Bezeichnungen "sodalis" (c. 463 § 3) und "adscriptus" (cc. 124; 1183 § 3) sowie "non catholicus" (cc. 256 §1; 874 § 2; 1118 § 1; 1126; 1127 § 1; 1147; 1170; für nichtkatholische Amtsträger: c. 844 § 2; 1127 § 3); an einer einzigen Stelle begegnet noch der Begriff "acatholicus" (c. 1366; hierzu später; zum ganzen vgl. H. Heinemann, Ökumenische Implikationen, a.a.O., bes. 7-9).

9) Dieser Zusatz wendet sich kritisch gegen die Position K. Rahners, der die sichtbare Verwirklichung einer Vereinigung der christlichen Kirchen bereits für möglich hält, weil das aktuelle faktische Glaubensbewußtsein einer institutionellen Einigung nicht mehr entgegensteht. Der Zustand des (noch) Getrennt-Seins ist damit in der Tat ein bloß gesellschaftlich-geschichtliches Faktum, das im Grunde durch die Normativität des faktisch gelebten Glaubensbewußtseins bereits überwunden ist. Der Repräsentativ-Charakter bestimmter Theologen und kirchlicher Obrigkeiten braucht dabei nicht anerkannt zu werden, d. h. von diesen vorgebrachte, in ekklesiologischen Differenzpunkten begründete Einigungshindernisse haben inzwischen keine Praxisrelevanz mehr (Ist Kircheneinigung dogmatisch möglich, a.a.O., bes. 559; neuerdings wurde diese Position ausführlich dargelegt in H. Fries-K. Rahner, Einigung der Kirchen; dagegen die kritische Erwiderung von evangelischer Seite: E. Herms, Einheit der Christen; zur eingehenderen Auseinandersetzung damit vgl. w. u. Die Position Rahners teilen die konziliaren Aussagen nicht.

10) Vgl. K. Rahner, Vorfragen zu einem ökumenischen Amtsverständnis, bes. 46-54.

11) Vgl. etwa die Bulle "Unam Sanctam" Bonifaz' VIII. DS 870 oder "Mystici Corporis" von Pius XII. (DS 3800-3822, bes. 3821): "Bei einer Wesenserklärung dieser wahren Kirche Christi, welche die heilige, katholische, apostolische, römische Kirche ist, kann nichts Vornehmeres und Vorzüglicheres ... gefunden werden als jener Ausdruck, womit sie als der 'mystische Leib Jesu Christi' bezeichnet wird" (MC deutsch S. 8 Nr. 13).

wird, eine eindeutige Wesensdefinition von "Kirche" zu geben. Vielmehr werden verschiedene Deutungsrichtungen markiert, die in ihrem Gesamt veranschaulichen, wo und wann Kirche sich verwirklicht und Gestalt gewinnt: Zunächst bleibt "Kirche" bedeutungsgleich mit (römisch) katholischer Kirche, d. h. mit jenem christlichen Volk, "das eins ist in der Lehre, den sieben Sakramenten sowie in der Anerkennung einer päpstlichen und kollegialen Autorität."(12) Dann aber führt die "ekklesiale Topographie" über die Ortskirche,(13) die sich zum Gottesdienst versammeln und über die sich aufgrund der Einheit von Wahrheit und Amt im Bischof sich konstituierenden, von Bischöfen geleiteten Teilkirchen hin zu der Aussage, "Kirche" sei die Gemeinschaft der Getauften: "Durch die Wiedergeburt ... werden die Getauften zu einem geistigen Bau und einem heiligen Priestertum geweiht", sagt die Kirchenkonstitution (LG 10), und das Ökumenismus-Dekret spricht von einem "sakramentalen Band der Einheit" zwischen allen Getauften (UR 22). Wenngleich es Hindernisse zur vollen Einheit mit denen gibt, die nicht der katholischen Kirche angehören (UR 22, 3), besteht doch eine geistgewirkte sakramentale Gemeinschaft mit ihnen, auch wenn eine wesentliche Dimension der Verbundenheit mit ihnen fehlt (LG 15).

Diese zunächst im Ansatz mehr von der konkreten Vollzugsgestalt der Wirklichkeit Kirche als von einer dogmatischen Wesensdefinition ausgehende, dadurch ungleich offenere und umfassendere ekklesiologische Betrachtungsart ist charakteristischerweise auch dadurch geprägt, daß sie den "ekklesiologischen Weg" von der Kirche Christi her hin zur konkreten katholischen Kirche und nicht umgekehrt zeichnet,(14) so daß die Balance zwischen der eschatologischen und der konkreten Gestalt der Kirche gewahrt bleibt. Damit ist in der ekklesiologischen Topographie überhaupt erstmals Platz geschaffen für andere ekklesiale Gemeinschaften außerhalb der römisch-katholischen und von der Tauftheologie her auch ein Ansatzpunkt gegeben, die ekklesiologische Qualität der nichtkatholischen Gemeinschaften wenigstens andeutungsweise aussagen zu können.

III. Die ekklesiologische Wirklichkeit der nichtkatholischen christlichen Gemeinschaften(15)

Das Ökumenismus-Dekret spricht in diesem Zusammenhang von Gütern, "aus denen insgesamt die Kirche erbaut wird ...", und die "auch außerhalb der sichtbaren Grenzen der katholischen Kirche existieren" (UR 3, 2). Freilich bleibt die katholische Kirche die Gemeinschaft, die allein die

---

12) G. Baum, Glaubwürdigkeit. Zum Selbstverständnis der Kirche, 33.

13) Vgl. LG 26.

14) Vgl. LG 8, 2: Haec unica Christi Ecclesia ... Haec ecclesia ... in hoc mundo subsistit in Ecclesia catholica ..." dazu: K. Kienzler, Kirche - wo kommen die andern, bes. 227; ebenso P. Bläser, Die Kirche und die Kirchen, 89-107. G. Baum spricht in diesem Zusammenhang von einer "ontologischen Transzendenz der Kirche Christi" (Die ekklesiale Wirklichkeit, 296).

15) Aus der schier unübersehbaren Literatur hierzu seien nur genannt: J. M. Azaeta, Realidad eclesial de las confesiones protestantes?, in: a Ciudad de Dios 49 (1967) 5-42; J. Ruidor, Estructura sacramental de las Iglesias y comunidades christianas no catolicas, in: EE 42 (1967) 207-216; ders., La pertinencia a la Iglesia on los dos primeros capitulos de la Constitution Lumen Gentium del Vaticano II, in: EE 1 (1965) 301-319; G. Baum, Die ekklesiale Wirklichkeit; ders., Ecumenism after Vatican Council II, in:

Fülle der heilsvermittelnden Zeichen bewahrt hat (UR 3, 5; 4, 6). Aber die Anerkenntnis der Existenz kirchenbildender Elemente in nichtkatholischen christlichen Gemeinschaften(16) läßt das exklusive "est" in Verhältnisbestimmung zwischen Kirche Christi und (römisch) katholischer Kirche(17) zu einem "subsistit in" werden, das die wenigstens teilhafte Verwirklichung der Kirche Christi auch außerhalb römisch-katholischer Grenzen nicht einfachhin ausschließt,(18) sondern durchaus - wenngleich auch ganz von der "plenitudo catholicitatis"(19) her bemessen und beurteilt - anerkennt.(20) Natürlich darf diese Kategorie der Wahrheits- und

---

Oecumenica (1967), 149-164; B. C. Butler, Nichtkatholische Christen und ihr Verhältnis zur Kirche; J. Gribomont, Du sacrement de l'Eglise et de ses réalisations imparfaites, in: Irénikon 22 (1949) 345-367; H. Fries. Der ekklesiologische Status der evangelischen Kirche in katholischer Sicht; P. Bläser, Die Kirche und die Kirchen, in: Cath 18 (1964) 89-107; F. W. Kantzenbach, Die ekklesiologische Begründung des Heils der Nichtchristen; weitere Lit. bei E. Lamirande, La signification ecclésiologique des communautés dissidentes et la doctrine des "Vestigia Ecclesiae", in: Istina 10 (1964) 25-57; H. Mühlen, UMP, 494-567.

W. Kasper, Der ekklesiologische Charakter der nichtkatholischen Kirchen, in: ThQ 145 (1965) 42-62; Kasper scheint sich hier für die Bestimmung der Zugehörigkeit der nichtkatholischen Christen zur Kirche Christi des "reapse-voto"-Modells der vorkonziliaren katholisch-ekklesiologischen Tradition zu bedienen. Damit setzt er sich der Kritik J. Ratzingers aus, der aus dem Ansatz Kaspers die in dessen subjektivistischer Konzeption immanent liegende Konsequenz zieht, daß "faktisch eine Gleichstellung dieser Christen mit den Heiden in Sachen Kirchengliedschaft "impliziert sei und somit der vom Konzil bestätigten ekklesiologischen Wirklichkeit der nichtkatholischen Gemeinschaften nicht entsprochen werde" (J. Ratzinger, Das neue Volk Gottes, 101 Anm. 26).

16) Das Ökumenismus-Dekret geht an diesem Punkt noch einen Schritt über die Kirchenkonstitution hinaus, indem es sich von der Betrachtung der getrennten Brüder als einzelne "gläubige Individuen" abwendet hin zu einer Sicht des kirchlich-gemeinschaftlichen Charakters ihrer christlichen Existenz; vgl. B. C. Butler, Nichtkatholische Christen, a.a.O., bes. 692; dazu LG 15,1; UR 2, 5; 3, 3; 4, 2.

17) In einem früheren Entwurf zu Art. 8 der Kirchenkonstitution von 1963 hatte es noch geheißen: "Haec igitur Ecclesia, vera ..., in hoc mundo ut societas constituta et ordinata, **est** Ecclesia Catholica, a Romano Pontifice et Episcopis in eius communione directa." (zur Debatte über das Schema De Ecclesia in der Aula Concilii (1963-1964) vgl. bei L. Boff, Die Kirche als Sakrament, 263-275; zum ganzen A. Grillmeier, Kommentar zum I. und II. Kapitel der Dogmatischen Konstitution, a.a.O., 174 Anm. 29).

18) Die Endfassung von LG 8,2 lautet: "Haec Ecclesia, in hoc mundo ut societas constituta et ordinata, **subsistit in** Ecclesia catholica, a successore Petri et Episcopis in eius communione gubernata, licet extra eius compaginem elementa plura sanctificationis et veritatis inveniantur, quae ut dona ecclesiae Christi propria, ad unitatem catholicam impellunt." Zu der Änderung gegenüber der vorherigen Formulierung bemerkt eine erläuternde Note: "Loco 'est' dicitur 'subsistit in' ut expressio melius concordet cum affirmatione de elementis ecclesialibus, quae alibi adsunt" (Schema Constitutionis De Ecclesia, TPV, 1964, 25). In sonderbarer Spannung dazu steht freilich Art. 2 des Dekretes über die katholischen Ostchristen, wo noch von einer klaren (exklusive Tendenz implizierenden) Identifikation zwischen katholischer (römischer) Kirche und der Kirche Christi die Rede ist ("Sancta et catholica Ecclesia, quae **est** Corpus Christi Mysticum ...").

19) Vgl. dazu L. Jaeger, Das Konzilsdekret "Über den Ökumenismus", 67.

20) A. Grillmeier versteht diese Anerkenntnis nicht als Ausdruck katholischen Identitätsverlustes, sondern als das fruchtbare Bemühen, "in die Trennung hineingerettete wahre Güter der Stiftung Christi" als ekklesiologische Bausteine katholischerseits anzuerken-

Gnadenfülle nicht im Sinne einer numerisch meßbaren Vollständigkeit der Heilsmittel verstanden werden.(21) "Die Fülle bedeutet einen Übergang in die qualitative Ordnung. Sie besagt Vollkommenheit und eine Ganzheit, eine Integrität, die kein Mehr oder Weniger zuläßt."(22)

Der damit von der katholisch-ekklesiologischen Grundoption festgehaltene

---

nen (Kommentar, a.a.O., 174ff.). "Mystici Corporis" hatte noch festgestellt: es "können die, welche im Glauben oder in der Leitung voneinander getrennt sind, nicht in diesem einen Leib und aus seinem einen göttlichen Geiste leben" (deutsche Ausg. S. 10 Nr. 22). Demgegenüber bedeutet die Feststellung und Anerkenntnis durch das II. Vatikanische Konzil (LG 15; UR 3, 2; 4, 8f.), daß es außerhalb der katholischen Kirche Christentum und Heil gibt, wo Glaube an Christus und die Taufe vorhanden sind, einen beträchtlichen ekklesiologischen Fortschritt; daß es auch außerhalb der sichtbaren Grenzen der katholischen Kirche Gnade gibt, ist von der Tradition her nichts schlechthin Neuartiges (vgl. D 2305; 2429); wohl aber, daß diese Gnade ekklesiologischen Charakter und "eigenständige" kirchliche Qualität besitzt, ist ein "ungeheuerer Fortschritt" in der lehramtlichen ekklesiologischen Entwicklung der katholischen Kirche (vgl. O. Müller, Inwieweit gibt es, a.a.O., 1570f.).

21) Die gefahrvolle Tendenz dieser Interpretationsrichtung der sog. "Elementen-Ekklesiologie" moniert auch W. Kasper, wenn er kritisch fragt, ob die katholische Kirche damit nicht einfach selbstherrlich einen letztgültigen Maßstab anlegt, "an dem sie alle anderen mißt, ohne sich selbst unter einen Maßstab zu stellen und einer kritischen Fragestellung zugänglich zu sein" (Der ekklesiologische Charakter, 53; vgl. auch W. v. Löwenich, Der moderne Katholizismus, Witten 1956, 165f.; 181f.). Kritische Stimmen zur "Elementen-Ekklesiologie" ferner: W. Dantine, Die kontroverstheologische Problematik der sogenannten "Ekklesialen Elemente" im Blick auf das ökumenische Gespräch, in: J. Lell (Hrsg.), Erneuerung der einen Kirche (= FS H. Bornkamm), Göttingen 1966, 140-154; W. Dietzfelbinger, Grenzen. a.a.O., 173-180: quantitatives Denken!); auch andere Kirchen erheben den Anspruch, dem Evangelium verpflichtet zu sein: E. Kinder, Evangelische Katholizität, in: KuD 6 (1960) 68-85; F. Heiler, Evangelische Katholizität, München 1926, 150-198. H. Mühlen versucht in seiner pneumatologisch konzipierten Interpretation der konziliaren Aussagen zu den kirchenbildenden Elementen außerhalb der katholischen Kirche dem eigenekklesialen Anspruch, der auch bei den nichtkatholischen Gemeinschaften vorhanden ist, dadurch gerecht zu werden, daß er nicht vereinnahmend von 'Elementen' sprechen will, die außerhalb der katholischen Kirche vorhanden sind, aber eigentlich in die katholische Kirche gehören (bezeichnenderweise gebraucht die zweite Fassung des Entwurfes von UR 4, 6 im Gegensatz zur ursprünglichen nicht das Verb "possideat" sondern "ditata sit" und akzentuiert damit deutlicher das Moment der Unverfügbarkeit, in der der katholischen Kirche selbst ihre institutionelle gnadenhafte Ausstattung zukommt), sondern sieht die getrennten Kirchen ekklesial als jeweilige "Ganzheiten" (Der eine Geist, a.a.O., 340-343), die als solche eine wirkliche geschichtliche Gestaltwerdung des einen Geistes Christi darstellen (vgl. ebd., 357-359; so auch die Konzeption der 3. Weltkirchenkonferenz des ÖRK in Neu Delhi: E. Kinder, Die ökumenische Bewegung 1948-1961, Gladbeck 1963, bes. 28). Demnach ergibt sich für Mühlen als ein erstes ökumenisches Prinzip: "Die Einheit der einen Kirche Christi ist primär die heilsgeschichtliche Entfaltung jener Einheit, welche die Kirche in dem einen Pneuma des geschichtlichen Jesus a priori schon hatte und nicht nur die nachträgliche Vereinigung der jetzt unterschiedenen Kirchen" (ebd., 346). Aufgrund der "Zeitwerdung des Heiligen Geistes" stehen alle christlichen Kirchen "in irgendeiner geschichtlichen Kontinuität mit dem geschichtlichen Jesus" (ebd., 349). In dem Maße, wie die "Konkretheit der geschichtlichen Existenz des übergeschichtlichen Geistes Christi anerkannt, geglaubt und verwirklicht wird" (ebd., 360), wird auch die Einheit der einen Kirche Christi erreicht.

und namentlich von protestantischer Seite kritisierte(23) Grundsatz von
der "institutionellen Beschreibbarkeit" der inneren Heilsdimension der
Kirche und damit von der sakramentalen Dignität des Institutionellen
verweist erneut auf das spezifische Moment der Kontinuität im katholischen Kirchendenken, die zwischen der Fülle Christi und der Fülle der
Kirche auch und gerade in der institutionellen Dimension besteht:(24)
Während evangelische Theologie diese Fülle Christi nur der pneumatischen Kirche zuschreibt, so daß die empirischen Kirchentümer je und je
nur gleichwertig auf diese Fülle hingeordnete Größen sein können,(25)
besteht katholisches Kirchendenken auf dem Anspruch, daß die (katholische) Kirche gerade in ihrer empirisch-institutionellen Struktur Kon-
tinuitätsträger für die und von der Fülle Christi in der Zeit ist. Freilich
zwingt die evangelische Kritik an der "Elementen-Ekklesiologie" und
damit auch an der Auffassung von der institutionellen Beschreibbarkeit
der inneren Heilsdimension der Kirche zu der präzisen "sakramentalen"
Bestimmung des institutionellen Elementes: Dieses kann nur in seiner
theologischen Dignität verstanden werden als radikales "Von" Christus
und "Für" die Menschen in jener Paradoxie, daß sein "Selbststand" genau und nur darin besteht, Funktion von etwas anderem, für etwas
anderes zu sein. Das Institutionelle hat somit kein eigentliches "An-
sich-Sein", es muß sich zugunsten Christi verneinen und zugleich sich

---

22) L. Jaeger, Das Konzilsdekret, a.a.O., 67, G. Baum will in diesem Zusammenhang komplementär zu der doch zwangsläufig mehr quantitativ ausgerichteten Element-Ekklesiologie
eine Ekklesiologie der Ortsgemeinde stärker betonen, die die kirchliche Wesensbestimmung in organischer Weise nach der christologischen Mitte ausloten soll: Der dabei zutage geförderte nicht-institutionelle communio-Aspekt der Kirche ist "nicht mehr statisch, kanonisch festgelegt und strukturell verfestigt" (Die ekklesiale Wirklichkeit,
a.a.O., 300): "Wenn daher eine örtliche Gemeinde einer nichtkatholischen Kirche voll
Glauben des (sic!) Evangelium anhört, das Brot der Einheit bricht und sich wie eine
lebendige Gemeinschaft verhält, dann müssen wir auf der eben entwickelten theologischen
Grundlage fußend sagen, daß sie 'Kirche' ist, gerade wenn wir die institutionellen Un-
vollkommenheiten, unter denen sie leidet, bedauern" (ebd., 301). D. h. konkret und
aktuell kann die Kirche Christi in einer nicht der römisch-katholischen Kirche verbundenen Gemeinschaft in geringerem, gleichem oder höherem Maß verwirklicht sein als in
einer Kirche, die mit der römischen in Gemeinschaft steht (ebd., 301), da das Gnadenhandeln Gottes niemals auf institutionelle Faktoren beschränkt werden oder von diesen
abhängig gedacht werden kann (vgl. auch H. Mühlen, Der eine Geist, a.a.O., 364; J. M.
Azaeta, Realidad eclesial de las confesiones protestantes, in: Ciudad de Dios 49 (1967)
5-42, hier 39f.); zur Kritik an Baums Position vgl. H. Mühlen (Der eine Geist Christi,
a.a.O., 338), der gegenüber Baum festhält, daß ein ökumenischer Ansatz von der Ortskirche her zuerst und vorrangig von der Identität des einen Geistes Christi in den
vielen Kirchen sprechen muß. Zudem bleibt die Frage, wieweit die Trennung von Institution und "innerer" communio im Kirchenbegriff gehen kann. Hatte doch die dogmengeschichtlich-ekklesiologische Betrachtung ergeben, daß als spezifisch katholisches
Moment im Kirchenbegriff gerade die Teilhabe des Institutionellen Faktors (sacramentum
tantum) an der inneren "gnadentlichen" (res) Seite auszumachen ist, und somit ersteres
im Bezug auf letzteres nicht zu einem Adiaphoron werden kann.

23) Vgl. S. 289 Anm. 21; S. 290 Anm. 22.

24) Es handelt sich des näheren hierbei um das kontroverstheologische Problem des Verhältnisses von Ekklesiologie und Eschatologie; vgl. dazu B. Lambert, Das ökumenische Problem, I, Freiburg 1963; Th. Sartory, Die Ökumenische Bewegung, 122ff.

25) Vgl. dazu P. Althaus, Die christliche Wahrheit, Gütersloh 1948, II, 314-320; H. Bacht,
Die Sichtbarkeit, a.a.O.

bejahen als Instrumentum-sacramentum für (aber auch von) etwas anderem (m). Darin liegt sein "Skandalum-Charakter".(26)

IV. Die Gemeinschaft zwischen katholischer Kirche und nichtkatholischen christlichen Gemeinschaften

Entsprechend der katholischen Anerkenntnis kirchenauferbauender Elemente bei den nichtkatholischen christlichen Gemeinschaften gibt es auch Aussagen über eine Verbundenheit der nichtkatholischen Christen (in ihren Gemeinschaften) mit der katholischen Kirche. Eine solche Verbundenheit wird katholischerseits nicht nur hinsichtlich der getrennten orientalischen Kirchen ausgesagt, sondern auch in bezug auf die aus der Reformation hervorgegangenen christlichen Gemeinschaften, die nun nicht mehr nur als "Ansammlungen von Laien"(27) gelten, ohne daß sie zu einer Gemeinschaft kirchlicher Art konstituiert wären. "Allen, die durch die Taufe der Ehre des Christennamens teilhaft sind, ... weiß sich die Kirche ... verbunden", denn sie sind mit Christus verbunden; "ja sie anerkennen und empfangen auch andere Sakramente in ihren eigenen Kirchen (in propriis ecclesiis) oder kirchlichen Gemeinschaften (communitatibus ecclesiasticis)."(28)

V. Die Heilsbedeutung der nichtkatholischen christlichen Gemeinschaften

Von nicht geringem Gewicht sind im Zusammenhang der nachkonziliaren Wandlung des interkonfessionellen Klimas vor allem die Aussagen des Konzils über die Heilsbedeutung der nichtkatholischen christlichen Gemeinschaften: "Auch zahlreiche liturgische Handlungen der christlichen Religion werden bei den von uns getrennten Brüdern vollzogen, die auf verschiedene Weise ... ohne Zweifel tatsächlich das Leben der Gnade zeugen können und als geeignete Mittel für den Zutritt zur Gemeinschaft

---

26) Vgl. L. Boff, Die Kirche als Sakrament, 419; die ökumenische Brisanz dieser sakramentalen "Seins-Struktur" liegt gerade darin, daß das sacramentum-Kirche in seiner radikal instrumentalisierten "Ex-propriation" (für und von etwas anderes[m]) je und auch schon selbst Realsymbol dessen ist, wofür es instrumentalisiert ist; vgl. dazu oben S. 41ff.

27) So die Formulierung des Conventus octavus Congregationis directricis vom 22.3.1868, zit. nach A. Völler, Einheit der Kirche a.a.O., 70 Anm. 35.

28) LG 15; E. Schlink freilich, der in seiner Beurteilung der Ekklesiologie von "Lumen Gentium" aus der Sicht der evangelischen Theologie nach wie vor von einem "engen" Kirchenbegriff mit statischer Einheitskonzeption spricht, der seine Nähe zu "Mystici Corporis" und seine methodischen und sachlichen Schwächen nicht verbergen könne (Zum ökumenischen Dialog, 597ff.), sieht in dem zitierten Passus über den Sakramentenempfang der getrennten Christen "in ihren eigenen Kirchen oder kirchlichen Gemeinschaften nicht eine dogmatische Aussage über deren ekklesiologischen Status, sondern lediglich eine phänomenologische Beschreibung über den Ort des Empfanges; die sog. Elementen-Ekklesiologie impliziere daher nur eine phänomenologische Beschreibung von **Personen** außerhalb der römischen Kirche, nicht jedoch eine solche von deren ekklesiologischer Qualität (ebd., 597). Weitere von Schlink aus evangelischer Sicht monierte Schwächen der Kirchenkonstitution sind: die zu geringe ortskirchliche Akzentuierung der Konzilsekklesiologie (ebd., 598f.); die mangelnde Hervorhebung der Relation Christus-Kirche nach ihrer **differenzierenden** Seite hin (ebd., 599); schließlich betone die Konstitution zu wenig das freie Wirken des Hl. Geistes und der Charismen in der Kirche.

des Heils angesehen werden müssen" (UR 3, 3). Eine Heilsbedeutung
kommt diesen Gemeinschaften aber nur zu durch ihre Verbundenheit mit
der katholischen Kirche, denn "all dieses, das von Christus ausgeht und
zu ihm hinführt, gehört rechtens zu der einzigen Kirche Christi" (UR 3,
2), die in Fülle in der katholischen Kirche verwirklicht ist. Kirchenauf-
erbauende Elemente besitzen von der Catholica getrennte Gemeinschaften
also nur, insofern sie in Verbindung mit der katholischen Kirche stehen.
Entsprechend formuliert das Ökumenismus-Dekret: "Ebenso sind diese
getrennten Kirchen und Gemeinschaften ... nicht ohne Bedeutung und
Gewicht im Geheimnis des Heiles. Denn der Geist Christi hat sich gewür-
digt, sie als Mittel des Heiles zu gebrauchen, deren Wirsamkeit sich von
der der katholischen Kirche anvertrauten Fülle der Gnade und Wahrheit
herleitet" (UR 3, 4). Nur auf dem Weg über die katholische Kirche(29)
also stehen diese Gemeinschaften in Verbindung zu dem einen Heilswerk
Christi. Fundamentales Einheitsprinzip ist somit das eine Heilswirken
Christi und die eine Kirche Christi, in der er es fortführt. Daher stehen
alle nichtkatholischen christlichen Gemeinschaften, insofern sie Zeichen
und Werkzeug des Heilswirkens Christi in der Geschichte sind, immer in
Verbindung mit der katholischen Kirche, denn überall, wo kirchliche
Wirklichkeit gegeben ist, ist die eine Kirche Christi verwirklicht, deren
Konkretisierung in Fülle die katholische Kirche ist als das "generale
auxilium salutis."(30)

Material bewegt sich das Konzil bei der Bestimmung der Heilsnotwendigkeit der Zugehörigkeit zur sichtbaren (katholischen) Kirche durchaus in
überlieferten Bahnen: "Gestützt auf die Heilige Schrift und die Tradition
lehrt sie (die Heilige Synode), daß diese pilgernde Kirche zum Heile notwendig sei",(31) wobei eindeutig die katholische Kirche gemeint ist.(32)
Die Kirche ist heilsnotwendig de necessitate medii,(33) eine Verbindung
mit dem eschatologischen Gottesreich fordert unabdingbar die Zugehörigkeit zur pilgernden Kirche, dem im Mysterium gegenwärtigen Reich
Christi.(34) "Darum könnten jene Menschen nicht gerettet werden, die
um die katholische Kirche und ihre von Gott durch Christus gestiftete
Heilsnotwendigkeit wissen, in sie aber nicht eintreten oder in ihr nicht
ausharren wollten."(35)

---

29) Zu dem Vorwurf und der Problematik der "Vereinnahmungstendenz" einer sog. "Elementen-
Ekklesiologie" vgl. S. 289f. Anm. 21f.

30) UR 3, 5; der Ausdruck stammt aus dem Schreiben des S. Off. an Kardinal Cushing, Erzbischof von Boston vom 8.8.1949 (vgl. American Ecclesiastical Review, 1952, S. 308) und
zeigt deutlich, daß der absolute, freilich nicht mehr personal-exklusive, Heilsnotwen-
digkeitsanspruch der katholischen Kirche nach wie vor materialiter besteht (vgl. E.
Stakemeier, Kirche und Kirchen, 509-514).

31) LG 14, 1.

32) Vgl. Rel. I, 49: "Postulaverunt plures Episcopi ut explicite dicatur de Ecclesia Catholica Romana. Sed de ea re iam dictum est sub n. 8 ... et idia rursus expresse enuntia-
tur in altera aliena huius paragraphi."

33) LG 14, 1: "Unus enim Christus est Mediator ac via salutis, qui in Corpore suo, quod est
Ecclesia, praesens nobis fit." Vgl. Rel. I, 49: "Statuit Commissio indicari necessita-
tem medii ex unico Mediatore Christo; cui assertioni tamen addidit affirmationem tradi-
tionalem de necessitate baptismi."

34) LG 3: "Ecclesia, seu signum Christi iam praesens in mysterio."

VI. Der "inklusive" Kirchenbegriff des II. Vatikanischen Konzils

In den weiteren Aussagen des Konzils wird nun doch verdeutlicht, daß "Kirchen" bei aller geschichtlichen Konkretisierung und gerade in dieser stets transzendenten Größe, als geistgewirkte Gemeinschaft in Christus bleibt, welche über die sichtbaren Grenzen der katholischen Kirche hinausgeht. So etwa, wenn der Begriff "Kirche" auch verwendet wird für das Gottesvolk des Alten Bundes(36) und damit von Abraham aus der Bogen der heilsverheißenden und in Christus sich selbst erschließenden Gottesoffenbarung in die Geschichte hinein gespannt wird, oder, wenn "Kirche" noch umfassender als "Kirche von Abel an"(37) für die ganze Menschheitsfamilie ausgesagt wird, die von Gottes Heilsgnade umfaßt ist. Mit diesem ekklesiologischen Reflex auf die grundsätzliche Geschichtlichkeit des Offenbarungsgeschehens(38) partizipiert auch die Wirklichkeit an jener Seinsstruktur des "ungefragt-verfügt-", "geschichtlich-zugeschickt-" und "nach vorne-in-die-Zukunft-offen"-Seins.(39)

In die dialektische Spannung zwischen den Aussagen von der Universalität des Heilswillens Gottes, der auch in dem Gewissensspruch des Nichtchristen und Nichtgläubigen einen Heilsweg sich zu bahnen gewillt ist(40) einerseits und der Unaufgebbarkeit der Heilsnotwendigkeit der Zugehörigkeit zur katholischen Kirche für alle Menschen (vgl. LG 14) andererseits ist die theologische und existentielle Situation des Kirchenbewußtseins des Konzils eingefangen, welches das schier Unvereinbare zusammenzwingt, nämlich, daß Absolutheitsanspruch und universale Sendung der Kirche und die Existenz eines "außerkirchlichen", außerordentlichen Heilsweges zusammengehen müssen. Das Konzil bedient sich hierzu der Lehre von der Kirche als dem Grundsakrament des und für das Heil(s) der Welt.

L. Boff hat ausführlich dargetan, daß in den Beratungen des Konzils sowohl zur Kirchenkonstitution(41) wie auch zur Liturgiekonstitution(42) von Anfang an das Begriffsfeld sacramentum-mysterium neben dem - wohl von dem Gedanken des signum levatum in nationibus des I. Vatikanischen

---

35) LG 14,1: "Quare illi homines salvari non possent ... Zur Formulierung vgl. Rel I, 49: "In modo loquendi ... vitatur 'indicativus', quia casus consideratus est fere irrealis; zum ganzen: F. Ricken, Ecclesia, 368f.

36) Vgl. LG 9.

37) Vgl. LG 16.

38) Es heißt in der Offenbarungskonstitution "Dei Verbum" des II. Vatikanischen Konzils, Art. 5: "... idem Spiritus Sanctus fidem iugiter per dona sua perficit", ferner in Art. 8: "Haec ... Traditio sub assistentia Spiritus Sancti in ecclesia proficit: crescat enim tam rerum quam verborum traditorum perceptio ..." Demnach gibt es ein Wachstum im Verstehen des Glaubens in geschichtlicher Identität und Kontinuität. Vgl. dazu J. Ratzinger, Kommentar zum Prooemium, I. und II. Kapitel der Dogmatischen Konstitution über die göttliche Offenbarung, in: LThK, Vat., II, bes. 520f. Vgl. dazu näherhin auch H. J. Pottmeyer, Kontinuität, a.a.O., 94ff.

39) Vgl. hierzu K. Rahner, Das neue Bild der Kirche, in: P. Meinhold (Hrsg.), Das Problem der Kirchengliedschaft heute, a.a.O., 116.

40) Vgl. LG 16.

41) Kirche als Sakrament, a.a.O., 229-231; 237-290.

42) Vgl. ebd., 232-237; zu den Aussagen des Konzils über die Kirche als Sakrament in den übrigen Dokumenten der Kirchenversammlung vgl. ebd., 291-295.

Konzils ispirierten(43) - Licht-Motiv ("Lumen Gentium") bestimmend und prägend war. Geradezu als den tragenden Gedanken der Kirchenkonstitution(44) und damit der konziliaren Ekklesiologie schlechthin kann man den Themasatz des ersten Kapitels ansehen: "Die Kirche ist ja in Christus gleichsam das Sakrament (veluti sacramentum), das heißt Zeichen und Werkzeug (seu signum et instrumentum) für die innigste Vereinigung der Menschen mit Gott wie für die Einheit der ganzen Menschheit" (LG 1).(45) "Sacramentum unitatis" ist dabei synonyme Explikation für "sacramentum salutis".(46) Damit lassen sich aus der Sakramentalitätsaussage des Konzils für die Kirche im wesentlichen drei gehaltliche Linien erkennen:
1. Die Kirche ist Mysterium,(47) d. h. in einer strukturellen Analogie zum Geheimnis der Menschwerdung ist die Kirche von "theandrischer" Natur,(48) in der Göttliches und Menschliches, Sichtbares und Unsichtbares ungetrennt und unvermischt verbunden sind, eine realitas comple-

---

43) Zur Frage der theologischen Verhältnisbestimmung der beiden Vatikanischen Konzilien zueinander vgl. H. J. Pottmeyer, Kontinuität und Innovation in der Ekklesiologie des II. Vatikanums, in: G. Alberigo u. a. (Hrsg.), Kirche im Wandel, a.a.O., 89-110.

44) Aus der Fülle der einschlägigen Literatur hierzu in Auswahl: I. Backes, Theologische Grundlagen der 1963 erfolgten Konzilsdiskussionen über die Kirche, in: TThZ 73 (1964) 272-284; Ch. Journet, Le mystère de l'Eglise selon le IIème Concile du Vatican, in: RThom 65 (1965) 5-51.; F. Ricken, Ecclesia, a.a.O.; M. D. Koster, zum Leitbild, in: Ders., Volk Gottes im Werden, a.a.O., 172-193; P. Th. Camelot, Le mystère de l'Eglise, in: VS 102 (1965) 185-205; P. Smulders, Die Kirche als Sakrament des Heils, in: G. Baraúna (Hrsg.), De ecclesia, I, 289-312; J. L. Witte, Die Kirche "Sacramentum unitatis", ebd., 420-453; O. Semmelroth, Pastorale Konsequenzen aus der Sakramentalität der Kirche, in: Wahrheit und Verkündigung (= FS M. Schmaus), II, 1489-1505; W. Küppers, Das II. Vatikanische Konzil und die Lehre von der Kirche, in: IKZ 25 (1965) 69-102; 159-197; 26 (1966) 48-59. U. Horst, Die Kirchenkonstitution des II. Vaticanums. Versuch einer historischen Einordnung, in: MThZ 35 (1985) 36-51; H. Fries, Das Zweite Vaticanum und die katholische Ekklesiologie. Versuch einer Bilanz, in: ebd., 67-88.

45) Dabei bleibt die deutsche Übertragung für den lat. Genitiv ("intimae cum deo unionis ...") durch den Finalakkusativ "für die innigste Vereinigung ..." hinter der vom Urtext insinuierten Nuance zurück, die gerade in dem unlöslichen Ineinander von Zeichen-, Ausdrucks- und Werkzeugfunktion der kirchlichen Wirklichkeit für das von Christus intendierte Heil (die Einheit aller Menschen mit Gott) liegt. L. Boff schlägt daher als adäquate Übersetzung vor: "... Zeichen und Werkzeug für die innigste Vereinigung und von der innigsten Vereinigung ..." (L. Boff, Die Kirche als Sakrament, 277 Anm. 210); vgl. auch LG 48, 2; 9, 3; F. Ricken, Eccl., 369ff.

46) Vgl. LG 1 und 9; LG 13; 48, 2.

47) Zur Konzilsdebatte über diesen ekklesiologischen Modellbegriff vgl. L. Boff, Die Kirche als Sakrament, 264-268.

48) Vgl. zur Erläuterung die Relatio von Bischof Charne super caput I textus emendati schematis constitutionis De Ecclesia, TPV, 1964, 3: "Mysterium Ecclesiae tamen non est figmentum idealisticum aut irreale, sed existit in ipsa societas concreta catholica sub successoris Petri et Episcoporum in eius communione. Non duae Ecclesiae sunt, sed una tantum, quae coelestis simul et terrestris, aeternum Dei consilium revelat, assimilatione sua cum Domino suo, tum in exinanitione, tum in gloriosa victoria." Ferner: "Vox mysterium non simpliciter indicat aliquid incognoscibile aut abstrusum, sed, uti hodie iam apud plurimos agnoscitur, designat realitatem divinam transcendentem et salvificam, quae aliquo modo visibili revelatur et manifestatur. Unde vocabulum quod omnino biblicum est, ut valde aptum apparet ad designandam Ecclesiam" (Schema Constitutionis De Ecclesia, 18).

xa darstellen.(49)

2. Die Kirche ist als Mysterium allumfassendes Sakrament der Einheit der Menschen mit Gott, d. h. Sakrament des Heiles schlechthin.

3. Die Kirche ist nur in Christo signum et instrumentum seu veluti sacramentum der innigsten Vereinigung der Menschheit mit Gott (LG Prooemium). Damit vollzieht das Konzil ausdrücklich eine streng christologische subjekthafte Dezentrierung hinsichtlich der soteriologischen Funktion der Kirche und anerkennt im Gegensatz zu "Mystici Corporis" auch die Grenzen der christologischen Analogie für die Kirchentheologie:(50) Die Kirche ist in ihrer Wirklichkeit nicht in gleicher Weise eine Personeneinheit aus zwei Naturen wie der gottmenschliche Erlöser; sie bleibt in ihrem Funktion- (Werkzeug- und Heilsfrucht-) **Sein** radikal bezogen auf Christus.

Die so verstandene (veluti-!) – sacramentum-Aussage für die Kirche ermöglicht es der Konzilstheologie die Strukturanalogie zwischen Christus und Kirche und damit die soteriologische Dignität des Sichtbar-Institutionellen in der Kirche (Sichtbarkeit und Unsichtbarkeit postulieren und stützen sich gegenseitig) auszusagen, ohne die Kirche damit zur Fortsetzung der Inkarnation oder zum "zweiten Christus" werden zu lassen.(51)

Für die Frage nach dem Verhältnis von unviersalem Sendungsanspruch der Kirche für das Heil der ganzen Welt zur Existenz "außerordentlicher" Heilswege bedeutet das solchermaßen konzipierte sakramentale Aussagemodell für die Kirche, daß diese in ihrer sichtbaren Konkretheit selbst schon "identifikatorisch" das Gestalt- und Ausdruck-geworden-Sein des Christus-Heiles (Leib Christi) ist, andererseits aber letzterem als der sie immer transzendierenden Größe "nur" verweisend gegenübersteht (Braut Christi); die Sichtbarkeitsdimension der Kirche hat den Rang einer necessitas medii für das Christus-Heil, sie ist andererseits nie mit diesem kongruent (eschatologische Ausständigkeit: LG 8; 7, 8). Katholische Ekklesiologie sieht damit die Wirklichkeit (sichtbare) "Kirche" in einer

---

49) Vgl. LG 8; dazu: "Mysterium Ecclesiae adest et manifestatur in concreta societate. Coetus autem visibilis et elementum sprituale non sunt duae res, sed una realitas complexa, complectens divina et humana, media salutis et fructus salutis. Quod per analogiam cum Verbo Incarnato illustratur ... Haec autem Ecclesia empirica mysterium revelat ..." (Schema Constitutionis De Ecclesia, 23). Vgl. dazu auch W. Aymans, Die Kirche - Das Recht im Mysterium Kirche, in: GrNKirchR, bes. 8ff.

50) Vgl. dazu auch die Kritik der Konzilsväter an einer möglichen Überstrapazierung der christologischen Strukturanalogie für die Ekklesiologie bei L. Boff, Die Kirche als Sakrament, 269 Anm. 152; 270 Anm. 156. 157.

51) Auf diesen Moment der Differenz zwischen Christus und Kirche hebt insbesondere die pneumatologisch akzentuierte Interpretationsrichtung der Konzilstheologie bei H. Mühlen ab, der in der pneumatologischen Erweiterung der Analogiebestimmung Christus-Kirche durch das II. Vatikanische Konzil das eigentliche Novum innerhalb der katholisch-ekklesiologischen Lehrtradition sieht (Das Verhältnis, a.a.O., 175-188): Demnach ist die Kirche nicht einfachhin die Fortsetzung der Inkarnation Christi, sondern die geschichtliche Erscheinungsgestalt des übergeschichtlichen Geistes Christi (Die Kirche als die geschichtliche Erscheinung, a.a.O., 270-289, bes. 287) und insofern die sichtbar-gestalthafte Fortsetzung der **Geistsendung** an Jesus Christus (Der eine Geist und die vielen Kirchen). Zu den Konsequenzen dieser Konzeption für die Verhältnisbestimmung der katholischen Kirche zu anderen christlichen Gemeinschaften vgl. w. u.; zur pneumatologischen Grundlegung vgl. insbesondere H. Mühlen, UMP; ders., Der heilige Geist als Person.

diese soteriologisch dezentrierenden, ein ausschließendes Identitätsurteil vermeidenden(52) aber gleichwohl die antizipativ gestalthafte Verwirklichung des eschatologischen Heiles durch sie (die Kirche) implizierenden Hinordnung zum Christus-Heil. Innerhalb dieser bipolaren Spannungsrelation, die das sakramentale Aussagemodell offenhält, finden nun zwei unterschiedliche sakramentaltheologische Grundtendenzen Platz, von denen die eine in transzendentaltheologischem Ansatz das sacramentum mehr als Zeichen für das je und je schon mitgeteilte Heil versteht,(53) und die andere in kategorial-dialogischem Ansatz das sacramentum mehr in seiner werkzeuglich-instrumentellen von dem und zu dem noch nicht gestaltgewordenen und aktuierten Christus-Heil akzentuiert.(54) Das Konzil selbst gibt keine Entscheidung über die Präferenz des einen oder anderen Ansatzpunktes innerhalb der vorgelegten sakramentalen Kirchen Kirchentheologie.

Wohl profiliertester Vertreter der erstgenannten Interpretationsrichtung ist K. Rahner:
Die Kirche ist ihm die "konkrete geschichtliche Erscheinung in der Dimension der eschatologisch gewordenen Geschichte und der Gesellschaft für das Heil, das durch die Gnade Gottes in der ganzen Länge und Breite geschieht. Kirche verhält sich zu diesem Heil der Welt wie in der individuellen Heilsgeschichte sakramentales Wort zur Gnade ... Gnade kann schon gegeben sein, wo das Sakrament noch nicht gegeben ist; Gültiges Sakrament kann noch seine Erfüllung durch die Gnade finden müssen, die durch es angezeigt wird. Ähnlich ist die Kirche die geschichtliche authentische Erscheinung der Gnade, die überall als Heil sich anbietet, die sich zwar in sakramental-geschichtlicher Greifbarkeit und in der Reflektiertheit der ausdrücklichen Predigt des Evangeliums darstellen ... will, nicht aber erst dort geschieht, wo diese Ausdrücklichkeit, gesellschaftliche Sicherheit und worthafte Reflektiertheit sich voll, d. h. kirchlich gegenwärtig setzt ..."(55) Die Kirche ist somit ein

---

52) Vgl. dazu auch F. Ricken, Ecclesia, 372f.

53) Dieser transzendentaltheologische Ansatz birgt in sich offenbar eine gewisse Konvergenz zu spezifisch lutherisch-evangelischem anthropologischem und (rechtfertigungs-) theologischem Denken: Die Vorstellung vom "je und je schon ('vor' aller sakramentalen Ausdrücklichkeit) mitgeteilten Heil" baut offensichtlich auf der anthropologischen Fundamentalperspektive, daß der Mensch immer schon sein wahres Wesen und Sein außer sich hat, ein "ekstatisches Wesen" ist. Die Gnadenwirkung des Christus-Heiles an dem Menschen (extra se) ist daher "nur" die christologische "Einlösung" dieser schon anthropologisch erfaßten "ek-statischen Rechtfertigungsstruktur. Das sakramentale signum dieser Gnadenwirkung hat nach diesem anthropologischen Grundstatus nicht die Bedeutung einer instrumentell wirksamen und von "außen" hinzukommenden Veränderung des Menschen (als eines Wesens, "das in sich selber das ist, was es ist"), sondern die einer zeichenhaft-bestätigenden Einlösung dessen, daß der Mensch nur eigentlich in sich selbst (und damit heil) ist, wenn er ek-statisch, immer schon außerhalb seiner selbst ("in Christus") lebt (vgl. dazu W. Pannenberg, Sakramente und kirchliches Amt, a.a.O., bes. 86-88). Der transzendentaltheologische (katholische) Ansatz und die spezifisch evangelisch-lutherische (rechtfertigungs-) theologisch-anthropologische Position konvergieren offensichtlich wenigstens tendentiell darin, daß beide das sakramentale signum im Hinblick auf die Christus-Gnade (Rechtfertigung aus Glauben) soteriologisch-funktionell mehr signifikativ bestätigend als exhibitiv-zeugend qualifizieren. Zu den entsprechenden ekklesiologischen Auswirkungen vgl. w. u.

54) Zu dieser Kategorisierung vgl. L. Boff, Die Kirche als Sakrament, 274.

55) K. Rahner, Das neue Bild der Kirche, a.a.O., 123-124.

"'Vortrupp", das sakramentale Zeichen, die geschichtliche Greifbarkeit einer Heilsgnade, die weiter als die soziologisch faßbare, die 'sichtbare' Kirche greift."(56) Mit dieser von einem spezifischen transzendentaltheologischen(57) und anthropologischen Ansatz her geprägten Aussagelinie bei K. Rahner wird nun auch eine Gefahr jeder akzentuellen Verschiebung in dem balancierten Gleichgewicht des sakramentalen Aussagemodells für die Kirche sichtbar, die M. Kehl vom institutionstheoretischen Gesichtspunkt her im ekklesiologischen Denken K. Rahners festgestellt hat: Wenn wie im transzendentaltheologischen Ansatz Rahners die Kirche sowohl im weiteren (als die durch Gottes Selbstmitteilung je und immer schon konsekrierte und heilssolidarische Menschheit) wie im engeren Sinn (als die konkrete, sichtbar verfaßte kirchliche Gemeinschaft) als ein Moment der transzendentalen Erfahrung der Gnade Christ immer schon mitgegeben ist,(58) so stellt sich die Frage nach dem genaueren Sinn, den das institutionell verfaßte Kirchentum als "ausdrückliche" Kirchlichkeit gegenüber der allgemeinen, je schon ekklesial verfaßten Heilsordnung hat.(59) Rahner antwortet mit dem Hinweis auf die ekklesiologische Valenz der inkarnatorischen Struktur des christlichen Heilsverständnisses; d. h. das unersetzlich Besondere der institutionell verfaßten kirchlichen Ausdrücklichkeit und konkreten Erscheinung der Gnade liegt darin, daß es als Ausdruck und Realsymbol die geschichtliche Selbstverwirklichung der endgültigen Selbstmitteilung Gottes explizit und gewiß macht als deren eindeutigstes Zeichen und deutlichste Erscheinung.(60)

56) Ebd., 125. Rahner formuliert hier gleichsam die "ekklesiologische Variante" seines transzendentaltheologischen Ansatzes, durch welchen er - komprimiert ausgedrückt in der Rede von den "anonymen Christen" (ST VI, 545-554) - die Kluft der Wirklichkeitsbereiche von Glaube und Unglaube auf die einende Basis einer bloßen Unterscheidung zwischen höherem und geringerem Grad des reflexen Bewußtseins von dem, was unreflex in jedem Bewußtseinsakt durch den diesem wesensgemäßen Vorgriff auf das absolute Sein schon gegenwärtig ist, zurückführt. So die Kritik des Rahner'schen Ansatzes durch R. Schaeffler, Fähigkeit zur Erfahrung, bes. 40-43 und 85f. Zur grundsätzlichen Auseinandersetzung um den transzendentalen Ansatz vgl. auch J. B. Lotz, Transzendentale Erfahrung, Freiburg i. Br. 1978; ders., Zur Klärung der transzendentalen Erfahrung, in: ThPh 58 (1983) 226-237.

57) Analog der Antwort auf die spezifisch transzendentaltheologische Frage nach den Möglichkeitsbedingungen für die Annahme der in der Geschichte ergehenden Selbstmitteilung Gottes, die Rahner mit dem Hinweis auf die transzendentale Verfaßtheit (übernatürliches Existential) des Menschen als das Erst- und Freiverfügte der Selbstmitteilung Gottes (SM IV, 989) gibt, werden von Rahner auch Christus und die Kirche in diesen transzendentaltheologischen Rekurs einbezogen und zwar als in einer bestimmten Weise in dieser (vom übernatürlichen Existential der gnadenhaften Selbst- und Erstmitteilung Gottes an die damit begnadete Geistigkeit des Menschen ermöglichten) transzendentalen Erfahrung "miterkannte" und "mitbejahte" (vgl. B. v. d. Heijden, Karl Rahner - Darstellung und Kritik seiner Grundpositionen, Einsiedeln 1973). Vgl. zum ganzen auch L. Boff, Die Kirche als Sakrament, 314-316; zum Verhältnis von transzendentaler und kategorialer Offenbarung: K. Rahner, Bemerkungen zum Begriff der Offenbarung, in: OÜ, 11-24; zu den ekklesiologischen Implikationen: M. Kehl, Kirche, 181-189.

58) Vgl. St V, 115-135.

59) Zu dem einschlägigen Problem "anonymer Christlichkeit" aus der reichhaltigen Literatur: A. Röper, Die anonymen Christen, Mainz 1963; K. Riesenhuber, Die anonymen Christen nach Karl Rahner, in: ZkTh 86 (1964) 286-303; B. v. d. Heijden, Darstellung, a.a.O., 249-252 Anm. 1 (Lit.!).

60) Vgl. ST V, 115-135; bes. 125-129; 136-158; bes. 148-154.

Allerdings bleibt alles kirchlich-institutionelle Sein selbst radikal bezogen
auf das universale Heil, das es zwar nicht ohne die institutionelle kirchliche Vermittlung gibt, das aber doch nicht auf diese ausschließlich beschränkt bleibt, wenngleich es freilich auf die kirchlich-konkrete Form
von Zeichen und Gnade hingeordnet ist. Von daher erklärt sich auch,
daß Rahner sehr weitgehend außerkatholische Ämter und Sakramente anerkennen kann, deren sakramentaler Charakter eben aus ihrer u. U.
intensiven Hinordnung auf die volle Gestalt der sakramentalen Kirche
resultiert, unabhängig von einer rechtlichen Anerkennung durch die
katholische Kirche.(61) Hinter dieser Selbstrelativierung der institutionellen (katholischen) Kirche in Bezug auf das universale Heil bei
Rahner sieht M. Kehl jedoch eine nicht unbedenkliche perspektivische
Verschiebung im Gleichgewicht der sakramentalen Idee am Werk, die die
konkrete Inhaltlichkeit des institutionell und geschichtlich sich vermittelnden Einmaligen im christlichen Heilsverständnis zu sehr in den
Hintergrund drängt:
"Wenn die institutionell geordnete Kirche vor allem als eindeutige Erscheinung des überall geschehenen Heils gedacht wird, dann ist in
dieser Erscheinung zwar die ganze inhaltliche Konkretheit des christlichen Heils mitenthalten, insofern das Kategoriale eben auch die geschichtliche Konkretisierung der Transzendenz bedeutet. Aber es ist
eben als Konkretes nur mit-enthalten."(62) Das Einmalig-Unableitbare des
Heils in seiner christlich-kirchlichen Gestalt bleibt dabei unterbelichtet.
Zwar ist nach Kehl der Vorwurf nicht haltbar, Rahners Ansatz depoten-
ziere das geschichtliche Christentum zur bloßen Entfaltung des in der
Transzendenz des Menschen immer schon unabhängig von seiner konkreten Erscheinung gegebenen Heils, da die "transzendentale Selbstmitteilung Gottes erst von der geschichtlichen Selbstmitteilung in Christus
selbst gesetzt" ist.(63) Dennoch gerät die Dimension des einmalig-unab-
leitbar geschichtlich von außen Kommenden gegenüber der manifesten
Endgültigkeit des in der christlichen Offenbarung gegebenen Heils zu
sehr in den Hintergrund.(64)

"Der Grund dafür liegt wohl darin, daß Rahners Bemühen mehr um die
allgemeine inkarnatorische **Struktur** der Gnade und ihrer Dynamik auf
'Verleiblichung' kreist, weniger aber um die konkrete, nur historisch zu
erhebende Geschichte des Heils in der Person Jesu Christi und der
Gemeinschaft der Kirche. Die institutionell verfaßte Kirche ist also nicht
so sehr deswegen Sakrament des Heils der Welt, weil sie Jesus Christus
in seiner einmaligen, konkreten Personalität und Geschichte verkündet
und darstellt, sondern mehr weil sie ihn, den absoluten Heilsmittler, als
das endgültig angekommene Heil öffentlich und eindeutig bekennt. Rahners Aufmerksamkeit richtet sich auf die allgemeinen ontologischen
Strukturen des christlichen Heils, und zwar gerade im Hinblick auf die
Universalität dieses historisch-partikulären Heilsgeschehens. Seine Denk-
bemühung gilt immer dieser formalen ontologischen Vermittlung von hi-

61) Vgl. dazu etwa K. Rahner, Vorfragen, a.a.O. 51f.; 71f.
62) M. Kehl, Kirche, 192.
63) ebd.
64) So auch J. Ratzinger, Heil und Geschichte, in: Wort und Wahrheit 25 (1970) 3-14; B. v.
    d. Heijden, Darstellung, a.a.O., 324ff. Ähnlich auch die Kritik von A. Gerken, Offen-
    barung und Transzendenzerfahrung. Kritische Thesen zu einer künftigen dialogischen
    Theologie, Düsseldorf 1969.

storisch-Einmaligem als solchem und seiner universal-allgemeinen Geltung."(65) Zwar findet sich in Rahners ekklesiologischem Denken auch
eine eigenständige "dogmatische" Aussagelinie,(66) die den Ort des
Institutionellen eindeutiger unter der Kategorie des "Sakramentalen"
(Kirche als Ursakrament)(67) verankert und somit das Institutionell-
Konkrete als soteriologisch (analog-christologisch) qualifizierte Leib-
lichkeit des inkarnatorisch strukturierten christlichen Heils deuten kann,
das in dem sakramental-amtlichen Tun der Kirche ihre höchstmögliche
gestalthafte Darstellung gewinnt; allerdings krankt auch dieser ekklesiologische Strang an geschichtlicher Unterbelichtetheit;(68) zudem steht
er bei Rahner ziemlich unvermittelt neben dem transzendentalen Ansatz,
in welchem das Institutionelle der Kirche wenigstens tendentiell zu dem
zu "integrierenden 'Material' der subjektiven Freiheit", zum bloß "Kategorialen" depotenziert wird, so daß es eigentlich nicht in dem Kontext
von Intersubjektivität, von Gemeinschaft und gemeinschaftlicher Wirklichkeit verstanden werden kann: "Die 'Objektivität' des Institutionellen
ist nicht einfachhin die des Materiellen im Gegensatz zur Subjektivität
des Geistes; sie kann vielmehr nur im Rahmen der 'Objektivität' des
anderen Subjekts, der intersubjektiven Beziehung, der Gemeinschaft,
der gesellschaftlichen Wirklichkeit verstanden werden."(69) Institutionalität müßte als eine konstitutionelle Vollzugsform der Intersubjektivität des Menschen zur Darstellung gebracht werden können.(70) Wo die
sakramentaltheologische Balance zwischen Zeichen- und Ausdrucksfunktion im Kirchendenken zu sehr zugunsten der ersteren verschoben

---

65) M. Kehl, Kirche, 192.

66) Vgl. hierzu ebd., 195-223.

67) Vgl. dazu K. Rahner, HPTh I, 124; 129f.; 131; 146ff.; 150.; ST VI, 349ff.

68) In dem dogmatisch-sakramentalen Ansatz betont Rahner das Moment der aufgrund der Strukturanalogie zwischen 'Christus'(-geheimnis) und Kirche in deren indefektiblen, amtlich-institutionellen Vollzügen gegebenen realsymbolischen Signifikation der Endgültigkeit der Gnade. In diesen unfehlbaren Vollzügen der amtlich-institutionellen Kirche
artikuliert diese in totalem Selbstengagement sich selbst als das Ursakrament Christi
(vgl. HPTh I, 157f.). In Anlehnung an H. U. v. Balthasar (Theologie der Geschichte,
Einsiedeln, 3.Aufl., 1959, 56ff.) kritisiert M. Kehl an dieser ekklesiologischen Aussagelinie bei K. Rahner wiederum, daß hinter dem formalen und abstrakten Gesichtspunkt
der Struktur- und Funktionsgleichheit zwischen 'Christus' und Kirche das Moment einer
auch inhaltlichen 'Geschichts-Gleichheit' (a.a.O., Kehl, 222) zwischen beiden zurück-
bleibe. D. h. die uneinholbar bleibende Einmaligkeit der "innere(n) Geschichtlichkeit
der christusförmigen Gnade" (H. U. v. Balthasar, a.a.O., 57) müßte als ein kritisch-
distanzierendes Moment zwischen 'Christus' und Kirche gerade in die Ursakramentalität
der Kirche Eingang finden, um die Gefahr einer die Kirche im
eigentlichen Sinn nur auf das Amtlich-Institutionelle in dessen unfehlbaren Vollzügen
reduzierenden Amtsekklesiologie zu bannen (M. Kehl, Kirche, 222f.); freilich ist damit
für Rahners ekklesiologisches Denken lediglich eine tendentielle Gefahr ausgesprochen
(L. Boff, Die Kirche als Sakrament, 357; vgl. hierzu ausführlich M. Kehl, a.a.O.,
172-238).

69) M. Kehl, Kirche, 238. Die so geartete tendentielle Unterbewertung des Institutionellen
bei K. Rahner artikuliet sich auch in den negativen Epitheta, die er ihm zuordnet:
"Manipulation", "assymptotisch zu überwinden", "unvermeidliche Vorgegebenheit"
(Freiheit und Manipulation, 15f.; 39).

70) Vgl. dazu den hierfür von Hegel übernommenen Begriff der "konkreten Freiheit" bei M.
Kehl, Kirche, 12-19; 232-237; ferner H. Döring, Die sakramentale Struktur, a.a.O.,
49ff.

wird,(71) dort verliert - dies wird an dem transzendentaltheologisch-ekklesiologischen Ansatz bei K. Rahner wenigstens tendentiell sichtbar(72) - die Dimension des Sichtbar-Institutionellen ihre eigentliche ekklesiologische Dignität als wirklich christologisch-soteriologisch qualifizierte Vollzugsform von (ekklesialer) Intersubjektivität. Die christologisch-soteriologische Qualifikation der institutionell verfaßten Kirche liegt nicht eigentlich darin, daß sie Jesus Christus als das endgültig angekommene Heil öffentlich und in realsymbolisch höchstmöglicher Eindeutigkeit bekennt, sondern darin, daß sie Jesus Christus in seiner "einmaligen, konkreten Personalität und Geschichte verkündet und darstellt"(73) und damit in unvertretbarer Konkretion selbst "christologische Situation" wird,(74) in welche sie besonders durch die sakramentale Gnade die Menschen hineinnimmt. Es ist das universale Christus-Heil nicht so sehr als eine formalontologische Struktur, auf welches sich die institutionelle Kirche in ihrer universalen Heilssendung hin selbst als dessen realsymbolisches Zeichen relativiert und dezentriert, sondern es ist die "urbildliche Prägekraft des gottmenschlichen Lebens" und die von diesem Leben ausgehende "personale, situationsschaffende Mächtigkeit der christlichen Gnade", die einerseits ekklesial gestalthaft sich instituiert (Ausdrucksfunktion des sacramentum), andererseits aber immer und zugleich das Uneinholbar-Konkret-Einmalige und Kritische der Geschichte und Person Jesu Christi bleibt, auf welches die Kirche in unaufhebbarer Distanz stets bezogen, relativiert ist.

Das II. Vatikanische Konzil selbst entscheidet nicht explizit in der Frage, ob etwa der transzendentaltheologische oder der kategorial-dialogische Ansatz geeigneter ist, die vom Konzil formulierte Option hinsichtlich des Kirchenverständnisses zu artikulieren;(75) allerdings hält

---

71) Diesem pragmatischen Aufweis diente der exkursorische Ausblick auf die institutions-theoretische Kritik des Rahner'schen ekklesiologischen Denkens, insofern dadurch mögliche, gerade im interkonfessionellen ekklesiologischen Disput neuralgische Nuancen der auf dem II. Vatikanischen Konzil erstmals in lehramtlicher Ausdrücklichkeit formulierten sakramentalen Grundoption im Kirchenverständnis deutlich werden können.

72) Sicherlich wird man Rahners diesbezügliche Akzentsetzung nicht im Sinne einer Ausschließlichkeit verstehen und deuten können: L. Boff, Kirche als Sakrament, 321f.

73) M. Kehl, Kirche, 192.

74) H. U. v. Balthasar, Theologie der Geschichte, ^{3}1959, 56.

75) Das konziliare Theologumenon von der "Sakramentalität der Kirche" muß somit - wenn es hinsichtlich einer ökumenisch-ekklesiologischen Valenz genauer befragt wird- wohl auch in die Kategorie des "dilatorischen Formelkompromisses" eingereiht werden, der durchaus kein Scheinkompromiß ist: "Es gehört zu Gesetzes-, Vertrags- und Konzilsprache, eine gewisse Mehrdeutigkeit des Ausdrucks zu praktizieren, einmal mit Rücksicht auf den Konsens der Parteien, zum anderen, um für künftige Entwicklungen Offenheit zu wahren. Die dilatorische Formel kann trotz ihrer latenten Sprengkraft, die durch den Willen zur 'communio' niedergehalten wird, für die streitenden Parteien eine starke und wirksame Klammer sein, die die zentrifugalen Tendenzen bändigt und ... den Gemeinschaftswillen siegen läßt" (M. Seckler, Über den Kompromiß, a.a.O., 55). Freilich hat die "Eleganz der Ausgleichstaktik" (N. Monzel, in: Hochland 51 (1958/59) 237) ihre Grenzen dort, wo sie mit einem "Kompromiß der reziproken Unehrlichkeit" operiert (M. Seckler, a.a.O., 56). Die Texte des II. Vatikanischen Konzils sind den damit gegebenen bedenklichen Tendenzen nicht ganz entgangen; sie sind auf weite Strecken geprägt von einem "Kompromiß des unvermittelten kontradiktorischen Pluralismus", der zu sehr auf die "zukünftige Entfaltung und Entwicklung" unausgetragener latenter Gegensätze setzt (vgl. etwa die

die Konzilsekklesiologie gerade an dem unlöslichen Ineinander von struktureller und inhaltlicher Gleichheit und Differenz zugleich zwischen 'Christus' und Kirche fest, welches nach keiner Seite hin aufzulösen ist.

Näheren Aufschluß über die genaueren Implikationen der vom Konzil intendierten "sakramentalen Option" im Kirchenbegriff bieten erst - gleichsam als Interpretament der sakramental-ekklesiologischen Fundamentalaussage - die praktisch-ökumenischen Folgerungen, die das Konzil (bzw. die nachkonziliaren kirchenamtlichen Entscheidungen) aus seinem ekklesiologischen Grundstatut zieht: Dabei ist festzustellen, daß das II. Vatikanum bei allen Aussagen zur soteriologischen Dezentrierung der Kirche in der (differenzierenden) Hinordnung zum universalen Heil gleichwohl (noch) nicht zu einer ausdrücklichen Anerkennung "außerkatholisch" vorhandener Sakramente und Ämter als im eigentlichen und vollen Sinn sakramentaler Wirklichkeiten gelangen kann, wie dies etwa dem transzendentaltheologischen Ansatz Rahners leichter möglich ist,(76) solange diese zwar in einer gewissen Hingeordnetheit auf die volle Gestalt der sakramentalen Kirche erkennbar und deutbar sind, jedoch (noch) nicht durch die Einheit des vollen Glaubensbekenntnisses und der kirchlichen Leitung selbst Elemente des Ursakramentes "Kirche" sind,(77) als dessen "concretissimum"(78) hier auf Erden sich die sichtbare katholische Kirche versteht. Das Hingeordnetsein dieser "außerkatholischen" Elemente auf die volle Gestalt der sakramentalen Kirche genügt also noch nicht dem Anspruch konkreter, in Bekenntnis und Leitung determinierter Ausdrücklichkeit und Gestaltwerdung des universalen Christus-Heiles, so daß diese Elemente (außerhalb der katholischen) Kirche gerade hinsichtlich dieser vollen (sakramentalen) Dimension ihrer Ausdrücklichkeit durch die katholische Kirche anerkannt werden könnten.(79)

Nota explicativa praevia; J. Ratzinger, in: LThK, Vat., I, 349; M. Seckler, a.a.O., 57; K. Walf, Lakunen und Zweideutigkeiten).

76) Vgl. K. Rahner, Vorfragen, a.a.O., 51f.; 71f.; eingehender dazu s. w. u.

77) Zur inneren Hinordnung aller Einzelsakramente zum Ursakrament Kirche vgl. auch bei L. Boff, Kirche als Sakrament, 389-392. Der Vollzug jedes Sakramentes sammelt gleichsam die Person in das Ursakrament hinein (ebd., 390). Allen Sakramenten - insbesondere den Charakter-Sakramenten eignet (sogar als Primärwirkung: E. Schillebeeckx, Christus-Sakrament der Gottbegegnung, 156-162) eine spezifische Hinordnungswirkung auf die sichtbare Kirche; für die Eucharistie vgl. hierzu Thomas v. A., STh II q. 82 a. 2 und 3; für die Taufe: K. Rahner, Kirche und Sakramente, 80; für die Firmung: LG 11; für das Weihesakrament: ebd; für die Buße: E. Schillebeeckx, a.a.O., 179; für die Ehe: LG 11; für die Krankensalbung: K. Rahner, Kirche und Sakramente, 103.

78) Vgl. dazu H. Mühlen, Der eine Geist Christi, 336; Mühlen betont freilich zugleich, daß auch die katholische Kirche als "concretissimum" der Kirche Christi noch nicht die volle Verwirklichungsstufe derselben darstellt. Jedoch dürfte bei aller soteriologischen "Selbstdezentrierung" der katholischen Kirche letztlich das - von der unaufgebbaren Ausdrucksdimension des kirchlich-sakramentalen Zeichens resultierende - 'ärgerlich' positiv-geschichtliche Moment im katholischen (konziliaren) kirchlichen Selbstverständnis und damit dessen innere zentripetale Tendenz nicht zu verdrängen sein.

79) Dies geht auch aus der Notifikation der Kongregation für die Glaubenslehre zu dem Buch "Kirche: Charisma und Macht. Versuch einer militanten Ekklesiologie" von Pater Leonardo Boff OFM vom 11. März 1985, a.a.O., bes. 5f. Anm. * hervor, die jede einebnende Auflösung der dynamischen Spannungsrelation (des "Zueinanderdrängens") der "subsistit"-Aussage ("selbständige, ganzheitliche Existenz") und der "Elementen-Ekklesiologie" als Wurzelgrund eines ekklesiologischen Relativismus (bei L. Boff) ablehnt. In dieser Span-

Gleichwohl bildet aber die Neuakzentuierung einer "sakramentalen" Ekklesiologie durch das II. Vatikanische Konzil weg von der exklusiv-restrik-
tiven Definierung der Kirche zum inklusiv-transzendenten Kirchenbegriff
eine erste grundlegende Voraussetzung und die Eröffnung eines neuen
Horizontes für die Neubeurteilung der Frage nach der Möglichkeit sakramentaler Gemeinschaft zwischen katholischer Kirche und anderen Kirchen
oder kirchlichen Gemeinschaften.

Eine weitere Basis hierfür schafft das Konzil mit seinem Bekenntnis zum
Ökumenismus, der ein drängendes Anliegen der Kirchenversammlung ist;
"Denn Christus der Herr hat eine einige und einzige Kirche gegründet,
und doch erheben mehrere christliche Gemeinschaften vor den Menschen
den Anspruch, das wahre Erbe Jesu Christi darzustellen ... Eine solche
Spannung widerspricht aber ... dem Willen Christi, sie ist ein Ärgernis
für die Welt..." (UR., Einl.).

---

nungsrelation liegt auch der Ansatzpunkt der konziliaren Argumentation hinsichtlich der
Frage nach der Möglichkeit sakramentaler Gemeinschaft mit nichtkatholischen Christen;
vgl. F. Ricken, Ecclesia, 375-391, bes. 380f. s. w. u.

§ 13: DER ÖKUMENISMUS

Wenn sich schon rein äußerlich unmittelbar an die Kirchenkonstitution die Dekrete des Konzils über die katholischen Ostkirchen und über den Ökumenismus(1) anschließen, so drückt sich darin sicher auch die innere Logik der von einem ökumenischen Geist bestimmten Blickrichtung der Dogmatischen Konstitution über die Kirche aus: "... nachdem sie (die Hl. Synode) die Lehre von der Kirche dargestellt hat, möchte sie, bewegt von dem Wunsch nach Wiederherstellung der Einheit unter allen Jüngern Christi allen Katholiken Mittel und Wege nennen und die Weise aufzeigen, wie sie selber diesem göttlichen Ruf und dieser Gnade Gottes entsprechen können" (UR 1). Damit ist implizit anerkennend vorausgesetzt, daß bereits Antworten von anderer Seite auf diesen göttlichen Ruf ergangen sind; so z. B. von seiten der nichtkatholischen Kirchen im Ökumenischen Rat der Kirchen (ÖRK): Alle Mitgliedskirchen des ÖRK anerkennen als gemeinsame Basis, "daß die Kirche Christi eine ist",(2) und daß darum sie, die verschiedenen Kirchen, in ein ernstes Gespräch miteinander treten sollen, damit die Elemente der wahren Kirche in allen christlichen Kirchen zu der Erkenntnis der vollen Wahrheit und Einheit führen werden,(3) denn der Herr ist es, der die Kirchen dazu nötigt, "die Einheit zu suchen, die sein Wille für seine Kirche hier und jetzt ist."(4) Dieser bereits vorhandenen ökumenischen Bewegung(5) will die katholische Kirche ihrerseits nun keine eigene entgegensetzen, sondern sich dieser einordnen.

I. Die katholischen Prinzipien des Ökumenismus

Schon die Abänderung des Titels für das erste Kapitel des Ökumenismus-Dekretes gegenüber seiner ersten Fassung(6) zeigt, daß es dem Konzil nicht darum geht, einen genuin katholischen "Konkurrenz-Ökumenismus" zu propagieren, sondern, daß sie aufgrund ihrer eigenen Prinzipien an der außerhalb ihrer selbst entstandenen und ihr vorgegebenen ökumenischen Bewegung(7) teilnehmen will, die auch der katholischen

---

1) Zu den Grundlinien des Dekretes vgl. die kurze, instruktive Einleitung in: K. Rahner-H. Vorgrimler, Kleines Konzilskompendium ^{14}1980, 217-227.

2) zit. nach L. Vischer (Hrsg.), Die Einheit der Kirche, München 1965, 256.

3) Vgl. ebd., 258.

4) ebd., 159.

5) Eine geschichtliche Darstellung der außerkatholischen ökumenischen Bewegung bieten R. Rouse-St. Neill (Hrsg.), Geschichte der ökumenischen Bewegung, Göttingen 1957.

6) Dort hieß es noch: "Die Prinzipien des katholischen Ökumenismus", während die endgültige Version von der "katholischen Prinzipien des Ökumenismus" spricht. Vgl. hierzu J. Feiner, Kommentar zum Dekret "Über den Ökumenismus", in: LThK^2, Vat., II, 41-126, hier 44.

7) Daß mit dieser vorgegebenen ökumenischen Bewegung durchaus der ÖRK anvisiert gedacht werden kann, dessen Bemühungen um die Einheit der Kirche(n) damit als in aller Form vom Konzil anerkannt werden können, zeigt ein Vergleich der trinitarischen und christologischen Basisformel des ÖRK (Verfassung des ÖRK: "Der ökumenische Rat der Kirchen ist eine Gemeinschaft von Kirchen, die den Herrn Jesus Christus gemäß der Heiligen Schrift als Gott und Heiland bekennen und darum gemeinsam zu erfüllen trachten, wozu sie berufen sind, zur Ehre Gottes, des Vaters, des Sohnes und des Heiligen Geistes" zit. nach F. Lüpsen (Hrsg.), Neu Delhi-Dokumente, Berichte, Reden, 475) mit der Passage aus der Einleitung des Ökumenismus-Dekretes, die die ökumenische Bewegung zu charakterisieren

Kirche als "Wirkungsbereich des Heiligen Geistes" gilt,(8) und zwar in dem Bereich der gesamten außerkatholischen Christenheit mit ihren Kirchen und kirchlichen Gemeinschaften.(9) Ziel der katholischen Kirche ist auch die Wiederherstellung der Einheit unter allen Christen(10) jedoch nicht im Alleingang einer früher propagierten "Rückkehr-Ökumene", sondern durch eine mit-wirkende Förderung der Verwirklichung der sichtbaren Einheit. Das Ökumenismus-Dekret ist demzufolge auch "kein ökumenisches Programm für die gesamte Christenheit, auch kein Unionsmanifest und keine Aufforderung oder Anrede an die nichtkatholischen Christen, sondern eine seelsorgliche Anweisung, die in der katholischen Kirche das ökumenische Denken und Handeln anregen und zubereiten will."(11) "'Unitatis redintegratio' meint also ein 'Voran', heißt 'Aufbruch', besagt eine in die Zukunft weisende Bewegung, deren Ziel Einheit in Fülle, Vielfalt und Dynamik ist."(12) Solches Aufbrechen und Erneuern geht aber nicht nur die (von der katholischen Kirche) Getrennten an, sondern auch und gleichermaßen die katholische Kirche selbst. Wenn die katholische Kirche sich also selbst in die bestehende ökumenische Bewegung einfügt, so gibt sie deswegen nicht ihre eigenen ekklesiologischen Prinzipien auf, die davon ausgehen, "daß Jesus eine einzige sichtbare Kirche gegründet hat, deren Einheit durch die Euchari-

---

versucht: "Diese Einheitsbewegung, die man als ökumenische Bewegung bezeichnet, wird von Menschen getragen, die den dreieinigen Gott anrufen und Jesus als Herrn und Erlöser bekennen..." Vgl. hierzu auch J. Feiner, Kommentar, a.a.O., 43 Anm. 4 M. Sauter, Stellungnahmen und Bemerkungen zur Einheitsformel von Neu Delhi (als Manuskript der Kommission für Faith and Order 1963 veröffentlicht).

Hinsichtlich der Betonung des Geheimnis- und Geschenkcharakters der Einheit der universalen Kirche (vgl. L. Vischer, Die Einheit der Kirche, a.a.O., S. 161 Nr. 6; 159, 1; 167, 20; 161, 5; 160, 4; dazu LG 1; 6f.; UR 2; LG 48), ihrer trinitarisch-pneumatologischen Fundierung (Vischer, 159, 1; 162, 7; 163, 10; GS 40; LG 4; AG 2; UR 1-3; LG 3; 5; 9; AG 5) stellt P. W. Scheele des weiteren eine "beglückende Konformität" fest zwischen Neu Delhi und dem II. Vatikanischen Konzil über das Werden der Einheit (Die Einheit in Christus, a.a.O., 647.; vgl. auch ebd., 648-663: Vergleich zwischen der 3. Weltkonferenz des ÖRK in Neu Dehli und dem II. Vatikanischen Konzil bezüglich der Auffassungen vom Wesen der kirchlichen Einheit; ferner F. Lüpsen (Hrsg.), Neu Delhi-Dokumente, Witten [2] 1962). Freilich fallen auch gewisse Defizitpunkte in der Einheitskonzeption von Neu Delhi gegenüber der des II. Vatikanums ins Auge: so z. B. die mangelnde explikative Ausfaltung des Gedankens von der Einheit in Christus auf die Notwendigkeit einer bekenntnismäßigen Artikulation derselben in der gemeinsam bezeugten Wahrheit hin (Scheele, a.a.O., 650), so daß eine gewisse Gefahr erkennbar ist, die notwendige bekenntnismäßige Einheitsbasis zugunsten des je eigenen Zeugnisses der einzelnen Gruppe "eschatologisch" zu verflüchtigen (ebd., 653). Dementsprechend bleibt in Neu Delhi auch die Frage offen, wer verbindlich sagt, was das eine Evangelium ist (ebd., 654), obwohl andererseits auch eine "einmütig angenommene lehrmäßige Grundlage für die Einheit" (Vischer, a.a.O., 171, 33) als notwendig betont wird. Die Herausstellung einer formal bindenden Autorität für die material gefundenen Kriterien der Einheit der Kirche bleibt aus.

8) Vgl. H. Dörnig, Grundkurs ökumenischer Information, in: US 33 (1978) 95-148, 121.

9) "Dominus vero saeculorum ... novissime in christianos inter se disiunctos animi compunctionem et desiderium unionis abundantius effundere incepit" (R, Prooemium).

10) Vgl. UR 1.

11) L. Jaeger, Das Konzilsdekret. Werden, a.a.O., 27.

12) H. Döring, Grundkurs, a.a.O., 122.

stie sichtbar symbolisiert und immerfort bewirkt wird."(13) Das Ziel der
ökumenischen Bewegung ist nach katholischer Auffassung nur dann
erreicht, wenn diese sichtbare Symbolisierung universal geworden ist,
wenn die Einheit des Glaubensbekenntnisses, aller Sakramente und der in
der apostolischen Sukzession stehenden Hierarchie voll verwirklicht ist
(vgl. UR 2). Bei aller Anerkennung eines "kirchlichen Charakters" der
nichtkatholischen christlichen Gemeinschaften und dem Bewußtsein, daß
die volle sichtbare Verwirklichung der Einheit noch aussteht, spricht das
Konzil doch auch deutlich aus, daß die wahre und einzige Kirche Christi
ihre geschichtlich-konkrete Existenzform in der römisch-katholischen
Kirche hat (vgl. LG 8).

II. Die praktische Verwirklichung des Ökumenismus

Der Ökumenismus wird von der Gesamtkirche getragen (UR 5) durch das
dauernde Bemühen um die Erneuerung der Kirche (UR 6), durch die
Bekehrung des Herzens (UR 7), die gegenseitige Kenntnis der Brüder
untereinander (UR 9), die ökumenische Unterweisung (UR 10), die
adäquate Weise, wie die Glaubenslehre ausgesagt und dargestellt wird
(UR 11) und durch die Zusammenarbeit mit den getrennten Brüdern (UR
12). Das einmütige Gebet wird allgemein als Mittel zur praktischen Verwirklichung des Ökumenismus genannt (UR 8). Für die communicatio in
sacris im engeren Sinn werden zwei Prinzipien angegeben für die Beurteilung ihrer Möglichkeit: Die Bezeichnung der kirchlichen Einheit, die
sie in vielen Fällen unmöglich macht, und die Teilgabe an den Gnadenmitteln, welche sie in manchen Fällen unter Umständen empfiehlt.(14)

III. Der "katholische Blick" auf die Kirchen und kirchlichen Gemein-
schaften, die von der Sedes Apostolica Romana getrennt sind.

Im 3. Kapitel des Ökumenismus-Dekretes werden nun die einzelnen nichtkatholischen Gemeinschaften betrachtet, die von der katholischen Kirche
getrennt sind. Hierbei unterscheidet das Dekret die morgenländischen
Trennungen von der großen abendländischen Spaltung mit ihrem Ausgangspunkt im Spätmittelalter. "Die beiden großen Kirchenspaltungen
sind verschieden sowohl hinsichtlich ihres Ursprungs wie auch hinsichtlich der Art und Weise und Schwere der Differenzen bezüglich Glaubenslehre und Kirchenstruktur. Man muß sie also unterscheiden, ohne sie in
ökumenischer Hinsicht zu trennen. Darum behandelt das Dekret die
beiden Arten in demselben Kapitel, aber in zwei unterschiedlichen Teilen."(15)

13) L. Jaeger, Einführung in das Dekret "Über den Ökumenismus", in: Die Konzilsdekrete:
Über den Ökumenismus. Über die Katholischen Orientalischen Kirchen, Münster ²1965,
3-13, hier 5.
14) Vgl. UR 8; eingehender hierzu s. w. u.
15) L. Jaeger, Die Konzilsdekrete, a.a.O., 10; ferner UR 13.

1. Die getrennten orientalischen Kirchen

Artikel 13 des Ökumenismus-Dekretes spricht von den Spaltungen des
Ostens und zwar von denen des 5. Jh. und denen des 11. Jh. Handelt
es sich bei ersteren um solche, die im Gefolge dogmatisch-christolo-
gischer Kämpfe entstanden,(16) so geht die zweite Spaltung, das sog.
große Schisma von 1054 auf die Auswirkungen einer mehr durch poli-
tisch-kulturelle Entwicklungen(17) bedingten bedauerlichen kirchenpoliti-

16) So die Verurteilung der Zweipersonenlehre durch das Konzil von Ephesus (431), in deren
   Gefolge der Nestorianismus (abgespaltene Bewegung) entstand, sowie die Verwerfung des
   Monophysitismus durch das Konzil von Chalcedon (481), welche die Abspaltung monophysi-
   tischer Gemeinschaften zur Folge hatten.
17) Vgl. dazu Y. Congar, Zerrissene Christenheit. Wo trennten sich Ost und West?, Wien
   1959. M. Jugie (Schisme byz., a.a.O.) zeigt deutlich, daß die Geschichte der gegenseitigen Entfremdung zwischen Ost und West bis zum offiziellen Bruch 1054 in überwiegendem
   Maße einen von "nicht (eigentlich) theologischen" Faktoren bedingten und bestimmten
   Prozeß darstellt. Hinsichtlich des Ereignisses von 1054 (Auslösendes Moment für das
   Schisma war die Exkommunikationsbulle gegen den Patriarchen Michael Kerullarios, die
   der päpstliche Legat Humbert von Silva Candida auf den Altar der Hagia Sophia in Konstantinopel schleuderte; eine knappe Darstellung der Vorgänge bringt J. Feiner, Kommentar, a.a.O., 93f.) stellt Jugie fest: "Anstatt von einem endgültigen Schisma zu sprechen, wäre es wahrscheinlich richtiger zu sagen, daß wir vor dem ersten mißlungenen
   Versuch einer Wiedervereinigung stehen" (a.a.O., 230). Das orientalische Schisma ist
   jedenfalls alles andere als ein homogenes, monolithisches Ganzes (Y. Congar, Zerrissene
   Christenheit, 10). In ekklesiologischer Hinsicht sind es vor allem das spezifisch
   römische Verständnis des apostolischen Prinzips und "die entsprechende Theorie der
   Trennung der Gewalten im Sinn des Gelasius, durch die die Haltung Roms im Verlauf der
   zahlreichen Krisen bestimmt wurde, die es bis zum verhängnisvollen Jahr 1054 in Gegensatz zu Konstantinopel brachten" (ebd., 70). Die Anschauungen über das Mysterium der
   Kirche sind im Osten wie im Westen zwar im Grunde dieselben (ebd., 71) und werden hüben
   wie drüben auch durch Theorien über Verfassung und Leitung der Kirche ergänzt, die
   ihrerseits wiederum in kanonischen Bestimmungen Ausdruck finden. Dennoch haben sich
   hier wie dort "zwei verschiedene kanonische Traditionen voneinander unabhängig entwickelt" (ebd., 72), und der daraus resultierende disziplinäre Gegensatz gewinnt zunehmend dogmatische Valenz: Im Westen werden Primat und Unfehlbarkeit des Papstes zum
   Konstruktionspunkt der Ekklesiologie. Dabei liegt der Kern der Entfremdung (zum Osten)
   gerade innerhalb der Gemeinsamkeit: Der Osten hat den Priamt ursprünglich nicht abgelehnt, ihn aber anders verstanden (M. Jugie, a.a.O., 96f.; 90), wobei es bedauerlicherweise in Zeiten, da man sich im wesentlichen noch einig war über die Fragen des genaueren Verständnisses des petrinischen Primates (göttliche Einsetzung; Fortdauer eines
   immerwährenden Petrusdienstes oder bloße Nachfolge?) nie zu einer definitorischen
   Klärung durch ein Vollkonzil gekommen ist; dennoch aber war auch unter diesen Bedingungen offenbar lange Zeit ein modus vivendi möglich gewesen (Y. Congar, a.a.O., 78 Anm.
   182). Der zunehmend zutage tretende Dissens hinsichtlich der Primatialausübung im Sinne
   eines direkten Eingriffsrechtes in die Belange jeder Ortskirche oder im Sinne eines
   Schiedsrichteramtes (ebd., 80) offenbart immer deutlicher seine Wurzeln in der Ver-
   schiedenartigkeit der jeweiligen kanonistisch-ekklesiologischen Grundkonzeptionen: Y.
   Congar weist nach, daß der Osten, abgesehen von wenigen bemerkenswerten Fällen, nie
   vorbehaltlos anerkannt hat, daß über eine im Osten entschiedene Sache von Rom her
   nochmals entschieden wurde (a.a.O., 85). Das orientalische Schisma ist demnach das
   Ergebnis von anfänglichen Meinungsverschiedenheiten, die fortschreitend zur Entfremdung
   gerannen, wobei jeder Teil sich in seine eigene Überlieferung eingesponnen und den
   anderen von da aus interpretiert hat. Im 11. Jh. nehmen die Gegensätze feste Form an,

schen Fehlleistung zurück. Die Beschreibung der weiteren kirchengeschichtlichen Entwicklung durch das Dekret (Art. 14) ist gekennzeichnet
durch behutsam abwägende Diktion, welche dem Bestreben entspricht,
durch Vermeidung tendentiöser Begrifflichkeit (z. B. Jurisdiktionsprimat) und durch die ausdrückliche Anerkennung der Eigenständigkeit und
der relativen Selbständigkeit der einzelnen ostkirchlichen Patriarchate,
das Bewußtsein im abendländisch-kirchlichen Bereich dafür wieder zu
stärken, daß die abendländische Kirche eigentlich wie die orientalische
Partiularkirche ist, und der etwas in Vergessenheit geratene Titel des
römischen Bischofs "Patriarch des Abendlandes" eigentlich auf diese
ekklesiologischen Relationen abzielt.

In den einschlägigien Dokumenten des II. Vatikanischen Konzils werden
die getrennten orientalischen Gemeinschaften denn auch als Kirchen im
eigentlichen und theologischen Sinn bezeichnet (OE 26; 27; 28; 30; UR
14, 1; 15, 3 u. a.). Diese ekklesiologisch bedeutungsschwere Sprechweise wurzelt u. a. in der konziliaren Neuentdeckung der Ortskirche,(18)
in der real und legitim die Gesamtkirche an einem bestimmten Raum-Zeit-

---

und die nun folgenden Einheitsbemühungen führen nur noch zu deren weiterer Vertiefung
(M. Jugie, Schisme byz., 252f.; 258). Die Dominanz der lateinischen Scholastik (vgl.
dazu Y. Congar, a.a.O., 94; 155 Anm. 236) und die katholischen Dogmatisierungen in den
Bereichen aktueller Differenzpunkte (Transsubstantiation: 1130; Ablaß: 1016; Buße/Feg-
feuer; plenitudo potestatis) fördern diesen Prozeß. Die bußgeschichtliche Entwicklung
in der Ostkirchen zeigt deutlich, daß das vorwiegend pneumatisch-therapeutische Verständnis der Buße, die im Osten zunehmend Angelegenheit des Mönches, als des pater
pneumatikos wurde, nicht in der Weise wie das Bußverständnis des Westens dazu führte,
über den sakramentalen Charakter der Buße und über die sakramental-konstitutiven Bedingungen ihres Vollzuges zu reflektieren. Das "innere" Moment der Seelenführung durch
den Charismatiker hat im ostkirchlichen Bußverständnis den eindeutigen Vorrang vor dem
institutionellen Moment des "Bußverfahrens" (vgl. dazu H. Vorgrimler, HDG IV/3, 86-89).
Zusätzlich distanzierend wirkte von katholischer Seite her sicherlich auch die durch
die katholische Abwehr konziliaristischer, gallikanischer und episkopalistischer Tendenzen begünstigte Verschärfung einer Zementierung des Unterschiedes zwischen orientalischer und römischer Rechtsauffassung. Nachdem der "filioque-Dissens" lange Zeit als
unüberwindlich betrachtet wurde (dazu M. Jugie, Schisme byz., a.a.O., 143-146) gilt er
heute als weitgehend beseitigt (J. Hadzega, Der heutige orthodoxe Standpunkt in der
Filioque-Frage, in: ThGl 34 (1942) 324-330). Im Zentrum der bis heute kontroversen
Diskussion zwischen den getrennten orientalischen Kirchen und der römischen Kirche
stehen zweifellos Primats- und Unfehlbarkeitsfrage (vgl. schon Leo XIII., Brief (Praeclara gratulationis" vom 20. Juni 1894, in: AAS 14, 1895, 199). "Dogmatisch und kanonisch beruht das orientalische Schisma hauptsächlich auf der Weigerung, sich dem Primat
des Römischen Stuhls unterzuordnen" (Y. Congar, a.a.O., 108). Genetisch liegt es in der
"Hinnahme der Entfremdung" begründet (ebd., 109).

18) Vgl. vor allem zur kanonistischen Auswertung dieser ekklesiologischen Neu ("Rück-)-
-orientierung: W. Aymans, Das synodale Element in der Kirchenverfassung, bes. 318-351;
K. Mörsdorf, Die Autonomie der Ortskirche, in: AfkKR 138 (1969) 388-405, bes. 392f.; W.
Aymanss, Die Communio Ecclesiarum als Gestaltgesetz der einen Kirche, in: AfkKR 139
(1970) 69-90; O. Saier, "Communio", a.a.O., bes. 160-181; H. Schmitz spricht daher von
einer "pro-episkopalen Tendenz" der nachkonziliaren Gesetzgebung im Gefolge der konziliaren Wiederentdeckung der Teil- oder Ortskirche (Tendenzen nachkonziliarer Gesetzgebung. Sichtung und Wertung = Canonistica. Beiträge zum Kirchenrecht, 2, Trier 1979,
9-17). Vgl. ferner dazu E. Lanne, Die Ortskirche: ihre Katholizität und Apostolizität,
a.a.O., bes. 137ff.

Punkt zur Darstellung und zum Vollzug kommt (vgl. LG 26, 1; 23, 1; OE 2; CD 8). Die Ortskirchen (Teilkirchen) sind Elemente, in denen und aus denen ("in quibus et ex quibus": LG 23, 1) die Gesamtkirche besteht. Die durchaus unterschiedlichen Kirchenordnungen in diesen Teilkirchen bleiben in ihrem inneren Gefüge dennoch gebunden an die apostolische Nachfolge im Episkopat, an welche der apostolische Glaube, die Sakramente und die apostolischen Vollmachten gebunden sind. Von da her ist die Verbindung der einzelnen Ortskirchen untereinander gefordert.

Die kirchliche Baustruktur der orientalischen Kirchen mit ihrer engen horizontalen Verbindung der einzelnen Lokalkirchen als "Schwesterkirchen" (ecclesiae locales bzw. sorores: UR 14, 1), die besonders deutlich die Gesamtkirche als communio im Glauben hervortreten läßt, mag für die katholische Ekklesiologie sogar Anregung gewesen sein für die Neubesinnung auf die Ortskirche und deren communiale Einbindung in das Netz der einzelnen Schwesterkirchen.(19) Was die bekenntnismäßige "Qualität" und die Leitungsstruktur betrifft, so kann freilich die "örtliche Kirche nur die Fülle sein und die adäqute Darstellung der universalen Kirche, wenn sie in der Gemeinschaft mit den anderen Ortskirchen steht",(20) die sich in der Eucharistie und den anderen durch die Weihevollmacht der Bischöfe "garantierten" Sakramente manifestiert. Damit ist neben den übrigen spezifischen Besonderheiten der Ostkirchen,(21) wie z. B. ihrer Bedeutung für die lateinische Kirche hinsichtlich ihrer Liturgie, ihrer Spiritualität und kirchlichen Disziplin (vgl. UR 15) oder auch ihrer gemeinsam mit der lateinischen Kirche gepflegten Verehrung Mariens(22) der dogmatisch-ekklesiologische Zentralpunkt erreicht: Die Sakramente, insbesondere die Eucharistie und das Priestertum. Der Eucharistie kommt dabei wegen ihrer unmittelbar ekklesialen Dimension besondere Bedeutung zu, da sich die Kirche Gottes durch die Feier der Eucharistie in den Einzelkirchen aufbaut (vgl. UR 15, 1). Bezüglich der "Gültigkeit" der Eucharistiefeier bei den getrennten Orientalen besteht im Unterschied zur Einschätzung des protestantischen Abendmahles(23) katholischerseits keine größere Schwierigkeit: "Weil die katholische Kirche die apostolische Sukzession der ostkirchlichen Hierarchie und damit auch die Gültigkeit des Priestertums der Ostkirchen anerkennt, steht für sie auch die Vollgültigkeit der Eucharistie in diesen Kirchen fest."(24) So können denn auch die getrennten orientalischen Gemeinschaften als konkrete

19) Vgl. LG 13, 3: "Darum gibt es auch in der kirchlichen Gemeinschaft zu Recht Teilkirchen, die sich eigener Überlieferungen erfreuen..."

20) A. Völler, Einheit der Kirche, a.a.O., 118.

21) die der "katholische Blick" auf diese Kirchen gegenüber der Betrachtung etwa der Reformationskirchen feststellt.

22) Das Ökumenismus-Dekret erwähnt hier mit Bedacht nur die beiden mariologischen Grunddogmen von der Gottesmutterschaft und der Jungfräulichkeit Mariens (UR 15, 2).

23) An diesem Punkt tritt bereits die enge Verbindung der Frage nach der Möglichkeit sakramentaler Gemeinschaft zwischen getrennten Kirchen mit dem Horizont der jeweiligen gesamtekklesiologischen Konzeption dieser Kirchen hervor: Die Frage nach der "Gültigkeit" des protestantischen Abendmahles ist nicht rein "scholastisch-objektivistisch" von der Frage nach Materie und Form der jeweiligen Handlung her anzugeben, sondern von der Frage nach der Vereinbarkeit der jeweiligen Kirchenverständnisse; wichtigste Indikatoren sind dafür wiederum das jeweilige Verständnis von der Wirklichkeit des Amtes und der apostolischen Sukzession.

24) J. Feiner, Kommentar, a.a.O., 101.

Ausformungen der einen Kirche Christi verstanden werden.(25) Die
Frage bleibt nur, inwieweit sich bei aller Übereinstimmung in der ekklesiologischen Grundstruktur und der Überzeugung von der Notwendigkeit
der Verbundenheit der Ortskirchen untereinander in der bischöflichen
apostolischen Sukzession die Differenz in der Beurteilung der speziellen
Primatslehre(26) auf die volle Anerkennung der getrennten orientalischen

---

25) Vgl. UR 15, 1: "Es ist allgemein bekannt, mit welcher Liebe die orientalischen Christen
die liturgischen Feiern begehen, besonders die Eucharistiefeier, die Quelle des Lebens
der Kirche ... bei der die Gläubigen mit ihrem Bischof geeint ... die Gemeinschaft mit
der allerheiligsten Dreifaltigkeit erlangen ... So baut sich auf und wächst durch die
Feier der Eucharistie ... in diesen Einzelkirchen die Kirche Gottes..."

26) Die Nichtanerkennung der spezifisch katholischen Primatsauffassung durch die getrennten
Ostkirchen wird katholischerseits in ekklesiologischer Hinsicht dahingehend gewertet,
daß den Ostkirchen zwar nicht die Bewahrung der formalen apostolischen Sukzession zugestanden wird, wohl aber eine solche der rein materialen apostolischen Nachfolge.
Die besondere Widerständigkeit orthodoxer Theologie gegenüber der römischen Primatsauffassung rührt wohl auch in der in bewußter Absetzung von gewissen römisch-katholischen
Tendenzen konzipierten Leib-Christi-Ekklesiologie der orthodoxen Tradition her, die
insbesondere auf die Herausstellung der Einzigkeit und Überlegenheit Christi als Haupt
seiner Kirche abzielt (E. Lanne, Die Kirche als Mysterium, a.a.O., 903f.). An der
Primatsfrage dürfte die zentrale orthodox-katholische Differenz in der Bestimmung des
ekklesiologischen Kriteriums für die Autorität der und in der Kirche offenbar werden
(zum ganzen E. Lanne, a.a.O., 904-925, Lit.!): Während die katholische Option die
Autorität der und über die Kirche in dem Institut der päpstlichen Jurisdiktion und
Unfehlbarkeit konzentriert sieht, liegt sie für orthodoxes Denken in dem Zeugnis und in
der Gegenwart des Hl. Geistes selbst, der der ganzen Kirche als Leib angehört und sich
gewöhnlich durch den Mund jener ausdrückt, die ein Charisma der Lehre besitzen, der
Bischöfe. Die Lokalkirche wird damit zur primären Grundlage der Ekklesiologie. "In der
Sicht der Orthodoxie erscheint die römische Ekklesiologie als der Verlust eines Gleich-
gewichtes, das notwendig vorhanden sein muß zwischen der petrinischen Sukzession in
jeder Ortskirche in der Person des Bischofs und zwischen der 'analogen' Sukzession des
Koryphäen in der Person eines universalen Primats. Der Verlust dieses Gleichgewichts
trat allmählich ein, und es gab viele geschichtliche Ursachen für dessen Erklärung. Nur
eine geduldige und beharrliche Untersuchung der Überlieferungen vermag dem Westen zur
Wiederherstellung des verlorenen Gleichgewichts hinzuführen" (J. Meyendorff, Der heilige Petrus, sein Primat und seine Sukzession in der byzantinischen Theologie, in: N.
A. Fanassieff-N. Konlomzine-J. Meyendorff-A. Schmemann, Der Primat des Petrus in der
orthodoxen Kirche, Zürich 1961, 95-117, hier 117). Die Orthodoxie schließt also einen
"Primat" nicht kategorisch aus, solange dieser nicht eine Gewalt über die Kirche besagt. Ein Konzil der Bischöfe etwa hat nicht Gewalt über die Kirche, sondern: Es ist
Zeugnis der Identität der Kirche. Im Zentrum dieses Zeugnisses der Übereinstimmung
steht ein Primat der Autorität, der keine Macht über die Kirche beinhaltet und der auch
nicht in Rechtskategorien umgemünzt werden kann (vgl. dazu A. M. Stickler, Das Mysterium der Kirche, a.a.O., bes. 641-645). Die so zutagetretende Differenz zwischen
"moralischer" Autorität und "juridischer" Autorität hinsichtlich der Primatsfrage (und
wohl auch hinsichtlich der Amtsfrage generell) ist sicherlich noch zu befragen nach
ihrer kirchentrennenden Valenz: die Gefahrenrichtung jeweiliger Vereinseitigungen
liegen einerseits in der Irrationalisierung des - pneumatologisch verstandenen - Auto-
ritätsbegriffes in der Kirche und andererseits in der juridischen Überfremdung des
"charismatisch-gnadentlichen" Momentes kirchlicher Autorität (dazu E. Lanne, a.a.O.,
922). J. Ratzinger formuliert hinsichtlich der ostkirchlich-katholischen Primatsdis-
kussion folgende prognostische Konsensbasis: "Rom muß vom Osten nicht mehr an Primatslehre fordern, als auch im ersten Jahrhundert formuliert und gelebt wurde. Wenn Patri-

Kirchen als legitime Ortskirchen(27) der einen universalen Kirche und infolgedessen auf die Beurteilung der Möglichkeiten zur Sakramenten-gemeinschaft auswirkt. Den zentralen Ausgangspunkt in dieser Fragestellung stellt die Überzeugung dar, daß die getrennten orientalischen Kirchen durch die Bewahrung der apostolischen Sukzession und des kirchlichen Amtes(28) im vollen Sinne als Kirchen zu qualifizieren

---

arch Athenagoras am 25. Juli 1967 beim Besuch des Papstes im Phanar diesen als Nachfolger Petri, als den ersten an Ehre unter uns, den Vorsitzer der Liebe, benannte, findet sich im Mund dieses großen Kirchenführers der wesentliche Gehalt der Primatsaussagen des ersten Jahrtausends, und mehr muß Rom nicht verlangen. Die Einigung könnte hier auf der Basis geschehen, daß einerseits der Osten darauf verzichtet, die westliche Entwicklung des zweiten Jahrtausends als häretisch zu bekämpfen und die katholische Kirche in der Gestalt als rechtmäßig und rechtgläubig akzeptiert, die sie in dieser Entwicklung gefunden hat, während umgekehrt der Westen die Kirche des Ostens in der Gestalt, die sie sich bewahrt hat, als rechtgläubig und rechtmäßig anerkennt" (J. Ratzinger, Prognosen für die Zukunft des Ökumenismus, a.a.O., 212). Zur Frage der Legitimität der Koexistenz unterschiedlicher Artikulationen des Primatsgedankens vgl. H.-J. Schulz, Die inneren Bedingungen, a.a.O., 210ff.; ferner H. Döring, Das 'Jus Divinum' des Petrus-Amtes. Ansätze zu einem gemeinsamen Verständnis, in: Petrus, 87-118.
Einen verheißungsvollen Weg zur katholisch-orthodoxen Verständigung in der Primatsfrage weist sicherlich eine auch vom II. Vatikanum angebahnte Kirchentheologie, die aus einer inneren Zuordnung und Komplementarität von Christologie und Pneumatologie erwächst und von daher zu einer "ontologischen Gleichzeitigkeit und Gleichgewichtigkeit" von Orts- und Gesamtkirche, von Episkopat und Primat, von "Einem" (Amt) und "Vielen" (Gemeinde) gelangt. Vgl. dazu J. Zizioulas, Christologie, Pneumatologie und kirchliche Institutionen aus orthodoxer Sicht, bes. 131-137. Auf diesem Hintergrund könnte auch die Forderung nach einer "Selbstbindung" des päpstlichen Primates als eine in der Wesens-(communio)-Struktur der Kirche selbst begründete verstanden werden, und nicht nur als eine bloße pragmatisch orientierte, nur an eine äußere (verfahrensmäßige) Beschränkung des an sich absolut gedachten Primates denkende (vgl. dazu A. Kolping, Gebundener Primat im Papsttum der Zukunft?; A. Dordett, Die unveräußerliche Gewalt des kirchlichen Amtsträgers, in: ÖaKR 27 (1976) 254-275; K. Rahner-J. Ratzinger, Episkopat und Primat). Gegenwärtig allerdings markiert die Primatsfrage noch einen katholisch-ostkirchlichen Dissenspunkt.

27) Vgl. auch P. Paul VI., in: AAS 59 (1967) 852ff., Tomos Agapis, Nr. 176 (25. Juli 1967), wo die getrennten Ostkirchen ausdrücklich als "Schwesterkirchen" anerkannt werden; dazu E. Lanne, Schwesterkirchen - Ekklesiologische Aspekte des Tomos Agapis, in: Pro Oriente. Auf dem Weg zur Einheit des Glaubens, Innsbruck 1976, 54-82; J. Meyendorf, Schwesterkirchen - Ekklesiologische Folgerungen aus dem Tomos Agapis, ebd., 41-53; J. Ratzinger, Anathema-Schisma ..., ebd., 101-113.

28) Vgl. auch P. Paul VI., Rede zum Jubiläum der Exkommunikationsaufhebung vom 14.12.1975, in: Tomos Agapis, Nr. 288; der Papst sagt hier ausdrücklich, die getrennten orientalischen Kirchen haben" ... das gleiche, in der apostolischen Sukzession empfangene Bischofsamt, um das Volk Gottes zu leiten." Mit dieser Beurteilung des Rechtsgestatus des orthodoxen Episkopates ist - bereits über LG hinausführend - die Legitimität episkopaler Amtsausübung in Kirchen bestätigt, denen die volle hierarchische Gemeinschaft mit dem Papst als Haupt des Bischofskollegiums fehlt! Dazu H.-J. Schulz, Die inneren Bedingungen, a.a.O., 202ff.; UR 14 wäre demnach nicht nur - von LG 8 her gesehen - im Sinne der Konzedierung gültiger Weihevollmacht der Priestertums bei den getrennten Orientalen zu interpretieren, sondern auch im Sinne der Anerkennung legitim ausgeübter Hirtenvollmacht in apostolischer Nachfolge. Demgegenüber mußte W. de Vries die vorkonziliare Haltung der katholischen Kirche zur ekklesialen Beurteilung des orthodoxen Episkopates und des kirchlichen Amtes noch wie folgt kennzeichnen: "Die getrennten

sind.(29) Daß mit dieser Fragestellung auch in rechtlich-disziplinärer Hinsicht ernst gemacht wird, und die besondere Heraushebung der eigenständigen Bedeutung der östlichen Patriarchate,(30) die, wie UR 14 erwähnt, selbst auf apostolischen Ursprung zurückgehen, nicht nur Höflichkeitsfloskel ist, zeigt UR 16, wo in Anwendung des vom Konzil bejahten Grundsatzes der Einheit in der Vielfalt das Prinzip der kanonischen Autonomie der orientalischen Kirchen im Rahmen der von Christus gewollten Ordnung bestätigt wird: "So erklärt das Heilige Konzil feierlich ... daß die Kirchen des Orients ... die Fähigkeit (facultas) haben, sich nach ihren eigenen Ordnungen zu regieren, wie sie der Geistesart ihrer Gläubigen am meisten entsprechen ..."(31) Damit ist die Patriarchatsstruktur der Ostkirchen ohne Unterschied zwischen orthodoxen und minoritären Gruppen bestätigt und anerkannt. Mit dem Bekenntnis, daß "dies ganze geistliche und liturgische, disziplinäre und theologische Erbe mit seinen verschiedenen Traditionen zur vollen Katholizität und Apostolizität der Kirche gehört" (UR 17, 2), ist schließlich die Grundlage für ein allmähliches (paulatium) Erlangen der Einheit, die, wie die tragische Geschichte der lateinisch-orientalischen Unionsbemühungen(32) zeigt,

Hierarchen sind illegitim, und diese ihre Illegitimität zieht notwendig die Ungültigkeit ihrer Amtshandlungen als Folge nach sich" (Rom und die Patriarchate, 328-373, hier 358f.). Aus den konziliaren Aussagen und nachkonziliaren Verlautbarungen ist dagegen heute zu folgern: Da "eine wirkliche Amtsvollmacht bei den orthodoxen Bischöfen vorausgesetzt wird, muß die mit 'determinatio canonica' (NEP 2) bezeichnete wesentliche Bedingung legitimer Hirtenvollmacht wohl (außerhalb des Geltungsbereichs des katholischen Kirchenrechts) gegebenenfalls auch als im Rahmen der überlieferungsgemäßen Rechtsordnung eines patriarchalen bzw. autokephalen Kirchenverbandes verwirklicht gedacht werden können" (H.-J. Schulz, a.a.O., 209). Schulz interpretiert das Verhalten Pauls VI. hinsichtlich der getrennten ostkirchlichen Bischöfe dahingehend, daß die Wiederherstellung der vollen Gemeinschaft mit ihnen zwar kein Adiaphoron ist, aber auch in ihrem "Noch-Nicht" keineswegs zur Paralysierung der Hirtenvollmacht bei den orientalischen Bischöfen (aus katholischer Sicht) führt (vgl. ebd.). Es besteht demnach von katholischer Seite die volle Gültigkeitsanerkennung orthodoxer Sakramente auch was deren kirchenkonstitutive Kraft anlangt und die Anerkennung des vollen kirchlichen Status der östlichen Patriarchate.

29) Von da aus wird auch die Kritik an LG 8 (subsistit in) von orthodoxer Seite her verständlich, die sich dagegen verwahrt, daß die orthodoxen Kirchen nur "Elemente" von Kirche besitze; sie realisiere vielmehr selbst Kirche Christi in Ganzheit (vgl. J. Karmiris, in: D. Papandreu (Hrsg.), Stimmen der Orthodoxie zu Grundfragen des II. Vatikanums, Wien 1969, 55-91, bes. 58f.).

30) In diesem Zusammenhang dürfte besonders auch die konziliare Herausstellung der Eigenwertigkeit des Bischofsamtes in LG 21 etwa gegenüber den Tendenzen spät- und nachscholastischer Theologie und Kannonistik (Trennung von Weihe- und Hirtengewalt) eine Schlüsselstellung einnehmen.

31) UR 16, 1 Satz 2; der lateinische Ausdruck "facultas" ist durchaus im Sinne eines ius und officium der Ostkirchen zu verstehen; es geht also nicht um eine generöse, nachsichtige Duldung von Absonderlichkeiten bei den Orientalen seitens der katholischen Kirche, wie auch OE 5 (iure pollere et officio teneri) hervorgeht. Nach H. Schmitz (Anerkennung der Ämter - Vielfalt theologisch-ekklesialer Kulturen, in: TThZ 88 (1977) 201-210, 202f.) muß dieses Prinzip auch in Bezug auf die aus der Reformation hervorgegangenen Gemeinschaften Anwendung finden.

32) Vgl. etwa die Bulle "Laetentur Coeli", in: COD, 499-504, sowie die Dokumente über die weitere geschichtliche Entwicklung des ost-westlichen Verhältnisses: ebd., 510-535; 543-559; 562-565;

nicht von oben her dekretiert werden kann, sondern von unter her wachsen muß. Fern jeder Proselytenmacherei(33) schließt das Konzils- dekret mit dem Ausdruck der Hoffnung, "daß die Wand, die die abend- ländische und die orientalische Kirche trennt, einmal hinweggenommen werde und schließlich nur eine einzige Wohnung sei, deren fester Eck- stein Jesus Christus ist, der aus beiden eines machen wird" (UR 18 Satz 4).

2. Die aus der Reformation hervorgegangenen Gemeinschaften(34)

Nachdem es im ersten Kapitel des Ökumenismus-Dekretes verhältnismäßig problemlos gelungen war, den ekklesiologischen Standort der Ostkirchen zu beschreiben, gestaltet sich dieses Unterfangen bezüglich der aus der Reformation hervorgegangenen Gemeinschaften im 2. Kapitel erheblich schwieriger. Zum einen mußte solches seine Grenzen finden in der un- vergleichlich höheren Komplexität der reformatorischen Kirchenspaltung und der damit zusammenhängenden schier unüberschaubaren Vielfalt reformatorischer Glaubensgemeinschaften,(35) die hier als Dialogpartner begegnen; zum anderen zeigt schon die Wahl der Überschrift für das 2. Kapitel(36) und der im Vergleich zur Darstellungsweise bei den Ostkir-

---

33) Vgl. DH 4, 4 Satz 2: Man muß sich jedoch bei der Verbreitung des religiösen Glaubens ... allzeit jeder Art der Betätigung enthalten, die den Anschein erweckt, als handle es sich um Zwang oder um unehrenhafte oder ungehörige Überredung ..."
Daß jedoch die getrennten Orientalen faktisch diese katholische Geste der "einladenden Umarmung", wie sie in den konziliaren Dokumenten Ausdruck findet, eher als den "Würge- griff" eines verkappten Proselytismus empfanden, zeigen deutlich einige Stellungnahmen zum II. Vatikanischen Konzil aus orientalischer Sicht: Emilianos von Meloa, Eine ortho- doxe Stellungnahme zum Vatikanischen Konzil, in: Kyrios 5 (1965) 65-74, bes. 65; H. M. Biedermann, Orthodoxie und Katholizismus nach dem Konzil aus der Sicht eines griechi- schen Theologen, in: OstKSt 12 (1963) 181-200; ders., Die 3. Sesseion des Vaticanum II in der Sicht des Moskauer Patriarchats, in: OstKSt 14 (1965) 327-339.
34) Vgl. UR 19-24; dazu J. Feiner, Kommentar, a.a.O., 109-123.
35) Darunter sind zu nennen: Evangelische Christen lutherischen Bekenntnisses, evangelische Christen zwinglianisch-calvinischer Richtung (= Reformierte, Presbyterianer, Kongrega- tionalisten, Methodisten, Baptisten u. v. a.), Anglikaner, außerdem nicht aus der Reformation hervorgegangene von Rom getrennte christliche Gemeinschaften wie z. B. die Altkatholiken; vgl. dazu K. Algermissen, Konfessionskunde, 8. Aufl., Paderborn 1969, 281-462; 465-650.
36) Während das Dekret dort, wo von den Ostkirchen allein die Rede ist, immer die Bezeich- nung "ecclesiae" verwendet (UR 14-18), tritt, wenn von den getrennten Gemeinschaften des Ostens und des Westens gesprochen wird, der Doppelausdruck "Ecclesiae et communita- tes ecclesiales" (UR 13; 19) auf (in LG 15, 1: "Ecclesiae vel communitates ecclesiasti- cae"). Während H. Fries (Das Konzil und die Einheit der Christen, in: Ders., Wir und die andern, 105f.) aus dem Sprachgebrauch von UR 3, 1-3 schließt, daß das Konzil den außerkatholischen christlichen Bekenntnisgemeinschaften eindeutig das Kirche-Sein zuerkennt, verweist E. Stakemeier (Kirche und Kirchen, in: Volk Gottes, 508f.) auf den aus anderen Textstellen hervorgehenden deutlichen Unterschied der Begriffsgehalte "ecclesiae" und "communitates ecclesiales": "Die Worte 'Kirchen' und 'kirchliche Ge- meinschaften' bezeichnen zwei unterschiedliche Größen, deren verschiedene Bedeutung aus dem dritten Kapitel 'Über den hierarchischen Aufbau der Kirche, insbesondere über das Bischofsamt', deutlich wird. Kirche im eigentlich theologischen Sinn des Wortes ist eine Einzelkirche, welche die wesentlichen Strukturen bewahrt hat, die zum gesell-

chen im ersten Kapitel veränderte thematische Aufbau, daß bei dem Versuch, den ekklesiologischen Status der reformatorischen Gemeinschaften annährend zu umschreiben, ein größerer "gemeinsamer Themen-Nenner", d. h. eine Erweiterung des durch die speziellen Theologumena abgesteckten theologisch-ekklesiologischen Kategorienfeldes nötig ist.(37)

Wenngleich das Dekret ausdrücklich auf die durch die gemeinsame Glaubensgeschichte bewirkte Verwandtschaft der katholischen Kirche mit den Kirchen und kirchlichen Gemeinschaften der Reformation hinweisen kann (UR 19, 1), so werden nicht irenistisch schwerwiegende Differenzen verschwiegen: Das genauere Verständnis des Christus- und Erlösungsglaubens (Art. 20) und die Bedeutung der Heiligen Schrift für das Verständnis der Offenbarung (Art. 21) müssen weiterhin Gegenstand des ökumenischen Dialoges sein. Während in diesen eben genannten Punkten die ökumenische Forschung sicherlich inzwischen bedeutsame Erfolge erzielt hat,(38) berührt Art. 22 explizit jene nach wie vor für die Frage nach der Möglichkeit sakramentaler Gemeinschaft mit den reformatorischen Gemeinschaften brisante Problematik des ekklesialen Status dieser "kirchlichen Gemeinschaften":

Wenngleich das Konzil in Absetzung von der früheren votum-Lehre, die nur den einzelnen Nichtkatholiken in den Blick bekommen konnte, zu der Auffassung von den objektiven Spuren des Kirche-Seins in diesen Gemeinschaften gefunden hat, die etwa in der Taufe,(39) der Heiligen Schrift und in anderen Elementen sichtbar werden,(40) kann es ihnen

---

schaftlichen Gefüge einer Ecclesia particularis gehören und so - wenigstens in unvollendeter Weise - das Mysterium der Kirche realisiert. Dazu gehören ein priesterliches Dienstamt, das in der Kontinuität mit dem Wesen und der Existenz des priesterlichen Dienstamtes der Apostel steht, die ihren Auftrag und ihre Vollmacht ihren Nachfolgern übertragen. Diese Nachfolger werden heute durch die in der apostolischen Sukzession stehenden Bischöfe repräsentiert. Der Ausdruck 'kirchliche Gemeinschaften" dürfte sich beziehen auf Gemeinschaften, denen diese Grundstruktur der Einzelkirche fehlt, die aber ... wichtige und grundlegende ekklesiale Elemente besitzen." Wegen der katholischerseits außer Zweifel stehenden Wirklichkeit der apostolischen Sukzession, der Gültigkeit des Priestertums und der Eucharistie bei den Altkatholiken kann der Ausdruck "Kirchen" wohl als eindeutig diesen zugedacht gelten, obwohl im Ökumenismus-Dekret nicht ausdrücklich erwähnt wird, auf welche der im Abendland entstandenen Bekenntnisgemeinschaften sich das erste Glied des Doppelausdruckes in der Überschrift "Ecclesiae et communitates ecclesiales" (UR 2) bezieht (vgl. dazu J. Hamer, Die ekklesiologische Terminologie, a.a.O.). Auf das Ganze gesehen bleiben die Konzilaussagen, die versuchen, der anomalen Situation des "Nichtgetrennten-Getrennt-Seins" der christlichen Gemeinschaften untereinander kategorisierend-ordnend sich zu nähern, schier notwendigerweise unbefriedigend und unvollkommen (so W. Kasper, Die Einheit der Kirche nach dem II. Vatikanischen Konzil, a.a.O., 275).

37) Es werden nur sehr weitgefaßte Hauptthemen gewählt: Das Bekenntnis zu Christus, das Studium der Heiligen Schrift, das sakramentale Leben, das Leben mit Christus (UR 20; 21; 23).

38) Vgl. dazu o. S. 16ff.

39) UR 22, 1 spricht davon, daß "Baptismi Sacramento ... homo vere Christo crucifixo et glorificato incorporatur." Die Taufe begründet also ein sakramentales Band der Einheit zwischen allen, die durch sie wiedergeboren sind (UR 22, 2).

40) Vgl. UR 3, 2; Nach einer Aufzählung verschiedener Elemente, in denen und durch welche die Christen anderer Kirchen oder kirchlicher Gemeinschaften mit der katholischen Kirche vereint sind, heißt es in LG 15: "Dazu kommt die Gemeinschaft im Gebet und in

aufgrund des Fehlens der apostolischen Weihenachfolge und der daraus resultierenden Defizienz eucharistischer Wirklichkeit nicht die Fülle kirchenbildender Elemente zusprechen(41) und folglich sie auch nicht als Ortskirchen im eigentlichen Sinn ansprechen.

Weitergehende Versuche,(42) die theologische Wirklichkeit der reformatorischen Gemeinschaften auszudrücken und von daher eine breitere Gemeinschaftsbasis zwischen katholischer Kirche und reformatorischen Gemeinschaften zu formulieren, hat das Konzil selbst explizit nicht unternommen.

An dieser Stelle ist nun der "kritische" Punkt unserer Problemstellung aus dem Blickwinkel der Ekklesiologie erreicht: Kann die katholische Kirche communicatio in sacris mit **diesen** Gemeinschaften gewähren zur Bezeichnung der Einheit, die grundgelegt ist im sakramentalen Band der Taufe(43) oder aus der Verpflichtung zur Anteilgabe an den Mitteln der Gnade (UR 8, 4)?

Inwieweit sind die Sakramente Gnadenmittel, wenn sie nicht mehr zugleich auch Bezeichnung der Glaubens- und Kircheneinheit darstellen?

Ist andererseits die Forderung nach vollständiger Glaubenseinheit als vorgängiger Bedingung jeglicher communicatio in sacris aufrechtzuerhalten und legitim, oder ist nur die Übereinstimmung in dem, was der gemeinsame sakramentale Vollzug unmittelbar thematisiert und impliziert, erforderlich?

Kann schließlich Abendmahlsgemeinschaft mit nichtkatholischen Gemeinschaften als der konkrete Ausdruck faktischer kirchlicher Einheit als Zeichen und zugleich Mittel dieser (zu vertiefenden) kirchlichen Einheit verstanden und praktiziert werden?

Diese Fragen reichen bereits in die gegenwärtige ökumenische Diskussion hinein. Bevor im 3. Hauptteil eingehender von diesen konkreten Fragen

---

anderen geistlichen Gütern; ja sogar eine wahre Verbindung im Heiligen Geiste, der in Gaben und Gnaden auch in ihnen mit seiner heiligenden Kraft wirksam ist ..." Es handelt sich hierbei also um die Feststellung einer Verbindung zwischen den Kirchen, die durchaus im Bereich der "res" liegt, "die übrigens nur als Angeld besessen wird. Alle Schwierigkeiten (sc. der Formulierung kirchlicher Gemeinschaft) rühren vom **sacramentum** her, das das Glaubensbekenntnis, die Eucharistie, das Weihesakrament, den Episkopat, den Primat des Petrus umfaßt" (Y. Congar, Die christologischen und pneumatologischen Implikationen, a.a.O., 121). Von der Interpretation der Ekklesiologie des II. Vatikanums in mehr christologischer oder pneumatologischer Akzentuierung wird gerade die in ökumenischer Hinsicht folgenreiche Beantwortung der Frage nach der genaueren Relation von sacramentum (signum) und res abhängen.

41) Vgl. UR 3, 5; 22, 3; eingehender hierzu vgl. u. S.

42) Insbesondere H. Mühlen hat gerade der oben zitierten Aussage des Konzils über die bestehende "wahre Verbindung im Heiligen Geiste" (LG 15) zwischen katholischer Kirche und nichtkatholischen Gemeinschaften eine äußerst positive Bewertung des ekklesialen Status dieser Gemeinschaften entnommen: L'Esprit dans l'Eglise, a.a.O., 9-114.

43) Für die konsequente Verfolgung des ökumenischen Ansatzes, der von der realen Kirchlichkeit jener christlichen Konfessionen ausgeht, die die Taufe spenden, plädiert G. Pattaro, Die ökumenischen Entwicklungen, a.a.O., bes. 87f.

einer ökumenischen "Ekklesiologie im Vollzug" zu handeln ist, seien im
Folgenden die für die Aussagen zur Sakramentengemeinschaft bedeutsamen dogmatischen Grundlagen aus der ekklesiologischen Konzeption des
Konzils dargelegt, sodann die daraus resultierenden konkreten Bestimmungen zur communicatio in sacris.

Der erstmals in lehramtlicher Ausdrücklichkeit formulierte sakramentale
Kirchengedanke des II. Vatikanischen Konzils wird in ökumenischer Hin-
sicht insbesondere dadurch bedeutungsvoll, daß er wenigstens theore-
tisch-anbahnend die kirchliche "communio" als das eigentliche ekklesiale
Subjekt bestimmt.(44) Die nachkonziliare Weiterverfolgung des konziliaren
ekklesiologischen Ansatzes einer "communio"-Ekklesiologie zeitigt unter
Einbeziehung einer deutlich pneumatologisch akzentuierten Linie des
Kirchendenkens als ökumenisch-ekklesiologischen "status quaestionis" die
Frage, ob der Geist (nicht auch) "alle seine kirchlichen Wirkungen da
entfaltet, wo das kirchliche Sakrament unvollkommen ist."(45)

Schließlich birgt der Ansatz bei der "communial-ekklesialen Subjekthaftigkeit" der Kirche auch einen gewissen Anhaltspunkt für eine stärkere
funktional-aktual gemeindlich-ortskirchlich zentrierte Orientierung des
Kirchenbegriffes, die besonders für die schwierige ökumenische Problematik des kirchlichen Amtes von Bedeutung ist.

Auf dem Hintergrund des skizzierten ekklesiologisch-ökumenischen status
quaestionis soll eine kritische Sichtung der communio-Ekklesiologie und
der Amtstheologie des Konzils insbesondere unter der Fragestellung, inwiefern beide Elemente sich wechselseitig interpretieren und erschließen,
zur Findung von Kriterien beitragen helfen, für die Beurteilung der
nachkonziliaren ökumenischen Bemühungen.

---

44) Demgegenüber hatte das I. Vatikanum die Subjekthaftigkeit der Kirche ganz auf den
päpstlichen Primat eingeschränkt. Beide Konzilien aber stehen gerade dadurch in einem
engen Bezug wechselseitiger Erschließung zueinander, daß sie in der je unterschiedlichen geschichtlichen Konkretion des Gedankens von der ekklesialen Subjekthaftigkeit
sowohl kontinuitätsstiftend wie innovatorisch für die kirchliche Tradition zugleich
wirkten (H. J. Pottmeyer, Kontinuität und Innovation, a.a.O., bes. 105ff.).
45) Y. Congar, Die christologischen und pneumatologischen Implikationen, a.a.O., 121.

§ 14: DIE KIRCHE IN DER SPANNUNG ZWISCHEN "INSTITUTION" UND "EREIGNIS"

Die ekklesiologische Neuorientierung durch das II. Vatikanische Konzil kann im weitesten Sinn charakterisiert werden als die Neubesinnung auf die rechte Ortsbestimmung der Wirklichkeit Kirche innerhalb des unaufgebbaren Spannungsfeldes für ihren Vollzug zwischen Institution und Ereignis.(1) In näherer Konkretion führt das hiermit aufgesteckte Problem zu einer Art ökumenischer Kernfrage: "Wie wirkt Gott das Heil in der Kirche?"(2) In dieser Frage spitzt sich nach H. Mühlen möglicherweise eine spezifische katholisch-protestantische Differenz zu, die ihren Ausgangspunkt wohl in den akzentuellen Implikationen des jeweiligen epistemologischen Grundentscheides zwischen ontologischem und personologischem Gesamtverständnis der Wirklichkeit und damit auch und gerade der Offenbarungswirklichkeit von Inkarnation und Erlösung in ihrer ereignishaften und institutionellen Dimension:(3) "Die im allerersten Ansatz des Denkens sich regenden Differenzen mögen zunächst geringfügig und unbedeutend erscheinen. In der konkreten Ausarbeitung der Ekklesiologie haben diese Differenzen aber weitgehende Folgen. Wichtiger als der Dialog über die inhaltlichen Lehrdifferenzen scheint uns deshalb das geduldige Fragen nach der jeweiligen Denkform zu sein, aus der heraus jeweils argumentiert und gedacht wird."(4) In der konkreten Ausarbeitung der Ekklesiologie gewinnt nämlich die Dialektik von Freiheit und Bindung, wie sie der inkarnatorisch-pneumatologischen Struktur des christlichen Heilsverständnisses in spezifischer Weise eignet, ihre geschichtskonkrete Kontur: "Es wäre verfehlt, das Werk des Geistes einfach mit Spontaneität und Freiheit zu identifizieren; jedoch wäre es ebenso verkehrt, das Werk des Geistes einfach mit den festen Strukturen einer kirchlichen Ordnung zu identifizieren. Beide Elemente sind gegenwärtig und müssen gesehen werden:"(5) die Unverfügbarkeit der Gnade und die Selbstbindung des Sohnes an die Geschicklichkeit des Menschseins als Analogie des Verhältnisses von Geist und (institutioneller) Kirche. Das Ereignis der Geistwirksamkeit in der Kirche, das in sich selbst letztlich unverfügbar bleibt, hat sich gleichwohl immer schon in die Institution hinein zerlegt, es bleibt niemals ohne Form.(6) Ekkle-

1) So benannte J.-L. Leuba die beiden Grunddimensionen des Wirken Gottes nach dem NT: Institution und Ereignis (= Theologie der Ökumene 3), Göttingen 1957; zur ausführlichen Grundlegung einer ekklesiologischen "Institutionstheorie" aus dem katholischen Grundmotiv der Sakramentalität der Kirche vgl. M. Kehl, Kirche als Institution, darin insbesondere die Darstellung des denkerischen Entwurfes von H. U. v. Balthasar zur Begründung des institutionellen Charakters der Kirche, a.a.O., 239-311. Zum Institutionsbegriff vgl. H. Dombois, Das Recht der Gnade I, 873-939.

2) Montreal. Vierte Weltkonferenz für Glauben und Kirchenverfassung 1963; in: L. Vischer (Hrsg.), Die Einheit der Kirche, 189.

3) H. Mühlen, Die Ekklesiologie der Kommission, bes., 616-622.

4) ebd., 617.

5) Kommission für Glauben und Kirchenverfassung, Arbeitsheft I ("Christus und die Kirche"), S. 31.

6) Schon die Gegenüberstellung von Institution ('Sein') und Ereignis ('Akt') ist in dieser kontrastierenden Form zu ontologisch gefaßt; jedes Sein ist als solches immer schon Akt; zu den philosophischen Implikationen der Denkform eingangs S. 8ff.; zur institutionstheoretischen Aufarbeitung der ekklesiologischen Implikationen vgl. M. Kehl, Kirche als Institution, bes. 312-321.

siologisch bedeutet das nach katholischer Option, daß aus der Endgültigkeit der Inkarnation auch eine in institutioneller Gestalt sich artikulierende Kontinuität im Handeln des Heiligen Geistes folgt. Das Dokument "Tradition und Traditionen" der 4. Weltkonferenz für Glauben und Kirchenverfassung des ÖRK berichtet von der "Betroffenheit" der protestantischen Gesprächsteilnehmer durch den "katholischen" Standpunkt, daß die Kirche seit den Aposteln in Kontinuität existiert und zwar zugleich als Folge und als Organ des Werkes Gottes in Christus durch den Hl. Geist.(7) Der Gedanke (geschichtlicher) Kontinuität in der Ekklesiologie, der die Möglichkeit einer "Zeitwerdung", d. h. einer wirklichen Geschichtlichkeit des Hl. Geistes impliziert, zeigt sich in seiner (katholisch-protestantischen) kontroverstheologischen Brisanz gerade auch darin, daß die Fragen um das kirchliche Amt als die "schwierigsten und umstrittensten"(8) im ökomenischen Disput sich so stark in den Vordergrund schieben: "Die eigentlichste und tiefste Differenz im Kirchenverständnis der evangelischen und katholischen Theologie zeigt sich ... in der Beantwortung der Frage, in welchem Verhältnis die kirchlichen Ämter zu den Ämtern Jesu stehen."(9) An der Amtskonzeption entscheidet sich auch die ekklesiologische Frage, "ob das der Kirche gesandte Pneuma nur das gleichsam in einer vertikalen Sinnrichtung 'von oben' je und je ereignishaft in die Kirche einbrechende Pneuma" ist, oder ob das Pneuma "auch eine gleichsam horizontale, geschichtlich-konkrete, sichtbare Dimension" hat,(10) die sich auch auf die nachapostolische, nicht nur auf die apostolische Kirche(11) erstreckt.

Die ökumenisch-ekklesiologische Problemlage läßt sich (von katholischer Warte aus formuliert) zuspitzen auf die Frage, ob wirklich eine Selbstüberlieferung des Geistes Christi in der kirchlich-menschlichen Überlieferung der Ämter angenommen wird: In diesem Zusammenhang ist hinsichtlich einer diesbezüglich beobachtbaren Reserve von evangelischer Seite her(12) ein Statement der Kommission für Glauben und Kirchenverfassung des ÖRK auf der Weltkonferenz von Evanston 1952 aufschlußreich, wo es heißt: "Wir stimmen alle darin überein, daß das fortdauernde Handeln des auferstandenen Herrn durch den Heiligen Geist die Kontinuität verbürgt, sind uns aber ebenfalls einig über den Wert einer gewissen Art von Kontinuität in der Geschichte, wie sie durch gewisse Mittel unter dem Walten des Heiligen Geistes gewährleistet ist ..."(13)

---

7) Arbeitsheft II der Kommission für Glauben und Kirchenverfassung (1963 Montreal) "Tradition und Traditionen", S. 72.

8) R. Mumm, Kurzer Bericht von der Tagung über Ordination und Amt, in: R. Mumm - G. Krems (Hrsg.), Ordination und kirchliches Amt, 165-167, 165

9) H. Mühlen, Die Ekklesiologie der Kommission, 623.

10) Ebd., 626.

11) Das Arbeitsheft I ("Christus und die Kirche") der 4. Weltkonferenz der Kommission für Glauben und Kirchenverfassung des ÖRK kann durchaus eine Entsprechung der Beziehung zwischen Christus und den Aposteln (Geistsendung) und einer solchen zwischen dem Vater und Christus aussagen (S. 59; 66).

12) Ein signifikantes Indiz dafür ist auch ein deutlich spürbares epikletisches Defizit in den Ordinationsformularen der evangelischen Kirche (vgl. dazu K. Lehmann, Das theologische Verständnis der Ordination nach dem liturgischen Zeugnis der Priesterweihe, in: Ordination und kirchliches Amt, a.a.O., 19-52, bes. 42f.; H. Dombois, Recht der Gnade, I², 606; dazu eingehender noch w. u.).

13) Zit. nach E. Kinder, Die ökumenische Bewegung, Gladbeck 1963, 72. Vgl. auch F. Lüpsen

H. Mühlen weist auf die Signifikanz der für evangelisches Denken offenbar notwendigen Unterscheidung zwischen Geist- und Geschichtskontinuität hin: "Bezeichnend an diesem Texte ist, daß unterschieden wird zwischen den Handeln des auferstandenen Herrn durch seinen Geist und einer gewissen Art von Kontinuität in der Geschichte. Kann man die Kontinuität, die der auferstandene Herr durch seinen Geist verbürgt, und jene Kontinuität des Herrn in der Geschichte so trennen, daß der jetzt erhöhte Herr und der 'historische' Jesus de facto nicht mehr als ein und derselbe erscheinen?"(14) Eine reale Geschichtswerdung und Zeit-

---

(Hrsg.), Evanston Dokumente, 1954.

14) H. Mühlen, Die Ekklesiologie der Kommission, a.a.O., 635. Die fundamentale katholische Option für die Kontinuität von 'historischem' Jesus und erhöhtem Herrn gerade in der Wesens- und Vollmachtsbestimmung der Kirche findet besonders in den ekklesiologischen Bemühungen katholischer Provenienz ihren Ausdruck, die die Kirche als Sakrament des Pneuma zu verstehen und darzustellen versuchen und damit zugleich sowohl der christologischen Engführung der Ekklesiologie (die in ihrem sichtbaren Dasein genau abgrenzbare Kirche als Analogon zum Christus 'kata sarka') gegensteuern als auch die innere unlösliche Zuordnung von Pneuma und Institution, von 'Pneumatischem' und 'Christologischem' theologisch begründen: aus der überreichen Literatur zu diesem Ansatz: I. Hermann, Art., Heiliger Geist, in: HThG, I (1962), 642-647; H. Mühlen, Der Geist als Person, Münster 1963; ders., UMP; ders., Kirche als die geschichtliche Existenzform; E. Käsemann - M. A. Schmidt - R. Prenter, Art. Geist, in: RGG³ II (1958) 1272-1286; M. Schmaus, KD III/1 (1958), 329-391; F. Malmberg, Ein Leib-ein Geist; Y. Congar, L'Esprit dans l'Eglise, in: Lumière et Vie 10 (1953) 51-74; H. D. Wendland, Das Wirken des Heiligen Geistes in den Gläubigen bei Paulus, in: ThLZ 77 (1952) 457-470; H. Stirnimann, Die Kirche und der Geist Christi, in: DT 31 (1953) 5-17; H. Volk, Das Wirken des Heiligen in den Gläubigen, in: Cath 3 (1952) 13-35; K. Rahner, Das Dynamische in der Kirche (= QD 5), Freiburg-Basel-Wien 1958; N. Nissiotis, Pneumatical Christology as a Presupposition of Ecclesiology, in: Decumenica, Jahrbuch für ökumenische Forschung, Gütersloh 1967, 235-253; J. Zizioulas, Christologie, Pneumatologie und kirchliche Institutionen aus orthodoxer Sicht, in: Kirche im Wandel, a.a.O., 124-140. Näherhin werden in dieser speziellen katholisch-ekklesiologischen Option Ursprung und Wesensbestimmung der Kirche von der im Heiligen Geist getroffenen Entscheidung der Apostel her bestimmt, nach der Erfahrung der Verstockung Israels und des Scheiterns ihrer Predigt vom auferstandenen Herrn sich den Heiden zuzuwenden (vgl. auch die Typologie vom nachträglich aufgefüllten Hochzeitssaal) und damit gleichsam die "vorösterlichen" ekklesialen Grundrealitäten (Zwölferkreis-Abendmahl) durch ihre im Heiligen Geist gefällte Entscheidung selbst in die damit eigentlich geschehene nachösterliche Konstituierung der Kirche einzubeziehen; vgl. dazu E. Peterson, Die Kirche aus Juden und Heiden. 3 Vorlesungen, Salzburg 1933; J. Ratzinger, Die christliche Brüderlichkeit, München 1960; ders., Art., Kirche, in: LThK, VI. 173-183; ders., Menschheit und Staatenbau in der Sicht der frühen Kirche, in: StatGen 14 (1961) 664-682; ders., Wesen und Grenzen der Kirche, in: K. Forster, Das II. Vatikanische Konzil, Würzburg 1962, 49-68; ders., Das Geschick Jesu und die Kirche, in: Theologische Brennpunkte 2, Bergen-Eukheim 1965; 7-18; ders., Einführung in das Christentum, 276-279; ders., Das neue Volk Gottes, 75ff.; 225ff. Die Kirche hat also eine christologische und eine pneumatologische Wurzel; dabei kommt dem Pneumatischen ex se und von Anfang an institutionelle Bedeutung zu, insofern der "institutionelle" Entscheidungsakt der Apostel, das "Reich" in die Kirche umzusetzen (mit der Zuwendung an die Heiden konstituiert sich die Jesus-Gemeinde explizit zu der Eigenwirklichkeit "Kirche"), auf dem Glauben der Apostel an die ihnen im Heiligen Geist gegebene Vollmacht beruhte, nicht eigentlich auf dem inkarnatorischen Datum. Die pneumatologisch konzipierte Ekklesiologie setzt aus sich - gleichsam explikativ - das institutionelle (die Begründung von Recht und Dogma: E. Peterson, Kirche,

werdung des Heiligen Geistes, das reale Eingehen des Ereignisses Christi in die institutionelle Kontinuität der geschichtlichen Kirche ist für die 4. Weltkonferenz der Kommission für Glauben und Kirchenverfassung des ÖRK problematisch: "Wie kann Christus, ... der dieses Leben lebte, der als Herr immer gegenwärtig ist, wie kann dieses exklusive illic et tunc an jenem bestimmten Ort und zu jener bestimmten Zeit an späteren Orten und zu späteren Zeiten in der Geschichte gegenwärtig werden?... Der Heilige Geist ist die Voraussetzung der wahren Tradition. Die Beziehung zwischen dem Geist und der Tradition ist aber nicht mit Notwendigkeit gegeben, sie ist vielmehr ein freies Geschenk Gottes."(15) Dementsprechend gilt auch die "Beschränkung der Vollmachtsübertragung auf die in der historischen Sukzession stehenden Amtsträger" als mit der "souveränen Freiheit des Heiligen Geistes in der Kirche und der Gebrochenheit ihrer irdischen Existenz" unvereinbar.(16)

Mit Recht fragt H. Mühlen hierzu: "Warum betont man im Hinblick auf die traditio des Evangeliums und bestimmter Handlungen die historische Dimension der Wirksamkeit des Geistes, in bezug auf das Amt dann aber die souveräne Freiheit des Heiligen Geistes?"(17)

An der Amtsfrage zeigt sich also besonders deutlich, daß reformatorisch geprägtes ekklesiologisches Denken einer radikalen inneren Zuordnung von Pneuma und Geschichte und damit von Pneuma und institutioneller Kontinuität stets reserviert gegenübersteht.(18)

---

421) und kann gerade deswegen zugleich dieses überschreiten (L. Boff, Kirche, 364; zum ganzen, 361-375). Die Institution ist einerseits die Gestalt des Pneumatischen, andererseits ist das Pneumatische aber stets die Begrenzung des Anspruches des Institutionellen (J. Ratzinger, Einführung, 277). Somit ist der Heilige Geist in der Kirche schon die Vergegenwärtigung des pneumatischen und erhöhten Christus (L. Boff, a.a.O., 367-370). Zwar ist die Kirche nicht mit der Gegenwart des erhöhten Christus identisch; wohl aber gibt es keinen Grund, das Handeln des erhöhten Herrn durch seinen Geist und die Kontinuität seines Anwesens in der Geschichte in seinem pneumatischen Leib, der Kirche, in ein konkurrierendes oder akzidentelles Verhältnis zueinander zu bringen; zur trinitäts- und kreuzestheologischen Grundlegung des Institutionellen in und der Kirche als der notwendigen abbildlichen "kreuzesgestaltigen" Objektivation der im Heiligen Geist personifizierten (objektivierten) Liebe zwischen Vater und Sohn und deren amtstheologischen Explikationen bei H. U. v. Balthasar vgl. die Darstellung bei M. Kehl, Kirche als Institution, a.a.O., 239-311; eingehender dazu w. u.

15) Tradition und Traditionen, Nr. 58.

16) Ebd., Nr. 19.

17) H. Mühlen, Die Ekklesiologie der Kommission, a.a.O., 637.

18) Deshalb markiert auch "nach wie vor gerade die Amtsfrage die Spaltung der Christenheit. Hier wird am meisten deutlich, was die Aussagen des Konzils von denen der 3. Weltkirchenkonferenz (des ÖRK in Neu Delhi 1961) und damit von vielen, wenn auch beileibe nicht von allem Mitgliedskirchen des Ökumenischen Rates trennt" (P. W. Scheele, Die Einheit in Christus, 662). Für die geschichtliche Unterbelichtetheit reformatorisch geprägten Denkens im Vergleich zum katholisch-ekklesiologischen Ansatz spricht auch, daß etwa die Frage nach dem Verhältnis der gottgestifteten Einheit der Kirche zu der in dieser Welt zu realisierenden in Neu Delhi durch die 3. Weltkirchenkonferenz keine Antwort erfährt (vgl. ebd.). Bezeichnend ist zudem der Hinweis der Konferenz, daß die von ihr erarbeitete Beschreibung der Einheit der Kirche "keine bestimmte Lehre von der Kirche" voraussetze (zit. nach L. Vischer, Die Einheit der Kirche, S. 160, Nr. 5), während die katholische Auffassung von der Einheit der Kirche ganz deutlich um die

Daß mit dem grob abgesteckten ekklesiologischen Problemkreis zugleich vom sakramentalen Punkt für die Frage nach der Möglichkeit sakramentaler Gemeinschaft zwischen katholischer Kirche und den vor ihr getrennten kirchlichen Gemeinschaften (reformatischer Provenienz) erreicht ist, insofern diese Frage auf das engste mit der Frage nach der Möglichkeit einer katholischen Anerkennung dieser Gemeinschaften als Kirchen im vollen Sinne (Amtsfrage ?) verbunden ist, soll anhand der Analyse des konziliaren Kirchenbegriffes in seinen näheren Implikationen im Blick auf den sakramentalen Vollzug der kirchlichen Gemeinschaft gezeigt werden.

Ausgangspunkt hierfür ist zunächst das Verständnis des Konzils von der Einheit der Kirche

I. Die Einheit und Einzigkeit der Kirche Christi

Fundamentales Einheitsprinzip aller Menschen ist das Heilshandeln Gottes an den Menschen durch Jesus Christus. Erst diese Einheit zu Gott hin ermöglicht auch die Einheit aller Menschen untereinander; gegenwärtig ist diese durch das Kreuz Christi begründete und durch die Ausgießung des Geistes Christi (vgl. LG 4,1; 7,7; 9,1; 13,1; 15) sich erschließende Einheit in der Kirche; diese also ist letztlich verwurzelt in der Einheit des trinitarischen Lebens selbst,(19) an dem die Kirche durch den Geist Christi teilhat und welches sie zugleich vermittelt: "Dies ist das heilige Geheimnis der Einheit der Kirche in Christus und durch Christus, indes der Heilige Geist die Mannigfaltigkeit der Gaben schafft. Höchstes Vorbild und Urbild dieses Geheimnisses ist die Einheit des einen Geistes, des Vaters und des Sohnes im Heiligen Geist in der Dreiheit der Personen" (UR 2). Jesus selbst nimmt die Gläubigen "personal" in die Einheit des göttlichen Lebens hinein durch seine Pneuma-Existenz in seiner Auferstehung durch Taufe und Eucharistie (vgl. Gal 3,26ff.). Diese Einheit in der Kirche bezieht sich nicht nur auf die eigene (konfessionelle) Gemeinschaft sondern zielt auf die Einheit aller Christen und letztlich aller Menschen.(20) Sie ist der Kirche grundsätzlich und unverfügbar vorgegeben und kommt nicht erst durch Menschen zustande, sie ist Mysterium(21) und übersteigt menschliches Erfassen und Planen um so mehr als sie sich verwirklicht. Sie ist durch den Heiligen Geist in die Geschichte hinein sich entfaltend und vorgegeben als eine Gabe Christi an die Menschen. Gleichwohl bleibt diese Einheit der Kirche immer auch verantwortliche und verpflichtende Aufgabe des Christen(22), der sich darum zu mühen hat, in dieser Einheit zu bleiben, sie zu ergreifen. Sichtbare Elemente dieser Einheit sind die Bande des Glaubensbekenntnisses, der Sakramente(23) und der kirchlichen Leitung und Gemein-

---

ekklesiologische Kernaussage gruppiert ist, daß die Kirche Christi ihre konkrete Existenzform hier auf Erden in der katholischen Kirche hat ("subsistit in": LG 8).

19) Vgl. dazu H. M. Legrand, Die Entwicklung der Kirchen als verantwortliche Subjekte: Eine Anfrage an das II. Vatikanum, in: Kirche im Wandel, a.a.O., 141-174, bes. 152ff.

20) Vgl. LG 13.

21) Vgl. hierzu Th. Strotmann, Die Kirche als Mysterium, in: G. Baraúna, De ecclesia I, 236-251. G. Philips, L'Eglise et son mystère au IIe concile du Vatican I, Paris 1967.

22) Vgl. H. Döring, Grundkurs ökumenischer Information, in: US 33 (1978) 95-148.

23) Besonders der Eucharistie, durch welche die Einheit des Volkes Gottes sinnvoll bezeichnet und wunderbar bewirkt wird (LG 11,1).

schaft (LG 14,2). Bereits hier scheint jene Spannung auf zwischen dem sichtbar institutionellen und dem geheimnisvollen, aus der pneumatischen Christusleiblichkeit hervorgehenden Charakter der kirchlichen Einheit. Wenn die Konstitution über die Kirche versucht, das Zueinander von sichtbarer hierarchischer Gemeinschaft und mystischem Leib Christi zu umreißen (LG 8, 1) wird besonders deutlich, daß bei aller Anerkennung kirchenbildender Elemente bei nichtkatholischen christlichen Gemeinschaften (UR 3,2) doch die einzig wahre, von Christus gestiftete Kirche (LG 8, 2) in ihrer geschichtlichen Konkretion in der katholischen Kirche verwirklicht ist, weil sie allein die Fülle der heilsvermittelnden Zeichen bewahrt hat (UR 3, 5; 4, 6). Vor allem gegenüber den die modifizierte und differenzierte Identitätsaussage des Konzils in der Verhältnisbestimmung von katholischer Kirche und Kirche Christi ("subsistit in": LG 8) abschwächenden nachkonziliaren Interpetationen(24) betont die Erklärung "Mysterium Ecclesiae" (1973) der Kongregation für die Glaubenslehre die Intention des Konzils im Sinne einer zwar modifizierten aber dennoch festgehaltenen Identitätsaussage mit Nachdruck und nicht immer unter Beibehaltung der durch die kontextuell-organischen Einbettung der Einzelaussagen in dem Konzilstext aufrechterhaltenen inneren Spannung.(25) Die nachkonziliare Rezeption der Ekklesiologie von "Lumen

---

24) Exemplarisch kann dafür H. Küng gelten, der in der konziliaren Ekklesiologie ein "Abrücken von der Identitätsformel" (Kirche, 1967, S. 337) erkennen zu können glaubte. Die überwiegend empfindlich und nervös reagierenden sowohl innerkatholischen wie aus dem Bereich der nichtkatholischen Ökumene stammenden Stellungnahmen, die "Mysterium Ecclesiae" hervorgerufen hat (das Material ist zusammengestellt bei K. Lehmann, NKD 43, bes. 21-28), und die zum überwiegenden Teil negativ votieren (es ist von "ökumenischer Blokkade" und "Rückfall" die Rede), bestätigen implizit, daß die Rezeption der Konzilsekklesiologie in einen bestimmten Maße "schief" geraten ist, denn nach K. Lehmann muß sich "jede negative Beurteilung der Sachaussagen von 'Mysterium Ecclesiae' ... fragen lassen ..., wie sie sich zum Inhalt der Konzilsaussagen stellt. Es hat wenig Sinn, sich global auf den 'Geist' dieses Konzils zu berufen, wenn man seinen 'Buchstaben' nicht (mehr) kennt, geringschätzt oder gar verachtet. Eine theologische Entwicklung über die Konzilstexte hinaus ist durchaus möglich, aber diese kann nicht über die dort gelegten Fundamente einfach hinweggehen" (a.a.O., 38) Die ganze Problematik um Interpretation und Rezeption der Konzilsekklesiologie läßt sich deutlich auch anhand der Auseinandersetzungen um das Buch von L. Boff, Kirche: Charisma und Macht. Versuch einer militanten Ekklesiologie, beobachten: vgl. dazu die Notifikation der Kongregation für die Glaubenslehre vom 11. März 1985, a.a.O., bes. 5-9; s. o. S. 301f. A. 79.

25) Bes. Nr. 1 der Erklärung (NKD 43, S. 128-133); eine gewisse akzentuelle Verschiebung gegenüber der kontextuellen Verzahnung dieser differenzierten Identitätsaussage in LG besteht freilich darin, daß "Mysterium Ecclesia" (ME) bei der Beschreibung der Fülle und institutionellen Vollkommenheit der (eigenen) Kirche nicht auch zugleich von der immerwährenden in der grundsätzlichen Geschicklichkeit der kirchlichen Existenz verankerten Aufgabe spricht, diesen durch die Sündigkeit der Kirche immer geminderten Reichtum besser und reiner auch konkret zu realisieren auch im Hinblick auf den möglicherweise höheren Aktualitätsgrad, den manche kirchlichen Elemente in anderen kirchlichen Gemeinschaften haben können (K. Rahner, "Myterium Ecclesiae". Zur Erklärung der Glaubenskongregation über die Lehre von der Kirche, in: StdZ 191, 1973, 579-594, hier 581; ders., Sündige Kirche nach den Dekreten des Zweiten Vatikanischen Konzils, in: ST VI, 1968, 321-347). Auf diesen formal-hermeneutischen Mangel und auf die "ökumene-politische Unachtsamkeit "bzgl. des Sachverhalts, daß auch ein "innerkatholisches Wort" in der heutigen ökumenischen Situation in jedem Fall auch und immer "außerkatholisch" mit-

Gentium" hat gezeigt, daß es keineswegs leicht ist, die mehrdimensionale Logik und die fundamentale Spannung der Konzilsekklesiologie durchzu- halten, "die in der gleichzeitigen Bejahung der prinzipiellen Identität der eigenen Glaubensgemeinschaft mit der Kirche Jesu Christi **und** der unge- schmälerten Anerkennung eines wirklichen ekklesialen Status der anderen Kirchen beziehungsweise kirchlichen Gemeinschaften besteht."(26) "Das allgemeine Bewußtsein hatte sich das Ganze sehr schnell so zurechtge- legt, daß die Gleichung zwischen Kirche Jesu Christi und katholischer Kirche jetzt nicht mehr gelte, wenn auch allenfalls irgendwelche Sonder- ansprüche Roms noch bestehen bleiben, deren Verschwinden man dann aber auch mit dem Gang der Entwicklung glaubte abwarten zu können. Das hat dazu geführt, daß man die konkreten Kirchen samt und sonders zusehends als äußere Institutionalisierung betrachtete, in deren unver- meidlicher Verschiedenheit sich die Einheit der Kirche mehr oder weniger gebrochen spiegelt."(27)

Dagegen hat "Mysterium Ecclesiae" wieder auf den "zentripetalen" Impe- tus der konziliaren Ekklesiologie aufmerksam gemacht, der die "ökumeni- sche Marschrichtung" auf die Frage nach der Möglichkeit einer **katholi- schen** Anerkennung der nichtkatholischen Gemeinschaften als Kirchen im Vollsinn hin ortet; das **katholische** Kriterium hierfür ist das im "com- munio"-Begriff konzentrierte sakramentale Kirchenverständnis: Gottes Heilshandeln schließt die Menschen nicht irgendwie zusammen, sondern die heilschaffend gewirkte Gemeinschaft unter den Menschen hat einen konkreten geschichtlich-sichtbaren Ausdruck. Es geht also in der ökume- nischen Frage nicht darum, irgendwie diese Einheit zum Ausdruck zu bringen, sondern darum, "ob und wieweit die nichtkatholischen Gemein- schaften genuine Darstellungen der durch Gottes Heilshandeln unter den Menschen geschaffenen Gemeinschaft sind."(28)

---

gehört wird und daher dementsprechend formuliert sein muß (K. Lehmann, a.a.O., 39ff.), zielt wohl auch die kritische Wertung der Erklärung der Glaubenskongregation durch K. Rahner an: "Im Geist, wenn auch nicht im Buchstaben, bleibt dieser Text (speziell Nr. 1) hinter dem Zweiten Vaticanum zurück" (a.a.O., 582). Stellt man jedoch die gegenüber dem Konzil veränderte Aussageintention des Dokumentes und die naturgemäß beschränkte dogmatische Leistungsfähigkeit einer solchen "Declaratio" in Rechnung, so wird man nicht bestreiten können, daß ME die "Substanz" der Konzilsaussagen hinlänglich zum Ausdruck bringt (K. Lehmann, a.a.O., 50). Dann aber gewinnen die positiven Stellung- nahmen von nichtkatholischer Seite hinsichtlich der "ökumenischen Bedeutung" von ME Bedeutung: So sieht H. Grass in der Erklärung ein "deutliches Warnzeichen davor, die Lehr- und Strukturunterschiede zwischen der katholischen und der evangelischen Kirche allzu rasch und leicht herunterzuspielen" (Christliche Glaubenslehre II = Theologische Wissenschaft 12/2, Stuttgart 1974, 137). H. Dietzfelbinger spricht von einem "sehr heilsamen Dienst, den diese Erklärung tun kann, daß nämlich manche ökumenische Phan- tasien zerstreut werden und größere Nüchternheit in die ökumenische Landschaft kommt" (epd-Dokumentation Nr. 47/73, S. 83: Bericht vor der Generalsynode der VELKD in Trave- münde im Oktober 1973); vgl. auch J. Ratzinger, Ökumene in der Sackgasse? Anmerkungen zur Erklärung "Mysterium Ecclesiae", in: ThP, 241-250.

26) K. Lehmann, in: NKD 43, 56; vgl. auch J. Ratzinger, Das neue Volk Gottes, 231-237; 95ff.; 319f.; K. Rahner, Kirche, Kirchen und Religionen, in: ST VIII, Einsiedeln 1967, 355-373.

27) J. Ratzinger, Ökumene in der Sackgasse?, a.a.O., 244.

28) A. Völler, Einheit der Kirche, a.a.O., 103.

Wie der Kirchenbegriff selbst so ist auch der konziliare Begriff von der Einheit der Kirche eingespannt in die unaufhebbare Polarität zwischen transzendent-universaler Offenheit und institutionell-geschichtlicher Konkretion und Identität der einen Kirche, die gerade im Setzen ihrer sichtbaren Grenzen diese je und je schon wieder notwendig transzendiert.(29) Diese Eigentümlichkeit des Begriffes von der Kirche findet auch ihren Niederschlag in der vom Konzil gewählten methodischen und sprachlichen Darstellungsweise in den einschlägigen Dokumenten.

II. Die Lehre von der Kirche in der biblischen Bildsprache

In der Lehre über die Kirche äußert sich das II. Vatikanische Konzil bemerkenswerterweise nicht in Form von abstrakten Wesensdefinitionen, sondern bringt mit der Eigenart einer bildhaften Begriffssprache(30) adäquat zum Ausdruck, daß die Kirche eine geheimnisvolle, "mysterienhafte" Wirklichkeit ist,(31) die niemals völlig erschöpfend definiert, sondern allenfalls approximativ umschrieben werden kann.(32) Bedeutsam ist dabei, daß die Aussageweise weder nur im Analogen einer bloßen Metapher verbleibt, andererseits aber auch eine univoke begriffliche Identifizierung vermieden wird. Das Bild wird gleichsam auf eine neue Ebene transformiert, es wird zu einem theologischen Bildbegriff.(33) Mit der Kirche verhält es sich danach z. B. einerseits wie mit einem Volk, andererseits ist die Kirche aber auch wirklich Volk Gottes.(34) Damit ist von den hauptsächlich vom Konzil verwendeten biblischen Bildern(35) für die Kirche, bereits das in den Konzilstexten deutlich bevorzugte genannt: Die Kirche als Volk Gottes; mit diesem Bildbegriff, der jahrhundertelang "in der Theologie kaum beachtet worden ist",(36) ist ein bedeutsamer

---

29) Vgl. K. Demmer, Die moraltheologische Lehre von der "communicatio in sacris" im Licht des II. Vatikanischen Konzils, in: Scholastik 40 (1965) 512-536, bes. 516.

30) Vgl. dazu etwa LG 6.

31) Vgl. die Überschrift des ersten Kapitels der Kirchenkonstitution "De Ecclesiae Mysterio"; dazu W. Kasper, Die Einheit der Kirche nach dem II. Vatikanischen Konzil, in: Catholica 33 (1979) 262-277, hier 263f.

32) Vgl. dazu auch das in der Vorbereitungsphase zur dogmatischen Konstitution über die Kirche von J. Fenton eingebrachte Votum, terminologisch durch die Absichtsbeschreibung für die Kirchenkonstitution nicht den Eindruck entstehen zu lassen, das Konzil wolle eine "Definition" des Mysteriums der Kirche geben: "ridiculum esset, Ecclesiam definire esse mysterium". Fenton plädiert daher für die Streichung des in einem Schema vorgesehenen "eandemque mysterium esse declaramus" (Relatio de animadversionibus factis circa primam partem schematis de Ecclesia von R. Gagnebet, S. 5; vgl. zum ganzen L. Boff, Kirche, 238-240). Zu dem Plädoyer für einen Definitionsverzicht hinsichtlich der Kirche aufgrund ihrer Geheimnisnatur vgl. schon E. Commer, Die Kirche in ihrem Leben und Wesen dargestellt, I: Vom Wesen der Kirche, Wien 1904, 10; zur Auffassung vom Geheimnischarakter der Kirche vor dem II. Vatikanischen Konzil vgl. F. Holböck, Das Mysterium der Kirche, 210-220. Bezeichnenderweise formuliert noch MC als Aussageabsicht: "ad definiendam describendamque haec ... Ecclesiam" (Nr. 13).

33) Vgl. hierzu W. Aymans, Die Kirche - Das Recht im Mysterium Kirche, in: GrNKirchR, 3-11, hier 3; ebenso in: HdbkKR, 3-11.

34) Vgl. etwa LG 9, 1 Satz 1-3; 32, 2 Satz 2.

35) Vgl. hierzu L. Cerfaux, Die Bilder für die Kirche im Neuen Testament, in: G. Baraúna, De ecclesia, I, 220-235.

36) O. Semmelroth, Die Kirche, das Neue Gottesvolk, in: G. Baraúna, De ecclesia I, 365-379, 366.

Gegenakzent gesetzt zu der institutionalistisch verkrusteten gegenreformatorischen Ekklesiologie und der ausschließlich an einer Wesensdarstellung der Kirche als Leib Christi orientierten Blickrichtung von "Mystici Corporis". Die dabei neu entdeckten Aspekte der Wirklichkeit Kirche sind insbesondere der Gedanke von der Erwählung des Volkes durch Gott, die geschichtliche Dimension von Kirche und Offenbarung und die wesentliche Gemeinschaftsbezogenheit der göttlichen Heilsveranstaltung.(37) Neben der Betonung dieser seiner unbestreitbaren - gerade auch ökumenischen - Vorzüge(38) ist aber auch auf die Grenzen der Volk-Gottes-Idee für die Darstellung des Mysteriums der Kirche hingewiesen worden,(39) d. h. auf ihre Ergänzungsbedürftigkeit durch andere Leitideen. Die "Not der Begriffe" liegt wohl in den Spannungen, die im Wesen der Kirche selbst verwurzelt sind, so daß auch der Volk-Gottes-Begriff in seiner Grundaussage je und je schon transzendiert, überboten ist: "Geschichtliche und geographische Universalität und doch zeitlich und räumlich beschränkte Geschichtlichkeit im Wachstum, irdische Trübsal und Berufung zur Heiligkeit, Schwachheit des Fleisches und doch Verheißung ewiger Bundestreue im Heiligen Geiste"(40) markieren in ih-

---

37) Vgl. A. Grillmeier, Kommentar zum I. und II. Kapitel der Dogmatischen Konstitution über die Kirche, in: LThK, Vat., I, 156-207, 176-178.

38) Die Vorzüge der Volk-Gottes-Leitidee insbesondere hinsichtlich des Ökumenismus liegen darin, daß die Kirche nicht mehr nur in ihrer punktuellen Gründungsgegebenheit gesehen wird, sondern ihre geschichtliche Entwicklung als Entwicklung des universalen Heilsplanes Gottes in der Schrift verstanden werden kann (Y. Congar, Die Kirche als Volk Gottes, in: Concilium 1 (1965) 5-16, 11); hinsichtlich der "ökumenischen Rezipierbarkeit" des Volk-Gottes-Begriffes in der Ekklesiologie vgl. N. A. Dahl, The People of God, in: Ecumenical Review 9 (1957) 154-161; U. Valeske, VE, 239 Anm. 11; Th. Sartory, Die Ökumenische Bewegung, 51; 57; 60f.; 104f.; 127ff.; 145; 156; 180. Die starke geschichtsdynamische Note des (ekklesiologischen) Volk-Gottes-Gedankens bedeutet besonders für evangelische Beobachter eine begrüßenswerte Abkehr der katholischen Ekklesiologie von einer "theologia de ecclesia quoad substantiam" hin zu einer soteriologischen und subjekthaften "Dezentrierung" der Kirche; das bedeutet auch die Zurückdrängung einer übertrieben glorifizierenden Auffassung von Kirche, insofern die Momente geschichtlicher Kontingenz und radikaler Abhängigkeit der Kirche von dem gnadenhaften Erwählungshandeln Gottes sowie ihre ständige Reformbedürftigkeit stärker in den Vordergrund treten; solches kennzeichnet auch einen entsprechenden Akzent besonders der deutschsprachigen Ekklesiologie um die Konzilszeit: M. Schmaus, KD, III/1 (1958) 204-239; I. Backes, Die Kirche ist das Volk Gottes im Neuen Bund, in: TThZ 69 (1960) 111-117; ders., Gottes Volk im Neuen Bund, ebd., 70 (1961) 80-93; ders., Das Volk Gottes im Neuen Bund, in: H. Asmussen (Hrsg.), Die Kirche - Volk Gottes, Stuttgart 1961, 97-129; K. Mörsdorf, KR I, 9ff. Zum Vorherrschen des populus-Begriffes für die Kirche in der Liturgiesprache vgl. A. Schaut, Die Kirche als Volk Gottes. Selbstaussagen der Kirche im römischen Meßbuch, in: Benediktinische Monatsschrift 25 (1949) 187-196.

39) Y. Congar, Die Kirche als Volk Gottes, a.a.O., 13. Der Volk-Gottes-Begriff allein sei nicht geeignet, das spezifisch neutestamentlich-christologische "Mehr" über den atl Erwählungsgedanken hinaus zum Ausdruck zu bringen, das eben in dem christologischen Datum grundgelegt ist, daß das ntl Volk nicht auf die Erwartung eines fernen gelobten Landes hin erwählt wurde, sondern in Jesus Christus, der "auto-basileia", der selbst die Lebensmitteilung vom Vater durch den Geist ist, d. h. genauer als sein pneumatischer Leib bereits selbst anfanghaft die Gestaltwerdung dieser Verheißung ist (ebd., 11-14).

40) A. Grillmeier, a.a.O., 180 (Kommentar).

rer Dialektik den Weg einer annähernden Wirklichkeitsbeschreibung, die nur mit einer Mehrzahl theologischer Bildbegriffe zu leisten ist.(41)

So gewinnt auch das inkarnatorisch akzentuierte Bild von der Kirche als "Leib Christi" (vgl. LG 7, 4) auch weiterhin(42) seinen spezifischen Rang, insofern es in Anlehnung an die paulinische "soma"-Ekklesiologie(43) die Kirche in ihrer inkarnatorischen Dimension besonders akzentuiert wird. Ohne dem Mißverständnis und der Versuchung dieses Bildes erlegen zu sein, die Kirche gleichsam als "Fortsetzung der Inkarnation"(44) darzustellen, verwendet das Konzil in behutsamer Weise die

---

41) Die Doppelstruktur der "kirchlichen Ontologie" findet in den biblischen Bildbegriffen selbst schon einen adäquaten Ausdruck: vgl. O. Semmelroth, Art., Ursakrament, in: LThK, ^{2}X, Sp. 569; vgl. auch o. S. 67ff.; in den Wendungen von der "königlichen Priesterschaft" und dem "heiligen Volk" (Ex 19, 6) scheint dieser Doppelaspekt (der "sakramentale Charakter") der kirchlichen Wirklichkeit in dem Teilhaben an Gottes Königtum einerseits und in dem Priesterdienst des Gottesvolkes in der und für die Welt andererseits schon analog vorgebildet zu sein (R. Schnackenburg, Die Kirche, a.a.O., 135; s. auch o. S. 76ff.).

42) Der Bildbegriff hat zweifellos eine kontinuierlichere Geschichte in der Tradition aufzuweisen als der vom Volk Gottes; freilich würde der exegetische Befund gerade das Gegenteil vermuten lassen: E. Käsemann, Das wandernde Gottesvolk. Eine Untersuchung zum Hebräerbrief, Göttingen 1938; H. Strathmann, Art., laos, in: ThWNT, IV, 29-57; G. v. Rad, Das Gottesvolk im Deuteronomium, Stuttgart 1929; W. Trilling, Das wahre Israel. Studien zur Theologie des Matthäus-Evangeliums, Leipzig 1959; H. Wildberger, Jahwes Eigentumsvolk. Eine Studie zur Traditionsgeschichte und Theologie des Erwählungsgedankens, Zürich-Stuttgart 1960.
Gegen die methodische und sachliche Berechtigung einer Mehrheit von theologischen Leitbildern für die Ausbildung der ekklesiologischen Theorie wendet sich entschieden M. D. Koster, Volk Gottes im Werden, bes. 172-193: Für ihn gibt es nur ein einziges totales ekklesiologisches Leitbild: Die Kirche: "Die Kirche Gottes kann nicht 'Volk Gottes' und 'Leib Christi' zugleich als totale Leitbilder haben, sondern nur eins, nämlich: 'Volk Gottes'" (175); dagegen F. Malmberg, Ein Leib - ein Geist, 29; 87f.; Y. Congar, Conclusion, in: Le Concile et les Conciles. Contribution à l'histoire de la vie conciliaire de l'Eglise, Chevetogne-Paris 1960, 285-334, 305, die das spezifische, über den atl Umfang des Volk-Gottes-Begriffes hinausreichende im Christusereignis grundgelegte Moment des ntl Kirchenbegriffes im Volk-Gottes-Leitbild vermissen; vgl. auch M. Schmaus, KD III/1 (1958) 204: Das Volk Gottes existiert als Leib Christi. Koster hingegen will in dem biblischen soma Christou ausschließlich eine reine Sachgehaltsübersetzung für "laos theou" sehen, die lediglich unterstreichen wolle, daß das Volk Gottes auch zugleich Volk Christi sei (a.a.O., 178f.) und die inhaltlich nicht über die Bestimmung "Volk Gottes und Christi" nicht hinausgehe (118); die Kirche ist nach Koster somit ausschließlich unter dem totalen Leitbild vom Volk Gottes zu betrachten (a.a.O., 184); zur grundsätzlichen Auseinandersetzung mit Kosters ekklesiologischem Entwurf vgl. K. Adams Rezension in: ThQ 122 (1941) 145-166.

43) Vgl. dazu oben S. 78ff.

44) Zu den "organistischen" Auswüchsen der Leib-Christi-Ekklesiologie vgl. Y. Congar, Heilige Kirche, 95-104. Mit der Betonung einer nur analogischen Beziehentlichkeit zwischen Inkarnation und Kirche (Arbeitsheft I ÖRK Komm. FO, Montreal 1963, S. 22) und der damit gegebenen Hervorhebung der Differenz und des Abstandes zwischen Christus und Kirche (Braut-Motiv; a.a.O., S. 59) ist durch das Zweite Vatikanische Konzil eine bedeutsame ekklesiologische Konsensbasis mit der Ekklesiologie der Kommission für Glaube und Kirchenverfassung des ÖRK, wie sie in dem Arbeitsheft I "Christus und die Kirche" der 4. Weltkonferenz in Montreal (12.-26. Juli 1963) niedergelegt ist; vgl. dazu: Kom-

Analogie (LG 8, 1) zwischen fleischgewordenem Wort und Kirche, in
welcher im Grunde der sakramentale Kirchenbegriff des II. Vatikanuums
wurzelt: Die sakramentale Wirklichkeit der Kirche besteht darin, daß sie
selbst in ihrer sichtbar-geschichtlichen Erscheinung auch Ausdruck und
Verwirklichungsform der Gemeinschaftlichkeit der Heilsveranstaltung Gottes ist und zugleich als Werkzeug zur Verwirklichung derselben dient.
Die Rede von der Kirche als dem corpus Christi mysticum(45) weist in
ihrem Kern also auf den inneren Zusammenhang von Eucharistie und
Kirche, insofern dies Leib Christi ist, weil sie vom sakramentalen Leib
Christi lebt und umgekehrt (LG 3; 7). Im eucharistischen Geschehen,
dem dichtesten Wesensvollzug der Kirche kann geradezu die "typologische
Urzelle", der "Mikrokosmos" der gesamten kirchlichen Wesens- und Wirk-
lichkeitsstruktur als einer "hierarchica communio"(46) erkannt werden.
Hier liegt denn auch für die dogmatische Ekklesiologie ein wesentlicher
Ansatz- und Argumentationspunkt für die spezifisch katholische und insbesondere für die ökumenische Fragestellung brisante Auffassung von
einer besonderen, vom Vater durch Christus an bevollmächtigte Träger
sichtbar weitergegebenen (und nun wiederum "sakramental" weiterzuge-
benden) Sendung (vgl. LG 21) für den Dienst am Aufbau des Leibes
Christi in Wort und Sakrament. Die spezifisch christologisch-inkarna-
torische Begründungslinie im katholischen, sakramentalen Kirchenbegriff
findet insbesondere in der Amtstheologie ihre ökumenisch brisante Explikation; dies wird weiter unten noch näher zu erläutern sein.

Die besondere Hervorhebung der inkarnatorischen Dimension der Kirche
im Leib-Modell wird sodann ergänzt durch die Akzentuierung der pneumatologischen Sicht, die ihren Ausdruck in der Idee von der Kirche als
Tempel des Heiligen Geistes gewinnt (LG 4, 1 Satz 3; 9, 2; 17). Mit
diesem dritten Bild erfährt die Wesensbeschreibung der Kirche eine
wichtige Abrundung:
Wenn einerseits für die Begründung der Kirche - dogmatisch, nicht
historisch-exegetisch gesprochen - ihre sakramentale Analogizität zum
fleischgewordenen, die Heilsveranstaltung Gottes vollendenden Sohnes als
Sakrament der sich verwirklichenden Gottesherrschaft gesehen wurde,
und in dem Bild vom Leib Christi und in der engen Beziehung von Kirche und Eucharistie dies seinen Ausdruck gefunden hat, so tritt "dazu"
als "weiteres" kirchenbildendes Geschehen das Pfingst-Ereignis, in
welchem insbesondere die eschatologische Komponente der Heilsverwirk-
lichung durch die Kirche zum Tragen kommt: Die pneumatische Gegen-

---

mission für Glauben und Kirchenverfassung des ÖRK, Christus und die Kirche (= Arbeitsheft I der 4. Weltkonferenz für Glauben und Kirchenverfassung), Zürich 1963; mit diesem
Dokument darf auch eine sententia communis der evangelischen Theologie zum Kirchenverständnis artikuliert gesehen werden; dazu H. Mühlen, Die Ekklesiologie der Kommission,
a.a.O., 603ff.; zu den bestehenden ekklesiologischen Differenzen vgl. o. S. 314-318.

45) Zur Begriffsgeschichte vgl. J. Ratzinger, Art. Leib Christi, in: LThK, VI, Sp. 910-
912; s. auch oben S. 155.

46) Vgl. LG 21; 22; PO 7; 15; CD 4; ferner in der Nota praevia begegnet der Terminus; vgl.
dazu O. Saier, "Communio" in der Lehre des Zweiten Vatikanischen Konzils, München 1973;
die christologische Begründungslinie in der Ekklesiologie des II. Vatikanischen Konzils
bedarf gerade auch in amtstheologischer Hinsicht der Ergänzung durch die pneumatologische, um nicht in einer christomonistischen Engführung zu erstarren (so die Kritik an
der Konzilsekklesiologie und an der Darstellung von O. Saier durch H. M. Legrand,
Recherches sur le presbytérat et l'épiscopat, in: RSPhTh 59 [1975] 708-710).

wart des erhöhten Herrn, d. h. die den Aposteln angesichts der noch
ausstehenden Vollendung der Gottesherrschaft im Eschaton gegebene Ent-
scheidungsvollmacht(47) macht die Kirche vollends zu dem, was sie ist:
"mysterium, allumfassendes Heilszeichen, Leib Christi, jene 'komplexe
Wirklichkeit', die aus Göttlichem und Menschlichem besteht".(48) Die
geschichtlich einmalige Heilstat Christi wird durch den göttlichen Geist
den Menschen aller Räume und Zeiten in der und durch die Kirche als
geschichtlich-konkrete communio zugewandt. Die Geist-Dimension der Kirche bedeutet also keinen anti-institutionellen Akzent, denn das Pneumatische "instituiert" sich selbst;(49) wohl aber bedeutet sie einen insti-
tutions-kritischen Akzent, insofern das Pneumatische stets die Begrenzung des Anspruches des Institutionellen markiert. Diese institutions-
kritische Funktion einer pneumatologisch vertieften Ekklesiologie gewinnt
insbesondere für die Amtstheologie zentrale Bedeutung: Die konziliare
Ekklesiologie zeigt zwar ein gewisses "christozentrisches"(50) Gefälle und
ein deutliches pneumatologisches Defizit,(51) dennoch aber hat sie mit
der Neuentdeckung der in der Taufe allen Christen verliehenen Gleichheit in der gemeinsamen Würde und Tätigkeit zum Aufbau des Leibes
Christi (vgl. LG 11; 14; 32) die wesentliche Grundlage geschaffen für
eine Kirchentheorie, die die ekklesia, die Gesamtheit der Gläubigen in
der communio, nicht nur die Hierarchie, als eigentliches kirchliches Sub-

---

47) Vgl. dazu o. S. 316 Anm. 14; dazu auch J. Ratzinger, Ein Versuch zur Frage, a.a.O.,
bes. 41f.

48) A. Grillmeier, Kommentar, a.a.O., 160f. dazu LG 8, 1.

49) Vgl. J. Ratzinger, Einführung, 277. S. o. S. 316 Anm. 14.

50) So Y. Congar, Die christologischen und pneumatologischen Implikationen, a.a.O., 112ff.,
der das Maß des in den Konzilstexten vorfindbaren "christozentrischen" Akzentes in der
Ekklesiologie durchaus als der faktischen Bedeutung sowohl des historischen Jesus wie
des erhöhten Herrn für die Gründung und das Leben und Sein der Kirche angemessen hält
(gegen die den christologischen Ansatz bagatellisierenden Entwürfe bei H. Küng, Was ist
Kirche? Herder-Bücherei, Freiburg 1970, 55 und L. Boff, Die Neuentdeckung der Kirche,
95f.: "Als Institution gründet die Kirche also nicht ... auf der Inkarnation des Wortes, sondern auf dem Glauben an die Macht der Apostel, die aus der Kraft des Heiligen
Geistes die Eschatologie in die Zeit der Kirche transponierten und die Botschaft vom
Reich Gottes in die Lehre von der Kirche übersetzten ..."). Zur exegetischen Frage vgl.
o. S. 50ff.; neuerdings A.-L. Descampes, L'origine de l'institution ecclésiale selon le
Nouveau Testament, in: L'Eglise institution et foi (= Publications des Facultés universitaires St. Louis 14), Brüssel 1979, 91-138.
Kritischer dagegen votieren H. M. Legrand, Die Entwicklung der Kirchen, a.a.O., 151; P.
Fransen, Die kirchliche communio, ein Lebensprinzip, a.a.O., 175-194; K. Walf, Lakunen
und Zweideutigkeiten in der Ekklesiologie des II. Vatikanums, a.a.O., 195-207, die gewisse institutionelle Verkrustungserscheinungen in der kirchlichen nachkonziliaren Entwicklung auf Zentralisierungs- und Immobilisierungstendenzen in der christomonistisch
überlastigen dogmatischen Theorie des Konzils von der Kirche zurückführen.

51) Vgl. dazu die nichtkatholischen Beobachter-Stimmen: O. Clément, Quelques remarques d'un
Orthodoxe sur la constitution "de Ecclesia", in: Oecumenica 1 (1966) 97-116; N. K.
Nissiotis, Report on the Second Vatican Council, in: The Ecumenical Review 18 (1966)
193-206; V. Vajta, La refonte de la liturgie au concile oecuménique de Vatican II, in:
G. A. Lindbeck (Hrsg.), Le dialogue est ouvert, Neuchatel 1967, I, 110-111; A. Roux, Le
décret sur l'activité missionnaire de l'Eglise, in: Vatican II. Points de vue de théo-
logiens protestants (= Unam Sanctam 64), Paris 1967, 112-114; H. M. Legrand, Bulletin
d'ecclesiologique, in: RSPhTh 59 (1975) 691-693 (kath.); J. Zizioulas, Christologie,
Pneumatologie und kirchliche Institution aus orthodoxer Sicht, a.a.O.

jekt begreifen kann, innerhalb dessen dann Amtsträger und Laien wohl
unterschieden, aber wesentlich einander zugeordnet sind.(52) Die christologische (ekklesiale und amtstheologische) Begründungslinie muß
gleichsam umgriffen werden von der in das "Ganze" integrierenden trinitarischen.(53) Das Bild von der Kirche als dem Tempel des Heiligen
Geistes (LG 4, 2) kann dann als der Schlußstein einer Auffassung von
der "heilsökonomisch-trinitarischen Herkunft der Kirche und ihrer Einheit"(54) angesehen werden; es bringt insbesondere ekklesiologisch die
innere Einheit von Vater, Sohn und Geist einerseits und diejenige der in
drei Bildern zum Ausdruck gebrachten ekklesialen Grunddaten von Erwählung (Volk Gottes), Gemeinschaft (Leib Christi) und Geschichte
(Tempel des Heiligen Geistes) auf dem Weg der göttlichen Selbstmitteilung in den Sendungen abrundend zum Ausdruck.

Die (trinitarische) Vermittlung von inkarnatorischem und pneumato-
logischem Prinzip der dogmatischen Theorie von der Kirche ist gleichsam
die ekklesiologische Antwort des Konzils auf die Frage nach dem Verhältnis von Institution und Ereignis: "Den angeblichen Widerspruch zwischen einer Kirche des Rechtes und einer Kirche des Geistes gibt es
nicht",(55) weil derselbe Geist die Kirche als Institution und die Kirche
als Ereignis schafft.(56) Allerdings ist damit keineswegs behauptet, daß

---

52) Vgl. dazu H. M. Legrand, Die Entwicklung der Kirchen, a.a.O., 153ff.; ferner G. Greshake, Priestersein, a.a.O., 89ff. Ansätze zu einer pneumatologisch begründeten Entdeckung
der Subjektwerdung der ekklesia finden sich in der sakramentalen Grundlegung der allen
Getauften gemeinsamen Teilhabe am Priestertum Christi (LG 10; 11; 12; 34; 35; 36) sowie
in der ebenfalls als Ertrag der Pneumatologie zu wertenden Entdeckung der Reziprozität
der Beziehungen zwischen Amt und Laien (vgl. LG 28, 2: "Freunde"; PO 7; CD 16, 3; 28,
2; LG 37, 3; PO 9, 2; AA 25, 1; AA 3, 2); dazu Y. Congar, Die christologischen und
pneumatologischen Implikationen, a.a.O., bes. 119.

53) Vgl. H. M. Legrand, Die Entwicklung der Kirchen, a.a.O. 153ff.

54) A. Grillmeier, Kommentar, a.a.O., 161.

55) W. Aymans, Die Kirche - Das Recht im Mysterium Kirche, a.a.O., 3-11, hier 7.

56) Freilich zeigt die noch sehr kurze Geschichte der direkten wissenschaftlichen Bemühungen auf katholischer Seite um eine methodisch und theologisch einwandfreie und zufrie-
denstellende Begründung der "theologischen" Natur des Kirchenrechtes und die Verankerung des Rechtes im Mysterium Kirche, daß der sakramentale Kirchengedanke erst sehr
spät als kanonistischer Ansatzpunkt dafür rezipiert wurde (vgl. dazu E. Corecco, Theologie des KR, bes. 82-107); auch in den Texten des II. Vatikanischen Konzils fehlt eine
explizite Theologie des Rechtes (L. Bouyer, L'Eglise de Dieu, Paris 1970, 208f.: "Die
Kirchenkonstitution kennt praktisch kein Kirchenrecht. Aber, wie seltsam, abgesehen von
einem mehr frommen als lehrhaften schönen Abschnitt, kennt sie auch kaum mehr den
Heiligen Geist!").
Hinsichtlich der "ekklesiologischen Grundkonzeption" des CIC 1917 stellt P. Shannon
fest, das Gesetzbuch erwecke den Eindruck einer mangelnden Vertrautheit mit theologischen Grundkonzeptionen, offenbare eine bedauerliche Unkenntnis der Ekklesiologie,
biete Zentralismus statt Subsidiarität, eine zum Evangelium in Widerspruch stehende
Überbetonung des Gesetzesbuchstabens und eine seltsame Mischung von autoritärem und
paternalistischem Geist (P. Shannon, Der Codex Juris Canonici, 1918-1967, in: Concilium
3 [1967] 625-629).
Die katholische Kanonistik kam auf der Grundlage eines von dem inkarnationschristologi-
schen Prinzip inspirierten und von der hylemorphistisch-aristotelisch-thomasischen
Metaphysik sekundierten rechtsepistemologischen Statuts lange Zeit nicht über die
Alternative zwischen einer "voluntaristischen" und einer "realistischen" "Lösung" der

der Ekklesiologie des II. Vatikanums bereits eine vollends zufrieden-
stellende organische Verknüpfung von Christologie und Pneumatologie ge-

---

Grundlegungsproblematik des Kirchenrechtes hinaus, die aber beide unbefriedigend bleiben mußten: Die realistische Lösung verankerte das Kirchenrecht im Grunde in dem naturrechtlichen Prinzip "ubi societas ibi ius" und bestimmte die Rechtsnatur der Kirche als
societas perfecta, d. h. als eine in den übernatürlichen Bereich erhobene menschliche
Gesellschaft, rein von ihrer äußeren (soziologischen) Struktur her. Eine Verbindung von
Kirche und Recht erfolgt somit nur auf der Ebene einer philosophischen nicht aber einer
theologischen Methodologie (dazu mit Belegen: E. Corecco, a.a.O., 84-89). Eine andere
Spielart der realistischen Lösung will das Recht in der Kirche inkarnatorisch verankern, insofern "die Kirche als historische Verwirklichung des Heils die Tat Christi
soteriologisch weitervermittelt und dies auch kraft seiner normativen Imperativität"
(Heimerl; zit. nach ebd., 91); im letzten aber führt diese Theorie von der Rechtsnor-
mativität der Kirche ebenfalls über die soziale Struktur menschlichen Zusammenlebens in
der Kirche zum naturrechtlichen Statut. Die voluntaristische Lösung schließlich verlegt
die Begründung der Rechtsnatur einfach in den Stiftungswillen Christi bzw. des Heiligen
Geistes (vgl. ebd., 91f.).
Einen ersten "sakramental-theologischen" Ansatz über das bisherige Lösungsspektrum hinaus hat K. Mörsdorf vorgelegt, der in Wort und Sakrament (symbolisches Zeichen) als
prototypischen, ursprünglichen und strukturell reziproken Elementen menschlicher Kommunikation und Sozialität die konstitutiven Bauelemente der Kirche sieht. Durch die
Inkarnation aber wird das Wort Kerygma, das Symbol sakramentales Zeichen der Gegenwart
Gottes: Durch die locutio Dei attestans in der Inkarnation erhielten Wort und Sakrament
einen definitiven Wert für die menschliche Existenz und zwar als "Begründungselemente
einer neuen Form gesellschaftlicher Vereinigung, die als solche bestimmt ist, Zeichen
der Anwesenheit Gottes in der Welt zu sein" (E. Corecco, a.a.O., 93). Das inkarnatorische Prinzip findet damit wohl seine Verwirklichung im strukturellen Aufbau der Kirche,
ohne jedoch total zum Bestimmungsgrund derselben zu werden; vielmehr geschieht dies
über die Vermittlung von Wort und Sakrament, die die kirchliche Wirklichkeit insgesamt
zu einer sakramentalen konstituieren (K. Mörsdorf, Wort und Sakrament als Bauelement,
a.a.O.). Hierin gründet die wesenhafte Beziehung zwischen Kirche und Recht: Das autoritative Moment, daß Gott sich selbst inkarnatorisch in Wort und Sakrament geoffenbart
hat und diese dadurch zu Grundelementen des Aufbaus einer neuen Form gemeinschaftlichen
Lebens, der sakramentalen Wirklichkeit "Kirche" werden, gewährleistet die streng theologische Methode des Mörsdorf'schen Ansatzes. Allerdings bleibt nach Corecco bei Mörsdorf das "Problem der theologisch-formalen Beziehung des Begriffes Recht offen" (ebd.,
93), insofern bei Mörsdorf die Disziplin des kanonischen Rechtes eine "theologische
Disziplin mit juristischer Methode" sei. Der eigentlich theologisch-kanonistische
Ansatz einer Begründung des Rechtes im Mysterium Kirche liegt nach E. Corecco freilich
- fußend auf dem Mörsdorf'schen Ansatz - erst dann vor, wenn die spezifische Natur des
kanonischen Rechtes auch methodisch nicht mehr durch das Analogat zu weltlichem Recht
negativ abgegrenzt wird, sondern ganz und gar von seinem Formalprinzip, der "nova lex
evangelii", die in der Verwirklichung der communio Gestalt gewinnt, her bestimmt wird.
Das kanonische Recht ist dann vom Ansatz her nicht mehr theologische Disziplin mit
juridischer Methode, sondern hat als gänzlich theologische Disziplin ihr eigenständiges
Objekt im "Gnadenrecht", nicht im Vernunftrecht (vgl. dazu a.a.O., 93-107); eingehender
hierzu später. Aus der Literatur: K. Mörsdorf, Zur Grundlegung des Rechtes in der Kirche, in: MThZ 3 (1952) 329-348; ders., KR I, 27-35; W. Bertrams, Die Eigennatur des
Kirchenrechtes, in: Gr 27 (1946) 527-566; ders., Vom Ethos des Kirchenrechtes, in: StdZ
158 (1959) 268-283; G. Söhngen, Grundfragen einer Rechtstheologie, München 1962; J.
Salaverri, El derecho en el misterio de la Iglesia, in: RET (1954) 207-273; L. Echever-
ría, Die Theologie des Kirchenrechtes, in: WiWei 27 (1967) 47-55; J. Klein, Grundlegung
und Grenzen des kanonischen Rechtes, in: Skandalon. Um das Wesen des Katholizismus,

lungen wäre.(57) In der ekklesiologischen Aufarbeitung der hier brach-
liegenden Potenzen dürften gerade in ᵡkumenischer Hinsicht die Anknüpfungspunkte liegen für eine pneumatologische Vertiefung der sakramentalen Kirchenidee, die ein "verfeinertes" ökumenisch tragfähigeres und
besser vermittelbares Kriterium liefert in Richtung auf eine (katholische)
Anerkennung nichtkatholischer Gemeinschaften als vollgültige ekklesiale
Subjekte.(58)

Als ekklesiologischer Zentralbegriff, der potentiell geeignet ist, den
christologischen und pneumatologischen Akzent innerhalb einer sakramentalen Kirchentheorie organisch zu verknüpfen, kann der konziliare Ter-

---

Tübingen 1958, 88-114; A. Ruoco Varela, Allgemeine Rechtslehre oder Theologie des kanonischen Rechts?, in: AfkKR 138 (1969) 95-113; ders., Die katholische Rechtstheologie
heute. Versuch eines analytischen Literaturberichtes, in: AfkKR 145 (1976) 3-21; P.
Krämer, Zum Stand der Grundlagendiskussion in der katholischen Kirchenrechtswissen-
schaft, in: K. v. Bonin (Hrsg.), Begründungen des Rechts, II, Göttingen 1979, 14-32;
weitere (neuere) Lit. bei E. Corecco, Theologie des Kirchenrechts, in: HdbkKR, 12-24.

57) Vgl. hierzu die Anmeldungen von gewichtigen Desideraten bei H. M. Legrand, Die Entwicklung der Kirchen, a.a.O.; J. Zizioulas, Christologie, Pneumatologie und kirchliche
Institution aus orthodoxer Sicht, a.a.O.; die Kirche als 'Sakrament des Geistes' mehr
in dem "systemprägenden Kontext der Pneumatologie" (H. Döring, Die sakramentale Struktur der Kirche, a.a.O., 47f.) anzusiedeln erscheint in der Tat als eine "schon längst
fällige Korrekturbewegung" (ebd. 48): "Während das Apostolische Glaubensbekenntnis die
Ekklesiologie innerhalb der Klammer des insgesamt der Pneumatologie zugehörigen dritten
Artikels behandelt, kehrte sich in der durchschnittlichen Schultheologie das Verhältnis
fast um: zuerst ist die Kirche, und dann wird ihr als Garant gegen den Irrtum auch noch
der Heilige Geist verheißen. Die ebenfalls klassische Lehre, daß die Kirche erst an
Pfingsten vollkonstituiert ist, wird, wenn es um die Wesensbeschreibung der Kirche
geht, meist vergessen. Denn aus dem pneumatologischen Ursprung folgt zwingend, daß zur
Kirche bleibend eine pneumatisch-charismatische Dimension gehört" (W. Kasper, Gegenwart
des Geistes. Aspekte der Pneumatologie, 19). Die Konzilsekklesiologie weist hier sicherlich ein mindestens akzentuelles Defizit auf, denn die "Kirchenkonstitution kennt
... abgesehen von einem mehr frommen als lehrhaften schönen Abschnitt ... kaum mehr den
Heiligen Geist" (L. Bouyer, L'Eglise de Dieu, Paris 1970, 208f.). Die fällige Einordnung der Ekklesiologie in den pneumatologischen Kontext hat in überzeugender Weise M.
Kehl vorgenommen, der den Heiligen Geist als das "vermittelnde 'Worin' des Heilsgeschehens" (Kirche als Sakrament des Geistes, in: W. Kasper, Gegenwart des Geistes, a.a.O.,
157) bestimmt und von da aus die pneumatologische Mittelstellung der Kirche sowohl als
Sakrament Jesu Christi (das "Vonwoher" des Heils) als auch als Sakrament des Geistes
(das "Woraufhin" des Heils) ausloten kann. Diese pneumatologisch geortete Mittelstellung sichert das richtige Verständnis der Kirche als Sakrament, wonach (im Realsymbol)
das Symbol und das Symbolisierte nicht schlechthin zusammenfallen. Das lediglich analoge Verhältnis zwischen der Sakramentalität der Kirche und derjenigen Christi (als Sakrament des Vaters) will auf die je größere Differenz zwischen den beiden Verhältnis-
größen hinweisen, die darin besteht, daß die Kirche als sichtbare Gesellschaft einen
unaufgebbaren Eigenstand hat, den sie nicht in die Gottheit hinein verliert, wie dies
bei der hypostatischen Union Christi der Fall ist (O. Semmelroth, Ursakrament, 42). Die
inkarnatorische Auffassung von der Kirche als Sakrament (Christi: ihr "Vonwoher") ist
also stets im Gleichgewicht zu halten durch den pneumatologischen Aspekt, daß die Kirche wesentlich auch Sakrament des "himmlischen" Christus (seines Geistes: ihr "Woraufhin") ist (E. Schillebeeckx, Christus-Sakrament, 73; 57-95).

58) Es ginge hier um die Frage, ob eine derart pneumatologisch vertiefte sakramentale Ekklesiologie nicht Ansätze liefern könnte, die "Anerkennungsdebatte" (ekklesialer Sta-

minus "communio" angesehen werden, von dem aus (katholischerseits) auf das ökumenische Problemfeld um die Frage nach der Möglichkeit sakramentaler Gemeinschaft zwischen getrennten Kirchen vorzustoßen ist.

III. Das Mysterium Kirche als communio

Während die Rechtssprache des CIC 1917(59) und auch die vorkonziliaren kirchenamtlichen Dokumente allgemein "communio" fast ausschließlich im Sinn der eucharistischen Kommunion verstehen und gebrauchen, wird der Begriff durch das II. Vatikanische Konzil erstmals und eigentlich für die Ekklesiologie fruchtbar gemacht, insofern er in seiner sakramental-rechtlichen Dimension(60) geradezu zu einem Schlüsselbegriff der konziliaren Kirchenlehre wird für die Darstellung der Kirche als Mysterium.

---

tus, kirchliches Amt) katholischerseits nicht nur a priorisch-deduktiv zu gestalten, sondern quasi auch a posteriorisch zu komplementieren durch die Fragerichtung, ob nicht bestimmte vorfindbare ekklesiale Prozesse und Grundfunktionen, die eine Kirche an einem Ort konstituieren, zu einem voll gültigen ekklesialen Subjekt in der katholischen Kirche machen; vgl. dazu die Ansätze bei J. Hoffmann, Statut et pratique du droit canonique. Réflexion d'un théologien, in: Revue de droit canonique 27 (1977) 5-37; bes. 37; H. M. Legrand, Grace et institution dans l'Eglise: les fondements théologiques du droit canonique, in: L'Eglise institution et foi (= Publications des Facultés universitaires Saint Louis 14), Brüssel 1979, 139-172; ders., Die Entwicklung der Kirche, a.a.O., bes. 168ff.

59) Gewisse Ausnahmen bilden CIC 1917 cc. 87; 961; 2257; 2268; dazu W. Aymans, Die Kirche - Das Recht im Mysterium Kirche, a.a.O., 10 (GrNKirchR).

60) Der communio-Begriff wird (noch nicht explizit auf dem Konzil, aber in der nachkonziliaren Kanonistik) zum Ansatzpunkt für die Verankerung des Rechtscharakters der Kirche: Ziel der kanonischen Ordnung ist nicht mehr die Verwirklichung des "bonum commune ecclesiae" - eine kanonistische Formalprinzipbestimmung, der letztlich die Gesetzesdefinition durch Thomas von Aquin zugrunde liegt (Gesetz ist: "quaedam rationis ordinatio ad bonum commune, ab eo qui curam communitatis habet, promulgata: STh I-II, q. 90 a. 4. c); letzter Bezugspunkt dieser kanonischen Bestimmung bleibt dabei im Grunde das philosophische Vorverständnis von menschlicher Sozialität, und nur auf dem Umweg über die "übernatürliche Erhebung" wird die Offenbarung als eigentlich kanonischer Bezugspunkt erreicht.

Dagegen ist als eigentlich "theologisches" Ziel der kanonischen Ordnung nun die Verwirklichung der communio zu bestimmen, als eines von der sich inkarnierenden Gnade her konstituierten qualitativ neuen Bezugs der Menschen zueinander und zu Gott (E. Corecco, Theologie, 96ff.). Das kanonische Gesetz ist wesentlich vom Ansatz her nicht mehr "ordinatio rationis", sondern "ordinatio fidei". "Das gemeinsame Element, das die 'analogia entis' zwischen der 'ordinatio rationis' und der 'ordinatio fidei' rechtfertigt, ist damit gegeben, daß es sich in beiden Fällen um einen Erkenntnisprozeß handelt; dessen Natur ist jedoch von der Ursache her verschieden" (ebd., 105). Die Dimension des kanonischen Rechtes ist die des "Gnadenrechtes", sein Gegenstand ist die "communio" der Menschen untereinander und mit Gott, die in der kirchlichen Gmeinschaft bereits antizipativ greifbare Gestalt gewonnen hat. Vgl. zum ganzen auch A. M. Ruoco Varela, Le statut ontologique et épistemologique du droit canonique, in: RSPhTh 57 (1973) 203-227; R. Sobanski, Die methodologische Lage des katholischen Kirchenrechts, in: AfkKR 147 (1978) 435-476; E. Corecco, Teologia del diritto canonico, in: Nuovo dizionario di teologia, Alba 1977.

§ 15: DIE KONKRETION DES SAKRAMENTALEN KIRCHENBEGRIFFES AUF DEN VOLLZUG DER KIRCHLICHEN GEMEINSCHAFT

I. "communio" als Schlüsselbegriff des konziliaren Kirchenverständnisses

1. "communio" als Zentralbegriff zur Darstellung des Heilsereignisses

Der communio-Begriff der Konzilstexte kann geradezu als Kurzformel gelten für das Verständnis und den Inhalt des von Gott veranstalteten Heiles, dessen Inbegriff die Gemeinschaft der Menschen mit Gott und untereinander ist.(1) Daß insbesondere das Wesen der Kirche in engstem Konnex mit der Reflexion jenes Zentralgedankens der Erlösungswirklichkeit selbst steht,(2) beleuchtet in signifikanter Weise einen bestimmenden Grundzug katholischen Kirchendenkens.

a. "communio" der Menschen mit Gott

Im 2. Artikel formuliert die Kirchenkonstitution gleichsam als Ausgangspunkt und Themasatz für alles weitere Reden über die Kirche: "Der ewige Vater hat beschlossen, die Menschen zur Teilhabe an dem göttlichen Leben zu erheben" (LG 2, 1), "d. h. Gemeinschaft zu haben mit ihm in Leben und Herrlichkeit" (AG 2, 2). Die Berufung des Menschen durch Gott, "ihm in der ewigen Gemeinschaft unzerstörbaren göttlichen Lebens" (GS 18, 2) anzugehören, ist das ungeschuldete Gnadengeschenk Gottes an den Menschen, das seine unüberbietbare Endgültigkeit in Jesus Christus gefunden hat, dem gleichförmig zu werden (LG 2, 1) den Weg zu dieser Gemeinschaft mit Gott eröffnet. Die innige Verbindung des Menschen mit Christus erreicht ihre höchste Verdichtung im eucharistischen Geschehen, denn "beim Brechen des eucharistischen Brotes erhalten wir wirklich Anteil am Leib des Herrn und werden zur Gemeinschaft mit ihm und untereinander erhoben" (LG 7, 2). Die Verbindung mit Christus als Möglichkeitsbedingung zur Anteilgabe am göttlichen Leben hat also eo ipso die Verbundenheit der Glaubenden untereinander zur Folge, die in der Konstituierung des neuen Gottesvolkes die sichtbare Verwirklichung des Heilsplanes Gottes darstellt, den Menschen an der Gemeinschaft des Lebens, der Liebe und der Wahrheit (LG 9, 2) teilhaben zu lassen. Die Gemeinschaft des Menschen mit dem Leben des dreifaltigen Gottes (UR 7, 3) ist somit auf das innigste mit Ursprung, Ziel und Wesen der Kirche verbunden, insofern sie selbst das sichtbare Zeichen dieser Gemeinschaft ist.

b. "communio" der Menschen untereinander

Durch den Hinweis auf die Eucharistie wurde bereits verdeutlicht, daß die Verbindung der Menschen mit Gott in unlösbarem Zusammenhang steht mit der Verbundenheit der Eucharistie-Feiernden untereinander (LG 7, 2), daß also der eine Aspekt nur die Rückseite des anderen sein

---

1) Vgl. zum Ganzen O. Saier, "Communio" in der Lehre des Zweiten Vatikanischen Konzils, 25-36.

2) Besonders kommt dies zum Ausdruck in der Kirchenkonstitution "Lumen Gentium" und in der Pastoralkonstitution "Gaudium et Spes".

kann und beide in wechselseitiger Abhängigkeit stehen (LG 50, 3). "Alle nämlich, die Christus zugehören ... wachsen zu der einen Kirche zusammen und sind in ihm miteinander verbunden" (LG 49, 1) durch den Heiligen Geist, der die Gesamtheit der katholischen Christen zur Gemeinschaft der Gläubigen zusammenschließt (UR 2, 2). In dem communio-Begriff sind also zwei Aussagereihen in eine bedeutsame Verknüpfung gebracht, die auch in den wichtigsten bereits erwähnten theologischen Bildbegriffen für die Kirche ihre spezifizierende und konkretisierende Ausformung findet.

2. "communio" im Volk Gottes

Für die Bezeichnung des konkreten Ortes, "an dem die beiden Gemeinschaftslinien sich kreuzen und miteinander verbunden sind",(3) wählt das Konzil die biblische Bildaussage von der Kirche als dem Volk Gottes: "Gott aber hat es gefallen, die Menschen nicht einzeln, unabhängig von aller wechselseitigen Verbindung, zu heiligen und zu retten, sondern sie zu einem Volke zu machen" (LG 9, 1), das durch Christi Blut konstituiert und durch seinen Geist in seiner Einheit verbürgt ist (LG 9, 1. 3; UR 2, 2). Das Volk Gottes ist somit das Zeichen für die Gemeinschaft der Menschen mit Gott und untereinander, welches als solches - bei aller Verborgenheit der geistgewirkten Verbindung mit Gott und dem erhöhten Herrn - auch äußerlich greifbar ist, denn "Gott hat sein Volk mit geeigneten Mitteln sichtbarer und gesellschaftlicher Einheit ausgerichtet" (LG 9, 3), damit es seine Sendung, jenes Zeichen für die Verbindung Gottes mit den Menschen auf der ganzen Welt zu sein (LG 13, 1), erfüllen kann. Der Volk-Gottes-Gedanke bringt den sakramentalen Charakter der Kirche zur Sprache, indem er die Dialektik des Zeichens der Verbundenheit der Gläubigen mit Gott und ihrer Gemeinschaft untereinander als einerseits bewirktes und andererseits selbst wirkendes in sich schließt.

3. "communio" im Leib Christi

Für die nähere Beleuchtung des "wie" der Verbindung beider Gemeinschaftslinien greift das Konzil auf die paulinische "soma"-Ekklesiologie(4) zurück. Wenn die von Gott für die Verwirklichung seines Heilsplanes für die Menschen bestimmte Wirklichkeits- und Vollzugsform als "Leib Christi" bezeichnet wird, so ist damit der sakramentale Charakter der communio-Gestalt in anderer Akzentuierung ausgesprochen, insofern nun das spannungsreiche aber unlösliche Einheitsgefüge von Haupt und Leib (LG 7, 2. 4-7), von Einheit und Mannigfaltigkeit (LG 7, 3. 6), von Sichtbarem und Unsichtbarem (LG 8, 1) an der Wirklichkeit "Kirche" thematisiert wird. Die Leib-Christi-Ekklesiologie läßt das Bemühen erkennen, "die innere Verbundenheit des neutestamentlichen Gottesvolkes mit Christus, sein Verhältnis zu Gott 'durch Christus', den Zusammenschluß seiner Glieder über Christus und sein Hinstreben und Hinwandern zu Christus als seinem Ziel zum Ausdruck zu bringen",(5) und damit die Ge-

---

3) O. Saier, a.a.O., 31.
4) Vgl. dazu o. S. 78ff.
5) R. Schnackenburg, Die Kirche, a.a.O., 147. Über die engen Beziehungen der "soma"-Ekklesiologie zur Tauftheologie bei Paulus vgl. ebd.: "Was schon durch die Taufe ist, wird

meinschaft der Menschen mit Gott und untereinander begrifflich auf engstem Raum zu verknüpfen. Während diese Dimension der sakramentalen
Struktur der Kirche ihre Fortführung in dem dritten Begriff von der
"communio ecclesiae"(6) findet, erhellt das Leib-Christi-Modell insbesondere das sakramentale Zueinander von Sichtbar-Institutionellem und
Unsichtbar-Pneumatischem in der Kirche: Die Kirche ist nämlich "gemäß
einer nicht unbedeutenden Analogie dem Mysterium des fleischgewordenen Wortes ähnlich" (LG 8, 1). Wie dem Wort Gottes die angenommene
menschliche Natur als lebendiges ihm unlöslich geeintes Heilsorgan dient
(ebd.), so sind einerseits analog der erhöhte Herr als das Haupt und
die Kirche als der Leib verbunden, andererseits stehen Göttliches und
Menschliches, Sichtbares und Unsichtbares in der Kirche in dem von
derselben Analogie bestimmten Verhältnis zueinander, dergestalt, daß der
Geist Christi sich der gemeinschaftlich-sichtbaren Struktur als des
"organum salutis" bedient.(7)

4. "communio ecclesiae" - "communio sanctorum"

In Fortführung des Leib-Christi-Modells werden nun "communio ecclesiae"
und eucharistische communio gleichsam zu synonymen Begriffen, weil die
eucharistische communio als Teilhabe an Leib und Blut Christi geradezu
die Gemeinschaft der Gläubigen in der communio ecclesiae bewirkt, indem
sie die lebendige Teilhabe an Christus gewährt (1 Kor 10, 17). Es besteht also eine "tiefere Beziehung zwischen dem 'Leib Christi' in der
Eucharistie und dem 'Leib Christi', den die Gemeinde darstellt",(8) im
Sinne eines gegenseitigen Stützungs- und Begründungsverhältnisses. Die
"soma"-Ekklesiologie des Paulus mündet hier in den "koinonia"-Gedanken:
Das Anteilhaben der Gläubigen an den sancta (hagia)(9) (= Empfang der
Sakramente, besonders der Eucharistie) bedeutet zugleich das Eintreten
in die Gemeinschaft der Kirche.

II. Die Konkretisierung des Gedankens der Sakramentalität der Kirche im
communio-Begriff

1. Die Kirche als Zeichen und Mittel von dem und für das Heil aller
Menschen(10)

Wenn, wie die Begriffsgeschichte des Ausdruckes "communio sanctorum"
zeigt,(11) kirchliche und eucharistische communio nahezu als identisch

---

durch die Eucharistie auf eine neue Weise begründet und verwirklicht, besonders im
Hinblick auf die Einheit: ein einziger Leib, der Leib Christi" (ebd., 151); vgl. auch
Gal 3, 23-25 und 1 Kor 10, 17.

6) Obwohl "communio" in den Konzilsdokumenten fast nie als Synonym für "ecclesia" gebraucht wird, ist sinngemäß mit den Begriffen "communitas" (LG 8, 1; AA 17, 2; PO 4, 2)
und "congregatio" (PO 4, 1) dieser Gedanke der kirchlichen Gemeinschaft ausgedrückt.

7) Vgl. A. Grillmeier, Kommentar, a.a.O., 173.

8) R. Schnackenburg, Die Kirche, a.a.O., 150.

9) Zur Begriffsgeschichte von "communio sanctorum" vgl. J. Mühlsteiger, Sanctorum Communio, in: ZkTh 92 (1970) 113-132; W. Elert, Abendmahl und Kirchengemeinschaft in der
alten Kirche hauptsächlich des Ostens, Berlin 1954.

10) Vgl. dazu die grundlegenden Ausführungen o. S. 292ff.; hier geht es lediglich noch um
die Konkretisierung des sakramentalen (Kirchen-) Gedankens auf den communio-Begriff.

und austauschbar gelten können, so liegt die innere Affinität der Kategorie des Sakramentalen zum Wesen der Kirche nach den bisherigen Darlegungen zum konziliaren communio-Begriff auf der Hand:(12) Jesus
Christus selbst ist das große und unüberbietbare Sakrament, das Zeichen von Gottes Erlöserliebe, der dieser Welt eingestiftete und in ihr
greifbare Heilswille Gottes.(13) In analoger Fortführung ist dann auch
und von Christus her die Kirche das das zentrale Heilsergebnis (= die
communio mit Gott) vermittelnde Sakrament. In ihr ist die Heilsgnade
Gottes einerseits anwesend, d. h. die communio findet in der Kirche ihre
materiale Verwirklichung (id quod), andererseits ist sie zugleich Mittel
und Werkzeug, dessen sich Gott bei der Verwirklichung seines Heilsplanes bedient; insofern ist die kirchliche Gemeinschaft die formale Seite der communio mit Gott (id quo). "Lumen Gentium" prägt für die Kirche den Schlüsselbegriff "veluti sacramentum seu signum et instrumentum"(14) des Heiles und faßt damit in relativ nüchterne Begrifflichkeit,
was der altchristliche Sprachgebrauch mit "mysterium" und "sacramentum"(15) aussagte: Kirche ist instrumentum redemptionis, das sich zum
Geist des Erlösers ähnlich verhält, wie dessen Menschheit zu seiner
göttlichen Person (LG 8, 1-3),(16) ein Werkzeug, in dessen Antlitz die
Züge Christi und Gottes aufleuchten für die Menschen (LG 50), ein
Werkzeug, das schon irgendwie und unwiderruflich verwirklichtes Heil ist
(LG 48), d. h. die verwirklichte Einheit des Gottesvolkes, die es bereits
vorabbildet, dient der je vollkommeneren Verwirklichung dieser Einheit
(LG 11).(17) Der communio-Begriff steht demnach in einer doppelten
Sinnverbindung: einerseits mit dem Erlösungsgeschehen, insofern communio als das Ziel der Erlösung überhaupt zu verstehen ist, andererseits
mit dem Geheimnis der Kirche, insofern communio "an dem der Kirche
eigentümlichen Wesenszug teilnimmt, sowohl dem göttlichen als auch dem
menschlichen, sowohl dem sichtbaren als auch dem unsichtbaren Bereich
zuzugehören."(18) Die heilsvermittelnde Einheit zwischen Christus und
den Gläubigen ist zwar naturgemäß unsichtbar, aber sie findet ihren
Ausdruck in der sichtbaren Gemeinschaft der Gläubigen in der Kirche,
die dabei nicht nur "symbolischen", sondern "real-symbolischen" Gehalt

---

11) Vgl. Anm. 9.

12) Zur Begriffsgeschichte von "sacramentum" in der Tradition vgl. P. Smulders, Die Kirche
als Sakrament des Heils, a.a.O., 293-302; ferner o. S. 88ff.

13) Vgl. dazu E. Schillebeeckx, Christus - Sakrament der Gottbegegnung.

14) LG 1, 1; vgl. ferner 9, 3; 48, 2; AG 1, 1; s. dazu oben S. 292ff.; zur Entstehungsgeschichte dieser Formulierung vgl. bei L. Boff, Kirche, 228-295.

15) Vgl. dazu oben S. 88ff.

16) Eine pneumatologisch noch vertieftere Sicht dieses sakramentalen Kirchengedankens hätte
in willkommener Weise noch stärker auf das "nur ähnlich" und auf die je größere Differenzierung in der Verhältnisbestimmung zwischen dem Geist des Erlösers und dessen instrumentum salutis, der Kirche abheben können: "Der Geist steht der 'materialen Struktur' der Kirche nicht als 'innere Form' wie eine permanent wirkende Superqualität zur
Verfügung, weder als anthropologisches Lebensprinzip noch als soziologisches System-
prinzip." Als Realsymbol des Heiligen Geistes vollzieht die Kirche vielmehr "dadurch
die innere Dynamik des Sakramentes ... daß sie den Gegen-wart des Geistes entgegen-war-
tet: sie erwartet diese Gegenwart als reines Geschenk ..." (M. Kehl, Kirche als Sakrament des Geistes, a.a.O., 161).

17) Vgl. auch K. Mörsdorf, KR I, 12f.; J. L. Witte, Einige Thesen zur Sakramentalität der
Kirche, a.a.O., bes. 77ff.

18) O. Saier, a.a.O., 37.

hat: Der Geist Christi ist in den Getauften real anwesend und verbindet sie von innen her zur Gemeinschaft. Diese Gemeinschaft ist somit der pneumatische Leib des Auferstandenen, das reale An-wesen Christi in dieser Welt.(19) So formuliert die Kirchenkonstitution: "Christus ... auferstanden von den Toten, hat seinen lebendigmachenden Geist den Jüngern mitgeteilt und durch ihn seinen Leib, die Kirche, als allgemeines Sakrament des Heiles konstituiert" (LG 48, 2). Damit ist zugleich der eschatologische Charakter dieser Heilssakramentalität der Kirche ausgesprochen. Die kirchliche Wirklichkeit ist Zeichen des "jetzt schon" anfanghaft in diese Welt eingebrochenen aber in ihrer Fülle noch ausstehenden himmlischen Herrlichkeit.(20)

2. Die sakramentale Struktur der communio – Kirche als realitas complexa

Die Analogie zum menschgewordenen Wort Gottes(21) läßt die Kirche begreifen als eine in der Spannungseinheit von menschlichem und göttlichem Element bestehende Sakramentalität des Heilswillens Gottes: "Die mit hierarchischen Organen ausgestattete Gesellschaft (societas) und der geheimnisvolle Leib Christi, die sichtbare Versammlung und die geistliche Gemeinschaft (communitas), die irdische Kirche und die mit himmlischen Gaben beschenkte Kirche sind nicht als zwei verschiedene Größen zu betrachten, sondern bilden eine einzige komplexe Wirklichkeit, die aus menschlichem und göttlichem Element zusammenwächst."(22) In dem inkarnatorischen Datum, daß Göttliches und Menschliches, Sichtbares und Unsichtbares auch in der kirchlichen Wirklichkeit (analog zum menschgewordenen Wort) eine untrennbare Einheit eingegangen sind, liegt die Sakramentalität der Kirche begründet.(23) Diese wird zur Ausdrucksgestalt der "notwendigen gemeinschaftlichen Verfaßtheit des Heils."(24) Dabei kann nicht das sichtbare Element gegen das unsichtbare ausgespielt werden, denn die besondere Seinsart der Kirche ist eben, daß sie

19) Vgl. H. Schlier, Die Kirche nach dem Brief an die Epheser, in: Ders., Die Zeit der Kirche, 4. Aufl., 159-186; J. Ratzinger, Ein Versuch zur Frage des Traditionsbegriffs, a.a.O., 39ff.

20) Vgl. O. Semmelroth, Kommentar zum VII. Kapitel der Dogmatischen Konstitution über die Kirche, in: LThK, Vat., ²I, 314-347, hier 317; Y. Congar, Die christologischen und pneumatologischen Implikationen, a.a.O., 120f.

21) Wo der nur analogische, die je größere Differenz zwischen Christus und Kirche mitbedenkende Charakter der inkarnatorischen Wesensbestimmung der Kirche übersehen wird, kommt es zu massiven ontologistischen Übersteigerungen der "Leib-Christi"-Aussage von der Kirche; zur (vor allem protestantischen!) Kritik vgl. E. Viering, Christus und die Kirche in römisch-katholischer Sicht, 59-63; M. Honecker, Kirche als Gestalt und Ereignis, 62f. Y. Congar, Dogme christologique, 69-104.

22) LG 8, 1; zur Kritik der wenig glücklichen Entgegensetzung von "societas" und "communitas": W. Aymans, Die Kirche - Das Recht im Mysterium, a.a.O., 9 (GrNKirchR): Der Konzilstext wird in der gewählten Begrifflichkeit seiner eigenen Grundintention untreu, da die Gegenüberstellung societas-communitas eine Aufteilung von äußerer und geistlicher Wirklichkeit nahelegt und damit eine erneute Spaltung in den Kirchenbegriff getragen wird, welcher der Terminus "realitas complexa" gerade entgegenwirken will.

23) Vgl. auch J. Alfaro, Das Geheimnis Christi im Geheimnis der Kirche, a.a.O., bes. 518-528.

24) J. Ratzinger, Einleitung zur Konstitution über die Kirche, 7./8. Aufl., Münster 1966, 10.

weder "Teil der sichbaren Ordnungen dieser Welt noch civitas platonica
bloßer geistiger Gemeinsamkeit ist", sondern "sacramentum, i. e.
sacrum signum, als Zeichen sichtbare und doch nicht in der Sichtbarkeit sich
erschöpfend, sondern dem ganzen Sein nach nichts anderes als Verweis
auf das Unsichtbare u(nd) Weg dahin."(25) Dieses Unsichtbare aber ist
das Leben des dreifaltigen Gottes, an dem teilzuhaben das Ereignis der
Erlösung schlechthin darstellt, das die Kirche ihrerseits sowohl sichtbar
in ihrer Wirklichkeit (anfanghaft) bezeichnet als auch vermittelt.(26) Die
Kirche trägt selbst diese Signatur des Sakramentalen,(27) sie ist selber
"Ursakrament" des Heilswillens Gottes,(28) die Explikation dessen, wie
Heil und Erlösung "in Welt" geschieht, insofern die innigste Vereinigung
der Menschen mit Gott und die darin begründete Einheit der ganzen
Menschheit in ihr bereits real (anfanghaft) gewirkt anwesend (Heils-
frucht) und in ihrer Zeichenhaftigkeit zugleich gnadenhaft bewirkend ist
(Heilsgnade).

Die sakramentale Dignität der Kirche nach katholischem Verständnis, der
enge Konnex ihres Wesens mit dem Werk der Vollendung des Heilswillens

---

25) Ders., Art. Leib Christi, a.a.O., 912.

26) Vgl. O. Semmelroth, Art. Ekklesiologie, in: LThK, [2]III, Sp. 784-787, hier 785.

27) Vgl. O. Saier, "Communio", a.a.O., 45.

28) Vgl. dazu O. Semmelroth, Art. Ursakrament, in: LThK, [2]X, Sp. 569; ders., Die Kirche als
Ursakrament, Frankfurt/M. [3]1963; man spricht neuerdings wohl präziser von Christus als
dem Ursakrament und von der Kirche als dem "Wurzelsakrament": vgl. dazu J. Feiner-M.
Löhrer, MySal, IV/1, 322ff., 318. Diese Ur- oder Wurzelsakramentalität der Kirche läßt
sich nach Semmelroth aufschlüsseln in die Elemente "sacramentum tantum", womit einfach
die natürlicherweise mit der Zeichenfunktion für eine höhere Wirklichkeit ausgestattete
menschlich greifbare Seite der Kirche gemeint ist (Ursakrament, 102); diesem Element
ist von den genannten Bildbegriffen für die Kirche derjenige des Volkes Gottes zuzuord-
nen; ferner beinhaltet die Rede von der Kirche als Wurzelsakrament den (sakramententheologischen) Wirklichkeitsgehalt "res et sacramentum": Das Erlösungswerk Christi ist
seinerseits im Hinblick auf seine "res", den trinitarischen Gott und die Gemeinschaft
mit ihm, "res et sacramentum" (a.a.O., 166); die Kirche nun wird ihrerseits "res et sacramentum" des Erlösungswerkes, indem sie dieses realsymbolisch bezeichnet und darstellt, d. h. in ihrem Sein gleichsam das Gottmenschentum Christi, das Urbild aller Sakramentalität, über Raum und Zeit zu den Menschen hin ausweitet; hier ist die Dimension
des Bildes von der Kirche als des mystischen Leibes Christi in Anschlag zu bringen (Um
die Einheit des Kirchenbegriffes, a.a.O., 319-335, bes. 334; 332). Schließlich ist die
"res" im Ursakrament Kirche ihr Sein als Sakrament-Zeichen für den und auf den dreifaltigen Gott hin (Ursakrament, 209; 216). Der Braut-Gedanke für die Kirche hinsichtlich
ihrer Beziehung zu Christus (Differenz-Motiv) entspricht im sakramentalen und offenbarungstheologischen Vollzug des Heilsgeschehens dem Faktor der menschlichen Disposition
als Aufnahmebereitschaft der Christusgnade (Um die Einheit, 334f.); vgl. dazu auch weitere wichtige ekklesiologische Arbeiten des Autors: Ich glaube an die Kirche. Erwägungen über das gottmenschliche Geheimnis der Kirche, Düsseldorf 1959; Vom Sinn der
Sakramente, Frankfurt 1960; Wirkendes Wort. Zur Theologie der Verkündigung, Frankfurt
1962; Die Kirche als "sichtbare Gestalt der unsichtbaren Gnade", in: Scholastik 28
(1953) 23-39; Personalismus und Sakramentalismus. Zur Frage nach der Ursächlichkeit der
Sakramente, in: Theologie in Geschichte und Gegenwart (= FS M. Schmaus), 199-218; Pa-
storale Konsequenzen aus der Sakramentalität der Kirche, in: Wahrheit und Verkündigung
II, 1489-1505; Rezensionen zum ekklesiologischen Ansatz bei Semmelroth: H. Zeller, in:
ZkTh 76 (1954) 94-99, bes. 98; E. Przywara, Die Kirche als Ursakrament, in: Ders.,
Katholische Krise, Düsseldorf 1967, 196-198, bes. 197.

Gottes, der sie mehr sein läßt als die "Überfremdung des Innerlichen, Persönlichen und Geistigen durch eine äußere Organisation, die sich zwischen Gott und mich zu drängen versucht",(29) bildet den Nerv katholischen Kirchendenkens. Deshalb wird hier auch der "neuralgische Punkt" spürbar im ökumenischen Gespräch, wenn es um die Frage nach den Möglichkeiten sakramentaler Gemeinschaft mit nichtkatholischen kirchlichen Gemeinschaften geht, da im divergierenden Kirchenverständnis der Konfessionen und den daraus resultierenden explikativen Folgeproblemen(30) nach wie vor die Wurzel des ökumenischen Problems liegen dürfte:(31)

Das katholische (konziliare) Kirchendenken entwickelt den communio-Gedanken (Begriff von der Kirche als Gemeinschaft) von der Idee des Ursakramentes her - zum Konstruktionspunkt der Ekklesiologie und wählt damit von Anfang an im Unterschied zum evangelischen Kirchendenken nicht ein "kon-stitutionstheoretisches"(32) sondern ein "in-stitutions-theoretisches" ekklesiologisches Bauprinzip, d. h. das institutionelle Element der Gemeinschaft (con-gregatio, con-vocatio, communio) geht als diesem je schon voraufgehendes ekklesiologisches Gestaltelement nicht völlig in dem prozeßhaft-aktualistisch bestimmten Kon-stitutionsgeschehen dieser communio durch die (materialen) Konstitutionselemente "Wort" und "Sakrament" ein; die kirchliche communio (die Kirche als institutionelle Größe) ist als **nicht restlos** (und nur) "Implikat des Sakraments"(33) als eines Konstitutionselementes der Kirche, sondern sie ist als die Darstellungsweise des seinsmäßigen Zusammenhanges, den die in dem Begriff von der Einbeziehung der Befindlichkeiten der Kirche unter die Zuwendung Gottes beschlossenen Sachverhalte bilden,(34) nicht nur aposteriorisch die Explikation des "letztlich nur vom Sakrament erhellbare(n) Interdependenz des durchs Evangelium bewirkten Existierens"(35), sondern umgreift **zugleich** auch schon das Konstitutionsgeschehen in Wort und Sakrament, da sie diesem als Bedingung seiner Möglichkeit **auch** schon vorausliegt. Während die Nichteinbeziehung des communio-Elementes in die Konstitutionsthematik im evangelisch-ekklesiologischen Bereich bisher hauptsächlich dadurch begründet ist, daß entweder der Gemeinschaftsgedanke dort einen gewissen spiritualistischen Akzent trägt,(36) oder die

---

29) J. Ratzinger, Einleitung zur Konstitution, a.a.O., 10.

30) Für die Amtsfrage und deren inneren Konnex mit dem Kirchenverständnis vgl. G. Vischer, Art. Amt I, in: ÖL Sp. 50-54, bes. 51.

31) Wenn nicht die "Wurzel" so ist jedenfalls die deutlichste Artikulationsweise der katholisch-protestantischen Differenz im Kirchenbegriff zu sehen: so E. Lessing, Kirche-Recht-Ökumene, a.a.O., 36.

32) Vgl. dazu E. Lessing, a.a.O., 10-44; 84-102; s. auch oben S. 45ff. Lessing unterscheidet in einer über das katholische Maß einer Differenzierung qualitativ hinausgehenden Weise zwischen Wesen und Wirklichkeit der Kirche, zwischen ihren Konstitutions- und Existenzbedingungen (a.a.O., 17ff.), ein offensichtlich schon vom Ansatz her auch materiale, nicht nur formale Implikationen bergendes Verfahren.

33) Ebd., 91.

34) Vgl. ebd., 92.

35) Ebd.

36) Vgl. etwa die Kritik an der altprotestantischen Orthodoxie durch O. Weber, Grundlagen der Dogmatik, I, 1977, 133ff.; II, 1977, 601ff.; E. Brunner, Dogmatik, III, 1964, 87; W. Maurer, Historischer Kommentar zur CA, II, 1978, 163-175; ferner die ekklesiologischen Entwürfe bei P. Althaus, Die christliche Wahrheit, 1969, 500ff.; bei E. Brunner selbst, a.a.O., 38ff.; 46; 154; U. Kühn, Kirche 1980, 164-181.

eigentlich ekklesiologische Reflexion vom Religionsbegriff überformt bzw.
"verschlungen"(37) wird, so ist im katholisch-ekklesiologischen Raum für
das Bestreben, das communio-Element nicht gänzlich im Konstitutionsgeschehen aufgehen zu lassen, sicherlich das spezifische Schwergewicht
des katholisch-ekklesiologischen Kontinuitätsgedankens dafür verantwortlich zu machen: Die katholische Ekklesiologie versteht die Frage nach
dem, was die Kirche zur Kirche macht, im Sinne eines Konstitutionsge-
schehens, das jedoch je schon umgriffen ist von einem Kontinuitätsgeschehen,(38) insofern die spezifisch katholische Fassung des ekklesiologischen communio-Begriffes ein gegenüber dem Konstitutionsgeschehen
apriorisches und ek-statisches Moment impliziert, welches dem konstitutionellen Element der "Zeitigung" als notwendig je schon ermöglichend
vorausliegend betrachtet wird.(39) Dieser apriorische, 'vor- und über-
zeitliche', wesentlich christologisch begründete ("Ur- bzw. Wurzelsakrament") Angelpunkt führt zu dem spezifisch katholisch-ekklesiologischen
Ansatz einer vom zeitlichen und räumlichen Kontinuitätsgedanken(40)
geprägten communio-Ekklesiologie. Die demgegenüber andersartige Option
reformatorischen Kirchendenkens im Bezug auf die Frage nach der Möglichkeit der "Weltlichwerdung" der Kirche artikuliert sich in charakte-
ristischer Weise in der Ersetzung der "Raum"-Kategorie "in ecclesiolo-
gicis" durch diejenige des "Feldes" bei E. Lessing:(41) "Von einem Feld
können wir sprechen, wenn etwas nicht problemlos als feste Größe im
Raum gegeben ist oder vorgestellt wird, sondern wenn etwas nur existiert oder existierend gedacht wird, indem es konstituiert wird, und
das heißt: sich als ein konturiertes und strukturiertes, in der Regel
komplexes Gebilde aufbaut und in dieser Form ständig von Konstitutionsbedingungen abhängig bleibt"[41]. Im Rahmen einer vom Feld-Gedanken

---

37) So die Kritik von E. Lessing an den ekklesiologischen Entwürfen bei E. Troeltsch,
Religion und Kirche, in: Gesammelte Schriften, II, 1913, 146-182; W. Pannenberg, Heilsgeschehen und Geschichte, in: Grundfragen I, 22-78, 49ff.; ders., Wissenschaftstheorie
und Theologie, 136-156; 303-329; ders., Christsein ohne Kirche, in: Ethik und Ekklesiologie, 187-199, bes. 187ff.; ders., Einheit der Kirche und Einheit der Menschheit,
ebd., 316-333, 327; ders., Thesen zur Theologie der Kirche, 11ff.; dazu E. Lessing,
a.a.O., 45-53.

38) In spezifischer Differenzierung gegenüber der Darstellung bei E. Lessing, a.a.O., 37,
der den katholischen Ansatz im Sinne einer Ausschließlichkeit des "Kontinuitätsprin-
zips" faßt.

39) Vgl. dazu auch o. S. 47f.; E. Lessing, a.a.O., 18; 38f.; "Zeitigung" (als durch den
steten Rückbezug auf Gottes Erwählungshandeln "kontinuitätsorientiertes" Geschehen) ist
damit ein Moment der Konstitution der Kirche selbst. Der konstitutionstheoretische
Begriff der "Zeitigung" bei E. Lessing blendet dieses Moment aktualistisch aus, wie
insbesondere an den ekklesiologischen Konsequenzen sichtbar wird (vgl. Anm. 45), was
jedoch (denkerisch philosophisch) nicht in der Konsequenz des Begriffes selbst liegt.
Auch ist das "Feld" nicht Ersatz, sondern spezifizierter Anwendungsfall des "Raumes"
(vgl. dazu o. S. 337f.).

40) Freilich ist die katholische Ekklesiologie dabei auf weite Strecken der Versuchung erlegen, mit einem dem pneumatischen Wesen der Kirche inadäquaten linearen Zeitbegriff zu
operieren und unkritisch einfach-räumliches Denken zugrunde zu legen; die bestimmende
Denkstruktur ist dann die einwertig (rationalistisch)-kausale, die einlinig Zustände
aus den Vorgängen hervorgehen läßt; diese Denkstruktur ist eine jedenfalls der pneuma-
tisch-frühkirchlichen inkommensurable (vgl. dazu H. Dombois, Das Recht der Gnade I,
bes. 908; II, 168-172).

41) Vgl. dazu a.a.O., 176ff.; ferner o. S. 48 Anm. 147.

her konzipierten Ekklesiologie ist es somit auch "nicht möglich, der Kirche eine verbindliche, genau beschreibbare Struktur zuzuerkennen. Es können nur konstitutive Elemente genannt werden, die in einem variablen Zusammenhang stehen und als solche die kirchliche Gemeinschaft kennzeichnen. Dieser Unterschied (sc. zur katholischen Ekklesiologie) bedeutet in der Konsequenz, daß es nicht möglich ist, dem Gemeingeist eine Priorität einzuräumen. Die im Feld konstituierte Gemeinschaft enthält das Moment der Differenz soz. in sich und zwar als eine notwendigen"[44], d. h. es ist ausgeschlossen, das durch die Variabilität in der Zuordnung der Konstitutionselemente (Wort und Sakrament) geprägte, die kirchliche Gemeinschaft als Kommunikationsgemeinschaft kennzeichnende Zueinander und Gegenüber von Charisma und Institution (sic!) auf einen "oberen Einheitspunkt" (raum-zeitlicher Kontinuitätsfaktor) zurückzubeziehen (ebd.). Die Möglichkeit, ja Notwendigkeit eben eines solchen Rückbezuges aber impliziert gerade der katholische (konziliare) Begriff von der Kirche als communio, insofern ein von ihm her konstruiertes ekklesiologisches Denkmodell als Möglichkeitsbedingung für das im Rahmen des Feldkonzeptes dargestellte Konstitutionsgeschehen der Kirche gerade die vorgängige Existenz eines "Raum"-Bezugspunktes postuliert, innerhalb dessen die "Feld-Konstitution" überhaupt erst geortet werden kann und der somit selbst "konstituionell" in das Konstitutionsgeschehen eingehen muß. Von dieser Option her erklärt sich auch der spezifisch katholische institutionell-ek-statische Akzent im Kirchenbegriff. Dieses institutionell-ek-statische Moment umgreift und bestimmt auch den kirchlichen Lebensvollzug, was insbesondere an dem unmittelbaren communio-Bezug der Konstitutions- und Vollzugselemente Wort und Sakrament deutlich wird: Wenn die "institutionelle" Grundstruktur der Kirche als communio die Darstellung der Grundstruktur des Heilswerkes selbst ist, und in ihr "hier und jetzt dieses Heilswerk immer wieder realistisch gegenwärtig gesetzt und wirksam gemacht" wird, so geschieht diese Überführung des sakramentalen "Seins" der Kirche (das ja immer schon Vollzug ist) in konkretes sakramentales Handeln durch die kirchlichen Sendungsvollzüge in Wort und Sakrament;(42) diese erbauen einerseits die kirchliche communio, sind jedoch andererseits gerade selbst schon durch letztere als deren Vollzugsgestalten allererst und je immer schon in-stituiert.(43)

In dieser dialektischen Reziprozität artikuliert sich in struktureller Analogie die dem strukturellen Grundvollzug wesentliche relationale Dualität von Ausgrenzung und Zuordnung (receptio und traditio, Annahme und Status).(44) Die katholisch-ekklesiologische Grundarchitektur hat

---

42) O. Semmelroth, Die Kirche als Sakrament des Heiles, in: MySal IV/1, 309-355, hier 345; bzw. 350.
43) Vgl. dazu M. Schmaus, KD, III/1 (1958), 5. Aufl., 688-699; zur grundsätzlich ekklesiologischen Dimension jeder sakramental-inkarnatorischen Gnade im Verständnis des II. Vatikanischen Konzils vgl. auch J. Alfaro, Das Geheimnis Christi, a.a.O., 533: "Gnade Gottes, die Gott selbst ist, nimmt das Menschliche an, um es zu vergöttlichen; nur dadurch, daß sie es annimmt, vergöttlicht sie es. Daher hat jede Verwirklichung der Gnade ekklesiologischen Charakter, weil sie sakramentalen Charakter hat und in sich selbst die Hinordnung zum Sakrament Christi trägt, welches die Kirche ist, und schließlich zum Sakrament Gottes, das Christus ist." Wirkung und Ursprung eines jeden Sakramentes ist also die Vereinigung mit der Kirche bzw. die Gemeinschaft der Kirche: vgl. dazu LG 11; 3; 7; 18; 20; 21-29.
44) Vgl. hierzu H. Dombois, Das Recht der Gnade I, bes. 873-939.

dieses strukturelle Gefüge in dem unlöslichen Zueinander der in der mehraktigen Erstreckung institutionell ausgelegten Heilsvollzüge des einen Heilsgeschehens in Taufe (Ausgrenzung) und Eucharistie (Zuordnung) aufbewahrt (relationale Reziprozität von Taufrecht und Abendmahlsrecht). Die ökumenische Diskussion der Frage nach der Möglichkeit sakramentaler (bes. eucharistischer) Gemeinschaft zwischen katholischen und reformatorischen Christen stößt gerade hier auf den neuralgischen Punkt grundlegend verschiedener konfessionell-ekklesiologischer Argumentationstypen und bestätigt damit gleichsam aposteriori die institutionelle Frage in der Ekklesiologie als den wesentlichen Nerv der ökumenischen Frage überhaupt.

Die Frage, ob die Analogie des Verhältnisses der philosophischen Kategorien von Raum und Feld grundsätzlich geeignet ist zur theologischen Klärung des ekklesiologischen Grundproblems, mag hier dahingestellt bleiben. Jedenfalls aber zeigen die hier vorgestellten und profilierten konfessionell-ekklesiologischen Akzentuierungen (verobjektivierender Kontinuitätsgedanke, aktualistischer Konstitutionsbegriff(45)), daß die bleibende Unvermitteltheit der konfessionellen Kirchen-"Begriffe" ihre

---

45) Das aktualistische Gefälle des ekklesiologischen Konstitutionsbegriffes bei E. Lessings Vermittlungsversuch zwischen katholischer und evangelisch/reformatorischer ekklesiologischer Konzeption zeigt sich erst in der näheren Konkretion des Kirchenbegriffes, deren spezielle Implikationen jedoch nicht eo ipso mit dem Konstitutionsbegriff gegeben sind: Lessings ökumenischer Vermittlungsversuch zielt auf die Frage, wie die Kirche wirklich "weltlich" werden könne ("katholische Option"), ohne daß notwendigerweise andere ("weltliche") Konstitutionsbedingungen als Wort und Sakrament (d. h. ein "iure divino" begründetes Amt) angenommen werden müssen ("evangelische Option"). Der Autor sieht eine mögliche Lösung des Problems in der Unterscheidung zwischen einer sakramentalen Gemeinschaft im engeren Sinn (Gliedschaft am Leib Christi, sakramentale "communicatio", "Bruderliebe") und einer solchen im weiteren Sinne (institutionelle Gliedschaft), wobei beide Dimensionen nur in einer "Unterbrechung des Überganges" (a.a.O., 96) zueinander in Beziehung zu bringen sind. Die "Verbindungselemente" in diesem "unterbrochenen Übergang" sind dabei "Ausdehnung, Modifikation und Freiheit", welche gleichwohl die "Anerkennung der Geltung von Verbindlichkeit in der Kirche" (ebd.) ermöglichen und gewährleisten, so daß einerseits ein okkasionalistisches (Miß-)Verständnis der Kirche und andererseits auch die Rechtfertigung eines ius-divinum-Denkens (unter Einbeziehung von dessen Wahrheitsmomenten) abgewehrt seien. Faktisch dürfte damit allerdings die institutionelle Dimension des kirchlichen Lebensvollzuges wiederum nur der einen Seite der inadäquaten Antithese von Institution und Ereignis zugeteilt werden; der "Bereich" der sakramentalen Gemeinschaft "im weiteren Sinn" ist nicht nur unterschieden von demjenigen der Gemeinschaft "im engeren Sinn"; vielmehr geht die institutionelle Dimension in die Konstitution letzterer eigentlich nicht ein. Die instituierend-ekklesiale Dimension des Rechtfertigungsgeschehens ist eigentlich nur nach Zurücklassung der Ekklesiologie beschreitbar, bzw. der institutionelle Charakter der Kirche ist und bleibt ein eigentlich nicht-ekklesiologischer, wenngleich in seiner "Ekklesialität" zu würdigender Faktor. Untrüglicher Indikator für das hier im Grundansatz nach wie vor virulente Denkschema der dualistischen Außen-Innen-(Leib-Geist)-Spaltung spiritualistischer Provenienz ist das deutliche Überwiegen deklaratorischer Aussagemodi ("kennzeichnen", vgl. Hvh. o. S. 337), die in ihrer Verwendung wiederum auf das Verhaftetsein in der ebenso inadäquaten (rationalistischen) Spaltung von Deklaration und Konstitution hinweisen; nur so ist auch die unzutreffende (weil rechtshistorisch nicht haltbare) Oppositionierung von Charisma und Institution (s. o. S. 337) zu verstehen (vgl. dazu H. Dombois, Das Recht der Gnade, I, bes. 894ff.).

Wurzeln in dem beiderseits(46) noch keineswegs theologisch geklärten Begriff der Institution hat: Eine theologisch und rechtshistorisch verantwortete Theorie der Institution(47) kann nämlich aufweisen, daß die unauflösliche Relationalität und wechselseitige Unrückführbarkeit von Akt und Sein, von Annahme (receptio) und Status (traditio) in dem Vorgang der institutio selbst am zuverlässigsten den Brennpunkt einer (pneumatisch begründeten) Spannungsrelation ortet, von dem aus die strukturell ekklesiologischen konfessionellen Vereinseitigungen und Isolierungen des einen bzw. anderen Momentes wirksam verhindert werden können.(48) Institution und Ereignis müssen so gesehen denn auch als für eine Antithese schlechthin untaugliche weil inkommensurable (Gegen-) Begriffe verstanden werden; d. h. die katholische Option für das "Status-hafte" des kirchlich-communialen Lebensvollzuges muß nicht dahingehend entarten, daß dasselbe einlinig-kausal durch Verobjektivierung des "Ek-statischen" von diesem hergeleitet wird (anstaltliche Depravation des Institutionellen); die reformatorische Option für das Konstitutionell-prozeßhafte braucht nicht zum gestalt- und fruchtlosen relationalen Leerlauf bloßer Reziprozität zu verkümmern.(49)

In der spezifisch "epikletischen" Struktur des (früh-)kirchlichen Lebensvollzuges sieht H. Dombois(50) diesen Grundsachverhalt ekklesiologisch wirksam artikuliert: in ihr erkennt er den fundamentalen Angelpunkt für die Erarbeitung (d. h. Rückgewinnung) eines wirklich ökumenischen Kirchenrechtes: Das ekklesiologisch-institutionelle Urdatum, das "Christi esse" bzw. "cum Christo esse" der Kirche (und ihrer Gläubigen) macht den innersten Lebensvorgang der Kirche aus, der immer wieder neu epi-

---

46) Während die katholische Ekklesiologie zumeist unreflektiert einen diffusen Institutionsbegriff positivistisch voraussetzt (dabei Institution und Anstalt verwechselnd), lehnt die reformatorische Ekklesiologie denselben unkritisch und pauschal ab bzw. mißversteht ihn als antithetischen Begriff zu (selbstverständlich als ungefährlich beurteilten) funktionalen Kategorien wie "Wort", "Dienst", ohne freilich den instituierenden Charakter des Wortes selbst in den Blick zu bekommen (vgl. dazu H. Dombois, Das Recht der Gnade I, bes. 895f.; dazu 935 Anm. 22ff.; ferner W. Joest, Gedanken zur institutionellen Struktur der Kirche in der Sicht evangelischer Theologie, a.a.O., wo noch im Ansatz die inadäquaten antithetischen Bildungen erkennbar sind; H. Opitz, Die Kirche und das Heil. Zur Frage eines evangelischen Verständnisses der Heilsnotwendigkeit der Kirche, in: US 19 (1964) 125-145; vgl. zum Ganzen auch J. W. Mödlhammer, Evangelische Theozentrik und Kirche als Ort des Heils, in: Cath 30 (1976) 153-164; Th. Sartory, Das Mysterium der Kirche in reformatorischer Sicht, a.a.O., 927-1091.

47) Vgl. hierzu den umfassenden Entwurf von H. Dombois, Das Recht der Gnade I-II. Eingehender hierzu im III. Hauptteil.

48) Dieser Überzeugung liegt die bei Dombois gut begründete These zugrunde, daß die protestantische Reformation in dialektischer Umkehrung des (scholastisch depravierten) Katholizismus zwar die Antithesen vertauscht, den eigentlichen Angelpunkt derselben, die abendländisch-rationalistische Denkstruktur jedoch nicht überwunden und durch das biblisch-pneumatische Wirklichkeitsverständnis ersetzt bzw. korrigiert hat; a.aO., I, 90-162; 190; 235-258.

49) Vgl. H. Dombois, Das Recht der Gnade, I, 902-909; letztlich scheint diese Konsequenz auch bei R. Dreier (Das kirchliche Amt, a.a.O., bes. 265ff.) unausweichlich, da der Institutionsbegriff untrennbar verbunden gedacht wird mit dem (rationalistischen) Axiom der Nichtdurchbrechbarkeit des Gesetzes.

50) Vgl. Das Recht der Gnade, I, bes. Kap. VIII; II, bes. 103ff.

kletisch zu vollziehen ist; in dieser im Geist Geschichte werdenden und machenden Bitte liegt die Kontinuität der Kirche. "In der Gemeinschaft des Bittens und der Erwartung ist die innerphilosophische Antithese von Kontinuität und Aktualität grundsätzlich aufgehoben" (a.a.O. I, 902). Dieser institutionstheoretisch orientierte und pneumatologisch motivierte ökumenische Ansatz fordert zu seiner Fruchtbarmachung sowohl eine pneumatologische Vertiefung bzw. Modifizierung der konziliaren communio-Ekklesiologie(51) als auch die Korrektur des reformatorischen Impetus der Geist- und Gottesunmittelbarkeit (Akzent auf dem Taufrecht) durch die Erhellung der geschichtlich-kommunikatorischen Dimension der wesenhaft in-stituierenden Heilsvollzüge in Wort und Sakrament (Akzentuierung des Abendmahlsrechtes).

Dies wird im III. Hauptteil im Blick auf die einschlägigen Implikationen des Ordinations- und Amtsproblems in der ökumenischen Diskussion noch näher zu entfalten sein.

III. Wort und Sakrament als die materialen Konstitutionselemente der Kirche

1. Die gegenseitige Verwiesenheit von Wort und Sakrament

Die Kirche ist als communio die durch die Sendung Jesu Christi in dessen Geist autorisierte anfanghafte Instauration des Gottesreiches in der Welt. Die Vollzugsweise der Erfüllung dieser Sendung ist die doppelgestaltige von Wortverkündigung und sakramentalem Vollzug des Heiles.(52) Die Kirche ist also immer und zugleich Kirche des Wortes und des Sakramentes,(53) da Wort und Sakrament zwar unterscheidbare aber in tiefgreifender wechselseitiger Zuordnung stehende Elemente im Aufbau der Kirche sind, insofern die Sakramente selbst gleichsam verdichtetes Wort sind, und das Wort selbst wiederum sakramental-heilsmächtigen Charakter hat(54) und auf das Sakrament hingeordnet ist.(55) Diese Doppelaspektivität des kirchlichen Sendungsvollzuges entspricht den unterscheidbaren aber nicht von einander zu isolierenden Präsenz- und Handlungsweisen des einen und gleichen Herrn in seiner Kirche (SC 7, 1). 'Fleisch' und 'Wort' sind die beiden Weisen, wie das fleischgewordene

---

51) Vgl. in diesem Zusammenhang etwa die diesbezüglichen Bemühungen angesichts der kritischen Zwischenbilanz zur Ekklesiologie des II. Vatikanischen Konzils in dem Sammelband: G. Alberigo-Y. Congra-H. J. Pottmeyer (Hrsg.), Kirche im Wandel; ferner Ph. J. Rosato, Called by God, in the Holy Spirit. Pneumatological Insights into Ecumenism, in: Ecumenical Review 30 (1978) 110ff.

52) Vgl. AG 5, 1; 9, 1-2; UR 2, 4; AA 6, 1; PO 4, 2; LG 37, 1; 42, 1; dazu K. Mörsdorf, Wort und Sakrament als Bauelemente der Kirchenverfassung, in: AfkKR 134 (1965) 72-79; ders., Kanonisches Recht als theologische Disziplin, in: AfkKR 145 (1976) 45-58; K. Rahner, Kirche der Sünder, in: ST VI, 301-320, bes. 314ff.; H. Fries, Art. Kirche, in: HThG I (1962), 790-822, bes. 815ff.

53) Vgl. K. Mörsdorf, KR I, 16.

54) Vgl. L. Scheffczyk, Von der Heilsmacht des Wortes, München 1966, 264-286; O. Semmelroth, Wirkendes Wort, Frankfurt/M. 1962, 171-181.

55) Vgl. MySal IV/1, 354.

Wort des ewigen Vaters auf die Menschen zukommt und ihre Nahrung
wird.(56)

2. Die ekklesiale Dimension des Wortes Gottes

Das II. Vatikanische Konzil spricht vom "Tisch des Wortes wie des Leibes
Christi" (DV 21, 1; SC 51, 1) und betont damit die große Bedeutung
der heilschaffenden und gemeinschaftsstiftenden Kraft des Wortes Gottes.
Die gesteigerte Wertschätzung des Wortes Gottes und seiner Bedeutung
für das geistliche Leben (DV 26, 1) entspringt nicht zuletzt der Einsicht, daß es als Vergegenwärtigung Christi in dem es annehmenden
Menschen Heil schafft und als solches kirchenbildende Kraft besitzt.

a. Die kirchenbildende Kraft des Wortes Gottes

Die Teilhabe der Menschen am Leben des dreifaltigen Gottes (vgl. DV
2-6) wird ermöglicht durch die unüberbietbare Selbstmitteilung Gottes in
dem fleischgewordenen Wort Gottes selbst: Jesus Christus (vgl. DV 2,
1), in dem "Gott mit uns ist" (DV 4, 1), und in dessen Worten und
Taten das "gemeinschaftsstiftende Handeln Gottes im Gang der Heilsgeschichte zum Höhepunkt"(57) kommt. Die Bundesstiftung in seinem Blut
und die Annahme seiner Verkündigung des Wortes Gottes begründen die
Wiedergeburt der Menschen aus unvergänglichem Samen und die Konstituierung und Zugestaltung der Menschen zu dem neuen Gottesvolk (LG
9, 1); aus dem "Nicht-Volk" der Ungetauften wird die neue Gemeinschaft
der in Christi bundesstiftenden Tod hinein Getauften gebildet.(58) Daher
ist die soteriologische Wirkung des Wortes Gottes eo ipso eine ekklesiologische,(59) umgekehrt besitzt die Kirche wesensmäßig soteriologische
Dignität.(60)

---

56) Vgl. J. Ratzinger, Kommentar zum VI. Kapitel der Offenbarungskonstitution, in: LThK,
    Vat., II, 571-581, hier 572; vgl. auch H. J. Urban, Wort Gottes und Kirchengemein-
    schaft, 282, der hervorhebt, daß im Kontext des konziliaren Offenbarungsverständnisses
    von Wort- und Tatoffenbarung (DV 2; 4, 17; 7) durch die "enge Anbindung des Wortes an
    die Person Christi in seiner inkarnatorischer Gestalt, ja durch die Identifikation
    beider, jede Verengung der Inkarnation zu einer 'Inverberation' ausgeschlossen wird wie
    auch jede Reduktion der Offenbarung auf das Wort allein. Aber nicht nur dies, darüber
    hinaus wird auch dem Wort formal und inhaltlich der menschlich unausschöpfbare ganze
    Jesus Christus zur unausweichlichen Pflicht gemacht."

57) O. Saier, "Communio", a.a.O., 52.

58) Vgl. A. Grillmeier, Kommentar, a.a.O., 179.

59) Vgl. LG 2, 1.

60) Die unlösliche Verquickung von Kirche und Wort, ja deren wechselseitige Reziprozität
    zeigt sich darin, daß die Kirche einerseits Produkt des Wortes ist, andererseits aber
    dieses selbst wiederum nur von der Evangelisierung durch die Kirche ihren Ausgang
    nimmt. Das Entstehen der Kirche, ihr Dasein und Umgehen mit dem Wort Gottes gehört
    somit als konstitutives Element zum Offenbarungsgeschehen selbst; vgl. dazu DV 7; 9;
    ferner Papst Paul VI. Adhortatio Apost. "Evangelii Nuntiandi" vom 8.12.1975, in: AAS 68
    (1976) 5-76; dt. in: NKD 57; zum Ganzen H. J. Urban, Wort Gottes und Kirchengemein-
    schaft.

b. Der rechtliche Charakter des Wortes Gottes

Jesus selbst hat als Sohn und Gesandter des Vaters mit rechtlichem Anspruch das Wort Gottes verkündet und die Erweise seiner Macht in den
Dienst der Beglaubigung seines Wortes und Heilshandelns gestellt.(61)
Die formale Legitimation seines Wirkens aus der Sendung durch den
Vater(62) begründet die innere Verknüpfung von Wort und Vollmacht,
von Verkündigung und Authentizität, wie sie analog auch für das Tun
der Kirche zutrifft, deren Wortverkündigung in der Ermächtigung durch
den Herrn geschieht,(63) der ihr die Sendung erteilt, das Reich Gottes
anzukündigen und in allen Völkern zu begründen.(64) "In dieser Sendung setzt die Kirche die Sendung Christi fort ... und entfaltet sie die
Geschichte hindurch" (AG 5, 2). An diesem Auftrag haben prinzipiell
alle Gläubigen teil,(65) wenngleich es verschiedene Intensitätsgrade
innerhalb dieses Sendungsauftrages gibt.

Das II. Vatikanische Konzil sieht eine Kontinuität in der Sendungslinie
vom Sohn durch den Vater hin zur Sendung der Apostel für die Verkündigung des Gottesreiches durch Christus (LG 17,1). In der von Christus
her begründeten Autorität predigen diese das Evangelium und sind durch
die Teilhabe an der Gewalt Christi beauftragt und befähigt, alle Völker
zu seinen Jüngern zu machen (LG 19, 1; DV 7, 1). In ihrer Predigt und
in ihrem Verkündigungswort ereignen sich somit ebenfalls Gericht und
Gnade.(66) Aufgabe und Vollmacht der Apostel aber sind auf die Bischöfe übergegangen, die an deren Stelle getreten sind;(67) in ihnen ist

---

61) Vgl. Mt 9, 1-8; Joh 2, 11; 5, 31-40; 9, 30-34; 20, 30-31.
62) Vgl. hierzu bes. Joh 8, 12-20; ferner auch das Stichwort "dei" bei den Synoptikern: Lk
    2, 49; 4, 43; 13, 33; 19, 5; 22, 37; 24, 44, oder den Begriff der "Vollmacht bei Mk 1,
    22. 27 par. dazu: D. Daube, Exousia in Mark 1, 22 and 27, in: JThS 39 (1938) 45-59; R.
    Pesch, Ein Tag vollmächtigen Wirkens Jesu in Kapharnaum (Mk 1, 21-34. 35-39), in: BiLe
    9 (1968) 114-128. 177-195. 261-277; J. Gnilka, Mk I, 71ff.; bei Mk 1, 38 wird ein
    Ansatzpunkt zu einer Sendungstheologie sichtbar, wie sie dann bei Joh expliziert wird
    (vgl. J. Gnilka, a.a.O., 88f.; vgl. zur Einheit von Sendung, Geistbegabung und Voll-
    macht zur Sündenvergebung innerhalb des joh Passionsberichtes: 13, 15f. 20 und 20,
    21-23 dazu J. Becker, Joh II, 538; ferner J. Ratzinger, Das geistliche Amt und die
    Einheit der Kirche, a.a.O., bes. 169 Anm. 14.
63) Vgl. K. Mörsdorf, KR I, 14.
64) Vgl. LG 5, 2; ähnlich AG 7, 1; 5, 1.
65) LG 12, 1; 35, 1.
66) Vgl. H. Volk, Art. Wort III, in: HThG II, 867-876, 869.
67) Das II. Vatikanische Konzil drückt sich an manchen Stellen zu diesem Sachverhalt unprä-
    zise aus (LG 18; 22; 28), wenn es davon spricht, daß die Bischöfe die Nachfolger der
    Apostel sind. Schon das Konzil von Trient präzisiert in diesem Punkt die Aussage und
    spricht von den Bischöfen (episcopos), "qui in locum apostolorum successerunt" (D
    1768), und auch die Kirchenkonstitution des II. Vatikanums zeigt an anderen Stellen
    eine differenziertere Ausdrucksweise: "episcopos ex divina institutione in locum apo-
    stolorum successisse" (LG 20); auch ist davon die Rede, daß das Kollegium der Bischöfe
    dem Kollegium der Apostel nachgefolgt sei (LG 19; 22). Die Apostel haben also genau
    gesprochen in den Bischöfen keine Nachfolger gefunden. Die Nachfolgeschaft bezieht sich
    lediglich darauf, daß auch die Bischöfe Lehrer und Hirten der Kirche sind (vgl. dazu J.
    Finkenzeller, Überlegungen zum Verständnis der apostolischen Nachf., 331f.). Y. Congar
    stellt dazu fest: "Streng genommen sind die Bischöfe weniger die Nachfolger der Apostel
    als solcher, als vielmehr die ersten Amtsträger, die von den Aposteln (oder einem Apo-

Jesus Christus inmitten der Gläubigen anwesend (LG 21, 1), vorzüglich durch ihren Dienst verkündet er allen Völkern Gottes Wort so wie in apostolischer Zeit durch die Apostel.(68) Die Sendungslinie vom Vater über den Sohn und die Apostel reicht bis zu den Bischöfen (LG 20, 3), die durch die apostolische Nachfolge (LG 23, 3) in die Autorität der von Jesus Bevollmächtigten eintreten und zur Ausübung ihres Amtes in der Gemeinschaft des "Corpus Pastorum" (ebd.) stehen, denn da das Wort Gottes nur eines sein kann, verlangt es eine Gemeinschaft und Einheit derer, die es in der Vollmacht Christi verbindlich lehren. Wenn die Bischöfe eine Glaubenswahrheit "übereinstimmend als endgültig verpflichtend" (LG 25, 2) vortragen, verlangt sie unbedingten Glaubensgehorsam, weil sie gleichsam zum "doktrinellen Fundament der Gemeinschaft der Gläubigen"(69) gehört.

---

stel) eingesetzt worden waren, um die durch sie gegründeten Kirchen zu leiten (zu weiden). Dies ist sicher der Grund, weshalb die ältesten Bischofslisten den Gründerapostel nicht als den ersten Bischof aufführen" (Die Wesenseigenschaften der Kirche, in: MySal IV/1, 1972, 546); das bedeutet: "Die Nachfolge (im Amt) ist eine Nachfolge von Kollegium zu Kollegium, von einer festen strukturierten Gruppe zu einer konstituierten Gruppe. Deshalb ist jeder Bischof, immer auf der Ebene des Dienst- oder Hirtenamtes, Nachfolger der Apostel" (ebd., 547).

68) Vgl. DV 7; präzisierend muß freilich wiederum hinzugefügt werden, daß ein wesentlicher, qualitativer Unterschied besteht zwischen dem Verkündigungsdienst der Apostel und jenem der an deren Stelle tretenden Bischöfe, insofern erstere in ihrer Verkündigung die Offenbarung noch qualitativ-inhaltlich ausgestalten, explikativ fortführen, während letztere die bereits material abgeschlossene Offenbarung, das depositum fidei, verteidigen, verkündigend auslegend weitergeben, jedoch nicht mehr eigentlich fortführend auszeugen (dazu J. Finkenzeller, Überlegungen zum Verständnis der apost. Nachf., 332). Gleichwohl aber bleibt eine formale autoritative Kontinuität bevollmächtigter Sendung vom Vater über den Sohn an die Apostel und an jene, die an deren Stelle getreten sind, wenn auch in materialer Hinsicht zugleich an der Unübertragbarkeit und Diskontinuität festzuhalten ist: Im Gegensatz zum Schaliach-Institut, das auf einer Rechtsfiktion beruht und damit letztlich an dem Grundsatz der Unübertragbarkeit festhält, "ist es dem christliche Apostolat wesentlich, daß die Apostel von Christus so gesendet wurden, wie er vom Vater gesandt war. Und da ... diese Sendung eine Verfaßtheit der Kirche betrifft, die bis ans Ende der Zeiten dauern muß, so muß, selbst, wenn die Funktion, Fundament der Kirche zu sein, sowenig übertragbar ist wie diejenige Christi, Prinzip des Heils zu sein, dennoch die Gegenwart Christi und seines Mysteriums von den Aposteln an 'Nachfolger' weitergegeben werden können" (L. Bouyer, Kirche II, 162). Das kirchliche "Amt" wird damit im katholischen Verständnis zur strukturanalogen Explikation bzw. Bestätigung jenes schon am communio ("koinania") - Begriff festgestellten (christologisch begründeten) "ek-statischen" Momentes, welches in der ekklesiologischen Reflexion weder christo-monistisch isoliert noch charismatisch eingeebnet werden darf, sondern das unauflösbare und unvermischbare Zueinander der ekklesiologischen Spannungspole im communio-Begriff gerade garantieren soll: Der Begriff "Koinania" (communio) ist nämlich "in vieler Hinsicht bestens dazu geeignet, sowohl dem christozentrischen und pneumatologischen Aspekt der Kirche als auch ihrem Charakter als göttliche Institution und geistgewirkte Gemeinschaft und darüber hinaus der sie tragenden gegenseitigen Bezogenheit von Autorität und Freiheit Ausdruck zu verleihen" (H. Döring, Die sakramentale Struktur der Kirche, a.a.O., 113).

69) O. Saier, "Communio", a.a.O., 64. Der Vorwurf einer gewissen Tendenz zum "Christomonismus" sowohl gegenüber den Texten des II. Vatikanischen Konzils wie auch gegenüber der Darstellung des konziliaren communio-Verständnisses in dem Werk von O. Saier (vgl. H. M. Legrand, Recherches sur le presbytérat et l'épiscopat, in: RSPhTh 59 [1975] 708-710)

Zum "Wort" tritt als zweites wesentliches materiales Konstitutionselement der Kirche das "Sakrament" (SC 59, 1; LG 11, 1).

3. Die ekklesiale Dimension des Sakramentes: Der sakramentale Aufbau der Kirche

Da die Kirche in ihrem ganzen Wesen und Lebensvollzug die Signatur des Sakramentalen trägt, d. h. als "communio" bewirktes und wirksames Zeichen einer unsichtbaren Heilswirklichkeit ist (invisibilis gratiae visibile signum), so ist auch ihr struktureller Aufbau sakramental begründet und gewirkt. Urbild dieses Aufbaus ist die Struktur der eucharistischen Feier, des intensivsten Wesensvollzuges der Kirche. "Die sakramentale Struktur der Eucharistiefeier und die sakramentale Struktur der zur Eucharistiefeier versammelten Gemeinde bedingen sich gegenseitig so sehr, daß die Kirche an diesem 'Zeichen der Liebe' erkannt werden kann."(70) Für die sakramentale Konstituierung der communio ecclesiae kommt den einzelnen Sakramenten unterschiedliche Bedeutung zu.

Sie lassen sich mit K. Mörsdorf(71) "gattungsmäßig" in dieser (ekklesialen) Hinsicht einteilen in die Sakramente der "konstitutionellen Ordnung"(72) und in die Sakramente der "tätigen Ordnung".(73) Der sakramentalen Signatur der Kirche in ihrer Doppelaspektivität als zugleich bewirktes und bewirkendes Zeichen entspricht ein strukturanaloges "zweipoliges" sakramententheologisches Aufbauprinzip, dergestalt, daß die Kirche einerseits durch die Sakramente der 'konstitutionellen' Ordnung als von Gott eingerichtetes, menschlichem Können und Versagen entrücktes Zeichen des Heiles bewirkt ("konstituiert", näherhin "instituiert") wird und andererseits durch die Sakramente der tätigen Ordnung in ihrer institutionell begründeten Zeichenhaftigkeit als Heilsgemeinschaft durch die in freier personaler Entscheidung bejahte Annahme der Heilsgaben je neu sich entfaltet, um das Reich Gottes in Wort und Tat zu verwirklichen. Kon-(= in-)-stitutionelle und tätige Ordnung stehen also in unlöslicher wechselseitiger Zuordnung zueinander, weil die tätige Ordnung die konstitutionelle zwar erst vollendet aber auch voraus-

---

nährt sich gerade auch zu einem großen Teil aus der Beobachtung einer ungenügenden Ausdrücklichkeit der wechselseitigen Bezogenheit und Verwiesenheit von magisterium und sensu fidelium im Bereich des munus docendi (vgl. dazu etwa K. Walf, Lakunen und Zweideutigkeit in der Ekklesiologie des II. Vatikanums, a.a.O., bes. 203f.).

70) O. Saier, "Communio", a.a.O., 87; W. Aymans, Die Kirche - Das Recht im Mysterium, a.a.O., (GrNKirchR) 11. Die ganze Versammlung in ihrer institutionellen Greifbarkeit ist Gestaltwerdung von Kirche.

71) KR I, 16-18.

72) Vgl. ebd., 18-19: es sind dies die Sakramente der Taufe (Firmung), der Weihe und der Ehe. Hierbei ist auf den spezifischen Unterschied in der Terminologie zwischen E. Lessing (Konstitution der Kirche; vgl. o. S. 335ff.) und K. Mörsdorf (konstitutionelle-"konsekratorische" Ordnung) zu achten, insofern letzterer mit demselben Terminus gerade auf die institutionelle Dimension der Kirche als eine ihre Konstituierung zuinnerst prägende und ermöglichende Größe qualifiziert, während letzterer die institutionelle Seite aus dem eigentlichen Konstitutions-Geschehen heraushält (vgl. dazu o. S. 335ff.). Zur Terminologie bei Mörsdorf vgl. o. S. 242 Anm. 83.

73) K. Mörsdorf, KR I, 19-20: hierunter werden gerechnet: Buße, Eucharistie und Krankensalbung.

setzt. Bei aller (notwendigen) Unterscheidung der beiden Ordnungen
bleiben beide eindeutig ekklesiologische Themen, d. h. der 'Überschritt'
von der konstitutionellen Ordnung (bei Lessing: "sakramentale Gemeinschaft im weiteren Sinn")(74) zur tätigen Ordnung ("sakramentale Gemeinschaft im engeren Sinn") ist von ersterer her in nuce bereits intendiert und somit ekklesiologisch ein Kontinuitätsgeschehen,(75) das bei
aller "rechtfertigungs-qualifikatorischen" Differenzierbarkeit gleichwohl
und im vollen Sinne ein Vorgang innerhalb der Ekklesiologie bleibt. Die
sakramental grundgelegte Institutionalität der Kirche (rechtliche Gliedschaft, sichbar-greifbare Gemeinschaft) ist der dem(n) Konstitutions-
Ereignis(sen) der Kirche "im Feld" notwendig vorausliegende und die-
se(s) bedingend-ermöglichende Rückbezugspunkt auf die Instituiertheit
von Kirche "im Raum".(76)

---

74) Vgl. E. Lessing, a.a.O., bes. 95ff.; o. S. 337 Anm. 40.

75) Dagegen wird bei Lessing der "Überschritt" von der sakramentalen Gemeinschaft im weiteren Sinn zu jener im engeren Sinn als "Grenzüberschreitung" qualifiziert, die offensichtlich einen ekklesiologischen "Knick" indiziert (a.a.O., 96).

76) Zur Unterscheidung von Raum- und Feldkonstitution vgl. o. S. 337f. In diesem Zusammenhang ist bemerkenswert, daß gerade von seiten der nicht-theologisch-wissenschaftlichen
Bemühungen um die Wirklichkeit Kirche etwa in Gestalt einer soziologischen oder kommunikationstheoretischen Theorie über die Kirche (vgl. etwa P. L. Berger, Zur Dialektik
von Religion und Gesellschaft. Elemente einer soziologischen Theorie, Frankfurt a. M.
1973; B. Kappenberg, Kommunikationstheorie und Kirche. Grundlagen einer kommunikationstheoretischen Ekklesiologie, Frankfurt a. M. 1981) die gesellschaftlich-institutionelle
Dimension des Phänomens "Kirche" als für das Funktionieren des sozialen bzw. kommunika-
torischen Systems, das die Kirche auch darstellt, unerläßliche Basis-Struktur herausstellt, sei es, daß die kirchliche Gemeinschaft als gesellschaftliches Gefüge in seiner
Funktion, dem Geist Christi die "Plausibilitätsstruktur" abzugeben, gedeutet wird (P.
L. Berger, Auf den Spuren der Engel. Die moderne Gesellschaft und die Wiederentdeckung
der Transzendenz, Frankfurt a. M. 1970, 57), eine Aufgabe, die auch das Moment institutioneller Dauerhaftigkeit und Konkretion erfordert (im Sinne einer "Stützgemeinschaft
mit einem Netz von "Unter-Haltungen"), oder sei es, daß die Wirklichkeit "Kirche" als
ein "Kommunikationssystem" derer interpretiert wird, die sich "'Gottes Herrschaft und
Reich' haben 'zumuten' lassen" (H. Döring, Die sakramentale Struktur, a.a.O., 99); auch
hier basiert die Möglichkeit des Gelingens dieser Funktion des Systems "Kirche" auf institutionellen Vorgegebenheiten: Das zentrale Kommunikationselement in dem ekklesialen
Prozeß, das "Wort Gottes", lebt von der inneren unlösbaren Korrelation zwischen äußerem
Wort und innerer Intention; die Notwendigkeit zur Gewinnung sozialer und öffentlicher
Identität innerhalb dieses Kommunikationssystems und dieses Systems selbst erfordert
die Ausdifferenzierung von Grundfunktionen und amtlichen Spezialfunktionen (W. Härle-E.
Herms, Rechtfertigung. Das Wirklichkeitsverständnis des christlichen Glaubens, Göttingen 1979, 126). Die Konsequenz aus einer sakramentalen Vermittlung dieser soziologischen bzw. kommunikationstheoretischen Daten im katholisch-ekklesiologischen Sinn ist
die Einbeziehung der "äußeren sakramentalen Gemeinschaft", d. h. der institutionellen
raum-zeitlichen Kontinuitätspunkte in das ekklesiale Konstitutionsgeschehen. Wenngleich
die christologisch-ekklesiologische Analogie auf das "Unvermischt" zwischen den Wirk-
lichkeitsaspekten der Kirche als gesellschaftlich-institutionelles Gefüge und als
geistliche Gemeinschaft großen Wert legt, so verbietet doch andererseits das "Ungetrennt" die Differenzierung beider so weit zu treiben, daß der Überschritt von ersterer
zu letzterer Dimension ekklesiologisch eine "Grenzüberschreitung" bedeutet, so daß beide Dimensionen eigentlich nicht unter ein und demselben ekklesiologischen Themennenner
verhandelbar sind.

a. Die Sakramente der konstitutionellen Ordnung in ihrer institutionellen
ekklesialen Valenz

In der "konstitutionellen" Ordnung kommt der grundlegende ("institutionelle") Wesenszug der Kirche zum Ausdruck, daß sie heiligen Ursprungs
("hierarchia") ist, d. h. in unumstößlicher Bestimmung von Gott gegeben
und menschlichem Wollen und Verfügen in ihrem letzten Bestand(77) entzogen ist. Aus dem "heiligen Ursprung" leitet sich auch die "heilige
Ordnung" der Kirche ab und damit die Ordnungsmacht in der Kirche
überhaupt. Entsprechend sind die Sakramente der konstitutionellen Ordnung dadurch gekennzeichnet, daß das einmal in ihnen gewirkte gültige
Zeichen der Zugehörigkeit zur Kirche bzw. zu einem "Stand" in ihr in
seiner Wirkmächtigkeit menschlicher Verfügung entzogen und damit auch
unwiederholbar ist.(78) Zur konstitutionellen Ordnung der Kirche gehört
neben dem sakramentalen Aufbau auch der Aufbau der Gemeinschaft des
Glaubens durch die kirchliche Lehrverkündigung (magisterium) als der
authentischen Auslegung der Offenbarung. Der charakteristischen Zuordnung von Wort und Sakrament entspricht im Aufbau der konstitutionellen
Ordnung analog die Zweigliedrigkeit von Hirten- und Weihegewalt (potestas iurisdictionis - potestas ordinis) in der einen hierarchischen
Ordnung.(79)

(1) Die sakramentale Grundlegung der Gliedschaft in der Kirche durch
die Taufe

Durch den gültigen Empfang der Taufe wird der Mensch zur Person in
der Kirche Christi(80), und zwar in unwiderruflicher und unzerstörbarer
Weise aufgrund des durch das Sakrament verliehenen Charakters.(81)
Die Taufe legt die sakramental-ontologische Basis für die Gliedschaft in
der Kirche Christi und somit für den Aufbau der communio ecclesiae, deren Konstituierung also ganz göttlicher Verfügung entspricht. Eingehendere Darlegung über die Wirkungen der Taufe und deren innere Zuordnung finden sich in den Texten des II. Vatikanischen Konzils. Bedeutsam sind dabei zwei Aussagestränge: Die Taufe bewirkt einmal die Vereinigung und Gleichgestaltung mit Christus.(82) Mit deutlicher Bezug-
nahme auf die Tauftheologie des Apostels Paulus(83) wird die Taufe als

---

77) Dies schließt jedoch verantwortlich-gestaltendes Mittun der Menschen am Aufbau und an
der je vollkommeneren Verwirklichung dieser in der unverfügbaren Stiftung Gottes begründeten "Plausibilitätsstruktur" für das eschatologische Heil nicht aus sondern ein
(vgl. H. Döring, Die sakramentale Struktur, a.a.O., 87f.).

78) Vgl. K. Mörsdorf, Zur Grundlegung des Rechtes der Kirche, in: Pro Veritate (= FS L.
Jaeger-W. Stählin), Münster-Kassel 1963, 224-248, 225.

79) Vgl. ders., KR I, 18; 11f.

80) Vgl. dazu CIC 1917 c. 87; ferner DS 1314; 1671; 1567. Vgl. auch CIC 1983 c. 96: "Baptismo homo Ecclesiae Christi incorporatur et in eadem constituitur persona ..." Zu der
gegenüber CIC 1917 in CIC 1983 entsprechend den Aussagen des II. Vatikanischen Konzils
modifzierten "Gliedschafts"- bzw. Kirchenzugehörigkeitskonzeption vgl. § 15. V. ferner
P. Krämer, die Zugehörigkeit zur Kirche, in: HdbKathKR, 162-171.

81) Vgl. K. Mörsdorf, KR I, 175f.

82) LG 7, 2: "Per baptismum enim Christo conformamur".

83) Vgl. die in LG 7, 2 angeführten Stellen; Röm 6, 4-5; 1 Kor 12, 13; dazu R. Schnackenburg, Kirche, a.a.O., 43-46.

Einfügung in das Pascha-Mysterium Christi gedeutet.(84) Das in der Taufe sich vollziehende Heilsgeschehen ist somit die geheimnisvolle aber reale Verbindung mit Tod und Auferstehung Jesu Christi, was die Konzilstexte mit "Einverleibung in Christus" (LG 31, 1; AG 15, 5; 36, 1), "Anziehen Christi" (UR 2, 2) oder "Wiedergeborenwerden für Christus" (AG 14, 3) in enger Anlehnung an die paulinische Begriffswelt beschreiben.

Diese stark auf die enge persönliche Christusverbindung des Getauften(85) abhebende Aussagereihe hat jedoch nicht einen Vorgang individualistisch-spiritualistischer Art und ekklesialer Ortlosigkeit im Blick, sondern versteht dieses Geschehen eo ipso als ein ekkesiales: Die Eingliederung in Christus vollzieht sich im Leibe Christi (LG 7, 2; AG 7, 1): Eingliederung in die Kirche als dem Leib Christi und Gottessohnschaftserwerb durch die Christusverbindung erscheinen als untrennbar zusammengehörige und einander wechselseitig fordernde und bedingende Vorgänge.(86) "Also begründet die Taufe ein sakramentales Band der Einheit zwischen allen, die durch sie wiedergeboren sind" (UR 22, 2), weil alle in das eine Pascha-Mysterium Christi hineingenommen sind. Die Taufe ist eo ipso ein ekklesialer Akt, da er als heilschaffender Vollzug der Christusverbindung natura sua die konstitutionelle Ordnung des Leibes Christi, des Volkes Gottes, der Kirche begründet.(87) Die Taufe ist insofern auch die "Türe", durch die die Menschen in die Kirche eintreten (LG 14, 1; AG 7, 1) und die bedingende Voraussetzung für den Empfang aller weiteren Heilsgaben. Wer getauft ist und an Christus glaubt, steht in einer "gewissen, wenn auch nicht vollkommenen Gemeinschaft mit der katholischen Kirche" (UR 3, 1; LG 15, 1), weil in ihm unverlierbar die sakramentale Grundlage der communio mit der katholischen Kirche (anfanghaft) verwirklicht ist. Freilich ist die Taufe allein eben nur "Anfang und Ausgangspunkt der Einheit zwischen allen Getauften" (UR 22, 2) und allein noch nicht in der Lage, die communio im Vollsinn zu bewirken (UR 22, 2. 3).(88)

(2) Die Sondergliedschaften

Neben der allen Getauften gemeinsamen Grundgliedschaft kennt die konstitutionelle Ordnung zwei Sondergliedschaftsformen, die insbesondere die institutionelle Dimension der kirchlichen communio zur weiteren Ausfaltung und Ausgestaltung bringen: Das Sakrament der Weihe legt in kon-

---

84) So ausdrücklich in SC 6, 1; ähnlich UR 22, 1.

85) AG 15, 3 spricht von den Getauften als den "Jüngern Christi" und LG 11, 2 von den "Söhnen Gottes".

86) Vgl. LG 11, 2; 14, 1; AA 3, 1; 6, 3.

87) Der Taufakt artikuliert somit die "doppelte Transzendenz des Glaubensaktes": "Glaube ist Gabe durch die Gemeinschaft, die sich selbst gegeben wird ... Rechtfertigung durch den Glauben fordert einen Glauben an, der kirchlich und das heißt: sakramental ist, im Sakrament empfangen und zugeeignet." So ist das "Aufgenommenwerden in die glaubende Gemeinschaft ein Teil des Glaubens selbst", nicht nur ein nachträglicher juristischer Akt (vgl. hierzu J. Ratzinger, Taufe - Glaube - Zugehörigkeit zur Kirche, in: P. Meinhold (Hrsg.), Das Problem der Kirchengliedschaft heute, a.a.O., 305-324, hier 319.

88) An dieser Stelle wird die ekklesiologische Dimension der ökumenischen Frage besonders deutlich; vgl. dazu w. u. § 16; Ch. Huwyler, Interkommunion, II, bes. 392ff.

sekratorischer Weise "den Grund für den hierarchischen Aufbau der Kirche";(89) das Ehesakrament bringt die "gnadenwirksame Darstellung des
Liebesbundes des Herrn mit seiner Kirche"(90) zur konkret-leiblichen
Ausformung und begründet damit eine kirchlich qualifizierte Existenzform.

Das Sakrament der Weihe zielt im Unterschied zur Taufe nicht auf den
persönlichen Heilserwerb, sondern auf die "Mitteilung der geistlichen
Befähigung, Christus in seinem Hauptsein sichtbar zu vertreten, insbesondere bei der Feier der heiligen Eucharistie".(91) Solche priesterliche
Funktion ist nach dem II. Vatikanischen Konzil nur recht zu verstehen,
wenn sie eingeordnet ist in das gemeinsame Priestertum des ganzen Gottesvolkes (LG 10, 1), in dem jeder Gläubige zu priesterlichem Dasein
und Tun in Gebet, Selbstübergabe an Gott und Zeugnis für Christus befähigt und beauftragt ist (ebd.). Auch der zum besonderen priesterlichen Dienst Ordinierte ist Teilhabender an diesem gemeinsamen Priestertum aller Gläubigen, weil das ihm übertragene, hierarchische Priestertum
das gemeinsame nicht quantitativ-graduell überschreitet und überholt,
sondern eine qualitativ neue und andere Art priesterlicher Vollmacht
darstellt.(92) Beide Formen aber sind Teilhabeformen an dem einen Hohe-
priestertum Christi und finden darin ihren Bezugspunkt und damit auch
ihren jeweils spezifischen Qualifikationspunkt.(93)

Am Beispiel der Eucharistiefeier zeigt die Kirchenkonstitution die spezifische ekklesiologische Funktionsbestimmung des hierarchischen Priestertums: Der Priester "vollzieht in der Person Christi das eucharistische
Opfer und bringt es im Namen des ganzen Volkes dar",(94) jedoch nicht
als der eigentlich Opfernde, sondern als der sichtbare "Repräsentant"
des der Gemeinde unsichtbaren, eigentlich opfernden Herrn (in persona
Christi)(95) und in anderer Blickrichtung als "Repräsentant" aller zur

---

89) K. Mörsdorf, KR I, 18.
90) Ebd. vgl. auch Eph 5, 22-23; LG 11, 2; GS 48, 2; 49, 2; dazu auch M. Kaiser, Grundfra-
    gen des kirchlichen Eherechts, in: HdbKathKR, 730-746, 737f.
91) K. Mörsdorf, KR I, 18.
92) Vgl. LG 10, 2; dazu A. Grillmeier, Kommentar, a.a.O., 181. Vgl. dazu auch G. Greshake,
    Priestersein, bes. 73-75.
93) Vgl. zum ganzen P. J. Cordes, Sendung zum Dienst.
94) Vgl. LG 10, 2.
95) In vorkonziliaren Enzykliken (z. B. "Ad catholici sacerdotii" vom 20.12.1935: DS
    3755ff.; oder "Mediator Dei", vom 20.11.1947: bes. DS 3850) wurde die Funktion des
    Amtsträgers bei der eucharistischen Feier vornehmlich und ausschließlich durch den
    "repraesentatio"-Begriff bestimmt. Im Lichte einer auch durch das II. Vatikanische Kon-
    zil bestätigten biblisch vertieften amtstheologischen Reflexion ist jedoch dieses (phi-
    losophisch-juristische) Denkmodell in seiner amtstheologischen Applikation nicht mehr
    beanstandungsfrei: Wenn der frühchristliche Sinn von "repraesentatio" das stellver-
    tretende Gegenwärtigseinlassen einer umfassend ersetzten anderen Person meint (vgl. da-
    zu H. G. Gadamer, Wahrheit und Methode, Tübingen ^{2}1965, 134 Anm. 2; H. Hofmann, Re-
    präsentation, a.a.O., bes. 116-190), so ist "die Verwendung dieses Ausdrucks höchst
    problematisch für die Benennung der Christusrelation des Amtsträgers (P. J. Cordes,
    "Sacerdos alter Christus". Der Repräsentationsgedanke in der Amtstheologie, in: Cath
    26 [1972] 38-49, hier 46). P. J. Cordes schlägt deshalb vor, bei der Suche nach einer
    sachgerechten Charakterisierung dieser Relation die scholastische Tradition des "in
    persona Christi"- bzw. "in persona ecclesiae"-Motives (griech.: "ek prosopou") zu ver-

Eucharistie versammelten Gläubigen (in persona ecclesiae). Eigenart und
Wesen des hierarchischen Priestertums sind somit "von dieser besonderen
Teilhabe an der von oben nach unten und von unten nach oben gehen-
den Mittlerschaft Christi her zu bestimmen. An diesem mittlerischen
Schnittpunkt zu stehen, ist eigene Berufung."(96) Diese Dienstfunktion
im Volk Gottes impliziert die Vollmacht, "die Kirche durch das Wort und
die Gnade Gottes zu weiden" (LG 11, 2), d. h. in persona Christi Hirte
für die Gläubigen zu sein, dem sie durch die in der Weihe verliehene
besondere personale Prägung gleichgestaltet werden,(97) so daß sie in
seinem Namen sichtbar und verbindlich im Volk Gottes wirken können
(PO 12, 1; LG 28, 1).

Bei der inhaltlichen Beschreibung des weihesakramentalen kirchlichen
Dienstamtes klingt in den Konzilstexten mehrmals das Schema der "tria

---

folgen (vgl. etwa auch Thomas v. A., STh I-II, q. 100, a. 8; II-III, q. 88 a. 12 c.).
Während "repraesentatio" ein über bestimmte Zeiten oder Tätigkeiten hinausgehendes
Gegenwärtigseinlassen des Dargestellten durch den bleibend affizierten Darstellenden
intendiert im Sinn einer bestehenden Quasi-Identität und Austauschbarkeit zwischen
beiden, enthält der Ausdruck "ex/in persona" schon ein Moment der Diskontinuität zwischen Sprecher und Person (vgl. C. Andresen, Zur Entstehung und Geschichte des trinitarischen Personbegriffes, in: ZNLW 52 [1961] 1-39), welches die Anwesenheit der dargestellten Person im Darstellenden nur auf die Zeit des Vollzugs stellvertretenden Handelns beschränkt. Damit ist (- in PO des II. Vatikanischen Konzils zwar nicht allen
Passagen aber in der für die Systematik entscheidenden Stelle im 2. Kapitel realisiert
-) für die Vorstellung von der Christuspräsenz im Amtsträger das Mißverständnis einer
(ontologischen) Quasi-Identität gebannt, und der Weg frei für eine wesentlich theozen-
trische Sicht des Heilsgeschehens, innerhalb dessen der Amtsträger nicht mehr aber auch
nicht weniger als die Aufgabe subsidiär-diensthafter Einordnung wahrzunehmen hat. Damit
ist der Tatsache, daß Gott sich in der durch das Christus-Ereignis bestimmten Heilsgeschichte der Mitwirkung von Menschen bedient, jene augustinische Grundeinsicht beige-
stellt, daß Christus in allem Handeln der Kirche der eigentliche Vollmachtsträger ist,
eine Grundoption, der etwa auch Joh Chrysostomus spezifischen Ausdruck verleiht, indem
er den Christusbezug des Amtsträgers bei der eucharistischen Handlung in die anamne-
tisch-zeichenhafte Abbildlichkeit der Handlung des Amtsträgers zu derjenigen Jesu Christi im Stiftungsmahl verlegt (vgl. In II Tim hom 2, 4: PG 62, 612: überinterpretierend
dürfte die Aussage von J. Betz, Die Eucharistie in der Zeit der griechischen Väter,
I/1, 131, sein, Chrysostomus spreche von einer "relativen Gegenwart des Erhöhten im
sichtbaren Priester der Kirche"): Weil Christus durch den Amtsträger handelt, oder weil
dieser in der Person Christi handelt, erhält sein Vollzug (nicht sein Sein!) die Qualität sakramentaler Zeichenhaftigkeit, "erhält das Heilshandeln Christi an einem bestimmten Ort aktuelle Greifbarkeit und - wenn es vom Glaubenden angenommen wird - auch
heilshafte Wirkung" (P. J. Cordes, "Sacerdos ..., a.a.O., 48). Diese "funktional-dyna-
mische" Relationsbestimmung wurzelt freilich in einer den Amtsträger in seiner ganzen
Existenz einfordernden personalen "Christus-Prägung", deren sakramentale Ausdrucksgestalt wiederum auf die institutionelle Dimension der Kirche verweist, die auch in
die sakramentale Gemeinschaft im engeren Sinne hineinreicht (vgl. L. Scheffczyk, Die
Christusrepräsentation als Wesensmoment des Priestertums, in: Catholica 27 [1973]
293-311; ders., Das kirchliche Amt im Verständnis der katholischen Theologie, in: Amt
im Widerstreit, a.a.O., 17-25, der die "Repräsentationskategorie" allerdings ziemlich
"unbefangen" mit ihren ontologischen Implikationen gebraucht).

96) A. Grillmeier, Kommentar, a.a.O., 183.
97) Vgl. dazu bes. P. J. Cordes, Sendung zum Dienst, a.a.O., 208-266, 254-263.

munera" des Lehrens, Heiligens und Leitens an,(98) wenn es z. B. in LG 28, 2 heißt: Die Priester werden zur Verkündigung der Frohbotschaft, zum Hirtendienst an den Gläubigen und zur Feier des Gottesdienstes geweiht." Durch ihre spezifische Teilhabe an dem Priestertum Christi werden die Priester zwar "in gewisser Weise im Schoß des Volkes abgesondert, jedoch nicht, um von ihm ... getrennt zu werden, sondern zur völligen Weihe und Hingabe an das Werk, zu dem sie Gott erwählt hat" (PO 3, 1), also zu um so intensiverer Hinordnung auf das Volk Gottes. Das Weihesakrament, in welchem das hierarchische Priestertum übertragen wird, ist in sich gestuft,(99) wobei durch die Bischofsweihe die Fülle des Weihesakramentes übertragen wird.(100) Die Priester haben nicht diese höchste Stufe der priesterlichen Weihe, sind gleichwohl aber "wirkliche Priester des neuen Bundes" (LG 28, 1);(101) die Diakone sind

---

98) Vgl. hierzu E. J. Smedt, Das Priestertum der Gläubigen, in: G. Baraúna, De ecclesia I, 383f.; ferner L. Hödl, Die Lehre von den drei Ämtern Jesu Christi in der dogmatischen Konstitution des II. Vatikanischen Konzils "Über die Kirche", in: Wahrheit und Verkündigung (= FS M. Schmaus), München 1967, 1785-1806, bes. 1785. Kritisch hinsichtlich der Eignung des munustriplex-Schemas als systematisch-kategoriales Einteilungsprinzip für die Ekklesiologie und Amtstheologie äußern sich: K. Mörsdorf, Quomodo in hierarchica structura constitutionis Ecclesiae se habeat principium collegialitatis ad principium unitatis Caput et Corpus?, in: Acta Congressus Internationalis De Theologia Concilii Vaticani II, Romae diebus 26 septembris - 1 octobris 1966 celebrati, Rom 1968, 163-181, hier 168. E. Schlink hingegen begrüßt die "tria munera" in LG als ein Gesprächsangebot an evangelische Christen, insofern sie eine stärkere Verklammerung von Amt und Gemeinde begünstigten (Zehn Bemerkungen zum Text, in: Die Autorität der Freiheit, I, 316); positiv urteilt auch H. Dombois, Rechtstheologische Erwägungen zur Grundstruktur einer Lex Fundamentalis Ecclesiae, in: Concilium 5 (1969) 591f. Kritisch dagegen P. E. Persson, Repraesentatio, 175, der mit der ekklesiologischen Verwendung des Schemas zu sehr die Gefahr verbunden sieht, die Ämter Christi mit denen der Kirche zu identifizieren bzw. cooperatorisch das amtliche Tun der Kirche in die Funktion eines Ersatzes für die menschliche Natur Christi im Heilsgeschehen einzurücken. Zur Geschichte der "tria-munera-Lehre" vgl. auch L. Schick, Das dreifache Amt Christi, a.a.O.; zur Verwendung in den Dokumenten des Konzils: L. Schick, Das munus triplex, a.a.O., 111-114; ders., Die Drei-Ämter-Lehren nach Tradition und Zweitem Vatikanischem Konzil, in: Communio 10 (1981) 57-66. Das Konzil hat jedenfalls nicht die Zweigliedrigkeit der "sacra-potestas"-Lehre durch ein dreigliedriges "munus"-Schema ersetzt (vgl. K. J. Becker, Wesen und Vollmachten des Priestertums, a.a.O., 139f.), d. h. das munus-triplex-Schema und das zweigliedrigen sacra-potestas-Schema inkommensurable Theorem. Es dient dem Konzil zur inhaltlichen Explikation des Vollzuges der einen potestas sacra. K. J. Becker will die Interpretation bevorzugen, wonach das Konzil die Lehre von den drei Gewalten bestehen läßt, aber "die eine, die potestas ordinis, mit dem neuen Namen 'munus' bezeichnet, in drei Bereiche aufgegliedert" hat (a.a.O., 140). Für erstere Interpretation plädiert P. Krämer, Die geistliche Vollmacht, in: Hdb-KathKR, 124f.

99) Vgl. LG 28, 2; zu den historisch-dogmatischen Schwierigkeiten dieser Aussage vgl. zunächst H. Müller, Zum Verhältnis zwischen Episkopat und Presbyterat im Zweiten Vatikanischen Konzil. Eingehender hierzu später!

100) Vgl. LG 21, 2; 16, 1; CD 15, 1; vgl. dazu auch bei K. J. Becker, Wesen, a.a.O., bes. 137.

101) Die presbyterale Amtstheologie bleibt jedoch problematisch: Die Teilhabe der Presbyter an den drei Ämtern ist wohl auch sakramental grundgelegt, bleibt aber von der der Bischöfe abhängig (vgl. LG 28, 1; CD 15, 1; PO 6, 1). "Worin aber der Unterschied in der Teilhabe der drei Ämter Christi gegenüber dem Bischof liegt, sagt es (sc das Konzil)

ebenso mit sakramentaler Gnade gestärkt und "dienen dem Volke Gottes in der Diakonie der Liturgie, des Wortes und der Liebestätigkeit in Gemeinschaft mit dem Bischof und seinem Presbyterium" (LG 29, 1).

Das Konzil unterscheidet in seiner "Amtstheologie" zudem hinsichtlich der Ausstattung der Amtsträger mit der "sacra potestas" (LG 18, 1; 10, 2; 27, 1; PO 2, 2) zwischen dem Sakrament der Weihe und der kirchlichen Beauftragung (kanonische Sendung), durch welche der Vollzug der in der Weihe sakramental grundgelegten Vollmacht gleichsam "kirchlich determiniert" wird.(102) Das II. Vatikanische Konzil nimmt damit die der Kanonistik geläufige Unterscheidung zwischen Hirtengewalt und Weihegewalt(103) und zwar sowohl im Bischofs- wie im Presbyteramt(104) auf, akzentuiert jedoch wesentlich stärker die innere sakramental begründete Einheit und Zuordnung(105) der beiden Pole unter dem systematischen Oberbegriff "sacra potestas", welcher das eine voll konstituierte geistliche Amt bezeichnet.(106) "Die Bischofsweihe überträgt mit dem Amt der Heiligung auch die Ämter der Lehre und der Leitung, die jedoch ihrer Natur nach nur in der hierarchischen Gemeinschaft mit Haupt und Gliedern des Kollegiums (sc. des Bischofskollegiums) ausgeübt werden kön-

---

nirgendwo. Auch der Unterschied der Weihe wird nicht erklärt. Was dem Bischof in der Weihe übertragen wird, sagt das Konzil zum erstenmal in einem Lehramtsdokument mit aller Deutlichkeit ... Beim Presbyter sagt das Konzil hier überhaupt nicht, was durch die Weihe übertragen wird. Es gibt das Ziel dessen an, was in der Weihe geschieht. Damit ist man einer Entscheidung ausgewichen und hat sich die Türe für Klärungen offengehalten, die vielleicht später einmal möglich und notwendig sind" (K. J. Becker, Wesen ..., a.a.O., 141f.).

102) Vgl. dazu PO 7, 2; LG 21, 2; 24, 2; NEP 2, 2; LG 22, 2; 27, 1; 28, 1 (potestas - exercitium).

103) Vgl. dazu K. Mörsdorf, KR I, 11f.; zur Geschichte dieser Theorie K. Mörsdorf, Weihegewalt und Hirtengewalt in Abgrenzung und Bezug, in: Miscellanea Comillas 16 (1951) 93-110; P. Krämer, Dienst und Vollmacht, a.a.O., 4-15; A. Zirkel, "Executio Potestatis". Zur Lehre Gratians von der geistlichen Gewalt (= MThS III. Kan. Abt., Bd. 33), St. Ottilien 1975; L. Schick, Das Dreifache Amt Christi und der Kirche. Zur Entstehung und Entwicklung der Trilogien, Frankfurt-Bern 1982. Während die Hirtengewalt nicht-sakramental durch Amtsübertragung erworben wird und also auch wieder verlierbar ist, wird die Weihegewalt in sakramentaler Weise unverlierbar übertragen durch die (Bischofs-)Weihe.

104) Vgl. LG 28, 1; PO 1, 1; 7, 2.

105) Das Konzil stellt zwar die Notwendigkeit der Unterscheidbarkeit und (wieder stärker der) gleichzeitigen inneren unauflösbaren Zuordnung von Weihe- und Hirtengewalt fest, läßt aber die genauere denkerisch-kanonistische Bestimmung dieses Verhältnisses der beiden Pole offen: Zu den diesbezüglichen kanonistischen Lösungsansätzen (K. Mörsdorf-W. Bertrams-P. Krämer) vgl. P. Krämer, Dienst und Vollmacht, a.a.O.; ders, in: HdbKathKR, 127-131.

106) Damit setzt sich das Konzil bewußt von der Entwicklung einer immer mehr gegenständlichen Abgrenzung von Weihe- (Eucharistie, Sakramente) und Hirtengewalt (äußere Leitung der Kirche) ab, welche die Konsequenz aus einem dualistischen Kirchenbegriff (Kirche als sakramentale Wirklichkeit und als äußere soziologische Größe) darstellte und zudem durch die Verquickung mit dem munus-triplex-Schema zu einer isolierenden Nebeneinanderreihung von nunmehr drei Gewalten (Lehr-, Weihe- und Hirtengewalt) führte (dazu P. Krämer, in: HdbKathKR, 125f.; L. Schick, Das Dreifache Amt Christi, a.a.O.; s. a. o. S. 347f. Anm. 94).

nen."(107) Hinsichtlich der Priesterweihe betont das Konzil, daß Priester
(Presbyter) in der Ausübung der ihnen sakramental verliehenen Vollmacht von den Bischöfen abhängen.(108) Mit diesen Aussagen über die
sakramentale Grundlegung und kanonische Determinierung der sacra
potestas entspricht das Konzil also - wenngleich unter Verwendung
modifizierter Terminologie - der kanonistischen Tradition, wonach nur die
Träger von Weihegewalt Inhaber von Hirtengewalt sein können,(109) die
rechtmäßige Spendung der Weihe aber und die rechtmäßige Ausübung der
Weihegewalt wiederum von der Hirtengewalt geordnet wird.(110) Terminologisch kehrt die Neukodifizierung dieser Rechtsmaterie durch CIC 1983
zwar wieder zu dieser herkömmlichen kanonistischen Begrifflichkeit zurück (potestas ordinis; potestas regiminis bzw. iurisdictionis) und weicht
hierin vom konziliaren Sprachgebrauch ab;(111) inhaltlich jedoch ergeben
sich daraus keine Abweichungen gegenüber der konziliaren Lehre.(112)
Mit der Wiederherstellung der inneren, unlösbaren sakramentalen Einheit
der "sacra potestas" gestaltet das II. Vatikanische Konzil die Amtstheologie deutlich zur strukturanalogen Explikation des communio-Begriffes
insbesondere hinsichtlich dessen "institutioneller" Valenz: "äußere" und
"innere" sakramentale Gemeinschaft sind wohl unvermischt aber auch ungetrennt: "äußere" und "innere" Leitung der Kirche sind untrennbar

---

107) LG 21, 2.

108) Vgl. o. S. 348f. Anm. 97. Die konziliare Amtstheologie bewegt sich hier in die Nähe
einer Überstrapazierung der Ableitung des Presbyterates aus dem Episkopat und damit
eines übersteigerten Episkopalismus, der die notwendige Unmittelbarkeit des Presbyterates im Christus-Bezug in den Hintergrund drängt (vgl. K. Lehmann, Das dogmatische
Problem des theologischen Ansatzes zum Verständnis des Amtspriestertums, a.a.O.,
154f.). Die amtstheologische "Unterbelichtetheit" des Konzils hinsichtlich des Presbyterates wird zusätzlich dadurch verstärkt, daß die Kirchenkonstitution primär sich der
potestas ordinis zuwendet, und im Bereich der hierarchia iurisdictionis nur vom Papst
und den Bischöfen als den Trägern von sogenannten Grundämtern die Rede ist, ohne daß
die von diesen abhängigen Ämter noch Erwähnung finden. "Die zwangsläufige Folge mußte
sein, daß der pastoralen Basis, den Gemeinden und ihren Seelsorgern, faktisch keine
Aufmerksamkeit geschenkt wird (sc. in der Kirchenkonstitution). Als besonders betrüb-
lich muß erscheinen, wenn vom Amt des Gemeindevorstehers, also des Pfarrers, überhaupt
nicht die Rede ist. Immerhin gab es bis zum II. Vatikanum Kanonisten, die das Amt des
Pfarrers gleichfalls als Grundamt ansahen, nicht also als ein vom Bischof abhängiges
Hilfsamt. So kann sich die reiche Gemeindetheologie, die sich nach dem Konzil in zahlreichen Teilkirchen entwickelt hat, kaum auf das Konzil berufen" (K. Walf, Lakunen und
Zweideutigkeiten, a.a.O., 203). Insbesondere in der ökumenischen Amtsanerkennungsde-
batte (funktional-gemeindeorientierte Perspektive evangelischerseits) muß sich eine
derartige Tendenz im Aufbau der ekklesialen Gesamtarchitektonik hinderlich auswirken.
Vgl. zum ganzen auch G. Pattaro, Die ökumenischen Entwicklungen, bes. 81ff.

109) Vgl. CIC 1917 cc. 118; 198; 501.

110) Vgl. K. Mörsdorf, KR I, 12.

111) So P. Krämer, in: HdbKathKR, 124.

112) Der Besitz von Leitungsvollmacht setzt den Empfang des Weihesakramentes voraus: CIC
1983 cc. 129 § 1; 1009 § 1; vgl. auch c. 274 § 1, wo bestimmt wird, daß allein Kleriker Kirchenämter innehaben können, deren Ausübung Weihe- und Leitungsvollmacht erfordert (auch c. 150). Die Weihevollmacht wird im Weihesakrament verliehen und ist unverlierbar (c. 1338 § 2); sie kann lediglich in der Ausübung eingeschränkt oder auch untersagt werden (cc. 292; 1333 § 1 n. 1). Die Leitungsvollmacht wird durch nichtsakramentalen Akt übertragen und kann daher auch wieder entzogen werden (dazu P. Krämer,
in: HdbKathKR, 126f.).

aufeinander bezogen. Die "konsekratorische" Grundlegung der sacra potestas "in-stituiert" die kirchliche communio in die Vollzugskoordination
raum-zeitlicher Kontinuität.

Das **Sakrament der Ehe** bezeichnet in "symbolträchtiger Beziehung zur
Kirche"(113) sichtbar die geheimnisvolle Gemeinschaft zwischen Christus
und seiner Kirche; es begründet somit konsekratorisch eine kirchlich
qualifizierte Existenzform in der communio, d. h. durch die kirchlich-
sakramentale Erhebung(114) des gesellschaftlichen Instituts personaler
Lebensgemeinschaft(115) zur Bauzelle der kirchlichen communio wird diese gerade auch in ihrer geschichtlich-institutionellen Dimension ekklesiologisch qualifiziert.(116) Das geschichtliche Fortbestehen des Gottesvolkes ist ja begründet in der aus der Ehe hervorgehenden Geschlech-
terfolge in Verbindung mit der Neugeburt aus der Taufe. Dieser Dienst
am Aufbau der Gemeinschaft der Gläubigen ist ein eminent kirchlich
qualifizierter, er ist sakramental als eine Sondergliedschaftsform in der
communio instituiert: Die christlichen Gatten "fördern sich kraft des
Sakramentes der Ehe gegenseitig zur Heiligung durch das eheliche Leben
sowie in der Annahme und Erziehung der Kinder und haben so in ihrem
Lebensstand und in ihrer Ordnung ihre eigene Gabe im Gottesvolk" (LG
11, 2).

b. Die Sakramente der tätigen Ordnung in ihrer Bedeutung für die Vertiefung der konstitutionellen Ordnung

In den Sakramenten der tätigen Ordnung kommt zur fruchtbaren Entfaltung und persönlicher Aneignung, was in der konstitutionellen Ordnung
grundgelegt ist; dies wird besonders deutlich in der Eucharistie und am
Bußsakrament.

(1) Die Eucharistie

Die Eucharistie bildet im Kosmos der Sakramente den Gipfelpunkt der
Eingliederung in die volle communio, die Taufe hingegen ist nur ein
"Anfang und Ausgangspunkt", der hingeordnet ist auf die in der Eucha-
ristie sich vollziehende "vollständige Einfügung in die eucharistische
Gemeinschaft" (UR 22, 2). Die in der Taufe konsekratorisch grundgeleg-
te Eingliederung in die Kirche(117) kommt erst in der Eucharistie, in der

113) K. Mörsdorf, KR I, 18; dazu LG 11, 2; Eph 5, 22-33; GS 48, 2; 49, 2.
114) CIC 1983 c. 1055 § 1: "Matrimoniale foedus, quo vir et mulier inter se totius vitae
consortium constituunt, indole sua naturali ad bonum coniugum atque ad prolis genera-
tionem et educationem ordinatum, a Christo Domino ad sacramenti dignitatem inter
baptizatos evectum est." § 2: "Quare inter baptizatos nequit matrimonialis contractus
validus consistere, quin sit eo ipso sacramentum." Dazu E. Corecco, Die Lehre der
Untrennbarkeit, a.a.O.
115) Vgl. dazu M. Kaiser, in: GrNKirchR, 536; ders., in: HdbKathKR, 730.
116) Vgl. dazu U. Aymans, Gleichsam häusliche Kirche. Ein kanonistischer Beitrag zum Grund-
verstänis der sakramentalen Ehe als Gottesbund und Vollzugsgestalt kirchlicher Existenz, in: AfkKR 147 (1978) 424-446; ders., Die Sakramentalität christlicher Ehe in
ekklesiologisch-kanonistischer Sicht, in: TThZ 83 (1974) 321-338.
117) Vgl. K. Mörsdorf, KR I, 175.

gläubigen Annahme von Gottes versöhnendem Heilshandeln durch die Mahlteilnehmer zur fruchtbaren Entfaltung;(118) d. h. erst in der tätigen Ordnung gelangt die institutionell grundgelegte communio zu immer weiterer Vertiefung und Vervollkommnung. Die kirchliche Tradition der Lehre von der Eucharistie,(119) besonders von der realen Gegenwart Christi im eucharistischen Sakrament, ist für das II. Vatikanische Konzil selbstverständliche Voraussetzung.(120)

Wenn die Eucharistie nicht nur als Mittelpunkt aller Sakramente, sondern auch als "Quelle und Höhepunkt aller Evangelisten" (PO 5, 2) bezeichnet wird, so zeigt sich daran die überragende Schlüsselstellung der Eucharistie für das Verständnis und das Leben der Kirche überhaupt.(121)

Wenn das Wesen der Kirche kurz mit dem Begriff "communio" angegeben werden kann, so wird deutlich, daß die Eucharistie, indem sie die Verbindung mit Christus und die der Gläubigen untereinander in gleicher Weise bewirkt und zur Darstellung bringt (LG 7, 1; UR 2, 1), gleichsam als untrennbare Nahtstelle zwischen unsichtbarer communio mit dem Herrn und sichtbarer communio der Gläubigen untereinander tiefster Wesenvollzug und struktureller Typos für die Kirche selbst ist.(122) Die Eucharistie ist Quelle und Erkennungszeichen der Kirche zugleich (AA 8, 3) als des der eschatologischen Vollendung immer mehr zustrebenden, in der Einheit mit Christus und seiner Glieder untereinander wachsenden Gottesvolkes (SC 48, 1).

Das bedeutet umgekehrt freilich auch, daß der eucharistische Leib des Herrn in heilswirksamer Weise nur zugänglich ist in seinem mystischen Leib, d. h. "nur in der Kirche kann im vollen Sinne Eucharistie gefeiert werden."(123) Diese enge und wechselseitige Bezogenheit von sakramentalem und mystischem Leib Christi erweist die Eucharistie als die Manifestation der Sakramentalität der Kirche: das eucharistische Geschehen gibt die Wirklichkeit "Kirche" strukturell vor und vertieft und vollzieht sie zugleich.

Das Konzil geht bei der Erörterung dieser Zusammenhänge von der Betrachtung der Teilkirche aus:
Der Bischof "vertritt" als sichtbar ordnender und leitender Mittelpunkt der eucharistischen Versammlung sichtbar den erhöhten Herrn.(124) Die

---

118) Vgl. ebd., 19.

119) Vgl. DS 1635-1661.

120) Vgl. etwa AG 9, 2; SC 7, 1; 10, 2; dazu auch DS 1639; näheres zur kirchlichen Lehre von der Realpräsenz Christi in der Eucharistie insbesondere im Zusammenhang mit der nachkonziliaren "Einschätzung" der Transsubstantiationslehre durch "Mysterium fidei" vom 3. September 1965 s. S. 545ff.

121) Vgl. hierzu die geraffte dogmatische Ausführung über den Zusammenhang zwischen dem Mysterium der Kirche und der Eucharistie in der Instruktion des Sekretariates für die Einheit der Christen über die Zulassung zur Kommunion in besonderen Fällen (= NKD 41), Trier 1975, 18-41, wo ausdrücklich der ekklesiale Begründungsrahmen für die Frage nach der Möglichkeit von Akten sakramentaler Gemeinschaft herausgestellt wird (Nr. 2 u. 3).

122) Vgl. auch H. Riedlinger, Die Eucharistie in der Ekklesiologie des zweiten vatikanischen Konzils, in: Eucharistie, Zeichen der Einheit, 75-85, bes. 75f.; 78.

123) K. Mörsdorf, KR I, 19.

124) Vgl. SC 7, 1; LG 21, 1; zur Mißverständlichkeit der Repräsentationskategorie vgl. o. S. 346f. Anm. 91.

eucharistische Feier repräsentiert ihrerseits die Gesamtwirklichkeit der Teilkirche sowie der Gesamtkirche (LG 23, 1), da auch sie nach dem Bild der Teilkirche gestaltet ist und material nicht über das hinausreicht, was in der Teilkirche in kirchlicher Sendung vollzogen wird.(125) "Von der Ortsgemeinde selber wird das Höchste gesagt, was schließlich von der Gesamtkirche gesagt werden kann, nämlich, daß in ihr Christus selbst, sein Evangelium, seine Liebe und die Einheit der Gläubigen gegeben ist",(126) d. h. die Konkretheit der Kirche, ihr höchster Wesensvollzug, die Präsenz Christi in ihr ist im Wort und im Herrenmahl der Ortskirche gegeben.(127)

Der Bischof, bzw. der ihn vertretende Priester(128) handelt als Vorsteher der Eucharistie (PO 5, 3) zum einen "in persona Christi"(129) zum anderen und zugleich "in persona ecclesiae",(130) d. h. der anwesenden Gläubigen, in deren Namen er das eucharistische Opfer darbringt; er übt so gemeinschaftsstiftende Funktion aus; die einheitsstiftende Funktion der Eucharistie wird nach "Lumen Gentium" gerade durch diese "Amtsbindung" des eucharistischen Vollzuges vor allem in gesamtkirchlicher Hinsicht und weniger auf ortskirchlicher Ebene akzentuiert.(131) Die Eucharistiefeier wird zur Repräsentation der Gesamtkirche als hierarchica communio, was die aktive Rolle aller Teilnehmer miteinschließt(132) entsprechend der jedem Gliedschaftsstand (LG 11, 1) eigenen Teilhabeform an den munera Christi. So ist die Eucharistiefeier "in der Besonderung der Beteiligung ... in ihrem ganzen Umfang ein Gemeinschaftsakt aller Gläubigen."(133) Sie ist Zeichen und Mittel der bereits in der Kirche vorabgebildeten Einheit der Gläubigen mit Christus und untereinander, bzw. der noch zu verwirklichenden je vollkommeneren Einheit (LG 3, 1; 11, 1). Das Ökumenismus-Dekret bezeichnet die Eucharistie als das wunderbare Sakrament, "durch das die Einheit der Kirche bezeichnet und bewirkt wird" (UR 2, 1). Weil die Teilnahme an der Eucharistie Kriterium ist für die volle kirchliche Gemeinschaft, ist die eucharistische Gemeinschaft Ziel und vollendeter Ausdruck der Einheit aller Christen (UR 4, 2).

---

125) Vgl. hierzu W. Aymans, Die communio ecclesiarum als Gestaltgesetz der einen Kirche, in: AfkKR 139 (1970) 69-90, 81; ferner CD 11, 1 und LG 26.

126) K. Rahner, Das neue Bild der Kirche, in: P. Meinhold (Hrsg.), Das Problem der Kirchengliedschaft heute, a.a.O., 114-137, 119f.

127) Vgl. LG 26, 1: "In jedweder Altargemeinschaft erscheint unter dem heiligen Dienstamt des Bischofs das Symbol jener Liebe und jener 'Einheit des mystischen Leibes, ohne die es kein Heil geben kann'. In diesen Gemeinden, auch wenn sie oft klein und arm sind oder in der Diaspora leben, ist Christus gegenwärtig, durch dessen Kraft die eine, heilige, katholische und apostolische Kirche geeint wird." Dazu auch H. Riedlinger, Die Eucharistie in der Ekklesiologie, a.a.O., 79.

128) Vgl. SC 42, 1; LG 26, 2; 10, 2.

129) Vgl. PO 13, 3; ähnlich SC 33, 2; zum Sprachgebrauch vgl. o. S. 348f. Anm. 97.

130) Eine knappe problemorientierende Skizze zur doppelten "Repräsentation" des Amtsträgers bei der eucharistischen Feier aus dem patristischen und mittelalterlichen Befund bietet G. Greshake, Priestersein, a.a.O., 81-89.

131) Vgl. LG 21; ferner auch UR 22; LG 10. "Vom Gesichtspunkt der Kircheneinheit aus tritt der Vollzug der Eucharistie in dem Maß zurück, als die den Vollzug leitenden, durch das Weihesakrament bevollmächtigten Personen hervortreten" (H. Riedlinger, Die Eucharistie, a.a.O., 79f.).

132) Vgl. LG 10, 2; SC 14; 21.

133) A. Grillmeier, Kommentar, a.a.O., 186.

(2) Das Bußsakrament

Das II. Vatikanische Konzil hat erstmals in der Tradition der kirchlichen
Lehrverkündigung durch ökumenische Konzilien den ekklesiologischen
Aspekt(134) der sakramentalen Buße(135) wieder deutlich gemacht,(136)
wenn es in der Kirchenkonstitution bestimmt: "Die ... zum Sakrament
der Buße hinzutreten, erhalten für ihre Gott zugefügten Beleidigungen
von seiner Barmherzigkeit Verzeihung und werden zugleich mit der Kirche versöhnt, die sie durch die Sünde verwundet haben"' (LG 11, 2).
Die Wirkung der Sünde betrifft also nicht nur das persönliche Gottesver-
hältnis, sondern behindert die Aktualisierung des in der konstitutionellen
Gliedschaft begründeten Auftrages zur Mitwirkung an der (kirchlichen)
Heilssendung. Wenngleich das Konzil genauere Angaben über das Wirk-
und Bedingungsverhältnis zwischen der Versöhnung mit Gott und der
"reconciliatio cum Ecclesia"(137) vermissen läßt, so darf die Partikel "simul" in LG 11, 2 doch als Hinweise dafür gelten, daß die "pax cum Ecclesia" wirkursächliche Bedeutung hat für die "pax cum Deo".(138) Auch

---

134) Zum dogmengeschichtlichen Befund vgl. o. S. 104ff.; 110ff. Anm. 316; 118ff.

135) Vgl. dazu etwa K. Rahner, Das Sakrament der Buße, in: ST VIII, 447-471.

136) So A. Grillmeier, Kommentar, a.a.O., 187.

137) Vgl. dazu auch die Hinweise bei H. Vorgrimler, HDG IV/3, 195f.; J. Mühlsteiger, Exomo-
logese, in: ZkTh 103 (1981) 1-32; 129-155; 257-288.

138) So K. Mörsdorf, KR II, 63 Anm. 2: "Mit dem Wort 'simul' kommt in etwa zum Ausdruck,
daß die 'pax cum Ecclesia' wirkursächlich ist für die 'pax cum Deo'". Sachlich hat
Mörsdorf diese Auffassung schon vor dem Konzil vertreten (vgl. KR II, 7. Auflage,
S. 69).

Der Synodenbeschluß Sakramentenpastoral formuliert in C 3: "Durch die Aussöhnung mit
der Kirche werden wir mit Gott selbst versöhnt" (Off. Gesamtausgabe I, 261). Der neue
Ordo Paenitentiae (12.12.1973) spricht in n. 5 der "Pastoralen Einführung" von der
"Versöhnung mit Gott und der Kirche" (Reconciliatio cum Deo et cum Ecclesia) (TPV
1974. Vorläufige Studienausgabe: Die Feier der Buße nach dem neuen Rituale Romanum,
Einsiedeln-Zürich-Freiburg-Wien 1974), arbeitet jedoch den ekklesialen Aspekt an dem
Geschehen nicht mehr des näheren heraus: vgl. die Kritik dazu von O. Nussbaum, Die
Liturgie der Buße und Versöhnung im Ordo paenitentiae von 1973, in: Liturgisches
Jahrbuch 25 (1975) 137-174; 224-258. Hatte c. 870 CIC 1917 noch - im Anschluß an das
Tridentinum - von der "iudicialis absolutio" im Bußsakrament gesprochen, formuliert c.
959 CIC 1983 im Anschluß an LG 11, 2: "In sacramento paenitentiae fideles peccata
legitimo ministro confitentes, de iisdem contrii atque propositum sese emendandi
habentes, per absolutionem ab eodem ministro impertitam, veniam peccatorum quae post
baptismum commiserint a Deo obtinent simulque reconciliantur cum Ecclesia, quam pec-
cando vulneraverunt" (Hvh. v. Vg.). Vgl. dazu K. Mörsdorf, Der hoheitliche Charakter
der sakramentalen Lossprechung, in: TThZ 57 (1948) 335-348. In modifizierter Form
vertreten die Theorie von der Absolution als einem hoheitlich-richterlichen Akt auch
F. Gil de las Heras, Es la absolución sacramental un acto judicial?, in: Burgense 1
(Burgos 1960) 191-204; P. Trevijano, La confessión obligatoria y especifica de los
pecados mortales según Trento, in: Lumen 21 (Victoria 1972) 340-352; kritisch: J. Ter-
nus, Die sakramentale Lossprechung als richterlicher Akt, in: ZkTh 71 (1949) 214-230;
O. Semmelroth, Das Bußsakrament als Gericht, in: Scholastik 37 (1962) 530-549; als
spezielles Erklärungsmodell für die konstitutive Rolle des ordinierten Amtsträgers in
der sakramentalen Buße hat diese Theorie sicherlich ein legitimes Denkmodell. Ihre
Grenze liegt jedoch dort, wo sie insinuiert, daß das Geschehen der sakramentalen Buße
insgesamt sich in allen Teilmomenten nach dem Modell eines gerichtlichen Verfahrens
darstellen lassen müsse, und wo sie beansprucht, authentische Interpretation der
tridentinischen Lehre über die Absolution bei der sakramentalen Buße zu sein (vgl. zur

in anderen Dokumenten des Konzils finden sich Hinweise auf diese spezifische ekklesiologische Relevanz der sakramentalen Buße.(139) An diesem sakramental-ekklesiologischen Verständnis der Buße zeigt sich mit besonderer Deutlichkeit die institutionelle Dimension des ekklesiologischen communio-Begriffes: Der auch und gerade die konkret-institutionelle Dimension mitumfassende Vollzug der pax cum ecclesia in einem (kirchlichen) Hoheitsakt, "durch den der Sünder mit rechtsgestaltender Wirkung wieder in die Gemeinschaft der Kirche hineingestellt und in den vollen Genuß seiner Gliedschaftsrechte eingesetzt wird",(140) qualifiziert diese ekklesiale communio in ihrer sakramentalen Konstitution des bewirkt-bewirkenden Zeichens des göttlichen Heilswillens (res et sacramentum) eminent als soteriologisches Subjekt, insofern sie von wirkursächlicher Bedeutung für die Versöhnung mit Gott ist. Die Dimension der "äußeren sakramentalen Gemeinschaft" ist von unmittelbarer Relevanz für den Bereich der "inneren" sakramentalen (Heils-)Gemeinschaft. Strukturelle Explikation dieses grundsätzlichen ekklesiologischen Bauprinzips ist gleichsam dessen "institutionelle Gerinnung" in der Vollzugsgestalt dieser soteriologischen Subjekthaftigkeit der communio in der hoheitlichen Vollmachtsausübung eines besonderen (sakramental begründeten) kirchlichen Amtes.(141)

(3) Die Krankensalbung

Neben einigen Artikeln der Liturgiekonstitution (SC 73-75), die sich mit der Neuordnung des liturgischen Ritus befassen, sind für die ekklesiale Sicht des Sakramentes der Krankensalbung(142) die Artikel 11 und 14 der Kirchenkonstitution relevant. Die ekklesiologische Bedeutung der Krankensalbung liegt in der Sinndeutung des sakramentalen Zeichens,

Kritik näherhin und in spezieller dogmengeschichtlicher Hinsicht bei H. Vorgrimler, HDG IV/3, 182ff. bes. Anm. 200-202). Zur Bußtheologie allgemein ferner A. Ziegenaus, Umkehr, Versöhnung, Friede. Zu einer theologisch verantworteten Praxis von Bußgottesdienst und Beichte, Freiburg-Basel-Wien 1975, bes. 183-236.

139) Vgl. etwa PO 5, 2; SC 72, 1; 109, 3. Die Neuentdeckung der ekklesialen Dimension der Buße findet auch in der deutlich gemeinschaftsorientierten Gestaltung ihrer liturgischen Feier entsprechenden Ausdruck; vgl. dazu den Überblick bei R. Weigand, Das Bußsakrament, in: HdbKathKR, 695-699.

140) K. Mörsdorf, KR II, 63.

141) Vgl. hierzu eingehender u. IV.

142) Bis hin zu der liturgisch-pastoralen Neubesinnung unseres Jahrhunderts, die dann auch kirchenamtlich durch das II. Vatikanische Konzil aufgegriffen wurde, war für das Sakrament der Krankensalbung die Bezeichnung "Letzte Ölung" (extrema unctio) üblich geworden. Mit dieser Benennung war auch eine gegenüber dem biblisch-patristischen Befund veränderte Sinngebung des sakramentalen Zeichens verbunden: Indem das Sakrament etwa seit karolingischer Zeit immer mehr Bestandteil der Krankenbuße wurde, welche aufgrund der rigorosen Bußdisziplin möglichst nahe an die Todesstunde verlegt wurde, wird es mehr und mehr zu einem ausgesprochenen "Sterbesakrament". Die seit etwa dem 12. Jh. aufkommende Bezeichnung "Letzte Ölung" bezieht sich ursprünglich zwar einfach auf die zeitliche Aufeinanderfolge der einzelnen sakramentalen Salbungen (Taufe-Firmung-Ordo), trägt aber assoziativ faktisch zu dem Verständnis vom "Sterbesakrament" bei. Vgl. zum ganzen E. J. Lengeling, Todesweihe oder Krankensalbung?, in: LJ 21 (1971) 193-213; B. Studer, Letzte Ölung oder Krankensalbung, in: FZPhTh 10 (1963) 33-60; R. Kaczynski, Neubesinnung auf ein 'vergessenes' Sakrament, in: ThPQ 21 (1973) 346-360; A. Adam-R. Berger, Art. Krankensalbung, in: PlHl, 281-283.

daß die Kirche den Schwerkranken dem leidenden Christus empfiehlt(143)
und umgekehrt der Kranke sich dadurch bewußt mit dem Leiden und mit
dem Tod Christi vereinigt und auf diese Weise zum Wohl des Gottesvolkes
beiträgt.(144) Sowohl Spendung als auch Annahme dieser sakramentalen
Gnade Gottes stehen also im Dienste der Auferbauung der kirchlichen
communio.

4. Zusammenfassung

Durch die pneumatische Heilspräsenz Christi in der kirchlichen communio
wird diese selbst analog zu dem in Christus den Menschen geschenkten
Ursakrament des göttlichen Heilshandelns zum "Wurzelsakrament", indem
sie als Zeichen und Werkzeug von der und für die Gemeinschaft der
Menschen mit Gott und untereinander in Wort und Sakrament das Christusheil geschichtlich präsent setzt und vermittelt. Die Kirche ist als die
an den "sancta" (bes. Taufe und Eucharistie) Anteil habende communio
der "sancti" selbst die instituierte Gestaltwerdung des Christusheiles. Im
Vollzug der Einzelsakramente artikuliert sich - in jeweils spezifisch akzentuierter Ausfaltung - dieser ekklesiale Vollzug des Christusheiles,
d. h. die Zeichen- und Mittelhaftigkeit der kirchlichen communio von der
und für die durch Christus wiederhergestellte Gemeinschaft mit Gott als
Inbegriff für die Erlösung der Welt wird in je spezifischer Weise aktuiert.

Diese Akzentuierung ist ein in das durch die (eschatologischen) Eckwerte
von Institution und Ereignis bestimmtes Vollzugsfeld eingespanntes Geschehen. Die Dimension seiner Realisierung (innere sakramentale Gemeinschaft, tätige Ordnung - äußere sakramentale Gemeinschaft, konsekratorische Ordnung) sind wohl unterscheidbar, aber nicht im Sinne einer
ekklesiologischen Dissoziierung, sondern gerade im Hinblick auf ihre
unlösliche reziproke Bezogenheit. Die aus dem sakramentalen Gedanken
genährte institutionelle Dimension des katholisch-ekklesiologischen communio-Begriffes erfährt eine strukturanaloge Explikation im (sakramentalen) Amtsverständnis: Die typologische Abbildlichkeit und Repräsentation
der Kirche als hierarchica communio durch den eucharistischen Vollzug
macht besonders sinnenfällig deutlich, daß zu den materialen Konstitutionselementen der Kirche: Wort und Sakrament untrennbar das formale,
die Präsentsetzung des Christusheiles in der Geschichte bedingende und
in der Apostolizität der Gesamtkirche aus dem Sendungsauftrag Jesu
Christi gründende Konstitutivelement des Amtes hinzutreten muß.

---

143) Vgl. LG 11, 2; ferner PO 5; CIC 1983 c. 998; dazu Papst Paul VI., Apostolische Konstitution "Sacram Unctionem Infirmorum" vom 10.11.1972, in: AAS 65 (1973) S. 5-9.

144) LG 11, 2; die ekklesiale Dimension des sakramentalen Zeichens wird auch dadurch unterstrichen, daß die Spendung des Sakramentes als eine echte gemeinschaftliche Feier
vollzogen werden soll. Die Vollform mit Wortliturgie ist dem Notspenderitus vorzuziehen (CIC 1983 c. 1000 § 1). Zudem werden neue Formen der Feier, die den kirchlichen
Gemeinschaftscharakter ausdrücken, besonders befürwortet, sei es innerhalb der Eucharistiefeier oder einer "Hausmesse" oder in der Form einer kollektiven Salbung vor versammelter Gottesdienstgemeinde; vgl. dazu Ordo unctionis informorum eorumque pastora-
lis curae, Typ. Pol. Vat. 1972; dt.: Die Feier der Krankensakramente, hrsg. v. d.
deutschsprachigen Bischofskonferenzen, Einsiedeln u. a. 1975; zum ganzen auch O.
Stoffel, Die Krankensalbung, in: HdbKathKR, 712-714.

IV. Das sakramental grundgelegte kirchliche Amt als formales Konstitutionselement der Kirche

Die spezifisch katholisch-ekklesiologische Option liegt darin, daß das
besondere kirchliche Amt als formales Konstitutionselement den anderen
beiden materialen Konstitutionselementen beigeordnet wird,(145) während
im reformatorisch-ekklesiologischen Ansatz lediglich Wort und Sakrament
als Konstitutionselemente der Kirche gelten können,(146) und ein besonderes kirchliches Amt (als in der personalen Vollzugsnotwendigkeit derselben schon "inbegriffenes") darüber hinaus keine eigenständige konstitutionelle Valenz mehr hat.(147)

Der theologische Grund für die wesensmäßige Verbindung von Kirche
und Amt in der katholischen Ekklesiologie liegt zunächst in dem Verständnis von der Sendung Christi selbst,(148) der mit dem Anspruch
eines göttlichen Auftrages den Menschen in Vollmacht "von oben" gegen-
übertritt, als der, den der Vater gesandt hat (vgl. Joh 8, 12-20), und
der seine Sendung in den Jüngern fortführt (vgl. Joh 20, 21). Auch die
syn Tradition kennt eine spezifische christologisch-ekklesiologische Auswertung des Sendungsgedankens: Die Wahl der "Zwölf" als Repräsentanten des neuen Gottesvolkes(149) begründet anfanghaft die Konstituierung
einer neuen Heilsgemeinde und erweist die apostolische Dimension der
Kirche als eine ihr in ihrer Gesamtwirklichkeit(150) zueigene im Hin-

---

145) So gibt etwa der Konzilstheologe Johannes von Ragusa auf der Kirchenversammlung zu
Basel als kirchenkonstituierende Elemente die Trias an confessio-communio-oboedientia;
vgl. dazu B. Duda, Joannis Stojković de Ragusio, O. P. (+1443) Doctrina de cognoscibi-
litate ecclesiae, Romae 1958, 113; ferner J. Ratzinger, Das geistliche Amt, a.a.O.,
165. Die dogmatische Tradition bringt den Sachverhalt in der Rede vom "ius divinum"
des (bischöflichen) Amtes zum Ausdruck (DS 1768; LG 20, 3: ex divina institutione; CD
6; 2); vgl. dazu K. Rahner-J. Ratzinger, Episkopat und Primat; K. Rahner, Über den
Begriff des "ius divinum" im katholischen Verständnis, in: ST V, 249-277. Zur Kritik
der nur "scheinbar klaren und übereinstimmenden" Sprechweise des Konzils in diesem
Zusammenhang (LG 11; 14; 19; 20; 27) vgl. G. Pattaro, Die ökumenischen Entwicklungen,
a.a.O., bes. 75f.
146) Vgl. E. Lessing, Kirche-Recht-Ökumene, a.a.O., 21ff.
147) Vgl. dazu H. Meyer, Amt und Ordination, in: H. Fries (Hrsg.), Das Ringen um die Einheit der Christen, a.a.O., bes. 94; s. o. S. 221 Anm. 45.
148) Vgl. dazu etwa L. Bouyer, Kirche, II, 158ff.
149) Vgl. dazu u. a. K. H. Rengstorf, Art. dodeka, in: ThWNT II, 321-328, bes. 325; H.
Schürmann, Der Jüngerkreis Jesu als Zeichen für Israel, in: Ders., Ursprung und Gestalt, 45-60; K. Kertelge, Offene Fragen zum Thema "Geistliches Amt", in: Die Kirche
des Anfangs (= FS H. Schürmann), 583-605, bes. 588-590; A. Vögtle, Art. Zwölf, in:
LThK, X, 1443-1445. M. Hengel, Nachfolge und Charisma, Berlin, 1968, bes. 76; anders
dagegen G. Klein, Die zwölf Apostel, Göttingen 1961, bes. 37; 112f., der die Zurück-
führung des Zwölferkreises auf eine Gründung durch Jesus ablehnt; dazu kritisch B.
Rigaux, Die "Zwölf" in Geschichte und Kerygma, in: H. Ristow-K. Matthiae (Hrsg.), Der
historische Jesus und der kerygmatische Christus, Berlin 1960, 468-486; J. Roloff,
Apostolat, a.a.O., 138-168; zum ganzen vgl. auch den Forschungsbericht von R. Schnakkenburg, Apostolizität: Stand der Forschung, in: Katholizität und Apostolizität,
a.a.O., 51-73 mit Lit.!
150) Diese gesamt-ekklesiale Dimension des Sendungs- und Verkündigungsgedankens bringt die
Kirchenkonstitution auch durch ihre formale Anlage zum Ausdruck, wonach vor aller möglichen hierarchischen Differenzierung verschiedener Teilhabeformen am Sendungsauftrag
Christi innerhalb der kirchlichen communio in den grundlegenden Kapiteln "de Mysterio

blick auf ihre Sendung zur geschichtlichen Vermittlung des Christusheiles. (151)

Damit ist schon auf eine weitere Vertiefung der ekklesiologischen Reflexion verwiesen: Die Teilhabe der Kirche an der Realität des Christus-Mysteriums, wodurch sie der Pro-Existenz Christi angeglichen wird und diese in der Welt gestalthaft sichtbar und glaubhaft macht, nimmt sie in das Priestertum Christi(152) hinein und begründet so vertieft ihre apostolische Sendung, als brüderliche Gemeinschaft den pneumatischen Christus präsent zu machen und der Welt die Versöhnung zuteil werden zu

Ecclesiae" und "de Populo Dei" die apostolische Dimension der ganzen Kirche entfaltet wird. Vgl. dazu LG 5, 2: "... Von daher (gemeint ist Christi ewiges Priestertum und seine Geistaussendung) empfängt die Kirche, die mit den Gaben ihres Stifters ausgestattet ist und seine Gebote der Liebe, der Demut und der Selbstverleugnung treulich hält, die Sendung, das Reich Christi und Gottes anzukündigen und in allen Völkern zu begründen." Ferner LG 10, 1; 12, 1: "Die Gesamtheit der Gläubigen ... kann im Glauben nicht irren." LG 17; zur Lehre des Konzils von der apostolischen Sendung der Kirche als ganzer vgl. P. J. Cordes, Sendung zum Dienst, a.a.O., 55-115.

151) Vgl. W. Beinert, Das Amt, die Ämter und die Gemeinde, in: ThGl 65 (1975) 38-60, hier 45.

152) Vgl. dazu 1 Petr 2, 9; LG 10, 1: "Durch die Wiedergeburt und die Salbung mit dem Heiligen Geist werden die Getauften zu einem geistigen Bau und einem heiligen Priestertum geweiht, damit sie in allen Werken eines christlichen Menschen geistige Opfer darbringen und die Machttaten dessen verkünden, der sie aus der Finsternis in sein wunderbares Licht berufen hat (vgl. 1 Petr 2, 4-10)." Zur Konzilslehre über das Priestertum aller Gläubigen: P. J. Cordes, Sendung zum Dienst, 36-39; die konkrete Explizierung dieses Ansatzes vom gemeinsamen Priestertum aller Gläubigen in der konziliaren Theorie vom "Weltcharakter" des Laientums (LG 31) hält K. (Lakunen und Zweideutigkeiten, a.a.O., 203f.) jedoch für ungenügend, da sie die Teilhabe aller Getauften an dem dreifachen Amt Christi nicht konkret genug zur Sprache bringen, und eine eventuelle apostolische Tätigkeit von Laien nur als "lückenbüßende" Nothilfe gesehen werden könne; so bleibt "die Theologie des Laien in den Konzilstexten lückenhaft, sicherlich insoweit es um den ekklesiologischen Standort des Laien geht." Eine Festlegung des "Laien-Apostolates" auf ihren "Weltdienst" bedeutet sicherlich eine Verkürzung (so M. Kaiser, Die Laien, in: HdbKathKR, 184-189), denn die Laien haben die Sendung des Gottesvolkes nicht nur in der Welt, sondern auch und primär in der Kirche auszuüben (K. Mörsdorf, Das eine Volk Gottes und die Teilhabe der Laien an der Sendung der Kirche, in: FS A. Scheuermann, 105-109; zur Teilhabe von Laien am besonderen Dienst der Kirche vgl. W. Aymans, Die Träger kirchlicher Dienste, in: HdbKathKR, 190-198).

Das Priesterdokument der Römischen Bischofssynode 1971 schließt sich der Konzilslehre vom gemeinsamen Priestertum aller Gläubigen inhaltlich an (vgl. dt. Ausgabe: Bischofssynode 1971. Das Priesteramt. Eingeleitet von Joseph Kardinal Höffner. Mit einem kurzen Kommentar von H. U. von Balthasar, Einsiedeln 1972; zit.: Ziff. u. Unterziff.): Zu Jesus Christus, der aufgrund seines höchsten einmaligen Priesteramtes (9, 2) der einzige Mittler zwischen Gott und den Menschen ist (9, 3), hat jeder Glaubende eine unmittelbare Beziehung (10). Die Kirche führt als priesterliches Volk im Namen und in der Kraft Christi den Heilsauftrag aus; sie ist als "organisches Gefäß" verfaßt durch die Gaben des Geistes und nimmt auf verschiedene Weise am Ämtern Christi des Priesters, Propheten und Königs Anteil (12, 1). Auffällig ist, daß H. U. v. Balthasar in seinem Kommentar die konziliare Terminologie vom "gemeinsamen Priestertum" nicht aufgreift und statt dessen wieder vom allgemeinen Priestertum aller Gläubigen spricht. Zur Kritik der Bischofssynode insbesondere in amtstheologischer Hinsicht vgl. E. Schillebeeckx, Das kirchliche Amt, Düsseldorf 1981, 157-188.

lassen.(153) Apostolizität der Kirche und gemeinsames Priestertum aller
Gläubigen bezeichnen die amtlich-institutionelle Dimension der Kirche als
ganzer,(154) ihre untrennbare Verbundenheit mit dem amtlichen Auftrag

153) Vgl. W. Beinert, Das Amt, die Ämter, a.a.O., 46f.

154) Die tieferliegenden Begründungszusammenhänge und der innere Konnex zwischen dem Gedanken der durch die Hineinnahme der Kirche als ganzer in die Pro-Existenz und in das
Priestertum Christi "amtlich" qualifizierten Dimension ihrer Sendung und der Theorie
von dem wesentlich institutionellen Charakter kirchlichen Seins lassen sich - gerade
als Explikation des sakramentalen Kirchengedankens - anhand der Verständnisbemühungen
H. U. v. Balthasars um die christliche Offenbarung als "gestalthafte Verfügung", die
immer schon "Institution" ist, und um die konstitutive Rolle der Kirche in diesem
Vollzug der gestalthaften Verfügung verdeutlichen und vertiefen:
Für H. U. v. Balthasar ist "nicht erst die Kirche in ihrer Gliederung oder ihren einzelnen Einrichtungen als Institution zu bezeichnen, sondern bereits ihr Prinzip, Jesus
Christus selbst, sofern er als der Sohn des Vaters dieser einzelne Mensch ist und zugleich der, um den herum alles Heilsgeschichtliche zur Gestalt kristallisiert" (Pneuma
und Institution, 343). Diese von Gott in Jesus Christus hingestellte Gestalt ist die
"forma servi", in welcher das Liebesgeschehen von Vater und Sohn im Heiligen Geist als
die menschgewordene und gekreuzigte Liebe und Hingabe Gottes an die Menschen offenbar
geworden ist und zwar in der gehorsamen Kenosis des Sohnes am Kreuz (Drei Tage, 23f.;
62f.). In dieser radikalen kenotischen Entäußerung und Expropriierung verobjektiviert,
institutionalisiert sich die Liebe von Vater und Sohn; die Personifikation ihrer gegenseitigen Hingabe erscheint im Hl. Geist (Spiritus Creator, 57; 97; Herrlichkeit, I
459f.). Damit wird der Institutionscharakter des Hl. Geistes offenbar (Pneuma und
Institution, 36), ja die "innertrinitarische und ökonomische 'Rolle' des Hl. Geistes
gibt für ihn (sc. v. Balthasar) den letzten theologischen Grund ab für so etwas wie
Institution in der Kirche" (M. Kehl, Kirche, 275): "Repräsentierung des Vaters durch
seinen von ihm ausgehenden, aber primär ihn objektiv vorstellenden Geist ist die Folge
und Entsprechung zu der in den Modus des menschlichen Gehorsams sich (kenotisch) entäußernden Liebe des Sohnes zum Vater. In dieser soteriologischen Modalisierung des
Verhältnisses zwischen Vater, Sohn und Geist liegt der Ursprung für alles, was im
theologischem Sinn als "Institution" bezeichnet werden kann: sie ist eine Metamorphose
der Liebe dort, wo absolute in ökonomische Trinität übergeht, ist aber deswegen keine
Entfremdung dieser Liebe" (Pneuma und Institution, 226). Die antwortende Gegenliebe
des Menschen auf diese selbst entäußerte, im Sohnesgehorsam objektivierte Liebe der
radikalen Selbsthingabe Gottes an die Menschen besteht nun darin, sich diese Gestalt
der menschgewordenen und gekreuzigten Liebe "einformen" zu lassen, und in der eigenen
Existenz diese Hingabeform Gottes an die Menschen nachbildend darzustellen (vgl. Herrlichkeit I, 216). An dieser Stelle gewinnt das "marianische Prinzip" bei v. Balthasar
(Klarstellungen, 65-72; vgl. dazu auch M. Hartmann, Ästhetik als ein Grundbegriff fundamentaler Theologie, bes. 153-168) die Bedeutung der prototypischen ekklesialen Ge-
bärde: In dem "Gott-über-sich-verfügen-lassen" (Pneuma und Institution, 143) ist Maria
"so geschmeidig in der Hand des Schöpfers geworden, daß er sie aus einem vereinzelten
privaten Bewußtsein weiten kann zu einem kirchlichen Bewußtsein: zu dem, was seit Origenes und Ambrosius die alte Theologie anima ecclesiastica zu nennen pflegt" (Sponsa
Verbi, 174). Als die niedrige Magd, die "so gar nicht 'Persönlichkeit' spielt", sondern einfach "vom Blick 'Seines Erbarmens' getroffen wird", wird sie zur "Urzelle von
Kirche", in der sich "der trinitarische Liebesgehorsam des Menschgewordenen wider-
standslos ausprägen" kann (Pneuma und Institution, 142f.). Dieser "kirchlich subjektive Grundakt" Mariens hat aber eine doppelte Bedeutung: er ist zum einen "subjektiver
vollerfüllter Grund für den subjektiven Akt der Kirche als solcher (der jedem defi-
zienten nachvollziehenden Akt des einzelnen Gläubigen qualitativ überlegen bleibt)
und, da Maria auch eine Glaubende innerhalb der kirchlichen Gemeinschaft ist, subjektiver vollerfüllter Grund eines jeden personalen Glaubensaktes innerhalb der communio

in Sendung und Vollmacht. Das spezifisch "Katholische" im Verständnis
dieser kirchlichen Sendung liegt nun in der Reduplikation dieser Struk-

sanctorum" (Sponsa Verbi, 173). Beide Funktionen ergänzen sich wechselseitig: einerseits ist die Kirche als Mutter der Glaubenden immer schon mehr als die Summe der
Gläubigen, und insofern ist jeder glaubende Akt des einzelnen schon in das grundlegende Ja-Wort Mariens eingeformt, das der jeden einzelnen Glaubensakt immer schon mittra-
gende "Raum" ist (Das betrachtende Gebet, 73ff.); andererseits aber existiert die
Kirche nur in den Gläubigen und in deren personalen Glaubensvollzügen, d. h. sie ist
kein hypostasiertes "universale ante rem" (Schleifung^2, 74).

Die kenotische Entäußerung des Sohnes findet an dem, der das Mit-Sterben und Mit-Auf-
erstehen mit Christus an sich geschehen läßt, seine Erfüllung dadurch, daß er von Gott
(wie Maria) "expropriiert (wird) in Christus und in die Gemeinschaft der Heiligen
hinein" (Sponsa Verbi, 176). Sein privates Ich wird geweitet in das "Ich der Sendung
Christi, das zum Knecht Christi umwandelte, aus 'Fleisch' zu 'Geist' gewordene ekklesiastische Ich" (ebd.).

Mit dem Begriff der "anima ecclesiastica" markiert v. Balthasar jenen aus dem "Institutionscharakter" der in der Kreuzesgestalt objektivierten göttlichen Liebe fließenden
Gedanken der "Enteignung" und Objektivierung des privaten Subjektes in die größere und
ihm je schon vorausliegende Wirklichkeit der Kirche hinein als den Vorgang der Einlei-
bung und Weitung in das Ich der Sendung Christi. Damit ist trinitäts- und kreuzestheo-
logisch der entscheidende Ansatzpunkt für das theologische Institutionsverständnis
gerade im Hinblick auf die Ekklesiologie erreicht (M. Kehl, Kirche, 250). Der Gedanke
des institutionell "Bindenden" in der Kirche ist ein pneumatolosiches Erfordernis,
denn gerade der Geist ist es, der "sich selbst auch 'objektiviert' in eine fordernde
'Regel', in eine normative Institution, die den Gehorsam des Sünders, also seine Bereitschaft, die Liebe Gottes als reine Gabe zu empfangen, einfordert. Gerade dem sündigen, sich dieser Liebe zunächst verschließenden Menschen gegenüber nimmt der Hl.
Geist diese Gestalt einer objektiven Ordnung an, damit dadurch die sündige Selbstbe-
hauptung im Gehorsam überwunden und der Geist dann auch als Freiheit, als Gabe der
Liebe Gottes erfahren werden kann. Wie der Geist sein befreiendes und universalisie-
rendes Werk nur durch den Kreuzesgehorsam des Sohnes gegenüber dem sich dem Geiste als
forderndes 'Muß' (griech.: dei) präsentierenden Willen des Vaters vollbringen konnte,
so kann er als diese bewegende und befreiende Macht auch in der Kirche nur da wirken,
wo sie sich von ihm in diesem Gehorsam Christi hineinbinden ... läßt. Alles Pneumatische in der Kirche muß auf diese Weise "christologisch gedeckt' sein, wenn nicht der
Hl. Geist mit dem eigenen Geist des Menschen verwechselt werden soll" (M. Kehl, Kirche, 280f.). Damit werden Christusereignis und "Kirchenereignis" zu korrelativen
Größen (Herrlichkeit, III/2.2, 90; 99; Pneuma und Institution, 180ff.), weil Jesu
Existenz schon von Anfang an "Existenz in Mitnahme" (Drei Tage, 265) und bei aller
Uneinholbarkeit in der letzten Einsamkeit und Gottverlassenheit seines stellvertreten-
den Sühnetodes (ebd., 90ff.) dennoch auf die Paradoxie einer "Teilnahme im Abstand"
(Spiritus Creator, 306) an dieser Existenz der Expropriierung und Weitung des privaten
Ich in das ekklesiastische Ich hinein abzielt. Die grundlegend "institutionelle"
Gestalt der Kirche rührt also im tiefsten von deren sakramentalem Wesen her, d. h. aus
ihrem (sakramentalen) Zusammenhang mit der "forma servi", dem fleischgewordenen Wort
Gottes. Zur näheren Beschreibung dieses sakramentalen Zusammenhanges bedient sich v.
Balthasar des Vermählungsgleichnisses, weil dieses sowohl das personale Gegenüber
(Braut-Bräutigam), wie das Ein-Geist-und-Ein-Leib-Sein (Haupt-Leib) in der eucharistischen Einheit und auch die grundsätzliche und nicht aufhebbare Verschiedenheit der
"Personen" (Christus und Kirche) in dem Eins-Sein (männlich-weiblich) in sich vereinigt (vgl. Herrlichkeit III/2.2, 83ff.): Das dialektische Ineins dieser drei Relationen ist das Kennzeichnende der christlichen Erlösungsordnung: "Fehlte in der Erlösung das erste, die Unrückführbarkeit der Subjekte, so würde an Stelle der Erlösung
durch Gnade der das Geschöpf verschlingende Pantheismus treten. Fehlte das zweite, das

tur innerhalb des communialen Aufbauprinzips der Kirche:(155) Weil die
Kirche als Wurzelsakrament sowohl bewirktes Zeichen als auch als solches

eine Fleisch als Sakrament des einen Geistes, so würde die Einigung nicht wahrhaft
vollzogen, und wir blieben bei jenem Juridismus stehen, der meistens (ob zu Recht oder
nicht) dem Protestantismus zur Last gelegt wird. Fehlte das dritte, die relative Op-
position des geschlechtlichen Wesens, so würden wir in eine Art religiöse Homosexua-
lität fallen, wobei das Geschöpf sich gegenüber Gott männlich verhalten würde ..."
(Sponsa Verbi, 198).

Das dialektische Ineins der drei Relationen zwischen Christus und Kirche expliziert im
Grund den Grundduktus der sakramentalen Idee im Kirchengedanken von dem Zugleich von
Identität und Differenz zwischen Christus und Kirche, von Zeichen- und Ausdrucksfunk-
tion des sacramentum. Das dabei die ("katholische") Pointe für den institutionellen
Charakter der kirchlichen Wirklichkeit gerade in der Ausdrucksfunktion (des sacramen-
tum "communio") liegt, wird anhand der eucharistischen Konkretisierung der kirchlichen
Institutionalität durch H. U. v. Balthasar deutlich:

In dem eucharistischen Geschehen erfährt die Ausdrucksfunktion des sacramentum Kirche
ihre äußerste Verdichtung, was sicher gerade in der katholisch möglichen Grenzaussage
von einer realen Ganzhineinnahme der Kirche in das Opfer Christi und der daraus hervorgehenden wirklichen Einheit der Kirche in ihrem "Mit-Opfern" mit ihm deutlich
machen läßt: Indem die Teilnehmer am eucharistischen Mahl den kenotischen Akt des
Sohnes als "zu 'kauendes' Brot und ... vergossene(n) Wein" (Drei Tage, 69) real hinnehmen, so daß sie wirklich ein Fleisch mit ihm werden, treten sie selbst real in das
restlose "Einverstandensein" mit dem Opfer des Herrn ein. "In diesem Einverständnis
der Mahlteilnehmer konstituiert sich die Gemeinschaft der Kirche; denn hier lassen die
Menschen - in 'weiblicher' Empfangsbereitschaft - das Opfer Christi an sich geschehen,
sie nehmen die Hingabe des Lebens für die Vielen an und lassen sich mit hineinnehmen
in dieses Opfer, in dieses Hingegeben- und Verströmtwerden zum Heil aller Menschen. Im
Abendmahlssaal vollendet sich die leiblich-bräutliche Zugestaltung der Kirche an
Christus, insofern hier die untrennbare Einheit in der bleibenden, radikalen Verschiedenheit von sich hingebendem Herrn und empfangender Magd vollzogen wird. Die mit der
Hingabe Christi einverstandene Kirche (- was im Empfang der Speise besiegelt wird -)
wird als solche ganz real mit hineingenommen in das Opfer Christi, wirklich mit ihm
vereint, ohne daß dieser Akt der Kirche mit dem Akt des sich für die Seinen opfernden
Christus gleichgesetzt werden kann" (M. Kehl, Kirche als Institution, 290); dennoch
aber ist er ihm "komplementär, nicht äußerlich, sondern innerlich, ihm geeint durch
den gleichen Gehorsam, den das Kreuzesleiden zur Voraussetzung hat" (Spiritus Creator,
194). In der Eucharistie kommt die Antwort-Gestalt der Kirche zu ihrer dichtesten
Ausprägung durch ihre Ein-prägung in die Gehorsamstat Christi und die damit angezielte
Zugestaltung der ganzen Menschheit an die Gestalt der unüberbietbaren Liebeshingabe
des Sohnes am Kreuz. In der Eucharistie wird die Gemeinschaft der Gläubigen durch
diese zeichenhaft-reale Einprägung und Weitung in die Form Christi sowohl zur abbildlichen Darstellung der "Form des göttlichen Für-einander" (Klarstellungen, 60) als
auch zur vorbildlichen Vorausbezeichnung der endzeitlichen Gemeinschaft aller Menschen
mit Gott. In dieser doppelten eucharistischen Erweiterung und Expropriierung findet
die Kirche ihre eigentliche Gestalt als Leib und Braut Christi. Sie wird gerade in
ihrer institutionellen Dimension damit durch die pneumatologisch-soteriologische
Modalisierung und Universalisierung des sohnlichen Liebesgehorsams in der "Kreuzes-
Institution" analog zur institutionellen Ermöglichung des christlichen Paradoxes von
Nachfolge und wirklicher Gleichgestaltung gegenüber der schlechthin und absolut ein-
malig-unerreichbaren Gestalt des fleischgewordenen und gekreuzigten Wortes (vgl. dazu
Sponsa Verbi, 86; Herrlichkeit, III/2.2, 174ff.).

Als Ausdrucksgestalt der forma servi kommt der Kirche - wenngleich sie darin ganz von
Christus, dem gehorsamen Knecht abhängig ist - dennoch soteriologische "Subjekthaftigkeit" zu und zwar als von der forma Christi her ständig in-stituierte communio. Die

wirkendes Zeichen ist, weil sie Zeichen und Werkzeug der communio der
Menschen mit Gott und untereinander ist, sind Sendung und Vollmacht,
die ihr als ganzer zueigen sind, in ihr noch einmal für sie da in der Gestalt des besonderen kirchlichen Amtes. In der Sprache der Tradition
und des Zweiten Vatikanischen Konzils findet dies seinen Ausdruck in
der Rede von dem Unterschied zwischen Priester und Laie hinsichtlich
der Teilhabe an den Ämtern Christi(156) nicht dem Grade nach sondern
dem Wesen nach.(157) Die essentielle Qualität dieses Unterschiedes ist
grundgelegt und verdeutlicht in der sakramentalen Bestellung der Amtsträger,(158) wodurch diese in der dabei verliehenen Salbung des Heiligen Geistes Christus gleichgestaltet werden.(159) Das sakramental begründete, besondere kirchliche Dienstamt redupliziert und rekapituliert
strukturanalog somit in der Kirche und für sie noch einmal deren sakramentales Bauprinzip, aus dem ihre amtlich-instituionelle Dimension resultiert:(160) Die Kirche ist als ganze Zeichen und Werkzeug, vorbildliche
Vorausbezeichnung und abbildlich-ausdrückliche Gestaltwerdung der innigsten Gemeinschaft aller Menschen untereinander und mit Gott,(161) d.
h. der Zugestaltung der ganzen Menschheit an Christus.(162) In ganz
besonderer Weise kommt - nach der konziliaren Ekklesiologie- diese
Wirklichkeitsdimension der Kirche durch die Wirklichkeit des (sakramental

eigentliche Explikation dieser Institutions-Natur der kirchlichen communio bietet v. Balthasar in seiner Amtstheologie; vgl. dazu w. u.

155) Vgl. W. Beinert, Das Amt, die Ämter, a.a.O., 48.

156) Vgl. dazu L. Schick, Das munus triplex, a.a.O., bes. 111-114; zum theologiegeschicht-lichen Hintergrund des Ternars: P. J. Cordes, Sendung zum Dienst, 117-160; s. auch o. S. 347 Anm. 94; S. 349 Anm. 102. Die Verwendung des Tria-munera-Schemas als inhaltli-ches Kategorisierungsprinzip für die Sendungsvollzüge Christi und der Kirche durch das II. Vatikanische Konzil verfällt weder hinsichtlich der Sendung der ganzen Kirche noch bezüglich des Ordo der Gefahr einer Identifizierung der Vollmachten der Kirche mit denen Christi (die Bezeichnung "tres potestates" wurde vermieden). Entscheidend ist für die Bewegungsrichtung des Repräsentationsvorganges, daß stets Christus der aktive Pol ist, der sich durch die Sendung der Kirche bzw. der Amtsträger in ihr repräsen-tiert (a.a.O., 113). nicht umgekehrt; gleichwohl aber ist die werkzeugliche Funktion der Kirche bzw. ihrer Amtsträger eine reale und gesicherte (ebd.; LG 10).

157) Vgl. LG 10,2; zum ganzen auch G. Greshake, Priestersein, a.a.O., 63-75.

158) Vgl. bes. LG 28; dazu auch K. Lehmann, Das theologische Verständnis der Ordination nach dem liturgischen Zeugnis der Priesterweihe, in: Ordination und kirchliches Amt, a.a.O., 19-52.

159) Vgl. bes. PO 2; LG 24; Bischofssynode (1971), 12,6 (s. o. S. 358 Anm. 148). Das Doku-ment der römischen Bischofssynode (1971) über das Priesteramt expliziert zwar überein-stimmend mit dem Konzil (LG 28) diese sakramentale Amtsbestellung des Amtsträgers in ihrer Bedeutung für die dem Priester dadurch zuteil werdende Funktion, in der Euchari-stiefeier in der Person Christi zu handeln, geht aber insofern über das Konzil einen Schritt "hinaus", als es erstmals explizit Existenz und Funktion des Priesters als "sakramental" qualifiziert (a.a.O., 12,7; 12,8; vgl. dazu H. Vorgrimler, Das Priester-dokument, a.a.O., 281). Über die nicht immer gefahrfreie Nähe des Dokumentes zum "Supernaturalismus", der dort virulent wird, wo derartige Aussagen ihren streng ekkle-siologisch-strukturellen Kontext überschreiten, vgl. E. Schillebeeckx, Das kirchliche Amt, 157ff.

160) Vgl. zur Explizierung dieser Zusammenhänge die Ausführungen zu H. U. v. Balthasars theologischer Grundlegung des kirchlichen Institutionsverständnisses o. S. 358ff. Anm. 150.

161) Vgl. LG 1; dazu o. S. 292ff.

162) Vgl. H. U. v. Balthasar, Pneuma und Institution, 235; Klarstellungen, 60f.

begründeten) besonderen kirchlichen Amtes zum Ausdruck, insofern dieses durch besondere Bevollmächtigung von Christus her ausgestattet in seinem Dienst die Endgültigkeit der Gegenwärtigkeit von Christi Heilswerk in der Kirche - sakramental - bezeugt.(163) Deutlicher noch als das II. Vatikanische Konzil formuliert diesen Gedanken das Priester-dokument der römischen Bischofssynode (1971): "Der Priester ist das Zeichen des von Gott ausgehenden Heilsplans, der je heute in der Kirche proklamiert wird und wirksam ist" (12,7); und: "Der Priester, dessen Existenz durch die im Weihesakrament empfangene Gabe besiegelt wurde, ruft die Kirche in Erinnerung, daß Gottes Selbsthingabe endgültig ist. In der Mitte der Christengemeinschaft, die aus dem Geist lebt, ist er trotz seiner Schwachheiten das Unterpfand der Heilsgegenwart Christi"(13).(164)

Erst in dem besonderen sakramental konstituierten Amt als dem formalen Konstitutionselement der Kirche gelangt die institutionelle Dimension derselben zu ihrer vollen Explikation, insofern in dem Amt gerade das "Besondere des Allgemeinen"(165) reduplikativ Gestalt gewinnt. Zur nä-heren Verdeutlichung dieser "amtlichen Besonderung" des grundlegenden amtlichen Charakters der Kirche in ihrer institutionstheologisch-ekkle-siologischen Bedeutung eignet sich insbesondere die Amtstheologie bei H. U. v. Balthasar:(166)

Für v. Balthasar besteht das "Besondere" des Amtes darin, daß der Amtsträger in seiner ganzen Existenz sich selbst enteignet wird, um dadurch prototypisch für die ganze Antwortgestalt der Kirche dieser die Form Christi durch immer größere Verdemütigung und Erniedrigung zu repräsentieren.(167) Als "Existenz in Repräsentation",(168) in der die "Radikalität der personalen Enteignung in den Auftrag" hinein Gestalt wird, bedeutet das amtliche Wirken die objektive Teilnahme an der Chri-stusform, in welcher die amtliche Vollmacht und auch die "objektiv-über-personale Gültigkeit der kirchlichen Amtshandlung"(169) gründet. Im Amt gewinnt somit das, was eigentlich jeder Christ als anima ecclesiastica vollziehen soll, seine prototypische Gestalt: die radikale Objektivierung

---

163) Vgl. dazu insbesondere PO 2; 6,1; LG 28,1; 21; 22. Zum Gedanken der Christus-Reprä-sentation des Amtsträgers s. o. S. 348f. Anm. 97.

164) Auf der Grundlage des sakramentalen Kirchengedankens formuliert das Dokument ferner, die Kirche sei aus ihrer Sendung von Christus her als Leib Christi insgesamt "der Zeuge und das wirksame Zeichen dieser Einigung (scil. von Gottes- und Menschenliebe), und zwar ganz besonders durch ihr priesterliches Dienstamt. Ist es doch die unter-scheidende Aufgabe des Priesters, in der Mitte der Kirche sowohl die Liebe Gottes in Christus zu uns durch Wort und Sakrament zu repräsentieren wie die Liebesgemeinschaft der Menschen mit Gott und unter sich zu fördern und aufzubauen" (7.6).

165) Vgl. H. U. v. Balthasar, Sponsa Verbi, 145: "Das Besondere kommt also nicht rein äußerlich-positivistisch zum Allgemeinen hinzu, ist vielmehr eine von Christus her sonderhaft gestiftete Ausprägung dieses Allgemeinen, womit es auch sonderhaft Typos, Vorbild und Vorlage dieses Allgemeinen für alle sein kann und sein soll."

166) Vgl. dazu bei M. Kehl, Kirche als Institution, bes. 291-307.

167) Vgl. H. U. v. Balthasar, Sponsa Verbi, 110; 116f.; 399ff.; Symphonisch, 124; Affekt, 288; Klarstellungen, 94-99.

168) Sponsa Verbi, 432.

169) Pneuma und Institution, 367.

alles Subjektiv-Persönlichen in die Sendung hinein.(170)

Die Notwendigkeit solcher prototypischer, reduplikativer gestalthafter Vorwegbezeichnung der allgemein christlich-kirchlichen Antwortgestalt, tritt nun erst eigentlich in Erscheinung, wo angesichts der notwendigen, aus der Widerständigkeit alles Welthaften, besonders der Sünde gegen die forma Christi resultierenden Diskrepanz zwischen subjektiver Realisation und objektiver Gestalt dieses amtlichen Auftrages die Eigentümlichkeit (und das Ärgerliche) des Institutionellen besonders in Erscheinung tritt: Es geht dabei um das ekklesial und subjektiv nie einholbare christologische "prae"(171) innerhalb der kirchlich-communialen Heilssendung, wie es besonders in dem amtlich gebundenen Vollzug der Sakramente sichtbar wird: diese können nur so die "Garantie Christi (sein), daß seine Menschwerdungsgnade unverändert, unverkleinert, unangepaßt an die enge Subjektivität der Menschen in ihrer himmlichen (sic!), unerfaßlichen Fülle immerdar zur Verfügung steht."(172)

Der Hl. Geist nimmt ja als objektivierte Liebe in seiner heilsgeschichtlichen Modalität die Gestalt der Institution selbst an;(173) dabei sind in der innertrinitarischen Relation "vollkommen objektiver Gehorsam und vollkommen subjektive Liebe ... in der Art, wie das göttliche Pneuma dem Sohn verliehen ist - als Auftrag (Institution) und als dessen liebender Erfüllung - immer schon eins."(174) In den welthaften Strukturen der Sünde und der Widerständigkeit gegen die forma des Sohnesgehorsams hingegen kann diese Einheit gerade im institutionellen Amt bis zur Unkenntlichkeit verdunkelt sein. Dennoch ist die christologische Exzentrizität des Amtes - damit sich des Sohnes "einmaliger freier kenotischer Akt in der institutionellen Kirchengestalt perpetuieren"(175) kann - in seiner Funktion, dahin zu vermitteln, unabdingbar. Das Amt hat - wie alles institutionelle in der Kirche seinen Sinn nur darin, zu der personal gelebten Heiligkeit des einzelnen hinzuführen.(176) So ist es von letzterer zwar überholbar, zu deren Verwirklichung aber in den welthaften Strukturen nicht ersetzbar, insofern es die personale Liebe Christi in ihrer äußersten Lebenshingabe als eine ein "von allen personalen Schwankungen und Beeinflussungen unabhängiges Rechtsverhältnis"(177) gegenüber den einzelnen konstituierende zur Darstellung bringt. "Die amtliche Ebene der Kirche steht deswegen gleichsam in einer 'schwebenden', nie selbstherrlich festzuhaltenden Mitte zwischen der 'überamtlichen' und der 'unteramtlichen' Ebene, die sie - als zu beiden Ebenen 'relativ' - miteinander vermitteln soll: die Gestalt des menschgewordenen Gottes und ihre ursprüngliche, marianisch-kirchliche Antwortgestalt soll durch die institutionelle Vermittlung (vornehmlich in Amt und Sakramenten) in allen Menschen Gestalt annehmen, so daß dieses so in der Kirche erweckte christliche Leben als das immer schon angestrebte Ziel des Heilshandelns Gottes ... erscheinen kann. So stehen sich in der Kirche Amtsträger und Laien im Verhältnis von (funktionaler) Mitteilung und

170) Vgl. dazu M. Kehl, Kirche als Institution, 299.
171) H. U. v. Balthasar, Sponsa Verbi, 336.
172) Ebd., 342.
173) Vgl. ders., Pneuma und Institution, 229.
174) Ebd., 139.
175) Ebd., 130.
176) Vgl. ders., Verbum Caro, 161; Sponsa Verbi, 27; 164ff.; 330f.; 332-348.
177) Sponsa Verbi, 408.

- 348 -

(endzwecklichem) Empfang gegenüber, wobei alles auf den geglückten, d. h. Frucht-bringenden Empfang ankommt."(178)

In der amtlichen "Reduplikation" der sakramentalen Sendungsstruktur der Kirche innerhalb ihrer selbst zeigt sich in der Dimension des In-stitutionell-Ausdrücklich-Gestalthaften dieses Kirchenverständnisses zugleich die ärgerliche(179) Positivität des darin sich artikulierenden christlichen Heilsverständnisses, wie sie in spezifischer Weise das Moment der in diesem sakramentalen Kirchenbegriff implizierten raum-zeitlichen Kontinuität dient (kulminierend im Bischof der Ortskirche) in vertikaler Richtung durch seine doppelte Repräsentation bei der Eucharistie dem Aufbau der kirchlichen communio; ebenso bringt es in horizontaler (raum-zeitlicher) Richtung diese Kontinuität sichtbar-institutionell zum Ausdruck, insofern die Bischöfe gleichsam die Knotenpunkte in dem Netz der "Kommunionen" unter den Ortskirchen darstellen. Denn der einzelne Bischof hat sein Bischof-Sein nur dadurch, daß er in Gemeinschaft mit den übrigen Bischöfen steht,(181) die in ihrem Kollegium anstelle des Apostel-Kollegiums als die bevollmächtigten Zeugen des "reinen" Wortes und der "rechten Kommunion" im Dienst der kirchlichen Heilssendung stehen.

Die materialen Grundsäulen der kirchlichen Sendung Wort und Sakramen-te sind gegenüber ihrer formalen Vollzugsgestalt im (sakramental begrün-deten) Amt konstitutionell nicht "freischwebende Hypostasen"; die Kon-stitution der Kirche als communio ist so wenig zu trennen vom Amt wie Kirche und Wort/Sakrament. Es besteht ein Verhältnis reziproker Bin-dung von Zeuge und Wort/Sakrament, von Amt und Kirche.(182) Sind

---

178) M. Kehl, Kirche als Institution, 300f.; das "ontologische" Moment in der denkerischen Relationsbestimmung zwischen (sakramentalem) besonderem Amt und gemeinsamem Priester-tum ist also streng heilsgeschichtlich-funktional einzulösen.
179) M. Kehl macht in seiner Darstellung des theologischen Institutionsverständnisses bei H. U. v. Balthasar, in der er die "tiefste und umfassendste" Begründung für das Insti-tutionelle der Kirche sieht, weil hier der Versuch unternommen sei, das Institutionel-le nicht nur als mehr oder weniger notwendiges menschlich-geschichtliches Produkt zu begreifen, sondern als eine "durchaus ursprüngliche Dimension der Offenbarungsgestalt selbst" (ebd., 308), darauf aufmerksam, daß Balthasar sowohl Grund wie Grenze des Institutionellen in der Offenbarung im Kreuzesereignis verankert: Die in dieser Zeit unabdingbar notwendige, in der göttlichen Verfügung des Kreuzes selbst begründete Funktion des Institutionellen ist gleichwohl immer nur eine mittelhafte und vorläufi-ge, die nur in der Gestalt des demütigen Kreuzesgehorsams ihren Ort hat, nicht jedoch in selbstzwecklicher Autonomisierung. Die Institution markiert - vom Kreuzesgeschehen her begründet - das "ärgerlich Positive" der christlichen Heilsverfügung (vgl. ebd., 308; zu den kritischen Anfragen Kehls an v. Balthasar hinsichtlich einer zu stark institutions-konservierenden Tendenz dieser Konzeption vgl. ebd., 309-311).
180) Damit ist aber genau der katholisch-protestantische ekklesiologische Dissenspunkt geortet; vgl. dazu E. Lessing, Kirche-Recht-Ökumene, bes. 43; s. o. S. 47f.
181) Vgl. dazu auch J. Ratzinger, Das geistliche Amt, a.a.O., 176.
182) Vgl. dazu ebd., 165. J. Ratzinger sieht gerade in der reformatorischen Hypostasierung der Rechtheit und Reinheit des Wortes den eigentlichen Bruch, den die Reformation im Kirchenbegriff gegenüber der katholischen Tradition vollzog. Zur historischen und dogmengeschichtlichen Dimension dieses Fragenkomplexes um den 'ekklesiologischen Ansatz der (reformatorischen) Kirchenspaltung" vgl. o. S. 213ff.

Wort und Sakrament die materialen Gehalte der kirchlichen Heilssendung, so liegt im Amt die formale Gestalt derselben. Wort und Sakrament wirken ursächlich die Einheit der Kirche, den Aufbau der communio, das Amt garantiert sie als deren Bedingung.(183)

In dem skizzierten - sicherlich einen wenn auch nicht in dieser Weise explizierten Gravitationspunkt der konziliaren Ekklesiologie ortenden - Verständnis von der Amtsbindung von Wort und Sakrament, d. h. der kirchlichen Heilssendung laufen gleichsam als wechselseitige Interpretamente und Implikate wie in einem Brennpunkt die spezifisch ekklesiologischen Optionen zusammen, von deren Perspektive her katholischerseits die Fragen nach der Möglichkeit sakramentaler Gemeinschaft zwischen katholischer Kirche und nichtkatholischen Gemeinschaften samt den implikativen Teilbereichen angegangen werden; ebendiese katholischekklesiologischen Optionen sind es aber auch, die gerade von evangelischer Seite in der einschlägigen Fachdiskussion selbst in Frage gestellt werden;(184) sie lassen sich skizzenhaft etwa durch folgende Positionen benennen:

1. Die Kirche ist eine **sakramentale Wirklichkeit**, d. h. sie ist Zeichen und Werkzeug von der und für die innigste Vereinigung der Menschen untereinander und mit Gott, wobei neben dem "eschatologischen ("noch-nicht") Aspekt gerade auch die Ausdrucksdimension des Zeichens ("schon-anfanghaft") einen spezifischen Akzent trägt ("christozentrisch-soteriologische Subjekthaftigkeit der Kirche": sie ist mehr als die Summe ihrer Gläubigen).
2. Diese sakramentale Dignität der kirchlichen communio erfaßt auch und gerade die institutionelle Dimension der Wirklichkeit Kirche, ja erstere kann als theologische Begründung für letztere gedeutet werden.
3. Strukturanaloge Explikation der institutionellen Dimension der kirchlichen communio ist das besondere (sakramental begründete) kirchliche Amt.

Eine für die Frage nach der Möglichkeit sakramentaler Gemeinschaft zwischen katholischer Kirche und nichtkatholischen christlichen Gemeinschaften letzte wichtige Konkretion dieser sich um den sakramentalen Kirchenbegriff gruppierenden "katholischen" Optionen auf den Vollzug der kirchlichen communio hin bildet die nähere Erläuterung der konziliaren Lehre von der Kirchenzugehörigkeit. Da sakramentale Gemeinschaft und Einheit in der kirchlichen communio aufs engste zusammenhängen, muß die Entscheidung der Frage, wer wie zur Kirche gehört eo ipso Implikationen für die Beantwortung der Frage nach den Möglichkeiten sakramentaler Gemeinschaft zwischen den Konfessionen erkennen lassen.

---

183) Vgl. hierzu G. Söhngen, Gesetz und Evangelium, a.a.O., 76f.; ders., Grundfragen einer Rechtstheologie, a.a.O., 70f.

184) Vgl. hierzu den Überblick zur ökumenischen Rezeption des Theorems von der "Sakramentalität der Kirche" bei G. Gaßmann, Kirche als Sakrament, Zeichen und Werkzeug. Die Rezeption dieser ekklesiologischen Perspektive in der ökumenischen Diskussion, in: Die Sakramentalität der Kirche, a.a.O., 171-201.

V. Die konziliare Lehre von der Kirchen-"Zugehörigkeit"(185)

Die konziliare Lehre von der Kirchenzugehörigkeit verfolgt einerseits
durch die deutliche Betonung der Taufe(186) als sakramentaler Grundlage der Kirchenzugehörigkeit die kanonistische Traditionslinie(187) in
der Gliedschaftsfrage, geht aber andererseits auch entschieden darüber
hinaus.

Ausgangspunkt hierfür ist die vom Konzil erstmals in dieser Weise betonte orthafte Situierung der kirchlichen Vollzugswirklichkeit: Die Gesamtkirche besteht in und aus Teilkirchen;(188) somit ist auch jede Zugehörigkeit zur Kirche begründet und vollzogen durch die Eingliederung in
einer Orts- oder Teilkirche, in der die Gesamtkirche konkrete Gestalt
gewinnt, weil in jener "die eine Sendung der Kirche in Wort und Sakramente vollzogen wird",(189) garantiert durch den ihr vorstehenden Bischof.

In diesem Zusammenhang gewinnt nun die konziliare Anerkennung der
nichtkatholischen christlichen Gemeinschaften als Kirchen oder kirchliche
Gemeinschaften besondere Bedeutung, wie sie unter anderem(190) in der
Formulierung der Kirchenkonstitution ihren Niederschlag gefunden hat,
wo davon die Rede ist, daß die nichtkatholischen Christen das Sakrament
der Taufe "in ihren eigenen Kirchen oder kirchlichen Gemeinschaften"-
(191) empfangen und damit also auch in ihre eigene Kirche oder kirchli-

---

185) Der Terminus "Kirchengliedschaft" ist hinsichtlich der konziliaren Lehre nicht mehr
voll adäquat, was besonders die Entstehungsgeschichte der Kirchenkonstitution auf der
Ausgangsbasis von 1963 verdeutlichen kann: In dem Schema von 1963 (Schema Constitutionis Dogmaticae De Ecclesia, Pars I, Typ. Pol. Vat. 1963, Nr. Abs) erscheinen die
Aussagen über die Kirchenzugehörigkeit im Kontext der konziliaren Lehre über die
Kirche als dem mystischen Leib Christi. Dagegen wählt der endgültige Konzilstext als
kontextuellen Ort für die Lehre von der Zugehörigkeit zur Kirche das Kapitel "De
Populo Dei", weil in dem Bild von der Kirche als Volk Gottes das Verhältnis der nichtkatholischen Christen zur Kirche unter Vermeidung des Begriffes "Glied" dargestellt
werden kann (vgl. dazu Relatio super caput II textus emendati schematis Constitutionis
De Ecclesia, Typ. Pol. Vat., 1964: Relatio des Erzbischofs Gabriel Garrone über das
zweite Kapitel für die Abstimmung am 21.11.1964, Seite 5: "de origine huius (sc.
secundi) Capitis et rationibus allatis ut conficeretur ... Etiam, quod non parvi
habendum est in hoc Concilio, rectior statuitur perspectiva ad agendum de catholicis,
christianis non catholicis et universis hominibus, dum terminologia de 'membris'
multas difficultates affert"). Vgl. auch die Bedeutung der Änderung in der Systematik
der Kirchenkonstitution gegenüber dem Schema 1963 (De Populo Dei - de constitutione
hierarchica) bei Y. Congar, Die Kirche als Volk Gottes, in: Concilium 1 (1965) 5-16.
186) Vgl. LG 14,1; 15; dazu P. Krämer, Die Zugehörigkeit zur Kirche, in: HdbKathKr, 162-171
(Lit.)
187) Vgl. dazu o. S. 242f.
188) Vgl. LG 23,1; dazu W. Aymans, Die Communio Ecclesiarum als Gestaltgesetz der einen
Kirche, in: AfkKR 139 (1970) 69-90; ders., Gliederungs- und Organisationsprinzipien,
in: HdbKathKR, 239-347.
189) W. Aymans, Die kanonistische Lehre ... in: AfkKR 142 (1973) 397-417, hier 413.
190) Vgl. dazu o. S. 287ff.
191) LG 15: "Sunt enim multi, qui sacram Scripturam ut normam credendi et vivendi in honorem habent, sincerumque telum religiosum ostendunt, amanter credunt in Deum Patrem om-
nipotentem et in Christum, Filium Dei Salvatorem, baptismo signatur, quo Christo con-

che Gemeinschaft eingegliedert werden, d. h. kirchlich "beheimatet" werden. "Dadurch wird ihre Zugehörigkeit zur Kirche Christi begründet, sofern diese, wenn auch in differenzierter Weise, auch in den nichtkatholischen Kirchen und kirchlichen Gemeinschaften verwirklicht ist."(192) Diese sakramental grundgelegte, unwiderrufliche, einzig durch die Taufe mögliche, ekklesial orientierte Eingliederung in den Leib Christi(193) ist jedoch zugleich eine keim- oder wurzelhafte, die auf die Entfaltung in der tätig-persönlich angeeigneten "Gliedschaft" drängt. Entsprechend der Bestimmung, daß die Kirche Christi ihren ausgezeichneten Verwirklichungsort (als "realitas complexa"(194)) in der konkreten katholischen Kirche findet (existit in(195)), was nicht ausschließt, "daß außerhalb ihres Gefüges vielfältige Elemente der Heiligung und der Wahrheit zu finden sind, die als der Kirche Christi eigene Gaben auf die katholische Einheit hindrängen",(196) formuliert das Konzil auch einen mehrschichtigen und gestuften "Kirchengliedschaftsbegriff", wenn es das Volk Gottes beschreibt als eines, das in allen Völkern der Erde wohnt (LG 13, 1), und ferner feststellt: "Zu dieser katholischen Einheit des Gottesvolkes ... sind alle Menschen berufen. Auf verschiedene Weise gehören ihr

---

iunguntur, imo et alia sacramenta in propriis Ecclesiis vel communitatibus ecclesiasticis agnoscunt et recipiunt."

Vgl. dagegen das Schema 1963, 9 (s. o. S. 366 Anm. 181): "Amanter enim credunt in Christum, Filium Dei Salvatorem baptismo indelebili signantur, imo omnia aut saltem quaedam sacramenta agnoscunt et recipiunt."

Vgl. dazu auch UR 3,3.4; L. Jaeger, Einführung in das Dekret "Über den Ökumenismus", in: Catholica 19 (1965) 3-13, bes. 3.

192) M. Kaiser, Zugehörigkeit zur Kirche, a.a.O., 295.

193) Vgl. dazu SC 6, 1; LG 7,2; 10, 1; 11, 1; 14, 1; 31, 1; AA 3,1; AG 6, 3; 7,1; UR 22.

194) LG 8, 1; dazu s. o. S. 294.

195) LG 8, 2; s. o. S. 287.

196) LG 8,2; das Schema von 1963 hatte noch davon gesprochen, daß die Nichtkatholiken durch ein inneres votum mit der Kirche verbunden seien; demgegenüber benennt der Konzilstext die objektiven Elemente, welche die getrennten Christen mit der katholischen Kirche verbinden und hebt damit das reapse-voto Zweiteilungsmodell auf:

Schema 1963, 8, 3: "Voto autem cum Ecclesia coniunguntur Catechumeni, qui Spiritu Sancto movente, cogitate et explicite ut ei incorporentur expetunt ... Suo modo idem valet de illis, qui nescientes Ecclesiam Catholicam esse veram et unicam Christi Ecclesiam, sincere, adiuvante gratio, voluntatem Christi vel, si distincta cognitione Christi carent, voluntatem Dei Creatoris, qui vult omnes homines salvos fieri, interna fide, spe et caritate adimplere satagunt." Vgl. dazu LG 14,3.

Das Schema von 1963 hält noch in gewisser Weise an der gliedschaftlichen Zweiteilung von "reapse-voto" in "Mystici Corporis" fest, wenngleich es nicht mehr ausdrücklich von (Kirchen-) "Gliedern" spricht. Das gegenüber "Mystici Corporis" fortgeschrittene Stadium theologischer Reflexion offenbart das Schema aber bereits dadurch, daß es die Bedeutung der Taufe besonders hervorhebt und demzufolge auch unterscheidet zwischen getrennten Christen und getrennten Nichtchristen; ersteren billigt es objektive sichtbare Elemente zu, durch welche sie in einer Verbindung mit der katholischen Kirche stehen, wobei allerdings nicht klar wird, wie diese Elemente sich zu dem unsichtbaren votum der näheren verhalten: Schema 1963, 9 u. 10; zu der vom Konzil angegebenen "Elementenliste" vgl. LG 15; 16. Zum ganzen vgl. auch J. Ratzinger, Die Entwicklung des Schemas "De Ecclesia", Centrum Coordinationis Communicationum de Concilio, Deutsches Konzilspressezentrum, 23.9.1964 (vervielfältigtes Manuskript); G. Dejaifve, La "Magna Charta" de Vatican II. La Constitution "Lumen Gentium", in: NouvRevTh 87 (1965) 3-22, bes. 5f; F. Ricken, Ecclesia ..., a.a.O., 366-381.

zu oder sind ihr zugeordnet die katholischen Gläubigen, die anderen an
Christus Glaubenden und schließlich alle Menschen überhaupt, die durch
die Gnade Gottes zum Heile berufen sind."(197) Die Zugehörigkeit der
katholischen Gläubigen beschreibt das Konzil näherhin so: "Illi plene
Ecclesiae societati incorporantur, qui Spiritum Christi habentes, integram
eius ordinationem omniaque media salutis in ea instituta accipiunt, et in
eiusdem compage visibili cum Christo, eam per Summum Pontificem atque
episcopos regente, iunguntur vinculis nempe professionis fidei, sacramentorum et ecclesiastici regiminis ac communionis."(198)

Die freilich bemerkbare Beeinflussung dieses Textes durch die vincula
Bellarmins kann dennoch die entscheidenden neuen Akzente (gegenüber
der apologetischen Gliedschaftstradition) nicht überdecken:
Kirchen-"Zugehörigkeit" ist keine statisch bestimmbare Größe(199) sondern eine dynamische, in verschiedenen Intensitätsgraden und Stufen
verwirklichbare Qualität der Zugehörigkeit zur Kirche, die auf die "plena
communio", die voll verwirklichte Kirchengemeinschaft abzielt.(200) Dies
bedeute auch die Partizipialkonstruktion "spiritum Christi habentes" an,
die das alle Elemente kirchlicher communio(201) zugleich umgreifende
dynamische Prinzip benennt, durch welches die Eingliederung in die
Kirche zur vollen Entfaltung gelangt,(202) was gleichbedeutend ist mit
dem Zutritt zu der ganzen Fülle der Heilsmittel, die die Kirche bereit-
hält.(203)

Insofern die Kirche "realitas complexa" ist, ist es durchaus legitim, im
Rahmen einer rechtlichen Normierung der kirchlichen Wirklichkeit auch

---

197) LG 13, 4: Die Termini "pertinere" und "ordinari ad" können hier zwar wohl eindeutig
auf die Personengruppen der Getauften (katholische und nichtkatholische) einerseits
und auf die Nichtgetauften andererseits bezogen werden, so daß "viel" also in disjunk-
tivem Sinn gedeutet werden kann (O. Saier, "Communio", a.a.O., 103 Anm. 351); da aber
Art 14 und 15 der Kirchenkonstitution in Bezug auf die getauften Christen nicht von
"pertinere", sondern von "coniungi" sprechen, muß der Sprachgebrauch der Konzilstexte
zumindest als nicht stringent bezeichnet werden; vgl. hierzu auch Relatio I = Schema
Constitutionis de Ecclesia, TPV 1964 (enthält den Text von 1963 und den für die dritte
Sitzungsperiode vorgelegten Text mit einer Relation zu den einzelnen Kapiteln und
Nummern), Seite 47f.; zum ganzen vgl. auch R. Sebott, Die Berufung zur Kirche, in:
HdbKathKR, 157-162.

198) LG 14, 2; UR 22, 2. Das Adverb "plene" im endgültigen Konzilstext ersetzt folgenden
Passus des Schemas von 1963: "**Reapse** et simpliciter loquendo Ecclesiae societati
incorporantur ..." (Hvh. v. Vf.), weil dieser "dunkel oder sogar nicht richtig" sei
(Rel I, 49f.: "Expressio reapse et simpliciter dicitur obscura vel immo non recta ...
et nemo his vocabulis totaliter adhaeret. E contra plurimi proponunt plene vel plene
et perfecte vel similem modum loquendi"). "Diese Änderung zeigt .. deutlich die Absicht, in der Frage nach der Kirchenzugehörigkeit kein striktes Entweder-oder aufzu-
stellen, sondern die Möglichkeit einer gestuften Teilhabe zu lehren" (F. Ricken,
Ecclesia ..., a.a.O., 374).

199) Vgl. noch "Mystici Corporis": "In Ecclesiae membris reapse ii soli adnumerandi sunt
..." (DS 3802).

200) Vgl. dazu w. u. S. 374ff.

201) Gemeint ist das dreifache Band: professio fidei, sacramenta, ecclesiasticum regimen ac
communio.

202) Vgl. W. Aymans, Die kanonistische Lehre, a.a.O., 409; dazu UR 2, 4.

203) Vgl. UR 3, 5; LG 1, 1; 9, 3; 48, 2.

deren geistliche Dimension zu artikulieren in der Formulierung "spiritum Christi habentes", zumal beide Aussagelinien (die "rechtliche" und die "geistliche") in der engen Verbindung von Eucharistiefähigkeit und Kirchenzugehörigkeit ihren Einheitspunkt finden. Mißverständlich wird die Formulierung "spiritum Christi habentes" im Rahmen der "Gliedschafts"-formel jedoch dann, wenn sie in Verbindung mit einer etwas ungeschickten und auch inkonsequenten Terminologie innerhalb des ganzen Konzilstextes dazu beiträgt, die kirchliche Verfassungs- und Gliedschaftsfrage in wenig vorteilhafter Weise mit der Heilsfrage zu verquicken.(204) Wenn "plene incorporari" in Verbindung gebracht wird mit "spiritum Christi habentes", so ist damit eine Aussage gemacht über die Fruchtbarkeit der Kirchenzugehörigkeit. Dies besagt weder, daß die "volle Einverleibung" gleichbedeutend wäre mit dem endgültigen Besitz des Heiles,(205) noch daß damit eine Statusbeschreibung aller in der katholischen Kirche Getauften gegeben sei.(206) Beide Deutungen sind - freilich durch die unglückliche Terminologie evozierte - Mißverständnisse der konziliaren Aussageintention, wie LG 14, 2 Satz 2 zeigt: "Nicht gerettet wird aber, wer, obwohl der Kirche eingegliedert (licet Ecclesiae incorporetur), in der Liebe nicht verharrt und im Schoße der Kirche zwar dem 'Leib', aber nicht dem 'Herzen' nach verbleibt."(207) Die durch die Taufe begründete anfanghafte Zugehörigkeit zur Kirche ist zwar grundsätzlich unverlierbar, sie kann aber durchaus unentfaltet bleiben und so dem einzelnen statt zum Heil zum Gericht gereichen. So zeigt der Textbefund, "daß sich im Konzil die Erkenntnis durchgesetzt hat, daß die Kirche eine komplexe Wirklichkeit ist, und demgemäß die Zugehörigkeit zur Kirche in verschiedenen Stufen und Schichten verwirklicht sein kann",(208) und auch über die Grenzen der katholischen Konfessionskirche hinausreicht. Die katholische Kirche weiß sich mit jenen, "die durch die Taufe der Ehre des Christennamens teilhaftig sind, den vollen Glauben aber nicht bekennen oder die Einheit der Gemeinschaft unter dem Nachfolger Petri nicht wahren, ... aus mehreren Gründen verbunden" (LG 15); sie betrachtet diese als "Brüder ... denn wer an Christus glaubt und in rechter Weise die Taufe empfangen hat, steht in einer gewissen, wenn auch nicht vollkommenen (in quodam cum Ecclesia catholica communione, etsi non perfecta) Gemeinschaft mit der

---

204) So J. Ratzinger, Das neue Volk Gottes, a.a.O., 102f. CIC 1983 cc. 96; 205 streicht die Formel.

205) Diese Auffassung entspräche der apologetischen Identifizierung von Kirche und Gottesreich, die den Unterschied zwischen konsekratorischer Bestimmung zum Heil und tatsächlich-tätiger Annahme derselben übersieht.

206) So bei B. C. Butler, Nichtkatholische Christen und ihr Verhältnis zur Kirche, in: G. Baraúna, (Hrsg.), De ecclesia I, 585-601, bes. 589-592.

207) Hier greift das Konzil auf eine typisch augustinische ekklesiologische Aussagestruktur zurück und deutet damit an, daß das plene incorporari Ecclesiae sowohl im Bereich der inneren Gnade als auch im Bereich des äußeren Zeichens gemindert sein kann (F. Ricken, Ecclesia ..., a.a.O., 375). Die Konzilsväter denken an den ekklesialen Status der peccatores (AcSynVat III/1, S. 203: "Quia peccatores Ecclesiae non plene incorporantur, etsi ad Ecclesiam pertinent, Commissio statuit adiungere, secundum Rom 8, 9: 'Spiritum Christi habentes'").

208) M. Kaiser, Zugehörigkeit zur Kirche, a.a.O., 298; zur kanonistischen Rezeption dieser konziliaren Lehre vgl. P. Krämer, Die Zugehörigkeit zur Kirche, in: HdbKathKR, 162-171, bes. 166; CIC 1983 cc. 96; 205.

katholischen Kirche ..."(209) Die nichtkatholischen Christen gehören zur Kirche, weil sie ihren eigenen Kirchen oder kirchlichen Gemeinschaften eingegliedert sind (LG 15; UR 3,1) mit denen die katholische Kirche in einer wahren geistgewirkten(210) und sakramental verankerten(211) Verbindung steht.(212) Wenn auch nach wie vor die katholische Kirche das "generale auxilium salutis" ist, durch welches allein der Zugang zu der ganzen Fülle der Heilsmittel möglich ist und durch das auch alle, die "schon auf irgendeine Weise zum Volk Gottes gehören" völlig dem einen Leib Christ auf Erden eingegliedert werden sollen (UR 3,5), "so können doch die Glieder der getrennten Kirchen und kirchlichen Gemeinschaften in dem Maß, in dem diese an der Fülle der Gnade und Wahrheit Anteil haben, in diesen und durch diese 'Zutritt zur Gemeinschaft des Heils' erlagen."(213)

Darin liegt auch der eigentliche theologische Ansatzpunkt für die Brisanz der Frage nach der Möglichkeit interkonfessioneller sakramentaler Gemeinschaft, insofern hiermit - unbeschadet der Möglichkeit der Einzel-

---

209) UR 3, 1 sowie 14, 1; 19, 1 ferner UR 4, 10, wo die nichtkatholischen Christen bezeichnet werden als "filii, qui sibi (sc. ecclesiae) quidem baptismate appositi, sed a sua plena communione seiuncti sunt."

210) Vgl. LG 15; der konziliare Akzent zu einer pneumatologischen Öffnung der Kirche auf die anderen kirchlichen Gemeinschaften und auf alle Völker hin (LG 7; 9; 12; UR 4) hat auch deutlichen Niederschlag gefunden in (euchologischen Texten) der Liturgie (vgl. dazu E. J. Lengeling, Pro unitate, a.a.O., bes. 215f.), insbesondere in der Präfation "De unitate Corporis Christi quod est Ecclesia": Die Präfation richtet den Lobpreis durch Christus an den Vater: "Durch ihn hast du uns zur Anerkennung (cognitio) deiner Wahrheit (1 Tim 2, 4) geführt, damit wir durch das Band der einen Glaubens und der Taufe sein Leib werden; durch ihn hast du uns in allen Völkern deinen Heiligen Geist reichlich gegeben (largitus es), der in der Verschiedenheit der Gaben (1 Kor 12, 4; vgl. LG 32: "donorum" statt "gratiarum") wunderbar wirkt und die Einheit herstellt ("mirabilis operator et unitatis effector), in den Söhnen der Annahme (adoptio) einwohnt (Röm 8, 11; 9, 4) und die ganze Kirche erfüllt und leitet (vgl. UR 2)." (Übers. nach E. J. Lengeling. a.a.O.). Ganz allgemein sprechen die liturgischen Gebete öfters als bisher vom Geist, der die Kirche erbaut und ihre Seele ist: vgl. dazu B. Weiss, Themenschlüssel zum Meßbuch, Einsiedeln-Freiburg 1976, 48-51; zum früheren Bestand A. Pflieger, Liturgicae orationis concordantia verbalia I: Missale Romanum, Rom-Freiburg-Basel 1963, 646ff.; zum stärker pneumatologischen Akzent in den neueren sakramentalen Spendeformeln und in den Definitionen der Liturgie vgl. E. J. Lengeling, Per istam sanctam unctionem ... adiuvet te gratia Spiritus Sancti, in: G. J. Békés-G. Farnedi (Hrsg.), Miscellanea in onore di P. C. Vagaggini (= Studia Anselmiana 79), Rom 1980, 237-294, bes. 237-248. Allerdings findet sich im Bereich der liturgischen Gebete nirgends ein ausdrücklicher Niederschlag der Aussage in LG 15 von einer wahren Verbindung im Heiligen Geist zwischen der katholischen Kirche und den getrennten Kirchen und kirchlichen Gemeinschaften (E. J. Lengeling, Pro unitate, a.a.O., 218). Gerade in der Frage, ob und inwieweit diese pneumatologische Aussage ekklesiologisch expliziert und ausgewertet werden kann, liegt der Nerv der ökumenischen Frage katholischerseits.

211) Vgl. UR 22,2.

212) Damit ist die Fundamentalwahrheit von der gemeinschaftlichen Verfaßtheit des Heiles artikuliert: "Ein bloß individuelles Christsein gibt es nicht, sondern Christsein heißt immer zum ganzen Christus und so zur Kirche gehören. Da es aber nur eine Kirche gibt, muß jeder, der Christi ist, in irgendeiner Form Glied der einen Kirche sein" (J. Ratzinger, Das neue Volk Gottes, 101f.).

213) M. Kaiser, Zugehörigkeit, a.a.O., 300; ferner UR 3, 3.

konversion – zum einen das Programm einer "Rückkehr-Ökumene nach
Rom" grundsätzlich überholt ist, und zum anderen im Rahmen der daraus
erwachsenden Legitimition der Suche nach neuen Modellen zur Wiederherstellung der sichtbaren kirchlichen Einheit die Frage nach deren Möglichkeiten sakramentaler Gemeinschaft zur Erreichung oder Bezeugung dieses
Zieles brennende Aktualität gewinnt. Zunächst ist festzuhalten, daß das
Konzil vor allem mit seinen ekklesiologischen Aussagen über die aus der
Reformation hervorgegangenen kirchlichen Gemeinschaften und durch die
von ihm vorgenommene Aufwertung der Teilkirche und des Teilkirchen-
verbandes in erster Linie das Ziel eines Zusammenlebens der getrennten
Konfessionskirche in der Form relativ eigenständiger Rituskirchen als
sinnvoll und insinuiert erscheinen läßt;(214) katholischerseits werden
demgemäß auch die Rechtsordnungen der nichtkatholischen Kirchen und
kirchlichen Gemeinschaften in einem umfassenden Sinne anerkannt;(215)
d. h. auch, daß nichtkatholische Christen nicht mehr durch katholische
Gesetzesnormen verpflichtet werden.

Darüber hinaus aber wird nun in immer stärkerem Maße die Forderung
nach erweiterten Möglichkeiten auch sakramentaler Gemeinschaft zwischen
den getrennten Kirchen und kirchlichen Gemeinschaften erhoben,(216)
um für die (stufenweise) Verwirklichung der sichtbaren Einheit wirksame
Zeichen setzen zu können. Dies setzt von katholischer Seite her eine
Anerkennung des kirchlichen Status nichtkatholischer christlicher Gemeinschaften voraus.(217)

---

214) Vgl. W. Aymans, Die kanonistische Lehre, a.a.O., 414f.

215) Vgl. P. Krämer, Die Zugehörigkeit zur Kirche, in: HdbKathKR, 162-171, bes. 170f.

216) Vgl. etwa J. Pruisken, Interkommunion im Prozeß; H. Fiolet, Die Abendmahlsgemeinschaft
aus katholischer Sicht, in: Concilium 5 (1969) 255-259; M. Villain, Was kann der
Theologe Mutiges für die ökumenische Verständigung tun ?, in: Concilium 5 (1969)
291-295, bes. 293f.; vgl. auch die Berichte, ebd., 316; 320; 328; HerKorr (23 (1969)
561f.; V. Vajta, Interkommunion - mit Rom ?, Göttingen 1969; J.-J. Allmen, Die Abendmahlsgemeinschaft aus reformierter Sicht, in: Concilium 5 (1969) 250-254; Faith-and-
Order-Kommission, Über die Interkommunion hinaus! Auf dem Weg zur eucharistischen Communio, hrsg. v. L. Vischer, in: Studie Encounter, Genf 1969, Nr. 3, deutsch in: ÖR 18
(1969) 574-592; R. Boeckler, Interkommunion-Konziliartität; H. Fries - W. Pannenberg,
Abendmahl und Abendmahlsgemeinschaft, in: US 26 (1971) 68-88; V. Vajta, Die Dringlichkeit; B. Kleinheyer, Noch deutlichere Gemeinsamkeit, in: LJ 27 (1977) 107-123;
weitere Literatur findet sich o. S. 2 An. 3; ferner bei H. Stirnimann (Hrsg.), Interkommunion - Hoffnungen zu bedenken, a.a.O., 77-149: Bibliographie zum Thema von J. B.
Brantschen und P. Selvatico (1900-1971); W. Beinert, Amt und Eucharistiegemeinschaft,
a.a.O.; Ch. Chuwyler, Das Problem der Interkommunion, I-II (Lit.). In der Interkom-
munion-Debatte lassen sich zwei grundsätzliche Positionen ausmachen: 1. die Vertreter
der Ansicht, die Eucharistie könne nur Zeichen der (schon vorhandenen) Einheit sein:
Lit. bei Ch. Huwyler, a.a.O., I, 236 Anm. 1; 2. die Vertreter der Ansicht, die Eucharistie sei sowohl Zeichen als auch Mittel für die Erreichung der kirchlichen Einheit:
Lit., ebd., 237f. Anm. 2. Nach These 1 kann es gegenwärtig keine Abendmahlsgemeinschaft geben, außer in einigen notbedingten Ausnahmefällen; nach These 2 sind bereits
jetzt gewisse Formen solcher Gemeinschaft möglich. Näheres dazu s. w. u. § 20 II.

217) Dieser ekklesiologische Nerv des Problems interkonfessioneller sakramentaler Gemeinschaft zeigt sich insbesondere auch an der unterschiedlichen Behandlung der Frage
katholischerseits im Hinblick auf die getrennten Ostkirchen und auf die reformatorischen Gemeinschaften; vgl. dazu o. S. 252. Vgl. auch H. Meyer, Pastorale Probleme
zwischen den Konfessionen, a.a.O., bes. 139ff.

Nach den bisherigen Darlegungen über die Ausführungen des II. Vatikanischen Konzils hinsichtlich der Kirchenzugehörigkeit und des ekklesialen Status nichtkatholischer Gemeinschaften(218) ergeben sich für dieses ökumenische Programm durchaus massive Anhaltspunkte: Denn jede christliche Gemeinschaft, die eine gültige Taufe spendet, aktuiert damit ihre unwiderrufliche Hingordnetheit auf das eine Ursakrament der Kirche, welches in ihr wirksam und sichtbar wird und sie als ein "Mittel des Heiles" qualifiziert.(219) Jeder - wenn auch außerhalb der katholischen Kirche - Getaufte wird eben durch die Taufe in das sichtbare Gefüge seiner Kirche (bzw. "kirchlichen Gemeinschaft") aufgenommen und steht damit - auch wenn diese von der katholischen Kirche getrennt ist - in einer unauslöschlich bleibenden Bezogenheit auf die eine ursakramentale sichtbare Kirchengemeinschaft.(220)

Müßte durch diese sakramental grundgelegte Verbindung der nichtkatholischen Gemeinschaften mit dem Ursakrament der einen Kirche Christi nicht analog zu der Verbindung zwischen Gesamtkirche und katholischen Orts- oder Teilkirchen generell anerkannt werden können, daß auch die nichtkatholischen Gemeinschaften in ihren sakramentalen Vollzügen - wie die katholischen Ortskirchen - das gleiche Leben aus der einen ursakramental-ekklesialen Gnade vollziehen?

Dieser Schlußfolgerung setzt sich freilich die katholische Auffassung sperrig in den Weg, daß der sichtbare Ausdruck der gnadenhaften ursakramental vermittelten Gemeinschaft mit Christus und der Menschen untereinander je vermindert ist, wenn die Taufe außerhalb der sichtbaren Grenzen der katholischen Kirche gespendet wird. "Denn die Gemeinschaft, in die der Getaufte dann aufgenommen wird, ist mit der sichtbaren Gestalt des Ursakramentes zwar verbunden durch das sichtbare Band gültiger Sakramentenspendung, aber nicht zugleich, wie die katholische Ortsgemeinschaft, durch das sichtbare Band der kirchlichen Leitung und Gemeinschaft und des vollen Glaubensbekenntnisses."(221) "In ihrer Unerfülltheit verleiht jede außerhalb der Kirche gespendete Taufe" zwar "zugleich eine Dynamik auf die Einheit hin",(222) sie setzt diese Einheit aber noch nicht.(223) Die vom Konzil anerkannte "geistge-

---

218) S. o. S. 287ff.; 366ff.

219) Vgl. dazu etwa UR 3, 4; 3, 1; 22, 2; dazu Rel II (S. O. 366 Anm. 181), 6f. (als Erläuterung zu LG 14 und 15): "Alii quidem integre omnibus gaudent quae Pater posuit, in misericordia et voluntate sua, ut omnibus pateant ad fidem et vitam in populo suo servandas (N. 14). Alii vere quidem sed gradu diverso ad haec partem habent quae Populum Dei constituunt: fidem, Sacramenta, Scripturam, necnon et sacram Hierarchiam (N. 15)."

220) Vgl. dazu auch E. Schillebeeckx, Christus - Sakrament der Gottbegegnung, a.a.O., 161f.; K. Rahner, Kirche und Sakramente, a.a.O., 79.

221) F. Ricken, Ecclesia ..., a.a.O., 380.

222) Ebd., 381.

223) In den einschlägigen ökumenischen Konsens-Dokumenten über die Taufe ist denn auch sehr wohl ein Fundamentalkonsens bezüglich der Aussagen über die Wirkungen der Taufe, ihre Gültigkeit bei den verschiedenen christlichen Gemeinschaften und die Einmaligkeit und Unwiederholbarkeit ihrer Spendung feststellbar (vgl. dazu bei Ch. Huwyler, Interkommunion II, 392ff.; P. Bläser, Ökumenische Bedeutung der Taufe: Die Diskussion um die Taufe in der heutigen evangelischen Theologie, in: KNA, Konzil-Kirche-Welt Nr. 9/1970, 5-8; S. Regli, Ökumenische Konsenserklärungen mit römisch-katholischer Beteiligung

wirkte" (LG 15) Verbindung der nichtkatholischen Gemeinschaften mit
der katholischen Kirche ist eine durch den realen sakramentalen Bezug
zum Ursakrament des Leibes Christi bewirkte und somit eine wahre Verbindung in der "res" (die ja auch in der katholischen Kirche nur als
"Angeld" da ist). Alle Hindernisse auf dem Weg zur Verwirklichung der
kirchlichen Einheit rühren von der katholisch-ekklesiologischen Perspektive aus betrachtet also vom "sacramentum" her, "das das Glaubensbekenntnis, die Eucharistie, das Weihesakrament, den Episkopat, den
Primat des Petrus umfaßt."(224) Der Nerv des ökumenischen Problems
liegt katholischerseits also in dem zentripetalen Effekt der institutionellen
communio-Ekklesiologie, der sich aus der spezifisch katholischen Erhebung des (sakramentalen) Amtes in die Konstitutionsbedingungen der
Kirche ergibt: Dieses ekklesiologische Bauprinzip impliziert ein aprio-
risch-deduktives kriteriologisches Denkmuster zur Beurteilung "ekklesialer Qualitäten", d. h. das kirchliche Sakrament (die communio) für die
(geistgewirkte) res ist dort eo ipso unvollkommen, wo die Einheit in der
Leitung durch das (besondere, bischöfliche) Amt nicht gegeben ist. Von
diesem a priori her wird dann erst die Frage erörtert, "ob der Geist alle
seine kirchlichen Wirkungen (auch) da entfaltet, wo das kirchliche
Sakrament unvollkommen ist."(225)

Diese "zentripetal-apriorische" Tendenz der katholischen communio-Ekklesiologie läßt sich besonders deutlich verfolgen anhand der Frage, inwieweit nichtkatholische christliche Gemeinschaften in den konkreten Vollzug
der kirchlichen communio (im katholischen Verständnis) einbezogen
werden können.

Aus der bereits erwähnten, für die Kirchenzugehörigkeitsbestimmung
zentralen Stelle im 2. Kapitel der Kirchenkonstitution (LG 14,2) wird
unschwer das in Anlehnung an den Kirchenbegriff R. Bellarmins aufgegriffene Schema des dreifachen Bandes erkennbar, welches das volle
Eingegliedertsein in die Kirche nach seinen inhaltlichen Dimensionen hin
aufschlüsselt: Das Band des Glaubensbekenntnisses, der Gemeinschaft im
sakramentalen Vollzug und der kirchlichen Gemeinschaftsordnung. Die
ekklesiologische Einheitskonzeption der katholischen Kirche ordnet die
Frage nach der Möglichkeit sakramentaler Gemeinschaft mit nichtkatholischen christlichen Gemeinschaften in diesen dreifachen ekklesialen Bezugsrahmen von der Einheit der Kirche hinsichtlich des Bekenntnisses,
des sakramentalen Vollzuges und der hierarchischen Struktur ein. Die
Prüfung dieser Kriterien bildet die Grundlage für Aussagen über mögliche sakramentale Gemeinschaft mit einer bestimmten nichtkatholischen
christlichen Gemeinschaft.

über Taufe, Eucharistie und Amt: Ergebnisse, in: Theologische Berichte IX, 129-171);
"die allgemeine Rede von der Anerkennung der Taufe oder gar der Taufgemeinschaft (ist
jedoch) vorsichtig aufzunehmen" (Ch. Huwyler, a.a.O., II, 396), denn es bestehen
durchaus noch Differenzpunkte im Taufverständnis, die eben aus der unterschiedlichen
Auffassung über die jeweiligen ekklesiologischen Implikationen des Taufgeschehens
resultieren.

224) Y. Congar, Die christologischen und pneumatologischen Implikationen, a.a.O., 121.
225) Ebd.

§ 16: DER VOLLZUG DER COMMUNIO ECCLESIAE: DIE SAKRAMENTAL-
THEOLOGISCHE KIRCHEN-UND EINHEITSKONZEPTION DES II. VA-
TIKANISCHEN KONZILS ALS GEMEINSCHAFT ZWISCHEN KATHO-
LISCHER KIRCHE UND NICHTKATHOLISCHEN KIRCHLICHEN GE-
MEINSCHAFTEN

Für die Auswertung der sakramental-ekklesiologischen Konzeption des II.
Vatikanischen Konzils hinsichtlich der Frage nach der Sakramentengemeinschaft gilt es zunächst, den aus der Erörterung der konziliaren
"Gliedschaftslehre" gewonnenen Befund über die Verhältnisbestimmung
nichtkatholischer Gemeinschaften zur katholischen Kirche auf den einschlägigen Begriff zu bringen:

I. Die Unterscheidung: "communio plena - communio non plena"

Entsprechend der Konzeption von einer gestuften Kirchenzugehörigkeit
gewinnt das II. Vatikanische Konzil auch die Kategorie einer gestuften
ekklesialen Verhältnisbestimmung zwischen nichtkatholischer Gemeinschaften und katholischer Kirche, die terminologisch in dem Begriffspaar
"communio plena - communio non plena" ihren Ausdruck findet und auf
dem Hintergrund der vorkonziliaren kodikarischen Sprechweise von den
"baptizati acatholici"(1) oder von der "secta haeretica"(2) den entscheidenden (ekklesiologischen) Fortschritt in der ökumenischen Bewußtseins-
und Rechtslage durch das II. Vatikanische Konzil markiert:
(1) Die Tatsache der gespaltenen Christenheit wird nicht mehr einfachhin
    (kirchenamtlich) übergangen, sondern in ihrer - durch die Konfron-
    tation mit einer weitgehend säkularisierten Umwelt - zugeschärften
    Herausforderung an die Einheit der christlichen Kirchen im Hinblick
    auf die Glaubwürdigkeit ihres Zeugnisses in der Welt wahrgenommen
    und als Auftrag gesehen, die tatsächlichen Gemeinsamkeiten zwischen
    den christlichen Konfessionen aufzusuchen und bewußt und fruchtbar
    zu machen.(3)
(2) Die nichtkatholischen Christen werden erstmals ausdrücklich in ihrem
    eigenen ekklesialen Zusammenhang gesehen und gewürdigt und nicht
    mehr nur als einzelne rechtlich behinderte Katholiken verein-
    nahmt.(4)

---

1) Vgl. CIC 1917 c. 1061 § 1, 2 s. auch o. S. 250f.
2) Vgl. CIC 1917 c. 1060: "secta haeretica seu schismatica"; s. auch o. S. 285f. Während
   die liturgische Ordnung im Anschluß an die kodikarische Terminologie bis vor dem Konzil
   einen "Ordo ad reconciliandum apostatam schismaticum vel haereticum" kannte, spricht das
   neue liturgische Buch (Ordo Initiationis christianae adultorum, IPV 1972) von dem "ordo
   admissionis valide iam baptizatorum in plenam communionem Ecclesiae catholicae" (vgl.
   auch SC 69). Die in dem alten Ritus vorkommende Aufforderung "Horresce haereticum pra-
   vitatem, respue nefarias sectas impiorum N. (Name der "Sekte")" ist gestrichen. Dazu
   E. J. Lengeling, Pro unitate, a.a.O., 220.
3) Vgl. dazu auch W. Pannenberg, Einheit der Kirche als Glaubenswirklichkeit und als ökumenisches Ziel, in: Ethik und Ekklesiologie, 200-210, bes. 201f.
4) Freilich wird jüngst gerade von evangelischer Seite der Vorwurf der ekklesialen Verein-
   nahmung nichtkatholischer Gemeinschaften durch die konziliare Ekklesiologie erhoben,
   wenn die katholische Kirche davon spricht, "daß außerhalb ihres Gefüges vielfältige
   Elemente der Heiligung und der Wahrheit zu finden sind, die - von Christus kommend und
   zu ihm führend - von Rechts wegen zu der einzigen Kirche Christi gehören" (UR 3,2) und

(3) Der Glaube an Christus und die durch die Taufe unwiderruflich grundgelegte anfanghafte Eingliederung in die eine Kirche Christi begründen eine "gewisse, wenn auch nicht vollkommene Gemeinschaft mit der katholischen Kirche."(5)

II. Communio plena und communio non plena in der konstitutionellen Ordnung

1. Die gemeinsame Grundgliedschaft durch die Taufe

Durch die Taufe wird der Glaubende in die Gemeinschaft derer eingegliedert, die selbst schon auf diese Weise in das Pascha-Mysterium Christi hineingenommen sind, d. h. er wird zugleich Christus eingegliedert (LG 7,2; UR 22,1). Er ist also durch das Sakrament, das immer auch Selbstvollzug der Kirche ist,(6) in die Gemeinschaft der Kirche aufgenommen; beide Wirkungen des Sakramentes liegen ineinander. Wenn daher in allen Gemeinschaften, in denen sich ekklesiale Elemente verwirklichen, die Kirche Christi sich verwirklicht, und damit auch eine sichtbar-reale Verbindung unter ihnen gegeben ist, so ergibt sich daraus, daß alle, die die Taufe empfangen haben, zur Kirche Christi gehören(7) und somit auch in einer sichtbaren Einheit verbunden sind, die alle christlichen

---

als solche "der Kirche Christi eigene Gaben auf die katholische Einheit hindrängen" (LG 8,2), welche in der römischen Kirche nicht nur unverloren sondern unverlierbar (amissibilis: UR 4,3) verwirklicht ist. Vgl. dazu E. Herms, Einheit der Christen, a.a.O., bes. 47-94: Herms vindiziert mit dem Vorwurf einer vereinnahmenden Ekklesiologie und eines entsprechenden "Rückkehr-Ökumenismus" sowohl die konziliare Theologie (Ekklesiologie) wie auch den von ihm sogenannten "Rahner-Plan" (H. Fries-K. Rahner, Einigung der Kirchen - reale Möglichkeit, a.a.O.); näheres dazu später; zur Kritik der Herms'schen Interpretation vgl. H. Fries, Das Rad der Ökumene zurückdrehen?, a.a.O. Herms sieht als evangelischer Interpret der konziliaren Ekklesiologie jedenfalls in der Ersetzung der identifikatorischen Verhältnisbestimmung zwischen universaler Kirche Christi und der römischen ("Mystici Corporis") durch die Behauptung, daß die universale Kirche und ihre Einheit in der römischen Kirche "nur" subsistieren "nicht eine Relativierung des Anspruches der römischen Kirche, die eine universale Kirche zu **sein**", sondern "die Intensivierung und Ausdehnung dieses Anspruchs. Denn indem an die Stelle der Behauptung, daß nur die römische Kirche die universale Kirche **ist**, die Behauptung tritt, daß die römische Kirche lediglich der Ort ist, an dem die universale Kirche **schon verwirklicht ist**, wird erst die gedankliche Möglichkeit geschaffen auch außerhalb der römischen Kirche Elemente des christlichen Lebens anzuerkennen. Und zwar als Elemente eines christlichen Lebens, das zwar noch nicht zu seiner vollen Wirklichkeit (nämlich in der römischen Kirche) gelangt ist, aber danach strebt" (a.a.O., 87f.). Damit ist sicherlich zutreffend der zentripetale Akzent der konziliaren Ekklesiologie erfaßt, was deren **institutionellen** Anspruch betrifft; zu unterscheiden ist davon auch im Sinne des Konzils die Frage nach dem je konkreten Aktualisierungsgrad der Fülle kirchlichen Seins, der durchaus in manchen Elementen in nichtkatholischen Gemeinschaften einen höheren Stand erreichen kann. Vgl. hierzu o. S. 287ff.; 319f. Anm. 25.

5) Vgl. UR 3, 1: "Hi enim qui in Christum credunt et baptismum rite receperunt, in quadam cum Ecclesia catholica communione, etsi non plena, constituuntur." Vgl. auch UR 4, 10.

6) Vgl. dazu oben S. 345 Anm. 83.

7) Vgl. LG 11,1: "Fideles per baptismum in Ecclesia incorporari ..." greift die kanonistische Tradition der Gliedschaftslehre auf: "Baptismate homo constituitur in Ecclesia Christi persona ..." (CIC 1917 c. 87; CIC 1983 c. 204 § 1).

Gemeinschaften umfaßt,(8) in denen die Taufe recht gespendet wird.(9) Damit ist wohl die erste und weitreichendste Basis(10) für alle ökumenischen Bemühungen zwischen katholischer Kirche und nichtkatholischen Gemeinschaften geschaffen, die als sakramental gelegtes Fundament der Grundgliedschaft aller Christen in der Gemeinschaft der Gläubigen auch die Basis für die Möglichkeit einer freilich nur anfanghaften gottesdienstlichen Gemeinschaft mit getrennten kirchlichen Gemeinschaften bildet; die Schwierigkeiten katholischerseits aus dieser "Taufgemeinschaft" diesbezügliche weiterreichende ökumenische Schritte abzuleiten liegen darin begründet, daß die Taufe nach den Konzilstexten wesentlich in einen gesamtsakramentalen, d. h. spezifizierenden ekklesiologischen Zusammenhang eingeordnet ist: Sie ist "nur ein Anfang und Ausgangspunkt (sc. für die volle Eingliederung in die Kirche), da sie ihrem ganzen Wesen nach hinzielt auf die Erlangung der Fülle des Lebens in Christus. Daher ist die Taufe hingeordnet auf das vollständige Bekenntnis des Glaubens, auf die völlige Eingliederung in die Heilsveranstaltung, wie Christus sie gewollt hat, schließlich auf die vollständige Einfügung in die eucharistische Gemeinschaft."(11) Das gemeinsame Band

---

8) UR 22,2: "Die Taufe ... begründet ein sakramentales Band der Einheit zwischen allen, die durch sie wiedergeboren sind." Dazu DO I, 11: "Daraus folgt, daß die Taufe das sakramentale Band der Einheit, ja sogar das Fundament der Gemeinschaft unter allen Christen ist."

9) Vgl. dazu A. Völler, Einheit der Kirche, a.a.O., 147; die Gültigkeit der Taufspendung bei den getrennten Ostkirchen steht dabei außer Zweifel (DO I,12). Auch bei den übrigen christlichen Gemeinschaften wird die Gültigkeit der Taufspendung anerkannt, wenn der Ritus gemäß den Vorschriften dieser Gemeinschaft vollzogen wurde (DO I, 13), d. h. durch Eintauchen, Begießen oder Besprengen des Täuflings die Taufe unter Verwendung der trinitarischen Taufformel gespendet wurde (CIC 1917 c. 758; DO I, 13a; CIC 1983 cc. 849; 850; 854; Materie/Form), und wenn der die Taufe vollziehende (- im Normalfall -) Amtsträger aller Wahrscheinlichkeit nach tun wollte, was die Christen bei diesem Sakrament tun (DO I, 13b; Glaube und Intention); der mangelnde Glaube des Amtsträgers macht an und für sich die Taufe niemals ungültig (ebd.). Die Unwiederholbarkeit der Taufe (CIC 1917 c. 732 § 1; CIC 1983 c. 864; 845 § 1) verbietet es, "die Taufe bedingungsweise zu wiederholen, wenn kein begründeter Zweifel entweder an der Tatsache oder an der Gültigkeit der schon gespendeten Taufe besteht" (DO I, 14; CIC 1983 cc. 869; 870; dazu A. E. Hierold, Taufe und Firmung, in: HdbKathKR, 659-675, bes. 668). Für die katholische Anerkennung der Gültigkeit der von nichtkatholischen Amtsträgern gespendeten Taufe sind hauptsächlich zwei Grundsätze von Bedeutung: die Heilsnotwendigkeit und die Unwiederholbarkeit der Taufe (DO I, 9).

10) Vgl. A. Grillmeier, Kommentar, in: LThK, Vat., I, 201. Zu dem ökumenischen Fundamentalkonsens bezüglich des Taufsakramentes (elementare Bedeutung für die Eingliederung in den Leib Christi; Unwiederholbarkeit) vgl. Ch. Huwyler, Interkommunion, II, 392-397; S. Regli, Ökumenische Konsenserklärungen, a.a.O., 134-139; s. o. S. 372f. Anm. 219. Die konfessionsspezifischen Unterschiede bezüglich der Tauf- bzw. Initiationspraxis (Kinder- oder Erwachsenentaufe, Firmung/Konfirmation) haben keinen grundsätzlichen und kirchentrennenden Charakter (KgWS, 34) und können nicht die Grundüberzeugung beeinträchtigen, daß die Taufe durch die Eingliederung in den Leib Christi Kirchengemeinschaft begründet, "die als Kommuniongemeinschaft gelebt werden will" (ebd., 35). Somit ist das "Nebeneinander verschiedener Konfessionsgemeinschaften, die wechselseitig die Taufe anerkennen, aber nicht in Kirchengemeinschaft leben, ... angesichts des Heilshandelns Gottes in der Taufe ein Skandal" (ebd., 36).

11) UR 22,2; schon bei Thomas v. Aquin erscheint die Eucharistie als das Ziel aller Sakramente (STh III, q. 73, a. 3 c). Vgl. hierzu auch L. Scheffczyk, Dogmatische Erwägungen

der Taufe ist also keine bedingungslose Voraussetzung für eine generelle
Möglichkeit sakramentaler Gemeinschaft mit nichtkatholischen Christen,
denn diese gipfelt in der gemeinsamen Feier der Eucharistie, die ihrerseits Ausdruck der vollen kirchlichen Gemeinschaft ist, d. h. auch die
anderen Elemente und Kriterien kirchlicher Einheit mitumfaßt und thematisiert.(12) Der zentripetal-apriorische Grundduktus der institutionellen

---

zur Frage der Grenzen der "Offenen Kommunion", in: Cath 26 (1972) 126-145, bes. 134f.;
L. Jaeger, Das Konzilsdekret "Über den Ökumenismus", a.a.O., 196.

12) Evangelischem Denken freilich erscheint einer derartige Unterscheidung zwischen Taufglaube und vollständigem Bekenntnisglauben, zwischen Taufinkorporation und eucharistischer Inkorporation in den Leib Christi in gewissem Sinne als eine ekklesiologische
Kuriosität, so daß sich ihm die Frage aufdrängt: "Kann man im Lichte jener Lehren von
der Glaubensermöglichung durch den Pfingstgeist und von der Konstitution des Leibes
Christi durch denselben Pfingstgeist überhaupt noch **irgendeine** Form des Glaubens und
des Inkorporiertseins in den Leib Christi denken, die die Ausschließung eines in dieser
(jedenfalls geistgewirkten!) Form glaubenden und dem Leib Christi inkorporierten Menschen von der eucharistischen Gemeinschaft rechtfertigt?" (E. Herms, Einheit, a.a.O.,
89). Herms markiert mit dieser Anfrage im Grund die nach seiner Meinung nach wie vor
bestehende - auch durch gewisse "theologiepolitische Maßnahmen" der ökumenischen Bewegung und auch des II. Vatikanischen Konzils (vgl. die Topoi von der "Geschichtlichkeit
der Offenbarung" oder vom "Wort Gottes", die in katholischem Munde "für die Kommunikation in der protestantischen Öffentlichkeit zunehmend die basale Funktion von Signalen
für das Konsens- und Vertrauenswürdige gewonnen haben" (a.a.O., 72; 73ff.) nicht besei-
tigte - konfessionelle Differenz hinsichtlich der Begriffe von Offenbarung, Glaube,
Amt, Einheit, Heiligkeit und Universalität der Kirche. Die ekklesiologische Artikulation und Explikation dieser Differenz offenbart nach Herms diese als eine solche zwischen einem grundlegend personalistischen (reformatorischen) und einem institutionalistischen (katholischen) Ansatz. Für den institutionalistischen Ansatz gehören - offenbarungstheologisch - zu den "relevata" auch die "Mechanismen des Wirksamwerdens
der Offenbarung und ihr Werk (der mystische Leib Christi bzw. das eine Volk Gottes)"
(a.a.O., 82f.) hinzu; das bedeutet in ekklesiologischer Explikaton, daß die Kirche
durch zwei unterscheidbare, wenn auch aufeinander bezogene Geistausgießungen konstituiert wird, nämlich durch die besondere (Hierarchie-bezogene) und durch die allgemeine
Geistausgießung (mit Verweis auf LG 21,2; 4; 5,4; UR 2,2 Satz 3). Dieses offenbarungstheologische Grundstatut expliziert explizit sich ekklesiologisch näherhin in der Grundvorstellung "von der Vollendung des Offenbarungshandelns Gottes in der Be-gabung der Offenbarungsmittler mit dem Offenbarten" (ebd., 83), d. h. das Prinzip der geistgewirkten
Einheit der Kirche schließt auf jeden Fall die Hierarchie ein und zwar so, daß der
Pfingstgeist "die einheitsstiftende Funktion der Hierarchie im gesamten Volk Gottes
bestätigt und setzt" (a.a.O., 86); dasselbe gilt nach Herms für den katholischen Kirchenbegriff auch hinsichtlich der Auffassung von der Heiligkeit der Kirche. Diese
hierarchologisch konzipierte - katholische - Ekklesiologie fußt auf der offenbarungstheologischen Grundvorstellung von der wirksamen Gegenwart des Offenbarten in den
Offenbarungsmittlern (Herms spricht von "Be-gabung": mit Berufung auf LG 18,2: ...
Jesus 'hat' die Kirche gebaut, **indem** er die Apostel ...) und markiert in der amstheo-
logischen Konsequenz, daß der Dienst der Offenbarungsmittler am Wort zu einer Mitteilung (communicare) der "Kraft Gottes für die Glaubenden zum Heil" (LG 26,3; 28,1) wird,
den "kontradiktorische(n) Gegensatz" zur protestantischen Position (Herms, a.a.O., 81
Anm. 220); aus dem so grundgelegten institutionellen Dimension der Kirche erklärt sich
dann auch die innere Logik der Möglichkeit einer Unterscheidung zwischen Taufglaube und
vollständigem Bekenntnisglauben, welch letzterer für die eucharistische Inkorporation
in den Leib Christi er-forder-lich ist. Abgesehen von der Frage, ob der in pauschali-
sierender Abgrenzung gegenüber einem personalistischen Ansatz gewonnene "institutiona-
listische" und als "katholisch" ausgegebene offenbarungstheologische Ansatz dem konzi-

communio-Ekklesiologie wirkt sich für die nähere Bestimmung des sakramentalen Vollzuges der kirchlichen communio so aus, daß jede communicatio ihre eigene ekklesiologische Wertigkeit nicht von der **communitas** sondern von der **communio** erhält, deren ekklesiologische Qualität grundlegend und apriorisch eine institutionell bestimmte ist (Einheit in der hierarchischen Ordnung der Kirche).(13)

2. Die Sondergliedschaften

a. Das Weihesakrament

"Das Sakrament der Weihe legt in konsekratorischer Weise den Grund für den hierarchischen Aufbau der Kirche."(14) "Die Weihegewalt ist ihrem Wesen nach die innere, seinshafte Befähigung zum Vollzug bestimmter sakramentaler Handlungen; sie bildet daher das Lebensprinzip, das die Glieder des neuen Gottesvolkes gebiert und nährt und zugleich die seinshaften und bleibenden Sondergliederungen zum inneren Aufbau der kirchlichen Gemeinschaft hervorbringt."(15) Das Vorhandensein des Weihesakramentes ist somit von ausschlaggebender Bedeutung für das Bestehen der communio plena zwischen den einzelnen Teilkirchen, die so die Gesamtkirche auferbauen. Es zählt zu den Elementen, "die wesensnotwendig vorhanden sein müssen, damit eine Gemeinschaft von Christen als Kirche angesehen werden kann."(16)

Der unlösliche Zusammenhang zwischen Weihesakrament und Eucharistie(17) macht ein spezifisches Element katholischer Ekklesiologie aus und verdeutlicht, daß die im Ordo gelegte sakramentale Basis für den hierarchistischen Aufbau der kirchlichen communio das notwendige Fundament

---

liaren Offenbarungsverständnis entspricht (vgl. zur Kritik des Herms'schen Aufstellungen H. Fries, Das Rad der Ökumene ...; s. w. u.), und die These von der "Offenbarungsmittlerschaft" des Amtes die konziliare Amtstheologie zutreffend interpretiert, ist doch nicht zu bestreiten, daß Herms mit dem Hinweis auf die institutionell-ekklesiale Implikation der Taufgemeinschaft im katholischen Verständnis durchaus zutreffend auf einen strukturell-ekklesiologischen Differenzpunkt zur protestantischen Ekklesiologie aufmerksam macht; diese ekklesiologische Differenz steht wohl auch im Hintergrund etwa der interkonfessionell noch ungeklärten Fragen nach dem genaueren Zusammenhang von Taufe, Buße und Mahl des Herrn, d. h. nach institutionell-ekklesiologischen Implikationen des sakramentalen Vollzuges der communio. Vgl. dazu KgWS, 35. Auf dem Hintergrund dieses ekklesiologischen Horizontes ist es daher durchaus sachgerecht, wenn das Lima-Dokument davon spricht, daß die Kirchen zur vollen Taufanerkennung (noch) **unterwegs** sind, wobei das Bestreben nach gegenseitiger Taufanerkennung einen wichtigen Schritt zu diesem Ziel darstellen (Lima 1982 Nr. 15).

13) Vgl. dazu G. Pattaro, Die ökumenischen Entwicklungen, a.a.O., bes. 86.

14) K. Mörsdorf, KR I, 18.

15) Ebd., 245.

16) O. Saier, "Communio", a.a.O., 111.

17) Seine explizite dogmatisch und kirchenamtliche Formulierung hat dieser Sachverhalt erstmals gefunden im IV. Laterankonzil (1215): "Et hoc utique sacramentum (sc. altaris) nemo potest conficere, nisi sacerdos, qui rite fuerit ordinatus, secundum claves Ecclesiae, quas ipse concessit Apostolis eorumque successoribus Jesus Christus" (DS 802 sowie DS 1763-1778); vgl. auch UR 2, 3, wo diese Tradition vorausgesetzt ist und bestätigt wird. Ferner PO 2; LG 28; CIC 1983 cc. 835 § 2; 900 § 1; 1024.

ist für das Zustandekommen des diese Gemeinschaft - von der tätigen Ordnung her - auferbauenden und bezeichnenden vollen sakramentalen Zeichens der Eucharistie. Mit dem Fehlen(18) des Weihesakramentes fehlen somit zwei bedeutende kirchenbildende Elemente; daher können auch die aus der Reformation hervorgegangenen Gemeinschaften aus katholischer Perspektive nicht als "Kirchen" im vollen Sinne gelten,(19) weswegen auch eine communio plena mit ihnen nicht gegeben ist.

Demgegenüber werden die getrennten orientalischen "Kirchen" als "particulares seu locales Ecclesiae" (UR 14,1) bezeichnet, weil sie kraft der apostolischen Sukzession das Priestertum und die Eucharistie besitzen, "wodurch sie in ganz enger Verwandtschaft bis heute mit uns verbunden sind" (UR 15,2) und somit das ekklesiologische Fundament für eine gewisse communicatio in sacris mit der katholischen Kirche bewahrt haben.(20)

b. Das Sakrament der Ehe(21)

Die Ehe begründet nach katholischer Auffassung analog dem Weihesakrament eine besondere kirchliche qualifizierte Existenzform und damit eine eigene Art der Gliedschaft in der Kirche.(22) Diese für die konstitutionelle Ordnung der Kirche relevante Funktion der Ehe ist in ihrer Sakra-

---

18) Zur Interpretationsfrage bezüglich des "defectus ordinis" (UR 22,3) s. w. u.

19) Sie werden "communitates ecclesiales" genannt; vgl. die Überschrift zum II. Kapitel des Ökumenismus-Dekretes; dazu J. Feiner, Kommentar, in: [2]LThK, Vat., II, 50-58 u. 92f. sowie UR 22,3. Aus der Textgeschichte von UR 3 geht eindeutig hervor, daß die Titulatur "ecclesia" als Hinzufügung zu "communitates ecclesiales" die Möglichkeit schaffen soll, im Bereich der abendländischen Kirchenspaltungen auch die Altkatholiken (begrifflich) erfassen zu können, und gleichsam als differentia specifica gegenüber dem anderen Term auf das Vorhandensein von aufgrund apostolischer Weihenachfolge gegebenem Priestertum und Eucharistie abhebt; dazu J. Hamer, Die ekklesiologische Terminologie, a.a.O., 146-153: "Wenn die Theologien meinen, daß über die orientalischen und altkatholischen Kirchen hinaus noch andere Gemeinschaften die Bezeichnung Kirche tragen sollten, dann müssen sie ihre Argumente stichfest machen. Auf jeden Fall können sie sich nicht auf die Autorität des Dekretes UR stützen" (ebd., 151).

20) Vgl. DO I, 39. CIC 1983 cc. 844 § 2 u. 3.

21) Da es sich bei den mit der Ehe zusammenhängenden Fragen der Sakramentengemeinschaft um einen diffizilen, breit ausgebauten Komplex einer kanonistischen Spezialmaterie handelt, und die Fragen um die bekenntnisverschiedene Ehe in den Konzilsdokumenten selbst auch nicht behandelt werden sondern erst in den nachkonziliaren kirchenamtlichen Dokumenten, soll die Problematik der bekenntnisverschiedenen Ehe hier nur insoweit in die Erörterung einbezogen werden, als sie von unmittelbarer Bedeutung ist und für die Erhellung spezifischer ekklesiologischer Implikationen der Frage nach der Möglichkeit sakramentaler Gemeinschaft zwischen katholischen und nichtkatholischen Christen. Als Standessakrament hat die Ehe sicherlich eine andere Struktur als die Sakramente der tätigen Ordnung (Buße, Eucharistie, Krankensalbung); die Problematik des Ehesakramentes in der gespaltenen Christenheit ist also strukturell nicht völlig kongruent mit jener der communicatio in sacris; gleichwohl aber hat die Ehe als Vollzugsform kirchlicher Existenz eine spezifisch ekklesiale Dignität, von deren Erhellung ein Erschließungspotential darstellt hinsichtlich der wechselseitigen Interdependenz von 'Ekklesialität' und 'Sakramentalität'.

22) S. o. S. 350f.

mentalität begründet, wie die katholische Tradition sie versteht.(23) In diesem Punkt bestehen unzweifelhaft Divergenzen zur protestantischen Auffassung,(24) wonach die Ehe zwar durchaus religiös verstanden wird als ein der Schöpfungsordnung zugehöriges Gotteszeichen, das als solches aber keine spezifisch kirchliche Existenzform (sakramental) begründet. Es gibt also durchaus ein "christliches Verständnis der Ehe" im reformatorischen Bereich(25) nicht aber in dem Sinn ein "Verständnis

---

23) Vgl. CIC 1917 c. 1012 § 1; CIC 1983 c. 1055 § 1 (Text s. o. S. 350f. Anm. 110. Die theologiegeschichtliche Entwicklung hinsichtlich des Sakramentalbegriffes bezüglich der Ehe dabei von einem weiter gefaßten, allgemeinen Sakramentsbegriff zu einem engeren (vgl. hierzu C. 23 des II. Laterankonzils (1130-1143): DS 718, das II. Konzil von Lyon (1274) D 465, das Decretum pro Armenis des Konzils von Florenz D 702, schließlich LG 11,2; GS 48,2; 49,2.

Zur dogmengeschichtlichen Erhellung vgl. H. Dombois, Das Recht der Gnade I, bes. 631ff.; G. H. Joyce, Christian Marriage, an historical and doctrinal study, London 1948, II, bes. 147ff. Im Anschluß an das II. Vatikanische Konzil (GS 48,1; 49,1) vollzieht die rechtliche Neuordnung im CIC 1983 durch die entsprechend erneuerte Terminologie im Grundsatzkanon (foedus statt contractus) einen bedeutsamen Schritt vom (ausschließlich zugrundegelegten) Vertragsverständnis der Ehe hin zum Bundesverständnis; damit wird der sakramentale Gedanke im Eheverständnis wesentlich tiefer in der biblischen Kategorie des "Bundes" verankert (vgl. Eph 5,22-33; LG 11,2; GS 48,2; 49,2), wenngleich formell wie materiell nach wie vor der Vertragscharakter der Ehe völlig aufgegeben ist (vgl. zum terminologischen Befund M. Kaiser, in: HdbKathKR, 731 Anm. 5). "Der Ehebund unter Christen, die in der Taufe christusförmig geprägt wurden, ist ... nicht ein leeres, sondern ein wirkmächtiges Zeichen des Bundes zwischen Christus und Kirche ist der Ehebund selber; zwischen Getauften kann es somit keinen gültigen Ehebund geben, ohne daß dieser zugleich Sakrament wäre (CIC 1983 c. 1055 § 2). Der Sakramentscharakter der Ehe durchbricht die reine Vertraglichkeit der Ehe, und macht die Rede von der Ehe als einem "Vertrag sui generis" nötig, denn das sakramentale Moment besagt auch, daß der Ehebund nicht allein durch den Willen der "Kontrahenten" zustandekommt (CIC 1917 cc. 1094; 1095 § 1 n. 3; CIC 1983 c. 1108 §§ 1. u. 2), daß ferner den Vertragspartner die Vertragskündigungsfreiheit vorenthalten ist und zudem die Vertragsschließungsfreiheit eingeschränkt ist, insofern als der Ehevertrag nur mit einem einzigen Partner geschlossen werden kann.

24) Vgl. hierzu E. Rösser, Zur Problematik des Willens zur Unauflöslichkeit, Einheit und Sakramentalität der Ehe, in: Ortskirche-Weltkirche, a.a.O., 592-612, bes. 605. Eheauffassung und kirchliches Eherecht der Evangelischen Kirche in Deutschland haben ihre historische Wurzel im Eheverständnis der Reformation, besonders Luthers, der seine Eheauffassung wiederum kontrapunktisch zur römisch-katholischen Ehelehre, insbesondere zum Sakramentalitätsgedanken der Ehe entwickelte. Gegenüber der kanonistischen Auffassung von der untrennbaren Einheit von Rechtsinstitut und sakramental durch Gottes Heilswort und -handeln gewirkter und geschützter Lebensgemeinschaft in der Ehe ergibt sich nach Luthers Verständnis eine "Trennung der Zuständigkeiten": "Die Ehe als Rechtsinstitut ist ein 'weltlich Ding', für das die weltliche Obrigkeit ... zuständig ist; die Ehe als von Gottes Wort bestätigte und geschützte Lebensgemeinschaft ist ein göttlicher, seliger Stand, für den die kirchliche Verkündigung .. Zeugnis ablegt" (E. Schott, Luthers Stellung zur Ehe, a.a.O., 335ff.; 340). Mit der Auflösung der konfessionellen Einheit der Territorien treten dann die weltliche Eheschließung durch ein staatliches Organ und die kirchliche Segnung (der bereits geschlossenen Ehe) deutlich sichtbar auseinander. Zu dem aus der inneren Trennbarkeit von Institution und Sakrament resultierenden, im Vergleich zu der kanonischen Tradition grundsätzlich anders gearteten Rechtsverhältnis der Kirche zur Ehe und deren Ordnung, sowie zu den im Gefolge dazu stehenden, im Vergleich zur katholischen Tradition divergierenden Auffassungen über

der christlichen Ehe", wie es z. B. das Konzil von Trient gegen die reformatorische Position unzweideutig vertritt.(26) Die sakramentale Dimension der Ehe nach katholischem Verständnis verweist auf den sakramental-institutionellen Charakter der Kirche; insofern ist die konziliare
Sprechweise von Ehe und Familie als einer "Kirche im Kleinen"(27) mehr
als kirchenamtliche Verlautbarungslyrik; sie beleuchtet die strukturelle
Kongruenz der sakramental-institutionellen Dimension der Kirche sowohl
in ihrer Mikro- wie auch in ihrer Makrostruktur: In signifikanter Weise
artikuliert diese institutionelle Dimension die katholischerseits festgehaltene kanonische Formpflicht zum gültigen Eheabschluß: Es wird damit
die aktive Handlung des assistierenden Amtsträgers (und damit der amtlich repräsentierten Kirche) als wesentliches Moment der sakramentalen
Zeichenhandlung qualifiziert,(28) d. h. das institutionell verleiblichte
Dazwischentreten der Kirche zwischen die Vertragskonstitution durch die
Brautleute qualifiziert diesen "Vertrag" erst einen mit dem Sakrament
identischen als dessen Vollzugsgestalt. Die Kirche ist also in jedem Fall
aktiv beteiligt entweder in der direkten Mitwirkung des assistierenden
Priesters oder in dem durch Gesetz oder Dispens bekundeten Willen, eine
sakramentale Ehe zustande kommen zu lassen.(29)

"Unauflöslichkeit" und Wesenseigenschaften der Ehe vgl. H. Engelhardt, Ehe, Eheschließung, Ehescheidung, a.a.O., 31ff. Dogmengeschichtlich genau besehen wurde freilich auch
katholischerseits die Unauflöslichkeit der Ehe nicht unmittelbar aus ihrer Sakramen-
lität sondern naturrechtlich hergeleitet; im Zusammenhang mit der (katholischen) Auffassung von der Sakramentalität der Ehe rücken dann freilich sekundär sakramententheologische Vorstellungsgehalte wie sie speziell in der Entwicklung des "absoluten ordo"
bzw. des "character" bzw. in der scholastischen sakramententheologischen Generalkate-
gorie des "gratiam conferens" virulent werden, in die Funktion des theologischen Interpretamentes für die (naturrechtlich begründete) Auffassung von der Unscheidbarkeit der
Ehe (vgl. dazu H. Dombois, Das Recht der Gnade, I, bes. 639). Auf diesem Wege werden
die konfessionellen Differenzen bezüglich der Unscheidbarkeit der Ehe auch zum Indikator für die Differenz des jeweilig zugrundeliegenden Kirchenbegriffes. Vgl. dazu auch
u. S. 381a Anm. 32.

25) Die Ehe ist demnach auch im reformatorischen Verständnis nicht einfach ein "weltlich
Ding" oder "Geschäft", sie trägt vielmehr einen "konstitutiven religiösen Charakter";
dieser liegt insbesondere darin, daß Christus den Eheleuten "seine Gnade als beständige
Verheißung schenkt" für "das ganze Leben", und daß "Gott für die Ehe eine Bindung will,
die wirklich in ihrer Tiefe und Dauer sich auf ein ganzes Leben erstreckt - und dies
zum Wohl des Menschen selbst" (vgl. hierzu den Schlußbericht der römisch-katholisch/-
lutherisch/reformierten Studienkommission "Die Theologie der Ehe und das Problem der
Mischehe" (1976) S. 59ff., bes. Nr. 8; 17; 21; 40; 24; 33; 38; in: J. Lell-H. Meyer
(Hrsg.), Ehe und Mischehe im ökumenischen Dialog (= Ökumenische Dokumentation IV).
Frankfurt 1979.

26) Vgl. D 844; 971; dazu E. Corecco, Die Lehre der Untrennbarkeit, a.a.O.

27) "Ecclesia domestica" - Hauskirche: LG 11,2; vgl. auch AA 11; Johannes Paul II., Homilie
zur Eröffnung domestica" - Hauskirche: LG 11,2; vgl. auch AA 11; Johannes Paul II.,
Homilie zur Eröffnung der VI. Bischofssynode (26.9.1980), 3, in: AAS 72 (1980) 1008;
ders., Apostolisches Schreiben "Familiaris Consortio" vom 22. November 1981 (= Verlautbarungen des Apostolischen Stuhls, 33), bes. 52ff.

28) Vgl. dazu K. Mörsdorf, Der Ritus sacer in der ordentlichen Rechtsform der Eheschließung, in: Liturgie. Gestalt und Vollzug, a.a.O., 266; G. May, Die kanonische Formpflicht, a.a.O., 42.

29) Vgl. A. Scheuermann, Die Grundlagen der katholischen Mischehenregelung, in: Wahrheit
und Verkündigung (= FS M. Schmaus), II, 1845-1863, hier 1860. M. Schmaus, KD, IV/1,6.

Die Pointe des sakramentalen Geschehens im Eheabschluß besteht somit
gerade in dem institutionellen Datum, daß das "Christo und Ecclesia
cooperante", d. h. das Dazwischentreten der Kirche in die Konsenserklärung der Eheleute seine eigene Verleiblichung haben muß.(30) Die
Lehre von der Sakramentalität der Ehe bildet also gerade aufgrund ihrer
ekklesiologischen Implikationen einen Differenzpunkt(31) zwischen den
reformatorischen Gemeinschaften und der katholischen Kirche, insofern
ein einer reformatorischen Gemeinschaft angehöriger Gläubiger beim
Eheabschluß nicht einen sakramentalen Akt im katholischen Verständnis
intendiert sondern einen "zivilen" Vertragsabschluß, den er im Vertrauen
auf die durch Gottes Verheißung um Christi willen in diesem eröffnete
Chance, zu erfüllender Gemeinschaft zu gelangen, unter den besonderen
Segen(32) seiner Glaubensgemeinschaft stellt.(33) Es erscheint daher

---

Auflage, München 1964, 709f.

30) Gegen F. Böckle, Das Problem der Mischehe, in: Lutherische Monatshefte 5 (1966) Heft 7, 342; L. Hofmann, Formpflicht oder Formfreiheit der Mischehenschließung, in: Cath 18 (1964) 246.

31) Anders dagegen D. H. Pesch, der folgende katholisch wie reformatorisch annehmbare Konsensbasis hinsichtlich des Eheverständnisses als tragfähig ansieht: "Das Ergebnis einer tausendjährigen Reflexion über die Ehe als Sakrament ist nicht weniger und nicht mehr als dies: In der Ehe wird den Glaubenden durch die Gnade - auf 'evangelisch' ausgedrückt, durch Gottes Verheißung um Christi willen - die Chance neu eröffnet, nach Gottes Geschenk und Willen zu erfüllender Gemeinschaft zusammenzuwachsen. In dieser Gemeinschaft wird im kleinen jenes Heilsgeheimnis sichtbar und wirksam, das im großen Christus und die Kirche verbindet" (Ehe, in: Christlicher Glaube in moderner Gesell-schaft, VII, Freiburg-Basel-Wien 1981, 17; ähnlich K. Lehmann, Zur Sakramentalität der Ehe, in: Ehe und Ehescheidung. Diskussion unter Christen, hrsg. v. F. Henrich und V. Eid, München 1972, 68). Der so beschriebenen Wirklichkeit der Ehe kann sicherlich "auch der evangelische Christ zustimmen, auch wenn er von seinem enger gefaßten Sakraments-verständnis her (durch Jesus Christus eingesetzte Zeichen) dafür den Begriff Sakrament nicht anwendet. Wichtiger als der Begriff ist die Sache, der er zu dienen hat" (H. Fries, Pastorale Probleme zwischen den Konfessionen, a.a.O., 120). Die Frage ist frei-lich, ob mit obenstehender Konsensformel auch die "Sache" im katholischen Verständnis insbesondere im Hinblick auf ihre ekklesiologischen Implikationen hinlänglich und adäquat erfaßt ist, d. h. ob die Verwirklichung des Heilsgeheimnisses im großen wie im kleinen gerade in ihrer institutionellen Valenz darin so zum Ausdruck kommt, daß "ecclesia" und "ecclesiola" sich in ihrer institutionellen Dimension (Konstitution in raum-zeitlicher Kontinuität) wechselseitig erschließen.

32) Anhand der Frage um Ehescheidung und Wiederverheiratung zeigen sich insbesondere die grundlegenden Unterschiede zwischen der auf dem sakramentalen Gedanken fußenden katho-lischen und der Position der nichtkatholischen christlichen Gemeinschaften: Während letztere i. a. die Möglichkeit anerkennen, (staatlich) geschiedene Eheleute wiederum 'kirchlich zu trauen', gibt es nach katholischer Auffassung als einzige Voraussetzung für eine "Wiederverheiratung" die Nichtigkeitserklärung bezüglich der vorhergehenden "Ehe", d. h. es ist in jedem Fall ausgeschlossen, daß damit einschlußweise die Schei-dungsmöglichkeit einer ursprünglich wirklich bestehenden Ehe anerkannt wird. "Hier bestehen tiefgreifende Unterschiede in der Auffassung von der Existenz des Menschen vor Gott" (A. Scheuermann, Die Grundlagen der katholischen Mischehenregelung, a.a.O., 1862; vgl. dazu auch G. May, Die Stellung des deutschen Protestantismus zu Ehescheidung, Wiederverheiratung und kirchlicher Trauung Geschiedener, Paderborn 1965). Man spricht in Bezug auf die evangelische Trauung daher zutreffender von einem "Einsegnungs"- als von einem Eheschließungsakt; ihr Inhalt ist nicht eigentlich "Substanzveränderung" sondern "Substanzzuspruch" (so A. Scheuermann, a.a.O., 1862f. Zu den spezifischen

ebenso problematisch, so wie CIC 1917 sämtliche Ehen von Getauften aufgrund der zwar widerlegbaren aber eben unwiderlegten These, daß z.

anthropologischen Implikationen lutherischen Denkens von der Rechtfertigungslehre, die hier in Anschlag zu bringen sind, vgl. auch W. Pannenberg, Sakramente und kirchliches Amt, a.a.O., 86ff.).

In freilich unglücklicher Terminologie (gerade im Blick auf die Ehe als eine relational-sakramentale Wirklichkeit ist eine ontologische Begrifflichkeit besonders ungeeignet: H. Dombois, Das Recht der Gnade, I, 665) ist damit - dogmen- und liturgiegeschichtlich betrachtet - ein eigentümliches Paradoxon markiert: Obwohl Luther in seiner Trauungsordnung (vgl. dazu ebd., 659-671) durch die Verbindung von Segen und Stiftungswort (Anamnesis- und Commemoratio-Charakter!) sehr viel deutlicher als die katholische (tridentinische) Tradition, nach welcher die Eheschließung unter Christen an sich (als Vertrag) schon sakramentalen Charakter und ihn nicht erst ausdrücklich durch ein explizit kirchliches Handeln exhibitiv erhält, sehr viel deutlicher den konstitutiv-exhibitiven Charakter des kirchlichen Handelns an der Ehe zum Ausdruck bringt, wird dieser (liturgisch bezeugte) Typus sakramental-konstitutiven kirchlichen Handelns aufgrund der (dogmatischen) reformatorischen Unsicherheit und Scheu in der Begründung faktisch nicht geschichtswirksam. Durch die Loslösung des Brautsegens von der Brautmesse durch Luther wird die (durch die Abdrängung in das bloß Ethische ratifizierte) Verdünnung und Entwirklichung der sakramentalen Grundrelation von Ehe- und Christusmysterium zusätzlich begünstigt (vgl. ebd., 637; 668). Demgegenüber hat die katholische Tradition - selbst wenn bei der noch ausschließlich unter dem Vertragsgedanken begriffenen Ehe die theologische Verbindung des an sich zur (sakramentalen!) Konstitution der Ehe suffizienten "nudus consensus" mit der (exhibitiv-konstitutiven) kirchlichen Mitwirkung über die bloße (jurisdiktionelle) Formbindung (in facie ecclesiae des Tridentinums) zumindest problematisch bleiben mußte - mit der stets festgehaltenen Auffassung von der Sakramentalität der Ehe zumindest material und dogmatisch den exhibitiv-konstitutiven Charakter des ganzen Geschehens festgehalten, auch wenn durch die Behauptung oder Voraussetzung des schlechthinnigen Ineinsfalles von contractus (consensus) und sacramentum das Problem der genaueren Verhältnisbestimmung keinesfalls gelöst, sondern lediglich verdeckt wurde (vgl. ebd., 637).

Indem die neuere (nachkonziliare Ordnung (vgl. o. S. 379ff. Anm. 23) die konstitutive aktive Rolle des trauungsbevollmächtigten Geistlichen bei der Eheschließung sehr viel stärker akzentuiert, kommt die mehraktige Erstreckung des institutionellen Vollzuges durch die strukturell wenigstens andeutungsweise erkennbare Auseinanderlegung der relationalen Akte "Ausgrenzung" (Verlöbnis - consensus) und "Bestimmung" (Trauung - traditio/Epiklese, die den consensus vollendet) und somit der Handlungscharakter und die kommunikatorisch-ekklesiale Dimension des Geschehens besser zum Ausdruck. H. Dombois will daher, um den spezifischen Charakter der christlichen Ehe, die weder bloße Naturehe noch einfachhin Sakrament (wie Taufe und Abendmahl) ist, von einem "sakramentalen Handeln der Kirche an der Ehe" sprechen, das sich in den Bereich des sacramentum spiritus sancti einordnet (ebd., 668).

Die spezielle Erkenntnis aus diesen dogmen- und liturgiegeschichtlichen Beobachtungen ist diejenige, daß die Lehre von der Ehe Funktion des jeweiligen Kirchen- und Amtsbegriffes ist; näherhin heißt das: Wo der ordo fällt, verfällt auch die Ehe in die Weltlichkeit (ebd., 639), denn die Analogie der relational-sakramentalen Christuszugestaltung erweist die Institute des (sakramentalen) ordo und der (sakramentalen) Ehe als wechselseitige Interpretamente eines Kirchenverständnisses, in dem der in-stituierende Charakter des Gnadengeschehens sich ekklesiologisch in der Relationalität und Unrückführbarkeit von jurisdictio und ordinatio bzw. von consensus und traditio/epiklesis artikuliert (zum ganzen H. Dombois, Das Recht der Gnade I, 628-676).

33) K. Rahner dürfte die hier in Rede stehende Problematik wohl allzu sehr bagatellisieren: "Was die Sakramentalität der Ehe angeht, so wäre mindestens einmal für die Praxis eine Schwierigkeit dann ausgeräumt, wenn das Partikularrecht der Kirchen aus der Reformation

B. evangelische Christen die Sakramentalität der Ehe nicht explizit bestreiten, für sakramental zu erklären,(34) wie andererseits die Ehen nichtkatholisch Getaufter einfachhin als ungültig zu qualifizieren. Im Bereich der communio non plena wird man in Rücksichtnahme auf die jeweilige ekklesiale Beheimatung der geschlossenen Ehen Sakramentalität und Ungültigkeit nicht als einander ausschließende Alternativen bestimmen können. Wohl gilt diese Alternative für den Bereich der communio plena, da es nach katholischer Auffassung kein Doppelangebot kirchlicher Existenz in Form einer "vertragsmäßig-nichtsakramentalen" oder einer sakramentalen Ehe geben kann.(35)

in der einen Kirche grundsätzlich auf eine Eheschließung vor der Kirche im Stil der heutigen römischen Kirche verzichten würde ... Unter dieser Voraussetzung könnte dann in diesen Kirchen auf eine kirchenamtliche Doktrin expliziter Art über die Sakramentalität der Ehe ... verzichtet werden. Die genauere Interpretation dessen, was dann für ein römisch-katholisches Verständnis faktisch ein Sakrament ist, könnte in diesen Teilkirchen offenbleiben. Eine heilige Wirklichkeit vor Gott und dem Gewissen, was die Ehe nach der Lehre Jesu und Pauli ist, ist sie ja auch auf jeden Fall für einen gläubigen Christen aus den Kirchen der Reformation" (K. Rahner-H. Fries, Einigung der Kirchen, a.a.O., 68). Zu dem dieser These zugrundeliegenden Axiom von der "erkenntnistheoretische(n), in etwa minimalistische(n) Toleranz" (ebd., 47) vgl. w. u.

Aus der spezifisch katholischen Auffassung von der Sakramentalität der Ehe ergeben sich jedoch deutliche und nicht marginalisierbare strukturelle Differenzen zur protestantischen Eheauffassung, wie sie sich etwa anhand der Divergenzen bezüglich des Verständnisses der Wesenseigenschaften der Einheit und Unauflöslichkeit der Ehe zeigen lassen (vgl. LG 47-52; CIC 1983 cc. 1056; 1141; 1060 § 1). Vgl. dazu zur evangelischen Auffassung: H. Ringeling, Art. Ehe, in: Evangelisches Soziallexikon, [7]1980, Sp. 260-266; Rat der EKD (Hrsg.), Zur Reform des Ehescheidungsrechtes in der Bundesrepublik Deutschland. Eine Denkschrift (1969). Für die evangelische Auffassung von der "Unauflöslichkeit" der Ehe ist folgende Charakterisierung signifikant: "In dem die E(he)gatten unzumutbar belastenden Scheitern einer E(he) kann ... das Gericht Gottes so deutlich werden, daß die Kirche nicht mehr zum Beieinanderhalten raten kann. Dann muß sie eine Trennung und eine vom Staat ausgesprochene Scheidung hinnehmen" (A. Stein, Art. Ehe I, in: ÖL, Sp. 280). "Unauflöslichkeit" der Ehe ist demnach nicht eine (metaphysische) Gegebenheit, sondern - als Folge der Liebe der Ehepartner - eine (personale) 'Aufgegebenheit', als solche ist sie auch nicht rechtlich faßbar, d. h. es wird aus der Überzeugung, daß eine Scheidung "Gottes Ordnung verletzt", "nicht hergeleitet, daß die Ehescheidung durch das staatliche Gericht in den Augen der Kirche das Eheband nicht auflösen kann" (H. Engelhardt, Ehe, Eheschließung, a.a.O., 37; 32f.); wiederverheiratete Geschiedene, denen die kirchliche Trauung versagt worden ist, leben daher auch in einer gültigen Ehe, Vgl. auch o. Anm. 24.

34) So W. Aymans, Gleichsam häusliche Kirche, a.a.O., bes. 434-441; zur Diskussion dieser These vgl. E. Corecco, Die Lehre der Untrennbarkeit, bes. 441f.

Mit dieser differenzierten, den faktisch ekklesial-communialen Kontext als für das sakramentale Geschehen konstitutiven stärker herausstellenden Sicht der Sakramentalität der Ehe verliert auch der besonders für reformatorisches Bewußtsein widersprüchlich erscheinende Sachverhalt an Schärfe, wie er zweifellos durch die kanonische Ordnung von CIC 1917 sich darstellte, nämlich daß der Bestand eines Sakramentes (Ehe) von der Beobachtung einer dispensablen Vorschrift des kirchlichen Rechtes abhängig ist. Wiederum zeigt sich daran die Problematik der Verbindung von ehekonstituierendem consensus und (exhibitivem ?) sakramentalem kirchlichen Handeln in dem (kanonischen) vertragsrechtlichen Modell (vgl. H. Dombois, Das Recht der Gnade, I, 636f.)

35) Vgl. M. Kaiser, Grundfragen des kirchlichen Eherechts, in: HdbKathKr, 730-746, bes. 738f.

In der communio non plena, d. h. bei einer Ehe zwischen nichtkatholischen Christen, kann die Sakramentalität der Ehe nicht einfach ange-
dichtet werden; dennoch wird die religiöse Deutung solcher Ehen nicht
bei einer mehr oder weniger bloß weltlichen Qualifikation stehenbleiben
können; sie werden vielmehr als gültige aber nichtsakramentale Ehen
anerkannt werden müssen.

Für die bekenntnisverschiedene Ehe(36) bedeutet dies, daß ihr theologisch-ekklesialer Charakter danach zu bemessen ist, wo sie kirchlich
beheimatet ist. Ein kurzer Einblick in die nachkonziliare kirchliche
Gesetzgebung zur bekenntnisverschiedenen Ehe soll in § 18 III gegeben
werden, um die hier angedeutete ekklesiologische Dimension der Problematik anhand der konkreten Rechtslage näher in den Blick zu bekommen.

Da die getrennten orientalischen Kirchen über die Sakramentalität der
Ehe ein der katholischen Auffassung zumindest im Grundsätzlichen nicht
widersprechendes(37) theologisches Verständnis haben, reduziert sich in

---

36) Die im deutschen Sprachbereich immer noch übliche Verwendung des Terminus "Mischehe"
ist - auch als direkte Übertragung der Überschrift im CIC 1983 "De matrimoniis mixtis"
(cc. 1124-1129) - abzulehnen (H. Heinemann, "Mischehe" oder bekenntnisverschiedenen
Ehe?, a.a.O., 9-15).

37) Die von der im Westen üblichen abweichende 'laxere' orientalische Praxis der Ehescheidung ist nicht Ausdruck eines schlechthin abweichenden Verständnisses von der Sakramentalität und Unauflöslichkeit der Ehe im Osten gegenüber dem in der lateinischen Kirche,
sondern eine als Reaktion der "Oikonomia" auf die Konfrontation mit dem zunehmenden Sog
der staatlichen Gesetzgebung zu verstehende "geschmeidigere" Praxis, die zwar zugege-
benermaßen schriftwidrig aber um der Vermeidung von Schlimmerem willen nicht gänzlich
sinnlos ist (J. Ratzinger, Zur Frage nach der Unauflöslichkeit der Ehe, in: F. Hen-
rich-V. Eid (Hrsg.), Ehe und Ehescheidung, München 1972, 35-56). Nach genauer Textana-
lyse belegt Can. 7 des Tridentinums denn auch nicht denjenigen mit dem Bann, der die
Lehre der Kirche über die Unauflöslichkeit der Ehe ablehnt oder ihr widersprechend
handelt, sondern wer behauptet "Eclesiam errare, cum docuit et docet iuxta evangelicam
et apostolicam doctrinam" (DS 1807), daß die Ehe unauflöslich sei, wie Luther dies zur
Last gelegt wird (vgl. auch Decretum pro Armenis D 702, Decretum pro Jacobitis D 703).
Die Orientalen werden damit also nicht genötigt, ihre Praxis aufzugeben, um die Einigung mit der katholischen Kirche zu erreichen, denn die Orientalen ihrerseits haben die
katholische Ehelehre niemals bestritten oder verworfen.
Dennoch kann nicht übersehen werden, daß das orthodoxe Ökonomie-Prinzip und die daraus
resultierende (dogmatische) Möglichkeit einer schlechthinnigen Diastase von Dogma und
Recht zu der lateinisch-westlichen Ekklesiologie und Kanonistik strukturell eine erhebliche Divergenz bildet: So kann die orthodoxe Kirche einerseits mit absoluter dogmatischer Überzeugung die unauflösbare Struktur der Ehe verkünden, andererseits im recht-
lich-disziplinären Bereich aber bis zur Verbürgung der Sakramentalität einer der Scheidung nachfolgenden Ehe gehen (vgl. E. Mélia, Le lien matrimonial à la lumière de la
théologie sacramentaire et de la théologie morale de l'Eglise orthodoxe, in: Le lien
matrimonial, Strasbourg, Cerdic 1970, 180-197, bes. 184ff.). Aufgrund des ökonomischen
Bestrebens nach dem Gleichgewicht zwischen "himmlischem" und "irdischem" Bereich sieht
das Ökonomieprinzip von der Notwendigkeit einer radikalen inkarnatorischen Gestaltgewinnung der ersteren in letzterem ab und gewährt den irdischen eine gewisse Autonomie. "Der Geist der westlichen Kirche - eher pädagogisch und moralisierend - suchte
hingegen immer, den verbindlichen Wert der dogmatischen Wahrheit in der tätig werdenden
Konkretheit der rechtlichen Norm aufzuzeigen, indem er in seine rechtliche Ordnung die
ganze potentielle sittliche Kraft der theologischen Wahrheit mit einbezog" (E. Corecco,

diesem Bereich das Problem auf die Frage nach der Dispensmöglichkeit von der katholischen Formpflicht.

III. Communio plena und communio non plena in der tätigen Ordnung

"Was in der konstitutionellen Ordnung grundgelegt ist, kommt in der tätigen Ordnung zu fruchtbarer Entfaltung, aber auch zu verbissener Ablehnung."(38) Als Vollzugsbereiche für die Entfaltung und Vollendung der Gemeinschaft des Volkes Gottes in der tätigen Ordnung nennt das Ökumenismus-Dekret: Bekenntnis des einen Glaubens, gemeinsame Feier des Gottesdienstes und kirchliche Eintracht in der Familie Gottes (vgl. UR 2, 4).

Damit sind die für den Vollzug der communio konstitutiven und einander bedingenden Elemente genannt, die nun in ihrer kriteriologischen Bedeutung für die Frage nach der Möglichkeit sakramentaler Gemeinschaft zwischen katholischen und nichtkatholischen Christen näher zu befragen sind.

ĺ. Die communio des Wortes oder die Einheit des Bekenntnisses

a. Grundlegung

"Durch die Taufe der Kirche eingegliedert, werden die Gläubigen durch das Prägemal zur christlichen Gottesverehrung bestellt, und, wiedergeboren zu Söhnen Gottes, sind sie gehalten, den von Gott durch die Kirche empfangenen Glauben vor den Menschen zu bekennen" (LG 11, 1). Das Bekenntnis des einen Glaubens ist die Antwort auf das eine Heilsgeschehen in Jesus Christus; dieser Glaube kann nur einer sein, und auch die Einheit der Kirche ist nicht denkbar ohne die Bindung an das eine Bekenntnis zu diesem einenden Heilsgeschehen.(39) So ergibt sich

Theologie, a.a.O., 47-59, bes. 53ff., hier 59). Es stellt sich also die Frage, ob bezüglich der bekenntnismäßigen Diskrepanz hinsichtlich der Sakramentalität der Ehe und des Verständnisses ihrer Unauflöslichkeit nicht doch faktisch die Position des Ostens und jene der reformatorischen Kirchen in Bezug auf die katholische Auffassung gleich zu bewerten sind. Daß die gegenwärtige Rechtsordnung katholischerseits eine solche Gleichbewertung nicht zuläßt, verweist wiederum darauf, daß die ekklesiologische Frage das eigentliche ökumenische Kernproblem darstellt: Die konkret bestehenden Differenzen im disziplinären Vollzug der Auffassungen von Sakramentalität und Unauflöslichkeit der Ehe zwischen östlicher und lateinisch-westlicher Tradition werden in ökumenischer Hinsicht (von katholischer Warte aus) gleichsam neutralisiert dadurch, daß die strukturelle Kongruenz im Kirchenverständnis (Anwesenheit eines gültig geweihten Amtsträgers bei der Eheschließung in der orthodoxen Kirche: OE 18!) den zu fordernden ehe-theologischen Minimalkonsens sicherstellt (vgl. dazu auch H. Meyer, Pastorale Probleme, a.a.O., bes. 138f.). Die Amtsfrage wird zum Indikator des sakramentalen Kirchenbegriffes, der als strukturelle Basis katholischerseits allen materialen ökumenischen Detailfragen prägend zugrundeliegt. In Bezug auf die bekenntnisverschiedene Ehe vgl. näheres unter § III/b. c.

38) K. Mörsdorf, Zur Grundlegung des Rechts, a.a.O., 245.
39) Vgl. H. Schlier, Die Einheit der Kirche nach dem Neuen Testament, in: Cath 14 (1960) 161-177, hier 173.

aus der sakramental in der Taufe grundgelegten Zugehörigkeit zur Kirche die persönliche Bekenntnispflicht,(40) denn das Bekenntnis ist wesentlicher Teil des Glaubensaktes selbst und daher heilsnotwendig.(41) Alle Glieder der Kirche haben die Aufgabe, Zeugnis für das Evangelium zu geben(42) je "auf ihre Weise" (LG 31, 1). Das Bekenntnis des einen Glaubens hat unbedingte ekklesiologische Relevanz (vgl. UR 2, 4), insofern es die Einheit der Kirche nach innen durch die verbindende Kraft des Bewußtseins der Zusammengehörigkeit und nach außen durch die Abgrenzung vom Nicht-Wort-Gottes bewirkt. Insofern lebt die kirchliche communio vom Bekenntnis, und kirchliches Recht ist wesentlich das Recht einer bekennenden Gemeinschaft. Daher erlangt die Pflicht jedes einzelnen Gläubigen, seinen Glauben zu bekennen, bei allem notwendigen Schutz der Gewissensfreiheit,(43) auch rechtliche Bedeutung.(44) Ausdrücklich erwähnt wird vom Konzil in diesem Zusammenhang der Dienst der Bischöfe und des Papstes, durch den Christus "auf das Bekenntnis

---

40) Vgl. dazu H. Schmitz, Glaubens- und Bekenntnispflicht, in: GrNKirchR, 438-440, bes. 439f. H. Schwendenwein, Das neue Kirchenrecht, Graz-Wien-Köln 1983, 314.

41) Vgl. W. Seibel, Art. Bekenntnis, in: HThG, I (1962), 156-160, hier 156.

42) Vgl. LG 31, 2; 35, 1; 35, 2.

43) Im Gegensatz zum CIC 1917 (c. 1325 § 1) leitet das II. Vatikanische Konzil aus der persönlichen Bekenntnispflicht des Gläubigen keine Rechtspflicht im strengen Sinne mehr ab. Mit der Verankerung der Religionsfreiheit in dem Konzilsdokument "Dignitatis humanae" (Art. 2, 1; 3, 3; 10) ist auch ein gewichtiger Ansatzpunkt gegeben, innerkirchlich analog den Grundsatz der Gewissens- und Glaubensfreiheit zu verankern. Zwar hatte schon c. 1351 CIC 1917 entsprechend einer langen kirchlichen Tradition die zwangsfreie Annahme des Glaubens garantiert. Darüber hinaus geht es nun aber auch um die Garantie freier Glaubensbewährung im innerkirchlichen Raum nach der freien Annahme des Glaubens (H. Schmitz, Tendenzen nachkonziliarer Gesetzgebung, in: AfkKR 146 (1977) 416). Zur kanonischen Ratifikation dieses Grundsatzes im CIC 1983 vgl. G. Luf, Glaubensfreiheit und Glaubensbekenntnis, in HdbKathKR, 561-567, bes. 565f. Unberücksichtigt blieb in der rechtlichen Neuordnung durch CIC 1983 (c. 748 §§ 1 u. 2; vgl. dagegen CIC 1917 c. 1351) die von H. Schmitz monierte ergänzende Bestimmung, "daß niemand von irgendeiner menschlichen Macht, auch nicht in der katholischen Kirche, gezwungen werden darf, seinen Glauben gegen sein Gewissen zu bewahren und vor anderen öffentlich zu bekennen" (Glaubens- und Bekenntnispflicht, a.a.O., 439).

44) Vgl. G. Luf, Glaubensfreiheit und Glaubensbekenntnis, a.a.O., 567. Diese rechtliche Dimension der Bekenntnispflicht wird besonders deutlich im Hinblick auf den kirchlichen Amtsträger: c. 833 CIC 1983 sieht die förmliche und persönliche Ablegung des Glaubensbekenntnisses vor dem Antritt bestimmter kirchlicher Ämter vor. Ferner haben die kirchlichen Autoritäten Sanktionsvollmacht gegenüber die Einheit der kirchlichen Gemeinschaft gefährdenden und äußerlich in Erscheinung tretenden Verhaltensweisen (vgl. dazu R. A. Strigl, Die einzelnen Straftaten, in: HdbKathKR, 941-950, bes. 941f.). Von ökumenischer Bedeutung ist, daß nach c. 11 CIC 1983, der den Geltungsanspruch der kirchlichen Gesetze grundsätzlich auf die in der katholischen Kirche Getauften einschränkt (im Gegensatz zu c. 12 CIC 1917!), auch grundsätzlich der Anspruch der nichtkatholischen Christen anerkannt ist, ihren Glauben in der Gemeinschaft **ihres** Bekenntnisses zu entfalten: "Insofern den nichtkatholischen Christen damit das Recht eingeräumt wird, ihre eigene christliche Existenz zu leben, sie katholischerseits also nicht vereinnahmt werden, kommt gegenüber dem CIC ein Mehr an Religionsfreiheit in den Blick. Verbindlichkeit will die Rechtsordnung der katholischen Kirche weitgehend nur mehr denjenigen gegenüber beanspruchen, die sich auch tatsächlich zu ihr bekennen." (P. Krämer, Religionsfreiheit in der Kirche. Das Recht auf religiöse Freiheit in der kirchlichen Rechtsordnung (= Canonistica 5), Trier 1981, 30).

des einen Glaubens" hinwirkt (UR 2, 4), das unaufgebbare Bedingung
für die volle Gemeinschaft mit der Kirche ist. Diese Einheit des äußeren
Bekenntnisses ist bestimmt durch denselben Umfang der von Gott geoffenbarten und von der lehrenden Autorität der Kirche vorgelegten
Wahrheiten.

Damit ist bereits auf den formalen Aspekt der Bekenntniseinheit hingewiesen. Der enge Bezug des Christusgeschehens zu dem in der Kirche
verkündeten Wort Gottes verweist auf die Notwendigkeit der Einheit des
Glaubens auch in seiner formalen Struktur, d. h. die Überlieferung der
Christuswahrheit ist gebunden an das Zeugnis bestimmter Personen(45)
in einer strukturierten Gemeinschaft, der kirchlichen communio. Das
bedeutet, daß die Einheit der Kirche "nicht nur die Zustimmung zu einer
gemeinsamen Lehre voraussetzt, sondern auch die Eingliederung aller
Christen in die heilige Gemeinschaft der apostolischen Kirche. Es bedeutet weiter, daß man auch im Fall einer übereinstimmenden Lehraussage
von einer Einheit des Glaubens erst dann sprechen kann, wenn beide
bekennenden Subjekte dieselbe Lehrautorität anerkennen."(46)

Damit steht hinsichtlich der Frage der Sakramentengemeinschaft mit den
verschiedenen von der katholischen getrennten Kirchen und kirchlichen
Gemeinschaften das Problem der Differenzen in den theologisch-ekklesiologischen Formalprinzipien bei den jeweiligen Gemeinschaften im Raum:
Während die getrennten orientalischen Kirchen als durchaus im Struktur-
prinzip des Glaubens und Verkündens weitgehend mit der katholischen
Kirche übereinstimmend betrachtet werden (Amt, Kollegium der Bischöfe), erkennt das Konzil bei den aus der Reformation hervorgegangenen
Gemeinschaften eine im Vergleich zur katholischen andere formale Norm
des Glaubens,(47) wenngleich die Existenz einer fundamentalen Gemeinschaft mit ihnen in der Heiligen Schrift und in der Glaubensüber-
lieferung der Gemeinden festgehalten wird. Obwohl die reformatorischen
Gemeinschaften "den vollen und unversehrten Glauben ... nicht bekennen" (LG 15, 1), verwendet das Konzil zur Darstellung dieses Sachverhaltes nicht die strafrechtlich besetzten Termini "haeretici" oder "excommunicatio", welche Anklänge an die Erörterung der Schuldfrage in
einer bestimmten Richtung aufkommen lassen könnten, sondern verweist
statt dessen auf einzelne Elemente und Glaubenssätze, die die getrennten
Brüder mit der katholischen Kirche in eine wirkliche Verbindung bringen, bzw. in welchen sie mit dieser übereinstimmen,(48) so z. B. die
Heilige Schrift als Glaubens- und Lebensnorm (LG 15, 1), der Glaube an
den himmlischen Vater und an Jesus Christus als Sohn Gottes und Erlöser (ebd.), sowie die Anerkennung von Sakramenten (ebd.). Diese
Übereinstimmungen bewirken eine "gewisse, wenn auch nicht vollkommene
Gemeinschaft" (UR 3, 1) mit der katholischen Kirche.

45) Vgl. J. Ratzinger, Primat, Episkopat und Successio Apostolica, in: Cath 13 (1959)
260-277, hier 266; ders., Primat, Episkopat und successio apostolica, in: K. Rahner-J.
Ratzinger, Episkopat und Primat (= QD 11), 37- 59, bes. 45ff.
46) W. Seibel, Dogma und Communio, in: Theologisches Jahrbuch (1962) 151-162, hier 158.
47) Vgl. J. Ratzinger, Ein Versuch zur Frage des Traditionsbegriffes, a.a.O., 25-69.
48) Vgl. dazu O. Saier, "Communio", a.a.O., 114f.

- 373 -

b. Die "Hierarchie der Wahrheiten"

Die Forderung nach der Einheit des Bekenntnisses als konstitutionelles
Vollzugselement der kirchlichen communio ist freilich im Kontext jener
grundsätzlichen Einsicht zu verstehen, "daß es innerhalb der katholischen Lehre eine Rangordnung oder 'Hierarchie' der Wahrheiten gibt, je
nach der verschiedenen Art ihres Zusammenhanges mit dem Fundament
des christlichen Glaubens."(49) Das Gesamt der christlichen Glaubenswahrheiten kann nicht einfach als Summation von untereinander völlig
gleichgewichtigen Teilelementen verstanden werden; ihr Zueinander ist
vielmehr nach einer hierarchisch gewichtenden Ordnung gestaltet. Demnach müssen alle Aussagen über die Einheit der Kirche, wie sie oben
dargelegt wurden, insofern zumindest in Möglichkeit zu einer "Relativierung" gesehen werden, als Einzelwahrheiten des Glaubens eben nur im
Zusammenhang mit der einen Christuswahrheit ihren Stellenwert erhalten
und ihnen somit möglicherweise unterschiedliche Bedeutung für die
Einheit der Kirche zukommt. Diese unterschiedliche Gewichtung kann
soweit gehen, daß eine Nichtübereinstimmung in bestimmten Teilwahrheiten nicht kirchentrennenden Charakter hat.(50)

Nun hat K. Rahner mit H. Fries zusammen(51) aus diesem konziliar
bestätigten und von ihm selbst in früheren Entwürfen(52) sicherlich

---

49) UR 11, 3; das Konzil formuliert damit nicht ein innerkatholisches Novum, sondern hebt
lediglich wieder deutlicher ins Bewußtsein, was einem vornehmlich gegenreformatorisch
bestimmten theologischen Denken zunehmend abhanden gekommen war: Das Problembewußtsein
um eine dogmatische Werthierarchie in der römisch-katholischen Theologiegeschichte;
eine Unterscheidung zwischen fundamentalen und nicht fundamentalen Glaubensartikeln
kennt die Geschichte theologischen Denkens schon früh: vgl. etwa die vornehmlich
scholastische Differenzierung: "primo (principaliter) et secundario" oder "directe (per
se) et indirecte: Thomas v. Aquin: STh I, q. 32 a. 4; II-II, q. 1 a. 6 ad 1; II-II, q.
1 a. 8; II-II, q. 2 a. 5; II-II, q. 2 a. 7; II-II, q. 8 a. 2 u. 3; II-II, q. 8 a. 6;
II-II, q. 11 a. 2; vgl. ferner Catechismus Romanus: I, I, IV; I, XIII, I; I, III, I; I,
X, XII; I, I, I; I, II, II. Als fundamentale Glaubensnorm erscheint dabei stets im
Wesentlichen das Mysterium der Trinität mit ihrem im Wort, in der Inkarnation und im
Hl. Geist offenbarten Heilswirken mit dem Ziel des ewigen Lebens. "Wenn diese
Erkenntnis, die Thomas von Aquin noch stark herausgestellt und die selbst Scheeben noch
unterstrichen hat, allmählich bis zur Vergessenheit in den Hintergrund trat und durch
das erkenntnistheoretisch-formal-juridisch wertende kirchliche Zensursystem und durch
lehramtliche Äußerungen zugunsten einer formellen Gleichwertigkeit aller von der Kirche
vorgelegten Glaubenswahrheiten verdeckt wurde, so ist das zum nicht geringen Teil als
gegenreformatorische Reaktion auf das evangelische Glaubensverständnis und auf die
innerprotestanischen Kontroversen um die Fundamentalartikelproblematik zu verstehen,
deren - wirklichen oder vermeintlichen - glaubensgefährendem Einfluß man durch die
zitierten Auffassungen und Verlautbarungen meinte begegnen zu müssen" (U. Valeske,
Hierarchia veritatum, a.a.O., 104f.; zur Geschichte der analogen Problematik um die
Fundamentalartikel im reformatorischen Bereich vgl. ebd., 107-129).
50) Vgl. dazu H. Mühlen, Die Lehre des Vaticanum II über die "hierarchia veritatum" und
ihre Bedeutung für den ökumenischen Dialog, in: ThGl 56 (1966) 303-335.
51) Einigung der Kirchen - reale Möglichkeit (= QD 100), Freiburg-Basel-Wien 1983. (zit.:
QD) Zur Kritik vgl. die Rezension von H. Schütte in: ThRev 80 (1984) 90-92; ferner
ders., Ziel: Kirchengemeinschaft, 26f.
52) Vgl. etwa K. Rahner, Fragen der Kontroverstheologie, in: ST, IV, bes. 245; ders., Über
den Versuch eines Aufrisses ..., in: ST, I, 11; 14; 16; 19; Über den Begriff des Geheimnisses, in: ST, IV, bes. 53-56.

mit(53) vorbereiteten methodologischen Ansatz das bisher wohl in den praktischen Konsequenzen am weitesten sich vorwagende(54) ökumenische Basisprogramm einer realen Einigungsmöglichkeit der Kirchen zum gegenwärtigen Zeitpunkt entwickelt, welches seine Grundlage in dem der konziliaren hierarchia-veritatum-Lehre verwandten Axiom von der "geistespolitisch" legitimierten "erkenntnistheoretischen Toleranz" hat:(55) In der pluralistischen geistespolitischen Situation,(56) in welcher die getrennten Großkirchen heute stehen, ist nach Rahner nicht die idealistische Konzeption radikaler und totaler Glaubenseinheit als vorgängige Basis für eine mögliche Einigung der Kirchen zugrundezulegen,(57) sondern hinsichtlich des Maßes an zu fordernder Einheit im Glauben der Grundsatz einer "existentiell erkenntnistheoretischen Toleranz" in Anschlag zu bringen; d. h. es wäre dann eine "Einheit der jetzt noch getrennten Groß-Kirchen denkbar, wenn keine Kirche erklärt, ein von einer anderen Kirche als für sie absolut verbindlicher Satz sei positiv und absolut mit dem eigenen Glaubensverständnis unvereinbar."(58) Konkret bedeutet das, die katholische Kirche könnte sich "bei einer Kircheneinigung mit einer solchen Glaubensposition zufriedengeben, in der gemeinsam die eigentlichen Grundwahrheiten der christlichen Offenbarung ausdrücklich bejaht werden, aber eine **positive** Zustimmung nicht zu allen Sätzen für die Einigung verlangt werden, die im historischen Prozeß des Glaubensbewußtseins der römisch-katholischen Kirche als mit der göttlichen Offenbarung objektiv gegeben erfaßt werden. Umgekehrt werden die orthodoxen und evangelischen Kirchen bereit sein können, sich des Urteils (als eines Glaubensinhaltes) zu enthalten, daß spezifisch römisch-katholische Glaubenssätze mit der Wahrheit Gottes und der Wahrheit des Evangeliums schlechterdings unvereinbar seien, wie man dies in den Zeiten der Glaubensspaltung getan hat."(59) Auf der Grundlage solcher dogmatisch-theologischer Stimmenthaltung hinsichtlich gegenwärtig noch nicht Vereinbartem, von dem aber zu hoffen ist, daß die jetzt noch getrennten Kirchen in Zukunft darüber zu klarerer Verständigung gelangen werden, hält Rahner also "unter dogmatischen Gesichtspunkten eine Einheit der Kirchen schon heute (für) möglich."(60)

In dem Verhalten der römisch-katholischen Kirche hinsichtlich der Frage nach der Möglichkeit sakramentaler Gemeinschaft zwischen der katholischen Kirche und den getrennten Ostkirchen scheint sich diese (ökumenische) Argumentationsfigur geradezu auch kirchenamtlich zu bestätigen:

53) Andere bedeutsame "konziliare Theoretiker" des Ökumenismus sind etwa A. Bea, A. Pangrazio, L. Jaeger, Y. Congar, C.-J. Dumont, K. Rahner, M. Schmaus, J. Betz, H. Fries, Th. Sartory, E. Mc. Donagh, J. Lortz, H. Mühlen.

54) Inzwischen hat sich der Präfekt der Römischen Glaubenskongregation, J. Kardinal Ratzinger, skeptisch bis ablehnend gegenüber dem ökumenischen "Programm" von Rahner und Fries geäußert: "Ein Par-force-Ritt zur Einheit, wie ihn neulich H. Fries und K. Rahner mit ihren Thesen angeboten haben, ist eine Kunstfigur theologischer Akrobatik, die leider der Realität nicht standhält" (J. Ratzinger, Luther und die Einheit, a.a.O., 573; vgl. dazu auch H.-J. Lauter, in: Pastoralblatt Heft 9 (1983) 286 f. (Rezension).

55) Vgl. QD, 47; zum ganzen ebd., 35-69.

56) Vgl. ebd., 36-47.

57) Vgl. ebd., 49; 51.

58) ebd., 47.

59) Ebd., 49.

60) Ebd.

- 375 -

Trotz bestehender deutlicher Lehrdifferenzen hinsichtlich der Primats-
und Unfehlbarkeitsfrage(61) hat die katholische Kirche die grundsätzliche
Möglichkeit von sakramentaler Gemeinschaft mit den getrennten Ostkirchen unter bestimmten Bedingungen eröffnet.(62) Offensichtlich kennt
die katholische Kirche hier das Prinzip der erkenntnistheoretischen
Toleranz hinsichtlich der Forderung nach (vorgängig bestehender)
Glaubenseinheit als Grundlage für eine mögliche sakramentale Gemeinschaft. Auch J. Ratzinger scheint in seinen Prognosen für den Ökumenismus bezüglich der getrennten Ostkirchen dieses Prinzip in gewissem
Umfang zu bestätigen, wenn er schreibt: "Rom muß vom Osten nicht
mehr an Primatslehre fordern, als auch im ersten Jahrtausend formuliert
und gelebt wurde ... Die Einigung könnte hier auf der Basis geschehen,
daß einerseits der Osten darauf verzichtet, die westliche Entwicklung
des zweiten Jahrtausends als häretisch zu bekämpfen und die katholische
Kirche in der Gestalt als rechtmäßig und rechtgläubig akzeptiert, die sie
in dieser Entwicklung gefunden hat, während umgekehrt der Westen die
Kirche des Ostens in der Gestalt, die sie sich bewahrt hat, als rechtgläubig und rechtmäßig anerkennt."(63)

Daß der damit beschrittene ökumenische Weg einer Praktizierung erkenntnistheoretischer Toleranz und einer theologisch-dogmatischen Stimmenthaltung zur Gewinnung einer realistischen gemeinsamen bekenntnismäßigen Basis für die Eröffnung weiterreichender Schritte zur Einheit
und Vereinigung der konfessionellen, jetzt noch getrennten Großkirchen
etwa durch schrittweise Eröffnung sakramentaler Gemeinschaft keineswegs
unproblematisch ist, zeigt die anfänglich äußerst zurückhaltende und
skeptische Reaktion der getrennten Ostkirchen auf das einseitig von
katholischer Seite formulierte Angebot beschränkter sakramentaler Gemeinschaft mit diesen unter bestimmten Bedingungen.(64) Die formelle
(nicht "ökonomie-motivierte") Gewährung von communicatio in sacris
zwischen katholischer Kirche und getrennten Ostkirchen ist aus der
ekklesiologischen Perspektive des Ostens geradezu ein Unding, wo doch
die Apostolischen Kanones ein striktes Verbot sogar für das private
Gebet mit Heterodoxen aussprechen!(65) Erst nach und nach beginnt in
der römisch-ostkirchlichen Ökumene mühsam(66) der Prozeß eines gewissen Abbaues zum größten Teil emotional bedingten Mißtrauens, welches

---

61) Vgl. dazu o. S. 308 Anm. 26
62) Vgl. dazu § 18 II. 2; III. 1.
63) J. Ratzinger, Prognosen für die Zukunft des Ökumenismus, in: Ökumene, Konzil, Unfehlbarkeit, a.a.O., 208-215, hier 212.
64) Vgl. dazu H. M. Biedermann, Orthodoxe und katholische Kirche heute. Etappen des Gespräches in den letzten 20 Jahren, in: Cath 33 (1979) 9-29.
65) Vgl. dazu die Ständige Konferenz der orthodoxen Bischöfe in Nordamerika (22.1.1965),
in: OstKSt 14 (1965) 201f.; ferner E. Theodorou, Prognosen für die Zukunft des Ökumenismus, in: Ökumene Konzil Unfehlbarkeit, a.a.O., 199-207, hier 201.
66) Zur einschlägigen Dokumentation vgl. H. M. Biedermann, Orthodoxe und katholische Kirche
heute, a.a.O., 24ff.; ferner E. Ch. Suttner (Hrsg.), Eucharistie - Zeichen der Einheit,
Regensburg 1970. Erst am 16. Dezember 1969 hat die Synode des Patriarchates von Moskau
als Antwort auf die Zugeständnisse durch das II. Vatikanische Konzil (und nachfolgend
des "Ökumenischen Direktoriums") die Zulassung römisch-katholischer Katholiken zu den
Sakramenten der Buße, der Eucharistie und der Krankensalbung in ihrer Kirche zugestanden (vgl. M. Kaiser, Ökumenische Gottesdienstgemeinschaft, in: HdbKathKR, 641-647, hier
645).

in dem Geflecht von theologischen, nicht-theologischen und organisa-
torisch-kirchenpolitischen Differenzen gewachsen war.(67)

Offensichtlich bildet inzwischen aber das katholischerseits praktizierte
(ökumenische) Prinzip erkenntnistheoretischer Toleranz bezüglich der
Primatsfrage im Blick auf den getrennten Osten einen geeigneten Weg,
die durch die feierliche Aufhebung der Bannfläche(68) "dynamisch und
potentiell" wiederhergestellte "volle Kirchengemeinschaft zwischen der
orthodoxen und der römisch-katholischen Kirche"(69) immer mehr auch
aktual zu vertiefen und in Konsequenz dazu durch das Angebot des Konzils zu gegenseitiger Zulassung zum Gottesdienst und zum Sakramentenempfang in seelsorglich dringenden Fällen unter Ausschluß jeglicher
machtorientierter Nebenabsichten den Abbau des gegenseitigen Mißtrauens zu fördern.(70)

Wesentlich problematischer aber gebärdet sich das Programm einer ökumenisch motivierten dogmatisch-theologischen Stimmenthaltung zur Gewinnung einer realistischen Einheitsbasis zwischen den getrennten Kirchen
von seiten der katholischen Kirche im Blick auf die reformatorischen
Gemeinschaften, wie die jüngst von E. Herms auf den "Rahner-Plan"
vorgelegte Antwort zeigt.(71) Offensichtlich verweist die unterschiedliche
Art der Rezeption der katholischen "ekklesiologischen Öffnung" nach
außen durch den "östlichen" und den "westlichen" Adressaten doch auf
die innere qualitative Differenz zwischen den geschichtlichen Grundtypen
der Kirchenspaltung.(72)

E. Herms stellt in seiner kritischen Analyse(73) des Rahner'schen ökumenischen Basisprogrammes praktizierter erkenntnistheoretischer Toleranz
fest, daß dessen ökumenisch - d. h. in diesem Fall genauer vom römischen Macht- und Autoritätsanspruch - motivierte unterströmige Tendenz

---

67) So begegnen in der Orthodoxie auch heute noch Äußerungen, die der katholischen Kirche
absprechen, sie sei Kirche Christi, besitze den Hl. Geist und gültige Sakramente. Vgl.
dazu in: Orthodoxie heute 60/61 (1977) 34; Romanian Orthodox Church News 2 (1972) Heft
2, 5-9.
68) Zur Dokumentation vgl. Thomas Agapis. Dokumentation zum Dialog der Liebe zwischen dem
Hl. Stuhl und dem ökumenischen Patriarchat von Konstantinopel 1958-1976. Mit einem
Geleitwort von Metropolit Meliton von Chalcedon (= Pro Oriente 3), Innsbruck-Wien 1976.
69) So E. Theodorou, Prognosen für die Zukunft des Ökumenismus, a.a.O., 206; vgl. auch: Der
gegenwärtige Stand der Beziehungen zwischen katholischer und orthodoxer Kirche: III.
Ökumenisches Symposion, 22./23. März 1968 in Wien: Metropolit Emilianos Timiadis von
Kalabrien, Katholiken und Orthodoxe: Aktuelle Situation und Zukunftsperspektiven, in.
Ökumenische Hoffnungen, 126-137; P. Duprey P. A., Das Aggiornamento der Beziehungen
zwischen der katholischen und der orthodoxen Kirche nach dem Zweiten Vatikanischen
Konzil, in: ebd., 138-145.
70) Vgl. dazu H. M. Biedermann, Orthodoxe und katholische Kirche heute, a.a.O., 28f.; R.
Erni - D. Papandreou, Eucharistiegemeinschaft. Der Standpunkt der Orthodoxie, Frei-
burg/Schweiz 1974.
71) E. Herms, Einheit der Christen, a.a.O.
72) Vgl. dazu J. Ratzinger, Allgemeine Orientierung über den ökumenischen Disput um die
Formalprinzipien des Glaubens, in: ThP, 203-250, hier 203ff.
73) Vgl. E. Herms, Einheit, a.a.O., 13-45.

zur Verundeutlichung(74) dogmatischer Aussagegehalte letztlich in dem
denkerischen Widerspruch gründe bzw. darauf hinauslaufe, "daß er (sc.
Rahner) sowohl jeden Verzicht auf positive Zustimmung als auch jede
vollkommene Enthaltung vom Urteil über einen nicht evidentermaßen
falschen Satz gleichermaßen als - implizite - Zustimmung auffaßt."(75)
Diese Auffassung ist nach Herms vom logischen Gesichtspunkt her "völlig
falsch", da auch der Verzicht auf Zustimmung wie auf Nichtzustimmung
(Stimmenthaltung) zu einem nicht evidentermaßen falschen Satz mit
logischer Notwendigkeit den Widerspruch zu ihm impliziert. "Denn nach
den Regeln der Logik wird jedem Satz, dem nicht Wahrheit zugesprochen
wird, damit ipso facto Falschheit zugesprochen - es sei denn, der Satz
sei gegenstandslos, so daß über seine Wahrheit oder Falschheit eben
überhaupt nicht entschieden werden kann."(76) Die logische Unterbe-
stimmtheit der Zustimmungsakte bei Rahner korrespondiert nach Herms
einer ebensolchen des Zustimmungsgegenstandes: "Das einzige, was sich
sagen läßt, ist: Es handelt sich um Sätze (oder Satzsysteme), die für
die Zustimmung fordernde ebenso wie die zur Zustimmung verpflichtete
Instanz jedenfalls nicht evidentermaßen falsch sein dürfen."(77) Diese
Beobachtung führt Herms nun zu dem Schluß, daß es Rahner nicht
eigentlich und primär um die inhaltliche und wahrheitsgehaltliche Dimension (Gegenstandsbezug) solcher Zustimmungsgegenstände (Sätze oder
Satzsysteme) geht, sondern um deren pragmatische Dimension, d. h. um
ihr Verhältnis zu ihrem Sprecher. "Der für Rahner relevante Zustim-
mungsakt gilt also nicht in erster Linie der semantischen Qualität der
Sätze, also ihrem Gegenstandsbezug und ihrer Wahrheit, und dann in
zweiter Linie deswegen auch ihrem Sprecher. Sondern umgekehrt gilt der
Zustimmungspunkt in erster Linie dem pragmatischen Aspekt der betreffenden Sätze, ihrem Gesprochensein von einem ganz bestimmten Sprecher, und dann erst in zweiter Linie vielleicht auch ihrer semantischen
Qualität"(78) Deswegen ist für Rahner an den Zustimmungsgegenständen
selbst auch nur von Bedeutung, "daß sie nicht durch evidente Falschheit
die Zustimmung zu ihrem Sprecher verhindern."(79) Dieser ist das
eigentliche Objekt des Zustimmungsaktes als einer Instanz, "die alles
verträgt außer dem expliziten Widerspruch gegen sie."(80) Die Verlage-
rung des primären Anerkennungsgegenstandes vom positiven Gehalt der
von einem Sprecher gesprochenen Sätze auf die sprechende Person selbst
markiert nach Herms das Spezifikum der Rahner'schen Argumentation im
Zusammenhang der "ökumenisch" motivierten Forderung nach der Praktizierung "erkenntnistheoretischer Toleranz". Diese Zustimmung heischende
Person tritt bei Rahner durchweg in Gestalt fordernder Instanzen, d. h.

---

74) Vgl. in diesem Zusammenhang die Charakterisierungen Herms' bezüglich Rahners Denk-
operationen im Dienste der Erarbeitung des Axioms von der erkenntnistheoretischen
Toleranz: "Er (sc. Rahner) reflektiert auf diese Differenzen nicht" (Herms, a.a.O.,
16); "... daß diese Differenzen ... gleichgültig sind" (ebd.); "alles weitere bleibt
uneindeutig und unbestimmt" (ebd., 19); "... alles weitere auf sich beruhen zu lasen"
(ebd.); "Gleichbeurteilung", Vergleichgültigung" (ebd., 21); usf.
75) Ebd., 21.
76) Ebd., 21f.
77) Ebd., 19.
78) Ebd., 22.
79) Ebd., 23.
80) Ebd. 25.

genauer Institutionen auf: das Amt der römischen Kirche(81) und die reformatorischen Kirchen;(82) als (passiv) geforderte Instanzen begegnen einzelne bzw. Gruppen innerhalb von Institutionen.(83)

Diejenige fordernde Instanz aber, "die ausschließlich in der Position steht, die Erfüllung sittlicher Pflichten von Instanzen ihrer Umwelt zu fordern", aber "gar nie in der Position, daß von ihr die Erfüllung sittlicher Pflicht in gleicher Weise von Instanzen ihrer Umwelt gefordert werden könnte", ist "die römische Kirche und ihr Amt."(84)

Damit ist für Herms einerseits die vermeintlich einladende katholische Geste in dem ökumenischen Programm bei Rahner entlarvt als der getarnte Würgegriff der alle nichtkatholischen christlichen Denominationen vereinnahmenden katholischen Amtsekklesiologie, die Rede von einer soteriologisch-ekklesiologischen "Selbstdezentrierung" der katholischen Kirche durch das II. Vatikanische Konzil als "terminologiepolitische Maßnahme" demaskiert, deren "verunklarende Wirkung"(85) den (reformatorischen) 'Gegner' von der Vertrauenswürdigkeit der katholischen Abkehr von römisch-vatikanischen Frevel überzeugen soll.(86)

Andererseits stellt sich für Herms aus der Analyse des "Rahner-Plans", der ihm als stringente Explikation des römischen konziliaren Ökumenismus gilt,(87) gleichsam von selbst der Ansatzpunkt ein für die Ortung des trotz aller vermeintlich ökumenischen Einzelkonsense nach wie vor bestehenden katholisch-reformatorischen Grundgegensatzes, der im jeweiligen Offenbarungsverständnis seine tiefste Wurzel habe,(88) am deutlichsten aber eben in der Amtsfrage zum Ausdruck komme, näherhin in der Bestimmung des Verhältnisses zwischen Offenbarungsgeschehen und kirchlich-amtlicher Tradierung bzw. Bezeugung desselben: Der hauptsächliche und nach Herms als kontradiktorischer zu qualifizierende Widerspruch zwischen katholischem und reformatorischem Offenbarungsverständnis besteht sonach darin, daß nach katholischer Auffassung die (göttliche) Offenbarung als solche in der kirchlichen Verkündigung tra-

---

81) Vgl. QD 43f.; 49, Z. 1ff.; 55, Z. 38ff.

82) Vgl. QD 66, Z. 29.

83) Vgl. QD 43f.; 44, Z. 35ff.; 44, Z. 9ff.; 50, Z. 32, 55ff.

84) E. Herms, Einheit, a.a.O., 25. Der Autor moniert zudem an dem Programm der "erkenntnistheoretischen Toleranz", daß die ihm zugrundeliegende Forderung der Zustimmung zu nicht evidentermaßen falschen Sätzen wohl als sittliche Pflicht qualifiziert, jedoch nur in ihrem Rechtscharakter - als von einer innerweltlichen Instanz an andere ergehende erfaßt werde, nicht aber als eine im Gewissen ergehende und möglicherweise sich im Gewissen als Gottes Willen manifestierende (vgl. ebd.).

85) Ebd., 73.

86) Vgl. ebd., 9-12; 47.

87) Vgl. zu der Herms'schen Interpretationslinie die Rezension durch H. Fries: "Dazu kann man nur sagen: Das Bild der katholischen Auffassung zur Ökumene wird hier verzerrt und entstellt. Es geht der römisch-katholischen Kirche und der von ihr heute bejahten und gewollten Ökumene um eine Umkehr und Erneuerung aller Christen und Kirchen, um den 'geistlichen Ökumenismus'. Und es geht ihr um eine Bewegung nach vorn und in die Zukunft. Ziel der Ökumene ist nicht die römische Einheitskirche, sondern eine Einheit in Vielfalt, in versöhnter Verschiedenheit" (Das Rad der Ökumene zurückdrehen?, a.a.O., 29). Dagegen bei E. Herms, a.a.O., 9-12; 47.

88) Vgl. E. Herms, Einheit, a.a.O., 71-79; 95-116.

diert wird (Offenbarungstransmission), während sie nach reformatorischer Option durch die kirchliche Verkündigung lediglich **bezeugt** werden kann,(89) d. h. das reformatorische Verständnis des Verhältnisses von Offenbarung und kirchlichem Amtsdienst wird "sachgemäß nur vollzogen, wenn es (sc. das ministerium verbi, d. h. der kirchlich-amtliche Verkündigungsdienst) explizit darauf verzichtet, sich selbst als Übermittlung, als Vergegenwärtigung und Zuwendung der Heilsoffenbarung zu empfehlen."(90) "Das reformatorische Verständnis von Offenbarung schließt aus, daß die Offenbarung und ihr Inhalt sich in den menschlichen Akten der Weitergabe und der Auslegung des Evangeliums unterbringen könne, und begreift genau umgekehrt, daß all diese menschlichen Akte in Gottes eigenem Offenbarungshandeln untergebracht sind."(91)

Daß die katholische Position mit ihrem Offenbarungsverständnis und mit der entsprechenden Amtskonzeption genau den kontradiktorischen Widerspruch hierzu formuliere, insofern nach ihr die Offenbarung selbst mit dem Zeugnis von ihr und über sie identifiziert werde, ist in dieser apodiktisch-grundsätzlichen Form eine unhaltbare Konstruktion,(92) ebenso wie die in dem zuletzt zitierten Satz von Herms spürbare Bemühung, den vermeintlichen Grundgegensatz zwischen katholischer und reformatorischer Position unter Zuhilfenahme der etwas merkwürdigen und wenig

---

89) Vgl. ebd., 111.

90) Ebd., 114.

91) Ebd., 112.

92) Diese Konstruktion impliziert die einfache Antithetik von (katholischem) sachhaft-objektivistischem Offenbarungsverständnis und (reformatorischem) personalem Offenbarungsverständnis: Das Offenbarungshandeln Gottes selber ist 'nach katholischer Auffassung' ein zeitlich abgeschlossener Vorgang, der sich in Jesus Christus vollendet ('konsumiert': DV 7), indem er "zur Be-gabung der Apostel und ihrer Nachfolger mit dem Offenbarten als einem durch sie der Welt weiter zu vermittelnden ('transmittere') Gut wird. Die Offenbarung ist also ein abgeschlossenes Geschehen in der geschichtlichen Vergangenheit, und zwar dasjenige, durch welches die offenbarte göttliche Gandengabe in die Hand der Apostel und ihrer Nachfolger gelegt wird, die sie - die in ihre Hand gelegte göttliche Heilsgabe - der Kirche und der Welt 'mitzuteilen' (Dv 7 vgl. auch 8, 3 Satz 1; 10, 2; LG 20, 2; 26, 3) haben" (E. Herms, a.a.O., 77). Nach römischer Lehre sei daher Offenbarung gleichsam der Inbegriff objektiv und in sich wahrer Sätze samt deren logischen Ableitungen, die durch das Vergegenwärtigungshandeln (Predigt-Sakramenteordnendes Handeln) der Bischöfe der Welt vermittelt werden. Demgegenüber steht in kontradiktorischem Gegensatz die reformatorische Auffassung von Offenbarung als dem Geschehen der Selbstmitteilung Gottes an jeden einzelnen, indem das Wirken des Hl. Geistes den Menschen äußerlich begegnende Wort diesen zur Evidenz des Wahrseins und Klarseins des Wortes Gottes führt (vgl. Herms, a.a.O., 96-108); "unter gar keinen Umständen" aber kann das Offenbarungsgeschehen selbst durch menschliches Handeln "vergegenwärtigt, anderen Menschen mitgeteilt und zugewendet werden" (ebd., 105). Daß diese Kontrastierung der katholischen Position besonders seit dem II. Vatikanischen Konzil (vgl. "Dei Verbum"!) nicht mehr gerecht wird, stellt deutlich H. Fries in seiner Rezension zu dem Buch von E. Herms heraus (Das Rad der Ökumene ..., a.a.O., 30); es sei hier nur andeutungsweise verwiesen auf die katholischerseits sehr wohl unterstrichene und beachtete Differenz zwischen Offenbarung und Bezeugung der Offenbarung, zwischen Offenbarung und Überlieferung, zwischen Apostel und deren 'Nachfolger' (Bischöfe), zwischen Schrift und Tradition.

aussage-präzisen Kategorie des "Untergebrachtseins" gleichsam bis in die letzte denkerische Pointierung hinein zuzuspitzen.(93)

Gleichwohl ist die "scharfsinnige"(94) Untersuchung von E. Herms als Antwort auf den "Rahner-Plan" von nicht geringer heuristischer Relevanz für die Problemortung im Stand der ökumenischen Diskussion und zwar – besonders im Hinblick auf den ekklesiologischen Sektor der Auseinandersetzung – in zweifacher Weise:

Zum einen artikuliert sie – wenn auch als eine einzelne reformatorische Stimme – im Sinne eines akzentuellen Signals das antiinstitutionelle Gefälle im reformatorischen Kirchendenken, in dessen Sog eine pneumatologisch vertiefte Sicht des christlichen Offenbarungsgeschehens nicht – wie etwa in der katholischen Spielart ekklesiologischen Denkens bei H. U. v. Balthasar –(95) gerade zu einer 'Radikalisierung' der theologischen Verankerung der institutionellen Dimension des Offenbarungsgeschehens führt, sondern in den Impetus zur Radikalisierung des Momentes der "Unverfügbarkeit" dieses Geschehens; die Bezeugung des Offenbarungsgeschehens im (kirchlichen) Verkündigungswort und im Sakrament droht von diesem selbst nicht nur unterschieden zu werden – um sie in einer sakramental vermittelten Zuordnungsrelation begreifen zu können –, sondern schlechthin abgetrennt zu werden,(96) so daß das Bezeugungsgeschehen nicht als die – sakramentale! – Gestaltwerdung des Offenbarungsgeschehens selbst gelten kann. Die institutionelle Dimension des Bezeugungsgeschehens ist nicht eine mögliche Aussage- und Wirklichkeitskategorie für das Offenbarungsgeschehen selbst. Im Blick auf die dogmengeschichtlich entfaltete katholische, sakramentale Option von dem untrennbaren Ineinander der Zeichen- und Ausdrucksdimension des sacramentum bezüglich der res scheint daher das entsprechende "offenbarungstheologische" Resultat der Konzeption von Herms bezeichnend unterbestimmt:
"Im Darreichen der Sakramente vergegenwärtigt das ministerium verbi nicht das Versöhnungshandeln-Gottes-in-Jesus-Christus-durch-den-Heiligen-Geist, sondern es bezeugt nur, daß es selber als menschliches Handeln des Sakramentes durch das Versöhnungshandeln Gottes in Jesus Christus durch den Heiligen Geist ermöglicht ist, gefordert und dazu bestimmt, von Gott selber zur Vollendung seiner Versöhnung mit den Menschen in Jesus Christus durch den Heiligen Geist frei gebraucht zu werden."(97) Die institutionelle Dimension des (kirchlichen) Bezeugungs-

---

93) Zu der Rede vom konfessionellen "Grundgegensatz" und der dieser immanenten Tendenz zu argumentativer Dispensation in Einzelfragen vgl. H. Fries, Das Rad der Ökumene..., a.a.O., 29f. O. H. Pesch, Gerechtfertigt, a.a.O., bes. 13-55.

94) So das Urteil von H. Fries, a.a.O., 29.

95) Vgl. dazu o. S. 358 Anm. 150.

96) So auch H. Fries, a.a.O., 30, der allerdings die Position von Herms selbst für innerreformatorisch isoliert hält, während hier die These vertreten wird, daß sie ein reformatorischem Denken inhärentes Gefälle artikuliert, das gerade zur katholischen Option der sakramentalen Idee von der Zeichen- und Audrucksfunktion des sacramentum zur res in einer noch nicht hinlänglich vermittelten Spannung steht, die im ökumenischen Dialog weiterhin Gegenstand des Gespräches sein muß.

97) E. Herms, Einheit, a.a.O., 115; Analoges gilt für die Aspekte der Lehre und des "kirchenordnenden Handelns" als explikativen Ausfaltungen des ministerium verbi (ebd., 114-116).

geschehens ist als solche noch **nicht** (anfanghafte) Gestaltwerdung des göttlichen Heilswillens selbst; die Institution ist streng genommen keine Aussagekategorie des Christus-Heils als bereits antizipativ gestaltgewordenes.

Zum anderen macht Herms' Analyse des Rahner'schen Axioms der "erkenntnistheoretischen Toleranz", mit dem gleichsam eine ökumenische Operationalisierung der konziliaren hierarchia-veritatum-Lehre intendiert ist, deutlich, daß im katholischen Verständnis grundsätzlich das (materiale) dogmatische Wahrheitsgefüge letztlich unablösbar ist von seiner formalen Bestimmung, dem primären Sprecherbezug: jede materiale Grundaussage über den Glauben ist immer schon von dieser Formalstruktur umgriffen, eine Relation, die freilich **auch** in umgekehrter Richtung – als dialektische – existiert. Die amtlich-formale Bindung des materialen Glaubenszeugnisses ist ein inneres Moment von diesem selbst. Damit wird der katholische Gesprächspartner, der auf die Notwendigkeit einer rangmäßigen Differenzierung einzelner christlicher Wahrheiten je nach deren Nähe zum Christusereignis selbst hinweist, – gleichsam von außen her – auf die innere Konsequenz seines eigenen theologisch-ekklesiologischen Denkens aufmerksam gemacht, die darin liegt, daß das Moment der formalen Bindung in der Bezeugung dieser Wahrheiten (in der katholischen Amtsgestalt) in der gesamten (materialen) 'Rangskala' bis hin zu den beiden 'Rand-Polen' je schon mitvertreten ist, und somit die Einbeziehung des katholischen Amtsverständnisses unter die Praktizierung der erkenntnistheoretischen Toleranz die eigentliche ökumenische Brisanz des Themas von der "hierarchia veritatum" ausmacht, weil und insofern die Auffassung von der nichtabstrahierbaren Formalbindung des Glaubenszeugnisses die Problematik und die Fraglichkeit einer "ökumenischen Vermittelbarkeit" des katholischen Kirchenbegriffes überhaupt auch und gerade nach dem II. Vatikanischen Konzil thematisiert.

Aus dieser katholischen Fundamentaloption von der grundsätzlichen Formalbindung der Offenbarungs-"Bezeugung" ergibt sich hinsichtlich der Rede von der "hierarchia veritatum" als eines ökumenisch fruchtbaren Basistheorems(98) zur Gewinnung einer notwendigen und auch möglichen Bekenntniseinheit zwischen den getrennten Kirchen eine Vertiefung des Problemhorizontes:
Auch nach katholischer Auffassung kann die Christuswahrheit nie selbst durch die Summe aller Dogmen erschöpfend ausgesagt werden. Wie soll dann aber die Einheit der Kirche als Einheit in der Glaubensaussage bestimmt werden? Die Christuswahrheit kann notwendig nur in geschichtlichen Einzelwahrheiten offenbar werden. Einheit in der Christuswahrheit kann sich somit nur in solchen Einzelsätzen ausweisen. Weil die Kirche aber selbst geschichtliches Offenbarwerden dieser Christuswahrheit ist, kann nur die Kirche selbst Maßstab für das sein, was "Christuswahrheit" beinhaltet. Nichtbestehen von Einheit in der Glaubensaussage kann also nur hinsichtlich einer Wahrheit vorliegen, bezüglich der die Kirche sich

---

98) Vgl. dazu U. Valeske, Hierarchia veritatum, a.a.O., bes. 171-187, wo von dem damit verbundenen ökumenischen Postulat einer "Umschichtung vom Formalen auf das Materiale (Extensiv-Intensiv)" die Rede ist. Nach katholischer Auffassung sind aber einer solchen Umschichtung gewisse innere Grenzen gesetzt, insofern dort das "Formale" nicht letztlich vom "Materialen" zu abstrahieren ist, da ersteres in letzterem selbst eine unaufgebbare Verankerung besitzt.

reflex ausgesagt hat. So kann die Frage nach der Einheit der Glaubensaussage nur von dem Stadium der jetzigen geschichtlichen Situation der
Reflexion der Kirche über die Christuswahrheit aus gestellt werden.

Das Christusgeheimnis kann nie erschöpfend im kirchlichen Dogma formuliert werden: Glaubenseinheit kann deshalb nicht vorrangig an der
Übereinstimmung bzw. Verschiedenheit in der je einzelnen Glaubensaussage allein bestimmt werden, sondern an der Weise, wie das "Ganze"
gefaßt ist. "Die verschiedenen christlichen Konfessionen haben also nicht
so sehr etwas anderes, vielmehr haben sie das eine Gleiche in einer
anderen Art des Sichbeziehens darauf, so daß hier Gemeinsames und
Unterschiedenes ineinander liegen. Verschiedene Konfessionen sind nicht
verschiedene Teile des Christentums, die nach einer 'ökumenischen
Additionsmethode' zur Einheit zusammengesetzt werden könnten, vielmehr
handelt es sich hier um verschiedene qualitative Auffassungsarten des
Christentums. Und man kann gar nicht an den verschiedenen Arten und
Weisen, in denen die einzelnen Konfessionen das Gemeinchristliche jeweils
aktualisieren, vorbeigehen, weil das Gemeinchristliche nirgends in objektiver 'Reinkultur' vorliegt, sondern immer nur je in Glaubensentschei-
dung bekannt werden kann, also überhaupt nur in 'Konfession' zu haben
ist."(99)

c. Die Einheit des Bekenntnisses und die gottesdienstliche Gemeinschaft

Bekenntnis des Glaubens und gottesdienstlicher Vollzug sind einander
wesentlich zugeordnet: Gottesdienstliches Geschehen ist Ausdruck und
Gestaltwerdung der geglaubten Christuswahrheit. Die Frage nach der
Einheit des Glaubensvollzuges in der gottesdienstlichen Gemeinschaft
berührt zugleich die Frage nach der Einheit im Glauben. Gottesdienstliche Gemeinschaft mit getrennten Christen ist demnach immer dann
unmöglich, wenn der Teilnehmende dadurch die Leugnung seiner eigenen
Glaubensüberzeugung bejaht oder einschlußweise vollzieht. Ist der Gottesdienst Ausdruck einer falschen Lehre, so ist eine Teilnahme an ihm
abzulehnen.

Nun ist aber nach dem II. Vatikanischen Konzil gemeinsamer gottesdienstlicher Vollzug nicht abhängig von einer völligen Übereinstimmung
in allen Glaubensaussagen, wenn es hinsichtlich der communicatio in
sacris mit den getrennten orientalischen Kirchen heißt: "Wenn eine
Communicatio in sacris die Einheit der Kirche verletzt oder wenn sie eine
formale Bejahung einer Irrlehre, die Gefahr eines Glaubensabfalles, eines
Ärgernisses oder religiöser Gleichgültigkeit in sich birgt, dann ist sie
durch göttliches Gesetz (lege divina) verboten. Die Seelsorgepraxis zeigt
aber, daß bei unseren ostkirchlichen Brüdern, um die es geht, mancher-
lei persönliche Umstände in Betracht zu ziehen sind, unter denen weder
die Einheit der Kirche verletzt wird noch irgendeine Gefahr zu fürchten
ist. Andererseits drängt das Heilsbedürfnis und das geistige Wohl der
Seelen" (OE 26).

Es ist also offensichtlich eine Differenzierung möglich zwischen den Be-

---

99) E. Kinder, Worum geht es eigentlich in den ökumenischen Bestrebungen?, in: Gott in Welt
(= FS K. Rahner), Freiburg i. Br. 1964, II, 455-471, hier 464.

dingungen, die zur vollen sichtbaren Einheit erforderlich sind, und denen, die als Voraussetzung einer gottesdienstlichen Gemeinschaft in der communio non plena notwendig sind.(100) "Die Grenzen der (sc. "tätigen") Kirchengliedschaft erweisen sich als enger als die der gottesdienstlichen Gemeinschaft."(101) Gleichwohl steht die Notwendigkeit der Übereinstimmung in der konkreten Aussage über das jeweilige im gottesdienstlichen Vollzug aktuierte Heilsgeschehen außer Zweifel. Dies aber muß wiederum unter dem Aspekt betrachtet werden, daß solche Glaubensaussagen einer kirchlichen Gemeinschaft nicht isoliert, sondern im gesamten Bekenntniskontext des Christusgeschehens betrachtet werden müssen, wie es in dieser Gemeinschaft ausgesagt wird.

Hinsichtlich der getrennten orientalischen Kirchen ergeben sich in diesem Punkt nach der konziliaren Auffassung keine wesentlichen Schwierigkeiten, da die Differenzpunkte der Glaubensauffassung sich nicht auf zentrale Wirklichkeiten des Heilsgeschehens und seiner theologischen Deutung beziehen,(102) sondern nach der Lehre der "hierarchia veritatum" Wirklichkeiten betreffen, die nur im Dienst der zentralen Heilswirklichkeit stehen. Erst wo also die Entfaltung der gemeinsamen Überzeugungen auch die Differenzen sichtbar werden läßt und zum thematisierten Gegenstand des gottesdienstlichen Geschehens selbst macht, wird eine gottesdienstliche Gemeinschaft unmöglich. Dies ist nach der Auffassung des Konzils offensichtlich aber im Falle sakramentaler Gemeinschaft mit den reformatorischen kirchlichen Gemeinschaften der Fall und verhindert somit auch eine weiterreichende Eröffnung solcher Gemeinschaft im Bereich der tätigen Ordnung. Die "differentia specifica" im ekklesiologischen Bauprinzip zwischen den getrennten Ostkirchen und den reformatorischen Gemeinschaften liegt demnach (aus katholischer Perspektive) in der jeweiligen Formalstruktur der Bezeugung des Offenbarungsgeschehens, deren konkrete Ausformung in der ostkirchlichen Amtsgestalt und -theologie die katholische Kirche als strukturell kongruent bzw. wenigstens kompatibel zu dem eigenen ekklesiologischen Bauprinzip interpretiert, während gerade der institutionelle und zentripetale Akzent, den der Gedanke der Formalbindung des Offenbarungszeugnisses dem katholisch-ekklesiologischen Bauprinzip verleiht, sich einer "Vermittlung" des reformatorischen Ansatzes sperrt. Die katholische Kirche gelangt daher bei der Beschreibung faktischer Gemeinschaft im sakramental-gottesdienstlichen Leben hinsichtlich der reformatorischen Gemeinschaften lediglich zur Anerkenntnis und Betonung der in der Taufe grundgelegten Verbundenheit mit diesen Gemeinschaften, da die unmittelbare Ausfaltung der in diesem Sakrament aktualisierten Perspektive des Heilsgeschehens nicht so weit in den Bereich des unterschiedlichen Gesamtverständnisses hineinragt, daß man nicht mehr von einer Einheit im Bekenntnis zu dem im Sakrament unmittelbar thematisierten Glaubensinhalt beim gemeinsamen

---

100) Die getrennten orientalischen Kirchen unterscheiden sich wohl durch die Nichtanerkennung des päpstlichen Jurisdiktionsprimates bekenntnismäßig von der römisch-katholischen Kirche. Das Formalprinzip des Glaubens ist also bei aller Ähnlichkeit nicht völlig deckungsgleich.

101) A. Völler, Einheit der Kirche, a.a.O., 138.

102) Auf die katholischerseits geübte "erkenntnistheoretische Toleranz" hinsichtlich der katholisch-orthodoxen Differenzen bezüglich des Primatverständnisses wurde bereits hingewiesen: vgl. o. S. 305ff.

Vollzug(103) sprechen könnte. Das differente Gesamtverständnis würde durch die Teilnahme nicht mitbejaht, die Möglichkeit eines diesbezüglichen Vorbehaltes bliebe gewahrt (vgl. UR 3, 1).

d. Pastorale Gesichtspunkte

In den Texten des Konzils, die die Frage nach der Möglichkeit sakramentaler Gemeinschaft mit nichtkatholischen christlichen Kirchen behandeln, lassen sich verschiedentlich Formulierungen finden, die die Besorgnis zum Ausdruck bringen, daß mit dem Vollzug unter besonderen Umständen gewährter sakramentaler Gemeinschaft über den Bereich der communio plena hinaus die Gefahr des Indifferentismus und der Glaubensgefährdung gegeben sei.(104)

Freilich sind in einer gegenüber der gegenreformatorischen Periode wesentlich gewandelten zeitgeschichtlichen Situation Indifferentismus und Glaubensgefährdung nicht mehr notwendigerweise als Gefahrenmomente mit dem Vollzug interkonfessioneller Gemeinschaft verbunden, der über den Bereich der communicatio in spiritualis hinausreicht; in einer "geistespolitischen" und theologischen Situation des Mit- und Zueinander zwischen den getrennten Konfessionen kann praktizierte sakramentale Gemeinschaft u. U. sogar ein Gebot pastoraler Erfordernisse sein. Wo die theologisch-begriffliche Differenziertheit und die bewußtseinsmäßige Reife es erlauben, kann die grundsätzliche Möglichkeit geradezu zur Pflicht werden, das auch sichtbar zu bezeugen, was die Christen wirklich bereits sichtbar miteinander verbindet.

Das kann freilich nicht die Berechtigung des Hinweises auf hiermit möglicherweise gegebene Gefahren entkräften, wenn etwa das Zueinanderstreben der konfessionell getrennten Christen die redliche Frage nach der Wahrheit der tatsächlichen Einigung unterdrückte und zu Scheinlösungen führte, die auf die Dauer nicht tragfähig sind. Es wird deutlich, daß hier eine differenzierte Beurteilung nach Ort, Zeit und beteiligten Personen erforderlich ist. Dem entspricht auch die Anweisung des Ökumenischen Direktoriums, diese Fragen in ihrer näheren Spezifizierung dem Urteil und Ermessen regionaler Instanzen zu überlassen.(105)

e. Die Einheit des Bekenntnisses bezüglich der getrennten orientalischen Kirchen(106)

Die Prüfung des Kriteriums der bekenntnismäßigen Einheit als Voraussetzung für die Möglichkeit sakramentaler Gemeinschaft stößt aufgrund der

---

103) Genauer müßte man von gegenseitiger Anerkennung der in der jeweiligen Kirche oder kirchlichen Gemeinschaft gespendeten Taufe in ihrer die Eingliederung in den Leib Christi sakramental grundlegenden Funktion und Wirkung sprechen; d. h. aber noch nicht, daß gegenwärtig etwa evangelische Christen in der katholischen Kirche ihre Kinder taufen lassen könnten und umgekehrt (L. Scheffczyk, Dogmatische Erwägungen, a.a.O., 134).

104) Vgl. etwa OE 26; ferner CIC 1983 c. 844 § 2.

105) Vgl. UR 8, 4; ferner OE 29. Konkrete Anweisungen über Funktion und Zusammensetzung solcher regionaler Instanzen (Bistums- und Gebietskommissionen) gibt DO I, 3-8; vgl. auch CIC 1983 cc. 844 § 5. §§ 2-4.

qualitativen Unterschiedenheit der Kirchenspaltungen(107) des Ostens gegenüber denen des Westens auf einen unterschiedlichen Befund sowohl im materiален wie auch im formalen Aspekt des Glaubensbekenntnisses, den es überblicksmäßig nochmals zu formulieren gilt.(108)

Der Grundbestand des einen Glaubens zwischen katholischer Kirche und den getrennten orientalischen Kirchen ist dadurch gesichert, daß die "Grunddogmen des christlichen Glaubens von der Dreifaltigkeit und von dem Wort Gottes, das aus der Jungfrau Maria Fleisch angenommen hat, auf ökumenischen Konzilien definiert worden ist, die im Orient stattge-funden haben" (UR 14, 2). Ihren tiefsten Ausdruck findet die Verbun-denheit der getrennten orientalischen Kirchen mit der katholischen Kirche in dem Glauben an die mit dem Bischof als Vorsteher gefeierte Eucharistie (UR 15, 1), die die Teilkirchen auferbaut (ebd.), an die Heiligste Dreifaltigkeit (ebd.), an Christus als Sohn Gottes und Sohn Mariens (UR 15,2) und schließlich in der Marien- und Heiligenverehrung (ebd. und LG 69, 1). Ein besonders starkes Moment der Verbindung bilden schließlich die Kraft der apostolischen Sukzession bewahrten Sakramente der Weihe und der Eucharistie (UR 15, 3). Dennoch gibt es im Orient von der Kirche des Abendlandes verschiedene Arten der Lehrverkündigung (UR 17, 1), die zwar keine Kirchentrennung begrün-den können, weil das "ganze geistliche, liturgische ... und theologische Erbe mit seinen verschiedenen Traditionen zur vollen Katholizität und Apostolizität der Kirche gehört" (UR 17, 2); daß der Konzilstext aber ausdrücklich auf die "authentischen theologischen Traditionen" (UR 17, 1) rekurriert mag als Hinweis dafür verstanden werden, daß es in den getrennten orthodoxen Kirchen auch "nichtauthentische, mit der katho-lischen Kirche nicht übereinstimmende Lehrtraditionen gibt."(109) Unter-schiede bestehen ferner besonders in der Auffassung von der Stellung des Papstes in der Kirche, dessen Jurisdiktionsprimat und Unfehlbarkeit von den getrennten orientalischen Kirchen nicht in der gleichen Weise ausgesagt wird wie in der römischen Kirche bzw. überhaupt nicht aner-kannt wird.(110) Darauf geht aber das Konzil nicht näher ein.

106) Eine detailliertere "ekklesiologische Geographie" bezüglich der unter dem Sammelbe-griff "getrennte orientalische Kirchen" erfaßten Kirchentümer findet sich bei K. Algermissen, Konfessionskunde, [8]1969, 79-278 mit Lit. Vgl. dazu auch V. Istavridis, Art. Orthodoxe Kirchen, in: ÖL, Sp. 905-916.

107) Vgl. dazu L. Bouyer, L'eglise de Dieu, Paris 1970, bes. 45-65; 163-189; 573-593; Y. Congar, L'ecclesiologie du haut Moyen-Age, a.a.O., bes. 324-393; ders., HDG III/3c. 3d, 1-51; St. Harkianakis, Orthodoxe Kirche und Katholizismus, München 1975; J. Rat-zinger, in: ThP 203ff.

108) Vgl. auch das bereits Ausgeführte o. S. 305ff.

109) O. Saier, "Communio", a.a.O., 119 Anm. 462. Zu den in ekklesiologischer Hinsicht relevanten Implikationen des "Ökonomie-Instituts" für das sakramentale Verständnis der Kirche, nach welchen die in orthodoxer Auffassung mögliche weitgehende Diastase von theologisch-dogmatischer und praktisch-rechtlicher Wahrheit bereits eine Schwelle markiert, an der "nur" andere geistes- und kulturgeschichtlich bedingte theolo-gische Aussageform "derselben" Wahrheit in einen echten qualitativen Dissens umzu-schlagen beginnt, vgl. E. Corecco, Theologie, a.a.O., 47-59.

110) Vgl. dazu etwa E. Lanne, Die Kirche als Mysterium, a.a.O., bes. 904-925. Zur ge-schichtlichen Entwicklung der Beziehungen zwischen Ost und West seit dem II. Vatika-nischen Konzil vgl. die Sammelbände: Ökumenische Hoffnungen (= Pro Oriente 7) und Ökumene-Konzil-Unfehlbarkeit (= Pro Oriente, Innsbruck-Wien-München 1979).

Für die Erörterung der Frage nach den Möglichkeiten sakramentaler
Gemeinschaft zwischen katholischer Kirche und den getrennten orientalischen Kirchen einerseits und den aus der Reformation hervorgegangenen Gemeinschaften andererseits ist es nun nicht unbedeutsam zu
beobachten, daß neben diesen angedeuteten noch nicht das Zentrum betreffenden Differenzen im theologischen Formalprinzip (päpstlicher Jurisdiktionsprimat) auch nicht belanglose materiale Glaubensunterschiede
zwischen römisch-katholischer und orthodoxen Kirchen bestehen, die sich
daraus ergeben, daß letztere die seit dem morgenländischen Schisma in
der katholischen Kirche formulierten verbindlichen Glaubensaussagen
(z. B. des Konzils von Trient) nicht mehr anerkennen, und somit bei
diesen Kirchen heute sowohl in der 'allgemeinen Sakramentenlehre' wie
bezüglich einzelner Sakramente, die nach dem II. Vatikanischen Konzil
einer katholisch-orthodoxen Gemeinschaft über die communio plena hinaus
unter bestimmten Bedingungen offenstehen, ein nicht völlig kongruentes
theologisches Verständnis in Lehre und Praxis vorliegt zu dem in der
katholischen Kirche (vgl. etwa das Bußsakrament und das Ehesakrament). (111)

---

111) Bezeichnenderweise hat die orthodoxe Kirche im Unterschied zum lateinischen Westen
keine eigene lehramtliche Sakramententheologie (im strengen Sinne eines Traktates "de
sacramentis in genere") entworfen (A. Kallis, Art. Sakramente, III, in: ÖL Sp. 1063-
1068) - ein Faktum, das seine Ursache in der östlichen Auffassung hat, daß sich sehr
wohl über einzelne formale Fragen wie Einrichtung, Gültigkeit, Zahl der Sakramente,
nicht jedoch über die mysteria im eigentlichen Sinn reflektieren läßt, deren Wesen
mehr im Unfaßlichen, Geheimnisvollen denn im Ergründbaren liegt. Es liegt hier eine im
Vergleich zur westlichen andere Heilserfahrung und eine andere Denk- und Empfindungs-
welt zugrunde (vgl. ebd., Sp. 1064f.): diese ist wesentlich geprägt von der neuplatonisch inspirierten Urbild-Abbild-Ontologie, d. h. das orthodoxe theologische Denken
konkretisiert die spezifisch christliche Heilserfahrung nicht auf der denkerischen
Grundlage des westlichen dinglichen Realismus, der auf dem onto-logischen Entweder-
Oder zwischen Sein oder Nicht-Sein basiert, sondern auf der denkerischen Konzeption
eines symbolischen Realismus, der es ihm ermöglicht, in der Seinsweise des Abbildes
eine geistige Daseinsweise des Urbildes zu erkennen, jenes ist das Mysterion von
diesem: "Zum Wesen des Mysterion gehört die 'Paradoxie', daß es etwas offenbart und
zugleich das Geoffenbarte verhüllt, unangetastet läßt, es bedeutet Vermittlung einer
gnadenhaften Teilhabe an der wesenhaft unerreichbaren göttlichen Natur" (ebd., Sp.
1065). In diesem Sinne ist eigentlich das ganze Wesen und Leben der Kirche, all ihr
Vollzug ein Vollzug der Mysteria. Dieser Vollzug ist im Unterschied zu dem vom aristo-
telisch-thomistischen Hylemorphismus geprägten westlichen theologischen Denken (- im
Osten fällt die theologiegeschichtliche Epoche der Scholastik insgesamt aus: J. Finkenzeller, Die Zählung und die Zahl der Sakramente, a.a.O., 1022) nicht ein deklara-
torisch-konstituierendes Geschehen sondern wesentlich epikletisch-deprekatorisches
Symbolisieren dessen, was im Grunde immer schon geschehen ist. Für die Eucharistiefeier bedeutet dies: "Dem Dargebrachten fügt der Mensch nichts hinzu, sondern das
Ganze ist das Werk der Kraft Gottes, und jener ist es, der für uns zelebriert" (Joh
Chrysostomus, Hom 8, 1 in 1 Cor 3, 1: PG 61, 69). Bezeichnenderweise tritt bei dem
epikletischen (sakramentalen) Vollzug die Person des Zelebranten sehr in den Hintergrund, "die Ich-Formel wird sorgfältig vermieden. Niemand ist Stellvertreter Christi,
sondern alle Liturgen sind Diener göttlicher Handlungen, die Christus selbst als
unsichtbarer Liturg durch seinen Geist für die Welt 'zelebriert'" (A. Kallis, a.a.O.,
Sp. 1067). Von diesen denkerischen und spirituellen Grundhaltungen her werden auch
bestimmte ost-westliche Divergenzen und östliche Eigenakzente im sakramententheologischen Bereich verständlich: So kennt der Osten theologische Traditionen, die zu den

Nach der konziliaren Auffassung berühren diese Differenzen(112) jedoch
nicht die bestehende ost-westliche Einheit in dem ekklesiologischen
Bauprinzip von der bischöflich verfaßten, wesentlich eucharistisch zentrierten (Orts-) Kirche.(113) Auf der Grundlage dieser fundamentalen
ekklesiologischen Einheitsbasis und strukturellen Kongruenz bewertet das
Konzil die anderen lehrmäßigen Differenzen der östlichen Tradition unter
Zugrundelegung des Prinzips von der "hierarchia veritatum" als solche

sieben allgemein angenommenen Sakramenten noch andere sakramentale Handlungen hinzu-
nehmen wollen (professio religiosa - virginitas - consecratio seu dedicatio ecclesiae
- Mönchsweihe, Begräbnishandlung: dazu M. Jugie, Theologia dogmatica, III, 17-19;
20); seit Patriarch Jeremias II. aber konsolidiert sich auch im Osten die Siebenzahl
der Sakramente: Am 15. Mai 1576 erklärt Jeremias II. in seinem ersten theologischen
Schreiben an die Tübinger Professoren, daß die sieben Mysteria "die einzigen sind und
keine mehr" (vgl. Pohle-Gummersbach, Lehrbuch der Dogmatik, Paderborn 1960, III, 41);
vgl. dazu auch die Bestätigung dieser Auffassung durch die Synoden von Konstantinopel
(1638 und 1642) sowie durch die Synode von Jerusalem (1672) (vgl. dazu J. Finkenzeller, Die Zählung und die Zahl, a.a.O., 1022-1026; A. Kallis, a.a.O., Sp. 1066); vor
allem die katholisch beeinflußten Bekenntnisschriften des Metropoliten von Kiew,
Petrus Mogila (+ 1647) und des Patriarchen von Jerusalem, Dositheos (+ 1707) waren in
diesem Zusammenhang von besonderer Bedeutung (vgl. M. Jugie, a.a.O., 21). Im allgemeinen war die Siebenzahl der Sakramente nie kontroverser Gegenstand von Unionsverhand-
lungen (J. Finkenzeller, a.a.O., 1022). Erst die deutliche eucharistische und ekklesiale Zentrierung des gesamten sakramentalen Kosmos in der orthodoxen Theologie durch
die neueren Theologenschulen, die (definitiv seit dem 1. Athener Kongreß für orthodoxe
Theologie, 1936) bemüht sind, die orthodoxe Theologie von lateinischen Einflüssen zu
befreien, bewirkt zunehmend eine In-Frage-Stellung des Sieben-Zahl-Schemas: "Die
mystagogische Tradition der orth. Kirche zeigt, daß alle ihre 'hl. Handlungen' auf die
Eucharistie bzw. auf die eucharistische Koinonia bezogen sind"; jede Handlung der
Kirche läßt erkennen, "daß immer die Idee der Koinonia mit Christus und mit seiner
Kirche als sein Leib präsent ist. So erweist sich die Frage nach der Zahl der Mysteria
als völlig fehl am Platz, wie auch der Versuch, für jedes Mysterion Einsetzungsworte
im NT zu suchen" (A. Kallis, a.a.aO., 1066f.). Eine gewisse Zentralstellung nehmen im
Kosmos der Sakramente in der orthodoxen Überlieferung sicherlich die drei Initiations-
sakramente Taufe-Firmung-Eucharistie ein (K. Algermissen, Konfessionskunde, a.a.O.,
233). Nicht geringe sakramententheologisch ost-westliche Divergenzen werden im einzelnen darin sichtbar, daß keineswegs alle orthodoxen Theologen die katholische Charak-
terlehre für die Sakramente der Taufe, Firmung und Priesterweihe annehmen (ebd., 234).
Auch hinsichtlich der Frage nach der Gültigkeit außerhalb der wahren (sc. orthodoxen)
Kirche gespendeten Sakramente "gibt es weder eine einheitliche Lehre noch Praxis in
der Orthodoxie" (ebd.). Zwar kennt die Orthodoxie die Möglichkeit, unter Berufung auf
das Ökonomie-Prinzip ein streng genommen ungültiges Sakrament als wahres anzuerkennen.
Jedoch besteht diese Möglichkeit hinsichtlich eines nichtorthodoxen Christen lediglich
unter der Bedingung seines Übertrittes zur Orthodoxie. Zudem fehlt der orthodoxen
Dogmatik die Unterscheidung zwischen gültig und fruchtbar gespendetem und gültig aber
unfruchtbar gespendetem Sakrament (ebd., 233). Hinsichtlich des Bußsakramentes markieren die im Osten gebräuchlichen deprekatorischen Absolutionsformeln (vgl. H. Vorgrimler, HDG IV/3, 86-89) sowie die Bedeutungslosigkeit der Genugtuung im Verständnis
der Buße gewisse akzentuelle Divergenzen (vgl. K. Algermissen, a.a.O., 235); hinsichtlich der Ehescheidungspraxis vgl. o. S. 383 Anm. 37.

112) Gleiches gilt auch für die einschlägigen eschatologischen "Differenzpunkte"; zu dogmengeschichtlichen und lehramtlichen Details vgl. K. Algermissen, Konfessionskunde,
a.a.O., 236-241.

113) Vgl. hierzu die Ausführungen unter Ziff. 2 und 3.

von dogmatisch-sekundärer Valenz. Ja, das Ökumenismus-Dekret bestätigt ausdrücklich die Möglichkeit, daß scheinbar sich widersprechende
Aussagen östlicher und westlicher Theologie tiefer gesehen sich durchaus
gegenseitig ergänzen können ("... ita ut tunc variae illae theologicae
formulae non raro potius inter se compleri dicendae sint, quam opponi")
(vgl. UR 17, 1). "Das klassische Beispiel der vom Lehramt feierlich anerkannten Komplementarität von divergierenden Aussagen der Ostkirchen
und der lateinischen Kirche nicht nur im Bereich der Theologie, sondern
der Kirchenlehre, ist das 'ex Patre' (bzw. 'ex Patre per Filium') und das
'ex Patre Filioque' für den Ausgang des Heiligen Geistes (Konzil von
Florenz, Bulle 'Laetentur caeli' vom 6.7.1439)."(114)

f. Die Einheit des Bekenntnisses bezüglich der reformatorischen Gemein-
   schaften(115)

Schwieriger gestaltet sich für das Konzil die Aufgabe, die Fundamente
der bekenntnismäßigen Einheit zwischen katholischer Kirche und den aus
der Reformation hervorgegangenen Gemeinschaften zu bestimmen. Dadurch, daß diese Gemeinschaften in Lehre und Praxis auch untereinander
große Unterschiede aufweisen (UR 19, 2), kompliziert sich ein derartiges
Unterfangen, zumal es sich offenbar als unmöglich erwies, mit der der
katholischen Theologie zur Verfügung stehenden Begrifflichkeit auf dem
Konzil überhaupt den ekklesiologischen Status dieser Gemeinschaften katholischerseits adäquat zu beschreiben,(116) und zudem gerade die aus
der reformatorischen Kirchenspaltung hervorgegangenen konfessionellen
Differenzen nicht nur rein theologischer Natur sind, sondern in noch
stärkerem Maße als dies beim morgenländischen Schisma der Fall war,
durch historische, soziologische, psychologische und kulturelle Faktoren
mitbedingt sind (vgl. UR 19, 4), daß also auch umgekehrt allen "außertheologischen" Faktoren theologische Elemente wiederum zugrundelie-
gen.(117)

Wenngleich das Ökumenismus-Dekret in dem Bekenntnis zu Christus die
zentrale Einheitsbasis im Glauben orten kann (UR 20, 1), so muß es
doch auch festhalten, daß es nicht geringe Unterschiede zwischen reformatorischer und katholischer Lehre über die Fragen der Inkarnation, das
Werk der Erlösung,(118) das Wesen und den Dienst der Kirche und der
Stellung Mariens im Heilswerk (vgl. UR 20,1) gibt, ein Befund, der sich
um so komplizierender auswirkt, als "in der Christologie unter evangelischen Theologen gewaltige Differenzen und Spannungen obwalten."(119)

---

114) J. Feiner, Kommentar, in: ^{2}LThK, Vat., II, 105; dazu DS 1300-1302. Vgl. auch M. Jugie,
     Schisme byz., a.a.O., 143-146; J. Hadžega, Der heutige orthodoxe Standpunkt in der
     Filioque-Frage, in: ThGl 34 (1942) 324-330; Y. Congar, Zerrissene Christenheit,
     a.a.O., bes. 158 Anm. 260.

115) Vgl. das bereits Ausgeführte o. S. 310ff.

116) Vgl. J. Feiner, Kommentar, a.a.O., 110.

117) Vgl. E. Kinder, Der evangelische Glaube und die Kirche, a.a.O., 223ff.

118) Vgl. dazu die inzwischen durch die ökumenische Theologie erarbeiteten Vermittlungen:
     s. den Überblick o. S. 16ff.

119) A. Brandenburg, Die Sicht des Reformatorischen, a.a.O., 338.

Dennoch gilt dem Konzil der Besitz der Heiligen Schrift bei den reformatorischen Gemeinschaften als ein wichtiger Ansatzpunkt für eine Gemein-
schaftsverbindung, insofern Gottes Sprechen durch Christus in ihr ein
gemeinsam anerkanntes Zeugnis findet (UR 21, 2). Gerade in der Frage
nach dem Verhältnis von Heiliger Schrift und Kirche offenbart sich
jedoch ein Gegensatz (UR 21, 3), der in der jeweils "unterschiedlichen
Interpretation der geoffenbarten Wahrheit" wurzelt,(120) konkreter in
der unterschiedlich beantworteten Frage, "wieweit das Wort Gottes der
Schrift sich selbst auslegt und bezeugt oder wieweit es eines unfehlbaren
Lehramtes bedarf."(121) Damit steht die Frage nach der genauen Bestimmung von Gestalt und Funktion der Kirche im Heilsgeschehen als der
eigentlich "neuralgische"(122) Punkt der reformatorisch-katholischen
Kontroverse im Raum. Die reformatorische Theologie bestimmt - dem
eigenen inneren Gefälle folgend - das Verhältnis von Kirche und Wort
(Gottes) radikal und total vom Wort her: Die Kirche ist in ihrem ganzen
Sein "creatura verbi" und zugleich "ministra verbi". Als ihr Grund und
ihr Auftrag steht das Wort Gottes über der Kirche.(123) Unter dieser
theologischen Perspektive ist die Kirche als Funktion des Wortes primär
und nahezu ausschließlich eine ereignishafte,(124) eigentlich nur im
Glauben offenbare und wesentlich eschatologisch bestimmte Größe.(125)
Daß die Kirche in ihrem Leben und Wesen radikal von ihrer durch Christi Verheißung untrüglich zugesagten Ungeschiedenheit vom Wort Gottes
abhängt ist, und daß die Erhaltung dieser Lebens- und Wesensrelation
der Kirche ein "dynamisches Geschehen" ist, "das sich unter dem Beistand des Heiligen Geistes im unaufhörlichen Kampf gegen Irrtum und
Sünde in der Kirche wie in der Welt vollzieht",(126) ist inzwischen
durchaus auch eine katholisch-ekklesiologische Grundeinsicht.(127) Die
"tiefgreifende Kontroverse" jedoch, die nach wie vor zwischen dem
reformatorischen und dem katholischen ekklesiologischen Denken nicht
überwunden ist, "betrifft die Frage, ob diese der Kirche im ganzen
verheißene Untrüglichkeit im Glauben zum Ausdruck kommt und vermittelt
wird durch bestimmte Strukturen (Bischofskollegium, Konzil, Papst), die
der Kirche durch Christus eingestiftet sind und darum unter bestimmten

---

120) Ebd., 337.
121) Ebd. Hinzu kommt die Frage nach der Inspiration der Heiligen Schrift; hierbei hebt die
reformatorische Theologie sehr viel stärker auf die Trennung von Wort Gottes und
Heiliger Schrift ab und fragt nach dem eigentlich existentiell wirksamen Wortgeschehen
"hinter" dem Wort. Vgl. E. Kinder, Was bedeutet "Wort Gottes" nach dem Verständnis der
Reformation?, in: KuD 12 (1966) 14-26; unter dem Axiom von der "(Selbst-)Evidenz" des
Wortes Gottes und der Offenbarung Gottes formuliert neuerdings wieder in besonders
zugespitzter und zugeschärfter Weise den "Gegensatz" von (reformatorischem) personalem
und (katholischem) institutionalistischem Offenbarungsverständnis E. Herms, Einheit,
a.a.O., bes. 17ff.; 98; 100ff.; 103; 105; 107; 109; 111; 113f.; 117f.; 121; 123;
156f.; 167; 169; 171ff.; 175f.; 182; 186f.; 190; 169-176.
122) A. Brandenburg, Die Sicht des Reformatorischen, a.a.O., 340.
123) Vgl. etwa F. Brunstäd, Theologie der lutherischen Bekenntnisschriften, Gütersloh 1951,
bes. 118; ferner E. Herms, Einheit, a.a.O., bes. 95ff.
124) Vgl. dazu Gr. Kat. III, 48: BSELK, 656; E. Kinder, Der evangelische Glaube und die
Kirche, a.a.O., bes. 65.; H. Diem, Die Kirche und ihre Praxis; W. Beinert, Um das
dritte Kirchenattribut, I, 217.
125) Vgl. W. Beinert, Um das dritte Kirchenattribut, I, 259-261. Zu Luthers Ekklesiologie:
C. A. Aurelius, Verborgene Kirche.
126) Malte (1972), Nr. 23.
127) Vgl. dazu KgWS, S. 9-13; 16-29.

Bedingungen unfehlbare Entscheidungen treffen können."(128) Damit steht wiederum die aus dem sakramentalen Gedanken resultierende spezifisch katholische Auffassung von der institutionellen Dimension der kirchlichen Wirklichkeit im Brennpunkt der ekklesiologischen Kontroverse. Dabei bildet die (sakramentale) amtliche Reduplikation jener der Kirche als ganzer zueigenen Heilssendung (in ihr und für sie noch einmal da) die eigentliche Pointe des sakramentalen katholischen Kirchenbegriffes,(129) bei der die Unvermittelheit zum reformatorischen manifest wird.

Der reformatorisch-ekklesiologische Impetus hebt darauf ab, sicherzustellen, daß dem (kirchlichen) Dienst des Wortes keinerlei "offenbarungs- und heilsübermittelnde Funktion" zukommen kann(130) und akzentuiert damit in der Verhältnisbestimmung von Kirche und Christus (-Offenbarung) insbesondere das Moment der "Unvermischtheit" beider offenbarungstheologischer Wirklichkeitsbereiche. In dem strukturellen Vergleich zu dieser Option liegt die spezifisch katholische Pointe nicht in der Ablehnung des "Unvermischt" sondern in der spannungsreichen Kontrapunktierung desselben durch das gleichzeitige "Ungetrennt", d. h. die Heilssendung der Kirche als ganzer (und insbesondere deren ministerium verbi et sacramenti in dem besonderen Dienstamt) sind in ihrer Bezeugungs- (nicht Übermittlungs)-Funktion des Offenbarungsgeschehens nicht nur von diesem ermöglicht und gefordert als Werkzeug und Mittel für dessen freien Selbsterweis(131) sondern als solche auch und zugleich gerade in ihrer institutionellen Dimension anfanghaft-antizipative Gestaltwerdung von dem und für das im Christusereignis eröffnete(n) Offenbarungsgeschehen des göttlichen Heilswillens selbst.

Hier stehen sich die spezifisch katholische und die reformatorische Weise des "Griffs nach dem Ganzen" des Christlichen, insbesondere was die nähere ekklesiologische Konkretion seiner geschichtlichen Dimension betrifft, noch nicht vollends einander vermittelbar gegenüber; dieses Restes einer noch verbliebenen konfessionellen Unvermitteltheit ist sich wohl auch das II. Vatikanische Konzil bewußt, wenn es bezüglich der reformatorischen Gemeinschaften allenfalls eine gewisse, einseitig mögliche und anfanghafte communicatio in sacris für verantwortbar und redlich hält.(132)

Als weitere "Explikationsfelder" jener "Unvermitteltheit" sieht das Konzil die Lehre vom Abendmahl des Herrn; zwar erkennt es durchaus positive

---

128) Ebd., S. 21 (Hvh. v. Vf.)

129) Vgl. dazu o. S. 356ff.

130) E. Herms, Einheit, a.a.O., 100; 111; 194.

131) Vgl. dazu CA V (BSLK, 8. Aufl., 58f.); bei Luther: WA 11, 411 Z. 22; 39 II, 287 Z. 9; ferner BSLK 655, Z. 11-33; dazu E. Herms, a.a.O., 112; vgl. auch dessen offenbarungstheologische Ausführungen zum Stichwort "Evidenz" so. o. S. 403 Anm. 121.

132) S. dazu u. § 18 II. 3; auch die bilaterale Arbeitsgruppe der Deutschen Bischofskonferenz und der Kirchenleitung der VELKD stellt in der "genaueren Verhältnisbestimmung zwischen der sichtbar institutionellen Gestalt und dem verborgenen, nur im Glauben erfaßbaren geistlichen Wesen der Kirche ... deutliche Unterschiede" in den jeweiligen konfessionellen Traditionen fest (KgWS, S. 13-15), die zwar nicht eine "grundlegende" inzwischen erarbeitete ekklesiologische Verständigung zwischen den Kirchen verhindern können, wohl aber einer vollen Gemeinsamkeit (noch) im Wege stehen (vgl. ebd., 26).

Daten der Gemeinsamkeit zwischen katholischer und reformatorischer Auffassung auch in diesem Bereich, insofern das protestantische Abendmahl als eine Gedächtnisfeier des Todes und der Auferstehung des Herrn und als ein Zeichen für das Leben in der Gemeinschaft mit Christus gewertet werden kann, das auf dessen Wiederkunft verweise (UR 22, 3); da aber aufgrund des Fehlens des Weihesakramentes(133) in diesen Gemeinschaften auch die Träger des hierarchischen Priestertums bei der Feier des Abendmahls nicht vorhanden sind, ist auch die "ursprüngliche und vollständige Wesenheit (substantia) des eucharistischen Mysteriums nicht bewahrt" (ebd.). Deswegen verweist das Konzil die Lehre vom Abendmahl des Herrn, von den übrigen Sakramenten, von der Liturgie(134) und von den Dienstämtern der Kirche in den Bereich des (noch kontroversen) Dialoges.

---

133) Zur Diskussion um die "defectus-ordinis-Interpretation" vgl. u. Ziff, 3. c (2).

134) Hier weist A. Brandenburg auf zahlreiche Elemente der Gemeinsamkeit hin: "Mehr als die Hälfte der Formulare an Sonn- und Feiertagen haben wir gemeinsam" (Die Sicht des Reformatorischen, a.a.O., 344). Die in beiden Kirchen intensivierte Rückbesinnung auf die gemeinsamen geschichtlichen Wurzeln des christlichen Gottesdienstes hat im liturgischen Bereich zahlreiche Anknüpfungspunkte für eine tragfähige Verständigung freigelegt; vgl. hierzu die beiden liturgiewissenschaftlichen Standardwerke K. F. Müller - W. Blankenburg (Hrsg.), Leiturgia. Handbuch des evangelischen Gottesdienstes, I-V, Kassel 1954-1970 und J. A. Jungmann Missarum Sollemnia I-II, [5] Wien 1962. Gerade die Erneuerung der Hochgebetstexte bzw. (genauer) die "Beseitigung der Alleinherrschaft des römischen Meßkanons durch die Einführung neuer Hochgebete in das reformierte römische Meßbuch von 1970" (M. Probst, Das eine Hochgebet und die verschiedenen Texte, in: Gemeinde im Herrenmahl, 283-296), wie sie durch die Liturgiereform des II. Vatikanischen Konzils angeregt wurde, ferner die Einführung der Muttersprache in die Liturgie und der Möglichkeit die Eucharistieempfanges unter beiden Gestalten (SC 36 § 2. 3. 4; 54; 55, 2; CIC 1983 c. 925; SC Rit, Generaldekret "Ecclesiae semper" vom 7.3.1965, in: AAS 57 (1965) S. 410-412; Instr. Eucharisticum mysterium, n. 32; AEM, Vorwort, n. 14 und nn. 240-252, bei Konzelebration nn. 199-206; SC Cult, Instr. "Sacramentali communione" vom 29.6.1970, in: AAS 62 (1970), S. 664-666; Instr. "Liturgicae instaurationes" zur ordnungsgemäßen Durchführung der Liturgiekonstitution vom 5.9.1970, in: AAS 62 (1970) S. 692-704 = NKD 31, S. 8-53, n. 6a-c; Richtlinien der Deutschen Bischofskonferenz, in: NKD 31, S. 64 u. 74-76) sowie die Förderung einer "actuosa participatio" der versammelten Gemeinde beim eucharistischen Gottesdienst (SC 14; 28; 30; 48) haben eine spürbare Erleichterung in der gegenseitigen Annäherung von katholischem Eucharistie- und protestantischem Abendmahlverständnis bewirkt (vgl. dazu V. Vajta, Interkommunion - mit Rom ?, Göttingen 1969, 56-64. Ferner ist als "liturgie-ökumenischer Fortschritt" zu verbuchen, daß im neuen Missale Romanum (1970/75) gewisse mißverständliche und für reformatorisches Bewußtsein anstößige Ausdrucksweisen für den eucharistischen Vollzug wie "innovare" oder "renovare" (sc. die Heilstat Christi; so noch in den alten Formularen "Vom kostbaren Blut", 1849, vom heiligen Camillus, 1762, "um kirchliche Berufe", 1962) getilgt wurden (eine Ausnahme bildet dabei noch die Präfation der Missa Chrismatis); vgl. dazu E. J. Lengeling, Pro unitate, a.a.O., 220-223. Statt dessen setzt sich immer mehr der Terminus "memoriale" für die Eucharistiefeier im Hinblick auf ihren Wesensbezug zur Heilstat Christi am Kreuz durch: vgl. dazu R. Kaczynski, Enchiridion, I. S. 1122; siehe im Index unter "memoriale".

2. Die communio im sakramentalen Lebensvollzug der Kirche

Das Bekenntnis des Glaubens ist - wie an dem Taufgeschehen(135) sichtbar wird - untrennbar verbunden mit dem Aufgenommenwerden in die gläubige Gemeinschaft, ja es ist ein Teil desselben. Der Glaube ist Hineingenommensein in das Sakrament, durch welches er seinerseits empfangen und zugeeignet wird. Solche Zueignung geschieht insbesondere in den Sakramenten der tätigen Ordnung, deren Vollzug die communio plena mit der katholischen Kirche bezeichnet und bewirkt. Das II. Vatikanische Konzil hat von den Sakramenten der tätigen Ordnung hinsichtlich der communio plena bzw. non plena nur die Eucharistie ausführlicher behandelt, während die Sakramente der Buße und der Krankensalbung lediglich kurz Erwähnung finden (OE 27; DO I, 42; 46).

a. Die Bedeutung der Eucharistie für die communio plena

Als vergegenwärtigendes memoriale des Opfers Christi steht die Eucharistie in engstem Zusammenhang mit der Einheit der Kirche, da diese selbst grundgelegt ist in dem Erlösungswerk Christi. Dieser Wesenszug der Eucharistie zur Einheit der Kirche hat nach dem Ökumenismus-Dekret zwei Komponenten: Christus "hat in seiner Kirche das wunderbare Sakrament der Eucharistie gestiftet, durch das die Einheit der Kirche bezeichnet und bewirkt wird" (UR 2, 1). Damit tritt - im Blick auf erstere Wesenskomponente - die Problematik, die Frage nach der Möglichkeit einer Eucharistiegemeinschaft aller Christen aufwirft in ihrer ganzen Wucht an das Licht, insofern die Eucharistie als Sakrament der Darstellung der Einheit in der gegenwärtigen Situation gerade den "Schmerz und das Ärgernis einer gespaltenen Christenheit manifestiert."(136) Wenn die Eucharistie nämlich Zeichen der Einheit ist, wird die Teilnahme am Vollzug derselben zum Bekenntnis und Ausdruck des "communialen" Verbundenseins der Teilnehmer untereinander;(137) als die "intensivste Selbstdarstellung der Kirche"(138) setzt ihr Vollzug die Zugehörigkeit der Mahlteilnehmer zur Kirche als dem Leib Christi in der Taufgemeinschaft voraus(139) und darüber hinaus auch die Bekenntnisgemeinschaft. Wie weit aber muß diese Übereinstimmung im Bekenntnis und in der hierarchischen Struktur gehen, um die gemeinsame Feier des Herrenmahles

---

135) J. Ratzinger zeigt, daß der Hintergrund der trinitarischen Taufformel das interrogatorische Bekenntnis ist, welches in seiner ältesten Form selbst konstitutives Element des Sakramentes war (Taufe, Glaube, Zugehörigkeit, a.a.O., 312 ebenso ders., in: ThP, 28ff.).

136) H. Fries, Ein Glaube. Eine Taufe. Getrennt beim Abendmahl?, Graz-Wien-Köln 1971, 7.

137) Neben UR 2, 1 betonen auch andere einschlägige kirchenamtliche Dokumente an erster Stelle die einheitsbezeugende und -bezeichnende Funktion der Eucharistie (vgl. LG 3; 11); vgl. dazu bei R. Kaczynski, Enchiridion I, S. 1072ff. (Index: "Eucharistia").

138) A. Völler, Einheit der Kirche, a.a.O., 148; ferner H. Riedlinger, Die Eucharistie in der Ekklesiologie des zweiten vatikanischen Konzils, a.a.O., 75f.

139) Hierin besteht weitgehende Einmütigkeit auch in der ökumenischen Diskussion: vgl. P. Bläser, Das Problem "Interkommunion", in: KNA, Kritischer Ökumenischer Informationsdienst, Nr. 35 (1971) 5-8, hier 7; W. Boelens, Erwägungen zur Interkommunion, 239; V. Vajta, Interkommunion - mit Rom ?, a.a.O., 47; DO I, 11; V. Vajta, Kirche und Abendmahl, a.a.O., 321; FO/T, Nr. 6-10: DWÜ 551-552. O. Saier, "Communio", a.a.O., 85; K. Lehmann, Dogmatische Vorüberlegungen, 91f.

möglich werden zu lassen?(140) Ist die institutionell voll verwirklichte Einheit als unabdingbare Voraussetzung hierfür legitimerweise erforderlich?(141) Hierüber entzweien sich die Meinungen im ökumenischen Disput.

Die andere vom Konzil genannte Komponente der Einheitsbedeutung der Eucharistie spricht von der die Einheit der Kirche konstituierenden Funktion des Herrenmahles. Das urkirchliche Verständnis von der eucharistischen "koinonia" als der Anteilgabe und Anteilhabe an der Gemeinschaft des in Christus vereinigenden Mahles steht dabei im Hintergrund.(142) Das Konzil geht auf diese Bedeutungskomponente der eucharistischen Wirklichkeit nachdrücklich ein, wenn es betont, daß die Eucharistie als Zeichen, das bewirkt, was es bezeichnet, eben durch ihre eigene Wirklichkeit einheitsstiftenden Charakter hinsichtlich der kirchlichen communio hat (vgl. UR 2,1).(143) Vor allem hinsichtlich der (unter bestimmten Bedingungen eröffneten) eucharistischen Gemeinschaft mit den getrennten Ostkirchen gewinnt diese Aussage ihre besondere Bedeutung: "So baut sich auf und wächst durch die Feier der Eucharistie des Herrn in diesen Einzelkirchen die Kirche Gottes, und durch die Konzelebration wird ihre Gemeinschaft offenbar" (UR 15, 1). Mit dieser expliziten Applizierung der Aussage von der einheitsstiftenden Funktion der Eucharistie(144) auf den Bereich der "östlichen" Ökumene ist zugleich auch eine bedeutsame ekklesiologische kontextuelle Einordnung derselben vorgenommen:
Da das Konzil die getrennten Ostkirchen als (wenn auch von der vollen communio mit der römischen getrennten) Kirchen im eigentlichen Sinn anerkennt (ecclesiae seiunctae),(145) weil sie durch die Bewahrung der (im Weihesakrament garantierten) bischöflichen Struktur im ekklesiologischen Bauprinzip mit der römischen Kirche kongruieren,(146) so sind diese Ostkirchen damit implizit vom Konzil als strukturell grundsätzlich mit jenen ekklesialen Realitäten vergleichbar qualifiziert, auf die es gemein-

---

140) Die kontroverse ökumenische Diskussion dieser für das "Interkommunion"-Problem zentralen Frage verweist insbesondere auf die spezifisch katholisch-ekklesiologischen Implikationen der ganzen Problematik; vgl. dazu einstweilen Ch. Huwyler, Interkommunion II, 400ff.

141) Zu den Antworten der kirchlichen Gesetzgebung und den daraus ableitbaren Folgerungen in ekklesiologischer Hinsicht s. w. u. § 18.

142) Vgl. dazu P. Bläser, Eucharistie und Einheit der Kirche in der Verkündigung des Neuen Testamentes, in: ThGl 50 (1960) 419-432, bes. 427ff.; W. Elert, Abendmahl und Kirchengemeinschaft; J. Mühlsteiger, Sanctorum Communio, in: ZkTh 92 (1970) 113-132.

143) Die Eucharistie wird in den Dokumenten des Konzils nicht nur als Äußerung dessen gesehen, was die Kirche ist, sondern auch als Ursache, "aus der die Totalität des kirchlichen Lebens herkommt ..." (H. Riedlinger, Die Eucharistie in der Ekklesiologie, a.a.O., 78; vgl. dazu auch LG 11).

144) Näheres zur Kontroverse in der "Interkommunion"-Debatte über das Verständnis dieser einheitsstiftenden Funktion der Eucharistie s. w. u. § 20 I. 4; II; ferner Ch. Huwyler, Interkommunion, I, 236ff.

145) Vgl. dazu Ziff. 3c.

146) Das Ökumenische Direktorium stellt fest, daß aufgrund der bewahrten bischöflichen Struktur (apostolische Sukzession) und der Eucharistie hinsichtlich der getrennten orientalischen Kirchen "das ekklesiologische und sakramentale Fundament dafür vorhanden (ist), daß eine gewisse gottesdienstliche Gemeinschaft mit diesen Kirchen ... nicht nur erlaubt, sondern mitunter auch ratsam ist" (DO I, 40).

hin die Titulatur "Ecclesia particularis/localis"(147) anwendet, wenngleich
natürlich im Falle der Ostkirchen die rechtliche communiale Verbindung
mit der ecclesia universalis in der Gemeinschaft mit dem Bischof von Rom
fehlt. Das zentrale Konstitutivelement der bischöflichen(148) Partikularkirche aber ist neben der Verkündigung des Gotteswortes(149) und dem
christlichen Liebesdienst(150) die Feier der Eucharistie.(151) In deutlicher Anknüpfung an die altkirchlich-traditionelle communio-Ekklesiolo-
gie(152) werden damit (bischöflich verfaßte Orts-) Kirche und Eucharistie als untrennbare wechselseitige Interpretamente für die Vollzugsstruktur der kirchlichen Einheit überhaupt.(153) Die einheitsstiftende
Funktion der Eucharistie ist also wesentlich nur in Korrespondenz zu der
in der bischöflichen Verfassung in-stituierten ekklesialen communio-
Struktur in der Ortskirche und zwischen den Ortskirchen untereinander
zu verstehen.(154)

147) Die wichtigsten Zeugnisse hierfür sind: LG 13; 26; 27; AG 15-22; CD 6; 11; OE 2-5; UR
14. Der Index analytico-alphabeticus" der offiziellen Ausgabe der Konzilsdokumente
"Constitutiones, decreta, declarationes" (Città del Vaticano 1966), 1157-1159 unterscheidet ecclesia localis/ecclesia particularis = ritus, autochthona, vovella, dioece-
sis; vgl. auch W. Aymans, Communio Ecclesiarum, a.a.O., 70-75.

148) Sie ist primärer Träger des Namens ecclesia particularis und das eigentliche Subjekt
der konziliaren Theologie bzw. Ekklesiologie (zu den theologischen und ekklesiologischen Theorien, die die Titulatur "Partikularkirche" auch auf die Untergliederungen
"Pfarrei" bzw. "Gemeinde" ausdehnen wollen vgl. W. Beinert, Dogmenhistorische Anmerkungen zum Begriff "Partikularkirche", a.a.O., bes. 59ff.).

149) Vgl. dazu K. Rahner, Strukturwandel, 116; H. de Lubac, Les Eglises particulières dans
l'Eglise universelle, Paris 1971, 43;

150) Vgl. K. Rahner, Strukturwandel, 116.

151) Ebd., 116; H. de Lubac, Eglises, a.a.O., 43f.; B. Bazatole, Der Bischof und das Chri-
stenleben innerhalb der Lokalkirche, in: Y. Congar (Hrsg.), Das Bischofsamt und die
Weltkirche, a.a.O., 357-390; bes. 365f; 388; B. Neunheuser, Gesamtkirche und Einzelkirche, in: G. Baraúna, De Ecclesia I, 547-573, 570f.; G. Philips, L'Eglise et son
mystère au IIe Concile du Vatican. Histoire, texte et commentaire de la Constitution
Lumen Gentium, I-II, Paris 1967/68, I, 338; K. Rahner, Episkopat und Primat, in: QD
11, 26; ders., Die Träger des Selbstvollzugs der Kirche, in: HPTh I, 149-215, 173; W.
Kasper, Kirche und Gemeinde, in: ders. Glaube und Geschichte, Mainz 1970, 275-284; L.
Boyer, L'Eglise de Dieu. Corps du Christ et temple de l'Esprit, Paris 1970, 365.

152) Zur Beleuchtung des dogmengeschichtlichen Befundes vgl. W. Einert, Dogmenhistorische
Anmerkungen, a.a.O., bes. 41-45; 58-64.

153) Zum altkirchlichen Befund vgl. bes. W. Elert, Abendmahl und Kirchengemeinschaft,
a.a.O., ders., Abendmahl und Kirchengemeinschaft in der alten Kirche (= Koinonia.
Arbeiten des ökumenischen Ausschusses der VELKD), Berlin 1957; J. Hamer, L'Eglise est
une communion (= US 40), Paris 1962; L. Hertling, Communio und Primat, in: US 17
(1962) 91-125; J. A. Jungmann, Fermentum. Ein Symbol kirchlicher Einheit und sein
Nachleben im Mittelalter, in: Colligere fragmenta (= FS A. Dold), Beuron 1952,
185-190.

154) Sinngemäß beziehen sich denn auch die Einheitsbitten in den liturgischen Gebetsfor-
mularen (Hochgebete, Friedensgebet: "adunare", "coadunare") der Eucharistie auf die
mit dem Papst bzw. Bischof geeinte Kirche, bes. auf die konkret versammelte Euchari-
stiegemeinde als Repräsentation der Teilkirche im engeren Sinn; vgl. dazu A. Pflieger,
Liturgicae orationis concordantia verbalia I: Missale Romanum, Rom-Freiburg-Basel 1963
unter "adunare", "unitas"; ferner B. Weiss, Themenschlüssel zum Meßbuch, Einsiedeln-
Freiburg 1976, 39ff.

Eucharistie als innerster Selbstvollzug der Kirche bedeutet also im Blick
auf das Verhältnis von katholischer Kirche zu den getrennten Ostkirchen, die die bischöfliche Struktur und "die volle Wirklichkeit der Eucharistie" bewahrt haben, daß es aus der Natur der Sache heraus hier
zu keinem großen Bruch kommen kann. An diesem Punkt wird wiederum
der entscheidende Unterschied in der ekklesialen Beziehung der katholischen Kirche zu den getrennten Ostkirchen einerseits und zu den aus
der Reformation hervorgegangenen Gemeinschaften andererseits deutlich.(155) Über die damit bereits angesprochene Problematik des Eucha-
ristieverständnisses im Zusammenhang mit der Frage des kirchlichen
Amtes wird in den §§ 22. 23 eingehender zu handeln sein.

b. Die Rechtmäßigkeit des christlichen Gottesdienstes

Im sakramentalen Vollzug werden die christlichen Gemeinschaften zu
gottesdienstlichen Gemeinschaften im engeren Sinne konstituiert. Nach
katholischer Auffassung kommt dabei allein der katholischen Kirche der
Status der rechtmäßig zum gottesdienstlichen Vollzug autorisierten Gemeinschaft zu, da sie allein in der Struktur des Bekenntnisses, der
Leitung und des Gottesdienstes dem geoffenbarten Stiftungswillen Gottes
entspricht und somit die Konkretisierung der Kirche Christi in Fülle
darstellt.(156) Die ekklesialen Elemente, die sich bei den nichtkatholi-

155) Vgl. UR 15, 1f. mit 22, 1f.

156) Unter gottesdienstlichem Vollzug (Liturgie) ist dabei mit CIC 1983 ganz generell die
Ausübung des priesterlichen Dienstes Christi in sinnenfälligen Gemeinschaftsfeiern zu
verstehen, durch welche die Menschen geheiligt, Gott amtlich verehrt und die Kirche
auferbaut und dargestellt wird (cc. 834 § 1; 837; 840; vgl. dazu auch die terminologischen Klärungen o. S. 4f. Anm. 8). An den 5 Wesenselementen der Liturgie, die der
Gesetzgeber im Anschluß an das II. Vatikanische Konzil nennt, wird insbesondere die
innere Zuordnung und Verschränkung zwischen dem Selbstverständnis der Kirche und ihrer
Rechtsstruktur einerseits und dem gottesdienstlich-liturgischen Vollzug andererseits
deutlich: Diese Wesenselemente sind:
1. Die Aktualisierung des Heilswerkes Christi (cc. 834 § 1; 840; 899 § 1, 1173); dabei
bildet das stiftungsgemäße Zusammenkommen der Gläubigen das zeichenhafte Medium für
die heilbringende Begegnung mit dem erhöhten Herrn (cc. 835 § 4; 837);
2. Der Glaubensbezug der Liturgie: Diese setzt zu ihrem Vollzug einerseits Glauben
voraus, führt aber andererseits auch tiefer in den Glauben ein, bewahrt und vertieft
ihn (cc. 836; 840; 843 § 2).
3. Die Heiligung: Durch die Teilhabe an den göttlichen Geheimnissen in der liturgischen Kommunikationsfeier werden die Gläubigen geheiligt und zugleich zur Christus-
Sendung in die Welt befähigt (GS 58, 4; cc. 835 § 1; 1173; SC 10; 59, 1; PO 6, 5).
4. Gottesverehrung: In der Liturgie geschieht nach c. 834 § 1 die gesamte öffentliche
oder amtliche (cultur Dei publicus) Gottesverehrung, deren Vollzug durch drei Konsti-
tuenten bestimmt ist:
a) der amtliche Kult erfolgt im Namen der Kirche (c. 834 § 2); er ist Tun der Kirche,
die durch die aktuellen Gottesdienstträger vertreten wird (c. 837 § 1). Weil aber
die Kirche die Fülle und das Organ des erhöhten Herrn ist, erfolgt der Kult zugleich im Namen Christi (vgl. dazu auch K. Peters, Repräsentation nach der Lehre
des II. Vatikanischen Konzils, Trier 1976 (Diss. masch.); ders., Die doppelte Repräsentation als verfassungsrechtliches Strukturelement der Kirche. Rechtstheologische Überlegungen zum II. Vatikanischen Konzil, in: TThZ 86 (1977) 228-234).
b) Der amtliche Kult verlangt die ordnungsgemäße Bestellung von mit seinem Vollzug

schen christlichen Gemeinschaften finden, gehören nach dem Ökumenismus-Dekret rechtens zu dieser einen Verwirklichungsform der Kirche
Christi in Fülle: Das Dekret erkennt an, "daß einige ja sogar viele und
bedeutende Elemente oder Güter, aus denen insgesamt die Kirche gebaut
wird und ihr Leben gewinnt, auch außerhalb der sichtbaren Grenzen der
katholischen Kirche existieren können: das geschriebene Wort Gottes,
Glaube, Hoffnung und Liebe und andere innere Gaben des Heiligen
Geistes und sichtbare Elemente: All dieses, das von Christus ausgeht
und zu ihm hinführt, gehört rechtens zu der einzigen Kirche Chri-
sti."(157) Diese einzige Kirche Christi ist einzig voll verwirklicht in der
katholischen Kirche; daher stehen Wortverkündigung und sakramentaler
Vollzug in einer engen Bindung an die hierarchische Gemeinschaft der
Bischöfe mit ihrem Haupt.(158) Betrachtet man nun aber die weitgehende
Ermöglichung sakramentaler Gemeinschaft von seiten der katholischen
Kirche mit den getrennten Ostkirchen, die nach den Aussagen des
Konzils den sich aus dem "Sein" der Kirche auferlegenden Forderungen
gerecht wird, muß man folgern, daß "die Konstituierung zur rechtmäßigen Kultgemeinschaft ... nicht gebunden (ist) an die volle Verwirklichung des Kirchenseins auf der institutionellen Ebene und an die voll
verwirklichte Einheit mit der katholischen Kirche",(159) denn sonst
könnte die katholische Kirche nicht eine (anfanghafte) sakramentale
Gemeinschaft mit den getrennten orientalischen Kirchen eröffnen; vielmehr müßten ihr diese als unrechtmäßige Kultgemeinschaften gelten, mit
welchen gottesdienstliche Gemeinschaft einzugehen einer Anerkennung
unrechtmäßiger Priester und Bischöfen gleichkäme.

Die Frage nach der Rechtmäßigkeit einer christlichen Gemeinschaft ist
also in Konsequenz zur faktischen rechtlichen Ordnung des (ekklesialen)
Verhältnisses zu den getrennten Ostkirchen seitens der katholischen Kir-

---

beauftragten Personen (c. 834 § 2) (zu den verschiedenen Arten der Bestellung vgl.
H. Socha, in: HdbKathKR, 633).

c) Schließlich verlangt der cultus publicus den liturgischen Vollzug in einer von der
kirchlichen Autorität anerkannten Form (c. 834 § 2).

5. Auferbauung der Kirche: Die Liturgie ist die höchste Selbstverwirklichung des
innersten Wesens der Kirche; d. h. durch sie begründet, stärkt und stellt der Geist
des Herrn die communio der Erlösten mit Gott und untereinander dar (cc. 837 § 1;
839 § 1; 840; 843 § 2; 845 § 1; 897). Die institutionelle Dimension der Kirche (der
Rechtscharakter aus ihrem Heilsanspruch) artikuliert sich unmittelbar in dem
Rechtsanspruch bezüglich ihres gesamten gottesdienstlich-liturgischen Vollzugs, der
insgesamt dem amtlichen Sendungsauftrag der Kirche entspringt (cultus Dei publicus;
vgl. c. 834 § 2; zur theologischen Grundlegung vgl. auch R. Schulte, Kirche und
Kult, in: F. Holböck - Th. Sartory (Hrsg.), Mysterium Kirche, II, 713-813).
Im Mittelpunkt allen liturgischen Vollzuges steht die Eucharistie (cc. 897-958); um
sie herum ordnen sich die übrigen sakramentalen Feiern (cc. 849-896; 959-1165) und
Sakramentalien (cc. 1166-1172), die Feier des Stundengebetes (cc. 246 § 2; 276 § 2
n. 3; 663 § 3; 1173-1175) und der anderen Wortgottesdienste (cc. 230 § 3; 1248 § 2;
1186f.; zum ganzen vgl. H. Socha, Begriff, Träger und Ordnung der Liturgie, in:
HdbKathKR, 632-640, bes. 632ff.).

157) UR 3, 2; vgl. dazu o. S. 287ff.

158) Vgl. dazu CIC 1983 c. 834 § 2. Als amtliches Tun der Kirche setzt die Liturgie stets
die Verbindung mit der amtlichen Repräsentanz der Kirche voraus. Vgl. dazu SC 13, 2;
41f.

159) A. Völler, Einheit der Kirche, a.a.O., 163.

che genauer zu bestimmen als die Frage, "wieweit eine christliche Gemeinschaft rechte geschichtlich-konkrete Verwirklichung der Kirche Christi ist",(160) eine ekklesiologische Statusbestimmung, die nicht schlechthin konstitutiv und radikal an die Bedingung der Einheit mit dem Petrusamt (der lateinischen Tradition) gebunden ist. Eine derartige rechte geschichtlich-konkrete Verwirklichung der Kirche Christi kann (katholischerseits) in gemeinsamem sakramentalen Vollzug anerkannt werden. Der ekklesiale Ausschließlichkeitscharakter katholischen Selbstverständnisses bezüglich der Rechtmäßigkeit des eigenen gottesdienstlichen Vollzuges muß demnach eine Differenzierung erfahren entsprechend der Weise, in der das Konzil zu einer Anerkenntnis des ekklesialen Status von nichtkatholischen christlichen Gemeinschaften gefunden hat.(161)

Es wird daran deutlich, unter welcher besonderen Spannung sich die Frage nach der Möglichkeit sakramentaler Gemeinschaft zwischen katholischer Kirche und nichtkatholischen christlichen Gemeinschaften auch und gerade nach dem II. Vatikanischen Konzil befindet: Einerseits steht die klare Aussage des Konzils fest, daß sich die eine Kirche Christi in allen christlichen Gemeinschaften - wenn auch in unterschiedlicher (institutioneller) Fülle - verwirklicht, und somit die Sakramente auch diesen Gemeinschaften irgendwie zugehören. Andererseits steht demgegenüber die Feststellung, daß "all dieses, was von Christus ausgeht und zu ihm hinführt, ... rechtens zu der einzigen Kirche Christi" gehört (UR 3,2), deren institutionelle Verwirklichung in Fülle die katholische (Konfessions-) Kirche ist. Es liegt eine spürbare Spannung in den Aussagen des Konzils zwischen dem Zugeständnis der Titulatur "Kirche" oder "kirchliche Gemeinschaft" für die nichtkatholischen Christen einerseits und den eher restriktiven Formulierungen in bezug auf die Möglichkeit sakramentaler Gemeinschaft mit diesen, die an Bedingungen geknüpft wird, die von den nichtkatholischen Gemeinschaften nicht erfüllt werden können, solange sie nicht kirchlich "katholisch" strukturiert sind.

Eine Analyse der unterschiedlichen rechtlichen Bestimmungen der katholischen Kirche hinsichtlich der Möglichkeit sakramentaler Gemeinschaft mit den getrennten Ostkirchen einerseits und reformatorischen Gemeinschaften andererseits macht zum einen wohl deutlich, daß die absolute Bindung der Möglichkeit solcher "interkonfessioneller" sakramentaler Gemeinschaft an die (vorgängige) Bedingung voll verwirklichter Einheit unter den Trägern des apostolischen Amtes mit der Begründung, daß jeder gottesdienstliche Vollzug an die Einheit des Sendungsauftrages gebunden ist und als außerhalb dieser Einheit praktizierter ein Abweichen von Stiftungswillen Christi bedeute,(162) nach der konziliaren ek-

---

160) Ebd.

161) Nach der vorkonziliaren kirchlichen Rechtsordnung war die Möglichkeit des Sakramentenempfanges nichtkatholischer Christen in der katholischen Kirche (unter besonderen Bedingungen) abhängig von einer wenigstens (einschlußweisen in Notfällen) Hinwendung des nichtkatholischen Christen zur katholischen Kirche. Grundlegend für diese Forderung war die ausschließliche Beanspruchung des Besitzes wahrer Sakramente durch die katholische Kirche sowie die Auffassung von dem einheitsbezeugenden Charakter des sakramental-kultischen Vollzuges. Vgl. dazu o. S. 267ff.; 280ff.

162) So bei J. R. Bancroft, Communication, 11ff.; Connell, Co-operation, 101; J. Madden, Communicatio, 40.

klesiologischen Selbstbestimmung nicht mehr aufrechtzuerhalten ist; zum anderen aber basiert die konziliare (ekklesiologische) Argumentation und im Anschluß daran jene der nachfolgenden kirchlichen Gesetzgebung auch auf der ekklesiologischen Grundüberzeugung, daß das materiale Prinzip der Bezeugung der Einheit der Kirche Christi durch den Vollzug von Wort und Sakrament als erforderliche Bedingung für jede mögliche sakramentale Gemeinschaft - auch unter Berufung auf das Prinzip der "hierarchia veritatum" und des davon abgeleiteten Postulates einer ökumenisch motivierten "erkenntnistheoretischen Toleranz" - nicht so weit von dem formalen Prinzip dieses einheitsbezeugenden Vollzuges abstrahiert werden kann,(163) daß letzteres als für die inhaltliche Aussage des in dem jeweiligen sakramentalen Vollzug thematisierten Heilsgeschehens von nicht eigentlicher, jedenfalls aber von unter ökumenischen Rücksichten vernachlässigbarer Bedeutung qualifiziert wird.(164) Mit anderen Worten: Nach der konziliaren Position besteht zwischen der in der andersartigen Aussage des päpstlichen Primates und in den sonstigen ekklesiologischen und sakramententheologischen Eigenheiten der getrennten Ostkirchen be-

---

163) Vgl. dazu o. S. 386ff. ("Hierarchie der Wahrheiten").

164) So aber das tendentielle Gefahrenmoment in den Formulierungen von A. Völler: "Ohne Zweifel ist die Aussage über die Strukturprinzipien, die die Auferbauung zur einen Kirche Christi durch das Wort und die Sakramente garantieren, und die an sich seinsollende Existenz der kirchenbildenden Elemente in der voll entfalteten hierarchischen Struktur eine zu beachtende Wahrheit. Im Gesamt der Hierarchie der Wahrheiten kommt ihr aber keine vordringliche Bedeutung zu, da sie das Heilsgeschehen nicht unmittelbar aussagt, sondern nur Aussage ist über Prinzipien, die dem Heilsgeschehen und der eigentlichen Wirklichkeit der Kirche dienen. Die Aussage über die Identität der Kirche Christi in den vielen Kirchen hat ein größeres Gewicht als die Aussage über die diese Identität garantierenden Strukturprinzipien. Ein Verbot der Gottesdienstgemeinschaft legt sich von hier her erst auf, wenn man die Differenz über die die Einheit garantierenden Strukturprinzipien, entgegen dem Wesen kultischen Geschehens und damit entgegen dem Wesen der kultischen Gemeinschaft, im kultischen Geschehen thematisch als solche aufgreifen wollte" (Einheit der Kirche, a.a.O., 192f.).

Ist die nicht thematisch im sakramentalen Vollzug aufgegriffene, aber dennoch latent in diesem Vollzug vorhandene Differenz also kein, bzw. ein im Vergleich zum höheren Gut der material bezeugten Einheit der Kirche Christi vernachlässigbares Hindernis zum gemeinsamen sakramentalen Vollzug? Die nähere Beantwortung dieser Frage hängt ihrerseits von der Frage ab, inwieweit vom dogmatischen Verständnis der sakramentalen Idee im communio-Gedanken her gedacht überhaupt der formale von dem materialen Aspekt der kirchlichen Heilssendung im Dienste einer ökumenischen Güterabwägung getrennt werden kann, ohne daß die sakramentale Idee im Kirchengedanken selbst dabei aufgegeben wird. Diese Frage nach der genaueren dogmatischen Valenz des Zusammenhanges von formalen und materialem Aspekt im kirchlichen Sendungsvollzug nach katholischem (konziliarem) Verständnis soll unter Ziff. 3 erörtert werden im Hinblick auf die weitere Frage nach einer möglichen Vermittelbarkeit zwischen katholischem und evangelischem ekklesiologischen Bauprinzip (ekklesiale Anerkennung). Ausgehend von der These, daß eine solche Vermittlung gegenwärtig noch nicht geleistet ist und eine solche vom katholisch-ekklesiologischen Blickpunkt aus nicht durch eine weitgehende Abstrahierung von der Formalstruktur des Vollzuges der communio möglich ist, besteht durchaus Anlaß, die Grundthese von A. Völler, die den engen wechselseitigen Zusammenhang von Einheit der Kirche und gottesdienstlicher Gemeinschaft nachdrücklich betont (vgl. a.a.O., 197 Anm. 2 gegen M. M. Wojnar, Decree, a.a.O., 242, bei dem dieser konstitutive Zusammenhang zu sehr in den Hintergrund tritt), gegen die latenten Tendenzen einiger seiner eigenen Formulierungen selbst in Schutz zu nehmen.

gründeten ost-westkirchlichen Divergenz und jener in der andersartigen Aussage über die ekklesiale Verfaßtheit des Rechtfertigungsgeschehens, näherhin über die amtlich-institutionelle Dimension der Kirche sich artikulierenden katholisch-reformatorischen Differenz nicht nur ein Unterschied dem Grade nach sondern dem Wesen nach.

Dies beleuchtet auch und besonders die Konkretion des katholisch-ekklesiologischen communio-Prinzips auf die Bedeutung der Frage nach der Einheit in der hierarchischen Struktur für den sakramentalen Vollzug der communio.

3. Die communio mit den Hirten der Kirche oder die Einheit in der hierarchischen Struktur

a. Die Reziprozität von formaler Bindung und Sachbindung in der Theorie von dem kirchlichen Amt (geistliche Vollmacht) als strukturanaloges Prinzip für den Vollzug der kirchlichen communio

Der Generalangriff R. Sohms[165] auf das (katholische) Kirchenrecht (als Sakramentsrecht) wurzelt in der These von dem innerwesentlichen Widerspruch zwischen Recht und (charismatischer) Kirche.[166] Dieses "Sohm'sche Apriori" wiederum basiert auf der Überzeugung, daß die grundsätzlich "charismatisch"[167] zu verstehende Organisation der Kirche und der ihr gegebenen apostolischen Autorität jegliches formale und rechtliche Verständnis der Autorität ausschließt,[168] da das einzige Legitimationskriterium des freien Wortes des (charismatisch) Lehrgabten die innere Gewalt des Wortes selbst ist, dem kein äußerlich-formales mehr zur Seite treten kann.[169] Die rechtlich-formale institutionelle Regelung der Geistbegabung, wie sie besonders greifbar werde im Sakrament der Ordination, ist nach Sohm daher nicht mehr kontinuierliche Entfaltung von stiftungsmäßig und keimhaft im Urbeginn der Kirche Angelegtem sondern Bruch mit dem eigentlichen Wesen der Kirche, Vermenschlichung, Veräußerlichung ...[170]

Dagegen hat als einer der ersten wohl K. Mörsdorf aus dem christologischen[171] Motiv der Sendung in Vollmacht das rechtlich-formale Element

---

165) Vgl. zur Auseinandersetzung mit R. Sohm auch o. S. 161ff. Anm. 48.

166) R. Sohm, KR, I, Berlin 1923, Nachdr. 1970, 700; ebd., 2.

167) Vgl. ebd., 26: "Die aus dem göttlichen Wort geschöpfte, in Wahrheit apostolische Lehre von der Verfassung der Ekklesia ist die, daß die Organisatoion der Christenheit nicht rechtliche, sondern charismatische Organisation ist." Vgl. auch ebd., 29.

168) "Sobald gewiß ist, daß nicht Menschen Wort, sondern allein Gottes Wort in der Ekklesia regieren soll, sobald ist ebenso gewiß, daß es keine Macht noch Amtsbestellung in der Christenheit geben kann, welche rechtliche Befugnis gegenüber der Gemeinde gibt" (ebd., 23; vgl. auch 43).

169) Vgl. ebd., 23: "Das Wort Gottes erkennt man nicht an irgendwelcher Form, sondern an seiner inneren Gewalt." Ders., Das altkatholische Kirchenrecht, 616: "An keinem äußeren Kennzeichen kann erkannt werden, ob dies Wort Gottes Wort ist."

170) Vgl. dazu Das altkatholische Kirchenrecht, 616f.; KR, I, 162.

171) Bezeichnenderweise erkennt Mörsdorf gerade in der christologischen "Unterbelichtetheit" des Sohm'schen Denkens die eigentliche Wurzel für den Dissens zum katholischen Kirchenbegriff (Kanonisches Recht als theologische Disziplin, in: AfkKR 145 [1976]

als ein Wesenserfordernis der kirchlichen Wirklichkeit selbst herausgearbeitet.

Wie Jesus selbst aus dem formal-rechtlichen Datum seines Gesandtseins vom Vater einen Geltungsanspruch rechtlicher Art für seine Verkündigung einfordert,(172) so gründet entsprechend der Verkündigungsdienst der Apostel (und derer, die diese wiederum damit beauftragten) nicht nur und ausschließlich in der inneren Glaubwürdigkeit der von ihnen ausgerichteten Botschaft selbst, sondern auch in einer (formalen) "Tatsache der Vergangenheit", der Sendung durch den Herrn: "Aus der ihnen zugewiesenen Aufgabe, das Heilswerk Christi durch den Wechsel der Zeiten fortzusetzen, folgt, daß die Apostel auf Lebenszeit Stellvertreter des Herrn und zugleich bevollmächtigt sind, ihre Sendung an andere weiterzugeben."(173)

Freilich hebt diese formale Bindung der Ausübung apostolischer Autorität in der Heilssendung der Kirche nicht deren gleichzeitige Sachbindung auf; die Pointe der (katholischen) Amtstheologie besteht gerade in dem unlöslichen Beieinander des formalen und sachlichen Elementes. "Apostolische Autorität ist folglich nicht bloße Rechtsautorität; sie ist zugleich rechtlich legitimierte Sachautorität und sachgebundene Rechtsautorität. Rechtlich legitimierte Sachautorität ist sie, insoweit sie authentische Instanz zur Bezeugung des Glaubens der Kirche ist. Sachgebundene Rechtsautorität ist sie, insoweit sich aus der authentischen Bezeugung des Glaubens ein Anspruch auf Glaubensgefolgschaft ergibt."(174) Dieses strukturelle Gefüge im Vollzug apostolischer Autorität in der Kirche findet nun seinen entsprechenden (rechtstheologischen) Ausdruck in dem Instrument der potestas sacra,(175) in dem der Vollzug der apostolischen Autorität in Erscheinung tritt. Anhand der beobachtbaren dreifachen strukturellen Bindung der potestas sacra in ministerieller,(176)

45-58, bes. 53). Zur Auseinandersetzung Mörsdorfs mit R. Sohm vgl. Altkatholisches "Sakramentsrecht"? Eine Auseinandersetzung mit den Anschauungen Rudolph Sohms über die inneren Grundlagen des Decretium Gratiani (= Studia Gratiana I), Bologna 1953, 483-502; ders., Zur Grundlegung des Rechtes der Kirche, in: MThZ 3 (1952) 329-348; ders., Zur Grundlegung des Rechtes der Kirche, in: Pro veritate, a.a.O., 224-248; ders., Kanonisches Recht als theologische Disziplin, in: AfkKR 145 (1976) 45-58, bes. 49-55; ders., Wort und Sakrament als Bauelemente der Kirchenverfassung, in: AfkKR 134 (1965) 72-79; ferner A. M. Ruoco Varela, Die katholische Rechtstheologie heute. Versuch eines analytischen Überblickes, in: AfkKR 145 (1976) 3-21, bes. 10f.

172) Bes. Joh 8, 12-20 wird der formale Autoritäts- und Gehorsamsanspruch Jesu aus seinem Gesandt-Sein vom Vater deutlich; auch die evangeliaren Wundererzählungen lassen erkennen, daß Jesus gewisse Erweise seiner Hoheit und Macht in den Dienst der Beglaubigung seiner Sendung vom Vater und seiner Verkündigung der basileia stellt (vgl. Mt 9, 1-8; Joh 2, 11; 5, 31-40; 9, 31-40; 20, 30-31; dazu auch A. Vögtle, Art. Wunder, IV. im NT, in: LThK, X, bes. 1260; J. B. Metz, ebd., bes. 1264). Zum ganzen K. Mörsdorf, Grundlegung, in: Pro veritate, a.a.O., 228.

173) K. Mörsdorf, Die Entwicklung der Zweigliedrigkeit, a.a.O., 2.

174) W. Aymans, Apostolische Autorität im Volke Gottes. Über Grund und Grenzen geistlicher Vollmacht, in: TThZ 86 (1977) 279-295, hier 286.

175) Vgl. dazu o. S. 346ff.

176) Die vom II. Vatikanischen Konzil wieder neu mit aller Deutlichkeit akzentuierte innere Zuordnung und gegenseitige Verwiesenheit von potestas und munus betont damit, daß alle Befähigung zum geistlichen Amt "einzig und allein von dem besonderen Dienst her verstanden werden kann, der der Inhalt des Amtes ist" (W. Aymans, Apostolische Autorität,

hierarchischer(177) und ekklesialer(178) Art tritt besonders deutlich die innere Verschränkung von formalem und sachlichem Element im Vollzug apostolischer Vollmacht in der Kirche an das Licht und läßt die sacra potestas "weder als eine Vollmacht des Volkes Gottes noch als eine Vollmacht über das Volk Gottes" verstehen, sondern einzig als eine "Vollmacht im Volke Gottes".(179) Diese innere Verschränkung von formalem und sachlichem Element im Vollzug der apostolischen Autorität im Volk Gottes ist eine wesentliche und unlösliche; sie findet ihre strukturanaloge Fortsetzung in dem Aufbauprinzip der kirchlichen communio

b. Die Explikation der sakramentalen Idee im communio-Begriff durch den Gedanken von der doppelten Repräsentation und dessen Bedeutung für die Grundlegung des ekklesialen Vollzugsprinzips von der communio ecclesiarum

Die weihesakramentale Grundlegung des besonderen kirchlichen (bischöflichen) Amtes zielt letztlich auf die in dem heiligen Prägemal verliehene Gnade des Heiligen Geistes zu der Befähigung, in hervorragender und sichtbarer Weise Christus als Haupt der Kirche in dem kirchlichen Amt zu repräsentieren.(180) Solche Repräsentation ist freilich nicht (im Sinne juristischer Stellvertretung(181)) als ein Ersetzen der Heilsfunktion des (selbst abwesenden) Christus in seiner Kirche zu verstehen; vielmehr wird in dem amtlich-"vermittelnden"(182) Tun des Repräsentanten Christi

---

a.a.O., 288). Der grundsätzliche Dienstcharakter jedes geistlichen Amtes stellt eine erste wesentliche strukturelle Bindung seines formalen Anspruches durch die "inhaltliche" Determination dar; vgl. dazu auch LG 18, 1.

177) Die hierarchische Bindung der geistlichen Vollmacht bringt das Konzil insbesondere durch seine Lehre vom Bischofskollegium und vom Presbyterium zum Ausdruck; von den munera docendi et regendi heißt es, daß sie ihrer Natur nach nur in hierarchischer Gemeinschaft mit dem Haupt des (Bischofs-) Kollegiums und dessen Gliedern ausgeübt werden können (LG 21, 2).

178) Durch die ausdrückliche Betonung des Konzils, daß alle Glieder ("pro parte sua" und "suo modo") des Gottesvolkes an der Sendung der Kirche, d. h. auch an den munera teilhaben (bes. LG 31, 1) erhalten die qualitativ unterschiedenen Teilhabeformen an den munera in der sacra potestas und in Taufe und Firmung einen wesentlichen einheitlichen inneren Bezugspunkt in dem gemeinsamen Aufbau der kirchlichen Communio; die formale Autorität in der sacra potestas ist damit erneut in dem und an dem sachlichen des Aufbaues der kirchlichen communio gebunden; W. Aymans macht als wichtigen Explikationspunkt für diese ekklesiale Bindung der formalen Autorität in der sacra potestas auf die spezifisch kanonistische Gleichordnung der beiden formalen Rechtsquellen des kanonischen Rechtes "Gesetzesrecht" und "Gewohnheitsrecht" (auch "contra legem"! CIC 1917 c. 27; vgl. dazu J. Listl, Die Rechtsnormen, in: HdbKathKR, 83-98, bes. 97f.) aufmerksam (Apostolische Autorität, a.a.O., 292f.; zum ganzen ebd., 286ff.).

179) W. Aymans, Apostolische Autorität, a.a.O., 286f.

180) Vgl. LG 27, 1; 21, 2; 11, 2; 20, 3; PO 2, 3; AA 2, 1; zur Beziehung von geistlicher Vollmacht und Repräsentation vgl. P. Krämer, Dienst und Vollmacht, a.a.O., 68-70; 102f.

181) Vgl. dazu E. Köst, Juristisches Wörterbuch, Bremen [6]1967, 427f.; zur Geschichte des Begriffes in theologischer und juristischer Tradition vgl. H. Hofmann, Repräsentation.

182) Gegen die mögliche Mißverständnisse begünstigenden Gefahren der Vermittlungskategorie zur Artikulation dieses Sachverhaltes vgl. G. Greshake, Priestersein, bes. 63-67: "Amtliche Vermittlung muß nicht kontra personale Unmittelbarkeit stehen, sondern ist

das Handeln Christi selbst zeichenhaft gegenwärtig; dessen heilshafte Wirkung wird ursächlich dabei durch den Geist Christi hervorge-
bracht.(183)

Diese eine "christologische" Sinnrichtung des Repräsentationsgeschehens
in dem (bischöflichen) Amtsvollzug wird nun aber komplementiert durch
eine zweite "ekklesiale", insofern der Bischof als Repräsentant Christi in
und für seine Teilkirche(184) zugleich als Haupt und Repräsentant dieser
Teilkirche zu gelten hat: Die Einzelbischöfe stellen "je ihre Kirche, alle
zusammen aber in Einheit mit dem Papst die ganze Kirche im Band des
Friedens, der Liebe und der Einheit dar."(185) "Der Bischof repräsentiert als Haupt seiner Teilkirche diese gegenüber der Gesamtkirche und
als Glied des Bischofskollegiums die Gesamtkirche gegenüber der Teilkirche. Durch diese zweifache ekklesiale Repräsentation wird die Integration
der Teilkirchen in die Gesamtkirche vollzogen."(186) Die unlösliche
Verbindung zwischen der christologischen und der ekklesialen Bewegungsrichtung im Repräsentationsgeschehen des kirchlichen Amtes(187)
ist deutlich als Explikation des sakramentalen Gedankens im communio-
Verständnis der Kirche zu erkennen: Wenn die kirchliche communio
zugleich Zeichen und Werkzeug von der und für die innigste Vereinigung
der Menschen untereinander und mit Gott (Christus) ist (LG 1), so muß
diese Doppelstruktur der communio gerade auch nach ihrer unsichtbaren
Seite hin, der Verbindung mit Gott zeichen- und gestalthaft sichtbar
werden; dies geschieht nach der Lehre des Konzils dadurch, daß Christus als Haupt seiner Kirche sich durch den Dienst der Bischöfe und
Priester repräsentieren läßt.(188) "Diese Repräsentation also bezeichnet

---

geradezu als deren Ermöglichung zu verstehen. Denn im kirchlichen Amt bindet der Herr
sein Heilswirken nicht an das subjekthafte Können bestimmter Personen, sondern an eine
dauerhafte, ... 'institutionelle', d. h. überindividuelle Größe, die gerade als solche
über sich selbst hinausweist auf den Ursprung und inneren Grund des Amtes: auf Jesus
Christus selbst"[64]; als "'übersubjektives' Zeichen" der Gegenwart Christi verstellt
das Amt gerade nicht die Unmittelbarkeit des Glaubens zu Gott, indem es etwa selbst
durch religiöse Großartigkeit seines Trägers zum Mittler wird, sondern seine ganze
Funktion besteht in der sichtbar-zeichenhaften Vermittlung der Unmittelbarkeit zu Gott
in Jesus Christus, nicht etwa in deren Zerstörung. Sein "Vermitteln" ist absolutes
Transparentsein für das Mittlertum Christi, nicht mehr aber auch nicht weniger. Vgl.
dazu auch die Ausführungen J. Ratzingers über die Bestimmung der christologischen
Mitte der amtstheologischen Verwendung der Mittlerkategorie hinsichtlich ihrer Begründung und Begrenzung durch das exklusive, weil radikal inklusive Mittlertum Christi,
in: Theologische Prinzipienlehre, 281-299.

183) Vgl. dazu K. Rahner, Kommentar zum III. Kapitel der Kirchenkonstitution (Art. 18-27),
in: LThK, Vat., I, 210-246, bes. 217.

184) Zu diesem konziliaren Begriff vgl. o. S. 407f.

185) LG 23, 1.

186) K. Peters, Die doppelte Repräsentation als verfassungsrechtliches Strukturelement der
Kirche. Rechtstheologische Überlegungen zum II. Vatikanischen Konzil, in: TThZ 86
(1977) 228-234, hier 229; dazu auch K. Mörsdorf, Über die Zuordnung des Kollegialitätsprinzips zu dem Prinzip der Einheit von Haupt und Leib in der hierarchischen
Struktur der Kirchenverfassung, in: Wahrheit und Verkündigung (= FS M. Schmaus), II,
1435-1445, 1442.

187) Vgl. dazu K. Peters, Repräsentation nach der Lehre des II. Vatikanischen Konzils.
Trier 1976, Diss. masch.

188) Vgl. u. a. LG 26, 2; ferner o. S. 415 Anm. 180.

und bewirkt die Communio mit dem unsichtbaren Herrn. Damit ist die doppelte Repräsentation in der sakramentalen Struktur der Kirche verankert, denn wer Christus als das Haupt der Kirche in einer kirchlichen Gemeinschaft repräsentiert, muß damit auch als Haupt dieser Gemeinschaft gelten, und wer in der Kirche die Stellung eines Hauptes einnimmt, kann dies nur als Repräsentant Christi des Hauptes tun."(189)

In strukturanaloger Entsprechung zu der unlösbaren inneren Verschränkung von materialem und formalem Element im Vollzug apostolischer Autorität im Volk Gottes zeigt auch die (aus der sakramentalen Idee genährte) Vollzugsstruktur der kirchlichen communio selbst die innerwesentliche Verknüpfung zwischen dem 'formalen' (institutionell-amtlichen) und 'inhaltlichen' Aspekt.

Diese innerwesentliche Verschränkung bei gleichzeitiger Unterscheidbarkeit und Unrückführbarkeit des formalen und des materialen Elementes in der Vollzugsstruktur der communio kommt in spezifischer Weise auch in dem biblischen Bild des Hirten zum Ausdruck, dessen sich das Konzil bedient zur Charakterisierung der bevollmächtigten Teilhabe an der Sendung Christi:(190) Zum einen sind Hirt und Herde sich gegenseitig implizierende und komplementäre Begriffe: Repräsentant der Herde kann nur der Hirte sein, das Tun des Hirten hat wiederum nur Ort und Sinn in der Herde und in bezug auf sie; ferner ist die Relation Hirt-Herde eine schlechterdings unumkehrbare; beide sind wohl grundlegend aufeinander hingeordnet, bleiben aber (bzw. gerade deswegen) nicht auf einander rückführbar.(191)

Besonders in der Feier der Eucharistie zeigt sich dieses relationale Gefüge in seiner konstitutiven Bedeutung für den Vollzug der kirchlichen communio: In dem eucharistischen Sakrament wird die Einheit der Gläubigen mit Christus und untereinander dargestellt und bewirkt (LG 3); sinnenfällig wird dies insbesondere (und für das Geschehen in konstitutiver Weise) in der doppelten Repräsentationsfunktion des Amtsträgers

---

189) K. Peters, Die doppelte Repräsentation, a.a.O., 230; dazu K. Mörsdorf, Über die Zuordnung des Kollegialitätsprinzips, a.a.O., 1436.

190) Vgl. dazu u. a. LG 11, 2; 18, 2; 20, 3. Zu den biblischen Ansätzen für eine amtstheologische Auswertung des Hirtenmotives (vgl. die theo-logischen Wurzeln in Ps 22; Jer 23, 1-4; Ez 34; Sach 11, 4-17; die christo-logischen Wurzeln bes. in Joh 10, 11) in Eph 3, 8; 4, 11f. sowie die in 1 Petr 5, 2.4 und Apg 20, 28 vgl. J. Ernst, Die Briefe an die Philipper, an Philemon, an die Kolosser, an die Epheser, Regensburg 1974, 355; H. Merklein, Das kirchliche Amt nach dem Epheserbrief, München 1973, 365; R. Schnakkenburg, Eph, 182ff.; K. Kertelge, Offene Fragen zum Thema "Geistliches Amt" und das neutestamentliche Verständnis von der "Repräsentatio Christi", in: Die Kirche des Anfangs, 583-605, bes. 595; H. Schürmann, Das Testament des Paulus für die Kirche - Apg 20, 18-35, in: Unio Christianorum, 108-146; J. Jeremias, Art.ποιμήν ktl., in: ThWNT, VI, 484-501, hier 497. Vgl. auch u. S. 694ff.

191) Vgl. dazu J. Ratzinger, Die Kernfrage, a.a.O., 293; G. Greshake, Priestersein, 69-73; H. U. v. Balthasar, Der Priester im Neuen Testament, in: GuL 43 (1970) 39-45, 43; ders., Nachfolge und Amt, in: SV, 80-147, 108. "Zwischen dem Hirten und der Herde gibt es keine kontinuierlichen Übergänge; ein noch so begabtes Schaf kann den Hirten nicht ersetzen" (H. U. v. Balthasar, Kommentar zum Schreiben Papst Johannes Paul II. an die Priester "Liebst du mich mehr" (Joh 21, 15), in: Dienst aus der größeren Liebe zu Christus, ²1979, 66).

(Vorstehers): "Er vollzieht in der Person Christi das eucharistische Opfer und bringt es im Namen des ganzen Volkes Gott dar" (LG 10, 2). Da die christliche Gemeinde und damit die kirchliche communio nur auferbaut wird, "wenn sie Wurzel und Angelpunkt in der Feier der Eucharistie hat" (PO 6, 5) ergibt sich zum einen, daß der Status vollen "Kirche-Seins" einer christlichen Gemeinschaft im Sinne der communio-Ekklesiologie abhängig ist von der Existenz des sakramentalen Christus- und ekklesia-repräsentierenden Hirtenamtes. Nach dem Gesamtaufriß der konziliaren Ekklesiologie ist der Primärträger der Qualifikation (Orts- oder Partikular-) "Kirche" dei bischöfliche Partikularkirche.(192)

Zum anderen wird aus dem relationalen Gefüge Hirt-Herde im Sinne der Amtstheologie von der doppelten Repräsentation die innerwesentliche Verankerung die formalen Konstituente im Vollzug der kirchlichen communio deutlich: Der durch die Bevollmächtigung durch Christus ausgezeichneten Stellung der Hirten entspricht auf seiten der Gläubigen die Pflicht, das, "was die geweihten Hirten in Stellvertretung Christi als Lehrer und Leiter der Kirche festsetzen, in christlichem Gehorsam bereitwillig" aufzunehmen,(193) d. h. die Sendung der Hirten in der Gemeinschaft des Gottesvolkes(194) anzunehmen und mit ihrem jeweiligen Hirten in Verbindung zu stehen.(195) "Die rechtlichen Verbindungslinien zwischen Gläubigen und Hirten berücksichtigen das hierarchische Gefüge der Kirche, ordnen die Gläubigen ihren jeweiligen Hirten zu und gewährleisten so die Einheit der Gemeinschaft des neuen Gottesvolkes."(196) So wie die christologische und die ekklesiologische Repräsentationsrichtung im (sakramentalen) Amtsvollzug nicht auseinanderdividiert werden kön-

---

192) Als ein Fundamentalpassus für die inhaltliche Bestimmung des Begriffes "Partikularkirche" kann LG 26, 1 angesehen werden: Die Kirche Christi "ist wahrhaft in allen rechtmäßigen Ortsgemeinschaften (congregationibus localibus) der Gläubigen anwesend, die in der Verbundenheit mit ihren Hirten im Neuen Testament auch selbst Kirchen heißen. Sie sind nämlich je an ihrem Ort, im Heiligen Geist und mit großer Zuversicht, das von Gott gerufene neue Volk. In ihnen werden durch die Verkündigung der Frohbotschaft Christi die Gläubigen versammelt, in ihnen wird das Mysterium des Herrenmahls begangen ..." Mit dieser Qualifikation von Grundbedingungen des Kircheseins kann durchaus auch die Pfarrei apostrophiert betrachtet werden (vgl. dazu SC 42, 1; 2; PO 6, 4-7; K. Rahner, Kommentar zum III. Kapitel der Dogmatischen Konstitution über die Kirche [Art. 18-27], in: LThK, Vat., I, 242-245) - allerdings in deutlicher Abhängigkeit von der bischöflichen Teilkirche, deren örtliche Untergliederung sie ist, und von der her und auf welche hin ihre kirchlichen Vollzüge (bes. Eucharistiefeier; vgl. zur Zuordnung von Episkopat und Presbyterat o. S. 349 Anm. 104) zu verstehen sind; vgl. W. Beinert, Dogmenhistorische Anmerkungen, a.a.O., bes. 58ff.; W. Aymans, Communio Ecclesiarum, a.a.O., 74f., ders., Das synodale Element, a.a.O., 326.

193) LG 37, 2.

194) Hier sind ergänzend die Ausführungen über die grundsätzlichen strukturellen Bindungen der potestas sacra in ministerieller, hierarchischer und ekklesialer Hinsicht in Anschlag zu bringen; vgl. o. S. 414 Anm. 176. 177. 178.

195) Als "pastor proprius" (CD 30, 1) ist der zum Mitarbeiter des Diözesanbischofs bestellte Pfarrer, dem die Seelsorge in einem bestimmten Teil der jeweiligen Diözese anvertraut ist, im Gesamtgefüge der kirchlichen Verfassung der Erstrepräsentant kirchenamtlicher Vorsteherschaft für den einzelnen Gläubigen in der jeweiligen kirchlichen Teilgemeinschaft.

196) O. Saier, "Communio", a.a.O., 102.

nen,(197) weil der gesellschaftliche und der geistliche Aspekt der kirchlichen communio "eine einzige komplexe Wirklichkeit" bilden, "die aus
menschlichem und göttlichem Element zusammenwächst" (LG 8, 1), so
kann auch die Leitungsfunktion in der Kirche, d. h. die Dimension der
formal-institutionellen Bindung des (materialen) Vollzuges der communio
nicht von der eigentlichen Heilsdimension derselben getrennt oder im
Dienst einer "ökumenischen Güterabwägung" als relativ vernachlässigbar
qualifiziert werden. "Leitung in der Kirche hat heilshaften Charakter, da
sie der Auferbauung der Communio dient, die als Vereinigung der Menschen mit Gott und der Gläubigen untereinander mehr beinhaltet als
Einheit im soziologischen Sinne. Eine kirchliche Gemeinschaft kann daher
zur Communio nur durch einen Repräsentanten geführt werden, der zugleich Repräsentant Christi des Hauptes ist."(198)

Dieses communial-ekklesiale Bauprinzip im "Mikrobereich" findet seine
notwendige explikative Komplementierung im ekklesialen Makrobereich,
denn die einzelnen Repräsentanten stehen sowohl aufgrund der Identität
der ihnen allen verliehenen einen und gleichen Sendung Christi(199) als
auch aufgrund der den Bereich der Orts- und Teilkirche immer schon
auf die Universalkirche hin transzendierenden ekklesialen Repräsentation
in einer fundamentalen Gemeinschaftsbezogenzeit ihres Hirtendienstes:
Als Repräsentanten der einzelnen Teilkirchen müssen sie selbst untereinander in communio stehen, um so konstitutiv dem integrativen Aufbau
der communio ecclesiarum(200) zu dienen.

Der Sprachgebrauch des II. Vatikanischen Konzils bezüglich des Terminus "ecclesia", welcher sowohl die Kirche als ganze als auch in vielen
Orts- oder Teilkirchen bezeichnet, offenbart bereits jenes dialektische
Verhältnis des Zueinander von Gesamt- und Teilkirche, welches vom
dogmenhistorischen Befund her(201) als ein Spezifikum des altkirchlichen
ekklesialen Bewußtseins und als ein die dogmengeschichtlich-ekklesiologische Entwicklung durchgehend und spannungsreich durchziehendes
strukturelles Stimulans charakterisiert werden kann, das nun explizit
durch das II. Vatikanische Konzil wieder in das (ekklesiologische) Bewußtsein gehoben wurde und in der Formel von der "communio ecclesiarum" eine theologische Grundaussage prägt, die zu jenen von der Kirche
als Volk Gottes und als Leib Christi als dritte hinzutritt, um die strukturelle Grundgestalt der Kirche in ihrem gesamt- und teilkirchlichen
Beziehungsgefüge klarer zu markieren.

Die Schlüsselaussage hierzu findet sich in Artikel 23 der Kirchenkonstitution, wo von den Teilkirchen, die nach dem Bild der Gesamtkirche gestaltet sind, gesagt wird, daß **in ihnen und aus ihnen** die einige und
einzige katholische Kirche besteht.(202) Mit dieser Formel (in quibus et

197) Vgl. K. Peters, Die doppelte Repräsentation, a.a.O., 232.

198) Ebd.

199) Vgl. LG 20; 21, 1; PO 2, 3; LG 7, 3.

200) Der Terminus kommt so in den Konzilsdokumenten selbst nicht vor, wohl aber ist die
Sache, die er zum Ausdruck bringt, ein Grundthema der Ekklesiologie des II. Vatikanums
(vgl. dazu W. Aymans, Die Communio Ecclesiarum, a.a.O., bes. 69).

201) Vgl. dazu W. Beinert, Dogmenhistorische Anmerkungen, a.a.O., bes. 39-58; vgl. dort
auch einschlägige Literatur (68f.).

202) LG 23, 1: "Collegialis unio etiam in mutuis relationibus singulorum episcoporum cum

ex quibus) ist in deren innerem Element zunächst festgehalten, daß die bischöfliche Teilkirche die konkrete und material suffiziente Verwirklichung der Heilssendung der Kirche in Wort und Sakrament darstellt,(203) weil es inhaltlich weder in der Verkündigung noch bei den Sakramenten Elemente gibt, die von speziell gesamtkirchlicher Qualität wären. Andererseits betont das äußere Element der besagten Formel zugleich, daß die Gesamtkirche auch aus den Teilkirchen besteht: "Als aus den Teilkirchen auferbaute ist die Gesamtkirche in den Teilkirchen gegenwärtig."(204) Es ist also nicht zulässig, in der jeweiligen einseitigen Überbetonung entweder des formalen Aspektes der Kircheneinheit (ex quibus) oder des materialen, aus der mystischen Wirklichkeit, mit der in der Teilkirche die Gesamtkirche in Erscheinung tritt, erwachsenden, die Teilkirche entweder in die Gesamtkirche hinein aufzulösen(205) oder umgekehrt die Teilkirchen zu autokephalen, völlig selbständigen Kirchen zu machen, die sich allenfalls noch freiwillig zu einem organisatorischen Kirchenbund zusammenschließen könnten.(206)

Urtyp dieser dialektischen Wirklichkeitsgestalt ist die urchristliche "Gesamtkirche", die ja als solche selbst von allem Anfang an "Ortskirche" war.(207) Umgekehrt kommt in der Bezeichnung "populi Dei portio" (CD 11,1) für die teilkirchliche Diözese zum Ausdruck, daß diese Volk Gottes am Ort und so eben noch nicht identisch mit dem ganzen Volk Gottes ist; vielmehr wird diese "populi Dei portio" in Gemeinschaft mit dem Diözesanbischof durch den geistlichen Vollzug von Wort und Sakrament von diesem als (ihrem) Hirten so zur Einheit verbunden, daß eine Teilkirche entsteht, in der die eine Kirche Christi 'vere inest et operatur'."(208)

Die Einheit der einzelnen Teilkirchen untereinander und in der Gesamtkirche findet in der Gemeinschaft der Bischöfe untereinander und mit dem Papst ihren strukturell-hierarchischen Ausdruck: Als Haupt seiner Teilkirche repräsentiert der einzelne Bischof nämlich diese gegenüber der

---

particularibus Ecclesiis Ecclesiaque universali apparet. Romanus Pontifex, ut successor Petri, et fundamentum. Episcopi autem singuli visibile principium et fundamentum sunt unitatis in suis Ecclesiis particularibus, ad imaginem Ecclesiae universalis formatis, in quibus et ex quibus una et unica Ecclesia catholica exsistit ..." (HvH. v. Vf.).

203) Vgl. LG 26, 1: "Haec Christi Ecclesia vere adest in omnibus legitimis fidelium congregationibus localibus ..." zur primären Deutung dieser Stelle auf die bischöfliche Partikularkirche vgl. o. S. 418 Anm. 192.

204) W. Aymans, Communio Ecclesiarum, a.a.O., 85; ders., in: HdbKathKR, 239-247.

205) Geschichtlich betrachtet markiert diese Einseitigkeitsrichtung die spezifisch katholische (zentralistische) Gefahr im Kirchenverständnis.

206) Damit sind sowohl die Gefahrenmomente des protestantischen wie des orthodoxen Kirchenwesens angezeigt.

207) Das charakteristische Ineinander der Momente "universale Totalität" und "örtlich besonderte Konkretheit" zeigt sich dann auch in der Zeit zunehmender regionaler Verbreitung der Kirche im frühchristlichen Sprachgebrauch, wie er besonders signifikant in der Adresse der beiden Korintherbriefe sich artikuliert: "τῇ ἐκκλησίᾳ ... τῇ οὔσῃ ἐν Κ." (1 Kor 1, 2; vgl. 2 Kor 1, 1) ist adäquat nicht mit "an die Gemeinde in Korinth" (Einheitsübersetzung) wiederzugeben, sondern besagt genau genommen: "an die Gemeinde (ekklesia) ... wie sie in Korinth ist" (vgl. K. L. Schmidt, in: ThWNT, III, 508).

208) W. Aymans, Communio ecclesiarum, a.a.O., 87.

Gesamtkirche und als Glied des Bischofskollegiums die Gesamtkirche gegenüber der Teilkirche.(209) Die Gemeinschaft der Bischöfe in dem Kollegium hat als ihrerseits hierarchisch strukturierte ihr sichtbares Einheitsprinzip im Papst als einem einzelnen (sichtbaren) Repräsentanten Christi des Hauptes im Hinblick auf die Einheit der in und aus den Teilkirchen bestehenden Gesamtkirche.(210) Die communio ecclesiarum ist somit die "der Kirche eigentümliche Weise, in der die vielen Teile in das Ganze integriert werden. Sie ist konkrete Ausformung der vorgegebenen kirchlichen Gemeinschaft des in hierarchischer Ordnung lebenden neuen Gottesvolkes."(211) "Die communio mit den Hirten der Kirche ist das letzte und zugleich das sicherste Erkennungszeichen für das Bestehen der communio plena. Die communio mit den Hirten, insbesondere jene mit dem Papst, läßt keine Ausnahme in den Voraussetzungen zu. Denn wer in der communio mit dem Papst steht, kann dies nur aufgrund der Tatsache, daß er den anderen Bedingungen der communio plena in der konstitutionellen und in der tätigen Ordnung voll entspricht ... Wer in voller Gemeinschaft mit seinem Ortsbischof und mit dem Papst steht, ist der plena communio mit der katholischen Kirche teilhaftig."(212) Wer aber zwar getauft ist, jedoch "die Einheit der Gemeinschaft unter dem Nachfolger Petri" (LG 15, 1) nicht wahrt,(213) dem weiß sich die Kirche zwar nicht mehr in der plena communio, wohl aber in einer geistgewirkten (LG 15, 1) "etsi non plena communio" (UR 3, 1) verbunden.

Mit diesen strukturellen Explikationen der sakramentalen Idee im communio-Begriff im Blick auf die communio ecclesiarum hat das II. Vatikanische Konzil die ekklesiologischen Fundamente gelegt, von denen aus die ökumenische Diskussion über mögliche Modelle kirchlicher Einheit, wie sie recht eigentlich erst nach dem Konzil eingesetzt hat, katholischerseits zu führen ist: Es läßt sich nämlich aus den Konzilaussagen "unschwer ... ein solches Modell künftiger Einheit herauslesen. Im Rahmen der communio-Ekklesiologie des Konzils kann es sich nur darum handeln, daß aus der unvollkommenen Einheit von quasi-Partikularkirchen eine vollkommene Einheit wird. Man bezeichnet dies gegenwärtig mit dem Begriff der korporativen Kircheneinheit. Die verschiedenen quasi-Partikularkirchen könnten nach diesem Modell ihre unterschiedlichen, liturgischen, theologischen u. a. Traditionen bewahren. Voraussetzung dafür wäre allerdings, daß aus den bislang kirchentrennenden Unterschieden quasi Schulunterschiede, Unterschiede der Frömmigkeitsform, der theologischen Denkform u. ä. würden!(214)

209) Zur grundsätzlichen Gemeinschaftsbezogenheit (collegium) des bischöflichen "Einzel"-amtes vgl. die Ausführungen über die wechselseitige Bezogenheit von potestas-munus" o. S. 414 Anm. 177; 348ff.; Analoges gilt für die Vollzugsstruktur des presbyteralen Amtes; vgl. dazu O. Saier, Die hierarchische Struktur des Presbyteriums, in: AfkKR 136 (1967) 341-391; H. Schmitz, Das Presbyterium der Diözese, in: TThZ 77 (1968) 133-152.

210) vgl. LG 23, 1; 18, 2.

211) W. Aymans, Communio Ecclesiarum, a.a.O., 90.

212) O. Saier, "Communio", a.a.O., 103.

213) Entsprechend muß man mit c. 1325 § 2 CIC 1917/c. 751 CIC 1983 davon ausgehen, daß auch die Trennung vom eigenen Bischof den Tatbestand des Schismas erfüllt (vgl. K. Mörsdorf, KR, II, 403f.; W. Aymans, Begriff, Aufgabe und Träger des Lehramts, in: HdbKath-KR, 533-540, bs. 535).

214) W. Kasper, Die Einheit der Kirche, a.a.O., 276. Die hier genannte Voraussetzung für eine Einheit der (getrennten) Kirchen betrachten als vom katholischen Standpunkt aus

Nach der Lehre des Konzils findet aber die Legitimität struktureller Pluralität unter den (potentiell) in die Einheit der Gesamtkirche zu integrierenden Teilkirchen dort ihre Grenze, wo die für den communialen

---

gesehen bereits gegeben: H. Fries-K. Rahner, Einigung der Kirchen, a.a.O.; vgl. bes. ebd. Th. III (S. 54), Th. IVb (S. 98), so daß das ökumenische Programm einer Einheit relativ eigenständig bleibender Teilkirchen "in versöhnter Verschiedenheit" demnach von katholischer Sicht aus bereits "reale Möglichkeit" sein könne. Vgl. hierzu o. S. 387ff. Weitaus vorsichtiger dagegen: H. Meyer, "Einheit in versöhnter Verschiedenheit" - "konziliare Gemeinschaft" - "organische Union". Gemeinsamkeit und Differenz gegenwärtig diskutierter Einheitskonzeptionen, in: ÖR 27 (1978) 377-400. Zu der hier nicht näher zu erörternden Frage nach der Reichweite einer gegenwärtigen Konvergenz zwischen dem katholisch-ökumenischen Programm einer "communio ecclesiarum" (vgl. dazu o. W. Kasper) und der ökumenischen "Konziliaritäts-Diskussion" vgl. P. W. Scheele, Nairobi-Genf-Rom, 39-67; ferner FD 1967 in Bristol: Bristol 1967, Studienergebnisse der Kommission für Glauben und Kirchenverfassung (= Beiheft zu ÖR 7/8), Stuttgart [3]1968, 70-82 = SÖR 5: Konzile und die ökumenische Bewegung, Genf 1968, 9-19; ÖRK, 4. VV 1968 in Uppsala: N. Goodall - W. Müller-Römheld (Hrsg.), Bericht aus Uppsala 1968. Offizieller Bericht über die Vierte Vollversammlung des Ökumenischen Rates der Kirchen, Uppsala 4.-20. Juli 1968, Genf 1968; FO 1971 in Löwen: K. Raiser (Hrsg.), Löwen 1971. Studienberichte und Dokumente der Sitzung der Kommission für Glauben und Kirchenverfassung (= Beiheft zu ÖR 18/19), Stuttgart 1971; R. Groscurth (Hrsg.), Wandernde Horizonte auf dem Weg zu kirchlicher Einheit, Frankfurt 1974; 5. VV des ÖRK 1975 in Nairobi: Nairobi 1975. Ergebnisse-Erlebnisse-Ereignisse. Offizieller Bericht der Fünften Vollversammlung des Ökumenischen Rates der Kirchen 23. November bis 10. Dezember 1975 in Niarobi/Kenia, Frankfurt 1976; G. Müller-Fahrenholz (Hrsg.), Accra 1974. Sitzung der Kommission für Glauben und Kirchenverfassung. Berichte. Reden Dokumente (= Beiheft zu ÖR 27), Korntal 1975; R. Boeckler, Interkommunion-Konziliarität, a.a.O.; Sekretariat zur Förderung der Einheit der Christen, Die ökumenische Zusammenarbeit auf regionaler, nationaler und örtlicher Ebene (= NKD 56), Trier 1976; Sekretariat für Glauben und Kirchenverfassung der Ökumenischen Rates der Kirchen. Eine Gemeinschaft von Ortskirchen in wahrer Einheit. Ergebnis einer Konsultation, in: US 32 (1977) 105-113; vgl. zum ganzen die umfassende Literaturangabe bei W. Beinert, Konziliarität der Kirche, a.a.O., 84 Anm. 12; H. Tenhumberg, Kirchliche Union bzw. korporative Wiedervereinigung, a.a.O., 24-33, sieht den ökumenischen Prozeß zu einer kirchlichen (konziliaren) Union in drei Etappen gestaffelt: Profilierung - Rezeption - korporative Wiedervereinigung; zum Rezeptionsbegriff vgl. H. Müller, Rezeption und Konsens in der Kirche. Eine Anfrage an die Kanonistik in ÖAKR 27 (1976) 3-21; Y. Congar, die Rezeption als ekklesiologisches Problem, in: Concilium 8 (1972) 500-514; zur Konziliaritätsdiskussion: J. May, Vorbereitende Überlegungen zu einer Konsenstheorie der Konziliarität, in: US 32 (1977) 94-104. Eine optimistische Position vertritt H. Mühlen, Morgen wird Einheit sein. Das kommende Konzil aller Christen: Ziel der getrennten Kirchen, Paderborn 1974, bes. 79-100; zum Phasenmodell, ebd., 21-33; kritisch dazu R. Boeckler, Interkommunion-Konziliarität, a.a.O., 160 Anm. 18. R. Frieling, Konziliare Gemeinschaft, in: R. Groscurth (Hrsg.), Wandernde Horizonte auf dem Weg zu kirchlicher Einheit, a.a.O., 137-157, hier 150-152; P. Lengsfeld, Konziliarität-Illusion oder Ziel für eine universale Christengemeinschaft?, a.a.O. Gemeinsame römisch-katholische/evangelisch-lutherische Kommission, Einheit vor uns. Modelle, Formen und Phasen katholisch/lutherischer Kirchengemeinschaft, Paderborn-Frankfurt/Main 1985, bes. Nr. 1-54. Zum Begriff der Konziliarität im ökumenischen Raum läßt sich global festhalten: "Dieser Begriff gibt an, daß die Kirche ihrem Wesen nach Versammlung ist, die gemäß dem apostolischen Kerygma in der trinitarischen Struktur des Heils begründet ist, in der Feier der Eucharistie in der Ortskirche je aktualisiert wird und als plurale Einheit in Erscheinung tritt. Konziliarität bezeichnet somit einen Lebensprozeß der Kirche,

Vollzug wesentliche Formalbindung der kirchlichen Heilssendung in Wort und Sakrament nicht mehr gegeben ist. Dabei wird für die Möglichkeit gestufter Aktualisierungsgrade von kirchlicher (sakramentaler) Gemeinschaft zwischen den noch getrennten Kirchen von diesem Kriterium der kirchlichen Formalstruktur her nicht die Maximalforderung der Vollverwirklichung institutionell-formaler Gemeinschaft mit der katholischen Kirche erhoben (Einheit mit dem Papst);(215) wohl aber verbietet der sakramentale Gedanke im katholischen communio-Verständnis von der innerwesentlichen Verschränkung des materialen mit dem formalen Aspekt im Vollzug der wirklichen communio, strukturelle Differenzen in diesem Punkt als für die Frage nach der Möglichkeit sakramentaler Gemeinschaft zwischen den getrennten Kirchen vernachlässigbar zu bewerten.

Spezieller Indikator einer derartigen (kirchentrennenden) strukturellen ekklesiologischen Differenz ist die Frage nach dem kirchlichen Amt; dies soll abschließend anhand der konziliaren Unterscheidung ecclesiae seiunctae und communitates ecclesiales noch einmal verdeutlicht werden.

c. Die Unterscheidung: Ecclesiae seiunctae - communitates ecclesiales(216)

Das Konzil unterscheidet bei der Benennung der von der katholischen Einheit getrennten Christenheit zwischen "ecclesia" und "communitates ecclesiales". Das hierfür ausschlaggebende Kriterium liegt in der bischöflichen Verfassung, bzw. in der durch diese gewahrt gesehenen apostolische Sukzession der Ortskirchen.(217) Nach der in der katholischen

---

dessen Momente auf den **konziliaren** Akt tendieren, in dem in Kontinuität mit der Tradition die sie berührenden und eventuell in ihr kontroversen Fragen repräsentativ beraten und autoritativ entschieden wird und welcher von der Gesamtkirche dem Vorgang der Rezeption unterworfen wird" (W. Beinert, Konziliarität, a.a.O., 93). Konziliarität kann damit als synonym gelten für die konkrete Verwirklichung der Heilsökonomie (ebd., 104); als solche ist sie nicht mehr Modell der Einigung sondern der Status der Einheit selbst, sie setzt die eucharistische Gemeinschaft als eine Gemeinschaft in der Wahrheit bereits voraus (ebd., 106), der konziliare Akt muß gesetzt werden können, wenn es erforderlich ist (vgl. L. Vischer, Ökumenische Skizzen, 236). In der Frage der Verfassung einer solchen kirchlichen Universalgemeinschaft, wie sie von der Idee der Konziliarität her gefordert ist, herrscht allerdings noch ein unübersehbarer Dissens (vgl. W. Beinert, a.a.O., 88ff.), und es scheint deshalb angemessen, "kurzfristige Hoffnungen auf eine baldige Union der Kirchen zu begraben; langfristig darf man optimistisch sein" (ebd., 106).

215) Vgl. u. Ziff. (1); § 18 II/1.2.; III/1.

216) Vgl. dazu die Ausführungen o. S. 208ff.; bes. 311 Anm. 36.

217) Eine nähere Analyse der einschlägigen Texte des II. Vatikanischen Konzils (UR 3; 22) ergibt, daß das Konzil weder aussagen will, daß **allein** weihsakramentale Gemeinschaften als Kirchen im eigentlichen und vollen Sinne zu qualifizieren sind, noch, daß ohne dieses Merkmal legitimerweise der Name "Kirche" (ecclesia) beansprucht werden kann (vgl. dazu J. Hamer, Die ekklesiologische Terminologie, a.a.O.). Zwischen diesen beiden Grenzmarken für eine genauere Bestimmung des Begründungs- bzw. Bedingungszusammenhanges der theologischen Qualifikationsterme "ecclesia" und (weihsakramentale) "successio apostolica" steckt das Konzil somit also einen Freiraum für die weitere theologische Forschung ab. Jedenfalls aber kann man sich für jenes deduktive Argumentationsverfahren, das von einer grundsätzlichen Anerkennung des kirchlichen Charakters

Tradition geprägten theologischen Begrifflichkeit ist der ekklesiologische
Status einer christlichen Gemeinschaft nur dann adäquat mit "ecclesia" zu
qualifizieren, wenn sie durch die in der sakramentalen Amtskonzeption
gewährleistete, in den Amtsträgern sichtbar-gestalthaft werdende doppelte Repräsentation die vertikale Klammer des Kirche-Seins mit dem Ursprung (christologische Richtung) und die horizontale Klammer der communio (ekklesiologische Richtung) in der Gesamtkirche bewahrt haben.
Bei der Prüfung dieses Kriteriums gelangt das Ökumenismus-Dekret hinsichtlich der Gemeinschaften des Ostens und des Westens zu unterschied-
lichem Befund; dieser ist letztlich maßgebend für die Charakterisierung
des communio-Verhältnisses dieser Gemeinschaften zur katholischen
Kirche.

(1) Das kirchliche Amt in den getrennten Kirchen des Ostens(218)

Nach dem Ökumenismus-Dekret (UR 15,3) steht die weihesakramentale
apostolische Nachfolge der orientalischen Bischöfe außer Zweifel. Das
ergibt sich eo ipso aus der (katholischen) Anerkennung des die kirchliche communio auferbauenden sakramentalen Geschehens in der Eucharistie
bei den orientalischen Kirchen. Wie aber steht es mit der Verbundenheit
der (getrennten) orientalischen Bischöfe in dem rechtmäßigen Leitungsauftrag (communio hierarchica)?

Die Kirchenkonstitution des II. Vatikanums weist verschiedentlich darauf
hin, daß zur vollen Konstitution der bischöflichen Hirtengewalt die weihesakramentale Grundlegung allein noch nicht ausreicht.(219) Die durch
die Weihe konsekratorisch grundgelegte Verleihung der Hirtengewalt ist
grundsätzlich eine hierarchisch-communial gebundene, immer ist das
durch die Weihe gegebene "munus" wesentlich hingeordnet auf das "exercitium muneris", auf die Determination der potestas sacra in der missio
canonica. Die starke Betonung der Einheit mit Haupt und Gliedern des
Kollegiums als wesensnotwendige Bedingung für die rechtmäßige Ausübung jeglicher Hirtengewalt(220) wirft die Frage nach der ekklesologi-
schen Qualität der in den getrennten Ostkirchen ausgeübten geistlichen
Vollmacht auf. Wenn das Konzil betont, daß die hierarchische Gemeinschaft der Bischöfe (untereinander und mit dem Haupt des Kollegiums)
konstitutives Element für die gültige und rechtmäßige Ausübung der in
der Weihe sakramental grundgelegten Hirtenvollmacht ist, die getrennten
Ostkirchen aber die Stellung des Papstes als sichtbares Prinzip und
Fundament der Einheit der Universalkirche in anderer Weise aussagen als

---

der reformatorischen Gemeinschaften (communitates ecclesiales) katholischerseits auf
die entsprechende (konsekutive) volle Anerkennung ihrer Ämter schließen zu können
glaubt, nicht auf die Texte des II. Vatikanischen Konzils berufen (vgl. ebd., 153).
Die konziliare Argumentationsweise verfährt vielmehr umgekehrt, indem sie -induktiv-
von einer Analyse der ekklesialen Komponenten in diesen Gemeinschaften ausgehend zu
der Aussage über deren ekklesialen Status gelangt (ebd.).
218) Vgl. dazu die Ausführungen o. S. 305ff.
219) Vgl. LG 22,1; NEP, 2; dazu o. S. 413ff.
220) Vgl. NEP, 4; dabei hat die hierarchische Gemeinschaft der Bischöfe mit dem Haupt
(Papst) im Kollegium neben der sakramentalen Weihe konstitutiven Charakter für die
Mitgliedschaft im Kollegium, die Gemeinschaft mit den übrigen Gliedern des Kollegiums
nur konsekutiven (vgl. W. Aymans, Communio Ecclesiarum, a.a.O., 90).

die katholische Kirche,(221) so ergeben sich aus den Aussagen über
Möglichkeiten einer anfanghaften communicatio in sacris katholischerseits
mit den getrennten Ostkirchen (OE 26), die eine katholische Anerkennung der Amtshandlungen der getrennten ostkirchlichen Hierarchie voraussetzen,(222) unter ökumenischer Perspektive präzisierende Folgerun-

---

221) Vgl. dazu o. S. 305ff.; 308 Anm. 26. Interessant ist in diesem Zusammenhang die Theorie von E. Corecco, der die Ursache für die differierende Entwicklung des Kirchenverständnisses im Osten und im Westen gerade im Hinblick auf die Primatsfrage in dem
jeweils anderen Eucharistieverständnis sieht (Der Bischof als Haupt der Ortskirche und
Wahrer und Förderer der örtlichen Kirchendisziplin, in: Concilium 4 (1968) 602-609,
603f.). "Im Osten herrscht der Transzendenzgedanke vor, wonach bei der Brotbrechung
alle Bischöfe Christus in gleicher Weise repräsentieren. Im Okzident wird die Eucharistie mehr juristisch gesehen als Versöhnungsopfer, das mit der Binde- und Lösegewalt
zusammenhängt" (ebd., 603f.). Auf diesem eucharistietheologischen Fundament "mußte es
in den orientalischen Kirchen zur Präponderanz der Ortskirche kommen", als deren
juristische Übersetzung das Synodalsystem der autokephalen Ostkirche erkannt werden
kann (W. Beinert, Dogmenhistorische Anmerkungen, a.a.O., 45ff. dort auch einschlägige
Literatur zu der "eucharistischen Ekklesiologie" neuerer orthodoxer Theologen).
222) Belege für die katholische Anerkennung der Gültigkeit (explizit) der Vollmachtsausübung in den getrennten orientalischen Kirchen und deren Rechtmäßigkeit (implizit)
finden sich o. S. 309 Anm. 28. Zwar sind das lateinisch-westliche und das orientalische Verständnis von der "Sakramentalität" der Ordination nicht schlechterdings identisch, insofern die wesentlich stärker ontologisch bestimmte lateinische Sakramentenlehre und das ganz von relationalen Kategorien (vgl. die Termini: teleiosis = Ordination; typos; topos; hosper; ek-stasis) geprägte östliche sakramententheologische
Denken zwei zumindest nicht ohne weiteres kompatible Denkformen und Empfindungsmuster
verraten. Daher sind die wesentlichen gängigen Kategorientafeln im sakramententheologischen Bereich (vgl. die Rede von dem Kleriker-Laien-Unterschied non gradu sed essentia, oder der Kausalitätsbegriff im Zusammenhang der sacramentum-res-Relation) nicht
einfachhin auf das östliche Verständnis übertragbar und in dieses eintragbar (vgl. zum
ganzen J. Zizioulas, Ist die Ordination ein Sakrament?, a.a.O.). Man spricht daher im
orthodoxen Sinn von der Ordination zutreffender als einem "Mysterium", weniger als von
einem "Sakrament", wobei in diesem Sprachgebrauch durchaus eine signifikante akzentuelle Differenz zum Ausdruck kommt (J. Zizioulas, a.a.O., 253). Dennoch erkennt die
katholische Kirche "materialiter" in den ostkirchlichen Ämtern das wieder, was sie
selbst in der Rede vom sakramentalen Amt für sich selbst in Anspruch nimmt. Umgekehrt
freilich gilt, "daß für die Orthodoxie die Anerkennung dieses oder jenes Amtes tatsächlich nur im Zusammenhang einer Verfahrens denkbar ist, in dem es um einen konkreten Übertritt zur Orthodoxie geht" (B. Bobrinskoy, Wie können wir theologisch ...,
a.a.O., 267); das bedeutet nun nicht ein endgültig negativ-ausschließliches orthodoxes
Urteil über nicht-orthodoxe Ämter, wohl aber die spezifisch orthodoxe Option für eine
Vertiefung der Anerkennungskategorie zu einem eminent "geistlichen Urteil", welches
jenseits der Alternative zwischen juridischer Gültigkeitsfrage und aktualistischem
Vollzugsdenken den Horizont der "geistlichen Qualität" für die Frage nach der Anerkennung der Ämter mit den zentralen inhaltlichen Kategorien von Wahrheit und Ökonomie
absteckt (vgl. ebd., 270-272). Von entscheidender Bedeutung hierfür ist nach orthodoxer Auffassung, daß die Ordination im Gesamtkontext der traditionellen ekklesiologischen Normen gesehen wird, wie: sakramentale Heilsvermittlung, Orthodoxie des Glaubens, historische Kontinuität der Hierarchie, Sukzession und bischöfliche Weihe,
liturgische Einweisung in das Amt.
Als spezifisch protestantisch indizierte Gefahrenmomente für dieses Ordinationsver-
ständnis innerhalb der Katholizismus werden dabei von orthodoxer Seite namhaft gemacht: die Atrophie der Heiligen- (Marien-) Verehrung, die Reduktion des dreistufigen

gen hinsichtlich der ekklesiologischen Wertigkeit der Einzelelemente
innerhalb des katholischen kirchlichen Formalaufbaus: Analog der "hierarchia veritatum" ist auch eine Hierarchie der Elemente, die durch den
apostolischen Dienst am Wort und an den Sakramenten die Kirche auferbauen, anzunehmen. Während die eigentliche Wirklichkeit der Kirche als
das konkrete Offenbarwerden des Heilshandelns Gottes in Wort und Sakrament und damit auch in der Nachfolge in dem sakramentalen Hirtenamt liegt, ist die vollständige hierarchische Gemeinschaft der Amtsträger als solche nicht in gleicher Weise ein das Sein der Kirche so konsti-
tuierendes Element, daß sein Nichtvorhandensein eo ipso die Ekklesialität
einer Gemeinschaft aufheben würde. Die (universale) Einheit in der
Leitung hat also einen (im Sinne einer ekklesialen Wertigkeit) anderen
Stellenwert als die des Bekenntnisses und des sakramentalen Vollzuges.
Erstere garantiert die (universale) Einheit der Kirche, letztere bewirken
die Fülle und (konkrete) Einheit der Kirche, besonders in der Eucharistie. Den verschiedenen ekklesialen Vollzugselementen kommt also auch
ein unterschiedliches Gewicht für die Beurteilung der Rechtmäßigkeit
einer christlichen Gemeinschaft zu: Vorrangig ist die Rechtheit der Aussage über die Offenbarungswirklichkeit in (dem amtlich gebundenen Vollzug von) Wort und Sakrament. Die Leitungsgewalt, die in den getrennten
orientalischen Kirchen ausgeübt wird, kann somit durchaus rechtmäßig
sein, obwohl alle Leitungsgewalt rechtens eigentlich in die katholische
Kirche gehört. "Sie gehört rechtens in die voll verwirklichte Kirche um
der Wirklichkeit willen, der sie dienen soll, um des Wortes und Sakramentes willen. Wo das Amt diesen Dienst vollzieht, kann es als rechtmäßig anerkannt werden, daß es rechtens in die voll verwirklichte
Kirche hineingehört um der Auferbauung der Einheit der Kirche willen im
Wort und dessen sakramentaler Fülle."(223)

(2) Das Amt in den aus der Reformation hervorgegangenen Gemeinschaften

Wenn das II. Vatikanische Konzil allen christlichen Gemeinschaften eine
heilsbedeutsame Funktion für die in ihnen lebenden Christen zuerkennt
(UR 3, 3),(224) muß auch dem in den reformatorischen Gemeinschaften
faktisch ausgeübten Amt eine wie auch immer geartete theologische
Wirklichkeit beigemessen werden;(225) denn auch diese Gemeinschaften

---

Amtes, die Verarmung der sakramentalen Symbolik und der kultischen Formen (vgl. ebd.,
273). Die Anerkennung der Ämter als den Kristallisationspunkten der horizontalen und
vertikalen ekklesialen Kontinuität (freilich nicht in einem instrumentell-isolierenden
Sinn verstanden sondern im Horizont der Grundrelation des Amtes zum göttlich-trini-
tarischen Leben) ist somit nach orthodoxer Auffassung die ständig notwendige Ausübung
der sakramentalen Kollegialität in einer charismatischen Beurteilung der Wahrheit, der
Gnade, des Glaubens, der Authentizität der sakramentalen Strukturen (vgl. ebd., 270).

223) A. Völler, Einheit der Kirche, a.a.O., 188.
224) Vgl. dazu auch o. S. 291ff.
225) Wenngleich das II. Vatikanische Konzil die bei den kirchlichen Gemeinschaften anerkannten Elemente der Kirchenbildung und der Heilsbedeutsamkeit (UR 3) deutlich als von
der Fülle der Gnade und Wahrheit in der katholischen Kirche (im institutionell-poten-
tiellen) Sinn abgeleitet begreift, so bleibt auch nach den konziliaren Texten dennoch
die Frage in die Zukunft hin offen, "welcher Anteil in diesem Bereich (sc. des Lebens
der Gnade in den nichtkatholischen christlichen Gemeinschaften) dem protestantischen

- 413 -

kennen zumindest eine von dem in der Taufe begründeten gemeinsamen Priestertum aller Gläubigen unterscheidbare Wirklichkeit eines besonderen kirchlichen Amtes.(226) Dennoch aber sind nach der Auffassung des II.

---

kirchlichen Amt zukommt. Wenn die Aufgabe des Amtes eine wesentliche ist, müßten wir daraus schließen, daß man auch dem Amt eine gewisse Bedeutung und ein gewisses Gewicht im Geheimnis des Heils zuerkennen müßte" (J. Hamer, Die ekklesiologische Terminologie, a.a.O., 153). Eine solche Anerkenntnis insbesondere der ekklesialen und soteriologischen Werthaftigkeit der außerkatholischen (protestantischen) Ämter darf nach U. Horst seitens der katholischen Kirche sogar **nicht** als eine nur strikt und ausschließlich auf dem Weg über die katholische Fülle der heilsbedeutsamen Elemente vermittelte betrachtet werden, denn die Unteilbarkeit des Geistes Christi erlaube keine Abtrennung von sog. Teilwahrheiten von einer katholischen Wahrheitsfülle (vgl. Umstrittene Fragen, a.a.O., 225; ähnlich H. Mühlen, L'Esprit dans l'Eglise, II (= Bibl. oecum. 7), Paris 1969, 9-114). "Verstünde man hingegen diese 'Fülle' im Sinne eines großen Frage- und Erwartungshorizontes, der aus einer universalen kirchlichen Tradition kommt, die den einzelnen Glaubensspaltungen vorausliegt und die Erfahrungen einer langen Geschichte einschließt, so wäre sie die Ermöglichung neuer Antworten, die zugleich neue Aufgaben sind" (U. Horst, a.a.O., 225f.). "Es wäre verhängnisvoll, die 'Fülle' allein im historischen Rückblick zu deuten und die einmal entstandenen zeitbedingten Ausprägungen des Evangeliums, etwa im Amt oder im Recht, absolut zu setzen, so daß sie als unverrückbarer Kern gelten" (ebd., 226). Diese Position setzt die Einsicht voraus, daß die konkret geschichtliche als die sakramentale Ausdrucksgestalt, an die Christus die Heilsbegegnung gebunden hat, selbst nur unvollständig verwirklicht ist, nämlich "in einer Gemeinschaft, die zwar **bedeutende**, aber nicht **alle** Elemente der von Christus gestifteten und gewollten Kirche besitzt" (O. Semmelroth, Kirche und kirchliche Gemeinschaften, a.a.O. 174). "Die Kirche muß also die Möglichkeiten korporativer Vereinigung der christlichen Gemeinschaften zur einen Kirche" - die auch eine gegenseitige Anerkennung der Ämter zur Voraussetzung hat - "suchen und vorbereiten" (ebd. 176). Gleichwohl aber darf über diesem antiimmobilistischen ökumenischen Movens nicht vergessen werden, daß die katholische Kirche - gerade von der sakramentalen Idee ihres Kirchenbegriffes her - in keiner Weise ihren "antiindifferentistischen und antirelativistischen" Standpunkt aufgeben kann (vgl. ebd., 177f.). Vgl. zu dem Zusammenhang zwischen der inneren Grenze der soteriologisch-ekklesiologischen Selbstrelativierung und Selbstdezentrierung der katholischen Kirche und der sakramentalen Option im Kirchenbegriff o. S. 292ff.; 318ff.
Die unterschiedlichen Voten in der einschlägigen ökumenischen Diskussion hinsichtlich der Reichweite einer möglichen katholischen Anerkennung nichtkatholischer Ämter und nichtkatholischer kirchlicher Gemeinschaften in ihrem ekklesialen Status lassen sich zurückführen auf den jeweils zugrundeliegenden "dogmatischen Denkansatz, der entweder mehr "apriorisch-ontologisch" oder mehr "aposteriorisch-funktional" orientiert ist. Beide Denkansätze müssen sich dabei der Grundfrage stellen, wie sie sich aus dem spezifisch katholisch-ekklesiologischen Ansatz ergibt, nämlich "ob der Geist alle seine **kirchlichen** Wirkungen da entfaltet, wo das kirchliche Sakrament unvollkommen ist" (Y. Congar, Die christologischen und pneumatologischen Implikationen, a.a.O., 121). Der Status quaestionis des ökumenischen Problems überhaupt ist somit in der Frage geortet, inwieweit kirchliche Vollzüge nichtkatholischer Gemeinschaften strukturell grundsätzlich kompatibel gedacht und verstanden werden können mit dem ekklesial-communialen Horizont ("kirchliches Sakrament"), in welchen diese Vollzüge in der katholischen Kirche eingebettet sind, bzw. inwieweit zur Entfaltung aller kirchlichen Wirkungen dieser Vollzüge von den katholisch-institutionellen Konstitutivelementen (katholisch strukturiertes Amt, apostolische Sukzession) abstrahiert werden kann. Literatur zur einschlägigen ökumenischen Diskussion bezüglich Amts- und ekklesialer

Vatikanischen Konzils die Divergenzen im Amtsverständnis zwischen katholischer Kirche und den reformatorischen Gemeinschaften noch so groß, daß das Amtsproblem als der entscheidende Stein des Anstoßes in der Ökumene gelten muß.(227) "Wir berühren das geradezu schicksalhafte Problem der Ökumene. Daran hängt schlechterdings alles. Wir sind so weit festzustellen, daß uns von unseren christlichen Mitbrüdern evangelischen Bekenntnisses eines wirklich trennt: das Priestertum."(228)

Nachdem die reformatorischen Kirchen aus Protest gegen die z. T. korrumpierten Verhältnisse des katholischen Amtspriestertums zur Zeit der Reformation auf die Amtsübertragung durch einen gültig geweihten Bischof verzichtet haben, traten sie formell aus der apostolischen Sukzession heraus und verloren so (aus katholischer Sicht) die Gültigkeit des Priesteramtes.(229) Deshalb kann das II. Vatikanische Konzil über die reformatorischen Gemeinschaften sagen, daß "sie nach unserem Glauben vor allem wegen des Fehlens des Weihesakramentes die ursprüngliche und vollständige Wesenheit (substantia) des eucharistischen Mysteriums nicht bewahrt haben ..." (UR 22,3). Nun charakterisiert u. a. H. Fries(230) die deutsche Wiedergabe des lateinischen "deficere" im Konzilstext mit "fehlen" als zumindest mißverständlich, da der Urtext nicht ein "Fehlen im Sinne des Nichtvorhandenseins"(231) meine, sondern ein Fehlen im Sinne eines Mangels, eines nicht in Fülle Gegebenen.(232) Von da aus

---

Anerkennung findet sich zusammengestellt bei Ch. Huwyler, Interkommunion, II, 777-792; eingehender hierzu im III. Hauptteil. S. auch oben S. 313.

226) Vgl. dazu summarisch CA XIV: BSLK, 8. Aufl., 69; U. Asendorf, Katholizität und Amt bei Luther: Perspektiven heutiger ökumenischer Theologie, in: StdZ 194 (1976) 196-208; F. Hübner, Das Bischofsamt und die Apostolizität der Kirche, in: LR 15 (1965) 298-307; W. Pannenberg, Sakramente und kirchliches Amt, a.a.O., bes. 82-86; F. Schulz, Evangelische Ordination. Zur Reform der liturgischen Ordnungen, in: Jahrbuch für Liturgik und Hymnologie 17 (1972) 1-54.

227) Vgl. Rm Mumm, Kurzer Bericht von der Tagung über Amt und Ordination, in: Ordination und kirchliches Amt, 165-167; H. Meyer, Amt und Ordination, in: Das Ringen um die Einheit der Christen, bes., 90-106; E. Herms, Einheit der Christen in der Gemeinschaft der Kirchen, a.a.O., bes. 67, 79ff., 89, 105, 108ff., 138f., 147f., 158; 30, 34, 71, 134, 144, 165, 200; 149f.

228) A. Brandenburg, Zur Einführung, a.a.O., 85.

229) Die praktisch-historische und zunächst "nicht-dogmatisch" motivierte Genese der reformatorischen Kirchen- und Amtsstruktur gewinnt aposteriorisch doch den Charakter des konsequenten äußeren Nachvollzuges eines spezifischen inneren Gefälles reformatorischer Theologie; vgl. dazu o. S. 213ff.

230) Ein Glaube. Eine Taufe. Getrennt beim Abendmahl?, 60f.; vgl. auch ders.- K. Rahner, Einigung der Kirchen, a.a.O., 117; ders., Die aktuellen Kontroverspunkte, in: Das Ringen um die Einheit der Christen, a.a.O., bes. 67f. Ferner M. Villain, Wie können wir theologisch und praktisch zu einer gegenseitigen Anerkennung der Ämter kommen? Eine katholische Antwort, in: Concilium 8 (1972) 290-296. Näheres zur theologischen Diskussion vgl. w. u.

231) H. Fries, Ein Glaube, a.a.O., 60f. Vermutlich erstmals wurde diese Interpretations-Auffassung in den lutherisch-katholischen Gesprächen vertreten, die in den USA über Amt und Eucharistie geführt wurden: Eucharist and Ministry (= Lutherans and Catholics in Dialogue, IV), Washington 1970.

232) Nach P. Bläser jedoch geht eine solche Interpretation des Konzilstextes "total an dem vom Konzil intendierten Sinn vorbei" (Sinn und Bedeutung der Ordination, in: Ordination und kirchliches Amt, 142), da der Wortsinn von "deficere" durch den in demselben Satz vorkommenden Passus "quamvis deficiat plena nobiscum unitas" eindeutig im Sinne

gewinnt nun die für die katholisch-theologische Forschung unmittelbar nach dem Konzil noch sehr junge und neuartige Frage nach der Qualität des Amtes in den reformatorischen Kirchen einen bedeutsamen Impuls. Eine ähnliche Funktion kommt in diesem Zusammenhang der zunehmend im katholischen Raum an Boden gewinnenden Einsicht zu von dem (notwendigen) geschichtlich-gestalthaften Wandel der konkreten Gestalt des einen kirchlichen Amtes durch die Zeiten hindurch,(233) so daß das damit implizit gegebene Bekenntnis zu Korrekturfähigkeit und zu der Möglichkeit einer Weiterentwicklung eines übernommenen Verständnisses hinsichtlich des kirchlichen Amtes(234) von großer ökumenischer Bedeutung ist: So bezieht sich nach der konziliaren Lehre das "ius divinum" des Amtes genau besehen direkt (nur) auf "missio-ministerium" (LG 11; 14; 19; 20), "während die nachapostolischen Formen, die es weiterführen, auf einer anderen und nur abgeleiteten Ebene stehen. Das bedeutet, daß das Konzil das 'ministerium' gegenüber den 'ministri' privilegiert hat, so daß jenes und nicht diese die Wurzel der hierarchischen 'Institution' ist. Das hat seine Bedeutung im Bereich der ökumenischen Arbeit, weil es dadurch ermöglicht wurde, das Gespräch über die 'ministeria' wieder aufzunehmen, das gerade vom 'ministerium' und nicht von den 'ministri' ausgeht."(235) Die geschichtliche Form, in der sich das ministerium konkretisiert hat, fällt also in den Bereich kirchlicher Anordnung, die die "Kontinuität in den Personen der 'ministri ordinati' interpretiert und gesichert hat."(236)

Über die daraus sich möglicherweise ergebenden katholisch-evangelischen "Konvergenzen in der Frage des kirchlichen Amtes"(237) und die sich daran anschließende Frage nach der Möglichkeit einer katholischen Anerkennung der protestantischen Ämter, aber auch über die kritische Funktion der sakramentalen Idee im Amts- und Kirchenverständnis im Zusammenhang mit diesen Fragen wird im III. Hauptteil näher zu handeln sein.

IV. Zusammenfassung:

Durch die Konkretisierung der sakramentalen Idee im Kirchendenken des Konzils auf Begriff und Vollzug der (kirchlichen) communio wurde der grundlegende ekklesiale und ekklesiologische Horizont deutlich, in den katholischerseits die Frage nach der Möglichkeit sakramentaler Gemeinschaft zwischen katholischen und nichtkatholischen Christen eingespannt ist: Die Sakramente sind nicht einfach Kanäle individueller Gnadenzuwendung sondern sie sind Mittel der Gnadenzuwendung und der Gottes-

---

eines "totalen 'Nichtexistierens' (ebd.) determiniert sei (UR 22,3). "Nach dem Wortlaut des Ökumenismus-Dekrets ist eine Anerkennung des in den evangelischen Gemeinschaften existierenden geistlichen Amtes, jedenfalls was seine Bedeutung für den Vollzug der Eucharistie betrifft, nicht möglich" (ebd.).

233) Vgl. dazu Schreiben der deutschen Bischöfe über das priesterliche Amt, Trier 1969, bes. Nr. 24-36.

234) Ch. Huwyler, Interkommunio, II, 610.

235) G. Pattaro, Die ökumenischen Entwicklungen, 76.

236) Ebd.

237) J. Pruisken, Interkommunion im Prozeß, Essen 1974, 80. Vgl. auch H. Fries-W. Pannenberg, Das Amt in der Kirche, in: US 25 (1970) 107-115, bes., 110.

verehrung immer und zugleich als Selbstvollzüge der kirchlichen communio, dem Zeichen und Werkzeug von der und für die innigste Vereinigung der Menschen untereinander und mit Gott (LG 1,1); die Sakramente stehen stets in enger Hinordnung zum Aufbau des Leibes Christi (SC 59). Glaube, kirchliche communio und sakramentaler Vollzug sind somit unlösbar verbundene, einander bedingende und bewirkende Vollzugselemente der einen kirchlichen Lebenswirklichkeit.

Die Frage nach der Möglichkeit sakramentaler Gemeinschaft zwischen katholischen und nichtkatholischen Christen ist somit nicht nur eine solche kirchendiplomatischen Kalküls und ökumenischer Praktikabilitätserwägungen; sie verlangt die Auseinandersetzung mit den ekklesiologischen Sachfragen, die nicht hinter das Diktat der "drängenden Praxis", die sich häufig auf charismatische Antriebe beruft,(238) auf eine zweitrangige wenn nicht gänzlich bedeutungslose Position zu schieben ist:(239) Nach der ekklesialen Selbstbestimmung der katholischen Kirche durch das II. Vatikanische Konzil läßt sich die diesbezügliche ekklesiologische Sachfrage dahingehend konkretisieren: Inwieweit kann die katholische Kirche nichtkatholische christliche Gemeinschaften - nach Maßgabe ihres sakramentalen Kirchenverständnisses - als (legitime quasi-) Teilkirchen anerkennen? Im Horizont dieser Fragestellung sollte mit der ausführlicheren Darstellung des Bauprinzips katholischer (konziliarer) Ekklesiologie versucht werden, den sakramentalen Kirchengedanken in seiner hermeneutisch-heuristischen Funktion eines inneren Verknotungspunktes aller ökumenischen Detailfragen hinsichtlich der Verhältnisbestimmung der katholischen Kirche zu den nichtkatholischen christlichen Gemeinschaften aufzuweisen, von dem her sich zugleich Grund und Grenze möglicher Formulierungen kirchlicher Gemeinschaftsvollzüge zwischen katholischen und nichtkatholischen Christen bestimmen. Insbesondere läßt sich dies anhand der unterschiedlichen Beurteilung der Frage nach der Möglichkeit sakramentaler Gemeinschaft mit getrennten Ostchristen einerseits und mit reformatorischen Christen andererseits deutlich machen, da dieser Beurteilung eine unterschiedliche ekklesiologische Qualifikation von abendländischer und morgenländischer Kirchenspaltung zugrundeliegt, als deren fundamentales Kriterium wiederum die Frage nach der Bewahrung bzw. dem Verlust des weihesakramentalen Amtes ausgemacht werden kann.

Die Amtsfrage wird somit zur "Testfrage" hinsichtlich des Kirchenbegriffes; die diesbezügliche spezifisch katholische sakramentale Option findet ihre charakteristische ekklesiologische Explikation in dem institutionellen Charakter der kirchlichen communio.

Aus der Erörterung der Vollzugsgestalt der communio ecclesiae/ecclesiarum läßt sich somit für die Frage der Sakramentengemeinschaft festhalten: Die grundlegende Norm hierbei ist die der Bezeugung und Verwirklichung der Einheit der Kirche, wie sie in der Einheit und Einzigkeit des Heilsgeschehens in Christus wurzelt. Die Ausweitung dieses Prinzips auf die Forderung nach der **vollen institutionellen** Verwirklichung der Einheit der hierarchischen Struktur der Kirche als notwendige vorgängige Bedingung für die Ermöglichung sakramentaler Gemeinschaft läßt je-

---

238) Vgl. dazu o. S. 1ff.
239) Vgl. dazu J. Ratzinger, in: ThP, bes. 314-327.

doch, wie die Entscheidungen des II. Vatikanums bezüglich der Sakramentengemeinschaft mit den getrennten orientalischen Kirchen zeigen,
nicht aufrechterhalten, da in den vielen christlichen Gemeinschaften die
eine Kirche Christi in je verschiedenem Grad verwirklicht ist. Der Sinn
gottesdienstlicher Gemeinschaft zwischen den (noch) getrennten Kirchen
liegt also "in der Bezeugung der durch Wort und Sakrament erbauten
Einheit der Kirche, nicht in der Bezeugung des diese Einheit und Einzigkeit garantierenden Strukturprinzips."(240) Im Horizont der "Hierarchie der Wahrheiten" ist die Aussage über die Strukturprinzipien der
Kirche zwar eine bleibende Wahrheit aber nicht die vordringlichste.

Andererseits zeigt aber die negative Beurteilung der Frage nach der
Möglichkeit sakramentaler Gemeinschaft mit den aus der Reformation
hervorgegangenen Gemeinschaften durch die katholische Kirche, daß es
offenbar in der qualitativen Differenzierung der ekklesialen "Wertigkeit"
von materialem (Wort und Sakrament) und formalem (Sendung/kirchliches
Amt) Element des communialen Vollzuges hinsichtlich einer "ökumenischen
Güterabwägung" (das je größere Gut der Bezeugung und Verwirklichung
kirchlicher Einheit nach dem Gebot des Herrn) eine innere Grenze gibt,
deren Verlauf markiert wird durch die grundlegende Option für die
institutionelle Dimension des Heilsvollzuges in Wort und Sakrament im
Raum der kirchlichen communio; als Indikator dafür läßt sich die sakramentale Sukzessions- und Amtsgestalt ausmachen.

Berechtigung und Unmöglichkeit sakramentaler Gemeinschaft (über die
Konfessionsgrenzen hinweg) leiten sich also von der Frage ab, inwieweit
die (konfessionelle) Differenz in Bezug auf die die Einheit garantierenden Strukturprinzipien dem Wesen des jeweiligen gottesdienstlichen
Vollzuges selbst thematisch widerspricht. Solches ist genau dann der
Fall, wenn der inhaltliche Vollzug von Wort und Sakrament nicht ipso
facto dessen institutionelle Dimension aus seiner formalen Bindung mit-
aussagt.

Im folgenden sollen nun explizit die vom II. Vatikanischen Konzil gegebenen Möglichkeiten gottesdienstlicher Gemeinschaft mit getrennten
Kirchen und kirchlichen Gemeinschaften dargelegt werden.

Anschließend folgt dann im III. Hauptteil ein Einblick in die gegenwärtige ökumenische Diskussion der Problems der Sakramentengemeinschaft
in seiner brisantesten Konkretisierung in der Frage nach der Möglichkeit
evangelisch-katholischer Abendmahls- bzw. Eucharistiegemeinschaft.

Dabei soll versucht werden, den sakramentalen Kirchengedanken (als
ekklesiologischen katholischen Grundentscheid zur Begründung des
institutionellen Charakters der Kirche) in seiner hermeneutischen und
heuristischen Funktion für die ökumenische Fragestellung fruchtbar zu
machen sowohl als aktiv befragendes wie auch als passiv befragtes
katholisches ekklesiologisches und argumentatives Prinzip.

240) A. Völler, Einheit der Kirche, a.a.O., 192.

2. Abteilung:

Möglichkeiten und Grenzen sakramentaler Gemeinschaft zwischen katholischen und nichtkatholischen Christen nach den Aussagen des Zweiten Vatikanischen Konzils und der nachfolgenden kirchlichen Gesetzgebung (Ökumenismus-Dekret - Ökumenenisches Direktorium -- CIC 1983).(1)

ALLGEMEINE VORBEMERKUNGEN ZU DEN EINSCHLÄGIGEN TEXTEN DER KIRCHLICHEN GESETZGEBUNG

Für die konkreten Bestimmungen über die Möglichkeiten sakramentaler Gemeinschaft zwischen katholischer Kirche und nichtkatholischen Kirchen (kirchlichen Gemeinschaften) sind neben dem mehr die grundlegenden Normen vorgebenden Ökumenismus-Dekret vor allem die vom Sekretariat für die Einheit der Christen herausgegebenen "Richtlinien zur Durchführung der Konzilsbeschlüsse über die ökumenische Aufgabe" maßgeblich, wie sie im I. Teil des "Ökumenischen Direktoriums"(2) niedergelegt sind. Ferner erschien vom Sekretariat für die Einheit der Christen eine Verlautbarung (6.10.1968) zur Anwendung des Ökumenischen Direktoriums, wo dessen Bestimmungen erneut eingeschärft werden.(3) Schließlich handelt eine Instruktion des Einheitssekretariates über die Zulassung zur Kommunion in besonderen Fällen,(4) die jedoch samt den dazu ergangenen Erklärungen mit dem Inkrafttreten der einschlägigen in CIC 1983 kodifizierten Normen gegenstandslos geworden ist.(5)

Die Bezeichnung "Ökumenisches Direktorium" deutet hinsichtlich der Frage nach dem formalrechtlichen Genus des Dokumentes darauf hin, daß es sich hierbei um amtliche Handreichungen für die seelsorgliche Tätigkeit handle, die sich im Rahmen des geltenden Rechtes bewegen;(6) jedoch die in dem Direktorium verwendete, für ausgesprochene Gesetzestexte typische Schlußformel "contrariis quibuslibet ... obstantibus" erweist das Dokument der eigentlichen Intention nach als Gesetzestext mit rechtsänderndem Charakter, der zutreffender den Titel "Motu proprio" getragen hätte statt der nicht korrekten Etikettierung "Direktorium".(7)

1) Zu den konkreten rechtlichen Normen vgl. G. May, Katholische und evangelische Richtlinien, a.a.O.; J. Risk, De reformandis canonibus, a.a.O.; M.M.Wohnar, Decree on the Oriental Catholic Churches; M. Kaiser, Ökumenische Gottesdienstgemeinschaft, in: Hdb-KathKR, 641-647; H. Heinemann, Die konfessionsverschiedene Ehe, in: ebd., 796-808; ders., Ökumenische Implikationen des neuen kirchlichen Gesetzbuches, in: Cath 39 (1985) 1-26.

2) Sekretariat für die Einheit der Christen, Ökumenisches Direktorium. Richtlinien zur Durchführung der Konzilsbeschlüsse über die ökumenische Aufgabe, I. Teil, lateinisch-deutsch, eingeleitet von W. Bartz (= NKD 7), Trier 1967.

3) Abgedruckt in: AfkKR 137 (1968) 539-541.

4) Lateinisch-deutsch. Mit einer Erklärung zu einigen Auslegungen der Instruktion. Italienisch-deutsch, ferner mit einer Erklärung der DBK zur Instruktion, kommentiert von A. Brandenburg, in: NKD 41, Trier 1975, 18-41.

5) Vgl. CIC 1983 c. 844 §§ 2-5; dazu M. Kaiser, Ökumenische Gottesdienstgemeinschaft, in: HdbKathKR, 644 Anm. 8; zum grundsätzlichen Verhältnis des CIC 1983 zum bisherigen (ökumenischen) Recht s. w. u.

6) Vgl. die Charakterisierung der vom Konzil angekündigten einschlägigen (rechtsrelevanten) Nachfolgepublikationen in CD 44, 2.3.

7) Die Schlußformel des "Direktoriums" findet sich in NKD 7, S. 58; zum ganzen vgl. K.

Der in vier Abschnitte gegliederte Text behandelt in den Teilen 1-3 vorwiegend innerkatholische Fragen zur Förderung des Ökumenismus durch ökumenische Kommissionen auf Bistumsebene (DO I 3-6) bzw. auf Gebietsebene (ebd. 7-8), ferner Grundsätzliches über die katholische Anerkennung der Taufe im nichtkatholischen christlichen Bereich (ebd. 13a-20), sowie Fragen der allgemeinen Förderung des geistlichen Ökumenismus in der katholischen Kirche (ebd. 21-24); in dem vierten Abschnitt schließlich kommt die Gemeinschaft im geistlichen Tun mit den getrennten Brüdern zur Sprache, wofür der Terminus "communicatio in spiritualibus" als Oberbegriff verwendet wird. Innerhalb dieser communicatio spiritualibus wird sodann differenziert(8) zwischen Gemeinschaft im gemeinsamen Gebet (Gebetsgottesdienste) (DO I 32-34) und der Gemeinschaft im sakramentalen Vollzug, der communicatio in sacris im eigentlichen Sinn (ebd. 39-63).(9) Eine systematische Schwäche des Direktoriums zeigt sich darin, daß die Erörterung des gemeinsamen Gebrauches von Orten und Mitteln (ebd. 52-54 bzw. 61-63) in dem Abschnitt über die communicatio in sacris erfolgt, was sachlich nicht adäquat ist.

Insbesondere für die ökumenisch-ekklesiologische Fragestellung ist die Beobachtung bedeutsam, daß in der Behandlung des außersakramentalen Bereiches alle nichtkatholischen Christen aus katholischer Sicht "ökumenisch gleichbehandelt" werden können, während mit zunehmender Nähe zum sakramentalen Bereich die Differenzierung zwischen den "fratres orientales a nobis seiuncti" und den "alii fratres seiuncti" notwendig wird.

Diese vom Sakramentenrecht her vorgenommene Differenzierung bedeutet faktisch die endgültige inhaltliche Determination des Sinngehaltes der konziliaren Unterscheidung zwischen "ecclesiae" und "communitates ecclesiales".(10) Aufgrund einer streng philologischen Analyse der einschlägigen Konzilstexte (UR 3; 19; 22) kann man durchaus noch zu dem Schluß kommen, in den Texten werde "nicht genauer angegeben, an wen sich im einzelnen die Bezeichnung 'Kirche' und an wen sich die Bezeichung 'kirchliche Gemeinschaft' richtet ...,"(11) da es den Konzils-vätern lediglich darum gegangen sei, eine ekklesiale "Sammelbezeichnung" zu finden, in der sowohl die nichtkatholischen Kirchen wie auch diejenigen (meist reformatorischen Gemeinschaften), die diese Bezeichnung ('Kirchen') für sich ablehnten, sich wiederfinden könnten, wobei lediglich die Anerkenntnis der Existenz von ekklesialen Elementen auch bei den reformatorischen Gemeinschaften nicht jedoch eine eindeutig differenzierende Zuteilung ekklesiologischer Statusbegriffe in der Aussage intendiert sei.(12)

Mörsdorf, Matrimonia mixta. Zur Neuordnung des Mischehenrechtes durch das Apostolische Schreiben (Matrimonia mixta" Papst Paul's VI. vom 31. März 1970, in: AfkKR 139 (1970) 349-404, hier 349 Anm. 2.

8) Zur Kritik dieser Differenzierung aus grundsätzlichen ekklesiologischen, sakraments-und liturgietheologischen Erwägungen vgl. zunächst G. Pattaro, Die ökumenischen Entwicklungen, a.a.O., bes. 85-88. Dazu s. w. u.

9) Zur Terminologie s. auch o. S. 3ff.

10) S. dazu o. S. 304ff.; 422ff.

11) L. Jaeger, Das Konzilsdekret "Über den Ökumenismus", a.a.O., 130.

12) Anders freilich J. Hamer, Die ekklesiologische Terminologie, a.a.O., bes. 152, der den

Durch das Ökumenische Direktorium nun erfolgt a posteriori eine Klärung (bzw. Bestätigung) der Interpretationsrichtung hinsichtlich der einschlägigen konziliaren Aussagen: Im Zusammenhang mit der communicatio in sacris unterscheidet das Direktorium zwischen der communicatio mit den getrennten orientalischen Brüdern (ebd. 39-54) und der communicatio mit den anderen getrennten Brüdern (ebd. 55-63), wobei bei ersteren unter Heranziehung von UR 15 und OE 24-29 von "Ecclesiae orientales" gesprochen wird, während in den Nr. 55-63 wohl das Wort "communitas" ebd. 55; 56; 57; 59; 60; 62; 63) nie aber der Terminus "ecclesia" begegnet.

Das neue kirchliche Gesetzbuch führt diese durch DO I angebahnte ekklesial-ökumenische Determination der einschlägigen konziliaren Aussagen bestätigend und konkretisierend fort:

Eine Analyse von c. 844 §§ 2-4 (CIC 1983) ergibt eindeutig, daß die Verwendung des Wortes "ecclesia" (§ 3: "Ecclesiarum orientalium") in CIC 1983 an die Bedingung der Bewahrung der (wahren und wirklichen) Sakramente in der jeweiligen christlichen Gemeinschaft gebunden ist, "wobei die Entscheidung, ob die Sakramente in dieser Weise bewahrt sind, damit auch die Bezeichnung als 'Kirche', dem Urteil des Apostolischen Stuhles zusteht."(13) Der Begriff "Gemeinschaft" (c. 844 § 4: "ceteris christianis"; "suae communitatis": Wechsel der Terminologie!) determiniert als Komplementärbegriff zu "Kirche" in c. 844 letzteren als solchen, der nur verwandt wird, wenn die Sakramente im vollen Sinne bewahrt sind. DO I 39 (nicht jedoch CIC 1983) stellt zudem ausdrücklich wenigstens hinsichtlich der getrennten orientalischen Kirchen den Zusammenhang dieses sakramentstheologischen Kriteriums für die Möglichkeit sakramentaler Gemeinschaft mit der Bewahrung der apostolischen Sukzession her.

Eine weitere Bestätigung der sakramentstheologischen Determination der ekklesialen Termini "ecclesia" und "communitas ecclesialis" ergibt sich auch aus c. 869 § 2, der im Zusammenhang des Verbotes einer bedingten Taufspendung nur von dem Fall einer in communitari ecclesiali gespendeten Taufe zu sprechen braucht, da die Gültigkeit der Taufspendung in "Kirchen" (ecclesiae) ohnehin außer Zweifel steht.(14)

Neben den Bestimmungen über Möglichkeiten und Grenzen einer communicatio in sacris bezüglich der Sakramente der Eucharistie, der Buße und der Krankensalbung (c. 844 §§ 2-5) sind auch diejenigen hinsichtlich der Teilnahme an Gottesdiensten anderer Kirchen oder kirchlicher Gemeinschaften (cc. 874 § 2; 1170; 1183 § 3) im allgemeinen durch das neue kirchliche Gesetzbuch (CIC 1983) kodifiziert. Für die Frage nach dem Verhältnis des CIC 1983 zum bisherigen (ökumenischen) Recht ist auf

---

Doppelausdruck Ecclesiae vel communitates ecclesiales eindeutig disjunktiv-distributiv interpretiert: "Das Vatikanische Konzil hat den ekklesialen Charakter der protestantischen Gemeinschaften hervorgehoben, aber in keiner Weise hat es sie als Kirchen anerkannt, weder explizit noch implizit" (ebd.).

13) H. Heinemann, Ökumenische Implikationen, a.a.O., 12.

14) Die andere Stelle, an der der Codex den Ausdruck communitas ecclesialis gebraucht, ist c. 874 § 2, der von der Taufzeugenschaft eines Getauften spricht, der "ad communitatem ecclesialem non catholicam" gehört.

c. 6 zu verweisen,(15) nach welchem das neue kirchliche Gesetzbuch die
bisherigen Normierungen zum "ökumenischen Recht" nur dann aufhebt,
wenn diese Vorschriften dem neuen Codex zuwiderlaufen (c. 6 § 1 n. 2),
oder wenn die von ihnen behandelte Materie im neuen Gesetzbuch umfassend neu geordnet ist (c. 6 § 1 n. 4); letzteres gilt insbesondere für
die rechtliche Ordnung der bekenntnisverschiedenen Ehe (vgl. c. 1127).
Damit sind also Rechtssetzungen des Apostolischen Stuhles, die dem
neuen Gesetzbuch weder ausdrücklich widersprechen noch eine umfassende Neuregelung erfahren haben, weiterhin rechtskräftig.

Soweit CIC 1983 ausdrücklich "ökumenisch relevante" Normierungen
setzt, sind diese sicherlich als inhaltlich strikt den Aussagen des II. Vatikanischen Konzils bzw. des Ökumenismus-Dekretes verpflichtete juristische Transformationen zu qualifizieren.(16)

Fragt man jedoch danach, inwieweit gerade die ökumenischen Impulse des
Ökumenismus-Dekretes insgesamt auch entsprechende rechtliche Ausprägung in dem neuen kirchlichen Gesetzbuch erfahren haben,(17) so ist
festzustellen, daß CIC 1083 sehr wohl die Sorge um die Ökumene formuliert, jedoch in einer gegenüber dem Ökumenismus-Dekret in gesamt-
kirchlich-ekklesiologischer(18) und ortskirchlicher(19) Hinsicht verkürz-

15) Vgl. hierzu allgemein H. Schmitz, Der Codex Iuris Canonici von 1983, in: HdbKathKR,
33-57, hier 56.
16) In dieser Hinsicht konnte Papst Johannes Paul II. den neuen Codex auch als das letzte
Dokument des II. Vatikanischen Konzils bezeichnen (Ansprache an die Bischöfe anläßlich
des Einführungskurses des Päpstlichen Universität Gregoriana in den neuen Codex vom
21.11.1983; vgl. dazu in: L'Osservatore Romano vom 23.11.1983, p. 4; ferner, V. Dam-
mertz, in: L'Osservatore Romano, Wochenausgabe in dt. Sprache vom 25.11.1983, S. 12.
17) Vgl. dazu W. Aymans, Ökumenische Aspekte des neuen Gesetzbuches der lateinischen Kirche
Codex Iuris Canonici, in: AfkKR 151 (1982) 479-489; A. Ebneter, Begräbt das neue Kirchenrecht ökumenische Hoffnungen?, in: Orientierung 47 (1983) 57-60; H. Groote, Codex
Iuris Canonici recognitus - Seine ökumenischen Bezüge, in: Materialdienst des Konfessionskundlichen Instituts Bensheim 34 (1983) 23-27; H. Müller, Der ökumenische Auftrag,
in: HdbKathKR, 553-561; H. J. F. Reinhardt, Die konfessionsverschiedene Ehe immer noch
ein Ehehindernis?, in: KNA-Ökumenische Information Nr. 12/1984, 5-8; ders., Die religiöse Kindererziehung in der konfessionsverschiedenen Ehe und das neue Strafrecht im
Blick auf die Ökumene, in: KNA-Ökumenische Information Nr. 13/1984, 5-9; A. Stein, Die
Bedeutung des neuen Codex für die Ökumene, in: actio catholica, Wien-St. Pölten, Heft 2
(1983), 15f.; L. Schick, Die Ökumene im neuen Kirchenrecht, in: KNA-Ökumenische Information Nr. 4 (1982) 5-8; 5 (1982) 5-8; ders., Der CIC und die Ökumene, in: KNA-Ökumenische Information Nr. 52/53 (1983) 8-13; H. Heinemann, Ökumenische Implikationen,
a.a.O., bes. 4-6.
18) Nach UR 5 hat die ganze Kirche die Verpflichtung zu ökumenischem Denken und Handeln im
Sinne der Sorge um die Einheit der gespaltenen Christenheit; dazu H. Müller, Der ökumenische Auftrag, 559; der Kodex beschränkt sich in der rechtlichen Umsetzung dieses
Auftrages hauptsächlich auf die Hierarchie als Adressat: c. 755 § 1 (Apostolischer
Stuhl und Bischofskollegium; die von der höchsten Autorität festgesetzten einschlägigen
Vorschriften sind dabei zu beachten: § 2), c. 383 § 3 (Förderung des Ökumenismus in der
Ortskirche als Auftrag an den Ortsbischof), c. 364 n. 6 (Förderung der Beziehung zwi-
schen der katholischen Kirche und den nichtkatholischen Kirchen und kirchlichen Gemein-
schaften als Auftrag an die Nuntien), c. 256 § 1 u. 2 (ökumenische Ausrichtung der
Priesterausbildung; hierbei muß als bedeutsamer Mangel angesehen werden, daß der für
Priesteramtskandidaten vorgeschriebene Studien-Fächerkanon nicht ausdrücklich den Öku-

ten und unzureichenden Weise.(20) Der ökumenische Auftrag der Gesamtkirche und ihrer Glieder ist auf eine "hierarchologische Komponente
reduziert ..."(21)

Ein evangelischer Kanonist beurteilt die "ökumenische Valenz" des neuen
katholischen kirchlichen Gesetzbuches folgendermaßen: "Insgesamt wird
man sagen müssen, daß das neue Gesetzeswerk den Dialog zwischen den
Christen weder fühlbar erleichtert noch wesentlich erschwert, sondern
ihn auf eine klare Grundlage stellt. Soweit konkrete Hoffnungen auf der
Seite der evangelischen Christen durch das neue Rechtsbuch enttäuscht
worden sind, waren diese Hoffnungen offenbar verfrüht. Neue Möglichkeiten für das ökumenische Sich-Nähern der getrennten Christen gibt
das Rechtsbuch sicherlich in seinen großen Grundsätzen. Bischofskonferenzen, Bischöfe und kirchliche Richter ebenso wie die sonst mit der
Anwendung des neuen Rechts Befaßten werden Gelegenheit haben, die
ökumenischen Optionen des Rechtsbuches auch in der Durchführung von
schwierigen Einzelbestimmungen deutlich zum Zuge zu bringen, bis eine
weitere Wiederannäherung der getrennten Christen zu einer Fortschrei-
bung dieses Gesetzeswerkes im Blick auf ein Mehr auch an rechtlicher
Einheit drängt."(22)

Wohl hätte man sich eine "deutlichere Formulierung"(23) des ökumenischen Auftrages der katholischen Kirche in ihrer rechtlichen Ordnung
und als Rechtspflicht vorstellen können; andererseits ist auch zu berücksichtigen, daß der neue Kodex in der ihm als Gesetzbuch der lateinischen Kirche (c. 1; c. 11) eigenen inhaltlichen wie formalen Beschränkung das Verhältnis der katholischen Kirche zu den nichtkatholischen
Kirchen und kirchlichen Gemeinschaften nur insoweit anspricht, als sich
unmittelbar für das kirchliche Leben rechtsrelevante Berührungspunkte
ergeben; solches ist insbesondere im Bereich der Sakramente der Fall
vor allem im Zusammenhang mit dem Abschluß einer konfessionsverschiedenen Ehe.

menismus beinhaltet: c. 252; dazu H. Müller, Der ökumenische Auftrag, a.a.O., 560 Anm.
48; W. Beinert, Stand und Bewegung des ökumenischen Geschehens. Versuch einer Bilanz,
in: Cath 37 (1983) 1-16, bes. 6; die Einbeziehung des ökumenischen Anliegens in die
Reformarbeit am kirchlichen Gesetzbuch ist nicht in dem mehrfach beantragten Umfang
erfolgt: H. Müller, Der ökumenische Auftrag, a.a.O., 558 Anm. 34. 35).

19) Außer den dürftigen Andeutungen in c. 528 über die "Ökumene am Ort" finden sich in CIC
1983 keinerlei weitere Berücksichtigungen dieser für das Gedeihen und für die Verwirklichung des ökumenischen Auftrages so zentralen Dimension; vgl. dagegen Gemeinsame
Synode der Bistümer in der Bundesrepublik Deutschland, Beschluß pastorale Zusammenarbeit der Kirchen im Dienst an der christlichen Einheit, in: Gesamtausgabe I, 774-806;
zum ganzen H. Müller, Der ökumenische Auftrag, 560 Anm. 49; H. Fries, Ökumene am Ort,
in: Ortskirche-Weltkirche (= FS J. Kardinal Döpfner), 410-419; W. Beinert, Stand und
Bewegung, a.a.O., 12.

20) So H. Heinemann, Ökumenische Implikationen, a.a.O., 4-6; 26.

21) H. Müller, Der ökumenische Auftrag, a.a.O., 559.

22) A. Stein, Die Bedeutung des neuen Codex für die Ökumene, a.a.O., 16.

23) H. Heinemann, Ökumenische Implikationen, a.a.O., 26.

§ 17: GEMEINSCHAFT IM AUSSERSAKRAMENTALEN BEREICH

I. Das gemeinsame Gebet

Das gemeinsame Gebet mit den getrennten Brüdern wird vom Ökumenischen Direktorium nicht nur (als Möglichkeit) vorgesehen sondern ausdrücklich als wirksames Mittel, um die Gnade der Einheit zu erflehen, empfohlen, insbesondere für die bekenntnisverschiedenen Ehen, bei besonderen Anlässen und ökumenischen Versammlungen.(1) Die dahinterstehende theologische Auffassung von einer stufenweisen Weckung und Nährung von Glauben durch die Intensivierung des gemeinsamen Zeugnisses für das Evangelium aus der gemeinsamen Taufe und dem gemeinsamen Glaubensgut, welcher koextensiv die wachsende Bildung und Ermöglichung von Kirchengemeinschaft zu- (bzw. nach-) geordnet ist,(2) kommt auch in dem Apostolischen Schreiben "Evangelii Nuntiandi" Papst Paul's VI. vom 8.12.1975 zum Ausdruck.(3) Von daher gewinnen die Bemühungen um die Realisierung der kirchlichen Gemeinschaft "im Wort" Verpflichtungscharakter;(4) solche Gemeinschaft ermöglicht qualifizierte Vorstufen der in der Sakramentsgemeinschaft dann zur Fülle gelangten Wort- und Gebetsgemeinschaft.(5) Mit letzterer ist jedoch nicht nur die Teilnahme am (Wort-) Gottesdienst der anderen (getrennten) Gemeinschaft gemeint, sondern die gemeinsame Planung und Veranstaltung (DO I 35) von gemeinsamen, spezifisch gestalteten und an allgemeinen Themen orientierten Gebetsgottesdiensten (z. B. für die Förderung des Weltfriedens, um soziale Gerechtigkeit u. ä., und natürlich um die Wiederherstellung der sichtbaren und vollen Einheit unter den Christen: vgl. UR 8, 3; 33; 34) unter aktiver Beteiligung von Amtsträgern verschiedener Kirchen und/oder kirchlicher Gemeinschaften. Die Deutsche Bischofskonferenz hat zudem bestimmt, daß derartige ökumenische Wort- und Gebetsgottesdienste fester Bestandteil des liturgischen Lebens der Gemeinden werden sollten, allerdings in der Regel nur an Werktagen stattfinden sollten (an Sonntagen nur aus wichtigen Gründen und nicht zur ortsüblichen Zeit der Eucharistiefeier), da sie die sonntägliche Eucharistiefeier nicht ersetzen können.(6) Während DO I 36b durchaus die Möglichkeit

---

1) DO I 32; vgl. dazu auch die Ratschläge der VELKD: "Wo Glieder beider Kirchen den Wunsch haben, miteinander in kleinen Kreisen oder auch bei öffentlichen Anlässen zu beten, sollen sie es tun. Die Formulierung der Gebete ist bis in die Einzelheiten festzulegen. Man muß jedoch darauf achten, daß der andere guten Gewissens mitbeten kann. Die gleichen Voraussetzungen gelten für Gebetsgottesdienste, an denen in besonderen Fällen (etwa bei der ökumenischen Gebetswoche) beide Kirchen beteiligt sind. Ein Einvernehmen mit der Kirchenleitung ist herzuführen. Im allgemeinen muß Wechsel des Ortes gewährleistet sein" (Ratschläge, a.a.O., 198).
2) Vgl. dazu auch KgWS, S. 16-32; Einheit vor uns, Nr. 55-72; H. Schütte, Ziel: Kirchengemeinschaft. Zur ökumenischen Orientierung, Paderborn 1985, bes. 25-33.
3) In: AAS 68 (1976) 5-76; dt. in: NKD 57; vgl. bes. EN Nr. 77; dazu auch AG 6; 9; 13; 14; 15; vgl. dazu H. J. Urban, Wort Gottes und Kirchengemeinschaft, a.a.O., bes. 290f.
4) Vgl. dazu UR 5, 1; Sekretariat zur Förderung der Einheit der Christen, Die ökumenische Zusammenarbeit, a.a.O., in: NKD 56, Nr. 1, 5; 3, 1; 4a, 3; 4c. Zu den "ökumenischen Defiziten" in dem neuen kirchlichen Gesetzbuch CIC 1983 besonders was den "außersakramentalen" Bereich betrifft, vgl. o. S. 435f. Anm. 17-23.
5) Vgl. EN 41; 43; 47.
6) Vgl. DBK, 11.3.1976, in: Amtsblatt Passau 106 (1976) S. 43; vgl. auch dies., Dein Reich komme. Hirtenwort zu Beginn der Weltgebetsoktav für die christliche Einheit, 1980, Nr. III und IV.

zugesteht, solche gemeinsamen Gebetsstunden in den Kirchen abzuhalten, sehen die Richtlinien der DBK vor, diese in Pfarrheime oder gesonderte Gebetsräume zu verlegen (n. 3).

Ein Austausch der Prediger bei der Eucharistiefeier zwischen der katholischen Kirche und nichtkatholischen Kirchen oder kirchlichen Gemeinschaften ist aufgrund der inneren Zuordnung von Wort, Sakrament und Amt nicht gestattet (DO I 56). Die Regeln der amerikanischen Bischofskonferenz geben dazu folgende Begründung: "The homily is an integral part of the liturgy and normally will be given by the celebrating bishop or priest. In breaking the bread of doctrine the homilist speaks on behalf of the local bishop and, in a sense, on behalf of the entire episcopal college."(7)

Damit ist an dem Punkt, wo die Differenz im Verständnis des Heilsgeschehens im liturgisch-gottesdienstlichen Vollzug selbst thematisiert wird, oder die Differenz in einem unlösbaren Konnex mit der jeweiligen gottesdienstlichen Feier steht, die Grenzlinie möglichen gemeinsamen Vollzuges zwischen katholischer und getrennten Kirchen und kirchlichen Gemeinschaften erreicht. Gemeinsame Wortverkündigung bleibt solange möglich, wie sie nicht im Herrenmahl voll (d. h. in seiner ganzen kirchlichen Dimension) aktuiert wird;(8) innerhalb der Eucharistiefeier, dem intensivsten Selbstvollzug der Kirche, wird sie unmöglich (zwischen noch getrennten Konfessionskirchen).

Auf dem Hintergrund dieser Zusammenhänge erklärt sich auch die Bestimmung von DO I 50, wonach die Übernahme des Lektoren- oder des Predigtamtes bei der (reformatorischen) Abendmahlsfeier oder bei dem eigentlichen liturgischen Wortgottesdienst einer getrennten kirchlichen Gemeinschaft durch einen Katholiken abgelehnt wird (vgl. auch DO I 56); bei anderen Gottesdiensten können diese Funktionen jedoch von einem Katholiken ausgeübt werden; in bezeichnendem Unterschied wiederum hinsichtlich der Beurteilung des orientalischen - auch eucharistischen - Gottesdienstes bestimmt DO I 50, daß bei den getrennten Orientalen in jedem liturgischen Gottesdienst mit Erlaubnis des zuständigen Ortsoberhirten durch einen Katholiken das Lektorenamt übernommen werden kann, falls er darum gebeten wird; gleiches gilt auch umgekehrt.

A. Völler hält hinsichtlich der getrennten Ostkirchen auch die Übernahme des Predigtamtes innerhalb der Eucharistiefeier durch einen Angehörigen der jeweils anderen Kirche wechselseitig für möglich.(9)

Als Mangel kann empfunden werden, daß weder das Ökumenische Direktorium noch CIC 1983 die aus dem gemeinsamen Beten erwachsenden Möglichkeiten zu gemeinsamem kirchlichen Handeln ausdrücklich erwähnen (z. B. in der Telefonseelsorge).(10)

---

7) Interim Guidelines, a.a.O., 367.
8) Vgl. dazu K. Demmer, Die moraltheologische Lehre, a.a.O., 530; K. E. Skydsgaard, Vom Geheimnis der Kirche, a.a.O., 147ff.
9) Einheit der Kirche, a.a.O., 208.
10) Vgl. dagegen die nachdrückliche Betonung der Notwendigkeit, daß die jetzt schon gegebenen Möglichkeiten und Formen zum gemeinsamen Zeugnis für das Evangelium Jesu Christ in Wort und Handeln voll genützt und ausgeschöpft werden in: Dein Reich komme. Hirtenwort

Das Ökumenische Direktorium empfiehlt zur näheren Klärung der Modalitäten hinsichtlich interkonfessionell-gemeinschaftlicher Vollzüge und
Aktionen in jedem Fall wechselseitige Absprache zwischen den Kirchen
und kirchlichen Gemeinschaften (DO I 27; 35b).(11)

II. Der gemeinsame Gebrauch von Orten und Einrichtungen

Das Ökumenische Direktorium ermöglicht und wünscht die Bereitstellung
katholisch-konfessioneller Einrichtungen (Institute, Schulen, Kranken-
häuser) für die Inanspruchnahme durch die getrennten Brüder (DO I
52/62; 53/63); ferner ermöglicht es die Benutzung von (katholischen)
Friedhöfen, Gebäuden und auch Gotteshäusern durch andere christliche
Konfessionen (ebd. 51/61), "wenn die von uns getrennten Brüder keine
Stätte haben, wo sie ihre religiösen Feiern in würdiger und angemesse-
ner Form halten können", und wenn sie darum bitten (ebd. 61). Nichtkatholischen Gläubigen, die katholische Institute besuchen, bzw. in
katholischen Krankenhäusern sind, soll durch Benachrichtigung der
zuständigen Seelsorger der Zugang zu entsprechender geistlicher und
sakramentaler Betreuung bzw. Hilfe von seiten ihrer Gemeinschaft ermöglicht werden (ebd. 62; 63).

Bei Vorliegen eines gerechten Grundes und mit ausdrücklicher Erlaubnis
des Ortsordinarius darf ein katholischer Priester die Eucharistie in einem
Gotteshaus einer nichtkatholischen Kirche oder kirchlichen Gemeinschaft
feiern, vorausgesetzt es entsteht daraus kein Ärgernis (CIC 1983 c. 933;
vgl. auch c. 134 § 1).(12) Für die Teilnahme an den Gebetsgottesdiensten der getrennten orientalischen Kirchen gibt das Ökumenische Direktorium Anweisungen liturgischer Art. Solche Teilnahme ist wechselseitig
als sichtbar in amtlicher Funktion erfolgende gestattet, was durch das
Tragen liturgischer Kleidung und das Einvernehmen entsprechender besonderer Plätze im Gottesdienstraum unterstrichen werden kann (DO I
51a. b. c; 60). Die aus billigem Grund erlaubte gelegentliche Anwesenheit von Katholiken beim amtlich-liturgischen Gottesdienst der getrennten
Brüder (Verwandtschaft, Freundschaft, Informationsbesuch, ökumenische
Zusammenarbeit) beinhaltet noch keinerlei Aussagen über die Möglichkeit
sakramentaler Gemeinschaft (DO I 50; 59). Die Beteiligung an den jeweiligen Antworten, Gesängen und Gesten jener Glaubensgemeinschaft ist
nicht untersagt, sofern diese "nicht dem katholischen Glauben widersprechen" (ebd. 50; 59). Diese Bedingung ist ausdrücklich allerdings nur in
Bezug auf die Teilnahme am Gottesdienst nichtkatholischer Gemeinschaf-

---

(der deutschen Bischöfe) zu Beginn der Weltgebetsoktav für die christliche Einheit,
1980, Nr. III und IV; Wege zur Gemeinschaft, in: DWÜ, Nr. 75. 76; dazu P.-W. Scheele,
Alle eins, Paderborn 1979, 250; ders., Ökumenismus fordert Hingabe. Interview, in: LM
21 (1982) hier 187; A. Klein, Die Frage der Rezeption, in: KNA-Ökumenische Information
Nr. 7 (1981) 5-8; H. Schütte, Ziel: Kirchengemeinschaft, a.a.O., 29f.

11) Vgl. dazu auch o. S. 436 Anm. 1 (entsprechende Ratschläge der VELKD).

12) Die Aufforderung des Ökumenismus-Dekretes (I 61), für Gottesdienste nichtkatholischer
Christen katholische Gotteshäuser zur Verfügung zu stellen (s. o.), falls dies notwendig ist, ist zwar nicht als Rechtsbestimmung in CIC 1983 aufgenommen, deshalb jedoch
keineswegs aufgehoben (vgl. c. 6 § 1; dazu H. Heinemann, Ökumenische Implikationen,
a.a.O., 16).

ten (communitates ecclesiales) formuliert (ebd. 59).(13) Der Hinweis in DO I 59, 2 darauf, daß bei solcher Teilnahme an dem Gottesdienst der reformatorischen Gemeinschaften "immer der Empfang der Eucharistie ausgeschlossen" ist, zeigt bereits wieder mit aller Deutlichkeit die unterschiedliche ekklesiologische Wertung der östlichen und der abendländischen Kirchenspaltung an, wie sie insbesondere den Entscheidungen zur communicatio in sacris zugrundeliegt und in diesen sich artikuliert.

---

13) Zur ekklesiologisch-sakramentstheologischen Determination der konziliaren Unterscheidung von ecclesia und communitas ecclesialis vgl. o. S. 433f.

§ 18: DIE COMMUNICATIO IN SACRIS

I. Grundlegende Normen

Das neue kirchliche Gesetzbuch hat das Problem der Teilnahme nichtkatholischer Christen an den Sakramenten der katholischen Kirche umfassend geordnet (c. 844 §§ 1-5); damit sind gemäß c. 6 § 1 n. 4 die
entsprechenden bereits durch das Ökumenische Direktorium vorgenommenen Regelungen aufgehoben. (1) Dennoch soll hier die geltende kirchliche Gesetzgebung stets auf dem Hintergrund der ihr vorausgehenden,
im Anschluß an das II. Vatikanische Konzil erfolgten (provisorischen)
rechtlichen Normierungen dargestellt werden, damit die neue (ökumenische) Gesetzgebung stets auf ihre konziliare Maßstäblichkeit hin transparent gehalten werden kann.

Das Ökumenismus-Dekret und das Ökumenische Direktorium formulieren
für die communicatio in sacris zwei fundamentale Prinzipien: "Man darf
... die Gemeinschaft beim Gottesdienst (communicatio in sacris) nicht als
ein allgemein und ohne Unterschied gültiges Mittel zur Wiederherstellung
der Einheit der Christen ansehen. Hier sind hauptsächlich zwei Prinzipien maßgebend: Die Bezeugung der Einheit der Kirche und die Teilnahme an den Mitteln der Gnade. Die Bezeugung der Einheit verbietet in
den meisten Fällen die Gottesdienstgemeinschaft, die Sorge um die Gnade
empfiehlt sie indessen in manchen Fällen."(2) Die Fallanalyse bestimmt
sich dabei nach dem Maß der (katholischen) Anerkennung der jeweils in
der entsprechenden getrennten christlichen Gemeinschaft vorhandenen
geistlichen Güter (DO I 26), wobei der Besitz wahrer Sakramente das
letztlich ausschlaggebende Kriterium ist für die Unterscheidung von
"ecclesia" und "communitas ecclesialis".(3)

Über die Zuordnung der beiden Prinzipien der communicatio in sacris
"Bezeugung der Einheit" und "Teilgabe an den Gnadenmitteln" werden
keine näheren Aussagen gemacht.(4)

---

1) Vgl. H. Heinemann, Ökumenische Implikationen, a.a.O., 14.
2) UR 8, 4; ferner DO I 38.
3) Vgl. dazu o. S. 433f.
4) Die Instruktion des Einheitssekretariates über die Zulassung zur Kommunion in besonderen
Fällen betont nachdrücklich die innere Einheit der beiden Aspekte des eucharistischen
Geheimnisses: "Die Eucharistie ist die Feier der gesamten im selben Glauben geeinten
kirchlichen Gemeinschaft und sie ist eine Nahrung, welche die Bedürfnisse des geistlichen Lebens eines jeden einzelnen als Person und Glied der Kirche befriedigt" (Nr. 4 =
NKD 41, S. 31). "Das geistliche Bedürfnis nach der Eucharistie zielt also nicht nur auf
das persönliche Wachstum des geistlichen Lebens, sondern zugleich und untrennbar auf
unser tieferes Hineingenommensein in die Kirche Christi, 'die sein Leib ist, die Fülle
dessen, der alles in allem erfüllt'" (ebd. Nr. 3c = ebd.). Die ekklesiale Struktur jedes
sakramentalen Geschehens verbietet es also, das Prinzip der Notwendigkeit der Gnadenmitteilung in bestimmten Fällen vor alle sonstigen ekklesialen Gesichtspunkte zu stellen,
denn "die neu eröffneten Möglichkeiten einer gottesdienstlichen Gemeinschaft" ergeben
sich nicht (primär) "aus pastoralen Rücksichten, die notwendige Forderungen der Einheit
zurücktreten lassen" (A. Völler, Die theologischen Voraussetzungen der Interkommunion,
dargestellt am Verhältnis zu den getrennten orientalischen Kirchen, in: Diakonia/Der
Seelsorger 2 (1971) 89-100, hier 96). Daher kritisiert A. Völler insbesondere einschlägige Äußerungen zur Verhältnisbestimmung der beiden genannten Prinzipien (Einheitsbezeu-

Wichtig ist jedoch, daß gottesdienstliche Gemeinschaft grundsätzlich als Ausdruck der Identität der eigenen Gemeinschaft verstanden wird, wel-

gung - Teilgabe bzw. -habe an den Gnadenmitteln) des eucharistischen Vollzuges, in denen wenigstens der Formulierung nach ein Verständnis suggeriert wird, wonach diese (Prinzipien) u. U. so weit voneinander losgekoppelt betrachtet werden können, daß eine mögliche eucharistische Gemeinschaft vorstellbar wird, die lediglich noch durch das Heilssorgeprinzip einer Teilhabegewährung an den Gnadenmitteln, nicht mehr jedoch von dem Grundsatz der Einheitsbezeugung her legitimiert wäre (vgl. dazu etwa Kardinal Willebrands in einer Pressekonferenz am 26. Mai 1967 zur Einführung in das Ökumenische Direktorium, zit. bei E. Stakemeier, Ökumenisches Direktorium, a.a.O., 20f.; ferner Y. Congar, Kommentar zum Dekret über den Ökumenismus, a.a.O., 181; F. Timmermanns, Communicatio in sacris, a.a.O. 364). "Wenn es nämlich das Wesen der Eucharistie ausmacht, die vollkommene Manifestation der Einheit zu sein, dann muß sie es auch immer sein. Jede gottesdienstliche Gemeinschaft, die diesem Wesen nicht entspricht, erweist sich als unmöglich, da sie sich entsprechend dem Wesen des in Frage stehenden kultischen Geschehens zu vollziehen hat. Deswegen kann eine Öffnung der eucharistischen Gemeinschaft gegenüber solchen, die nicht in derselben Kirchengemeinschaft sich finden, immer nur der Ausdruck der Einheit sein. Sie kann nicht unmittelbar der Ausdruck der Tatsache sein, daß die Sakramente auch gnadenspendende Zeichen sind. Das sollen sie und können sie nur sein, wenn sie ihrem Wesen entsprechend, d. h. als Zeichen der Einheit, vollzogen werden. Das erste grundlegende Prinzip tritt hier nicht zurück; das zweite kann erst in den Blick kommen, wenn das erste seine volle Bedeutung erhält. Deswegen kann die Tatsache, daß kultisches Tun Ausdruck der Einheit ist, nicht vorübergehend vernachlässigt werden zugunsten der Tatsache, daß die sakramentalen Vollzüge auch heilsvermittelnd sind" (A. Völler, Einheit der Kirche, a.a.O., 197ff. mit Anm. 4). Völler wendet sich ausdrücklich damit auch gegen G. Baum (Communicatio in sacris, a.a.O., 62), der in seiner Analyse der Zuordnung der in Frage stehenden Prinzipien hinsichtlich des sakramentalen Vollzuges zu dem Ergebnis kommt: "We find that the practice is governed by two principles which tend in opposite directions." Ähnlich H. N. Archambault, Religious Communication, a.a.O., 91; R. A. McCormick, Communicato in sacris, a.a.O., 619f.; J. Feiner, Kommentar zum Dekret über den Ökumenismus, a.a.O., 81.
Eine Trennung der Prinzipien in einem so weitgehendem Maße, daß nach dem Einheitsgesichtspunkt "an sich" verbotene und unmögliche gottesdienstliche Gemeinschaft (mit Reformationskirchen; vgl. J. Feiner, Kommentar, a.a.O., 81) doch nach dem Aspekt der Gnadenmitteilung in bestimmten Fällen möglich sei, ist für A. Völler schlechthin ein Widerspruch in sich (Einheit der Kirche, a.a.O., 201 Anm. 4). Ausgehend von dem sakramental-ekklesiologischen Grundaxiom, daß die Sakramente nicht der Kirche "von außen" hinzutretende Elemente sind, die gleichsam unabhängig von ihrem Sein die kirchliche Einheit aufbauen würden und als solche der verwirklichten kirchlichen Einheit immer schon quasi "autonom" vorausliegen würden, sondern die Lebensvollzüge der Kirche in ihrer (auch institutionellen) Einheit selbst sind (vgl. dazu Y. Congar, Chrétiens en dialogue, 253f.), fordert A. Völler demgemäß aus dem Faktum der katholischen Anerkennung zu gottesdienstlicher Gemeinschaft als sie bisher (bezüglich der reformatorischen Gemeinschaften auf der Grundlage einer reinen Notfallregelung) umschrieben sind. "Wenn nämlich die Sakramente wesentlich Vollzug der Kirche sind, damit ihrer Einheit ... dann kann es nur ein und dieselbe Kirche sein, die sich in den Sakramenten der katholischen Kirche und in den Sakramenten der nichtkatholischen Gemeinschaften vollzieht, dann besteht notwendig eine Einheit unter den Kirchen, die die Existenz der Sakramente erst ermöglicht. Wenn nämlich die Sakramente Vollzug der Kirche und ihrer Einheit sind, dann setzen sie zu ihrer Existenz notwendig eine Einheit voraus. Diese Einheit kann und muß in kultischer Gemeinschaft bezeugt werden. Gemeinsamer sakramentaler Vollzug unter Kirchen, die dieselben Sakramente haben, kann nur Vollzug der Einheit sein" (Einheit der Kirche, a.a.O., 203). Der Kritik Völlers an einer Loskoppelung der beiden Prinzipien

cher somit die ekklesiale Einheit der Gemeinschaft im Glauben und in der Leitung zur Voraussetzung hat: "Da ... in dem von den Dienern Christi im Namen und Auftrag der Kirche vollzogenen Kult die Gemeinschaft der Gläubigen den Glauben der Kirche bekennt, ist die assistentia activa bei den liturgischen Vollzügen de se in gewisser Weise als professio fidei anzusehen. Folglich kann im allgemeinen eine assistentia activa der getrennten Christen, sei es am Kult der Kirche im allgemeinen, sei es durch den Empfang der Sakramente, nicht gestattet werden, da sie der Einheit des Glaubens innerlich entgegengesetzt und äußerlich eine Verdunkelung des Zeichens der Einheit wäre. Daraus ergeben sich die Gefahren des religiösen Indifferentismus, des Interkonfessionalismus und des Ärgernisses."(5) Gleiches gilt auch für den umgekehrten Fall einer assistentia activa der Katholiken am nichtkatholischen christlichen Gottesdienst. Dennoch ist nicht für jedweden gottesdienstlichen Vollzug die vorgängig institutionell voll verwirklichte Einheit der Christen als absolut unverzichtbare Voraussetzung gefordert, wie aus der rechtlichen Ordnung der communicatio in sacris mit den getrennten orientalischen Kirchen(!) hervorgeht.(6) Der jeweilige gottesdienstliche Vollzug fordert "die ihm entsprechende Einheit",(7) da die gottesdienstliche Feier primär Ausdruck und Bekenntnis des Erlösungsgeschehens, nicht Aussage über Strukturprinzipien der institutionell voll verwirklichten Kirche ist. Dementsprechend bestimmt CIC 1983 in c. 844 § 1: Erlaubterweise spenden katholische Amtsträger die Sakramente nur katholischen Gläubigen, und diese empfangen umgekehrt die Sakramente erlaubterweise nur von katholischen Amtsträgern, soweit nicht entsprechende Ausnahmen gewährt werden. (Hvh. v. Vf.) Gegenüber dem generellen Verbot von c. 731 § 2 CIC 1917 markiert CIC 1983 in der Formulierung der grundlegenden Norm einen neuen Akzent: "Auch wenn an dem Verbot der Sakramentengemeinschaft grundsätzlich festgehalten wird, läßt doch bereits die Formulierung erkennen, daß die Ausnahmen von dem Verbot ebenso bedeutsam sind wie diese selbst."(8)

Dies wird besonders deutlich an den Aussagen in Bezug auf die Möglichkeiten sakramentaler Gemeinschaft mit den getrennten orientalischen Kirchen: Da diese "Kirchen trotz ihrer Trennung wahre Sakramente besitzen, vor allem aber in der Kraft der apostolischen Sukzession das Priesterum und die Eucharistie ... so ist eine gewisse Gottesdienstgemeinschaft unter gegebenen geeigneten Umständen mit Billigung der

---

"ekklesiale Vollzugsgestalt" (Einheitsbezeugung) und "individuelle Gnadensorge" ist zuzustimmen (vgl. auch S. Trütsch, Taufe, Sakrament der Einheit, a.a.O., 93; K. Lehmann, Dogmatische Vorüberlegungen, a.a.O., 77-141, bes. 125f.). Die daraus abgeleitete Schlußfolgerung, daß gemeinsamer sakramentaler Vollzug zwischen Kirchen, die 'dieselben Sakramente' haben, eo ipso Vollzug der Einheit der einen Kirche sein muß, ist anhand der kirchlichen Rechtsnormen insbesondere auf die Voraussetzung hin zu überprüfen und entsprechend zu beurteilen, daß das sakramentale und ekklesiologische Einheitsfundament (insbesondere im Blick auf die "communitates ecclesiales"!) auch (aus katholischer Sicht) als tatsächlich gegeben betrachtet werden kann. Von da aus ist dann auch nach der ekklesiologischen Bedeutung (und Berechtigung) der "Notfallklausel" zu fragen. S. dazu w. u.

5) A. Völler, Einheit der Kirche, a.a.O., 85.
6) Vgl. DO I 40 und 44.
7) A. Völler, Einheit der Kirche, a.a.O., 197.
8) M. Kaiser, Ökumenische Gottesdienstgemeinschaft, in: HdbKathKR, 643f.

kirchlichen Autorität nicht nur möglich, sondern auch ratsam" (UR 15, 3).(9) Die theologische Grundlage für die Möglichkeit, hinsichtlich der getrennten orientalischen Kirchen von dem Axiom abzusehen, daß sakramentaler Vollzug (katholischerseits) nur innerhalb der communio plena möglich ist, liegt in der Anerkenntnis einer gemeinsamen ekklesiologischen und sakramentalen Basis zwischen katholischer Kirche und den getrennten Ostkirchen (DO I 40).(10) Mit dieser theologischen Grundlage ist zugleich eine innere Grenze formuliert, über welche hinweg einerseits sowohl der materiale und formale Aspekt des kirchlichen Heilsvollzuges als auch andererseits die Vollzugsprinzipien "Einheitsbezeugung" und "Gnadenmitteilung" des sakramentalen Geschehens nicht voneinander getrennt werden können. Auf dem Hintergrund dieses grundsätzlichen ekklesiologischen und sakramentstheologischen Kontextes der "Ausnahmebestimmungen" hinsichtlich der Möglichkeiten zur communicatio in sacris ist auch nach der ekklesialen Bedeutung (und Berechtigung) der "Notfallklausel" hinsichtlich der getrennten kirchlichen Gemeinschaften zu fragen (DO I 55).

II. Die konkreten Bestimmungen bezüglich der Taufe sowie der Sakramente der tätigen Ordnung(11)

1. Das Sakrament der Taufe

a. hinsichtlich der getrennten orientalischen Kirchen

Die Spendung der Taufe durch einen nichtkatholischen Geistlichen, der einer getrennten orientalischen Kirche angehört, an einen der katholischen Kirche einzugliedernden baptizandus kann nicht als ein Akt der Verleugnung der eigenen (katholischen) kirchlichen Wirklichkeit angesehen werden, wenn sogar die sakramentale Gemeinschaft zwischen beiden Kirchen in der intensivsten Vollzugsform, der Eucharistie - in bestimmten Fällen - möglich ist;(12) im übrigen wurde diese Frage auf dem Konzil und in der nachfolgenden kirchlichen Gesetzgebung(13) nicht

---

9) Zur näheren Spezifizierung dieser Aussage s. w. u. (OE 26-29).

10) Die weitgehende strukturelle Verwandtschaft der beiden ekklesialen Typen bestätigt implizit auch das Konsensdokument des katholisch-orthodoxen Dialoges, wie schon aus dessen formalem Ansatz hervorgeht: Katholisch-orthodoxe Dialogkommission, Das Geheimnis der Kirche und der Eucharistie im Licht des Geheimnisses der Heiligen Dreifaltigkeit, in: US 37 (1982) 334-340. Diese strukturelle gemeinsame Basis verleiht auch den Konsensen in den Detailfragen (Amt, Eucharistie) eine höhere "ekklesiale" Wertigkeit als dies etwa bei den entsprechenden katholisch-evangelischen Konvergenzen der Fall ist; vgl. dazu D. Salachas, Der theologische Dialog, a.a.O.; A. Kallis, Gemeinschaft der Agape, a.a.O.; J. Meyendorff, Zum Eucharistieverständnis der orthodoxen Kirche, a.a.O.; Ch. Huwyler, Interkommunion, II, bes. 794-837.

11) Die Frage nach der Möglichkeit sakramentaler Gemeinschaft bezüglich der Sakramente der Krankensalbung und der Buße wird in den einschlägigen konziliaren und nachkonziliaren Dokumenten (vgl. etwa OE 27; DO I 42; 55) stets nur im Zusammenhang der Erörterung der Fragen zur Eucharistiegemeinschaft (mit-) erwähnt, ohne daß des näheren auf diesbezügliche konfessionsspezifische Differenzen eingegangen wird - offensichtlich, weil diese Differenzen analog zu den prototypisch schon an den eucharistischen Problemkomplex dargelegten betrachtet werden können.

12) So A. Völler, Einheit der Kirche, a.a.O., 211f.

13) Weder DO noch CIC 1983 geben dazu ausdrücklich rechtliche Regelungen.

ausdrücklich behandelt, da eine gesetzliche Regelung hinsichtlich des "baptismi minister" ohnehin bereits existierte,(14) und die Dringlichkeit des Problems nicht so hoch ist, weil die gültige Taufspendung (auch außerhalb des Notfalles) ja nicht an die gültige und rechtmäßige Nachfolge im Weihepriestertum exklusiv gebunden ist. Zudem ist für die Frage nach der im Taufakt begründeten kirchlichen Beheimatung des Täuflings die Rechtswirkung des Geschehens selbst entscheidend, nicht die Konfessionszugehörigkeit des Spenders; ein durch einen orientalischen Geistlichen getauftes Kind katholischer Eltern wird also in der katholischen Kirche kirchlich beheimatet. Freilich erfordert - außerhalb von Notfällen - eine nicht durch den minister ordinarius(15) erfolgte Taufspendung zur Erlaubtheit stets einer deputatio durch den ordinarius loci (c. 861 § 2); jedoch die Gültigkeit der sakramentalen Handlung selbst(16) wird dadurch nicht berührt.(17) Nur bei begründetem Zweifel(18) an der Gültigkeit einer (nichtkatholischen) Taufspendung wird diese sub condicione wiederholt. Da das Problem der Taufspendung durch einen nichtkatholischen minister baptismi u. U. bei Kindern aus bekenntnisverschiedenen Ehen und in Diasporagegenden brisant werden kann, wird in der Praxis eine Absprache unter den Kirchen unumgänglich sein, damit belastende Differenzen vermieden werden.(19)

Im Normalfall (generell) können jedoch katholische Christen ihre Kinder erlaubterweise nicht in einer nichtkatholischen christlichen Kirche oder kirchlichen Gemeinschaft taufen lassen und umgekehrt.(20)

Katholiken und getrennte orientalische Christen können zwar wechselweise als Paten ("patrinus" bzw. "matrina") für einen Täufling der jeweils anderen Kirche zugelassen werden (DO I 48),(21) jedoch nur "zugleich

---

14) Vgl. CIC 1917 cc. 738ff. und c. 2319 § 1.

15) Minister ordinarius baptismi est Episcopus, presbyter et diaconus, firmo praescripto c. 530 n. 1 (c. 861 § 1 CIC 1983). Selbstverständlich sind damit Amtsträger der katholischen Kirche gemeint.

16) Vgl. c. 849 CIC 1983: ... per lavacrum aquae verae cum debita forma; vgl. dazu auch DO I 9-12.

17) Vgl. zur ökumenischen Anerkennung der Taufe Ch. Huwyler, Interkommunion, II, 394ff.; S. Trütsch, Taufe, Sakrament der Einheit, a.a.O., 69-75 (Geschichte der allgemeinen Taufanerkennung); KgWS, S. 32ff.

18) C. 845 § 2 CIC 1983: prudens adhuc dubiam diligenti inquisitione peracta ...; bezüglich der anderen Charaktersakramente gilt das gleiche: c. 845 § 1; § 2.

19) Vgl. A. Völler, Einheit der Kirche, a.a.O., 212.

20) Vgl. L. Scheffczyk, Dogmatische Erwägungen, a.a.O., 134.

21) Die Bestimmungen über das Taufpatenamt sind sinngemäß auch auf die Firmpatenschaft anzuwenden; vgl. c. 893 in Verbindung mit c. 874 CIC 1983. Das neue kirchliche Gesetzbuch kennt freilich hinsichtlich der Tauf-/Firmpatenschaft nicht diese ausdrückliche besondere Regelung für nichtkatholische orientalische Christen wie das ökumenische Direktorium; es fehlt der Hinweis auf eine rechtliche Differenzierung hinsichtlich der Glieder einer nichtkatholischen Kirche (vgl. c. 844) und derjenigen einer nichtkatholischen kirchlichen Gemeinschaft. C. 874 § 2 spricht von jenen Christen, die einer nichtkatholischen kirchlichen Gemeinschaft angehören (communitas ecclesialis). Die Frage, wieweit die einschlägigen Regelungen des Ökumenischen Direktoriums über die Patenschaft orientalischer Christen in Ergänzung zu den sehr knappen Bestimmungen des CIC 1983 (cc. 874 § 2 bzw. 893 § 1) noch in Geltung sind, ist von der Rechtsregel in c. 6 § 1 her zu beurteilen. "Aber auch hier bleiben Rechtszweifel, ob zu entscheiden ist nach c. 6 § 1

mit einem katholischen Paten (Patin) bei der Taufe eines katholischen
Kindes" (ebd.). Gleiches sollte auch für einen Katholiken gelten, der in
einer nichtkatholischen orientalischen Kirche zu diesem Amt gebeten
wird, wobei die Pflicht, über die christliche Erziehung zu wachen,
zuerst dem Paten aus jener Kirche obliegt, in der das Kind getauft
wurde (ebd.). Ein nichtkatholischer orientalischer Christ kann also nur
als "Zweitpate" zugelassen werden bei der Taufe/Firmung in der jeweils
anderen Kirche und umgekehrt. Es kommt ihm eine Art subsidiäre Sorge-
pflicht zu. Das eigentliche (Erst-) Patenamt kann dem nichtkatholischen
Christen nicht zukommen, weil Tauf- und Firmpatenschaft als spezifisch
kirchliche Ehrendienste verschiedene Funktionen beinhalten, die auch ein
nichtkatholischer orientalischer Christ nicht anstelle eines katholischen
Christen übernehmen kann: Der Pate leistet zum einen als Vertreter der
eigenen Glaubensgemeinschaft Bürgschaft für den Glauben des Neugetauften, zum anderen ist er auch Zeuge des sakramentalen Vorganges.
Da die "educatio christiana" nicht "konfessionsneutral" möglich ist, steht
also bei aller ekklesialer Nahverwandtschaft zwischen katholischer und
nichtkatholisch-orientalischer Kirche(n) (vgl. UR 14, 1) auch einem
Angehörigen der letzteren nicht das eigentliche (Erst-) Patenamt bei der
katholischen Taufe/Firmung zu. Das Patenamt "expliziert" gleichsam jene
ekklesialen Implikationen des sakramentalen Inkorporationsgeschehens,
die bereits auf die plena communio tendieren.

b. hinsichtlich der nichtkatholischen kirchlichen Gemeinschaften

Es stellt sich hier die Frage, ob der Vollzug der Taufspendung durch
einen einer nichtkatholischen kirchlichen Gemeinschaft angehörigen
Geistlichen derart als vollumfängliche Aktualisation dieser Gemeinschaft
anzusehen ist, d. h. ob durch diesen Vollzug auch jene Glaubenswahrheiten thematisiert werden, bezüglich welcher tatsächliche Differenzen
zwischen der katholischen Kirche und der jeweiligen kirchlichen Gemeinschaft bestehen, so daß die Taufspendung als (unerlaubtes) Bekenntnis
zum entfalteten (kirchentrennenden vom katholischen verschiedenen)
Glauben dieser Gemeinschaft gelten müßte, oder ob das im Vollzug formulierte Bekenntnis zum Dreifaltigen Gott und zum Heilsgeschehen in
Christus als den übrigen (kontroversen) Glaubenswahrheiten derart
prävalent gelten kann, daß die Gemeinschaft im (fundamentalen) Glauben
durch einen solchen Akt nicht zerstört würde.

Das Ökumenische Direktorium erkennt wohl die Gültigkeit der von Geistlichen nichtkatholischer (reformatorischer) kirchlicher Gemeinschaften
gespendeten Taufe an,(22) da diese grundsätzlich in ihrer Gültigkeit
nicht abhängig von dem Weihepriestertum, ferner heilsnotwendig und
unwiederholbar ist.(23) Die "Ehrfurcht vor dem Sakrament der Eingliede-

---

n. 2, der alle bisherigen Gesetze aufhebt, die dem neuen Gesetzbuch widersprechen - das
wäre nicht der Fall - oder nach c. 6 § 1 n. 4, nach dem alle Gesetze aufgehoben sind,
'die eine Materie betreffen, die durch diesen Codex umfassend geordnet sind' (sic!).
Zweifellos hat der Codex das Recht über das Patenamt neu geordnet: es bleibt jedoch die
Frage, ob es sich um eine umfassende Neuordnung handelt. Hier wird die inzwischen
eingerichtete Kommission für die Interpretation des neuen Codex Iuris Canonici eine
Klärung herbeiführen müssen" (H. Heinemann, Ökumenische Implikationen, a.a.O., 22).

22) Vgl. DO) 9-20.
23) Vgl. dazu o. S. 444.

rung" (DO I 17) und die grundsätzliche Anerkennung der Taufe, "die
von Amtsträgern der von uns getrennten Kirchen und Kirchengemein-
schaften ("Communitatum ecclesialium") gespendet wird" (DO I 18),
erweist die Taufe somit wirklich als "ein sakramentales Band der Einheit
zwischen allen, die durch sie wiedergeboren sind."(24) Dies wird u. a.
auch insbesondere daran deutlich, daß nach katholischer Auffassung "die
außerhalb der sichtbaren Einheit der katholischen Kirche geborenen und
getauften Brüder sorgfältig von denen zu unterscheiden (sind), die zwar
in der katholischen Kirche getauft worden sind, aber ihrem Glauben
bewußt und öffentlich abgeschworen haben" (DO I 19). Weil ersteren
nicht die Schuld an der Trennung zur Last gelegt werden kann (UR 3),
brauchen sie, "wenn sie ohne diese Schuld aus eigenem Antrieb den
katholischen Glauben annehmen wollen, nicht von der Strafe der Exkommunikation losgesprochen zu werden, sondern dürfen nach Ablegung des
Glaubensbekenntnisses ... in die volle Gemeinschaft der katholischen
Kirche zugelassen werden."(25)

Damit sind über die formale Gültigkeitsanerkennung hinaus freilich
keinerlei Aussagen gemacht über die Möglichkeit einer (generell erlaub-
ten) Taufspendung durch einen Amtsträger einer nichtkatholischen
Gemeinschaft oder über die Möglichkeit eines gemeinsamen Vollzuges der
Taufspendung durch einen katholischen und einen nichtkatholischen
Geistlichen.(26) Im Gegenteil: Die Grundtendenz in der Beurteilung der
Frage sakramentaler Vollzugsgemeinschaft bei der Taufe ist hinsichtlich
der näheren Explikation der ekklesialen Valenz des sakramentalen Ge-
schehens negativ getönt,(27) denn in Bezug auf die Möglichkeit der
Patenschaft von Christen einer nichtkatholischen Gemeinschaft bei dem
katholischen Ritus bzw. umgekehrt wird eindeutig negativ entschieden:
"Das Patenamt im liturgischen und kirchenrechtlichen Sinn darf bei der

---

24) UR 22; LG 15; vgl. auch den Bericht der gemischten Kommission zwischen der römisch-katholischen Kirche und dem ÖRK (Osservatore Romano, 20.2.1966, S. 7); zu den einschlägigen ökumenischen Konsenserklärungen vgl. S. Regli, Ökumenische Konsenserklärungen mit
römisch-katholischer Beteiligung über Taufe, Eucharistie und Amt, a.a.O., bes. 134-139.

25) DO I 19; vgl. dazu das liturgische Buch: Die Feier der Aufnahme gültig Getaufter in die
volle Gemeinschaft der katholischen Kirche in den Bistümern des deutschen Sprachgebie-
tes. Hrsg. im Auftrag der Bischofskonferenzen Deutschlands, Österreichs und der Schweiz
und der Bischöfe von Bozen-Brixen und von Luxemburg, Einsiedeln-Köln-Freiburg-Basel-Re-
gensburg-Wien-Salzburg-Linz o. J. (1973).

26) A. Völler plädiert für die ausnahmsweise Einräumung solcher Möglichkeiten in besonderen
Fällen (Einheit der Kirche, a.a.O., 212-213). Zu den Überlegungen, die Taufe von Kin-
dern aus bekenntnisverschiedenen Ehen von Geistlichen sowohl der katholischen wie der
evangelischen Kirche spenden zu lassen vgl. Synodenbeschluß Ökumene 7. 8. 2, in: Gesamtausgabe I, 798; solche Überlegungen werden von den Kirchenleitungen abgelehnt. "Die
Taufe wird von dem Seelsorger der Kirche vollzogen, der das Kind nach dem Willen der
Eltern angehören soll. Doch kann, wenn die Eltern dies wünschen, bei der Taufe der
Kinder in der einen Kirche die ökumenische Verbundenheit mit der anderen Kirche dadurch
deutlich gemacht werden, daß der Seelsorger der anderen Konfession anwesend ist und
sich etwa durch Gebet oder Segensspruch beteiligt - sofern ihm dies durch die Ordnung
seiner Kirche nicht verwehrt ist" (ebd.). Vgl. dazu auch H. Heinemann, Ökumenische
Taufe?, in: Pastoralblatt für die Diözesen Aachen, Berlin, Essen, Köln, Osnabrück 9
(1975) S. 270-274.

27) Zu den bestehenden "konfessionalistischen" Bindungen der Taufe vgl. auch Ch. Huwyler,
Interkommunion, II, 396f.

Taufe und Firmung von Christen einer getrennten Gemeinschaft nicht ausgeübt werden ... Der Pate übernimmt nämlich ... nicht nur die Sorge für dessen (sc. des Getauften bzw. Gefirmten) christliche Erziehung, sondern er vertritt auch die Glaubensgemeinschaft und ist Bürge für den (natürlich ganz entfalteten) Glauben des Neugetauften ... Ebenso kann ein Katholik dieses Amt für ein Mitglied einer getrennten Gemeinschaft nicht ausüben."(28) Ein bezeichnender nicht nur terminologischer, sondern auch inhaltlich-sachlicher Unterschied in der Patenschaftsregelung bezüglich der getrennten orientalischen Kirchen(29) einerseits und hinsichtlich der nichtkatholischen kirchlichen Gemeinschaften (30) andererseits ergibt sich aus der erläuternden Zusatzbestimmung im Ökumenischen Direktorium in Bezug auf letztere: "Dennoch darf ein vom Glauben an Christus durchdrungener Christ, der einer anderen Glaubensgemeinschaft angehört, aufgrund der Verwandtschaft oder Freundschaft zusammen mit einem katholischen Paten (Patin) als christlicher Zeuge (testis christianus) dieser Taufe zugelassen werden" (DO I 57 vgl. dazu ebd. 48). Diese Bestimmung übernimmt auch CIC 1983: "Baptizatus ad communitatem ecclesialem non catholicam pertinens, nonnisi una cum patrino catholico, et quidem ut testis tantum baptismi, admittatur" (c. 874 § 2).(31) Als Taufzeuge kommt dem nichtkatholischen Christen einer kirchlichen Gemeinschaft freilich durchaus eine gegenüber derjenigen der übrigen Teilnehmer am Taufgottesdienst herausgehobene Funktion zu, die etwa der des Taufzeugen entspricht, welche auch nichtkatholische Christen ausüben können (DO I 49; 58). Dagegen ist aber bei Angehörigen

---

28) DO I 57; zu der Begründung vgl. auch H. N. Archambault, Religious communication, a.a.O., 105; K. Demmer, Die moraltheologische Lehre, a.a.O., 535; L. Kucan, De communicatione, a.a.O., 57. Für ältere Autoren bestand in diesem Punkt jedoch noch keine Schwierigkeit, sofern nur der Ritus für Taufspendung katholisch war: J. Gutierrez, Canonicarum quaestionum, lib. 2, cap. 9, n. 12; F. Schmalzgruber, Jus ecclesiasticum, t. 5/1; tit. 7; n. 216.

Neuere Autoren hingegen lehnen eine echte Taufpatenschaft katholischer Christen bei der nichtkatholischen Taufspendung ab, da hierdurch die Rechtmäßigkeit des nichtkatholischen Taufspenders anerkannt würde: J. R. Bancroft, Communication, 99; I. J. Szal, Communication, 72.

29) Zur Frage der Rechtsgeltung der einschlägigen Bestimmungen des Ökumenischen Direktoriums neben CIC 1983, der diese ausdrücklich auf die getrennten orientalischen Christen abhebende Bestimmung bezüglich der Patenschaft nicht übernommen hat vgl. o. S. 445f. Anm. 21.

30) Es ist hier darauf hinzuweisen, daß die ekklesiologische Terminologie zwischen Ökumenischem Direktorium und CIC 1983 nicht kongruent ist: DO I schränkt mit der Unterscheidung "Ecclesiae orientales" - "communitates seiunctae" (39-54; 55-63) die Bezeichnung "Kirche" auf die orientalischen Kirchen ein; die "anderen getrennten Brüder" werden unter dem Term "communitates seiunctae" subsumiert. Dagegen kennt CIC 1983 c. 844 § 3 neben den Gliedern der orientalischen 'Kirchen' auch "membra aliarum Ecclesiarum, quae iudicio Sedis Apostolicae, ad sacramenta quod attinet, in pari condicione ac praedictae Ecclesia orientales versantur." (Hvh. v. Vf.) In DO I fehlt eine entsprechende Aussage über diese "aliae Ecclesiae" im Sinne des c. 844 § 3. Zum ganzen H. Heinemann, Ökumenische Implikationen, a.a.O., 21f.

31) Das Schema zum Sakramentenrecht von 1975 formulierte dagegen noch ganz allgemein: "baptizatus non catholicus .. admitti valeat ... una cum alio patrino catholica ..." (C. 27 n. 2 Schema Sacr.). Hier war also noch weder der Begriff "testis" noch die Unterscheidung zwischen Angehörigen einer nichtkatholischen "ecclesia" und solchen einer "communitas ecclesialis" eingeführt.

von nichtkatholischen orientalischen Kirchen(32) davon die Rede, daß sie
- wenn auch nur zusammen mit einem katholischen (Erst-)Paten - tatsächlich Taufpaten (patrinus/matrina nicht nur testis) sein können (DO I
48).

Mit diesem Blick auf die (interkonfessionelle) Patenschaftsregelung wird
der gesamtekklesiologische Bezugsrahmen deutlich, in welchen die Frage
nach der sakramentalen Gemeinschaft in der Taufe grundsätzlich verwiesen ist: Wechselseitige dogmatische Übereinstimmung im Taufverständnis
und Anerkennung des Taufgeschehens in den verschiedenen christlichen
Kirchen stehen heute außer Zweifel.(33) Diese Taufanerkennung reicht
über die Grenzen der eigenen kirchlichen (katholischen) communio hinaus, ja relativiert diese sogar in ihrer Heilsbedeutung, insofern sie
impliziert, daß durch die außerkatholische Taufe die Zugehörigkeit zu
einer nichtkatholischen christlichen Gemeinschaft grundgelegt wird, und
damit ein ekklesial-qualifizierter Weg in die eine Kirche Christi eröffnet
ist.(34) Dennoch aber begründet diese aus der Taufanerkennung resultierende "kirchliche" Anerkennung der nichtkatholischen christlichen
Gemeinschaften katholischerseits nicht auch schon eine institutionell-
ekklesiale Gleichbewertung dieser Gemeinschaften (mit der katholischen
Kirche): Die Kirche Christi ist in ihnen nicht in demselben Sinn und in
dem gleichen (institutionellen) Maß verwirklicht wie in der katholischen
Kirche; das Maß der Zugehörigkeit zur Kirche Christi kennt unterschiedliche Stufungen.(35) So bildet die Taufanerkennung die fundamentale
sakramental-ontologische Basis und freilich auch den "Stachel" zur
ökumenischen Verpflichtung, diese anfanghafte ekklesiale Anerkennung
zwischen den getrennten Kirchen und kirchlichen Gemeinschaften stetig
und schrittweise auszubauen auf das Ziel einer vollen kirchlichen Gemeinschaft hin. Der institutionell-ekklesiologische Prioritätsanspruch der
katholischen Kirche(36) wird dadurch freilich nicht aufgegeben, sondern
als ekklesiales Prinzip "ökumenisch zu weiten" versucht.

Die Taufe als Kurzformel des Glaubens ist somit ein Torso, der erst
ekklesiologisch entfaltet werden muß.(37) Die gemeinsame Taufanerkennung ist dementsprechend ein "dynamisches Prinzip, das erst bei Wiederherstellung der vollen Einheit der Kirchen (ohne Absorption!) sich voll
ausgewirkt hat. Die Stufen der Aufarbeitung der Trennung können daher nicht übersprungen werden. Es muß erst sichtbar gemacht werden,
daß die tiefste Identität der einzelnen in die Communio einzubringenden
Kirchen nicht aufgehoben, sondern vertieft wird. Auf diesem Weg sind
Fragen des Glaubenskonsenses und der gegenseitigen Anerkennung der
Ämter in Geduld und Offenheit für den Geist, der die Kirchen führt,
aufzuarbeiten."(38)

---

32) S. o. 445f. Anm. 21; S. 448 Anm. 29.

33) Vgl. dazu KgWS, S. 32-34.

34) Vgl. J. Trütsch, Taufe, Sakrament der Einheit, a.a.O., 75-87; M. Kaiser, Zugehörigkeit
zur Kirche, in: IKZ 5 (1976) 196-206, bes. 204.

35) Gegen die These von C. H. Ratschow, Die eine christliche Taufe, 102, wonach die Taufe
in die alle Konfessionen transzendierende eine Kirche Christi unterschiedslos einfügt.

36) Vgl. dazu o. S. 318ff.

37) Vgl. H. U. v. Balthasar, Entfaltungen. Auf Wegen christlicher Einigung, München 1969,
99.

38) J. Trütsch, Taufe, Sakrament der Einheit, a.a.O., 93f.

2. Die Gemeinschaft mit den getrennten (orientalischen) Kirchen hinsichtlich der Eucharistie und der anderen Sakramente der tätigen
Ordnung

Unter gewissen Bedingungen wird den katholischen und den nichtkatholischen orientalischen Christen die Teilnahme an der Eucharistiefeier und
an den Sakramenten der Buße und der Krankensalbung der jeweils anderen Kirche gestattet.(39) Die einschlägigen Rechtsbestimmungen im
Anschluß an das Ökumenismus-Dekret sind dabei nicht nur im Sinne
einer bloßen Konzession, sondern auch als Auftrag im Dienst an der
Einheit formuliert,(40) da die katholische Kirche und die nichtkatholischen orientalischen Kirchen insbesondere durch die Feier der Eucharistie, "die die Fülle des Kircheseins und damit die Einheit der Kirche mit
sich bringt, zur einen Kirche auferbaut werden."(41) Das neue kirchliche Gesetzbuch erweitert zudem präzisierend den Adressatenkreis der
Bestimmung, daß unter bestimmten Bedingungen die Sakramente erlaubterweise auch über den Bereich der communio plena hinaus gespendet
werden dürfen auf "aliae Ecclesiae", die den orientalischen Kirchen
hinsichtlich der Sakramente gleichgestellt sind.(42) Wo die sakramentale
und ekklesiologische Grundstruktur zwischen den Kirchen kongruiert,
hat die Bezeugung der Einheit dieser Kirchen vor der Sichtbarmachung
von peripheren Differenzen hinsichtlich spezifischer Eigenheiten der
einzelnen ekklesialen "Spielarten"(43) den absoluten Vorrang:(44) Die

---

39) Vgl. OE 26-29; DO I 40; Instruktion über die Zulassung zur Kommunion, Nr. 5

40) Vgl. UR 15, 3 bzw. DO I 39: "quaedam communicatio in sacris ... non solum possibilis
est sed etiam suadetur."

41) A. Völler, Einheit der Kirche, a.a.O., 214; dazu UR 15, 3.

42) Vgl. CIC 1983 c. 844 § 3; dazu o. S. 433ff.; 448 Anm. 30.

43) Analog der Hierarchie der Wahrheiten konstatiert A. Völler die Notwendigkeit einer
unterschiedlichen Gewichtung der einzelnen kirchenbildenden Elemente; auch bei diesen
gibt es demnach solche, "die das Heil des Menschen unmittelbar zum Inhalt haben", und
solche, die "im Dienst an der eigentlichen Heilsbotschaft stehen" (Die theologischen
Voraussetzungen, a.a.O., 96f.). Der Dissens zwischen katholischer Kirche und nichtkatholischen orientalischen Kirchen besteht demnach lediglich hinsichtlich des die Heilsbotschaft selbst garantierenden nicht aber diese begründenden Strukturprinzips. Eine
solche Unterscheidbarkeit von materialem und formalem ekklesiologischen Aspekt findet
nach der katholischen Option einer communio-Ekklesiologie jedoch eine innere Grenze (s.
o. S. 430). Mit der Feststellung dieser inneren Grenze ist zugleich das Koordinatennetz
aufgesteckt für jenes Spannungsgefüge, in dem katholischerseits die Frage der Eucharistiegemeinschaft über die Grenzen der communio plena hinaus zu verhandeln ist: Eucharistievollzug als Begegnung des Ich mit Jesus Christus ist nicht lösbar von seiner Formalbindung, der objektiven Vollzugsgestalt der kirchlichen communio. "Für die ökumenische Diskussion ist dieser ekklesiale Gesamtbezug von hervorragender Bedeutung.
Immer wieder wird isoliert, wo Einheit und Zusammenhang gesehen werden müssen. Allzu
stark wird im Gespräch akzentuiert, was in der abendländischen Neuzeit zu sehr in
Geltung stand und steht: Das Ich in der Begegnung mit Jesus Christus" (A. Brandenburg,
Kommentar zur Instruktion, in: NKD 41, S. 11-17, hier 10; dazu besonders Instruktion
über die Zulassung, Nr. 2-3, ebd., S. 23-31).

44) Der Grundsatz von dem engen Zusammenhang zwischen eucharistischer Wirklichkeit und dem
Geheimnis der Kirche wird dadurch nicht verdunkelt, weil von den nichtkatholischen
orientalischen Christen behauptet werden kann, daß sie einen Glauben an das Sakrament
der Eucharistie haben, der mit dem Glauben der katholischen Kirche übereinstimmt (Instruktion, Nr. 4 a. b., in: NKD 41, S. 33; DO I 39; 40; OE 24-29; Instruktion, Nr. 5,

Wahrheit, daß wir zur Einheit konstituiert sind, will sichtbar werden, und deswegen käme eine Verweigerung der Eucharistiegemeinschaft einer Verkennung der durch die Eucharistie geschaffenen Einheit gleich."(45) In diesem Sinne heißt es in dem Dekret über die katholischen Ostkirchen: "Unter Wahrung der erwähnten Grundsätze können Ostchristen, die guten Glaubens von der katholischen Kirche getrennt sind, wenn sie von sich aus darum bitten und recht vorbereitet sind, zu den Sakramenten der Buße, der Eucharistie und der Krankensalbung zugelassen werden."(46) Unter den gleichen Bedingungen formuliert CIC 1983 auch die schon genannte Erlaubnis für katholische Amtsträger, Angehörigen getrennter orientalischer Kirchen sowie Angehörigen anderer Kirchen, die bezüglich der Sakramente in der gleichen Lage sind wie die Orientalen (z. B. die Altkatholiken), die Sakramente der Buße, der Eucharistie und der Krankensalbung zu spenden;(47) Umgekehrt ist es auch "Katholiken erlaubt, dieselben Sakramente von nichtkatholischen Geistlichen zu erbitten, in deren Kirche die Sakramente gültig gespendet werden, sooft dazu ein ernstes Bedürfnis(48) oder ein wirklicher geistlicher Nutzen rät, und der Zugang zu einem katholischen Priester sich als physisch oder moralisch unmöglich herausstellt."(49) Das Ökumenische Direktorium ergänzt: "Außer in Notfällen ist ein gültiger Grund für die Teilnahme an den Sakramenten (sc. in nichtkatholischen Kirchen) vorhanden, wenn wegen besonderer Umstände allzulange eine materiale oder moralische Unmöglichkeit besteht, die Sakramente in der eigenen Kirche zu empfangen."(50) Voraussetzung bleibt dabei stets, daß die Gefahren des Glaubensirrtums und des Indifferentismus vermieden werden.(51)

Die Regelung hebt sich von jener gegenüber den (reformatorischen) kirchlichen Gemeinschaften in ihrer "Weitherzigkeit" besonders dadurch ab, daß hier nicht ausschließlich auf den Notfall abgesteckt wird als der

---

a.a.O., S. 35), so daß damit zugleich von einer Kongruenz im sakramentalen und ekklesiologischen Fundament zwischen katholischer Kirche und dne getrennten orientalischen Kirchen ausgegangen werden kann (DO I 40).

45) A. Völler, Einheit der Kirche, a.a.O., 214.

46) OE 27.

47) "Ministri catholici licite sacramenta paenitentiae, Eucharistiae et unctionis infirmorum administrant membris Ecclesiarum orientalium quae plenam cum Ecclesia catholica communionem non habent, si sponte id petant et rite sint disposita; quod etiam valet quoad membra aliarum Ecclesiarum, quae iudicio Sedis Apostolicae, ad sacramenta quod attinet, in pari condicione ac praedictae Ecclesiae orientales versantur" (c. 844 § 3 CIC 1983).

48) Das "geistliche Bedürfnis" nach dem Eucharistieempfang charakterisiert die Instruktion über die Zulassung zur Kommunion in besonderen Fällen als ein solches "nach Wachstum im geistlichen Leben" und "nach tiefer Hineinnahme in das Geheimnis der Kirche und ihrer Einheit" (Nr. 3 b. c., hier 4b, in: NKD, S. 29f.; 33).

49) OE 27. Gleiches gilt in Bezug auf das Bußsakrament: DO I 46.

50) DO I 44; vgl. auch ebd. 50, ferner Instruktion, Nr. 4b, a.a.O., S. 33.

51) Vgl. OE 26; Instruktion, Nr. 4b, a.a.O., S. 35; schließlich c. 844 § 2 CIC 1983: "Quoties necessitas id postulet aut vera spiritualis utilitas id suadeat, et dummodo periculum vitetur erroris vel indifferentismi, licet christifidelibus quibus physice aut moraliter impossibile sit accedere ad ministrum catholicum, sacramenta paenitentiae, Eucharistiae et unctionis infirmorum recipere a ministris non catholicis, in quorum Ecclesia valida exsistunt praedicta sacramenta."

einzig legitimen Voraussetzung für eine communicatio in sacris.(52)

Schließlich weist das Ökumenische Direktorium noch auf die Beachtung der je eigenen Gebräuche und Gewohnheiten hinsichtlich der Häufigkeit des Sakramentenempfanges u. ä. bei den Orientalen hin (DO I 45) und betont eigens, daß "bei der Gewährung der sakramentalen Gemeinschaft ... auf eine legitime Gegenseitigkeit höchster Wert zu legen" ist (DO I 43).

Ein Katholik, der (z. B. aufgrund eines öffentliches Amtes, aufgrund von Verwandtschaft oder Freundschaft oder aus informativem Interesse: vgl. DO I 50) "gelegentlich ... der Heiligen Göttlichen Liturgie (Messe) bei den getrennten orientalischen Brüdern an Sonntagen oder gebotenen Feiertagen teilnimmt, ist nicht mehr verpflichtet, der heiligen Messe in einer katholischen Kirche beizuwohnen" (DO I 47); die im ökumenischen Direktorium darüber hinaus auch noch ausgesprochene Empfehlung ("convenit ut ..."), daß die Katholiken an diesen Tagen womöglich bei den getrennten orientalischen Brüdern die Heilige Liturgie mitfeiern, falls sie aus einem gültigen Grund daran gehindert sind, sich an ihr in einer katholischen Kirche zu beteiligen" (DO I 47), wurde in das neue kirchliche Gesetzbuch nicht übernommen.(53)

Da es im Anschluß an die vom II. Vatikanischen Konzil in ihren ökumene-politischen Konsequenzen offenbar nicht hinlänglich bedachten Äußerungen über die Möglichkeiten sakramentaler Gemeinschaft mit den getrennten Ostkirchen (UR 15, 3) mitunter zu reserviert-negativen Reaktionen vonseiten der Ostkirchen kam,(54) die sich durch das "Vorpreschen" der katholischen Kirche überfahren fühlten, rät nun das Ökumenische Direktorium (I 42) behutsam an, den "günstigen Ausgang von Konsultationen abzuwarten, die wenigstens auf örtlicher Ebene mit den zuständigen, von uns getrennten orientalischen Autoritäten vorzunehmen sind", bevor die katholischen Autoritäten der einzelnen Ortskirchen bzw. Teilkirchenverbände (Bischofskonferenzen) von ihrem Recht Gebrauch machen, allgemeine Bestimmungen für die Sakramentengemeinschaft zu erlassen, die die Generalnorm teilkirchlich applizieren; entsprechend setzt CIC 1983 § 5 fest: "Pro casibus de quibus in §§ 2, 3 et 3, Episcopus dioecesanus aut Episcoporum conferentia generales normas ne ferant, nisi post consultationem cum auctoritate competenti saltem locali Ecclesiae vel communitatis non catholicae, cuius interest."(55)

Eine eucharistische Konzelebration ist nach c. 908 CIC 1983 den katholi-

---

52) Vgl. dazu w. u. S.
53) Vgl. H. Heinemann, Ökumenische Implikationen, a.a.O., 15.
54) Vgl. dazu o. S. 388f. Anm. 64. Ferner J. Höfer, Eucharistie und Kirchenrecht, in: G. Krems - R. Mumm (Hrsg.), Evangelisch-katholische Abendmahlsgemeinschaft?, a.a.O., 45-63.
55) Am 16. Dezember 1969 hat die Synode des Patriarchates von Moskau die Zulassung römisch-katholischer Christen zu den Sakramenten der Buße, der Eucharistie und der Krankensalbung als Antwort auf das entsprechende katholische "Angebot" durch das II. Vatikanische Konzil und die einschlägige nachfolgende Gesetzgebung zugestanden (vgl. M. Kaiser, Ökumenische Gottesdienstgemeinschaft, in: HdbKathKR, 645). Mit der Altkatholischen Kirche hat die DBK eine bedingte und begrenzte Sakramentengemeinschaft vereinbart (vgl. Amtsblatt Passau 103, 1973, S. 138f.).

schen Priestern(56) mit "Priestern oder Amtsträgern von Kirchen oder
kirchlichen Gemeinschaften, die nicht in der vollen Gemeinschaft mit der
katholischen Kirche stehen", ausdrücklich verboten. "Da hier sowohl
'Priester' als 'Amtsträger', aber auch 'Kirche' und 'kirchliche Gemeinschaften' angesprochen sind, ist damit jede 'Interzelebration' ausgeschlossen, auch die mit den nach katholischer Auffassung gültig geweihten Amtsträgern nichtkatholischer Kirchen (z. B. Orthodoxen, Altkatholiken). Dieses Verbot ist mit der Verhängung einer entsprechenden
'gerechten Strafe' bedroht (vgl. c. 1365)."(57)

Daran wird einerseits der Verlauf der "inneren Grenze" einer Unterscheidbarkeit von materialem und formalem ekklesialem Aspekt aus katholischer Sicht deutlich,(58) zum anderen der "anfanghaft-provisori-
sche" Charakter der im Blick auf die getrennten Ostkirchen eröffneten
Möglichkeiten "sakramentaler Gemeinschaft",(59?) die noch nicht schon
die volle Kirchengemeinschaft einschließt, sondern im Grunde die "Ano-
malität" der ökumenischen Situation eines "ungetrennt-getrennt-Seins"
zum Ausdruck bringt.

3. Die Frage der Eucharistie- (bzw. Abendmahls-) gemeinschaft mit (den
   aus der Reformation hervorgegangenen) kirchlichen Gemeinschaften
   und der Gemeinschaft in den anderen Sakramenten der tätigen Ordnung

Seit dem II. Vatikanischen Konzil hat sich die theologische Wertung der
Abendmahlsfeiern bei den aus der Reformation hervorgegangenen Gemein-
schaften durch die katholische Kirche zwar dahingehend (in positivem
Sinne) geändert, daß die theologische Wirklichkeit des reformatorischen
Abendmahls überhaupt in den Blick zu bekommen versucht wird in der
Aussage: Die von uns getrennten kirchlichen Gemeinschaften "bekennen
... bei der Gedächtnisfeier des Todes und der Auferstehung des Herrn
im Heiligen Abendmahl, daß hier die lebendige Gemeinschaft mit Christus
bezeichnet werde ..." (UR 22, 2). Dennoch aber wird die eucharistische
Vollzugswirklichkeit in diesen Gemeinschaften nicht als "Sakrament" im
katholischen Verständnis qualifiziert, da diese Gemeinschaften "nach
unserem Glauben vor allem wegen des Fehlens des Weihesakramentes die
ursprüngliche und vollständige Wesenheit (substantia) des eucharistischen Mysteriums nicht bewahrt haben."(60) Wenngleich durch das Konzil
damit erstmals die gnadenhafte Wirklichkeit des gottesdienstlichen Geschehens in diesen Gemeinschaften anerkannt wird, so ergibt sich nach
den konziliaren Dokumenten dennoch keine Möglichkeit, Wege zu einer

---

56) "sacerdos" bezeichnet nach den allgemeinen Rechtsregeln sowohl den Bischof als auch den
    einfachen Priester (Presbyter): H. Heinmann, Ökumenische Implikationen, a.a.O., 15.

57) H. Heinemann, Ökumenische Implikationen, a.a.O., 15.

58) S. dazu o. S. 430; 450f. Anm. 43

59) E. Lanne sieht den Grund für diese (besonders im Blick auf die getrennten Ostkirchen)
    "anormale" ekklesiale Situation darin, daß es dem II. Vatikanischen Konzil noch nicht
    gelungen ist, die neuen Elemente einer Ekklesiologie der Ortskirche in eine zusammen-
    hängende Synthese mit den klassischen Standpunkten der Ekklesiologie zu bringen (Die
    Ortskirche: ihre Katholizität, a.a.O., 144)

60) UR 22, 2; zur Entstehung dieses Passus vgl. L. Jaeger, Das Konzilsdekret "Über den
    Ökumenismus", a.a.O., 143-146.

wenigstens begrenzten Abendmahlsgemeinschaft zu öffnen. Dieses Problem wird vielmehr vom Konzil überhaupt nicht erörtert. Auch das Ökumenische Direktorium sieht keine Möglichkeit, für Katholiken die ('sakramentale') Teilnahme am Abendmahl der reformatorischen Gemeinschaften zu gewähren (DO I 59). Die in der eucharistischen Feier sich entfaltenden Aussagen über das Abendmahl/Herrenmahl und über die Kirche sind nach Ansicht des Konzils noch zu unterschiedlich.(61) Das den diesbezüglichen negativen Aussagen zugrundeliegende Kriterium ist jenes der Einheit in dem spezifisch eucharistisch-ekklesiologischen Glauben:(62) "Die Feier der Sakramente ist eine heilige Handlung der feiernden Gemeinschaft, die in der Gemeinschaft selbst vollzogen wird und deren Einheit im Glauben, Gottesdienst und Leben zum Ausdruck bringt. Wo diese Einheit des Glaubens bezüglich der Sakramente fehlt, soll die Mitfeier der getrennten Brüder mit den Katholiken, besonders bei den Sakramenten des Altars, der Buße und der Krankensalbung untersagt sein."(63)

Als Ausnahmefälle, in denen der Zutritt nichtkatholischer Christen, die einer nichtkatholischen kirchlichen Gemeinschaft angehören, zu den diesen Christen sonst verwehrten Sakramenten des Altares, der Buße und der Krankensalbung (aufgrund der Sorge um die Teilgabe an den Mitteln der Gnade) gewährt wird, nennt das Ökumenische Direktorium: "Todesgefahr" oder "schwere Not" (Verfolgung, Gefängnis) oder "andere dringende Notfälle", "wenn der getrennte Bruder einen Amtsträger seiner Gemeinschaft nicht aufsuchen kann und aus eigenem Antrieb vom katholischen Priester die Sakramente verlangt, sofern er nur im Hinblick

---

61) Auch die Richtlinien der Plenarkonferenz der Bischöfe der Diözesen Deutschlands (a.a.O.) sowie die Ratschläge für gemeinsame Veranstaltungen evangelischer und römisch-katholischer Christen der VELKD vom 7.1.1965 (a.a.O.) nehmen in dieser Frage eine zurückhaltende Position ein und warnen vor einer Relativierung der konfessionellen Unterschiede, die nach wie vor bestehen. Die Instruktion des Einheitssekretariates über die Zulassung zur Kommunion in besonderen Fällen sieht in der Zulassung von Christen zur Kommunion, die Gemeinschaften angehören, "deren Glaube an die Eucharistie sich von dem der Kirche unterscheidet und die kein Sakrament der Weihe haben", die Gefahr gegeben, "daß die wesentliche Beziehung zwischen eucharistischer Gemeinschaft und kirchlicher Gemeinschaft verdunkelt wird" (Instruktion, Nr. 5, a.a.O., S. 37; vgl. dazu auch A. Brandenburg, Kommentar zur Instruktion, in: NKD 41; S. 7-17, der das "Nein der Kirche" zur evangelisch-katholischen Abendmahls- bzw. Eucharistiegemeinschaft nicht als ein "Türenzuschlagen" gedeutet wissen will, sondern als einen "Hinweis auf wirklich legitime Möglichkeiten der Heilsvermittlung" und damit zugleich auf die "vielfachen Heilswege Gottes" (z. B. geistliche Kommunion, Gebet des Glaubens, der Hoffnung und der Liebe) (S. 16). UR 22, 3 verweist u. a. die Lehre vom Abendmahl in den Bereich des (noch kontroversen) Dialoges;

62) Eine thesenhafte kurze Skizze dieses Glaubens bietet A. Brandenburg, Eucharistie und Ökumene. Kurzfassung der katholischen Eucharistielehre für das ökumenische Gespräch über die Abendmahlsgemeinschaft (Thesen), in: NKD 41, S. 61-85; zuerst in: Lebendiges Zeugnis 2 (1974) 45-61; das Einheitssekretariat weist in diesem Zusammenhang nachdrücklich darauf hin, daß sich der für eine eucharistische Gemeinschaft als Voraussetzung zu fordernde gemeinsame "Eucharistieglaube" nicht nur auf die "Realpräsenz" beschränke, sondern den Glauben an die Eucharistie mit einschließe, "wie er von der katholischen Kirche gelehrt wird" (Erklärung zu einigen Auslegungen, in: NKD 41, S. 50-59, hier 57).

63) DO I 55; ferner Instruktion, Nr. 5, a.a.O., S. 37; Erklärung der DBK zur Instruktion, Nr. 6, in: NKD 41, S. 48.

auf diese Sakramente seinen Glauben im Einklang mit dem Glauben der
Kirche zum Ausdruck bringt und in der rechten inneren Verfassung
ist."(64) Diese Klausel will eine Minimalbasis hinsichtlich der Glaubens-
voraussetzung für den sakramentalen Vollzug sicherstellen, die inhaltlich
etwa bezüglich des Altarssakraments auf die Bejahung abhebt, daß Gott
darin gegenwärtig ist, bezüglich der Buße, daß Gott in ihr Vergebung
gewährt, bezüglich der Krankensalbung, daß darin eine Stärkung durch
Gott bewirkt wird. Nähere inhaltliche Präzisionen dieser Klausel lassen
sich jedoch nicht ausfindig machen.(65) Statt der vom Ökumenischen
Direktorium noch vorgenommenen dreifachen Differenzierung der "Notfallklausel" (Todesgefahr, schwere Not, andere dringende Notfälle), die
mehrere Interpretationen erforderte,(66) spricht das nun geltende Recht
in CIC 1983 (außer der Todesgefahr) nur noch von "schwerer Notlage",

---

64) DO I 55; Instruktion, Nr. 5, a.a.O., S. 37: Von Christen, die Gemeinschaften angehören,
deren Glaube an die Eucharistie sich von dem der Kirche unterscheidet und die kein
Weihesakrament haben, wird - wenn sie in seltenen und begründeten Ausnahmefällen zur
Eucharistie zugelassen werden - verlangt, daß sie einen Glauben an die Eucharistie
bekunden, der dem der katholischen Kirche entspricht. Den Orthodoxen dagegen wird diese
Frage nicht gestellt, weil sie einer Kirche angehören, deren Glaube an die Eucharistie
unserem Glauben entspricht; vgl. auch Erklärung der DBK zur Instruktion, Nr. 2 u. 3,
a.a.O., S. 47. Die Erklärung der DBK setzt zudem folgende Voraussetzungen für eine
mögliche Eucharistiezulassung eines nichtkatholischen Christen fest: "Er muß in der
eigenen Glaubensgemeinschaft zu den Sakramenten zugelassen sein. Wiederverheiratete
Geschiedene haben ... keine Zugang zur Eucharistie" (Nr. 1c, ebd.); "Gefordert ist
selbstverständlich auch eine entsprechende Vorbereitung auf den Empfang der Eucharistie
(durch Buße und ggf. Beichte" (Nr. 1d, ebd.); "es muß der Wille vorhanden sein, ein dem
Evangelium entsprechendes Leben zu führen" (Nr. 1e., ebd.). Vgl. zum ganzen auch die
Erklärung des Einheitssekretariates zu einigen Auslegungen der Instruktion, Nr. 8a. b.
c., a.a.O., S. 57 (bezüglich der getrennten Orientalen).
65) Auch in der Instruktion finden sich hierüber keine näheren Auskünfte; vgl. dazu A.
Brandenburg, Kommentar zur Erklärung der Deutschen Bischofskonferenz, in: NKD 41, S.
43-45; die Forderung, der nichtkatholische Christ müsse bezüglich de Eucharistie per-
sönlich einen Glauben bekunden, "der mit dem Glauben der Kirche übereinstimmt" (Instr.
Nr. 4b), bedeutet nach A. Brandenburg ein "klares Ja zur vollen Lehre der katholischen
Kirche über die Eucharistie. Erwünscht ist natürlich das klar gegliederte Lehr-Ver-
ständnis der Kirche über die Hauptpunkte, also Mahl und Opfer, bleibende Realpräsenz,
Anbetungswürdigkeit der heiligsten Hostie, Aufbewahrung des Allerheiligsten, klare
Sicht über den Auftrag des Priesters. Letztlich genügt die fides implicita, wobei
ausgeschlossen ist ein erklärtes Nein gegen eine Lehre der Kirche" (Kommentar zur
Erklärung der DBK, in: NKD 41, S. 43-45, hier 44).
66) Die Instruktion des Einheitssekretariates nennt als Beispiel für die "anderen Fälle
solcher dringender Notwendigkeit" im Direktorium etwa die Situation geistlicher Not in
Diaspora-Gegenden, wo die solchermaßen betroffenen Gläubigen unbeschadet der übrigen
vom Direktorium hierfür vorgesehenen Bedingungen und Voraussetzungen zur Kommunion
zugelassen werden können (Nr. 6, a.a.O., S. 37-39, hier 39); ferner Erklärung der DBK
zur Instruktion, a.a.O.; Sekretariat für die Einheit der Christen, Erklärung zu einigen
Auslegungen der Instruktion, in: NKD 41, S. 51-59, bes. Nr. 6, S. 53ff. In der näheren
Bestimmung solcher "Ausnahmesituationen" beläßt das Ökumenische Direktorium der bischöflichen Autorität einen Spielraum (DO I 55); für regional ähnlich gelagerte Verhältnisse können die Bischofskonferenzen Regelungen treffen (Instruktion, Nr. 6; DBK,
Erklärung, Nr. 6). Dem Ortsbischof obliegt die Prüfung des Einzelfalles und die kon-
krete Entscheidung darüber, ob die nach der im Ökumenischen Direktorium (55) und in der
Instruktion (NR. 4b) festgesetzten Norm für die seltenen Ausnahmefälle geforderten Be-

wobei die inhaltliche Bestimmung dieser Klausel dem Urteil der Orts-
bischöfe bzw. den Bischofskonferenzen zukommt.(67) Nicht entsprochen
hat der Gesetzgeber jedoch der etwa von der Gemeinsamen Synode der
Bistümer in der Bundesrepublik Deutschland vorgetragenen Bitte,(68)
diese Ausnahmeklausel auch auf besondere Anlässe anwendbar zu machen
bzw. sie dahingehend auszudehnen, d. h. Angehörige kirchlicher Gemeinschaften außer in Notfällen auch bei besonderen Anlässen wie etwa
ökumenischen Tagungen oder der Trauung konfessionsverschiedener
Partner zur Eucharistie zuzulassen.(69) Die Bestimmung über die in
Ausnahmefällen gewährte Zulassung eines einer kirchlichen Gemeinschaft
angehörenden Christen zur katholischen Eucharistie und zu den anderen
Sakramenten der tätigen Ordnung(70) ist jedoch nicht umkehrbar zu
deuten, denn ein Katholik, "der sich in derselben (Not-) Lage befindet,
darf diese Sakramente (auch im Notfall(71)) nur von einem Amtsträger,
der die Priesterweihe gültig empfangen hat, verlangen."(72) Entsprechend formuliert das neue Gesetzbuch: "Quoties necessitas id postulet
aut vera spiritualis utilitas id suadeat, et dummodo periculum vitetur
erroris vel indifferentismi, licet christifidelibus quibus physice aut
moraliter impossibile sit accedere ad ministrum catholicum, sacramenta
paenitentiae, Eucharistiae et unctionis infirmorum recipere a ministris non
catholicis, in quorum Ecclesia valida exsistunt praedicta sacramenta" (c.
844 § 2).

Auf die kontroverstheologischen Fragen in Bezug auf die Eucharistie und
das kirchliche Amt wird im III. Hauptteil näher einzugehen sein.

III. Die rechtliche Ordnung der bekenntnisverschiedenen Ehe auf dem
Hintergrund ihrer geschichtlichen Entwicklung

Da die Frage der Sakramentengemeinschaft hinsichtlich des Ehesakramentes (bekenntnisverschiedene Ehe) auf einen der pastoral drängendsten

---

dingungen auch wirklich erfüllt sind (Einheitssekretariat, Erklärung zu einigen Auslegungen, Nr. 6, a.a.O., S. 53).

67) "Si adsit periculum mortis aut, iudicio Episcopi dioecesani aut Episcoporum conferen-
tiae, alia urgeat gravis necessitas, ministri catholici licite eadem sacramenta administrant ceteris quoque christianis plenam communionem cum Ecclesia catholica non
habentibus, qui ad suae communitatis ministrum accedere nequeant atque sponte id petant, dummodo quoad eadem sacramenta fidem catholicam manifestent et rite sint dis-
positi" (c. 844 § 4).

68) Gemeinsame Synode, Beschluß Gottesdienst, 7. 3. 4, in: Offizielle Gesamtausgabe I, 225.

69) Vgl. M. Kaiser, Ökumenische Gottesdienstgemeinschaft, in: HdbKathKR, 644; H. Heinemann,
Ökumenische Implikationen, a.a.O., 14.

70) Hinsichtlich der Frage der communicatio in sacris werden die Sakramente der Eucharistie, der Buße und der Krankensalbung grundsätzlich gleichordnend behandelt (vgl. DO I
42; 55).

71) So schärft die Erklärung der DBK zur Instruktion ein (Nr. 5, a.a.O., S. 48).

72) DO I 55; vgl. auch Einheitssekretariat, Erklärung zu einigen Auslegungen, Nr. 9,
a.a.O., S. 59. Diese strenge Unumkehrbarkeit der Ausnahmeregelung leitet sich von der
Überzeugung her, daß die Abendmahlsfeier der reformatorischen Gemeinschaften wegen des
Fehlens des Weihesakramentes in diesen die vollständige Wesenheit des eucharistischen
Mysteriums nicht bewahrt hat (UR 22, 3; vgl. auch A. Brandenburg, Kommentar zur In-
struktion, a.a.O., bes. S. 15-17).

ökumenischen Bereiche stößt, zugleich aber auch einen Sektor berührt,
der den gesamten Problembereich einer kanonistischen Spezialmaterie
impliziert, hat das II. Vatikanische Konzil - bei aller Aufgeschlossenheit
und Sorge für ökumenische Belange - verständlicherweise ausdrücklich
darauf verzichtet, selbst hierzu Beschlüsse zu fassen, oder gar ein
vollständiges neues "Mischehenrecht" zu verabschieden;(73) die Kirchenversammlung beschränkte sich vielmehr darauf, Anregungen für eine
künftig zu unternehmende umfassende Reform des Mischehenrechtes zu
geben, wie sie dann stufen- und schrittweise in einer Reihe nachkonziliarer Gesetzesveröffentlichungen Gestalt annahm; sie läßt eine Ent-
wicklungslinie erkennen,(74) die in dem Motu proprio "Matrimonia mixta"
vom 31. März 1970(75) einen vorläufigen Abschluß fand, bis durch CIC
1983 endgültig neues Recht geschaffen wurde.

Die wichtigsten Daten dieser rechtlichen Neuordnung der bekenntnisverschiedenen Ehe sollen hinsichtlich ihrer ekklesiologischen Relevanz kurz
skizziert werden.(76)

1. Die Sonderregelung für die Ostkirchen hinsichtlich der Formpflicht

Das Dekret über die Katholischen Ostkirchen "Orientalium Ecclesiarum"
fordert die Einhaltung der kanonischen Eheschließungsform(77) bei der
Trauung eines katholischen Orientalen mit einem getauften nichtkatholi-

---

73) Vgl. J. G. Gerhartz, Die rechtliche Ordnung der Mischehen, 22; CIC 1917 vermeidet (bis
auf eine Ausnahme in c. 2375, wo der Terminus "matrimonium mixtum" als Sammelbezeichnung sowohl für die bekenntnisverschiedene wie auch für die religionsverschiedene Ehe
steht: K. Mörsdorf, Matrimonia mixta, a.a.O., 384 Anm. 55) das Wort "matrimonia mixta",
von dem sich die deutsche Rede von der "Mischehe" herleitet; CIC 1983 führt den Begriff
im Anschluß an das MP "Matrimonia Mixta" wieder ein, "so daß damit leider die in sich
ärgerliche deutsche Übersetzung 'Mischehe' wieder aufliegt" (H. Heinemann, Ökumenische
Implikationen, a.a.O., 16; dazu auch ders., "Mischehe", a.a.O., 12).

74) H. Heinemann, hat diese komprimiert skizziert in: HdbKathKR, 796-798; ausführlicher J.
G. Gerhartz, Die rechtliche Ordnung, a.a.O., 22-60.

75) In Kraft getreten am 1.10.1970, abgedruckt in AAS 62 (1970) 257-263, veröffentlicht am
29.4.1970.

76) Vgl. dazu K. Mörsdorf, Matrimonia mixta. Zur Neuordnung des Mischehenrechtes durch das
Apostolische Schreiben "Matrimonia mixta" Papst Pauls VI. vom 31.3.1970, in: AfkKR 139
(1970) 349-404; J. G. Gerhartz, Das Mischehenrecht Papst Paul's VI. Die Bischofssynode
(1967) und das Motu Proprio "Matrimonia Mixta" (1970), in: ThPh 45 (1970) 481-525; K.
Mörsdorf, Die kirchliche Eheabschließungsform nach dem Selbstverständnis der christlichen Bekenntnisse, in: MThZ 9 (1958) 241-256; G. May, Die kanonische Formpflicht beim
Abschluß von Mischehen, Paderborn 1963; U. Navarrete, Matrimonia mixta in Synodo Episcoporum, in: Periodica 57 (1968) 653-692; J. G. Gerhartz, Die rechtliche Ordnung,
a.a.O., bes. 22-60, dort weitere Literatur: 66-73; Literaturangaben finden sich auch
bei W. Sucker-J. Lell-K. Nitzschke, Die Mischehe. Handbuch für die evangelische Seelsorge, Göttingen 1959, 464-476; Materialdienst des Konfessionskundlichen Instituts 17
(1966) 31-39; U. Mosiek, Kirchliches Eherecht unter Berücksichtigung der nachkonziliaren Rechtslage, Freiburg 1968, 113-117; H. Stirnimann (Hrsg.), Christliche Ehe und
getrennte Kirchen. Dokumente. Studien (= Ökumenische Beihefte 1), Freiburg/Schweiz
1968, 111-124; H. Heinemann, in: HdbKathKR, 796-808, dort weitere Literatur zum neuen
geltenden Recht der katholischen Kirche.

77) Vgl. die Normierung zur katholischen Formpflicht in c. 1108 CIC 1983.

schen Orientalen nur zur Erlaubtheit, nicht zur Gültigkeit der Eheschließung, wobei lediglich die Anwesenheit eines geweihten Amtsträgers
(minister sacer) nötig ist.(78) Da die katholische Kirche und die getrennten Ostkirchen zumindest ein nicht sich gegensätzlich-ausschlie-
ßendes theologisches Verständnis des Ehesakramentes haben,(79) ja
gerade in der Auffassung von der ekklesiologisch-sakramentalen Valenz
der Ehe(80) deutlich konvergieren, und in dem Verständnis von der
kirchlichen Trauung als eines sakramentalen Geschehens im wesentlichen
übereinstimmen,(81) konnte das Dekret "Crescens matrimoniorum" vom
22. Februar 1967(82) konsequenterweise die entsprechende Abänderung
der Formpflichtsbestimmung auch auf die Eheschließung zwischen lateinischen Katholiken und nichtkatholischen Orientalen ausdehnen und zugleich den Ortsoberhirten die Dispensvollmacht für das Ehehindernis der
Bekenntnisverschiedenheit(83) übertragen; zudem kann, falls die Um-

---

78) Vgl OE 18. Die bis dahin geltende Rechtsordnung des MP "Crebrae allatae" vom 22.1.1949
   (abgedruckt in AAS 41, 1949, 89-117), die die gültige Schließung einer 'Mischehe' zwischen einem Katholiken und einem getrennten Orientalen von der Trauung durch einen
   katholischen minister sacer in einer katholischen Kirche abhängig gemacht hat, wurde
   damit außer Kraft gesetzt; vgl. dazu auch J. Madey, Der Abschluß einer bekenntnisverschiedenen Ehe nach dem Konzilsdektret "Über die Katholischen Ostkirchen", in: TThZ 75
   (1966) 237-243; M. Breydy, El Decreto sobre matrimonios cathólicos y orientales, in:
   REDC 23 (1967) 375-392; C. Pujol, Adnotationes ad Decretum de matrimoniis mixtis inter
   Catholicos et Orientales baptizatos acatholicos (22. Februar 1967), in: Periodica 56
   (1967) 505-517; P. Wirth, Ehen mit Orthodoxen (= Wort und Weisung 3), Freiburg i. Br.
   1967; J. Madey, Ökumenische Fragen und Probleme im neuen katholischen Ostkirchenrecht,
   in: Cath 36 (1982) 280-293.
79) Vgl. dazu o. S. 382 Anm. 37.
80) Vgl. dazu A. Kallis, Myterium der Liebe. Ein Beitrag zum orthodoxen Eheverständnis, in:
   H. Engelhardt (Hrsg.), Die Kirchen und die Ehe (= Beiheft zur Ökumenischen Rundschau
   46), Frankfurt/Main 1984, 44-55, bes. 46f. Der "sakramentale Charakter des orthodoxen
   Christentums" (K. Algermissen, Konfessionskunde, 8. Aufl., Paderborn 1969, 268ff.)
   schafft gerade auch hier eine fundamentale Übereinstimmungsbasis mit der katholischen
   Tradition lateinischer Prägung.
81) Die sakramentale Wirklichkeit, daß die christliche Ehe ein Abbild der Verbindung Christi mit seiner Kirche ist, spricht sich in dem ostkirchlichen Trauungsritus besonders
   deutlich in der Krönung und Segnung der Brautleute aus; vgl. dazu K. Algermissen, Konfessionskunde, a.a.O., 271f.; Mit der Herausstellung des Bundescharakters der christlichen Ehe legt die Liturgie der Ostkirchen auch seit jeher besonderen Wert auf die
   unmittelbare aktive Beteiligung eines Organs der Kirche an der Eheschließung. Die
   Überwindung der einseitigen Favorisierung der Vertragstheorie durch die nachkonziliare
   katholische Ehetheologie und Kanonistik ist sicherlich auch durch die ostkirchliche
   Auffassung von der Ehe als (Bundes-)Sakrament motiviert (vgl. M. Kaiser, Grundfragen
   des kirchlichen Eherechts, in: HdbKathKR, 737ff.). Eine Verbindung des liturgischen
   Elements der Ostkirchen und des rechtlichen Elementes der Westkirche zeigt gerade die
   Neukodifikation des Eherechtes der unierten Ostkirchen (CICO/CA c. 85). Der neugestal-
   tete liturgische Tauungsritus sieht auch in der Westkirche in jedem Fall die Segnung
   der Brautleute vor. Der rechtliche Kern der Eheschließung in der lateinischen Kirche
   wurde freilich auch durch CIC 1983 nicht der fortentwickelten liturgischen Gestalt
   angeglichen (M. Kaiser, a.a.O., 739f. Anm. 31).
82) Abgedruckt in: AAS 59 (1967) 165-166.
83) Zur formalrechtlichen Frage nach dem genauen Charakter der Behinderung des Eheabschlusses bei einer bekenntnisverschiedenen Ehe nach der neuen Rechtsordnung (Hindernis oder
   bloße Erlaubnisbindung?) vgl. einstweilen H. Heinemann, Die konfessionsverschiedene

- 445 -

 stände es angeraten erscheinen lassen, auch hinsichtlich der Erlaubtheit der Eheschließung zwischen Katholiken und getrennten Orientalen von der kanonischen Eheschließungsform durch den Ortsoberhirten dispensiert werden.(84)

Da nun nach orientalischem Recht die Anwesenheit eines geweihten Amtsträgers ohnehin für einen gültigen Eheabschluß unerläßlich ist, sind damit eo ipso auch die vom katholischen Recht gestellten Bedinungen für die Möglichkeit des Eheabschlusses vor einem nichtkatholischen Geistlichen erfüllt.(85) Lediglich die Unterscheidung zwischen Gültigkeit und Erlaubtheit solche Eheschließungen im lateinischen Recht macht noch deutlich, daß bei aller Unbezweifeltheit der Heilswirksamkeit des außerhalb der katholischen Kirche empfangenen (Ehe-) Sakramentes der vollen communio mit den nichtkatholischen (orientalischen) Kirchen noch gewisse Unterschiede z. B. hinsichtlich des Verständnisses der Eheschließungsform bestehen.(86)

Brautführer oder Trauzeugen der jeweils anderen Gemeinschaft werden bei der Eheschließung zwischen Katholiken des lateinischen Ritus und getrennten Orientalen gegenseitig zugelassen.(87)

2. Die rechtliche Ordnung der bekenntnisverschiedenen Ehe im allgemeinen

a. Die Entwicklung der Rechtsordnung zwischen den beiden Gesetzbüchern der Kirche von 1917 und 1983

Für die durch das II. Vatikanische Konzil initiierte Neuregelung der "Mischehenfrage" im allgemeinen macht das MP "Pastorale munus" vom 30.11.1963(88) bereits einen ersten wichtigen Schritt, indem es den

Ehe, in: Hdb KathKR, 799ff.; "Crescens matrimoniorum" spricht jedenfalls noch von "impedimentum mixtae religionis (Abs. 6, in: NKD 28, S. 108).

84) Während in c. 1125 CIC 1983 ausdrücklich von dem für die Erteilung der Erlaubnis zum Abschluß einer bekenntnisverschiedenen Ehe zuständigen Ortsoberhirten die Rede ist, spricht c. 1124 ganz allgemein von der auctoritas competens; in Verbindung mit MP Matrimonia mixta gewinnt diese terminologische Beobachtung rechtliche Bedeutung, insofern nach dem MP - wie von seiten der deutschen Bischöfe praktiziert - der Ortsoberhirte diese seine Erlaubnisvollmacht weitergeben kann (Vgl. H. Heinemann, Die konfessionsverschiedene Ehe, a.a.O., 800).

85) Vgl. dazu die von den deutschen Bischöfen erlassenen diesbezüglichen Anweisungen: Kirchliches Amtsblatt Essen 10 (1967) S. 123f.; abgedr. in: AfkKR 136 (1967) 547-550. Vgl. zum ganzen auch Ch. Konstantinidis-E.Ch. Suttner, Fragen der Sakramentenpastoral in orthodox-katholisch (orientalisch-katholisch) gemischten Gemeinden. Eine Handreichung für die Seelsorger, im Auftrage der Regensburger Ökumenischen Symposien erstellt von Metropolit Chrysostomos Konstantinidis und Ernst Christoph Suttner, Regensburg 1979.

86) Es geht dabei um die genaue Funktionsbestimmung der durch den Amtsträger handelnden Kirche beim Eheabschluß (Erteilung des Ehesegens als aktive Spenderfunktion oder 'lediglich' assistierendes Erfragen des Ehekonsenses?); solche akzentuellen Unterschiede können jedoch nicht kirchentrennenden Charakter haben; vgl. dazu K. Mörsdorf, Die kirchliche Eheschließungsform, a.a.O.

87) Vgl. DO I 49.

Ortsoberhirten das Dispensrecht für die Ehehindernisse der Bekenntnisverschiedenheit und der Kultusverschiedenheit (CIC 1917 c. 1060 bzw. c. 1070) übertragen hat,(89) das bisher ausschließlich der römischen Kurie vorbehalten war.

(1) Das "**Schema voti de matrimonii sacramento**",(90) das am 19. und 20. November 1964 auf dem Konzil zur Diskussion stand, enthielt schon wichtige Reformvorschläge, was die Kautelenfrage und die Vollmacht zur Dispens von der Formpflicht betrifft: es verlangt im Gegensatz zum alten Recht(91) nur mehr vom katholischen Partner das Versprechen, das (ihm) Mögliche zu tun, daß die Kinder katholisch getauft und erzogen werden, und vom nichtkatholischen Partner, daß er sich diesem Versprechen (des anderen) nicht widersetzt.(92) Damit wird eine Überforderung des katholischen und des nichtkatholischen Partners im Gewissen zu vermeiden versucht. Auf dem Konzil setzte sich diesbezüglich der Frage nach der Sicherstellung des katholischen Glaubens des katholischen Ehepartners und der Kinder dann auch die Tendenz durch, "den nichtkatholischen Partner zu entlasten und dementsprechend die Verpflichtung des katholischen Partners und die Sicherstellung ihrer Erfüllung deutlicher zu unterstreichen."(93)

(2) In der von der Kardinalskongregation für die Glaubenslehre erlasse-

---

88) Abgedruckt in: AAS 56 (1964) 5-12.
89) MP PastMun I, 19, 20.
90) Art. 4; abgedruckt in: LThK², vat.,₂III, 594-604; dazu B. Häring, Entwurf des Votums über das Sakrament der Ehe, in: LThK², Vat., III, 595; ferner H. Heinemann, "Mischehe", a.a.O., 17-20; K. Mörsdorf, Matrimonia mixta, a.a.O., 356; J. G. Gerhartz, Die Mischehe, das Konzil und die Mischehen-Instruktion, in: ThPh 41 (1966) 376-400.
91) CIC 1917 c. 1061 § 1 n. 2 verlangt noch für die Erlangung der Dispens vom Ehehindernis der Bekenntnisverschiedenheit das Versprechen des katholischen **und** des nichtkatholischen Teiles, alle aus der Ehe hervorgehenden Kinder katholisch taufen zu lassen und zu erziehen.
92) Vorbereitet wurde diese Neuregelung der Kautelenfrage außer durch die Diskussion um die Verabschiedung des Ökumenismus-Dekretes auch durch eine Reihe von Einzelentscheidungen des Apostolischen Stuhles zur Dispens- und Kautelenfrage hinsichtlich der konfessionsverschiedenen Ehen hauptsächlich in Missionsgebieten: Vgl. die Dekrete des Hl. Offiziums vom 5.4.1918 für China, vom 19.2.1936 für die kleinen Sundainseln, vom 21.4.1938 für Japan, vom 27.1.1949 für China, vom 7.1.1965 erneut für Japan. Demnach wurde als Gültigkeitsbedingung für die Dispens vom Ehehindernis der Bekenntnisverschiedenheit nicht mehr die moralische Gewißheit über die tatsächliche katholische Kindererziehung gefordert, sondern lediglich - aber unabdingbar, der aufrichtige Wille des Katholiken, das ihm Mögliche zu tun für die Verwirklichung der katholischen Kindererziehung. Für die Inkaufnahme des schweren Übels, daß der bereite Wille des Katholiken hierzu nicht wirksam werden kann, sind schwere Gründe gefordert, "Gründe, die nicht schon dadurch erschöpfend aufgezählt sind, daß sonst der absolute Verzicht auf die Ehe auferlegt ist und daß die Gefährdung der tatsächlichen katholischen Kindererziehung unabhängig vom Willen beider Ehegatten vorliegen muß. Der Umstand, daß diese Gründe ausfallen, erschwert es zwar, die Tolerierung des Übels zu rechtfertigen, macht aber eine begründete Rechtfertigung nicht von vornherein unmöglich. So war der Stand der Dinge zur Zeit des Konzils" (J. G. Gerhartz, Die Rechtliche Ordnung, a.a.O., 22).
93) Ebd., 23.

ne "Instruktio de matrimoniis mixtis" vom 18. März 1966(94) findet diese von dem Votum befürwortete Regelung der Kautelenfrage Berücksichtigung (I, 2-4).(95) Darüber hinaus bringt dieses Dokument wichtige Erleichterungen für die Praxis durch die weitherzige Gestaltung der Ausnahmeregelung (II, in: NKD 28, S. 93-95), die dort, wo aus kulturellen oder politischen Gründen die katholische Erziehung behindert wird, von keinem der Partner das im Normalfall geforderte und schriftlich zu gebende Versprechen über die katholische Kindererziehung verlangt; die Dispensvollmacht hat der Ortsordinarius.(96) Vom nichtkatholischen Partner verlangt die Instruktion - hierin auf der Linie des CIC 1917 verbleibend - ausdrückliche Kautelen, die normalerweise in schriftlicher Form zu geben sind (I, 4, a.a.O., 93); allerdings haben sie lediglich negative Aussagestruktur hinsichtlich des Schutzes der doppelten Verpflichtung des Katholiken (I, 3, a.a.O., 93). Die Formulierung, der nichtkatholische Teil solle zu dem Versprechen "eingeladen" werden, die Verpflichtung des katholischen Partners nicht zu behindern, ändert nichts an der Tatsache, daß dieses sein Versprechen für eine Dispensgewährung absolut notwendig ist.

Weitere - gegenüber CIC 1917 beobachtbare - Erleichterungen der Instruktion in der "Mischehenregelung" zeigen sich darin, daß der Ortsoberhirte auch generell durch allgemeine Verfügung auf die schriftliche Ausführung der Kautelen des Nichtkatholiken verzichten kann (I, 4, ebd.), sowie darin, daß bei erklärten Gewissenskonflikten des Nichtkatholiken hinsichtlich des Versprechensinhaltes der Ortsordinarius die Trauung nicht einfach verweigern kann, sondern die Angelegenheit zur weiteren Prüfung Rom vorzutragen hat, um von dort gegebenenfalls die entsprechende Dispens von der Kautelenleistung zu erwarten (I, 3, ebd.). Die Instruktion fordert - über das bisherige Recht hinausgehend - eine Belehrung des Nichkatholiken über die katholische Lehre bezüglich Würde und Wesenseigenschaften der Ehe (I, 3, ebd.), jedoch verlangt sie keine moralische Gewißheit mehr über die tatsächliche Einhaltung des Versprechens.

Was die Eheschließungsform betrifft, hält die Instruktion streng an der Einhaltung der gemäß c. 1094 CIC 1917 zur Gültigkeit der Eheschließung

---

94) Abgedruckt in: AAS 58 (1966) 235-239; AfkKR 135 (1966) 249-252; NKD 28, S. 86-97; in Kraft getreten am 19.5.1966. Die Instruktion nennt in ihren einleitenden und abschließenden Bemerkungen ausdrücklich auch die Gründe und Prinzipien für die Reform der Mischehengesetzgebung: die Anerkennung der veränderten Lebens- und Denkweise der heutigen Menschen, die veränderte Mischehensituation (größere Zahl), die größere Wirksamkeit der Mischehenseelsorge, die Prinzipien des Konzils über den Ökumenismus und über die Religionsfreiheit. An dem Hindernis der Bekenntnis- und der Religionsverschiedenheit wird freilich festgehalten.

95) In NKD 28, S. 93. Das Versprechen des katholischen Partners mußte ausdrücklich sein und in der Regel schriftlich gegeben sein, wobei allerdings der Ortsoberhirte bestimmen kann, ob das Versprechen schriftlich zu geben ist oder nicht (I, 4, ebd.). Die Versprechensformel lautet: "... für die Taufe und Erziehung der zukünftigen Nachkommenschaft in der katholischen Religion unbedingt zu sorgen" ("Loci Ordinarius vel Parochus partis catholicae gravibus verbis inculcandam curabit obligationem omnino cavendi de futurae prolis baptismo et educatione in religione catholica ..." I, 2, a.a.O., 92).

96) Vorausgesetzt bleibt die Bereitschaft des Katholiken, das ihm Mögliche für die katholische Erziehung der Kinder zu tun und der gute Wille des Nichtkatholiken.

vorgeschriebenen kanonischen Form fest und sieht davon ab, wie in dem
Votum den Ortsoberhirten eine diesbezügliche Dispensvollmacht zuzuschreiben (III, a.a.O., 95). Die Instruktion spricht ferner das Verbot
der sog. "ökumenischen Trauung" aus, d. h. jede Eheschließung vor
einem katholischen Priester und einem nichtkatholischen Geistlichen, die
zugleich trauen, ist untersagt (V, ebd.). Gewisse Funktionen des nichtkatholischen Amtsträgers können zwar im Haus der Eheleute, in der
nichtkatholischen Kirche und - nach der Mischeheninstruktion - auch in
der katholischen Kirche stattfinden (z. B. Worte des Glückwunsches oder
der Ermahnung oder auch manche Gebete mit den nichtkatholischen Teil-
nehmern). Hierzu bedarf es aber der Erlaubnis des Ortsoberhirten;
ferner ist darauf zu achten, daß kein Befremden dadurch erregt wird
(ebd.). Der Ortsoberhirte kann zudem nach eigener Vollmacht die liturgische Trauung bei Mischehen so gestalten, daß sie sich in nichts mehr
von der Trauungsform rein katholischer Ehen unterscheidet, also auch
Brautmesse und Brautsegen vorsieht (IV, a.a.O., 95); damit sind die
verbietenden liturgischen Formvorschriften der cc. 1102 § 2 und 1109 § 3
CIC 1917 abgeschafft; schließlich ordnete die Instruktion die rückwirkende Aufhebung der Strafe des von selbst eintretenden Kirchenbannes
für jeden Katholiken an, der sich vor einem nichtkatholischen Geistlichen
trauen läßt (VII, ebd.; vgl. c. 2319 § 1 n. 1 CIC 1917).

Die Bekehrungspflicht des katholischen Partners (c. 1062 CIC 1917) hat
die Instruktion in ihrem Schlußsatz in ein völlig neues, der veränderten
Situation angepaßtes Sprachkleid gefaßt: "Coniuges ... catholici curent,
ut fidei donum in seipsis firment et augeant atque, christianarum virtutum semitas in familiari vita semper sectantes, etiam parti acatholicae
ac filiis praeclarum exemplum continenter exhibeant" (a.a.O., 96).

(3) Einen vorläufigen Endpunkt(97) in der Entwicklung der Neuordnung
des Mischehenrechtes bildete dann das wesentlich durch die Beratungen
der ersten ordentlichen Bischofssynode (1967)(98) angeregte Motu proprio Paul's VI. "Matrimonia mixta" vom 31. März 1970, welches am 1.
Oktober 1970 in Kraft getreten ist.(99)

---

97) Durch MP MatrMixt wurde die Mischehen-Instruktion als ganze aufgehoben; damit ist auch
MP Ep Mun (AAS 58, 1966, 467-472, IX 16; 17; 18c aufgehoben bzw. abgeändert; vgl. dazu
J. G. Gerhartz, Die rechtliche Ordnung, 39; 64 Anm. 5; ferner sind aufgehoben cc. CIC
1917; 1061; 1071; 1062; 1064 nn. 1-3; 1102 § 2; 1064 n. 4; 1109 § 3; 2319; durch das
neue Recht modifiziert sind weiterhin in Geltung: cc. 1060; 1070; 1070 § 2; 1063;
uneingeschränkt gelten weiter: c. 1026; 1065f.; 1094ff.; 1102 § 1 mit c. 1064 n. 4;
2375.
98) Vom 29. September bis 29. Oktober 1967 in Rom; vgl. dazu U. Navarrete, Matrimonia Mixta
in Synode Episcoporum, in: Periodica 57 (1968) 653-692; zu den Einflüssen dieser Bischofssynode auf die Mischehengesetzgebung in MP MatrMixt vgl. J. G. Gerhartz, Die
rechtliche Ordnung, 29-32. Gerhartz erkennt in den Beratungen der Bischofssynode zur
Mischehenfrage die schon auf dem II. Vatikanischen Konzil und in der Mischeheninstruktion feststellbare Tendenz wieder, das Mischehenrecht der veränderten Gesamtsituation
entsprechend immer mehr zu regionalisieren: "Die gesamtkirchliche Ordnung gibt Raum für
regionale Sonderregelungen, für die Möglichkeit, auf örtliche Gegebenheiten und Notwen-
digkeiten einzugehen - sei es auch nur auf dem Weg über das rechtliche Mittel der
Dispens" (ebd., 32).
99) Abgedruckt in: AAS 62 (1970) 257-263; ferner in NKD 28, 118-133; vgl. ferner hierzu
auch die "Ausführungsbestimmungen zum Motu Proprio MATRIMONIA MIXTA vom 31. März 1970

Hiernach bleibt (a) das **Ehehindernis der Konfessionsverschiedenheit** für den Katholiken weiterhin bestehen (1, in: NKD 28, S. 127), jedoch erhält der Ortsordinarius die Dispensvollmacht (1 u. 2, ebd.) für Fälle, bei denen ein **gerechter** Grund (3, ebd.: "iusta causa"), nicht wie bisher ein **gerechter und schwerwiegender** Grund vorliegt. Das Vorliegen eines solchen Grundes ist Gültigkeitsbedingung der Dispens. Dabei ist zur Bestimmung des Bekenntnisstandes der Partner einer konfessionsverschiedenen Ehe mit K. Mörsdorf festzuhalten: "Persona catholica ist ein Partner, der rechtmäßig in der katholischen Kirche getauft worden ist oder sich zu ihr bekehrt hat, und er bleibt solange katholisch, bis er sich einer nichtkatholischen Religionsgemeinschaft ... angeschlossen hat. Jeder andere Getaufte ist im Sinne des Hindernisses der Bekenntnisverschiedenheit nichtkatholisch."(100) Der den eherechtlichen Bestimmungen zugrundeliegende catholicus-Begriff geht also von der zum Zeitpunkt der Eheschließung relevanten konkret-faktischen kirchlichen Beheimatung des Nupturienten aus.(101)

(b) **Die Regelung der Kautelenfrage** (4-7, a.a.O., 127-129) begnügt sich damit, Sicherheitsleistungen **allein** vom katholischen Partner zu verlangen, während der nichtkatholische Partner lediglich darüber so informiert sein muß, daß er sich der Pflicht seines Partners voll bewußt ist;(102) von Gewissenskonflikten aufgrund einer eigenen Versprechensleistung ist der nichtkatholische Partner also befreit.(103)

Die inhaltliche Beschreibung der Sicherheitsleistungen umfaßt die Bereitschaftserklärung des katholischen Partners (4, a.a.O., 127), die Gefahren des Glaubensabfalles (Indifferentismus) von sich abzuwenden sowie das Versprechen, nach seinen Kräften alles zu tun, daß alle Kinder in der katholischen Kirche getauft und katholisch erzogen werden. Die For-

---

über die rechtliche Ordnung konfessionsverschiedener Ehen" der DBK, in : Kirchliches Amtsblatt 13 (1970) 150-154, ebenso in: AfkKR 139 (1970) 538-548, ferner in NKD 28, 134-153.

100) K. Mörsdorf, Matrimonia mixta, a.a.O., 388.

101) Anders ist jedoch sowohl nach CIC 1917 wie auch nach MP MatrMixt der catholicus-Begriff hinsichtlich des Ehehindernisses der Religionsverschiedenheit gefaßt: Hier gilt jeder Mensch, der durch die rechtmäßig in der katholischen Kirche empfangene Taufe oder durch freien Übertritt zur katholischen Kirche derselben eingegliedert wurde, als Katholik, unabhängig davon, ob er sich zu irgendeinem Zeitpunkt in irgendeiner Form wieder von der katholischen Kirche lossagte: semel catholicus - semper catholicus! Vgl. dazu J. G. Gerhartz, Die rechtliche Ordnung, 42f.; K. Mörsdorf, Rechtssprache, 129ff.

102) Es soll damit vor der Ehe nur sichergestellt sein, daß der nichtkatholische Teil "wirklich von der Verpflichtung und dem Versprechen des katholischen Partners Kenntnis hat." Er soll davon "rechtzeitig unterrichtet werden" (MP Matr Mixt, 5, a.a.O., 129); der nichtkatholische Partner ist damit frei von kirchenrechtlichen Verpflichtungen. Die Ausführungsbestimmungen der DBK setzen hierzu als Modalitäten im einzelnen fest (vgl. MP MatrMixt 7, ebd.): Teilnahme am Brautgespräch; Gewißheit des Seelsorgers darüber, daß der Nichtkatholik über die Gewissenspflicht seines katholischen Partners informiert ist (A I, 3, in: NKD 28, 137f.; A II, 3, ebd., 142). Einem Brautgespräch auch mit einem nichtkatholischen Geistlichen oder mit Seelsorgern beider Konfessionen steht nichts entgegen.

103) Zur Kritik dieser Neuordnung gegenüber der des CIC 1917 vgl. K. Mörsdorf, Matrimonia mixta, a.a.O., 393-395.

mulierung "nach seinen Kräften" ("se omnia pro viribus facturam esse")
zeigt an, daß die Rechtsordnung niemanden über sein Vermögen hinaus
verpflichten und binden will, und daß somit über die Frage der Kindererziehung der katholische Christ nicht seine Ehe scheitern lassen dürfte.
Damit ist das kanonisch Geforderte auf das sittlich Geforderte zurückge-
nommen, d. h. die Abgabe der Erklärung des Katholiken soll sicherstellen, daß dieser sich seiner im Glauben übernommenen Verpflichtung bewußt ist und die daraus erwachsenden sittlichen Anforderungen in seiner
Ehe zu erfüllen bereit ist. Die rechtlich schwer greifbare - gleichwohl
aber von MP MatrMixt geforderte - Aufrichtigkeit des Versprechens ist
nun nicht mehr Gültigkeitsbedingung für die Dispens vom Ehehindernis,
MP MatrMixt 4 enthält keine diesbezügliche irritierende Klausel; der
Ortsbischof muß als Gültigkeitsbedingung seiner Dispenserteilung nicht
mehr die moralische Gewißheit haben, daß der Katholik sein gegebenes
Versprechen auch erfüllt, wohl aber das formale Versprechen
selbst.(104)

Obwohl die in MP MatrMixt 3 gegebene Dispensregelung für das Ehehindernis der Bekenntnisverschiedenheit auf die dem Wesen des Dispensak-
tes gemäße Einzelfallprüfung der Gegebenheiten hinsichtlich des Vorhan-
denseins einer iusta causa zur Befreiung von dem Ehehindernis abhebt,
bewirkt die durch die auf dem Konzil eingeleitete ekklesiologische Neubesinnung auf die Ortskirche motivierte Umgestaltung des Dispensrechtes
von dem bisherigen Konzessions- zu einem Reservationssystem(105)
namentlich in Deutschland, wo aufgrund der Generalklausel, daß mit dem
Tatbestand der Konfessionsverschiedenheit eo ipso in jedem Fall ein
Dispensgrund vorliegt (A I, 1a, a.a.O. 136f.), eine Aushöhlung des
Rechtsinstrumentes der Dispens, zumal dann wenn wiederum wie in
Deutschland die Ortspfarrer vom Bischof mit der allgemeinen Vollmacht

---

104) Vgl. dazu auch die Ausführungsbestimmungen der DBK, wo für die Angabe des Versprechens
des katholischen Partners folgender Fragenkatalog vorgeschrieben wird: "Wollen Sie in
Ihrer Ehe als katholischer Christ leben und den Glauben bezeugen? Sind Sie sich bewußt, daß Sie als katholischer Christ die Pflicht haben, Ihre Kinder in der katholischen Kirche taufen zu lassen und im katholischen Glauben zu erziehen? Versprechen
Sie, sich nach Kräften darum zu bemühen, dieses sittliche Gebot zu erfüllen, soweit
das in Ihrer Ehe möglich ist?" (A I, 2a; A II, 2a, a.a.O., 137; 142). Ursprünglich hat
die BDK auf den Wunsch der Gemeinsamen Synode hin (Beschluß Ökumene 9.2.1, Offizielle
Gesamtausgabe I, 803) vorgesehen, daß diese Fragen grundsätzlich an alle Brautpaare
gestellt werden, und es also keine besonderen Formulare für das Brautexamen bei
Mischehepaaren gibt (A I, 2b; A II, 2b, a.a.O., 137; 142); jedoch ließ sich dies nicht
konsequent durchführen, da die diesbezüglich ergangene Direktive versehentlich nur als
auf die erste Frage sich beziehend formuliert wurde. Die bürokratische Verwirklichung
des rechtlichen Schrittes gegen eine Diskriminierung der Mischehe ist also noch nicht
gelungen (vgl. J. G. Gerhartz, Die rechtliche Ordnung, a.a.O., 48).

105) Bisher: "Vollmachtszuweisung im Wege der Einzel- oder Sammelgewährung" jetzt: "Einschränkung der von selbst zukommenden Vollmacht durch Reservation" (vgl. zum ganzen H.
Schmitz, Tendenzen der nachkonziliaren Gesetzgebung, a.a.O., 9ff.).
In dem MP MatrMixt wird diese Tendenz als gesetzgeberischer Wille zur Regionalisierung
des Mischehenrechtes fortgesetzt: vgl. die Übertragung der ordentlichen Dispensvoll-
machten an die Ortsoberhirten: MP MatrMixt 3; 9; 11; 16, a.a.O., 127; 129; 131; 133.
Die Ortsoberhirten haben ferner das Recht, die eherechtlichen Rahmennormen nach den
örtlichen Bedürfnissen auszugestalten (7; 9; 10; 16, a.a.O., 129; 131; 133). Schließlich brauchen die Beschlüsse der Bischofkonferenzen hierzu von Rom nicht mehr approbiert zu werden, sondern sind lediglich noch mitzuteilen (12, a.a.O., 131).

ausgestattet sind, vom Ehehindernis der Konfessionsverschiedenheit zu dispensieren.(106) Die Dispens ist also offensichtlich für die gegenwärtige Lage in Deutschland nicht mehr das adäquate Rechtsinstrument hinsichtlich des Ehehindernisses der Konfessionsverschiedenheit, wenn der dispensierte Fall der Regelfall ist. Daher wird die neue Rechtsordnung des CIC 1983 die Konfessionsverschiedenheit nicht mehr als (verbietendes) Ehehindernis behandeln sondern sie durch die Rechtsfigur eines erlaubnisgebundenen Aktes erfassen.(107)

(c) Hinsichtlich der Formpflicht bei Mischehen hält das MP MatrMixt daran fest, daß die Einhaltung der kanonischen Eheschließungsformen zur Gültigkeit der Eheschließung notwendig ist (8, a.a.O., 129).(108) Stehen dem ernste Schwierigkeiten entgegen, hat der Ortsoberhirt das Recht, von der kanonischen Formpflicht zu dispensieren (9, ebd.).(109) Für diesen Fall sieht das MP "aliqua publica forma celebrationis" als Gültigkeitsbedingung für die Eheschließung vor - eine Formel, deren genauere Explikation den Bischofskonferenzen übertragen wurde. Da somit

---

106) Vgl. Ausführungsbestimmungen der DBK A I, 1a, a.a.O., 136f. Die Dispens vom Ehehindernis der Religionsverschiedenheit haben sich die Ortsoberhirten jedoch selbst vorbehalten: A II, 1, a.a.O., 141f.

107) Vgl. dazu unter Ziff. b.

108) Zur Sonderregelung hinsichtlich der Ostkirchen vgl. o. S. 458ff.

109) Voraussetzung für die Dispens ist das Vorliegen von "graves difficultates". Die Interpretation dieses für das Dispensrecht ungebräuchlichen Terminus hat sich wohl an die Bestimmungen von CD 8b. und MP EpMun Nr. VIII zu halten, wo als Dispensgrund für die entsprechende Vollmachtsausübung seitens des Ortsoberhirten das Wohl der Gläubigen angegeben ist; nach den Ausführungsbestimmungen der DBK scheint die Feststellung über das Vorliegen dieses Grundes bezüglich der Dispens von der Formpflicht allein in die Entscheidung des jeweiligen Paares gelegt, wenn es dort heißt, daß der Bischof dispensiert, wenn "das Brautpaar zur katholischen Trauung nicht bereit ist", und der katholische Partner die Dispens erbittet (A I, 4a; A II, 4a, a.a.O., 138; 143); allerdings beinhaltet nach MP MatrMixt 9 die Norm von dem Vorhandensein eines hinreichenden Dispensgrundes als Voraussetzung auch, daß "der Einhaltung der kanonischen Form erhebliche Schwierigkeiten entgegenstehen" müssen. Daher verfährt die Bestimmung der deutschen Bischöfe über das Vorliegen des Dispensgrundes gleichsam "zweipolig": sie verlangt einerseits die Belehrung der Brautleute über die kanonische Eheschließungsform und die ausdrückliche Erklärung des Brautpaares, daß eine katholische Trauung erhebliche Schwierigkeiten mit sich bringt (E = anmerkende Erklärungen zu den Ausführungsbestimmungen I, 7; II, 7, in: NKD 28, 148; 152). Zudem muß beim Brautexamen geklärt werden, "durch welche öffentliche Ehewillenserklärung die Brautleute ihre Ehe begründen wollen" (A I, 4b, a.a.O., 138). Allerdings können die Bischofskonferenzen keine zusätzlichen Gültigkeitsbedingungen für die Dispensgewährung erlassen (MP MatrMixt 9), die nicht schon durch die rechtliche Rahmennorm gefordert sind. Festzuhalten ist ferner, daß nach MP MatrMixt die Dispens von der Formpflicht nicht an die Erfüllung der Voraussetzungen für die Dispens vom Hindernis der Bekenntnisverschiedenheit gebunden ist, und somit der Gefahr der vermehrten Entstehung kanonisch ungültiger Ehen ein Riegel vorgeschoben ist. Demgegenüber erklären aber die Ausführungsbestimmungen der DBK die Dispens vom Hindernis der Bekenntnisverschiedenheit zur Voraussetzung für die Dispens von der Formpflicht (A I, 4c; A II, 4a, a.a.O., 138; 143 implizieren A I, 2a und A II, 2a, d. h. die Voraussetzungen zur Gewährung der Dispens vom Hindernis der Bekenntnisverschiedenheit). Die Vollmacht zur Dispens von der Formpflicht haben die deutschen Bischöfe zunächst nicht an die mit der Trauungsvollmacht ausgestatteten Seelsorger delegiert (A I, 1a, a.a.O., 136; 4a, 138).

auch vor dem Standesbeamten eine kanonisch gültige Ehe geschlossen
werden kann, sieht K. Mörsdorf(110) mit dieser weitherzigen Dispensregelung der Säkularisierung des Eheschließungsaktes(111) Tür und Tor
geöffnet, insofern das Verständnis von der allein eheschaffenden Kraft
der Konsenserklärung durch diese Praxis zementiert wird, und durch die
Bedeutungsminderung der priesterlichen Mitträgerschaft (persona agens)
als eines für den Eheschließungsakt konstituierenden Elementes die heilsmittlerische Funktion der Kirche bei der Eheschließung hinter einer bloß
der Rechtssicherheit genüge leistenden passiven Assistenzhandlung zu-
rückgedrängt wird, und das Eheverständnis mit der damit verbundenen
Aushöhlung seines sakramentalen Gehaltens auch einer ökumenisch sehr
bedeutsamen Basis hinsichtlich der ostkirchlichen Tradition beraubt wird.

(d) Das bereits durch die Mischehen-Instruktion ausgesprochene **Verbot**
der sog. **"ökumenischen Trauung"** wird durch das MP MatrMixt als Verbot
der "Simultantrauung" (13, Satz 1, a.a.O., 131) bestätigt; zusätzlich
wird auch die Doppeltrauung untersagt, womit eine vor oder nach der
katholischen Trauung stattfindende andere kirchliche Trauung mit Abgabe oder Erneuerung des Eheskonsenses ausgeschlossen wird (13; A I,
5d, a.a.O., 139).(112) die diesbezügliche Ausnahmeregelung von c. 1063
§ 2 CIC 1917(113) gilt nach wie vor, ebenso die Ausnahme einer nichtkatholischen "Einsegnungsfeier" nach oder vor der katholischen Trauung.

(e) Hinsichtlich der liturgischen **Trauungsform** bestimmt Nr. 11 des MP
MatrMixt,(114) daß neben der Verwendung des von Papst Paul VI.
herausgegebenen "Ordo Celebrandi Matrimonium"(115) mit Zustimmung des
Ortsoberhirten auch der Ritus für die Trauung innerhalb der Meßfeier
verwendet werden kann, wobei jedoch für den Kommunionempfang die allgemeinen Bestimmungen einzuhalten sind.(116) Die näheren Angelegen-
heiten detaillierter zu regeln wird den Bischofskonferenzen übertragen.(117)

(f) Schließlich hebt das MP MatrMixt zusätzlich zum Wegfall der **Strafbestimmung** von c. 2319 CIC 1917 durch die Mischehen-Instruktion auch
alle Kirchenstrafen, die sich aus dieser Bestimmung ergaben (excommunicatio latae sententia für Katholiken wegen nichtkatholischer Kindererziehung, § 1 n. 2), rückwirkend auf (15, a.a.O., 133). Dagegen blieb
nach MP MatrMixt die Strafbestimmung des c. 2375 CIC 1917 weiterhin
bestehen, wonach das wissentliche Eingehen einer gültigen bekenntnis-

---

110) Matrimonia mixta, a.a.O., 398-400.

111) Dieser Gefahr kann auch der Hinweis nicht begegnen, daß wegen der religiösen Bedeutung
des Eheabschlusses in jedem Fall eine nichtkatholisch-kirchliche Trauung einer bloß
standesamtlichen vorzuziehen ist (E I, 8, a.a.O., 148f.), und in jedem Fall bei Dispens von der katholischen Formpflicht das Brautpaar darauf hinzuweisen ist, daß es
eine sakramentale Ehe schließt (ebd., E II, 7, a.a.O., 152).

112) So bereits c. 1063 § 1 CIC 1917.

113) Si parochus certe noverit sponsos hanc legem (Verbot der Doppeltrauung, § 1) viola-
turos esse vel iam violasse eorum matrimonio ne assistat, nisi ex gravissimis causis,
remoto scandalo et consulto prius Ordinario.

114) A.a.O., 131; vgl. auch A I, 5a, a.a.O., 138f.

115) Vom 19.3.1969; vgl. dazu in: EL 83 (1969) 251-277.

116) Vgl. DO I 55; dazu o. S. 450ff.

117) MP MatrMixt 7, 9, 10, a.a.O., 129-131. vgl. auch A I, 5; A II, 5, a.a.O., 138; 143.

verschiedenen Ehe ohne Dispens vom Hindernis für den Katholiken ohne weiteres den Ausschluß von den kirchlichen Ehrendiensten und den Sakramenten zur Folge hat. J. G. Garhartz hält das Weiterbestehen dieser Strafnorm nach MP MatrMixt für anachronistisch und sinnlos.(118)

(g) Mit dem MP MatrMixt und den dazu ergangenen Ausführungsbestimmungen der DBK sind die wesentlichen Quellen des in CIC 1983 kodifizierten geltenden Rechtes zur bekenntnisverschiedenen Ehe erläutert. Der Versuch einer auf die speziellen ekklesiologisch-ökumenischen Implikationen derselben für unsere Fragestellung abzielenden knappen **Würdigung** wird zunächst sicherlich nicht an der Feststellung vorbeigehen können, daß bei aller positiv zu verzeichnender, erstmalig ausdrücklicher kirchenamtlicher Rezeption etwa des Gedankens von dem natürlichen und göttlichen Recht des Menschen auf die Ehe und auf freie Partnerwahl(119) aus dem Dokument zumindest in der Akzentsetzung nicht hervorgeht, daß es einen beträchtlichen Unterschied in der bekenntnisverschiedenen Ehe einerseits und der religionsverschiedenen Ehe andererseits aufgrund der glaubensmäßigen und sakramentalen Verbundenheit der Partner in ersterer geben muß: "Auf die Möglichkeit eines gemeinsamen religiös-christlichen Lebens in der bekenntnisverschiedenen Ehe wird nicht hingewiesen und ebensowenig auf den wesentlichen Unterschied, der sich in der Frage der Kindererziehung (sc. im Vergleich zur religionsverschiedenen Ehe) ergibt."(120) Die katholische Rechtsordnung zur bekenntnisverschiedenen Ehe legt zwar auch in dem MP MatrMixt das Faktum der Taufe (des nichtkatholischen Partners) zugrunde, registriert aber nicht die wirkliche damit grundgelegte Kirchlichkeit des Glaubens bei dem nichtkatholischen Partner.(121)

Andererseits ist aber auch zu beachten, daß einem gesamtkirchlichen Rechtstext hinsichtlich der Möglichkeit, die Rechtsordnung auf die unterschiedlichsten je örtlich bedingten Lebenssituationen der Eheleute hin zu differenzieren, gewisse Grenzen gesetzt sind, und daß zudem das MP MatrMixt auch ausdrücklich festhält, daß die Mischehengesetzgebung nicht einheitlich sein kann, sondern den verschiedenen Verhältnissen angepaßt sein muß, und daß sich die Normen und deren Anwendung "nach dem unterschiedlichen Grad der Zugehörigkeit der Eheleute zur kirchlichen Gemeinschaft richten müssen."(122)

Trotz der Betonung, daß die kirchliche Lehre und Rechtsordnung grundsätzlich in ihrer ekklesiologischen Beurteilung zwischen der bekenntnisverschiedenen Ehe und der religionsverschiedenen Ehe unterscheiden muß,(123) konzentriert sich diese Unterscheidung in ihrer faktischen rechtlichen Relevanz ganz auf das sakramentale Datum des (individuell-persönlichen) Taufempfanges (Sakramentaliät der bekenntnisverschiedenen Ehe), bezieht aber nicht die damit gegebene auch ekklesiale Dimension im Glauben des nichtkatholischen Nupturienten ein. In ihrer rechtlichen Ordnung der Kautelenfrage vereinnahmt die katholi-

118) Die rechtliche Ordnung, a.a.O., 58.
119) MP MatrMixt, Einleitung, Abs. 3, in: NKD 28, 119-121; Abs. 10, a.a.O, 123.
120) J. G. Gerhartz, Die rechtliche Ordnung, a.a.O., 37.
121) Vgl. ebd., 38.
122) MP MatrMixt, Einl. Abs. 11, a.a.O., 125.
123) Vgl. ebd., Abs. 5, a.a.O., 121f.

sche Kirche nun zwar in keiner Weise mehr den Nichtkatholiken durch
eine rechtliche Verpflichtung;(124) allerdings signalisiert gerade dessen
völlige Ausklammerung aus diesem Bereich durch die neue katholische
Rechtsordnung den ausschließlich "pastoral" motivierten ausgesprochenen
Kompromiß- und Behelfscharakter des gesamten kanonistischen Komplexes
um die bekenntnisverschiedene Ehe, insofern außer ihrer rechtlichen
Konzedierung jede weiterreichende positive und ekklesial relevante Vertiefung dieses Vorganges "sakramentaler Gemeinschaft" unterlassen wird.
Die Diskrepanz zwischen der rein rechtlichen Konzession des "gemeinsamen" sakramentalen Aktes und der gleichzeitigen ekklesialen "Unterbelichtetheit" bzw. Ortlosigkeit(125) solchen Geschehens zeigt sich prototypisch und exemplarisch für den Gesamtkomplex der Frage nach der
Möglichkeit sakramentaler Gemeinschaft zwischen katholischen und insbesondere reformatorischen Christen mit nachdrücklicher Deutlichkeit am
Ehesakrament.

Der ausgesprochen "konzessive" Charakter dieser rechtlichen Regelung
wird auch in der einleitenden Bemerkung des MP MatrMixt sichtbar: "Die
Kirche weiß, daß die Mischehen, wie sie sich aus der Verschiedenheit
der Religionen und aus der Spaltung der Christenheit ergeben, für gewöhnlich nicht die Wiedervereinigung fördern, wenn es auch Ausnahmen
von dieser Regel gibt. Tatsächlich ist die Mischehe mit einer Fülle von
Schwierigkeiten belastet. Sie trägt ja in die lebendige Zelle der Kirche
... eine gewisse Spaltung hinein ... Aus diesem Grunde rät die Kirche
im Bewußtsein ihrer Verantwortung von Mischehen ab."(126) Nicht zuletzt findet die ekklesiale Unvorbereitetheit des sakramentalen Vollzuges
der bekenntnisverschiedenen Ehe ihren sprechenden Ausdruck darin,
daß sie bezüglich der Frage nach der möglichen eucharistischen Gemeinschaft der Brautleute der restriktiven Bestimmung des Ökumenischen
Direktoriums unterliegt.(127)

---

124) Freilich hebt die rechtliche Ordnung im Grunde eigentlich auf die Gewissensverpflich-
tung eines jeden Partners hinsichtlich der religiösen Kindererziehung ab: "Der Ehepartner, der Taufe und Erziehung seiner Kinder in einer anderen Konfession zuläßt,
darf sich nicht von der religiösen Erziehung ausschließen" (E I, 3 Abs. 4, a.a.O.,
147; vgl. auch Abs. 2, a.a.O., 146). Dennoch markiert die Rechtsordnung hinsichtlich
der Kautelenfrage, was die materiale Füllung und die formale Bestimmtheit der Normierungen je für den Katholiken und für den nichtkatholischen Partner betrifft, faktisch einen deutlichen Bruch in der "ekklesialen Einbettung" dieses "gemeinsamen
sakramentalen Vollzuges".

125) Der großen Gefahr, daß die bekenntnisverschiedenen Ehen zusehends auf "kirchliches
Niemandsland" abwandern (H. Heinemann, in: HdbKathKR, 807), soll denn auch die ausdrückliche rechtliche Verankerung der seelsorglichen Hilfe für katholische Christen
und deren Kinder gegensteuern, die in einer bekenntnisverschiedenen Ehe leben (vgl. c.
1128 CIC 1983; vgl. schon MP MatrMixt, 14, a.a.O., 131f.; A I, Vorwort Abs. 8, a.a.O.,
135). Vgl. neuerdings dazu Gemeinsame kirchliche Empfehlungen für die Ehevorbereitung
konfessionsverschiedener Partner, mit einem Vorwort des Vorsitzenden Rates der Evangelischen Kirche in Deutschland, Bischof Claß, und dem Vorsitzenden der Deutschen
Bischofskonferenz und der Kirchenkanzlei der EKD, Würzburg-Gütersloh 1974; Gemeinsame
kirchliche Empfehlungen für die Seelsorge an konfessionsverschiedenen Ehen und Fami-
lien (= Arbeitshilfen 22), hrsg. vom Sekretariat der DBK und der Kirchenkanzlei der
EKD, Bonn-Hannover 1981.

126) MP MatrMixt, Einleitung, Abs. 2, a.a.O., 119.

127) DO I 55; ferner MP MatrMixt 11, a.a.O., 131; A I, 5a, a.a.O., 138f.; zum ganzen auch
o. S. 456.

Im folgenden soll nun noch die inhaltlich kaum noch Änderungen setzen-
de Kodifikation der Rechtsmaterie zur bekenntnisverschiedenen Ehe
durch das neue kirchliche Gesetzbuch CIC 1983 gleichsam als geraffte
Zusammenfassung des geltenden Rechtstandes skizziert werden.

b. Die Kodifikation des geltenden Rechtes zur bekenntnisverschiedenen
Ehe im Codex Iuris Canonici von 1983 (cc. 1124-1129)

CIC 1983 spricht zwar formal nicht mehr vom "Ehehindernis der Konfessionsverschiedenheit",(128) sondern macht die Erlaubtheit des Abschlus-
ses einer konfessionsverschiedenen Ehe für den Katholiken von dem ausdrücklichen Erlaubnisakt (licentia) der zuständigen kirchlichen Autorität
abhängig (c. 1124); material aber tritt mit der Änderung der Rechtsfigur
(vom Hindernis zum erlaubnisgebundenen Akt(129) keine wesentliche Änderung im Verhältnis des Gesetzgebers zur bekenntnisverschiedenen Ehe
ein:(130) diese ist nach wie vor vom Gesetzgeber nicht gewünscht und
daher unter Verbot gestellt.(131) Der Ortsordinarius aber kann nach c.
1125(132) bei Vorliegen von gerechten und vernünftigen Gründen die
Erlaubnis zum Eheabschluß erteilen, wenn der katholische Partner seine
Bereitschaft erklärt, jede Gefährdung seines Glaubens zu meiden, und
ernsthaft verspricht, nach Kräften alles zu tun, daß alle in der Ehe
geborenen Kinder in der katholischen Kirche getauft und in ihr erzogen
werden (c. 1125 n. 1), wenn der nichtkatholische Partner frühzeitig
über dieses Versprechen (des Katholiken) unterrichtet wird, so daß über
seine Kenntnis von der Verpflichtung und dem Versprechen seines katholischen Partners Klarheit besteht (c. 1125 n. 2), und beide Partner
über die Zwecke und Wesenseigenschaften der Ehe unterrichtet sind,
welche von keinem der Partner ausgeschlossen werden dürfen (c. 1125
n. 3). C. 1126 bestimmt zusätzlich, daß über das Vorliegen dieser drei
Voraussetzungen äußere Beweisbarkeit herrschen muß.

---

128) Den Begriff "verbietende Ehehindernisse" kennt CIC 1983 überhaupt nicht mehr; vgl. H.
Heinemann, in: HdbKathKR, 799; ders., Ökumenische Implikationen, a.a.O., 16f.

129) W. Aymans bezeichnet die Eheschließung eines konfessionsverschiedenen Paares im Sinne
des neuen kirchlichen Gesetzbuches als "einen für den katholischen Partner genehmigungspflichtigen Akt" (Ökumenische Aspekte, a.a.O., 487).

130) So. H. Heinemann, in: HdbKathKR, 799-800; J. Lederer hat zudem nachgewiesen, daß es
keinen nennenswerten rechtlichen Unterschied gibt zwischen "dispensatio" und "licentia" (Der Dispensbegriff im kanonischen Recht (= MThSt III/8), München 1957, 67 und
189f.; so auch M. Kaiser, Neues im neuen Gesetzbuch der Kirche, in: StdZ 202 (1984)
275f. Anm. 7; anders H. Zapp, Kanonisches Eherecht, Freiburg 6 1983, 210f.

131) Lediglich in dem Beschluß der Gemeinsamen Synode der Bistümer in der Bundesrepublik
Deutschland "Ökumene" 7. 1. 3 (Gesamtausgabe I, 792) findet sich ausdrücklich auch
eine positive Einschätzung und Wertung der bekenntnisverschiedenen Ehe, insofern die
Verschiedenheit der Bekenntnisse bei entsprechender ökumenischer Einstellung der
Gatten auch in ihrer möglicherweise befruchtenden Wirkung für das Glaubensleben der
Gatten gesehen wird.

132) In c. 1124 ist ganz allgemein von der auctoritas competens die Rede; im Zusammenhang
mit der Möglichkeit der Delegation der Vollmacht des Ortsoberhirten an dritte (Trau-
ungsbevollmächtigte) (vgl. A I, 1a, a.a.O., 136f.) gewinnt diese terminologische
Nuance Bedeutung.

Nach den Ausführungsbestimmungen der DBK ist das Vorliegen des gerechten und vernünftigen Grundes für die Erlaubnis zum Abschluß einer bekenntnisverschiedenen Ehe eo ipso mit dem Antrag auf Erlaubnis durch die Brautleute gegeben.(133)

Im Kontext der cc. 1125 und 1126 (beweisbare Gewißheit über Versprechenabgabe des katholischen Partners und Inkenntnissetzung des nichtkatholischen Partners hiervon sowie Belehrung über Ehezwecke und Wesenseigenschaften der Ehe) gewinnt die Verpflichtung beider(134) Brautleute zur Teilnahme am Brautgespräch (mit Brautprotokoll) für die Erlaubniserteilung zur Eheschließung konstitutive Bedeutung. Die Normen zur Eheschließungsform (cc. 1127; 1108) unterscheiden sich nicht von denen in MP MatrMixt und von denen der Ausführungsbestimmungen der Deutschen Bischofskonferenz.(135)

Hinsichtlich der liturgischen Feier, die für die konfessionsverschiedene Ehe bisher ausgeschlossen war,(136) sagt das neue Recht, daß die Trauung in der Pfarrkirche stattfindet (c. 1118 § 1).(137) Das Verbot der Doppeltrauung bleibt - im Interesse sowohl der katholischen wie der evangelischen Kirche (Deutschlands)(138) - nach c. 1127 § 3 bestehen, während Trauungsformen, die die Beteiligung der Amtsträger beider Kirchen vorsehen,(139) nicht eo ipso dem Wortlaut von c. 1127 § 3 widersprechen müssen. Die Strafbestimmung des c. 1366 sieht die Verhängung einer Zensur oder einer anderen gerechten Strafe für den katholischen Teil der bekenntnisverschiedenen Ehe vor, wenn dieser pflichtvergessen seinem Versprechen, das ihm Mögliche für die katholische Taufe und Erziehung der aus der Ehe hervorgehenden Kinder zu tun, nicht nachkommt; die Formulierung des Canons ("... qui liberos in religione acatholica baptizandos vel educandos tradunt ...") hebt deutlich auf ein aktives Tun im Sinne von Veranlassen als Voraussetzung für eine mögliche Strafverhängung ab. "Von der Strafbestimmung des c. 1366 können demnach Katholiken nicht erfaßt sein, die trotz ihres ernsthaften Bemü-

---

133) Vgl. A I, 1a, a.a.O., 136f.
134) A I 3c, a.a.O., 138 ordnet an, daß bei Nichterscheinen des nichtkatholischen Partners zu Brautexamen und Brautunterricht die Angelegenheit dem Ortsordinarius vorgelegt werden muß.
135) S. o. S. 466ff. C. 1127 § 2 bindet über MP MatrMixt hinausgehend die Dispensvollmacht des Ortsordinarius zusätzlich an den Rat des Ortsordinarius (consulto Ordinario loci), in dessen Jurisdiktionsbereich die Trauung stattfinden soll; vgl. dazu H. Heinemann, "Mischehe", a.a.O., 67f.). Zusätzlich kann der die Dispens von der Formpflicht erteilende Ortsordinarius bestimmte Voraussetzungen und Bedingungen festlegen, von deren Beachtung die Gültigkeit des Eheabschlusses hinsichtlich der Schließungsform abhängt (PC DecrI vom 9.4.1979, in: AAS 71, 1979, S. 632).
136) S. dazu o. S. 463.
137) In Deutschland war ohnehin bereits gewohnheitsmäßig die Norm des c. 1109 § 3 CIC 1917 nicht beachtet worden: K. Mörsdorf, KR, II, 12. Aufl., Paderborn u. a. 1967, 252.
138) Eine Doppeltrauung widerspricht ökumenischem Denken, weil sie im Grunde das Handeln der jeweils anderen Kirche nicht ernst nimmt; vgl. dazu Gemeinsame kirchliche Empfehlungen für die Ehevorbereitung, a.a.O. (S. 469 Anm. 124), 18; abgedruckt in Kirchliches Amtsblatt Essen 17 (1974) 72f.
139) Vgl. z. B. Gemeinsame kirchliche Trauung. Ordnung der kirchlichen Trauung für konfessionsverschiedene Paare unter Beteiligung der Pfarrer beider Kirchen, hrsg. von der Deutschen Bischofskonferenz und dem Rat der EKD, 4. Aufl., Regensburg-Kassel 1977.

hens eine katholische Taufe und Erziehung nicht haben durchsetzen können."(140)

C. 1366 CIC 1983 unterscheidet sich deutlich von c. 2319 § 1 n. 3 und 4(141) dadurch, daß nach dem neuen Recht die Strafe nicht als Tatstrafe bestimmt wird, sondern vom Ortsoberhirten ausdrücklich verhängt werden muß, wobei von ihm zudem die Voraussetzungen für den Strafeintritt (z. B. die Anrechenbarkeit der Tat) überprüft werden müssen.(142) "Ob anläßlich eines so aufwendigen Verfahrens die Strafe, die hier im neuen Gesetzbuch festgestellt ist, praktische Bedeutung erhält, mag dahingestellt sein."(143) Jedenfalls erhebt sich die Frage, ob nicht "von dorther das Mischehenrecht erneut schwer belastet wird."(144)

Schließlich ist als ökumenisch relevantes Reformdetail des neuen Eherechtes noch zu erwähnen, daß die Aufhebung der bisherigen Norm,(145) wonach der Nichtkatholik keine Klage in Eheprozessen vor katholischen Gerichten erheben konnte,(146) nun klar in dem neuen Gesetzbuch bestätigt ist (vgl. c. 1674 in Verbindung mit c. 1476).

c. Zur ekklesiologischen und ökumenischen Relevanz der rechtlichen Neuordnung der bekenntnisverschiedenen Ehe

Die Frage nach der Möglichkeit sakramentaler Gemeinschaft zwischen katholischen und nichkatholischen Christen erreicht im Blick auf die Regelung der bekenntnisverschiedenen Ehe aufgrund der spezifischen Eigenart dieses (Standes-) Sakramentes und der drängenden Praxisrelevanz in einer veränderten ökumenischen Landschaft einen Bereich in der rechtlichen Normierung, der die Tragik der christlichen Existenz in der gespaltenen Christenheit mit besonderer Deutlichkeit offenbart:(147) Einerseits testamentiert die kanonische Anerkennung der Sakramentalität und Gültigkeit der konfessionsverschiedenen Ehe auf ihre Weise das durch die Taufe grundgelegte sakramentale Band der Einheit zwischen katholischen und nichtkatholischen Christen; andererseits machen die Rechtsinstrumente des durch Dispens behebbaren Ehehindernisses der Bekenntnisverschiedenheit bzw. des genehmigungspflichtigen Rechtsaktes die Probleme solchen "gemeinsamen" sakramtenalen Vollzuges hinsichtlich seiner ekklesialen Dimension sichtbar. Diese schürzen sich in den nach wie vor bestehenden Differenzen in der Lehrauffassung von der Sakramentalität der Ehe(148) und in der im sakramentalen Vollzug selbst blei-

---

140) H. Heinemann, Ökumenische Implikationen, a.a.O., 20.

141) Daß trotz gewisser Parallelen im Wortlaut diese beiden Normen entstehungsgeschichtlich und inhaltlich-intentional nicht verwandt sind, zeigt H. Heinemann, ebd., 19f.

142) Anders H. Zapp, Kanonisches Eherecht, 6. Aufl., Freiburg 1983, 216f.

143) H. Heinemann, Ökumenische Implikationen, a.a.O., 20.

144) W. Aymans, Ökumenische Aspekte, a.a.O., 488.

145) Diese Aufhebung wurde bereits am 8.1.1973 (vgl. AAS 65, 1973, S. 59) vollzogen.

146) Vgl. R. Sebott, Das Eherecht der römisch-katholischen Kirche, in: H. Engelhardt (Hrsg.), Die Kirchen und die Ehe (= Beiheft zur Ökumenischen Rundschau, 46), Frankfurt/Main 1984, 7-29, hier 23.

147) Vgl. dazu etwa auch Verlautbarung der Deutschen Bischöfe zur Mischehe vom 31. März 1966, in: NKD 28, 98-100.

148) Vgl. dazu o. S. 379ff.

benden Trennung der Partner hinsichtlich ihrer ekklesialen Beheimatung.(149) Die katholische Rede von der Sakramentalität der Ehe intendiert zunächst die Aussage über das Vorliegen einer der rein rechtlichen
Regelung unzugänglichen Weise der Christusbegegnung in dem sakramentalen Vollzug der Ehe.(150) Aus der so qualifizierten Weise der Christusbegegnung der Eheleute folgt eine ganz bestimmte (sakramental begründete) Position der Kirchengliedschaft und Hinordnung auf alle
übrigen Kirchenglieder und zwar gerade dadurch, daß die Ehe als Nachbildung des unendlich befruchtenden Verhältnisses Christi zu seiner
Kirche gleichsam in sich schon ein Rechtsverhältnis ist. Die Sakramentalität der Ehe und die Sakramentalität der Kirche verweisen somit analog
und wechselseitig auf das grundsätzliche sakramental-communiale Bezie-
hungsverhältnis zwischen Christus und Kirche bzw. zwischen Haupt und
Gliedern des kirchlichen Leibes Christi, das die bloß menschlich-recht-
lich-institutionelle Dimension stets transzendiert und überholt, gerade
dadurch aber zugleich ungetrennt von ihr und unvermischt mit ihr sich
in seiner (sakramental-) rechtlich-institutionellen Valenz erweist. Nach
A. Scheuermann rufen diese Andeutungen eine fundamentale Tatsache in
Erinnerung: "den strukturellen Gegensatz zwischen dem katholischen und
dem evangelischen Mischehenrecht, der von dem unterschiedlichen Kirchenbegriff und der andersartigen Vorstellung von der Rechtsordnung
überhaupt und deren Funktion in der Kirche bedingt ist."(151) Es läßt
sich somit sowohl aus einem rechtstheologisch-ekklesiologischen strukturellen Vergleich zwischen evangelischem und katholischem (Misch-)
Eherecht(152) als auch aus der Analyse der katholischen Mischehengesetzgebung selbst aufweisen, daß "der harte Kern des Problems konfessionsverschiedener Ehen ... im Kirchenverständnis" liegt,(153) d. h.
auch, daß von diesem hermeneutisch-interpretativen Verknotungspunkt
und auf diesen hin die im einzelnen erreichten und erreichbaren Übereinstimmungen im theologischen Verständnis der Ehe zwischen den Kirchen und kirchlichen Gemeinschaften(154) je einlösbar und ratifizierbar

---

149) Vgl. hierzu jüngst wieder: Zur konfessionsverschiedenen Ehe. Gemeinsames Wort der
Deutschen Bischofskonferenz und des Rates der Evangelischen Kirche in Deutschland vom
1.1.1985, Bonn-Hannover 1985.
150) Vgl. dazu M. Schmaus, KD, IV/1, 6. Aufl., München 1964, 674.
151) A. Scheuermann, Die Grundlagen der katholischen Mischehenregelung, a.a.O., 1874;
ferner W. Bühler, Katholische und evangelische Mischehen in der Bundesrepublik nach
dem geltenden katholischen und evangelischen Kirchenrecht, Heidelberg 1963, bes. 110.
152) Vgl. dazu R. Sebott, Das Eherecht der römisch-katholischen Kirche, a.a.O., 7-29; H.
Engelhardt, Ehe, Eheschließung, Ehescheidung und Wiedertrauung in der Evangelischen
Kirche in Deutschland, a.a.O., 30-43. S. dazu auch o. S. 381 Anm. 32.
153) H. Meyer, Pastorale Probleme zwischen den Konfessionen: Konfessionsverschiedene Ehen
und Abendmahlsgemeinschaft, a.a.O., 138.
154) So kann man für eine Vermittlung zwischen dem reformatorischen und dem katholischen
Eheverständnis sicherlich mit der Feststellung operieren, daß bei Luther die Grenzen
zwischen Sakramenten im eigentlichen Sinn und anderen kirchlichen Handlungen fließend
sind - eine Beobachtung, die "auch im Blick auf die Ehe" verifizierbar ist (H. Meyer,
Die Sieben-Zahl der Sakramente aus lutherischer Sicht, in: KNA-Ökumenische Information, 1979, Nr. 36, 6). Für Luther, dessen Eheverständnis häufig unter seinem Aus-
spruch von der Ehe als einem "weltlich Ding" (WA 30 III, 205, 12) subsumiert wird, ist
durchaus auch die Aussage möglich: "der eheliche Stand ist ein Sakrament" (In Genesim
Declamationes, 1527: WA 24, 422, 21). P. Brunner fragt denn auch, ob abgesehen von
einer gewissen akzentuellen Unterschiedlichkeit im einzelnen überhaupt noch eigentlich

sein müssen. Wie nämlich der Blick auf die Sonderregelung bezüglich der Formpflicht bei bekenntnisverschiedenen Ehen zwischen Katholiken und Orientalen nahelegt,(155) beginnt sich der "gordische Knoten" kanonistischer Hemmnisse auf dem Weg zur bekenntnisverschiedenen Ehe am leichtesten von der "ekklesiologischen" Seite her zu lösen: Obwohl die katholische Kirche trotz bestehender Unterschiede in der Auffassung von Scheidung und Wiederheirat zwischen ihr und den getrennen Orientalischen Kirchen nicht auf der Einhaltung der kanonischen Eheschließungsform bei bekenntnisverschiedenen Ehen zwischen Katholiken und Orientalen besteht (OE 18), lehnt sie das auch von reformatorischer Seite mit Berufung auf diesen Sachverhalt vorgebrachte Plädoyer für eine generelle Dispens von der Formpflicht bei bekenntnisverschiedenen Ehen zwischen Katholiken und evangelischen Christen sowie für eine "pastoralere" und "ökumenischere" Art der Regelung der Kautelenfragen(156) ab.(157) "Es geht daraus hervor, wie unlösbar die Mischehenproblematik in den Gesamtrahmen der Beziehung zwischen den Kirchen eingespannt ist. Erst wo man sich gegenseitig in vollem Sinne als 'Kirchen', vielleicht sogar als 'Schwesterkirchen' versteht und anerkennt, beginnt sich das Problem konfessionsverschiedener Ehen zu lösen. Wo hingegen der katholischen Kirche eine solche Anerkennung der Ekklesialität des Partners noch nicht möglich ist – wie im Falle der reformatorischen Kirchen –, da bleibt die zähe und bittere Problematik konfessionsverschiedener Ehen."(158) Auch hier erweist sich wiederum in bezeichnender Weise "die Anwesenheit eines gültig geweihten Amtsträgers" bei der Eheschließung (OE 18) als der entscheidende Indikator für die ekklesiologische Ratifizierbarkeit des gemeinsamen sakramentalen Vollzuges in der Ehe über die Grenzen der communio plena hinaus.(159) Gerade die auf die konkret-faktische Beheimatung des jeweiligen Getauften abzielende Bestimmung des "catholicus"-Begriffes in der kanonistischen Eheauffassung weist auf die durch das Kirchenverständnis des II. Vatikanischen Konzils hervorgehobene ekklesiale Dimension jedes sakramentalen Vollzuges hin, wie sie für die Aussagen zur Frage nach der Möglichkeit sakramentaler Gemeinschaft über die Grenzen der communio plena hinaus grundlegend ist: Gemeinsamer sakramentaler Vollzug ist nach katholischer

---

kirchentrennende Faktoren im katholischen und reformatorischen Eheverständnis vorhanden sind (Theologie der Ehe als ökumenische Aufgabe, in: KuD 19 (1973) 157-185, bes. 185). Das Dialogdokument zwischen dem Lutherischen und Reformierten Weltbund und der katholischen Kirche spricht etwas vorsichtiger von "Übereinstimmungen", "die uns einem gemeinsamen Verständnis von Ehe entscheidend nähergebracht haben" (Die Theologie der Ehe und das Problem der Mischehe. Schlußbericht der Römisch-katholischen/Lutherischen/Reformierten Studienkommission, Nr. 102). Im Dialog über Ehe und Mischehe habe sich eine "im tiefsten gemeinsame Sicht der Ehe" ergeben: Das Heilsgeschehen in Christus betrifft als "beständige Verheißung" und nicht nur als "bloße Idee" die Christen auch in ihrer ehelichen Existenz. Das bedeutet, der Ehe einen "sakramentalen Charakter" zusprechen, auch wenn die reformatorischen Kirchen sie nicht als "Sakrament im strengen Sinne des Wortes" betrachten (vgl. ebd., Nr. 16-21 und 29, in: Ehe und Mischehe im ökumenischen Dialog, hrsg. v. J. Lell/H. Meyer, Frankfurt/Main 1979, 67ff.; ferner Einheit vor uns, a.a.O., Nr. 80, S. 49f.).

155) S. o. S. 458ff.
156) Vgl. die Theologie der Ehe und das Problem der Mischehe, a.a.O., Nr. 105.
157) Vgl. ebd., Nr. 106 Anm. 2.
158) H. Meyer, Pastorale Probleme zwischen den Konfessionen, a.a.O., 138f.
159) Vgl. ebd., 139.

Option generell nach wie vor an die Identität bzw. an die ekklesiologische Anerkennbarkeit der kirchlichen Beheimatung der Teilnehmer an
dem Vollzug gebunden. Das sakramentale katholische Kirchenbewußtsin
kann (auch nach dem II. Vatikanischen Konzil) wohl kirchenbildende
Elemente außerhalb der katholischen Kirche anerkennen, nicht jedoch -
in Bezug auf reformatorische Gemeinschaften - vollgültige (Orts-) Kirchlichkeit, in welcher sakramentaler Vollzug die dem katholischen eigene
und gleichwertige (wengistens vergleichbare) ekklesiale Valenz besäße.

Die bekenntnisverschiedene Ehe ist - nach Gehalt und Gestalt der gegenwärtigen rechtlichen Regelung - mithin mehr ein durch die faktische
Lebenssituation und der Anerkennung menschlicher Grundrechte (auf Ehe
und freie Partnerwahl) urgiertes als ekklesial und ökumenisch abge-
stütztes interkonfessionelles "Pilotprojekt", das von den beteiligten
Kirchenleitungen mehr sorgenvoll geduldet als bejaht wird.(160) Sein
ekklesiales "Isoliertsein" beleuchtet insbesondere die katholischerseits
restriktive Bestimmung hinsichtlich des gemeinsamen eucharistischen
Vollzuges bekenntnisverschiedener Eheleute.

So wie sich die kanonische Ordnung nach der ekklesiologischen Maßgabe
des II. Vatikanischen Konzils nicht mehr damit begnügen kann, "die
Glieder der getrennten Kirchen und kirchlichen Gemeinschaften von
ihrem rein kirchlichen Recht" freizustellen, sondern gehalten ist, "entsprechend den ekklesiologischen Aussagen des Vaticanum II die Rechtsordnungen dieser Kirchen und Gemeinschaften anzuerkennen" (was
bereits auch anfanghaft geschehen ist),(161) so ist darüber hinaus für
eine weitere "atmosphärische Entkonfessionalisierung" der rechtlichen
Ordnung der bekenntnisverschiedenen Ehe katholischerseits ein Fortschritt in der ekklesialen Anerkennung der getrennten kirchlichen Gemeinschaften als "Quasi-Ortskirchen" unabdingbare Voraussetzung.

Wenn die vom Ökumenischen Direktorium gemachten Aussagen über die
Möglichkeiten der Übernahme der Trauzeugenschaft bei konfessionsverschiedenen Ehen die wechselseitige Ausübung dieses Amtes durch Vertreter der jeweils anderen Gemeinschaft vorsehen,(162) so zeigt sich
darin noch eine vorwiegend im westlich-lateinischen Raum beheimatete
Lehrtradition des Eherechtes, die die Ehe ausschließlich unter dem
Vertragsgedanken betrachtet und demzufolge auch die Trauzeugenschaft
nicht als Bezeugung eines kirchlich-sakramentalen Geschehens erfassen
kann, sondern lediglich als reine Vertragszeugenschaft, zu deren Übernahme die bloß natürlichen Zeugeneigenschaften notwendig sind, d. h.
die Fähigkeit, den Vollzug des Rechtsaktes als solchen zu erfassen und

---

160) Für die katholische Seite vgl. MP MatrMixt, Einl., Abs. 2, a.a.O., 119; Die Deutschen
   Bischöfe, Verlautbarung zur Mischehe (31. März 1966), a.a.O., 98f.; für die evangelisch-lutherische Seite: H. Engelhardt, Ehe, Eheschließung, a.a.O., bes. 34; hier ist
   freilich zu beobachten, daß die neueren kirchlichen Lebensordnungen gegenüber den
   früheren unbefangener auch die u. U. positiven Aspekte einer bekenntnisverschiedenen
   Ehe den Gefahrenmomenten gegenüberstellen.

161) H. Schmitz, Die Reform des kanonischen Rechts im Spiegel von 15 Jahren Arbeit der
   CIC-Reformkommission, in: Zeitschrift für evangelisches Kirchenrecht 23 (1978) 163;
   vgl. auch U. Ruh, Mischehen im Spannungsfeld von Recht und Pastoral, in: Herkorr 36
   (1982) 84-88, bes. 88.

162) Vgl. DO I 58; 49.

zu bestätigen (Vernunftgebrauch).

Besonders im Blick auf die Fragen um die bekenntnisverschiedene Ehe gewinnen die durch das Ökumenische Direktorium gemachten Hinweise auf die Nützlichkeit wechselseitiger Beratungen zwischen den Kirchen und Kirchenleitungen auf örtlicher und regionaler Ebene(163) an Bedeutung, die das ökumenische Bewußtsein in den getrennten Kirchen fördern und pflegen sollen.

Die pastorale Sorge um die bekenntnisverschiedene Ehe spielt verständlicherweise in der Argumentation für eine weiter reichende, nach besonderen Situationen differenzierende Zulassungspraxis zu den Sakramenten, als sie vom Ökumenischen Direktorium umschrieben wurde, eine wichtige Rolle.(164)

IV. Sonstige Möglichkeiten (nichtsakramentaler) gottesdienstlicher Gemeinschaft (Segnungen, Sakramentalien u. ä.)

Nach c. 1170 CIC 1983 werden Segnungen zwar in erster Linie katholischen Christen gespendet; jedoch können auch Katechumenen und - sofern kein ausdrückliches kirchliches Verbot entgegensteht - nichtkatholische Christen sie empfangen. Wenn ein Amtsträger der eigenen kirchlichen Gemeinschaft nicht zur Verfügung steht, und nicht der ausdrückliche Wille des Verstorbenem dem entgegensteht, kann Angehörigen einer nichtkatholischen Kirche oder kirchlichen Gemeinschaft ein kirchliches Begräbnis gewährt werden (c. 1183 § 3 CIC 1983).(165) A. Völler schließt daraus umgkehrt auch auf die Möglichkeit der Beerdigung eines Katholiken durch einen nichtkatholischen orientalischen Amtsträger und auf die Erlaubnis für Katholiken, daran teilzunehmen.(166) Die Art und Weise der Teilnahme von Katholiken an nichtkatholischen Begräbnisfeiern ist allgemein durch das Ökumenische Direktorium (I 56 und 59) geregelt. Mit Berufung auf DO I 56 und 59 ergibt sich neben der Eucharistiefeier mit entsprechendem Totengedenken für einen verstorbenen Angehörigen einer kirchlichen Gemeinschaft bei Funeralien auch die Möglichkeit einer gemeinsam gestalteten Feier, bei der nichtkatholische und katholische Amtsträger in offizieller Funktion gemeinsam wirken. So bestimmten die Regeln der Amerikanischen Bischofskonferenz: "When requested by the families of deceased, Catholic priest may officiate at non-Catholic funerals. Non-Catholics may be buried in Catholic cemeteries, especially when they belong to families which include Catholics. Under such circumstances, clergymen of other faith may conduct grave-

---

163) Ebd., 27; 35a; 42; vgl. dazu auch das neuerdings erschienene Dokument: Zur konfessionsverschiedenen Ehe. Gemeinsames Wort der DBK und des Rates der EKD vom 1.1.1985, Bonn-Hannover 1985.

164) Vgl. dazu im III. Hauptteil

165) Vgl. DO I 56; 59; OE 28f., wo die grundsätzliche rechtliche Basis hierzu formuliert ist. Der Vorschlag, einige entsprechende Riten zu schaffen, die nur bei der Beerdigung eines Katholiken zu vollziehen wären (V. J. Pospishil, Orientalium Ecclesiarum, a.a.O., 67f.), ist nicht einsichtig und wurde auch nicht durch die rechtliche Ordnung rezipiert.

166) Einheit der Kirche, a.a.O., 209; vgl. dazu DO I 50.

side services."(167) Die Richtlinien der Deutschen Bischofskonferenz ermöglichen zumindest die offizielle Teilnahme von Geistlichen unterschiedlicher Konfessionszugehörigkeit an entsprechenden "gemeinsamen" Gottesdiensten unter der Bedingung der vorherigen Einholung einer entsprechenden Erlaubnis.(168)

Freilich ist nicht genau auszumachen, was das Dokument näherhin unter "gemeinsamen" Gottesdiensten versteht, d. h. ob darunter auch das Begräbnis zu rechnen ist. Eine Beschränkung dieser amtlichen Teilnahmemöglichkeit auf solche Fälle, "in denen die Notwendigkeit aus der besonderen Situation deutlich wird, dürfte den pastoralen Anforderungen gerecht werden."(169)

In Ausnahmefällen darf sogar für Verstorbene nichtkatholische Christen öffentlich die Eucharistie gefeiert werden, sofern daraus kein Ärgernis entsteht und aus einem religiösen Motiv darum gebeten wird;(170) allerdings darf der Name des Verstorbenen nicht im eucharistischen Hochgebet erwähnt werden.(171)

Im übrigen dürfen Katholiken ja am Gottesdienst einer getrennten Kirche oder kirchlichen Gemeinschaft aus gerechtem Grund teilnehmen: z. B. als Vertreter eines öffentlichen Amtes, aufgrund von Verwandtschaft oder Freundschaft, aus ökumenischem Interesse beim Gottesdienst oder bei ökumenischen Zusammenkünften. Gleiches gilt umgekehrt für die Teilnahme nichtkatholischer Christen am katholischen Gottesdienst.(172)

V. Die Strafbestimmung

Wer sich des Vollzuges einer verbotenen Gottesdienstgemeinschaft (verbotene Teilnahme am nichtkatholischen Gottesdienst bzw. verbotene Zulassung von Nichtkatholiken zum katholischen Gottesdienst: Sakramentenempfang, Interzelebration) schuldig macht, soll mit einer gerechten Strafe (iusta poena) bestraft werden, die nach der Schwere der Schuld zu bemessen ist (c. 1365 CIC 1983).

---

167) Interim Guidelines, a.a.O., 367.
168) Richtlinien, Nr. 5.
169) A. Völler, Einheit der Kirche, a.a.O., 210.
170) H. Schmitz (Tendenzen nachkonziliarer Gesetzgebung, a.a.O., 30) wertet dies als einen Ausdruck der allgemein in der nachkonziliaren Gesetzgebung zum Zug gekommenen "proliberalen Tendenz" (a.a.O., 25-32).
171) Vgl. SC Fid., Decretum de Missa publice celebranda in Ecclesia Catholica pro aliis christianis defunctis vom 11. Juni 1976, in: AAS 68 (1976) 621-622; ebenso in: AfkKR 145 (1976) 168-169; deutsch in: Amtsblatt Passau 106 (1976) S. 95f. Da die praesumtio einer mala fides bei dem nichtkatholischen Christen nicht mehr besteht, hat die Bestimmung von c. 2262 CIC 1917 heute keine Bedeutung mehr. Der Vorschlag von V. J. Pospishil (Orientalium Ecclesiarum), die Möglichkeit eines Totenamtes nur für nichtkatholische orientalische Christen vorzusehen (a.a.O., 68) ist von der neuen Rechtsordnung nicht aufgenommen worden.
172) Vgl. DO I 50; 56; dazu o. S. 450ff.

VI. Zusammenfassung

Die auf der Grundlage des II. Vatikanischen Konzils erfolgte Neugestaltung des "ökumenischen Rechtes" der katholischen Kirche sieht eine ausnahmsweise gewährte und begrenzte Zulassung sakramentaler Gemeinschaft über die Grenzen der communio plena hinaus aus seelsorglichen Gründen vor. Das Verbot ist die Regel. Grundlegende Norm hierfür ist Artikel 8 des Ökumenismus-Dekretes, der für die communicatio in sacris die beiden Prinzipien formuliert: Bezeugung der Einheit der Kirche und Teilnahme bzw. Teilgabe an den Mitteln der Gnade. Ersteres verbietet in den meisten Fällen eine sakramentale Gemeinschaft, letzteres empfiehlt sie in einigen Fällen sogar. Solche Fälle sind im Blick auf Glieder nichtkatholischer (reformatorischer) Gemeinschaften im Ökumenischen Direktorium (55) ausschließlich als Notfälle definiert, die nach dem Prinzip der Sorge um die Gnade eine sakramentale Gemeinschaft rechtfertigen können (DO I 55; UR 8). Daß es sich hierbei um eine ausgesprochene Notfallregelung handelt, zeigt der ausdrückliche Hinweis, daß eine Gegenseitigkeit dieser Ausnahmeregelung in jedem Fall ausgeschlossen bleibt (DO I 55 Abs. 2). Außerdem hat der Gesetzgeber der häufig geäußerten Bitte nicht entsprochen, die Ausnahmeregelung auch auf besondere Anlässe (z. B. Trauungsgottesdienst konfessionsverschiedener Paare) anzuwenden. Man muß davon ausgehen, daß sich die genannten Bestimmungen des Ökumenischen Direktoriums (55-63) über die gottesdienstliche Gemeinschaft mit "den anderen getrennten Brüdern" eindeutig auf Christen reformatorischer Gemeinschaften beziehen, denn die communicatio in sacris mit den von uns getrennten orientalischen Brüdern und mit den diesen hinsichtlich der Sakramente in ihren Kirchen gleichgestellten Brüdern ist eigens und gesondert behandelt (DO I 39-54 bzw. CIC 1983 c. 844 § 3). Die Bestimmungen hinsichtlich dieser letzteren Gruppen sind auffallenderweise nicht wie diejenigen bezüglich der reformatorischen Gemeinschaften ausschließlich als Notfallregelungen konzipiert.

Dies verweist auf den fundamentalen ekklesiologischen Kontext des gesamten Problembereiches: Zunächst gibt das Konzil selbst über die Frage der genaueren Verhältnisbestimmung der beiden in Spannung zueinander stehenden Vollzugsprinzipien für die communicatio in sacris (Einheitsbezeugung und "individuelle" Heilssorge) keine Auskunft. Dennoch läßt sich aus dem Vergleich der unterschiedlichen Behandlung der getrennten orientalischen Kirchen und der reformatorischen Gemeinschaften ein spezifisch ekklesiologisch signifikanter Zusammenhang in der Verhältnisbestimmung der beiden Axiome erkennen:

Zunächst ist auch hinsichtlich der Regelung für die getrennten Orientalen das Moment einer prävalent-individualistischen Note erkennbar, denn auch mit ihnen ist keine volle communicatio in sacris möglich, sonst müßte sie in der Vollgestalt der "Interzelebration" (oder dann besser der "Konzelebration") eröffnet sein, was jedoch nicht der Fall ist. Dennoch steht hier das Prinzip der Heilssorge nicht einfach auf dem Boden eines subjektivistisch-magischen Sakramentalmechanismus, sondern läßt einen deutlich ekklesialen Bezug erkennen: Ein gläubiger Christ einer getrennten Ostkirche hat die Möglichkeit, in der katholischen Kirche (unter bestimmten Umständen) die Sakramente zu empfangen, ohne hierzu ein persönliches Glaubensbekenntnis ablegen zu müssen, weil er als orthodoxer Christ in einer Glaubensgemeinschaft steht, **deren** Glaubensbekenntnis dem der katholischen Kirche in den zentralen Punkten des Sakramen-

tenverständnisses gleich ist; entscheidend dabei ist, daß diese jeweilige
kirchliche communio als eigentliches Glaubenssubjekt der grundsätzlichen
Unzulänglichkeit der subjektiven Glaubensmangelsituation des einzelnen
Empfängers (diese umgreifend) das notwendige (Glaubens-) Fundament
zum Empfang des Sakramentes gibt. Der gläubige orthodoxe Christ ist in
seiner subjektiv-persönlichen Glaubenshaltung von dem Glaubensbewußtsein seiner Kirchen-Gemeinschaft, der er durch die Taufe eingegliedert
ist, mitgetragen.

Die Notfallregelung gegenüber reformatorischen Christen macht die Bedeutung gerade dieses Elementes des ekklesialen Bezuges der Sakramentenspendung (über die communio plena hinaus) durch eine entsprechende
Zusatzklausel deutlich:

Der Gläubige einer (reformatorischen) kirchlichen Gemeinschaft steht
zwar durch die Taufe in einer anfanghaften communio mit der katholischen Kirche (DO I 9-20), aber hinsichtlich des Glaubens bezüglich der
Sakramente, die er empfangen will, steht er allein, weil seine durch die
Taufe begründete kirchliche Beheimatung in seiner Gemeinschaft ihn
darin nicht trägt. Deshalb muß er diesbezüglich ein persönliches Bekenntnis ablegen (DO I 55).

Es wird dabei insbesondere deutlich, daß das Hindernis zur Aufnahme
(auch nur bedingt-begrenzter) sakramentaler Gemeinschaft mit reformatorischen Gemeinschaften katholischerseits(173) nicht eigentlich in der
katholischen Konstatierung einer materialen Defizienz reformatorischen
Glaubens bezüglich der Wirklichkeit eines betreffenden Sakramentes ist,
sondern dem zugrundeliegend die Feststellung über ein formal-ekklesiales
Defizit dieses Glaubens bezüglich der Sakramente: Es fehlt reformatorischem Denken nach katholischer Einschätzung das Bewußtsein, daß die
kirchliche communio als "veluti sacramentum" (Zeichen und Werkzeug von
der und für die innigste Vereinigung der Menschen mit Gott und untereinander: LG 1) das dem subjektiven Glaubensakt des einzelnen Gläubigen je schon bedingend und ermöglichend vorausliegende Glaubenssub-
jekt(174) ist, und daß die kirchliche communio als solche auch in ihrer
institutionellen Dimension selbst im sakramentalen Vollzug thematisierter
Inhalt dieses Vollzuges wird.(175) Die Frage nach dem Vorliegen so ge-

---

173) Vgl. hierzu exemplarisch die katholische Reaktion auf die Einladung auch der katholischen Christen zum Abendmahl durch die VELKD im Jahr 1973, in: Lutherische Monatshefte
12 (1973) 139-145. Ferner auch die Declaratio der Glaubenskongregation "Christi Ecclesia" vom 15.12.1979, in: AAS 72 (1980) 90-92. Die offizielle Praxis veranschaulicht
instruktiv der Protest des bischöflichen Offizialates gegen einen Eucharistiebesuch
des niedersächsischen Ministerpräsidenten Ernst Albrecht: epd 44 (1982) vom 23.9.1982.
174) Vgl. hierzu die Ausführungen bei M. Kehl, Kirche als Institution, a.a.O., bes. 143ff.;
248ff.
175) A. Brandenburg spricht in diesem Zusammenhang von der "objektive(n) Geltung der kirchlichen Communio" als einem spezifisch katholischen Grundakzent gegenüber dem (reformatorisch) allzustark herausgestellten "Ich in der Begegnung mit Jesus Christus" (Kommentar zur Instruktion, a.a.O., 7-17, hier 10; ferner die Instruktion der Glaubenskongregation selbst, a.a.O., Nr. 2-3: NKD 41, S. 23-31).
Wie schwer sich jedoch reformatorische Gesprächspartner mit dem Gedanken einer objektiven Geltung der kirchlichen communio als institutionell-subjekthafter Größe im
sakramentalen Vollzug tun, zeigt etwa die Kritik von V. Vajta (Interkommunion - mit

arteter konkret-ortskirchlicher Ekklesialität bei den verschiedenen nichtkatholischen Gemeinschaften, nicht die "Anerkennung der auf den beiden

Rom?, Göttingen 1969) an der Notfallregelung bezüglich der Sakramentenzulassung für
nichtkatholische Christen durch das Ökumenische Direktorium: Vajta postuliert eine dem
weitgehenden Konsens in Glaubens- und Lehrfragen zwischen katholischer und evangelischer Kirche entsprechende, großzügige Kasuistik der Zulassung (a.a.O., 70). Ausgehend
von den Konzilsaussagen über die Heilsbedeutung der nichtkatholischen kirchlichen
Gemeinschaften (UR 3) fragt Vajta: "Aus welchen Gründen könnte ... die katholische
Kirche einem Glied dieser Kirchen die Zulassung zur Eucharistie verweigern, wenn es
selbst - aus wohl erwogenen Gründen - dies wünschen würde? Kann die katholische Kirche
diesem Wunsch nur so entgegenkommen, daß sie die Konversion des Betreffenden verlangt?" (73) Die Frage, was die katholische Kirche daran hindert, die von ihr verwal-
tete Eucharistie einem Bruder im Glauben auszuteilen, der im Glauben an Jesus Christus
die Einheit mit Gliedern der katholischen Kirche erfahren hat, offenbart einen individualistisch orientierten Grundansatz, der "Sakrament" primär als eine Vollzugsform
persönlicher Rechtfertigung betrachtet und die ekklesial-institutionelle Valenz jedes
sakramentalen Vollzugs nicht in der Weise in den Blick nimmt wie katholisches Verständnis dies tut. Nach letzterem kommt es nicht primär darauf an, ob ein einzelner
"seinen" Glauben übereinstimmend weiß mit dem einzelner katholischer Christen, sondern
darauf, ob seine ekklesiale Beheimatung, seine eigene Glaubensgemeinschaft ihn soweit
mittragen kann in einem gemeinsamen Verständnis und Bekenntnis, daß man bei einem
sakramentalen Vollzug außerhalb der communio plena sinnvollerweise von einem ekklesial
getragenen und "gedeckten" Vollzug sprechen kann.
Schließlich scheint der Vorschlag von V. Vajta, auf das Ökonomie- bzw. Epikieprinzip
als einer adäquaten Handlungsnorm für den jeweils konkreten Fall zurückzugreifen
(a.a.O., 74f.), für die Diskussion, die sich mit der Frage im Hinblick auf eine grundsätzliche lehramtliche Entscheidung befaßt, wenig geeignet, was freilich nicht heißen
muß, daß das Epikie-Prinzip für die konkrete Entscheidungssituation absolut unzulässig
sei (vgl. dazu a.a.O., 69-76).
Besonders aufschlußreich für die reformatorische Argumentationshaltung ist in diesem
Zuammenhang die Zulassungspraxis zum Abendmahl in der lutherischen Kirche Schwedens:
Als grundlegende Kriterien erscheinen die Taufgemeinschaft und die Einhaltung der
gottesdienstlichen Abendmahlsordnung, die eine regelmäßige Verbindung des Abendmahls-
gottesdienstes mit einer öffentlichen Beichte und Absolution vorsieht, wobei der
eigentlichen Mahlfeier ein Wortgottesdienst vorausgeht (zur evangelischen Bußfrömmig-
keit vgl. W. Pannenberg, Differenzen und ihre Folgen, a.a.O., bes. 123ff.). "Der
Schritt von der Kirchenbank zum Altar liegt nun in der Entscheidung des einzelnen
(- auch nichtevangelischen -) Gläubigen. Niemand zwingt ihn, er kann auch in der
Kirchenbank sitzenbleiben; niemand stößt ihn aber weg, wenn er hinzutritt. Dort, wo
die Feier in der ... beschriebenen Form geschieht, wird die Zulassung 'offen' gelas-
sen, das heißt keine kirchliche Autorität stellt sich an die Stelle des Gläubigen, um
ihm die Entscheidung zur Teilnahme abzunehmen. Ihm wird nur die 'Grenze' des Sündenbe-
kenntnisses, des Empfanges der Absolution, des Mitbetens in der Liturgie und des
Hörens des Wortes Gottes zur Rettung und zum Gericht gesetzt. Wo der einzelne dies an
sich geschehen läßt, da wird er in der Kraft des Bundes Gottes in der Taufe am heiligen Tisch aufgenommen" (V. Vajta, a.a.O., 48-55, hier 51). So hat auch die VELKD
bereits 1973 den römischen Katholiken Abendmahlsgemeinschaft angeboten (vgl. LM 14,
1975, 614ff.). Eine besonders bezeichnende Artikulation findet die spezifisch reformatorische Depotenzierung des communial-institutionellen Aspektes im sakramentalen
Vollzug in der Position von E. Herms, der einerseits den Lehrgegensatz zwischen katholischer und reformatorischer Position für schlechterdings unüberbrückbar hält, "solange die reformatorischen Überzeugungen festgehalten und der römischen Theologie und
Kirche nicht die Revision ihrer (logisch) gegenreformatorischen Dogmen zugemutet wird.

Vatikanischen Konzilen definierten Offenbarungs- und Amtslehre"(176)
bildet demnach genau gesprochen das ausschlaggebende Kriterium für die
Frage nach der Möglichkeit sakramentaler Gemeinschaft über die communio plena hinaus aus katholischer Sicht, wenngleich das Amtsverständnis
sicherlich als ein wichtiger Indikator für ein sakramentales communio-
(Kirchen) Verständnis ausgewiesen werden kann.

Es bleibt demnach festzuhalten, daß das Prinzip der individuellen Heilssorge bei der communicatio in sacris sowohl hinsichtlich der nichtkatholischen Christen aus getrennten Kirchen wie auch hinsichtlich der Glieder nichtkatholischer kirchlicher Gemeinschaften in grundsätzlichem und

---

Die Differenz wird bleiben, solange die beiden Positionen in ihrer Identität erhalten
bleiben. Es heißt, den ökumenischen Dialog de facto zu einem Kampf um Leben und Tod
verschiedener Gestalten christlicher Überzeugung zu machen, wenn man die Beseitigung
jener Lehrdifferenz zur Aufgabe und zum Ziel der ökumenischen Bewegung macht." (Einheit der Christen, a.a.O., 200); andererseits fordert Herms trotz dieser unüberbrückbaren Lehrgegensätze unter Berufung auf die "providentiell bestimmte Gewissensüberzeugung" (ebd.) die generelle Eröffnung von katholisch-evangelischer Eucharistie- bzw.
Abendmahlsgemeinschaft. "Eine längere Gewöhnung an die konsequente Anwendung des
Grundsatzes von der providentiell bestimmten Gewissensüberzeugung als Grund jedes
denkbaren Aktes von sittlichem Glaubensgehorsam und gute Erfahrungen mit der Orientierung an ihm werden also schließlich auch einmal dazu führen, den gewissensmäßig uner-
läßlichen Widerspruch gegen die reformatorische Theologie zu unterscheiden von dem
gewissensmäßig ebenso als notwendig eingesehenen Widerruf der einmal irrtümlich mit
dem Lehrwiderspruch verbundenen Exkommunikation der reformatorischen Theologie und
Kirche. Und dazu, den als notwendig eingesehenen Widerruf durch Wiederaufnahme der
Abendmahlsgemeinschaft mit den ehemals exkommunizierten Christen zu ratifizieren"
(ebd., 199). Damit ist das Axiom von der objektiven Geltung der kirchlichen communio
auf der Grundlage einer bekenntnismäßigen Einheit (in versöhnter und legitimer Verschiedenheit) in Konkurrenz zu jenem von der "providentiell bestimmten" Gewissenspflicht gebracht und damit ekklesiologisch suspendiert. Vgl. dazu das Urteil von H.
Fries: "Eine Einheit auf der Basis von Widersprüchen kann ich mir nicht vorstellen;
sie ist unrealistisch und führt zur bleibenden Zwiespältigkeit. Diese wird noch deutlicher in der von Herms trotzdem empfohlenen Abendmahlsgemeinschaft unter den christlichen Kirchen. Gerade seine Konzeption schließt sie aus" (Das Rad der Ökumene zurückdrehen?, a.a.O., 30). Die Gegenposition von der Einheit der Kirchen in versöhnter
Verschiedenheit (zu den in der ökumenischen Diskussion entwickelten Einheitsmodellen
der "versöhnten Verschiedenheit" - lutherischer Typ -, der "korporativen Vereinigung"
- katholischer Typ - und der "konziliaren Gemeinschaft" - ÖRK - vgl. etwa bei H.
Schütte, Ziel: Kirchengemeinschaft, a.a.O., 19-25; Ch. Huwyler, Interkommunion, II,
830-837; Einheit vor uns, Nr. 13-34) gründet bei H. Fries in der Überzeugung von der
grundsätzlichen Versöhnbarkeit des (von E. Herms als unüberbrückbar vorgestellten) katholisch-reformatorischen Gegensatzes im Offenbarungsverständnis, den Herms darin lo-
kalisiert, daß (etwa auch sichtbar in dem Gedanken von der communio-Bindung des sakramentalen Vollzugs durch kirchenamtliches Ordnungshandeln) katholischerseits zu dem
rechtfertigenden Offenbarungshandeln Jesu Christi zusätzliche (kirchliche) Heils- und
Rechtfertigungsbedingungen aufgestellt würden (vgl. hierzu die Darstellung und Kritik
bei H. Schütte, Ziel. Kirchengemeinschaft, bes. 74ff.; 83ff.). An diesem Dissenspunkt
müßte die sakramentale Relationsbestimmung zwischen Christus und Kirche vermittelnd-
korrigierend fruchtbar gemacht werden können. Vgl. dazu im 3. Hauptteil.
176) So E. Herms, Einheit der Christen, a.a.O., 134. Zur Kritik des "ökumenischen Grundstatus" von E. Herms vgl. einstweilen H. Schütte, Ziel: Kirchengemeinschaft, a.a.O.,
74-76; näheres hierzu im III. Hauptteil.

unverzichtbarem ekklesialen Bezug zu verstehen ist, da jedes Sakrament
nur und zugleich als Lebensvollzug der kirchlichen communio auch Heils-
instrument sein kann.

Es ist demnach also eigentlich nicht so sehr mit A. Völler problemati-
sierend auf die mangelnde Zuordnung der beiden Prinzipien Einheitsbezeugung und Teilgabe an den Gnadenmitteln beim sakramentalen Vollzug
(über die communio plena hinaus) in der konziliaren und nachkonziliaren
Regelung zur Frage nach der Möglichkeit sakramentaler Gemeinschaft
zwischen katholischen und nichtkatholischen Christen aufmerksam zu
machen;(177) als der eigentliche ökumenische Problempunkt der konziliaren Ekklesiologie tritt aus diesem Fragenkreis die Spannung zutage
zwischen der katholischen Anerkenntnis sog. "ekklesialer Elemente" bei
den nichtkatholischen, insbesondere reformatorischen Gemeinschaften
einerseits und der faktischen Nichtanerkennung ihrer Ekklesialität als
Quasi-Orts- oder Teilkirchen, was jedoch unabdingbare Voraussetzung
für den Vollzug der Einheit der Kirche in den Sakramenten ist.(178)

Dieser gegenwärigen katholischen Nichtanerkennung liegt als aktiv-be-
fragendes Kriterium an die reformatorischen Gesprächspartner der sakramentale Kirchengedanke (communio) mit seinen institutionellen Implikationen zugrunde.(179)

---

177) Vgl. A. Völler, Einheit der Kirche, a.a.O., 196ff.

178) Auch aus der Analyse der ökumenischen Konsensdokumente hinsichtlich der Interkommu-
nionfrage bei Ch. Huwyler zeigt sich (von katholischer Seite) als eigentliches ökumenisches Problem jene Diskrepanz zwischen einer (teilweisen) Anerkennung des Kirche-Seins nichtkatholischer Gemeinschaften katholischerseits und der faktischen Nichtanerkennung dieser Gemeinschaften als Quasiorts- oder Teilkirchen, was sich insbesondere in der katholischen Nichtanerkennung von Amt und Sukzession bei diesen Gemeinschaften im vollen Sinne niederschlägt (Interkommunion, II, 829).

179) Eine Analyse der einschlägigen ökumenischen Dokumente zeigt ebenfalls deutlich, daß
die katholisch-evangelische "Konsensfähigkeit" in einzelnen (für sich betrachteten)
Lehrfragen (Amt, Eucharistie) in dem Moment rapide abnimmt, bzw. daß die Dokumente
dann schweigen, wenn es darum geht, die Wirklichkeit des kirchlichen Amtes oder den
eucharistischen Vollzug in deren jeweiligen ekklesialen Gesamthorizont zu rücken: Die
institutionelle Dimension des sakramentalen Kirchenbegriffes (communio-Bindung der
kirchlichen Heilsvollzüge) erweist sich als die Testfrage für die Qualität jedes
ökumenischen Teilkonsenses (vgl. dazu Ch. Huwyler, Interkommunion, II, 578; 402;
777-792). Es läßt sich deutlich ein struktureller Verweisungszusammenhang der ökumenischen Teilfragen von Amt-Sakrament-Eucharistie-Kirche erkennen, deren Interdependenz
wiederum in ein ekklesiologisches Problemgefälle der ökumenischen Frage überhaupt
mündet: "Wenn (auch in den Konsensdokumenten) dieses Ergebnis (sc. der Fundamentalkonsens in Eucharistiefragen) kaum mit dem Prädikat 'nicht mehr kirchentrennend'
versehen wird, dann liegt das wohl am untrennbaren Zusammenhang von Eucharistie und
Amt. Die Dokumente über die Eucharistie erwähnen meistens diesen Zusammenhang, behandeln ihn aber nicht ausdrücklich, sondern widmen dem Amt eigene Untersuchungen" (ebd.,
II, 823). Die Amtsdiskussion hat ihren Problemnerv wiederum in der ekklesiologischen
Frage: "Im Zusammenhang mit einer möglichen gegenseitigen Ämteranerkennung ist ein
großes Problem noch einmal deutlich angesprochen, das die Kirchen in weiteren Gesprächen beschäftigen wird und das lange Zeit wenig berücksichtigt blieb: die vertiefte
gemeinsame Frage nach dem Wesen und der Verwirklichung von Kirche" (ebd., II, 792);
vgl. auch K. Lehmann, Dogmatische Vorüberlegungen, a.a.O., 126; 129; A. Gerken, Theologie der Eucharistie, a.a.O., 237. Hierbei markiert in dem ökumenischen Vergleich

In dem folgenden 3. Hauptteil soll versucht werden, den Gedanken von der Sakramentalität der Kirche sowohl als aktiv-(katholisch) befragendes wie auch als passiv-(reformatorisch) befragtes Theologumenon für die Klärung der ekklesiologischen Dimension der ökumenischen Frage fruchtbar zu machen unter besonderer Berücksichtigung der Amtsfrage.

zwischen katholischer und reformatorischer Kirchen- und Einheitsvorstellung gerade der in der sakramentalen Idee (subsitit in) wurzelnde Aspekt der Formalbindung der kirchlichen Heilsvollzüge in Wort und Sakrament in der communio den spezifisch katholischen Akzent eines institutionellen Kirchenverständnisses gegenüber der stärker "aktualistisch" geprägten reformatorischen Auffassung, die demgemäß nur materiale Einheitskriterien als konstitutiv für den Vollzug kirchlicher Einheit ansieht (Wort und Sakrament). Mit dem Wegfall eines Formalkriteriums als Konstituens für den authentischen kirchlichen Vollzug begegnet in der reformatorischen Auffassung von der sichtbaren Verwirklichung der kirchlichen Einheit auch nicht jenes spezifisch katholische "zentripetale" Moment, da ja keines der geschichtlichen Kirchentümer in irgendeiner Hinsicht als die konkrete Verwirklichung der wahren Kirche angesehen wird; vielmehr sind sie alle gleichberechtigte Teile der einen wahren Kirche Christi; vgl. dazu: C. F. Fry, Die Einheit der Kirche, 344f.; H. Ch. Hahn, Die Einheit der Kirche in evangelischer Sicht, 37f.; P. Højen, Lehrkonsensus und Koinonia. Erwägungen zur ökumenischen Methodologie, in: LM 12 (1973) 199f.; P. Meinhold, "Was uns eint - was uns trennt". Verantwortbare Unterschiede zwischen den getrennten Kirchen, in: KNA, Konzil-Kirche-Welt 11 (1970) 5-8; H. Meyer, Das Evangelium und unsere Einheit, in: LR 22 (1972) 321; R. Mumm, Was trennt uns denn noch? Unwägbarkeiten im evangelisch-katholischen Dialog, in: LM 9 (1970) 340; L. Newbigin, Die Einheit der Kirche nach dem Neuen Testament, 95; M. Novak, Freiheit und Vielfalt der Formen, in: Conc 1 (1965) 41-46; E. Schlink, Einheit und Mannigfaltigkeit der Kirche, 37f.; 41; G. Steck, Über die Einheit im Bekennen. Ist "consensus de doctrina" heute nötig und möglich?, in: LM 9 (1970) 354ff.; V. Vatja, Unser Einssein in Christus und unsere Uneinigkeit als Kirchen, 114f.; W. Joest, Gedanken zur institutionellen Struktur der Kirche in der Sicht evangelischer Theologie, in: Volk Gottes, a.a.O., 178-186; H. Opitz, Die Kirche und das Heil. Zur Frage eines evangelischen Verständnisses der Heilsnotwendigkeit der Kirche, in: US 19 (1964) 125-145; Th. Sartory, Das Mysterium der Kirche in reformatorischer Sicht, in: F. Holböck - Th. Sartory (Hrsg.), Mysterium Kirche, II, 927-1091, bes. 1015ff.; J. W. Mödlhammer, Evangelische Theozentrik und Kirche als Ort des Heils, in: Cath 30 (1976) 153-164.
Zur katholischen Sicht vgl.: A. Brandenburg, Sakrament der Einheit oder Erlebnis der Frustration?, in: Amt im Widerstreit, a.a.O., 85ff.; A. Ebneter, Die Gemeinschaft des Glaubens, 107f.; K. Lehmann, Wie kann die Einheit der Kirche erreicht werden?, 49ff.; P. Lengsfeld, Die Einheit der Kirche - Voraussetzungen und Forderungen, in: US 31 (1976) 49; M. Thurian, Sichtbare Einheit, Gütersloh 1963; 41ff.; A. Völler, Einheit der Kirche, 98ff.; zum ganzen auch E. Lessing, Kirche-Recht-Ökumenne, a.a.O.,; Ch. Huwyler, Interkommunion, I, 347-351.
So benennt denn auch das Dialogdokument der Bilateralen Arbeitsgruppe zwischen der Deutschen Bischofskonferenz und der Vereinigten Evangelisch-Lutherischen Kirche den Nerv des ekklesiologischen Kontroversproblems: "In der genauen Verhältnisbestimmung zwischen der sichtbaren institutionellen Gestalt und dem verborgenen, nur im Glauben erfaßbaren geistlichen Wesen der Kirche gibt es in den Traditionen unserer beiden Kirchen ... deutliche Unterschiede" (KgWS Nr. 9). Das Problem der Formalbindung des kirchlichen Lebensvollzuges kommt zum Vorschein in der kontrovers beantworteten Frage, ob und inwiefern zu der - für die Kirche konstitutiven - "Amt der Leitung von Wortverkündigung und Sakramentsverwaltung eine bestimmte geschichtliche Gestalt gehört, um gültiges Zeichen der Einheit zu sein ... Diese Frage spitzt sich zu beim Problem der apostolischen Sukzession im Sinne der geschichtlichen Weitergabe des Bischofsamtes" (ebd.).